Durch Afrika

Band 1: Marokko bis Benin

Impressum

Klaus, Erika und Astrid Därr
Durch Afrika, Band 1

erschienen im
Reise Know-How Verlag Peter Rump GmbH, Bielefeld
Osnabrücker Str. 79, 33649 Bielefeld

Gestaltung
Umschlag: M. Schömann, P. Rump (Layout); M. Luck (Realisierung)
Inhalt: M. Luck (Layout); A. Därr, M. Luck (Realisierung)
Karten: M. Luck, B. Spachmüller, G. Tondok, A. Fischer, der Verlag
Titel- und sonstige Fotos: E. Därr

Lektorat: A. Därr, M. Luck

Druck und Bindung: Fuldaer Verlagsagentur

ISBN 3-8317-1101-1
Printed in Germany

Dieses Buch ist erhältlich in jeder Buchhandlung der BRD, Österreichs, der Niederlande, Belgiens und der Schweiz. Bitte informieren Sie Ihren Buchhändler über folgende Bezugsadressen:

BRD
Prolit Verlagsauslieferung GmbH, Siemensstr. 16, 35461 Fernwald (Annerod) sowie alle Barsortimente

Schweiz
AVA/Buch 2000, Postfach, CH-8910 Affoltern a.A.

Österreich
Mohr-Morawa Buchvertrieb GmbH
Sulzengasse 2, A-1230 Wien

Niederlande, Belgien
Willems Adventure
Postbus 403, NL-3140 AK Maassluis

Wer im Buchhandel trotzdem kein Glück hat, bekommt unsere Bücher auch direkt bei:
Rump Direktversand, Heidekampstraße 18, 49809 Lingen (Ems), oder über unseren
Büchershop im Internet: www.reise-know-how.de

Durch Afrika

Band 1: Marokko bis Benin

Routenbeschreibungen
GPS-Koordinaten
Landeskundliche Überblicke
Touristische Informationen
Kostenloser Internet-Nachtrag

Hrsg. von Klaus und Erika Därr
Ausgaben bis 1990 TCS (Touringclub der Schweiz)
Redaktion der 11. Auflage: Astrid Därr

REISE KNOW-HOW im Internet

Aktuelle Reisetipps und Neuigkeiten
Ergänzungen nach Redaktionsschluss
Büchershop und Sonderangebote
Weiterführende Links zu über 100 Ländern

www.reise-know-how.de
info@reise-know-how.de

Wir freuen uns über Anregung, Kritik und Verbesserungsvorschläge.

REISE KNOW-HOW

Vorwort

Dieses Routenbuch ist mittlerweile ein Klassiker und Standardwerk für Afrika-Reisende, die mit dem eigenen Fahrzeug unterwegs sind. Die in ihm enthaltenen **Informationen** werden **seit 1973** zusammengetragen, damals noch ausschließlich vom Touring Club der Schweiz bearbeitet. Seit 1976 erscheint das Buch in Zusammenarbeit mit den Därrs, erst im Därr-Expeditionsservice und seit 1987 im Reise Know-How Verlag.

Die meisten Informationen sind im Laufe der Zeit von Reisenden auf ihren Touren quer durch Afrika gesammelt, dem Verlag geschickt und dem Buch hinzugefügt worden - so können eigentlich viele Reisende einen kleinen Teil der Urheberschaft für sich in Anspruch nehmen. Wir möchten an dieser Stelle allen Afrika-Fahrern danken, die so zur Entstehung und Weiterführung dieses Buches beigetragen haben.

Zum ersten Mal seit Erscheinen der 1. Auflage trat im Jahr 1992 die Situation ein, dass auf offiziellen Wegen die Sahara aus Sicherheits- und/oder politischen Gründen nicht mehr durchquert werden konnte. Die Lage wurde von Jahr zu Jahr eher instabiler, und so gestaltet sich der Kontext für einen Reiseführer, der doch vor allem dem motorisierten, grenzüberschreitenden Reisenden in Afrika weiterhelfen will, nicht gerade günstig. Durch die verbesserte Sicherheitslage im Nordniger und Mali, die Wiederöffnung der Grenze zwischen Ägypten und dem Sudan über den Assuan-Stausee Anfang 1998, die Erleichterung des Grenzverkehrs von Libyen nach Algerien, Niger und in den Sudan sowie die Entspannung der Situation in Algerien hat sich die Lage inzwischen in manchen Bereichen der Sahara wieder gebessert, und die Durchführung einer Trans-Sahara-Tour in Nord-Süd-Richtung ist leichter gworden (in Süd-Nord-Richtung ist sie weiterhin problematisch).

Eine Trans-Afrika-Reise ist aber wegen der kriegerischen Auseinandersetzungen vor allem im zentralen und südwestlichen Afrika (Demokratische Republik Kongo, Kongo, Angola) nach wie vor schwierig. Mit unseren regelmäßig im Internet erscheinenden **Nachträgen** zur jeweils aktuellen Auflage wollen wir versuchen, Sie über die Situation in Afrika auf dem Laufenden zu halten. Sie können diese Nachträge kostenlos aus dem **Internet** herunterladen (auf den Seiten von Astrid Därr - www.daerr.net - und bei Reise Know-How - www.reise-know-how.de, Latest News). Auf dem Postweg wird der Nachtrag nicht mehr verschickt.

Seit der 8. Auflage 1992 wird das Reisehandbuch „Durch Afrika" vom Reise Know-How Verlag Därr nicht nur - wie seit jeher - vertrieben, sondern auch herausgegeben und redaktionell bearbeitet - bis dahin Aufgabe des Touring Clubs der Schweiz - sowie durch eigene Routenbeschreibungen ergänzt. Die vorliegende 11. Auflage erscheint nun erstmals im Reise Know-How Verlag P. Rump, Bielefeld, da der Därr-Verlag seine Verlagsaktivitäten aufgegeben hat. Das Buch liegt nun zweigeteilt vor: Der Nord-Band (Band 1) enthält die Länder Nord-, West- und Nordostafrikas, der Süd-Band (Band 2) behandelt die Länder des zentralen, südlichen und südöstlichen Afrika.

Wie schon im Falle der 10. Auflage konnten auch für die vorliegende Ausgabe bis zum allerletzten Moment (August 2002) aktuelle Infos und Leser-Tipps berücksichtigt und eingearbeitet werden. Seit der letzten Auflage hat **Astrid Därr,** München, die mühevolle Aufgabe der umfassenden redaktionellen Überarbeitung und Aktualisierung der Länderüberblicke und Routenbeschreibungen übernommen.

Informationen zur Reisevorbereitung, zu Kfz-technischen Belangen und zu Visafragen entnehmen Sie bitte den Internetseiten von Klaus Därr (www.klaus.daerr.info), der dort sowohl Informationen zur Sicherheit und aktuellen Grenzsituation und Tipps zu den Sahara-Ländern gibt als auch einige der Kapitel aus seinem Buch „TransSahara" (im Buchhandel vergriffen) überarbeitet ins Internet stellt. Auch in dem Reise-Know-How-Handbuch „Algerische Sahara" von Gerhard Göttler und Erika Därr findet sich ein ausführliches Kapitel zur technischen Vorbereitung einer Sahara-Reise. Nützlich (nicht nur) in diesem

Zusammenhang sind auch die verschiedenen Praxis-Bände aus dem Reise Know-How Verlag (siehe dazu im Anhang). Informationen zu Gesundheitsfragen entnehmen sie den Internetseiten der Tropenmedizinischen Institute, zu Sicherheitsaspekten sollte zusätzlich die Website des Auswärtigen Amtes konsultiert werden (Internetadressen im Anhang).

Für Reisende ist Afrika kein „einfacher" Kontinent, eher ein Stück Abenteuer, geeignet für all diejenigen, die die Zeit und das Verlangen haben, sich für Wochen und Monate aus unserem Alltag hinwegzustehlen, um die schwierige Aufgabe zu bewältigen, den Kontinent zu Fuß, mit dem Fahrrad, Motorrad oder Auto zu meistern. Vorbereitung und Durchführung solch einer schwierigen Aufgabe sollen mit diesem Buch erleichtert werden. Der vorliegende Band will über die Reiseländer Nordafrikas und über die dort befahrbaren Routen sachlich-deskriptiv informieren. Keinesfalls intendiert ist die subjektiv geprägte Widergabe von Erlebnissen und Abenteuern im Rahmen einer Afrikadurchquerung. Hierzu sei das Buch von Joly und Ingo Hoffmann, „Erfahrung Afrika", empfohlen (ISBN 3-00-003775-6, 19,50 Euro, erhältlich bei den Autoren: J. & I. Hoffmann, Gersagstr. 25, CH-6020 Emmenbrücke, e-mail: joly.ingo@bluewin.ch, www.zebrastreifen.com).

Viel Glück und „Hals- und Achsbruch" für Ihre Afrikafahrt wünschen die Redakteurin Astrid Därr und die Herausgeber Erika und Klaus Därr.

Was enthält dieser Afrika-Führer, wie gebraucht man ihn?

Seit der 8. Auflage 1992 soll eine systematische Anordnung der Routen die Übersichtlichkeit und Handhabung des vorliegenden Routenbuchs erleichtern.

Der Aufbau gestaltet sich folgendermaßen: Der Anfang ist im Norden, dann geht es von West nach Ost alphabetisch weiter. Die Einteilung beginnt also mit Marokko (A), es folgen Algerien (B), Tunesien (C), Libyen (D), Ägypten (E), weiter geht es dann wieder im Westen - sozusagen eine geografische Etage tiefer - mit Mauretanien (F), Mali (G) usw. (s.a. Karte in der vorderen Umschlagklappe).

Seit dieser Auflage ist das Buch zweigeteilt in einen Nord-Band mit den Ländern Marokko bis Benin und einen Süd-Band mit den Routen von Nigeria bis Südafrika.

Vor jedem Land finden sich eine Karte mit der Einteilung und Nummerierung der Routen und ein kurzer Länderüberblick mit den wichtigsten allgemeinen Daten und Informationen. Nach jedem Land bzw. den Routenbeschreibungen sind Stadtpläne und sonstige Karten platziert (in der Kopfzeile wird jeweils auf die Seiten verwiesen; die erste Seitenangabe bezieht sich dabei auf die Routenübersichtskarte).

Vor der jeweiligen Routenbeschreibung und den allgemeinen Angaben über die Strecke (Asphalt oder Piste) ist in Klammern angegeben, wann die Strecke zuletzt gefahren wurde und mit welchen Fahrzeug, z.B. (07.02, Land Rover 109): Die Route wurde zuletzt im Juli 2002 mit einem Land Rover 109 befahren. Fehlt die Jahreszahl bei Pisten, so bedeutet dies, dass die Beschreibung schon mehrere Jahre alt ist.

Zur Kennzeichnung oft wiederkehrender Angaben (bei Pisten) wurden Abkürzungen in Form von Buchstaben gewählt, z. B. A/H/I; sie bedeuten:

A: Piste (oft schlecht)
B: aus politischen Gründen verbotene Piste
C: Fahren im Geleit empfohlen
D: Fahren im Geleit obligatorisch
F: Führer und Fahren im Geleit obligatorisch
G: Geländefahrzeug empfohlen

H: Geländefahrzeug obligatorisch
I: Reserven (Wasser, Lebensmittel, Treibstoff) obligatorisch
J: Führer obligatorisch
K: Bewilligung obligatorisch

Neu seit der 10. Auflage ist die Angabe des Datums nach oder vor Preisangaben (z.B. 06.02: DZ 20 000 CFA). Einige Preisangaben (z.B. bei Hotels) sind veraltet, es ist jedoch schwer zu beurteilen, welche nicht mehr brauchbar sind, da unbekannt ist, von wann sie stammen. Durch die Datumsangabe kann dies beurteilt und der momentane Preis – entsprechend der Inflation – ungefähr geschätzt werden.

Erfreulich ist, dass für immer mehr Routen GPS-Daten vorliegen, die die Orientierung erleichtern. Eine Garantie für die Richtigkeit der Daten kann aber nicht gegeben werden, da sich ab und zu Schreibfehler einschleichen und solche beim Korrekturlesen nicht erkannt werden können. Oft werden uns die Daten auch nicht einheitlich in Grad, Minuten, Kommaminuten übermittelt, sondern in Grad, Minuten, Sekunden, ohne dass diese korrekt dargestellt oder dies in den Briefen vermerkt wäre (s.a. „Wie notiert man Korrekturen/GPS-Daten"). Wem eine Abweichung auffällt, kann leicht eine Umrechnung im GPS-Gerät durchführen. Es wäre nett, wenn Änderungen der Redaktion mitgeteilt würden.

Wie notiert man Korrekturen?

Ihre Korrekturen sind willkommen, ja sogar unerlässlich für alle, die nach Ihnen reisen werden! Die Beurteilung ist oft schwierig: Um nichts von den wertvollen Angaben zu verlieren und eine optimale Bearbeitung zu gewährleisten, bitten wir Sie – wenn möglich – folgende Regeln zu beachten:

Fahrzeugart und das Reisedatum, Beispiel:
Toyota Landcruiser BJ 98, April 2002

Land/genaue Streckennummer/Kapitel/Plan, Beispiele:
Tunesien, C 6, oder Ägypten, Einreisebestimmungen, oder Stadtplan Douala

mit Angabe:
- der Stadt: C 6, Nefta: ...
- des Gegenstandes (angeben, wenn kein Name vorhanden):
C 6, Nefta: Hotel Sahara Palace: ... oder z.B. Hotel ohne Namen gegenüber der Post: ...
- evtl. des Abschnitts: C 6, 5. Zeile: ...

Bitte geben Sie bei Routenverbesserungen auch an, was bei der alten Beschreibung gestrichen werden sollte. Beispiel:

Die Piste ist jetzt besser, nur noch teilweise schlecht. Abschnitt „Km 54 große Steine, ab hier Piste sehr schlecht." streichen.

Vollständige Angaben
(richtig **und** falsch)

z. B. Stadtplan von Gao:

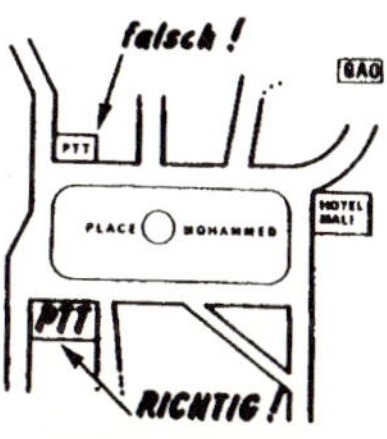

Genaue Informationen, kurzgefasst (keine Erzählungen), im knappen Stil von „Durch Afrika". Notieren Sie diese sofort an Ort und Stelle; am nächsten Tag riskiert man bereits Verwechslungen und Ungenauigkeiten.

In Ländern mit sehr hoher Inflation geben Sie Preise bitte in US-$ oder Euro an, da dann die Angaben länger aktuell bleiben!

GPS-Daten sind vor allem für schlecht markierte, abgelegene Routen eine sehr wichtige Orientierungshilfe. Wir sind dankbar für alle Angaben, die Sie uns schicken. Uns erreichen Routenbeschreibungen mit GPS-Daten jedoch in unterschiedlichen Formaten:
in Grad, Minuten, Sekunden (hddd°mm'ss,s")
oder in Grad, Minuten, Kommaminuten (hddd°mm,mmm').

Für diese Auflage wurden die Angaben mit großem Aufwand vereinheitlicht auf Grad, Minuten, Kommaminuten, damit Sie auf der Reise Ihr Gerät nicht immer entsprechend der Beschreibung umstellen müssen. Um nicht immer verschiedene Angaben vereinheitlichen zu müssen, bitten wir Sie, bei Zuschriften die Waypoints stets im Format **Grad, Minuten, Kommaminuten (hddd°mm,mmm',** am GPS einstellbar unter Setup Menu, Navigation) anzugeben! Sie erleichtern uns die Arbeit damit erheblich! Die Korrekturen wurden in der Regel nach WGS 84 ermittelt, bitte stellen Sie deshalb ihr Gerät ebenfalls entsprechend ein. Bei den GPS-Koordinaten steht **N** für Norden (engl. **north), W** für Westen **(west), S** für Süden **(south), E** bedeutet Osten **(east).**

Inzwischen erreichen uns die meisten Leserbriefe computergetippt, was uns die Arbeit sehr erleichtert, da so die Infos besser leserlich und übersichtlicher gegliedert sind. Da es uns viel Arbeit ersparen würde und es außerdem wenig sinnvoll ist, die Infos erst vom PC auf Papier und dann wieder in den Computer zu übertragen, wären wir sehr dankbar, wenn Sie uns einen ausführlichen Leserbrief digital per **e-mail** unter **info@reise-know-how.de** oder **afrika@daerr.net** schicken würden. Per Post schicken Sie die **Korrekturen** an: Reise Know-How Verlag Rump GmbH, Osnabrücker Str. 79, 33649 Bielefeld. Bitte vergessen Sie nicht - egal ob Brief, Fax oder e-mail - Ihre Adresse anzugeben!

Für ausführliche und aktuelle Informationen erhalten Sie als Dankeschön einen Kauderwelsch-Sprachführer Ihrer Wahl aus dem Reise-Know-How-Programm!

Exkurse

Inhalt

Kartenverzeichnis

Routen A – T
Marokko bis Benin

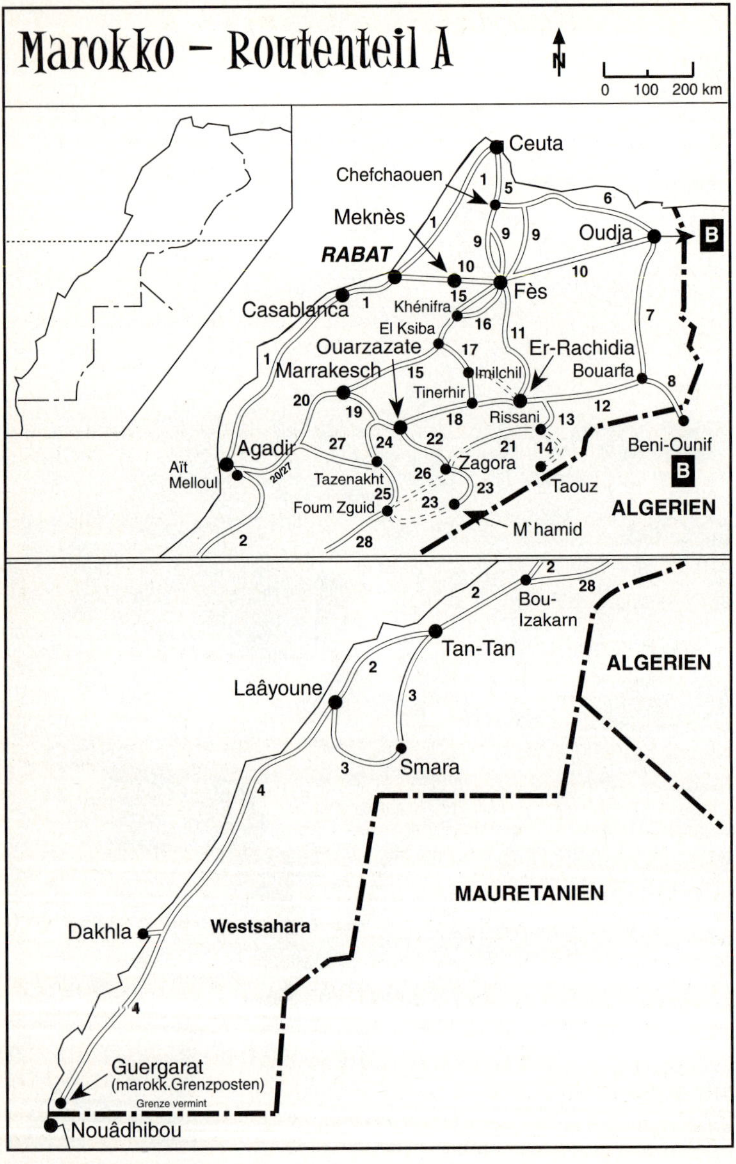

Marokko – Routenteil A
N
0 100 200 km
Ceuta
Chefchaouen
Meknès
RABAT
Oudja
B
Fès
Casablanca
Khénifra
El Ksiba
Ouarzazate
Er-Rachidia
Marrakesch
Imilchil
Bouarfa
Tinerhir
Rissani
Agadir
Aït Melloul
Tazenakht
Zagora
Beni-Ounif
Foum Zguid
Taouz
ALGERIEN
M`hamid
Bou-Izakarn
Tan-Tan
ALGERIEN
Laâyoune
Smara
MAURETANIEN
Dakhla
Westsahara
Guergarat
(marokk.Grenzposten)
Grenze vermint
Nouâdhibou

Marokko – Routenteil A

Überblick

Fläche: 458 730 km² (einschließlich Westsahara: ca. 711 000 km²).

Einwohner: ca. 29,1 Mio.

Ethnien: Berber, arabische Berber und Araber.

Hauptstadt: Rabat (ca. 1,7 Mio. Einw. mit Salé).

Sprachen: Arabisch (Amtssprache), marokkanisch-arabsich, die Berbersprachen Tamazight, Tachelheit, Schlöh; Französisch ist weit verbreitet.

Religion: Islam.

Ruhetag: Ämter, Banken und Büros, manche Geschäfte in Städten außerhalb der Souks: Sonntag. Geschäfte in den Altstädten (Souks) und im ländlichen Bereich sind häufig auch Freitag vormittag geschlossen.

Feiertage: 1.1., Thronfest 31.7., 1.5., 14.5., 21.8., 6.11., 18.11. sowie einige jährlich wechselnde islamische Feiertage.

Einreise: Mindestens noch 6 Monate gültiger Reisepass für Deutsche, Schweizer, Österreicher. Niederländer benötigen ein Visum.

Impfung/Gesundheit: Keine Impfungen vorgeschrieben; Hepatitis-Impfung empfohlen.

Währung: Marokkanischer Dirham. 1 Euro = 10,38 DH, 1 US-$ = 11,35 DH.

Kfz: Führerschein und Fahrzeugschein. Die internationale Grüne Versicherungskarte muss für Marokko gültig geschrieben sein, sonst muss eine Versicherung vor Ort abgeschlossen werden. Wer ein Fahrzeug mieten will, benötigt offiziell den intern. Führerschein, meist genügt auch der nationale, Mindestalter 21 Jahre. Bei Einreise mit mehreren Fahrzeugen, die auf einen Halter zugelassen sind, kann es Probleme geben (beglaubigte Vollmacht des Halters mitführen, wenn Kfz auf jemand anderen zugelassen ist; Vordrucke beim ADAC). Die Einreise wird Fahrzeugen mit militärischem Aussehen häufig verwehrt. Kein Carnet de passage notwendig. Fahrzeuge, Anhänger, Boote, Surfbretter etc. werden nicht mehr in den Pass, dafür in ein speziell dafür vorgesehenes, grünes Formular eingetragen. Fahrzeuge werden ebenfalls das grüne Zollformular eingetragen und bei der Ausreise wieder ausgetragen, ferner wird das Fahrzeug in den Pass eingetragen und jedes Fahrzeug erhält ein Zollformular, das bei der Ausreise wieder abzugeben ist. Seit 1994 dürfen Fahrzeuge mit ausländischer Zulassung nur noch für max. ein halbes Jahr im Land verbleiben (dabei werden mehrere Einreisen zusammengezählt).

Treibstoff: Versorgung ist überall im Land gesichert. Billigerer Treibstoff in den spanischen Exklaven Ceuta, Melilla und sehr billig im zollfreien Gebiet der Westsahara ab Sidi Akhfennir. Bleifrei-Benzin ist inzwischen fast überall erhältlich. Preise (04.02): In Ceuta Diesel 0,44 Euro/l, Super 0,56 Euro/l, Bleifrei 0,5 Euro/l. In der Westsahara (ab ca. 70

km südl. El Ouatia) Diesel 2,92 DH/l, Super 4,92 DH/l. Im restlichen Marokko Benzin ca. 6,75 DH/l, Super ca. 8,40–9,20 DH/l, Diesel ca. 5,80–5,95 DH/l.

Straßen: Dichtestes Teerstraßennetz Nordafrikas, meist guter Straßenzustand. Die Autobahn von Casablanca in Richtung Tanger ist fast fertig gestellt. Eine weitere kürzlich fertig gestellte Autobahn führt von Rabat nach Meknès und Fès. Pisten im Atlas und im Süden sind häufig nur mit geländegängigen Fahrzeugen befahrbar. Vorsicht im Winter und Frühjahr: Durch Schnee und starke Regenfälle können Routen nicht befahrbar sein.

Grenzen: Die Grenze nach Mauretanien ist seit 2001 in beide Richtungen (d.h. auch von Süd nach Nord) frei und problemlos passierbar. Der Konvoi von Dakhla nach Nouâdhiobu wurde abgeschafft (s. A 4 und Mauretanien/Grenzen). Die Grenzen zu Algerien sind seit Herbst 1994 (nach einem Anschlag von algerischen Fundamentalisten auf ein Hotel in Marrakesch) nach wie vor (entgegen anderslautender Gerüchte!) geschlossen, außerdem finden Anschläge vorwiegend im Westen Algeriens, nahe der Grenze zu Marokko statt.

Kontrollen: Bei der Einreise sorgfältige Kontrollen, bei der Ausreise z.T. strenge Kontrollen nach Haschisch (kiff). Ausweiskontrollen an den Ausfallstraßen bei den Grenzen und vor und nach Städten. Im Süden ab Oued Drâa bis Dakhla (Westsahara) Militärkontrollen mit genauer Registrierung der Fahrzeuge und der persönlichen Daten.

Sicherheit: Kein besonderes Sicherheitsrisiko, gelegentliche Trick- oder Taschendiebstähle in Touristenzentren. Im Bereich von Großstädten und zwischen Agadir bis Essaouira wild Campen unterlassen, es kam zu Überfällen auf Wohnmobilisten. Im Rif-Gebirge gelegentlich Anmache durch Drogenhändler (Cannabis), vor allem um Ketama. An den Stränden der Mittelmeerküste bis Oued Laou liegen alle 3–5 km Posten der Suréte National und der Gendarmerie, um sowohl den Drogenhandel nach Spanien als auch illegale Ausreisen nach Spanien zu verhindern. Man kann am Strand übernachten, wenn man sich bei einem Posten meldet und dort die Papiere hinterlässt. Keinesfalls ohne Anmeldung am Strand wild campen, sonst macht man sich nur verdächtig! Vorsicht: Im Grenzgebiet zur Westsahara und zu Algerien ist es nicht auszuschliessen, dass bestimmte Regionen vermint sind! Angeblich soll z.B. die Piste von Assa nach M'Sied vermint sein, obwohl diese frei befahrbar ist und vom Militär kein Hinweis darauf gegeben wird.

Zeitverschiebung: minus 1 Stunde. Während unserer Sommerzeit: minus 2 Stunden.

Stromspannung: 220 V (ältere Einrichtungen 110 V). Adapter (franz.) empfohlen.

Literatur und Landkarten:
Reiseführer: Erika Därr, „Marokko – Vom Rif zum Antiatlas", und Erika Därr, „Agadir, Marrakesch und Südmarokko" (beide Reise Know-How Verlag, Bielefeld).
Landkarten: Reise Know-How/world mapping project: Marokko 1:1 000 000; Michelin 969 Marokko, 1:1 000 000; RV Marokko, 1:800 000; Maroc 1:250 000 der Division de la Cartographie, Rabat, km 4, Av. Hassan II., www.acfcc.gov.ma. Für GPS-Navigation CD mit Marokko-Detailkarten bei Därr Expeditionsservice, www.daerr.de, ebenso Trekkingkarten.
Hintergrund: Muriel Brunswig, „Kulturschock Marokko", Reise Know-How Verlag Rump, Bielefeld; außerdem Romane marokkanischer Autoren, wie Tahar Ben Jalloun, Dris Chraibi und Veröffentlichungen der marokkanischen Soziologin Fatima Mernissi; Romane und Erzählungen von Paul Bowles (alle Taschenbuch). W. Neumann, „Die Berber", DuMont Dokumente (nur antiquarisch); Müller-Hohenstein/Popp, „Marokko", Klett-Länderprofile.

Geschichte: Die Ureinwohner des heutigen Marokko, die Berber bzw. korrekter die Maziren, wurden im 7./8. Jh. von den arabischen Eroberungsheeren unter Oqba Ibn Nafi zwar oberflächlich unterworfen, jedoch nicht wirklich befriedet. Erst die Übernahme des Islam schaffte ein gewisses Zusammengehörigkeitsgefühl unter den miteinander verfehdeten Berberstämmen. Es gab jedoch schon vor der arabischen Eroberung ein Berberkönigreich unter dem Herrscher Massinisa, das wieder zerfiel. Unter Führung der Araber eroberten die Berber Teile Spaniens, revoltierten aber schon bald gegen die arabischen Heerführer. Marokkos erste Herrscherdynastie, die arabischstämmigen Idrissiden (788–974), waren Nachfahren des Propheten Mohammed. Idris I. gründete Moulay Idriss und Fès und errichtete das erste Königreich. Darauf folgten Berberdynastien wie die Almoraviden ab dem 11. Jh. (al-murabitun = die Menschen des Klosters) die Almohaden (13. Jh.) und die Meriniden (14. Jh.), unter deren Herrschaft Marokko eine sowohl wirtschaftliche wie kulturelle Blüte erlebte. Das marokkanische Reich lag an den großen Sahara-Handelsstraßen, die das Mittelmeer mit den Ländern südlich der Sahara verbanden. Die legendäre Stadt Sijilmassa (beim heutigen Erfoud) war Handelsknotenpunkt. Waren aus dem Sudan und aus Europa und dem Maghreb wurden umgeschlagen. Die aufeinanderfolgenden Herrscherdynastien bauten die marokkanischen Königsstädte Marrakesch, Fès, Rabat und Meknes aus und holten berühmte Literaten, Architekten, Künstler und Wissenschaftler an ihren Hof (Ibn Battuta, Ibn Khaldoun). Die eigentlichen Rückzugsgebiete der Berber im Atlas und Rif bekamen die marokkanischen Herrscher nie völlig unter ihre Kontrolle. 1906 teilten die europäischen Mächte das marokkanische Territorium unter Frankreich (Nord- und Zentralmarokko) und Spanien (Rifküste und Rifgebirge, Südmarokko ab Tan-Tan) auf. Die Unabhängigkeit erlangte Marokko 1956.

Politik: Zentrale Figur der marokkanischen Politik war König Hassan II., der sich trotz zahlreicher Attentats- und Umsturzversuche seit seinem Amtsantritt 1961 an der Macht halten konnte. Hassan lavierte geschickt zwischen arabischen und westlichen Positionen und galt als gemäßigter arabischer Staatschef, innenpolitisch war allerdings seine Geheimpolizei und das Vorgehen gegen Regimekritiker gefürchtet. Die internationale Anerkennung des Königs wurde nur durch seine Westsahara-Politik getrübt: 1975 führte Hassan über 300 000 Marokkaner auf dem „Grünen Marsch" zur „Rückholung" der von Spanien geräumten Westsahara. 1979 besetzte Marokko schließlich auch die Teile der Westsahara, die ursprünglich Mauretanien zugeteilt wurden (die Regionen südlich von Dakhla). Der Krieg gegen die POLISARIO (Streikräfte der im Exil bei Tindouf/Algerien lebenden, 1975 geflüchteten Saharawis, die eine eigene unabhängige Republik (DARS) ausgerufen haben), hat Marokkos Wirtschaft in den Jahren 1975 –1989 schwer belastet, bis 1992 ein Waffenstillstandsabkommengeschlossen wurde und die UNO ein Referendum über die Zugehörigkeit der Westsahara zu Marokko überwachen sollte. Die seit 1992 von der UN geforderte Referendum (Volksabstimmung) wurde wegen Unstimmigkeiten bezüglich der Anzahl der Wahlberichtigten, bislang immer wieder verschoben. Das UNO-Mandat wude bis zum Frühjahr 2003 verlängert und Kofi Annan strebt eine Einigung zwischen den Kontrahenten ohne UNO vor (Aufteilung des Gebietes oder Teilautonomie der Westsahara). 1996 wurde im Zuge der Verfassungsreform das Zweikammerparlament eingeführt, wobei die umfassenden Vollmachten des Königs unberührt blieben. Im November 1997 kam es zur ersten demokratischen Parlamentswahl, den Sieg errang die linke Parteiallianz Koutla. Am 4.2.1998 wurde der Vorsitzende der Sozialistischen Union der Volkskräfte (USFP), Aberraham Youssoufi von König Hassan II. zur Regierungsbildung beauftragt. Jedoch hat der König und der königliche Ministerrat nach wie vor die Entscheidungshoheit vor dem Parlament.

König Hassan II. starb am 29. Juli 1999. Nachfolger ist sein Sohn Mohammed VI., der sich volksnäher als sein Vater gibt und für eine Modernisierung des Staates und eine Stärkung der Frauenrechte einsetzt.

Routen

A 1: Ceuta (spanische Exklave) – Tanger – Larache – Souk-el-Arba-du-Rharb – Kénitra – Rabat – Casablanca – Safi – Essaouira – Agadir – Aït Melloul (993 km)

(03.02, VW Syncro) Gute Asphaltstraße. Autobahn von Larache bis Casablanca. Von Asilah bis Larache im Jahr 2002 noch im Bau. Starker Verkehr zwischen Tanger und Casablanca. Autobahngebühr: Larache – Kénitra 30 DH Pkw/Motorrad, 50 DH größere Kfz (4x4/VW Bus); Rabat – Casa 18 DH Pkw, 28 DH größere Kfz.

CEUTA – 10–60 m, 70 000 Einwohner. Diese spanische Exklave liegt malerisch auf einem Vorsprung des Monte Hacho. Falls Sie von hier aus nach Marokko einreisen, tanken Sie nochmals voll – hier ist es billiger als in Marokko, jedoch südlich von Tan-Tan und in der Westsahara ist es nochmal preiswerter! (Beginn A 5.)

Unterkunft: Campingplatz im Stadtteil Benitez existiert nicht mehr. Hotel Africa, Travellerhotel nahe des Fährhafens, Hotel Murallo, in der Innenstadt. Gutes Restaurant Club Nautico, an der Uferpromenade, nahe beim Hafen. Vorsicht vor Dieben in Ceuta – freies Camping nicht empfehlenswert.

Verschiedenes: An der Grenze etwa zwei Stunden für die Formalitäten rechnen; GPS-Geräte bei Nachfragen als „busole electronique" (elektronischer Kompass) bezeichnen, denn gelegentlich gibt es Diskussionen, obwohl eine Mitnahme erlaubt ist. CS-Gas-Sprays sind verboten. Vorsicht vor selbst ernannten „Studenten", die Ihnen behilflich sein wollen; dies sind meist Schlepper, die für ihre geringen Leistungen ein „Trinkgeld" verlangen (50–100 DH = 5–10 Euro). Die Formalitäten sind sehr leicht selbst zu erledigen. Sie brauchen einen weißen Einreisezettel, den Sie ausfüllen und zusammen mit dem Pass durch das Fenster, bei dem normalerweise schon viele Menschen anstehen, reichen. Neuerdings gibt es ein Fenster für EU-Bürger, das erspart viel Warterei. Wenn Sie die Passformalitäten erledigt haben, geht es an die Zollformalitäten. Wagenpapiere kontrollieren lassen; falls die Grüne Versicherungskarte für Marokko nicht gültig geschrieben wurde, Kfz-Versicherung abschließen; grünes Zollformular für das Fahrzeug und andere größere Gegenstände (Anhänger, Boote, Videokameras etc.) ausfüllen; das Fahrzeug wird außerdem in den Pass eingetragen, danach die Fahrzeugkontrolle des Zolls (Douane) abwarten, dann können Sie weiterfahren.

Es gibt zwei Strecken nach Tanger. Die schönere führt entlang des Meeres zu dem kleinen Fischerdorf Ksar Es Seghir. 12 km vor Tanger, Fahrt am Kap Malabata vorbei, mit schöner Sicht auf die Stadt.

TANGER – 5–90 m, etwa 428 000 Einwohner (s.a. Stadtplan). Schöne Stadt mit zahlreichen hist. Bauten (Rue d'Italie, Petit Socco, Kasbah), mehreren Museen und Gärten, empfehlenswerten Souks. Mehrere Campingplätze vor allem entlang der Atlantikküste in Richtung Asilah.

In der Umgebung: 12 km hinter Tanger, rechts: Asphaltstraße zum Cap Spartel, dem Übergang vom Atlantik zum Mittelmeer; Aussichtspunkt und Herkulesgrotten (Kalksteinhöhlen).

Unterkunft: Neues Hotel „Ibis Moussafir"***, DZ ab 310 DH, an Str. Tanger – Asilah einige Kilometer nach Abzweig zum Flughafen Tanger. Hotel „Solazur"**** am Strand. Mehrstöckiges, großes Haus, DZ ab 350 DH. Für Reisende mit kleinerem Fahrzeug (Mercedes G geht gerade noch; Anfahrt über den Hafen und enge Gassen) ist das „Hotel Continental" empfehlenswert, aus dem 19. Jh. mit großer Terrasse zum Meer und Hafen, schöne nostalgische Atmosphäre, großer Parkplatz, DZ 350 DH. „Hotel Marco Polo" 2, Rue Antaki, Av. Espagne (beim Hafen), unter deutscher Leitung mit Biergarten, sehr sauber und angenehm, aber wenig Parkmöglichkeit, 232 DH/DZ (11.01). Campingplatz im Stadtteil Miramonte unter deutscher Leitung mit Motel (etwas muffig), terrassenartiges, schönes Hanggelände in großem Garten mit großem Pool und nahe dem Meer, Zufahrt für größere Fahrzeuge von unten über das Quartier Dradeb (in Richtung Montagne und Cap Spartel); beim „Café Fleur de la Montagne" und Téléboutique auf eine müllige Piste rechts einbiegen, kurz darauf trifft man rechter Hand auf ein großes versperrtes Tor (klopfen und rufen), Pos. **N 35°47,493' W 05°49,961',** pro Person 20 DH, Kinder 15 DH, Caravan 25 DH, Zelt 20 DH, Motorrad 15 DH, Pkw 15 DH, Geländewagen 25 DH, heiße Dusche 10 DH, Hund 5 DH (11.01).

ASILAH – 10 m, 20 000 Einw. Stadt mit sehr schöner Atmosphäre und malerischer Altstadt, weitem Strand. Gute Infrastruktur.

Unterkunft: „Hotel Zelis", 10, Av. Mansour Edhabi, DZ 330 DH. Camping „Echirigui" am Ortsanfang rechts; Camping „Sahara" ist geschlossen. Im August sind die Campingplätze sehr stark von marok. Urlaubern frequentiert und brechend voll. Motorradler finden in der Pension „En-Nasr" nahe des zentralen Kreisverkehrs Unterkunft.

Sehenswert: Bemalte Häuser, schöner Souk und Altstadt mit Festungsmauern, Meerespforte. Markttag ist donnerstags.

Ausflug: An der Kreuzung nach Tétouan (P2/P37) zum prähistorischen **Cromlech** (Steinkreis) **von M'Soura.** Man fährt 12,4 km in Richtung Tétouan. Nach 4,2 km ist links ein Abzweig nach Souk Tnine de Sidi el Yamani **(N 35°22,845' W 05°57,198'),** Tankstelle; weitere 8,5 km auf Hauptstraße geradeaus. Dann auf Feldweg einbiegen (kurz bevor Straße eine Brücke überquert, **N 35°22,596' W 05°56,730');** 2 km bergauf direkt zum Cromlech **(N 35°24,241' W 05°56,669').**

4 km vor Larache wird **LIXUS** passiert, eine archäologische Ruinenstätte aus der Römerzeit, antike Fischverarbeitungsanlage und Amphitheater.

LARACHE – 5–40 m, 80 000 Einw. Hübsche, aber nicht besonders saubere Innenstadt. Souk mittwochs und sonntags. Schöne Strände nördlich und ca. 20 km südlich.

Unterkunft: „Hotel Riad" in der Stadtmitte, bewachter Parkplatz, DZ mit Frühstück 520 DH (03.97). Es gibt keinen Campingplatz, aber einen großen Park-/Rastplatz (Hinweis auf Fährbuchungsbüro mit großem Schild) 1 km südlich des Ortes (links der Straße) auf dem man sehr gut mit Wohnmobil oder Geländewagen übernachten kann und sicher steht. Es gibt sehr saubere Toiletten und kostenlose Duschen und 24 Std. im großen Restaurantzelt preiswertes Essen.

Nach Kénitra gehen drei Straßen: die Hauptstraße über Souk-el-Arba-du-Rharb, die Küstenstraße oder die neue Autobahn (gebührenpflichtig).

KSAR-EL-KEBIR – Kleinstadt, Landwirtschaftszentrum, einfache Hotels.

ARBAOUA – Kleinstadt. Campingplatz.

SOUK-EL-ARBA-DU-RHARB – Großer Ort. Alle Versorgungsmöglichkeiten.

KÉNITRA – 10 m, ca. 493 000 Einw. Bedeutender Hafen, moderne Stadt.

Unterkunft: Campingplatz „La Chenaie" im Schatten der Bäume, im Juli/August allerdings überfüllt, Restaurant mit schönem Biergarten, Bademöglichkeit im Meer, san. Anlagen dreckig, Preise (07.98): 8 DH p.P., 6 DH Zelt, 12 DH Kfz, 5 DH Motorrad. Mehrere Hotels.

In der Umgebung: Das an einer Lagune mit Vogelschutzgebiet und sehr schönem Sandstrand gelegene **Moulay Bousselham.** Neuer Campingplatz „Flamants Loisirs", kurz vor Ortseingang rechter Hand, mit Pool (extra Kosten 60 DH) und europäischem Komfort, weitläufiges, sehr gepflegtes Gelände mit viel Schatten, gutes Restaurant, p.P. 24 DH, Kinder 50%, Zelt 40 DH, Caravane 50 DH, Wohnmobil 70 DH, Pkw 20 DH, Motorrad 10 DH (2001), auch aufge-

Hinweis: Reise Know-How hat zu vielen in diesem Routenführer behandelten Ländern detaillierte und aktuelle **Einzelreiseführer** im Programm. Verwiesen sei auch auf die beiden Westafrika-Bände (Sahel und Küstenländer). In der **Praxis-Reihe** werden Themen wie GPS-Navigation, Autoausrüstung, Kommunikation von unterwegs etc. behandelt. Die praktischen **Kauderwelsch-Sprechführer** erleichtern die Verständigung, die genauen **Karten von Reise Know-How/world mapping project®** die Orientierung.

baute Zelte zum Mieten. Der zweite (alte) Campingplatz ist sehr ungepflegt.

Einige Kilometer hinter Kénitra rechts Abzweig zu

MEHDIYA-PLAGE – Angenehmer Badestrand, Campingplatz, Sanitäranlagen in katastrophalem Zustand.

Sehenswert: Kasbah im Ort Mehdiya. Naturschutzgebiet mit See **Reserve Biologique Sidi Boughaba.**

10 km vor Salé, **BOUKNADEL – Jardins exotiques Bouknadel,** nicht ausgeschildert, nur Schild am Eingang, 5 DH Eintritt (03.02), ehemals sehr schöner Park mit Fauna aus aller Welt, wird nicht mehr gepflegt, ziemlich zugewuchert, Wege z.T. nicht mehr frei begehbar, aber Flora immer noch sehr schön und Rundgang trotzdem lohnenswert; viele Schildkröten in Teichen, Affen in sehr schlechter Käfighaltung.

SALÉ – 17 m, 180 000 Einw. Schöne alte Stadt, zahlreiche Souks und Handwerksbetriebe.

Unterkunft: „Camping Plage Salé" am Strand mit wenig Schatten und veralteten, relativ sauberen Sanitäranlagen, Preise (03.98): 10 DH/Person, 10 DH/Auto, 2,5 DH/Wasser/Pers.

RABAT – 15–60 m, ca. 1,3 Mio. Einw. (s.a. Stadtplan). Die Hauptstadt wurde im 8. Jh. v.Chr. gegründet und ist eine der schönsten und angenehmsten Städte Marokkos, da es hier keine aufdringliche Führer gibt. Zahlreiche historische Bauten und Museen. (Ende A 10.)

Sehenswert: Vor allem die Kasbah und das „Mausoleum Mohammed V. und „Hassan II.". Archäologisches Museum. Souks, Handwerksbetriebe und zahlreicher Krimskrams rund um die Rue des Consuls in der Medina und Centre Artisanal (Töpfer und Korbflechter, Tadlakt-Tische etc.) in Salé an der Straße zum Flughafen, rechter Hand der Autobahn nach Meknès. Ein Ausflug nach Salé, der alten Piratenstadt (s.o.), ist empfehlenswert.

Unterkunft: Jugendherberge, Rue Marissa nahe am Misr-Boulevard gegenüber den Stadtmauern der Altstadt (ca. 35 DH). „Hotel Darna" im Babelalou-Viertel (besonders für Motorradfahrer empfehlenswert). Das einfache, aber saubere Hotel „Central" (2, Rue al Basra, 1 Stern), 145 DH mit Bad. Die etwas komfortableren Hotels „Velleda" (106, Av. Allal Ben Abdellah in der Nähe des Bahnhofs, im 4. Stock, mit geräumigen Zimmern, 2 Sterne), „Ibis" (12–14, Rue Abderrahmane, direkt am Bahnhof, schönes 3-Sterne-Hotel, DZ ca. 400 DH) und „Terminus" (388, Av. Mohammed V, 3 Sterne, sauber, angenehm und im Zentrum, DZ ca. 450 DH). Außerdem das angenehme „Hotel Annakhil", 23, Bis Av. d'Alger, 200 m vom „Hotel Diwan" entfernt in Richtung Fluss, bewachtes Parken auf der Straße, 480 DH/DZ mit Frühstück.

Verschiedenes: Mercedes-Werkstatt in der Av. Hassan II. An der Umfahrungsstr. Richtung Autobahn Tanger, **N 33°57,179' W 06°51,134',** riesiger französischer Supermarkt „Marjane" mit allen europäischen Waren, angeschlossen sind McDonalds und Pizza Hut.

Botschaften: Visum für Senegal (CH) innerhalb von 2 Tagen, 5 Passfotos, 114 DH: Ambassade du Senegal, Cadi Benhamadi Sanhaji, Tel. 037 75 41 71, etwas außerhalb gelegen, Av. John F. Kennedy bis Shell-Tankstelle (links) und 2 Banken, dort rechts abbiegen. Bei der senegal. Botschaft sind auch die Botschaften von Tunesien und Mauretanien. Das mauretanische Visum ist in Marokko nur mit gültigem Rückflugticket erhältlich, Ausstellung des Tickets und anschließende Rückgabe kosten bei einer Reiseagentur (Bd Mohammed V.) 500 DH, der Botschaftsangestellte verteilt Visitenkarten der Agentur. Algerische Botschaft (Bd Front Oued), Möglichkeit der Visumverlängerung (40 DH); Schweizer und Deutsche können ein algerisches Visum beantragen, Wartezeit 2–3 Wochen. Visum für Mauretanien in der Botschaft, Tel. 037 65 66 80, in der Av. Gen. Abdendi Britec, Villa 266, im Viertel Souissi (rechter Hand der Av. Zaer bzw. Kennedy), **N 33°58,859' W 06°49,785',** Visum 200 DH (20 Euro, ca. die Hälfte von dem was an der Grenze verlangt wird). Das Visum wird bei der Beantragung am Morgen noch am selben Tag ausgestellt.

Von Rabat kann man entweder entlang der Küste (dicht besiedelt) oder auf der Autobahn (gebührenpflichtig) nach Casablanca gelangen.

TÉMARA PLAGE – Badeort.

Unterkunft: Angenehmer und sauberer Campingplatz nahe am Meer (ca. 15 DH p.P. plus Fahrzeug und Zelt) und nettes, kleines Hotel Temara Plage, in Temara Plage an der Hauptstraße, Tel. 037 74 42, 89, DZ ca. 250 DH. Entlang der Küste einige Hotels, z.B. „Hotel La Kasbah" (groß, luxuriös), 3-Sterne-Hotel „Amphytrite" (beide in Skhirat) und angenehmes 4-Sterne-Hotel St. Germain en Laye nahe Temara Plage, direkt am Strand mit großem Parkplatz, DZ ca. 350 DH.

MOHAMMEDIA – Industriestadt, Badeort. Bungalows, Campingplatz.

CASABLANCA – 19 m, 1 561 000 Einw. (Großraum 3 Mio.) Bedeutendste Stadt des Landes (Handels-/Industriezentrum), modern, aber etwas heruntergekommen in manchen Stadtteilen, nur die Medina erinnert an das alte Marokko.

Sehenswert: Die neu erbaute Moschee Hassan II. (zweitgrößte der Welt), die als einzige Moschee Marokkos zu festen Besichtigungszeiten geöffnet ist (täglich außer freitags um 9, 10, 11 und 14 Uhr, 100 DH Eintritt); die Medina, die Neustadt zwischen Platz Mohammed V. und Platz der Vereinten Nationen mit schönen Häusern aus der Kolonialzeit sowie die Nouvelle Medina mit dem Habbous-Viertel.

Unterkunft: Etwas laute, freundliche Jugendherberge in der Medina, am Place Ahmad El Brouaoui (ex. Admiral Philibert), in Hafennähe (ca. 35–40 DH inkl. Frühstück). Lauter und wenig gepflegter Campingplatz „Oasis", im Beauséjour-Viertel an der Straße zum Flughafen. Zentral gelegenes, lautes Hotel „Sully" (284, Bd Rahal el Meskini) mit Appartements und großen Zimmern, die Waschräume sind aber häufig demoliert (291 DH/2-Zimmer-Appartement). Hotel „Toubkal", Rue Sidi Belyout (4 Sterne). 3-Sterne-Hotel „Ibis", Bd Bou Hmad, Place de la Gare, direkt am Bahnhof, schönes Hotel, DZ ca. 400 DH. „Hotel de Paris", 2 Rue Ech-Charif Amziane, Ecke Rue Prince Moulay Abdallah, schönes Hotel, sehr zentral gelegen (nahe Av. Hassan II.), DZ ca. 350 DH. Alle wichtigen Hotels befinden sich rund um die Av. des F.A.R., ebenso die Flugbüros.

Essen: McDonalds am Bd La Corniche und in der Innenstadt, dort auch zahlreiche Fischrestaurants. Zahlreiche Restaurants in der Innenstadt zwischen Bd de Paris und Hafen, auch im Centre 2000 im Hafen.

Verschiedenes: Gute Einkaufsmöglichkeit, viele Cafés, Geschäfte, Restaurants etc. im Centre 2000 beim Hafen und nahe der Av. des F.A.R. Badekomplexe (Pools u. Strand) am Bd La Corniche. VW-Werkstatt an Ausfahrtsstr. Ri. Mohammedia (Bd Mulay Souman od. Route des Zenata). Mercedes-Werkstatt an Str. Ri. Azzemmour.

Von Casablanca nach Azemmour gibt es zwei Möglichkeiten: die Hauptstraße (P8) über Bir-Jdid und die S130 in Küstennähe (vorzuziehen).

34 km hinter Casablanca in Richtung Azzemour liegt der relativ neue und schön angelegte „Campingplatz La Rose de l'Ocean", direkt am Meer mit eigenem Strand. Die Sanitäranlagen sind jedoch schlecht gepflegt und oft überlastet, pro Person 25 DH, Wohnmobil 50 DH, Zelt 40 DH (2001).

Ca. Km 64, am **Poste Plage Sidi Bounaim,** einem ehemaligen Gendarmerieposten, können Wohnmobilisten gut stehen (Gebühr für den Wärter). Geländegängige Fahrzeuge finden schöne Plätze zwischen Stranddünen und Büschen, wenn sie die 1–2 km lange Piste, die vom Rondell am Posten in Richtung Süden abgeht, entlangfahren.

AZEMMOUR – 30 000 Einw. Befestigte Stadt mit beeindruckenden Festungsmauern und ehemaligem jüdischem Viertel. Sehr interessanter Souk (Wunderheilmittel). Gute Infrastruktur.

EL-JADIDA – 4 m, ca. 300 000 Einw. Alte befestigte Stadt, von den Portugiesen erbaut.

Sehenswert: Die portugiesische Zisterne (1541) mit Kreuzrippengewölbe.

Unterkunft: „Hotel Royal", 108 Av. Mohammed V., angenehm und sauber, gutes Preis-Leistungs-Verhältnis, DZ 116 DH (2001). Sehr schön ist das „Hotel Palais Andalous" in einem alten Paschapalast, Bd. Docteur Lanouy, bei der gleichnamigen Klinik, DZ um die 450 DH. „Camping Caravaning International", Av. des Nations Unies, schön und gepflegt mit vielen Bäumen, saubere sanitäre Anlagen, Bungalows, Preise (07.98): 12 DH p.P., 6,50 DH Auto.

Sehenswert: Hafen, Festungsmauern und historische Häuser der „Cité portugaise", hier vor allem die Zisterne mit den mittelalterlichen Kreuzrippengewölben.

Von El-Jadida nach Safi gibt es zwei Verbindungen; die landschaftlich interessantere S121 an der Küste entlang wählen (lohnenswerte Aussichtspunkte).

OUALIDIA – 5–10 m, ca. 8000 Einw. Hübscher Ort an einer Lagune. Bekannt für seine Austernzucht. Herrliche Sanddünenstrände und Strände mit Pinienwäldern entlang der Landzunge parallel zur Lagune.

Unterkunft: „Hotel Hippocampe" mit Surfcenter am Strand und „Auberge de la Lagune", angenehm, aber weiter weg vom Strand. „Camping Le Sable d'Or", gehört zum Hotel „Chems". Hübscher und sauberer Platz mit durch Hecken getrennten Stellplätzen, Preise (2001): pro Person 15 DH, Wohnmobil 40 DH, warme Duschen 7 DH.

SAFI – 10–60 m, ca. 423 000 Einw. Bedeutende Hafen- und Industriestadt (Phosphat). Zahlreiche Souks.

Unterkunft: Hotels, „Camping Municipal" am Stadtrand.

Sehenswert: Hafen, die Festungen und ihre Mauern, das Töpferviertel.

ESSAOUIRA (früher Mogador) – 80 000 Einw. (s.a. Stadtplan). Sehr schöne befestigte Stadt. UNESCO-Weltkulturerbe. Gute Infrastruktur. Bewachtes Parken (auch über Nacht) vor dem Hafen oder beim Bab Sbaa.

Unterkunft: Sehr schönes und luxuriöses Hotel „Villa Quieta" (noch vor dem Ort beim ersten Kreisverkehr rechts), Privatatmosphäre, Preise (2002): DZ 580 DH, Suite 1100 DH. Hotel „Villa Maroc", 10 Rue Abdallah Bou Yacine (nur mit Vorreservierung), wunderschönes, individuell gestaltetes Hotel in der Altstadt, bewachter Parkplatz nahe der Altstadt, DZ 670–750 DH. Sehr schönes, traditionell und stilvoll eingerichtetes Hotel „Al Jasira", am Ortseingang rechts (Ri. „Villa Quieta", Pool, Dachterrasse, Restaurant, sehr schöne Zimmer, sehr freundlich, Preise (03.02): DZ 542 DH, EZ 416 DH, Mini Suite 712 DH inkl. Frühstück, Menu 100 DH. Sehr schöne Appartments (mit Reinigung) von Jack Oswald, über Jacks Kiosk am Hauptplatz. „Hotel/Riad du Grand Large", 2, Rue Oum Errabia, erste gr. Gasse vom Platz Mulay el Hassan durch die Altstadt, sehr schönes familiäres Hotel in altem Stadthaus mit 11 Zimmern auf drei Etagen, schöne Dachterrasse mit Blick auf Altstadt, traditionell, sehr stilvoll und schön gestaltet, Restaurant mit Pizza/marokk./franz. Küche (Gericht ca. 50 DH), gemütliche Zimmer mit WC/Bad, sehr sauber und freundlich, Preise (03.02): DZ für 300, 350 und 380 DH mit Frühstück, 3-Pers.-Zimmer 450 DH, 4-Pers.-Zimmer 620 DH. Zahlreiche weitere sehr schöne Hotels und Appartments. Einen guten Überblick mit Buchungsmöglichkeit bietet www.essaouiranet.com.

Essen: Am Hafen Stände mit gegrilltem Fisch. „Restaurant Chez Sam", im Hafen, hervorragendes Essen, gemütliche Atmosphäre mit Blick aufs Hafenbecken, Krebsplatte 100 DH, Fisch nach Wahl ca. 70 DH, Flasche Wein 90 DH, Menu 80–120 DH, sehr gute Fischsuppe 25 DH (03.02).

Verschiedenes: Direkt neben „Riad du Grand Large" ist das Hammam Mounia, 12.30–18.30 Uhr Damen, 18.30–22.30 Uhr Herren. Von der Terrasse des Hotels „Rempart" großartiger Blick auf die Stadt. Zahlreiche Galerien, schönes Kunsthandwerk, v.a. berühmte Holz- und Einlegearbeiten aus Thujen- und Zitronenbaumholz. Bewachter Parkplatz rechts vor dem Stadttor, 10 DH/24 Std. (03.02).

Sehenswert: Fischerhafen, Marinetor, Altstadt. Schöner Strand mit wilder Campingmöglichkeit (angeblich Diebe) in **Sidi Kaouki,** ca. 30 km südlich von Essaouira. Unterkunft dort in der hübschen „Residence Le Kaouki", sehr schön, DZ 180 DH ohne Bad, Frühstück 30 DH (deutsch-franz. Besitzer), Menu 100 DH. Außerdem „Auberge de La Plage" (deutsch-italienische Besitzer), DZ mit Bad 350 DH (mit Reitstall) und einfacher „Camping Sidi Kaouki" am Strand.

Arganienlandschaft, Verkauf von Arganienöl.

TAMANAR – Großer Ort, einfaches Hotel, Cafés.

TARHAZOUTE – 20 km nördlich von Agadir. Schöne Privathäuser und hübsches Café/Restaurant. Taghazout ist Surferzentrum im Winter. Surfkurse über den Holidayclub (s.u.). Schöner Strand mit einfachem, wenig gepflegtem Campingplatz.

Unterkunft: Es besteht die Möglichkeit, von dort wohnenden Europäern Häuser, Appartements oder Privatzimmer zu mieten. Vermittlung über den „Holidayclub Agadir", Bernd Schweigert: Tel. 048 32 52 83, beachclub@agadirnet.net.ma

IMOUZZÈR DES IDA OUTANANE – Abzweigung 12 km vor Agadir Richtung NO. Asphalt über 50 km, doch schmale, kurvenreiche und unebene Straße. Mit Palmen und Oleander bewachsene Schluchten wechseln mit hohen, kahlen Hügeln ab; hübsche Wasserfälle, die schleierartig einen hohen Felsen herunterstürzen und unten einen Pool bilden. Einheimische Jugendliche springen vom ca. 15 m hohen Felsen zur Touristenbelustigung hinunter und lassen sich teuer bezahlen. Baden für Frauen wegen der entsetzlich aufdringlichen Kinder und Jugendlichen wenig empfehlenswert. Sehr angenehmes Hotel und Restaurant in Imouzzèr. Markt donnerstags. Treibstoff. Hin- und Rückfahrt ein Tag.

AGADIR – Touristenstadt, 460 000 Einw. (s.a. Stadtplan). Vom alten Agadir sind nur noch die Festungsmauern der Kasbah zu sehen, der Rest wurde am 1. März 1960 durch ein Erdbeben zerstört. Im neuen Agadir zahlreiche moderne Gebäude, vor allem die Post zählt zu den gelungeneren Beispielen moderner Architektur.

Sehenswert: Souk, Medina d'Agadir (Nachbildung einer alter Stadt mit schöner Architektur und Kunsthandwerksbetrieben in Bensergao im Süden Agadirs), Blick von der Kasbah auf Agadir.

Unterkunft: Campingplatz „International", Anfahrtshöhe 3,40 m, August bis Dezember überfüllt, warme Duschen gegen Gebühr, san. Anlagen etwas heruntergekommen, meist sauber, Lebensmittelladen, Pool, viele Dauercamper, Preise (2002): 10 DH/Pers., Geländewagen/Wohnmobil 30 DH, Zelt 15 DH, Wasser 2 DH, zzgl. 14% Steuer. Das freundliche Hotel „Petite Suede" (2 Sterne, ca. 200 DH/DZ) mit gutem Frühstück und sauberes Hotel „Aferni" (3 Sterne, 460 DH/DZ mit Pool), beide an der Av. Général Kettani. Drei-Sterne-Hotel „Ali Baba" mit Swimmingpool und Garten, Av. Mohammed V., DZ ca. 350 DH. Angenehmes Hotel „Miramar" am Stadtanfang beim Hafen, gutes Restaurant, DZ ca. 420 DH. Sehr schönes und gepflegtes „Hotel Jacaranda" in Ben Sergao von Christel Butz (von Agadir Richtung In Ezzgane und Ben Sergao entlang der Av. Mohmmed V., in Ben Sergao bei einer Kreuzung rechts in Richtung Medina d'Agadir abbiegen und geradeaus bis zum Ende der Straße bei den Golfplätzen), Tel. 048 23 27 17, Fax 048 23 27 16, sehr schöner Garten, gutes Essen, Hallenbad, DZ um die 1000 DH (2002). „Hotel Ibis", Bd. Abderrahim Bouabid (beim Souk), sehr schön und gutes Preise-Leistungsverhältnis, DZ 410 DH (2002), bewachtes Parken. Preiswerte Hotels am Busbahnhof zwischen Zankat du 29 Fevrier und Av. Allal ben Abdallah oder an der Rue Yacoub el Mansour.

Essen: Viele gute Restaurants. „Miramar" an der Av. Mohammed V. (ca. 90–120 DH/Menü) und „Le Palmiers", nahe der Post sowie zahlreiche Restaurants an der Strandpromenade. „Restaurant du Port" oder „Amiral" im Hafengelände (durch das Hafentor fahren bis zum Yachthafen), sehr gute Fischplatte und Meeresfrüchte. Das Restaurant „La Scala" am Bd 20 Aôut ist sehr gepflegt und hat gutes Essen.

Verschiedenes: Am Marché municipal, in einem zweistöckigen modernen Gebäude, gibt es alle Frischwaren von Meeresfrüchten bis Fleisch, Gemüse, Obst usw., besser aber noch der große Souk am Stadtrand. Im Hafen gibt es frischen Fisch direkt von der Auktion. Riesiger Supermarkt „Marjane" mit allen erdenklichen (europ.) Waren und Lebensmitteln in Richtung Ben Sergao. Gut ausgerüstete und fachkundige Werkstatt „Electro Diesel", 92 Hassan II, **N 30°24,77′ W 09°35,45′.**

Hinter Agadir führt die Route durch eine Ebene, die zusehends dürrer und wüstenähnlicher wird. Fährt man die alte straße in Richtung Inezgane, das 11 km südlich Agadirs liegt, sollte man dort den Markt besuchen. gutes Angbot und preiswerter als in Agadir (Dienstag und Freitag).

AÏT MELLOUL – 17 m. Großer, lebhafter Ort, jetzt Sitz des neuen Flughafens von Agadir. Treibstoff, Lebensmittel, Hotels. (Ende A 20 und A 27; Beginn A 2.)

A 2: Aït Melloul – Tiznit – (Tafraoute) – Guelmim – Tan-Tan – Laâyoune (637 km)

(02.02, VW Syncro) Sehr gut ausgebaute Asphaltstrecke. Ab Guelmim meist langweilig. Ab ca. 70 km nach El Ouatia sehr billiger Treibstoff (s. Überblick/Treibstoff). Viele Kontrollen mit Personalienaufnahme in der Westsahara.

AÏT MELLOUL – S. A 1. (Ende A 1, A 20 und A 27.)

Nach Tiznit gibt es zwei Routen: die direkte, 78 km lange Hauptstraße oder die Rundtour über Tafraoute, entlang einer landschaftlich sehr schönen 237 km langen Bergstraße (Asphalt, mehrere, nicht immer ausgebesserte Furten).

Nach Tafraoute gelangt man (von Aït Melloul beim Kreisel der Beschilderung folgen) über Aït Melloul und schöne Anti-Atlas-Landschaften ungefähr auf halber Strecke zum kreisrunden Agadir Tizrgane, der auf einem Berg thront (zu besichtigen).

TAFRAOUTE – Dattelpalmenoase in wunderschöner Umgebung. Ca. 1000 m Höhe, ca. 8000 Einw. (s.a. Stadtplan). Gute Infrastruktur.

Unterkunft: „Hotel Tafraoute und Hotel Tanger" (beide sehr einfach und sauber) und das etwas komfortablere 1-Sterne-Hotel „Salama" im Zentrum, DZ mit Du/WC 200 DH (03.00). Am komfortabelsten im überteuerten „Les Amandiers", ein im Kasbahstil in schöner Lage erbautes Vier-Sterne-Hotel, 660 DH/DZ (03.00). Sehr schönes „Hotel Kerdous" (vier Sterne), Tel. 048 60 03 12 (auch im Internet) 51 km entfernt am Col de Kerdous, herrliche Aussicht, Pool, gutes Essen, 539 DH/DZ. Camping „Trois Palmiers", Toiletten und Duschen nicht besonders sauber, etwas heruntergekommen und einfach, ansonsten gepflegter Platz mit bisher wenig Schatten, kleiner Platz, nur eine Dusche für die auch kalt noch extra bezahlt werden muss (5 DH), gutes Trinkwasser zapfbar, Preise (03.02): 10 DH p.P., Caravan 15 DH, Zelt 12 DH, Auto 8 DH, Motorrad 7 DH, heiße Dusche 6 DH.

Verschiedenes: Teppichläden mit großer Auswahl und deutschsprechenden Besitzern „Maison Touareg" (Familie Aït Sidi Brahim) und „Maison Berbère", z.T. jedoch recht aufdringlich (gabeln Touristen mit Moped auf). Auf dem Hauptplatz Schmuckladen „Artisanat du Coin" der sehr freundlichen und unaufdringlichen Familie El Najah mit Festpreisen.

In der Umgebung: Sehr schöne Ausflugsmöglichkeiten, z.B. zu den bunt bemalten Felsen des belgischen Künstlers J. Vérame beim Weiler Aguard Oudad (weiße zinnengekrönte Einfahrt auf rechter Seite, 4 km hinter Tafraoute in Richtung Tiznit/Aguard Oudad, **N 29°39,613' W 08°57,702',** ca. 2 km Piste mit tiefen Spurrillen, für Pkw schwierig). Großartige Felsformationen aus rosa Granit, Palmenhaine, Felsgravuren. Sehr schöner Ort Afella Adai mit alten Häusern, die an Felswände gebaut wurden und zahlreiche schöne Verzierungen aufweisen. Landschaftlich sehr schönes Ammelntal mit ebenfalls sehr schönen, traditionellen Häusern. Sehr sehenswertes „Maison Traditionelle" in Oumesnat (Straße Richtung Aït Baha), traditionelles Berberhaus mit Ausstellung alter Gebrauchsgegenstände, Abzweig bei **N 29°45,189' W 08°56,818'.**

Auf der direkten Strecke nach Tiznit entlang der Küste: Abzweigung zum Meer nach **Sidi-Rbat:** Abzweigung in Had bel Faa bzw. Aït Belfa – Wegweiser Richtung Massa, nach 8 km rechts nach Tassila abbiegen, dann wieder rechts nach Sidi Rabat (Treibstoff, Lebensmittel, einfacher Campingplatz oberhalb des schönen Sandstrandes). Zunächst Asphalt, dann Piste (A). Wenn man am Ende der Teerstraße, anstatt geradeaus nach Sidi R'bat zu fahren, links abbiegt, gelangt man in den **Nationalpark Oued Massa** (Museum am Ende der Straße). Vom Eingang des Parks, der für Fahrzeuge gesperrt ist, führt ein mehrere Kilometer langer, breiter Weg entlang des Oued Massa, wo man im Herbst gut Vögel beobachten kann (Zwischenstation der Vogelzüge).

TIZNIT – 224 m, ca. 12 000 Einw. Gute Infrastruktur.

Sehenswert: Juwelier-Souk (Waffen, Silberschmuck, Kupferarbeiten), alter Paschapalast aus dem 18. Jh.

Unterkunft: Camping „Municipal" (aus Ri. Agadir erster Kreisverkehr rechts, gleich rechts vor der Stadtmauer), sanitäre Anlagen z.T. erneuert, 20 DH/Pers. (06.99). An Av. Hassan II (Kreisverkehr) „Hotel Tiznit" (3 Sterne), „Tiznit Hotel", „Hotel du Sahel" und „Hotel de Paris".

Zwei Möglichkeiten von Tiznit nach Guelmim: die 108 km lange Hauptstraße über Bou-Izakarn (Treibstoff, Lebensmittel; Ende A 28) oder die 132 km lange, gebirgige Straße an der Küste entlang über **Sidi Ifni,** der ehemaligen spanischen Exklave (Hotels „Suerte Loca", „Bamrane"; sauberer Campingplatz „El Barco" direkt am Strand beim Hotel „Bamrane", p.P. 10 DH, Zelt, Auto, Caravan etc. alles 10 DH, Strom 15 DH, warme Dusche 6 DH, Zeltübernachtung im Mietzelt für 4 Personen 40 DH). Nördlich von Sidi Ifni in Richtung Tiznit gibt es einige sehr schöne Sandstrände (z.T. mit Felstoren, z.B. in Legzira mit gleichnamigem, preiswertem Hotel).

GUELMIM – 200 m, 100 000 Einw. Gute Infrastruktur.

Sehenswert: Kamelmarkt am Freitag/Samstag, Touristenspektakel. Am besten gleich nach Sonnenaufgang hingehen.

Unterkunft: Übernachtung im einfachen „Hotel Salam" oder Camping „Fort Bou Jerif" ca. 45 km entfernt, s.u.

AUSFLUG ZUM PLAGE BLANCHE UND FORT BOU JERIF: 32 km Asphaltstraße, bis Fort Bou Jerif 40 km, ca. 65 km bis Plage Blanche je nach Route. Früher führten die Routen auf der selben Strecke über Fort Bou Jerif zum Plage Blanche, jetzt erreicht man Fort Bou Jerif einfacher auf einer etwas längeren, aber landschaftlich wesentlich reizvolleren und weitestgehend geteerten Strecke. Zum Plage Blanche kann man auf der alten Piste oder über den Umweg über Fort Bou Jerif fahren. Im Zentrum von Guelmim am Platz Bir Anzarane (s. Skizze) aus Richtung Tiznit kommend halbrechts (Richtung Nordwesten) und Sidi Ifni abbiegen, vorbei am „Oasis Mini Market" und 2 km nach dem Zentrum der Beschilderung nach Laksabi, Plage Blanche und Camping Maroc Aventure (Fort Bou Jerif) folgen (links), geradeaus führt die Straße weiter nach Sidi Ifni. 12 km hinter Guelmim ist eine beschilderte Gabelung erreicht. Links geht es nach Laksabi und zum Fort Bou Jerif (Campingplatz), rechts weiter zum Plage Blanche. 3 km (Km 15) nach diesem Abzweig rechts in Richtung Bou Jerif abbiegen (beschildert, **N 29°00,052′ W 10°11,616′).** 5 km weiter (Km 20) durchfährt man **Tiseguenane,** ein größeres Dorf mit schöner neuer Moschee mit silberner Kuppel. Danach führt die Straße an einem sehr reizvollen Flusstal entlang, das sich durch kleine Berge hindurchschlängelt. Ein weiteres Flusstal folgt bei Km 29. Bei Km 32 endet die Teerstraße **(N 29°04,689′ W 10°17,019′)** und bei einer Pistengabelung 4 km weiter (Km 36, **N 29°05,430′ W 10°17,969′)** geht es links weiter nach Fort Bou Jerif. Die Piste führt nun aus dem Tal heraus bergauf in einsame Hügellandschaft und erreicht bei Gesamt-Km 40 **(N 29°04,940′ W 10°19,853′)** den **Campingplatz Fort Bou Jerif.** Hier haben das französische Ehepaar Evy und Guy Dreumont einen Stützpunkt für Off-Roader, Naturfreunde und Wüstenfans in der Nähe eines alten franz. Forts errichtet. Die Basis umfasst einen Campingplatz, ein Restaurant und ein Motel mit sechs einfachen, aber sauberen Zimmern (11.01: 150 DH/DZ, Halbpension 265 DH p.P.) mit Gemeinschaftsduschen im fortähnlichen Gebäude, das ein bisschen an Disneyland erinnert. Ein weiteres sehr schönes Hotel aus Natursteinen wurde am Rande der Anlage errichtet: sehr schöne, große und komfortable Zimmer (11.01: 350 DH/DZ, 400 DH mit Frühstück, Halbpension 350 DH p.P.). Hervorragend geführte Anlage, sehr gute Sanitäranlagen. Es gibt zwei Restaurants, eines für Gruppen (mit trad. marokkanischen Holzmöbeln und Wandmalerei) und ein weiteres mit Rundblick in den Garten (ausgezeichnetes Essen). Infobörse für Saharadurchquerer; zahlreiche Tipps im Gästebuch. Preise für Camping (03.02): 20 DH p.P., 10 DH Auto.

TAN-TAN – Ca. 59 000 Einwohner, Gouverneurssitz, Kasernen. Gute Infrastruktur. Treibstoff. Großes Geschäftsviertel „Souk hebdomaire". Einfache Hotels.

EL OUATIA (ex TAN-TAN PLAGE) – Stark wachsender Ort. Ausgebauter Hafen, Fischfabrik, Raffinerie, Eletrizitätswerk. Gutes

„Hotel-Restaurant Equinox". Stellplätze für Wohnmobile gegenüber dem Hotel.

Es folgt eine schöne Steilküste mit zahlreichen Schiffwracks.

Ca. 70 km nach El Ouatia sind die ersten (bzw. aus anderer Richtung kommend letzten) Tankstellen mit billigem Treibstoff, bei **N 28°10,493' W 11°52,860'.**

AKHFENNIR – Expandierender Ort, Geschäfte, Restaurants, Tankstellen mit zollfreiem Treibstoff.

RESERVE NAILA – SEBKHA NAILA bzw. **NATURSCHUTZGEBIET KHNEFIS,** ca. 105 km nach El Ouatia rechter Hand der Straße. Eine Stichstraße führt zu einem kleinen Posten am Rande des Naturschutzgebiets. Wenige Häuser mit Fischern. Folgt man der Hauptstraße, hat man ebenfalls sehr schöne Ausblicke auf die Lagune mit Sanddünen, Schilf und Flamingos.

Abzweig (mit Tankstelle): rechts nach **TARFAYA** – Kleiner Ort mit neuem Hafen und hübscher Bucht; Kasernen, alle Versorgungsmöglichkeiten; Denkmal in Form eines Doppeldeckerflugzeuges das an Antoine de Saint Exupéry erinnern soll, der hier als Postflieger stationiert war. Hier holte er sich die Anregungen für einige seiner Bücher. Links weiter nach Laâyoune.

Ab Tarfaya bis Laâyoune zahlreiche Tankstellen mit Restaurants (billig!).

TAH – Dorf. Tankstelle. Ehemalige Grenze zur Westsahara; Denkmal an den „Grünen Marsch" („friedliche Eroberung" der Westsahara durch die Marokkaner).

DAOURA – Dorf. Tankstelle, Checkpoint.

Guter „Camping La Roi de Beduin", Abzweig ca. 37 km vor Laâyoune nach rechts auf Piste (4,5 km, beschildert), von Belgiern geführt.

LAÂYOUNE – Hauptstadt der Provinz Sahara (sehr sauber und modern), ca. 169 000 Einwohner (s.a. Stadtplan). Zollfreigebiet. Gute Infrastruktur. Krankenhaus. Zahlreiche Tankstellen. (Beginn A 4, Ende A 3.)

Unterkunft: Camping am Strand möglich (auch in Laâyoune Plage, dort auch die Bungalowanlage „Champignon"). Hotel „Al Massira"****, „Hotel Nagjir"****, beide groß und schon etwas abgewohnt, viele Angehörige der UN-Truppe Minurso steigen hier ab. Sehr komfortables „Hotel Parador" (DZ ca. 750 DH) – gegenüber befinden sich das Touristenbüro und „Hotel Atlas" (einfach).

A 3: Tan-Tan – Smara – Laâyoune (472 km)

(10.95, Mercedes G) Von Tan-Tan nach Smara und Laâyoune Asphalt, wenig Verkehr. Ab Tan-Tan zahlreiche Checkpoints mit akribischer Kontrolle. Keine Weiterfahrt nach Hawza oder Gueltat Zemmour möglich. Die Grenze nach Mauretanien (Bir Moghrein) ist geschlossen.

TAN-TAN – S. A 2. (Zur A 2)

Flache Wüstenlandschaft mit nur wenigen Erhebungen und Wadi-Einschnitten. Dünner Bewuchs, ab und zu Nomaden. Wenige Siedlungen (Dar Chebika und Abatteh).

SMARA – Heiliger Ort der Saharaouis.

Sehenswert: Grabmal des blauen Sultans und alte Moschee aus Schiefersteinen mit zweistufigem Minarett errichtet (beide nur von außen zu besichtigen). Viel Militär, am Ortseingang UNO-Flüchtlingslager. Wasser, Treibstoff (Diesel und Super), Reparaturwerkstatt, einfaches Hotel.

LAÂYOUNE – S. A 2. (Ende A 2; Beginn A 4.)

A 4: Laâyoune – Dakhla – mauretanische Grenze – Nouâdhibou (1014 km)

(03.02, VW Syncro) Asphalt bis 381 km nach Dakhla, bis El Argoub sehr gut, dann z.T. sehr löchrig. Danach Piste (A/G/I), teilweise sehr sandig. Beliebte Autoschieberstrecke, auch mit Pkw möglich. Die Strecke ist seit 2001 in beide Richtungen frei befahrbar. Der Konvoi von Dakhla nach Nouâdhibou wurde abgeschafft. Dakhla muss folglich (außer evtl. zur Lebensmittelversorgung) nicht unbedingt angefahren werden. Die marokkanischen Grenzformalitäten werden in Guerguerat erledigt. Der marokkanische Grenzposten hat von 10–18 Uhr geöffnet. Die mauretanischen Ein-/Ausreiseformalitäten werden in zwei provisorischen Zelten (Zoll und Polizei) direkt an der mauretanischen Grenze abgewickelt. Keine Formalitäten in Nouâdhibou (außer Versicherung und Nationalparkbüro von Norden kommend). Zwischen dem letzten marokkanischen und dem ersten mauretanischen Posten befinden sich Minenfelder. Unter keinen Umständen auf eigene Faust vom Weg abweichen! Der geschobenen, markierten Piste folgen! Sowohl ab Tan-Tan, als auch weiterhin vor und nach Laâyoune einige checkpoints mit genauer Personenkontrolle – Angabe von Geburtsdaten, Eltern, Passnummern etc. sämtlicher Mitreisenden. Vorgefertige Informationsblätter mit allen Angaben sind hilfreich und zeitsparend. In der Westsahara ist der Treibstoff sehr billig (s. Informationen im Überblick/Treibstoff).

LAÂYOUNE – S. A 2. (Ende A 2, A 3.) An Laâyoune Port und Plage vorbei sowie am Abzweig zum „Faro-Cabino"-Leuchtturm.

Vor Boujdour zwei Kontrollen mit genauer Personalienaufnahme.

BOUJDOUR – Sehr gepflegter Ort, ca. 25 000 Einwohner. Lebensmittel, Wasser, Treibstoff. Einige kleine Restaurants, Bank. Polizeiposten.

Unterkunft: „Hotel el Khods", DZ 80 DH (03.98), sehr einfach, Wasser muss evtl. auf Anfrage angestellt werden, sanitäre Anlagen mäßig.

Ca. 10 km südlich von Boujdour Möglichkeit, auf einer Piste die Steilküste zu einem wunderschönen Strand hinunterzufahren, **N 25°58,150′ W 14°30,100′.** Schöne Campingmöglichkeit am Sandstrand, zwei gestrandete Schiffe – Vorsicht: viele Rochen im flachen Wasser im Sand eingebuddelt!

200 km und ca. 60 km vor Dakhla Tankstellen mit zollfreiem Sprit.

40 km vor Dakhla Abzweig nach El Argoub und zur mauretanischen Grenze links. Rechts weiter nach Dakhla. Checkpoint der Gendarmerie, Personalienaufnahme, Tankstelle.

Km 0, **DAKHLA** – Militärstadt. Gute Infrastruktur (s. a. Stadtplan). Keinerlei Formalitäten für die Weiterfahrt in Richtung Grenze mehr erforderlich. Keine Konvoipflicht.

Unterkunft: Hotel „Doums" sauber, DZ 280 DH (11.98) gutes Frühstück in angrenzendem Café, „Hotel Wahrda", DZ 280 DH (11.98) und einfaches Hotel „Sahara". Campingplatz „Moussafir" 6 km vor Dakhla, gepflegter Platz, neue und gute san. Anlagen (kalte Duschen), relativ sauber, Trinkwasser auffüllen möglich, kleiner Sandstrand, kleines Café, einfache Zimmer.

Essen: Gutes Restaurant „Chez Juan" (Alkohol). Hübsches Restaurant „Samarkand" in der Nähe des Hafens (kein Alkohol).

Verschiedenes: Flughafen (Flüge nach Laâyoune).

Km 34, Kreuzung: von Laâyoune kommend El Argoub links, Dakhla rechts. Zwei Tankstellen, Checkpoint. Links weiter nach El Argoub. Sehr guter Asphalt.

Km 69, Bau einer Tankstelle rechts.

Km 73, **EL ARGOUB** – Checkpoint. Aufnahme von Fahrzeugtyp, Kennzeichen und Nationalität (freundlich). Cafés.

Km 88, Abzweig links nach **Imlili** (Militärposten).

Km 111, Ende der ausgebauten Teerstr., schmaler Asphalt, z.T. Schlaglöcher und ausgefranst, im weiteren Verlauf aber meist gut.

Auf den folgenden Kilometern einzelne schneeweiße Dünen. Keine Verwehungen.

Km 123, Tankstelle.

Km 160, Straße verläuft wieder in Küstennähe mit lang gezogenem weißen Sandstrand und kleinen Dünen.

Km 197, Checkpoint (nicht immer besetzt).

Km 284, Tankstelle.

Km 306, Checkpoint, sehr freundlich, Aufnahme von Fahrzeugtyp, Kennzeichen und Nationalität.

Km 363, **GUERGUERAT** – Marokk. Kaserne. Früher hier Übernachtung des Konvois auf dem Parkplatz (Camping „La Poubelle"). Jetzt nur noch Formalitäten. Zollformalitäten (freundlich, nur lasche Fahrzeugkontrolle) und Polizei (Ausreisestempel, freundlich) in den ausgebauten Häuschen unten am Parkplatz. Schnelle und problemlose Abwicklung.

Km 370, letzter marokkanischer Posten, **N 21°21,730′ W 16°57,638′,** Gendarmerie. Daten werden aufgenommen. Ende der Teerstraße.

Ab hier führt die Strecke durchs Minenfeld. Die Piste nicht verlassen, nicht querfeldein fahren! Die Piste wurde neu geschoben, ist mit Steinmännchen markiert und eindeutig erkennbar!

Km 372, ausgebrannter VW-Bus rechts, **N 21°21,042′ W 16°057,360′.** Geradeaus breiter Piste mit den meisten Spuren folgen (Süden), Steinmännchenmarkierung, z.T. sandig.

Km 374, **N 21°20,122′ W 16°56,931′,** ab hier Weiterfahrt auf der alten spanischen Trasse mit Teerresten.

Km 376, **N 21°17,522′ W 16°57,900′,** starke Minengefahr, da der Grenzwall hier sehr nahe ist. Nicht ins Gelände ausweichen! Weiter auf der spanischen Trasse.

Km 389, **MAURETANISCHER GRENZPOSTEN PK 55** und Wall, **N 21°17,175′ W 016°57,944′,** Aufnahme der Kfz- und Personendaten durch die Polizei. In provisorischen Zelten Einreiseformalitäten der Polizei (Stempel) und des Zolls (Devisendeklaration, Zollerklärung, Kfz-Eintrag in Pass, 10 EUR od. 100 DH oder 2000 UM), beides problemlos und freundlich, keine Frage nach Carnet. Einige Männer, die sich als Führer anbieten (für Strecke nach Nouakchott). Bei Zollerklärung („Engagement sur Honneur“) darauf achten, auf wie viele Tage sie ausgestellt wird.

Weiter auf schlechter, holpriger spanischer Trasse, sandige Passagen.

Km 407, Bahngleis, Überquerung der Gleise der Erzeisenbahn, Pos. **N 21°04,069′ W 017°01,198′.**

Km 408, Posten **PK 27** – Gendarmerie. **N 21°03,568′ W 017°01,360′.**

Km 412, **„BOUCHON DES MINES“ – N 21°01,810′ W 017°01,821′;** Kontrollposten, Polizei, Kontrolle der Pässe und Devisendeklaration.

Km 420, Teerstraße erreicht, Vororte von Nouâdhibou.

Km 426, **NOUÂDHIBOU** (Zentrum) – S. F 3.

A 5: Ceuta – Tétouan – Chefchaouen (97 km)

(02.02, VW Syncro) Guter Asphalt. Landschaftlich schöne Strecke.

CEUTA – S. A 1. (Beginn A 1.)

Zwischen Ceuta und Mdiq zahlreiche Touristikkomplexe am Meer.

MDIQ – Ort. Kleine Hotels.

TÉTOUAN – Stadt, ca. 500 000 Einwohner. Gute Infrastruktur, viele Neubauten, aber auch schöne intakte Altstadt.

Unterkunft: „Camping Oued El Malah“ in Martil verwaist und verwahrlost. Schöner Camping „Alboustane“ (beschildert, nahe Mittelmeer und zentral) mit heißer Dusche 10 DH/Pers., 20 DH/Auto (06.01). „Hotel Chems“, Av. Abdeljalak Torres (Ri. Tanger), schönes 3-Sterne-Hotel mit Parkplatz und Pool, DZ zwischen 330–420 DH.

Sehenswert: Bekanntes Volkskundemuseum, archäologisches Museum, Handwerks- und Kunstschule, die Souks in der Medina, Sultanspalast „Dar el Makhzen“.

CHEFCHAOUEN – 610 m, etwa 20 000 Einw. Gute Infrastruktur. Äußerst malerische Altstadt mit weiß gekalkten Häusern und blau bemalten Eingangstüren – arabisches und andalusisches Viertel. Verkauf von preiswerten Webarbeiten. (Beginn A 6 und A 9.)

Unterkunft: Jugendherberge, Motorradfahrer willkommen. Ganzjährig geöffneter Camping „Asilah“. Viele preiswerte Hotels. 4-Sterne Hotel Parador, altmodisch, verdient allenfalls 3 Sterne, Heizung, heiße Duschen.

Verschiedenes: Einige aufdringliche Führer, gelegentlich Anmache wegen Haschisch. Bewachter Parkplatz (10 DH) in Av. Abdelkrim al Kattabi, Ecke Sidi Serifi (neben Taxihalt und überdachtem Marktgelände).

A 6: Chefchaouen – Ketama – Al Hoceima – Berkane – Oujda – algerische Grenze (507 km)

Asphalt. Im Winter vor allem zwischen Bab Reded und Targuist (W und O von Ketama) Schnee- und Eisgefahr. Vorsicht, in der Gegend zwischen Chefchaouen und Targuist wimmelt es von Haschischhändlern, die zu allem fähig sind, um ihren Stoff an den Mann zu bringen; strenge Polizeikontrollen. Möglichst nicht anhalten, keine Einladungen annehmen, auch kein Rauschgift für den Eigenbedarf einkaufen! Die Rifbewohner dürfen zwar Cannabis (kiff) anbauen, aber es ist nicht erlaubt, die Ware zu erwerben – hohe Haftstrafen unter unmenschlichen Bedingungen drohen dem leichtsinnigen Touristen! Die Grenze nach Algerien ist geschlossen.

CHEFCHAOUEN – S. A 5. (Ende A 5; Beginn A 9.)

KETAMA – Dorf zwischen Quellen, Bächen und Wäldern. Treibstoff, Lebensmittel, Restaurants und Cafés.

Unterkunft: Gutes „Hotel Tidighine" mit allem Komfort (DZ ca. 320 DH).

Verschiedenes: Souk donnerstags. Skitourengebiet am Mont Tidighine, 2448 m.

TARGUIST – Dorf. Treibstoff.

AL HOCEIMA – Saubere Fischerstadt mit guter Infrastruktur, 8 km entfernt. Schöne, schwarze Sandstrände. Markt am Dienstag.

Unterkunft: Schöner, terrassenartiger Campingplatz „Cala Bonita" an einer Meeresbucht vor Al Hoceima. Sicherer Ort, von Soldaten des anliegenden Armeepostens bewacht. Sauberes Hotel „Al Khouzama", Rue El Mouaheddine/Ecke Rue el Andalouss nahe Zentrum, DZ 256 DH inkl. Steuer (10.01).

Ab **SELOUANE** 26 km lange, autobahnähnliche Straße über **NADOR,** eine große Stadt mit allen Versorgungsmöglichkeiten (Camping 18 km entfernt an der Mittelmeerküste beim Camping „Kariat Arkmane"; Fähre von Almeria nach Nador mit „Ferry Maroc" vorteilhafter als nach Melilla, da Formalitäten direkt an Bord erledigt werden, daher keine so lange Wartezeiten bei Ankunft in Marokko; Tickets direkt vor Ort oder vorausbuchbar), zur span. Exklave Melilla.

MELILLA – 70 000 Einw., Zollfrei-Gebiet.

Unterkunft: „Hotel Amphora" (Garage).

Verschiedenes: Zollabfertigung für Einreise nach Marokko zügig und unproblematisch. Nach Algeciras gibt es keine Fähre, wohl aber nach Malaga und Almeria (im Winter jeweils 2- bis 3-mal wöchentlich, im Sommer täglich). Im Juli, August und Anfang September die Fähre unbedingt vorausbuchen, da sonst mit Wartezeiten von 1 bis 2 Tagen im Hafen zu rechnen ist, und die Tickets nur jeweils nach stundenlangem, mörderischem Schlangestehen, eingekeilt von Menschenmassen, nach Öffnung des Büros ab 20 Uhr im Hafen erhältlich sind. Vom 2.–6. September sind in Melilla Feiertage, dann sind Banken, Fährbüros und Geschäfte nachmittags geschlossen. Preiswerter Treibstoff.

10 km vor Berkane führt die S403 (Asphaltstraße) über **TAFORALT** und **SIDI-BOUHOURIA** auch nach Oujda. Bis Taforalt kurvenreiche Straße in bezaubernder Hügellandschaft. In der Nähe der Ortschaft die Kamelhöhle besuchen (Zegezel-Schlucht); Taschenlampe erforderlich!

BERKANE – Bedeutender Weinbauort. Gute Infrastruktur.

AHFIR – Dorf. Grenzort nach Algerien, wenig Verkehr, Grenze nach wie vor geschlossen.

Straße nach Saida (20 km).

SAIDA – Badeort, im Sommer überfüllt.

Unterkunft: Mehrere Hotels aller Klassen. Campingplatz ohne Strom, sanitäre Anlagen schmutzig, aber freundliche Angestellte. Herrlicher Strand.

OUJDA – 500 m, ca. 660 000 Einw. Die Stadt wurde im 10. Jh. erbaut und gab immer Anlass zu heftigen und häufigen Kämpfen mit Algerien. (Ende B 43; Beginn A 7 und A 10.)

Unterkunft: „Hotel la Concorde", Bd Mohammed V., sauber, freundlich, DZ 140 DH (08.97).

Verschiedenes: Land Rover-Agentur. Daimler-Benz- und Renault-Werkstatt. Angenehme Stadt, da wegen der wenigen Touristen hier keine aufdringlichen Führer oder

Händler existieren. Es wird häufig minderwertiger Treibstoff (aus Algerien) in Plastikflaschen verkauft!

13 km hinter Oujda folgt die algerische Grenze (seit 1994 geschlossen).

A 7: Oujda – Ain-Benimathar – Bouarfa (268km)

(08.97, VW Golf) Guter Asphalt. Karge Wüstenlandschaft.

OUJDA – S. A 6. (Ende A 6, B 43; Beginn A 10.)

AIN-BENIMATHAR – Dorf. Tankstelle, Bank, Lebensmittel.

Unterkunft: „Hotel du Commerce", einfach, Motorradfahrer willkommen.

BOUARFA – 1200 m, Mangan-Minen-Ort. Treibstoff (Tankstellen), Lebensmittel, Bank. Öffentliche Duschen. Banken. (Ende A 14; Beginn A 10).

Unterkunft: Einfaches „Hotel-Café des Hauts-Plateaux" (Dreierzimmer ca. 75 DH).

A 8: Bouarfa – Figuig – algerische Grenze (Beni Ounif) (113 km)

(08.97, VW Golf) Asphalt. Viele Furten. Schmale Straße (Gegenverkehr ausweichen), Bauarbeiten zur Verbreiterung dürften inzwischen abgeschlossen sein.

BOUARFA – S. A 7. (Ende A 7 und A 12.)

Ca. 50 km vor Figuig Abzweig rechts nach Mengoub/Boudenib.

FIGUIG – Palmenoase mit sieben Dörfern. Gute Infrastruktur. Sehenswerte Oase, mehrere interessante Ksour. Baden in heißen Quellen od. im Pool des „Hotel Figuig".

Unterkunft: Hübsches „Hotel Figuig" (die Durchfahrtsstraße immer geradeaus), sauber, grüner Pool, hier kann auch im Hof gecampt werden; „Hotel El Meliasse" (bei Shell-Tankstelle), schlechte hygienische Verhältnisse, 30 DH pro Person (09.97).

Verschiedenes: Geldwechsel zum offiziellen Kurs im „Café Oasis" und im „Café Figuig". Im Dorfteil Ksar El Hammam el Foukani befindet sich eine unterirdische warme Quelle (32 °C). Man erreicht die Quelle, indem man im Ort links Richtung Ksar El Hammam el Foukani abbiegt (beschildert) und bergauf bis zum Ksar fährt. Die zwei Zugänge zum Quellwasser befinden sich mitten im Ort und sind an nichts zu erkennen: von einer schmalen Tür in der Wand führen 116 Stufen in brütender Hitze und Dunkelheit (Taschenlampe!) hinunter bis zu einem ca. 4 x 3 Meter großen Wasserbekken mit sehr klarem Wasser der dort entspringenden Quelle. Position Zugang 1: **N 32°07,029' W 01°13,118'**, Position Zugang 2: **N 32°06,958' W 01°12,948'.**

Der Grenzübergang nach Algerien ist seit 1994 geschlossen.

4 km hinter Figuig bei Beni Ounif ist die algerische Grenze.

A 9: Chefchaouen – Fès (zwischen 198 und 270 km)

(02.02, VW Syncro, 11.01, Mercedes G) Asphalt, z.T. löchrig. Entlang der P 26 ca. 25 km gute Piste entlang des Stausees Wahda. Von Dez.–April bei Variante 3 Schnee möglich.

CHEFCHAOUEN – S. A 5. (Ende A 5; Beginn A 6.)

Hinter Chefchaouen schöne Korkwälder.

Ca. Km 8, Abzweig in Richtung Ketama (links) und in Richtung Ouazzane (rechts).

Von Chefchaouen nach Fès gibt es drei Möglichkeiten:

Variante 1: Über Ouazzane (gr. Ort, kl. Hotels, Tankstelle, Versorgung), dann P28 (198 km). Weiter über eine landschaftlich hübsche Strecke nach Moulay Idriss (heilige Stadt mit dem Grabmal des Moulay Idriss, auf zwei Hügeln erbaut), Volubilis (römische Ruinen) und Fès oder von Moulay Idriss nach Meknès (27 km), der ehemaligen Herrscherstadt (s. A 10).

Variante 2: Von Ouezzane nach Fès über die P 26 (220 km). Über die P 26 gibt es keine durchgehende Teerstraßenverbindung mehr, da diese durch den Wahda-Stausee unterbrochen wurde (nicht in der Michelinkarte verzeichnet). Man kann aber auf Piste – mit sehr schönen Ausblicken auf den See – am Südufer etwas oberhalb des Stausees entlang fahren und kommt etwas nördlich von Karia Ba Mohamed (Kleinstadt, Tankstelle) wieder auf die P 26. Landschaftlich reizvolle Strecke durch hügelige Gegend mit großen Agaven und weiß gekalkten Bauerngehöften.

Variante 3: S.a. A 8. Über Ketama (270 km). Malerische Fahrt, die durch das Ketamatal führt, wo Cannabis angebaut wird. Ab und zu Polizeikontrollen in dieser Region; Belästigungen durch Dealer (die mit ihren Fahrzeugen am Straßenrand stehen und eindeutig zum Kauf auffordern, gelegentlich auch verfolgen). Die Anmache hat in den letzten Jahren nachgelassen, so dass man, wenn man nicht anhält, mit keinen Komplikationen zu rechnen hat.

FÈS – 415 m, 753 000 Einw. Älteste der vier Königsstädte aus dem 9. Jh. (Zur A 10; Beginn A 11 und A 15.)

Sehenswert: Zahlreiche Sehenswürdigkeiten wie die gut erhaltene Altstadt (unter UNESCO-Schutz) mit der berühmten „Kairaouine-Moschee" und der ehemaligen Universität (nach der von Kairo die älteste der Welt, nur von außen zu besichtigen), Koranschule „Medersa el Attarine", Andalusier-Viertel, Mellah (Judenviertel), Königspalast (nur von außen), Gerber- und Töpferviertel und die Souks, nach denen von Marrakesch die größten im Lande, aber schöner als diese und weitgehend noch nach Handwerksbereichen eingeteilt. Führung für ½ Tag ca. 150 DH mit offiziellem Führer.

Unterkunft: Jugendherberge, 18, Rue Abdeslam Serghini, in der Neustadt, Motorradfahrer willkommen. Schöner Campingplatz „Diamant vert" mit vielen Bäumen (Rasen) und angeschlossenem Freibad mit Wasserrutschen und allem Komfort 6 km südlich in Ain Chkeff (20 DH/Person, 10 DH/Kind, 20 DH/Camper, 10 DH/Motorrad, 15 DH/Zelt). „Camping International", Route de Sefrou, neben neuen Sportstadion (beschildert), ursprünglich mit allem ausgestattet (Pool, Restaurants, Disco, Tennis), inzwischen schon wieder marode, san. Anlagen ungepflegt/defekt usw. bei viel zu hohem Preis von 130 DH/2 Pers. und Kfz (06.01). Gemütliches „Splendid Hotel", 9, Rue Abd el Kerim el Khattabi, 3 Sterne, ca. 350 DH/DZ, Pool. Schönes „Hotel Ibis" (ehemals Moussafir) am Bahnhof, Av. des Almohades, DZ ca. 400 DH, Pool. „Batha Hotel", direkt beim Batha-Museum und beim Eingang zur Medina (Bab Boujeloud). Schönes Mittelklassehotel, DZ 454 DH, Dreierzi. 577 DH. Bewachtes parken ist am Pl. d'Istliqlal, 2 Minuten vom Hotel entfernt möglich. Das luxuriöse Hotel „Palais Jamai" in einem ehem. Stadtpalast, sehr komfortabel mit einem traumhaften Garten (am Bab el Guissa, 5 Sterne, ca. 1500 DH/DZ). Sehr schönes, luxuriöses Gasthaus „Dar Zyriab" (ab 3 Nächte) des deutschsprachigen Fremdenführers Jalil el Hayar im marokkanischen Palaststil, schöner Garten und Balkone, hervorragendes Essen (auch Restaurant-Menü um die 280 DH), DZ 900–1500 DH (Suite), Tel. 00212/055 62 15 61 bzw. 061 17 39 97, e-mail: darzyriab@wanadoo.net.ma, Fax 055 62 31 67. Etwas außerhalb, nahe dem Campingplatz „Ain Chkeff" (Route Ain Chkeff km 7), „Hotel Reda"*** in schöner, bewaldeter Umgebung mit großem Pool, Reitstall, Bar und gemütlichem Restaurant, 5 Minuten von der Autobahnausfahrt Ain Chkeff, DZ 306 DH, Dreierzi. 399 DH plus Steuer (2001).

Verschiedenes: Drei Tage für den Besuch dieser Stadt vorsehen. Alle Annehmlichkeiten in der Neustadt mit vielen Restaurants und Cafés. Zahlreiche Palastrestaurants (mit Musikvorführungen) in der Medina.

A 10: Oujda – Taza – Fès – Meknès – Rabat (538 km)

Asphalt. Gut ausgebaute Hauptverbindungsstraße. Ab Fès gebührenpflichtige Autobahn.

OUJDA – S. A 6. (Ende A 6 und B 43; Beginn A 7 und A 10.)

Km 107, **TAOURIRT** – Großer Ort. Treibstoff. Einfache Hotels.

Km 158, **GUERCIF** - Expandierender Ort, alle Versorgungsmöglichkeiten.

Unterkunft: Einfache Hotels. Einfacher Camping am Ortseingang rechts, wenig Schatten.

Km 223, **TAZA** - Garnisonsstadt, 550 m, ca. 176 000 Einw. Die Altstadt stammt aus dem 12. Jh. und überragt die modernen Stadtteile.

Unterkunft: „Hotel du Dauphine", Av. Prince Héritier Sidi Mohammed, ruhig, etwas heruntergekommen. „Hotel de la Poste", Av. Mohammed V., sehr einfach, sauber, Motorradfahrer willkommen.

Sehenswert: Festungsmauern, das Tor „Porte du Vent", die medina und die Souks; Berber-Souk donnerstags.

Km 250, **SIDI ABDALLAH DES RHIATA** - Dorf. Treibstoff.

In der Umgebung: Ausflugsmöglichkeit über die Asphaltstraße S311 ins **Tazzeka-Massiv** (Nationalpark). Ausgedehnte Korkeichen- und Zedernwälder. Einige Km nach dem Dorf Bab-Boudir befindet sich links der beschilderte Eingang zum **Gouffre de Friatou,** der zweitgrößten Höhle Nordafrikas, die sich von einer größeren Weite trichterförmig nach unten zieht und zu einem engen Höhlenlabyrinth verzweigt. Der erste Teil der Höhle ist mit Treppen bis zur Verengung gut begehbar, hierfür ist ein zweistündiger Besuch vorzusehen. Will man in die engen Gänge des Höhlenlabyrinths vordringen, so ist ein Führer Voraussetzung. Empfehlenswert ist Herr Mustapha Goudeli (der Bruder des Wächters), der die Höhlen in- und auswendig kennt. Man kann die Höhlen über mehrere Stunden durchforsten und stößt auf Tropfsteinhöhlen und unterirdische Seen. Eine Taschenlampe, alte Kleider und gute Schuhe sind erforderlich.

Abzweig (2 km) nach **SIDI HARAZEM** - Thermalquelle mit stark kohlensäurehaltigem Wasser. Direkte Wasserabfüllung in Flaschen möglich.

Km 338, **FÈS** - S. A 9. (Ende A 9; Beginn A 11 und A 15; Zur A 10.)

Km 398, **MEKNÈS** - Königsstadt, ca. 505 000 Einw. (s.a. Stadtplan). Wichtiges Handwerks- und Handelszentrum. Angenehme und schöne Stadt. UNESCO-Weltkulturerbe.

Sehenswert: Die Altstadt mit dem berühmtesten Stadttor Marokkos, Bab el Mansour, dem Mausoleum des Mulay Ismail und der Medersa Bou Inania (Koranschule, 14. Jh.). Ville Imperiale (Königsstadt) mit Königspalast Dar El Makhzen. Lebensmittelhallen nahe Place el Hédim. Pferdeställe und Getreidespeicher von Mulay Ismail.

Unterkunft: 2001 eröffnetes Hotel „Ibis Moussafir", Av. des Forces Armées Royales, Pool, bewachter Parkplatz, zentral zwischen Alt- und Neustadt, DZ 423 DH inkl. Frühstück und Steuer, ohne 330 DH (2001), daneben McDonalds. Zahlreiche andere Hotels. Angenehmer Campingplatz „Bien Venue", in Agdal, bei der Gartenbauschule in der Nähe des Heri und des Bassin de Aguedal in der Ville Imperiale, sauber, evtl. nachts laut, heiße Duschen, zwei Tore mit max. 3,50 m Höhe, ca. 17 DH p.P., ca. 15 DH/ Auto, Zelt ca. 15 DH, Motorrad ca. 10 DH.

Verschiedens: Marokk. Weine erhältlich in Weinkellerei „Les Ceilleurs de Meknès" bzw. „Meknès Vins" am Bd Essadyine. Bewachter Parkplatz (24 Uhr offen) südwestl. Place El Hédim, Schatten, 10 DH (03.02).

In der Umgebung: Mulay Idriss, älteste Stadt Marokkos, gegründet von Mulay Idris (Gründer des marokk. Königreichs) im Jahr 788, Pilgerstadt, sehenswertes Heiligtum Zwaia des Mulay Idriss. **Volubilis,** 2,5 km von Mulay Idriss, größte römische Ausgrabungsstätte Marokkos, u.a. sehr gut erhaltener Triumphbogen und Mosaike.

Ab Meknès entweder gebührenpflichtige Autobahn oder landschaftlich schöne P 1 (guter Asphalt) bis Rabat.

Km 452, **KHEMISSET** - Stadt. Zentrum der bekannten Khemisset-Teppiche. Hotel.

Km 538, **RABAT** - S. A 1. (Zur A 1).

A 11: Fès - Sefrou - Midelt - Er-Rachidia (364 km)

(02.02, VW Syncro) Asphalt. Von November bis April können die Pässe des Mittleren Atlas wegen Schnee zeitweise gesperrt sein.

FÈS - S. A 9. (Ende A 9; Beginn A 15; Zur A 10.)

SEFROU - 45 000 Einw., hübscher Ort, im 7 Jh. gegründet. Sehenswerte Medina.

Unterkunft: Schön gelegener Camping ca. 1 km vom Zentrum.

BOULEMANE - 1700 m, größerer Verwaltungsort, umgeben von Obstgärten.

ZEIDA - Ort. Tankstelle, kleines Hotel. Umgebung vom Bergbau geprägt.

18 km vor Midelt sauberer und angenehmer Campingplatz Timnay mit Bungalows (80–130 DH) und Restaurant (im Winter geschlossen, 18 DH/Person, Zelt/Auto 15 DH, Wohnmobil 25 DH).

MIDELT - 1488 m, ca. 50 000 Einw. Gute Infrastruktur. Letzter Ort vor der Berberregion. Von Nonnen betriebene Teppichwebstube. Bergwerksort, Zentrum des Mineralienhandels.

Unterkunft: Sehr schönes „Hotel Kasbah Asmaa", 3 km außerhalb in Richtung Er-Rachidia, große Zimmer, sehr schöner Innenhof, 270 DH/p.P. HP (2001). „Auberge Jaafar", 7 km außerhalb in Richtung Zeida (Berrem Aït Izdeg, Tel. 066 36 65 17, Fax 055 58 34 15, www.OasenDerSinne.de) inmitten einer 18 ha großen Apfelplantage; sie wird von dem gut deusch sprechenden älteren Herrn Said betrieben (Studium in Deutschland) und gehört dem Deutschen Ronald Hauck, der zusammen mit ihm die Apfelplantage betreut und zahlreiche Programme für Senioren, Wandern, Ausflüge etc. veranstaltet, HP 247 DH (2002). Hotel „Ayachi" (DZ ca. 310 DH, 3 Sterne) und sauberes „Hotel el Atlas". „Camping Municipal", einfach, relativ sauber, im Zentrum.

Zwischen Midelt und Er-Rachidia liegen drei Pässe (Tizi-Aekhnanes, 1769 m, Tizi-n'-Talrhemt, 1907 m, und ein namenloser Pass kurz vor den Ziz-Schluchten, 1369 m).

Mehrere ausgebaute Furten. Malerische Strecke.

100 km hinter Midelt gelangt man in die reizvollen grünen **Ziz-Schluchten** und durchfährt den Tunnel des légionnaires, der zwischen Oktober 1927 und Mai 1928 ohne Sprengstoff von 800 Fremdenlegionären in den Granit gehauen worden ist. Erinnerungstafeln am Nord- und Südeingang.

ER-RACHIDIA (ehemals Ksar-es-Souk) - 1060 m, ca. 175 000 Einw. (s.a. Stadtplan). Gute Infrastruktur. Sehr schöne Universität. Große Reparaturwerkstatt (Renault). (Beginn A 12, A 13 und A 18.)

Unterkunft: Camping in Meski bei den blauen Quellen 16 km südlich (s. A 15). Schönes „Hotel Rissani" (4 Sterne, DZ ca. 500 DH). Gutes einfaches Hotel/Restaurant „Renaissance" (DZ ca. 120 DH).

A 12: Er-Rachidia - Bouarfa (287 km)

(09.97, VW Golf) Asphalt, zumeist in gutem Zustand und problemlos befahrbar. Zahlreiche Furten. Viele Kasernen. Durch wüstenartige, dünn besiedelte Gegend; z. T. Oasenfeldbau.

ER-RACHIDIA - S. A 11. (Ende A 11; Beginn A 13 und A 18.)

Km 23, nach rechts, Richtung S, Straße nach Rissani und Taouz (s. A 16).

BOUDENIB - Expandierender Ort (ca. 6200 Einw.). Tankstelle. Lebensmittel. Apotheke.

Unterkunft: Sehr einfaches Hotel.

BOUÂNANE - Dorf. Kein Treibstoff. Lebensmittel. Cafés.

AIN-ECH-CHAIR - Dorf. Brunnen. Keine Versorgungsmöglichkeit.

MENGOUB - Brunnen und Kreuzung. Neue Asphaltstraße nach Figuig (rechts, P 19a) bisher noch militärisches Sperrgebiet.

BOUARFA - S. A 7. (Ende A 7; Beginn A 8.)

A 13: Er-Rachidia - Erfoud - Rissani (101 km)

(03.02, VW Syncro) Asphalt. Variante über Merzouga, 88 km, Piste. S.a. Plan vom Tafilalet am Ende des Routenteils.

ER-RACHIDIA - S. A 11. (Ende A 11; Beginn A 12 und A 18.)

Die Straße verläuft landschaftlich reizvoll entlang des Oued Ziz, eines von Oasen und Palmen gesäumten Flusstals in der Halbwüste.

16 km südlich von Er-Rachidia befindet sich etwas abseits der Straße die **SOURCE BLEUE DE MESKI** (Blaue Quelle von Meski, **N 31°51,400′ W 04°16,961′),** die in den 1930er Jahren von den Fremdenlegionären in Steinbecken, in dem nach wie vor Fische schwimmen, gefasst wurde. Entlang der Becken mit sehr klarem (Wasser erneuert sich alle zwei Stunden) und kaltem Wasser wachsen hohe Dattelpalmen. Am Wochenende herrscht Hochbetrieb (marokk. Jugend und Soldaten der Kaserne kommen zum Baden). Restaurant, einige Souvenirläden mit deutsch sprechenden Händlern. Schöner Campingplatz unter Palmen. Das Restaurant wurde 1994 von dem Niederländer Leo Pennings übernommen, der auch jahrelang versuchte, von der Gemeindeverwaltung den Campingplatz zu pachten bzw. wenigstens Verbesserungen zu bewirken, letztendlich aber vertrieben wurde. Jetzt gibt es einen neuen Pächter für das Restaurant, der Campingplatz ist immer noch im Gemeindebesitz. Die sanitären Anlagen sind neuerdings (2002) wieder in gutem Zustand und recht sauber. Preise (03.02): 10 DH p.P., 10 DH Auto, 20 DH Campingkfz, 6 DH Eintritt fürs Schwimmbard (für Camper frei)

Links Straße nach Bouarfa (s. A 12).

ERFOUD - Ca. 20 000 Einw. (s.a. Stadtplan). Malerische, größte Oase des Tafilalet-Gebietes. Karawanenstützpunkt im Mittelalter. Gute Infrastruktur.

Unterkunft: „Kasbah Hotel Xaluca", ca. 5 km in Richtung Er-Rachidia, sehr schönes und stilvolles Hotel mit Liebe zum Detail, luxuriös und kunstvoll eingerichtete Zimmer (Waschbecken aus Fossilienstein usw.), Restaurant mit gutem Essen, Pool, sehr freundlich, reichhaltiges Frühstück, Preise (03.02): EZ 330 DH, DZ 460 DH, Suite Junior 650 DH, Frühstück 40 DH, Menu 120 DH. Auch Camping im Hinterhof möglich mit separaten Sanitäranlagen (100 DH für Caravan), noch keine Palmen angelegt, aber Ausbau des Platzes in Planung (03.02 eher noch Baustelle).

In der Umgebung: Südlich von Erfoud in Richtung Merzouga befindet sich ein ca. 10 Millionen Jahre altes Korallenriff, aus dem Fossilien gebrochen werden, die es überall im Ort zu kaufen gibt (s. Route unten).

Die Hauptstraße nach Rissani ist asphaltiert und erreicht nach schöner Fahrt durch die Palmenhaine nach 17 km Rissani.

VARIANTE ERG CHEBBI/MERZOUGA: Als Variante auf Piste ist eine **Rundfahrt** von Erfoud in Richtung Merzouga/Taouz zum Erg Chebbi (s. Karte), den größten Sanddünen Marokkos, bis nach Rissani möglich. Piste, zeitweise sandig, aber auch ohne Vierrad mit Vorsicht möglich (88 km, über Taouz etwa 110 km).

In Erfoud vorbei am Suq und Hauptplatz nach Osten rausfahren (vorbei an Bordj Est), auf den ersten ca. 16 km sehr löchriger Asphalt. Bei **N 31°22,851′ W 04°10,422′** fährt man an einem Jahrtausende alten Korallenriff links vorbei, an dem man viele schöne Versteinerungen finden kann. Kurz darauf diverse Verkaufsstände, u.a. der Familie Segaoui. Im weiteren Verlauf stößt man bei **N 31°17,451′ W 04°05,599′** (kurz vorher Furt über Oued) auf das Hotel „Derkoua Chez Michel" (einem sehr schönen Hotel unter franz. Leitung mit Pool und Reitstall), und auf einen Abzweig Ri. Rissani bzw. entlang den Dünen nach Merzouga. Mit Pkw geradeaus (Wellblechpiste) nach Merzouga, mit Geländeauto links zur Piste entlang der Dünen. Am Rande der Dünen liegen zahlreiche Herbergen (s. Karte). Über Hassi Labied führt die Piste nach Merzouga. **Unterkünfte** entlang der Dünen siehe Karte. Empfehlenswert sind u.a. „Auberge Oasis", „Yasmina", „Ocean des Dunes" und in Hassi Labied vor Merzouga das neue und saubere Hotel „Kasbah Mohayout" und „Kasbah Aiour" der Brüder Oubadi mit Campingplatz, **N 31°07,869′ W 04°01,034′** (HP pro Person im Zimmer mit Bad 120 DH) sowie die „Auberge Riad Amazir" von Larbi Aït Bahadou (einfache Zimmer, aber sehr sauber mit hübschem Innenhof und nettem Restaurant, alles sehr liebevoll aufgemacht, saubere Gemeinschaftsduschen und Toiletten, 250 DH/HP, DZ 175 DH, 400 DH Kamelausflug mit Übernachtung und Essen).

Km 48, **MERZOUGA,** Pos. **N 31°05,983′ W 004°01,043′** - Netter Ort mit ca. 1200 Einwohnern direkt an den Dünen, die Bevölkerung ist freundlich. Supermarkt einer Italienerin.

Unterkunft: „Auberge/Camping Le Touareg", von Hassan Aït-Ali und dem deutsch-portugiesischen Arzt **Phillipe von Ouirnheim** betrieben, Tel. GSM 062 09 70 86, Fax 055 57 72 15; mit Camping, am Ortsausgang 1 km in der Palmeraie, rechts gegenüber der großen Düne, neben Camping „Ksar Sania", alles im Stil einer Kasbah, wenige Zimmer im alten Trakt der 2002 renoviert wurde, schöne Zimmer im Anbau „Kasbah Tuareg", 200 DH HP/2 Personen (Zi. mit Bad), 100 DH ohne Bad, Camping 27 DH pro Person und VW-Bus (2001); Geländewagen können über die Auberge gemietet werden; bei Gesundheitsproblemen ist Phillipe auch bereit zu helfen. „Hotel-Camping Ksar Sania", Tel. 055 57 74 14, Fax 055 57 69 47, B.P. 191, 52 200 Erfoud, ebenfalls 1 km außerhalb in der Palmeraie, direkt neben den Dünen; das hübsche Hotel, als kleine Kasbah gestaltet, wird von dem französischen Ehepaar Françoise und Gérard geführt, der Campingplatz und die Sanitäranlagen (heiße Duschen) sind in sehr gutem Zustand (einer der besten ganz Marokkos); die Zimmer sind einfach (einige mit Bad), aber hübsch und sehr sauber; HP 193–300 DH p.P., im Nomadenzelt 150 DH p.P./ HP., Camping 20 DH p.P.; gutes Essen im geschmackvollen Restaurant 90 DH (Kinder die Hälfte), Kreditkarten und Travellerschecks werden nicht akzeptiert. Hotel „Roses des Sables-Chez Ibrahim", DZ ca. 100 DH. „Auberge Tombouctou", Dependance des Hotel „Kabah Xaluca", angenehm und sauber, DZ 150 DH.

Verschiedenes: „Café des Dunes", sehr nettes Terrassencafé, Treffpunkt von Jung und Alt. Einige Kilometer südlich des Dorfs gibt es am Fuße der Dünen gute Biwakmöglichkeiten.

Sehenswert: Sri-See **(Dayet Sri)** 3 km im Westen; nur in regenreichen Jahren große Flamingokolonie (in den Mittagsstunden), sonst ausgetrocknet; Merzouga auf der Piste kurz vor dem Hotel nach links, verlassen; sie führt durch mehrere ausgetrocknete Seen und durch Sandfelder (Vorsicht!); Pos. **N 31°05,888' W 04°02,814'.**

Merzouga in Richtung Westen verlassen. Nach Süden führt die Piste nach Taouz (s. A 14).

RISSANI – Palmenoase, ungefähr 6000 Einwohner. Schöner Markt am Sonntag. Alle Versorgungsmöglichkeiten. Zentrum Pos. **N 31°16,976' W 04°15,742'.** (Beginn A 14 und A 21.)

Unterkunft: „Hotel El Filalia", „Grand Place Rissani" (bei der Bushaltestelle) preiswert und angenehm, EZ ca. 60 DH, DZ 80–100 DH, Dreierzimmer für ca. 120 DH, Übernachtung auf der Dachterrasse 20 DH, freundliches Personal und Besitzer. Komfortabler ist das Hotel „Kasbah Asmaa"***, 3 km vom Zentrum in Richtung Erfoud, DZ 350–500 DH inkl. Frühstück. „Hotel Sijilmassa", Place Massira Khadra, geräumige und saubere Zimmer mit WC/Dusche ca. 120 DH. Eine Jugendherberge liegt gegenüber dem Marktplatz, drei Zimmer mit 4–8 Betten, sehr sauber, einfache sanitäre Anlagen, mit Jugendherbergsausweis 25 DH, ohne 35 DH.

Sehenswert: Der große Torbogen zum Gedenken an Moulay Ismail und die Alouitendynastie, „Mausoleum des Moulay Ali Cherif" (nur von außen zu besichtigen) und die Ruinenreste von Sjilmassa, der alten Karawanenstadt und Ursprung der Alawidendynastie, 2 km vor Rissani (von Erfoud kommend) sowie der Markt am Sonntag.

In der Umgebung: Rundfahrt (Circuit touristique, insgesamt ca. 20 km) durch die Palmenhaine des Tafilalet: Man passiert viele schöne Dörfer mit mächtigen Lehmmauern (z.B. Ksar Abd el Halim), mit schöner Ornamentik an den Toren.

A 14: Rissani – Merzouga – Taouz (ca. 60 km)

(09.97, Sammeltaxi) Piste (A/G), mit Vorsicht auch für Pkw möglich. Gefahr des Einsandens bei Oued-Durchfahrten auf Teilstücken der Strecke. S.a. Karte vom Tafilalet.

RISSANI – S. A 13. (Ende A 13; Beginn A 21).

Rissani in Richtung O (Teerstraße) verlassen (s.a. Karte) und dem Wegweiser Haroum folgen, bei einer Gabelung dann nicht mehr der Teerstraße nach, sondern rechts auf die Piste (Wellblech) in Richtung SO abbiegen (unleserlicher Wegweiser – die Wegweiser werden von Jugendlichen unkenntlich gemacht, die sich als Führer aufdrängen wollen). Durch Palmgärten **(N 31°17,569' W 04°13,153')** bis zum Oasenende fahren.

Km 5, vorbei am Café/Camping/Restaurant „Le Tresor" (ebenes Gelände ohne Bäume an einem Ziehbrunnen in der Wildnis).

Ungefähr 5 km weiter Betontrasse über ein Wadi **(N 31°15,819' W 04°09,243').**

Km 18, die Piste wird wesentlich breiter, Wellblech.

Kleine Sanddünen entlang der Strecke bis **N 31°11,839' W 04°06,603'.**

Km 19, Abzweig links (Schild) zur „Auberge Erg Chebbi", geradeaus weiter.

Km 30, Telefonleitungen, die von Erfoud kommen.

Km 31, in die von Erfoud kommende Piste einbiegen.

Km 37, **MERZOUGA** – S. A 13.

TAOUZ – Militärgarnison. Bei Polizei und Militär melden.

Sehenswert: Mangan-Bergwerke und Felsmalereien etwas südwestlich von Taouz ca. 4–5 km (Führer empfehlenswert).

A 15: Fès – Azrou – Khénifra – Beni-Mellal – Bin-el-Ouidane-Stausee – Ouzoud-Wasserfälle – Marrakesch

Asphalt. Landschaftlich schöne Strecke, vorbei an Obstplantagen und Gebirgszügen des Mittleren Atlas im Übergang zum Hohen Atlas.

FÈS – S. A 9. (Ende A 9; Beginn A 15; Zur A 10).

IMMOUZER DU KANDHAR – Hübscher Ort auf 1345 m Höhe. Marokk. Ausflugsort, ca. 8000 Einw. Alle Versorgungsmöglichkeiten.

Unterkunft: Mehrere Hotels, z.B. Hotel „Charazed", 3 Sterne, schön und freundlich.

IFRANE – Sehr europäisch wirkender, sauberer Kurort und Universitätsstadt mit netten Restaurants und Hotels. Der Ort liegt auf 1661 m und hat ca. 12 000 Einw. Gute Infrastruktur (kleiner Supermarkt „Epicerie La Cigogne" und „Superette de Cigones" mit europäischen Waren, Alkohol). Spitzgiebelhäuser.

Unterkunft: Schöne Hotels „Tilleul"*** und „Perce-Neige"*** (DZ um die 400–450 DH). Camping „Municipal", 1 km vom Zentrum in Ri. Mèknes, schattig, groß, sauber, im Sommer sehr voll.

AZROU – S. A 16. (Beginn A 16.)

KHÉNIFRA – S. A 16. (Ende A 16; Zur A 15.)

Kilometerangaben ab Khénifra.

Km 78, Abzweigung links nach El Ksiba und Imilchil (s. A 17), geradeaus 22 km weiter nach

KASBA-TADLA – Expandierende und wenig touristische Stadt mit ca. 36 500 Einwohnern, am Fluss Oum-er-Rbia auf 725 m Höhe.

Unterkunft: „Hotel des Allies" (DZ ca. 100 DH), Restaurants, Geschäfte.

Sehenswert: Die ockerfarbene Kasbah mit der Moschee, welche von Moulay Ismail 1677 erbaut wurde und die der Stadt ihren Namen gab.

Km 129, **BENI-MELLAL** – Provinzhauptstadt, ca. 140 000 Einwohner, am 625 m hohen Djebel Tassemsit gelegen. Wichtiges Obstanbaugebiet.

Unterkunft: „Hotel Ouzoud"****, „Hotel Chems"**** (beide liegen fast nebeneinander an der Straße nach Marrakesch, DZ zwischen 400 und 500 DH). „Gharnata", Bd Mohammed V., einfach. „Hotel Ain Asserdoune", Bd des F.A.R., DZ ca. 150 DH, sehr sauber.

Straße weiter in Richtung Marrakesch.

Km 140, Abzweigung links nach Oulad M'barek und zum Bin-El-Ouidane-See.

Km 141, **OULAD M'BAREK** – Dorf, ein Markt wird am Donnerstag abgehalten.

Km 150, **TIMOULILT** – Kleiner Ort mit diversen Läden.

Km 167, Abzweigung nach links (Amergui, Taguelft), geradeaus weiterfahren.

Km 168, **OUAOUIZARTH** – Dorf, am Ostufer des Stausees mit traumhaftem Blick auf den See. Lebensmittel. Tankstelle.

Unterkunft: Einfaches „Hotel/Restaurant Atlas".

In der Umgebung: Möglichkeit zu Abstecher auf mittelmäßiger Piste bis zum Kathedralberg („Cathédrale des roches"), links in traumhaft schöne Gebirgslandschaft abzweigen (ca. 40 km).

Entlang des Stausees (schöne Camping- und Bademöglichkeiten nahe des Ufers auf Halbinseln, zu denen Pisten führen) weiter, bis man 13 km nach Ouaouizarth den kleinen Ort und das Wasserkraftwerk **BIN-EL-OUIDANE** erreicht. Der Stausee Bin-el-Ouidane (auf 1200 m Höhe), der 1955 fertig gestellt wurde, schließt die Schluchten des Oued el Abid ab. Die Staumauer wird vom Militär bewacht, Fotografieren verboten! Straßengabelung im Ort: rechts Richtung Afourer und zum kleinen, sauberen und schön gelegenen „Hotel/Auberge du Lac" (07.97: DZ 166 DH), der Campingplatz existiert nicht mehr.

Links weiter über die Staumauer und nach Azilal, das nach weiteren 27 Kilometern erreicht ist.

AZILAL – Sauberer Provinzort. Alle Versorgungsmöglichkeiten. Der 1400 m hoch gelegene Provinzort ist Ausgangspunkt nach Aït Mohammed und zu Trekking- bzw. Mountainbiketouren in den Hohen Atlas: auf den Djebel Azourki, 3690 m; zum Lac d'Izourar; nach Aït Bougoummez, zur Steinkathedrale („Cathédrale des roches"), zum Irhil M'Goun (4071 m) und ins M'Goun-Tal weiter bis Kelaa M'gouna zur Straße der Kasbahs. Aït Mohammed und das südliche Tabannt im Aït-Bougoumezz-Tal sind das Zentrum der marokkanischen Bergsteigerschulen. Möglichkeit der Buchung über das Touristenbüro im Zentrum (Av. Mohammed V.) oder in Marrakesch bei einschlägigen Veranstaltern. Der Souk findet immer mittwochs statt.

Unterkunft: Hotel und Restaurant „Assounfou"**, Bd Hassan II., DZ (nicht immer sauber) mit Dusche und Satellitenfernseher und Frühstück 272 DH (2001), mit Terrassenrestaurant/-café. Einfaches, einigermaßen sauberes „Hotel Souss"**, im Zentrum an der Av. Hassan II.

Km 20 nach Azilal, rechts Abzweig zu den Ouzoud-Wasserfällen nehmen.

Km 39 nach Azilal, **OUZOUD-WASSERFÄLLE** – Die Wasserfälle, die mit zu den größten Naturschönheiten Marokkos zählen, werden vor allem im Juli/August durch Camper und Ausflügler sehr stark in Mitleidenschaft gezogen, so dass sie ihren Reiz zumindest im Hochsommer stark einbüßen. Das einstmals klare Wasser mit seinen Becken unterhalb der Wasserfälle ist zumindest im Sommer mehr braun als grün. Wenn man allerdings im Frühjahr kommt, sind die schönsten und höchsten Wasserfälle Marokkos auf jeden Fall einen Besuch wert.

In der Umgebung: Schöne Wandermöglichkeiten in die Abid-Schlucht, auf der gegenüberliegenden Flussseite. In den umliegenden Wäldern hausen noch Makakkenaffen.

Unterkunft: „Riad Cascades d'Ouzoud", Tel. 023 45 96 58, Fax 023 45 88 60, e-mail: riad@ouzoud oder lampat@club, Internet www.ouzoud.com, komfortables und geschmackvolles 5-Zimmer-Hotel in einem restaurierten zweistöckigen, original marokkanischen Lehmhaus mit Innenhof und Dachterrasse (franz. Besitzer); DZ 600 DH, HP 900 DH (2 P.), sehr gutes Menü 150 DH, à la carte 30–80 DH, Frühstück 40 DH, Kinder bis 2 Jahre frei, bis 5 Jahre 50% Ermäßigung. „Es Salam Hotel, Chez Mohammed", Übernachtung in einfachen Zimmern ohne Dusche für ca. 80 DH/Person, gutes Essen, netter Innenhof mit Bäumen. Direkt oberhalb der Wasserfälle liegt der nette Campingplatz „Camping de la Rivière", der von dem sehr freundlichen Mustapha Jebbor, Tel. 061 77 61 43, betrieben wird; Mustapha ist staatlich geprüfter Führer und Bergführer und spricht auch gut englisch; einfache, saubere Toiletten/Duschen, 15 DH pro Person, 10 DH pro Auto, 10 DH Zelt (10.01).

Zurück zur Hauptstraße (17 km) erreicht man wieder die Straße nach Demnate und Marrakesch.

Km 36 (19 km nach der Kreuzung), **TANNANT** – Kleiner Ort. Tankstelle.

Links geht es nach Demnate und zur Naturbrücke von Imi-n-Ifri (siehe Abstecher), geradeaus erreicht man nach 103 km Marrakesch.

Abstecher: Wenn man in Tannant links nach Demnate (27 km) abbiegt, dieses durchfährt (schöner Markt am Sonntag, einfache Hotels, Lebensmittel), erreicht man nach 33 km die Naturbrücke (**„Pont naturel Imi-n-Ifri"**), von wo sich der Oued Lakhdar durch Erde und Stein hindurchgegraben und diese riesige, äußerst beeindruckende Naturbrücke geschaffen hat. Man kann nach unten steigen und hindurchlaufen (schön zum Vögel beobachten, die überall unter der Brücke nisten). Von Imi-n-Ifri aus gibt es die Möglichkeit, Dinosaurierabdrücke zu bewundern. Wenn Sie in Im-n-Ifri über die Brücke (also links) und dann 7 km auf guter Piste fahren, befinden sich links, kurz vor zwei Dörfern, auf einem Hügel in rotbraunen versteinerten Lehmplatten mehrere Abdrücke dieser Urzeitriesen. Zurück über Demnate kann man direkt nach Marrakesch fahren (109 km). (Weiter A 19 oder A 20.)

A 16: Azrou – Oum-er-Rbia – Ain-Leuh – Khénifra (ca. 147 km)

(03.02, VW Bus Syncro) Asphalt, meistens gut.

AZROU – 1250 m, 22 000 Einw. Gute Infrastruktur. Souk dienstags. Interessante Handwerkergenossenschaft (Berberteppiche). (Zur A 15.)

Unterkunft: Jugendherberge (oberhalb der Straße nach Midelt), mehrere Hotels. Komfortabel ist das 4-Sterne-Hotel „Amros" (DZ 580 DH), etwas außerhalb, an der Straße nach Meknès. Sehr gutes Essen im angeschlossenen Restaurant an der Straße (z.B. Forellen). „Hotel Panorama", im Zentrum, hübsch, DZ mit HP für 2 Pers. etwa 600 DH.

Km 0, Azrou in Richtung Osten verlassen (Richtung Midelt). Durch Steineichen-Wald bergauf. Guter Asphalt. Nach einigen Kilometern beginnen Zedern.

Km 7, Abzweig links zur Cedre Gouraud (Schild) mit Mineralienständen; rechts zum Lac Affenourir usw. (großes Schild „Circuit Touristique", s.u.). Weiter in Richtung Cedre Gouraud (gute Piste).

Km 12, **CEDRE GOURAUD** – Größte Zeder Marokkos (ca. 40 m hoch). Mineralienstände, viele Affen, Pos. **N 33°25,595' W 05°09,318'.**

Km 15, zurück am Abzweig, weiter in Ri. Lac Affenourir (rechts aus Richtung Azrou), **N 33°25,187' W 05°10,687'.** Schild „Circuit Touristique des Cedres" – Lac Affenourir, Foret Ain Khala, El Kissarite, Lac Ouiouane, Oum-er-Riba.

Km 18, Verzweigung, Pos. **N 33°24,404' W 05°12,115',** Schild links „El Kissarite" (Teer), Straße nach rechts läuft parallel und führt später wieder zusammen. Die schöne Strecke führt durch den Zedernwald (gelegentlich Lichtungen, Campen möglich).

Km 32, Ausfahrt aus Wald auf gr. Hochebene (Weiden), ärmliche Hirtenhütten.

Km 33, Abzweig rechts mit arab. Schild, **N 33°18,286' W 05°13,611'** zum **LAC AFFENOURIR.** Die Piste führt auf 4 km zu dem schönen flachen See mit vielen Vögeln (Pos. **N 33°16,997' W 05°15,082'**), kl. Damm, weißes Häuschen.

Km 41, zurück am Abzweig zum See, weiter auf der Teerstraße über die steinige Hochebene, umrahmt von Zedernwäldern mit Hirtenhütten und Nomadenzelten.

Km 88, neu geschobene Piste mündet von rechts ein, Wald beginnt wieder.

Km 54, Piste mündet von links ein.

Km 57, Piste zweigt von rechts ein (führt zu Haus). Kurz darauf Blick auf den See von der anderen Seite. Danach kontinuierlich von ca. 2000 m Höhe bergab durch Zedern- und Steineichenwald.

Km 64, Piste mündet rechts ein.

Km 65, Einmündung in Teerstraße (S303), re. nach Ain Leuh (4 km), li. Source Oum Rbia (30 km) und El Kissarite. **N 33°15,681' W 05°20,828'.** Links weiter.

Abstecher nach **AIN LEUH** – Markt- (Mittwoch) und Erholungsort mit Spitzgiebelhäusern. Treibstoff.

Km 69, pilzförmige Felsformationen.

Immer wieder Schlaglöcher und gelegentlich Unterbrechungen (schlechte Straße). Arme Nomaden mit Herden.

Km 83, **LAC OUIOUANE** – Schöner See mit Siedlung links der Straße.

Km 85, zweiter See in Kessel mit Häuschen. Teerstraße wieder gut.

Km 96, Abzweig rechts nach Mrirt und Khénifra (Schild), links weiter.

Km 97, **OUM-ER-RBIA** – Etwa 40 Quellen (zum Teil salzhaltig) sprudeln aus einer

Kalkfelswand und vereinigen sich zum größten Fluss Marokkos. Kleine Restaurants und Cafés am Fluss, unterhalb der Straße liegt eine Forellenzucht. Kl. Parkplatz mit Gardien, im Frühjahr wenig los. Der Wasserfall oberhalb der Quellen liegt evtl. trocken.

Straße bergauf häufig beschädigt (Steinschlag und Wasser).

Km 115, Gabelung: links Azigza-See, rechts Khénifra. Links weiter zum See (3 km).

AGUELMAME AZIGZA – Sehr malerischer Bergsee, von Zedernwäldern umgeben. Camping- und Bademöglichkeit, viele Frösche (abends) und (mit Glück) Affen. Das ehemalige Café steht nur noch als Ruine, denn trotz gelegentl. Wochenendbesuchen von Marokkanern ist hier meist nichts los.

Km 121, zurück an Gabelung, weiter in Richtung Khénifra.

Km 126, Abzweig einer Teerstraße links nach Aït Oufella (Schild), rechts weiter.

Im Frühjahr auf den nächsten Kilometern immer wieder fantastische Ausblicke auf die verschneiten Berge des Hohen Atlas!

Km 147, **KHÉNIFRA** – Expandierende, nicht besonders saubere Stadt. 830 m, ca. 211 000 Einw. Gute Infrastruktur. (Zur A 15.)

Unterkunft: „Hotel Najah", Bd. Zerktouni, schöne, gepflegte Zimmer, die zum hübschen Innenhof gehen. DZ um die 300 DH. „Hotel France", saubere Zimmer mit Dusche, bewachtes Parken (DZ ca. 150 DH); gegenüber Shell-Tankstelle Garage für Motorräder (10 DH).

Sehenswert: Brücke und Lehm-Kasbah aus dem 17. Jh.

A 17: El Ksiba – Imilchil – Tinerhir (Rich) (230 km)

(11.01, Mercedes G) Bis Cherket Asphalt, dann Piste dem Flussbett entlang. Nach Tassent wieder Asphalt bis hinter Imilchil. Ab Tamtattouche bereits trassiert und Asphaltierungsarbeiten in Gang.

Von der Straße nach Marrakesch (A 15) in Richtung El Ksiba, das nach 7 km erreicht ist, abbiegen.

EL KSIBA – Einkaufsmöglichkeiten. Der ehemalige Erholungsort ist sehr heruntergekommen, liegt aber in schöner, grüner Gegend.

Unterkunft: Sehr schöner Campingplatz und Auberge „Les Artistes" von Francois und Patricia Gattano, einem sehr netten französischen Ehepaar; in Richtung Taghbalout und Imilchil und am Ortsende von El Ksiba (Kreuzung Aït Yaqub) nach links; ummauertes Gelände mit Bungalows, Zelten und angelegtem Garten; sehr gutes Essen; Camping 25 DH/p.P., Fahrzeug 10 bzw. 15 DH, großes Wohnmboil bzw. Lkw 50 DH, warme Dusche 5 DH, Übernachtung im Bungalow mit Bad 250 DH/DZ (2001).

Ab El Ksiba sind es ca. 45 km bis zum Abzweig rechts auf die Piste nach Cherket (beschildert).

CHERKET – 1600 m. Dorf. Keine Versorgungsmöglichkeit. Ausflug zum malerisch gelegenen Berberdorf Aouchgal (in Cherket nach dem Weg fragen); hübsche Gegend. Allradantrieb notwendig. Die Piste steigt weiter an. Sie ist in schlechtem Zustand, manchmal am Flussbett entlang, doch immer leicht zu erkennen. Abgesehen von einigen Büschen und Bäumen am Ufer ist die Region kahl. In den Wintermonaten ist diese Strecke infolge von Regen- und Schneefällen meist nicht passierbar, jedoch ist eine Trassierung bereits in Arbeit und die Asphaltierung der letzten nicht asphaltierten 25 km (Ende 2001) dürfte 2003 abgeschlossen sein. Nach dem Dorf Tassent führt die geteerte Straße auf die Seehochebene. Der erste See, der Tislit-See (Km 102), ist zum Campen am besten geeignet (Campingplatz bei der netten „Auberge Tislit" am Seeufer). Zum Baden ist es meist zu kalt. Eine Piste führt am Nordufer entlang bis zum Iseli-See (9 km). Die beiden Seen werden nach einer alten Berbersage als Braut und Bräutigam bezeichnet, die wegen Familienstreitigkeiten nicht heiraten konnten, und deren Tränen deshalb den See füllten.

Km 106, **IMILCHIL** – 2160 m, 7250 Einw. Schönes Kasbahdorf. Siedlungsgebiet der Aït-Haddidouh-Berber mit ihren malerischen Trachten. Polizeikontrolle.

Unterkunft: Hotel „Kasbah Adrar", außerhalb in Richtung Süden, schönes neues

Hotel in Form einer Kasbah (durch deutsche Unterstützung entstanden), mit offenem Kamin für kalte Tage, 100 DH p.P., der Besitzer Hassan Baamti ist staatlich geprüfter Bergführer. Weitere einfache Hotels „Haute Atlas" und „Izlan".

Verschiedenes: Mitte bzw. Ende September wird hier alljährlich ein großer Schafmarkt abgehalten, an dem Zehntausende von Nomaden teilnehmen und der auch als Hochzeitsfest von Imilchil bzw. Moussem der Bräute bekannt ist (mittlerweile sehr touristisch). Hier ergibt sich sowohl für junge Mädchen (unter Vermittlung der Eltern) als auch für geschiedene Frauen die Gelegenheit, einen Mann zu finden; die Ehen werden gleich vor Ort vom Kadi geschlossen.

Hinter Imilchil führt eine Teerstraße nach Süden, welche nach 10 km in Richtung Osten, nach Rich abbiegt (s.u.). Im Sommer geht sie durch grüne Täler, und die Kasbahs heben sich kaum von den umliegenden Bergen ab. Die Häuser bestehen aus Lehm; ihre Bewohner sind sehr gastfreundlich.

6 km hinter Imilchil: die Piste links nach der Brücke führt nach Midelt; rechts einbiegen bis zur nächsten Abzweigung 10 km weiter: links Teerstraße nach Rich (130 km bis ins Ziz-Tal), in Richtung Todhraschlucht die Piste weiter geradeaus fahren (Teerstraße ist in Planung).

Km 142, **AGOUDAL** – Großes und sehenswertes Dorf. Kasbahs.

Unterkunft: Einfache „Auberge Ibrahim", im Norden, gegenüber der Sanitätsstation, sehr nette Besitzer, sauber, **N 32°00,732' W 05°29,250'.** Eine schlechte Piste führt ab Agoudal rechts zur Dadès-Schlucht; nach links abbiegen.

Km 197, **TAMTATTOUCHTE** – Großer Ort, sehr europäisch und sauber. Treibstoff teuer. Manchmal Militärkontrolle.

Unterkunft: Schöner Campingplatz mit „Auberge Badou" (DZ 80 DH, Camping 20 DH), **N 31°40,237' W 05°32,781',** mit gegenüberliegendem, neuem und schönem Kasbahhotel.

Nach dem Ort gelangt man in das im Sommer ausgetrocknete obere **Todhratal.** Straßenbau mit breiter Trasse in Richtung Tinerhir war Ende 2001 in Gang (Piste sollte noch 2002 geteert werden). Ein Weiterbau bis Imilchil ist geplant. An der schmalsten Stelle (30 m breit mit 300 m hohen Felswänden auf beiden Seiten), am Ende bzw. von Tinerhir kommend am Anfang der Schlucht, entspringt eine Quelle; dort gibt es zwei saubere Hotels („Yasmina" und „Hotel des Roches" mit Restaurant). Man kann natürlich auch in der Schlucht wild campen (nicht bei Regengefahr!), sollte allerdings den Platz sauber hinterlassen. Die Asphaltstraße beginnt ca. 500 m hinter den Hotels, wenn sich die Schlucht weider weitet.

Unterkunft: Im weiteren Verlauf trifft man auf mehrere Hotels und Campingplätze. Besonders beliebt und schön angelegt ist der „Camping Atlas", 9 km von Tinerhir in Richtung Todrha-Schlucht. Sehr schöner, sauberer Campingplatz unter riesigen Palmen, netter Besitzer, gutes Essen im Restaurant (Menü 45 DH), sehr saubere sanitäre Anlagen, heiße Duschen, auch nette Zimmer (90 DH), Camping 10 DH p.P., Motorrad 6 DH, Zelt bzw. Auto 15 DH, Strom 15 DH; einer der besten Plätze in Marokko, manchmal etwas laut, da viele Feste gefeiert werden. Dem selben Besitzer gehört die hübsche, saubere „Auberge Amazir" 500 m weiter auf der linken Seite, DZ mit Bad 230 DH, HP 400 DH/DZ (2001). Ein weiterer schöner Platz ist der „Camping le Lac – Garden of Eden", direkt neben „Camping Atlas", idyllisch zwischen Palmen oberhalb der Oasengärten gelegen. Das Quellbecken liegt talaufwärts gleich hinter dem Camping und ist glasklar, ein badewannenbreiter Ableitungskanal führt quer über das Gelände und eignet sich gut zum Getränkekühlen, aber auch zum Baden. Campinggebühren: 20 DH/p.P., Zelt 10 DH, Auto 10 DH, 6 DH Motorrad, warme Duschen, Zimmer (mit Bad 100 DH), im Nomadenzelt oder auf der Dachterrasse 15 DH. Oberhalb liegt der Camping „Source de Poisson Sacré" schattig und sehr idyllisch. Die heilige Quelle ist in einem Becken gefasst worden, Fische schwimmen darin herum, nettes Restaurant im Nomadenzelt, einfache, saubere sanitäre Anlagen, einfache saubere Zimmer 60 DH, Camping 8 DH p.P., 10 DH Auto, 20 DH Wohnmobil, 10 DH Zelt. Ein weiterer gepflegter Platz ist Camping „Chez Bernard" in Richtung Tinerhir rechts, sehr gepflegte Sanitäranlagen, einfache Zimmer, Waschmaschinenbenutzung gegen 20 DH, schöne Stellplätze, Strom, noch wenig Schatten, da der Platz relativ neu ist.

Wenn möglich, den letzten Teil der Strecke gegen Abend fahren. Der Sonnenuntergang über den Palmenhainen des unteren Todhratals ist unvergesslich.

Km 230, **TINERHIR** – 1342 m, ca. 30 000 Einw. Gute Infrastruktur. Prächtiger Palmenhain bis zur Todhra-Schlucht. Imposante Kasbah. (Zur A 18.)

Unterkunft: „Camping Almo" (südlicher Ortsrand, ordentlich, Pool) und „Camping Ourti" (relativ neu, Pool). Sehr schönes Drei-Sterne-Hotel „Tombouctou", in einer Original-Kasbah, die dem Schweizer Edi Kunz gehört, der sich in der Gegend sehr gut auskennt; DZ mit Bad 300 DH, Turmzimmer 110 DH ohne Bad (2001), bewachter Parkplatz.

A 18: Er-Rachidia – Tinerhir – Boulmane-du-Dadès – Ouarzazate (306 km)

(11.01, Mercedes G) Asphalt. Durchquerung einer wüstenähnlichen Ebene; Berge im Hintergrund, bis nahe Tinerhir, danach von Bergen gesäumtes und von Palmen bestandenes Oasental mit vielen Kasbahs (befestigte Lehmbauten), deshalb „Straße der Kasbahs" genannt. Die Strecke zählt zu einer der beliebtesten touristischen Routen Marokkos.

ER-RACHIDIA – S. A 11. (Ende A 11; Beginn A 12 und A 13.)

TINERHIR – S. A 17. (Ende A 17.)

BOULMANE-DU-DADÈS – 9900 Einw., 1586 m. Größerer Marktort (Souk am Mittwoch). Treibstoff, Lebensmittel. Sehr schöne Kasbah.

Unterkunft: Einfaches „Hotel-Restaurant Salam" (bei der Shell-Tankstelle), gastfreundlich, einheimische Küche. Sehr schönes Hotel „Kasbah Tizzarouine" auf einem großen Gelände auf Terrassen angelegt, sehr freundliches Personal, wunderschöner Blick auf Boulmane von der Terrasse, sehr saubere und luxuriöse Zimmer (klassisches oder Höhlen-Zimmer), Restaurant, Pool, Preise (11.01): 350 DH p.P. mit Halbpension, Berberzelt 250 DH mit Frühstück. Guter Campingplatz/Hotel „Berbère de la Montagne", am Dadés-Fluss in der Dadés-Schlucht, heiße Duschen, sehr sauber und familiär, von Boumalne kommend am Ortsanfang von Imadiazen links, GPS-Pos. **N 31°33,483' W 05°54,622',** 40 DH für 2 Pers. und Kfz (06.01).

In der Umgebung: Ausgangspunkt für Ausflug in die **Dadès-Schlucht** (Asphalt,), sehr schöne Kasbahs, beeindruckende Landschaft; verlässt man die Schlucht bei Msemrir, gelangt man über eine sehr schlechte Piste (nur Allradfahrzeuge), aber durch eine großartige Canyonlandschaft in die Todhraschlucht bei Tamtattouchte oder nördlich weiter nach Imilchil (s. A 17).

SKOURA – Hübscher Oasenort mit allen Versorgungsmöglichkeiten. Große, sehenswerte Kasbah Amerhidil: hinter dem Ort auf Piste nach rechts abbiegen, auf andere Seite des Flussbetts (Pos. **N 31°02,606' W 06°34,888').** Man kann aber auch vom „Hotel Kasbah Ben Moro" direkt ins Flussbett laufen, und nach 5 Min. ist die Kasbah, die nördlich liegt, erreicht. Die Besichtigung ist auch von innen möglich und sehr empfehlenswert. Ein kleines Museum zeigt viele alte Werkzeuge und Gebrauchsgegenstände. Anschließend gibt es noch einen Tee im Innenhof. Als Obolus zahlt man so viel, wie man will (angemessen sind 20–30 DH).

Unterkunft: Hotel „Kasbah Ben Moro", ein sehr edles, luxurioses Hotel in einer renovierten Kasbah, spanische Besitzer, der Rezeptionist Aziz spricht gut englisch und auch etwas deutsch, Tel./Fax 44 85 21 16, e-mail: hotelbenmoro@yahoo.fr, Halbpension im DZ 450 DH p.P., hervorragendes Essen, guter marokkanischer und französischer Wein. Den selben Besitzern gehört die wunderschöne Kasbah Aït Ben Ali, die versteckt im nordöstlichen Palmenhain neben einer Quelle im großen Oasengarten liegt und eine Gîte d'Etappe ist (einfache Unterkunft in Zimmern und Zelten zwischen 50 und 250 DH, aber auch DZ). Anmelden muss man sich in der „Kasbah Ben Moro", denn in der Kasbah Aït Ben Ali ist nicht immer jemand anwesend, außerdem ist sie allein nur schwer zu finden.

Entlang einer hübschen Strecke führt die gute, breite Straße über Keela M'gouna (Ausflugsmöglichkeit ins Rosental und nach Bou Thrarar zur Mgoun-Schlucht) weiter nach Ouarzazate.

OUARZAZATE – Stadt, 1160 m, etwa 40 000 Einwohner (s.a. Stadtplan). Sehr gute Infrastruktur.

Unterkunft: Besonders empfehlenswert ist das Hotel „Palmeraie"*** am Bd Al Maghrib al Arabi, Tel. 044 88 57 70, Fax 044 88 57 49, neben dem „Hotel Hanane", schönes Mittelklasse-Hotel, DZ 360 DH, Frühstück 38 DH, Menü 89–120 DH, Pool. Schon etwas abgewohntes Hotel „La Gazelle"**, Av. Mohammed V., Tel. 044 88 21 51, Fax 044 84 47 27; sparsam möblierte, etwas muffige Zimmer, gruppiert um einen Innenhof mit einem hübschen, kleinen botanischen Garten; DZ mit WC und Dusche 180–220 DH inkl. Frühstück, in der Nebensaison billiger; gutes Essen (Menü 100 DH, Tagesgericht 50 DH, Bier 15 DH); schöner Pool, Parkmöglichkeit im Hof. Travellertreffpunkt ist das Hotel „La Vallée"**, Tabounte, Tel. 044 85 40 34, Fax 044 85 40 43; außerhalb an der Straße nach Zagora, hinter der großen Furt über den Oued Ouarzazate; saubere Zimmer, sehr freundliches Personal, hübscher Innenhof mit Pool, Festzelt zum Essen mit Musikuntermalung, 200 DH/DZ mit Bad, DZ 120 DH ohne Duschen, gutes, reichliches Essen (Abendessen 70 DH mit Berber-Livemusik), gutes Frühstück mit Pfannkuchen 20 DH, Alkohol. Zahlreiche Luxushotels, das Preis-Leistungs-Verhältnis ist im „Bélère Salam" am besten (DZ 560 DH). „Club Mediterranée" am Stausee. Sauberer „Camping Municipal" mit einfachen san. Anlagen (ca. 10 DH/Person, 4 DH/Zelt/Auto, Strom 8 DH, Bus 20 DH); neben dem Campingplatz befindet sich das öffentliche Freibad. Camping „Le Tissa", ca. 20 km vor Ouarzazate (von Amerzgane kommend) rechts, heiße Duschen, ca. 30 DH für 2 Pers. und Auto (06.01, Handeln möglich).

Sehenswert: Halb verfallene Storchen-Kasbah beim Stausee, sehr gut renovierte „Kasbah von Taourirt" links vor der Stadteinfahrt (Eintritt 10 DH) sowie das Kasbahviertel hinter der Glaoui-Kasbah (Handwerkergenossenschaft), wo Berberteppiche verkauft und kostbare alte Teppiche ausgestellt werden, sowie die Kasbah Tiffoultoute (s.u.) beim Abzweig in Richtung Zagora und die nahe liegenden Atlas-Filmstudios (in Tabount, beim Abzweig zur Kasbah Tiffoultoute, neben dem „Hotel Oscar").

Verschiedenes: Gute Versorgung in Ouarzazate mit Supermarkt am Boulevard Mohammed V. (auch Alkoholika), Marché Municipal für Frischobst und Gemüse in einer nördl. Parallelstraße zum Bd Mohammed V. (von Marrakesch kommend links).

Essen: Zahlreiche Restaurants entlang des Bd Mohammed V. und Nebenstraßen. Z.B. „Chez Dimitri "(Alkohol, Menü ca. 100 DH, ab 19.30 Uhr geöffnet), das Restaurant „Obelix", „Petit Prince" (Av. Mulay Abdallah) und „Café La Fibule" sowie das neue Restaurant „Fly Club" unter deutscher Leitung. Gutes Restaurant „Fint" gegenüber der „Kasbah Taourirt". Gutes Eiscafé „Glacier 3 Mars" am gleichnamigen Platz im Zentrum.

A 19: Ouarzazate – Marrakesch (204 km)

(11.01, Mercedes G) Asphalt. Einige Furten. Strecke kann zwischen Dezember und April wegen Schnee stundenweise für Schneeräumarbeiten gesperrt sein.

OUARZAZATE – S. A 18. (Ende A 18; Beginn A 22 und A 24.)

Kurz hinter Ouarzazate liegt links die „Kasbah von Tiffoultoute".

In Tabourath (schöner Campingplatz) rechts abbiegen bis man nach ca. 9 km das Ksar (befestigtes Dorf) von Aït Benhaddou erreicht.

AÏT BENHADDOU – Das Ksar erhebt sich oberhalb des Assif-Ounila-Flusses als eindrucksvolles Lehmdorf. Das Dorf wurde unter den Schutz der UNESCO gestellt und kann besichtigt werden. Aït Benhaddou diente als Kulisse für zahlreiche Filme.

Unterkunft: Hotel „La Kasbah", „Auberge La Baraka", saubere Zimmer mit Bad um die 150 DH.

VARIANTE: AÏT BENHADDOU – TELOUÈT–TIZI-N-TICHKA (ca. 71 km): Von Aït Benhaddou kann man über eine schlechte Piste (nur für Geländewagen), die mehrmals über einige Furten führt (Wasserstand je nach Jahreszeit und Regenfällen unterschiedlich), auf landschaftlich fantastischer Route entlang des **Assif-Ounila-Tales,** in dem wunderschöne Kasbahs an den Felsmauern kleben, bis nach Imiter und Telouèt gelangen und so zwei wichtige Sehenswürdigkeiten verbinden. Auf der Strecke gibt es einmal einen Felsüberhang, der auch die Durchfahrt von Fahrzeugen mit 3,50 m Höhe erlaubt (laut Schild nur bis 2,60 m!), die Piste ist jedoch sehr schmal, so dass es für Lkw schon recht eng wird. Nach ca. 39 km erreicht man **Telouèt.** Die Kasbah von Telouèt ist einen Besuch wert: Von hier aus beherrschte der Pascha von Marrakesch (el Gloui), der mit den Franzosen paktierte, den Pass von Telouèt mit der früheren Karawanenroute Marrakesch – Ouarzazate. Von dort geht es links weiter auf Teerstraße bis man die Straße nach Marrakesch 4 km vor dem Tizi-n-Tichka-Pass (2260 m) erreicht.

Ohne die Variante führt die P32 bei Km 26 weiter Ri. Tazenakht und Aït Melloul (s. A 24 und A 27, empfohlene Strecke im Winter!), rechts weiter nach Marrakesch.

Ab Amerzgane: Langsam nähert man sich dem beeindruckenden **Tizi-n-Tichka-Massiv** (2260 m); Pass im Winter häufig geschlossen. An vielen Ständen entlang der Straße werden gefärbte, aber auch echte Mineralien angeboten.

IMINNI (oder Agouim) – Dorf, Tankstelle. Piste (A) bis zum Fuß des **Djebel Toubkal** (4167 m), des höchsten Gipfels Nordafrikas. Besteigung möglich (eigentlicher Ausgangspunkt für Toubkalbesteigung ist allerdings Imlil bei Asni – an der Strecke die von Marrakesch über den Tizi-n-Test führt).

51 km hinter Amerzgane (kurz vor dem Pass) führt rechts die schmale Asphaltstraße nach Anemiter (21 km) und Telouèt durch eine herrliche Gegend mit malerischen Kasbahs (siehe vorherige Variante).

MARRAKESCH – (S.a. Stadtplan). 453 m, 688 000 Einw., eine der Königsstädte. „Die Perle des Südens": sehr schön und sehr touristisch.

Unterkunft: „Camping Ferdaous", 13 km außerhalb an der Straße Richtung Casablanca (Route de Casa) auf der linken Seite, rosa Gebäude, ca. 100 m vor der dunkelblau/gelben Tankstelle links abbiegen bzw. von Casa kommend ca. 100 m nach der Tankstelle (Einkaufsmöglichkeit) rechts; der große neue Campingplatz ist in mit Bäumen und Büschen umzäunte Bereiche geteilt und beginnt in manchen Bereichen schon wieder zu zerfallen; die sauberen sanitären Anlagen (heiße Duschen) sind immer noch nicht alle fertig gestellt, ebenso der Pool, die geplanten Bungalows, der Shop, die Rezeption und diverses mehr; nicht immer Warmwasser; Preise: p.P./Tag mit Wohnmobil ca. 50 DH. Jugendherberge, Rue el Jahid (parallel zu Bd El Hansali, 15 DH), Motorradfahrer willkommen. „Grand Hotel Tazi", Angle Av. El Mouahidine und Rue Bab Aganou, nahe des Djamâa-el-Fna-Platzes, sauber (295 DH/DZ mit Bad und Frühstück), Garage 10 DH. Einfaches, sehr freundliches Traveller-Hotel „Ali", mit bewachtem Parkplatz. Treffpunkt der Bergführer, DZ ca. 150 DH. Empfehlenswertes „Siaha Safir", Av. Kennedy, Hivernage (4 Sterne, Bungalow für 4–5 Personen 1000 DH), Parken direkt davor möglich, sehr schöner Garten und Swimmingpool. Preiswerter ist das „Hotel Myriem"***, 154, Rue Mohammed El Beqal in Gueliz. Schönes Hotel nahe der Touristeninformation (Wegweiser von dort, Häuserblock zwischen Mly. el Rachid und Av. Hassan II.); mit Pool, Sauna, AC; DZ 375 DH; sehr freundlich. Empfehlenswert ist auch das große, angenehme Hotel „Al Boustane"***, 68, Bd Zerktouni, Tel. 044 44 68 10/12, Pool, Preise in Euro in der HS: 38 EZ/HP, 56 DZ/HP, Nebensaison: 53 DZ/HP. „Grand Imilchil"*** an der Av. Echouhada, Hivernage, Tel. 044 44 76 53, Fax 044 44 61 65, ordentliches, frisch renoviertes Hotel in ruhiger Lage nahe dem Hotel „Imperial Borj" und „Essaadi", kleiner Pool, komfortable Zimmer, 260–350 DH/p.P. HP (je nach Saison), Ü/Frühstück 460–550 DH/DZ (2 P.). Das „Ibn Battouta"** in der Av. Yaqoub el Merini (hinter Hotel „Hasna") liegt nahe der Medina, sehr sauber, ruhig, große Zimmer mit Balkon und Blick zur Kutubyia-Moschee, DZ 400 DH. Ein kleines Stadthotel unter deutsch-marokkansicher Leitung (Parken nahe dem Djamâa el-Fna, dann zu Fuß weiter) ist das Hotel „Sherazade"**, Derb Djamâa 3, Riad Zitoun El Kedim (ca. 5 Min. vom Djamâa el-Fna), Tel./Fax 044 42 93 05, e-mail: sharazade@iam.net.ma; vom Djamâa el-Fna aus in die Rue Riad Zitoune El Kedim einbiegen (Gasse mit dem Torbogen, die im Süden des Platzes rechts neben der Parkgarage weggeht), dann in die 3. Straße auf der linken Seite einbiegen (Derb Djama); sehr nettes, sauberes und geschmackvoll eingerichtetes Hotel im marokkanischen Stil in drei Stadthäusern mit 21 Zimmern; DZ mit Bad 200–450 DH, ohne Bad 135 DH (laut, da direkt an der Terrasse gelegen, wo es auch Essen gibt); HP 130 DH p.P., Vollpension 220 DH p.P., in der Hochsaison Zuschläge. Es werden auch Tagesausflüge organisiert und Führer sowie Leihwagen vermittelt; vorausbuchen!

Sehenswert: Gauklerplatz Djamâa el-Fna. Nachmittags Versammlung der Akrobaten, Schlangenbeschwörer, Quacksalber, spätnachmittags Aufbau von Garküchen mit preiswertem Essen. Eindrucksvolle Aussicht auf die Stadt von den Terrassen der umliegenden Cafés (Fotografieren nur, wenn man ein Getränk bestellt). Die Olivenplantagen mit Wasserbecken und Pavillon, Menara-, Aguedal-Gärten und wunderschöner Jardin Majorelle (Av. Yacoub el Mansour), Souks und historische Bauten wie die „Saadiergräber", „El-Badi-Palast", „Palais de la Bahia", „Medersa Ben Youssef", Volkskundemuseum „Dar Si-Said", privates „Museum Tiskiwine" von Bert Flint, Ausstellungen im „Dar Bellarj" neben der Medersa Ben Youssef sowie des privaten Museums und Kunstgalerie „Dar M'Nehbi" ebendort. Um alles zu sehen, mind. 2 Tage rechnen und zur besseren Orientierung einen offiziellen Führer mieten (bei den großen Hotels oder über das Fremdenverkehrsbüro, da die inoffiziellen für eine halbtägige Führung ca. 150 DH plus Trinkgeld verlangen).

A 20: Marrakesch – Aït Melloul (256 km über Tizi-n-Test, 291 km über Chichoua)

Asphalt. Im Winter eventuell wegen Schnee gesperrt.

Von Marrakesch nach Aït Melloul gibt es zwei Routen:

Variante 1: Über den Tizi-n-Test (Pass, 2092 m, im Winter meist geschlossen), max. Höhe 3,50 m (Überhänge). Farbenprächtige Berglandschaft. Asphalt, in Passnähe etwas brüchig. Eindrucksvolle Fahrt in die Ebene hinunter, die im Süden bis zum Anti-Atlas reicht. 47 km nach Marrakesch gelangt man zu dem kleinen Bergort

ASNI – Beliebter Kurort der Marokkaner.

Unterkunft: Sehr einfache Jugendherberge hinter dem Hotel (20 DH). Hier zweigt eine 17 km lange Straße zu dem Bergdorf Imlil ab, dem Ausgangspunkt der Djebel-Toubkal-Besteigung (4167 m). Führer sind in Imlil erhältlich. Unterkunft in zahlreichen Gästehäusern und Herbergen der Bergführer, z.B. von der Familie Baadoud (Slimane Baadoud ist Vorsitzender der Bergführervereinigung) oder in Aroumd etwas oberhalb von Imlil (Piste 3 km, Ausgangspunkt zum Dj. Toubkal) bei Omar le Rouge bzw. Idfail. Dort ist auch Camping möglich. Sehr noble Unterkunft bietet die Kasbah von Imlil, die auf einem Berg thront; englische Besitzer, gehobene Preise, aber auch Unterkunft im Schlafsaal möglich (dann preiswerter).

Geradeaus geht es weiter nach Marrakesch. Ca. 55 km nach Asni Abzweig rechts nach **Tin Mal,** einer Moschee und Zaouia aus dem 12. Jh., Ursprungsort der Almohaden. 37 km nach dem Tizi-n-Test-Pass gelangt man wieder auf die P 32 (s. A 27).

Variante 2: Über Chichaoua und Imi-n-Tanoute – die schnellere Strecke, die auch die Busse und Taxis fahren, ist nicht besonders interessant; nur im Winter, um die Berge zu vermeiden, empfehlenswert.

AÏT MELLOUL – S. A 1. (Ende A 1 und A 27; Beginn A 2).

A 21: Rissani – Alnif – Tazzarine – Nekob – Drâatal – Zagora (237–299 km)

Teerstraße bis Tansikht und Zagora 299 km; Pistenvariante von Tazzarine nach Zagora 237 km, A/C/H/I) Wüstenlandschaft am Djebel Sarhro und Ougnat (nördlich Nekob).

RISSANI – S. A 13. (Ende A 13; Beginn A 14.)

Km 55, **MECISSI** – Ort. Treibstoff. Möglichkeit über schöne Wüstenpiste nach Zagora zu fahren (Abzweig Pos. **N 31°12,774' W 04°49,794').**

ALNIF – Stark expandierende Oase. Militärposten. Wasser, Lebensmittel.

Unterkunft: Hotel „Bougafer" und „Gazelle du Sud".

TAZZARINE – Sehr schöne ursprüngliche Oase mit tollen Kasbahs. Wasser, Treibstoff, Lebensmittel.

Unterkunft: „Hotel Bougafer" im Zentrum. Sehr schöner und gepflegter Campingplatz unter Palmen: „Camping Amasttou", 10 DH/Pers., Caravan 20 DH, Anfahrt nur für Fahrzeuge unter 3,20 m. Größere Fahrzeuge können nur am gegenüberliegenden Grundstück campen.

In der Umgebung: Einige weitere ursprüngliche Oasen, Felsgravuren in Aït Ouasik – vom Campingplatz können Exkursionen unternommen werden.

TIZI-N-TAFILALET – Pass (1356 m). Pos. **N 30°26,697' W 005°33,188'.** Extrem steinige Piste, hohe Bodenfreiheit für die Oued-Durchquerungen nötig.

ZAGORA – Stadt, 550 m, 26 170 Einw. (s.a. Stadtplan). GPS-Pos. **N 30°19,744' W 05°48,851'.** Früher wichtiger Karawanenstützpunkt. Marktort. Treibstoff, Lebensmittel. Zentrum der Kameltourenanbieter. (Ende A 22; Beginn A 23 und A 26.)

Unterkunft: Das zur Zeit beste Mittelklassehotel ist das „Scirocco"***; über der Drâa-Brücke Ri. „Camping Montagne" (vom Zentrum kommend links) abbiegen, dann ca. 150 m auf der linken Seite; französische Besitzer, komfortable Zimmer mit AC und guten Sanitäranlagen (europäischer Komfort), schöner Garten und Pool, DZ 400 DH, EZ 250 DH, HP 300 DH, Menü 95 DH, Frühstück 40 DH (11.01). Empfehlenswertes Hotel „Perle du Drâa"*** in Amezrou, an der Teerstraße 4 km in Richtung M'hamid, neu eröffnet (Anfang 2002), schöne Zimmer, vier Suiten mit Bad/WC, Klimaanlage, Sat-TV, Balkon mit Sicht zur Palmeraie oder zum Pool bzw. Djebel Zagora, Restaurant und Nomadenzelt, Bar, Garten und Terrassen, DZ um die 400 DH (2001). „Hotel Zagour"**, **N 30°19,120' W 05°49,667',** über die Drâa-Brücke in Ri. „Camping Montagne" (vom Zentrum kommend links) abbiegen, dann ca. 100 m auf der rechten Seite; neues, schönes und sauberes Hotel (von außen unscheinbar), geschmackvolle Zimmer, Pool, schöne Terrasse mit Blick auf die Palmengärten; das Hotel organisiert auch Kameltouren; Triple 410 (300 NS) DH, DZ 350 (250 NS) DH, sehr gutes Menü 75 DH, HP 180 DH p.P. NS, 250 DH/HS, Frühstück 30 DH, Preis-Leistungs-Verhältnis hervorragend! „Hotel La Palmeraie"*, Av. Mohammed V., im Zentrum, DZ mit WC/Dusche 210 DH, sauber, heiße Duschen und Pool, gutes Essen, Treffpunkt der Einheimischen, nette Atmosphäre, schön! Achtung beim Parken vor dem „Hotel La Palmeraie", Wächter organisieren! „Auberge Chez Ali", Av. Atlas, Zaouit el Baraka (im neuen Stadtteil nördlich der Av. Mohammed V.), nette kleine Herberge in wunderschönem Garten, einfache Zimmer mit Ausgang zum Garten, sehr sauber, auch Übernachtung im Zelt möglich (pro Person 60 DH, im Zelt 40 DH, 5 DH Dusche, 20 DH Frühstück), hübsches und gutes Restaurant (Menü 60 DH) im herrlichen Garten oder innen. Camping „Sindibad", nahe Zentrum, hohe Palmen und Obstbäume, einfaches Schwimmbecken, sanitäre Anlagen sehr desolat, aber funktionsfähig, nicht besonders sauber, warme Dusche 5 DH extra (geht aber gar nicht kalt), 10 DH pro Auto und Pers. (03.02). Neuer angenehmer „Camping Les Jardins de Zagora" direkt links neben dem Hotel „Ksar Tinsouline"; gehört Mohammed Akhatar, der sehr nett ist und gut englisch spricht; Übernachtung 2 Pers. im Berberzelt 70 DH. Camping „D'Amazrou", in Richtung Amazrou und unmittelbar hinter dem Hotel/Restaurant „La Fibule du Drâa" nach rechts abbiegen (noch vor dem Kanal), eine schmale Stichstraße führt zu dem sauberen und angenehmen Platz inmitten eines großen, wunderschönen Palmengartens – es gibt sogar Grasboden; halbwegs saubere Sanitäranlagen, Sitzklos, Warmwasserdusche für 5 DH, Elektroanschluss, sehr freundliche Leute; Preise (2001): 10 DH p.P., 10 DH für ein Zelt, Wohnmobil oder Auto, 5 DH/Motorrad. „Camping Montagne", Tel./Fax 044 84 75 78 (abends) ist der älteste der Campingplätze, auf der anderen Seite des Oued Drâa am Fuße des Djebel Zagora; am Hotel „Fibule" und „Kasbah Asmaa" vorbei nach links bis zum letzten, eingezäunten Gelände auf der linken Seite; sehr einfache, meist saubere sanitäre Anlagen mit kiesigen Standplätzen für die Fahrzeuge, von vielen Bäumen begrenzt; der Pächter, Mohammed Azaghar, ist ein angenehmer Gesprächspartner und vielseitig interessiert, er spricht fließend französisch und gut englisch; Strom nur über Generator, Taschenlampe abends notwendig. Mohammed organisiert auch Kameltouren in die Umgebung, die von Lesern sehr gelobt werden, investiert aber in den Campingplatz – wegen der großen Konkurrenz im Ort – nicht mehr besonders viel. Seine zahlreichen Kamele sind im Stall, der direkt an den Campingplatz anschließt, untergebracht. Eine besonders witzige Sensation ist dabei ein Kamel, das auf Aufforderung aus dem Wasserhahn trinkt. Campingpreise (11.01): 10 DH/Person, 10 DH/Auto, 5 DH/Zelt. Wer es ruhig und beschaulich mag und keinen Wert auf großen Komfort legt, ist hier gut aufgehoben.

Verschiedenes: Kleine Werkstatt gegenüber der Polizeistation an der Av. Mohamed V., Ölwechsel.

In der Umgebung: Zagora ist das Tor zur Wüste, Ausgangspunkt für viele Ausflüge, ob mit Kamel oder Geländefahrzeug.

Sehenswert: 400 Jahre alte Zaouia Tamgroute 18 km südöstlich von Zagora (nach Camping „Amazrou" nach rechts), ein berühmtes Heiligtum und Sitz des islamischen Nassirya-Ordens, mit berühmter Bibliothek aus dem 17. Jh.; das Töpferviertel im Ort Tamgroute mit der Töpferkooperative.

A 22: Ouarzazate – Agdz – Zagora (164 km)

(03.00, Hyundai 4x4, 11.01, Mercedes G) Asphalt.

OUARZAZATE – S. A 18. (Ende A 18; Beginn A 19 und A 24.)

Die Straße führt zunächst durch schroffe Bergwüstengegend, erreicht dann kurz nach Agdz das Drâa-Tal und verläuft an einem riesigen Palmenhain bis nach Zagora entlang. Ca. 50 sehr malerische Ksour mit Kasbahs liegen im Drâa-Tal.

AGDZ – Ca. 8000 Einw. Hübscher Ort, umrahmt von der Kulisse des Djebel Kissane, Markt am Donnerstag. Treibstoff, Lebensmittel.

Unterkunft: Sehr schöner „Camping La Palmeraie" (im Zentrum links ab, beschildert), den die Familie Aït el-Caid betreibt, um die Familienkasbah „Asslim" zu erhalten. In der Nachbarschaft der Kasbah wurde dieser idyllischer Campingplatz unter Palmen errichtet, der zwar nur über einfache sanitäre Anlagen verfügt, aber sauber und sehr familiär geführt wird. Ein kleiner Pool sorgt für Erfrischung, unglaublich freundliche Besitzer, Preis (06.01): 44 DH für 2 Pers. und Kfz. Gaelle Aït el-Caid (franz. Frau des Besitzers) führt gerne durch die Kasbah (25 DH Eintritt), Hassan auch in die Umgebung. Ideal für Ausflüge ins Drâatal, zu den „Cascades du Drâa" und zu den Kasbahs. „Hotel Kissane", 3 Sterne, sehr sauber, DZ ca. 200 DH (inkl. Frühstück).

In der Umgebung: Die **Kasbah Tamnougalte** (ca. 65 km nach Ouarzazate, links des Flusses – Brücke), sehr ursprünglicher Ort und Caid-Kasbah, wo der Film „Himmel über der Wüste" gedreht wurde. Besichtigung mit Führung durch die drei Kasbahs gegen Gebühr. Übernachtung in der Kasbah und im Ksar einfache Unterkunft, sowie saubere „Auberge Tamnougalte" kurz nach dem Abzweig auf der rechten Seite (dt. Besitzerin). Cascades du Tizgui, auf dem Weg von Ouarzazate nach Agdz (beschildert), sehr schöne Kaskaden, die sich in ein von Palmen umstandenes Becken ergießen (in regenreichen Jahren) und als Wasserrutsche für Badespaß sorgen; „Freiluft-Mobilkoch" Omar, ein Bewohner des nahe gelegenen Dorfes, kocht für Touristen nach Bedarf Tajine oder Tee (teuer, unbedingt handeln!).

ZAGORA – S. A 21. (Ende A 21; Beginn A 23 und A 26.)

A 23: Zagora – M'hamid – Foum Zguid (250 km)

(11.01, Merceds G) Asphalt bis M'hamid. Die Strecke führt auf einer guten Teerstraße durch Wüstendörfer mit Kasbahs, vereinzelten Sanddünen und Palmenhainen bis M'hamid. Ab M'hamid Piste (H) durch schöne einsame Wüstenlandschaft.

ZAGORA – S. A 21. (Ende A 21 und A 22; Beginn A 26.)

Km 18, **TAMGROUTE** – Zaouia (Kloster und Heiligtum).

Sehenswert: Die berühmte Bibliothek in der Zaouia (17. Jh.) und das Töpferviertel.

Unterkunft: Schönes „Restaurant/Auberge Jnane-Dar" ggü. Bibliothek, 6 einfache, aber hübsche Zimmer in einem schönen Gartengelände, auch Übernachtung im Caidal-Zelt, Café/Restaurant, WC/Duschen außerhalb, DZ kosten 105–165 DH, im Zelt 75 DH, mit eigenem Schlafsack 50 DH (11.01). Bei den Besitzern Sadique Naciri und Doris Paulus können auch Kameltouren gebucht werden.

Km 28, **TINFOU** – Kleine Sanddünen, Wüstenlandschaft, Kamelausflüge.

Unterkunft: „Hotel Port au Sahara", großes, ummauertes Palmengelände und großes, komfortables Hotel bei den Dünen von Tinfou, Hotel unter dt. Leitung (DZ 350 DH, Frühstück 45 DH, HP/EZ 295 DH, DZ 490 DH, Menu 80 DH (11.01).

Km 76, rechter Hand Abzweig zu den Dünen des Erg Lihoudi (bei großem Schild der Proludra), 7 km entfernt auf Piste. Hier liegt das „Bovouc de l'Erg" von Mokhtar und Heidi, Kamelausflüge und Übernachtung im Nomadenzelt.

Km 88, 3,4 km vor M'hamid, liegt rechter Hand der Campingplatz „Paradise Garden" des Holländers Youssef van den Berg. Sanitäranlagen mit europäischem Standard, großer Pool, gute Küche. Wer über kein Zelt verfügt, kann in den Nomadenzelten (ummauert mit Lehmmauern, was den Zelten Stabilität gibt) übernachten (Betten und elektrisches Licht). Camping p.P. 15 DH, Zelt 10 DH, Pkw/Motorrad 10 DH, Wohnmobil 15 DH, warme Duschen 10 DH, im Nomadenzelt 60 DH, Vollpension 235 DH, HP 155 DH (2001). Es gibt auch ein Gruppenluxusbiwak mit voll ausgestalteten Zelten; gut gekühlte Getränke und gutes Essen 15–65 DH.

Rechter Hand liegt bei Km 90 der Camping „Bivouac Mille Etoile". Dieser nette und saubere Platz gehört zu „Renard bleu Touareg" (Familie Naji Azizi), die auch als Kameltourenanbieter arbeitet. Die Nomadenzelte sind eingemauert, was Stabilität und Komfort gibt. HP im Zelt 120 DH p.P., ohne Essen 40 DH (2001).

M'HAMID – Große Oase (ca. 8000 Einw.) nahe algerischer Grenze (kein Grenzübergang). Lebensmittel. Montags Souk, der von sesshaften Bewohnern und Wüstennomaden besucht wird.

Unterkunft: Einfache, saubere „Auberge La Boussoulé" am Ortsende von M'hamid in Richtung Lac Iriki; einfache Zimmer 25 DH, Zelt 10 DH; es werden auch Kamelausflüge und Offroad-Touren veranstaltet. Camping ist an vielen Plätzen möglich, so z.B. an den diversen Plätzen vor M'hamid (s. Anfahrt auf den vorhergehenden Seiten) und in M'hamid auf der anderen Seite des Flusses in den Plamenhainen. Hier liegen 3 Campingplätze. „Camping/Auberge Al Khaïma", ca. 1 km südlich, in einem großen Palmenhain; dort werden einfache Zimmer in der Lehmkasbah von Khadiri Bachi, Besitzer des Geländes, vermietet; er ist sehr freundlich und veranstaltet auch Kameltouren; zelten kann man direkt auf dem schattigen Palmengelände. Unmittelbar daneben zwei weitere, hübsch gelegene Campingplätze, die auch einfache Zimmer anbieten: „Relais Hamada du Drâa", BP 15 M'hamid, Tel. 044 84 80 86, Handy 062 13 21 54; hübscher, sauberer Platz, kleine Bibliothek, Restaurant, netter Vorgarten, Übernachtung im Nomadenzelt 20 DH, Camping 15 DH, Essen 60 DH. Daneben liegt der schöne, weitläufige Campingplatz „M'hamid Oasis" des sehr netten Dr. Mohamed Ali Khoumani in einem großen Dattelpalmenhain der Familie, großes Zeltrestaurant (30 DH für einfaches Essen mit Gemüse der Saison), Brot wird selbst gebacken, Pool (eigene Quelle) und Übernachtung im Turmzimmer in Vorbereitung, auch Übernachtung im Nomadenzelt (20 DH), Camping 15 DH.

M'Hamid in Richtung NW verlassen (Km-Angaben nun ab M'hamid!). Linker Hand liegt das trockene Flussbett des Oued Drâa.

Km 8,2, sandige Passagen durch kleine Dünen. **N 29°50,004' W 005°47,896'.**

Km 10,2, große Ebene (Zeitsee?), im Norden am Horizont der Djebel Bani.

Km 15,5, bis Km 17, Durchquerung eines kleinen Sanddünengebietes; dann weiter in Richtung SW/W auf breiter, harter Piste (z.T. Wellblech).

Km 31, Hammadaebene und Oued-Querung.

Km 31,3, Einmündung in die Piste, welche von Tagounite kommt, **N 29°52,206' W 006°00,539'.** Auf weiterer Piste mehrere Oued-Durchquerungen.

Km 43,6, Hl. Quelle **MEL'ALG** oder **UMM LALA** bzw. auf französisch **SOURCE SACRÉ** – Bächlein, Bäume. Nomadenzelt mit Getränke-Bewirtung, **N 29°52,991' W 06°07,125'.** Links von Hauptpiste ab in Ri. S auf die Dünen zu.

Km 48,9, Pistenaufspaltung, links geht es zu Nomadenzelten, rechts weiter. Beide Spuren zu Dünen des **ERG M'HAZIL** od. **LAABIDLIA** und Zeitsee Dayet Chegaga.

Km 52, links der **DAYET CHEGAGA**, flache Ebene und Zeitsee umgeben von Sanddünen. **N 29°51,173' W 006°11,446'.** Viele Nomaden in feuchten Jahren. Nehmen sie Rücksicht darauf! An den Dünen entlang und Ausläufer kurvig überqueren.

Km 77,4, **LAC IRIKI (N 29°56,883' W 06°21,469')**. Ab hier ist es möglich, den trockenen See zu queren oder gleich in Richtung Norden abzubiegen (Berge und Häuser in Sicht), um dort auf die Piste nach Foum Zguid zu stoßen.

Km 151,2, Einmündung in die Teerstraße nach Tissinnt und Tata, **N 30°03,652' W 06°52,152';** rechts nach Foum Zguid.

Km 154, **FOUM ZGUID** – S. A 25. (Ende A 25 und A 26; Beginn A 28.)

A 24: Ouarzazate – Tazenakht (83 km)

(11.01, Mercedes G) Asphalt. Einige Furten.

OUARZAZATE – S. A 18. (Ende A 18; Beginn A 19 und A 22.)

Links kurz hinter Ouarzazate die „Kasbah von Tiffoultoute"; dann rechts.

Km 20, **TABOURATH** – Abzweig rechts nach Aït Benhaddou und zur Piste nach Télouèt (8 km, s. A 19).

Km 26, Straße nach Marrakesch führt geradeaus (s. A 19), rechts nach Tazenakht.

TIZI-N-BACHKOUM – 1700 m.

TAZENAKHT – Hübscher Ort in schroffer Berggegend. Tankstelle. Es gibt eine Teppichkooperative.

Unterkunft: Einfaches „Hotel Zenagh" (DZ 140 DH). (Beginn A 25 und A 27.)

A 25: Tazenakht – Foum Zguid (92 km)

Durchgehend asphaltiert, schöne Landschaften, reizvolle Oasen.

TAZENAKHT – S. A 24. (Ende A 24; Beginn A 27.)

Tazenakht auf der Teerstraße S510 Richtung Bou Azzer verlassen, dann den Taguergoust- (1640 m) und den Timlaine-Pass (1190 m) überqueren. Kurz nach dem zweiten Pass (ca. 22 km nach Tazenakht) führt die Teerstraße nach rechts in Richtung SO (links Richtung Bou Azzer und Agdz).

FOUM ZGUID – Oase mit allen Versorgungsmöglichkeiten. Viele Soldaten. „Auberge Touristique Iriki" am Ortsende Ri. Tata. (Ende A 23 und A 26; Beginn A 28.)

A 26: Zagora – Smira – Foum Zguid (128 km)

(03.02, VW Syncro) Piste (A/G). Allrad- oder hohes Fahrzeug (wg. evtl. Regenschäden) mit Wüstenausrüstung erforderlich. Sehr wenig Verkehr. Hier gibt es viele Dornschwänze, die unvermittelt über die Piste laufen.

ZAGORA – S. A 21. (Ende A 21 und A 22; Beginn A 23.)

Km 0, Ortsende Zagora beim „Cercle de Zagora", Piste in Ri. SW über Reg-Ebene.

Km 26, **HASSI BOU INIBA** – Kleine Siedlung und Gärten. Quelle. Pos. **N 30°14,367' W 06°03,437'.**

Km 77, eine Piste mündet rechts ein, Pos. **N 30°05,428' W 06°26,923'.**

Km 89, Pistenverzweigung, Spuren führen später wieder zusammen. Bau einer Betonfurt über ein Oued, **N 30°01,945' W 06°33,533'.** Im Jahr 2002 Bau weiterer befestigter Oued-Übergänge.

Km 94, kl. Siedlung und Dünen rechts, **N 30°01,467' W 06°35,883'.**

Km 117, Oued-Durchfahrt, bei Trockenheit problemlos.

Km 121, **SMIRA** – Dorf mit Palmengärten. **N 30°08,626' W 06°49,277'.** In Richtung Westen durch den lang gezogenen Ort fahren.

Km 127, **EL MHAMID** – Palmenhain (2002 leider ziemlich vertrocknet), Berge links und rechts. Neue Brücke über steiniges Oued.

Km 128, Einmündung in die Teerstraße von Tazenakht in Richtung Foum Zguid. **N 21°21,730' W 16°57,638'.** Aus der anderen Richtung ist der Abzweig auf diese Piste nach Zagora beschildert.

Km 133, **FOUM ZGUID** – S. A 25. (Ende A 25; Beginn A 23 und A 28.)

A 27: Tazenakht – Aït Melloul (272 km)

(11.02, Mercedes G) Asphalt, neue Straße zwischen Aoulouz und Oued Telmane, südliche Umgehung von Taroudannt, ca. 20 km kürzer als alte Straße, knapp 2-spurig.

TAZENAKHT – S. A 24. (Ende A 24; Beginn A 25.)

Zwischen Tazenakht und Taliouine führt die Straße über den **Tizi-Ikhsane** (1650 m) und den **Tizi-n-Taghatine** (1886 m). Die Strecke führt durch zerklüftete und reizvolle Gebirgslandschaften.

Km 107, KOURKOUDA – Größerer Ort, es gibt eine Tankstelle und Geschäfte. Ein alter Ksar schmiegt sich an den Hang. In der Gegend zwischen Tazenakht, Taliouine und Aoulouz wird Safran angebaut. Unterwegs kann man bei wandernden Händlern, aber auch in den Dörfern, die Fäden kaufen.

Km 152, links Abzweig nach Agadir-Melloul (Wegweiser 36 km). Nach knappen 2½ km (Km 154,4) zweigt eine Straße zum Dorf Ifri ab **(N 30°27,02' W 07°50,67').** Das Dorf liegt sehr schön an einem Flüsschen, auf dessen Ostseite sich eine Felswand erhebt, in der sich – von fern nicht sichtbar – ein Agadir mit vielen raffiniert in den Fels gehauenen und mit Türen verschlossenen Kammern befindet. Den Speicher kann man mit dem Speicherwärter Lahcen besuchen, der im Dorf wohnt. Am Dorfanfang führt ein Abzweig zu einer Schule, an dieser vorbeifahren bis zum Wasserturm. Dort parken und in Richtung Moschee laufen; in der Gasse rechts davor einbiegen und nach Lahcen fragen **(N 30°26,726' W 07°50,440').**

Zurück an der Kreuzung ist ohne Abstecher bei Km 165 Taliouine erreicht.

TALIOUINE – Palmenoase mit Kasbah. Safran-Kooperative am Ortsausgang.

Unterkunft: „Auberge/Restaurant Soukthana", kleines, sauberes, hübsches Hotel (auch Camping ist möglich) direkt an der Hauptstraße mit Blick auf die Kasbah (aus Agadir kommend 1 km von der Stadtmitte entfernt, aus Richtung Ouarzazate gleich hinter dem Toreinfahrtsbogen); es gibt nette Zimmer zwischen 90 und 200 DH, Camping 10 DH p.P., Zelt 7 DH, Wohnmobil 12 DH, Pkw 4 DH (11.01); ein sehr gutes Restaurant ist angeschlossen (Menü 65–70 DH). Das beliebte Trekkinghotel wird von dem sehr engagierten Besitzer Ahmed Jadid und seiner französischen Frau Michelle betrieben und ist auf Trekkingtouren in den Djebel Siroua spezialisiert. Es gibt eine Broschüre mit Infos und Tourenpreisen. Reitmöglichkeit und Fahrradverleih, Parkplätze befinden sich im Hof. „Hotel/Restaurant/Camping Siroua", gegenüber der Polizeistation, einfache und saubere Zimmer, EZ 85 DH, DZ 130 DH. Sehr schöner „Camping/Auberge Toubkal", ca. 2 km vor Taliouine rechts (P 32, von Tazenakht kommend), tadellose, einfache und saubere Zimmer für 110 DH/EZ, 130 DH/DZ mit Bad, Frühstück 15 DH (2001) inmitten gepflegter, schöner Gartenanlage mit Pool, Camping 35 DH, 20 DH Strom; es gibt auch einen kleinen Laden, gutes Essen im Berberzelt-Restaurant, äußerst freundliches Personal, hervorragendes Essen – ein kleines Paradies!

Sehenswert: Geolog. Gesteinsfalten.

30 km hinter Aoulouz stößt man auf die von Marrakesch kommende Straße (s. A 20). Danach Übergang in die Sous-Ebene mit zahlreichen Arganienbäumen und Obstplantagen.

TAROUDANNT – Stadt. 256 m, etwa 40 000 Einw. Gute Infrastruktur.

Sehenswert: Die Festungsmauern und die Juwelier-Souks.

Unterkunft: „Hotel Saadien" (Bordj Oumansour, gutes 2-Sterne-Hotel, ca. 280 DH/DZ, Pool), sehr schönes Hotel „Palais Salam" mit prachtvollem Garten, DZ ca. 650 DH (2001).

AÏT MELLOUL – S. A 1. (Ende A 1 und A 20; Beginn A 2.)

A 28: Foum Zguid – Tata – Akka – Bou-Izakarn (415 km)

(03.00, 11.01) Asphalt. Wüstenlandschaft am Djebel Bani entlang, sehr schön bei Tissint.

FOUM ZGUID – S. A 25. (Ende A 23, A 25 und A 26.)

In der Umgebung: Felsgravuren im Süden von Mrimina, Akka und Foum-el-Hassan, in der Grenzregion zu Algerien. Entlang der Straße gibt es Hinweistafeln, totzdem gehört etwas Spürsinn dazu die Gravuren zu finden.

Ungefähr 15 km nach Foum Zguid ist ein Abzweig links zur Zaouia Sidi Abd-en-Nebi und zum Lac Iriki (Piste nach M'hamid, siehe A 23), geradeaus weiterfahren. Riesige Hammada, Dünen südl. der Straße.

Km 48, **DOUAR MIRIMINA** in einem Palmenhain.

Ca. 65 km nach Foum Zguid, Beginn des Palmenhains von Tissint, der nach ca. 3,5 km erreicht ist.

TISSINT – Ursprüngliche Oase mit reger Bautätigkeit. Bei der Gendarmerie an der Hauptstraße rechts melden. Souk am Montag und Dienstag.

Unterkunft: Zwei kleine und einfache Hotels.

In der Umgebung: Bademöglichkeit bei den Kaskaden des Oued Tissint im Ort, wo sich ein riesiges Wasserbecken bildet; selbst im Sommer ist hier noch genügend Wasser zum schwimmen. Zu erreichen, indem man am Ende der Hauptstraße nicht dem Knick folgt, sondern bei der Kaserne und dem Kontrollposten geradeaus fährt und nach der Telegrafenstation parkt. Unterhalb liegt der Fluss.

Ca. Km 11 nach Tissint, ein Palmenhain rechter Hand der Straße. Großer Palmenhain rechts am Fluss, nach 6 km ist das **DOUAR TRIT** erreicht.

Nach weiteren 24 km erreicht man die malerische Oase **DOUAR AKKA IGUIREN.**

Km 140 nach Foum Zguid, **TATA** – Größere Oase. Treibstoff, Lebensmittel, schöner Markt.

Unterkunft: Hotel „Relais de Sables"***, Av. des F.A.R., in Richtung Akka, schönes Hotel im Kasbah-Stil, Pool, AC, DZ 260 DH, HP 480 DH (2 Pers.), Suite 530 DH/HP (2 Pers.). „Hotel de la Renaissance"**, DZ 120–144 DH, Suite 360 DH, Frühstück 20 DH, Menü 79 DH im älteren Gebäude; das Hotel verfügt über zwei Gebäude, wobei das neuere die schöneren und teureren Zimmer hat; die Qualität des Hotels hat deutlich nachgelassen, seitdem die Kinder des Besitzers das Management übernommen haben. „Camping Municipale", von Akka kommend in Richtung Zentrum fahren, immer geradeaus halten und kurz vor dem Ortsausgang auf der linken Seite; für Autos schattige Stellplätze mit Stromanschlüssen,

Zelten kann man neben einem großen Schwimmbecken (meist ohne Wasser, je nach Trockenheit), sehr saubere, geflieste Sanitäranlagen, 20 DH pro Person/Zelt/Auto (2001).

AKKA – Größere Oase am Fuß der Berge, viel Militär. Ehemals wichtiger Karawanenhaltepunkt. Treibstoff, Lebensmittel, Wasser häufig nur aus Tankwagen.

In der Umgebung: Schöne Quellen von Aït Rahal und Speicherburg Azro; Felsgravuren.

FAM-EL-HISM – Oase. Kurz vor der Oase Tagmout führt rechts eine Piste zum imposanten Agadir (hier: Gemeinschaftsspeicher) von **Id-Aissa,** auf einem Bergkamm hoch über dem Dorf **Amtoudi** thronend und auf einem etwa 40-minütigen Marsch zu erreichen. Vor Tourbeginn muss erst der Wärter des Agadir mit dem Schlüssel aufgetrieben werden. Diese hölzernen Schlüssel für die imposatnen Holztüren ähneln einer Zahnbürste; ein Schlüsselwärter ist dafür verantwortlich. Trinkgeld bereithalten! Von Amtoudi aus lohnenswerte Badeausflüge entlang des Palmentals zu zahlreichen Wasserbecken (gueltas).

Unterkunft: Camping neben Restaurant.

BOU-IZAKARN – Großer Ort. Treibstoff, Lebensmittel. Einfache Hotels.

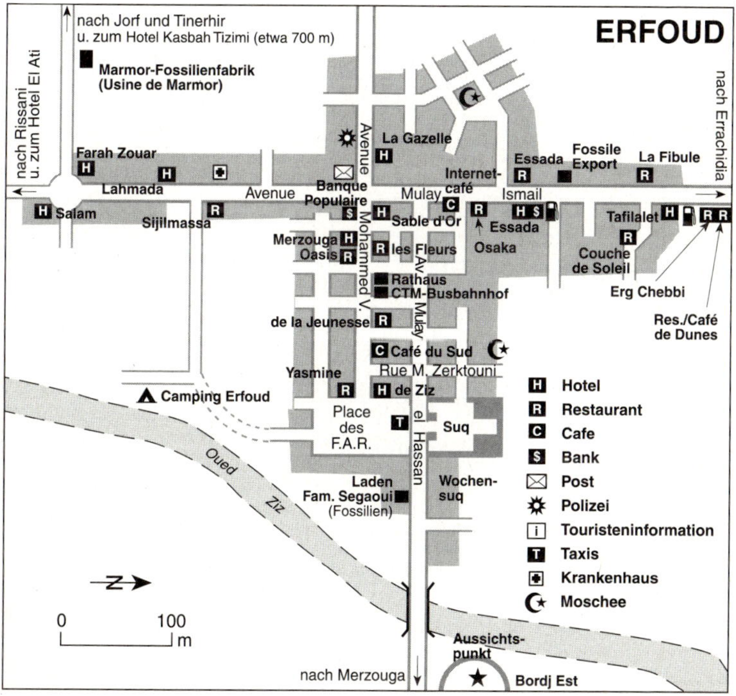

Kasbah
Avenue
al
Moun
Tidi
Zankat Mokthar
Z. des Nations
Z. du Caire
Oued
Zankat Chouhada
Zankat de Paris
Zankat
du
Z. de Madrid
Zankat
Hassan II
Av. du Général Kettani
Avenue
Presid. Ken
nach Essaouira
Hafen
Le Port
L'Amiral
Strand
Avenue Mohammed V.
Miramar
Sango
Almogar
Marhaba
Oasis
Autovermieter
Cafés u. Strand-restaurants
Syndicat d'Initiative
Royal Air Maroc
Aferni
Luhban
Moschee
Sud Bahia
Résidence Tilila
Marineheim bei Hilde
Marché Central
Post
Office de Tourisme
Uniprix
Rathaus
Stadtverwaltung
Vogelpark
Sheraton Casino
Sheraton
Alibaba
Kamal
Redy's Land, Pizzeria + Sna
Rue de la Plage
Cafés und Restaurants
Kenzi Farah
Anezi
Al Mountassir
Tafoukt
Medina Palace
Salam
Museum
Theater
Tagadirt
Club Salam
Boulevard du
ATLANTISCHER OZEAN
Trans-atlantique
Club Med
Mercure Coralia
Argana
Mabrouk
Palm Beach
Chemin du Oued Souss
Adrar
20 Août
La Kasbah
Agador
Agadir Beach Club
Borjeddahab
Strand
Tamlelt
Club Va
Dunes d'Or
Tennis
Amadil
Tikida Beach
AGADIR
nicht befahrbar
Buslinie 1
Buslinie 2
Buslinie 3
Buslinie 4
Museum
Hotel
Jugendherberge
Touristeninformation
Campingplatz
Moschee
Krankenhaus
0
200
m
N

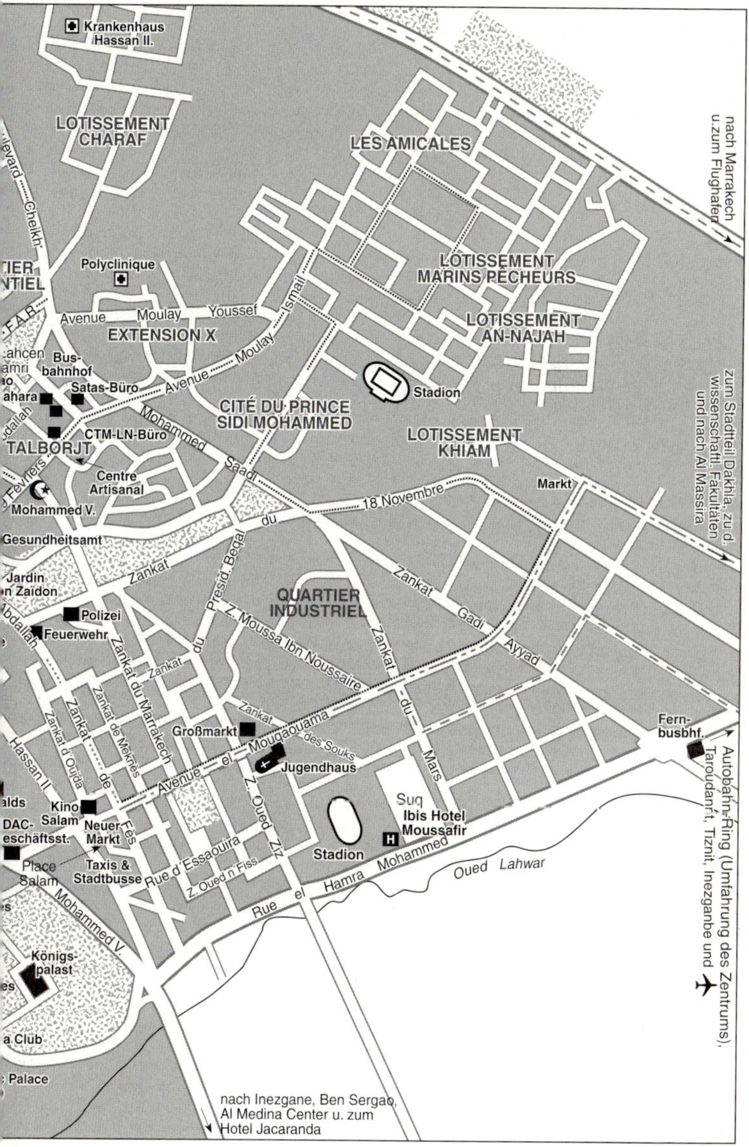

Krankenhaus Hassan II.
LOTISSEMENT CHARAF
LES AMICALES
LOTISSEMENT MARINS PÊCHEURS
LOTISSEMENT AN-NAJAH
Polyclinique
Avenue Moulay Youssef
EXTENSION X
Avenue Moulay Ismail
Stadion
Bus-bahnhof
Satas-Büro
CITÉ DU PRINCE SIDI MOHAMMED
LOTISSEMENT KHIAM
Mohammed Saadi
CTM-LN-Büro
TALBORJT
Centre Artisanal
Mohammed V.
Markt
18 Novembre
Zankat du
Gesundheitsamt
Jardin
Zaïdon
Zankat Gadi Ayyad
QUARTIER INDUSTRIEL
Presid. Beqal
Polizei
Feuerwehr
Z. Moussa Ibn Noussaire
Zankat du Mars
Zankat du Marrakech
Zankat de Meknès
Zankat d'Oujda
Hassan II
Großmarkt
Zankat des Souks
Avenue el Mouqaouama
Jugendhaus
Fern-busbhf.
Z. Oued Ziz
Suq
Kino Salam
Neuer Markt
Fès
Ibis Hotel Moussafir
Stadion
Place Salam
Taxis & Stadtbusse
Rue d'Essaouira
Z. Oued n'Fiss
Rue el Hamra Mohammed
Oued Lahwar
Mohammed V.
Königs-palast
Club
Palace
nach Marrakech u.zum Flughafen
Marokko
zum Stadtteil Dakhla, zu d. wissenschaftl. Fakultäten und nach Al Massira
Autobahn-Ring (Umfahrung des Zentrums), Taroudant, Tiznit, Inezganbe und
nach Inezgane, Ben Sergao, Al Medina Center u. zum Hotel Jacaranda

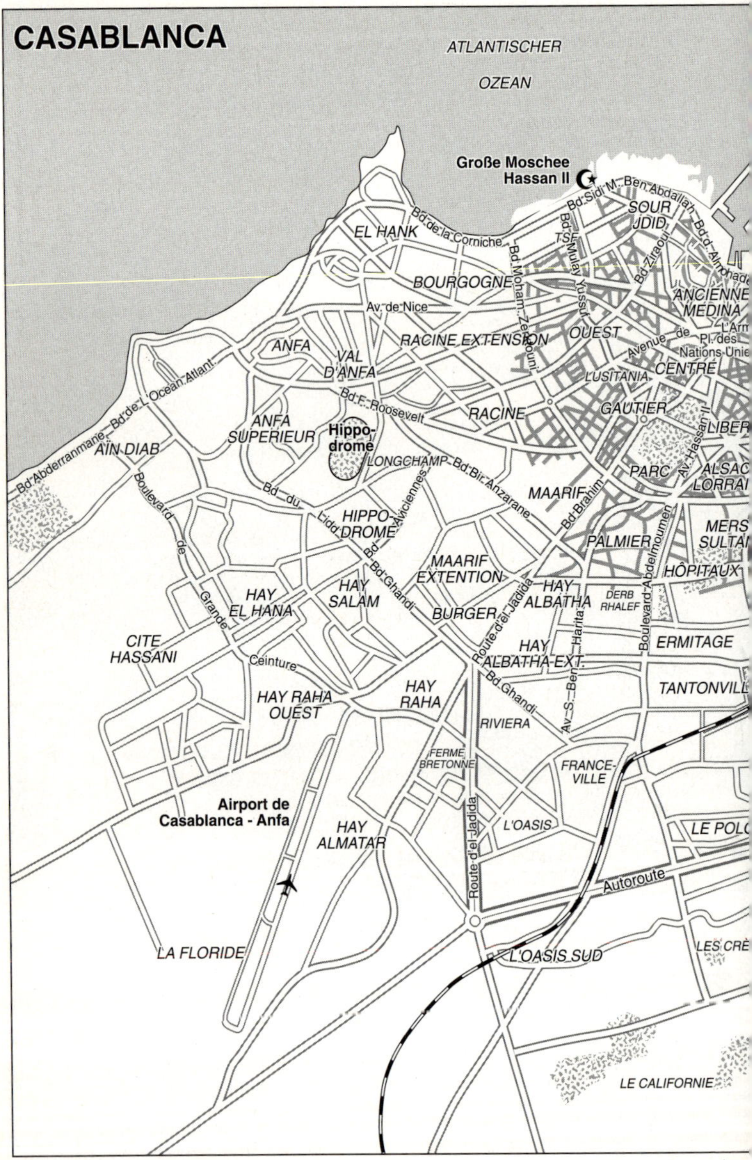
CASABLANCA
ATLANTISCHER
OZEAN
Große Moschee
Hassan II
Bd. Sidi M. Ben Abdallah
SOUR
JDID
Bd. d. Almohades
EL HANK
Bd. de la Corniche
TSF
Bd. Mulay Yussuf
Bd. Ziraoui
BOURGOGNE
Bd. Moham. Zerktouni
ANCIENNE
MEDINA
Av. de Nice
RACINE EXTENSION
OUEST
Avenue de
ANFA
VAL
D'ANFA
CENTRE
LUSITANIA
Bd. de L'Ocean Atlant.
Bd. F. Roosevelt
RACINE
GAUTIER
ANFA
SUPERIEUR
Hippo-
drome
Av. Hassan II
Bd. Abderranmane
AÏN DIAB
LONGCHAMP
Bd. Bir Anzarane
PARC
MAARIF
Boulevard
Bd. du
Lido
Bd. Brahim
HIPPO-
DROME
Bd. Avicennes
PALMIER
de
Bd. Ghandi
MAARIF
EXTENTION
HÔPITAUX
Grande
HAY
EL HANA
HAY
SALAM
Route d'el Jadida
HAY
ALBATHA
DERB
RHALEF
Boulevard Abdelmoumen
BURGER
CITE
HASSANI
HAY
ALBATHA-EXT.
Av. S. Ben Harita
ERMITAGE
Ceinture
Bd. Ghandi
HAY RAHA
OUEST
HAY
RAHA
RIVIERA
FERME
BRETONNE
FRANCE-
VILLE
Airport de
Casablanca - Anfa
HAY
ALMATAR
Route d'el Jadida
L'OASIS
Autoroute
LA FLORIDE
L'OASIS SUD
LE CALIFORNIE

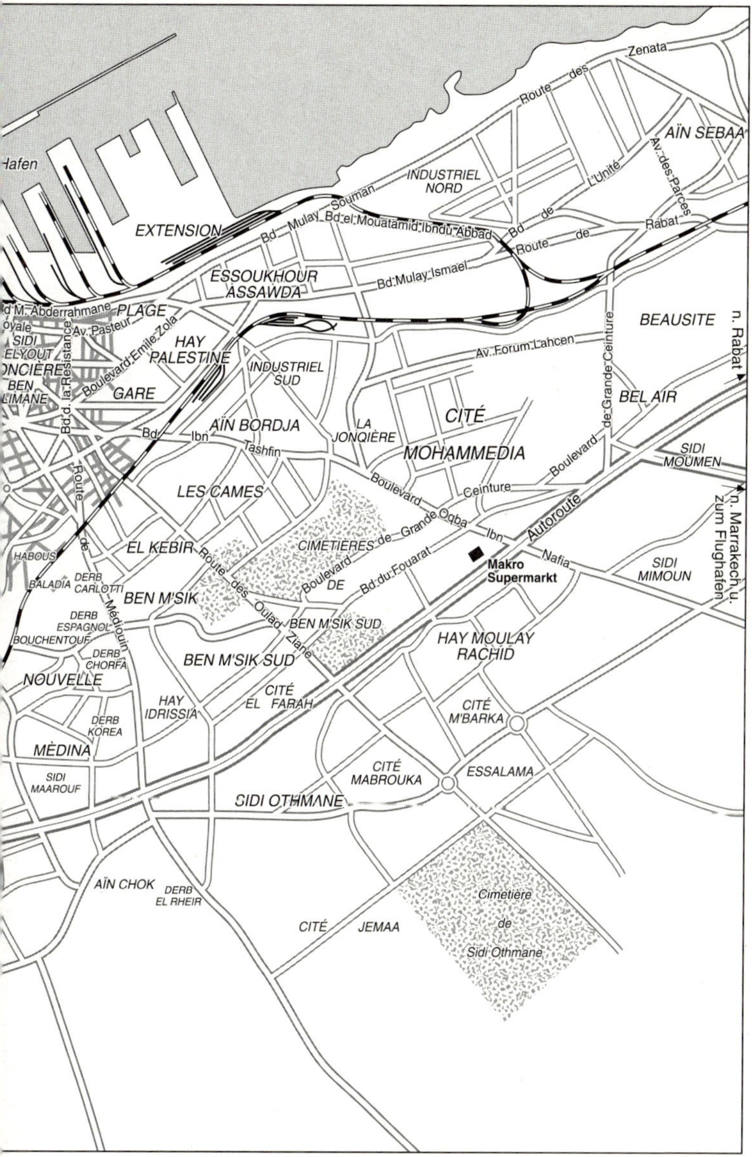
Hafen
EXTENSION
ESSOUKHOUR ASSAWDA
PLAGE
Bd M. Abderrahmane
Av. Pasteur
SIDI BELYOUT
HAY PALESTINE
Boulevard Emile Zola
Bd d. la Résistance
GARE
INDUSTRIEL SUD
INDUSTRIEL NORD
Bd Mulay Souman
Bd el Mouatamid Ibndu Abbad
Bd Mulay Ismael
Route des Zenata
Bd de l'Unité
Av. des Parces
Route de Rabat
AÏN SEBAA
BEAUSITE
n. Rabat
Av. Forum Lahcen
Boulevard de Grande Ceinture
BEL AIR
AÏN BORDJA
Bd Ibn Tashfin
LA JONQIÈRE
CITÉ MOHAMMEDIA
SIDI MOUMEN
LES CAMES
Route de Médiouna
Boulevard Ceinture
Boulevard de Grande Oqba Ibn Nafia
Autoroute
n. Marrakech u. zum Flughafen
HABOUS
EL KEBIR
Route des Oulad Ziane
CIMETIÈRES
Boulevard DE
Bd du Fouarat
Makro Supermarkt
SIDI MIMOUN
BALADIA
DERB CARLOTTI
BEN M'SIK
DERB ESPAGNOL
BOUCHENTOUF
BEN M'SIK SUD
HAY MOULAY RACHID
DERB CHORFA
NOUVELLE
BEN M'SIK SUD
CITÉ EL FARAH
HAY IDRISSIA
CITÉ M'BARKA
DERB KOREA
MÈDINA
SIDI MAAROUF
CITÉ MABROUKA
ESSALAMA
SIDI OTHMANE
AÏN CHOK
DERB EL RHEIR
CITÉ JEMAA
Cimetière de Sidi Othmane

CASABLANCA
nach Rabat
Mole Intermediare
Gare Maritime
Hafen
Hafen
Hafen
Großmarkt-halle
Bahnhof Casa-Port
SIDI BALYOUT
Centre 2000
Bd. Houphouet Boigny
Boulevard des Almohades
Central
Touring Club Maroc
Große Moschee
Plaza
Toubkal
Royal Mansour
du Centre
Royal Mansour
Comanav Reisebüro
Tour Habous
Safir
Boulevard Moulay Abderrahmane
Avenue des F.A.R.
FONCIÈRE
CTM-Busbahnhof
Gr. Taxis
Sheraton
La Bavaroise
Touring
R.A.M.
des F.A.R.
Avis
Gold Car Av.
BRD
du Périgord
Rialto
Club les Fleurs
de Faucauld
Excelsior
Mc Donalds
Suq
Dar el Makhzen
ALTE MEDINA
Zentral-markt
Jama el Kebir
Al Djama
Boulevard Tahar el Alaoui
Av. d. Forces Armées Royales
Hyatt Regency
Place Oued el Makhazine
Boulevard Marechal Fayolle
Boulevard Ziraoui
SOUR JDID
Boulevard Sidi Mohammed Ben Abdallah
Boulevard Sour Jdid
Boulevard
Tiznit
Messe
Rue Jules Mauran
Boulevard de Bordeaux
Boulevard Moulay Youssef
Boulevard de
Boulevard
Moschee Hassan II.
Straßenunterführg.
Bibliothek
Börse
OUEST
Ziraoui

H Hotel
Jugendherberge
R Restaurant
C Club, Kasino, Cafe
M Museum
$ Bank
K Konsulat
S Schule
i Tourist-Information
Post
Moschee
Uhrturm
Fußgängerzone
Krankenhaus
Springbrunnen
zum Bahnhof, Casa Voyageurs
nach Anfa u. zum Strand
s. Detailplan
CENTRE
BENSLIMANE
ALSACE/ LORRAINE
LIBERTÉ
MERS SULTAN
MERS SULTAN NORD
HABBOUS
PALMIER
SAUTIER
MAARIF
Palais Royal
Moulay Youssef
Busbahnhof (Privatlinien)
Hauptpost
Place Mohammed V.
Parc de la Ligue Arabe
Hôpital Averroès
Parc Murdoch
Villa des Arts
Schweizer Konsulat
Vergnügungs-park
Internetcafe Fairnet S.A.
Justiz-palast
Café National de Noailles
Pâtisserie de l'Opéra
Mc Donald's
O.N.M.T.
Rond Point Mers Sultan
Rond Pt. d'Europe
Rond Point Hassan II.
Place Pt. de l'Unité Africaine
Place de la Fraternité
Place de la Victoire
Place de Bandoeng
Place du 20 Août
Place N. Paquet
Pl. Lemaigre Dubreuil
Rue Mohammed Smiha
Bd de Khouribga
Rue Barathon
Route de l'Etoile
Bd Lacen ou Ider
Bd de la Liberté
Rue Hadj Amar Riffi
Av. de Londres
Rue de Rome
Rue de Salonique
Av de Deux-Mars
Rue de Ceuta
Rue du Docteur Braun
Rue Pinel
Bd Abdelmoumen
Bd Mohammed Abdou
Boulevard Mohammed Zerktouni
Rue d'Agadir
Avenue Hassan II
Boulevard Rachidi
Rue Curie
Avenue Moulay Youssef
Avenue Lalla Yacout
Bd du 11 Janvier
Bd Rahal el Meskini
Boulevard de Paris
Avenue d'Alger
Av. Mousa Ben Noussair
Boulevard d'Anfa
Boulevard Mohammed V
Rue Omar el Idrissi
Rue el Figuigui
Rue Ahmed
Boulevard Victor Hugo
Rue Charles Lebrun
Rue Pierre Puget
Rue el Moutarda
Bd C. Desmoulins
Brahim Roudani
Le Marignan
Métropolis
Europcar & Balkanair
Guynemer
Volubilis
Majestic
Astrid
Le Tonkin
du Louvre
Paris
de Lausanne
Al-Mounia
Café, Eisdiele Ramses
Pizza Hut
Idou Anfa
Place Lausanne
400 m
0
N

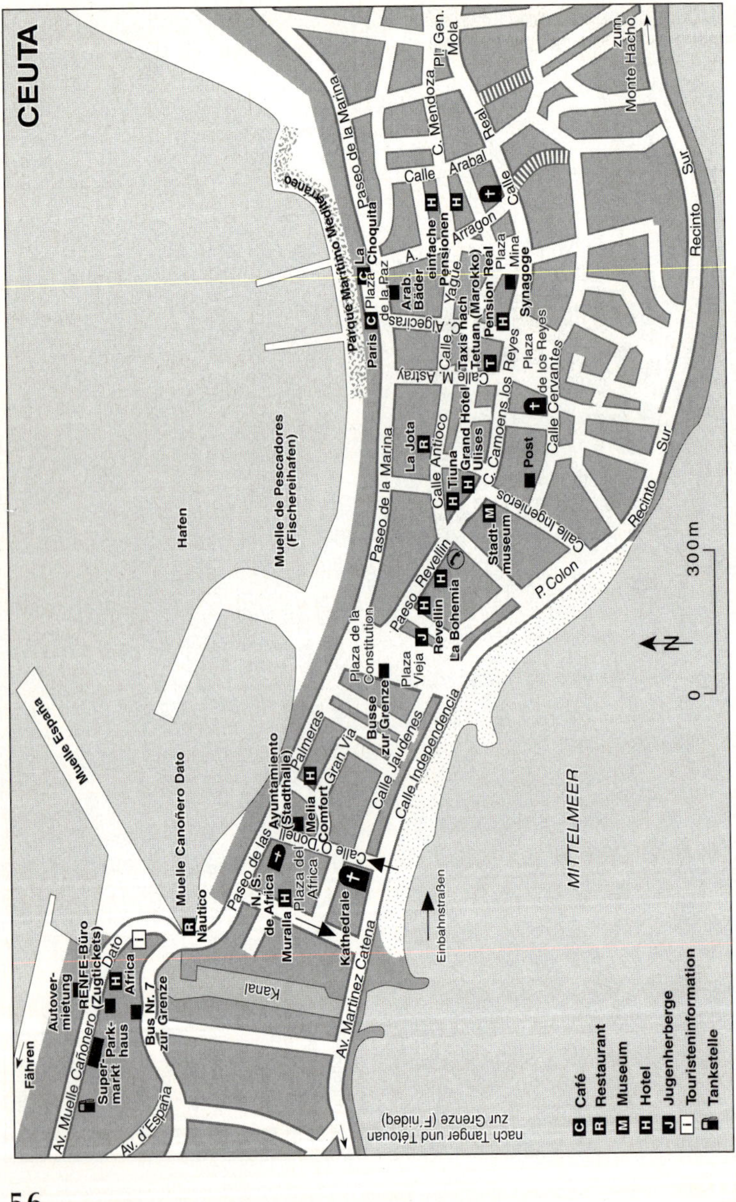
CEUTA
Hafen
Muelle de Pescadores
(Fischereihafen)
Muelle España
Muelle Cañoñero Dato
Parque Marítimo Mediterráneo
Paseo de la Marina
Plaza de la Paz
C Paris
C La Choquita
Arab. Bäder
A.
Calle
Arabal
C. Mendoza
Pl. Gen. Mola
Real
Calle
Arragon
Yagüe
einfache Pensionen
Calle Algeciras
Taxis nach Tetuan (Marokko)
Pension Real
Plaza Mina
Synagoge
Calle M. Astray
Plaza de los Reyes
C. Camoens los Reyes
Calle Cervantes
Grand Hotel Ulises
La Jota
Calle Antioco
Tiuna
Post
Calle Ingenieros
Stadt-museum
Paseo Revellin
Revellin
La Bohemia
P. Colon
Recinto Sur
Recinto Sur
zum Monte Hacho
Plaza de la Constitution
Plaza Vieja
Busse zur Grenze
Calle Jaudenes
Calle Independencia
Palmeras
Gran Via
Ayuntamiento (Stadthalle)
Melia Comfort
Calle O'Donell
Paseo de las
N. S. de Africa
Plaza del Africa
Muralla
Kathedrale
Nautico
Einbahnstraßen
MITTELMEER
Av. Martinez Catena
Kanal
Fähren
Autover-mietung
RENFE-Büro (Zugtickets)
Dato
Africa
Av. Muelle Cañonero
Super-markt
Park-haus
Bus Nr. 7 zur Grenze
Av. d'España
nach Tanger und Tétouan
zur Grenze (F'nideq)
0
300 m
N
C Café
R Restaurant
M Museum
H Hotel
J Jugenherberge
i Touristeninformation
Tankstelle

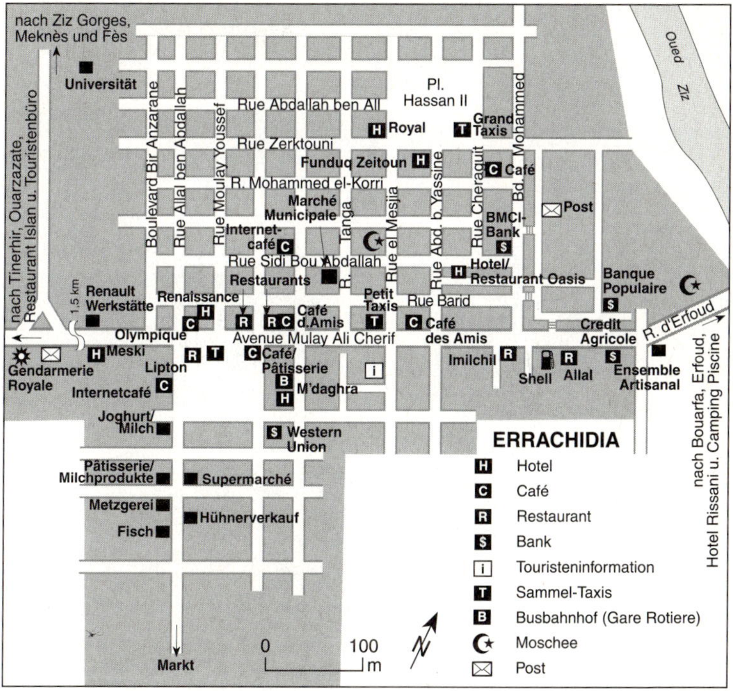
nach Ziz Gorges, Meknès und Fès
Universität
nach Tinerhir, Ouarzazate, Restaurant Islan u. Touristenbüro
1,5 km
Renault Werkstätte
Gendarmerie Royale
Meski
Olympique
Renaissance
Lipton
Internetcafé
Joghurt/ Milch
Pâtisserie/ Milchprodukte
Metzgerei
Fisch
Supermarché
Hühnerverkauf
Markt
Boulevard Bir Anzarane
Rue Allal ben Abdallah
Rue Moulay Youssef
Rue Abdallah ben Ali
Rue Zerktouni
R. Mohammed el-Korri
Rue Sidi Bou Abdallah
Avenue Mulay Ali Cherif
Internet-café
Marché Municipale
Restaurants
Café d.Amis
Café/ Pâtisserie
M'daghra
Western Union
R. Tanga
Rue el Mesjia
Petit Taxis
Rue Barid
Café des Amis
Pl. Hassan II
Royal
Funduq Zeitoun
Rue Abd. b. Yassine
Rue Cheraguit
Grand Taxis
Café
BMCI-Bank
Hotel/ Restaurant Oasis
Imilchil
Bd. Mohammed
Post
Shell
Allal
Banque Populaire
Credit Agricole
R. d'Erfoud
Ensemble Artisanal
Oued Ziz
nach Bouarfa, Erfoud, Hotel Rissani u. Camping Piscine
ERRACHIDIA
Hotel
Café
Restaurant
Bank
Touristeninformation
Sammel-Taxis
Busbahnhof (Gare Rotiere)
Moschee
Post
0
100
m
N

ESSAOUIRA
ATLANTISCHER OZEAN
zum Appartment Carina
Lyceum
Appartments
LOTISSEMENT AL BOUHAYRA
Appartments
Busbahnhof, Taxis, Stadtbusse
Regraga
Avenue
Groß-markt
Palais d' Essaouira
LALLA AMINA
Avenue Rabat
Avenue Fes
Rue 10
Gendarmerie
Tennis
zum Busbahnhof und Sammeltaxis
IRAYFAT
Boulevard de l'Industrie
Rue Gharwat Oahbi
QUARTIER
Rue Gharwat Badr
INDUSTRIEL
Av. 2 Mars
Avenue Idriss Ier
DOUKKALA
Argana
Fiah Bab Marrakech
Dar Hicham
Lalla Aicha
Al Massira Al Khadra
Boulevard Mulay Yussuf
Cafés
Bus-bahnhof
Jüdischer Friedhof
DZIRA LOUCTANIYA
Bab Doukkala
Rue Mohammed Zerktouni
BAKHAR
Suq Djedid
CHBANET
AL MALLAH
DERB AGADIR
Rue Mohammed el Gorry
Ensemble Artisanal
Bab Marrakech
Erste Hilfe Sanitätsstation
Avenue
Feigenbaum
Hôtel des Iles
Große Moschee
Mechouar
Av. de l'Istiqlal
Mohammed Ben Abdallah
Bab es Sabaa
Camping-gas
LHADDADA
Ibn Nafi
Villa Maroc
AL QACHA
R. Attarin
R. D. Laalouj
Pl. Mulay el Hassan
Jack's Kiosk
Nordbastion
Sqala de la Kasbah
JARF HMAM
DOUKKANA
JARF BARMIL

zu den Hotels Fiah Borj, Dar Touria und Dar Galia
nach Safi (entlang der Küste) pa la côte
nach Agadir, Safi Marrakesch, Djabat und Sidi Kaouki
App. Dar Cheila
Supermarkt Fath
Vente de Dunes
Al Jazira
Blue Vague
Touristenstraße pa la côte
Gärtnerei
Ryad Mogador
Mogdul
Villa Quieta
Rue Lalla Maryiem
R. Mulay Ali Scherif
QUARTIER DES DUNES
Province
QUARTIER ADMINISTRATIV
Rue P. Lalla Amina
Lalla Hasna
Wind Car (Autovermietung)
App. Aïcha
Villa
Hauptpolizei (Fremdenpolizei)
Délégation de Jeunesse et Sports
Villa Lila Hicham
Tafoukt
Bd Mohammed V.
Rue 12
Basketball-Feld
Strand
el'Muquama
Sofitel Mogador
kleiner Vergnügungspark
Mohammed V.
Surfclub u. Fun & Fly-Center
Auracarie
Chalet de la Plage
Strand
ATLANTISCHER OZEAN
N
200 m
Wetterstation
du Port Coquillage
Chez Sam
Fischer-hafen
Porte de la Marine
Zoll
Dzira Srira
Kirche
Hotel
Restaurant
Café
Museum
Bank
Tourist-Information
Post
Polizei
Schule
Moschee
Friedhof
Uhr-, Turm
Leuchtturm
Sportplatz/Stadion
Krankenhaus
Campingplatz
Tankstelle

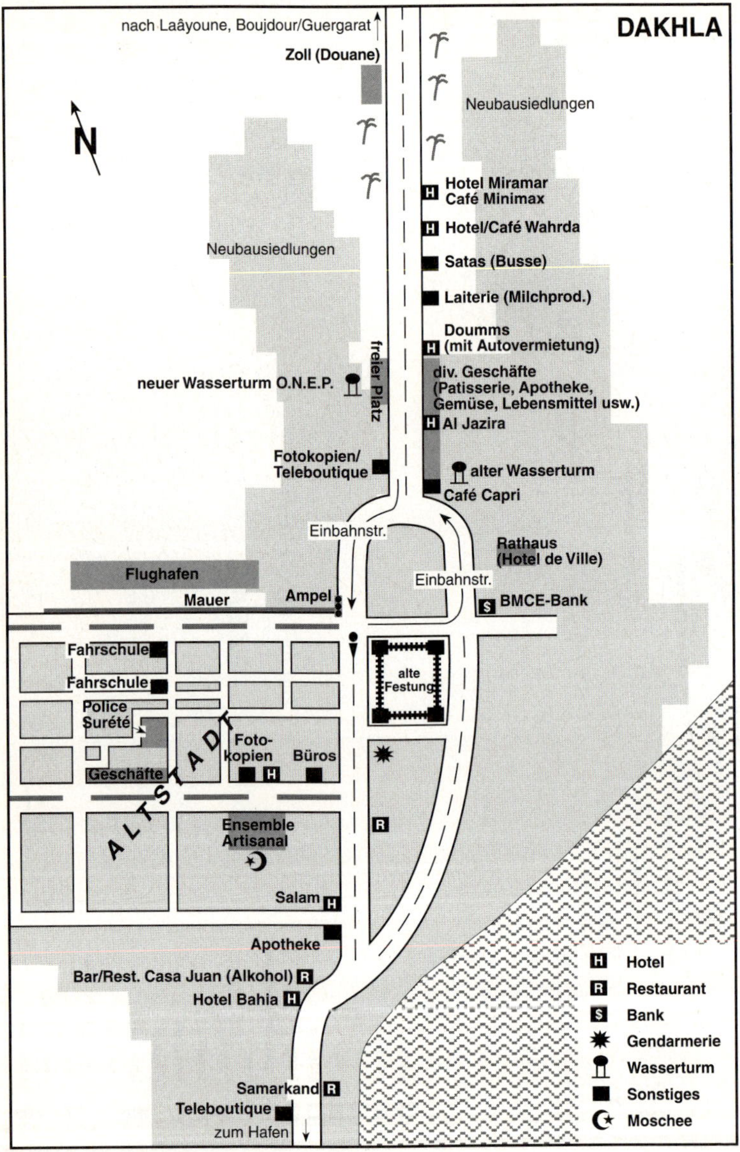
DAKHLA
nach Laâyoune, Boujdour/Guergarat
Zoll (Douane)
N
Neubausiedlungen
Neubausiedlungen
Hotel Miramar
Café Minimax
Hotel/Café Wahrda
Satas (Busse)
Laiterie (Milchprod.)
Doumms
(mit Autovermietung)
freier Platz
neuer Wasserturm O.N.E.P.
div. Geschäfte
(Patisserie, Apotheke,
Gemüse, Lebensmittel usw.)
Al Jazira
Fotokopien/
Teleboutique
alter Wasserturm
Café Capri
Einbahnstr.
Rathaus
(Hotel de Ville)
Einbahnstr.
Flughafen
Mauer
Ampel
BMCE-Bank
Fahrschule
Fahrschule
Police
Suréte
alte
Festung
Foto-
kopien
Büros
Geschäfte
ALTSTADT
Ensemble
Artisanal
Salam
Apotheke
Bar/Rest. Casa Juan (Alkohol)
Hotel Bahia
Samarkand
Teleboutique
zum Hafen
Hotel
Restaurant
Bank
Gendarmerie
Wasserturm
Sonstiges
Moschee

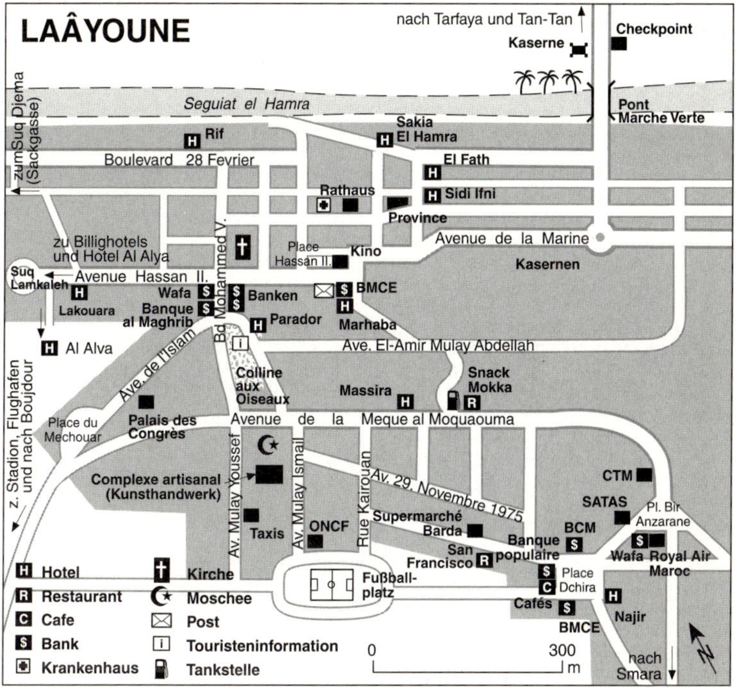
LAÂYOUNE
nach Tarfaya und Tan-Tan
Kaserne
Checkpoint
Seguiat el Hamra
Pont
Marche Verte
zumSuq Djema
(Sackgasse)
Rif
Sakia
El Hamra
Boulevard 28 Fevrier
El Fath
Rathaus
Sidi Ifni
Province
Avenue de la Marine
zu Billighotels
und Hotel Al Alya
Place
Hassan II.
Kino
Kasernen
Suq
Lamkaleh
Avenue Hassan II.
Bd Mohammed V.
Wafa
Banken
BMCE
Lakouara
Banque
al Maghrib
Parador
Marhaba
Al Alva
Ave. El-Amir Mulay Abdellah
Ave. de l'Islam
Colline
aux
Oiseaux
Snack
Mokka
Massira
z. Stadion, Flughafen
und nach Boujdour
Place du
Mechouar
Palais des
Congrès
Avenue de la Meque al Moquaouma
Complexe artisanal
(Kunsthandwerk)
Av. Mulay Youssef
Av. Mulay Ismail
Rue Kairouan
Av. 29. Novembre 1975
CTM
SATAS
Pl. Bir
Anzarane
Supermarché
Barda
BCM
Taxis
ONCF
Banque
populaire
Wafa Royal Air
Maroc
San
Francisco
Place
Dchira
Fußball-
platz
Cafés
Najir
BMCE
nach
Smara
Hotel
Restaurant
Cafe
Bank
Krankenhaus
Kirche
Moschee
Post
Touristeninformation
Tankstelle
0
300
m
N
Marokko

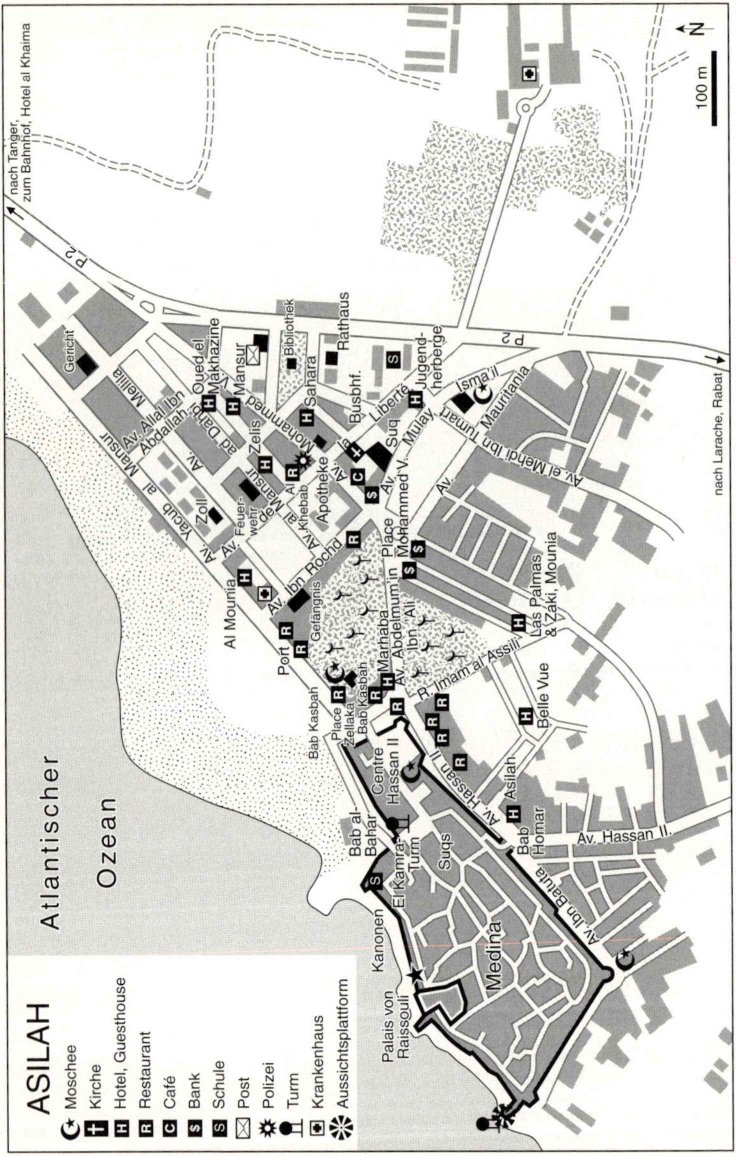
ASILAH
Moschee
Kirche
Hotel, Guesthouse
Restaurant
Café
Bank
Schule
Post
Polizei
Turm
Krankenhaus
Aussichtsplattform
Atlantischer
Ozean
nach Tanger, zum Bahnhof, Hotel al Khaima
nach Larache, Rabat
100 m
N
P 2
Gericht
Melilla
Av. Allal Ibn Abdallah
Av. ad Dahbi
Oued el Makhazine
Mansur
Bibliothek
Rathaus
Sahara
Mohammed
Zelis
Busbhf.
Jugendherberge
Liberté
Isma'il
Mauritania
Av. Mulay
Suq
Av. Mohammed V.
Av. Ibn Tumart
Av. el Mehdi Ibn Tumart
Av. Yacub al Mansur
Zoll
Feuerwehr
Av. de Mansur
Al Khebab
Av. al Khebab
Apotheke
Av. Ibn Rochd
Place Mohammed V.
Al Mounia
Gefängnis
Port
Marhaba
Av. Abdelmumin Ibn Ali
Las Palmas & Zaki, Mounia
R. Imam al Assili
Belle Vue
Bab Kasbah
Place Zellaka
Av. Hassan II
Asilah
Centre Hassan II
Bab al-Bahar
El Kamra-Turm
Suqs
Bab Homar
Av. Hassan II.
Av. Ibn Batuta
Medina
Kanonen
Palais von Raissouli

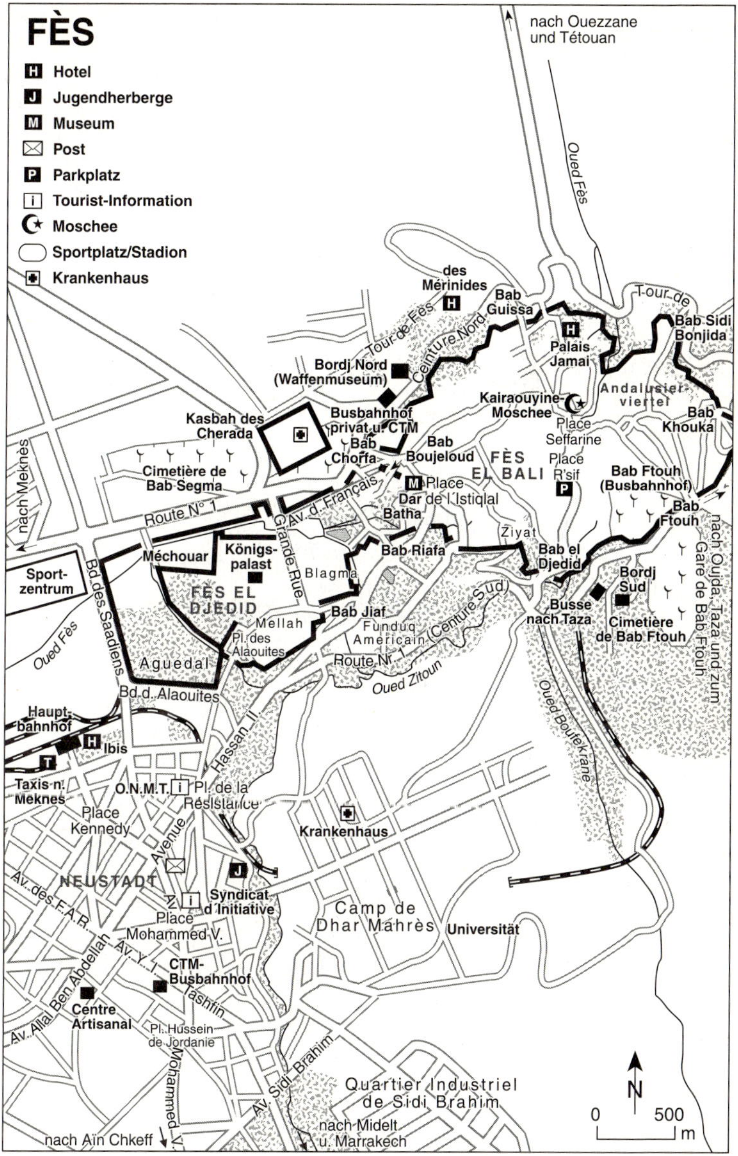
FÈS
Hotel
Jugendherberge
Museum
Post
Parkplatz
Tourist-Information
Moschee
Sportplatz/Stadion
Krankenhaus
nach Ouezzane und Tétouan
Oued Fès
des Mérinides
Bab Guissa
Tour de Fès
Ceinture Nord
Tour de
Bab Sidi Bonjida
Palais Jamai
Bordj Nord (Waffenmuseum)
Andalusier-viertel
Kairaouyine-Moschee
Bab Khouka
Busbahnhof privat u. CTM
Kasbah des Cherada
Place Seffarine
Bab Chorfa
Bab Boujeloud
FÈS EL BALI
Place R'sif
Cimetière de Bab Segma
Bab Ftouh (Busbahnhof)
nach Meknès
Place Dar de l'Istiqlal
Batha
Route N° 1
Av. d. Français
Bab Ftouh
Ziyat
nach Oujda, Taza und zum Gare de Bab Ftouh
Grande Rue
Méchouar
Königspalast
Bab Riafa
Bab el Djedid
Sportzentrum
Blagma
Bordj Sud
Bd. des Saadiens
FÈS EL DJEDID
Bab Jiaf
Busse nach Taza
Cimetière de Bab Ftouh
Oued Fès
Mellah
Funduq Americain
(Centure Sud)
Pl. des Alaouites
Aguedal
Route Nr. 1
Oued Zitoun
Oued Boufekrane
Bd. d. Alaouites
Hauptbahnhof
Ibis
Hassan II
Taxis n. Meknes
O.N.M.T.
Pl. de la Résistance
Place Kennedy
Krankenhaus
Avenue
NEUSTADT
Av. des F.A.R.
Syndicat d'Initiative
Place Mohammed V.
Camp de Dhar Mahrès
Universität
Av. Y. Tashfin
CTM-Busbahnhof
Av. Allal Ben Abdellah
Centre Artisanal
Pl. Hussein de Jordanie
Mohammed V.
Av. Sidi Brahim
Quartier Industriel de Sidi Brahim
N
0
500 m
nach Aïn Chkeff
nach Midelt u. Marrakech

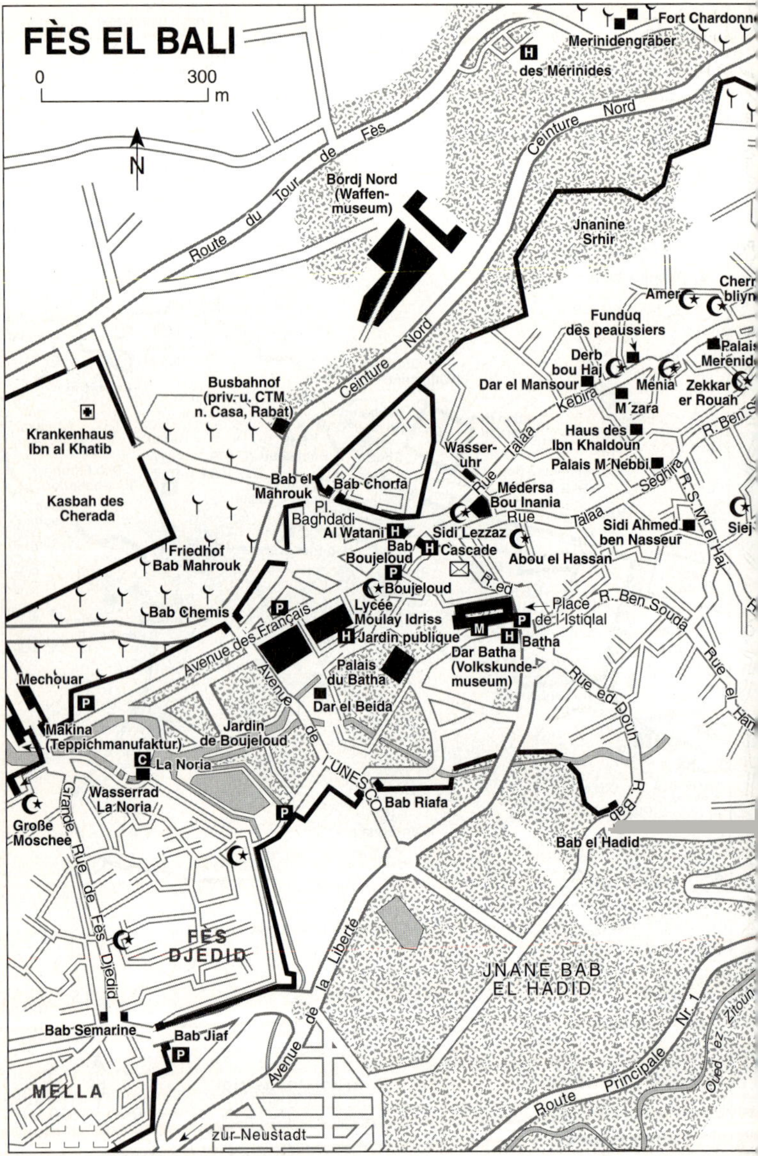
FÈS EL BALI
0 300 m
N
Route du Tour de Fès
Ceinture Nord
Fort Chardonnet
Merinidengräber
des Mérinides
Bordj Nord (Waffen-museum)
Jnanine Srhir
Busbahnhof (priv. u. CTM n. Casa, Rabat)
Krankenhaus Ibn al Khatib
Kasbah des Cherada
Friedhof Bab Mahrouk
Bab el Mahrouk
Bab Chorfa
Pl. Baghdadi
Al Watani
Bab Boujeloud
Cascade
Sidi Lezzaz
Boujeloud
Bab Chemis
Lycée Moulay Idriss
Jardin publique
Palais du Batha
Dar el Beida
Avenue des Français
Avenue de l'UNESCO
Mechouar
Makina (Teppichmanufaktur)
Jardin de Boujeloud
La Noria
Wasserrad La Noria
Große Moschee
Grande Rue de Fès Djedid
FÈS DJEDID
Bab Riafa
Bab Semarine
Bab Jiaf
MELLA
zur Neustadt
Avenue de la Liberté
JNANE BAB EL HADID
Bab el Hadid
Route Principale Nr. 1
Oued ez Zitoun
Amer
Cherr bliyn
Funduq des peaussiers
Derb bou Haj
Dar el Mansour
Menia
Zekkar er Rouah
Palais Merenid
M'zara
Haus des Ibn Khaldoun
Palais M'Nebbi
Wasser-uhr
Rue Talaa Kebira
Médersa Bou Inania
Rue Talaa Seghira
R. S. M. el Haj
R. Ben S
Sidi Ahmed ben Nasseur
Siej
Abou el Hassan
R. ed
Place de l'Istiqlal
R. Ben Souda
Batha
Dar Batha (Volkskunde-museum)
Rue ed Douh
R. Bab
Rue el Han

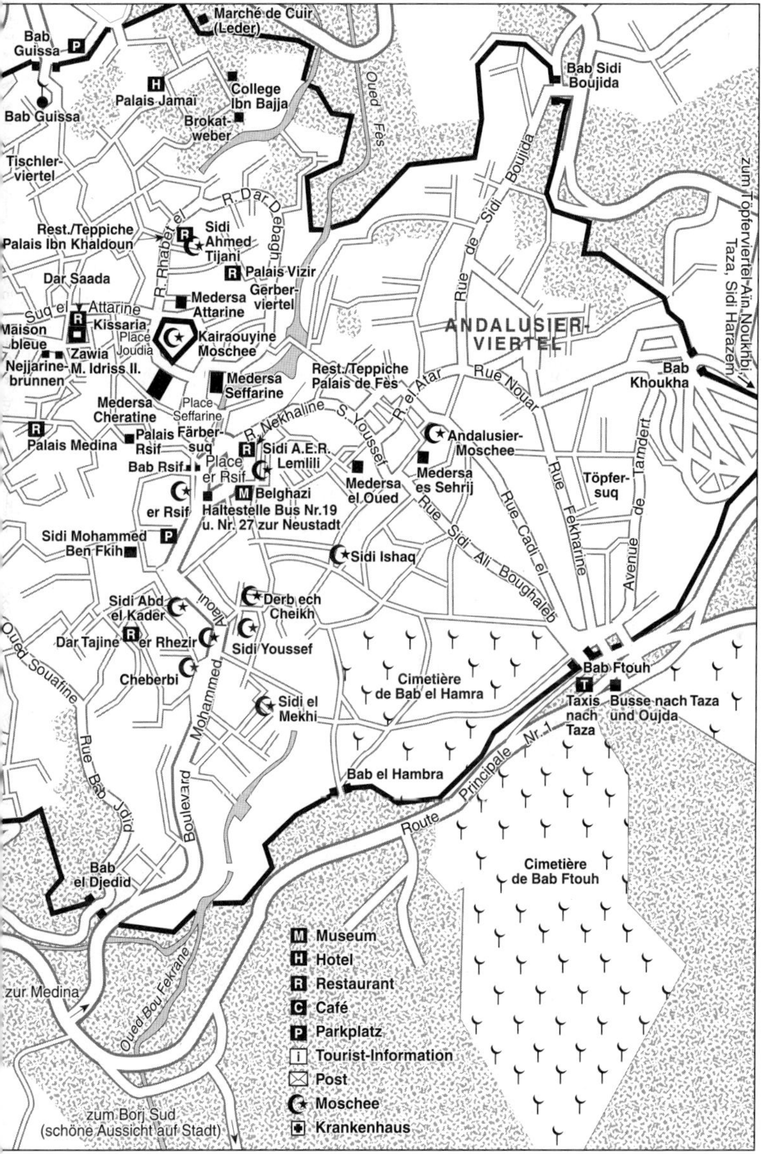
Marché de Cuir (Leder)
Bab Guissa
Palais Jamaï
College Ibn Bajja
Brokatweber
Tischlerviertel
Oued Fès
Bab Sidi Boujida
Rue de Sidi Boujida
R. Dar Debagh
Rest./Teppiche Palais Ibn Khaldoun
Sidi Ahmed Tijani
R. Rhaber el
Palais Vizir
Dar Saada
Gerberviertel
Medersa Attarine
Suq el Attarine
Kissaria
Maison bleue
Place Joudia
Kairaouyine Moschee
Zawia M. Idriss II.
Nejjarine-brunnen
ANDALUSIER-VIERTEL
Rest./Teppiche Palais de Fès
R. el Atar
Rue Nouar
Medersa Seffarine
Medersa Cheratine
Place Seffarine
R. Nekhaline
S. Youssef
Andalusier-Moschee
Palais Medina
Palais Rsif
Färbersuq
Sidi A.E.R. Lemlili
Bab Rsif
Place er Rsif
Medersa es Sehrij
Medersa el Oued
Töpfersuq
Rue de Tamdert
Rue Fekharine
Rue Cadi el
er Rsif
Belghazi
Haltestelle Bus Nr.19 u. Nr. 27 zur Neustadt
Rue Sidi Ali Boughaleb
Sidi Mohammed Ben Fkih
Sidi Ishaq
Avenue
zum Töpferviertel Aïn Noukhbi, Taza, Sidi Harazem
Bab Khoukha
Sidi Abd el Kader
Derb ech Cheikh
Dar Tajine
er Rhezir
Sidi Youssef
Oued Souafine
Cheberbi
Cimetière de Bab el Hamra
Bab Ftouh
Taxis nach Taza
Busse nach Taza und Oujda
Sidi el Mekhi
Boulevard Mohammed Alaoui
Rue Bab Jdid
Bab el Hambra
Route Principale Nr. 1
Cimetière de Bab Ftouh
Bab el Djedid
Oued Bou Fekrane
zur Medina
zum Borj Sud (schöne Aussicht auf Stadt)
Museum
Hotel
Restaurant
Café
Parkplatz
Tourist-Information
Post
Moschee
Krankenhaus

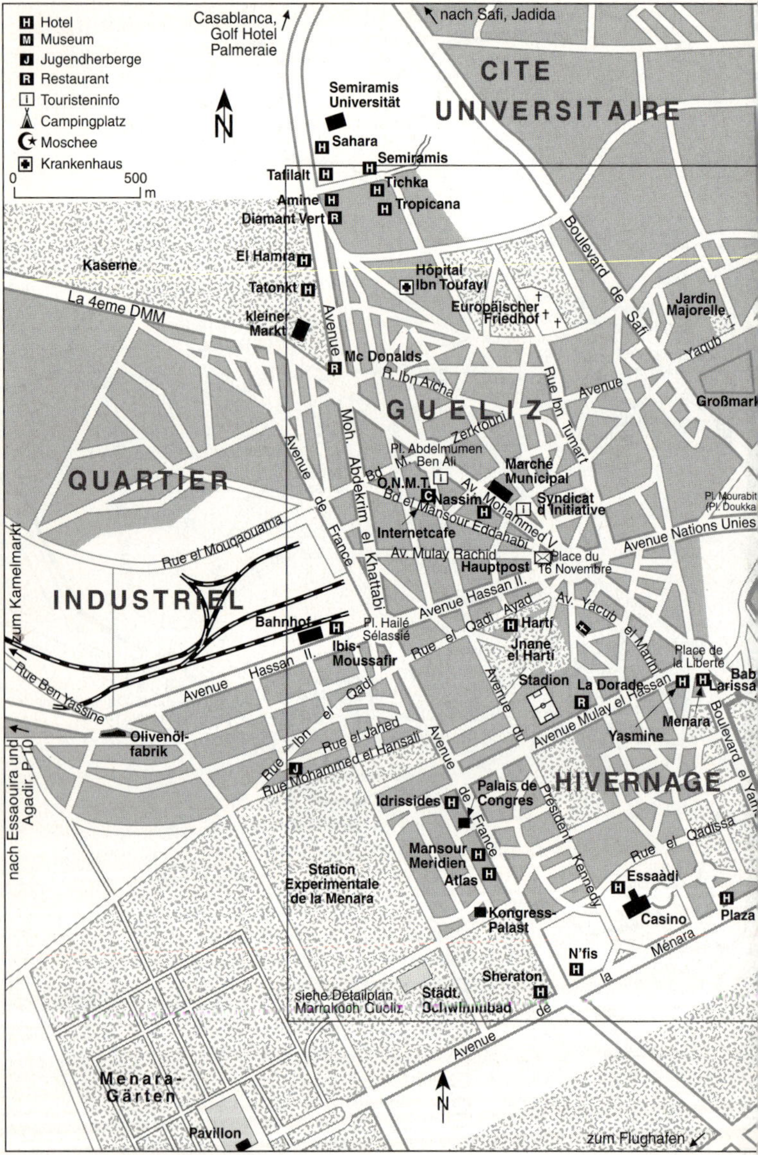
Hotel
Museum
Jugendherberge
Restaurant
Touristeninfo
Campingplatz
Moschee
Krankenhaus
0
500
m
Casablanca, Golf Hotel Palmeraie
nach Safi, Jadida
CITE UNIVERSITAIRE
Semiramis Universität
Sahara
Semiramis
Tafilalt
Tichka
Amine
Tropicana
Diamant Vert
El Hamra
Kaserne
Tatonkt
Hôpital Ibn Toufayl
Europäischer Friedhof
Jardin Majorelle
La 4eme DMM
kleiner Markt
Avenue
Mc Donalds
R. Ibn Aicha
Boulevard de Safi
Yaqub
Großmark
GUELIZ
Avenue Zerktouni
Rue Ibn Tumart
Moh. Abdekrim el Khattabi
Avenue de France
Pl. Abdelmumen M. Ben Ali
Marché Municipal
QUARTIER
O.N.M.T.
Bd el Mansour Eddahabi
Nassim
Av. Mohammed V
Syndicat d'Initiative
Pl. Mourabit (Pl. Doukka
Internetcafe
Avenue Nations Unies
Av. Mulay Rachid
Hauptpost
Place du 16 Novembre
Rue el Mouqaouama
zum Kamelmarkt
INDUSTRIEL
Avenue Hassan II.
Bahnhof
Pl. Hailé Sélassié
Rue el Qadi Ayad
Harti
Av. Yacub el Marini
Ibis-Moussafir
Jnane el Harti
Place de la Liberté
Rue Ben Yassine
Avenue Hassan II.
Rue Ibn el Qadi
Stadion
La Dorade
Bab Larissa
Avenue Mulay el Hassan
Menara
Olivenöl-fabrik
Yasmine
Boulevard el Yarm
Rue el Jahed
Avenue du Président Kennedy
nach Essaouira und Agadir, P 10
Rue Mohammed el Hansali
Avenue de France
HIVERNAGE
Palais de Congres
Idrissides
Rue el Qadissa
Mansour Meridien
Atlas
Station Experimentale de la Menara
Essaàdi
Plaza
Kongress-Palast
Casino
N'fis
Avenue de la Menara
Sheraton
siehe Detailplan Marrakech Gueliz
Städt. Schwimmbad
Menara-Gärten
Pavillon
zum Flughafen

MARRAKESCH
CITE MOHAMMEDIA
Redouane
Le Tikida
Av. Allal el Fassi
Province
Cite Mohammedia
Route Nr. P24
nach Meknès, Fes, Beni Mellal, Ouarzazate
Mansur
Suq el Khemis
Route des Remparts
Derb Kaa el Mechra
Bab Kechich
Oued Issil
Bab el Khemis
Zawia & Moschee Sidi Bel Abbes
Rue de Bab Taghzout
Rue Assouel
Rue de Bab Khemis
Dar Yacout
Zawia Sidi Ben Slimane
Dar Fes
Rue el Gza
MEDINA
Bab Debbarh
Bab Doukkala
Dar Marjana
s. Detailplan Suqs
Riad el Arous
Riad Zina
Fontaine Echroub ou Chouf
Ben Yussef
Rue de Bab Debbarh
Gerberviertel
Moschee Doukkala
Rue de Bab Doukkala
Al Madina
Medersa Ben Yussef
Rue Isseblyne
Dar el Glaoui
Rue el Glaoui
R. Fatima Zohra
Rue Dar el Bacha
Yamani
Dar si Aissa
Stylion
Moschee Mouassin
Pl. Ben Salah
Mittwochsmarkt
Handwerkszentrum
Rue Sidi el Yamani
Ksar Essousan
Borj Dar Lamane
Place Sidi Youb
Rue de Bab Ahlen
Bab Ahlen
Stadtbusse
Art & Decor (Lampen, Fliesen, Tische)
Lyceé Moh. V (Schule)
Töpferviertel
Mohammed V.
Islane
Riad Noga
Rue Bab Ahmad
Dar el Baroud
Pl. Djemaa el Fna
Route des Remparts
R. Abu Abbes Sebti
Rue el Mouahidine
Sherazado
R. Riad Zitoune
Volkskunstmuseum Dar Sidi Said
Schule
Essaouira
R. Bab Agnaou
Ag. Ba Ahmad
Kutubiya-Moschee
Prefecture
Flohmarkt/Textilien
Bab el Djedid
Stadtbusse
Gallia
Dar Tiskiwine (Bert Flint)
Bab Rhemat
Av. Hammam Ftouaki
Tazi
R. Zitoun el Kedim
Palais de la Bahia
Mamounia
Pl. Yussef Ibn Tashfin
A. Houmame Fetouaki
Mellah
Grabmal des Y.I.Tashfin
el Jedid
Krankenhaus Avenzoar
Pl. des Ferblantiers
de Paris
R. Essaadiyne
Kasbah-Moschee
Palais el Badi
Bab Agnaou
Rue de la Kasbah
Saadiergräber
Jnane el Afia
Bab Er Robb
Königspalast
nach Ouarzazate, P 31
Route des Remparts
nach Amizmiz u. Taroudannt
n. Ourika und Oukaimeden
siehe Detailplan Südliche Medina
Bab Ahmar

DERB DABBACHI
EL KANNARIA
RIAD ZITOUNE
EL DJEDID
EL KEDIM
AGUEDAL
BA AHMED
Bab Rhemat
Place Djamaa el-Fna
Place de Bab Ftouh
Kutubiya Moschee
Mausoleum Ibn Tashfin
Place Yussef Ibn Tashfin
El Bahia Palast
Volkskunst-museum Dar Sidi Said
Dar Tiskiwin (Bert Flint)
Minarett Bochara
Suqs
Geflügel-markt
Lebensmittelsuq
Garküchen
Park-garage
Stadtbusse (Linie 1-14)
Miet-Autos Floride Cars
Souvenir-geschäfte
Lampen-geschäfte
Schmuck
Torbögen
Hammam
Qissaria
Sahara stone
Prefecture
Einkaufs-zentr.
Rue Riad Zitoun el Djedid
Rue Riad Zitoun el Kedim
Avenue Houmane Fetouaki
Av. Mohammed V.
Rue Fatima Zohra
Rue Bab Ahlen
R. du Djenan Ben Chegra
Rue Duar Graoua
Derb Djedid
Derb Dabbachi
Derb Sidi Bouloukoul
R. d. Banques
Rue de la Recelle
Rue Moulay Ismail
Rue Bani Marine
Rue el Mouahidine
Ibn Kaldoun
Rue Sidi Mimoun
Rue Ibn Rochd
R. Imam el Rhezali
Pl. Ben Salah
Pl. Rahba Qedima
Suq Smarine
Suq Mellah
Trik el-Kutubiya
Arsef el-Bilk
Club Méditerranée
CTM
C.T.M.
Cybercafé
Internet-café
Glacier
Mimosa
Mounia
Marhaba
El Marrakchi
Dar Hadj Idder
Kennaria
Riad Noga
Riad Houlki
Badr
France
Residence de la Place
Baraka
des Amis
Lune d'Or
Eddakhla
de la Paix
Afriquia
Medina
Central
Mabrouk
Ichbilia
Aït
Sheherazade
Dar Limoun
Riad Tamsna Galerie/Bücher
El Hamra
Chellah
Dar es Salam
Dar Gharnata
Essaouira
Arabia
Sahara
Gallia
Silber- u. Gold
Einkaufs-Snack
Atlal
Farah
Hilal
Souira
Tazi
La Gazelle
Foucauld
Argana
Ksar Essoussan
Stylia
Dar Diaffa
Dar el-Baroud
Pizzeria Islane & Café
Islane
Daniria
Eingang
Eingangs-tor
El Bahia

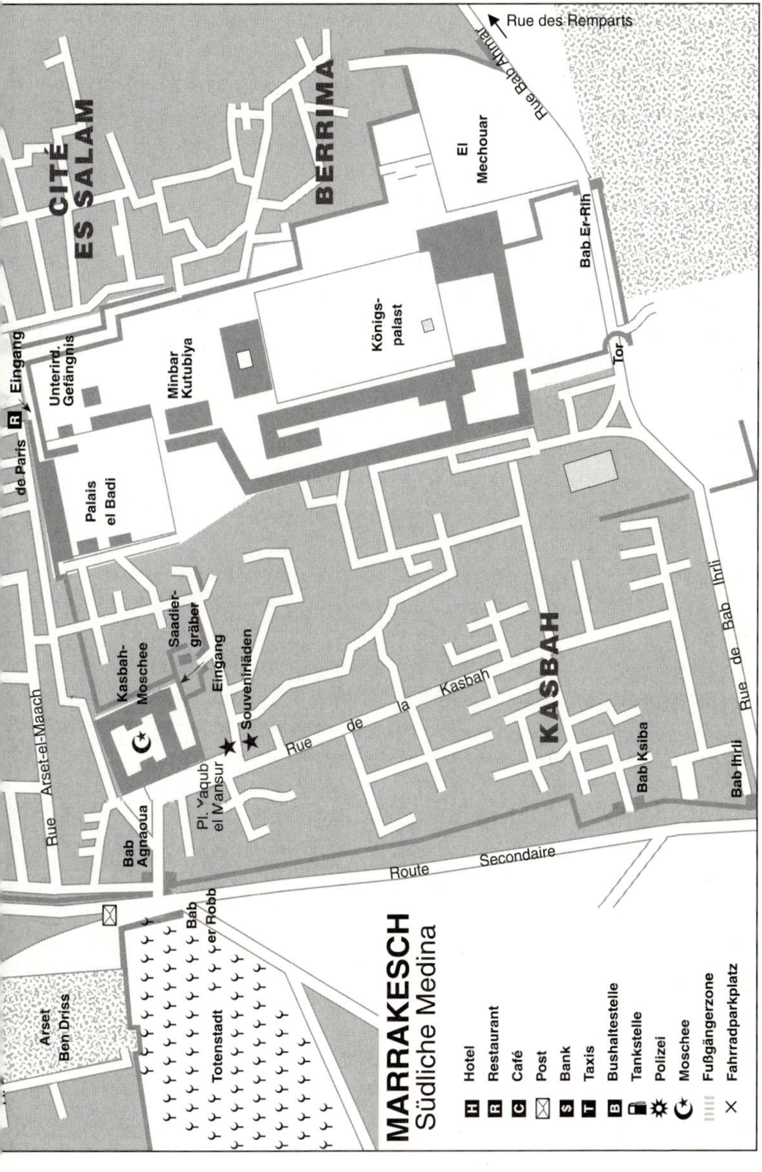

MARRAKESCH
Südliche Medina
Hotel
Restaurant
Café
Post
Bank
Taxis
Bushaltestelle
Tankstelle
Polizei
Moschee
Fußgängerzone
Fahrradparkplatz
CITÉ ES SALAM
BERRIMA
KASBAH
Rue des Remparts
Rue Bab Ahmar
El Mechouar
Bab Er-Rih
Königs-palast
Tor
Eingang
de Paris
Unterird. Gefängnis
Minbar Kutubiya
Palais el Badi
Saadier-gräber
Eingang
Kasbah-Moschee
Souvenirläden
Rue de la Kasbah
Rue de Bab Ihrli
Rue Arset-el-Maach
Pl. Yaqub el Mansur
Bab Agnaoua
Bab Ksiba
Bab Ihrli
Route Secondaire
Bab er Robb
Totenstadt
Arset Ben Driss

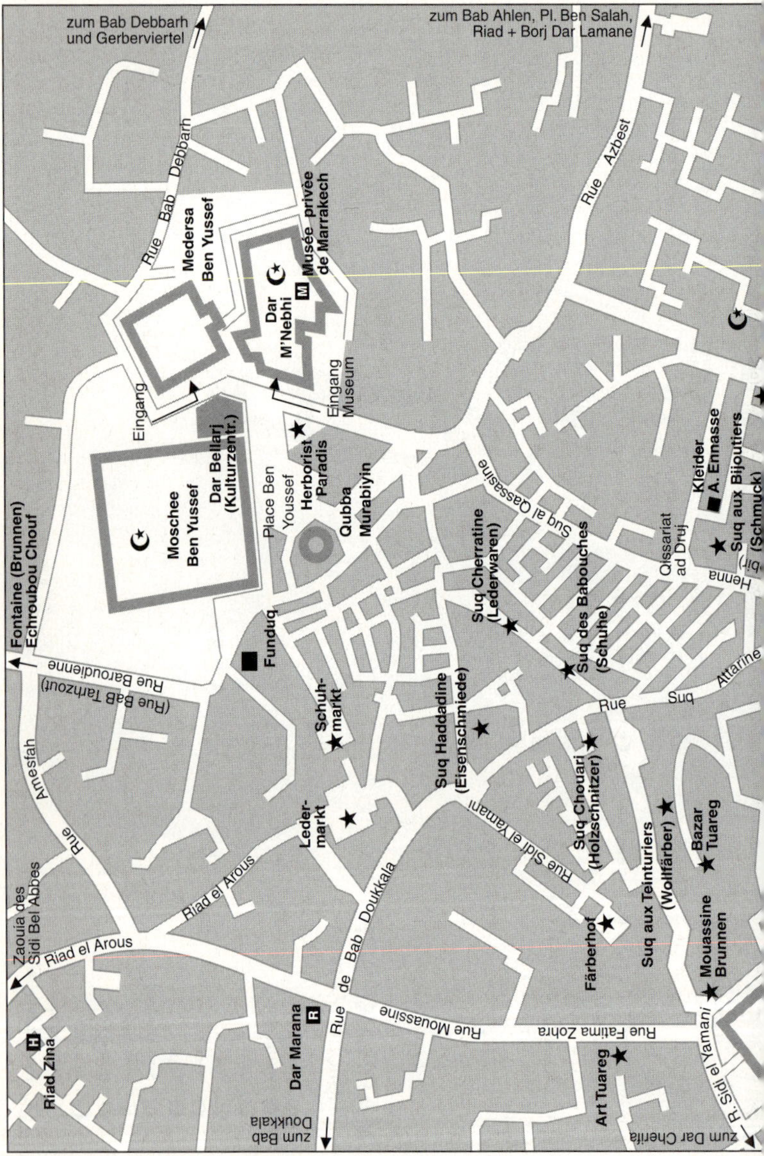
zum Bab Debbarh und Gerberviertel
zum Bab Ahlen, Pl. Ben Salah, Riad + Borj Dar Lamane
Rue Bab Debbarh
Rue Azbest
Medersa Ben Yussef
Musée privée de Marrakech
Dar M'Nebhi
Eingang
Eingang Museum
Dar Bellarj (Kulturzentr.)
Moschee Ben Yussef
Place Ben Youssef
Herborist Paradis
Qubba Murabiyin
Fontaine (Brunnen) Echroubou Chouf
Suq al Qassasine
Suq Cherratine (Lederwaren)
Suq des Babouches (Schuhe)
Qissariat ad Druj
Kleider A. Ennasse
Suq aux Bijoutiers (Schmuck)
Henna
Funduq
Rue Baroudienne (Rue Bab Tarhzout)
Schuhmarkt
Suq Haddadine (Eisenschmiede)
Rue Suq Attarine
Suq Chouari (Holzschnitzer)
Rue Amesfah
Ledermarkt
Rue Sidi el Yamani
Suq aux Teinturiers (Wollfärber)
Bazar Tuareg
Riad el Arous
Rue de Bab Doukkala
Färberhof
Mouassine Brunnen
Zaouia des Sidi Bel Abbes
Rue Mouassine
Rue Fatima Zohra
Dar Marana
Riad Zina
Art Tuareg
R. Sidi el Yamani
zum Bab Doukkala
zum Dar Cherifa

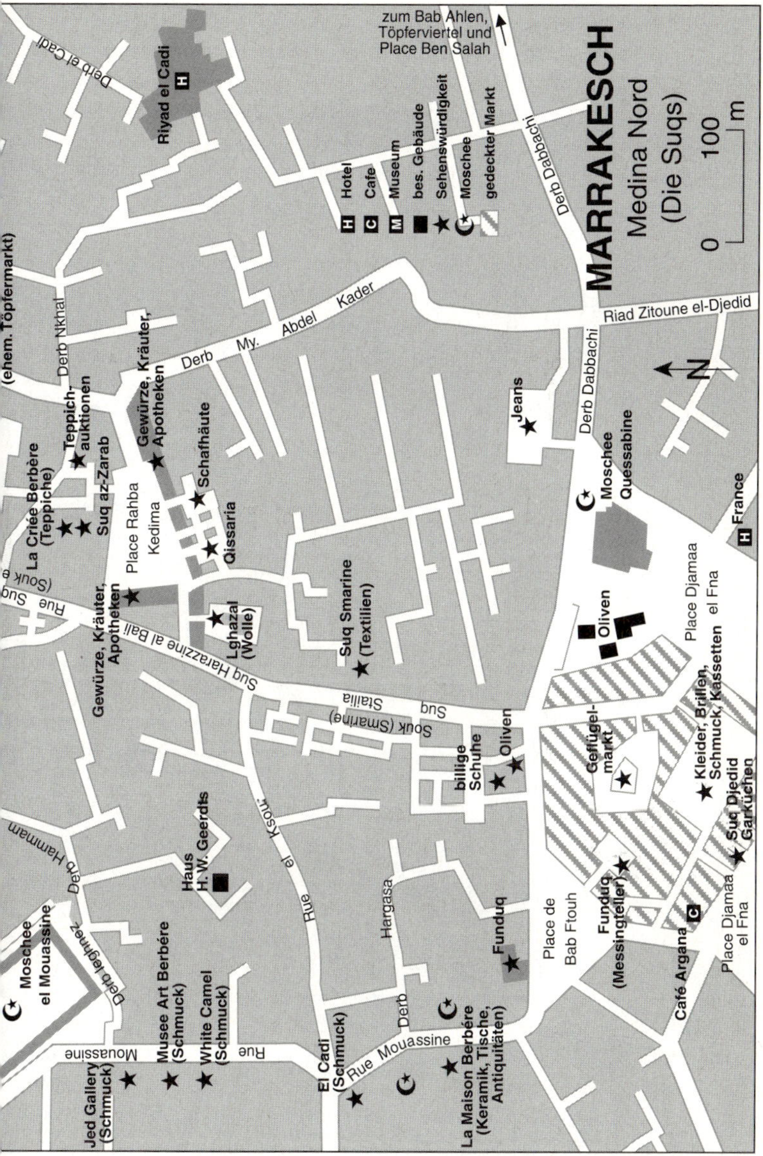
MARRAKESCH
Medina Nord
(Die Suqs)
0
100
m
H Hotel
C Cafe
M Museum
bes. Gebäude
Sehenswürdigkeit
Moschee
gedeckter Markt
zum Bab Ahlen, Töpferviertel und Place Ben Salah
Riyad el Cadi
Deb el Cadi
Derb Dabbachi
Derb My. Abdel Kader
Riad Zitoune el-Djedid
(ehem. Töpfermarkt)
Derb Nkhal
Teppich-auktionen
La Criée Berbère (Teppiche)
Suq az-Zarab
Gewürze, Kräuter, Apotheken
Place Rahba Kedima
Schafhäute
Qissaria
Lghazal (Wolle)
Jeans
Moschee Quessabine
France
Suq Smarine (Textilien)
Rue Suq (Souk e
Suq Harazzine al Bali
Suq Staila
Souk (Smarine)
Oliven
billige Schuhe
Geflügel-markt
Place Djamaa el Fna
Kleider, Brillen, Schmuck, Kassetten
Suq Djedid Garküchen
Derb Hammam
Haus H. W. Geerdts
Rue el Ksour
Hargasa
Funduq
Place de Bab Ftouh
Funduq (Messingteller)
Café Argana
Moschee el Mouassine
Derb Jeghnez
Musee Art Berbère (Schmuck)
White Camel (Schmuck)
Rue Mouassine
Jed Gallery (Schmuck)
El Cadi (Schmuck)
Derb
La Maison Berbère (Keramik, Tische, Antiquitäten)

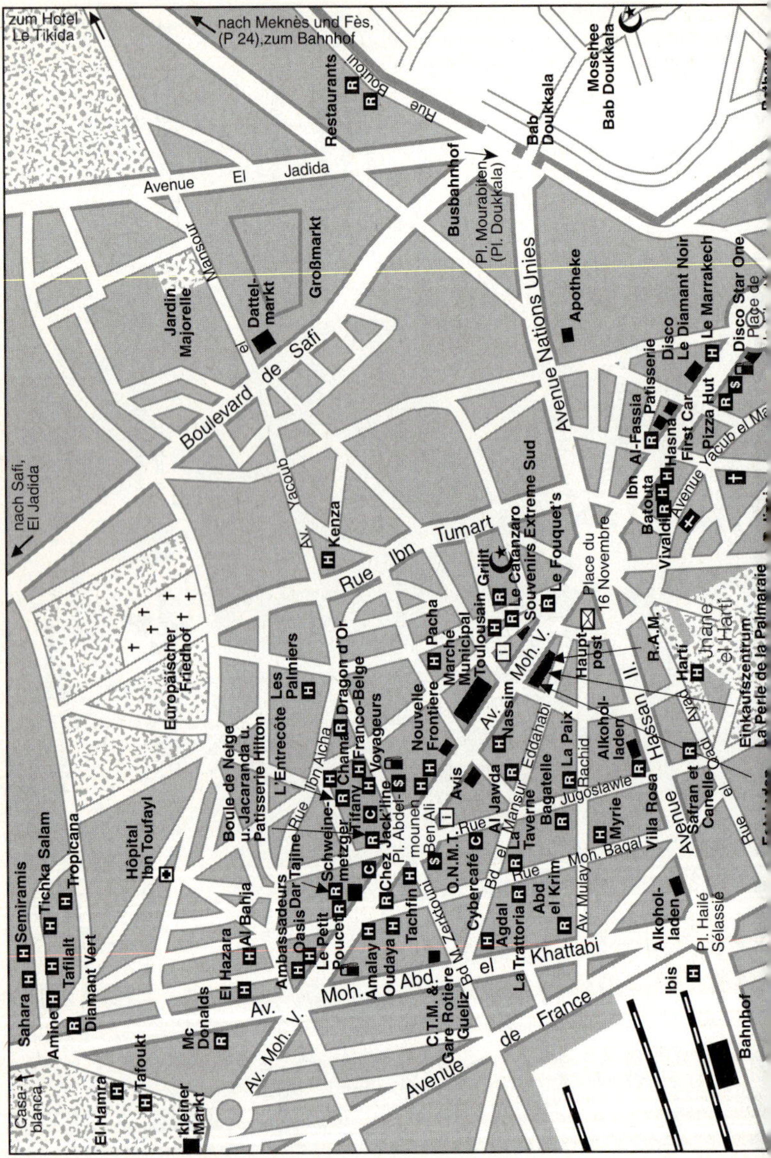

zum Hotel Le Tikida
nach Meknès und Fès, (P 24), zum Bahnhof
Restaurants
Rue Bouloui
Avenue El Jadida
Busbahnhof
Pl. Mourabiten (Pl. Doukkala)
Bab Doukkala
Moschee Bab Doukkala
Mansour el
Jardin Majorelle
Dattelmarkt
Großmarkt
Boulevard de Safi
Avenue Nations Unies
Apotheke
nach Safi, El Jadida
Av. Yacoub
Kenza
Rue Ibn Tumart
Le Catanzaro
Souvenirs Extreme Sud
Le Fouquet's
Toulousain Grillt
Place du 16 Novembre
Ibn Batouta
Al-Fassia
Patisserie
Hasna
Vivaldi
Disco Le Diamant Noir
Le Marrakech
First Car
Pizza Hut
Disco Star One
Avenue Yacoub el Mansour
Europäischer Friedhof
Les Palmiers
Dragon d'Or
Franco-Belge
Voyageurs
Pacha
Marché Municipal
Nouvelle Frontière
Av. Moh. V.
Hauptpost
R.A.M.
Harti
Jnane el Harti
Einkaufszentrum La Perle de la Palmaraie
Boule de Neige u. Jacaranda u. Patisserie Hilton
L'Entrecôte
Rue Ibn Aicha
Chama
Tifany
Schweinemetzger
Chez Jack'line
Pl. Abdel-Moumen Ben Ali
Avis
Nassim
Eddahabi
La Paix
Bagatelle
Taverne
Rue Rachid
Alkoholladen
Hassan II.
Jugoslawie
Villa Rosa
Avenue Oadi el Ayad
Safran et Carelle
Rue el
Hôpital Ibn Toufayl
Tichka Salam
Tropicana
Semiramis
Sahara
Amine
Tafilalt
Diamant Vert
El Hazara
Al Bahja
Ambassadeurs
Oasis
Dar Tajine
Le Petit Poucet
Amalay
Oudaya
Tachfin
Rue Zerktouni
O.N.M.T.
Cybercafé
Al Jawda
Rue La Mansur
Moh. Baqal
Myrie
Agdal
La Trattoria
Abd el Krim
Av. Mulay
Bd el
Bd M. Abd. el Khattabi
Av. Moh. V.
C.T.M. & Gare Rotière Gueliz
Mc Donalds
Alkoholladen
Pl. Hailé Sélassié
Ibis
Bahnhof
Avenue de France
Tafoukt
El Hamra
kleiner Markt
Casablanca

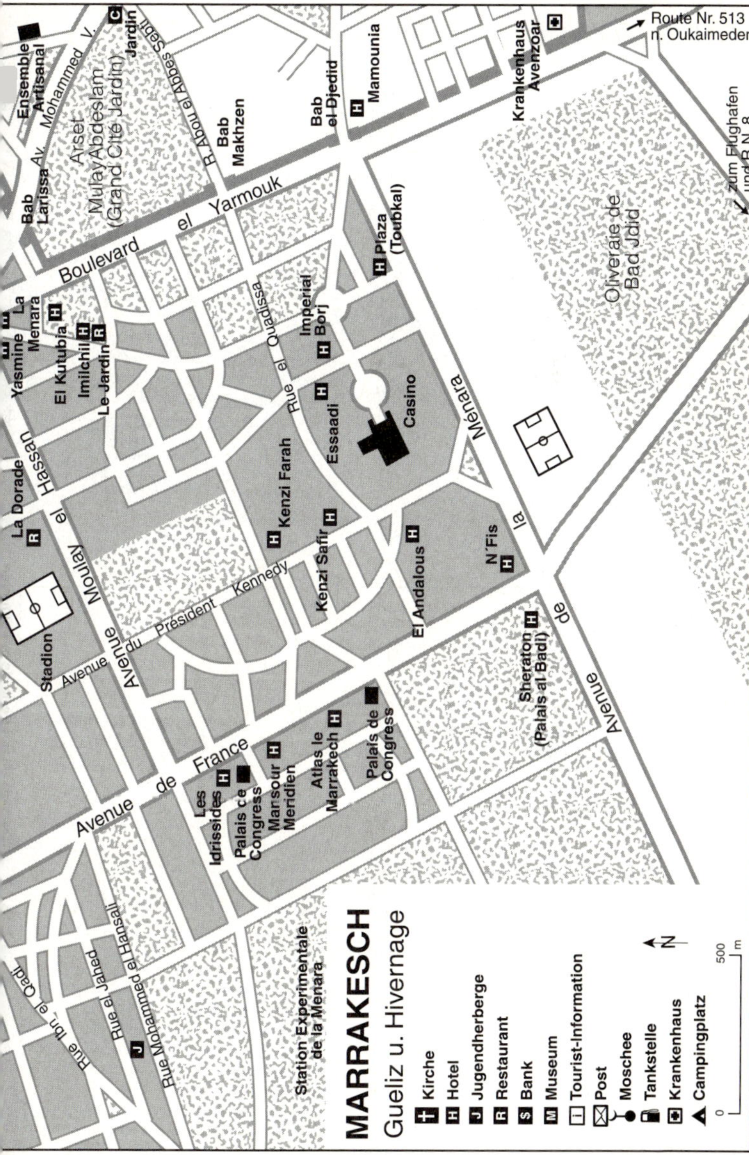
MARRAKESCH
Gueliz u. Hivernage
Kirche
Hotel
Jugendherberge
Restaurant
Bank
Museum
Tourist-Information
Post
Moschee
Tankstelle
Krankenhaus
Campingplatz
0
500 m
N
Route Nr. 513
n. Oukaimeden
zum Flughafen
und R.N. 8
Ensemble Artisanal
Bab Larissa
Av. Mohammed V.
Arset Mulay Abdeslam (Grand Cité Jardin)
Jardin
R. Abou el Abbes Sebti
Bab Makhzen
Bab el Djedid
Mamounia
Krankenhaus Avenzoar
Boulevard el Yarmouk
Plaza (Toubkal)
Oliveraie de Bad Jdid
Yasmine
La Menara
El Kutubia
Imilchil
Le Jardin
Rue el Quadissa
Imperial Borj
Essaadi
Casino
Ménara
La Dorade
Hassan
Moulay el
Kenzi Farah
Kenzi Safir
El Andalous
N'Fis
la
de
Avenue
Stadion
Avenue du Président Kennedy
Avenue
Sheraton (Palais al Badi)
Avenue de France
Les Idrissides
Palais de Congress
Mansour Meridien
Atlas le Marrakech
Palais de Congress
Rue Ibn el Qadi
Rue el Jahed
Rue Mohammed el Hansali
Station Experimentale de la Menara

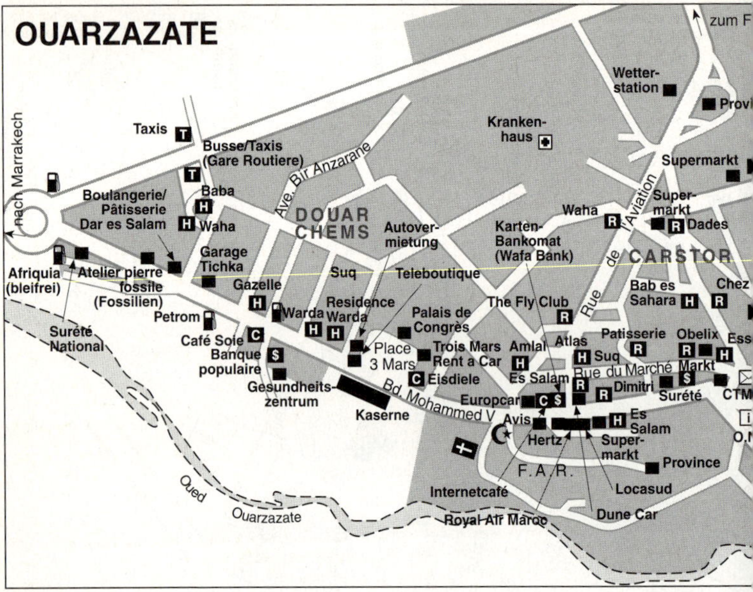
OUARZAZATE
nach Marrakech
Taxis
Busse/Taxis (Gare Routiere)
Ave. Bir Anzarane
Boulangerie/ Pâtisserie Dar es Salam
Baba
Waha
DOUAR CHEMS
Autovermietung
Kranken-haus
Wetter-station
Provi
zum F
Supermarkt
Super-markt
Dades
Waha
Karten-Bankomat (Wafa Bank)
Rue de l'Aviation
CARSTOR
Afriquia (bleifrei)
Atelier pierre fossile (Fossilien)
Garage Tichka
Gazelle
Suq
Teleboutique
Bab es Sahara
Chez
Suréte National
Petrom
Warda
Residence Warda
Palais de Congrès
The Fly Club
Patisserie
Obelix
Ess
Café Soie
Banque populaire
Place 3 Mars
Trois Mars Rent a Car
Amlal
Atlas
Suq
Markt
Rue du Marché
Gesundheits-zentrum
Kaserne
Eisdiele
Es Salam
Dimitri
Sureté
CTM
Bd. Mohammed V
Europcar
Avis
Es Salam
Hertz
Super-markt
Province
F.A.R.
Internetcafé
Locasud
Oued Ouarzazate
Royal Air Maroc
Dune Car

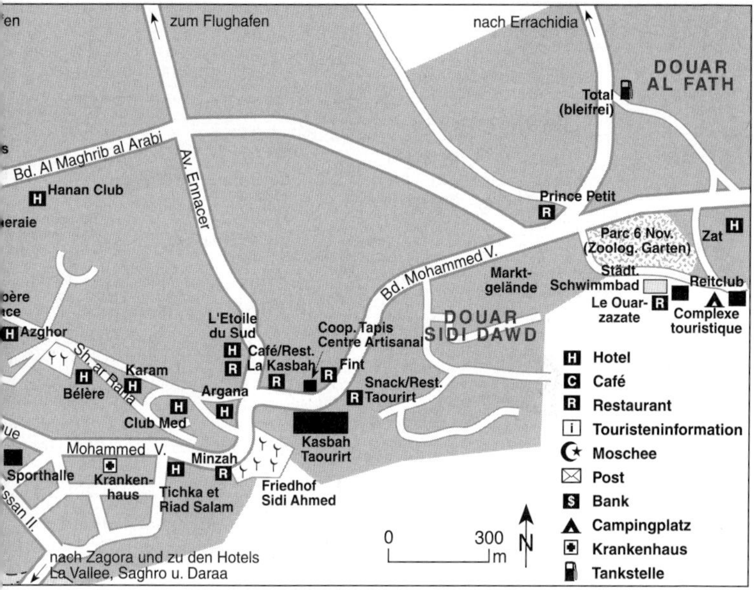
zum Flughafen
nach Errachidia
DOUAR AL FATH
Total (bleifrei)
Bd. Al Maghrib al Arabi
Av. Ennacer
Hanan Club
Prince Petit
Parc 6 Nov. (Zoolog. Garten)
Zat
Bd. Mohammed V.
Markt-gelände
Städt. Schwimmbad
Reitclub
Le Ouar-zazate
Complexe touristique
DOUAR SIDI DAWD
L'Etoile du Sud
Café/Rest. La Kasbah
Coop. Tapis Centre Artisanal
Fint
Azghor
Sh. ar Raha
Karam
Bélère
Argana
Snack/Rest. Taourirt
Club Med
Kasbah Taourirt
Mohammed V.
Minzah
Sporthalle
Kranken-haus
Tichka et Riad Salam
Friedhof Sidi Ahmed
nach Zagora und zu den Hotels La Vallee, Saghro u. Daraa
0 300 m
N
Hotel
Café
Restaurant
Touristeninformation
Moschee
Post
Bank
Campingplatz
Krankenhaus
Tankstelle

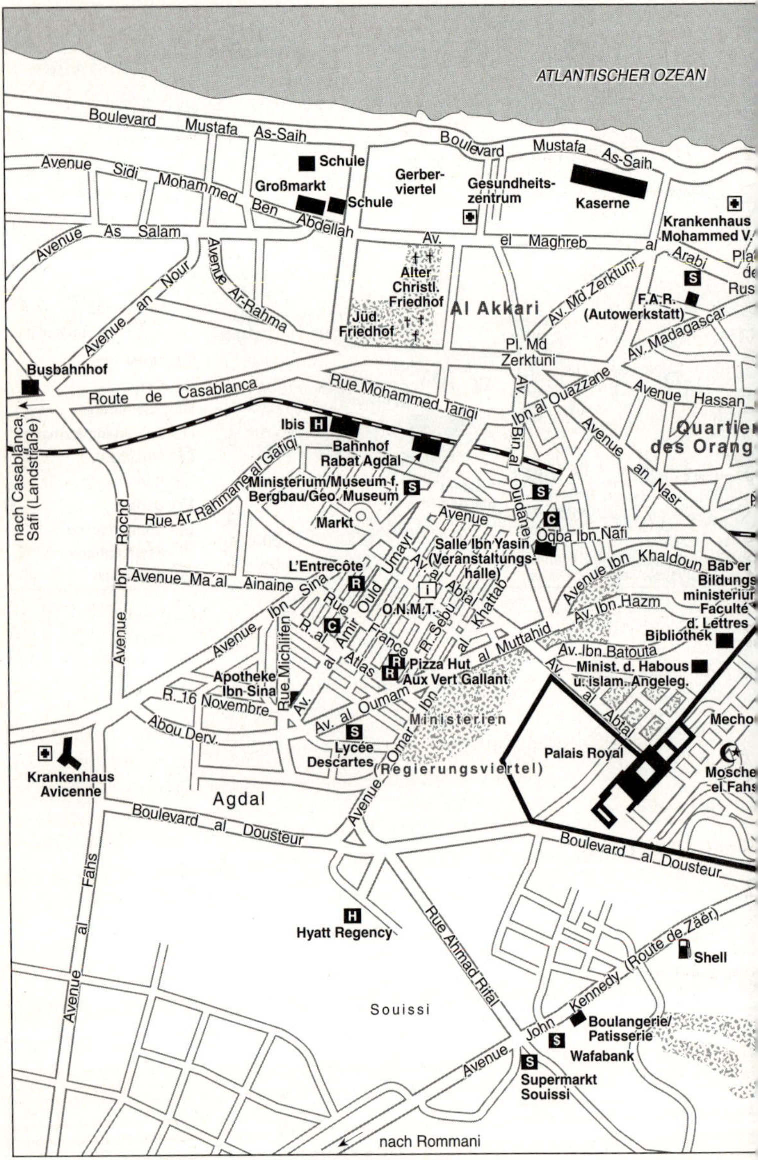
ATLANTISCHER OZEAN
Boulevard Mustafa As-Saih
Avenue Sidi Mohammed Ben Abdellah
Schule
Großmarkt
Schule
Gerber-viertel
Gesundheits-zentrum
Kaserne
Krankenhaus Mohammed V.
Avenue As Salam
Avenue an Nour
Avenue Ar-Rahma
Av. al Maghreb al Arabi
Alter Christl. Friedhof
Jüd. Friedhof
Al Akkari
Av. Md Zerktuni
F.A.R. (Autowerkstatt)
Av. Madagascar
Pl. Md Zerktuni
Busbahnhof
Route de Casablanca
Rue Mohammed Tariqi
Av. Ibn al Ouazzane
Avenue Hassan
nach Casablanca, Safi (Landstraße)
Ibis
Bahnhof Rabat Agdal
Quartier des Orang
Avenue an Nasr
Rue Ar Rahmane al Gafiqi
Ministerium/Museum f. Bergbau/Geo. Museum
Av. Bin al Ouidane
Markt
Avenue Oqba Ibn Nafi
Salle Ibn Yasin (Veranstaltungs-halle)
Avenue Ibn Rochd
Avenue Ma´al Ainaine
L'Entrecôte
Rue Ould Umayr
Av. al Abtal
O.N.M.T.
Avenue Ibn Khaldoun
Bab er Bildungs ministerium
Faculté d. Lettres
Bibliothek
Av. Ibn Hazm
Avenue Ibn Sina
R. al Amir
Rue France
R. Sebu
Khattab
Av. al Muttahid
Av. Ibn Batouta
Minist. d. Habous u. islam. Angeleg.
Rue Michlifen
R. al Atlas
Pizza Hut
Aux Vert Gallant
Apotheke Ibn Sina
R. 16 Novembre
Av. al Oumam
Ministerien
Av. al Abtal
Mecho
Abou Derv.
Lycée Descartes
Avenue Omar Ibn
(Regierungsviertel)
Palais Royal
Mosche el Fahs
Krankenhaus Avicenne
Agdal
Boulevard al Dousteur
Boulevard al Dousteur
Avenue al Fahs
Hyatt Regency
Rue Ahmad Rifai
Avenue John Kennedy (Route de Zäer)
Shell
Souissi
Boulangerie/ Patisserie
Wafabank
Supermarkt Souissi
nach Rommani

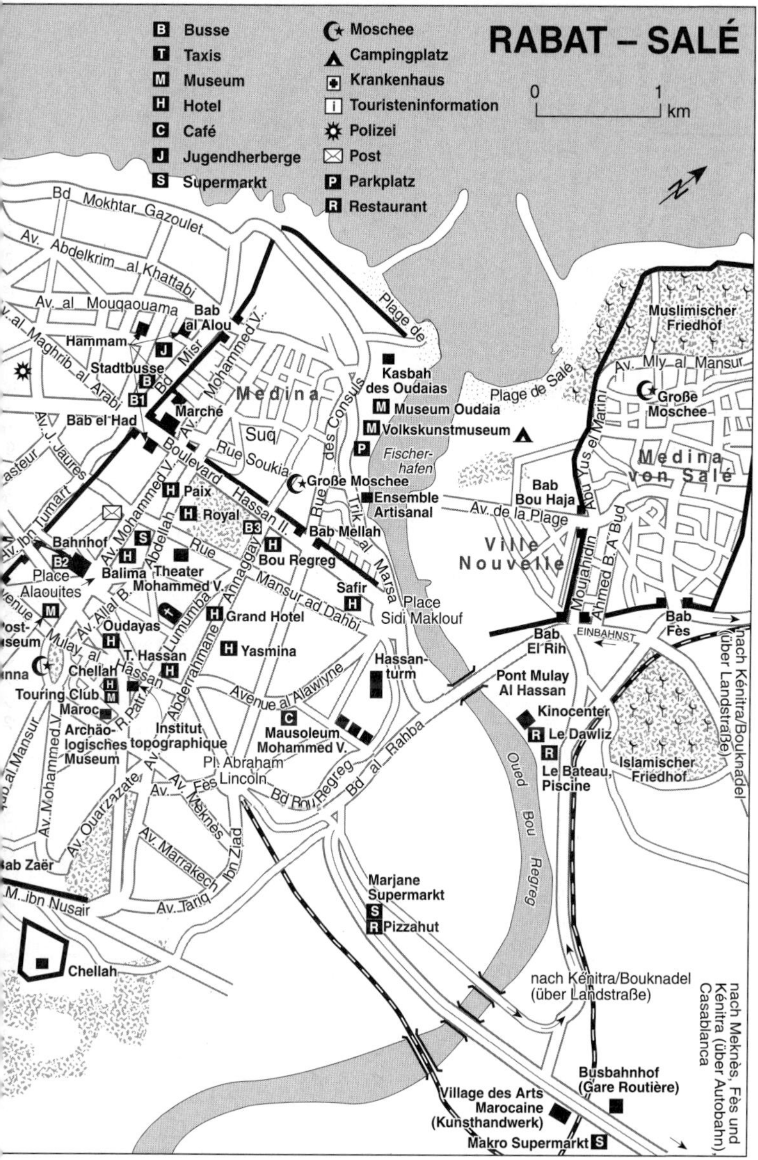
RABAT – SALÉ
B Busse
T Taxis
M Museum
H Hotel
C Café
J Jugendherberge
S Supermarkt
Moschee
Campingplatz
Krankenhaus
Touristeninformation
Polizei
Post
P Parkplatz
R Restaurant
0 1 km
Bd. Mokhtar Gazoulet
Av. Abdelkrim al Khattabi
Av. al Mouqaouama
Av. al Maghrib al Arabi
Bab al Alou
Hammam
Stadtbusse
Bd. Misr
Av. Mohammed V.
Medina
Marché
Bab el Had
Av. J. Jaurès
Suq
Rue Souika
Rue des Consuls
Plage de
Kasbah des Oudaias
Museum Oudaia
Volkskunstmuseum
Fischer-hafen
Große Moschee
Ensemble Artisanal
Boulevard Hassan II.
Av. Ibn Tumart
Paix
Royal
Bab Mellah
Trik al Marsa
Bahnhof
Place Alaouites
Balima
Theater
Rue Mohammed V.
Bou Regreg
Rue Abdellah
Rue Mansur ad Dahbi
Safir
Place Sidi Maklouf
Grand Hotel
Oudayas
Yasmina
T. Hassan
Chellah
Touring Club Maroc
Hassan-turm
Avenue al Alawiyne
Archäo-logisches Museum
Institut topographique
Mausoleum Mohammed V.
Pl. Abraham Lincoln
Bd Bou Regreg
Bd al Rahba
Av. Ouarzazate
Av. Fès
Av. Meknès
Av. Marrakech
Av. Ibn Ziad
Av. Tariq
Bab Zaër
M. ibn Nusair
Chellah
Plage de Salé
Muslimischer Friedhof
Av. Mly al Mansur
Große Moschee
Medina von Salé
Abou Yus el Marini
Bab Bou Haja
Av. de la Plage
Ville Nouvelle
Moujahidin
Ahmed B. A' Bud
Bab El Rih
EINBAHNST.
Bab Fès
Pont Mulay Al Hassan
Kinocenter
Le Dawliz
Le Bateau, Piscine
Islamischer Friedhof
nach Kénitra/Bouknadel (über Landstraße)
Oued Bou Regreg
Marjane Supermarkt
Pizzahut
nach Kénitra/Bouknadel (über Landstraße)
nach Meknès, Fès und Kénitra (über Autobahn), Casablanca
Busbahnhof (Gare Routière)
Village des Arts Marocaine (Kunsthandwerk)
Makro Supermarkt

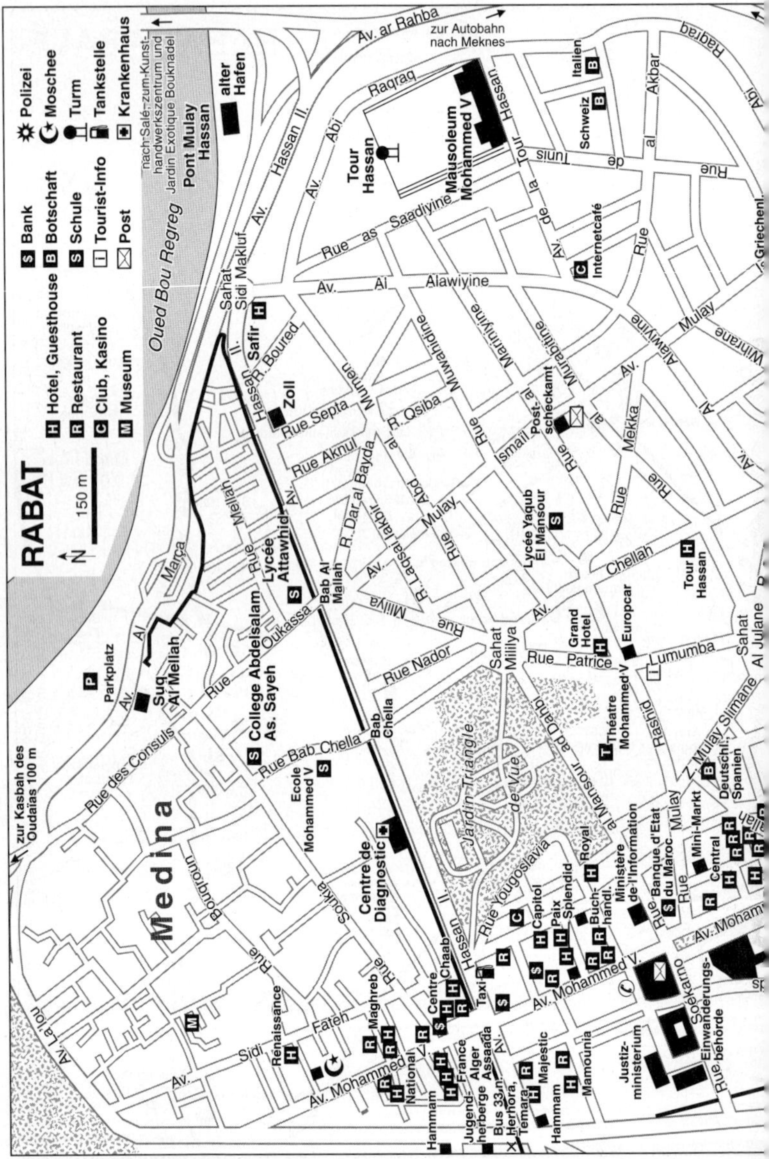
RABAT
N
150 m
Hotel, Guesthouse
Restaurant
Club, Kasino
Museum
Bank
Botschaft
Schule
Tourist-Info
Post
Polizei
Moschee
Turm
Tankstelle
Krankenhaus
Oued Bou Regreg
nach Salé, zum Kunsthandwerkszentrum und Jardin Exotique Bouknadel
Pont Mulay Hassan
alter Hafen
Av. ar Rahba
zur Autobahn nach Meknes
Raqraq
Av. Abi Hassan II.
Tour Hassan
Mausoleum Mohammed V
Av. de la Tour Hassan
Rue de Tunis
Italien
Schweiz
Av. Akbar
Raqiaq
Rue as Saadiyine
Sahat Sidi Makluf
Av. Al Alawiyine
Internetcafé
Safir
R. Boured
Zoll
Rue Septa
Rue Aknul
R. Qsiba
Mumen
Muwahidine
Mariniyine
Murabitine
Post- u. Scheckamt
Rue Ismail
Av. Mulay Abd al
R. Dar al Bayda
R. Laqsar lakbir
Lycée Attawhid
Rue Mellah
Marça
Av. Al
Parkplatz
Suq Al Mellah
Bab Al Mallah
Rue Oukassa
College Abdelsalam As. Sayeh
Rue Milliya
Rue Nador
Lycée Yaqub El Mansour
Av. Chellah
Tour Hassan
Grand Hotel
Europcar
Rue Patrice Lumumba
Sahat Al Julane
Sahat Milliya
Rue des Consuls
Rue Bab Chella
Bab Chella
Ecole Mohammed V
Medina
zur Kasbah des Oudaïas 100 m
Centre de Diagnostic
Jardin Triangle de Vue
Rue al Mansour ad Dahbi
Théatre Mohammed V
Rashid
Mulay Slimane
Deutschl. Spanien
Mini-Markt
Central
Ministère de l'Information
Banque d'Etat du Maroc
Rue Mulay
Rue Yougoslavia
Royal
Capitol
Paix
Splendid
Buchhandl.
Boubroun
Souika
Rue Sidi Fateh
Av. La'lou
Renaissance
Maghreb
Centre
Chaab
Av. Hassan II.
Taxi
Av. Mohammed V.
Soekarno
Einwanderungsbehörde
Justizministerium
National
France
Alger
Assaada
Jugendherberge
Bus 33 n. Temara, Herhora
Hammam
Majestic
Mamounia
Av. Mohammed V.

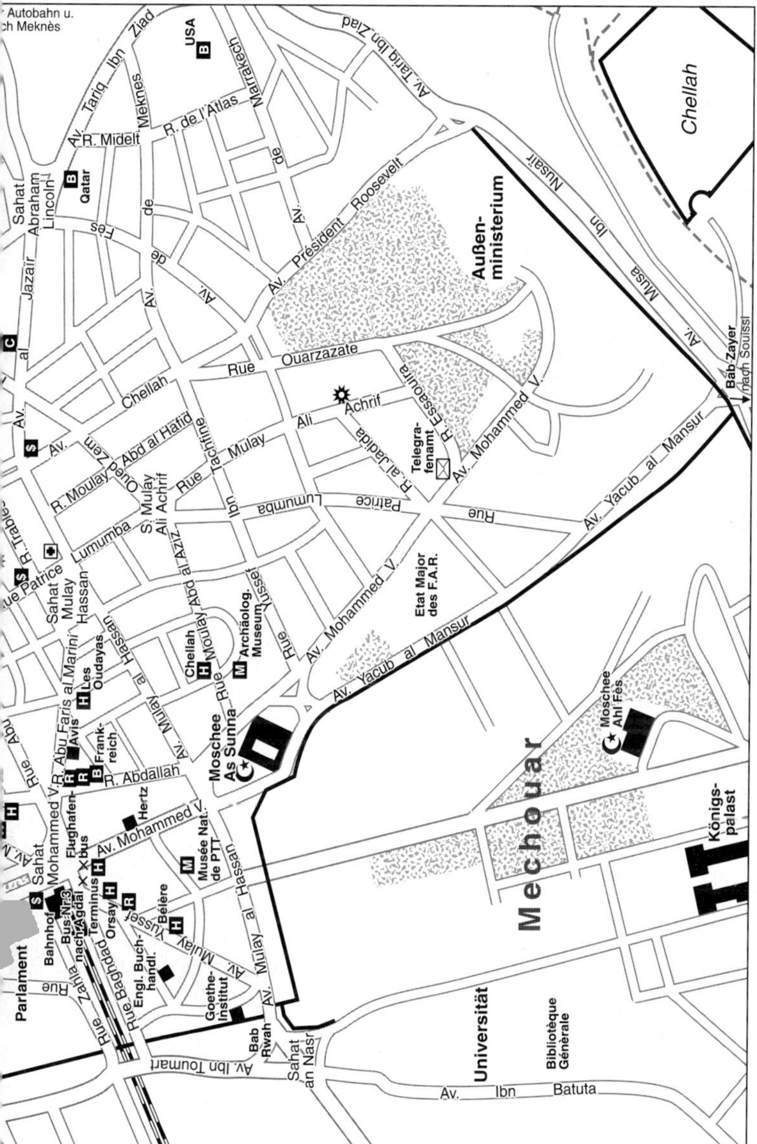
Autobahn u.
ch Meknès
USA
Av. Tariq Ibn Ziad
R. Midelt
Meknes
R. de l'Atlas
Marrakech
Chellah
Av. Ibn Musa Nusair
Außen-
ministerium
Av. Président Roosevelt
Qatar
Sahat Abraham Lincoln
Av. de Fes
Av. de Marrakech
Av. al Jazair
Rue Ouarzazate
Rue Mulay Ali Achrif
Av. Chellah
R. Moulay Abd al Hafid
Av. Oued Zem
Rue Ibn Tachfine
S. Mulay Ali Achrif
Telegra-
fenamt
R. Essaouira
R. al Jadida
Av. Mohammed V.
Bab Zayer
nach Souissi
Av. Yacub al Mansur
Rue Patrice Lumumba
R. Trables
Sahat Mulay Hassan
Lumumba
Moulay Abd al Aziz
Archäolog.
Museum
Rue Yussef
Etat Major
des F.A.R.
Chellah
Les
Oudayas
R. Abu Faris al Marini
Rue Abu
Avis
Frank-
reich
R. Abdallah
Moschee
As Sunna
Av. Mulay Hassan
Moschee
Ahl Fès
Mechouar
Königs-
palast
Hertz
Flughafen-
bus
Musée Nat.
de PTT
Sahat Mohammed V.
Bahnhof
Bus Nr.3
nach Agdal
Terminus
Orsay
Bélère
Av. Mulay Yussef
Parlament
Rue Zahla
Rue Baghdad
Engl. Buch-
handl.
Goethe-
Institut
Av. Mulay al Hassan
Bab
Rwah
Sahat
an Nasr
Av. Ibn Toumart
Universität
Bibliotèque
Générale
Av. Ibn Batuta

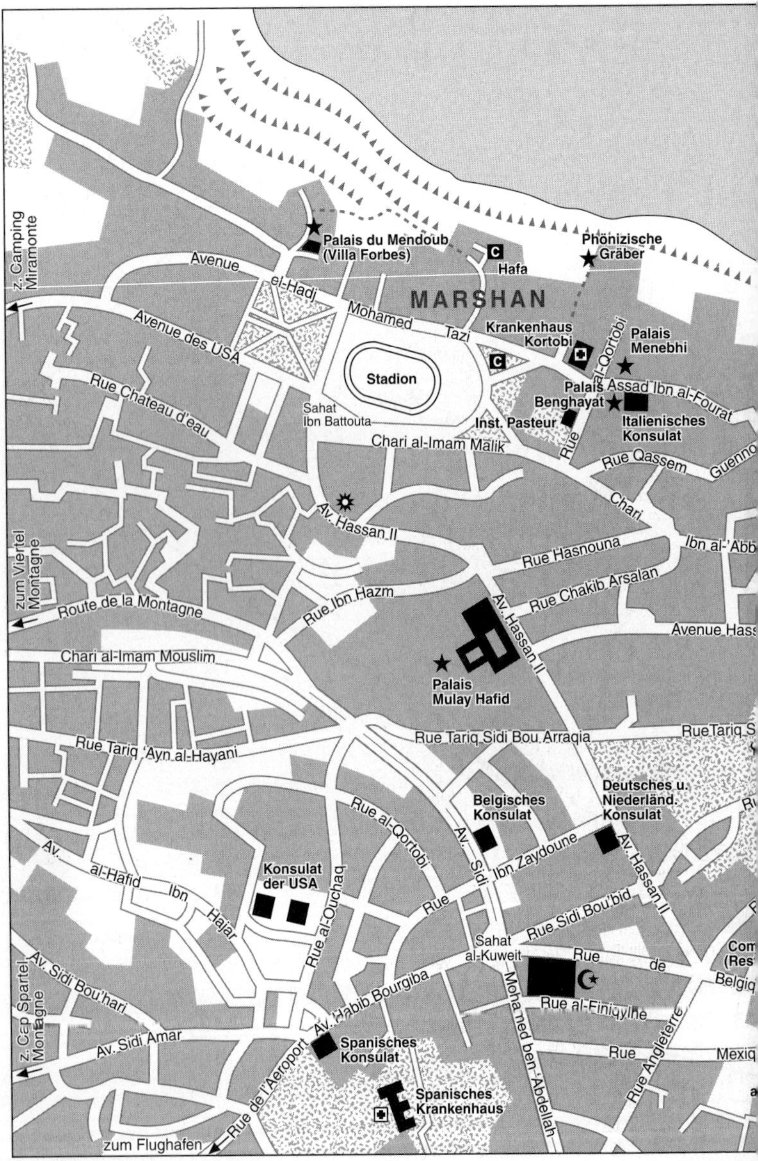
Palais du Mendoub
(Villa Forbes)
Phönizische
Gräber
Hafa
MARSHAN
z. Camping
Miramonte
Avenue
el-Hadj
Mohamed
Tazi
Avenue des USA
Krankenhaus
Kortobi
Palais
Menebhi
Stadion
Rue Chateau d'eau
Palais
Benghayat
Assad Ibn al-Fourat
Italienisches
Konsulat
Sahat
Ibn Battouta
Inst. Pasteur
Rue al-Qortobi
Chari al-Imam Malik
Rue Qassem
Guenno
Chari
Av. Hassan II
Ibn al-'Abb
zum Viertel
Montagne
Rue Hasnouna
Rue Chakib Arsalan
Route de la Montagne
Rue Ibn Hazm
Avenue Hass
Chari al-Imam Mouslim
Palais
Mulay Hafid
Rue Tariq Sidi Bou Arraqia
Rue Tariq S
Rue Tariq 'Ayn al-Hayani
Belgisches
Konsulat
Deutsches u.
Niederländ.
Konsulat
Rue al-Qortobi
Av.
al-Hafid
Ibn
Hajar
Konsulat
der USA
Rue al-Ouchaq
Av. Sidi
Rue Ibn Zaydoune
Rue Sidi Bou'bid
Sahat
al-Kuweit
Rue
de
Belgiq
Com
(Res
z. Cap Spartel
Montagne
Av. Sidi Bou'hari
Av. Habib Bourgiba
Mohamed ben-'Abdellah
Rue al-Finiqiyine
Av. Sidi Amar
Spanisches
Konsulat
Rue
Mexiq
Rue Angleterre
Rue de l'Aeroport
Spanisches
Krankenhaus
zum Flughafen

TANGER-NORD
Mittelmeer
Pl. de la Kasbah
Kasbah
Bab-Tor
MEDINA
Pension Mauretania
Continental
Hafen
Zoll
Rue de la Kasbah
Rue d'Italie
Rue es Siaghin
MENDOUBIA PARK
Mendoubia
Bab Fahs
Hafentor
CTM
Sahat 9. Avril 1947 (Grand Socco)
Markt
Arraqia
Busse
Bouabid
Rue Portugal
Jüd. Friedhof
ehemaliger Bahnhof
Liberté
Africa
Pension Miami
R. Waller
Genève
R. Calah Addine al-Ayoubi
Pension Le Détroit
Grand Hotel (geschlossen)
Populaire
Le Saveur
Cervantes
Galerie Delacroix
El Minzah
Gran Theatre des Cervantes
Valencia
Avenue d'Espagne
L'Marsa
Española
Lutetia
Biarritz
Franz. Konsulat
de Paris
Ter. des Parresseux
El Muniria
Cecil
Magellan
Dawliz
Sahat Farança (Pl. de France)
Raihani
Cyber-net
L'Amor
Marco Polo
France
Astoria
Av. Pasteur
Rubis
Ibn Batouta
Joubayr
La Pagode
de Paris
Grill
Panoramic Massilia
Avenue des F.A.R.
Atlal & Al Hoceima
Cinéma Paris
Tanjah-Flandria
Rembrandt
Rue al-Antaki
Hollande
Las Conchas
Rue Mly. Abdallah
Mohamed
Atlas
Cinéma Mauretania
Rue Moussa Ibn Noçaïr
Ritz
Rue Zerktouni
The Pub
300 m
N
Jugendherberge
Hotel
Restaurant
Café
Museum
Post
Telefon
Bank
Taxi
Busse
Polizei
Moschee
Kirche
Friedhof
Sehenswürdigkeit
Krankenhaus

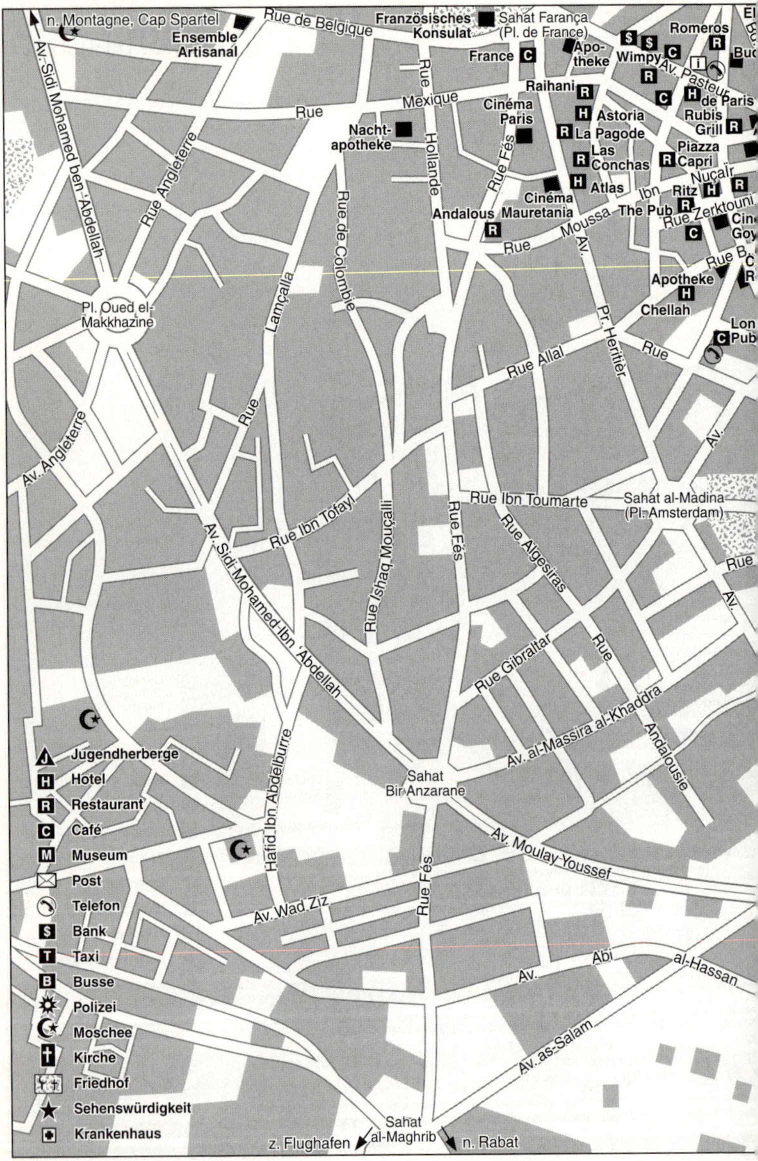
n. Montagne, Cap Spartel
Ensemble Artisanal
Rue de Belgique
Französisches Konsulat
Sahat Farança (Pl. de France)
Romeros
Apo-theke
Wimpy
France
Raihani
Av. Pasteur
de Paris
Rue Mexique
Cinéma Paris
Astoria
Rubis Grill
Nacht-apotheke
La Pagode
Piazza
Capri
Las Conchas
Av. Sidi Mohamed ben 'Abdellah
Rue Angleterre
Rue Hollande
Rue Fès
Atlas
Nuçaïr
Ritz
Rue de Colombie
Cinéma Mauretania
Andalous
Rue Ibn Moussa
The Pub
Rue Zerktouni
Rue Lamçalla
Apotheke
Chellah
Pl. Oued el-Makkhazine
Av. Pr. Heritièr
Rue Allal
Rue
Av.
Av. Angleterre
Rue Ibn Tofayl
Rue Ibn Toumarte
Sahat al-Madina (Pl. Amsterdam)
Rue Ishaq Mouçalli
Rue Fès
Rue Algesiras
Av. Sidi Mohamed Ibn 'Abdellah
Rue Gibraltar
Rue Andalousie
Av. al-Massira al-Khaddra
Sahat Bir Anzarane
Hafid Ibn Abdelburre
Av. Moulay Youssef
Av. Wad Ziz
Rue Fès
Av. Abi al-Hassan
Av. as-Salam
Sahat al-Maghrib
z. Flughafen
n. Rabat
Jugendherberge
Hotel
Restaurant
Café
Museum
Post
Telefon
Bank
Taxi
Busse
Polizei
Moschee
Kirche
Friedhof
Sehenswürdigkeit
Krankenhaus

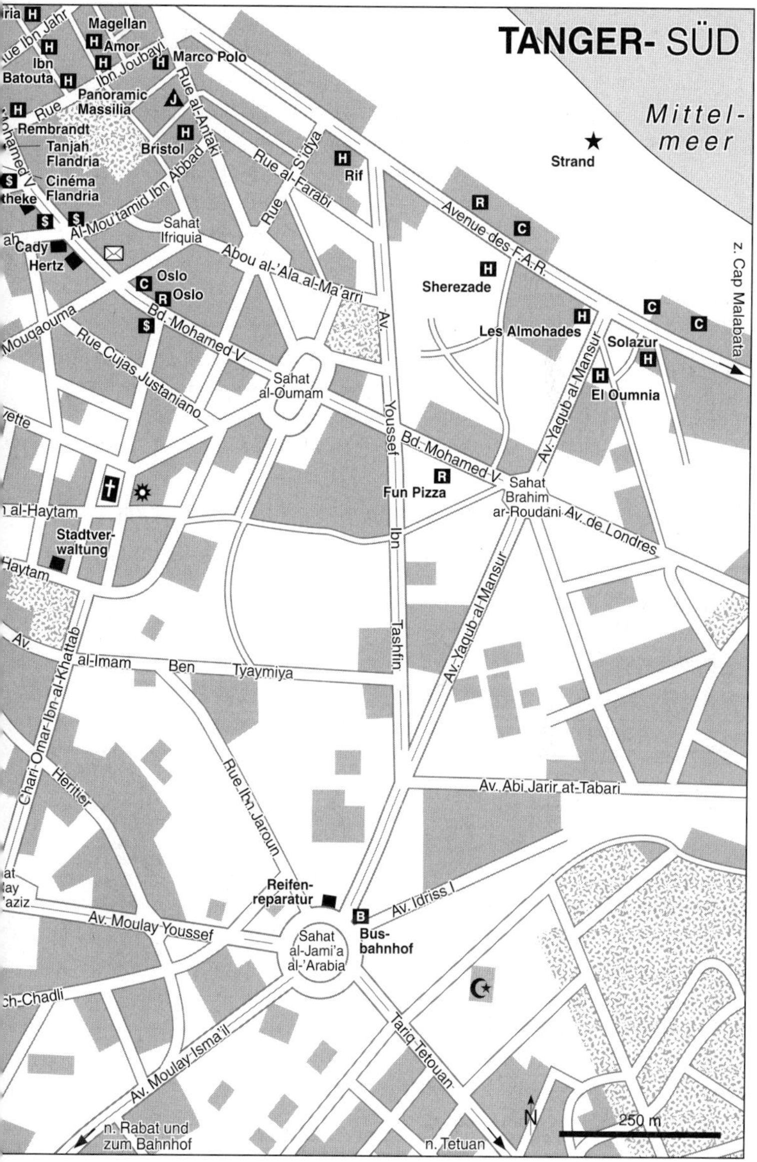
TANGER- SÜD
Mittel-
meer
Strand
Magellan
Amor
Ibn Batouta
Marco Polo
Panoramic
Massilia
Rembrandt
Tanjah Flandria
Bristol
Cinéma Flandria
Rif
Cady
Hertz
Sahat Ifriquia
Oslo
Oslo
Sherezade
Les Almohades
Solazur
El Oumnia
Sahat al-Oumam
Fun Pizza
Sahat Brahim ar-Roudani
Stadtver-
waltung
Reifen-
reparatur
Bus-
bahnhof
Sahat al-Jami'a al-'Arabia
Rue Ibn Jahr
Ibn Joubayr
Rue al-Antaki
Rue Sidya
Rue al-Farabi
Avenue des F.A.R.
Al-Mou'tamid Ibn Abbad
Abou al-'Ala al-Ma'arri
Bd. Mohamed V
Mouqaouma
Rue Cujas Justaniano
Av. Youssef Ibn Tashfin
Av. Yaqub al-Mansur
Av. de Londres
Av. al-Imam Ben Tyaymiya
Av. Omar-Ibn-al-Khattab
Chari Heritier
Rue Ibn Jaroun
Av. Abi Jarir at-Tabari
Av. Idriss I
Av. Moulay Youssef
Av. Moulay Isma'il
Tariq Tetouan
z. Cap Malabata
n. Rabat und zum Bahnhof
n. Tetuan
N
250 m

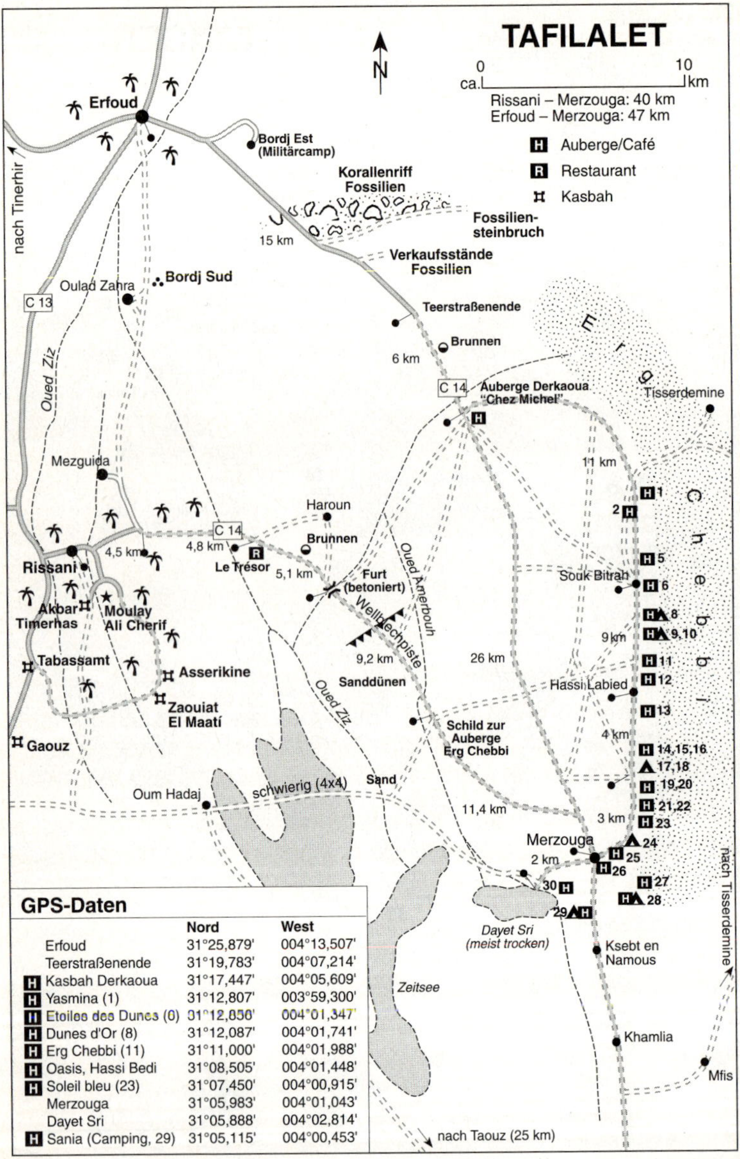

GPS-Daten

	Nord	West
Erfoud	31°25,879'	004°13,507'
Teerstraßenende	31°19,783'	004°07,214'
H Kasbah Derkaoua	31°17,447'	004°05,609'
H Yasmina (1)	31°12,807'	003°59,300'
H Etoiles des Dunes (6)	31°12,856'	004°01,347'
H Dunes d'Or (8)	31°12,087'	004°01,741'
H Erg Chebbi (11)	31°11,000'	004°01,988'
H Oasis, Hassi Bedi	31°08,505'	004°01,448'
H Soleil bleu (23)	31°07,450'	004°00,915'
Merzouga	31°05,983'	004°01,043'
Dayet Sri	31°05,888'	004°02,814'
H Sania (Camping, 29)	31°05,115'	004°00,453'

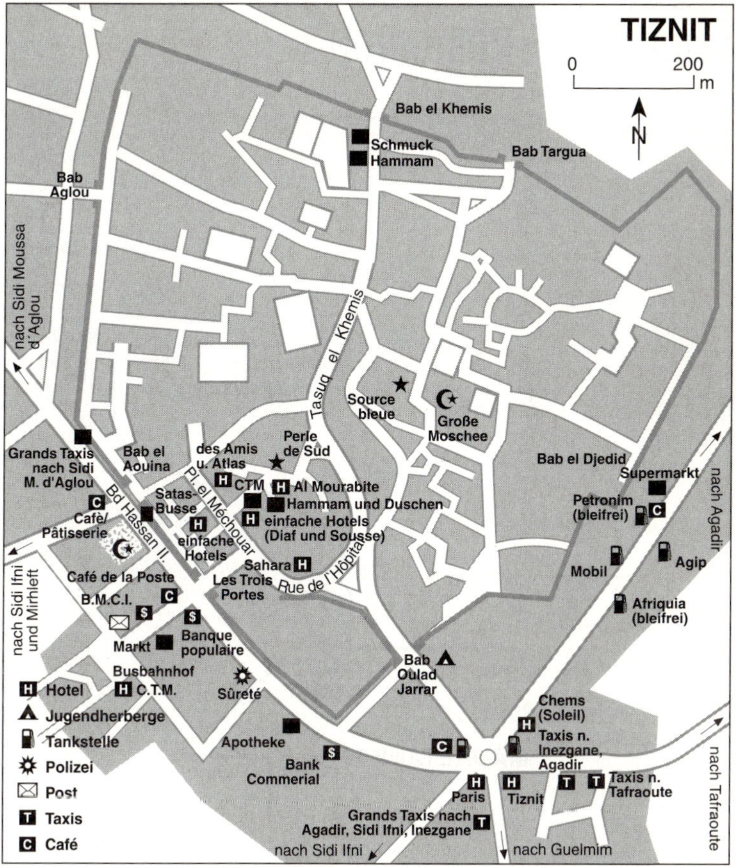
TIZNIT
0 200 m
N
Bab el Khemis
Schmuck
Hammam
Bab Targua
Bab Aglou
nach Sidi Moussa d'Aglou
Tasuq el Khemis
Source bleue
Große Moschee
Perle de Sud
des Amis u. Atlas
Grands Taxis nach Sidi M. d'Aglou
Bab el Aouina
CTM
Al Mourabite
Hammam und Duschen
einfache Hotels (Diaf und Sousse)
Satas-Busse
Pl. el Méchouar
Bd Hassan II.
Café/ Pâtisserie
einfache Hotels
Sahara
Rue de l'Hôpital
Les Trois Portes
Café de la Poste
B.M.C.I.
Markt
Banque populaire
nach Sidi Ifni und Mirhleft
Busbahnhof
C.T.M.
Sûreté
Bab el Djedid
Supermarkt
Petronim (bleifrei)
nach Agadir
Mobil
Agip
Afriquia (bleifrei)
Bab Oulad Jarrar
Chems (Soleil)
Taxis n. Inezgane, Agadir
Apotheke
Bank Commerial
Paris
Tiznit
Taxis n. Tafraoute
nach Tafraoute
Grands Taxis nach Agadir, Sidi Ifni, Inezgane
nach Sidi Ifni
nach Guelmim
Hotel
Jugendherberge
Tankstelle
Polizei
Post
Taxis
Café

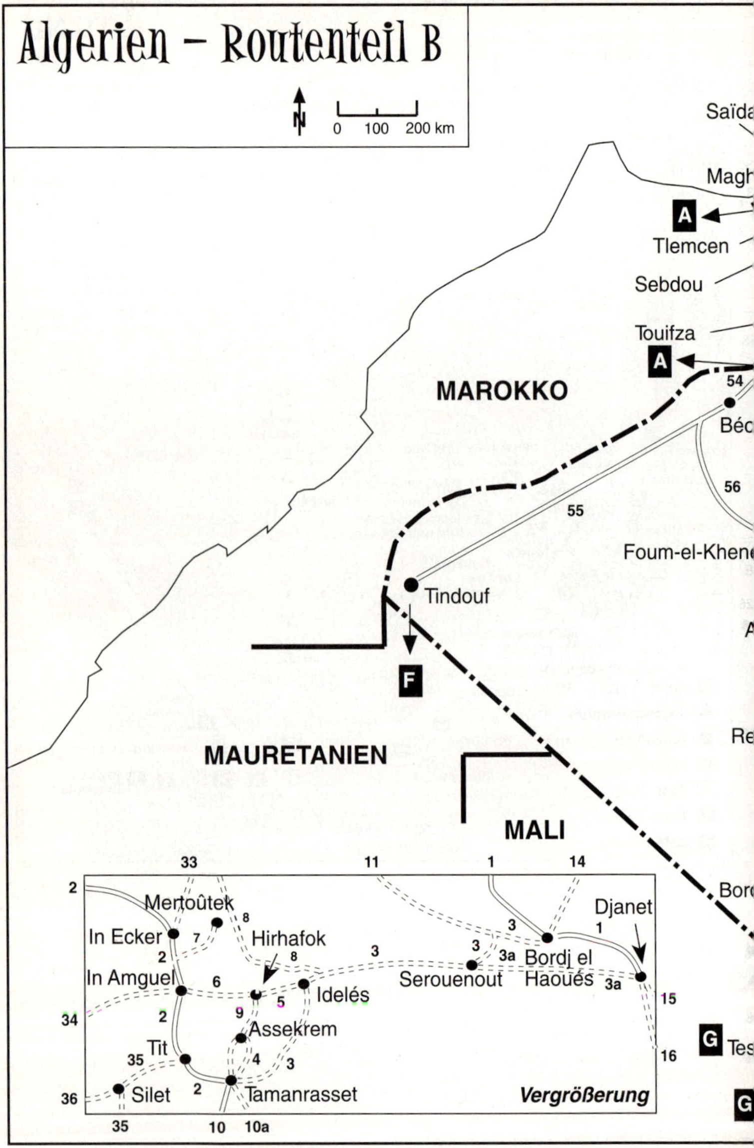
Algerien – Routenteil B
N
0 100 200 km
Saïda
Magh
A
Tlemcen
Sebdou
Touifza
A
54
MAROKKO
Béc
56
55
Foum-el-Khen
Tindouf
F
MAURETANIEN
MALI
Re
Bor
G
Tes
G
33
11
1
14
2
Mertoûtek
8
In Ecker
7
Hirhafok
Djanet
1
3
2
8
3
3
3a
Bordj el
In Amguel
6
Serouenout
Haoués
3a
Idelés
5
15
34
2
9
Assekrem
Tit
35
4
3
16
2
Silet
Tamanrasset
36
Vergrößerung
35
10
10a

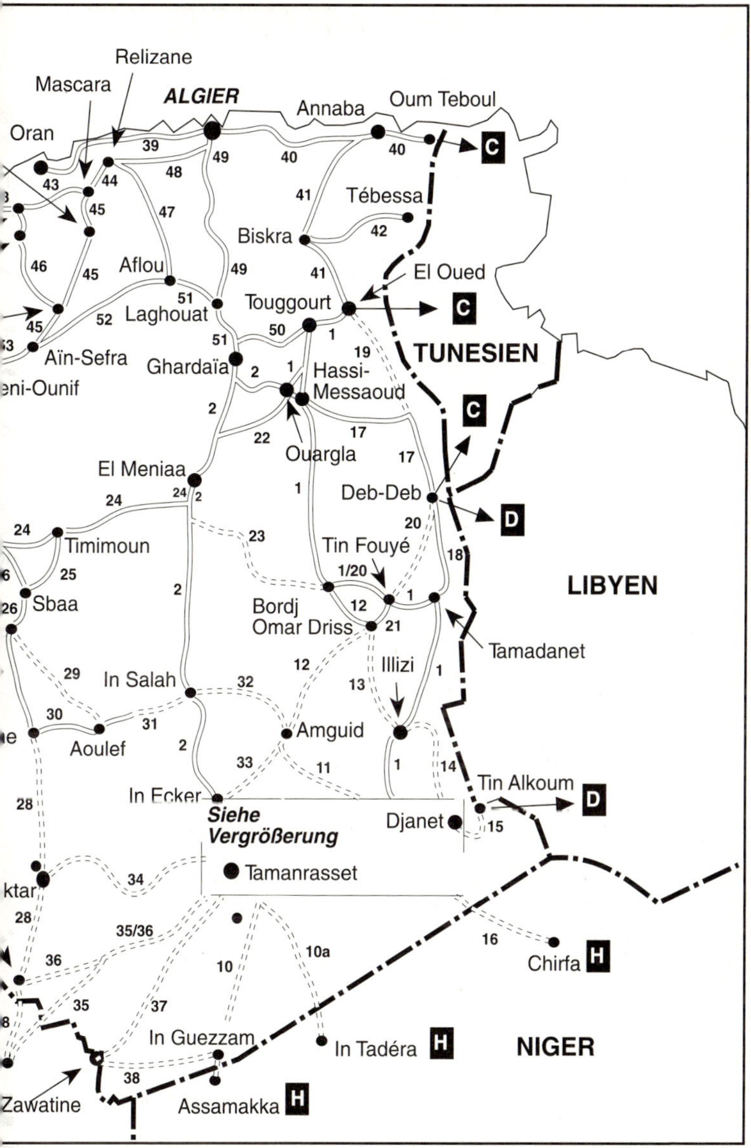
Relizane
Mascara
ALGIER
Annaba
Oum Teboul
Oran
Tébessa
Biskra
Aflou
El Oued
Touggourt
Laghouat
Aïn-Sefra
Ghardaïa
Hassi-Messaoud
TUNESIEN
Ouargla
El Meniaa
Deb-Deb
Timimoun
Tin Fouyé
LIBYEN
Sbaa
Bordj Omar Driss
Tamadanet
Illizi
In Salah
Amguid
Aoulef
Tin Alkoum
In Ecker
Siehe Vergrößerung
Djanet
Tamanrasset
Chirfa
In Guezzam
In Tadéra
NIGER
Zawatine
Assamakka

Algerien – Routenteil B

Überblick

Fläche: 2,38 Mio. km².

Einwohner: ca. 31 Mio. (70% unter 30 Jahre alt).

Hauptstadt: Algier (über 3 Mio. Einw.).

Sprache: Verkehrssprachen sind Arabisch und Französisch, Amtssprache ist Arabisch. In der Kabylei und den Gebirgen der Zentralsahara werden Berbersprachen (u.a. Kabylisch und Tamaschek) gesprochen.

Religion: Islam (Sunniten).

Ethnien: Araber und Berber.

Ruhetag: Freitag. Ämter und Büros schließen bereits Donnerstagmittag. Samstag und Sonntag gelten als normale Werktage.

Feiertage: 1.1., 1.5, 5.7. (Unabhängigkeitstag), 19.6., 1.11. (Revolutionstag), außerdem die beweglichen islamischen Feiertage wie Aid el Kebir, Aid es Seghir, Achoura, Mouloud.

Zeitverschiebung: MEZ, in unserer Sommerzeit minus 1 Std.

Strom: 220 V (Wechselstrom).

Impfung/Gesundheit: Bei Einreise aus einem Infektionsgebiet ist Gelbfieberimpfung vorgeschrieben. Malariaprophylaxe im Süden im Sommer evtl. empfehlenswert (zumindest wenn man nach Niger oder Mali weiterreist, bei Tropeninstitut erkundigen). In Algerien ist die medizinische Versorgung kostenlos.

Währung: Algerischer Dinar. 1 EUR = ca. 76 Dinar, 1 US-$ = ca. 83 Dinar. Ein- und Ausfuhr von mehr als 50 Dinar ist untersagt. Kein Wechselzwang mehr, auch unterwegs keine Devisenkontrollen. Bei der Devisenerklärung müssen Bargeld und Schecks, aber auch Wertgegenstände schriftlich deklariert werden. Unterschiedliche Handhabung bei der Deklaration von GPS und Fotoapparat (mal wird Deklaration verlangt, mal nicht). Bei Geldumtausch wird der gewechselte Betrag in der Devisenerklärung vermerkt – bei der Ausreise können die wieder ausgeführten Devisen abzüglich der in der Devisenerklärung bestätigten gewechselten Beträge geprüft werden (Kontrolle jedoch selten). Euroschecks und Kreditkarten werden von algerischen Banken und Hotels im Norden akzeptiert, wenn sie an der Grenze deklariert worden sind. Es gibt keinen nennenswerten Schwarzmarkt für Devisen.

Einreise: Reisende aus der Bundesrepublik Deutschland benötigen einen noch mindestens 6 Monate gültigen Reisepass und ein Visum. Österreicher benötigen ebenfalls ein Visum. Zusätzlich war 2001 für Österreicher eine Einladung einer algerischen Reiseagentur erforderlich. Da das Visum unterwegs kaum verlängert werden kann, empfiehlt es sich, eine möglichst lange Gültigkeitsdauer (Ausstellung auf 30, 60 oder 90 Tage möglich) sowie zwei Einreisen zu beantragen. Die Einreise muss innerhalb von 45 Tagen nach der Ausstellung erfolgen. Reisende mit einem Sichtvermerk Israels, Südkoreas, Malawis oder Taiwans müssen damit rechnen, dass ihnen das Visum verweigert wird. Die Einfuhr von Funkgeräten, Waffen und Munition (ausgenommen Jagdwaffen mit besonderer Genehmigung), pornographischer Literatur und von Literatur, die den Interessen des Landes zuwiderläuft, ist verboten. Verstöße gegen das strenge Drogengesetz werden hart geahndet. Zollfrei ist die Einfuhr von 200 Zigaretten oder 50 Zigarren, 2 l Wein und 1 l Spirituosen. Film-/Fotokameras, GPS-Geräte sind deklarationspflichtig.

Kfz: Internationaler Führerschein offiziell vorgeschrieben, nat. Führerschein jedoch ausreichend. Deutscher, schweizer oder österreichischer Fahrzeugschein. Die internationale Grüne Versicherungskarte ist nicht gültig, es muss eine algerische Haftpflichtversicherung abgeschlossen werden (im Jahr 2001 ca. 2100 Dinar für Geländewagen mit 30 Tage Gültigkeit). Reisende, die mit einem fremden Fahrzeug unterwegs sind, müssen eine beglaubigte Vollmacht des Fahrzeughalters vorweisen (z.B. vom ADAC). Der Fahrzeugverkauf ist in Algerien untersagt. Ein carnet de passage ist nicht erforderlich. Bei Ankunft wird kostenlos ein Zollpapier (carte touristique), befristet auf 3 Monate, ausgestellt. Fahrzeuge über 5,5 t benötigen eine Genehmigung des „Ministère des Transports, Diréction Génerale des Transports terrestres", 119, Rue Didouche Mourad, Algier (außer Campmobile). Diese Genehmigung muss mindestens 6 Wochen vor Antritt der Reise in französischer Sprache beantragt werden. Für Fahrzeuge über 3,5 t wird evtl. eine Straßenbenützungsgebühr erhoben. Die Einreise mit olivgrünen Fahrzeugen ist untersagt.

Treibstoff: Im ganzen Land Tankstellen, Treibstoffversorgung jedoch nicht immer gesichert (v.a. in abgelegeneren Regionen z.B. im Süden). Bei der Ausreise aus Algerien darf offiziell nur so viel Treibstoff mitgeführt werden, wie zum Erreichen der nächsten Tankstelle im Nachbarland notwendig ist. Preise (2001): Diesel ca. 12 Dinar/l, Benzin 19,25 Dinar/l, Super 21,25 Dinar/l.

Sicherheit: Die politische Lage hat sich seit 1997 beruhigt, dennoch gibt es immer noch religiös oder politisch bedingte Morde, die sich hauptsächlich in der Region Algier und im Nordwesten um Blida zutragen. Meiden Sie den Norden und fahren Sie möglichst weit im Süden über die Grenze (Taleb Larbi). Auf manchen Strecken herrscht Konvoipflicht. Halten Sie sich an diese Vorschriften und übernachten Sie nicht in diesen Regionen! Das Militär kann z.B. sehr ungehalten reagieren, wenn sie Touristen bemerken, die im Gassi Touil (zw. Hassi Messaoud und Hassi Bel Guebbour) die Asphaltstraße in Ri. Dünen verlassen. Auch wenn nur noch vereinzelt Überfälle stattfinden, herrscht in wenigen Gebieten nach wie vor Gefahr durch bewaffnete Banditen, die Fahrzeuge und Geld von Organisationen, Ölfirmen und Touristen rauben. Die algerische Polizei patroulliert in diesen Regionen. Folgende Gebiete sind weiterhin als kritisch oder gefährlich einzustufen: die südöstlichen Regionen zwischen Adrar, Timimoun, Reggane und Mali (insbesondere die Tanezrouft-Piste). Zudem gilt die Region nordwestlich von Bordj Omar Driss zeitweise als Rückzugsgebiet der Banditen. In einigen grenznahen Regionen verkehren regelmäßig Schmuggler (z.B. Hoggar-Südumfahrung). Fahren Sie, wenn Sie vermeintlichen Schmugglerfahrzeugen begegnen, zügig in einiger Entfernung vorbei und vermeiden Sie eine Kontaktaufnahme. In gefährlichen Regionen patroulliert neben der Polizei auch eine „Schwarze Truppe" (ganz in schwarz gekleidet). Es ist bereits vorgekommen, dass Touristenfahrzeuge, die sich verdächtig machten, da sie nahe einer Asphaltstraße im Gelände unterwegs waren, ohne Vorwarnung von dieser Truppe beschossen wurden (lediglich Fahrzeugschaden). Achten Sie auf Posten, Patrouillen usw. und bleiben Sie ggf. gleich stehen und geben Sie sich als Touristen zu erkennen. Im Dezember 2001 gab es auf der Piste Djanet – Chirfa (Route B 16, ca. Höhe von Balise Nr. 444, Nordniger) einen bewaffneten Raubüberfall auf eine deutsche Reisegruppe. Die Reisenden wurden drei Tage festgehalten, geschlagen und gefesselt, ein Mitreisender wurde angeschossen. Es wurden Wertgegenstände und Geld geraubt, wobei den Banditen US-$ unbekannt waren. Eine offizielle Aus-/Einreise von Djanet in Ri. Niger (Madama) ist von nigrischer Seite nur noch in Ausnahmefällen möglich (s.a. Niger/Sicherheit/Grenzen). Evtl. verweigern auch die Behörden in Djanet nach diesem Vorfall eine Aureise in Ri. Niger.

Informieren Sie sich vor der Reise über die aktuelle Sicherheitslage, z.B. auf den Seiten des Auswärtigen Amtes unter www.auswaertiges-amt.de.

Grenzen: Inzwischen wurden in Mali und Niger mehrere Friedensverträge zwischen den Tuareg-Gruppen und den jeweiligen Regierungen geschlossen und wieder gebrochen. Entsprechend ändert sich die Situation an den Grenzübergängen. Die Grenze Algeriens nach Niger (In Guezzam) ist offen. Die Ausreise von Chirfa (Niger) nach Djanet war in der Vergangenheit möglich, ebenfalls eine Ausreise von Djanet in Ri. Chirfa (2001). Das nigrische Tourismusministerium betonte im April 2002 jedoch, dass die einzigen Grenzübergänge in den Nordniger Assamaka (von Algerien kommend) und Madama (von Libyen kommend) wären. Eine Einreise aus Djanet kommend wäre nur in Ausnahmefällen möglich. Dazu müssen die Botschaft des Niger und das Tourismusministerium in Niamey konsultiert werden. Evtl. verweigern nach dem brutalen Überfall auf Touristen im Dez. 2001 (s.u. Sicherheit) auch die algerischen Behörden in Djanet eine Ausreise. Die Grenze nach Mali ist offen. Von Reisen in diese Grenzgebiete wird aber wegen des dort herrschenden Bandenunwesens abgeraten (siehe auch Information des Auswärtigen Amts). Touristen dürfen Algerien in Richtung Mali (Tanezrouftpiste) auf eigenes Risiko verlassen (Erklärung unterschreiben). Können sie dann die Grenze nicht passieren, ist eine Rückkehr nach Algerien nur möglich, wenn sie zwei Einreisen im algerischen Visum eingetragen haben. Die Grenzen nach Mauretanien sind geschlossen. Die Grenzen zu Marokko sind seit Herbst 1994 geschlossen, um eine Infiltration von Fundamentalisten nach Marokko zu unterbinden; eine baldige Grenzöffnung ist nicht in Aussicht. Eine Einreise nach Libyen von Tin Alkoum ist nicht möglich, ebenfalls nicht von Deb-Deb. Von Libyen kommend ist jedoch eine Einreise über Tin Alkoum/Djanet nach Algerien möglich und neuerdings (Sommer 2002) auch von Ghadamès nach Deb-Deb (nur in diese Richtung). Der südlichste Grenzübergang nach Tunesien ist bei El Oued (Hazoua, problemlos und schnell).

Kontrollen: Vor allem im Norden vor und nach jeder Stadt und in den Ölgebieten Polizeisperen/Kontrollen und in grenznahen Gebieten häufig Militärpatrouillen. Die Erlaubnis zum Befahren genehmigungspflichtiger Pisten erhalten Sie bei der zuständigen Präfektur (wilaya – protection civile et de secours) oder manchmal auch bei der Police. Auf einigen Strecken herrscht Konvoipflicht, so z.B. im Gassi Touil (nicht immer), im Westen von El Meniaa nach In Salah, von dort zeitweise auch bis Tamanrasset (s. jeweilige Route). Auf dieser westlichen Strecke auch viele Straßensperren und Registrierungen. In gefährlichen Regionen patrouilliert die Polizei regelmäßig (s.a. Anmerkungen unter Sicherheit). Halten Sie sich an Konvoivorschriften und Streckenwarnungen. In einigen Städten herrscht Meldepflicht, in der Regel wird man bei einem nahe gelegenen Kontrollposten darauf hingewiesen.

Straßenzustand: Im nördlichen Landesteil zumeist Asphaltstraßen in gutem Zustand, im Süden häufig Pisten (meist gut markiert). Die in der Michelinkarte als „verboten" bezeichneten Pisten dürfen offiziell nur mit Genehmigung der zuständigen wilaya befahren werden. Diese Genehmigungen sind zur Zeit nur schwer zu bekommen. Nach gängigen Erfahrungen gab es bislang wenig Probleme, wenn die Strecken ohne Genehmigung befahren wurden. Für diese Pisten sind allerdings mindestens zwei Geländefahrzeuge mit guter Ausrüstung und einschlägige Wüstenerfahrung dringend erforderlich.

Literatur und Landkarten:
Reiseführer: G. Göttler, E. Därr, K. Därr (Hrsg.), „Algerische Sahara", Reise Know-How Verlag, Bielefeld.
Hintergrund: G. Göttler, „Die Tuareg", DuMont Verlag; Reiselektüre: Saint-Exupéry, „Wind, Sand und Sterne", Karl-Rauch Verlag; Isabelle Eberhard, „Sandmeere", Rowohlt Verlag; „Märchen der Berber", Diederichs Verlag.
Landkarten: Als Übersichtskarte: Michelin 953, 1:4 000 000, Nordwestafrika. Detailkarten: Cartes IGN, 1:1 000 000, 1:500 000 und 1:200 000 (für Südalgerien und grenznahe Gebiete manchmal nur s/w erhältlich). Gute Geländedarstellungen bieten die russischen Generalstabskarten 1:500 000 und 1:200 000.

Geschichte: Zahlreiche Felsgravuren in den zentralsaharischen Gebirgszügen zeugen davon, dass die heutige Sahara bis vor etwa 10 000 Jahren ein zumindest teilweise fruchtbarer, bewohnter Landstrich war. Über die ethnische Zugehörigkeit der damaligen Sahara-Bewohner wird viel spekuliert; einige Forscher nehmen an, dass es sich um Vorfahren der heute im Sahel beheimateten, rinderzüchtenden Peul handeln könnte, die von den Berbern allmählich in südlichere Gebiete abgedrängt wurden. Vom 1. vorchristlichen bis zum 5. Jh. n. Chr. stand Nordalgerien unter römischer Herrschaft (Numidia und Mauretania Caesariensis), danach wurde es von den Wandalen und im 7. Jh. von Arabern erobert. Zwischen dem 16. und dem 19. Jh. stand Nordalgerien unter der Oberhoheit der von den Türken eingesetzten deis, die von ihrem Stützpunkt Algier aus Raubzüge im Mittelmeer unternahmen. 1830 Eroberung durch die Franzosen, die sich bis weit nach Südalgerien hinein festsetzen konnten und die Kolonie in einem blutigen Krieg gegen die Widerstandsbewegung bis zur Unabhängigkeit 1962 verteidigten. 1965 wurde der FLN-Generalsekretär und algerische Staatspräsident Ben Bella durch einen Putsch von H. Boumedienne entmachtet. Nach dessen Tod übernahm Chadli Ben Jedid die Regierungsgewalt.

Politik: 27 Jahre nach Erlangung der Unabhängigkeit änderte Präsident Chadli Ben Jedid im September 1989 nach anhaltenden Protesten der Bevölkerung die Verfassung und ließ neben der Regierungspartei FLN auch andere politische Vereinigungen zu. Angestrebt wurde ein allmählicher Demokratisierungsprozess, der in den für Dezember 1991 vorgesehenen Wahlen münden sollte. Überschattet wurde diese Entwicklung von massiven Demonstrationen gegen Teuerung und Arbeitslosigkeit, die zum Teil mit brutaler Gewalt niedergeschlagen wurden. Die sich zunehmend verschlechternden Lebensbedingungen der Algerier brachten der fundamentalistischen Islamischen Heilsfront (FIS) starken Zulauf. Beim ersten Wahlgang im Dezember 1991 konnte die Heilsfront einen erdrutschartigen Sieg verbuchen. Um die endgültige Machtübernahme durch die Fundamentalisten beim zweiten Wahlgang (Januar 1992) zu verhindern, setzte ein „Nationaler Sicherheitsrat" Mitte Januar 1992 Präsident Chadli ab und stoppte den Demokratisierungsprozess. Der aus dem marokkanischen Exil heimgekehrte Mohamed Boudiaf wurde zum neuen Präsidenten bestimmt. Seitdem kommt es immer wieder zu bewaffneten Auseinandersetzungen zwischen Anhängern der Heilsfront und Militär. Vorläufiger Höhepunkt der innenpolitischen Auseinandersetzungen war die Ermordung von Staatspräsident Boudiaf am 29.6.1992. Anfang 1994 forderte die FIS schließlich alle Ausländer auf, das Land zu verlassen. Gleichzeitig wurden zahlreiche Intellektuelle von der FIS „hingerichtet", darunter auch zwei bekannte Raï-Sänger. Im Herbst 1994 versuchte die algerische Regierung durch die Freilassung zweier FIS-Führer einen Dialog mit den Islamisten zu beginnen. Die Freigelassenen verweigerten allerdings jede Zusammenarbeit.

Anfang 1995 rief die US-Regierung alle in Algerien verbliebenen Amerikaner auf, das Land endgültig zu verlassen.

Bei den Parlamentswahlen 1997 gewann die Regierungspartei RND die Mehrzahl der Sitze. Im September 1998 trat Präsident Liamine Zeroual zurück. Bei den von blutigen Terroranschlägen begleiteten Präsidentschaftswahlen im April 1999 gewann Ex-Außenminister Abdellaziz Bouteflika mit 74% der Stimmen. Die Zahl der Terroropfer seit Beginn des Bürgerkrieges wird von amnesty international auf ca. 80 000 geschätzt, wobei sich die Islamische Heilsfront (FIS) mit ihrem militärischen Arm AIS seit 1.10.1997 weitgehend an ihren einseitigen Waffenstillsand hält und zur Beendigung der Gewalt aufruft. Die Gewalttaten werden der Bewaffneten Islamischen Gruppe (GIA) zugeschrieben. Die AIS arbeitet inzwischen immer mehr mit der Regierung zusammen und hat schon mehrfach zusammen mit den Sicherheitskräften gegen die GIA gekämpft. Die GIA kündigte im Juni 1999 erneut eine Intensivierung ihres nun allein geführten „Heiligen Krieges" an. Ein riesiger Erfolg und Schritt in Richtung endgültigen Frieden war die von Bouteflika durchgeführte Volksbefragung über seine Friedenspläne mit den Fundamentalisten. Mit einer nie dagewesenen Wahlbeteiligung stimmte das Volk mit überwältigender Mehrheit für das Friedensabkommen, das u.a. Straffreiheit bei Abgabe der Waffen bis zu einem bestimmten Termin, Begnadigungen und Freilassungen für islamistische Freiheitskämper beinhaltet. Auch von der AIS wurde die Abstimmung sehr positiv aufgenommen und sie legte offiziell die Waffen nieder. Die GIA führt jedoch weiterhin Terroranschläge durch und lehnt die versöhnlichen Angebote ab. 2001 kam es in den Berber-Gebieten der Kabylei wiederholt zu gewalttätigen Auseinandersetzungen, die sich bis nach Algier ausweiteten. Die Demonstranten fordern die Anerkennung der berberischen Kultur.

Die Tuareg

Die geheimnisvollen „Ritter der Wüste" haben schon Generationen von Sahara-Reisenden fasziniert und beschäftigt. Historische Forscher wie Heinrich Barth im 19. Jh. fühlten sich von den stolzen Kamelreitern angezogen und an (Raub)-Ritter des europäischen Mittelalters erinnert. Jahrhundertelang kontrollierten die berberstämmigen Tuareg die Karawanenwege durch die Sahara, erhoben Wegzölle und überfielen Reisende.

Die Tuareg-Gesellschaft folgt einer strengen Einteilung in Adelige (Imaghehen), Vasallen (Imghad) und Sklaven (Iklan) bzw. inzwischen Nachkommen ehemaliger Sklaven (Haratin), die sich die Tuareg auf Beutezügen im Sahel holten. Die verschiedenen Stämme haben sich zu Konföderationen zusammengeschlossen (in der algerischen Sahara Kel Ahaggar und Kel Ajjer), deren Oberhaupt Amenokal genannt wird. Die Abstammung bestimmen die Tuareg nach der Linie der Mutter (matrilinear); Frauen genießen ein hohes Ansehen und sind freier als üblicherweise in muselmanischen Ländern. Sie tragen auch keinen Schleier, während Männer ihr Gesicht meist mit dem indigoblauen Litham verhüllen. Trotz früher Annahme des Islam haben sich bei den Tuareg viele Überreste einer alten Naturreligion erhalten. Auch die Vielehe wird nur selten praktiziert. Eine besondere gesellschaftliche Position haben Schmiede (Enaden), die wegen ihrer Macht über das Feuer gefürchtet, ob ihrer Tätigkeit aber zugleich verachtet werden. Die Schmiede stellen nicht nur den bei Touristen begehrten Silberschmuck her, sondern u.a. auch Sättel, Schwerte und Dolche. Die Frauen der Schmiede-„Kaste" sind zumeist zuständig für die reich bemalten Lederarbeiten der Tuareg. Ein fast intimes Verhältnis verbindet die Tuareg mit ihren Kamelen. Die Eleganz des Kamels, seine Ausdauer und Kraft werden in den Tuaregliedern mindestens ebenso euphorisch gepriesen wie die Reize einer schönen Frau. Seitdem der Karawanenhandel fast überall in der Sahara zum Erliegen gekommen ist, sehen sich die einstigen Nomaden gezwungen, sich zumindest einen Teil des Jahres niederzulassen, Oasengärten zu bestellen oder sich als Wächter oder Touristenführer zu verdingen.

Jedoch brachten das Jahr 1990 entscheidende Einschnitte in das Leben der Tuareg v.a. in den Nachbarländern Niger und Mali. Nach Armeeüberfällen auf friedliche Tuareglager und Inhaftierungen von Tuaregführern, kam es immer mehr zu bewaffneten Auseinandersetzungen mit Regierungstruppen. Die nigrischen Tuareg gründeten die FLAA – die Befreiungsfront Air Azawag – deren Wortführer Manyo Dayak, der ehemalige Chef von Temet Voyages in Agadez war. Infolge dieser Tuaregaufstände kam es immer wieder zu Überfällen auf Touristen, denen Geländewagen, Ausrüstung und Geld abgenommen wurde. Mit diesen Mitteln wurde die Kampfkraft der Aufständischen verstärkt, der Tourismus brach zusammen. Auch wenn 1996 ein Friedensabkommen geschlossen wurde, sind der Nordniger und Nordmali nach wie vor überfallgefährdet (s. Sicherheitshinweise im Überblick der jeweiligen Länder).

Routen

B 1: El Oued – Hassi Messaoud – Hassi Bel Guebbour – Illizi – Djanet (ca. 1660 km)

Abschnitt 1: El Oued – Hassi Messaoud (272 km) (03.01, Nissan Patrol) Gute Asphaltstraße. Leider werden immer noch des öfteren Touristenautos von Kindern mit Steinen beworfen (z.B. Ortseinfahrt El Oued und ca. 20–30 km vor Touggourt). Theoretisch benötigt man ab Hassi Messaoud ein Laissez Passer für die Weiterfahrt in Richtung Süden, dieses wurde in der Vergangenheit entweder an der Kreuzung bei Km 271 oder in Hassi Messaoud ausgestellt. In letzter Zeit jedoch wurde meistens weder bei der Polizei in Hassi Messaoud noch bei einem Kontrollposten ein Laissez Passer verlangt oder ausgestellt.

Km 0, **EL OUED** – 80 m. Oasengruppe (s.a. Plan). Sehr entgegenkommende Einwohner. Fahrzeugversicherung im Büro der „SAA" (Ortsdurchfahrt Ri. Touggourt). Tankstellen, Banken, Post, Restaurants usw. (Beginn B 2, B 19; Ende B 41, C 6.)

Unterkunft: „Hotel Louss", sehr schön, bewachter Innenhofparkplatz, Pool, DZ ca. 1200 Dinar, gutes Essen, Wein. Hotel „Si Moussa", ungepflegt, kalte Duschen, teures Essen. „Hotel du Souf", DZ 980 Dinar, recht sauber, abgewohnte 1970er-Jahre-Einrichtung in den Zimmern, sehr freundlicher Empfang, hoteleigene Disco, der Pool ist leer, Bier. Malerische Jugendherberge in den Dünen, ca. 13 km außerhalb (östlich) am Ortseingang von Nakhla.

Sehenswert: Die Palmenhaine, die weit verstreut in riesigen Trichtern angelegt wurden, damit die Wurzeln den Grundwasserspiegel erreichen können. Von der „Moschee Sidi Salem" öffnet sich ein fantastischer Blick über die Stadt mit ihren Kuppeldachhäusern. Auch der Markt lohnt einen Besuch. Es gibt ein reiches Kunsthandwerk (schöne Teppiche, die nicht allzu teuer sind) und überall am Straßenrand werden Sandrosen verkauft.

Zwischen El Oued und Touggourt führt die Straße entlang der Dünen – ab und zu Sandverwehungen.

Km 5, Gendarmeriekontrolle. Luxusvilla in Gartenanlagen.

Viele kleine Orte mit Tempostoppern an der Strecke (Tankstellen und Versorgung).

Km 94, **TOUGGOURT** – Expandierender Hauptort der Oued-Rhir-Oasenregion mit etwa 100 000 Einw. (s.a. Stadtplan). Gute Infrastruktur. (Beginn B 50; Zur B 2.)

Unterkunft: Hotel „Oasis" (Campingmöglichkeit auf dem Parkplatz). Hotel „En-Nakhil" im Stadtzentrum. Hotel „Transatlantique", im Winter geschlossen. Hotel „Station Thermale", ungefähr 2 km auf der Straße nach Hassi Messaoud, recht sauber, warme Duschen, 50 Grad heiße Thermalquelle, Bäder, sehr laut. Die Jugendherberge ist nicht immer geöffnet.

Sehenswert: Der ksar mit seinen überdachten Gässchen, die Moschee und die Königsgräber.

In der Umgebung: Etwa 15 km südlich liegt **Temacine** (vom Minarett aus schöner Blick über Oase und ksar). Etwas weiter der **Merdjerda-Salzsee,** ein idealer Ort zum Campieren. Besonders hervorzuheben ist **Tamelhat** mit seinen zwei Moscheen (eine ist reich dekoriert), dem Grabmal und seinen hübschen überdachten Gässchen.

Km 104, Kontrollposten, Tankstelle.

Km 109, Tankstelle und Abzweig.

53 km hinter Touggourt führt die Straße in das Dünengebiet von Dokhara (kleine, bewachsene Dünen).

Km 180, Kreuzung (Square Bresson). Abzweigung nach Ouargla und nach Hassi Messaoud. **N 32°27,71′ E 05°47,99′.**

Km 246, Gendarmeriekontrollposten.

Km 254, Kreuzung: rechts nach Ouargla, links nach Hassi Messaoud. **N 31°50,08′ E 05°57,38′**.

Km 271, Kreuzung mit Polizeikontrolle vor Hassi Messaoud. Dort wird evtl. ein Laissez Passer für die weitere Strecke ausgestellt. In Hassi Messaoud soll man sich bei der Polizei registrieren lassen. Von Hassi Messaoud kommend wird man durchgewunken.

Km 272, **HASSI MESSAOUD** – Moderne Stadt. Militär-Zone. Wichtige Erdölförderstätte. Alle Versorgungsmöglichkeiten. Bei der Polizei („Suréte daira", beschildert) melden. Zwei Tankstellen an der Ausfahrtsstraße Ri. Ouargla/Touggourt. (Beginn B 17.)

Unterkunft: „Hotel Petrolier Ben Ali", einziges Hotel in der Stadt, deswegen oft voll, neuer und ein alter Trakt, alter Trakt mit Duschen und WC am Gang (ziemlich dreckig), neue Zimmer mit Dusche und WC (sauber), groß und ordentlich, ca. 2000 Dinar/DZ, alte Zimmer ca. 1200 Dinar/DZ, Parken über Nacht im verschlossenen Hof möglich, sehr freundlich.

Essen: „Pizzeria Regal", kleine, einfache Pizzeria, billig, recht gut.

Sonstiges: Kompetente und sehr nette Zahnärztin Docteur Mme Menghour N. (geb. Bekkouche), Cité 200 Logts Bloc G2 N°87 (nahe Polizei, in einem von außen heruntergekommenen Hintergebäude im ersten Stock), Tel. 029 73 33 20.

Sehenswert: Die Raffinerien bei Nacht (Fotografieren verboten).

Abschnitt 2: Hassi Messaoud – Hassi Bel Guebbour (357 km) (02.01, Nissan Patrol) Asphalt, ca. 60 km hinter Hassi Messaoud für ein Teilstück neu, danach älter, aber sehr gut. Ab 50 km vor Gassi Touil z.T. viele Schlaglöcher, dann immer schlechter (rissig, schmal, ausgefranst) bis ca. 50 km nach Gassi Touil, dort wieder neuer und breiter Asphalt. Hinter Belhirane führt die Route durch das 300 km lange und zwischen 10 und 20 km breite, trokkene Gassi-Touil-Tal in der gigantischen Kulisse des Grand Erg Oriental. Das Militär reagiert äußerst gereizt, wenn es Touristen erwischt, die von der Teerstraße in Richtung der Dünen abfahren! Man sollte im Gassi Touil vor Hassi Bel Guebbour nicht übernachten oder länger am Straßenrand stehen bleiben, um Ärger mit dem Militär und evtl. Gefahrensituationen zu vermeiden! Viel Lkw-Verkehr. Ab Militärstation und Landwirtschaftsprojekt Gassi Touil (Km 147) gelegentlich Konvoipflicht. Fahrzeuge werden gesammelt und fahren dann in Militärbegleitung weiter. Der Konvoi endet bereits 84 km weiter beim nächsten Militärpunkt (km 231).

Km 0, **HASSI MESSAOUD** – S.o.

Km 9, Polizeikontrollposten (Pass).

In der Umgebung von Hassi Messaoud überall Industrieanlagen der Erdölstationen mit riesigen Erdgasfeuern.

Km 74, Straßensperre, Passkontrolle.

Km 147, **GASSI TOUIL** – Landwirtschaftsprojekt und Militär, Passkontrolle, keine Tankstelle mehr.

Km 215, Beginn von neuem, hervorragendem Asphalt.

Km 231, Militärposten, Kontrolle, sehr freundlich. Kurz davor zwei „Cafés" (Bretterverschläge).

Km 250, Ende des neuen Asphalts.

Km 357, **HASSI BEL GUEBBOUR** – Tankstelle und zwei Cafés, schlechtes Wasser, sonst keinerlei Versorgung. Polizeikontrolle. **N 28°41,399′ E 06°30,276′**. 2 km weiter in Ri. Bordj Omar Driss heiße, schwefelhaltige Quelle rechts der Straße, gut versteckt im Schilf. **N 28°39,943′ E 06°30,640′.** (Beginn B 12 und B 23; Ende B 20.)

Abschnitt 3: Hassi Bel Guebbour – In Aménas (379 km) (02.01, Nissan Patrol) Meist relativ guter, neuer Asphalt. Ab Km 261 teilweise schlechte Teerstraße, viele große Schlaglöcher, zwischenzeitlich wieder recht gut.

Km 0, **HASSI BEL GUEBBOUR** – S.o.

Nach dem Ort eventuell Kontrolle des Militärs.

Km 61, kleiner Abstecher (2 km Piste, angezeigt) nach **HASSI TABANKORT** – Artesischer Brunnen in einem grünen Tal (schwefelhaltiges Wasser, 39 Grad).

Km 97, eine Piste zweigt rechts nach Bordj Omar Driss ab.

Km 113, **TIN FOUYÉ** – Erdölförderstätte. Sehr gutes Wasser, Gemüse bei der Erdölgesellschaft, in Notfällen auch Brot. (Beginn B 21.)

Km 139, Abzweig nach **MAZOULA** (Erdölförderstätte, keine Versorgungsmöglichkeiten).

Ab ca. km 170 führt die Route nahe entlang dem Abbruch des Tinrhert-Plateaus. Wenn man querfeldein etwas nach Süden zur Abbruchkante fährt, hat man einen schönen Blick auf die Djoua-Senke und den Erg Issaouane.

Km 261, Tankstelle, Container-/Arbeitersiedlung, sehr freundlich, Café.

Km 266, Abzweig nach **OHANET** – Erdölförderstätte, sonst nichts.

Ca. Km 317, von Norden mündet die von Hassi Messaoud über Deb-Deb führende Teerstraße ein.

Km 379, **IN AMÉNAS** – Kleinstadt mit guter Infrasruktur. Lebensmittel, Bäckerei und Konditorei. Bank, Krankenhaus, Treibstoff. Duschmöglichkeit an der Tankstelle am Ortseingang.

Unterkunft: Einziges Hotel „Le grand Erg", völlig heruntergekommen und überteuert, schlechte hygienische Verhältnisse. Alternative: Übernachtung in der Jugendherberge, nicht sehr sauber, aber billig, 100 DA/Person (04.00).

Abschnitt 4: In Aménas – Bordj el Haoués (518 km) (02.01, Nissan Patrol) Guter Asphalt. Sehr kurvig und hügelig (evtl. Gefahr bei Gegenverkehr!) über die schwarze, felsige Mondlandschaft des Plateau Fadnoun. Danach fantastische Landschaft des Tassili n'Ajjer. Wenig Verkehr.

Km 0, **IN AMÉNAS** – S.o.

Ca. Km 64, Abzweig nach links zum „Tiguentourine Erg" (Schild), breite Piste zu einem Ölcamp, schöner Platz zum Übernachten bei den leuchtend roten Dünen (an der Piste), außer Sichtweite der Teerstraße.

Km 118, **EL ADEB LARACHE** – Bohrcamp. Das beste Wasser weit und breit, häufig jedoch nur gegen Bezahlung. Kontrollposten der Gendarmerie, Kontrolle des Laissez passer (falls in Hassi Messaoud ausgestellt) und der Pässe, Personalienaufnahme.

Ca. Km 187, Bademöglichkeit in einem Becken unweit des Forts Issendjel, das links der Straße zu sehen ist (ca. 2 km).

Km 247, **ILLIZI** (ehem. Fort Polignac) – Sehr gepfegter Ort, 560 m. Gute Versorgung. **N 26°30,006' E 08°28,301'.** Tankstelle, Werkstätte, Post, Zoll- und Polizeiposten, Krankenhaus. Laissez passer für die Fahrt von Illizi in Richtung In Aménas (durch die Ölgebiete) bei der „Suréte de Wilaya" (Polizei), sehr freundlich, kein Problem. (Ende B 13 und B 14.)

Unterkunft: „Camping Mezirine", 1 km außerhalb an der Straße in Ri. Djanet, sehr schön angelegter Campingplatz mit großen Bäumen und Schatten, im Feb. 2001 jedoch kein Wasser und sanitäre Anlagen dreckig, Bungalows leer und unbenutzbar, normalerweise o.k. Jugendherberge, Duschen, 40 Betten/Zimmer.

Sehenswert: Die Felsgravuren/-malereien im **Oued Djaret** (Jungsteinzeit, etwa 5000 v. Chr.). Das Tourismusbüro vermittelt Kamele und Führer. Für eine wirklich interessante Exkursion sollten 7 bis 10 Tage kalkuliert werden.

Ca. Km 331, kleiner See/Guelta rechts der Straße (Bademöglichkeit).

Km 420 (ca. 173 km ab Illizi), Abzweig einer kleinen Piste rechts, die über Afara zur Piste Bordj el Haoués – Amguid (B 11) führt. **N 25°22,458' E 08°01,672'.**

Km 439, **GUELTA IMASSARADJENE** – Sehr schönes Guelta im Felskessel links der Straße.

Km 450, eine Piste (breit, gut befahrbar) führt nach links nach Ihérir (ca. 50 km hin und zurück).

Abstecher nach IHÉRIR: Die Bergoase liegt auf 1050 m. Keine Versorgung außer Wasser.

Sehenswert: Das guelta (eine Viertelstunde Fußweg) und Felsmalereien aus der Rinderzeit (zwischen 4000 und 1500 v. Chr., Führer notwendig, s.u.). Abzweig zum guelta von Dider und zu den Felsgravuren von Tinterhert s.u.

Km 469, eine Piste führt nach links zu mehreren gueltas, nachdem sie einen Oued überquert hat, und zu den Felsgravuren von Tinterhert. Abzweig von der Teerstraße bei einem gemauerten, unbeschrifteten Schild links (mehrere Pisten führen in die gleiche Richtung, **N 25°12,066' E 08°26,577').**

Das Guelta von Assar: **N 25°10,977' E 08°28,003'**. Drei gueltas liegen übereinander. Die oberen gueltas erreicht man nur, wenn man über die Felsen links vom guelta nach oben klettert. Bis zu den Gravuren sind es ca. 8 km.

Die **GRAVUREN VON TINTERHERT – N 25°08,940' E 08°30,344',** nahe bei gemauerter Rundhütte des Nationalparkwärters (nicht immer besetzt, Führer kommt aber in der Regel bald nach Auftauchen der Touristen), Besichtigungsgebühr. Nicht auf den Gravuren herumsteigen, sie zählen zu den großartigsten in der Sahara, sind aber schon stark verblichen und schwerer erkennbar, d.h. dass die Gravuren zwar ca. 8000–10 000 Jahre alt sind, aber die Touristen in den letzten 20 Jahren durch fehlende Umzäunungen bzw. Stege (oft unwissentlich) erhebliche Schäden angerichtet haben!

Ab dem Abzweig zu den Gravuren weiter auf der Teerstraße in Richtung Bordj el Haoués, fantastische Gebirgs-„Wildwest"-Landschaft.

Abzweig zum **PASS TIN TARADJELLI** bei **N 25°13,97′ E 08°27,48′** (unbeschrifteter Steinbogen). 1200 m, fantastische Berglandschaft des Tassili n'Ajjer.

Km 518, **BORDJ EL HAOUÉS (ZAOUTALLAZ/FORT GARDEL)** – Expandierende Oase. 1090 m. **N 24°52,383′ E 08°27,006′.** Bei der Gendarmerie (in der Hauptstraße) melden. Tankstelle, Restaurant. Ehemaliger wichtiger Stützpunkt aus der Franzosenzeit. Viele Neubauten. Bei der Gendarmerie in der Hauptstraße melden. Die Tuareg tauschen Erzeugnisse des Kunsthandwerks gegen Kleidung. (Beginn B 3 und B 14.)

Abschnitt 5: Bordj el Haoués – Djanet (134 km) (02.01, Nissan Patrol) Gute Asphaltstraße. Eine der schönsten Strecken der Sahara. Die Route verläuft zwischen den Ausläufern des Tassili und dem Erg d'Admer. Von der Teerstraße kann man schöne Abstecher ins Gelände machen.

Km 0, **BORDJ EL HAOUÉS** – S.o.

Bei **N 24°50,000′ E 08°55,000′** Abzweigung ins O. Essendîlene, guelta, lohnender Ausflug.

Km 110 (24 km vor Djanet), Kurve, Berg, links zweig die Piste durch den Erg d'Admer ab. **N 24°30,864′ E 09°18,988′** (Abzweig zur Route B 3a).

Km 129, Verzweigung, rechts Richtung NW, Fort Gardel beschildert. **N 24°30,891′ E 09°29,487′.**

Km 134, **DJANET** – Mehrere ksour bei einer Oase, die von zahlreichen Quellen aus dem Tassili kommend bewässert wird. **N 24°33,234′ E 09°28,964′.** S.a. Umgebungsplan von Djanet. (Ende B 15 und B 16; Beginn B 3a.)

Verschiedenes: Einreise aus dem Niger kommend (s. H 24) ca. 1 Std. (inkl. Immigration). Zoll am Ortsausgang Richtung Flugplatz links, ca. 300 m hinter der neuen Tankstelle. Versicherungsbüro neben der Post in Richtung Hotel „Zéribas" (Kfz-Versicherung). Melden Sie sich bei der Polizei (sehr freundlich, hinter dem Markt im Zentrum). Mehrere einfache Restaurants und Cafés. Im nördlichen Oasenteil gibt es ein hammam (Dampfbad), 19–20 Uhr für Touristen geöffnet ist. Fast täglich Buschtaxis nach Tam. Faxen und Telefonieren nach Europa relativ problemlos in sog. „Taxiphones". Restaurant „Rifq", Ende 2001 eröffnet, im Zentrum linker Hand nahe der Bank und dem alten Krankenhaus beim Abzweig in Richtung Assakaou; im ersten Stock gibt es auch Appartments zu vermieten; Kontakt über das Artisant der Familie Brihmat oder über Brahim Brihmat, Tel. (00213) (0)29 47 53 72. Auf der Gemüsefarm der Familie (Direkteinkauf ist möglich), nahe des neuen Flughafens, werden auch für Reisegruppen Veranstaltungen organisiert, z.B. Mechoui mit Musik und Tanzgruppen, Zeltübernachtung möglich. Eine gute Auto-Werkstatt (auch zum Schweißen) gibt es vom Zentrum aus links über die Brücke (Richtung Assakaou), dann wieder rechts und die nächste gleich wieder links (nahe Bäcker), preiswert, korrekt und flink. Eine weitere Werkstatt (deutschsprachig) gibt es linker Hand der Straße nach Assakaou. Eine Reifenreparaturwerkstatt liegt an der gleichen Straße ca. 1 km weiter rechter Hand, kurz nach der Schule.

Unterkunft: Sehr schönes Touristendorf/Hotelanlage „Ténéré-Village" **N 24°28,260′ E 09°30,389′**, 8 km außerhalb in Ri. Flughafen, mit Rundhütten, Nomadenzelt (kostenloser Tee jeden Abend), inmitten großartiger Felskulisse, sehr freundlich, Zimmer nicht mehr ganz neu (Bad), DZ 2100 Dinar, Bungalow für 2800 Dinar inkl. Frühstück (2001). „Camping Zéribas": schöner Platz mit vielen Bäumen, freundlich und bemüht, gutes Wasser, neue Zimmer (DZ) mit Klimaanlage 1200 Dinar inkl. Frühstück (2001), im gleichen Gebäude auch gute sanitäre Anlagen (sauber, gefliest, heiße Duschen), Restaurant, 300 Dinar p.P. für Camping (02.01).

Campen kann man auch auf der Gemüsefarm der Familie Brihmat (auch Zimmer, s.o.) in Ri. neuer Flughafen, Kontakt beim „Artisanat Brihmat" an der Hauptstraße rechts (von außerhalb kommend). Das Übernachten im Palmenhain ist nicht gestattet. Jugendherberge in Richtung Flugplatz für 80 Dinar/Mitglied (12.99), sehr verwahrlost, keine Sanitäranlagen.

Sehenswert: Der alte Ortsteil und die Palmengärten.

In der Umgebung: Ausflüge zu den prähistorischen Fundstellen des **Tassili** werden von der ONAT oder „Ténéré Voyages" (s.o.) vermittelt (Rundtouren zu Fuß oder mit Geländewagen, ein- bis mehrtägige Ausflüge; Fußwanderungen aufs Plateau). Tassili-Führer für 600 Dinar (pro Tag) über ONAT und 1200 Dinar privat (12.99). Zu einem vorislamischen Rundgrab und Rindergravuren Djanet auf Teerstraße Richtung Flughafen verlassen (Ri. S), nach 9 km bei der Linkskurve Teerstraße verlassen und Piste geradeaus weiterfahren, nach ca. 2 km liegen links am Geröllhang einige große Felsblöcke, einer mit Rindergravuren bei GPS-Pos. **N 24°27,789′ E 09°29,525′.** Der Piste weiter ca. 2 km folgen bis zur beschilderten Kreuzung mit der breiten Flughafenstraße, rechts abbiegen, ca. 1,5 km darauf Straße nach links verlassen und querfeldein Ri. 120°, das vorislamische Rundgrab („Schlüssellochgrab") liegt zwischen zwei Hügelketten bei **N 24°25,080′ E 09°31,491′.**

B 2: El Oued – El Meniaa – In Salah – Tamanrasset (1769 km)

Abschnitt 1: El Oued – Ghardaia – El Meniaa (715 km) (03.02, BMW R 100 GS, Yamaha TT 600) Asphalt, gelegentlich versandet. Zwischen Ghardaïa und El Meniaa herrliche Landschaft: im Westen erstrecken sich die Dünen des Grand Erg Oriental bis zum Horizont. Evtl. Konvoipflicht (Polizei macht ggf. darauf aufmerksam).

Km 0, **EL OUED** – S. B 1. (Beginn B 1; Ende B 41, C 6.)

Bis Touggourt folgen Sie der Route B 1.

Km 95, **TOUGGOURT** – S. B 1. (Zur B 1; Beginn B 50.)

Bei Km 180 rechts nach Ouargla abbiegen (geradeaus weiter zur B 1).

Km 256, **OUARGLA** – 129 m, etwa 100 000 Einw. (s.a. Stadtplan). Gute Infrastruktur. (Ende B 22.)

Unterkunft: Das Hotel-Restaurant „Tassili" (ehem. „Transatlantique") ist in schlechtem Zustand, Zimmer mit Dusche und WC. Hotel „El Mehri" ebenfalls recht heruntergekommen. Camping beim Hotel „Tahdost" möglich. Jugendherberge.

Sehenswert: Der alte ksar, der Marktplatz und das Saharamuseum (Kunsthandwerk und Frühgeschichte).

Km 385, **ZELFANA** – Oase. Lebensmittel, Treibstoff. Thermalbad.

Km 445, **GHARDAÏA** – Stadt, 566 m, (s.a. Stadtplan). Gute Infrastruktur. Zentrum der strenggläubigen Mozabiten. Man wird einem Wächter anvertraut, um auf den Markt od. in die Altstadt zu gehen. (Ende B 50 und B 51.)

Unterkunft: Hotel „Djanoub", sauber und freundlich, DZ ca. 1000–1500 Dinar. Hotel/Restaurant „Carama" (beim Hotel „Napht", Kfz-Werkstatt nebenan), sehr sauber, 750–1500 Dinar. Hotel „Rym", in Richtung Beni Isguen, mit bewachtem Parkplatz und Tiefgarage, sehr sauber, Preise wie oben. Hotel „La Palmerie" im NW der Stadt, freundlich und sauber. Hotel „Napht", Rue du Pétrole, unterhalb des Zentrums, einfach, aber sauber und freundlich. „Hotel/Restaurant Izorane", in der südlichen Stadt an der Straße nach Beni Isguen, ruhig und sauber, Preise wie oben, gutes Essen. Der Campingplatz „Oued M'Zab", von Laghouat kommend rechter Hand der Straße am Ortseingang in einem Palmenhain, ist offiziell geschlossen (2002), der (sehr freundliche und hilfsbereite) Platzwart öffnet aber auf Nachfrage (klingeln!), sofern er zu Hause ist, saubere sanitäre Einrichtungen, schöne Anlage unter Palmen, Preis Verhandlungssache.

Werkstätten: „Sahara Diesel Oasis" in der Rue Haroun el Rachid (für Dieselfahrzeuge). Reifenreperatur bei „Ghardaïa Pneus", Av. Talbi Ahmed. Eine sehr gute und bekannte Werkstatt ist „Bebkheur" in der

Nähe der Post und der Busstation im Ortsteil Hadj Mesoud (v.a. für Diesel-Kfz). Weitere sehr gute Werkstatt „Charef" neben Hotel „Carama". Reifenwechsel, Autowäsche, Ölwechsel etc. in der Werkstatt „Laroui" auf der Hauptstraße nach Laghouat/Algier gegenüber der Tankstelle.

Sehenswert: Ghardaïa, der Hauptort der M'zab-Oasen, liegt in einer grandiosen Landschaft, umgeben von vier weiteren heiligen Städten der berberstämmigen Mozambiten, die sich im 11. Jh. hierher zurückzogen, um ungestört nach ihren islamisch-puritanischen Glaubensvorstellungen leben zu können (Kharedjiten). Ghardaïa ist der einzige Ort mit touristischer Infrastruktur. Die anderen Orte kann man tagsüber besichtigen. Sehenswert sind die palmerie, der Markt, die Altstadt, das kleine Museum des M'zab und die Moschee, die nur mit Führer besichtigt werden darf. An Freitagen ist Nicht-Muslimen der Zutritt verboten.

In der Umgebung lohnen auch die anderen Städte des M'zab einen Besuch. Am sehenswertesten ist **Beni Isguen,** frömmste und strengste Stadt der Pentapolis. Besichtigung nur mit Führer. Fotografieren ist nur gestattet, wenn die Menschen einverstanden sind. Interessant ist der Markt, auf dem die Waren versteigert werden (täglich gegen 17 Uhr). In **El-Ateuf,** einer anderen Stadt des M'Zab, gibt es einen kleinen Zoologischen Garten mit Wüstenfauna.

Ca. Km 469, Abzweigung nach **METLILI** (22 km, guter Asphalt). Die schöne Oase (Tankstellen, Restaurants, Bank, Lebensmittel) liegt eingebettet zwischen Hügeln, die von zahlreichen Marabuts gekrönt sind. In der letzten Märzwoche findet ein Kamelfest statt. **SEB SEB** (17 km hinter Metili, schlechter Asphalt) ist eine recht verwahrloste Oase in fantastischer Dünenlandschaft. Kehren Sie von hier aus auf der gleichen Straße zurück, die Fortsetzung der Route im Bett des Oued Sebseb nach Südosten ist gefährlich.

Km 517 (72 km ab Ghardaïa), **HASSI TOUIEL** – Warme Quelle links der Straße (31°C). Betoniertes Schwimmbecken. Kleine Siedlung etwas abseits (Restaurant, Campingmöglichkeit).

Km 557, **HASSI FAHL** – Tankstelle, Restaurant.

Ca. Km 623, beschilderter Abzweig zum artesischen Brunnen **HASSI GOUIRET MOUSSA** – 30°C warmes Wasser, gute Waschgelegenheit.

Km 715, **EL MENIAA (EL GOLÉA)** – Saubere Stadt, 390 m (s.a. Stadtplan). Gute Infrastruktur. Tankstellen, Bank, Post, Versicherungsbüro usw. Meldepflicht bei der Polizei (direkt an der Hauptstr. von Süden zum Ortszentrum auf der linken Seite). (Beginn B 22; Ende B 23 und B 24.)

Unterkunft: Camping „Hassi El Gara" an der Ausfallstraße nach In Salah heruntergekommen. Hotel/Restaurant „El Boustan", sauber, freundlich, Parkplatz wird nachts bewacht, Pool, Klimaanlage, DZ 700 Dinar (03.02). Hotel „Le Vieux Ksar", sehr gut, sauber und günstig, Parkplatz abgeschlossen, netter Besitzer (08.00). Der Campingplatz des Touring Club liegt in kleinen Palmengärten am Ortsausgang in Richtung In Salah, Duschen (nicht immer Wasser!), saubere Sanitäranlagen, Waschküche, auf Vorbestellung einfaches Essen, sympathischer Geschäftsführer. Ebenfalls mit freundlichem Geschäftsführer der Campingplatz „La Palmerie", von Ghardaïa kommend am Ortseingang, saubere Sanitäranlagen, eigener Brunnen und heiße Duschen, Ausleihen von Skiern für Dünenfahrt möglich.

Sehenswert: Die Oase mit ihren 200 000 Palmen, der alte Ksar El Meniaa (wunderbares Panorama) und die prähistorische Sammlung der „Pères Blancs" (s.u.). Gut 2 km nördlich von El Goléa zweigt von der Hauptstraße ein kleines Sträßchen nach El Bachir (beschildert) ab. Nach weiteren 3 km, nach Durchquerung des Palmenhains, steht in einem Sandfeld die Kirche Saint Joseph, das erste christliche Gotteshaus in der Sahara; daneben das **Grabmal von Pater Charles de Foucauld,** der 1916 im Hoggar ermordet und 1929 hier beigesetzt wurde. Diese Kirche und das beim Friedhof liegende Frauenkloster werden von den Pères Blancs, dem Orden der weißen Brüder, betreut, dessen Gründung auf Pater P. Leclerc zurückgeht. Der Abt der Pères Blancs ist Schweizer, sehr aufgeschlossen und zeigt gerne das kleine Museum des Ordens, das über viele wertvolle Bücher, Fotografien und Fundstücke aus der Sahara verfügt.

Abschnitt 2: El Meniaa (El Goléa) – In Salah (400 km) (03.02, BMW R 100 GS, Yamaha TT 600 S) Durchgehend (meist guter) Asphalt. Auf der gesamten Strecke zwischen El Meniaa (El Goléa) und In Salah sowie weiter nach Tamanrasset herrscht i.d.R. Konvoipflicht. Konvoiabfahrt i.d.R. zweimal wöchentlich am Ortsausgang (Sonntag und Mittwoch morgens, ab In Salah am darauffolgenden Tag). Evtl. Wartezeit von bis zu vier Tagen. Bis In Salah ca. 10–12 Std. Fahrt. Keine Tankgelegenheit auf der Strecke. Die Konvois sind eingeführt worden, um Versorgungs-Lkw, die nach Südalgerien fahren, vor Überfällen zu schützen. Die Polizei in El Meniaa besteht darauf, dass auch Touristen im Konvoi mitfahren; die Polizei in In Salah bietet die Mitfahrt im Konvoi dagegen lediglich an (man kann häufig auch alleine fahren). Außer den Konvois praktisch kein Verkehr.

Km 0, **EL MENIAA (EL GOLEA)** – S.o.

Den Ort auf der Straße nach Hassi Marroket, In Salah, Tamanrasset verlassen.

Km 8, Abzweig der Umgehungsstraße von El Meniaa. Polizeikontrolle. Start der Konvois Richtung In Salah/Tamanrasset. Auf den ersten 50 km links und rechts der Straße immer wieder Dünen des Grand Erg, ansonsten bis auf den Anstieg zum Plateau de Tademait eintönige Fahrt durch Reg-Ebene.

Ca. 45 km nach El Meniaa führt eine Piste (ca. 3 km) nach rechts zum Brunnen **HASSI MARROKET** – Artesischer Brunnen und kleine Siedlung.

Km 74, Abzweig nach rechts Richtung Timimoun und Adrar (s. B 24), Café.

Km 121, Abzweig Richtung Hassi Chebaba. An der Straße zweigen immer wieder Pisten zu Bohrcamps ab. In der Umgebung von In Salah werden – auch unter Beteiligung deutscher Firmen – Erdgasvorkommen erschlossen.

Km 265, Café, Tankstelle (geschlossen), weiter flotte Fahrt durch *Reg*-Hochebene.

Km 315, Militärposten, kleiner Ort, Quelle, danach Abfahrt vom Plateau (schöne Aussicht), Überquerung zweier Oueds, die letzten 50 km vor In Salah ist die Straße von Bergen gesäumt.

Km 410, **IN SALAH** – Oase, 200 m, ca. 30 000 Einw. **N 27°16,681′ E 02°30,552′.** Gute Infrastruktur, Markt, öffentl. Bad. Meldepflicht bei der Polizei. (Ende B 31, B 32).

Unterkunft: Hotel „Tidikelt" direkt an der Straße nach Tamanrasset, sauber, freundliches Personal, Restaurant, Camping im Hotelgarten möglich (klimatisiertes DZ ab 2000 Dinar aufwärts). Campingplatz (heruntergekommen) etwas abseits der Straße Richtung Alouef (am westlichen Rand des Ortszentrums beim Schild „Alouef" links abbiegen).

Verschiedenes: Zwei Internetcafés an der Straße vom Ortszentrum in Richtung Tamanrasset in der Nähe des Wasserturms. Die Polizei befindet sich an der Einfallstrasse aus In Salah auf der rechten Seite. Reiseschecks können in der Bank (in der Nähe der Polizei, etwas unscheinbar) oder im Hotel „Tidikelt" gewechselt werden. Ausflüge in die Umgebung organisiert „Bouchikhi Reisen" (mit Vertretung in Foggâret ez-Zaoûa). Auch empfehlenswerte Reiseagentur von Targi Hadschi (u.a. Touren nach Tamanrasset, Monsieur Hadschi ist sehr hilfsbereit und fährt Ski).

Essen: Verschiedene Restaurants im Zentrum, z.B. „Du Carrefour" **(N 27°11,876′ E 02°28,569′),** „Hadj Abderrahmane", aber es gibt auch viele kleine Garküchen.

Sehenswert: Die in sudanesischer Lehmziegelarchitektur erbauten Häuser, das alte Ksar und der Markt. Ausflug zu den Foggâret ez Zaoûa (s. B 32), eine schöne Oase mit artesischen Quellen.

Abschnitt 3: In Salah – Arak – In Ecker – In Amguel – Tit – Tamanrasset (658 km) (03.02, BMW R 100 GS, Yamaha TT 600 S) Asphalt. Zwischen In Salah und Arak wird die Strecke neu trassiert (Baustelle). Normalerweise Konvoipflicht (nicht immer, s. Abschnitt 2, Abfahrt i.d.R. zweimal wöchentlich, im Juli 2002 keine Konvoipflicht). Mehrere freundliche Polizeikontrollen. Die Notruftelefone sind außer Betrieb bzw. abgebaut. Die Kilometerangaben können aufgrund der Umleitungen etwas differieren.

Km 0, **IN SALAH** – S. oben.

Kurz nach der Ortsausfahrt in Richtung Tamanrasset Polizeiposten (Passkontrolle, Stempel aus In Salah wird geprüft).

Km 100, Abzweig der alten Piste über Hassi el Krenig (Brunnen) und Tirhatimine nach Arak.

Km 265, Weiler (zu Arak gehörend), aufgegebenes Café, keine Versorgungsmöglichkeiten. Danach wunderschöne Fahrt durch die Arak-Schlucht.

Km 274, **ARAK** – Tankstelle (nicht immer Treibstoff), Café, bescheidene Versorgungsmöglichkeiten.

Unterkunft: Campingplatz in der Nähe der Tankstelle geöffnet (einfach auf den Platz fahren, Besitzer kommt dann vorbei und regelt die Formalitäten), ziemlich vermüllt, Wasser (aus Eimer, wird bei Bedarf aufgefüllt), keine Duschen, 50 Dinar p.P. (03.02).

Km 371, Abzweig zum Marabout Sidi Moulay Lahsene.

Km 374, Militärcamp.

Km 474, Pistenabzweig nach Amguid (s. B 33).

Km 487, **IN ECKER** – Kleiner Ort, Tankstelle, Café mit kleinem Laden (sehr wenig Auswahl an Lebensmitteln), Stützpunkt der „Sonarem", Wasser aus dem Tank ggü. Café (neben Tankstelle). (Ende B 33.)

Km 520, **IN AMGUEL** – Weiler, Tankstelle, kleiner Laden, Café. Fort. (Beginn B 7.)

Km 528, Abzweig der Piste nach Hirhafok (s. B 6).

Km 614, Abzweig der Piste nach Abalessa und Silet (s. B 35).

Km 618, **TIT** – Weiler. Keine Versorgungsmöglichkeit.

Km 636, **OUTOUL** – Weiler, Café, sonst keine Versorgungsmoglichkeit. Man durchquert auch das gleichnamige Oued.

Km 648, Abzweigungen zum Flughafen von Tamanrasset und zur so genannten Ilamane-Piste auf den Assekrem (s. B 4).

Km 658, **TAMANRASSET** – Stadt, 1395 m, 16 000 Einwohner, alle Versorgungsmöglichkeiten. Treibstoff (vor allem Diesel) wird manchmal knapp. (Ende B 3 und B 4; Beginn B 10 und B 10a).

Unterkunft: Hotel „Tahat" (teuer, Wechsel von Bargeld und Reiseschecks, Verkauf von Alkoholika). Hervorragender Camping „Bordj 4x4" mit europäischem Standard, ca. 500 m hinter dem alten Platz „Mezirene" links, **N 22°47,172' E 05°33,285',** Bungalows mit Sonnenterrasse, Preise (03.01): 400 Dinar/Pers., mit Frühstück 500 Dinar/Pers., Bungalow mit Bad 850 Dinar/Tag, Bungalow ohne Bad 720 Dinar/Tag, heiße Duschen, viele Moskitos, kein Schatten, gut bewacht. Öffentliche Duschen gibt es im Ortszentrum, warmes Wasser, sauber. „Gite Saharien Desert Lodge", kurz hinter Camping „Bordj 4x4 Tamanrasset" rechts auf Piste abbiegen (Schild, 1,5 km), sehr hübsch angelegt, Zimmer und Nomadenzelte, Camping noch eher Baustelle, 500 Dinar/Pers. für Camping (03.01, überteuert). Am Ortsende Ri. Flughafen bzw. In Salah Camping „Bois Pétrifie", auch Jugendherberge (gut, Duschen, nachts laut, Möglichkeit der kostenlosen Gepäckaufbewahrung) an Ausfahrtsstraße Ri. Flughafen auf der rechten Seite. „Auberge Caravanserail", vor Camping „Bordj 4x4 Tamanrasset" auf linker Seite (östl. Ortsausfahrt), Camping/Auberge, neu und sehr schön, sehr gepflegt, san. Anlagen ebenfalls neu und europ. Standard, gemütlicher Aufenthaltsraum, kleiner Hof für Camping (noch kein Schatten fürs Auto, aber zum Sitzen), hilfsbereiter und engagierter Besitzer aus Ghardaia (strenggläubiger Mozabit), saubere Zimmer 850 Dinar/Pers. mit Frühstück, 200 Dinar/Pers. für Camping (03.02); der Besitzer Tfyeche Mustapha ist Leiter der Reiseagentur „M'zab Tours" in Ghardaia, die Touren (auch Hoggar und Tassili) organisiert. Camping „Nouvelle Adreanne" am Ostrand der Stadt, 1 km Wellblech, neu eröffnete Campinganlage, gepflegt, sauber, sanitäre Anlagen gut, freundlicher Gardien Boukri offeriert Tuareg-Tee, preiswert, 350 Dinar pro Auto/Personenzahl egal (07.02).

Verschiedenes: „Station Service Asskrem" (weiße Garage, groß beschriftet): Autowäsche und Graissage, Richtung Campingplatz „4x4" auf linker Seite, Graissage 300 Dinar (03.01). Toyota-Werkstatt an östlicher Ortsausfahrt Richtung Campingplatz, großes Schild nach links. Telefonieren ins Ausland meist problemlos. Es gibt mehrere Internetcafés (mit sehr langsamen Webzugang). Es wird kein Eintritt mehr für den Hoggar-Nationalpark oder ein Führer für die Fahrt im Hoggar (z.B. Assekrem) verlangt. Keine Polizei-, Militär- oder sonstige Kontrollen – sehr angenehm. Nach Niger über die Hoggar-Piste ist keine Genehmigung erforderlich. Die Grenze von In Guezzam nach Assamakka (Niger) ist offen. Beim fotografieren aufpassen, nicht eines der vielen „objets militaires" abzulichten.

Konsulate: Nigrisches Konsulat im Osten der Stadt, **N 22°46,967′ E 05°32,031′**, Visum innerhalb weniger Stunden, problemlos, ca. 50 Euro/Pers. (03.02). Konsulat Mali: Visum in wenigen Stunden (30 Tage gültig).

Sehenswert: Das kleine Saharamuseum (neben dem „Bordj de Père de Foucauld") und die alljährliche Messe im Januar, zu der Tuareg aus allen Teilen der Sahara und des Sahel anreisen (auch aus Mali und Niger).

In der Umgebung: Ausflüge zum Grab des Amenokal Moussa ag Amastane, zu den Assekrem-Schutzhütten, nach Idelès, zu den Felsgravuren von **Oûtoul** etc.

B 3: Bordj el Haoués – Serouenout – Idelès – Tamanrasset (ca. 540 km)

Abschnitt 1: Bordj el Haoués – Idelès (335 km) (12.99, Yamaha TT 600) Piste (A/G/I), z.T. Wellblech, z.T. sandig. Steinmarkierungen.

BORDJ EL HAOUÉS (ZAOUTALLAZ/FORT GARDEL) – S. B 1. (Zur B 1; Beginn B 14.)

Hinter dem Polizeiposten verlassen Sie den Ort in südlicher Richtung. Schlecht erkennbarer Einstieg bei Bordj el Haoués, viele Pisten verwirren. 17 km nach Bordj el Haoués Pistenknick beachten und nicht der südwärts verlaufenden breiten Piste folgen, sondern nach WSW abbiegen. Auf den markanten Berg Tazat (2165 m) zuhalten (dieser wird bei Km 56 passiert, **N 24°42,750′ E 08°23,868′**), dann eindeutige Piste.

Starkes Wellblech, z.T. auch weiche Sandfelder.

Km 92, weit sichtbarer, gemauerter Wegstein, Abzweig nach Amguid und Tamanrasset (als „Borne" in Michelin-Karte verzeichnet). **N 24°35,23′ E 07°47,65′.** Piste knickt nach SSW ab, nicht in Richtung Amguid abdriften.

Km 100, Oued Tafassasset, **N 24°31,28′ E 07°45,13′.**

Km 141, **SEROUENOUT** – Großer Militärposten (Gendarmerie). Der Brunnen liegt ungefähr 20 m im Südosten des ehem. franz. Forts. **N 24°18,26′ E 07°28,39′.** Die Soldaten geben auf Wunsch statt des Brunnenwassers auch gutes Trinkwasser aus einem Tankwagen aus. (Ende B 3a.)

Um nicht auf die Lkw-Piste zu geraten (s.u.) schon kurz nach Verlassen von Serouenout an einem auffallenden Steinmännchen-Tor nach links halten (Ri. W) und die Balise in der Nähe von Pos. **N 24°18,06′ E 07°23,97′** ansteuern.

8 km weiter Pistengabelung: zwei Varianten sind ab hier möglich. **N 24°18,798′ E 07°24,433′.**

VARIANTE 1: Lkw-Piste

Unproblematisch für einen Geländewagen; geradeaus weiterfahren. Nicht markiert (jedoch gut erkennbar). Weniger Wellblech als Variante 2, aber auch landschaftlich weniger reizvoll. Die Piste trifft nach etwa 127 km wieder auf die Hauptstrecke.

VARIANTE 2: Normale Piste

Piste schwer zu finden, da aufgewühltes Wadi. Nach einem markanten Berg linker Hand die linken Spuren verfolgen, am Wadi-Ende vereinigen sich die Spurenbündel zu einer eindeutigen Piste.

Die Piste führt durch das 15 km lange Tal des **Oued Tin-Hidene** (viele Tamarisken, **ab N 24°10,63′ E 07°04,00′).**

Nach dem Oued mündet die Piste in die Amadror-Ebene am Fuß des Gara Tindi (1614 m). Linker Hand breitet sich die imposante Bergmasse des Djebel Telertheba (2420 m) aus. Der Berg wird bei ca. Km 231 passiert. Hier ist es sehr weichsandig.

Bei ca. Km 256, wird der lang gezogene Felsklotz des Inouhaouene (1235 m) passiert. **N 24°10,93′ E 06°31,68′.**

Ca. Km 271, bei einer Häufchenmarkierung zweigt die Variante 1 wieder in die Piste ein. **N 24°11,10′ E 06°27,10′.**

Ca. Km 300, Eisenpfeiler mit Aufschrift „TAM 250". **N 24°02,46′ E 06°12,26′.**

Ca. 10 km vor Idelès führt eine neue Trasse durch ein Lavafeld mit starken Erosionsschäden, tiefe Spuren erfordern hohe Bodenfreiheit. Es werden einige Oueds, teils mit großen Bäumen, durchquert, z.B. Oued Enekrane bei **N 23°52,92′ E 06°02,32′.**

Die Hauptpiste führt an Idelès vorbei. Es gibt drei große Ortseinfahrten.

Km 335, **IDELÈS** – Oase, 1400 m, Wasser und spärliche Lebensmittel. Tankstelle (Versorgung unsicher, Gendarmerie hilft evtl., s.u.). Meldepflicht bei der Polizei, wenn man in den Ort hineinfährt (bei Umfahrung keine Meldung nötig). (Beginn B 5.)

Verschiedenes: Diesel problemlos verfügbar, Benzin nur in kleineren Mengen auf nachdrückliches Bitten (Polizei). Sehr guter Bäcker (schwer zu finden in Nebengasse, Einheimische fragen). Schöner Tuaregschmuck direkt vom Schmied.

Sehenswert: Der Ort und ein aus dem Aïr übernommener Tanz, der Tazengaret.

Abschnitt 2: Idelès (– Tazrouk) – Tamanrasset (205 km) (03.01, Nissan Patrol) Breite Piste (G/I), übelstes Wellblech. Betonmarkierungen. Die sehr vielen Verzweigungen, um das Wellblech zu umfahren, sind meistens nicht besser. Einige Kilometer vor Tam Teerstraßenbeginn (Straße Tam – In Guezzam). Hoggar-Nationalpark (schöne Felsformationen). Fahrzeit ca. 2 Tage.

IDELÈS – S. oben.

Die Strecke beginnt (Km 0) am beschilderten Abzweig ca. 4 km außerhalb von Idelès an der Piste in Ri. Westen (Hirhafok).

Ca. Km 40, der höchste Punkt der Strecke: das kleine Kerkour-Plateau auf 2020 m Höhe. Danach Abfahrt in ein kleines Tal.

Km 46, Kreuzung, Steinwegweiser, Abzweig nach Tazrouk, rechts weiter nach Tam.

ABSTECHER TAZROUK (54 km): Die Oase Tazrouk liegt auf 1820 m. Sehenswert sind die Gärten, in denen Pappeln, Aprikosen-, Feigen- und Mandelbäume wachsen. Kehren Sie zur oben beschriebenen Kreuzung zurück und fahren Sie nach Süden.

Unmerkliche Steigung zum **Azrou-Pass** (1848 m).

Km 117, **TAHIFET** – Oase. 1420 m. Keine Versorgungsmöglichkeit.

Sehenswert: Die Zéribas der Tuareg und Dorfhütten aus getrockneten Lehmziegeln.

Fahren Sie weiter in Richtung Süden. Sie passieren mehrere kleine, zum Teil sandige Täler. Stellenweise dichtes Buschwerk und steinige Hügel. Danach wendet sich die Piste für einige Km nach Südosten.

Km 155, Kreuzung mit Wegweiser („Tarhaouhaout 10 km, Djanet 680 km, Idelès 164 km“). Die Piste führt nach Südosten in Richtung der Ruinen des Bordj Tarhaouhaout (Fort Motilinsky). Militärgebiet, Zutritt verboten!

Nach der Durchquerung des Oued Tarhaouhaout (ca. 1,2 km nach der Kreuzung) führt die Piste am Fuß des Gara Ta Arenked (1523 m) entlang.

Bevor man nördlich am Tafelberg Debnat (1937 m) vorbeifährt, führt die Piste sehr kurvig und steil auf und ab.

Ca. Km 198, die Asphaltstraße der Strecke B 10 ist ca. 7 km südlich von Tamanrasset erreicht.

Km 205, **TAMANRASSET** – S. B 2. (Ende B 2 und B 4; Beginn B 10 und B 10a.)

B 3a: Djanet – Erg d'Admer – Admer-Ebene – Serouenout (204 km)

(03.99, Toyota Landcruiser) 24 km Asphalt, 179 km Piste querfeldein (A/C/H/I). Dünenstrecke, danach Regebene, Dauer ca. ½–1 Tag. Versorgungsmöglichkeit nur in Djanet. Viele Spuren in die verschiedensten Richtungen (Schmugglerpisten in den Niger), Orientierungsprobleme, GPS und gute Karten erforderlich.

DJANET – S. B 1. (Ende B 1 und B 16.)

Km 5, Verzweigung, rechts Richtung NW, Borj el Haoués beschildert. **N 24°30,891′ E 09°29,487′.**

Km 24, Pisteneinstieg, Sandebene, Richtung W. Den Spuren nach links folgen, ca. 250°, Asphaltstraße knickt nach rechts ab. **N 24°30,864′ E 09°18,988′.**

Fahrt in Richtung der riesigen Sandberge des Erg d'Admer in der Ebene. Nach etwa

10 km (**N 24°27,31′ E 09°12,48′**) treffen die vielen Spuren wie in einem Trichter zusammen und führen gebündelt in ein breites Gassi (Dünental). Zwischen hohen Dünenketten geht es zunächst nach Südwesten und bald befindet man sich im **Erg d'Admer.**

Bei Km 46 auf festem Untergrund durch den Erg, immer Dünentälern folgen.

Km 51, **N 24°23,97′ E 09°06,24′,** weiter und von hohen Dünen umgebener Kessel. Hier in südliche Richtung abbiegen, Annäherung an eine hohe Sandbarriere. Eine große Düne muss bewältigt werden: In einem unendlich lang erscheinenden Anstieg (z.B. **N 24°21,67′ E 09°07,04′**) durch weichen Sand müssen mehr als 100 Höhenmeter überwunden werden. Reifendruck rechtzeitig bis zum gerade noch vertretbaren Minimum reduzieren und niedrigen Gang einlegen! Der Dünensattel ist bei ca. Km 57 erreicht. Vorsicht: Auf dem Sattel hat sich inzwischen eine sehr hohe Abbruchkante gebildet! Wenn keine Spuren vorhanden sind, die Sie nach Westen weisen, könnten Sie – geradeaus fahrend – über diese Kante stürzen! Fahren Sie aufmerksam und vorsichtig! Die Kante befand sich im Jahr 2001 auf Pos. **N 24°20,76′ E 09°07,04′.**

Danach lange, weichsandige Abfahrt hinunter in die Ebene (etwa bei Km 59).

Während der Talfahrt von der Düne fällt rechter Hand der inmitten hoher Sandberge aufragende Urgesteinskegel von **Tahort** (Höhe ca. 150 m) auf, zu dem man einen Abstecher machen kann.

In Richtung Serouenout ab hier den etwa in Richtung 255° führenden Spuren auf die Spitze des Gebirgszuges Amamoukene Oua Mellene zu folgen.

Km 204, **SEROUENOUT** – S. B 3. (Zur B 3.)

In umgekehrter Richtung von Westen bzw. Serouenout oder Oued Tafassasset (In Afeleleh: Achtung dort Militärcamp!) kommend, ist der Düneneinstieg bei GPS-Pos. **N 24°20,440′ E 09°05,263′.** Orientierungspunkt ist ein schwarzer, einzelner Berg, der Tahort. Deutlicher Pistenschwenk nach Ost/Nordost auf Dünen zu, es sind sehr schöne ca. 200 m hohen Dünen zu passieren.

B 4: Kleine Hoggar-Rundfahrt: Tamanrasset – Akar-Akar – Assekrem – Illamane – Tamanrasset (167 km)

(03.01, Nissan Patrol) Bis Assekrem (über Akar-Akar, also von Osten) recht gute Piste (A/G), ein Tag Fahrzeit. Ab Assekrem über die Westroute (Illamane) zurück nach Tam sehr schlecht (A/H/I), auf keinen Fall zu empfehlen, besser die gleiche Strecke wieder zurückfahren! Fantastische Landschaft, Gazellen. Es wird kein Eintritt für den Hoggar-Nationalpark oder ein Führer für die Fahrt im Hoggar (z.B. Assekrem) gefordert.

Km 0, Camping „Bordj 4x4 Tamanrasset" am Ostrand von Tam. Ort in Richtung Osten verlassen, Teer endet, weiter Piste in Richtung NO auf markanten Basaltsäulenberg Iharen zu.

Km 8, östlich am Iharen vorbei. Bei den zahlreichen Verzweigungen links halten, Pisten rechts führen zu einem Oued und enden bei einer Tuaregsiedlung.

Km 9, **N 22°52,039′ E 05°35,340′,** Steinhäuschen und Kreuzung. Nahe dem Fuß des Iharen stößt man auf die breite Hauptpiste zum Assekrem in Ri. NO. Übles Wellblech entlang der Strommasten.

Km 13, **N 22°53,306′ E 05°36,996′,** beschilderte Kreuzung, Militärposten, links zu den Gueltas von Imeleoulaouene. Rechts weiter, bergauf entlang der Masten. Teils steinige und kurvige Piste, meist aber gut.

Km 25, Kreuzung (beschildert), rechts zur Tuaregsiedlung Azarnane, links Assekrem. Die Piste führt nun weg von den Strommasten. Das Ahounahamt-Massiv wird umfahren.

Km 28, Funkmast auf der Hochebene und Gabelung. Schild mit Aufschrift „Asskrem 49 km, Taghoumt 4 km". Links zur Siedlung, rechts weiter Ri. Assekrem.

Km 33, **N 22°59,210′ E 05°42,595′,** ca. 5 m hohe Metallstange auf Betonsockel (und festbetonierter Metallkasten) links der Piste.

Km 36, die Piste führt langsam am gewaltigen Berg **AKAR-AKAR** (2111 m) linker Hand vorbei. Steinige Auffahrt aufs Akar-Akar-Plateau. Auf den folgenden Km sehr steinig, nur für hochbeinige Pkw möglich!

Km 55, steiles Gefälle, Abfahrt vom Plateau.

Km 56, Abfahrtsende, rechts Abzweig zu den Gueltas von Afilal (2 km), Schilder und Steintor. Links weiter in Ri. Assekrem. Abstecher zu den **GUELTAS VON AFILAL:** 4 km Piste hin und zurück, über Kilometer lang gezogene Wasserbecken, sehr grün und schön, Oleander, Schilf, viele Vögel, leider etwas vermüllt, kein Café mehr (nur leeres Häuschen).

Km 69, Ende der Umfahrung des gewaltigen Tazouai-Massivs rechter Hand (glatte Steilwände und Säulen). Davor verläuft die Piste am Fuß des Tidjemaiene entlang, der einem riesigen Backenzahn gleicht.

Km 71, Abzweig nach Hirhafok rechts (zur B 9), Wegweiser „Assekrem 6" und „Tamanrasset 76", geradeaus weiter fahren. **N 23°15,028' E 05°39,507'.**

Es folgt die Auffahrt zum Assekrem.

Km 73, Pistenabzweig nach links zu einem Rastplatz am Oued, weiter unten offensichtlich Touristenlatrine, Fußweg dem Oued entlang nach unten.

Km 74, sehr steil, steinig und uneben. Für Pkw sehr schwierig oder unmöglich (auch für hochbeinige).

Km 75, **ASSEKREM-SCHUTZHÜTTEN** – Refuge. Mehrere Hütten in ummauertem Gelände (gr. Parkplatz). Übernachtung in den Hütten od. Campen möglich, Café, kl. Toilettenhäuschen, Eimerdusche. Die Straße (geteert) hoch zur Einsiedelei von Foucauld darf nicht befahren werden. Fußweg zur „Ermitage de Ch. Foucauld", ca. 30 Min. Marsch bergauf. Es leben noch zwei franz. Padres (einer seit 20 Jahren) unter bescheidensten Verhältnissen in den Steinhütten am Gipfel. Foucauld lebte hier von Juli bis Dezember 1911 und im Juli 1914. Von oben eröffnet sich ein fantastischer Blick auf das **Atakor-Massiv.** In der Eremitage steht eine interessante Bibliothek zum Thema Sahara und Hoggar. Ein grandioses, unbedingt sehenswertes Schauspiel hier oben ist der Sonnenaufgang.

Von der Weiterfahrt auf der Piste über Illamane nach Tamanrasset ist dringend abzuraten, evtl. ist sie auch gar nicht möglich! Erkundigen Sie sich an der Refuge über den Zustand, nach Regenfällen ist die Piste sicher unpassierbar! Im März 2001 war sie mit einem Geländewagen gerade noch und mit großen Mühen passierbar. Besser ist es, die gleich Strecke wieder zurückzufahren.

Extrem steinige und steile Abfahrt vom Assekrem-Parkplatz weiter in Ri. Illamane. Vor allem die ersten 6 km extrem schlecht, dann ein wenig (!) besser, aber immer noch sehr steinig und z.T. extrem ausgewaschen. An vielen Stellen nur Schritttempo möglich, hohe Bodenfreiheit erforderlich.

Km 87, schwierige Bergauffahrt: viele große Steine, Löcher und Stufen. Danach noch schwierigere Bergabfahrt, Aufsitzen garantiert, extrem mühsam und schlecht.

Km 91, eine Felsgrotte rechts der Piste, **N 23°14,229' E 05°32,258'.**

Km 92, steile Abfahrt, nach wie vor extrem schlecht (alles im Schritttempo), über Geröllfelder bergab. Schöne Aussicht.

Km 94, Piste führt am Fuße des zuckerhutförmigen **ILLAMANE** entlang. Immer wieder schöne Ausblicke. Hinweistafel „Mt. Illamane" bei der Parkbucht am Fuß des Bergs. Danach steinig und schlecht bergab ins Tal.

Km 97, endlich unten angelangt, Reste der „Kultstätte" links der Piste, nur noch Steinmäuerchen. Ab GPS-Pos. **N 23°14,173' E 05°29,703'** kiesig und viel besser dem Oued entlang.

Km 98, links eine Wand aus hunderten, vieleckigen Basaltsäulen („Orgelpfeifen"), leider unten schon so gut wie ganz zerstört und nur noch Trümmer, oben noch intakte Säulen. Wilde und sehr schöne Landschaft (Kullerfelsen). Noch eine schlechte und steinige Passage, dann wieder das gute kiesige Oued entlang.

Km 104, **N 23°12,230' E 05°27,574',** die Piste verlässt das Oued, kurz darauf Abzweig zum Dorf **ILLAMANE.**

Km 108, **TERHENANET** – Tuaregdorf, Brunnen.

Ab Abzweig nach Illamane holprige, passable Piste (einige steinige Abschnitte, jedoch insgesamt sehr viel besser als vorher).

Km 135, Siedlung an einer Pistengabelung. Bei **N 22°58,556′ E 05°24,857′** links halten entlang der Strommasten, Ri. SSO. Nicht weiter dem Oued entlang in Ri. SW bzw. später W fahren.

Kurz darauf „Poste de Tagmart Fougani", Zériba mit Nationalparkwächter, sehr freundlich, lädt zum Tee ein. Weiter entlang der Strommasten, ab hier gut und Wellblechpiste.

Km 149, Hütten der Siedlung **OUTOUL**, keine Versorgung, erst entlang Oued nach O, dann SO.

Km 160, die Teerstraße von Tit Richtung Tamanrasset (zur B 2) ist erreicht (Flughafen von Tam), links weiter. **N 22°49,930′ E 05°27,476′** (aus anderer Richtung Abzweig zur Hoggarrunde von Westen nach Illamane und Assekrem).

Km 167, **TAMANRASSET** – S. B 2. (Ende B 2 und B 4; Beginn B 10 und B 10a.)

B 5: Idelès – Hirhafok (32 km)

(12.99, YAMAHA TT 600) Neue Piste mit Wellblech.

IDELÈS – S. B 3. (Zur B 3.)

Km 0, Tankstelle in Idelès.

Km 5, Kreuzung: geradeaus nach Tazrouk (bzw. Tam, B 3) und rechts nach Hirhafok. Es werden Oasengärten und bei

Km 7 das Oued Idelès durchquert.

Km 18, Abzweigung nach links in Richtung Norden. Die Piste führt ca. 80 km zur Oase Mertoûtek, ist aber in schlechtem Zustand.

HIRHAFOK – Tuaregdorf. Wasser (Motorpumpe), ungefähr 12 m tiefer Brunnen am Straßenrand. Kleiner Laden mit geringer Auswahl. (Beginn B 6 und B 9.)

Sehenswert: Die foggaras und die aus rohem Lehm gestampften Häuser. Die Erzeugnisse des Kunsthandwerks (Schlösser, Peitschen, Lederobjekte) sind hier sehr teuer. Felsgravuren befinden sich links bei der Ortsausfahrt auf der Piste nach Idelès. Ein Ausflug in die Umgebung zum Doppelvulkan Ouksem kann auch ohne Führer unternommen werden. Folgen Sie 35 km der Piste nach Mertoûtek und gehen Sie dann 2 Stunden zu Fuß.

B 6: Hirhafok – In Amguel (72 km)

(12.99, YAMAHA TT 600) Piste (A/I) in sehr gutem Zustand, aber sehr starkes Wellblech. Wunderschöne Landschaft. Keine Genehmigung für den Nationalpark von In Amguel mehr erforderlich.

HIRHAFOK – S. B 5. (Ende B 5; Beginn B 9.)

Die Piste führt zunächst bergauf auf ein kahles Plateau und durch den Oued Timesdelissine. Später wird die Ebene dann felsig. Der Oued Tora wird überquert.

Km 52, Abzweigung nach Süden nach Ifrak (Oase 2 km von der Piste entfernt, keine Versorgungsmöglichkeit). Danach Überquerung des Oued Ifrak.

Bei Km 70 trifft man 8 km südlich von In Amguel auf die Straße von In Amguel nach Tit (B 2).

IN AMGUEL – S. B 2. (Beginn B 7.)

B 7: In Amguel – Mertoûtek (118 km)

Asphalt, später schwach befahrene Piste (A/G/I).

IN AMGUEL – S. B 2. (Zur B 2; Ende B 6; Beginn B 34.)

Sie verlassen In Amguel auf der B 2 in nördlicher Richtung (Asphalt).

Km 11, rechts ein Militärcamp.

Km 14, die asphaltierte Straße nach rechts führt zum Militärcamp – der Zutritt ist verboten!

Km 17, zahlreiche Fahrzeugspuren verlaufen nach rechts. Der Anfang der Piste ist schwer zu finden: Richtung Osten, das Militärcamp nördlich umfahren.

Km 23, erste Steinmarkierungen. Rechts der Berg Issek-en-Toufreg.

Km 30, nach Norden halten. Rechts zwei Gebirgsmassive.

Km 32, wieder nach Osten halten. Sandige Passagen. Steinmarkierungen.

Km 35, Einfahrt in ein Tal.

Km 40, die Piste verläuft in einem sandigen Oued (keine Markierung).

Km 48, wieder Markierungen.

Km 50, eigentümliche Felsformation auf der linken Seite.

Km 51, Spuren führen nach links, Piste nach In Ecker.

Km 55, die Piste läuft entlang des westlichen Ufers eines Oued.

Km 56, Abstieg in das Flussbett, Richtung Norden.

Km 60, Spuren kreuzen von rechts. Man folgt ihnen auf 1,2 km. Hinter einem Hügel trifft man wieder auf die Piste.

Km 63, Überquerung eines Oued.

Km 69, Sandpassage. Linker Hand das Breghi-Massiv.

Km 74, Piste führt über eine Ebene.

Km 80, Spuren zweigen nach rechts ab und führen auf die Piste nach Hirhafok.

Km 81, Überquerung eines Hügels.

Km 84, rechts zweigt die markierte Piste nach Hirhafok ab. Auf dem Boden Aufschrift „Mertoûtek". Geradeaus weiter, später biegt die Piste links ab.

Km 89, rechter Hand wieder eine Piste nach Hirhafok. Biegen Sie nach links ab, um auf die Hauptpiste Hirhafok - Mertoûtek zu gelangen. Einige Sandpassagen.

Km 101, Sandpassagen. Ein Stück weiter kommt rechts der 1698 m hohe Djif Amane in Sicht.

Km 113, Durchfahrt zw. großen Felsen.

Km 115, eine 180-Grad-Kurve nach links. Rechter Hand ein großer Felsen.

Km 118, **MERTOÛTEK** - Oase. Weder Lebensmittel noch Treibstoff.

Unterkunft: Übernachtungsmöglichkeit in den Hütten.

Sehenswert: Mehrere prähistorische Fundstellen in der Umgebung (einen Führer nehmen).

Von Mertoûtek aus geht es auf der selben Route einige Kilometer zurück zur Piste Idelès - Hirhafok (B 5).

B 8: Serouenout - Teffedestgebirge - Amguid (ca. 300 km)

(11.99, MAN L 2000) Piste (A/D/G/I/K) im ersten Teil wenig befahrene Strecke. Querverbindung von der Strecke Djanet - Tamanrasset und an der Ostseite des Teffedest-Gebirges entlang. Die Route führt dann im zweiten Teil entlang der Route B 33, allerdings in Gegenrichtung. Fahrzeuge ohne Allradantrieb sollten die Route B 33 wählen.

SEROUENOUT - S. B 3. (Zur B 3.)

Bis Km 168 der Route B 3 folgen.

Von der Piste Bordj el Haoués –Tamanrasset, ca. 168 km hinter Serouenout (über die Lkw-Piste, Route B 3) = Km 0, rechts in ein Oued mit schönen Akazien einbiegen. **N 24°01,000′ E 06°10,434′.** Wenige Spuren. Weiter in Richtung NW dem Haupt-Oued folgen. **N 24°03,882′ E 06°09,323′.** Schöne Berglandschaft.

Km 20, **N 24°06,672′ E 06°03,918′.** Weiter in Richtung W, denn bei Teilung des Oued, rechten Lauf in Richtung WNW nehmen.

Km 27, zwei Steinmännchen-Markierungen. **N 24°07,741′ E 06°00,366′.**

Großer Tamariskenwald im Oued, viel Holz, sehr sandig, schöne Übernachtungsplätze. Pos. **N 24°08,454′ E 05°58,396′.**

Km 35, das Oued schwenkt nach links und wird breiter. GPS-Pos. **N 24°09,811′ E 05°56,556′.**

Km 38, linker Hand Hügelkette passieren und in das benachbarte Oued fahren. Pos. **N 24°09,765′ E 05°54,765′.** Das Oued queren. Am Hang auf der Westseite des Oued sind gelegentlich Nomaden zu treffen. **N 24°09,752′ E 05°51,466.**

Wieder links in eine Neben-Oued einbiegen **N 24°09,752 E 05°51,466′** und links zwischen den Hügeln entlang, aber nach wie vor an der linken Oued-Seite.

Hügel queren und in das sehr breite und dicht bewachsene Oued Igharghar einbiegen. **N 24°13,417′ E 5°49,272′.** Das Oued queren (sehr sandig) und der Piste Richtung Norden folgen.

Bei Km 75 trifft man auf große aufeinander liegende Felshaufen vor dem Teffedest-Gebirge. **N 24°24,548′ E 05°46,848′.** Meist gute Piste, wenig Sand. Viel Schwemmholz.

Km 134, links (W) liegt der **GARET EL DJENOUN** (arab. Geisterberg, s. B 33), der das Teffedest-Gebirge im Norden abschließt. Breit aufgefächerte Piste, die jetzt nah an den Pflanzengürtel und die Tamariskenhügel des Oued Igharghar heranführt. **N 24°55,618′ E 05°41,733′.** Hier sollte man aufpassen und evtl. abzweigenden Spuren folgen die weiter nördlich im Oued an einem kleinen Dünengebiet entlangführen. Diese Piste ist ca. 10 km kürzer als die hier beschriebene, die über die Piste In Ecker – Amguid nördlich um den Garet el Djenoun herumführt und bei Km 204 wieder auf diese Route trifft.

Die Piste (bzw. zerfurchte, alte Spuren) in Richtung In Ecker führt ab obiger Pos. durch steinige Hügel in Richtung Garet El Djenoun bei Km 160 in eine Ebene nördl. des Berges. **N 25°05,635′ E 05°32,703′.** Die Piste verläuft nördlich des Berges in Richtung W, dann SW, zum Teil recht sandig und fesch-fesch.

Km 181, **N 25°08,993′E 5°23,204′.** Steinmännchen links auf einem Hügel, den Hügel überqueren. Die schöne Kulisse des Hoggargebirges ist im Süden in Sicht. Weiter über eine kleine Düne den Hang hinauf und ein Sandfeld queren. **N 25°09,157′ E 05°20,437′.**

Km 189, **N 25°09,211′ E 05°18,587′.** Die Piste/Spuren schwenken nach NNW.

Km 192, Einmündung in Ausläufer der Piste von In Ecker nach Amguid (B 33), **N 25°09,551′ E 05°17,396′.** Spuren Ri. N folgen. Zum Teil schwierige, sandige Passagen. Schöner Felsberg links, weiter Ri. N, dann NE und über einen Hügel hinab ins Oued Igharghar.

Km 204, Einmündung zur direkten Piste vom Garet el Djenoun kommend. GPS-Pos. **N 25°15,332′ E 05°19,352′.**

Km 223, riesiger, schräg stehender Felsen, rechts dahinter ein Berg mit prähistorischem Grab am Hang. **N 25°24,655′ E 05°24,293′.**

Km 252, **N25°39,370′ E 5°22,521′.** Harte Piste, rechts Sanddünen vor schwarzem Berg. Breit gefächerte Spuren, deutlich sichtbare Piste. Einmündung der Piste von In Ecker (B 33).

Km 278, wieder viele Spuren von W (In Ecker). Gut befahrbare, breite Piste. GPS-Pos. **N 25°53,034′ E 05°17,294′.**

Wer in Richtung „verbotene Piste“ B 37 abbiegen will, sollte ca. 10 km danach querfeldein Ri. W/NW fahren um Amguid zu umgehen und trifft ungefähr 80 km weiter bei **N 26°28,017′ E 04°56,541′** auf diese Piste kurz vor dem Taleinschnitt.

Entlang der Hauptpiste nach N sind es ca. 40–50 km bis **AMGUID** – S. B 12. (Beginn B 32, B 33; Ende B 11 und B 12.)

B 9: Hirhafok – Schutzhütten des Assekrem (71 km)

(03.02, BMW R 100 GS, Yamaha TT 600 S) Piste (A/H/I), z.T. in sehr schlechtem Zustand, viele Auswaschungen, manchmal auch ganz weggebrochen. Schwierig selbst für Geländefahrzeuge, für hohe und/oder lange Fahrzeuge unmöglich (große Schräglagen, Absätze), für Motorräder weitgehend problemlos.

Km 0, **HIRHAFOK** – S. B 5. (Ende B 5; Beginn B 6.)

Vom Abzweig an der Piste von Idelés Richtung Süden durch den Ort und auf die Berge zu. Die Piste/Fahrspur ist immer eindeutig zu erkennen. Auf den ersten Kilometern nach Hirhafok rechts und links der Straße immer wieder schöne Übernachtungsplätze. Danach wird die Strecke kurviger und gewinnt mehr und mehr an Höhe (schöne Panoramablicke zurück). Bei einem etwas steileren Stück an einem Hang entlang eine erste schwierige Stelle (Piste weggebrochen).

Km 25, Abzweig zu den **Gueltas von Idjef-Mellene** (klares Wasser, 1 km Umweg hin und zurück).

Km 35, Abzweig zu den **Gueltas von Essakkarassane.** Piste wird immer schwieriger, Umleitungen durch grobes Geröll, immer wieder kurze, aber sehr steile Stücke. Die anspruchsvollsten Stellen sind bei ca. Km 55 geschafft, wenn man den Anstieg zum **Pass Tin-Taghatimt** hinter sich hat. Die Piste (bzw. was davon übrig ist) führt sehr steil einen Hang mit sehr grobem Geröll hinauf. Erst kurz vor der Passhöhe erleichtern Serpentinen die Fahrt etwas. Danach geht es wieder in ein kleines Tal und in ständigem Auf und Ab mit nur mehr wenigen Umfahrungen weiter.

Km 68, Abzweigung mit Wegweisern „Tamanrasset 76" und „Assekrem 6" (s. B 4). Kurz vor Assekrem erneuter steiler „Schlussanstieg".

Km 74, **SCHUTZHÜTTEN DES ASSEKREM** – S. B 4. (Zur B 4.)

B 10: Tamanrasset – In Guezzam – nigrische Grenze – Assamaka (446 km)

(07.02 und 03.01, Nissan Patrol) Asphalt auf den ersten 60 km in sehr schlechtem Zustand (abwechselnd neuer/sehr guter Asphalt und Trasse mit alten Asphaltresten und Wellblech), ca. 60 km vor In Guezzam neu asphaltiert. Die restliche Strecke ist Piste (A/G/I), gelegentlich Wellblech oder sandig. Fahrzeit ca. 2 Tage, kilometerweit auseinander liegende Verzweigungen der Piste(n), Markierungen (Betonpfosten und Eisenstangen) entlang der Hauptpiste, diese möglichst in Sichtweite behalten. Viel Lkw-Verkehr, auch nachts. Unzählige Autowracks entlang der ganzen Strecke. Asphaltierung der Strecke seit Jahren in Planung, z.T. (nahe Tam und nahe In Guezzam) zwar Trasse angelegt und Bauarbeiten in Gang, aber kein Fortschritt. Langweilige (flache) Landschaft. Den Brunnen **I-n-Atei** anzufahren lohnt sich nicht (Umgebung total vermüllt, laut Militärchef soll Brunnen vergiftet worden sein). Wasserversorgung in **Amsel** kompliziert und nicht zu empfehlen, Abzweig nach Amsel kaum zu erkennen.

Die Km-Angaben (nur ungefähre Richtwerte) können aufgrund der starken Verzweigungen erheblich von den eigenen gefahrenen Kilometern abweichen.

TAMANRASSET – S. B 2. (Ende B 2, B 4, B 3; Beginn B 4, B 10a.)

Tamanrasset Richtung S auf der Teerstraße verlassen.

Km 0, naftal-Tankstelle (links) an südl. Stadtausfahrt.

Km 4, eine Piste zweigt links ab in Ri. Idelès (zur B 3).

Mal neuer, sehr guter Asphalt, dann wieder nur noch Asphaltreste, starkes Wellblech und viele Löcher.

Km 55, Ende des Asphalts. Verzweigte Wellblechpiste, recht gut, fast jeden Kilometer Pfosten-Markierung.

Abzweige nach In Azaoua oder I-n-Atei an bestimmter Stelle (bzw. Km-Zahl) nicht erkennbar, es führen ständig Spuren in verschiedene Richtungen.

Km 98, Markierung, Pos. **N 21°55,197' E 05°39,335'**. Markierungen möglichst in Sichtweite behalten, um nicht auf eine Piste in andere Richtung (z.B. nach In Azaoua) zu geraten.

Km 120, bizarre, blau leuchtende Felsen im Sand rechts der Piste, kurz darauf steinerne Hinweistafel „In Guezzam 270 km".

Km 195, größerer Steinhügel rechts der Piste, Markierung. GPS-Pos. **N 21°01,481' E 05°42,792'**.

Auf der Hauptpiste folgen viele (weich-) sandige Passagen.

Ab ca. Km 249 ausgedehnte Sandfelder. Ca. 100 km vor In Guezzam sind die **DUNES DE LAOUNI** erreicht. **N 20°22,825' E 05°45,330'**. Die Piste führt zwischen den kleinen Dünen hindurch (zumindest für Geländewagen problemlos).

Kurz darauf verläuft rechts in einigen Kilometern Entfernung die Felskette des Mont Tin Ezzarine (bizarre Felsnadeln). Weiter in Ri. S über eine weite Sandebene.

Km 310, **N 20°02,608' E 05°49,246'**, trockener Brunnen. Ende der Sandebene, sehr schöne Felstürme und -formationen, weicher Sand, schöne Rast- und evtl. Übernachtungsplätze. Meist flott weiter entlang des Oued Laouni.

Ab ca. 35 km vor In Guezzam Bauarbeiten für die geplante Asphaltierung (viele Planierfahrzeuge und Lkw). Ab ca. 20 km vor In Guezzam befestigte und breite Trasse (schnelle Fahrt).

Ca. Km 365, **IN GUEZZAM** – 411 m, Militärposten bei **N 19°34,495′ E 05°46,273′.** Tankstelle (volltanken, billiger als im Niger). Maximale Treibstoffabgabe (Normal) bei Ausreise in den Niger (01.01): Pkw/Lkw 40 Liter, Motorrad 20 Liter. Läden, Café, kleine Werkstatt, Restaurant „Dunes d'Or". Bei der Gendarmerie in der Kaserne mit der rosa Mauer melden (kommen auch an der Tankstelle auf die Touristen zu), Personalienaufnahme, freundlich. Camping auf Anfrage vor der Kaserne möglich.

In Guezzam nach Süden verlassen, hinter letztem Häuschen auf ausgefahrene Piste nach links (SO) biegen, Wellblech.

10 km weiter ist die neue Grenzstation **(N 19°28,932′ E 05°47,439′,** Polizei und Zoll) erreicht, algerische Ausreiseformalitäten. Vor der Station einige lange Weichsandfelder. Polizei: ca. 1 Std. Wartezeit auf Stempel, Zoll: schnelle und freundliche Abwicklung, kurze Kontrolle der Fahrgestellnr. und des Gepäcks.

Weiter Wellblechpiste nach S bzw. SSW.

28 km nach In Guezzam, **ASSAMAKA** – Grenzposten. Lebensmittel, Wasser. Pos. **N 19°20,197′ E 05°46,253′.** Einreiseformalitäten für den Niger, berühmt-berüchtigter „Zockpoint". I.d.R. wird man gleich bei der Ankunft von „Helfern" überfallen: Sie wollen Parkgebühren für Parken im Weichsand, die Pässe abnehmen, zu Polizei, Gendarmerie bzw. Zoll führen, sich als Übersetzer betätigen u.v.m.; Pässe nicht aus der Hand geben und selbst zur Polizei (im Lehmziegelbau unter den Bäumen, Schild vor der Tür), Zoll (im rosa Gebäude, Schild) und evtl. Gendarmerie (neben Polizei im gleichen Lehmziegelbau) laufen. Sämtliche „Helfer" sind überflüssig, wollen Geld und versuchen dafür alle Tricks! Pässe nur den im Häuschen sitzenden Zuständigen geben, diese (Polizei und Zoll) selbst verlangen kein „cadeau"! Polizei: Einreisestempel, Taxe Touristique gegen Quittung 5000 CFA/p.P. (03.01); Zoll: Ausstellung des Laissez passer (wenn man kein Carnet hat) problemlos, 3000 CFA Einheitspreis (03.01), darauf achten, dass das Papier auf den ganzen Niger (bei „Destination") ausgestellt wird, sonst braucht man in Arlit oder Niamey ein neues. Die Kfz-Versicherung kann erst in Arlit abgeschlossen werden, da es in Assamaka kein Versicherungsbüro gibt. Man wird versuchen, Sie in die Gendarmerie zu zerren, um dort „Strafe" für die nicht vorhandene Kfz-Versicherung für den Niger zu verlangen. Die „Helfer" verkleiden sich z.T. sogar als Offizielle (z.B. mit deutscher Bundeswehrjacke o.Ä.). Ein „echter" Gendarm wird keine Strafe für die nicht vorhandene Versicherung verlangen. Es bleibt nichts unversucht: Strafe von mehreren Tausend CFA verlangen, gegen Entgelt einen Versicherungsschein bis Arlit ausstellen (wofür sie natürlich gar nicht befugt sind), Umschreibung alter Versicherungsscheine anderer Reisender, Gültigschreibung des algerischen (!) Versicherungsscheins bis nach Arlit usw. Lange Diskussionen bleiben dem Reisenden meist nicht erspart. Wenn man es richtig anstellt (d.h. nur die offiziellen, wirklich existierenden Gebühren bezahlt), so müssen insgesamt lediglich 13 000 CFA für zwei Pers. und Kfz bezahlt werden (3000 CFA f. Laissez passer, 5000 CFA Taxe touristique/Pers.). Wechsel von Dinar, Euro und US-$ möglich. (Beginn H 5 und H 10.)

B 10a: Tamanrasset – In Ebeggi – In Azaoua – nigrische Grenze – In Tadéra (ca. 490 km)

Verbotene Piste (A/D/H/I). In Tamanrasset wird keine offzielle Genehmigung ausgestellt. Man wird unterwegs vom Militär aber nicht am Weiterfahren gehindert. Keine Versorgungsmöglichkeit. Nur für erfahrene, gut ausgerüstete Saharafahrer. Evtl. Sicherheitsrisiko durch Banditen und Schmuggler (s. Überblick/Sicherheit). Die Einreise in den Niger ist nicht offiziell möglich (s. Überblick/Grenzen).

TAMANRASSET – S. B 2 (Ende B 2, B 3, B 4; Beginn B 4 und B 10.)

Sie verlassen Tamanrasset auf der Straße nach Assamaka (B 10).

Km 105, nach links (Wegweiser) auf die (jeden Kilometer) markierte Piste nach In Azaoua einbiegen.

Km 206, sandige Einfahrt in das Oued Tagrira. Felsgravuren auf den Felstürmen linker Hand der Piste.

Km 245, Ebene von In Ebeggi. Der gleichnamige Brunnen liegt weit entfernt im Norden. **N 21°32, 794′ E 06°30,73′.** Die Pistenvariante der Schmugglerpiste, die von der südlichen Hoggar-Umfahrung Djanet – Tamanrasset über das Tin-Tarabine-Tal, Youf Ahakit ins Oued Tagrira und weiter zur Hoggarpiste führt, wird gekreuzt.

Km 248, auf ungefähr 50 km schwer befahrbare Sandpassage.

Von der In Ebbegi-Ebene ist bei Pos. **N 21°29,86′ E 06°31,16′** in Richtung **SO** ein lohnender **Abstecher ins Oued Tagrira** möglich. Das Oued ist im nördlichen Bereich eher eine große Ebene, die von Sanddünen und aus der Ebene steil aufragenden Felsbergen und Säulen unterbrochen wird. Das Ostufer ist begrenzt durch fantastische Felsformationen, zwischen denen sich Sanddünen entlangziehen; am Westufer im südlichen Bereich des Wadis ragen einzeln stehende Felsen und Säulen aus dem Sand, die sich bis in die Region Sebent ziehen.

Bei **N 21°33,51′ E 06°31,26′** führt die Piste in Richtung Osten nach In Azaoua (später in Richtung Südosten).

Km 378, **IN AZAOUA** – Militärposten. Pass- und Fahrzeugkontrolle. Niger erkennt diesen Grenzübergang nicht an (s. Überblick/Grenzen).

Km 395, Brunnen von In Azaoua, Grenze Algerien/Niger.

Km 428, kurze und sehr sandige Steigung auf einen kleinen Pass, danach Sandebene.

IN TADÉRA – Dorf. (Beginn H 6.)

B 11: Bordj el Haoués – Amguid (469 km)

(12.00) Piste (A/C/G/I), kaum noch befahren. Viel Wellblech, zahlreiche Parallelpisten. Fahrzeit ca. 2–3 Tage. Orientierung z.T. schwierig. GPS empfohlen.

BORDJ EL HAOUÉS – S. B 3. (Beginn B 3 und B 14.)

Anfangs der Route B 3 folgen.

Starkes Wellblech bis zu dem Berg Toukmatine. Die Südspitze des Berges ist bei **N 24°49,50′ E 07°01,22′** erreicht.

Auf den folgenden 30 km besserer Pistenzustand, danach wird die Piste entlang des Erg Tihodaïne wieder schlechter. Abgesehen von einigen Oued-Passagen bis Amguid nur wenig Sand.

Amguid kann im Westen über eine gute markierte Piste umfahren werden, die einige Kilometer vor dem Dorf in der Nähe einer 3 m hohen Metalltafel nach links wegführt (rechts nach Amguid). In spitzem Winkel zurückfahren und die Ausläufer des Erg d'Amguid in einem großen Bogen südlich umgehen.

Nach einigen Kilometern biegt die Piste nach Norden, die hohen Dünen des Erg befinden sich dann im Osten.

AMGUID – S. B 12. (Ende B 12; Beginn B 32 und B 33.)

B 12: Hassi Bel Guebbour – Bordj Omar Driss – Amguid (412 km)

(02.01, Nissan Patrol) Schlechte Teerstraße, z.T. nur noch Restbelag und Schlaglöcher. Ab ca. 20 km vor Bordj Omar Driss besser.

HASSI BEL GUEBBOUR – S. B 1. (Ende B 20; Beginn B 23.)

Km 2, heiße Quelle rechts der Straße, schwefelig, idealer Wasch- und Badeplatz. Position **N 28°39,943′ E 06°30,640′.**

Ca. 12 km vor Bordj Omar Driss, **LES QUATRE CHEMINS** – „Kreuzung der vier Straßen", Checkpoint. Pos. **N 28°11,985′ E 06°48,399′.** (Beginn B 13.)

Unmittelbar vor Bordj Omar Driss Abzweig nach rechts in Richtung SW nach **ZAOUIA SIDI MOUSSA** (dort möglicher Einstieg auf die Gräberpiste, s. B 13; sehr aufdringliche Kinder).

BORDJ OMAR DRISS (früher Fort Flatters) – Sauberer Oasenort. Bäckerei und kleine Läden, keine Tankstelle, rege Bautätigkeit. Die ehemalige Franzosenfestung Fort

Flatters ist nicht zugänglich (Auffahrt zum Fort als „zone interdite" ausgewiesen). (Beginn B 13; Ende B 21.)

Auf etwa 50 km hinter Bordj Omar Driss Wellblech, dann weisen große Steinhaufen die Richtung. Bis Amguid ist die Piste sandig, zahlreiche Spuren.

Ungefähr 70 km vor Amguid wird die Piste schmäler und verläuft wie durch ein Tal. Halten Sie sich auf der linken Seite, wo die meisten Spuren verlaufen.

Vor Amguid, 10 km vor der Düne, große, gut zu befahrende Ebene mit 20 cm hohem Wellblech.

AMGUID – Militärposten. Meist keine Genehmigung für Amguid, besser vorbeifahren. Dorf besteht aus Zéribas (Schilfhütten) und neueren Steinhäusern. Keine Versorgungsmöglichkeit. Kein Treibstoff. Wasser am Dorfbrunnen oder an der Quelle Aïn Kerma, die von der Armee requiriert ist. Camping und Fotografieren verboten.

Sehenswert: Das interessante guelta und die etwa 3 km nördlich gelegenen Felsmalereien. (Beginn B 32 und B 33; Ende B 11.)

B 13: Bordj Omar Driss – Gara Khanfoussa – Illizi (Gräberpiste) (ca. 410 – 430 km, je nach Variante)

(03.01, Nissan Patrol TD) 12 km Asphalt, 442 km Piste (A/C/H/I). Anfangs starkes Wellblech (bei Einstieg über Quatres Chemins), kurze Dünenpassage am Gara Khanfoussa, selten Orientierungsprobleme. Dauer ca. 3 Tage. Der Dünenzipfel des Erg Issaouane (Menkhour) kann entgegen des Routenverlaufs auf der IGN-Karte direkt durchfahren werden. Es gibt zwei mögliche Einstiege auf die Gräberpiste: entweder über Bordj Omar Driss und Zaouia Sidi Moussa (Variante 2) oder schon vor Bordj Omar Driss bei Quatres Chemins (Variante 1). Die Varianten werden ab dem Abzweig in Ri. Amguid wieder zusammen beschrieben.

Km 0, **QUATRES CHEMINS** – Checkpoint (problemlos). **N 28°11,985′ E 06°48,399′.** (Zur B 12.)

Entweder hier schon nach rechts (westwärts) auf eine Piste Ri. Amguid abbiegen (Variante 1) oder weiter nach Bordj Omar Driss und Zaouia Sidi Moussa (Variante 2).

VARIANTE 1: Einstieg bei Quatres Chemins

Km 0, Quatres Chemins. Nach rechts auf eine Piste in Ri. Amguid abbiegen.

Über Kalkebene mit übelstem Wellblech in Richtung Westen. Tonnenmarkierung.

Km 40, Ende der Kalkebene. GPS-Pos. **N 28°06,437′ E 06°24,520′.** Weiter Wellblech.

Km 65, Abzweig. GPS-Pos. **N 27°54,476′ E 06°28,603′.** Von hier nicht nach SSW weiterfahren, sondern nach S abbiegen. Die Spuren die nach SSW führen, bilden die alte Piste nach Amguid! Variante 1 und 2 führen hier zusammen (Fortsetzung s.u.).

VARIANTE 2: Einstieg über Bordj Omar Driss/Zaouia Sidi Moussa

Bei Quatres Chemins (Km 0) weiter geradeaus. Monotones Tafelbergplateau, Straße ziemlich kaputt (wird aber renoviert).

Km 7, alter Abzweig und direkter Weg an Bordj Omar Driss vorbei nach Amguid und zur Gräberpiste. GPS-Pos. **N 28°10,113′ E 06°47,756′.** Besser entlang der Teerstraße über Bordj Omar Driss und Zaouia Sidi Moussa. Bergab vom Plateau hinunter in die Dünenlandschaft um Bordj Omar Driss.

Km 9, große Kreuzung, geradeaus nach **BORDJ OMAR DRISS** (2 km) – GPS-Pos. **N 28°07,342′ E 06°49,219′,** s. B 12.

Zur Gräberpiste und nach Amguid an der Kreuzung rechts abbiegen und der neuen Teerstraße folgen.

Km 15, **ZAOUIA SIDI MOUSSA** – **N 28°06,255′ E 06°45,100′.** Dorf mit Schule, kein Treibstoff, einfache Geschäfte. Palmen und schöne Dünenlandschaft in der Umgebung, Grab des Marabut Sidi Moussa.

Hinter Sidi Moussa führt südlich des Dorfes (südl. Marabout) die Piste über Dünen (Spuren beachten) in eine Dünensenke mit Palmen. Ca. 1 km weiter nordwestlich dann eine verlassene kleine Oase mit Bohrloch, von Schilf umgeben, Palmen, viele Tamarisken und Gärten. Stacheldrahtreste und leere Lehmhäuser. Wahrscheinlich einmal militärisch genutzt, jetzt ist nur noch ein Bauer dort.

Km 22, Zusammenführung zweier Pisten. Von rechts münden Spuren ein, die unterhalb des Plateaus von der Teerstraße Quatres Chemins – Bordj Omar Driss kommen. **N 28°07,303′ E 06°42,547′.** Weiter Ri. Westen, der Felsabbruch (falaise) des Plateaus bleibt rechts, die Dünen links.

Km 27, zwischen Plateau und Dünen durch, dann Dünenüberquerung, einige Weichsandstücke und fesch-fesch, dann üble Sandtennen (kleine feste Dünen), wellblechartig festgefahren. Wieder ein Sandfeld, Felsabbruch weiterhin rechts.

Km 39, reg-Ebene.

Km 45, Wellblechhütte und Bodenflugmarkierungen.

Km 61, Pistenkreuzung, Abzweig nach Amguid (Spuren), 1 Kilometer danach offizieller Abzweig (Tonnen). **N 27°54,476′ E 06°28,603′. Variante 1 und 2 führen hier zusammen.**

Ca. Km 92/96, Blechhütte rechter Hand, **N 27°39,379′ E 06°33,348′.** Weiter Richtung Südosten.

Ca. Km 103/107, Markierungsstein „IGN 70", **N 27°37,206′ E 06°35,265′.**

Km 102/106, aufgegebene Bohrstelle, rostige Fässer (von Touristen als neue Markierung umfunktioniert).

Ab dem Einstieg in die Dünen Richtung Gara Khanfoussa gibt es erneut zwei Varianten, die bei „IGN 61" wieder zusammentreffen. Variante 1 führt entlang des Streckenverlaufs in der IGN-Karte (IGN-Markierungen) und zur Auffahrt auf den Gipfel, Variante 2 führt ungefähr parallel dazu weiter südlich durch die Dünen.

VARIANTE 1: IGN-Verlauf

Km 121, **N 27°36,825′ E 06°42,085′,** Markierungsstein „IGN 67", davor lange weiche Passagen. Richtung SO, Dünenanfang, Sandpassagen. Teils sehr viele Spurenbündel („Autobahn"), z.T. Spuren verweht. Nach Regenfällen ist ein grüner Teppich über dem Sand und vieles blüht.

Die meisten Spuren führen am Gara Khanfoussa vorbei in Ri. Süden. Die Auffahrt auf den Gipfel lohnt sich aber unbedingt!

Ca. Km 139, Auffahrt zum Gipfel, sehr steinig, **N 27°34,276′ E 06°46,942′.**

Ca. Km 142, Gipfel des **Gara Khanfoussa, N 27°34,833′ E 06°48,026′.** Fantastische Aussicht in alle Richtungen! Gleichen Weg wieder als Abstieg benutzen.

Km 156, Khanfoussa-Ebene, einzelne markante Felsen im Sand, Spuren verweht, Orientierung z.T. schwierig. **N 27°32,284′ E 06°48,866′.**

Bei **N 27°31,107′ E 06°47,046′** Markierung „IGN 68", alte Trasse z.T. erhalten, Spuren, Dünenpassage.

Bei **N 27°27,743′ E 06°47,149′** Markierung „IGN 62", wieder gut erkennbare breite Trasse.

N 27°26,113′ E 06°47,492′, Düneneinstieg, Markierung „IGN 61". Hier treffen sich die beiden Varianten wieder (Fortsetzung s.u.).

VARIANTE 2: Südliche Route

Km 103, Markierungsstange mit Betonsockel, Aufschrift „AP", Pos. **N 27°35,292′ E 06°37,439′.** Rechter Hand liegt die Reg-Ebene, linker Hand kleine Dünen. Reg und Sand wechseln sich ab, dann in Richtung Dünen (Südost), deutliche Spuren.

Km 108, Dünenanfang, **N 27°36,265′ E 06°41,053′,** deutliche Spuren. Die Franzosen hatten die Piste ursprünglich auf eine Unterlage von Stroh und Steinen gebaut; oft unterbrochen und kaum zu erkennen.

Ab und zu Stangen, z.B. Markierungsstange bei **N 27°34,918′ E 06°44,887′.** Lang gezogene Dünenfelder bergab und bergauf, gut zu fahren in Richtung auf den Berg Gara Khanfoussa zu, der mit seinem schwarzen Gestein aus den hellen Sanddünen hervorragt.

Km 127, Senke südöstlich vom Gara Khanfoussa (viele steinzeitliche Reibeschalen und -steine). Etwas weiter südlich verläuft eine Piste zum Gipfel (schöne Aussicht, **N 27°34,833′ E 06°48,026′).** Dort war ein alter französischer Militärposten. Die normale Piste nach Aïn el Hadjadj führt auf der rechten Seite (südwestlich) am Berg entlang und wendet sich auf der Höhe des Gipfels nach Süden. Vorsicht, Spuren auch nach Norden und Osten (Ri. Gipfel **N 27°34,276' E 06°46,942'**)!

Dann auf der folgenden Strecke einige einfachere Dünenpassagen und große Ebene mit aufgestellter Tonne bei **N 27°27,330' E 06°47,040',** links spitzwinkliger Abzweig in Richtung Gara Khanfoussa. Geradeaus, bis dann auf z.T. befestigter Trasse (mit Gips, Kies und Steinen) extrem steile Dünenauf- und abfahrten zu überwinden sind.

Ende der schwierigen Dünenpassagen bei Km 141; hier ist ein Achtung-Verkehrsschild angebracht!

Markierungsstein „IGN 61" bei GPS-Pos. **N 27°26,113' E 06°47,492'**. Hier treffen sich die beiden Varianten wieder.

Markierung „IGN 61". Zahlreiche Spuren nach rechts. Die Hauptspuren führen links nach Südosten und auf ein alte, befestigte Steintrasse 6 km durch Berge, die von Sand und Dünen durchzogen sind.

Km 147, Bergende, Pos. **N 27°26,188' E 06°50,318'.** Die sehr steile Abfahrt, bzw. von Süden kommend, steile und sandige Auffahrt auf den Berghang ist mit Steinen befestigt.

Markierungsstein „IGN 59" bei GPS-Pos. **N 27°25,719' E 06°51,557'.**

Km 151, **HASSI TISKIRINE** – Von Palmen umstandenes Wasserloch rechts der Piste. **N 27°25,132' E 06°51,808'.** Aufgestelltes Kreuz, evtl. das abmontierte Kreuz vom christlichen Grab am Ain el Hadjadj.

Km 161, rechts nahe am Berg ein präislamisches Grab in „Schlüssellochform".

Km 162, an der Bergflanke wachsen Palmen und Akazien. Reste eines Forts, ein islamischer Friedhof und ein großes, von Mauern umgebenes christliches Grab (das Kreuz war 2001 nicht mehr vorhanden). Gemauerter Brunnen **HASSI TABALBALET** (Wasser ungenießbar), Markierung „IGN 56". **N 27°19,402' E 06°55,747'** oder **N 27° 19,287' E 06° 54,804'.** Auf der folgenden Strecke immer wieder viele Gazellen! Z.T. fesch-fesch-Abschnitte, einige Oued-Querungen mit Büschen und getrocknetem Schollenboden.

Km 163, Palme links der Oase, schmutziger Tümpel. Es folgt über fast 40 km eine üble fesch-fesch-Strecke (harte Oberfläche, darunter puderweicher Staub), dann holprige hammada. Mehrere Trassen, die Hauptpiste führt am westlichen Wadi-Rand entlang. Am Dünenrand zu fahren, um dem fesch-fesch auszuweichen, gelingt auch nicht, da hier steinharte Sandtennen das Fahren ebenfalls zur Qual machen. Viele steinzeitliche Reibesteine am Dünenrand.

Ab Km 213 mehrere Wadis und Ausläufer des Oued Samene (z.T. sandig, bewachsen mit Akazien) und Hügelketten (5 km, hammada) queren. Eine Spur führt nach links weg (Steinmännchen auf Berg), Pos. **N 26°55,491' E 07°09,547'.**

Km 228, Piste nach Amguid zweigt rechts ab, IGN-Stein „41". Brunnen **AÏN EL HADJADJ, N 26°49,845' E 07°15,399',** viel gutes Wasser, Turmruine. Rechter Hand erhebt sich ein schwarzes, bizarr geformtes Bergmassiv, an dessen Fuß (etwas nördlich vom Brunnen) liegt ein von Steinen eingefasster französischer Friedhof, Reste eines Weilers oder französischen Depots.

Km 233, IGN-Stein „40" links der Piste.

Ca. km 238, IGN-Stein und Grabhügel am Hang rechts. Danach Fahrt nahe am Bergfuß und wieder Hügelgräber am Hang. Wacklige Strecke. Durchquerung des Oued Samene, der mit riesigen Schollen durchsetzt ist. Tamariskenhügel und dichter Bewuchs. Es gibt mehrere Trassen. Einmündung einer westlichen Spur. Es gibt eine mit ausgelegten Steinen markierte Trasse.

Km 247, „IGN 37" (ca. Wadi-Mitte). Pos. **N 26°40,870' E 07°19,890'.** Dann ca. 2 km am Berghang entlang, Wadi hier fast ohne Vegetation. Überall tote Tamariskenhügel, ganz wenige Bäume am Wadirand.

Km 260, Ende des Oued Samene, Dünenanfang. **N 26°37,075' E 07°22,784'.**

Schwierige Dünenüberquerungen (mittlere Trasse), ausgelegte Trasse weiter südlich wählen (Steinchenmarkierungen). Die Spuren führen an mehreren Stellen über die Dünen (mindestens drei Varianten). Es gibt auch eine nördlichere Piste, die näher an den Bergen entlangführt, die aber auch nicht einfacher sein dürfte. Dazwischen mehrmals Oued-Ausläufer mit Tamariskenhügeln und kleine Schwemmtonebenen (2–3 km). Dann folgen einige einfache Dünenpassagen; kurz darauf wieder Dünen und Bergausläufer überqueren (Sand und Steine). Die Landschaft ist fantastisch, Sanddünen, Bäume, Buschwerk und Berge.

Km 278, Redjem (Steinmann) rechts auf Hügel, **N 26°38,432′ E 07°31,295′.**

Danach wieder zahlreiche Gräber und IGN-Stein „25", Bergausläufer rechts, holprig am Bergfuß entlang, Dünen links, dann wieder Wadi und Tamarisken. Wadi queren, sandige und harte Stellen wechseln ab.

Gräber und IGN-Stein „24" bei GPS-Pos. **N 26°31,195′ E 07°44,788′.** Kurz darauf bei Km 294 Wadiausläufer, Ende der hohen Dünenkette.

Schwemmtonebene, danach am Hang wieder Gräberfeld und Wadidurchquerung mit kleinen Dünen.

Km 303, man trifft wieder auf Berge. Markierungsstein „IGN 22", Richtung Osten, **N 26°29,054′ E 07°55,591′.**

Km 307, IGN-Stein „21". Die Route verläuft durch ein wunderschönes Wadi, auf den Hügeln beiderseits des Flussbetts wachsen Tamarisken. Darauf steinige Piste zwischen Wadi und Bergen, kurze Berg-Überquerung

Km 319, Ende der Bergüberquerung, kurz danach IGN-Stein „18" in Schwemmtonebene, die nach einem Regen kräftig grün ist, aber bei Regen kaum zu befahren sein dürfte. Rechts Gräber. 3 km darauf wieder Gräber rechts.

Km 324, IGN-Stein „17", kurz darauf (ca. 1 km) zahlreiche Steinkreise rechts der Piste, ihre Bedeutung ist nicht bekannt. GPS-Pos. **N 26°28,532′ E 08°01,229′.** Wieder Gräber.

Km 328, IGN „16" bei Pos. **N 26°28,138′ E 08°03,119′.**

Auf den weiteren Kilometern wird (nach Überfahren des Oued Tadjeradjéri) ein letztes Mal ein Ausläufer des Erg Issaouane (Menkhour Dünen) gequert. Gerät man dabei zu sehr nach NO, so landet man auf einer Piste entlang des Oued Ilezi (nördlich der Dünenkette), die hier als Variante beschrieben wird.

VARIANTE: Entlang des Oued Ilezi

Km 328, IGN „16", GPS-Pos. **N 26°28,138′ E 08°03,119′.** Eine Piste zweigt nach links in Ri. Wadi und Dünen ab. Fahrt durchs sehr staubige Oued Tadjeradjéri (stark bewachsen) in Ri. NO. Danach Dünenquerung ab **N 26°28,80′ E 08°06,005′.** Den hohen Dünen entlang (Gassi) zwischen Tamariskenhügeln in Ri. NO. Dann wieder Dünenquerung in Richtung Bergzug (z.T. steile Dünenauffahrten). Orientierung teilweise schwierig, Spuren folgen. Am Bergfuß und dem Ende der Dünen nach Osten abbiegen. Bei **N 26°33,926′ E 08°11,219′** trifft man auf eine ausgefahrene Piste entlang der Bergkette Tin Meras (links) in Ri. O. Die Piste führt weiter das Oued Ilezi (sehr grün und starker Bewuchs) entlang. Bei **N 26°35,386′ E 08°18,046′** Brunnen und Pistenkreuzung, rechts weiter übers Oued in Ri. O. Schöne Landschaft. Viele Gräber und Tiere. Gute, harte Piste. Ca. 20 km nach der Kreuzung und dem Brunnen am Oued ist der alte Flughafen von Illizi erreicht. Ende des Oueds, quer über das Flughafengelände in Ri. O. 3 km weiter Teerstraße Richtung Illizi, **N 26°34,177′ E 08°30,176′.**

Normalstrecke nach Illizi:

Km 333, die Piste führt nun näher an den Dünen entlang (alte Trasse) und bei einem Akazienwadi links in Richtung Dünen.

Dünenanfang bei Pos. **N 26°23,714′ E 08°07,130′.** Viele Tamariskenhügel. Kurz darauf Querung des **OUED TADJÉRADJÉRI,** Pos. **N 26°23,668′ E 08°07,914′.** Dünenquerung, dann Dünengassi nach O und Bergpassage (Dünenzugumgehung, die quer zum Berghang ist) bis zu einem Bergrücken vor Dünen bei km 344. Dann wieder im Tal und weit verzweigte Spuren zwischen Oued und Bergen entlang, aber nahe Dünen.

Km 353, zum Teil steile Bergpassagen und Hügelketten queren.

Danach sind die Dünen ca. 5 km weit weg und nur noch sporadisch zu sehen. Die Piste führt durch schwarze Hügellandschaft; breite Piste, meist gut zu fahren. Landschaftlich nicht mehr so schön.

Ca. Km 389, „IGN 6," breit ausgefahrenen Spuren. **N 26°28,659′ E 08°21,888′.**

Km 390, **N 26°28,659′ E 08°21,888′,** die Piste teilt sich: links direkt nach Illizi (Koordinate s.u.), rechts zum südlichen Ortsrand bei Bewässerungsprojekten und Gärten vorbei, bis man bei Km 402 auf die Straße Illizi Richtung Plateau de Fadnoun/Djanet trifft (**N 26°28,798′ E 08°28,589′**). Kurz darauf (ca. Km 406) liegt rechts der Campingplatz „Mezirine", 3 km südlich von Illizi.

ILLIZI - Siehe B 1. Pos. **N 26°30,006′ E 08°28,301′**. (Zur B 1; Ende B 14.)

B 14: Bordj el Haoués – Tin Taradjelli – Tarat – In Akeouet – Illizi (427 km)

(11.00, Bucher Duro 4x4 L) 59 km Asphalt, 368 km Piste (A/C/H/I). Starkes Wellblech, viele Steine, im Bereich Tarat sandig. Dauer ca. 3 Tage.

BORDJ EL HAOUÉS (ehemals **ZAOUTALLAZ/FORT GARDEL**) - S. B 1. (Zur B 1; Beginn B 3.)

Km 47, **TIN TARADJELLI** - Passhöhe. Beginn der Diderebene.

Km 52, Verzweigung, Pistenbeginn, wildromantische Felslandschaft, Schluchten, Wadiquerungen. Ausfahrt Diderebene, Steinbogen und Hütte. Pos. **N 25°14,364′ E 08°28,512′**. Die nächsten ca. 60 km sind übelste, steinige und ausgewaschene Piste (Fahrzeit ca. 5 Std.).

Km 75, **N 25°31,80′, E 08°34,96′**, bizarre Felsformationen, schöne Rastplätze.

Km 125, Pistenkreuzung, Oued Imhirou, Richtung ONO geradeaus, Oued nicht queren. **N 25°45,435′ E 08°37,871′**.

Km 127 und 128, Piste mündet von links ein, geradeaus fahren (ONO).

Km 131, geradeaus weiter fahren, Wadi linker Hand. Spuren von links einmündend führen evtl. zu den „Source chaude". Pos. **N 25°45,76′ E 08°39,19′**.

Km 153, Durchfahrt zwischen Gara Nessaret und Gara Tessene. Felsig, kurvig. **N 25°39,423′ E 08°49,307′**.

Km 182, **N 25°26,22′ E 09°00,43′**. Sehr weiches Wadi vor Dünen, auf kleine südl. Dünenflanke zuhalten.

Etwa bei **N 26°28,60′ E 09°21,17′** nicht dem Wadi geradeaus folgen, sondern rechts halten. Die Spuren entlang des Wadis verlieren sich nach einigen Kilometern im Nichts.

Km 269, **FORT TARAT** - Ort, ca. 300 Einw. Wasserturm. Militär, Zoll, keine Lebensmittel. **N 26°09,11′ E 09°20,12′**. Das Dorf muss nicht angefahren werden, stets den Pistenspuren auf linker Talseite folgen, Wadi nicht queren!

Km 292, Einfahrt in die Schlucht des Oued Tarat, Richtung Norden, sandig. **N 26°18,058′ E 09°19,432′**.

Km 323, Talausgang, eng, sandig, kurvig, wenige Spuren. **N 26°31,04′ E 09°20,31′**.

Km 326, **HASSI IN AKEOUET** - Brunnen mit klarem Wasser.

Bei **N 26°33,96′ E 09°20,06′** (Koordinate wichtig bei Fahrt in Gegenrichtung) auf breite Wellblechpiste einmünden (Brunnen In Akenouet befindet sich rechter Hand).

Breiter Trasse folgen, Richtung W.

Km 420, Asphaltstraße Illizi – Fort Gardel, rechts (Nord), beschildert. **N 26°26,411′ E 08°29,134′**.

Km 427, **ILLIZI** - S. B 1. Bei Polizei melden. **N 26°30,006′ E 08°28,301′**. (Zur B 1; Ende B 13.)

B 15: Ghat (Libyen) – Tin Alkoum – Djanet (271 km)

(04.00, VW Bus T2) Piste (A/C/G, I bei Fahrt ohne Allrad). Formalitäten auf algerischer Seite ca. 1 Std. für ein Fahrzeug. Die Grenze ist seit 1998 wieder für Touristen geöffnet, allerdings kann man von Seiten der libyschen Behörden nur an der Mittelmeerküste nach Libyen einreisen, die Strecke kann folglich in Gegenrichtung nur bis Tin Alkoum befahren werden.

GHAT - Siehe D 13. Pos. **N 24°57,735′ E 10°10,445′**. (Ende D 13 und H 24.)

Km 24, Ende der Teerstraße, der Posten dort ist nicht mehr besetzt. **N 24°46,999′ E 10°13,007′**. Links in Richtung Akakus (Akakus-Kontrollposten), rechts Richtung

Grenze. Siedlung am Hügel, rechts vorbei Richtung Süden. Bei Schrott-Lkw ebenfalls rechts.

Km 32, Grenzposten Nr. 1, **N 24°43,636′ E 10°12,207′**. Passkontrolle, Fahrzeugcheck.

Km 34, Grenzposten Nr. 2, GPS-Pos. **N 24°42,804′ E 10°12,365′**. Hauptpiste rechts halten, Wadi nicht queren.

Km 42, sandiges Oued, viele Tamarisken. **N 24°38,723′ E 10°13,143′.** Danach einen Berghang hoch, es folgt wieder ein Oued. Hier begegnet man bereits algerischer Gendarmerie auf Patrouille.

Km 45, **TIN ALKOUM** – Algerischer Militärposten. **N 24°37,381′ E 10°13,329′.** Keine Versorgungsmöglichkeit. Einreiseformalitäten (problemlos, schnell, freundlich, oberflächliche Fahrzeugkontrolle). Inoffizielle Camp- oder Übernachtungsmöglichkeit beim Zollhof (sicher, sauber, freundlich, ruhig). (Zur H 24.)

Wenige Km hinter Tin Alkoum führt die Piste bergauf und führt entlang schöner, mit Sand durchsetzter Felsformationen (km 65) durchs Gebirge. Zum Teil auf der weiteren Strecke starkes Wellblech.

Km 85, links Abzweig zu Häusern. Pos. **N 24°24,789′ E 10°25,347′.**

Ca. Km 98–100, rechter Hand der Piste ca. 2 km Felslabyrinth mit vom Wind erodierten Felssäulen. Dazwischen kann man kleine gueltas entdecken. Sehr schön zum herumspazieren und klettern. GPS-Pos. **N 24°19,006′ E 10°27,276′.**

Km 107, links eine Festung (Fort Arikine, Militär) auf einem Berg im Oued, links neben der Piste ein weißes Häuschen (ehemalige Grenzstation) rechts ein verlassenes Dorf. **N 24°15,390′ E 10°29,234′.** Danach Querung eines schönen Oued (Tamarisken/Akazien).

Km 123, zwei Steinmännchen, Abzweig in den Niger (In Ezzane), Pos. **N 24°07,248′ E 10°31,898′.**

Danach führt die Piste aus dem Oued; bei Km 126 Plateauaufstieg. **N 24°06,434′ E 10°31,568′.** Weiter durch Hügellandschaft.

Km 133, Blechschild mit Aufschrift „120" (dies sind die Km-Angaben bis zum Militärcamp Richtung In Ezzane/Passe de Salvador (Niger). **N 24°03,414′ E 10°29,652′.**

Km 135, Verzweigung, zum „Sonatrach Camp" links und zu den amerikansichen Ölcamps im Nord-Niger. **N 24°02,745′ E 10°28,859′.**

Km 142, neu trassierte Piste, kaum mehr Wellblech.

Km 152, durch schwarze Steinhügel, starkes Wellblech.

Km 188, **OUED ANAÏS** – Oued folgen. **N 24°07,568′ E 10°05,951′.**

Abstecher zum GUELTA D'ADJIRI: Im Oued Anaïs nicht der Hauptpiste folgen, sondern das Oued in die andere Richtung (E/SE) hochfahren (wenige Spuren). Ca. nach 6 km kommt ein kleiner Felsturm in Sicht (Piste wird sandiger), der nach 10 km erreicht ist. Ab jetzt geht es sehr sandig kreuz und quer zwischen den Büschen durch das Oued. Ab ca. Km 14 wird das Oued immer enger und steiniger, und nur noch hochbeinige Geländewagen kommen weiter. Nach ca. 16 km ist ein großer, schöner Felsturm in der Mitte des Oueds erreicht. Etwa 15 Minuten Fußweg vom Turm entfernt liegt ein oft wasserloses Guelta (auf rechter Seite); nach weiteren ca. 5 Minuten zu Fuß einen Weg links in Richtung eines Felskessels entlang ist das Guelta d'Adjiri erreicht. Sehr beeindruckendes Guelta, von riesigen senkrechten Felswänden umgeben (im April 2000 mit viel Wasser).

Km 190, Brunnen, Zeribas, Oued folgen. **N 24°07,884′ E 10°05,400′.**

Km 228, Verzweigung: nach Chirfa (Niger, s. B 16) links, spitzer Winkel, schwer zu erkennen. Rostiges Pfeilschild. **N 24°27,162′ E 09°30,084′.**

Km 253, alter Flughafen von Djanet. **N 24°26,066′ E 09°31,874′.**

Km 259, Kreuzung, Beginn der Asphaltstraße, rechts weiter. Pos. **N 24°27,146′ E 09°30,097′.**

Km 262, Hotel „Ténére Village", s. bei Djanet B 1. **N 24°28,260′ E 09°30,389′.**

Km 271, **DJANET** – S. B 1. (Ende B 1.) **N 24°33,234′ E 09°28,964′.** Meldung bei Polizei, Versicherungsabschluss für Kfz. (Ende B 1 und B 16; Beginn B 3a.)

B 16: Chirfa – alger. Grenze – Djanet (535 km)

(05.01) Auf den ersten 10 km Asphalt, danach Piste (A/B/D/H/I); viel Wellblech. Keine Führerpflicht. Russische Generalstabskarten Blatt F 32 G (Adrar), F 32 B (In Ezzane), G 32 G (Djanet). Die Ausreise von Chirfa ohne Ausreiseformalitäten in Richtung Djanet wurde in der Vergangenheit toleriert (Einreiseformalitäten in Djanet). Eine Ausreise von Djanet in Ri. Chirfa war 2001 ebenfalls möglich. Im Dezember 2001 gab es auf der Strecke (ca. Höhe Balise Nr. 444) einen bewaffneten Raubüberfall auf eine deutsche Reisegruppe mit äußerst brutaler Vorgehensweise. Die Strecke ist deswegen (wie insgesamt Reisen im Nordniger) aus Sicherheitsgründen nicht zu empfehlen (s.a. Überblick/Sicherheit und Grenzen)! Assamaka ist laut nigrischem Tourismusministerium (April 2002) einziger offizieller Grenzübergang von Algerien kommend. Evtl. verweigern wegen der Sicherheitslage auch die Behörden in Djanet eine Ausreise.

CHIRFA – Palmenoase. Wenige Lebensmittel. Restaurant. Weder Treibstoff noch Hotel. Militärkontrolle (Stempel in Pass), **N 20°52,00′ E 12°52,00′.** Chirfa ist Durchgangsstation für den Menschenschmuggel nach Libyen und für den Zigaretten- und Drogenschmuggel und deshalb ein „heißes Pflaster" und für einen längeren Aufenthalt keinesfalls empfehlenswert. (Beginn H 24 und H 25.)

Sehenswert: Der alte **Ksar Djaba** (Pos. **N 21°05,467′ E 12°15,535′),** die Ruinen der alten, aus dem 11. Jh. stammenden Wüstenstadt **Djado** (10 km entfernt), die sich in einem Palmenhain mit vorgelagertem Tümpel (viele Mücken) burgartig erhebt (Pos. **N 21°00,871′ E 12°18,662′).** Zahlreiche prähistorische Fundstellen (Gravuren) in der Umgebung (s. H 24).

Verschiedenes: Touristik-Büro mit Vermittlung eines Führers für das Djado-Plateau und für die Durchquerung der südlichen Ténéré bis Agadez; Kosten: 50–75 Euro pro Tag (11.01).

Ab Chirfa den Balisen der in den russischen Karten eingezeichneten Piste folgen.

Ca. Km 40, Balise mit Aufschrift „512 km Djanet". Auf der weiteren Strecke an wenigen Fässern vorbei.

Km 170, Autowrack.

Km 263, **GRENZE ZWISCHEN ALGERIEN UND NIGER** – Einreise nach Algerien von Niger kommend möglich. Eine Ausreise von Djanet in Richtung Chirfa wird vom algerischen Miltiär nicht erlaubt (Mai 2001). Die algerischen Einreiseformalitäten können in Djanet erledigt werden.

Die bisher sehr gute Kiespiste wird zunehmend sandiger.

Km 390, Ende der Balisenstrecke. Keine von Osten aus Richtung In Ezzane (H 24) einmündende Piste aufzufinden.

Die wenigen im Sand erkennbaren Spuren weichen von der in den Karten eingezeichneten Piste nach Westen ab und verlaufen bis zu 20 km westlicher. Man passiert den Berg Taska im Westen, auf dem russ. Blatt „In Ezzane" verläuft die Piste östlich des Berges.

Km 420, Balise. Mehr Spuren (offenbar vom algerischen Militär).

Ungefähr 32 km vor Djanet Einmündung in die Piste Tin Alkoum – Djanet (B 15), Pos. **N 24°27,162′ E 09°30,084′,** und Passkontrolle durch das algerische Militär.

Ca. 30 km vor Djanet Passkontrolle durch das algerische Militär.

Ca. 20 km vor Djanet erreicht man den Asphalt auf der Straße vom Flugplatz. Aus anderer Richtung kommend vor dem Flugplatz links auf Piste abbiegen.

DJANET – S. B 1 . (Ende B 1 und B 15; Beginn B 3a.) Hier müssen die Formalitäten zur Ausreise aus Algerien erledigt werden, wenn man in den Niger weiterfahren will.

B 17: Hassi Messaoud – Rhourd-el-Baguel – Rebaa – Sif Fatima – Bordj Messouda – Deb-Deb (518 km)

(01.01) Asphalt, zunächst gut, ab Km 150 riesige Schlaglöcher. Die Straße ist von riesigen Dünen des Erg Oriental umgeben und ist bis

Km 314 (Abzweig Sif Fatima) von Verwehungen geräumt. Danach in den letzten Jahren große Sandberge auf der Straße, gut sichtbare Umgehungen nur mit Geländewagen passierbar. Da im Umkreis von Sif Fatima mind. zwei neue Bohrcamps gebaut wurden, wurde die Straße im Jahr 2001 von Deb-Deb aus neu geschoben und renoviert.

Die ganze Zone bis Deb-Deb gilt als sabotagegefährdete Sonderzone, viele Kontrollen (vor jeder wichtigen Kreuzung und Ort sowie danach), mit Laissez passer aber befahrbar (Ausstellung in Ouargla oder Hassi Messaoud, Anfang 1999 wurde das Laissez passer nur in Ourgla ausgestellt!). Djanet wäre somit (ohne Laissez passer) nur über Tamanrasset (Piste) erreichbar. Asphalt. Landschaftlich meist schöne Strecke, entlang des Dünengebiets des Grand Erg Oriental. Auf der gesamten Strecke keine Versorgung (I), wenig Verkehr. Mehrmalige Kontrollen an wichtigen Kreuzungspunkten und vor Ölcamps, sehr zeitaufwendig. Sinnvoll ist es deshalb alle persönlichen Daten und Fahrzeugdaten in ein bereits vorbereitetes Papier einzutragen, das bei den jeweiligen Posten abgegeben werden kann.

Die Grenzstation zu Libyen befindet sich jetzt wenige Kilometer nördlich von Deb-Deb und nicht mehr in Bordj Messouda. Die Grenze nach Tunesien ist zu, die Grenze nach Libyen ist für den „kleinen Grenzverkehr", d.h. für Algerier und Libyer geöffnet, für Touristen jedoch geschlossen.

HASSI MESSAOUD – S. B 1. (Zur B 1.)

Km 14, Abzweig nach El Borma.

Km 23, die ersten Dünen links und rechts der Straße.

Km 135, aufgelassenes Militärcamp.

Km 237, **BIR AHMED** – Militärcamp, Kontrolle.

Km 247, Piste nach Norden (entspricht Km 354 der Strecke B 19). **N 31°34,929' E 08°19,793'.**

Km 249, Abzweig nach Deb-Deb, Barackenlager. **N 31°35,188' E 08°21,075'.**

Km 286, Ruinen von Borj Rebaa. Pos. **N 31°19,420' E 08°31,339'.**

Km 306, Militärcamp, Pos. **N 31°13,181' E 08°40,198'.** Kontrolle. Bis hier wird die Straße geräumt.

Bei **N 31°09,266' E 08°43,030'** Abzweig nach Sif Fatima (altes **Fort Bordj Sif Fatima,** 5 km Luftlinie entfernt). Folgen Sie der Piste nach Westen bis bei **N 31°07,380' E 08°40,415'** die Piste nach Süden abzweigt und bei **N 31°06,980' E 08°41,350'** das Fort erreicht ist.

Km 314, Abzweigung zu einer Wasserpumpstation **N 31°08,852' E 08°44,041'.**

Km 364, aufgelassenes Militärcamp.

Km 370, Fort.

Km 442, Abkürzungsmöglichkeit: man verlässt die Straße und fährt durch das Dünengebiet nach Süden.

Km 477, Dünenende. Pos. **N 30°15,461' E 09°23,302'.**

Km 484, großes verlassenes Fort links der Straße. Straßenverzweigung, Bordj El Khadra links. **N 30°11,728' E 09°24,720'.**

Km 489, **BORDJ MESSOUDA** - Dorf. Passkontrolle. **N 30°10,743' E 09°22,967'.**

Km 512, **DEB-DEB** - Dorf. **N 29°57,890' E 09°25,177'.** Lebensmittel, Wasser, Treibstoff. Militärposten. Die Weiterfahrt nach Tunesien ist nicht möglich, da die Grenze geschlossen ist, nach Libyen (Ghadamès) ist die Grenze nur für Libyer und Algerier offen (Formalitäten zur Ausreise müssen in Deb-Deb erledigt werden). (Beginn B 18 und B 20; Ende B 19, C 10 und D 5.)

B 18: Deb-Deb – Kreuzung N3/N5 nahe Tamadanet (157 km)

(12.97, MAN L 2000) Neuer Asphalt, nur wenige Kilometer leicht beschädigt.

DEB-DEB - S. B 17. (Beginn B 20; Ende B 17, B 19, C 10 und D 5.) **N 29°57,890' E 09°25,177'.**

Km 38 bis Km 143, schnurgerade Straße durch eine Steinwüste.

Km 143, Einmündung einer asphaltierten Straße von links, die zweifellos zu einer Bohrstelle führt.

Km 157, Kreuzung N3/N5 bei Tamadanet. Weiter auf Route B 1.

B 19: El Oued – Bir Djedid – Deb-Deb (620 km)

(02.01, Nissan Patrol) Piste (A/H/I) auf den ersten 366 km, dann Asphalt. Reserven (Wasser, Lebensmittel, Sprit) obligatorisch, mind. zwei autarke Geländefahrzeuge, GPS, Karten und Wüstenerfahrung nötig. Bis Bir Djedid langsames Vorankommen durch Dünengebiet, unmarkierte Piste, Orientierung z.T. schwierig. Ab einigen Kilometern nach Bir Djedid flottere Fahrt und markierte Piste. Bis Bir Djedid ca. 3 Tage Fahrzeit, dann nochmal 1–2 Tage bis zum Erreichen der Teerstraße nach Deb-Deb. In der Gegend sind viele Nomaden unterwegs. Dies ist nur eine von verschiedenen Varianten durch unwegsames Gebiet. Wie bei allen abgelegenen Wüstenpisten kann der Streckenverlauf variieren; die vielen Spuren treffen sich wieder bei den Forts.

Die Kilometerzahlen dienen lediglich als Anhaltspunkte und können ebenfalls abweichen.

Km 0, **EL OUED** – S. B 1. (Ende C 6; Beginn B 1 und B 2.)

Sie verlassen El Oued auf der Strecke B 1 in Richtung Nefta.

Km 14, **DEBILA** – Kleines Dorf. Keine Versorgungsmöglichkeit. Tankstelle. Polizeikontrolle am Kreisel. Pos. **N 33°29,977′ E 06°55,728′.**

Km 24, **HASSI KHÉLIFA** – Kleines Dorf. Keine Versorgungsmöglichkeit. Zwei Tankstellen. **N 33°33,966′ E 06°59,660′.**

Km 33, Schild „Sahan Berry“ rechts, von der Teerstraße nach rechts abbiegen, **N 33°37,249′ E 07°03,770′.**

Km 39, **SAHAN BERRY – N 33°34,679′ E 07°05,031′**, weiter auf Piste geradeaus.

Der Einstieg ist schwer zu finden, die kleinen Pisten bzw. Spuren verzweigen sich häufig, z.T. über kleine bewachsene Querdunen. In Rl. S bzw. SO halten. Es ist auch möglich, dass man auf viele Spuren nach Osten trifft; diese wenden sich später nach Süden in die richtige Richtung.

Km 72, **N 33°25,350′ E 07°16,521′**, Brunnen, weiter Hoppelei über und zwischen Büschen im Sand.

Km 81, Kreuzung mit ca. 2 m hohem Metallrohr. Wenig später bei **N 33°22,466′ E 07°14,826′** führt eine Piste nach Osten zu einem artesischen Brunnen. Weiter in Ri. SO, deutliche und ausgefahrene Piste.

Km 92, **N 33°17,921′ E 07°16,842′,** Kreuzung, Piste nach rechts in Richtung Westen, links weiter fahren.

Ab Km 124 geht es langsam immer mehr über kleine Dünen, den Spuren folgen.

Km 174, **N 32°46,077′ E 07°29,054′,** Marabut (Mouiet Er Rebah?), Brunnen. Weiter nach Südosten auf Dünen zu.

Km 180, **N 32°44,752′ E 07°31,225′,** Markierungspfosten „IGN 26“. Weiter in Richtung SO.

Spuren für erneuten Einstieg in die Dünen z.T. schwer zu finden. Der Dünenflanke entlangfahren, bis man neuere Spuren findet (verwehen schnell).

Im Februar 2001 lag der Düneneinstieg bei **N 32°44,816′ E 07°31,998′** (Km 183).

Weiterfahrt über Querdünen.

Km 193, Ebene mit flachen Sicheldünen, Piste wieder deutlich zu erkennen.

Km 203, große Ebene von Sahane bou Sbabel, dazwischen kleine barkanen-Felder (Sicheldünen). Zahlreiche sehr alte Fahrzeugspuren führen ins Zentrum der Ebene (offensichtlich stammen sie noch aus französischer Besatzungszeit). Zum Beispiel bei **N 32°37,200′ E 07°37,606′** alte planierte Piste mit Markierungen (endet in den Dünen). Weiter in Richtung S/SO und Bir Djedid, flotte Fahrt über die Ebene.

Km 212, **BIR DJEDID** – Versandete Bunker, Ruinen eines ehemals wichtigen Militärstützpunktes. **N 32°33,551′ E 07°40,277′.** Keine Wasser führenden Brunnen am Fort, ein Brunnen einige hundert Meter weiter bei **N 32°33,237′ E 07°40,447′** ist trocken.

Weiter nach SO, wenig später Brunnen mit Wasser.

Km 218, **N 32°31,916′ E 07°42,741′,** Markierungsstein „IGN 32“, danach wieder Einstieg in die Dünen.

Km 222, Senke zwischen den Dünen, sehr viele Spuren Richtung SO.

Km 227, **N 32°28,699′ E 07°45,597′,** erste grüne (verrostete) Markierung, flache Querdünen zunächst umfahren, dann queren.

Km 229, nächste grüne Markierung.

Km 230, **N 32°28,052′ E 07°47,118′**, grüne Markierung.

Piste auch weiterhin grün markiert, flotte Fahrt auf Ebene.

Km 248, **N 32°23,131′ E 07°55,832′**, zwei Brunnen: Der alte liegt trocken, der neuere führt Wasser.

Weiter grüne Metallpfosten und gelegentlich IGN-Betonmarkierung.

Km 264, grüne Markierung und Betonmarkierung „IGN 41“, Pos. **N 32°16,619′ E 08°00,060′.** Pistenkreuzung, Schilder „Bir Ghoraffa 6,5 km“ links (Ost) und „Bir Larache 39 km“ rechts (SE).

Abstecher nach **BIR RHORAFFA** (zahlreiche Sandpassagen zwischen 80–100 m hohen Dünen)- Aufgegebenes Militärcamp. Es gibt mehrere Brunnen und Gebäude. **N 32°17,496′ E 08°04,083′.**

Ohne Abstecher nach Bir Rhoraffa bei der Pistenkreuzung („IGN 41“) rechts weiter nach SO. Einige hundert Meter weiter beginnen rot-weiße Markierungen. Folgen Sie aufmerksam den Markierungen. Die Piste windet sich durch hohe Dünenketten. Dort, wo die Dünen eng zusammenrücken, ist mit schwierigen Weichsandpassagen zu rechnen. Die Markierungen sind schwer zu finden.

Km 282, Markierungstafel „Bir Loussif“, **N 32°08,253′ E 08°04,728′.**

Km 304, **BIR LARACHE –** Altes französisches Fort, fast völlig zerstört. **N 31°59,824′ E 08°11,872′.** Zériba-Siedlung, Brunnen.

Weiter von Bir Larache nicht den Spuren nach Süden folgen (verlaufen sich wenig später in alle Richtungen), sondern breiter Trasse am Fort vorbei in Richtung SW (!) folgen!

Km 315, Schild „Carrefour El Borma – Deb-Deb“. Piste ist markiert, später wieder in Richtung S/SO. Schnelle Fahrt (bis ca. 70 km/h) möglich.

Km 330, man kreuzt die alte Piste El Borma – Hassi Messaoud. Die noch erhaltenen Wegweiser („Ain Erroumana, Forage d'Eau“ rechts, „El Borma, Deb Deb“ links) zeugen von der einstigen Bedeutung dieser Piste. Inzwischen ist sie von einigen Dünen überlagert, birgt aber keine Orientierungsprobleme. Links weiter.

Km 342, **BIR DOLMANE** – Betonpfosten. **N 31°45,937′ E 08°15,964′.**

Km 366, Pipelineübergang und Teerstraße Hassi Messaoud – Deb-Deb ist erreicht. **N 31°35,188′ E 08°21,075′.**

BORDJ MESSAOUDA – Dorf. Passkontrolle.

DEB-DEB – S. B 17. (Ende B 17, C 10, D 5; Beginn B 18 und B 20.)

B 20: Deb-Deb – Tin Fouyé – Hassi Bel Guebbour (ca. 450 km)

(11.00, Bucher Duro 4x4 L) Ca. 300 km Piste (C/H/J) und ca. 150 km Teer.

DEB-DEB/BORDJ MESSAOUDA – S. B 17. (Ende B 17, B 19, C 10 und D 5; Beginn B 18.)

Ab Deb-Deb Zentrum ca. 10 km Richtung N (B. Messaouda) fahren. Gendarmerie-Kontrolle.

N 30°07,02′ E 09°20,70′, von Teerstraße links weg (ca. 250°), viele Spuren, die bald durch ein kleines Wadi führen.

N 30°01,71′ E 09°20,24′, deutliche kl. Piste, die auf einen kl. Sattel zusteuert.

N 30°01,00′ E 09°19,71′, durch Taleinschnitt.

N 30°00,81′ E 09°19,10′, über Hammada-Ebene, ca. 240°, sehr holprig, steinig, Reifendruck etwas reduzieren.

N 30°00,45′ E 09°18,17′, Spuren drehen nach rechts.

N 30°00,81′ E 09°17,21′, drei helle Miniberge rechter Hand. Es folgt nun ein fürchterliches Geröllfeld. Gut ersichtlichen Steinmann auf gegenüberliegendem kl. Berg anfahren.

N 30°00,32′ E 09°16,42′, nach Geröllfeld, unterhalb/bei Steinmann. Es folgt ein weiteres Geröllfeld, nur Schritttempo möglich.

N 30°00,24′ E 09°15,68′, Reg-Ebene, Richtung Dünen fahren, Spuren kurven zwischen Sand und Steinen, weiteres Geröllfeld. Danach rechts abdrehen und auf weiße, den Dünen vorgelagerte Kalkfläche zufahren.

N 29°59,08′ E 09°11,77′, den Dünenzug (rechter Hand) direkt entlangfahren.

N 29°56,93′ E 09°11,06′, nach rechts abdrehen (nur wenige Spuren), nicht den tiefen Spuren von N nach S folgen.

N 29°55,14′ E 09°08,71′, Spuren drehen nach rechts, direkt die Dünenausläufer entlangfahren (rechter Hand), links Hammada. Piste verläuft in ca. 270–300°, teils steinig/holprig.

N 29°55,61′ E 09°06,41′, über einfachen Dünensattel, ca. 300° weiter.

N 29°56,20′ E 09°05,31′, enger, sandig-steiniger Durchgang auf kleines Plateau hinauf.

N 29°56,56′ E 09°04,93′, auf Anhöhe, Sand und Steine.

N 29°56,94′ E 09°04,43′, ca. 250 – 270° fahren, nicht alter versandeter Piste nach N folgen.

N 29°56,86′ E 09°02,17′, Reg-Ebene, kl. Betonwürfel, ca. 240° weiterfahren, den Dünenzug rechter Hand entlang.

N 29°54,50′ E 08°59,22′, auf steinigem Plateau, ca. 250° weiterfahren, breites Dünental folgt.

Pos. **N 29°54,11′ E 08°57,64′** und Pos. **N 29°54,10′ E 08°57,53′,** schwierige Dünenpassage (weich und kurvig), unbedingt nach rechts oben ziehen, wo der Untergrund rasch wieder fest wird (ca. 1 km). Das ganze Tal ist durch querliegende Dünen abgeriegelt, in der Talsohle am meisten.

N 29°53,86′ E 08°56,06′, Plateau-Abfahrt in zwei Stufen.

N 29°52,70′ E 08°51,15′, gelbes Fass, ca. 270° weiter über Reg-Ebene, Steinhaufen-Markierungen. Weitere Strecke stets ca. 240°, rechts Erg, links Hammada, guter Fahrkomfort bei Befahren der Dünenflanken, Orientierung kein Problem.

N 29°29,76′ E 08°06,91′, artesischer Brunnen auf Reg-Ebene, salzig und lauwarm, leicht schwefelhaltig.

N 29°28,51′ E 08°03,37′, von weither sichtbares ca. 2 m hohes Steinmonument.

N 29°24,47′ E 07°52,68′, verlassenes Bohrcamp an den Dünen. Für neue Ölbohrung wird Piste in Richtung N in die Dünen präpariert.

N 29°11,81′ E 07°32,56′, schwer bewachtes Ölbohrcamp. Kann umfahren werden, wenn man sich weiter rechts an den Dünenrand hält. Ab dem Camp breite Piste die Pipelines entlang, ca. 210° (ab hinterer Längsseite des Camps halbrechts).

N 29°05,44′ E 07°30,74′, schöne Rastplätze in den Dünen, ca. 3 km weiter auch bei Tamarisken.

N 28°43,31′ E 07°31,01′, Teerstraßenbeginn bei einer kl. Bohrstelle.

N 28°38,19′ E 07°32,58′, Teerstraßenkreuzung, nach rechts.

N 28°36,65′ E 07°30,42′, Kreuzung bei Hochspannungswerk, links abbiegen in Ri. Tin Fouyé.

N 28°26,03′ E 07°31,31′, Wasserstelle (gutes Wasser), direkt ggü. Ölcamp, hier Vorräte ergänzen, da es in Hassi Bel Guebbour kein gutes Wasser gibt. 200 m weiter Kreuzung, rechts nach Ouargla (H.B. Guebbour), links In Anémas. Gute Teerstraße bis

HASSI BEL GUEBBOUR – S. B 1. Pos. **N 28°41,40′ E 06°30,26′.** (Zur B 1; Beginn B 23, B 12.)

B 21: Tin Fouyé – Bordj Omar Driss (92 km)

(03.01, MAN) Piste (A/C/H/I/K), kein Asphalt mehr. Die Piste ist stark ausgewaschen und praktisch ohne Verkehr.

TIN FOUYÉ – S. B 1. (Zur B 1.)

Auf der Straße in Richtung Hassi Bel Guebbour fahren.

bei Km 15, Abzweigung nach links nach Bordj Omar Driss.

Km 46, Abzweigung nach links nach Hassi Tabankort.

Zwischen Km 49 und Km 56 Tal zwischen zwei Tafelbergen.

Km 69, die Hauptstraße nach links verlassen in Richtung Plateaurand.

Km 70, in einem wadi Abfahrt den Felsabfall hinunter, das 8 km weiter endet. Die Steinwände schimmern in verschiedenen Farben, sehr interessante geologische Formationen.

Km 81, man trifft auf zahlreiche O/W verlaufende Spuren der Piste Tin Fouyé – Fort Flatters, die durch das Tal führt. Sehr schönes Gebiet, das im Süden durch den Erg Issaouane begrenzt ist. Hohe Tamariskenhügel.

Km 84, Kreuzung, eine Piste führt nach links in ein verlassenes Camp.

Km 85, **HASSI EN NEMENES** – Gemauerter Brunnen mit gewölbtem Dach. Etwas abseits der Piste Fossilien von Schnecken und Muscheln.

Km 91, man trifft auf die Straße Bordj Omar Driss – Hassi Bel Guebbour.

BORDJ OMAR DRISS (Fort Flatters) – S. B 12. (Zur B 12; Beginn B 13.)

B 22: El Meniaa (El Goléa) – Hassi-el-Hadjar – Ouargla (350 km)

(12.93, BMW 80 GS) Die ersten 129 km Asphalt, danach 221 km Piste. In Gegenrichtung ist der Pisteneinstieg praktisch nicht zu finden, da der Boden durch Bohrungen umgepflügt ist.

Km 0, **EL MENIAA (EL GOLÉA)** – S. B 2. (Zur B 2, B 23, B 24.)

Richtung Ghardaïa fahren.

Km 80, rechts auf die Asphaltstraße Richtung „Agriculture Khanem" biegen. Links zieht sich eine Bergkette, rechter Hand der Erg Khanem dahin. Nach einer lang gezogenen Rechtskurve kurz vor der Oase nach links abbiegen und solange diese Richtung halten, bis man auf eine deutlich erkennbare Piste stößt (alte Hoggar-Piste), in die man links einbiegt.

Kurz nach der Oase geht es auf das Kef el Djoua. Kreuzungen ignorieren und auf der Hauptpiste bleiben.

Km 99, **HASSI DJAFOU** – Ausgetrocknet, aber schöner Übernachtungsplatz auf umliegenden Dünen.

Km 115, nach einem Rechtsknick eine Anhöhe, auf der es links auf der alten Hoggar-Piste nach Ghardaïa geht und geradeaus nach Ouargla.

Km 122, am Abzweig rechts halten.

Km 148, bei einer Solarbalise stößt man auf die Piste El Meniaa – Hammam Berkane. Die folgenden 10 km auf dieser Piste bleiben.

Km 151, trockenes Wasserreservoir.

Km 156, Schild auf arabisch „El Menia 14 km".

Km 160, die Solar-balises-Piste Richtung Nordosten verlassen.

Km 165, altes Schild „El Goléa 156 – Ouargla 204".

Km 191, Querung der Piste Hammam Berkane – Hassi Fahl.

Km 213, Canyon, in den relativ problemlos hinabgefahren werden kann (wenn zu verspurt, weiter links versuchen, wo es flacher ist). Den Canyon über die versandete Auffahrt ggü. verlassen (die Spuren nach rechts und das Hinweisschild ignorieren).

Bis Km 249 müssen die Wanderdünen immer wieder umfahren werden; Abzweig nach Hassi Inifel ignorieren.

Km 251, **HASSI-EL-HADJAR** – Wunderschön gelegen, Brunnen mit Wasser in 10 m Tiefe.

Durch eine sebkha weiterfahren, die sehr verspurt ist.

Km 259, Abzweig mit Schild „GBC 1 SH 103" ignorieren.

Km 292, Plateau. Hier ist der schöne Teil der Strecke zu Ende. Die nächsten Kilometer sind holprig, steinig und Wellblech.

Km 301, Teerstraße, links einbiegen.

Km 309, rechts abbiegen.

Km 314, bei einer Tankstelle rechts.

Km 321, rechts.

Km 340, links. Nächste Kreuzung ist die Hauptstraße, in die rechts eingebogen wird.

Km 350, **OUARGLA** – S. B 2. (Zur B 2.)

B 23: Hassi Bel Guebbour – Fort Miribel – El Meniaa (El Goléa) (ca. 495 km)

12.93, BMW 80 GS) Piste (A/C/I) auf den ersten 400 km, danach Asphalt. Da die Piste wenig benutzt wird, ist es empfehlenswert im Konvoi zu fahren. Unterwegs keine Versorgungsmöglichkeit. Die Strecke ist recht monoton. Steinhaufen als Markierung. Bei Fahrt in umgekehrter Richtung aufpassen, dass man nicht auf die Piste nach Hassi Inifel kommt, da die Beschreibung besonders am Anfang trotzdem auf die Landschaft passt. 5 km hinter Fort Miribel beim Schild „CEPA" kreuzen sich 3 Pisten. Die geradeaus führende und größere Piste ist die alte Hoggar-Piste und führt nach ca. 40 km auf die Teerstraße. Von der nach links abgehenden Piste gehen gleich darauf nochmals Spurenbündel nach Hassi Inifel. Die mittlere Piste führt nach Hassi Bel Guebbour.

HASSI BEL GUEBBOUR – S. B 1. (Zur B 1; Beginn B 12, B 61; Ende B 20.)

Bei der Ausfahrt von Hassi Bel Guebbour schlagen Sie etwa 100 m südlich der Tankstelle südwestliche Richtung ein. In der Nähe der großen Düne erreichen Sie die Piste. Sie führt zunächst nach Westen, dann nach Südwesten und schließlich, auf dem Plateau, nach Süden.

Km 51 bis Km 174, in westlicher Richtung fahren.

Km 81 bis Km 84, Reste eines versteinerten Waldes am Pistenrand.

Km 174, die südwestliche Grenze des Grand Erg Oriental ist erreicht. Die Piste verläuft nun nach Norden und dann nach Nordwesten. Mehrere Oueds müssen überquert werden, vorsichtig fahren!

Km 283, bei Sokki Überquerung des Oued, für Fahrzeuge ohne große Bodenfreiheit schwierig! In der Regenzeit kann es gefährlich sein.

Km 290, **DALOA EL-BARHA.** Die Piste führt vom Plateau hinunter. Im Süden ist der Erg Megraoun zu erkennen.

Km 334, mehrere parallel verlaufende Pisten nach Nordwesten.

Km 373, **FORT MIRIBEL** – Das Fort ist vollständig restauriert und wird zeitweise als Gefängnis genutzt. Der Brunnen im Oued führt gutes Wasser.

Km 401, die Piste trifft auf die Straße El Meniaa (El Goléa) – In Salah (B 2).

EL MENIAA (EL GOLÉA) – S. B 2. (Zur B 2; Beginn B 22; Ende B 24.)

B 24: Foum-el-Kheneg – Timimoun – El Meniaa (El Goléa) (508 km)

(12.96, Wohnmobil) Guter Asphalt. Im Sommer unbedingt Wasservorrat mitnehmen, weil einige Brunnen ausgetrocknet sein können. Fragen Sie bei der Gendarmerie, ob Konvoipflicht besteht!

FOUM-EL-KHENEG – S. B 56. (Ende B 56; Beginn B 26.)

Km 58, Kreuzung. Fahren Sie nach links in Richtung Timimoun; geradeaus geht es nach Adrar. Café-Restaurant mit sehr teurer Limonade.

CHARAOUINE – Oase. Lebensmittel.

TIMIMOUN – Hübsche Oase in malerischer Dünenumgebung. Gute Infrastruktur. (Beginn B 25.)

Unterkunft: Das Hotel „Gourara" ist laut, aber sehr sauber. Das Personal im Hotel „Ighzer" ist unfreundlich. Camping „La Palmerie" mit warmen Duschen und sauberen Sanitäranlagen.

Verschiedenes: Telefonieren von den beiden Telefonzellen aus (Post, Polizei) auch problemlos nach Europa, faxen bei der „ONAT". Guter und freundlicher Führer für Kameltouren: Herr Soufi Abdallah.

Sehenswert: Das „Centre d'artisanat" (das auch eine Karte für Exkursionen zur Verfügung stellen kann; siehe auch Karte Ausflüge Timimoun am Ende dieses Kapitels), die vielen roten Lehmbauten und der schöne Palmengarten. Die Agentur der „Air Algérie" veranstaltet Ausflüge in die Umgebung der Oase.

M'GUIDEN – Oase. Lebensmittelladen mit guter Auswahl, aber exorbitanten Preisen. Treibstoff.

Unterkunft: Essen im Restaurant ist wesentlich teurer als in Timimoun. Der Campingplatz befindet sich immer noch in der Rohbauphase.

160 km östlich von Timimoun führt eine Piste nach links zum Fort Mac-Mahon, das in malerischer Lage mitten im Dünenmeer gelegen ist.

HASSI MARROKET – Die Brunnen sind ausgetrocknet. Guter Platz um die Nacht zu verbringen.

EL MENIAA (EL GOLÉA) – S. B 2. (Zur B 2; Ende B 23; Beginn B 22.)

B 25:Timimoun – Tiberghamine – Sbaa (140 km)

Asphalt. Direkte Verbindung zwischen B 24 und B 26.

TIMIMOUN – S. B 24. (Zur B 24.)

Sie verlassen Timimoun auf der Straße nach Beni-Abès in Richtung Charaouine.

Nach etwa 10 Kilometern nach links abbiegen.

TIBERGHAMINE – Oase. Treibstoff. Palmengärten. Foggaras.

SBAA – Die Oase liegt auf der B 26. Kurz davor kommen Sie auf die Straße von Beni Abbès nach Adrar (zur B 26).

B 26: Foum-el-Kheneg – Adrar (177 km)

(03.93, Yamaha XT 600) Asphalt.

FOUM-EL-KHENEG – S. B 56. (Ende B 56; Beginn B 24.)

ADRAR – 35 000 Einw. Die Stadt wird stark ausgebaut. Gute Infrastruktur. (Beginn B 27 und B 29.)

Unterkunft: Das „Hotel Touat" ist sehr gut unterhalten, Warmwasser und Kühlschrank im Zimmer, gute Mahlzeiten, Direktwähldienst. Im „Hotel Adrar" gibt es manchmal kein Wasser. Es gibt keinen Campingplatz, Übernachtungsmöglichkeit in der Nähe des Stadions am Beginn der Straße nach Reggane. Jugendherberge in der Nähe des Radioturmes. Gutes Essen im Restaurant „Milev" gegenüber dem Denkmal und im Restaurant am Hauptplatz neben „Hotel Touat". Weiteres Restaurant 100 m links vom „Hotel Touat".

Verschiedenes: Flugtickets gibt es schneller und billiger als bei „Air Algerie" beim „Touring Club d'Algerie" am Plaçe des Martyrs. Reisende, die nach Mali weiterfahren wollen (s. B 13), müssen sich hier mit allem Nötigen, Wasser, Lebensmittel und Treibstoff, versorgen (der malische Zoll erlaubt die Einfuhr von maximal 100 Litern Treibstoff). Die Versorgungslage ist besser als in Reggane. Im Prinzip werden die Grenzformalitäten zur Ausreise nach Mali nicht mehr in Adrar, sondern in Reggane oder Bordj Moktar erledigt. Informieren Sie sich bei der Grenzpolizei (bei der man sich melden muss, wenn man von Mali kommt).

B 27: Adrar – Reggane (145 km)

(02.93) Auf der Strecke vier Tankstellen, die allerdings nicht immer Treibstoff führen. Viele foggaras.

ADRAR – S. B 26. (Ende B 26; Beginn B 29.)

Km 12, **TAMENTIT** – Oase. Lebensmittel, Wasser.

Unterkunft: Übernachtung im Palmenhain am Ortseingang möglich.

Sehenswert: Alte Hauptstadt des Touat. Mächtige Festungsmauern, Goldschmiede (Arbeit auf Bestellung).

Km 30, Tankstelle.

Km 48, **EL DJEDID** – Oase.

Km 69, **ZAGLOU** – Oase.

REGGANE – Kleinstadt, wichtiger Militärposten (nur wenige Zivilisten). Die Versorgung ist nicht gesichert. Wasser (gute Qualität an der Tankstelle ca. 2 km westlich des Ortes; in der Stadt selbst gibt es nicht immer Wasser, bzw. oft ist es stark magnesiumhaltig). Krankenhaus. (Beginn B 28 und B 30.)

Unterkunft: Das „Hotel Tanezrouft" ist sehr unsauber. Der schmutzige und teure Campingplatz mit Duschen und kleinem Restaurant liegt am Ortsausgang in Richtung Bordj Moktar, neben dem Gebäude der protection civile. Im hammam kann man auch schlafen.

Verschiedenes: Zollformalitäten und die Untersuchung („Wüsten-TÜV") des Fahrzeugs für die Ausreise von Algerien nach Mali (über Bordj Moktar) werden bei der protection civile abgewickelt (am südlichen Ortsausgang). Danach überprüft und stempelt die Polizei die Formulare (im Nordosten, in Richtung der Piste nach In Salah). Bei der Fahrzeugkontrolle wird unter anderem geprüft, ob Sie 200 Liter Treibstoff, genügend Wasservorrat, Lebensmittel und einen Erste-Hilfe-Kasten, einen Feuerlöscher und Ersatzreifen dabeihaben (macht das Fahrzeug bereits äußerlich einen gut ausgerüsteten Eindruck, wird meist nicht so detailliert geprüft). Die Kontrolle für Reisende aus Mali wird in Adrar durchgeführt.

B 28: Tanezrouft-Piste: Reggane – Bordj Moktar – mali. Grenze – Tessalit (ca. 795 km)

(01.02 und 01.01, Peugeot 505) Piste (A/C/G/I), in gutem Zustand. Bis ca. 80 km nach Reggane Asphalt. Eine Asphaltierung war wohl geplant, ist aber nicht weiter fortgeschritten. Mit Solarstrom betriebene Leuchtmarkierungen alle 10 km bis Km 250 (Poste Weygand), später dann alle 10 km bis Bordj Moktar. Die Masten sind alle nicht mehr in Betrieb, dienen aber noch gut zur Orientierung. Auf der zweiten Hälfte der Strecke ist die Markierung auf den Begrenzungssteinen nur mit viel Fantasie zu entziffern. Bei den häufigen Sandstürmen langsam fahren, da man die Fahrspuren auf dem harten Untergrund leicht verliert. Zwischen Reggane und Bordj Moktar sind zwei bewohnte „Orte" (PK 200 und PK 400, benannt nach den jeweiligen Kilometersteinen) mit Wasser und evtl. Treibstoff. Das Grenzgebiet zu Mali ist gefährlich (s. Überblick/Sicherheit und Sicherheit im Länderkapitel Mali) und sollte zurzeit unbedingt gemieden werden! Erkundigen Sie sich vor Fahrtantritt auch bei den örtlichen Behörden. Möglichst nur innerhalb Ortschaften übernachten. Übernachtungsmöglichkeit in Almousterat beim Dorfschullehrer (gegen kleines Entgelt und Geschenke).

REGGANE – S. B 27. (Ende B 27; Beginn B 30.)

In Reggane folgt man dem gemauerten Wegweiser am Ortsausgang (Kreuzung der Pisten nach Tessalit und Aoulef) in Richtung Bordj Moktar. Kurz darauf beginnt die berühmte Tanezrouft-Piste.

Km 0, Beginn Tanezrouft, **N 26°42,471' E 00°10,486'.**

Km 195, **PK 200** – Militärcamp. Ehemaliges Motel. Wassertank mit Pumpe, gutes Trinkwasser. Manchmal gibt es Diesel. **N 25°01,774' E 00°35,081'.**

Km 250, **POSTE WEYGAND** – Verlassener Stützpunkt der Franzosen. Militär. Keine Übernachtung möglich. **N 24°34,456' E 00°43,916'.**

Km 385, **WENDEKREIS DES KREBSES, N 23°25,684' E 01°00,130'.**

Km 512, **BIDON V** – Trostloses Gelände mit Antennenmasten und Barackenresten. Militärcamp. **N 22°19,122' E 01°06,868'.**

Km 562, Baum der Tanezrouft (in armseligem Zustand). GPS-Pos. **N 21°55,479' E 01°01,278'**

Km 635, **BORDJ MOKTAR** – Algerische Zoll- und Grenzstation (mittags geschlossen). Lebensmittel nur begrenzt erhältlich (Bäckerei, Wasser, kleine Läden). Restaurant, Bank. **N 21°19,960' E 00°57,202'.** (Ende B 36.)

Unterkunft: Campingmöglichkeit ggü. Gendarmerie Nationale.

Verschiedenes: Für Benzin/Diesel an der Tankstelle muss man mit der Gendarmerie/Militär verhandeln – wenn genügend für deren Eigenbedarf vorhanden ist, oder mit Geduld, wird Sprit abgegeben.

Ca. 15 km nach Bordj Moktar, Ortschaft **HABIL** – Lkw-Umschlagplatz mit vielen Cafés, Restaurants, Einkaufsmöglichkeiten. Schmugglernest ohne Polizei- und Militärpräsenz. Von hier auch Pisten nach Tamanrasset und Timbuktu.

Achtung: Obwohl bis zur Grenze von Mali alle 10 km Steinpyramiden den Pistenverlauf markieren, ist darauf zu achten, dass man nicht unbemerkt zu weit östlich geleitet wird, sonst könnte man auf die Spuren nach Silet bzw. Timiaouine geraten.

Km 675, Grenzmarkierung Algerien/Mali. **N 21°07,650' E 01°09,323'.**

Km 736, Abzweig einer Piste nach links in Ri. Timiaouine (116 km).

Km 766, Markierungsstein.

Km 777, wieder Abzweig einer Piste nach links in Ri. Timiaouine (B 33) und Tamanrasset, Metalltafel.

Km 779, die Piste umfährt westlich einen Militärposten (Tafel).

Km 791, Hauptpiste wieder erreicht.

Km 795, **TESSALIT** – Kl. Ort. Grenzstation von Mali. **N 20°12,202' E 01°00,535'.** Kein Treibstoff. Wasser, sonst keine Versorgungsmöglichkeit. (Beginn G 1; Ende B 35.)

Verschiedenes: Zollposten am Ortseingang (dort evtl. auch Wasser), Polizeistation auf Hügel ggü. Kfz-Versicherung (wenn hier nicht möglich) in Gao abschließen.

Unterkunft: Campement mit Lehmhüttenzimmern, guter Verpflegung und Auto-Einstellmöglichkeiten, 3000 CFA p.P. (01.02).

Sehenswert: Empfehlenswert ist ein kurzer Aufstieg zu einer Ruine aus der Zeit der Franzosen am südlichen Ortsende, schöner Blick auf Tessalit und nach Süden.

B 29: Adrar – Aoulef (175 km)

(11.99, MAN) Meist harte Piste (reg und hammada) mit einigen Sandpassagen (A/C/G/I). Die Route wird kaum mehr befahren, da jedermann die längere, aber schnellere Verbindung auf der Teerstraße über Reggane und weiter nach Aoulef wählt. Gut markiert. Vor der Fahrt bei der Polizei in Adrar melden!

ADRAR – S. B 26. (Ende B 26; Beginn B 27.)

Ca. 5 km von Adrar (hier ist die Situation wegen Straßenneubau und einige neuer Straßenverläufe unklar) von der Teerstraße in Richtung SO abbiegen – **N 27°51,77' W 00°10,744'** (bei Häusern mit Torbogen) und auf große, neue Piste, von dieser bei **N 27°50,888' W 00°08,598'** Ri. O abzweigen = Km 0/170 (ca. 5 km von Adrar).

Km 60/110 (ab Abzweig) – neu gemauerter Brunnen **N 27°27,194 E 00°14,672'.** Gute Piste auf Reg.

Km 77/93, **N 27°22,453 E 00°23,063'.** Hammada, deutlich sichtbare Piste, dann wieder Reg-Ebene.

Km 94/76, weißer Steinpfeil am Boden (ehemalige franz. Landepiste), **N 27°17,781' E 00°31,165'.**

Oued mit Grasbüscheln und fesch-fesch (Sand und Felsen), GPS-Pos. **N 27°15,609' E 00°34,905'.** Danach Wellblech, Kiesebene, darauf folgt dann sehr steiniges Gelände.

Km 114/56, zwei Steinmännchen als Markierungen. **N 27°12,430' E 00°40,411'.** Auf der weiteren Strecke nach Timokten nur noch alte Spuren.

Km 157,5/11,5, Ende der Piste beim Fußballplatz von Timokten. **N 27°01,286' E 01°00,681'.** Weiter auf Piste.

Km 158/11, **TIMOKTEN** – Oase. Pos. **N 27°01,623' E 01°00,981'.** Linker Hand auf einem Hügel ein sehr malerischer, alter Ksar. Weiter auf der Straße Ri. Aoulef.

Km 169/1, **ZAOUET MOULAY HAIBA** – Kl. Ort, drei Heiligengräber (Marabouts).

Km 170/0, **AOULEF** – Großer Ort mit Geschäften und vielen rotbraunen Häusern. Werkstätte, Tankstelle. Pos. **N 26°57,537' E 01°05,292'.** (Beginn B 31; Ende B 30.)

Unterkunft: der Campingplatz am Straßenrand (in Richtung Reggane) bietet zwar keinen Komfort, doch die Angestellten sind sehr freundlich (keine Sanitäranlagen, eigener Brunnen – Vorsicht vor Blutegeln).

Sehenswert: Die foggaras (mit bis zu 3360 l/min haben sie die höchste Ausstoßmenge im ganzen Land).

B 30: Reggane – Aoulef (118 km)

(05.92) Asphalt.

REGGANE – S. B 27. (Ende B 27; Beginn B 28.)

Sie verlassen Reggane auf einer breiten asphaltierten Straße in Richtung Osten, die zu militärischen Anlagen führt. Nach 7 km steigt die Straße über 70 Höhenmeter hinauf zur Hochebene des Tidikelt.

Seltsam-schöne, einsame Landschaft.

Km 19, ausgeschilderte Abzweigung nach rechts zur **Source Chibani**. Die Quelle ist ein großes Wasserloch von 15 m Durchmesser.

AOULEF – S. B 29. (Ende B 29; Beginn B 31.)

B 31: Aoulef – In Salah (155 km)

(01.01, Peugeot 505) Am Anfang Asphalt (60 km), danach 38 km meist gute Piste, dann wieder alter Asphalt (57 km).

Km 0, **AOULEF** – S. B 29. (Ende B 29 und B 30.) **N 26°57,523′ E 01°05,287′.**

Km 3, Kreuzung. Nach links in Richtung In Salah abbiegen (nach rechts geht es nach Reggane).

Km 46, Checkpoint, Gendarmerie, Police, rechts geht eine Teerstraße nach Tit (5 km).

Km 60, Teer zu Ende, Pistenbeginn. Pos. **N 27°01,984′ E 01°34,673′.**

Km 63, **HASSI NOUMRAT** – Artesischer Brunnen, verlassenes Gebäude, Palmen, kleine Sanddüne, warmes Wasser, hübscher Übernachtungsplatz. Pos. **N 27°01,953′ E 01°35,133′.**

Km 98, **IN GHAR** – Ort. **N 27°05,346′ E 01°54,647′.** Teerbeginn.

Sehenswert: Die mit einem foggara-System bewässerte palmerie und die versteinerten Bäume auf dem Tademaït-Plateau. Ein Führer kann Sie hinbringen.

Km 155, **IN SALAH** – S. B 2. (Zur B 2; Ende B 32.)

B 32: Amguid – Foggâret ez Zaoûa – In Salah (ca. 530 km)

(11.99, MAN L 2000) Piste (A/D/G/I/K), zwischen Foggâret ez Zoûa und In Salah Asphalt. Die Passage kann in umgekehrter Richtung (von Foggâret ez Zoûa aus) gesperrt sein (1999 bekam man keine Genehmigung in In Salah). Informieren Sie sich!

AMGUID – S. B 12. (Ende B 11 und B 12 und B 70; Beginn B 33.)

Sie verlassen Amguid (bzw. umfahren den Ort von Süden kommend) und umfahren den Erg d'Amguid im Westen (etwas Sand). Danach kommen Sie auf eine gut befahrbare Piste.

Km 70 (ca.), am Ende des erg, treffen Sie auf die Piste Amguid – Bordj Omar Driss (B 12) und folgen ihr, entlang den Ausläufern des Tin Telremt. Am Ende des Gebirgszuges folgen Sie den Metallstangen links der Piste bis zum dreieckigen Wegzeichen der Kreuzung In Salah – Bordj Omar Driss – Amguid. Hier fahren Sie nach links in Richtung In Salah. Zu Beginn ist die Piste mit Steinmännchen markiert, später wieder Eisenstangen, außerdem sind die Spuren am Boden gut zu erkennen. Einige Fesch-Fesch-Passagen.

Km 340, neue Verzweigung; auf einer dreieckigen Mauer die Aufschrift „FF 380" und „In Salah 200". Pos. **N 27°17,644′ E 03°58,883′.** Nehmen Sie die rechte Piste, die nach Westen führt. Die linke Piste kommt direkt aus Amguid und verbindet die Piste B 2 mit B 32. Einige Kilometer in Richtung Tamesguidat hat sich ein Spaßvogel einen Scherz erlaubt: So trifft man im freien Wüstengelände auf ein Stoppschild, ein Einbahnstraßenschild, ein Parkverbotsschild und ein Schild „Einfahrt für Lastwagen verboten" (auf französisch).

Km 368, sulfathaltige heiße Quelle (65°) von **TAMESGUIDAT** (leere Gebäude), Pos. **N 27°18,431′ E 03°43,695′.**

Hinter Tamesguidat gibt es zwei Pisten. Die Hauptpiste führt erst nach SW und dann in einem Bogen nach N und wieder mit der in der Karte eingetragenen nordwestlichen (nicht mehr befahrenen) Piste zusammen.

Km 375, Verzweigung, Richtung NW weiter, **N 27°16,200′ E 03°40,276′.**

Bei **N 27°18,170′ E 03°33,374′** führen beide Pisten wieder zusammen.

Km 401, Quelle von **AÏN KAHLA** – Gefaßte Quelle mit Stein abgedeckt und etwas verschmutztes Becken, verlassenes Gebäude. **N 27°23,927′ E 03°27,266′.** Daneben zieht sich ein Bergzug mit Sanddünen am Hang. Schöner Übernachtungsplatz bei den Dünen.

Km 404, nach links zweigt eine nicht markierte Piste nach Foggâret el Arab ab.

Km 476, **FOGGÂRET EZ ZOÛA** - Oase. Foggara-Bewässerung. Freundliche Bevölkerung. Wasserpumpstation mit Wasserrohr von oben zum Befüllen von Tanklastwagen. Gut zum Wasser auffüllen. **N 27°21,614' E 02°51,255'.** Keine Lebensmittel.

Sehenswert: Der ksar (wenige alte Häuser), die Oasengärten und die Reste versteinerter Wälder in der Umgebung. Wenn man die Augen offen hält, findet man auch immer wieder entlang der Piste versteinerte Holzstücke.

Km 502, Beginn der Teerstraße nach In Salah. **N 27°16,934' E 02°40,076'.** Der Belag ist zum Teil schon in sehr schlechtem Zustand.

Km 518, Einmündung in die Asphaltstraße nach In Salah. Kontrollposten. GPS-Pos. **N 27°16,681' E 02°30,552'.**

Km 528, Einfahrtsbogen, Anfang von In Salah. **N 27°12,624' E 02°29,080'.**

IN SALAH - S. B 2. (Zur B 2; Ende B 31.)

B 33: Amguid - In Ecker (298 km)

(02.93, Range Rover) Piste (A/D/G/I/K) gut markiert (Steinmännchen), leicht befahrbar; viele Lkw.

AMGUID - S. B 12. (Ende B 11 und B 12; Beginn B 32.)

Amguid über den südlichsten Punkt des Erg d'Amguid verlassen und den Metallstangen folgen. Einige Kilometer Weichsand.

Ca. Km 12, links am Ausläufer des Berges liegt die Quelle von Aïn Kerma mit hervorragendem Wasser. Die Quelle wird von algerischem Militär bewacht.

Km 12, Abzweigung nach Djanet; kann leicht fälschlicherweise erwischt werden (s. B 8). Präzise Orientierung durch Eisenstange und Steinplatte mit Bodeninschrift „26.5.70 Amguid", von da aus 100 m westlich Wegweiser Djanet/In Ecker, dann alle 5–10 km (mit Ausnahmen) Markierung.

Km 54, Überquerung des Oued Igharghar.

Km 60, Wegzeichen mit der Aufschrift „In Ecker 210, Tam 390".

Km 80, Markierung, Aufschrift „Tam 370".

Km 110, Einfahrt in den Oued Bernélé. Die Piste wird besser.

Km 128, Mont Tazoumi.

Km 130, Brunnen mit einigen Hütten.

Km 148, linker Hand kommt der 2327 m hohe Garet El Djenoun in Sicht.

Km 161, rechts der Piste der dreieckige Berg Tidikmar. In den Felsen im Süden des Massivs finden sich zahlreiche Höhlen mit Artefakten aus dem Neolithikum und Felsmalereien (ungefähr 1 km von der Markierung „Tam 385" entfernt).

IN ECKER - S. B 2. (Zur B 2.)

B 34: In Amguel - Aïn Ziza - Tanezrouft (ca. 600 km)

Piste (A/C/G/I).

IN AMGUEL - S. B 2. (Zur B 2; Beginn B 7; Ende B 6.)

Dem Flussbett des Oued Amguel nach Westen folgen.

Stark sandige Passagen; nach Regenfällen unbefahrbar.

Km 5, an der Kreuzung rechts halten.

Km 9, wieder Kreuzung, nach links aus dem Oued hinausfahren.

Km 13, Beginn Oued Tidjirine, der parallel zum Oued Amguel verläuft.

Km 33, der Oued Tidjirine mündet im Oued Amguel. Bleiben Sie besser am Nordufer. Sandige Passagen.

Km 48, **TIN-FELKI** - Wasser.

Km 50–52, mehrere Pisten zweigen links ab; im Flussbett des Oued Tekouijat bleiben.

Km 63, der Oued wird breiter. Die Piste führt zunächst am linken Ufer parallel zum Oued und kehrt dann wieder ein Stück weiter in diesen zurück. Wellblech.

Km 85, die Piste steigt wieder auf die Uferböschung des Oued.

Km 105 (ca.), der Oued wird so breit, dass man ihn kaum noch von der umgebenden Ebene unterscheiden kann. Fahrzeugspuren werden seltener. Mit dem Kompass Kurs auf 220 Grad nehmen und die Richtung halten.

Ca. Km 135, Durchfahrt zwischen zwei Hügeln.

Ca. Km 185, Pisten kreuzen (wahrscheinlich Piste von Silet nach Aïn Ziza.)

Ca. Km 210, Kurs auf 290 Grad nehmen.

Km 280, hohe Berge kommen in Sicht. Im Süden umfahren und dann Kurs auf 340 Grad nehmen.

Km 305, Dünen in Sicht. Nach der Durchquerung den Adrar Nahalet südl. umfahren.

Km 340, Adrar In-Hihaou in Sicht. Man befindet sich auf einer sehr schönen Ebene.

Km 355, kurz vor dem Berg kreuzt eine sehr breite Piste. Links halten.

Km 360, Bergpassage, Richtung Norden. Mehrere Oueds werden überquert.

Km 377, Kreuzung. Die Piste nach rechts führt nach Ziza (mehrere gueltas); nach links geht es zur Tanezrouft-Piste.

Km 382, nach links eine Abzweigung zu einem guelta (1 km).

Km 384, **AÏN ZIZA** – Schönes Guelta.

Nach Westen zur Tanezrouft-Piste weiterfahren (ca. 220 km; zur B 28).

Fährt man nach N, gelangt man auf einer guten Piste nach der Durchquerung des Adrar Taoudrad nach Adrar.

B 35: Tit – Silet – Timiaouine – malische Grenze – Tessalit (ca. 716 km)

Abschnitt 1: Tit – Abalessa – Silet (86 km) (03.02, Yamaha TT 600) Asphalt. Eine interessante Route, über die man die Verbindungspisten nach Bordj Moktar (s. B 36) und nach Timiaouine (Abschnitt 2) oder Tin-Zawatine (s. B 37) zur Weiterfahrt nach Mali erreicht. Stellen Sie sicher, dass Ihre Papiere in Ordnung sind. Die Erlaubnis, von Silet aus eine dieser drei Pisten zu befahren, erteilt die Grenzpolizei in Tamanrasset. Das Grenzgebiet zu Mali ist gefährlich (s. Überblick/Sicherheit und Sicherheit im Länderkapitel Mali) und sollte zurzeit nicht bereist werden!

TIT – S. B 2. (Zur B 2.)

Die Piste verlässt die Straße nach In Salah etwa 3 km nördlich von Tit und führt nach Westen.

Bis Tim-Missao (Brunnen, **N 21°54,17' E 03°05,62'**) verläuft die Piste dann in südsüdwestlicher Richtung. Die Strecke ist gut erkennbar (harter Sand und reg), aber nicht markiert.

ABALESSA – Kleine Oase. Wasser. Lebensmittel beschränkt erhältlich. Ehemaliger Hauptort des Hoggar.

Sehenswert: Das Grab von Tin-Hinan, der legendären Königin der Hoggar-Tuareg und Urahnin der Tuareg Kel Rela. Es liegt etwa 3 km östlich der Siedlung.

Zwischen Abalessa und Silet starkes Wellblech, kurz vor Silet dann Sand. Die Piste ist nicht markiert, aber gut zu erkennen.

SILET – Kleiner Ort. Wasser, Lebensmittel, Tankstelle (Versorgung nicht gesichert). Kontrollposten des Militärs. (Beginn B 36, B 37.)

Abschnitt 2: Silet – Timiaouine – malische Grenze – Tessalit (ca. 630 km) (03.02, Yamaha TT 600) Piste (A/C/G/I/K). Die Genehmigung erteilt die daïra in Tamanrasset. Siehe Hinweise unter Abschnitt 1.

SILET – S. B 35. (Beginn B 36 und B 37.)

Verlassen Sie Silet in nordwestlicher Richtung und biegen Sie hinter dem Polizeiposten nach rechts. Wellblech und Sand.

Die Piste ist alle 5 km mit 1,5 m hohen, weißen Zementpfosten markiert, auf denen zunächst Silet und die von da aus zurückgelegte Entfernung angezeigt ist und dann „Timia" (Timiaouine) und die noch zu fahrenden Kilometer. Auf die Entfernungsangaben sollten Sie sich nicht verlassen. Zusätzliche Markierung mit weißen Tonnen. Ein anderer Pistenverlauf ist mit weißen Metallstangen markiert, der offensichtlich bei Adrar mit der beschriebenen Piste wieder zusammenführt.

Km 30, **ADRAR TIOUEÏNE.**

Beim Verlassen des Adrar fällt die Markierung mit der Markierung einer alten Piste zusammen (hohe Metallstangen mit vier aufgesteckten weißen Tafeln). Man kann sie zur allgemeinen Orientierung nutzen, doch die richtige Piste entfernt sich nach rechts von dieser Markierung.

Km 50, Bogen nach W und dann nach SW. Die Piste ist in sehr gutem Zustand.

Ca. 150 km nach Silet großer Mast am Rande einer kleinen Dünenkette, GPS-Pos. **N 22°12,30′ E 03°17,05′**, neuer Brunnen ca. 2 km entfernt. Die Dünenkette kann hier an ihrer flachsten Stelle gut überquert werden; man trifft dann wieder auf die markierte Piste.

Ab der Markierung 265 auf ungefähr 5 km Sandpassagen.

Vor der großen Düne nach rechts orientieren. Nicht geradeaus nach Tim-Missao weiterfahren, da die Piste dort nicht vorbeiführt. (Exkursionen in das Tal von Tim-Missao sind möglich; herbe Felsen- und Dünenlandschaft, schwierige Piste.) Die Piste umfährt im Norden den Berg In Debirène und verläuft dann wieder nach Süd-Südwest.

Auf den folgenden 40 km reg und Steine, dann wieder guter Pistenzustand.

Km 245, Oued. Folgen Sie nicht den deutlichen Spuren, die nach links abzweigen. Die Hauptpiste verläuft weiterhin nach Süden.

Km 270, quadratische Markierung (2 x 2 m) „Silet 260, Timia 150".

Km 325, Markierung: „Timia/Silet 305", die Fahrt nach S fortsetzen. Auf einer Länge von 75 km verläuft die Route entlang des Oued Tadjeraout. Immer wieder Weichsand.

Km 400, die Piste führt in südwestlicher Richtung entlang der Ausläufer des Iforas (Wellblech, Steine und Sand).

Km 450, **TIMIAOUINE** – Das Dorf versteckt sich zwischen den Felsen. Militärposten. Lebensmittel (gute Versorgung), Treibstoff. **N 20°26,00′ E 01°48,00′.** Felsgravuren in der Umgebung. (Beginn G 2.)

Weitere Route nicht markiert und nicht auf Michelinkarte eingezeichnet. Sie verlassen Timiaouine in Ri. NW und fahren entlang des Oued Djoudène (linker Hand).

Km 476, Oued verlassen, Richtung W halten.

Km 525, am Beginn einer großen Geröllebene (dem südlichen Ausläufer der Tanezrouft) verlassen Sie die Piste und halten 90° nach SW (nach links). Die Spuren sind stellenweise kaum noch zu erkennen. Fährt man geradeaus weiter, stößt man auf die Piste Bordj Moktar – Tessalit.

Etwa 40–50 km weiter passiert die Piste rechter Hand ein Oued.

Ca. Km 535, eine Steinmarkierung bezeichnet die malische Grenze.

Km 545, **OUED AKERAKAR.**

Km 562, die Piste *Bordj Moktar – Tessalit* (B 28) ist erreicht.

Km 630, **TESSALIT** – S. B 28. (Ende B 28; Beginn G 1.)

B 36: Silet – Bordj Moktar (ca. 440 km)

Die Piste (A/C/G/I/K) ist eigentlich gesperrt. Erkundigen Sie sich in Tamanrasset oder Silet (s. Anmerkungen zu B 35). Das Grenzgebiet zu Mali ist gefährlich (s. Überblick/Sicherheit und Sicherheit im Länderkapitel Mali) und sollte zurzeit nicht bereist werden!

SILET – S. B 35. (Zur B 35; Beginn B 37.)

Bis Km 250 und ab Km 260 ist die Piste gut zu erkennen.

Verlassen Sie Silet in nordwestlicher Richtung und lassen Sie die Piste nach Tin Zawatine linker Hand liegen. Als Orientierungspunkt können zwei große Felsen dienen, die weit entfernt im Westen sichtbar sind und zwischen denen die Route hindurchführt. Danach wendet sich die Piste nach Südwesten.

Zu Beginn Markierung mit Eisenstangen alle 10 km, danach dreibeinige Markierungen. Die Piste besteht aus zahlreichen Spuren, die sich ungefähr bei Km 155 zu einer guten Piste vereinigen (kleines Dünenfeld).

Km 160, Kreuzung, markiert mit einer weißen Tonne. Den Spuren nach Süd-Südwest, später West folgen.

Ignorieren Sie den Wegweiser nach Timiaouine, die Spuren nach links münden höchstwahrscheinlich in die B 33.

Km 195, linker Hand die Ausläufer eines Berges.

Km 222, kleines, ca. 30 m langes Weichsandfeld.

Km 252, die Spuren führen wieder auseinander; nach rechts in Richtung Süd-Südwest halten.

Km 261, ein Steinviereck dient als Wegweiser; hier nach Westen fahren.

Km 268, Kreuzung, markiert mit einer Tonne. Auf den Spuren nach rechts in westlicher Richtung weiterfahren. Von hier ab regelmäßige Markierung mit Tonnen.

Km 292, fesch-fesch (harter Untergrund), danach mehrere Sandfelder.

Km 350, ein umgestürzter dreieckiger Wegweiser.

Km 378, die Piste bietet nun keine Probleme mehr.

Km 440, **BORDJ MOKTAR** - S. B 28. Piste endet vor der Polizeistation. (Zur B 38.)

B 37: Silet - Tin Zawatine - malische Grenze (ca. 400 km)

Piste (A/G). Eine Genehmigung erteilt die protection civile in Tamanrasset (siehe dazu die Anmerkung bei B 35). Das Grenzgebiet zu Mali ist gefährlich (s. Überblick/Sicherheit und Sicherheit im Länderkapitel Mali) und sollte zurzeit nicht bereist werden!

SILET - S. B 35. (Zur B 35; Beginn B 36.)

Am Kontrollposten der Polizei (wo man sich melden muss) schlagen Sie die südliche Richtung ein.

Bis Tin Zawatine ausgezeichneter Pistenzustand. Die Markierung ist gut und gestaltet sich wie folgt: alle 5 km etwa 3 m hohe Metallpfeiler mit solarbetriebenen Lampen; Steinmarkierungen aus 1 m hohen Steinen alle 2-3 km, auf denen die Entfernung von Silet (und auf der anderen Seite von Tin Zawatine) angegeben ist; Fässer, die in einigen hundert Metern Abstand aufgestellt sind (variabel) - unmöglich, sich zu verfahren!

Die ersten 80 km über steinige Hügel. Viele wellenförmige, festgefahrene kleine Dünen.

Km 81, die erste Düne. Es beginnt eine weite, ein wenig sandige Ebene.

Km 88, Solar-balise (Wegmarkierung mit Solarstrombeleuchtung).

Km 93, Solar-balise. Auf der rechten Seite der Piste kommt man schneller auf der von den Lastwagenfahrern vorgeebneten Strecke voran.

Km 156, links am Horizont eine alleinstehende Berggruppe.

Km 175, Tonne mit Aufschrift „PK 172".

Ca. Km 181, nach der Ebene beginnt ein Stück mit hartem Untergrund.

Km 201-214, weicher Boden.

Km 225, auf der linken Seite Bergspitze.

Km 220-290, weicher Sand und fester Boden wechseln sich ab.

Km 265-285, einem weitläufigen Oued folgen.

Km 306-311, schöne runde Felsen links und rechts der Fahrbahn.

Km 313, Abzweigung. Rechts führt die Straße nach Tin Zawatine. Links durch ein Oued liegt der Brunnen von **IN TEDEINI.** Schön und eindrucksvoll!

Km 315-350, Strecke fortlaufend über Oueds und an den Bergkuppen entlang. Unregelmäßige Bodenbeschaffenheit. Geschwindigkeit herabsetzen.

Km 350-360, Sand.

Km 363, großer Meilenstein aus weißem Zement. Wegweiser: „Tin Zawatine/Timiaouine/In Guezzam".

Km 367, **TIN ZAWATINE** - Dorf. Lebensmittelversorgung schwierig (Brot). Wasser. Treibstoff (Tankstelle am Ortseingang). Bei der Polizei melden. Zoll- und Polizeikontrolle für die Ausreise aus Algerien.

2 km hinter Tin Zawatine - malische Grenze. Passieren Sie die Grenze nach Möglichkeit nicht nach Sonnenuntergang und vermeiden Sie die Militärkontrolle der benachbarten malischen Garnison. Diese Formalitäten werden besser in Kidal erledigt (s. G 2). (Beginn B 38, G 3 und G 5; Ende G 3, G 4 und G 2.)

B 38: Tin Zawatine - In Guezzam (350 km)

Piste (A/H/I). Alle 5 km Meilensteine aus weißem Zement, in unregelmäßigen Abständen (ca. alle 25 km) Markierungssteine (solarbeleuchtet).

Wenn man **TIN ZAWATINE** verlässt, nimmt man wieder die Piste nach Silet.

Km 4, großer Wegweiser aus weißem Zement nach Tam und In Guezzam.

Km 5, erster weißer Meilenstein mit der Aufschrift „IGZM 345".

Die ersten 25 Kilometer führen über felsige Hügel.

Km 40, Grenzstein von Mali.

Km 60, kleine Wanderdünen.

Km 100, Meilenstein mit der Aufschrift „IGZM 250", Pfeil links nach Puit Inazoua. Jetzt beginnt eine große sandige Ebene, ab und zu ziemlich lockerer Sand, bis km 155.

Km 175,6, weißer Meilenstein, Linkspfeil nach Tingharho.

Km 195, Oued-Querung.

Km 200, der Weg führt durch ein Oued. Gleich danach folgt eine Sandebene. Kompass 180°, danach weite Kurve nach links, Kompass 120°.

Km 220, weißer Meilenstein („IGZM 130") mit der Aufschrift „puit Anesabaraka" (Pfeil nach rechts). Der Brunnen befindet sich 15,5 km nach dem Meilenstein, Kompass 120/140° folgend. Ungefähr 10 km nach dem Brunnen entdeckt man zwischen den Dünen den Motor von General Lapperines Flugzeug.

Km 220–290, abwechselnd fester und sandiger Boden, manchmal auch locker.

Km 290–308, die Piste führt über den Hügel. Die letzten Kilometer führen durch eine sandige Ebene. Sehr schöne Felsen, ab und zu tauchen Wegweiser zu nahe gelegenen Brunnen auf.

Km 350, **IN GUEZZAM** – S. B 10. (Zur B 10.)

B 39: Algier – Tipaza – Mostaganem – Oran (438 km)

Asphaltstraße am Meer (N11). Schöne Landschaft, Wasser- und Lebensmittelversorgung schwierig. Zurzeit nicht zu empfehlen!

ALGIER – 3 Mio. Einw. Hauptstadt, gute Infrastruktur (s. Stadtplan). Vom Flughafen „Houari Boumediene" führt eine Autobahn in das Stadtzentrum; zollfreier Einkauf gegen Devisen, auch wenn man kein Flugzeug nimmt.

Unterkunft: Hotels aller Kategorien in der Stadt und an den Stränden in Sidi Ferruch, Moretti-Plage und Zéralda. Campingmöglichkeit ungefähr 16 km vom Stadtzentrum entfernt auf der N41 in Richtung Cheraga (2,2 km hinter Souk el Fellah biegen Sie am Waldrand links in eine kleine Straße und nach 30 m nochmals links; Picknickplätze).

Sehenswert: Das „Denkmal der Märtyrer", die Kasbah, die Hauptpost, die Uferpromenaden, die „Cité des Sports", der Botanische Garten. Informationen geben die Büros der „ONAT", Rue Didouche Mourad gegenüber des Hotels „Es-Safir", Rue Ben-Boulaïd. (Beginn B 10a, B 49 und B 40.)

ZÉRALDA – Ort.

Unterkunft: Jugendherberge und gr. Campingplatz mit warmen Wasser.

TIPAZA – Gute Infrastruktur. Gut erhaltene historische Stadt. Strand.

CHERCHELL – Fischerdorf. Gute Infrastruktur.

TÉNÈS – Stadt mit guter Infrastruktur.

Zwischen Ténès und Mostaganem keine Unterkunftsmöglichkeiten; wild campen möglich. Die Strecke führt durch liebliche Landschaft; Weinanbaugebiet.

MOSTAGANEM – Stadt mit guter Infrastruktur.

ARZEW – Dorf. Markt. Treibstoff.

ORAN – Großstadt mit guter Infrastruktur (s.a. Stadtplan), ca. 670 000 Einw.

Unterkunft: Campingplatz „Ain-el-Turck", 15 km westlich der Stadt, ganzjährig geöffnet, falls das Hauptportal geschlossen ist, benützen Sie den Seiteneingang in der nächsten Querstraße.

B 40: Algier – Bejaïa – Skikda – Annaba – El Kala – Oum Teboul – tunesische Grenze (552 km)

Asphalt, guter Straßenzustand. Auf der ganzen Strecke keine Versorgungsprobleme; in den größeren Orten Hotels.

ALGIER - S. B 39. (Beginn B 39, B 48 und B 49.)

BEJAÏA - 124 000 Einw. Touristischer Ort. Gute Infrastruktur. Schöner Sandstrand.

Von Bejaïa bis Jijel verläuft die Straße entlang der Küste, großartiger Streckenabschnitt, Felsüberhänge, viele Buchten (Badeplätze).

JIJEL - Kleinstadt. Gute Infrastruktur.

Von Skikda nach Annaba gibt es zwei Routen: die Hauptstraße verläuft im Landesinneren über Azzaba (s. B 41); nehmen Sie lieber die Küstenstraße, die das Edough-Massiv durchquert.

ANNABA - 350 000 Einw. Großstadt. Gute Infrastruktur.

Sehenswert: die römischen Ruinen von Hippone, das angeschlossene Museum und die Moscheen. Schöne Strände.

EL KALA - Kleinstadt. Gute Infrastruktur.

Hinter El Kala fährt man durch ein Naturschutzgebiet (Korkeichenwälder) mit interessanten Naturlehrpfaden.

OUM TEBOUL - Algerischer Grenzposten in einem schönen maurischen Haus. Die tunesische Grenze liegt einige Kilometer weiter in Melloula. (Ende C 1 und C 3.)

B 41: Annaba - Constantine - Batna - Biskra - El Oued (660 km)

Asphalt.

ANNABA - S. B 40. (Zur B 40).

Nehmen Sie die Straße nach Azzaba und El Arrouch.

CONSTANTINE - 634 m. 450 000 Einw. (s. Stadtplan). Wichtige Stadt. Gute Infrastruktur. Zentrum ist für Lkw gesperrt.

Sehenswert: Die Lage der Stadt am Zusammentreffen zweier eindrucksvoller Schluchten, die Brücken, der Boulevard de l'Abîme, verschiedene Bauten aus prähistorischer und römischer Zeit, das Museum, die Moscheen und die kasbah.

In der Umgebung: Die römischen Ruinen von **Tiddis** (im NW, ungefähr 60 km hin und zurück) und in der Khenegh-Schlucht die Stadt **Mina** (im Nordwesten, etwa 96 km hin und zurück), deren Festungsanlage im 6. Jh. von Justinian erbaut wurde.

Schlagen Sie nun eine südl. Richtung ein und fahren dann 2 km hinter El Khroub nach rechts in Richtung Batna.

Etwa 2 km hinter dem Dorf **Aïn Yagout** Ausflugsmöglichkeit zum Rundgrab von **Médracen** (3. Jh. v.Chr., 59 m Durchmesser, 20 m hoch).

BATNA - 1038 m. 123 000 Einw. Stadt. Gute Infrastruktur.

In der Umgebung: Ausflüge können in die Zedernwälder der Belezma-Berge und zu den römischen Ruinen und der byzantinischen Kirche von Zana unternommen werden.

Von Batna nach Biskra gibt es zwei Routen: Die direkte Verbindung verläuft über El Kantara (117 km), die touristisch interessantere Route (161 km) ist hier beschrieben:

Verlassen Sie Batna in südöstlicher Richtung.

TAZOULT LAMBÈSE - Etwa 10 km hinter Batna auf der rechten Seite bedeutende römische Ruinen (Gerichtssaal, Triumphbogen, Arenen, Kapitol, Äskulap-Tempel, Amphitheater, Museum). Unweit der Ruinen von Markouna nach links in Richtung

TIMGAD - 1072 m, bedeutende römische Ruinenstadt, vergleichbar mit Pompej.

Unterkunft: Es gibt zwei Hotels, doch beide sind schlecht unterhalten und teuer.

In der Umgebung: Etwa 10 km im Südosten die Berberstadt **Icchoukane** (kreisrunde megalithische Bauten).

Über Bouhmar Rückkehr auf die Hauptstraße.

ARRIS - Die Kleinstadt liegt linker Hand etwas abseits der Straße, hübsche Lage in den Obsthainen des Aurès-Massivs.

RHOUFI - 750 m. Dorf. Eindrucksvoller Blick über den Canyon des Oued El Abiod. Sehr schöne Landschaft. Man kann auch in die Schlucht hinuntersteigen. Die Händler hier sind sehr zudringlich, tauschen Sie auf keinen Fall auf dem Schwarzmarkt!

Ungefähr 15 km hinter Rhoufi führt eine Abzweigung nach links zu der Bergoase Baniane, die für ihre dreistöckigen guelaas (Gemeinschaftsspeicher) berühmt ist. Einige Kilometer weiter führt eine erneute Abzweigung nach links in Richtung

M'CHOUNÈCHE - 330 m. Oase. Hübsche Lage am Ausgang des Canyon. Auch hier sind die Händler aufdringlich, doch sie verkaufen schöne Kelims.

BISKRA - 121 m, Großstadt. Gute Infrastruktur.

Unterkunft: Jugendherberge im Zentrum.

Sehenswert: Der riesige Palmenhain, die alten Stadtviertel, das türkische Fort (schöner Blick über die Stadt) und die Frühjahrsfeste (Folkloretänze).

In der Umgebung: Das Thermalbad **Hammam Salahine**, das noch aus der Römerzeit stammt ist berühmt für seine sulfathaltigen Quellen; eine der heiligen islamischen Städte, **Sidi Okba** (im SO, 34 km hin und zurück), mit ihrer sehenswerten Moschee; die Oase **Tolga** (78 km hin und zurück in Richtung Bou Saada), einer der Haupterzeuger von Datteln in der Region, und die 13 km südlich von Tolga liegende Oase **Lichoua** mit ihrem pittoresken ksar.

Von Biskra aus führt die Route nach Süden in Richtung Touggourt. 79 km nach Biskra geht es an einer Kreuzung rechts nach Touggourt. Fahren Sie links.

EL OUED - S. B 1. (Beginn B 1, B 19; Ende C 6.)

B 42: Biskra - Tébessa (314 km)

Asphalt. Die Route führt über Nebenstraßen. Reisende, die 2002 bei Tébessa von Tunesien einreisten, wurden bis 30 km südlich von Biskra von einem zivilen Polizeifahrzeug begleitet. In Begleitung durfte jeder gewünschte Punkt angefahren werden (z.B. das Aurès-Gebirge).

BISKRA - S. B 41. (Zur B 41.)

Sie verlassen Biskra auf der Straße nach Batna. 2 km hinter der Stadt nach links abbiegen (auf die N 83).

SIDI NADJI - Kleine Oase. Lebensmittel (Markt), Wasser, Treibstoff. Von hier führen mehrere Pisten in das landschaftlich sehr reizvolle Aurès-Massiv.

TABERDGA - Kl. Oase. Wasser, Treibstoff.

BABAR - Kl. Oase. Lebensmittel (Markt), Wasser, Treibstoff.

CHÉRIA - Kl. Oase. Wasser, Treibstoff, Werkstatt.

Vor Tébessa sehr steiles Gefälle.

TÉBESSA - Kleinstadt. Gute Infrastruktur.

B 43: Mascara - Siddi-bel-Abbès - Tlemcen - Maghnia - marokkanische Grenze (233 km)

Asphalt. Die algerisch-marokkanische Grenze ist seit Herbst 1994 geschlossen. Zurzeit nicht zu empfehlen!

MASCARA - S. B 44. (Ende B 44; Beginn B 45.)

SIDDI-BEL-ABBÈS - 470 m, 150 000 Einwohner. Gute Infrastruktur.

TLEMCEN - 800 m, 146 000 Einw. Gute Infrastruktur. (Beginn B 46.)

Unterkunft: Zahlreiche Hotels aller Kategorien. Der Campingplatz liegt hinter der Kreuzung Sebdou - Maghnia, etwa 100 m links in Richtung Maghnia, saubere Sanitäranlagen, sympathisches Personal; ein zweiter Campingplatz befindet sich in Mansourah (auf der N22 in Richtung Sebdou), san. Einrichtungen, Restaurant, Telefon.

Verschiedenes: Ca. 3 km in Richtung Sidi-bel-Abbès liegt eine Fabrik für Kfz-Federblätter, es sind auch Reparaturen möglich.

Sehenswert: Die vielen Bauten aus der hispano-maghrebinischen Zeit, mehrere schöne Moscheen, das Museum klassischer und muslimischer Antiquitäten und die Grotten von Aïn Fezza (ca. 18 km von Tlemcen entfernt), zu erreichen über El Ourit (N7), dann an der Kreuzung nach rechts. Die Straße ist kurvenreich und gefährlich.

MAGHNIA - 365 m, 90 000 Einwohner. Moderne Stadt mit guter Infrastruktur. In der Umgebung umfangreiche Bewässerungsanlagen.

13 km hinter Maghnia befindet sich der Grenzposten. Die marokkanisch-algerischen Grenzen sind nach einem Anschlag auf ein marokkanisches Hotel durch algerische Fundamentalisten seit Herbst 1994 geschlossen. Eine Öffnung ist bisher nicht abzusehen. Falls doch: Für die Formalitäten müssen drei bis sechs Stunden eingeplant werden. Sind die Zöllner verärgert, kann es noch länger dauern. (Schneller geht es am Grenzposten von Ahfir, etwa 35 Km nördlich). Ca. 3 Km vor der algerischen Grenze steht ein Wachposten, der nicht markiert und kaum auszumachen ist. (Ende A 8 und A 12.)

B 44: Relizane – Mascara (65 km)

Guter Asphalt. Malerische Landschaft. Zurzeit nicht zu empfehlen!

RELIZANE – S. B 48. (Ende B 48; Beginn B 47.)

MASCARA – 600 m, 68 000 Einw. Gute Infrastruktur. Zentrum des Weinanbaus, auch berühmt für seine Teppiche und Spitzen. Gelegentlich Polizeikontrollen, generell gibt es jedoch keine Probleme. (Beginn B 43 und B 45.)

B 45: Mascara – Saïda – Aïn Sefra (330 km)

Asphalt. Wasser, Treibstoff, Lebensmittel und Hotels in allen wichtigen Orten. Z.Zt. nicht zu empfehlen!

MASCARA – S. B 44. (Ende B 44; Beginn B 43.)

SAÏDA – 840 m, Kleinstadt. Gute Infrastruktur. Zwei einfache Hotels. (Zur B 16.)

MECHERIA – Dorf. Treibstoff, Wasser.

TOUIFZA – S. B 46. (Ende B 46.)

AÏN SEFRA – 1070 m. Mittelgroße Stadt. Gute Infrastruktur.

Unterkunft: „Hotel El Mekter", herzlicher Empfang, schwache Klimaanlage.

In der Umgebung: Zahlreiche Oasen (Palmengärten), die Berge, die alten Ksour und viele Felsgravuren.

Verschiedenes: In Aïn Sefra starb am 21. Oktober 1904 die Schriftstellerin und Abenteurerin Isabelle Eberhard. Sie ist auch hier begraben. (Beginn B 53; Ende B 52.)

B 46: Tlemcen – Sebdou – El Aricha – Touifza (217 km)

Guter Asphalt. Die Straße führt über Hochplateaus, häufige Sandstürme. Zurzeit nicht zu empfehlen!

TLEMCEN – S. B 43. (Zur B 43.)

Bis Sebdou kurvenreiche Straße.

SEBDOU – Dorf. Treibstoff, Wasser.

EL ARICHA – Dorf. Treibstoff, Wasser.

TOUIFZA – Bahnhof auf der Strecke Mascara – Béchar. Keine Versorgungsmöglichkeit. (Zur B 45.)

B 47: Relizane – Aflou (259 km)

Asphalt. Die Verbindungsstrecke mündet in die Hoggarpiste. Interessant für alle, die von Marokko kommen (Grenze derzeit zu).

RELIZANE – S. B 48. (Ende B 48; Beginn B 44.)

TIARET – 1050 m, 55 000 Einw. Gute Infrastruktur.

Unterkunft: „Hotel Ibn Rostom".

Verschiedenes: Fort. Die Stadt lebt von Ackerbau und Viehzucht.

AFLOU – 1310 m, 55 000 Einw. Gute Infrastruktur. Zentrum der Hammel- und Ziegenzucht. (Beginn B 51, B 52 und B 18.)

B 48: Algier – Relizane (302 km)

Guter Asphalt. Wasser, Treibstoff, Lebensmittel und Hotels in allen größeren Orten. Zurzeit nicht zu empfehlen!

ALGIER – S. B 39. (Beginn B 39, B 40, B 49.)

RELIZANE – Kleinstadt. Lebensmittel. Treibstoff. (Beginn B 44 und B 47.)

B 49: Algier – Laghouat (412 km)

(07.01) Guter Asphalt. Kurvenreiche Überquerung des Tell-Atlas zwischen Blida und Ksar-el-Boukhari. Fantastische Landschaft. Zurzeit nicht zu empfehlen! Keine Konvoipflicht.

ALGIER – S. B 39. (Beginn B 39, B 48 und B 40.)

BLIDA – 240 m, 400 000 Einw. Gute Infrastruktur. Der Markt ist sehenswert.

Unterkunft: „Hotel El Ansar". 5 km hinter Blida liegt das sehr angenehme „Hotel de la Citadelle".

AÏN OUSSERA – Dorf. Lebensmittel, Wasser, Treibstoff.

LAGHOUAT – 752 m, 30 000 Einw. Gute Infrastruktur. (Zur B 51.)

Unterkunft: Das „Hotel Marhaba" ist angenehm, allerdings ist der Parkplatz nicht bewacht. Eine Garage gibt es 400 m vom Hotel entfernt. Das „Hotel Sayaz" ist schmutzig und bietet schlechten Service. Ein schattiger Campingplatz liegt am Ortseingang, Richtung Aflou. In der Jugendherberge kann auch ohne Mitgliedsausweis übernachtet werden. Empfehlenswertes Restaurant „Elfeth" an der Hauptstraße mit guter Küche.

Verschiedenes: Technische Hilfe geben die Werkstätten der „SNTR" und einer amerikanischen Bohrgesellschaft. Die „Garage Oasis" in der Rue M'Hamed Ben Salem kann Reifen reparieren.

Sehenswert: Die Große Moschee, die „Moschee El Atik" und die vielen modernen Gebäude. Einige, wie das Hotel „Marhaba" stammen vom Architekten Fernand Poillon.

B 50: Touggourt – Chegguet El Ftaïet – El Alia – Guerara – Berriane – Ghardaïa (ca. 300 km)

(01.02) Neue Teerstraße. Vor jedem Ort Straßensperren (Abfertigung schnell und höflich).

TOUGGOURT – S. B 1. (Zur B 1, B 2.)

Sie verlassen Touggourt auf der Straße nach Hassi Messaoud.

EL HADJIRA – An der Kreuzung vor dem Ortseingang nach rechts in Richtung „Centre Ville" fahren.

Nach links geht es auf einer Asphaltstraße über Dbidibi, Frane und N'Goussa nach Ouargla.

CHEGGUET EL FTAÏET – Oase. Keine Versorgungsmöglichkeit.

Von Chegguet El Ftaïet bis Ghardaïa sehr gute Straße.

EL ALIA – Oase. Treibstoff.

Ca. 15 km vor Guerara sind die Brücken inzwischen asphaltiert worden.

GUERARA – 326 m. Oase. Lebensmittel (mehrere Geschäfte), Treibstoff (zwei Tankstellen).

Unterkunft: Der Campingplatz befindet sich in den Palmengärten.

Verschiedenes: Im Norden des Ortes gibt es eine heiße Quelle (35°) und ein Schwimmbecken (eine halbe Stunde zu Fuß, fragen Sie nach dem Weg).

Essen: auf dem Hauptplatz das Restaurant „Sindbad" und das Restaurant „Ikoumar", beide mit freundlichem Besitzer.

BERRIANE – 580 m. Moderne Oase. Lebensmittel, Treibstoff.

Unterkunft: Hotel „Ballouh".

Sehenswert: Der Ort selbst und die Palmengärten.

Von Berriane aus Weiterfahrt auf der Strecke B 51.

GHARDAÏA – S. B 2. (Zur B 2; Ende B 51.)

B 51: Aflou - Laghouat – Ghardaïa (534 km)

Asphalt. Konvoipflicht bis Ghardaia. Bei der Ankunft in Ghardaïa schöner Blick über die Stadt und die umliegenden Oasengärten. Im Bereich Laghouat zurzeit nicht empfehlenswert!

AFLOU - S. B 47. (Ende B 47; Beginn B 52.)

LAGHOUAT - S. B 49. (Ende B 49.)

TILREHMT - An der Straße weist eine Tafel auf das exzellente Hotel und Restaurant.

GHARDAÏA - S. B 2. (Zur B 2; Ende B 50.)

B 52: Aflou – El Bayad – Aïn Sefra (359 km)

Asphalt. Einige unterhaltene Furten. Im Winter ist die Straße zwischen Aflou und El Bayad häufig durch Sandverwehungen blockiert, die nur schwer zu umfahren sind. Achtung auf Schlaglöcher! Die Polizeikontrollen sind unproblematisch. Entlang der Route gibt es viele Felsgravuren (die schönsten finden Sie in Mouch-geug zwischen Chellala Dahrania und der Abzweigung nach El-Abdiod-Sidi-Cheikh). Z.Zt. nicht zu empfehlen!

AFLOU - S. B 47. (Ende B 47; Beginn B 51.)

EL BAYAD - 1310 m, 65 000 Einw. Gute Infrastruktur. Viehzuchtgebiet (Ziegen, Schafe, Rinder und Kamele).

Sehenswert: Die lokalen Teppich- und Stoffwebereien.

In der Umgebung: Zahlreiche prähistorische Stätten (Aïn Marshal, Fouaidj Tamara, Hadjera Driess, Merdoufa oder Keradka) mit Felsgravuren aus dem Neolithikum (ca. 5000 v. Chr.); man erreicht sie über die schlechte Piste (Führer mitnehmen!), die von El Bayad nach Brézina führt (70 km nach Süden). Die Felsgravuren stellen Elefanten, Strauße und Raubtiere und Jäger dar.

AÏN SEFRA - S. B 45. (Ende B 45; Beginn B 53.)

B 53: Aïn Sefra – Beni-Ounif (153 km)

Asphalt. Viele Militärkontrollen. Hinter Aïn Sefra wird die Landschaft sehr malerisch. Flüssiger Verkehr, kleine Ortschaften, Brunnen. Z.Zt. nicht zu empfehlen!

AÏN SEFRA - S. B 45. (Ende B 45, B 15.)

BENI-OUNIF - 850 m, Kleinstadt. Lebensmittel, Treibstoff, Bank.

Nach Norden führt eine Straße nach Figuig und Bouârfa (Marokko). Die Grenze nach Marokko ist geschlossen. (Ende B 53 und A 10; Beginn B 54.)

B 54: Beni-Ounif – Béchar (114 km)

Asphalt. Zurzeit nicht zu empfehlen!

BENI-OUNIF - S. B 53. (Ende B 53.)

Km 64, **BEN-ZIREG** - Dorf. Keine Lebensmittel. Beginn einer asphaltierten Straße (126 km), auf der man über Fendi und den Oued Zousfana Taghit erreichen kann (zur B 56). Nach Überquerung des Oued nehmen sie an der Kreuzung die rechte Straße. Die linke Abzweigung führt nach El Bayadh. Schöne Landschaft entlang des Großen Westlichen Erg.

20 km nördlich von Béchar, **HASSI-EL-MOKTA** - Mehrere Brunnen mit Wasserhahn, das Wasser ist umsonst und von guter Qualität.

BÉCHAR - 785 m, 60 000 Einw. Gute Infrastruktur. (Beginn B 55 und B 56.)

Unterkunft: „Hotel Autar" mit interessanter Architektur; „Hotel Saoura". Der Campingplatz am nördlichen Ortseingang (von Beni-Ounif kommend ist es der Palmenhain links der Brücke) macht keinen sicheren Eindruck.

B 55: Béchar – Tindouf (802 km)

Asphalt. Die Straße ist für Touristen gesperrt – offizielle Begründung: hohe Überfallgefahr. Schon seit Jahren aber spielen auch militärische Gründe eine Rolle: die unbereinigte Grenzsituation zwischen Algerien und Marokko und POLISARIO-Flüchtlingslager. Die Grenze nach Mauretanien ist geschlossen. S.a. Überblick/Sicherheit und Grenzen.

BÉCHAR – S. B 54. (Ende B 54; Beginn B 56.)

ABADLA – 580 m. Dorf. Treibstoff gibt es nur manchmal.

Unterkunft: gutes Motel, in dem kein Alkohol ausgeschenkt werden darf.

Kurz hinter Abadla zweigt eine Straße nach links nach Adrar (zur B 56).

HASSI EL KHEBI – Dorf. Treibstoff. Hotel.

TINDOUF – 433 m. Kleinstadt. Gute Infrastruktur. (Beginn F 1.)

Unterkunft: „Hotel El Mouggar". Algerischer Kontrollposten. Pisten nach Marokko (Grenze seit 1994 geschlossen) und Mauretanien (verbotene Strecke).

B 56: Béchar – Taghit – Igli – Foum-el-Kheneg (433 km)

(12.96, Wohnmobil) Guter Asphalt, aber auf Schlaglöcher achten. Neue Brücken. Fantastische Dünenlandschaft.

BÉCHAR – S. B 54. (Ende B 54; Beginn B 55.)

26 km hinter Béchar führt kurz hinter Abadla eine Abzweigung nach links nach Taghit. 7 km vor Taghit zweigt die Straße nach rechts in Richtung Igli (sie führt nicht durch Taghit, wie fälschlich auf der Michelinkarte angegeben). Schöne Dünen.

TAGHIT – Kleinstadt. Gute Infrastruktur.

Unterkunft: Das Hotel „Taghit" und der Campingplatz (freundlicher Empfang) liegen am Ortsausgang am Fuß der Dünen. Auf dem Campingplatz gibt es Strom und fließendes Wasser.

Sehenswert: Der Ksar, der die Stadt beherrscht, und der Blick von der großen Düne über den Großen Westlichen Erg.

In der Umgebung: Felsgravuren (leider von Touristen stark beschädigt), die man nur mit festem Schuhwerk besuchen sollte, da es viele Schlangen gibt. Auf den Dünen kann man auch Skifahren, Auskunft an der Tankstelle.

Zwischen Taghit und Igli ist die Straße neu asphaltiert.

IGLI – Dorf. Lebensmittel. Gutes Wasser. Treibstoff (kein Diesel!). Post.

Eine alte Piste führt von hier direkt nach Beni-Abbès (40 km über den Oued Saoura). Sie ist schwierig zu finden und nur mit geländegängigen Fahrzeugen befahrbar. Beginn im äußersten Süden von Igli.

BENI-ABBÈS – Die Oase liegt etwa 15 km (Asphalt) links von der Hauptstraße. Gute Infrastruktur, Treibstoff, Krankenhaus.

Unterkunft: Das „Hotel Grand Erg" ist wiedereröffnet und zur Jugendherberge umgeteilt. Im „Hotel Rym" gibt es gutes Essen, eine saubere, wenn auch schon angeschlagene Innenausstattung und eine sehr schöne Aussicht auf den Grand Erg; leider ist das Personal recht unfreundlich; im Sommer ist es außerdem sehr heiß und stickig (keine Klimaanlage); man kann auch auf dem Parkplatz übernachten. Der Campingplatz und ein schönes Schwimmbecken aus der Franzosenzeit liegen im Palmenhain.

Sehenswert: Sahara-Museum mit Zoo und Botanischem Garten; der Palmenhain in der Form eines Skorpions (besonders gut vom „Hotel Grand Erg" aus zu erkennen).

Verschiedenes: Das Tourismusbüro organisiert Sand-Skitouren in der Umgebung.

EL OUATA – Oase. Nicht immer Lebensmittel. Treibstoff, Post.

Kurz vor Guerzim führt die Straße über eine neue Brücke.

KERZAZ – Kleine, ruhige Oase. Treibstoff, Bäckerei.

Unterkunft: Hotel-Restaurant hinter Tankstelle (nicht mehr beschildert, aber offen), Camping ums Hotel erwünscht. Kleiner Laden neben der Tankstelle.

Legende Stadtplan El Meniaa

Sehenswert: Das alte Kerzaz, die Ziehbrunnen und der *ksar*.

KSABI – Kleines Restaurant an der Kreuzung.

FOUM-EL-KHENEG – Kleine Oase ohne Versorgungsmöglichkeit. (Beginn B 24, B 26.)

- 1 Krankenhaus
- 2 Camping La Palmerie
- 3 Aswak Supermarkt
- 4 Tankstelle
- 5 Somacome (Kfz-Ersatzteile)
- 6 Laden (Gas)
- 7 Reifenreparatur
- 8 Restaurant
- 9 Versicherung
- 10 Bäcker
- 11 Café du Peuple
- 12 Mechaniker
- 13 Restaurant des Amis
- 14 Supermarkt
- 15 Air Algérie
- 16 Markt
- 17 Parkplatz
- 18 Bushaltestelle
- 19 Polizei
- 20 Apotheke
- 21 Moschee
- 22 Daïra
- 23 Café Port Said
- 24 Restaurant Port Said
- Touristeninformation
- 25 Bank
- 26 Post
- 27 Hotel el Bustan
- 28 Museum
- 29 Gare Routière (Busse, Taxis)
- 30 Hotel Vieux Ksar
- 31 Touring Club

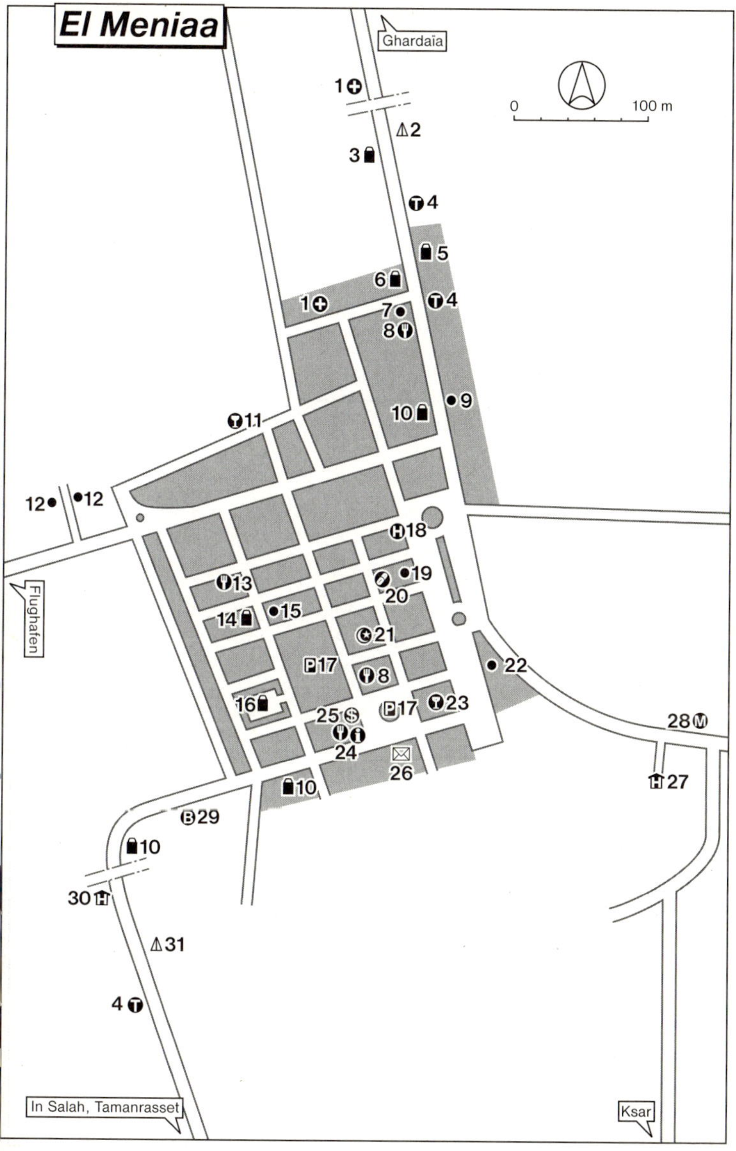
El Meniaa
Ghardaïa
0 100 m
Flughafen
In Salah, Tamanrasset
Ksar
1 2 3 4 5 6 7 8 9 10 11 12 13 14 15 16 17 18 19 20 21 22 23 24 25 26 27 28 29 30 31

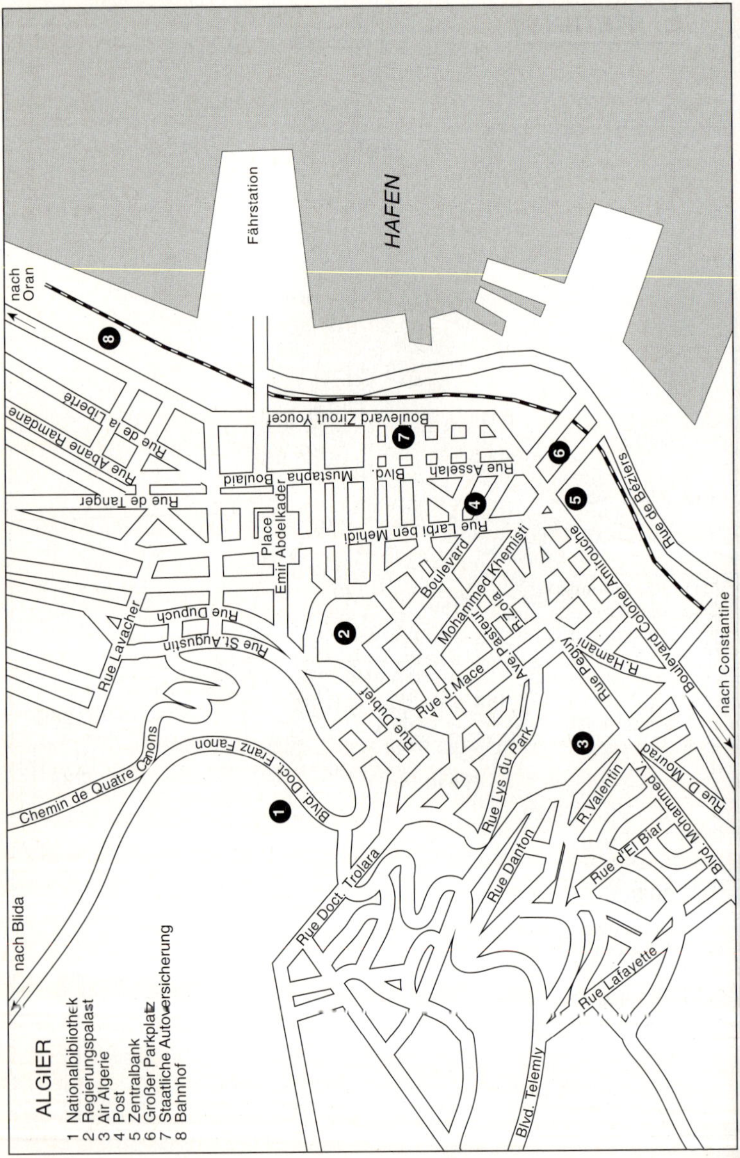
HAFEN
Fährstation
nach Oran
Boulevard Zirout Youcef
Rue de la Liberté
Rue Abane Ramdane
Rue de Tanger
Blvd. Mustapha Boulaid
Rue Asselah
Place Emir Abdelkader
Rue Larbi ben Mehidi
Rue Dupuch
Rue St.Augustin
Rue Lavacher
Boulevard Mohammed Khemisti
Ave. Pasteur
R. Zola
Rue J.Mace
Rue Dubief
Rue de Béziers
Boulevard Colonel Amirouche
R.Hamani
Rue Peguy
nach Constantine
Rue D. Mourad
Blvd. Mohammed V.
Rue d'El Biar
R.Valentin
Rue Danton
Rue Lys du Park
Rue Doct. Trolara
Blvd. Doct. Franz Fanon
Chemin de Quatre Canons
nach Blida
Blvd. Telemly
Rue Lafayette
ALGIER
1 Nationalbibliothek
2 Regierungspalast
3 Air Algerie
4 Post
5 Zentralbank
6 Großer Parkplatz
7 Staatliche Autoversicherung
8 Bahnhof

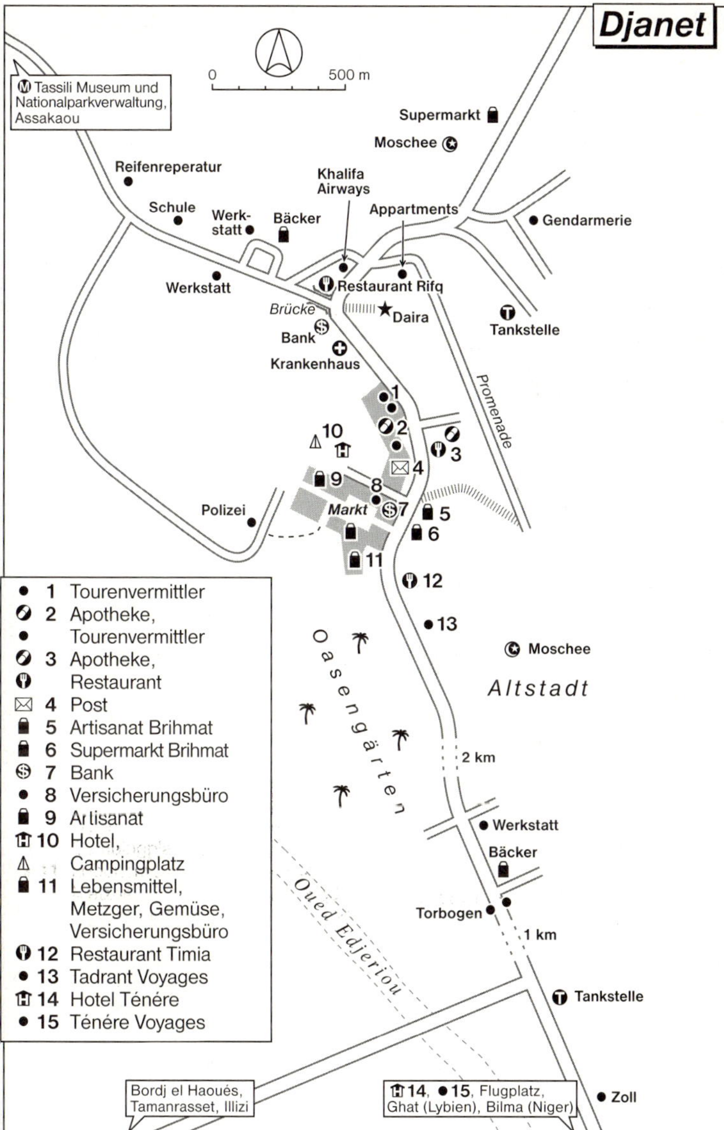
Djanet
0
500 m
Tassili Museum und Nationalparkverwaltung, Assakaou
Supermarkt
Moschee
Reifenreperatur
Khalifa Airways
Schule
Werkstatt
Bäcker
Appartments
Gendarmerie
Werkstatt
Restaurant Rifq
Brücke
Daira
Tankstelle
Bank
Krankenhaus
Promenade
Markt
Polizei
Moschee
Altstadt
Oasengärten
2 km
Werkstatt
Bäcker
Torbogen
1 km
Oued Edjeriou
Tankstelle
Zoll
Bordj el Haoués, Tamanrasset, Illizi
14, 15, Flugplatz, Ghat (Lybien), Bilma (Niger)
1 Tourenvermittler
2 Apotheke, Tourenvermittler
3 Apotheke, Restaurant
4 Post
5 Artisanat Brihmat
6 Supermarkt Brihmat
7 Bank
8 Versicherungsbüro
9 Artisanat
10 Hotel, Campingplatz
11 Lebensmittel, Metzger, Gemüse, Versicherungsbüro
12 Restaurant Timia
13 Tadrant Voyages
14 Hotel Ténére
15 Ténére Voyages

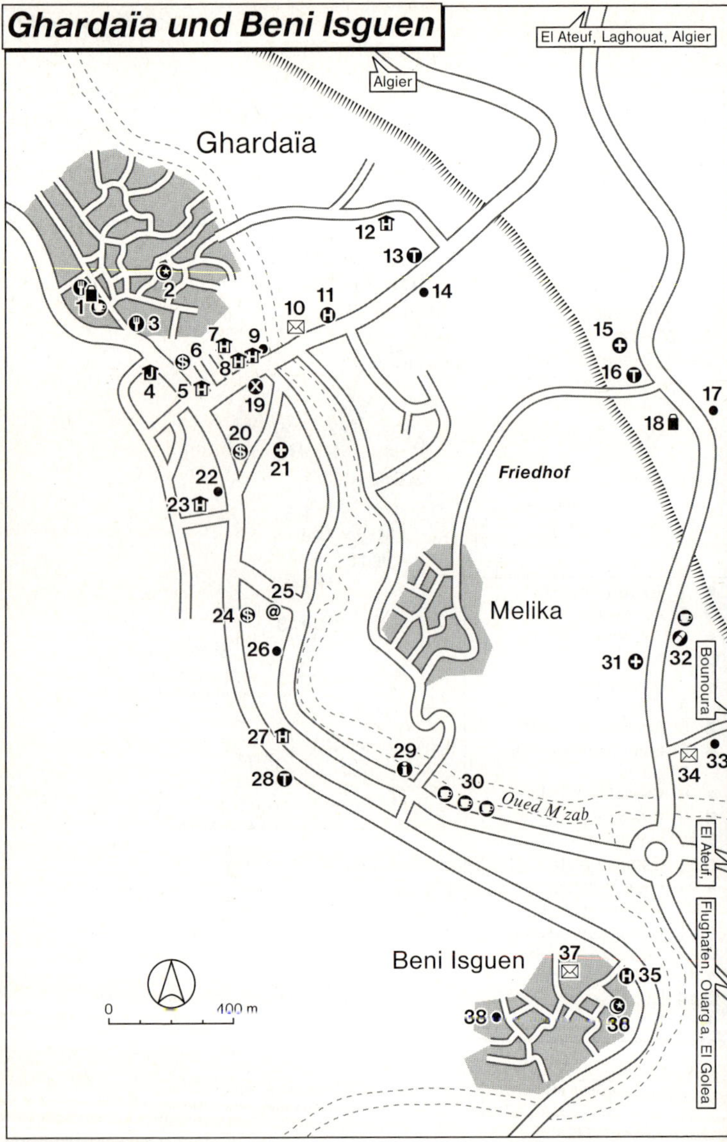
Ghardaïa und Beni Isguen
El Ateuf, Laghouat, Algier
Algier
Ghardaïa
Friedhof
Melika
Bounoura
Oued M'zab
El Ateuf,
Flughafen, Ouargla, El Golea
Beni Isguen
0
400 m
1
2
3
4
5
6
7
8
9
10
11
12
13
14
15
16
17
18
19
20
21
22
23
24
25
26
27
28
29
30
31
32
33
34
35
37
38

Legende Ghardaïa u. Beni Isguen

- 1 Markt
- Restaurants
- Cafés
- 2 Moschee
- 3 Restaurant des Voyageurs und Oasis
- 4 Jugendherberge
- 5 Hotel Carrefour
- 6 Bank
- 7 Hotel Napht
- 8 Hotel Atlantide
- 9 Hotel Karama, Air Algérie
- 10 Post
- 11 Bushaltestelle
- 12 Hotel Djanoub
- 13 Tankstelle
- 14 Werkstatt La Roni
- 15 Krankenhaus
- 16 Tankstelle
- 17 Versicherung
- 18 Einkaufszentrum
- 19 Taxistand
- 20 Bank
- 21 Krankenhaus
- 22 Fotoladen
- 23 Hotel/Rest. Izorane
- 24 Bank
- @ 25 Internet Café
- 26 Fotoladen
- 27 Hotel Rym
- 28 Tankstelle
- 29 Touristen-information Rose du Sable
- 30 Cafés
- 31 Klinik
- 32 Café
- 21 Apotheke
- 33 Daira
- 34 Post
- 35 Bushaltestelle
- 36 Moschee
- 37 Post
- 38 Bordj Boleila

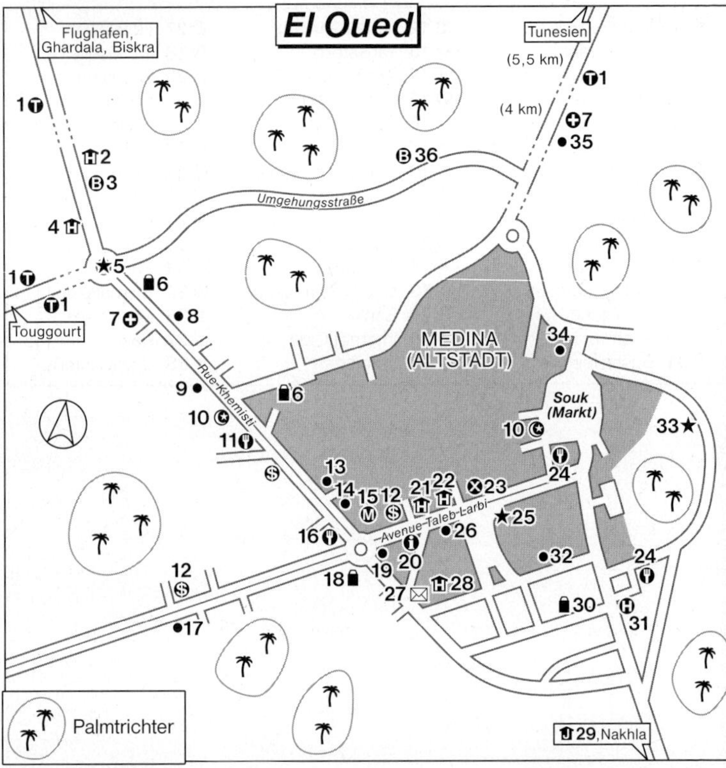

- 1 Tankstelle
- 2 Hotel de L'Or Noir
- 3 Busbahnhof
- 4 Hotel Si Moussa
- 5 Silbelne Kuppel
- 6 Bäcker
- 7 Krankenhaus
- 8 Air Algérie
- 9 Rathaus
- 10 Moschee
- 11 Restaurant El Hoggar
- 12 Bank
- 13 Antennenturm
- 14 Wasserturm
- 15 Museum
- 16 billiges Restaurant
- 17 Versicherung
- 18 Souvenir-Geschäft
- 19 Fremdenverkehrsbüro
- 20 Touristeninformation
- 21 Hotel Central
- 22 Hotel des Dunes
- 23 Taxistand
- 24 Restaurant
- 25 Daïra
- 26 Wilaya (Präfektur)
- 27 Post
- 28 Hotel le Souf
- 29 Jugendherberge
- 30 Galerie
- 31 Bushaltestelle (lokal)
- 32 Polizei
- 33 Aussichtspunkt
- 34 Werkstatt
- 35 Zoll
- 36 Gare Routière (Busse, Taxis)

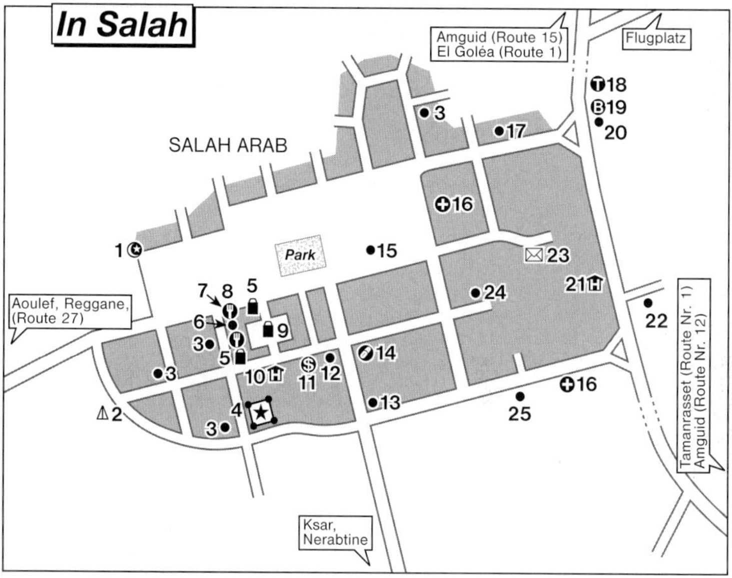

	1	Moschee
	2	Campingplatz
•	3	Werkstatt
★	4	Kasbah
	5	Bäcker
	6	Restaurant
•	7	Maurisches Bad
	8	Restaurant Carrefour
	9	Markt
	10	Hotel Badjoudah
	11	Bank
•	12	Air Algérie
•	13	Auto-Elektriker
	14	Apotheke
•	15	Polizei
	16	Krankenhaus
•	17	Antenne
	18	Tankstelle
•	19	Gare Routière (Busse, Taxis)
•	20	Versicherung (S.A.A)
	21	Hotel Tidikelt
•	22	Zoll
✉	23	Post
•	24	Daïra
•	25	Wasserturm

Algerien

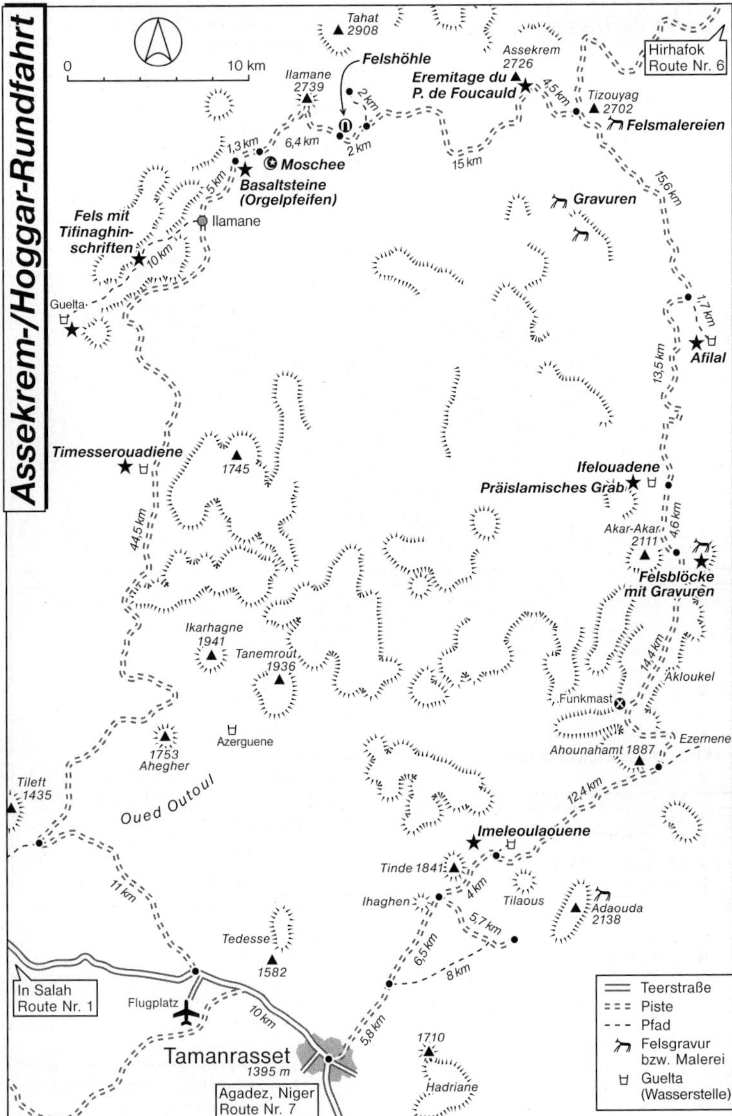

Assekrem-/Hoggar-Rundfahrt
0
10 km
Tahat 2908
Felshöhle
Ilamane 2739
Assekrem 2726
Eremitage du P. de Foucauld
Hirhafok Route Nr. 6
Tizouyag 2702
Felsmalereien
2 km
4,5 km
6,4 km
1,3 km
2 km
15 km
Moschee
Basaltsteine (Orgelpfeifen)
5 km
Fels mit Tifinaghin-schriften
Ilamane
10 km
15,6 km
Gravuren
Guelta
1,7 km
Afilal
13,5 km
Timesserouadiene
1745
Ifelouadene
Präislamisches Grab
44,5 km
4,6 km
Akar-Akar 2111
Felsblöcke mit Gravuren
Ikarhagne 1941
Tanemrout 1936
14,4 km
Akloukel
Funkmast
Azerguene
1753 Ahegher
Ezernene
Ahounahamt 1887
Tileft 1435
Oued Outoul
12,4 km
Imeleoulaouene
Tinde 1841
11 km
4 km
Ihaghen
Tilaous
Adaouda 2138
5,7 km
Tedesse
1582
6,5 km
8 km
In Salah Route Nr. 1
Flugplatz
10 km
5,8 km
Tamanrasset 1395 m
1710
Hadriane
Agadez, Niger Route Nr. 7
Teerstraße
Piste
Pfad
Felsgravur bzw. Malerei
Guelta (Wasserstelle)

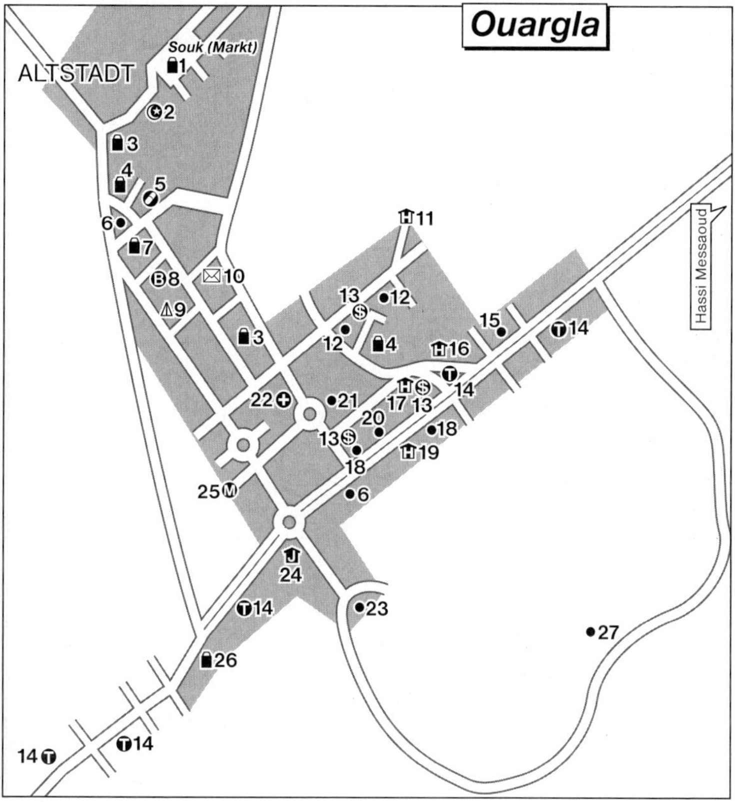

1	Obst- und Gemüsemarkt	15	Zoll
2	Moschee	16	Hotel El-Mehri
3	Bäcker	17	Hotel Marhaba
4	Souvenirmarkt	18	Air Algérie
5	Apotheke	19	Hotel des Rimal
6	Versicherung	20	Werkstatt
7	Galerie	21	Wilaya
8	Gare Routière (Busse, Taxis)	22	Krankenhaus
9	Touring Club	23	Polizei
10	Post	24	Jugendherberge
11	Hotel Tassili	25	Sahara-Museum
12	Kino	26	Sonacom (Kfz-Ersatzteile)
13	Bank	27	Schwimmbad Jeunesse sportive (ehemals Camping)
14	Tankstelle		

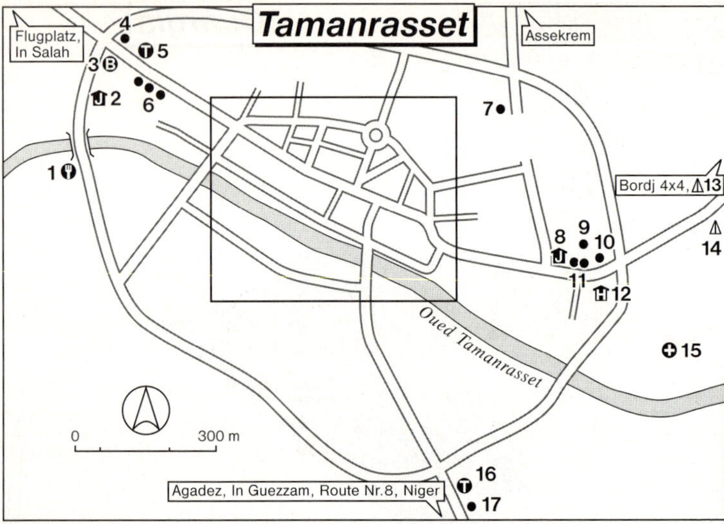
Tamanrasset
Flugplatz, In Salah
Assekrem
Bordj 4x4, 13
14
Oued Tamanrasset
Agadez, In Guezzam, Route Nr.8, Niger
0
300 m
1
2
3
4
5
6
7
8
9
10
11
12
15
16
17

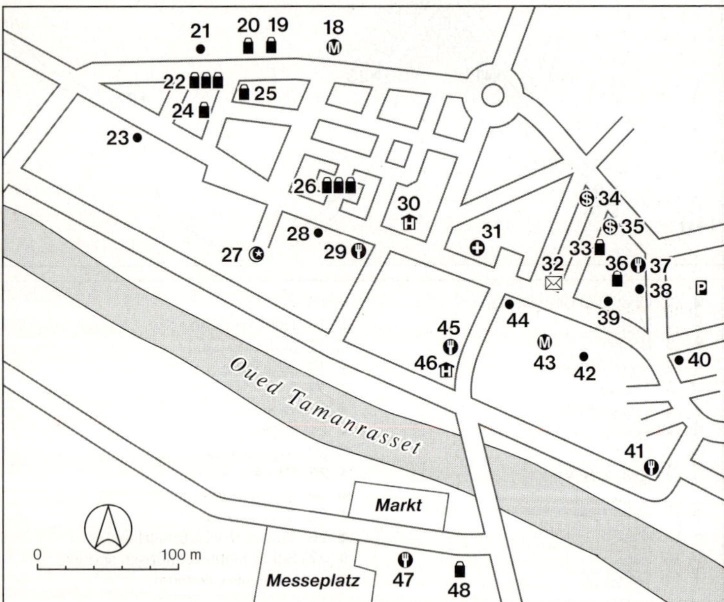
18
19
20
21
22
23
24
25
26
27
28
29
30
31
32
33
34
35
36
37
38
39
40
41
42
43
44
45
46
47
48
Oued Tamanrasset
Markt
Messeplatz
0
100 m

🍴	1	Restaurant
🏠	2	Jugendherberge
Ⓑ	3	Busbahnhof (SNTV) Busse nach In Salah
•	4	Kfz-Werkstaat
Ⓣ	5	Tankstelle
•	6	Kfz-Ersatzteile
•	7	Wasserturm
🏠	8	Jugendherberge
•	9	Antennenanlage
•	10	Wilaya
•	11	Konsulat von Mali,
•		Konsulat von Niger
🏨	12	Hotel Tahat
⛺	13	Camping 4x4
⛺	14	Campingplatz
✚	15	Krankenhaus
Ⓣ	16	Tankstelle
•	17	Zoll
Ⓜ	18	Museum
🛍	19	Metzger
🛍	20	Konditorei
•	21	SAA Versicherung
🛍	22	Markt (Lebensmittel, Obst, Gemüse)
•	23	Polizei
🛍	24	Kfz Ersatzteile
🛍	25	Bäckerei
🛍	26	Markt (nur Hardware)
☪	27	Moschee
•	28	ONAT-Büro
🍴	29	Restaurant
🏨	30	Hotel Tin Hinane (z.Zt. geschlossen)
✚	31	Krankenhaus
✉	32	Post
🛍	33	Kfz Ersatzteile
$	34	Bank
$	35	Zentralbank
🛍	36	Centre Commercial
🍴	37	Restaurant
•	38	Air Algérie
•	39	Reisebüro
•	40	Kfz-Werkstaat
🍴	41	Restaurant
•	42	Bordj de Foucault
Ⓜ	43	Museum
•	44	Syndicat d'Initiative
🍴	45	Restaurant
•	46	Hotel Illamane (z.Zt. geschlossen)
🍴	47	Restaurant
🛍	58	Bäckerei

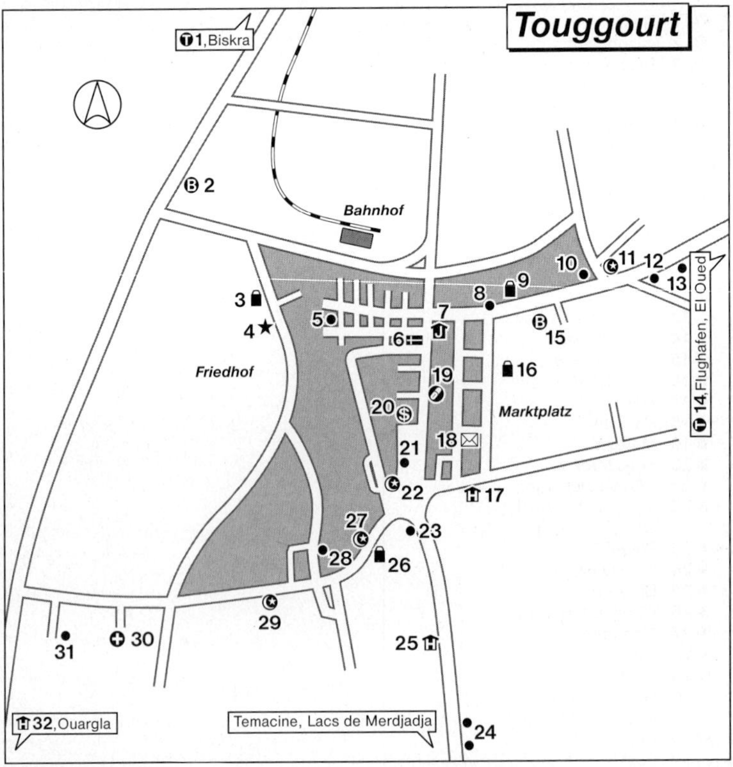

1 Tankstelle
2 Busstation (SNTV)
3 Bäcker
4 Königsgräber
5 Zoll
6 Kirche
7 Jugendherberge
8 Schild: Aeroport (Flughafen)
9 Bäcker
10 KFZ-Werkstatt, Ersatzteile
11 Moschee
12 Versicherungen (SAA)
13 Wasserturm
14 Tankstelle
15 Gare Routière (Busse, Taxis)
16 Markthalle
17 Hotel en-Nakhil
18 Post
19 Apotheke
20 Bank
21 Air Algérie
22 Moschee
23 Kino
24 Töpfer
25 Hotel Oasis mit Artisanat
26 Kaufhaus Galerie
27 Moschee
28 Polizei
29 Moschee
30 Krankenhaus
31 Daira
32 Hotel In Sahra

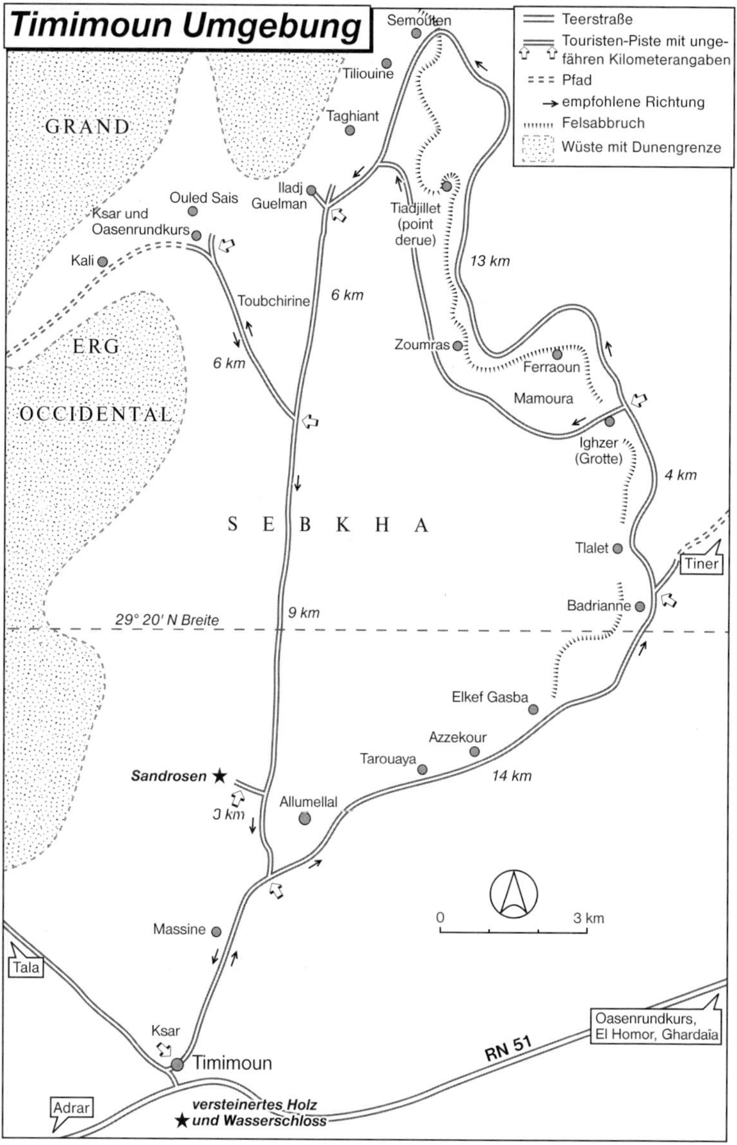
Timimoun Umgebung
Teerstraße
Touristen-Piste mit ungefähren Kilometerangaben
Pfad
empfohlene Richtung
Felsabbruch
Wüste mit Dunengrenze
GRAND ERG OCCIDENTAL
S E B K H A
Semouten
Tiliouine
Taghiant
Iladj
Guelman
Ouled Sais
Ksar und Oasenrundkurs
Kali
Tiadjillet (point derue)
13 km
6 km
Toubchirine
6 km
Zoumras
Ferraoun
Mamoura
Ighzer (Grotte)
4 km
Tlalet
Tiner
Badrianne
29° 20' N Breite
9 km
Elkef Gasba
Azzekour
Tarouaya
14 km
Sandrosen
3 km
Allumellal
0
3 km
Massine
Tala
Ksar
Timimoun
Oasenrundkurs, El Homor, Ghardaïa
RN 51
Adrar
versteinertes Holz und Wasserschloss

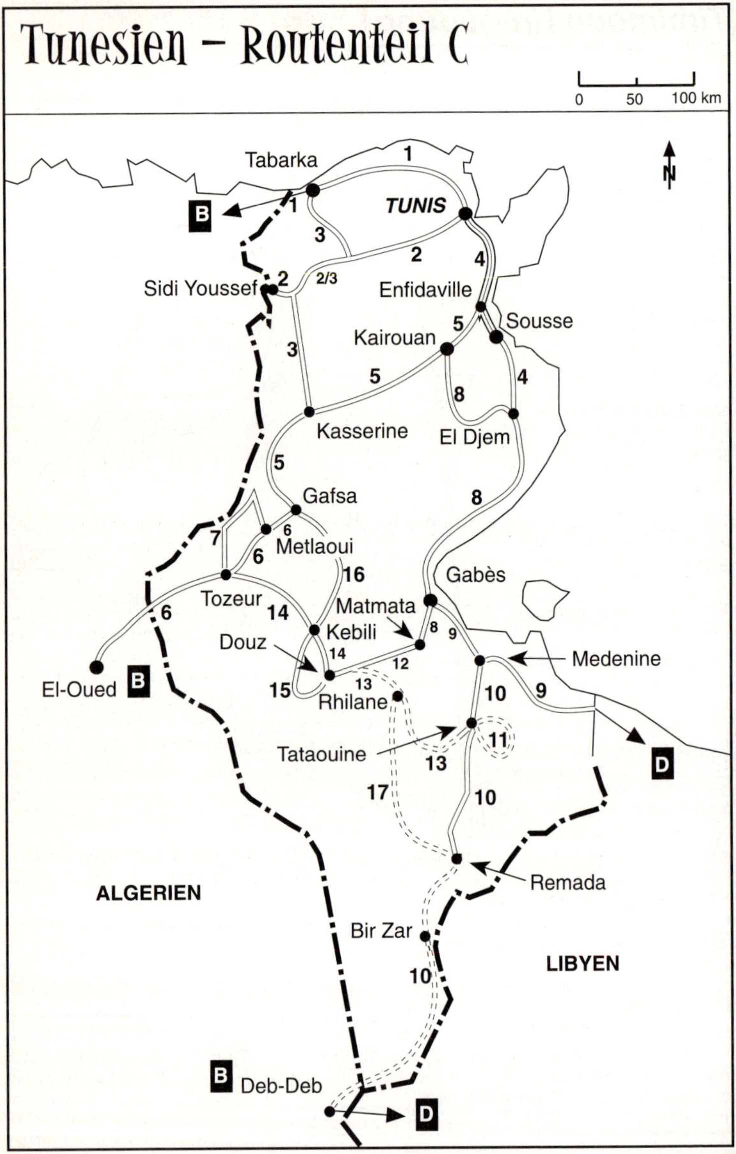
Tunesien – Routenteil C
0
50
100 km
N
Tabarka
1
TUNIS
B
1
3
2
4
Sidi Youssef
2
2/3
Enfidaville
Sousse
5
Kairouan
3
5
4
8
Kasserine
El Djem
5
Gafsa
8
6
7
Metlaoui
6
16
Gabès
Tozeur
6
14
Matmata
Kebili
8
9
Douz
14
12
Medenine
El-Oued
B
15
13
Rhilane
10
9
11
Tataouine
13
D
17
10
Remada
ALGERIEN
Bir Zar
LIBYEN
10
B
Deb-Deb
D

Tunesien – Routenteil C

Überblick

Fläche: 163 610 km².

Einwohner: 9,4 Mio.

Ethnien: 95% Araber und arabisierte Berber (Minderheit von ca. 1%), Minderheit an Europäern und Juden.

Hauptstadt: Tunis, ca. 900 000 Einwohner.

Sprachen: Amtssprache Arabisch, daneben Berberdialekte und Französisch.

Religion: Islam.

Ruhetag: Sonntag, Geschäfte (in Souk und Medina) z.T. auch Freitag nachmittags geschlossen. Ämter sind meistens auch freitags geschlossen.

Feiertage: 1.1., 20./21.3. (Tag der Unabhängigkeit/Jugend), 9.4. (Tag der Märtyrer), 1.5., 25.7. (Tag der Republik), 13.8., 7.11., hinzu kommen jährlich wechselnde islamische Feiertage.

Einreise: Keine Visumpflicht für Deutsche, Schweizer, Österreicher (außer bei Aufenthalt über 3 Monate). Die Einfuhr von Funkgeräten oder Waffen ist verboten. Falls man von Algerien einreist ist die Einfuhr von landwirtschaftlichen Produkten aller Art sowie von Palmprodukten verboten. Strengstens verboten ist die Einfuhr von Rauschgift oder pornographischen Schriften. Die Einreiseformalitäten können schon während der Überfahrt auf der Fähre erledigt werden: an den Schaltern Formulare (Fiches) für Personen und Fahrzeug besorgen. Zollfrei ist die Einfuhr von: 400 Zigaretten od. 500 g Tabak, 1 Liter Alkohol über 25 %, 2 l Alkohol unter 25 %.

Währung: Tunesischer Dinar zu 1000 Millimes. 1 Euro = 1,34 TD, 1 US-$ = 1,47 TD.

Kfz: Nationaler Führerschein und Fahrzeugschein. Die internationale Grüne Versicherungskarte muss gültig geschrieben sein, wenn nicht, muss eine Versicherung an der Grenze abgeschlossen werden. Auf der Fähre Einreiseformular (fiches) für Kfz ausfüllen. Die Marken für die „Permission de circulation" müssen nicht mehr auf der Fähre gekauft werden, sondern sind im Fährpreis enthalten.

Fähren: Verbindungen **Genua – Tunis** und Marseille – Tunis mit den Gesellschaften CTN und SNCM. CTN verfügt seit Sommer 1999 über ein neues hervorragendes Schiff, die Carthage. Die alte Fähre Habib ist weiterhin in Betrieb. Abfahrt der Fähre in Genua Oktober bis Juni immer samstags, in der Hochsaison Juli/August mind. alle zwei Tage. Abfahrt Tunis – Genua Oktober bis Juni immer freitags, in der Hochsaison dreimal wöchentlich. Abfahrt Fähre **Marseille – Tunis** von Oktober bis Juni immer mittwochs, im Juli/August täglich. Abfahrt in Tunis nach Marseille Oktober bis Juli immer montags, im August/September täglich. Adressen: Société Nationale Maritime Corse-Mediterranee

SNCM Germany GmbH, Berliner Str. 31–35, 65760 Eschborn, Tel. (06196) 42 911, Fax 48 3015, e-mail: eric.francois@t-online.de, www.sncm.de; Compagnie Tunisienne de Navigation (SNCM-Abfahrten), Av. Habib Bourguiba, La Goulette, Tunis, Tel. 01-73 55 60, Fax 01-73 65 06; SNCM-Delegation, 47 Av. Farhat-Hached, Tunis, Tel. 01-33 82 22; Compagnie Tunisienne de Navigation (CTN-Abfahrten), 122 Rue de Yougoslavie, Tunis, Tel. 216 135 33 31. 2001 befand sich das CTN-Büro in der Rue de Yugoslavie im Umbau, Tickets konnten auch im Hauptgebäude nahe TGM und Busbahnhof am östl. Rand der Stadt (Hochhaus mit roten Buchstaben „CTN" auf dem Dach) gekauft werden. Im Hochsommer existiert auch eine Vebindung von **Neapel nach Tunis.** Seit 2001 verkehrt einmal wöchentlich eine Fähre von **La Spezia nach Tunis.** Infos unter www.neptunia.de. Die Fährtickets für die Überfahrt Genau–Tunis werden im Hafengelände von Genua im weiß-roten Einkaufszentrum (rote Beschriftung „Coop") an Schaltern im ersten Stock verkauft.

Treibstoff: Gute Treibstoffversorgung, dünnes Netz in Steppen- und Wüstenrandgebieten (Süden). 20 l Kraftstoff dürfen im Kanister zollfrei eingeführt werden. Preise (2001): Benzin ca. 0,67 TD/l, Diesel ca. 0,41 TD/l, Super ca. 0,71/l TD, Bleifrei ca. 0,71 TD/l (in den großen Städten entlang der Hauptverbindungsstraßen).

Straßen: Gut ausgebautes Netz an Asphaltstraßen (meist guter Zustand). Im Süden und auf Berg- und Wüstenstrecken Pisten, allerdings häufig auch für normale Pkw befahrbar. Autobahn von Tunis bis Sfax. Die Strecken südlich der Linie Dehiba – Remada – Kam(p)our (militärisches Sperrgebiet) sind nach wie vor nur mit einer Genehmigung, die ausschließlich für geländegängige, gut ausgerüstete Fahrzeuge erteilt wird, zu befahren. Die Genehmigung ist nicht mehr beim Militär, sondern vor Ort in Tataouine erhältlich: (April 2000) Syndicat d'Initiative, Av. Hedi Chaker, TN 3200 Tataouine, Tunisie mit Angaben über die Reisezeit ins Sperrgebiet mit Ein- und Ausreisedatum, Auflistung der Fahrzeuge mit Typ und amtl. Kennzeichen, Auflistung aller mitreisenden Personen mir Vor- und Zunamen, Geburtsdatum und Reisepassnummer sowie die geplante Reisestrecke. Die Genehmigung ist persönlich beim Syndicat d'Initiative in Tataouine abzuholen (Gebühr ca. 30 TD). Fertigen Sie mind. 10 Kopien der Genehmigung an. Die Bewilligung muss vor Einfahrt ins Sperrgebiet von der Militärbehörde in Remada abgestempelt werden. Die Prozedur unterliegt häufigen Änderungen. Im Sperrgebiet besteht Meldepflicht bei den diversen Militärstationen und bei der garde nationale. Eine Weiterfahrt nach Libyen und Algerien bei Bordj El Kadhra bzw. nach Algerien bei El Borma ist nicht möglich.

Grenzen: Die Grenzen zu Libyen an der Küste (Ras Ajdir) sind zur Zeit offen. Die Grenze nach Algerien bei Hazoua/Taleb Larbi ist geöffnet. Alle Grenzübergänge südlich von Hazoua (El Borma, Bordj El Kadhra) sind geschlossen.

Sicherheit: Taschendiebstähle in den Städten, Gewaltdelikte sehr selten. Angesichts der aktuellen Situation in Israel kommt es gelegentlich zu spontanen Protestdemonstrationen und Unmutsäußerungen der Bevölkerung. Am 11. April 2002 gab es einen terroristischen Anschlag auf der Insel Djerba, bei dem 18 Menschen ums Leben kamen. Die tunesische Regierung unternimmt erhebliche Anstrengungen, um Touristen vor Sicherheitsrisiken, insbesondere vor terroristischen Anschlägen, zu schützen.

Zeitverschiebung: Keine (MEZ); zwischen Ende März und Ende Oktober ggü. Deutschland eine Stunde zurück (da keine Umstellung auf Sommerzeit).

Stromspannung: 220 V (in wenigen alten Gebäuden 110 V).

Literatur und Landkarten:
Reiseführer: „Tunesien“, Wolfgang und Ursula Eckert, Reise Know-How Verlag, Bielefeld; „Tunesiens Küste“, Urlaubshandbuch von Wolfgang und Ursula Eckert, Reise Know-How Verlag, Bielefeld.
Landkarten: Reise Know-How/world mapping project: Tunesien, 1:850 000; Michelinkarte 958 Tunesien, 1:1 000 000; amtliche tun. Touristenkarte, 1:500 000, 1:200 000, topographische Karten in 26 Blättern (alle Blätter auch auf CD-Rom erhältlich).
Hintergrundliteratur: W. Neumann, „Die Berber“, DuMont Dokumente.

Geschichte: Das Gebiet des heutigen Tunesien war bereits von Phöniziern (Karthago) und Römern kolonisiert. Aus dieser Zeit stammen auch die zahlreichen historischen Denkmäler, die man in Nord- und Mitteltunesien besichtigen kann. Die Berber, die Ureinwohner Tunesiens, zogen sich vor den aufeinanderfolgenden Eroberungsheeren der Römer, Vandalen, Araber etc. in die Gebirgsregionen zurück, wo, wie beispielsweise im Bergland von Matmata, die typischen Höhlensiedlungen entstanden. Auch Tunesien wird von alten Handelsstraßen durchzogen, die zumeist über Libyen durch die Zentralsahara in die Reiche des Zentralsudan führten (Haussa, Bornu). Nefta ist einer der alten Handelsorte, an dem einst Waren aus allen Gegenden Afrikas und Europas umgeschlagen wurden. 1883 fiel Tunesien als Protektorat an die Franzosen, 1956 wurde das Land in die Unabhängigkeit entlassen.

Politik: Habib Bourgiba, der Führer des Widerstandes gegen die französische Besatzung, prägte bis zu seinem erzwungenen Rücktritt 1987 die Entwicklung des Landes. In den letzten Jahren seiner Herrschaft war er zunehmend Angriffen aufgrund seiner Willkür und seiner ablehnenden Haltung den fundamentalistischen Bestrebungen gegenüber ausgesetzt. Sein Nachfolger Abidine Ben Ali versucht eine allmähliche Demokratisierung, greift aber angesichts der stärker werdenden fundamentalistischen Kräfte auch zu immer massiveren Repressalien. Ein angeblicher Putschversuch durch Fundamentalisten im Mai 1990 führte zu Massenverhaftungen auch unter den Streitkräften. 1994 und 1999 wurde Ben Alis RCD mit über 99% der Stimmen für jeweils 5 Jahre im Amt bestätigt. Die Fundamentalisten-Partei MIT war von den Wahlen ausgeschlossen.

Routen

C 1: Tunis – Mateur – Nefza – Tabarka – alg. Grenze (182 km)

Asphalt.

TUNIS – Ca. 900 000 Mio. Einw. (s. Stadtplan), Hauptstadt. (Beginn C 2 und C 4.)

Sehenswert: Die Souks, die Medina, die Ruinen von **Karthago,** ca. 15 km außerhalb am Meer im Villenvorort Carthage (TGM-Verbindung mit Tunis).

Unterkunft: Zahlreiche Hotels. Freundliches „Hotel Salammbo", Rue de Grèce, zentrale Lage. Jugendherberge im Palast Dar Saida Ajoula inmitten der Medina, Abstellmöglichkeit für Motorräder. Hotel „Maison Dorée", Rue El Koufa, ruhig (Zimmer zum Hof), freundlich, gutes Restaurant.

Verschiedenes: Wechselstube der Banque du Sud (Av. Bourgiba, nahe „Hotel Africa") hat durchgehend bis 16 h offen (keine Mittagspause). „Hotel Africa" wechselt manchmal nur Gästen. Vor einigen Jahren erhielt man in der britischen Botschaft Visa für Nigeria, Uganda und Kenia. Gute Werkstätten und Ersatzteilhändler für alle Automarken in der Av. de Carthage. Fähren s. Überblick.

In der Umgebung: Sidi Bou Saïd, kleines, sehr touristisches Bilderbuch-Städtchen auf dem Cap Chartage (tolle Aussicht), im maurischen Stil (blau-weiß), mit berühmtem „Café des Nattes".

MATEUR – Stadt, 68 m. Lebensmittel, Treibstoff.

NEFZA – Landwirtschaftliches Zentrum. Supermarkt, Treibstoff. Souk am Mittwoch.

TABARKA – Hafen- und Touristenstadt, ca. 25 000 Einw. Gute Infrastruktur. Internationaler Flughafen. Markt mit schönen Produkten des lokalen Kunsthandwerks (kunstvolle Töpferarbeiten). (Beginn C 3.)

Sehenswert: Zitadelle, Strände.

Unterkunft: Einfaches, sauberes „Hotel de France" (DZ ca. 28 TD). „Hotel Mamia", Rue de Tunis, sympathische Familienpension, deutsch-/englischsprachige Leitung.

Hinter Tabarka öffnet sich ein schöner Ausblick auf die Stadt und das Meer bis zum Grenzdorf **Meloula.** Die Strecke führt abwechselnd durch herrliche Eichen-, Korkeichen- und Lorbeerwälder sowie Lavendel- und Wacholderfelder.

C 2: Tunis – Mejez El Bab – Dougga – El Kef – Sakiet Sidi Youssef – algerische Grenze (256 km)

Asphalt.

TUNIS – S. C 1. (Beginn C 1 und C 4.)

MEJEZ EL BAB – Ort. In der Umgebung mehrere Soldatenfriedhöfe aus dem Zweiten Weltkrieg.

Unterkuft: „Hotel Membressa" (einfach).

DOUGGA – 6 km von der Straße entfernt. Sehr gut erhaltene römische Ruinen. UNESCO-Weltkulturerbe. Straßen, Theater, Kapitoltempel, zahlreiche Häuserfundamente. Sehr sehenswert (auch für Ruinenmuffel). Eintritt: 2 TD pro Person, 1 TD für die Foto-Erlaubnis. Führungen möglich. Campingmöglichkeit für Wohnmobile auf dem Parkplatz.

EL KRIB – Schöner Ort. Gute Infrastruktur. Souk Montagnachmittag.

EL KEF – Stadt, ca. 70 000 Einw. Interessante Anlage auf einem Hügel.

Sehenswert: Medina, gewaltige Kasbah (17. Jh.).

Unterkunft: Empfehlenswerte „Residence Venus" in der Neustadt, westlich der Kasbah.

Ab El Kef sind es noch 42 km bis zum Grenzübergang **Sakiet Sidi Youssef.**

C 3: Tabarka – Téboursouk – El Kef – Kasserine (318 km)

(04.00, VW T2) Asphalt.

TABARKA – S. C 1. (Zur C 1.)

Hinter Tabarka sehr kurvenreiche Straße durch Kork- und Steineichen-Wälder, großartige Sicht auf die Ebene von Tabarka. Vorsicht vor Pilz- oder Skulpturenverkäufer, die plötzlich vors Auto springen.

AIN DRAHAM – Beliebte Sommerfrische und Luftkurort, 823 m.

Unterkunft: Hotel „Les Chênes" 7 km südlich, Zimmer in Ordnung, vorzügliche Wildgerichte (DZ ca. 36 TD), Camping wird auf Anfrage gestattet. Campingplatz „El Merij", 3,5 km südlich, links Pisten-Abzweig (von P17), sehr einfache san. Anlagen.

Die Straße führt dann durch Korkeichenwälder hinunter in die **Jendouba-Ebene.** Ca. 32 km hinter Ain Draham links Abzweigung (1 km) nach

BULLA REGIA – Römische Ruinen, gut erhaltene, unterirdische Villen mit schönen Mosaiken.

Von dort über Jendouba Weiterfahrt zur algerischen Grenze möglich.

Die Straße führt über Bou Salem nach Téboursouk. Zunehmend karge Landschaft.

TÉBOURSOUK – Stadt. 400 m, ca. 8000 Einwohner. Bank und Tankstelle an der Hauptstraße.

Unterkunft: Schönes „Hotel Thugga" mit Garten, DZ ca. 33 TD.

In der Umgebung: Dougga (s. C 2), ungefähr 8 km entfernt; am Ortsausgang von Téboursouk nach rechts abbiegen.

Bis El Kef (s. C 2) folgt man der Strecke C 2, dann weiter in Richtung Süden über

THALA – Kleine Marktstadt. Souk findet am Donnerstag statt.

Unterkuft: „Hotel Bouthelja".

KASSERINE – Stadt, 675 m. Alle Versorgungsmöglichkeiten. Dienstag Wochenmarkt (sehenswert). (Zur C 5.)

Unterkunft: „Hotel Cillium" unmittelbar neben den Ruinen (DZ ca. 36 TD).

Sehenswert: Mausoleen, römische Ruinen von **Cillium** (Triumphbogen, Theater, etc.).

C 4: Tunis – Hammamet – Sousse – El Djem (205 km)

(02.01, Nissan Patrol) Autobahn (Mautpflicht). Übernachtungsmöglichkeit auf dem Parkplatz (mit Toiletten) nach der ersten Mautstelle Richtung Hammamet.

TUNIS – S. C 1. (Beginn C 1 und C 2.)

HAMMAM LIF – See- und Thermalbad. Gute Infrastruktur.

Unterkunft: Hotel „Majed", ggü. Theater. Einfaches Hotel „Bon Repos".

NABEUL – Beliebter Badeort im NW von Hammamet (ca. 50 000 Einw.). Zentrum des Töpferhandwerks.

Unterkunft: Zahlreiche Hotels. Am Ortsausgang in Richtung Hammamet Campingmöglichkeit beim „Hotel Jasmin", sehr gute Sanitäranlagen. Campingmöglichkeit bei Jugendherberge direkt am Strand (ca. 2 km von Zentrum).

Sehenswert: Kamelmarkt (Freitag Vormittag), Museum.

HAMMAMET – Badeort und Touristenzentrum. Angenehmer, sauberer Strand, riesige Hotelanlagen, zahlreiche Restaurants.

Sehenswert: Kasbah.

Unterkunft: Ca. 100 (Strand-)Hotels. Hotel „Samaris", zwischen Autobahn und Stadt hinter der Tankstelle, an der ersten Kreuzung nach der Autobahnausfahrt; Camping beim Hotel nur ca. Mai bis Sept. offen. Wildcampen möglich beim Platz in der Nähe des centre d'animation, an der Route de Sousse. In der Nebensaison (Winter) kann man in den Hotels preiswert Zimmer mieten. Empfehlenswert ist das 3-Sterne-Hotel „Mahmoud" mit bewachtem Parkplatz, Satellitenfernsehen, direkt an der Hauptstraße Av. des Nations Unies.

ENFIDA(VILLE) – Ort, ca. 7000 Einw. Gr. Wochenmarkt am Sonntag. Kein Hotel, kleine Lokale. (Zur C 5.)

SOUSSE – Drittgrößte Stadt, ca. 300 000 Einw. (s. Stadtplan). Wichtigstes Industriezentrum; im Norden schließt das Touristenzentrum Port el Kantaoui an.

Unterkunft: Jugendherberge (Av. Taieb Mehri). 3-Sterne-Strandhotel „Justinia", zentrumsnah, große einfache Zimmer mit Bad.

Hotel „Sousse Azur", in der Strandzone, sauber, freundlich. Hotel „Jinene" (3 Sterne), sehr gutes Preis-Leistungs-Verhältnis, Pool, Strand.

Essen: Teilweise Touristennepp in den Restaurants, vorher nach dem Preis fragen.

Sehenswert: Die Medina mit der 859 erbauten Stadtmauer und den Stadttoren, die große Moschee und das archäologische Museum in der kasbah (tägl. geöffnet außer montags), die Katakomben (Eingang neben der kasbah).

In der Umgebung: Monastir die Geburtsstadt des ehemaligen Staatspräsdenten Bourghiba mit dessen Mausoleum.

EL DJEM - 1107 m, Marktort. Lebensmittel, Treibstoff. (Zur C 8.)

Unterkunft: Hotel „Julius", sauber und ordentlich.

Sehenswert: Römisches Amphitheater (drittgrößtes des röm. Imperiums), kleinere Ausgabe des Kolosseums von Rom. Eintritt: 4,2 TD/Pers., 1 TD Fotoerlaubnis.

C 5: Enfida(ville) - Kairouan - Sbeitla - Kasserine - Gafsa (322 km)

(04.00, VW T2) Asphalt. Auf der ganzen Strecke mobile Polizeikontrollen, unproblematisch.

ENFIDA(VILLE) - S. C 4. (Zur C 4.)

KAIROUAN - 60 m ü.NN, ca. 100 000 Einw. (s. Stadtplan). Heiligste Stadt Tunesiens und Pilgerort. Zentrum der Teppichherstellung. Engagieren Sie am besten einen der amtlichen Führer (preiswert, an den Bassins), um den Zudringlichkeiten der zahlreichen Händler besser zu entgehen. (Beginn C 8).

Unterkunft: Einfaches, aber sauberes Hotel „Sabra" direkt neben Eingang zur Medina neben dem Touristenbüro, DZ 16 TD (04.00). Gutes „Hotel Amina" (3 Sterne) an der Ausfallstraße nach Tunis, mit Pool, DZ 35 TD, HP 44 TD (11.99). Campingplatz (ca. 2 TD/Pers., warme Dusche) und Zimmer in der Jugendherberge im Süden der Stadt, üble san. Anlagen.

Sehenswert: Stadtbild, die „Große Moschee" und die „Barbiermoschee" (Sammelticket für alle Sehenswürdigkeiten 4,2 TD, es gibt keine Einzelkarten). In den zahlreichen Teppichknüpfereien sind die Händler leider sehr aufdringlich. Vorsicht vor stehlenden Kindern.

Kairouan auf der C99 verlassen; nach 10 km links auf die P3 abbiegen. 70 km weiter nicht die direkte Verbindung nach Gafsa wählen, sondern auf der P3 bleiben.

SBEITLA - 525 m, ca. 18 000 Einwohner. Wichtiger Marktort (Mittwoch). Lebensmittel, Treibstoff, Bank.

Unterkunft: Einfaches, sauberes „Hotel Sufetula" mit Pool, Campingmöglichkeit.

Sehenswert: Römische Ruinen von Sufetula (Eintritt 2,1 TD/Pers.) mit Triumphbogen, Tempel, Thermen und Kirchen.

Die Straße führt durch Pflanzungen und Wälder bis nach

KASSERINE - S. C 3. (Ende C 3.)

THÉLEPTE - Dorf. Uninteressante römische Ruinen. Beginn einer Asphaltstraße zur algerischen Grenze **Tébessa:** Grenzposten rund um die Uhr geöffnet, Formalitäten rasch erledigt.

FÉRIANA - Gr. Ort. Tankstellen, Lebensmittel, Bank usw.

Wüstenlandschaft bis

GAFSA - Ca. 70 000 Einw. Stadt. Lebensmittel, Treibstoff, Banken. (Ende C 16; Beginn C 6.)

Unterkunft: „Hotel La Lune", etwas heruntergekommen, steife Atmosphäre. Hotel „La République", nicht alle Zimmer sauber, san. Anlagen heruntergekommen, freundliche Atmosphäre. Hotel „Khalfallah", Zimmer nach vorne sehr laut, nicht immer sauber. „Hotel Maamoun" (3 Sterne), schöner Garten, Restaurant, Pool. Camping „La Gallia" im südl. Palmenhain, ungepflegt, Pool, wenig Schatten.

Sehenswert: Kasbah, Moschee und Oase. Handwerk. Tiermarkt und Freizeit-/Tier-Park „Orbata" (4 km Richtung Sfax). Palmengarten von Lalla.

C 6: Gafsa – Tozeur – Nefta – Hazoua – El Oued (Algerien) (152 km)

(02.01, Nissan Patrol) Asphalt.

GAFSA – S. C 5. (Ende C 5 und C 16.)

Am Stadtausgang Richtung Tozeur führt eine wunderschöne Straße rechts nach Redeyef und Tamerza (s. C 7).

Ca. 23 km hinter Gafsa tiefe, aber ausgebaute Furt durch das Oued Magroun (auf der Michelin-Karte nicht angegeben). Triste, unbesiedelte Wüstensteppe.

Ab Gafsa Gärten, Obstkulturen, dann wüstenähnliche, sandige Ebene.

METLAOUI – Bedeutende Bergwerksstadt. 200 m, ca. 25 000 Einw. Zentrum einer phosphatreichen Region. Lebensmittel, Treibstoff, Bank, Restaurant usw. (Beginn C 7).

Unterkunft: Hotel-Restaurant „Ennacim", sauber (ggü. Shell-Tankstelle), angenehm.

Sehenswert: Schlucht des Oued Seldja, die mit dem „Lézard Rouge", einem Zug aus der Jahrhundertwende, befahren werden kann.

Durch eine hügelige Gegend gelangt man auf die El-Djerid-Ebene (Salzseen).

TOZEUR – 45 m, ca. 40 000 Einw. Hauptort der Djerid-Region, sehr touristisch mit unzähligen Souvenirläden. Lebensmittel, Treibstoff, Bank, deutsche Zeitschriften. Viele Bereiche des Palmenhains sind abgestorben, da sich der Grundwasserspiegel durch den hohen Wasserverbrauch, u.a. auch touristisch bedingt, stark senkt. (Ende C 7; Beginn C 14.)

Unterkunft: Empfehlenswertes „Hotel Continental" in der Stadt, Parken im Innenhof, Pool, DZ ca. 38 TD. Empfehlenswerte „Residence Warda" (Av. Abou el Kacem Chabbi), einfache, sehr saubere Zimmer (DZ ca. 16 TD). In der neuen Hotelzone am westlichen Ortsausgang gibt es zahllose Luxushotels. Campingplatz „Les Beaux Rêves", ca. 1,5 km ab Zentrum an Av. Abou el Kacem Chabbi, schlechte Sanitäranlagen, hübscher Palmengarten, Unterbringung in Nomadenzelten (ca. 3,5 TD/Person mit Frühstück), 2 Pers. mit Wohnmobil 7 TD, viele Mücken. Camping „Club Bedouina", im Nachbarort Degache (s. C 14), sehr schön unter Palmen, freundlich, sanitäre Anlagen heruntergekommen (u.a. nur noch eine Dusche), 4 TD p.P. (02.01), Mücken, gelegentlich bettelnde Kinder. Jugendherberge, Av. de la République, wenig sauber, Motorradfahrer willkommen, ca. 3 TD/Pers.

Sehenswert: Die Oase, Dattelpalmenkulturen und die zwei Zoos „Zoo du Si Tijani" und „Zoo du Paradis", die Tierhaltung entspricht allerdings nicht europäischem Standard. „Dar Cheraït", ein Volkskundemuseum mit angeschloßenem „Disneyland" namens „Medina 1001 Nacht" – interessante Sammlung an traditionellem Schmuck, Kleidung und an Gebrauchsgegenständen und unfreiwillig komischer Themenpark mit Bildern aus „Tausendundeiner Nacht", „Ali Baba und die vierzig Räuber" und „Sindbads Reisen". Heißluftballonfahrten organisiert: „Aeroasis", 2200 Tozeur, Tel. 45 23 61; eine einstündige Fahrt kostet ca. 100 TD.

Ab Tozeur führt die Straße an der Salzfläche des Chott El Djerid entlang.

Km 21 (ab Tozeur), **NEFTA** – 40 m, ca. 15 000 Einw. Prächtige Oase. Lebensmittel, Treibstoff, Bank (Geldwechsel auch freitags). Fremdenverkehrsamt.

Unterkunft: Gutes „Hotel Sahara Palace" (4 Sterne). „Hotel Marhala", gute sanitäre Anlagen, kl. Pool, freundlich und preiswert. Sehr einfaches „Hotel Le Nomade", sauber, in typisch tunesischem Stil. „Hotel la Rose" (3 Sterne), modern und komfortabel, großer Pool. Camping beim Hotel „Le Nomade", im Hof des Hotel „Marhala" und im alten Palmenhain möglich.

Sehenswert: Die Architektur der Häuser (besondere Anordnung der Backsteine, obwohl die Häuser durch ein großes Unwetter unglaublich gelitten haben). Führung durch die natürliche Oase Corbeille de Nefta, warme Quellen, erst ab 12 Uhr für Reisende geöffnet, vormittags den einheimischen Frauen vorbehalten, bei der Führung Plastiksandalen tragen, da man viel im Wasser geht.

An der Ortsausfahrt von Nefta überquert man auf einem Damm die westlichen Ausläufer des Chott El Djerid. Bei hoch stehender Sonne kann es Luftspiegelungen (fata morgana) geben.

Km 58 (ab Tozeur), **HAZOUA** - Tunes. Grenzort. Einreise-/Ausreiseformalitäten. Polizeiformalitäten schnell, Zoll langwieriger, Fahrzeugkontrolle, freundlich. Alle Formalitäten für ein Kfz und 2 Personen dauern ca. 1 Std.

Km 64 (ab Tozeur), **TALEB LARBI -** Alger. Grenzort. Tankstelle! Bei Einreise: ca. 1 Std. für alle Formalitäten, nur oberflächliche Fahrzeugkontrolle, nur Wechseln kleiner Summen möglich; wenn die Zöllner die nötige Summe für die Versicherung wechseln können, kann die Kfz-Versicherung auch problemlos an der Grenze abgeschlossen werden (ansonsten Geldwechsel und Fahrzeugversicherung in Debila oder El Oued). Ausreise aus Algerien: genaue Fahrzeugkontrolle, langwierige Abfertigung, freundlich, ca. 1,5 Std. für ein Kfz. Vorsicht bei der Weiterfahrt: evtl. Steine werfende Kinder!

Km 85 (ab Tozeur), Abzweig in Richtung Tébessa und Zollkontrollposten.

Alle paar Kilometer Tankstelle, viele Orte mit Tempostoppern, einige Kontrollen.

Geldwechsel und Abschluss der Kfz-Versicherung sind schon in **DEBILA** (ca. 20 km vor El Oued) möglich (einfacher als in El Oued). Bei Kreisel mit Standplatz der gelben Taxis rechts abbiegen, nach ca. 50 m links BADR-Bank. Für Versicherung zurück zum Kreisel, bei Ausfahrt ggü. ist Versicherungsbüro **(N 33°30,33′ E 06°56,30′).**

Polizeikontrolle am vor El Oued.

Km 144 (ab Tozeur), **EL OUED** - S. B 1. (Zur B 1; Beginn B 19; Ende B 41.)

C 7: Metlaoui - Tamerza - Chbika - Tozeur (134 km)

(04.00, VW T2) Asphalt, sehr malerisch.

METLAOUI - S. C 6. (Zur C 6.)

MOULARÈS - Ort. Lebensmittel, Tankstelle, Cafés. Phosphatabbau.

Km 46, **REDEYEF** - Bergwerksort, 600 m. Wichtiges Zentrum der Phosphatgewinnung. Treibstoff, Lebensmittel.

Unterkunft: Jugendherberge mit Campingmöglichkeit.

Km 66, Abzweigung nach rechts zu dem auf einem Felsen thronenden Dorf

MIDÈS - Wunderbare Oase. Einfacher, schön gelegener Campingplatz ohne jede Sanitäranlagen, Preis Verhandlungssache. Einfache Läden, Café.

Sehenswert: Bis zu 60 m tiefe Schlucht (Miniaturausgabe des Grand Canyon). Ab Mittag scharenweise Touristen!

Hinter Midès steile Abfahrt und Überquerung des Oued.

Km 69, **TAMERZA** - Prächtige Bergoase. Schlechtes Wasser. Lebensmittel, kleine Restaurants. Post mit Geldwechselmöglichkeit.

Unterkunft: Hotel „Les Cascades" (romantisch, Bungalows, sauber, einfach, Pool) und Restaurant unmittelbar neben dem Wasserfall, DZ (einfache Strohhütte) 30 TD inkl. Halbpension (04.00), Kinder verkaufen Kalk- und Schwerspatkristalle. Luxushotel „Tamerza Palace" (DZ ca. 78 TD) am Hang gegenüber dem alten Tamerza mit atemberaubenden Blick und einem großzügig verglastem, klimatisierten Restaurant in dem sich vorzüglich speisen lässt.

Sehenswert: Wasserfall beim „Hotel les Cascades" und zwischen Tamerza und Chbika in schöner Schlucht. Geländewagenkolonnen voller Touristen!

Km 84, **CHBIKA** - Oase am Fuß des Berges und am Chott. Kleines Restaurant.

Sehenswert: Wasserfall in der Schlucht.

TOZEUR - S. C 6. (Zur C 6; Beginn C 14.)

C 8: Kairouan - El Djem - Sfax - Gabès - Matmata (ca. 360 km)

(04.00, VW T 2) Asphalt.

KAIROUAN - S. C 5. (Zur C 5.) Kairouan auf der P2 verlassen.

BOUHAJLA - Dorf. Treibstoff, Bank, Lebensmittel.

Weiter die C81 bis zur Kreuzung 33 km hinter Bouhajla, links auf die C96 abbiegen.

SOUASSI – Dorf. Treibstoff.

Auf der C87 weiterfahren.

EL DJEM – S. C 4. (Ende C 4.)

SFAX – Zweitgrößte Stadt, 350 000 Einw. (s. Stadtplan). Wirtschafts- und Handelszentrum.

Sehenswert: Olivenhaine, Hafen und die pittoreske Altstadt (beeindruckende Stadtmauern und Tore).

Unterkunft: „Les Oliviers" (3 Sterne), koloniales Palasthotel, Schwimmbad. „Hotel Thyna" (Place Marburg, DZ ca. 24 TD). Jugendherberge (ab Innenstadt 1 km auf Rue F. Hached Richtung Gabès, dann Beschilderung Stade Taieb Mhiri, rechts vor Stadion). Camping bei der Jugendherberge möglich.

MAHRÉS – Fischerort, ca. 12 000 Einw. Montagsmarkt. Tankstellen, Bank usw.

Unterkunft: „Hotel Tamaris", 3-Sternehotel, sehr geschmackvoll eingerichtet mit ausgezeichneter Küche, DZ ca. 52 TD, bewachter Parkplatz.

Sehenswert: Die Skulpturen und Malereien in der Ortsmitte, die anlässlich eines jährlich im August stattfindenden Kunstfestivals geschaffen wurden und das Walfischskelett.

GABÈS – Ca. 110 000 Einw. Industriezentrum. (Beginn C 9 und C 12.)

Unterkunft: Camping „Saint el Bey" im Ortsteil Petite Jara, 3 TD/Pers., 2 TD/Kfz (08.01), san. Anlagen dürftig. Hotels.

Sehenswert: Oase (ca. 300 000 Palmen) und das Zentrum des Kunsthandwerks.

MATMATA – Hauptort und touristisches Zentrum des Berglands. Ca. 3000 Einw. (Ende C 12.)

Unterkunft: Hotels in den Höhlenwohnungen (DZ ca. 13 TD), z.B. einfache Hotels „Sidi Driss", „Les Berbères". Neues Höhlenhotel „Diar el Barbar", 4 Sterne, klimatisiert. „Matmata Hotel" (3 Sterne), große Zimmer, Pool (DZ 30 TD).

Sehenswert: Die Höhlenwohnungen – in den Boden gegrabene Schächte, von denen mehrere, reich verzierte Räume abgehen.

C 9: Gabès – Medenine (– Djerba) – Ben Guerdane – libysche Grenze (180 km)

Asphalt.

GABÈS – S. C 8. (Ende C 8.)

MARETH – Städtchen. Treibstoff, Banken, Post, Krankenhaus. Markt am Di (nachmittag) und Mo (vormittag).

METAMEUR – Dorf. Treibstoff, Bäckerei.

Unterkunft: Hotel-Restaurant „El Ghorfas", angenehm, preiswert, im Innenhof auch Übernachtung im Kfz möglich, WC vorhanden (sauber), 8 TD für 2 Pers. und Kfz.

Sehenswert: Die ghorfas (mehrstöckige Getreidespeicher).

MEDENINE – 100 m, ca. 40 000 Einw. (s. Stadtplan). Versorgungsmöglichkeiten. (Beginn C 10.)

Unterkunft: Schönes Hotel „L'Etape Sangho" (früher „Ibis"), Restaurant, Pizzeria. Sehr einfaches, sauberes „Hotel Essada".

Sehenswert: Die ghorfas.

INSEL DJERBA – Hauptstadt ist Houmt-Souk (malerische Altstadt, ca. 40 000 Einw.).

Unterkunft: Zahlreiche Hotels in den Strandzonen und Stadthotels. Sehr saubere Jugendherberge (11, Rue Moncef Bey). Angenehmes Hotel „Marhala Touring Club" (DZ 14 TD, Rue Moncef Bey). Einfaches „Sindabad" (5 TD/Person, Place Mongi Bali). Familiäre Pension „Le Beau Rivage", 10 km nach Houmt-Souk am Strand. Offizielle Campingplätze am Séguia-Strand nahe Aghir.

BEN GUERDANE – Ort, ca. 6 000 Einw. Lebensmittel (Supermarkt), Treibstoff, Reparaturwerkstatt. Markt Fr/Sa. Kleine, sehr einfache Hotels. Geldwechsler (libysche Dinar zum Schwarzmarktkurs).

RAS AJDIR – Derzeit einziger Übergang nach Libyen für Nicht-Araber. An der Grenze Formalitäten zur Ausreise aus Tunesien und kurz danach zur Einreise nach Libyen. (Beginn D 1.)

C 10: Medenine – Tataouine – Remada – Bir Zar – Tiaret – algerische Grenze (547 km)

(10.95, Mercedes 508 Allrad) Interessante Strecke durchs südtunesische Bergland und den Großen Östlichen Erg. Bis Remada Asphalt, dann Piste, im mittleren Bereich über 150 km unangenehmes Wellblech, im Dünengebiet südlich von Tiaret starke Sandverwehungen und einige schwierige Dünenüberquerungen. Ab Remada genehmigungspflichtig, siehe Überblick. Der Grenzübertritt nach Algerien ist derzeit nicht möglich (2002).

MEDENINE – S. C 9. (Zur C 9.)

Km 43, Gouvernoratsgebäude (zuständig für Fahrbewilligung ins Sperrgebiet).

TATAOUINE – Ca. 8000 Einw., 244 m. Bedeutende Oase. Lebensmittel, Markt montags und donnerstags. Treibstoff, Bank. (Ende C 12; Beginn C 11.)

Unterkunft: Sehr schönes Hotel „Club Sangho" (3 Sterne), etwas außerhalb, mit sehr nettem Personal, hübschen Zimmern im Bungalowstil und Schwimmbadlandschaft. „Hotel Daykanus", 8 km außerhalb. Camping beim Hotel „Mabrouk" möglich, kleiner Stellplatz mit schmaler Toreinfahrt, sehr schlechte san. Anlagen, Duschen und Toiletten im Hotel für 3 TD/Pers. extra, 10 TD/2 Pers. und Kfz (08.01).

In der Umgebung: Das sehenswerte Dorf **Chenini** mit Wohnhöhlen des 12. Jh.

Tataouine auf der P19 in Richtung Süden verlassen.

Km 72 ab Tataouine, Militärkontrolle.

REMADA – Oase, ca. 5000 Einw. Treibstoff, Restaurant, Bank. Sonntagsmarkt. In der Kaserne muss die Genehmigung zur Weiterfahrt vorgelegt werden und man erhält den zusätzlich unbedingt nötigen Stempel. (Ende C 17.)

Sehenswert: Die ghorfas. Ausflug nach **Dehiba** möglich (Asphalt, 50 km): Oase, Restaurant, Kaserne.

Hinter Remada 5 km Richtung Tataouine fahren, dann Abzweigung nach links Richtung Kambout und El Borma **(N 32°20,21′ E 10°21,63′).**

Km 11 ab Remada, **KAMBOUT** – am Dorfende Militärkontrolle vor der Einfahrt ins Sperrgebiet.

Km 0, Einfahrt ins Sperrgebiet. Breite Militärpiste führt nach SSW.

Km 30, Pistenkreuzung: Nach links Lorzot/Bir Zar, nach rechts bei **N 32°04,32′ E 10°12,12′.**

Km 34, Kreuzung: nach rechts El Jenein, nach links/geradeaus Bordj el Kadhra (Pos. **N 32°02,56′ E 10°13,52′).**

Km 40, Kreuzung: nach rechts zum Camp Sodep **(N 32°00,74′ E 10°16,09′).**

Km 47, Kreuzung: geradeaus nach Dehibat, halbrechts nach Bordj el Kadhra (Pos. **N 31°58,33′ E 10°19,20′).**

Km 68, Kreuzung: links Dehibat, rechts El Jenein, geradeaus Bordj el Kadhra (Pos. **N 31°47,67′ E 10°21,26′).**

Km 72, **LORZOT** – Garde Nationale und Militärposten, Kontrolle der Pässe und des Permits, **N 31°46,00′ E 10°20,85′.**

Km 100, Kreuzung: arabisch beschrifteter Gedenkstein, geradeaus weiter (Pos. **N 31°38,03′ E 10°07,63′).**

Km 122, **BIR ZAR** – Militärstation, Kontrolle von Pässen und Permit **(N 31°27,76′ E 10°7,57′).**

Km 126, Kreuzung: links fahren (Pos. **N 31°26,05′ E 10°05,90′).**

Km 136, Autowrack rechts, **N 31°14,97′ E 10°09,10′.**

Km 147, Zisterne auf der rechten Seite **(N 31°14,97′ E 10°09,10′).**

Km 179, **TIARET** – Erdölpumpstation und Militärkontrolle **(N 30°58,86′ E 10°09,66′).**

Km 191, **OUED TIARET** – Malerischer Rastplatz unter Palmen am Fuß der Dünen; Strecke teilweise stark versandet (GPS-Pos. **N 30°52,71′ E 10°09,86′).**

Km 222, Militärkontrolle bei **N 30°37,44′ E 10°09,86′.** Hartes Wellblech, nach ca. 20 km stark versandet, Weg durch schöne Dünenlandschaft (Durchfahrt des Großen Östlichen Ergs). Hinter den letzten Dünen liegt das verlassene Bir Pistor.

Km 270, **BIR PISTOR** – Verlassene Siedlung **(N 30°20,74′ E 09°43,48′).** Harte Wellblechpiste bis

Km 291, **BORDJ EL KHADRA** – Pos. **N 30°15,18′ E 09°33,37′.** Große Militärkaserne (Kontrolle von Pass und Fahrgenehmigung) in schöner, üppig-grüner Oase. Hier befindet sich ein malerischer See mit vielen Wasservögeln und Schilf. Strenges Fotografierverbot! Die Grenze nach Libyen (Ghadamès) und Algerien (Deb-Deb) ist geschlossen.

DEB-DEB – Dorf. Lebensmittel, Wasser, Tankstelle, Post. Polizei- und Zollstation. (Beginn B 18; Ende B 17, B 19 und B 20.)

C 11: Tataouine – Ezzara (ehem. Krachaoua) – Ksar Ouled Soltane – Tataouine (62 km)

(03.94, Suzuki DR 600) Asphalt auf den ersten 21 und den letzten 10 km, sonst Piste (A/G). Schwierig für Fahrzeuge mit wenig Bodenfreiheit; diese sollten die Strecke in umgekehrter Richtung fahren. Ezzara ist auf keiner Karte eingezeichnet.

TATAOUINE – S. C 10. (Zur C 10.)

In Ksar Jelidat (Km 8) in Richtung Ezzara fahren.

EZZARA – Dorf und Ksar. Zwei Innenhöfe mit drei- und vierstöckigen Speichern.

Ab Ezzara steinige, schwierige Piste.

Km 25, Pass. Zisterne etwas oberhalb zur Linken. Nach rechts halten.

Km 26, rechts auf eine Nebenpiste abbiegen, die an einem Berg entlangführt.

Km 33, Dorf. Breitere Piste. Nach einem Gefälle wiederum nach rechts abbiegen und um den Berg herumfahren.

Km 37, steiler und steiniger Anstieg zu einer Ebene mit einem Fernsehsender.

Km 40, **KSAR OULED SOLTANE** – Prächtiger Berg-Ksar mit vier- und fünfstöckigen ghorfas. Keine Versorgungsmöglichkeit.

Km 45, **TAMALEST** – Dorf.

Man stößt auf eine größere Piste. Nach rechts abbiegen.

Km 52, **HAMADID** – Dorf.

Wieder Asphalt. Ab Hamadid führt die Straße durch ein Tal mit zahlreichen Ksour.

TATAOUINE – S. C 10. (Zur C 10.)

C 12: Douz – Tamezret – Matmata (99 km)

(2001) Guter Asphalt. Viel befahrene Querverbindung.

DOUZ – S. C 13. (Beginn C 13, C 15 und C 17; Ende C 14.)

Km 43, **BIR GHÉZENE** – Brunnen, Café.

Km 51, Café „Sahara-Centre/Tarzan" einige hundert Meter abseits an der Verbindungspiste zur Pipelinepiste.

Km 65, **N 33°34,49′ E 09°41,16′**, Kreuzung mit der Pipelinepiste. Café.

Km 87, **TAMEZRET** – Bergdorf.

Vor Matmata landschaftlich reizvoll durch die Dahar-Berge.

Km 99, **MATMATA** – S. C 8. (Ende C 8.)

C 13: Tataouine – Guermessa – Ksar Ghilane – Bir Soltane – Bir Ghézene – Douz (234 km)

(04.00, R 100 GS PD & Yamaha TT 600 S) Piste (A, je nach Wartung evtl. auch G). Bis Guermessa und die letzten 51 km vor Douz Asphalt. Anstatt über Douiret führt diese landschaftlich reizvollere Variante über Guermessa. Es gibt auch eine Direktverbindung von Ksar Ghilane nach Douz (ca. 90 km) durch unmarkiertes Dünengebiet (C/H/I), Fahrzeit ca. 3 Tage, nur mit GPS und Erfahrung!

TATAOUINE – S. C 10. (Zur C 10.)

Km 0, Tataouine (Km 0) auf der Straße nach Remada verlassen.

Km 2, Abzweigung, Ri. Chenini halten.

Km 6, Abzweigung, rechts nach Guermessa (beschildert).

Km 20, (Neu-) **GUERMESSA** – Keine Versorgungsmöglichkeit.

Sehenswert: Das Bergdorf von Alt-Guermessa. Zugang zu Fuß von (Neu-) Guermessa aus oder über Piste (s.u.)

Km 22, **N 32°59,78′ E 10° 15,96′**, Pistenabzweig, links Richtung Ksar Ghilane.

Km 25, Pistenabzweig, auf der Hauptpiste bleiben (links erreicht man nach gut 3 km

(Alt-) Guermessa). Auf teils sandiger Piste durch schöne Berglandschaft von Dahar bis

Km 33, **N 33°01,66′ E 10° 10,09′,** Kreuzung, geradeaus weiter (die rechte Piste führt nach Ghomrassen). Hauptrichtung der Piste zunächst W, dreht nach NW.

Km 40, Wasserturm und Viehtränke. Danach Oued-Durchfahrt. Einige Pistenabzweigungen, die Hauptpiste ist jedoch immer gut erkennbar.

Km 50, alter Brunnen und Haus neben der Piste.

Km 51, **N 33°07,60′ E 10°03,81′,** beschilderte Pistenabzweigung, hier links weiter nach Ksar Ghilane; die rechte Piste führt über Beni Kheddache nach Medenine.

Km 60, **N 33°06,85′ E 09° 58,51′,** wieder zweigt rechts eine Piste ab (beschildert), geradeaus auf guter Fahrspur weiter Richtung Ksar Ghilane.

Km 64, Wasserturm und Viehpferch rechts der Piste.

Km 69, Café auf Hügel rechts der Piste. Weiter durch Hügellandschaft, gut erkennbare Piste. Teils kurze sandige Stellen.

Km 81**, N 33°04,41′ E 09°46,53′,** man trifft auf die von N nach S verlaufende „Pipelinepiste“, die Abzweigung ist durch einen Steinmann markiert. Weiter links (N).

Km 83, **N 33°03,17′ E 09°46,56′,** Pistenabzweig, der Beschilderung nach Ksar Ghilane (rechts, NW) folgen, schon kurz nach der Kreuzung beginnt Asphalt. Je nach Wartungszustand mehr oder weniger versandet bzw. sind kleine Dünen zu queren. Alternativroute: 17 km auf der Pipelinepiste weiter Richtung S befindet sich ein weiterer beschilderter Pistenabzweig nach Ksar Ghilane. Ab dort erreicht man die Oase nach 12 km auf guter Piste. Nur an zwei Stellen queren kleine, leicht zu bewältigende Berchane (Sicheldünen) den Weg.

Km 99, **KSAR GHILANE** – Oase. Tankstelle in der Nähe des „Camp l'Erg“ (mit Preisaufschlag). Wenn diese gerade keinen Treibstoff hat, kann man im Dorf am Ende der Teerstraße Treibstoff erhalten (durchfragen, sehr teuer). Sonst keine Versorgung. **N 32°58,580′ E 09°39,050′.**

Unterkunft: Campements „l'Erg“, „Le Paradis“ und „Rhilane“. Alle drei bieten Übernachtung im Nomadenzelt (ab 5 TD, 04.00), aber auch Camping möglich (ab 3 TD, 04.00), alle mit zum Alkoholausschank lizensierten Restaurants. Hotel „Pansea“. Abends überschwemmen Zwei-Tages-Touristen aus den Küstenorten die Camps, untertags herrscht jedoch herrliche Ruhe.

Sehenswert: Palmenhaine, Dünenfelder, Quellteich in der Nähe des Campment „Rhilane“ (Cafés, Souvenirläden, Bademöglichkeit in warmem Wasser), Leclerc-Obelisk **(N 32°58,58′ E 09° 39,05′),** Ksar-Ruine **(N 33°00,48′ E 09°37,02′,** etwa 3 km westlich in den Dünen; zu Fuß, aber auch mit Geländefahrzeug befahrbar).

Die ersten 16 km fährt man auf gleichem Wege wieder retour, bis man bei

Km 115, **N 33°03,17′ E 09°46,56′,** wieder den Pistenabzweig von km 83 bei der Anfahrt erreicht. Man bleibt nun auf der nördlich weiterverlaufenden Pipelinepiste. Wüstenautobahn, je nachdem, wann sie zuletzt gewartet wurde, mit grobem Wellblech und einigen Passagen durch verspurten Sand. Östlich der Piste ist der Verlauf der Pipeline mit einem Steinwall markiert. Immer wieder liegen Rohrstücke an der Piste. Teilweise ist sie durch Schilder mit gelbem Dreieck markiert. Der Verlauf ist immer eindeutig erkennbar.

Km 117, **N 33°04,41′ E 09°46,53′,** Pistenabzweig von Km 81. Weiter nach N.

Km 144, **BIR SOLTANE** – Café (Pos. **N 33°17,65′ E 09°44,03′).** Pistenkreuzung: Nach O geht es über Bir Zoui und Beni Kheddache nach Medenine, in Richtung Westen erreicht man nach 2 bis 3 km den Brunnen von Bir Soltane am Rande des Grand Erg Oriental.

Km 165, **N 33°28,84′ E 09°41,80′,** Pistenabzweig nach links (W). Der Beschilderung Richtung Douz folgen (fährt man die Pipelinepiste weiter Richtung N, trifft man bei einem Café auf die Teerstraße von Matmata nach Douz; Umweg etwa 7 km). Vorherige Pisten und Fahrspuren Richtung W ignorieren. Nun fährt man auf holpriger, teils versandeter Piste Ri. W, später fast NW.

Km 181, lange Stelle mit verspurtem Sand, die mit etwas Sucherei nach dem Pistenverlauf auch umfahren werden kann.

Km 183, Café „Sahara-Centre/Tarzan“ **(N 33°32,53′, E 09°32,09′)** rechts der Piste; einige hundert Meter danach wird die Teerstraße von Matmata her erreicht, der man links in Richtung Douz folgt.

Km 191, **BIR GHÉZENE** – Brunnen. Café.

Km 234, **DOUZ** – Bedeutende Oase mit 31 000 Einwohnern (s.a. Stadtplan). Touristenzentrum. Gute Versorgungsmöglichkeiten. Lebensmittelgeschäfte, z.B. an der Straße vom Kreisverkehr zum Camping „Desert Club" (Avenue 7. Novembre). Treibstoff an der Straße nach Kebili. Interessanter Wochenmarkt am Donnerstag. (Beginn C 12, C 15, C 17; Ende C 14.)

Unterkunft: „Hotel Saharien", luxuriöses Hotel, Pool, DZ ca. 80 TD (05.01), Zimmer gut ausgestattet. Hotel „Rose de Sables", einfache Bungalows, sehr freundlich, Besitzer spricht deutsch. „Hotel 20 Mars", sauber, sehr empfehlenswert, Zimmer mit Dusche 7 TD/Pers. (05.01). Bisher empfehlenswerter Campingplatz „Desert Club" (Treffpunkt für Motorradfahrer), 4 TD/Person, Auto 3 TD, warme Duschen, Waschmaschine, im Mai 2002 angeblich sehr schmutzige sanitäre Anlagen. Etliche andere Pensionen und Hotels verschiedener Preisklassen.

Sehenswert: Palmenhaine, beeindruckende Dünen- und Wüstenlandschaft in der Umgebung, Museum, Zoo, Wochenmarkt am Donnerstag (mit Viehmarkt), Sahara-Festival im Dezember.

In der Umgebung: Ein- oder mehrtägige Ausflüge auf meharis möglich. Ausflug nach Novail (18 km).

C 14: Tozeur – Douz (ca. 120 km)

(2001) Asphalt.

TOZEUR – S. C 6. (Zur C 6; Ende C 7.)

DEGACHE – Ort. Lebensmittel, Treibstoff, Banken, Post.

Unterkunft: „Camping Club Bedouina", s. C 6/Tozeur. Empfehlenswerter Camping „Desert Club" am Ortsende von El Hamma du Djerid an der Straße in Ri. Tozeur, schöne Stellplätze unter Palmen, saubere san. Anlagen mit Warmwasser, 11 TD/2 Pers. und Kfz (08.01).

Die Straße führt über den größten Salzsee der Sahara, den Chott el Jerid.

Km 91, **KEBILI** – Markt- und Verwaltungszentrum, ca. 50 000 Einw. Lebensmittel, Treibstoff, Bank. Thermalbäder. (Ende C 15; Beginn C 16.)

Unterkunft: Einfaches „Hotel Ben Saïd", sehr sauber. Hotel „Oasis Dar Kebili" (4 Sterne), luxuriös mit Klimaanlage, Schwimmbad.

Km 120, **DOUZ** – S. C 13. (Beginn C 12, C 13, C 15, C 17; Ende C 14.)

C 15: Douz – Es Sabria – El Faouar – Blidet – Kebili (85 km)

(04.97, Land Rover) Asphalt.

DOUZ – S. C 13. (Beginn C 12, C 13, C 17; Ende C 14.) Trinkwasser- und Treibstoffreserven besorgen (keine Tankmöglichkeit bis Kebili).

Der Beschilderung „Zaafrane/El Faouar" folgen. Kurz vor der Verzweigung von Nouail (Km 12, Schild, geradeaus weiter) fährt man durch

ZAAFRANE – Oase.

Unterkunft: Sauberes „Hotel Zaafrane" mit Pool und eigener Quelle; Campingmöglichkeit (ca. 5 TD/Stellplatz).

Sehenswert: Blick von den Dünen hinunter auf das alte Dorf im Sand, traumhafte Sonnenuntergänge.

ES SABRIA – Wunderschönes Dorf sesshaft gewordener Nomaden.

EL FAOUAR – Oase. Bewässerung durch artesische Brunnen (von Belgiern finanziert), großer Palmenhain.

Unterkunft: Gutes „Hotel El Faouar" (3 Sterne) mit Schwimmbad auf dem Dach, Übernachtung im Nomadenzelt möglich, Verleih von Dünenskiern.

Eine neue Asphaltverbindung südlich des Chott el Jerid nach Nefta (zur C 6) endet nach ca. 150 km in Armeelager, Durchfahrt gesperrt. Nicht die direkte Piste nach Blidet über Touiba (verlassene Piste C 210) nehmen, sondern auf der Asphaltstraße durch den Ort.

NOUAIL – Nomadenlager. Restaurant am Rande des Palmenhains.

BLIDET – Expandierende kleine Oase.

Verschiedenes: Herstellung von ledmi, einer Art Palmenwein, der sofort nach der Gewinnung getrunken werden muss, da er sonst vergärt. Der Stamm der Dattelpalmen wird zur Gewinnung auf ca. 1 m Höhe angeschnitten. Unter dem Schnitt wird ein Behälter befestigt, um den Saft aufzufangen.

KEBILI – S. C 14. (Zur C 14; Beginn C 16.)

C 16: Kebili – Gafsa (110 km)

(2002) Asphalt. Einsame, reizvolle Strecke durch den Chott el Fejaj.

KEBILI – S. C 14. (Zur C 14; Ende C 15.)

Kebili auf der Asphaltstraße nach Gabès (P 16) verlassen.

Km 8,5, links abbiegen (C103).

Km 13,5, **STEFTINI** – Dorf. Mehrere Quellen.

Die Straße geht abwärts durch die Palmengärten und führt in den Chott el Fejaj hinein.

Nach einem Café bei Km 35 beginnt Bergland.

Bei ca. Km 57 Passhöhe, links Auffahrt zum **BORDJ KHANGUET OUM ALI** – Ehemaliger Berberstützpunkt, von Franzosen in Militärfestung umgebaut, nun Quartier der Garde Nationale. An der Gabelung kurz hinter der Festung links.

Km 68, man erreicht die Asphaltstraße Gabès – Gafsa. Links abbiegen.

GAFSA – S. C 5. (Ende C 5; Beginn C 6.)

C 17: Douz – Bir Ghézene – Bir Soltane – Kam(p)our – Borj Bourgiba – Remada (215 km)

(04.00, R 100 GS PD & Yamaha TT 600 S) Piste (A, je nach Wartungszustand der Piste evtl. auch G); die ersten 65 km und ab Kambout Asphalt. Für das Befahren des Sperrgebiets um Bordj Bourgiba und Remada ist eine Sondergenehmigung nötig (s. Überblick/Straßen).

Km 0, **DOUZ** – S. C 13. (Beginn C 12, C 13, C 15; Ende C 14.)

Km 0, Douz auf der Teerstraße nach Matmata verlassen.

Km 43, **BIR GHÉZENE** – S. C 12.

Km 51, Café „Sahara-Centre/Tarzan" einige hundert Meter abseits an der Verbindungspiste zur Pipelinepiste (s. C 13).

Km 65, **N 33°34,49' E 09°41,16'**, Kreuzung mit der Pipelinepiste. Café. Ab hier Teerstraße verlassen und weiter auf der Pipelinepiste Richtung Süden.

Km 76, **N 33°28,84' E 09°41,80'**, Pistenabzweig nach W in Richtung Douz, der zum Café „Sahara Centre/Tarzan" führt (s. C 13). Weiter Richtung S.

Km 97, **BIR SOLTANE** – S. C 13. Pos. **N 33°17,65' E 09°44,03'.** Pistenkreuzung (s. C 13).

Km 124, Pistenabzweig. Die nach O abzweigende Piste führt nach Tataouine (C 13). Weiter in Richtung Süden.

Km 126, Abzweig der Teerstraße (SW) nach Ksar Ghilane (C13). Immer weiter nach Süden. Diverse Fahrspuren nach W führen alle nach Ksar Ghilane.

Km 143, beschilderter Abzweig nach Ksar Ghilane (NW), man bleibt aber weiter auf der Pipelinepiste (S). Einige Kilometer danach passiert man einen Antennenmasten.

Km 167, Abzweig einer Piste nach O Richtung Bir Amir (beschildert).

Km 183, weiterer Abzweig nach Bir Amir.

Km 190, **KAM(P)OUR – N 32°29,72' E 09°41,10'**, Pumpstation an der Pipeline und Militärposten. Meldepflicht. Kontrolle der Pässe und der Genehmigung für die Einfahrt in das südtunesische Sperrgebiet (freundlich). Wasservorräte können ergänzt werden, sonst bestehen keine Versorgungsmöglichkeiten.

Km 244, **BORDJ BOURGIBA** – Militärischer Standort. Die Papiere werden wieder kontrolliert. Die Piste wendet sich nach NO, passiert einen Abzweig in den Süden und zur algerischen Grenze.

Km 274, Abzweig einer weiteren Piste aus S, Kontrollposten. Ab hier Asphalt bis

REMADA – S. C 10. (zur C 10.)

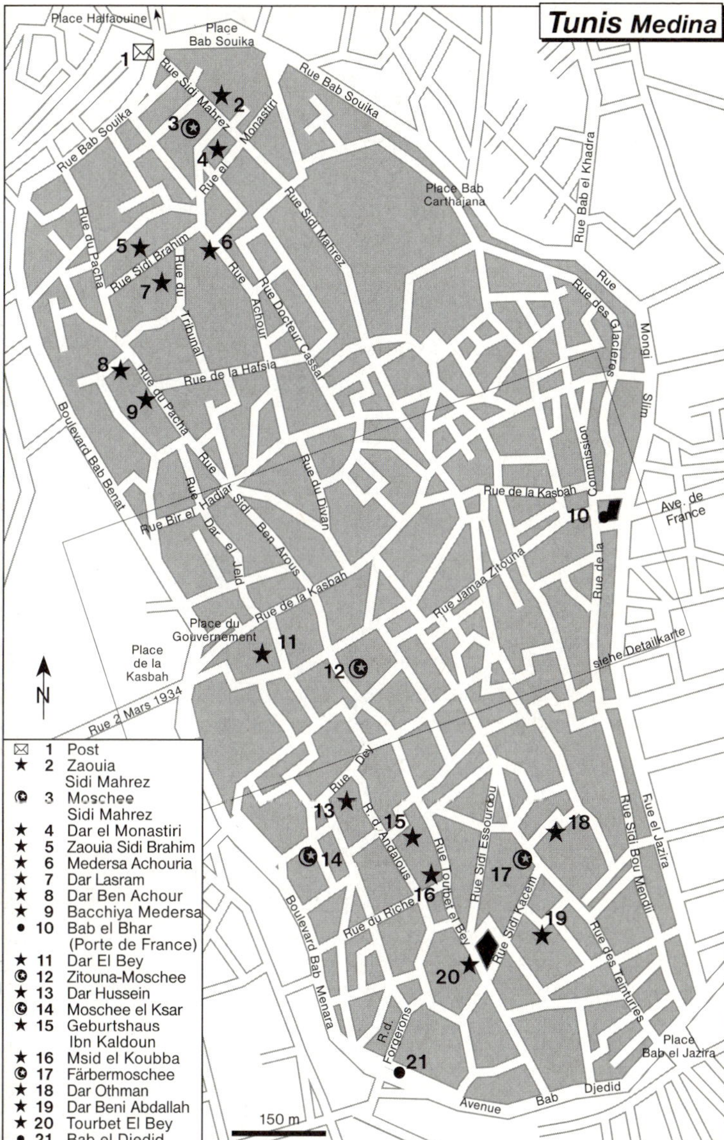

Tunis Medina
Place Halfaouine
Place Bab Souika
Rue Bab Souika
Rue Sidi Mahrez
Rue el Monastiri
Place Bab Carthajana
Rue Bab el Khadra
Rue du Pacha
Rue Sidi Brahim
Rue du Tribunal
Rue Achour
Rue Docteur Cassar
Rue des Glacières
Rue Mongi Slim
Rue de la Hafsia
Boulevard Bab Benat
Rue Sidi Ben Arous
Rue du Divan
Rue de la Kasbah
Rue de la Commission
Ave. de France
Rue Bir el Hadjar
Rue Dar el Jeld
Rue Jamaa Zitouna
Place du Gouvernement
Place de la Kasbah
siehe Detailkarte
N
Rue 2 Mars 1934
Rue Dey
R. d. Andalous
Rue Tourbet el Bey
Rue Sidi Essourdou
Rue Sidi Kacem
Rue Sidi Bou Mendil
Rue el Jazira
Rue du Riche
Boulevard Bab Menara
Rue des Teinturies
R. d. Forgerons
Place Bab el Jazira
Avenue Bab Djedid
150 m
1 Post
2 Zaouia Sidi Mahrez
3 Moschee Sidi Mahrez
4 Dar el Monastiri
5 Zaouia Sidi Brahim
6 Medersa Achouria
7 Dar Lasram
8 Dar Ben Achour
9 Bacchiya Medersa
10 Bab el Bhar (Porte de France)
11 Dar El Bey
12 Zitouna-Moschee
13 Dar Hussein
14 Moschee el Ksar
15 Geburtshaus Ibn Kaldoun
16 Msid el Koubba
17 Färbermoschee
18 Dar Othman
19 Dar Beni Abdallah
20 Tourbet El Bey
21 Bab el Djedid

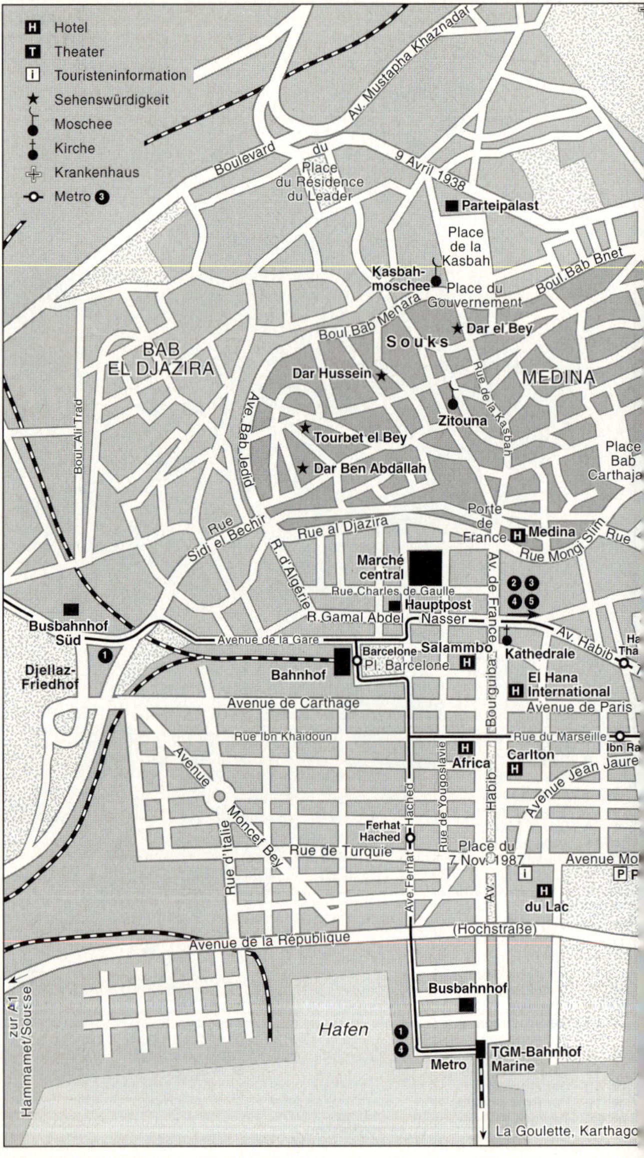

Hotel
Theater
Touristeninformation
Sehenswürdigkeit
Moschee
Kirche
Krankenhaus
Metro 3
Av. Mustapha Khaznadar
Boulevard du 9 Avril 1938
Place du Résidence du Leader
Parteipalast
Place de la Kasbah
Kasbah-moschee
Place du Gouvernement
Boul.Bab Bnet
Boul.Bab Menara
Dar el Bey
Souks
BAB EL DJAZIRA
Dar Hussein
MEDINA
Zitouna
Rue de la Kasbah
Ave. Bab Jedid
Boul. Ali Trad
Tourbet el Bey
Dar Ben Abdallah
Place Bab Carthaja
Porte de France
Medina
Rue Sidi el Bechir
Rue al Djazira
R. d'Algérie
Rue Mongi Slim
Marché central
Av. de France
Rue Charles de Gaulle
Hauptpost
R.Gamal Abdel Nasser
Busbahnhof Süd
Avenue de la Gare
Av. Habib
Barcelone
Salammbo
Kathedrale
Djellaz-Friedhof
Bahnhof
Pl. Barcelone
El Hana International
Avenue de Carthage
Avenue de Paris
Rue Ibn Khaidoun
Rue du Marseille
Africa
Carlton
Avenue Jean Jaure
Avenue Moncef Bey
Rue de Yougoslavie
Habib Bourguiba
Ferhat Hached
Rue d'Italie
Rue de Turquie
Place du 7 Nov. 1987
Avenue Mo
Ave. Ferhat Hached
du Lac
(Hochstraße)
Avenue de la République
zur A1 Hammamet/Sousse
Busbahnhof
Hafen
Metro
TGM-Bahnhof Marine
La Goulette, Karthago

Busbahnhof Nord
Bardo
Bab Saadoun
Bab Saadoun
9 Avril 1938
Boulevard Belhassen Ben
Rue Bab Saadoun
Boul Hedi Daidi
BAB SOUIKA
Place Halfaouine
Place Bab Souika
R. Souk el Halfaouine
EL OMRANE
Rue du Miel
Rue Souki Bel Khir
Av. Ali Belhaouane
Av. Bechir Star
Bab el Khadra
Khadra
Place Bab el Khadra
Koubba
Belvédère-Park
Zoo
ehem. Casino
Avenue de Madrid
Av. de Lyon
Av. Chedly Kallala
Avenue Taïeb Mehiri
Ave. des Etats Unis
Avenue Hedi Chaker
Avenue de la Liberté
Avenue de la Liberté
Place Pasteur
Rue de Palestine
Nelson Mandela
BELVÉDÈRE
Rue Kemal Atatürk
Rue d'Irak
Rue du Kowait
Av. du Train
Palestine
Rue Cyrus Legrand
Rue de Ghana
Avenue Mohammed V.
Mohammed V.
Rummelplatz
Sport-park
Abu Nawas
Liaison Nord-Sud
Avenue Khereddine Pacha
TUNIS
zum Flughafen, nach La Marsa und Bizerte
0
200 m

Tunesien

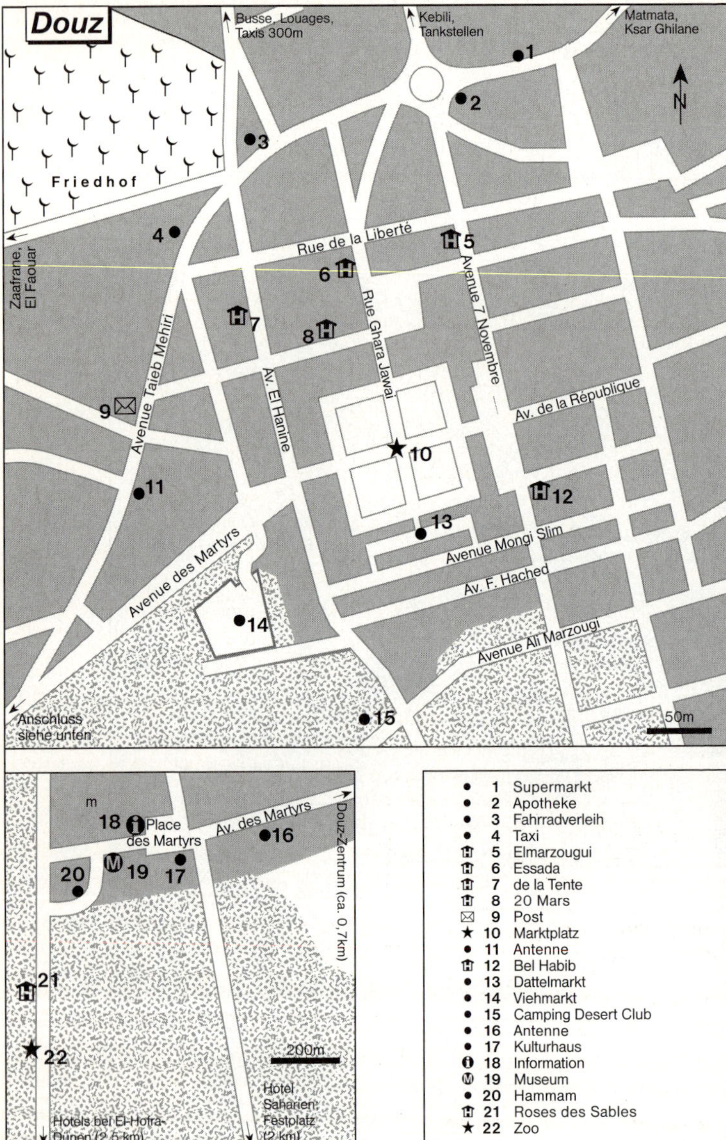
Douz
Busse, Louages, Taxis 300m
Kebili, Tankstellen
Matmata, Ksar Ghilane
N
Friedhof
Zaafrane, El Faouar
Rue de la Liberté
Avenue 7 Novembre
Rue Ghara Jawai
Avenue Taieb Mehiri
Av. El Hanine
Av. de la République
Avenue Mongi Slim
Av. F. Hached
Avenue des Martyrs
Avenue Ali Marzougi
Anschluss siehe unten
50m
Place des Martyrs
Av. des Martyrs
Douz-Zentrum (ca. 0,7km)
200m
Hotel Saharien; Festplatz (2 km)
Hotels bei El-Hofra-Dünen (2,5 km)
1 Supermarkt
2 Apotheke
3 Fahrradverleih
4 Taxi
5 Elmarzougui
6 Essada
7 de la Tente
8 20 Mars
9 Post
10 Marktplatz
11 Antenne
12 Bel Habib
13 Dattelmarkt
14 Viehmarkt
15 Camping Desert Club
16 Antenne
17 Kulturhaus
18 Information
19 Museum
20 Hammam
21 Roses des Sables
22 Zoo

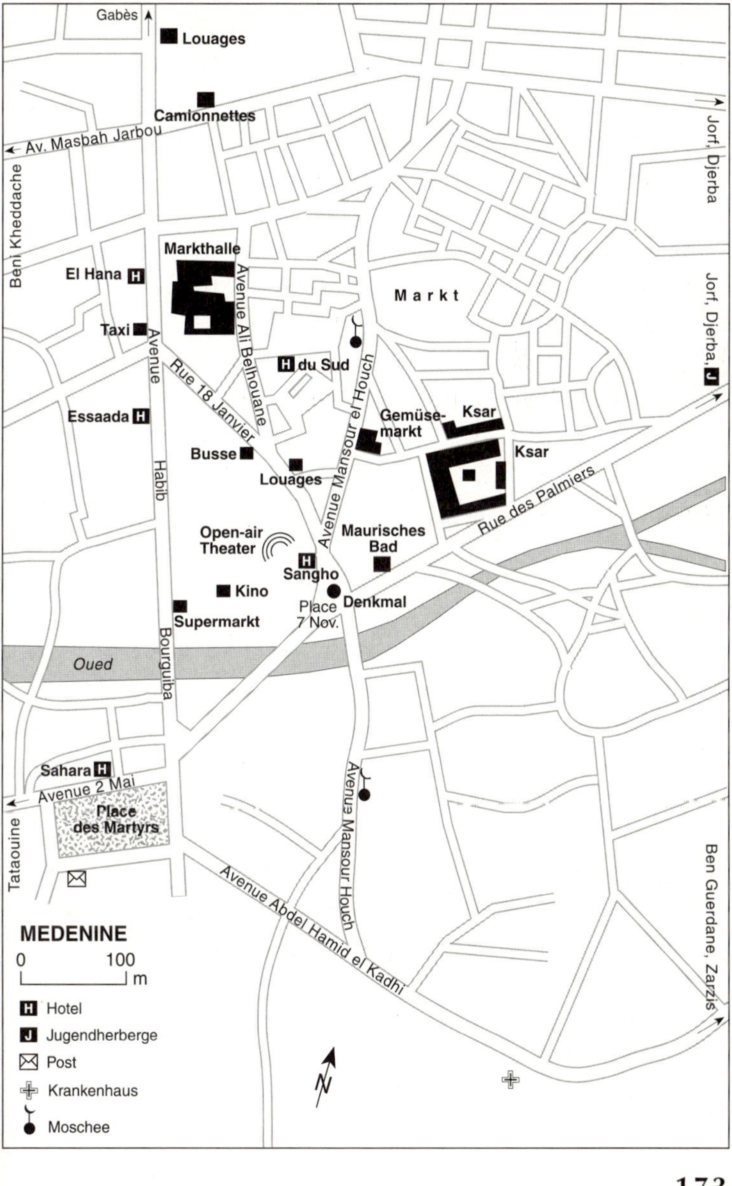
Gabès
Louages
Camionnettes
Av. Masbah Jarbou
Beni Kheddache
Jorf, Djerba
Markthalle
El Hana
Taxi
Avenue Ali Belhouane
Markt
Jorf, Djerba,
du Sud
Rue 18 Janvier
Avenue Habib Bourguiba
Avenue Mansour el Houch
Essaada
Gemüse-markt
Ksar
Ksar
Busse
Louages
Rue des Palmiers
Open-air Theater
Maurisches Bad
Sangho
Kino
Denkmal
Place 7 Nov.
Supermarkt
Oued
Sahara
Avenue 2 Mai
Place des Martyrs
Tataouine
Avenue Mansour Houch
Avenue Abdel Hamid el Kadhi
Ben Guerdane, Zarzis
MEDENINE
0 100 m
Hotel
Jugendherberge
Post
Krankenhaus
Moschee
N

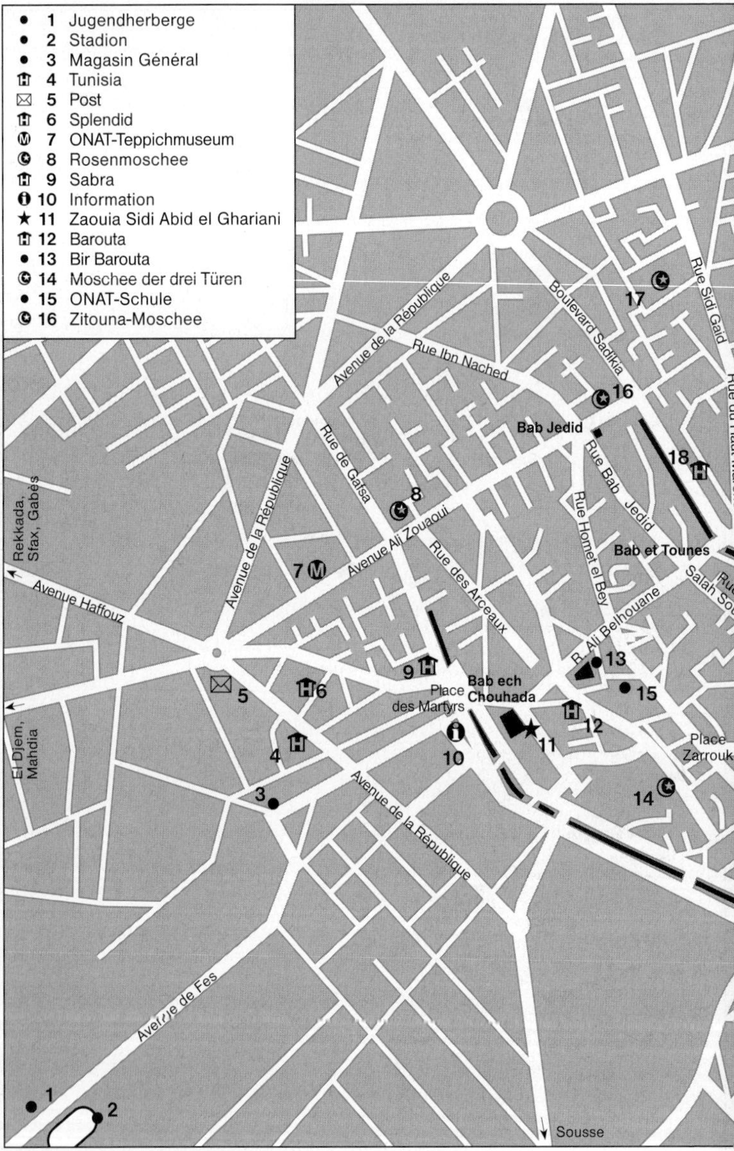
1 Jugendherberge
2 Stadion
3 Magasin Général
4 Tunisia
5 Post
6 Splendid
7 ONAT-Teppichmuseum
8 Rosenmoschee
9 Sabra
10 Information
11 Zaouia Sidi Abid el Ghariani
12 Barouta
13 Bir Barouta
14 Moschee der drei Türen
15 ONAT-Schule
16 Zitouna-Moschee
Avenue de la République
Boulevard Sadikia
Rue Sidi Gaid
Rue Ibn Nached
Bab Jedid
Rue de Gafsa
Rue Bab Jedid
Rekkada, Sfax, Gabès
Avenue Ali Zouaoui
Rue des Arceaux
Rue Homet el Bey
Bab et Tounes
Avenue Haffouz
R. Ali Belhouane
Bab ech Chouhada
Place des Martyrs
El Djem, Mahdia
Place Zarrouk
Sousse

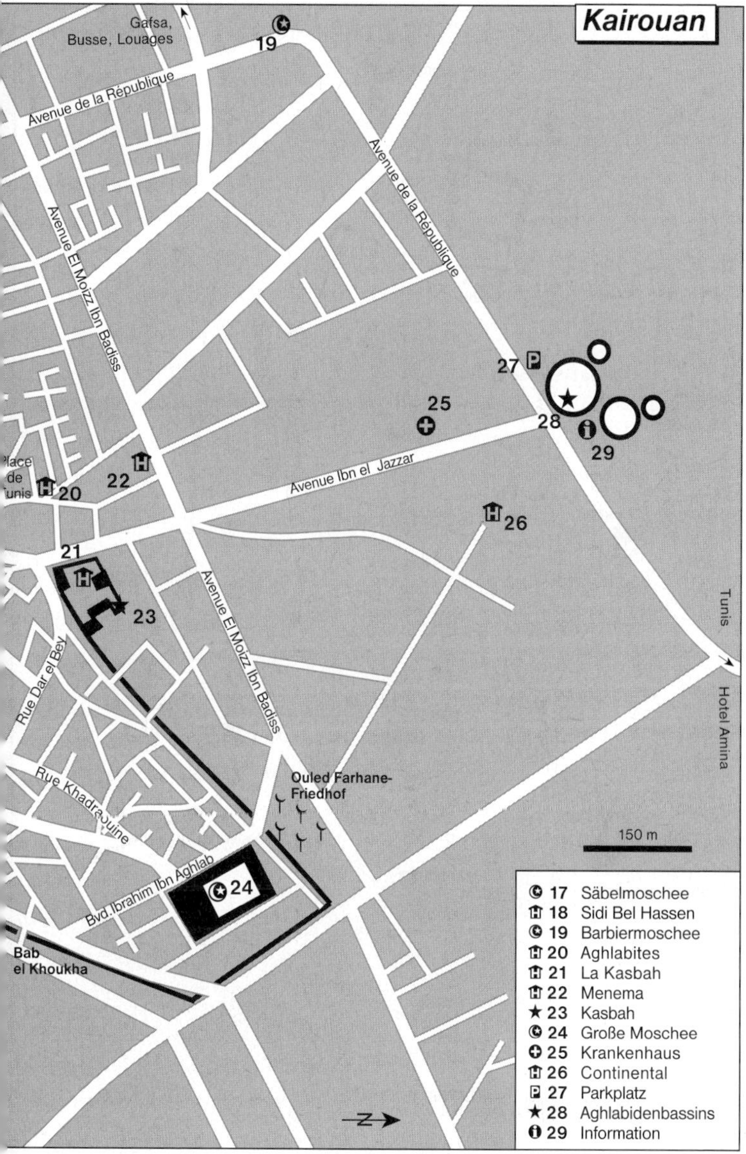
Kairouan
Gafsa, Busse, Louages
Avenue de la République
Avenue El Moizz Ibn Badiss
Avenue Ibn el Jazzar
Place de Tunis
Rue Dar el Bey
Rue Khadraouine
Bvd. Ibrahim Ibn Aghlab
Ouled Farhane-Friedhof
Bab el Khoukha
Tunis
Hotel Amina
150 m
17 Säbelmoschee
18 Sidi Bel Hassen
19 Barbiermoschee
20 Aghlabites
21 La Kasbah
22 Menema
23 Kasbah
24 Große Moschee
25 Krankenhaus
26 Continental
27 Parkplatz
28 Aghlabidenbassins
29 Information

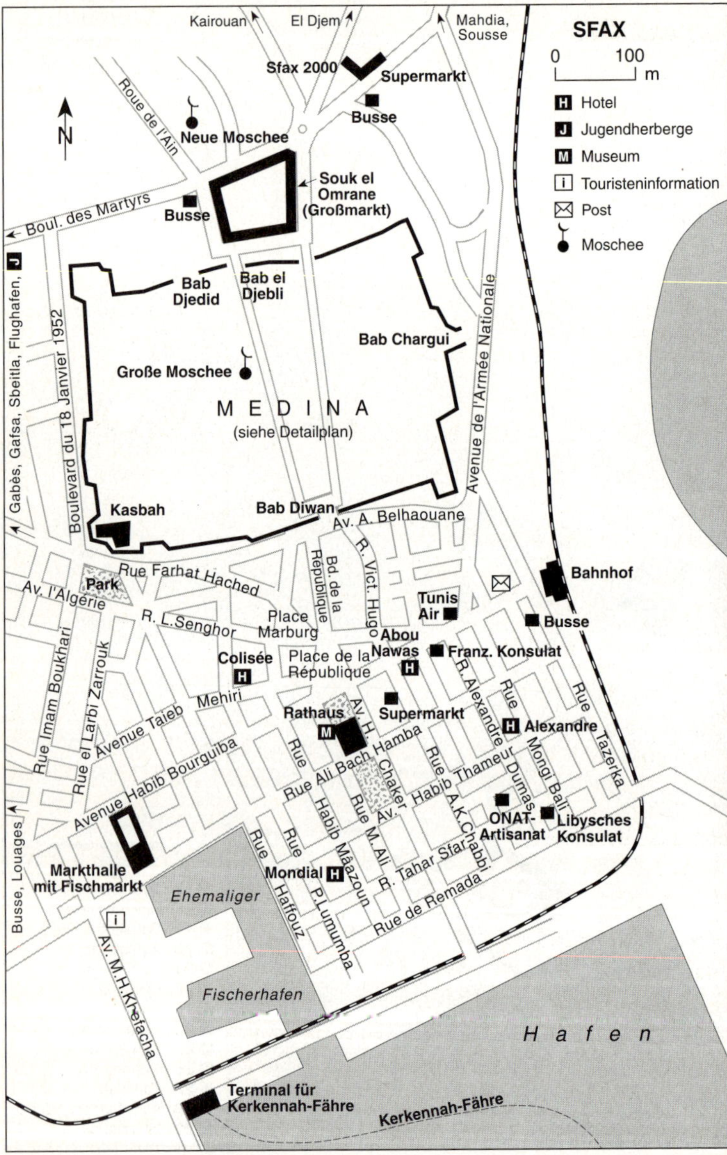

SFAX
0
100
m
Hotel
Jugendherberge
Museum
Touristeninformation
Post
Moschee
Kairouan
El Djem
Mahdia, Sousse
Sfax 2000
Supermarkt
Busse
Neue Moschee
Roue de l'Ain
Souk el Omrane (Großmarkt)
Boul. des Martyrs
Busse
Bab Djedid
Bab el Djebli
Bab Chargui
Große Moschee
MEDINA
(siehe Detailplan)
Avenue de l'Armée Nationale
Gabès, Gafsa, Sbeitla, Flughafen,
Boulevard du 18 Janvier 1952
Kasbah
Bab Diwan
Av. A. Belhaouane
Rue Farhat Hached
Park
Av. l'Algérie
R. L.Senghor
Place Marburg
Bd. de la République
R. Vict. Hugo
Tunis Air
Bahnhof
Busse
Abou Nawas
Franz. Konsulat
Colisée
Place de la République
R. Alexandre Dumas
Rue Mongi Bali
Rue Tazerka
Rue Imam Boukhari
Rue el Larbi Zarrouk
Avenue Taieb Mehiri
Rathaus
Av. H. Chaker
Supermarkt
Alexandre
Avenue Habib Bourguiba
Rue Ali Bach Hamba
Rue Habib Mâazoun
Rue M. Ali
Av. Habib Thameur
Rue A.K.Chabbi
ONAT-Artisanat
Libysches Konsulat
Markthalle mit Fischmarkt
Rue Haffouz
Rue P.Lumumba
Mondial
R. Tahar Sfar
Rue de Remada
Busse, Louages
Ehemaliger
Fischerhafen
Av. M.H.Khefacha
Hafen
Terminal für Kerkennah-Fähre
Kerkennah-Fähre

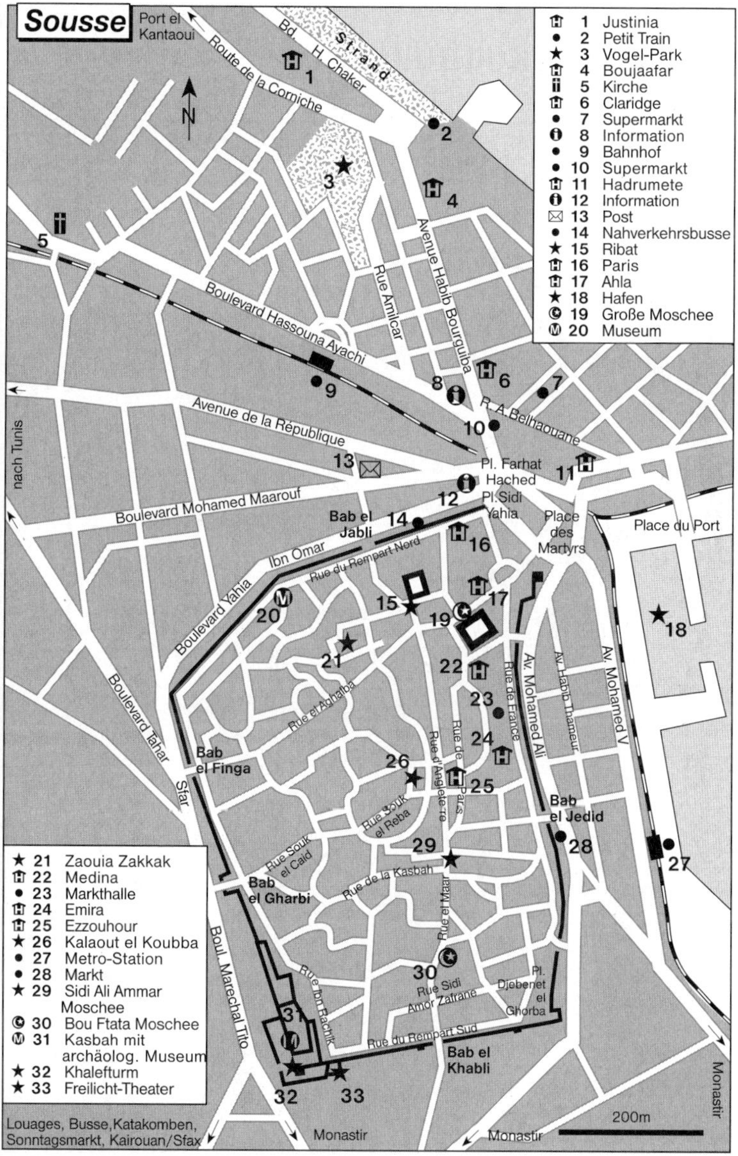
Sousse
1 Justinia
2 Petit Train
3 Vogel-Park
4 Boujaafar
5 Kirche
6 Claridge
7 Supermarkt
8 Information
9 Bahnhof
10 Supermarkt
11 Hadrumete
12 Information
13 Post
14 Nahverkehrsbusse
15 Ribat
16 Paris
17 Ahla
18 Hafen
19 Große Moschee
20 Museum
21 Zaouia Zakkak
22 Medina
23 Markthalle
24 Emira
25 Ezzouhour
26 Kalaout el Koubba
27 Metro-Station
28 Markt
29 Sidi Ali Ammar Moschee
30 Bou Ftata Moschee
31 Kasbah mit archäolog. Museum
32 Khalefturm
33 Freilicht-Theater
Port el Kantaoui
Strand
Bd. H. Chaker
Route de la Corniche
Rue Amilcar
Avenue Habib Bourguiba
Boulevard Hassouna Ayachi
Avenue de la République
R. A. Belhaouane
nach Tunis
Boulevard Mohamed Maarouf
Pl. Farhat Hached
Pl. Sidi Yahia
Place des Martyrs
Place du Port
Bab el Jabli
Ibn Omar
Rue du Rempart Nord
Boulevard Yahia
Boulevard Tahar Sfar
Rue el Aghalba
Rue de France
Av. Mohamed Ali
Av. Habib Thameur
Av. Mohamed V
Rue de Paris
Rue d'Angleterre
Bab el Finga
Rue Souk el Reba
Rue Souk el Caid
Bab el Jedid
Rue de la Kasbah
Bab el Gharbi
Rue el Maar
Boul. Marechal Tito
Rue Ibn Rachik
Rue Sidi Amor Zafrane
Pl. Djebenet el Ghorba
Rue du Rempart Sud
Bab el Khabli
Monastir
200m
Louages, Busse, Katakomben, Sonntagsmarkt, Kairouan/Sfax

Tunesien

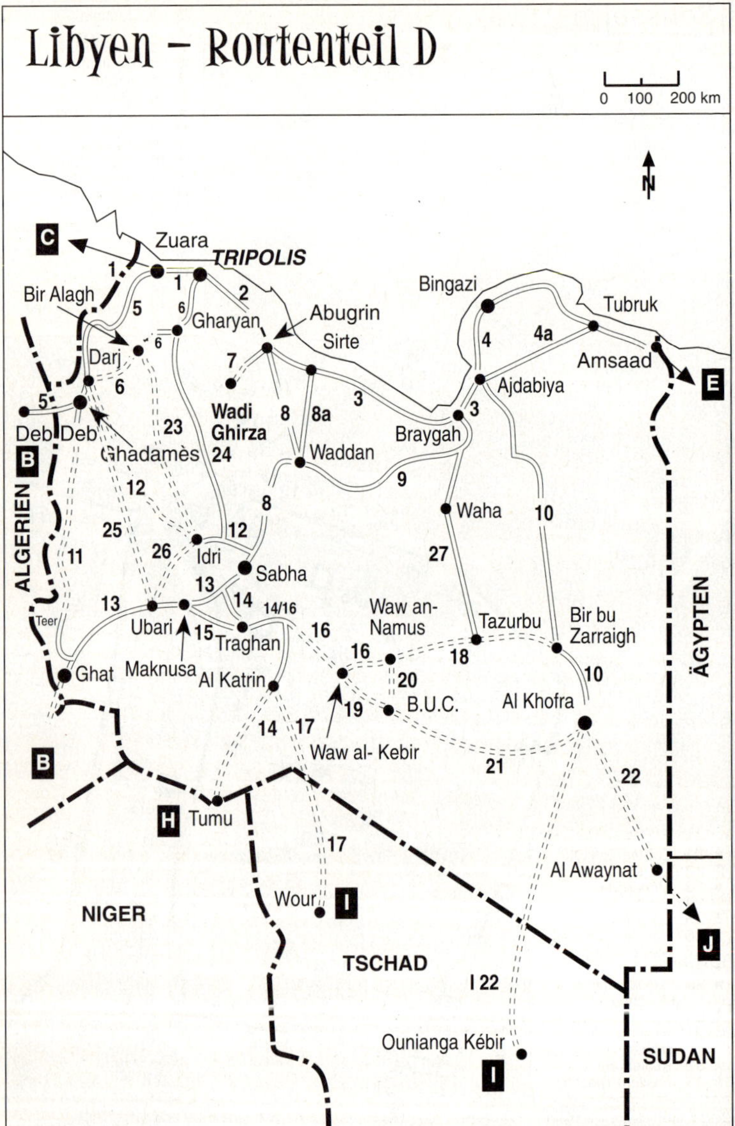
Libyen – Routenteil D
0 100 200 km
N
C
Zuara
TRIPOLIS
Bir Alagh
Gharyan
Abugrin
Sirte
Darj
Deb Deb
Ghadamès
Wadi Ghirza
Waddan
Bingazi
Tubruk
Amsaad
Ajdabiya
Braygah
E
B
ALGERIEN
Waha
Idri
Sabha
Ubari
Maknusa
Traghan
Teer
Ghat
Al Katrin
Waw an-Namus
Tazurbu
Bir bu Zarraigh
B.U.C.
Al Khofra
Waw al- Kebir
ÄGYPTEN
H
Tumu
Al Awaynat
Wour
I
J
NIGER
TSCHAD
I 22
Ounianga Kébir
SUDAN

Libyen – Routenteil D

Überblick

Fläche: 1 775 500 km².

Einwohner: ca. 5,8 Mio. Einwohner.

Ethnien: Araber, Berber, Schwarzafrikaner (als Gastarbeiter und Nachkommen ehem. Sklaven).

Hauptstadt: Tripolis (Tarabulus), ca. 1,2 Mio. Einwohner.

Sprachen: Arabisch (Amtssprache), Berbersprachen, Handelssprachen teilweise Englisch und Italienisch.

Religion: Islam.

Ruhetag: Freitag (ab Donnerstagnachmittag eingeschränkte Arbeitszeit).

Feiertage: 7.1., 2.3., 8.3., 28.3., 15.4., 11.6., 23.7., 1.9., 7.1.; außerdem zahlreiche mit dem islamischen Jahr wechselnde islamische Feiertage.

Einreise: Visumpflicht für Deutsche, Österreicher und Schweizer. Zur Visabeantragung muss der Pass ins Arabische übersetzt sein (möglichst frühzeitig, in größeren Einwohnermeldeämtern wird der Pass gegen ca. 5 Euro Gebühr mit einem Stempel versehen, der die Angaben in arabischer Sprache enthält). Ein vereidigter Übersetzer (Adressen sind über die Botschaft erhältlich) setzt dann die persönlichen Daten in arabischer Schrift ein. Erkundigen Sie sich rechtzeitig vor Festlegung der Route oder Fährbuchung bei den Botschaften, ob es möglich ist, ein Visum zu erhalten! Der Pass muss noch mind. 6 Monate gütlig sein und darf keinen Sichtvermerk Israels enthalten. Seit 2001 benötigen alle Reisenden eine Einladung einer libyschen Reiseagentur (ca. 50 US-$), um ein Visum erteilt zu bekommen (Adressen von Agenturen s.u.). Schicken Sie den Visumsantrag mit übersetztem Pass und Einladung der Agentur an die zuständige Botschaft. Die libysche Agentur muss die Einladung auch noch einmal direkt an die libysche Botschaft versenden. Kfz-Reisende müssen von der Agentur zudem an der Grenze abgeholt werden und offiziell während der gesamten Reise von einem Führer begleitet werden (ca. 25 Euro/Tag bei Mitnahme im eigenen Fahrzeug). Weitere bzw. aktuelle Infos (und Fährbuchungen Genua – Tunis) bei Saro-Expedition in Rosenheim (www.saro-expedition.de, Tel. 08031-32758).

Nach Ankunft im Land innerhalb von sieben Tagen beim immigration office melden, um den obligatorischen Dreiecksstempel zu erhalten (Gebühr: Schreiber 1 LD, Behördenmarke 5 LD/Person) und Formulare ausfüllen. Hält man sich nicht daran, kann es Probleme bei der Ausreise geben. Am besten gleich in Zuara, der ersten größeren Stadt nach der Grenze, Stempel abholen. In Ghadamès übernimmt die Meldung das Touristenbüro (Fotos notwendig, auch für führerpflichtige Strecken). Der Dreiecksstempel ist auch in Tripolis bei der Polizeistation **(N 32°53,045′ E 13°10,547′)** oder in Idri bei der Polizei (gegenüber vom Kreisverkehr) erhältlich.

Reiseagenturen: Azar Tours, Zuara, www.azartours.com, e-mail: Azartours@aol.com. Sari Travel & Tourism, Tripolis, www.sarilibyatravel.com, e-mail: info@sarilibyatravel.com. Winzrik Tourism, Tripolis, www.winzrik.com, e-mail: wts@winzrik.com.

Fährverbindung: Genua - Tunis (s.u. Tunesien) und Malta - Tripolis (G.N.M.T.C., Sea Malt Co. Ltd., Flagstone Wharf, Marsa HMR 12, Tel. (00 35 6) 25 99 42 61, Fax 23 91 79). Einfuhr von Alkohol verboten! Fährverbindungen nach Tunis siehe Tunesien/Überblick.

Impfung/Gesundheit: Gelbfieberimpfung nur bei Einreise aus einem Infektionsgebiet; Malariaschutz nicht notwendig.

Währung: Libyscher Dinar. 1 Euro = 1,22 LD, 1 US-$ = 1,34 LD. Schwarzmarkttausch bei der Einreise aus Tunesien entlang der Straße bis kurz vor der Grenze. Es müssen ca. 150 Euro für Kfz-Versicherung und libysche Kennzeichen gewechselt werden. Einfuhr Libyscher Dinar offiziell verboten. Fotoapparat, Fernglas, Video-Kamera und Laptop sind deklarationspflichtig (Vermerk in den Pass). Die Einfuhr von Funkgeräten ist verboten. Evtl. gibt es Schwierigkeiten bei der Einfuhr von Mobiltelefonen und Satellitentelefonen. GPS-Gerät bei evtl. Problemen als elektronischen Kompass angeben.

Kfz: Nationaler Führerschein und Kfz-Schein ausreichend. Die Grüne Versicherungskarte wird nicht anerkannt, im Land muss eine Haftpflichtversicherung abgeschlossen werden (ca. 15 Euro für einen Monat). Bei der Einreise werden gegen Kaution libysche Nummernschilder montiert (50 LD Pfand, 15 LD Gebühren). An der Grenze wird ein libysches Carnet de passage ausgestellt (ca. 80 Euro für z.B. VW-Bus, ca. 115 Euro für Lkw). Das Carnet de passage vom ADAC wird an der Grenze problemlos akzeptiert. Schilder, Versicherung und Carnet an den Nordgrenzen nur in Devisen zahlbar. Ist das Fahrzeug nicht auf Sie zugelassen, so ist eine beglaubigte Vollmacht des ADAC unbedingt erforderlich.

Treibstoff: Tankstellennetz in Städten und entlang der Hauptrouten sehr dicht. Bleifrei-Benzin fast im ganzen Land erhältlich (außer Sperrgebiet). Preise (2001): Benzin ca. 0,67 TD/l, Super ca. 0,71 TD/l, Diesel ca. 0,41 TD/l.

Fotografieren: Fotografieren und Filmen in den größeren Städten nur mit Zustimmung der Betroffenen, manchmal gibt es auch Ärger mit der Polizei. Grundsätzlich bestehen keine Beschränkungen beim Fotografieren mit Ausnahme militärischer Einrichtungen.

Straßenzustand: Im Norden und auf den wichtigsten Verbindungsachsen in den Süden gute Asphaltstraßen. Beschilderung nur in arabisch. Die Pisten sind teils schlecht markiert.

Kontrollen: Relativ häufig Polizeikontrollen, meist höflich, häufig wird man durchgewunken. Wenn Straßenkontrollen stattfinden (vor und nach großen Städten), unbedingt anhalten, sonst wird man zurückgeholt. Im Süden Vorsicht bei Annäherung an militärisch aussehende Fahrzeuge. Die Abstecher ins Wadi Mathendous (Genehmigung in Germa, kein Führer) und in den Akakus Nationalpark sowie die Strecke Ghadamès – Ghat sind allerdings nur mit Genehmigung und Führer (in Ghadamès pauschal 500 US-Dollar, in Ghat ca. 100 LD/Tag) möglich. Diese erhält man über die Reiseagenturen in Ghat bzw. beim Touristenbüro in Ghadamès oder bei der „Libyan Travel and Tourism Co.“. Häufig an der Küste und bei möglicherweise militärisch wichtigen infrastrukturellen Einrichtungen ist Vorsicht beim Fotografieren geboten. Navigationsgeräte besser verstecken. Bei Zivilkontrollen Ausweis verlangen.

Sicherheit: Libyen zählt zu den sicheren Reiseländern, dennoch sollten die üblichen Vorsichtsmaßnahmen eingehalten werden (Campen außer Sichtweite der Straße usw.). Sicherheitsprobleme grundlegender Art gibt es nicht, grundsätzlich sollten Kontrollposten aber nicht umgangen werden (Misstrauen erweckend). Übernachten Sie nicht an der Küste, im Umkreis von größeren Städten, im Bereich von Militäranlagen und ca. bis 40 km nach der tunesischen Grenze. Die Umgebung von Sabha gilt als unsicher. Östlich von El Katrun und südlich Waw en Namus haben im Dez. 2000 die Kriegshandlungen zwischen Tubu-Rebellen und tschadischem Militär bis auf libysches Territorium übergegriffen. Alle grenznahen Gebiete in Libyen und Niger sollten gemieden werden (s.a. Tschad/Sicherheit)! **Achtung Minengefahr!** Im Jahr 2000 wurden im Gebiet des Dohone (Südostlibyen, Nordtibesti), v.a. auf der Ostseite, neue Minen verlegt. Im Okt. 2000 fuhr ein Touristenfahrzeug im Enneri Jedi (bei **N 22°12,621′ E 19°31,134′)** auf eine Personenmine; dort wurden auch große Kfz-Minen gefunden! Ein weiteres Kfz wurde im Oued Oyouroum von einer Mine erfasst. Vor Reisen ins Tibesti (Dohone) wird aufgrund der Lebensgefahr durch neue Minen und der schlechten Sicherheitslage dringend abgeraten! Im Dez. 2000 gab es einen Überfall am Kraterrand des Waw an-Namus. Einer österreichischen Reisegruppe wurden drei Fahrzeuge von bewaffneten Banditen geraubt. Anschließend wurde einer deutschen Reisegruppe ca. 3 km weiter alles Bargeld entnommen sowie die Reifen und die GPS-Geräte zerstört. Die Räuber behaupten, Rebellen aus dem Tschad zu sein (s.a. Tschad/Sicherheit). Es häufen sich Berichte, dass sich die Kampftätigkeiten im Tschad auf die südlichen (grenznahen) Gebiete Libyens ausweiten. Informieren Sie sich deshalb vor Ort über die Sicherheitslage (z.B. in Zuwaylah, Timsah).

Grenzen: Einzige offiziell für Nicht-Araber offene Grenzübergänge sind derzeit Ras Ajdir nach Tunesien und Amssad/Soloum nach Ägypten (s. D 4). Es können aber dennoch andere Grenzen passierbar sein. Die Ausreise in den Niger von Al Katrun (D 14) aus war 2002 möglich (nur N-S-Richtung). Die Ausreise von Ghat nach Djanet (Algerien) ist seit 2000 ebenfalls problemlos (nur in diese Richtung) möglich. Die Wiedereinreise nach Libyen (Ghat) ist nur möglich, wenn man in Begleitung einer Reiseagentur aus Ghat unterwegs ist und wenn bei Wiedereinreise das Visum, das in Ras Ajdir zur erstmaligen Einreise benutzt wurde, noch nicht abgelaufen ist. In Ghat wird das Visum nicht durch einen Ausreisestempel ungültig gemacht, der Kfz-Besitzer behält die lib. Nummernschilder und Papiere für das Kfz. Das Visum wird wird dann nach Wiedereinreise in Libyen z.B. in Al Khofra oder Sabha verlängert. Neuerdings (Sommer 2002) ist es auch möglich, die Grenze bei Ghadamès nach Algerien (Deb-Deb) zu passieren (jedoch nur in diese Richtung). Die Ausreise aus Libyen in den Sudan von Al Khofra via Djebel al-Awaynat ist für Europäer nicht offiziell möglich (Libyen verweigert die Ausreise, Sudan erlaubt die Einreise). Vor einer Aureise in den Tschad wird derzeit wegen des wieder entflammten Krieges im Nord-Tschad dringend abgeraten (s.a. Tschad/Überblick).

Zeitverschiebung: MEZ plus 1 Std.

Stromspannung: 220 V.

Literatur und Landkarten:
Reiseführer: „Libyen“ von Gerhard Göttler, Reise Know-How Verlag, Bielefeld.
Landkarten: Reise Know-How/world mapping project: Libyen, 1:2 000 000; Übersichtskarte 953 von Michelin, 1:4 000 000; Oxford Map of Libya, 1:3 500 000. Detailkarten: Russ. Generalstabskarten 1:500 000, für Ghadamès – Ghat die IGN-Karten Algerien 1:1 000 000 Hassi-Messaoud und Djanet (besser noch 1:500 000).

Geschichte: Zu den frühesten menschlichen Zeugnissen in Libyen gehören Felsgravuren, Steinwerkzeuge und Gräber, die bis zu 10 000 Jahre alt sind und in den innersaharischen Gebirgsregionen entdeckt wurden. Um 1400 v. Chr. scheinen die mit Streitwagen und Pferden ausgerüsteten Garamanten von Osten her in das Gebiet eingedrungen zu sein. Um 1000 v. Chr. entstanden die ersten phönizischen Handelsniederlassungen an der Küste, ihnen folgten Römer (im Westen) und Griechen aus Santorin (in der Cyrenaika), die die Küstenregion kolonisierten. Erst im letzten vorchristlichen Jahrhundert wurden auch erste römische Stützpunkte im Fezzan errichtet, von denen aus angeblich eine erste römische Expedition die Sahara durchquerte. Mit dem Einbruch der Vandalen war die relative Friedenszeit beendet. Bis zur Ankunft der arabisch-islamischen Eroberungsheere Mitte des 7. Jhs. fiel die Mittelmeerregion abwechselnd an Byzantiner und Vandalen und wurde zusätzlich von Angriffen libyscher Stämme erschüttert. Auch nach der arabischen Invasion und Islamisierung kehrte nur kurzer Friede ein. Die Küstenorte wurden Sitz verschiedener Piraten und fielen schließlich im 16. Jh. an das Osmanische Reich, das die Oberhoheit über Libyen bis 1911 behielt. Eine wichtige Rolle kommt den libyschen Saharatransversalen im Handel mit den Ländern Schwarzafrikas zu. Oasen wie Ghadamès und Ghat waren blühende Handelsknotenpunkte und Karawanenzentren. Auch viele Forschungsreisende nahmen ihren Weg durch den Fezzan (Barth, Nachtigal). Dabei entdeckten sie die Felsbilder, deren tatsächlicher historischer Wert damals nur erahnt wurde. Im 20. Jh. war Libyen Schauplatz der Auseinandersetzungen zwischen den europäischen Mächten. Die Italiener vertrieben die türkischen Besatzer aus Tripolitanien und der Cyrenaika und verwickelten sich in einen zermürbenden Kleinkrieg mit der Senussiya, einer muslimischen Bruderschaft, die das Landesinnere weitgehend beherrschte. Im 2. Weltkrieg geriet Libyen durch den Afrika-Feldzug unter Rommel in den Blickpunkt der Weltöffentlichkeit. Deutsche und Italiener wurden schließlich von den Briten nach Westen, auf tunesisches Gebiet, zurückgedrängt. Tripolitanien und Cyrenaika waren von den Briten besetzt; im Fezzan saßen die Franzosen. Dennoch konnte Libyen 1951 die Unabhängigkeit erringen. Herrscher im neuen Königreich Libyen wurde der Führer der Senussiya, König Idris I., der kaum Interesse für die wirtschaftliche und soziale Entwicklung zeigte. 1969 putschte eine Gruppe Offiziere unter Ghaddafi.

Politik: Mit den Einnahmen aus den neu erschlossenen Ölvorkommen begann Ghaddafi, die Infrastruktur im Land zu verbessern: med. Versorgung und Schulwesen wurden ausgebaut, Straßen angelegt und Tausende von Wohnungen aus dem Boden gestampft. Mit der Agrarreform und der Vervielfachung der agrarischen Nutzfläche, u.a. durch Bewässerungsprojekte in Wüstengebieten, konnte Ghaddafi einen wichtigen Erfolg in Punkto Selbstversorgung mit Lebensmitteln verbuchen. Die Innenpolitik des Landes folgt den im Grünen Buch formulierten Grundsätzen, eine Verbindung sozialistischer und islamischer Lehren mit dem persönlichen und oft recht eigenwilligen Gedankengut des Staatschefs. Die Volksrepublik wird von einem General-Volkskomitee regiert, dessen Vorsitzender der Regierungschef ist (seit 1994 Abdel Majid al-Kaud). Staatsoberhaupt ist Ghaddafi. Die schillernde Rolle, die Ghaddafi in der Außenpolitik spielt, braucht nicht näher erläutert zu werden. Seine Sprunghaftigkeit wird v.a. von den libyschen Nachbarstaaten als Bedrohung empfunden. Ghaddafi hat wiederholt in Konflikte in Nachbarländern eingegriffen (z.B. Tschad) und Rebellengruppen unterstützt. Im Februar 1999 lieferte Libyen die mutmaßlichen Lockerbie Attentäter aus (bei dem Anschlag auf ein PanAm-Flugzeug 1988 kamen 270 Menschen ums Leben). Dies war die Voraussetzung für die Aufhebung der 1992 vom UN-Sicherheitsrat verhängten Sanktionen. Das Luftverkehrsembargo wurde am 5.4.99 suspendiert. Anfang 2001 wurde einer der angeklagten Attentäter zu lebenslanger Haft verurteilt – Libyen akzeptierte den Schuldspruch. Im Jahr 2000 rückte Libyen durch seine erfolgreichen Bemühungen um die Befreiung der deutschen Geiseln auf der philippinischen Insel Jolo ins Licht der Weltöffentlichkeit.

Routen

D 1: Tun. Grenze – Ras Ajdir – Zuara – Tripolis (170 km)

(11.99, Mercedes G) Asphalt. Zwischen Zuara und Tripolis stellenweise vierspurige Straße.

TUN./LIB. GRENZE – Abgabe des Passes und der grünen Karte (zum Visum gehörig) an einem Schalter in einem Container links der Straße. Grüne Karte wird einbehalten, Einreisestempel in Pass. Bei Bank-Schalter in der großen Halle Geld für Nummernschilder und Versicherung wechseln. Versicherung im neuen, großen Gebäude rechts der Straße (ca. 300 m von Halle in Richtung O). Nummernschilder beim Zoll-Schalter am Hallentor. Lib. Carnet beim „Automobile and Touring Club of Libya" in der Halle. Evtl. Abholung von beauftragter Reiseagentur.

RAS AJDIR – Erstes libysches Dorf nach der Grenze. Tankstelle (häufig Warteschlangen). Hotel, Restaurant, Telefon.

BUKAMSH – Dorf.

ZUARA – Stadt. Gute Infrastruktur. Viele Geschäfte und Restaurants. (Beginn D 5.)

SABRATA – Städtchen. Lebensmittel, Treibstoff. Bequem auch mit öffentlichen Verkehrsmitteln (Service-Taxi) von Tripolis zu erreichen.

Unterkunft: Saubere und gute Jugendherberge **(N 32°48,00' E 12°29,533')**, nahe den Ausgrabungsstätten, 5 LD mit JH-Ausweis, ohne 8 LD, auch Camping im Hof (3 LD), warme Duschen, der Herbergsvater besorgt auf Wunsch den Dreiecksstempel.

Essen: Mehrere Restaurants entlang der Hauptstraße. Gutes Essen im Restaurant an der Abzweigung der Straße zu den Ausgrabungsstätten; am Eingang zum Ausgrabungsgelände kleines Café. Guter Markt ca. 1km südlich der Hauptstraße.

Sehenswert: Beeindruckende, gut erhaltene römische, punische und byzantinische Ruinen (und Museum) von **Sabrata** (Amphitheater, Museum) und Mosaike. UNESCO-Weltkulturerbe. Eintritt 3 LD, Fotoerlaubnis 5 LD, Museum 3 LD (2002). Abzweig vor einem Restaurant und einer Moschee links **(N 32°48,117' E 12°29,100')** entlang einer Platanenallee bis zu den Ruinen.

TRIPOLIS – 1,2 Mio. Einw., Hauptstadt der libyschen Jamahiriya, rege Bautätigkeit (s. Stadtpläne). Hafen. Gute Infrastruktur. Bereits um 1000 v. Chr. von Phöniziern gegründet und um 100 v. Chr. von Römern besetzt, geriet Tripolis (lat. Oea) in den darauffolgenden Jahrhunderten unter die Herrschaft der Vandalen, Araber, der Normannen und schließlich türkischer Piraten. Die türkische Oberhoheit hielt sich bis 1912, als die Italiener Tripolis besetzten. Tripolis war im 19. Jahrhundert ein wichtiger Handelshafen und Ausgangspunkt der Forschungsreisen in das Innere Afrikas. (Beginn D 2 , D 6.)

Unterkunft: Luxus-4-Sterne-Hotel „Bab el Bahar", Bab-el-Jedid-Str. (direkt am Meer, neben mehreren modernen Hochhäusern rechts von der Altstadt, nahe beim Busbahnhof), mit bewachtem Parkplatz, DZ ca. 55 LD, beliebt bei Wüstenfahrern, gegen Unkostenbeitrag übernimmt das Hotel die Registrierung inkl. Gebührenmarken und Stempel im Pass. Zentral gelegenes, angenehmes Hotel „Tarablus al-Hadith", in Seitenstr. am Ende der ar-Raschid St./Midan as-Suhiliyya. Jugendherberge im Zentrum (Sharia Amr Ibn al A'ss, Tel. 4 51 71) sowie eine neuere ca. 5 km südwestlich außerhalb der Stadt, 4 LD mit Ausweis (10.00), Gargarish, Tel. (021) 7 47 55.

Essen: Restaurant „El Jazira", Cairo Street, gemütlich, hübsch, gutes Essen.

Verschiedenes: Buchladen in der Omar Mukthar Street (unweit des Grünen Platzes) mit guter Libyen-Landkarte (in englisch und arabisch) und exakten Stadtplänen. Mehrere Buchhandlungen in der 1. September Str. (Libyen-Karte 1 : 3,5 Mio., 10 LD), hier auch gute Literatur über die Ausgrabungsstätten Leptis Magna und Sabrata. Zahlreiche Reiseunternehmen und Reisebüros. Telefonnetz veraltet und häufig überlastet. Mehrere Internetcafés, alle an der Hay al-Andalus (Fortsetzung der Al Kurnish Road), einige Positionen: **N 32°52,790' E 13°09,039', N 32°52,713' E 13°08,678', N 32°52,645' E 13°08,409'**, einheitlich 4 LD pro Stunde (2002).

Sehenswert: Das Kastell mit hist. Museum, die Altstadt (Souks und Moscheen), ein hübsches Museum in traditionellem Haus in der Sharia el Turq in der Altstadt, die „Djama-en-Naga"-Moschee, der Triumphbogen des Marc Aurel.

Badeort Misratah Marina (Lebensmittel, Treibstoff, Hotel).

ABUGRIN – Straßendorf. Lebensmittel, Treibstoff, Café. Viele Ersatzteilgeschäfte und Vulkanisierbetriebe. (Beginn D 3, D 7 und D 8.)

D 2: Tripolis – Labdah – Zliten – Misratah – Abugrin (335 km)

(01.98, Peugeot 504) Gut ausgebauter Asphalt, oft vierspurig. Im Großraum Tripolis nachts beleuchtet, hier dichter Verkehr.

TRIPOLIS – S. D 1. (Ende D 1; Beginn D 6.)

Abzweigung nach Leptis Magna (Hinweistafel mit aufgezeichneter Ruine).

KHOMS (Labdah, früher Leptis Magna) – Moderner Ort. Ehemalige phönizische, dann römische Kolonie. Eindrucksvolle Ruinen Leptis Magna (am Ortsausgang in Ri. Sirte), die früher völlig vom Sand bedeckt waren und daher noch erstaunlich gut erhalten sind. Parkplatz.

Unterkunft: Hotel „Al-Kebir", an der Hauptstraße außerhalb des Ortes, ordentlich. Hotel im Zentrum deutlich schlechter, nicht empfehlenswert. Campingmöglichkeit auf Parkplatz bei Leptis Magna.

Sehenswert: Das Museum, verschiedene Triumphbögen, der Marktplatz, das Theater und die Reste des ehemaligen Hafens. Unbedingt sehenswert: Ausgrabungsgelände von **Leptis Magna,** UNESCO-Weltkulturerbe, Eintritt 5 LD, Café am Eingang.

ZLITEN – Oase. Typisch arabische Siedlung mit der Moschee „Sidi Abdel Salam" (100 Kuppeln). Lebensmittel, Treibstoff.

Unterkunft: Hotel „Zliten", sauber.

Während der ganzen Fahrt auf der Hauptstraße wechseln zahlreiche Betondörfer mit Wüstengebieten ab.

MISRATAH – Moderne Stadt, deren Bauweise der traditionellen arabischen Architektur nachempfunden ist, Geburtsort Ghaddafis. Der alte arabische Stadtteil liegt östlich; in der Oase noch Überreste mehrerer Ksour; etwa 10 km entfernt befindet sich der

D 3: Abugrin – Sirte – As Sidrah – Ajdabiya (546 km)

(01.98, Daewoo-Pkw) Gut ausgebaute Asphaltstraße. Dichter Lkw-Verkehr. Zahlreiche Tankstellen. Kreuzende Baustellenfahrzeuge des Man-made-river-Projekts behindern den Verkehr.

ABUGRIN – S. D 2. (Ende D 2; Beginn D 7 und D 8.)

SIRTE – Städtchen. Lebensmittel, Treibstoff.

Unterkunft: „Gulf Hotel", 5 Sterne, nahe Volkskongress-Zentrum. Hotel „Nahad" am Ortseingang nahe einer Tankstelle, nicht zu empfehlen, 5 LD (1998).

AS SIDRAH – Wichtigster libyscher Erdölhafen.

Km 330, **BRAYGAH** – Dorf. Kontrollposten. (Ende D 9.)

AJDABIYA – Stadt. Lebensmittel, Treibstoff, einfaches Hotel. Ausflugsmöglichkeit zum Strand nach Cas Turca. Kontrollposten an den Ortseingängen. (Beginn D 4, D 4a und D 10.)

D 4: Ajdabiya – Bingazi – Al-Marj – Al-Bayda – Darnah – Tubruk – Amsaad – ägyptische Grenze (790 km)

(01.98, Daewoo 131) Tadelloser Asphalt. An der Küste Stich- bzw. Parallelstraßen zu den Sehenswürdigkeiten. Bis Bingazi häufig sehr dichter Verkehr, obwohl vierspurig ausgebaut. **Einreise bei Amsaad** (ägypt./lib. Grenze): libysche Dinar für Gebühren (Kaution für Kennzeichen/Versicherung für 1 Woche) müssen offiziell getauscht werden (an der Grenze nicht möglich, sondern nur im ca. 2 km entfernten Ort; mit Taxi fahren, da eigenes Auto noch kein Kennzeichen hat). Die Versicherungsgesellschaft akzeptiert nur Dollars.

AJDABIYA – S. D 3. (Ende D 3; Beginn D 10 und D 4a.)

Von Ajdabiya nach Tubruk gibt es zwei Routen: die längere, unten beschriebene Küstenstraße und die viel kürzere Strecke (Asphalt) über Bir Ben Ghimah (400 km). Es gibt weder Wasser noch andere Versorgungsmöglichkeiten; kein einziges Dorf liegt an dieser Strecke; Bir Ben Ghimah ist nur der Name der Kreuzung, wo die Straße auf eine Piste trifft.

BINGAZI – Großstadt (s. Stadtplan). Mit ca. 900 000 Einw. zweitgrößte Stadt Libyens. Gute Infrastruktur. Bedeutender Hafen, der 446 v. Chr. von einem Bruder des Königs von Kyrene gegründet wurde. Volkszelt, Nasser-Monument, Omar-Al-Mukhtar-Schrein (sehr verwahrlost).

Gut ausgebaute Küstenstraße über **DARIANA** nach

TUKRAH (60 km) – 630 v. Chr. von griech. Auswanderern gegründet. Die Nekropole (Gräberstadt) liegt in einem Fort (noch recht gut erhalten). Sehenswere Reste einer byzantinischen Basilika.

AL-MARJ (ehem. Barca) – Städtchen. Tankstelle, kein Hotel.

In der Umgebung: Ptolemais, in 29 km Entfernung an der Küste beim Dorf Toulmeitha, war früher der Hafen von Barca und wurde im 6. Jahrhundert v. Chr. gegründet. Ptolemäus, der König von Ägypten, verlieh ihm das Stadtrecht. Ptolemais wurde zuerst von den Griechen, dann von den Römern und Byzantinern besetzt, schließlich von den Arabern eingenommen und ab 1050 existierte es überhaupt nicht mehr. Museum mit röm. Mosaiken (1.Jh. v. Chr.).

Sehenswert: Ein griechisches Theater, römische Villen mit kunstvollen Mosaiken, zwei römische Theater und ein Amphitheater, ein kleiner byzantinischer Palast.

Ab Al-Marj führt die Straße durch die herrliche Landschaft der „Grünen Berge" (Djebel al-Akhdar). Es wird gutes Obst und Gemüse verkauft. Nach 100 km senkt sich die Straße in das Wadi al-Caf hinab, da die Brükke über die Schlucht seit einiger Zeit wegen Einsturzgefahr gesperrt ist.

50 km nach dem Wadi ist Al-Bayda erreicht.

AL-BAYDA (= die Weiße) – Moderne Stadt, ca. 55 000 Einw. Gute Infrastruktur. Hotel, Tankstelle, Werkstätten. 1964 von König Idris I. zur Verwaltungshauptstadt erklärt, was aber nur 5 Jahre (bis zur Machtübernahme Ghaddafis) währte.

15 km östlich bei Shahat Abzweig zu den Ruinen von Kyrene, die unterhalb des heutigen Dorfes liegen.

SHAHAT (KYRENE) – Die Stadt wurde 631 v. Chr. von Griechen aus Santorin gegründet. 200 Jahre später war sie die zweitgrößte Stadt des griechischen Reiches. 115/116 n. Chr. wurde sie bei einem Aufstand der hiesigen jüdischen Gemeinde in Schutt und Asche gelegt und im 3. Jh. durch ein Erdbeben endgültig zerstört.

Sehenswert: Ruinen von Kyrene (offen täglich außer montags 7.30–19.30 h): Zeustempel (6. Jh. v. Chr., außerhalb der Ruinenanlage in kl. Hain), Apollotempel, Aphroditetempel, Thermen, Theater (außerhalb der Stadtmauer, schon etwas verfallen) und andere gut erhaltene griechische und römische Bauwerke.

Von Shahat nach Darnah gibt es zwei Verbindungen: entweder zur Hauptstraße zurückfahren oder eine enge Küstenstraße (Asphalt, allerdings mit Schlaglöchern) über Susah und Ras al-Hilal nehmen.

DARNAH – Küstenstadt.

Über Um Irrizam (42 km), Al-Tamini (76 km) und Ain al-Ghazalah Fahrt durch eintönige Wüstenlandschaft bis Tubruk (150 km).

TUBRUK – Hafenstadt mit ungefähr 40 000 Einw. Lebensmittel, Treibstoff, Hotel. Deutsche Gedenkstätte für die im 2. Weltkrieg gefallenen Soldaten: Abzweig unterhalb einer Industrie-/Kasernenanlage. Schlüssel im Haus gegenüber der Gedenkstätte.

2 km weiter Friedhof der gefallenen Commonwealth-Soldaten (auch Soldaten aus Sudan, Ostafrika, Südafrika, Indien und an-

deren Teilen der damaligen britischen Kolonialreichs sind dort bestattet).

Französischer Soldatenfriedhof unmittelbar am Abzweig der Inlandstraße nach Ajdabiya.

AMSAAD – Dorf. Libyscher Zoll.

D 4a: Ajdabiya – Tubruk (372 km)

(01.98, Daewoo 131) Gut ausgebaute Asphaltstraße. Keine Versorgungsmöglichkeiten. Überladene Gastarbeiter-Kfz von/nach Ägypten, wenig Verkehr. Mehrere Kontrollposten, zwei wenig einladende Rasthäuser.

AJDABIYA – S. D 3. (Ende D 3; Beginn D 4 und D 10.)

Km 10, Kamel- und Viehmarkt linkerhand.

AL ADAM – Ort. Zwei Tankstellen (hier unbedingt volltanken). Abzweig nach Al Jagbub (Asphalt).

Km 372, **TUBRUK** – S. D 4. (Zur D 4.)

D 5: Zuara – Nalut – Darj – Ghadamès – Deb-Deb (504 km)

(04.00, VW Bus T2) Asphalt, z.T. mit Schlaglöchern, weiter im Süden Sandverwehungen auf der Straße. Die Grenze nach Tunesien ist geschlossen. Neuerdings (Sommer 2002) ist es möglich, die Grenze bei Ghadamès nach Algerien (Deb-Deb) zu passieren (jedoch nur in diese Richtung!).

ZUARA – S. D 1. (Zur D 1.)

Zuara in Richtung S (Wegweiser mit arabischer Ortsangabe und arabischen Ziffern „504") verlassen. Zweispurige, nachts beleuchtete Straße. Nach ca. 44 km bei Kontrollposten rechts ab Ri. Ghadamès (Schild arabisch beschriftet 462 km; 9 km geradeaus nach Al Watia endet als Sackgasse).

In Badir (größerer Ort) bei Kreisverkehr links halten (Ri. S), vierspurige Ortsausfahrt.

95 km nach Zuara stößt man auf die Straße Tripolis – Goush, rechts weiter bis nach 28 km der Ort Goush erreicht ist.

GOUSH – Großer Ort am Rande des Jebel Nafusa-Gebirges, Tankstelle, Läden; vierspurige Straße, Ort in Ri. W verlassen (später SW).

TIJI – (25 km nach Goush), kleiner Ort, div. Geschäfte. Am Ortsende großes Schild, geradeaus weiter nach Nalut.

NALUT – Auf einem Felsabbruch malerisch gelegene Stadt. Lebensmittel, Treibstoff Reisende, die über den südtunesischen Grenzübergang (zurzeit für Europäer geschlossen) nach Nalut kommen, müssen hier die libyschen Nummernschilder erwerben und die Versicherung abschließen (am ersten Kreisverkehr parken und etwa 100 m zu Fuß zu einem Gebäude mit grüner Fahne gehen; Verständigung schwierig).

Unterkunft: Kleine, gemütliche Jugendherberge, 3 LD pro Nacht für Mitglieder, nur arabischsprachig. Hotel „Nalut".

Sehenswert: Die Anlage der alten Oase (in Fels gehauene und gebaute Häuser), die Burg. Die hier lebenden Berber gehören zur muslimischen Sekte der Ibaditen (zu denen auch die Bewohner des Mzab und Djerbas gehören). In Richtung Sinawan in Nalut rechts an der neuen Moschee vorbei, dann geradeaus wieder an einer neuen Moschee vorbei, die Straße führt erst nach N und umgeht Nalut weiträumig. Nach ca. 11 km bei einer Kreuzung links weiter (rechts in Ri. Grenze).

SINAWAN – Dorf, kleine Läden. Im Ort rechts halten (bei Gabelung). Bis Darj nur 111 km, nicht 144 km wie in Michelinkarte ausgewiesen.

DARJ – Ort. Polizeiposten, Tankstelle. Im Café ggü. der Tankstelle gibt es Brot, Eier, Konserven, Sandwich usw., Wasser auffüllen möglich. (Ende D 6; Beginn D 12 und D 25.)

56 km nach Darj liegt links ein isolierter Zeugenberg in grandioser Landschaft. Nach Darj rissiger Asphalt.

Nach 61 km zweigt eine Piste zum **See von Mzebzeb** ab. Der See ist 55 m tief, eingerahmt von Buschwerk und sehr schön zum Übernachten (bitte keinen Müll hinterlassen!). Abzweig zum See: umgefallenes, verrostetes Schild auf Steinhaufen, Steinmännchenmarkierung, Piste zweigt nach rechts in Richtung Norden von der Teerstraße ab, **N 30°11,29′ E 09°53,27′**, See bei **N 30°15,25′ E 09°49,93′**.

Km 89, die Straße verläuft in zwei getrennten Fahrspuren.

GHADAMÈS – Bedeutende und schöne Oase (s. Stadtplan). Post und Krankenhaus. Lebensmittel (teuer). Tankstelle am Ortsausgang. Der Sage nach soll die Oase entstanden sein, als sich ein Mitglied des Nomadenstamms von König Nimrod in der Wüste verirrt hatte. Während er sich, dem Verdursten nahe, schon auf das Sterben vorbereitete, soll seine Stute mit dem Huf dem Wüstenboden aufgeschlagen haben, so dass kühles Wasser hervorschoss. Daher heißt die am SO-Ausgang der Altstadt gelegene Quelle Stutenquelle (Ain el-Fras). (Beginn D 11.)

Verschiedenes: Bei einer Führung durch die Altstadt wird außer den Gassen auch ein historisches, zum Museum umgestaltetes Haus gezeigt. Genehmigungen und Stempel für die Weiterfahrt nach Süden werden von den Reiseagenturen beschafft. Genehmigungen und Führer für die Piste nach Ghat (s. D 11) sind ebenfalls hier erhältlich.

Unterkunft: Jugendherberge am Stadtrand Richtung Deb-Deb empfehlenswert, Camping möglich. Hotel „Aïn al-Fras“ im Zentrum, angenehmer Innenhof. Neben dem Hotel an der Stutenquelle zwei weitere Hotels. „Al-Kafila“ Hotel, häufig kein fließendes Wasser.

Sehenswert: Die Altstadt, die als „world heritage“ unter dem Schutz der UNESCO steht (teilweise überdacht, kl. Museum in historischem Haus, Führer s. „Verschiedenes“) mit der Moschee; der Palmenhain; die Quelle; die esnamen, Turmruinen, die möglicherweise aus der Garamantenzeit stammen.

Zur Weiterfahrt nach Algerien an der Kreuzung nach der Jugendherberge und dem Krankenhaus links abbiegen.

DEB-DEB – S. B 17. Einreiseformalitäten für Algerien. (Ende B 17, B 19, B 20, C 10.)

D 6: Tripolis – Gharyan – Bir Alagh – Darj (491 km)

(02.93, Range Rover) Asphalt auf den ersten 144 km und den letzten 43 km, sonst Piste (I).

TRIPOLIS – S. D 1. (Ende D 1; Beginn D 2.)

AZIZIYAH – Dorf. Treibstoff.

GHARYAN – Hinter dem Dorf in Richtung Yfren weiterfahren.

Kurz vor Yfren, Kreuzung. Nach links in Richtung Giado abbiegen. In **YFREN** gibt es eine schlecht unterhaltene Jugendherberge.

Km144, hier beginnt die Piste, die nach Bir Alagh und Darj führt.

Km 159, von Bäumen umgebenes Haus 500 m östlich der Piste (Wasser). Bisher verlief die Hochspannungsleitung parallel zur Piste, hier entfernt sie sich nach Osten.

Km 182, Brunnen.

Km 217, ost-westlich verlaufende Wasserleitungen und die Piste kreuzen sich.

Km 247, **BIR ALAGH** – Drei eingezäunte Gebäude. Wasser. (Beginn D 23.)

Km 288, Verzweigung. Nach SW in ein Oued abbiegen.

Km 384, unbewohntes Haus. Wasser.

Weiterhin südsüdwestlich halten. Wasserstelle, bewohnt. Danach verläuft die Piste im großen Bogen nach S oder sogar SO. Doch die allgemeine Richtung bleibt SW.

Km 429, man stößt auf eine Piste aus NO.

Km 434, Radioantenne von Darj in Sicht.

Km 448, Asphalt. Man befindet sich auf der D 5.

DARJ – S. D 5. (Zur D 5; Beginn D 12 und D 25.)

D 7: Abugrin – Wadi Zem-Zem – Wadi Ghirza (109 km)

(1997) Asphalt bis Zem-Zem. Dann Piste (A/G, auf der Michelinkarte nicht eingezeichnet). Orientierung schwierig. Inzwischen ist Wadi Ghirza besser auf breiter Pistentrasse von Ban Walid aus zu erreichen. Die römischen Ruinen Wadi Ghirzas zählen zu den Höhepunkten einer Libyenreise.

ABUGRIN – S. D 2. (Ende D 2; Beginn D 3 und D 8.)

Ort nach Süden verlassen. Kurz danach Tankstelle (auftanken). Nach 16 km in Ri. Westen auf kleinere, schmale Straße abbiegen (Km 0).

Weiter durch enges Tale des **WADI ZEMZEM** (einige Häuser, Wasser, nicht zu schnell fahren).

Km 25, die Straße knickt im rechten Winkel ab, an Kreuzung geradeaus.

Km 28, Tankstelle (evtl. Wasser tanken). Danach nochmal Straßenknick.

Km 33, Asphaltende (Pos. **N 31°10,20' E 15°01,55').**

Etwa 35 km westlich verläuft die Pistentrasse nach Wadi Ghirza (in N-S-Richtung), geradeaus/halblinks fahren und grünem Tal folgen (wenige Spuren), Richtung ca. 230°.

Km 40, Tal verläuft weiter nach N (darum verlassen, **N 31°07,60' E 14°59,067').**

Piste wird erkennbar (Wellblech).

Km 43, Tonne bei GPS-Pos. **N 31°06,05' E 14°57,583'.** Auf den weiteren Kilometern wieder Tonnen und zwei Wadi-Querungen.

Km 58, Marabut-Gräber (Friedhof).

Km 60, **EL FUCHIA** – Zisternen-Anlage **(N 31°00,883' E 14°50,967').**

Km 70, Steinfeld, deutliche Piste.

Km 72, Verzweigung, Wadi Zem-Zem in westlicher Richtung queren (**N 31°01,267' E 14°43,00'**).

Km 74, die breite Pistentrasse nach Wadi Ghirza (Baustr. Wasserprojekt „Great-Man-Made-River") ist erreicht **(N 31°01,517' E 14°41,217').** Dieser bis km 86 nach S folgen, dann nach W auf breite, neue Piste (Schild).

Bei den ersten Häusern (km 91) schmalere Piste nach S folgen (Stromleitung), Baucamp, Neubausiedlung bis zu den Ruinen des römischen Ghirza (km 94).

WADI GHIRZA – Moderner Ort.

Sehenswert: Die insgesamt 14 Mausoleen, berühmt für ihre Reliefs (3.–6. Jh.).

Von Ghirza kann wesentlich einfacher auf der Trasse zurück in Ri. Ban Walid gefahren werden.

D 8: Abugrin – Waddan – Hun – Suknah – Sabha (670 km)

(01.98, Daewoo 131) Guter Asphalt. Auf den letzten 80 km vierspurige Straße.

ABUGRIN – S. D 2. (Ende D 2; Beginn D 3 und D 7.)

ABU NIJAYN – Ort. Tankstelle. Kein Wasser.

Etwa 20 km hinter Abu Nijayn führt rechts eine Piste zu einer 1 km entfernten, großen, 100 m hohen Düne, bei der man versteinerte Schneckenhäuser finden kann.

WADDAN (= Mähnenschaf) – Städtchen. Kein Hotel. Markt. Tankstelle. Kleines Restaurant. Datteln (gut und teuer). (Beginn D 9 und D 8a.)

HUN – Städtchen. Lebensmittel, Werkstatt, Tankstelle.

Unterkunft: Empfehlenswertes Hotel „Hun", nett, gutes Restaurant, über den Zimmerpreis kann verhandelt werden.

SUKNAH – 300 m. Dorf. Von Deutschen erbaute Bewässerungsanlage.

Hinter Suknah kurvenreiche Straße durch den Djebel es-Sawda.

Km 74 (ab Suknah) zweigt links eine Piste nach El-Fogaha ab.

100 km hinter Suknah, schöne Oase.

160 km hinter Suknah, rechts ein asphaltierter Abzweig nach Brak und Idri (zur D 12).

SABHA (SEBHA) – Hauptstadt des Fezzan, 445 m (s. Stadtplan). Moderne Stadt mit großem Frucht- und Gemüsemarkt unter freiem Himmel und Altstadt. Das Ksar kann nicht besichtigt werden. (Ende D 12 und D 24; Beginn D 13 und D 14.)

Verschiedenes: Enormer Zuzug von Ausländern auf der Suche nach Arbeit. Große Sicherheitsprobleme (kritisch in südwestl. Nasr-Straße, südlich des Hotels „El Fatah", im Bereich des Flugplatzes, Flüchtlingsstadt im Süden am Außenring). Nicht im Umkreis von 100 km um die Stadt campen! Keine Pausen alleine außerhalb der Stadt einlegen, keine fremden Grundstücke betreten, angemessene Kleidung tragen. Derzeit keine Genehmigung zur Fahrt zum **Waw-an-Namus-Krater** (s. D 16) erforderlich.

Unterkunft: Hotel „Kalaa", ordentlich, freundlich, Pool, bewachter Parkplatz im Hof. Hotel „El Fatah" heruntergekommen, häufig kein Wasser und Strom, bewachter Parkplatz im Hof. Hotel „El Djebel" mit großartiger Lage, aber unfreundlichem Personal. Camping „Sebha", an Ausfahrtsstraße Richtung Ghat, **N 27°01,2'E 14°26,8'.**

Sehenswert: Der Palast „Dar al-Beida"; italienisches Fort; Palmenhaine und Gärten.

D 8a: Waddan – Sirte (230 km)

(01.98, Daewoo 131) Gute Asphaltstraße, am Anfang interessante Gebirgslanschaft.

WADDAN – S. D 8. (Zur D 8; Beginn D 9.)

Auf den ersten 50 km durchquert die Straße stark verwittertes und erodiertes Bergland. Danach bis zur Küste recht eintönig. Evtl. Kontrollen, weil in dieser Region auch heute noch die Verwandtschaft Ghaddafis lebt.

Einmündung in die Küstenstraße am äußeren Ring um Sirte.

SIRTE – S. D 3. (Zur D 3).

D 9: Waddan – Zilla – Maradah – Braygah (556 km)

(01.98, Daewoo 131) Meist guter Asphalt. In der Umgebung der Erdölfelder Schlaglochpiste bzw. nur noch Asphaltreste, die zu sehr langsamen Fahren zwingen. Entgegen Informationen zahlreicher Reiseagenturen ist die Strecke nicht genehmigungspflichtig.

Km 0, **WADDAN** – S. D 8. (Zur D 8; Beginn 8a.) Von Waddan nach Zilla, öde Landschaft.

Km 161, **ZILLA** – Städtchen. Geschäfte, Tankstelle.

Von Zilla nach Maradah äußerst malerische Landschaft. Bei der Abzweigung nach Hofra und Farrud zahllose Versteinerungen von Schnecken und Muscheln.

Km 556, **BRAYGAH** – S. D 3. (Zur D 3.)

D 10: Ajdabiya – Awila – Jalu – Bir bu Zarraigh – Al Khofra (876 km)

(09.95) Asphalt, auf den letzten 100 km in schlechtem Zustand. Trifft man ein vermutlich militärisches Fahrzeug, sofort halten. Treibstoffversorgung an den Tankstellen evtl. nicht gesichert.

Km 0, **AJDABIYA** – S. D3. (Ende D3; Beginn D4 und 4a.)

AWILA – Palmenhain. Lebensmittel, Wasser, Tankstelle.

JALU – Palmenhain. Moderne Gebäude. Lebensmittel, Wasser, Treibstoff. Polizeistation.

Ca. Km 278, Bewässerungsbögen, kreisförmige Begrünung, Ø 800 m.

Ca. Km 390, Basiscamp der koreanischen „KEC", die die Wasserpipeline von Süden nach Norden baut.

Ungefähr bei Km 470, Tankstelle und Wüstencafé.

Etwa Km 650, Tankstelle mit zwei Wüstencafés.

BIR BU ZARRAIGH – Oase. Wasser (mehrere Brunnen).

Ab Km 100 vor Al Khofra auf 20 km malerische Landschaft; schwarze Berge und rötlicher Sand; gute Rastplätze.

Km 20 vor Al Khofra, Polizeikontrolle an einem großen Palmenhain; penible Durchsuchung (Alkohol und „Pornographie").

AL KHOFRA – Oase mit mehreren Ortschaften (s. Karte); Hauptort ist El-Giof. Lebensmittel. Tankstelle (keine regelmäßigen Treibstofflieferungen). Krankenhaus. Post. Genehmigungsverfahren zur Weiterfahrt Richtung Jabal Awaynat. (Ende D 21; Beginn D 22 und I 22.)

Unterkunft: Zwei Hotels.

Sehenswert: Seen im O und W der Oase.

D 11: Ghadamès – Ghat (ca. 720 km)

(12.97, Toyota Landcruiser) Asphalt bis Pistenabzweig (Km 0) und die letzten 95 km vor Ghat, 612–635 km Piste (A/D/F/H/I, je nach Varianten in den Sanddünengebieten), bis auf die Sanddünenstrecke meist gute Piste. Da die Strecke immer parallel zur algerischen Grenze führt, darf die Piste nur mit Führer befahren werden, der über das Fremdenverkehrsamt in Ghat engagiert werden kann (ca. 500 US-$ mit eigenem Fahrzeug). Hammada und Sanddünengebiete sind zu queren, die Spuren sind nicht immer eindeutig auszumachen, zahlreiche querende Spurenbündel von Militärfahrzeugen. Dauer 3–4 Tage, landschaftlich langweilig im ersten Drittel der Strecke, sehr schön im Dünenbereich und im letzten Drittel ab Km 561.

Km 0, Abzweig rechts ins Gelände ca. 15 km nach Ghadamès in Richtung Darj, **N 30°08,117′ E 09°32,800′,** über sebkhaähnliche Ebene.

Km 25, Reifen-Pistenmarkierung, die Piste führt über eine Kiesebene; sehr staubig; abgesehen von kleinen quer zur Piste verlaufenden Oueds meist gut befahrbar.

Km 44,5, Schotterberg mit markantem Felsen, links der Piste zerfurchtes, langsames Gelände, Tafelberge mit kleinen Abbrüchen links und rechts der Piste.

Km 47,5, die Piste macht einen Rechtsbogen und führt vom Plateau über einen Abhang ins Oued, rechts entfernt Tafelberge. **N 29°40,300′ E 09°54,783′.**

Km 52, Oued, Gras, Zeugenberge, Tafelberge, schöne Übernachtungsplätze. Die weitere Strecke führt meist über serir mit zahlreichen querverlaufenden Oueds mit holprigem Gelände.

Km 85, betonierter Markierungsklotz, die Piste schlängelt sich steinig entlang eines Oued, Hänge und Hügellandschaft.

Km 88, Verzweigung, rechts weiter 170° N bergan, danach steinige Hochebene.

Km 92, Pistenverzweigung, links weiter: **N 29°30,733′ E 09°59,867′.**

Km 101, serir, wieder gut befahrbar (Ø 50 km/h), **N 29°26,933′ E 10°02,433′.**

Km 114, breites Oued queren.

Km 118–121, breite Lkw-Spuren kreuzen.

Km 130, breite Piste (Spuren) kreuzt.

Km 135, Autowrack (Rahmen).

Km 151, Markierungsstange bei Pos. **N 29°04,583′ E 10°13,633′.**

Km 156, Pistenkreuzung, Oued links und wieder Kreuzung, Fässer rechts.

Km 158, Brunnen (abgedeckt und trotzdem schmutzig, tote Fledermäuse schwammen im Wasser) Position **N 29°02,817′ E 10°17,517′.**

Km 169, Pistenverzweigung, rechts lang, ca. 500 m rechts davon liegt ein Oued.

Km 173, gr. Oued mit Steinen, umgekipptes Fass, dann Nomadenzelte, Büsche.

Km 175, von rechts mündet eine stärker ausgefahrene Piste ein, umgekippte Reifen und Fässer. Weiter entlang eines Oued-Ausläufers.

Km 186, Pistenabzweig nach links, geradeaus weiter über ein Oued mit Büschen, danach über flache Kieswüste.

Km 189, weiter auf breiter Piste über schwarze Kieswüste.

Km 199, Hauptpiste queren und rechts weiter SE 150°.

Km 202, wieder kreuzende Spuren.

Km 203,5, Stangenmarkierung TU 1200, **N 28°45,15′ E 10°30,983′.**

Km 207, Abbruch vom Plateau, Pos. **N 28°43,433′ E 10°32,683′,** danach serir-Ebene mit wenig Spuren.

Km 215, rostiges, umgekipptes Fass.

Km 216–223, zahlreiche Spuren kreuzen.

Km 230, Hügelkette auf holpriger Piste queren, danach feiner serir und vereinzelt gr. Steine, eine Hügelkette bleibt rechts und ein Tafelberg mit zwei eigenartig eingekerbten Spuren, die wie Rutschen breit bergab führen.

Km 241, zweite Abbruchkante, die ersten zwei Dünen erscheinen am Horizont, Pos. **N 28°27,083′ E 10°41,133′.**

Km 250, sandige Passagen entlang einer Hügelkette, links Stangenmarkierung, danach bergab über kleine Abbruchkante, **N 28°22,367′ E 10°43,383′,** auf Dünen und Hügel zu.

Km 258, weiter durch Hügellandschaft, ab und zu sandige Passagen entlang der Dünen.

Km 263, Kiesebene, Steinmarkierung rechts.

Km 285,5 Einstieg in die Dünen, Pos. **N 28°06,250′ E 10°52,300′**, erste Durchfahrt einfach, danach ca. 1 km schwierige Dünenpassagen.

Ab hier können sich Abweichungen in den Km-Zahlen ergeben, da, je nachdem wie oft versucht wurde, Dünen zu überqueren oder Umfahrungen zu wählen, die Angaben variieren. Außerdem werden auch von den Führern unterschiedliche Varianten gewählt. Deshalb werden im Sanddünenbereich nur GPS-Positionen bei eindeutigen Pistenmarkierungen gegeben, die km-Angaben können +/- 20 km abweichen. Insgesamt handelt es sich bei den Sandpassagen um sehr schöne Dünenfahrerei mit weiten Sandhügeln, ab und zu sind weiche, steile, aber nicht besonders hohe Dünenabhänge zu fahren. Trotzdem Vorsicht bei der Dünenauffahrt, damit man sich nicht bei zuviel Schwung auf der steilen Dünenrückseite überschlägt! Dies gilt v.a. für Motorräder und hohe Kfz.

Km 325, eingegrabener Reifen, Pos. **N 27°50,850′ E 10°52,167′.**

Km 326, eingegrabener Reifen.

Km 331, Reifen rechts, Pos. **N 27°47,567′ E 10°52,583′.**

Km 344, Markierung mit Fass, Position **N 27°43,550′ E 10°53,733′.**

Km 345, Tonne, Position **N 27°42,133′ E 10°53,817′.**

Km 350, Tonne, Position **N 27°41,283′ E 10°54,167′.**

Km 352, Lastwagenspuren in Autobahnbreite queren, Fass „NC 151 A 1", Pos. **N 27°40,283′ E 10°54,750′**, danach auf weiteren Kilometern mehrmals Fässer und breite Lkw-Spuren entlang großer Sandebene.

Km 368, Tal mit Tamariskenhügel, danach Schotterhügel mit plattenartig aufgetürmten Steinen, Reifenmarkierung.

Km 370, Fass rechts, Pos. **N 27°33,867′ E 10°52,033′**, danach wieder schwierige Dünenauffahrt und Ebene, weiter durch breite Dünengassis.

Km 376, Fass, Position **N 27°32,033′ E 10°49,267′**, fesch-fesch, danach wieder weite weiche Sandfelder bergauf.

Km 383, Fass, Position **N 27°29,967′ E 10°46,233′**, weite, sandige Strecke.

Km 386, Fass (davor noch zwei Fässer), **N 27°29,183′ E 10°44,500′.**

Km 393, drei Tonnen rechts, Position **N 27°27,983′ E 10°41,367′**, auf den weiteren 5 km wieder schwierige Dünenüberquerungen.

Km 399,5 Steinvermessungspunkt (runder Betonsockel in der Erde versenkt mit Aufschrift „SDL-PBM 11241") **N 27°24,800′ E 10°42,217′**, kurz danach weitere Betonmarkierungen. Weiter über eine Kiesebene.

Km 409, Gipsebene mit drei Bergkegeln links.

Km 410, Markierungsstein „SDL- PBM" rechts, **N 27°21,167′ E 10°41,700′.**

Km 416, Fass, bergab über Sandhügelebene, links und rechts Dünen, dann wieder Kieshügel und Sandflächen, dazwischen fesch-fesch.

Km 419, endgültiges Dünenende (nach anderen Angaben bei Km 398), Markierungsstein, **N 27°19,100′ E 10°36,117′.** Weiter über Schwemmtonebene, danach Hammada-Hügel, nur langsames Vorwärtskommen.

Km 438, deutliche Piste, manchmal Wellblech, kleine Hügel, dazwischen schnell befahrbare reg-reg Ebenen, die sich mit kurzen Hammada-Stücken abwechseln. Holzstabmarkierungen in der Ebene.

Km 459, Steinmarkierung auf einem Berg links der Piste, Abfahrt über einen kleinen Abhang, fesch-fesch, Pos. **N 27°00,333′ E 10°20,500′**, danach mühsam bergauf über hügelige Hammada und zahlreiche Oued-Überquerungen.

Km 464, Blick über große Ebene, bergab **N 26°58,250′ E 10°29,983′.**

Km 477, **N 26°57,167′ E 10°25,467′**, Oued mit vielen Akazien, schöne Übernachtungsplätze, danach Oued queren, das rechts bleibt, Dünen sind am Horizont auszumachen, Wellblechpiste, Querrillen, danach reg; Durchschnitts-Geschwindigkeit ca. 40 km/h.

Km 482, Markierungsstange, GPS-Pos. **N 26°55,450′ E 10°23,650′.**

Km 486, mit Steinen eingefasstes Karrée (Feldmoschee?), immer den Dünen entlang (rechts der Piste).

Km 493, „PBM"- Betonmarkierungsklotz, **N 26°49,733' E 10°23,767'**, ca. 500 m weiter mündet eine Piste ein, rechts Steinmarkierung auf Kuppe.

Km 498, Fass mit Steinmännchen, Pos. **N 26°47,183' E 10°23,333'**, weiter über graue, steinige Hügellandschaft mit Sand durchsetzt. Ca. 1 km danach bergab ins Tal durch Schuttplattenhügel, z.T. fesch-fesch.

Km 513, viel Schilf und Gras, bedingt durch das Wasser des Ain el Halou (ca. 0,5 km), rechts daneben runder Lehmhügel.

Km 513,5, **AIN EL HALOU** – Großes grünes Areal (Schilf und kleine Bäume), eine Quelle die durch Bohrungen nach Öl entstanden ist. Brunnen mit Pumpe und Betonbecken, Bademöglichkeit, **N 26°42,200' E 10°18,417'**.

Weiter über Hammada. Danach konstant bergab in einem Wadi zwischen Schutthügeln, danach über hügelige und öde Landschaft, immer wieder kleine querende Oueds.

Km 543, Abbruchkante, Steinmarkierung, **N 26°29,700' E 10°11,250'**.

Km 546,5 „PBM"-Markierungsstein 112, **N 26°28,333' E 10°10,500'**.

Km 547, große Akazie umgeben von schwarzen Schuttabhängen mit sandigen Flanken, danach wieder flache Plateaus, Hammada und reg.

Km 561, Dünenanfang, links umfahren, Steinquader im Boden eingelassen, GPS-Pos. **N 26°21,833' E 10°09,067'**, 1 km weiter Reifenmarkierung und danach Einfahrt in die Dünen, rechts durch Dünengasse (199°).

Km 566, Steinmarkierung rechts und links.

Km 567, Anfang einer großen Ebene mit Tamariskenhügeln, rechts und links von Dünenzug eingerahmt, gut befahrbar über weite Regebene. Ab und zu schwarze Steinhügel und Plateaus.

Km 607, wieder am Rand der Dünen (links der Piste), am Horizont sind die schwarzen Plateauberge des Djebel Akakus auszumachen. Weiter über schnell befahrbare, breite Sandfelder durch sehr schöne Landschaft.

Km 643 (andere Angaben sagen Km 612), Richtfunkantenne links der Piste (an der Teerstraße Ubari – Ghat, kurz nach Al Awayanat, Einmündung der Piste in die Teerstraße **N 25°44,067' E 10°21,867'** (zur D 13).

Km 738,5, **GHAT** – S. D 13. (Ende D 13, H 24; Beginn B 15).

D 12: Darj – Idri (Plateaupiste) – Brak – Sabha (678 km)

(04.00, VW Bus T2) Plauteaupiste über die Hammadat al Hamrah. Bis auf einige kurze sandige Abschnitte meist gut befahrbare Piste über Kiesebene (I). 2–3 Tage Fahrzeit. Meistens regelmäßige Markierung (ca. alle 5 km) in Form von Betonpyramiden, ab Awaynat Uennin große Steinmännchen. Geländewagen von Vorteil, robuster Pkw mit Bodenfreiheit reicht jedoch aus. Ab Idri Asphalt.

Km 0, **DARJ** – S. D 5. (Zur D 5; Ende D 6; Beginn D 25.) In Darj von Ghadamès kommend beim Polizeiposten rechts Richtung Gariyat abbiegen (hinter Café); von Nalut kommend links. Breite und sehr gute Teerstraße in Richtung Osten.

Km 12, Abzweig der Piste nach kleiner Anhöhe der Straße, Reifenmarkierung am rechten Straßenrand (mit weiß/rotem Band). **N 30°08,00' E 10°34,10'**.

Km 13, Gabelung: rechts weiter Ri. SO (120°). Harte, gute Schotterpiste.

Km 21, pyramidenförmiger Betonklotz als Pistenmarkierung links. Bisher führten zwei Pistentrassen deutlich erkennbar nebeneinander her, rechte Trasse führt jetzt zu einem alten Camp.

Km 23, Reifenmarkierung, Abzweig einer Trasse nach rechts zu kleinem Camp (Ruinen einer Pumpstation).

Die dammartig aufgeschüttete Hauptpiste und die alte Piste verlaufen meist parallel zueinander. Die Hauptpiste ist immer wieder mit schmalen, relativ tiefen Querrinnen durchzogen. Meist ist die Trasse nebenan besser zu befahren.

Km 31, Betonpyramide (Markierung) links der Piste.

Km 35, Betonpyramide.

Km 36, breites Wadi mit Büschen, kurz darauf wieder Betonpyramide.

Km 40, Betonpyramide. Weiter deutliche Piste in Richtung S (165°).

Km 43, verrostete Tonne rechts „IDC 23".

Km 45, Piste macht einen Bogen in ein bewachsenes Tal. Kurzer, steiler Abbruch. Weiter in Richtung S/SO.

Km 47, Betonpyramide.

Immer wieder queren Spuren oder führen in andere Richtungen; weiter das Wadi entlang.

Km 50, Piste quert das Wadi und wendet sich nach SO.

Km 51, einige Meter rechts der Piste stehen vier mit Wasser gefüllte Blechcontainer. **N 29°53,045′ E 10°47,898′.**

Wenig weiter wieder Betonpyramide.

Km 62, Betonpyramide.

Km 66, Piste macht Bogen in Richtung S, kurz darauf wieder Pyramide. Wadi wird gequert, danach Ri. O, später wieder SO.

Km 71, Piste führt auf Gebäude zu (Richtung O).

Km 73, **BIR RIMIT** – Pumpstation. Evtl. Wasser. Betonpyramide und Kreuzungspunkt. **N 29°46,376′ E 10°56,755′.** Weiter geradeaus in Ri. O, dann SO. Ab der Pumpstation kann es passieren, dass man (folgt man streng der Richtung der nächsten GPS-Koordinate) auf eine Nebenpiste gerät, die schlechter zu befahren ist (steiniger, eine relativ steile Abfahrt in ein Wadi, keine Betonpyramiden mehr). Haupttrasse vermutlich besser (Km-Angaben daher bei weiterer Beschreibung evtl. abweichend).

Km 75, Kreuzungspunkt, weiter Richtung SO (150°).

Km 76, blau/weiße Tonne „IDC 23". Piste wird etwas schlechter erkennbar (s.o.).

Km 105, **BIR GAZEIL** – Kleines, leeres Steinhäuschen. Betonpfosten mit Aufschrift „Campo di Aviazione di El Gazeil". Mit Steinen ist „Gazeil" in riesigen Lettern auf den Boden gelegt. Der trockene Brunnen befindet sich ca. 500 m weiter im NO im Wadi. Schöner Übernachtungsplatz mit zutraulichen Vögeln. **N 29°36,650′ E 11°10,921′.**

Falls man hinter der Pumpstation auf eine Nebenpiste geraten ist, trifft man hier wieder auf die geschobene Schottertrasse mit den Betonpyramiden (weiter Richtung SO).

Km 106, Piste mach Bogen Richtung SW.

Km 107, Blechschild ohne Beschriftung, wieder in Ri. SO (150°). Es folgen ca. alle 5 km Betonpyramiden, immer wieder auch Steinmännchenmarkierung.

Die geschobene Schotterpiste hört irgendwann auf, weiter auf deutlich ausgefahrener Piste. Oft Wellblech.

Km 162, Piste kreuzt, Betonpyramide.

Km 173, Piste kreuzt.

Km 208, Piste kreuzt vor bewachsenem Oued, weiter geradeaus in Richtung 105–120°.

Einige Steinhaufen markieren etwas weiter die Piste.

Km 216, Betonpyramide mit Aufschrift „203" (schon etwas zerfallen), verrostetes Blechschild (keine Aufschrift mehr) einige Meter rechts der Piste.

Km 256, Piste kreuzt.

Km 285, Pistenkreuzung, Steinmännchen und zwei verrostete Schilder, Aufschrift „Brak 308" kaum noch lesbar. **N 28°48,408′ E 12°38,976′.**

Wenige Meter dahinter sind die Himmelsrichtungen (Kompass) mit Steinen auf den Boden gelegt. Weiter in Ri. SO. Ca. 3 km weiter Betonpyramide.

Km 303, die Piste kreuzt die breite, aufgeschobene Pipelinepiste. **N 28°40,296′ E 12°44,252′.**

Ab **N 28°35,053′ E 12°47,676′** führt die Piste in Richtung Süden. Ab hier sind keine Betonpyramiden mehr aufgestellt!

Km 323, ausgefahrene Piste kreuzt.

Km 332, weißer Container links (altes Kontrollhäuschen). GPS-Pos. **N 28°25,822′ E 12°48,794′.**

Km 333, die Abbruchkante des Plateaus ist erreicht, toller Ausblick. Ab jetzt geht's bergab: kurvige, etwas steinige, aber gute Abfahrt den Steilabbruch hinunter.

Die Piste führt nun durch ein schönes Tal; die Landschaft ist nicht mehr so langweilig und eben wie vorher.

Km 336, **AWAYNAT UENNIN** – Polizeiposten. Personalienaufnahme, freundlich. **N 28°26,493′ E 12°46,939′.** Ca. 200 m weiter befindet sich der Brunnen (Wasser in 2 m Tiefe). Ca. 2 m hohe Steinpfostenmarkierung. Links weiter in Richtung nächster Steinmarkierung (SW).

Von Awaynat Uennin bis Idri müssen Reisende, die mit einem Nichtallrad-Fahrzeug unterwegs sind und ungeübte/unerfahrene Motorradfahrer mit einem ganzen Tag Fahrzeit rechnen.

Km 339, großes Steinmännchen links der Piste. Kurz darauf Gabelung (auch mit Steinen markiert), links weiter in Ri. SO.

Die Strecke führt den schwarzen Plateaurand entlang, reizvolle Landschaft. Weiter Steinmännchenmarkierung. Die Piste ist nicht mehr so gut befahrbar wie auf dem Plateau, aber immer noch o.k. (steiniger).

Km 348, Marabout rechts der Piste, dicht bewachsenes Oued.

Km 350–356, schönes Oued mit Akazien. Erst nur kurze sandige Passage, dann wird das Oued durchquert: sehr weichsandig, Pkw-Fahrer dürfen graben (und Luft ablassen).

Weiter durch das Tal, lange Weichsandfelder (mit z.T. großen Steinen durchsetzt, mit Geländewagen vermutlich o.k.). Fahrzeuge ohne 4x4 sind hier u.U. einige Stunden beschäftigt.

Km 357, Sandpassagen sind vorbei, es geht leicht bergauf (steinig).

Km 360, schöner Ausblick auf eine Ebene, kleine Anhöhe. Weiter auf der Ebene Ri. S, dann SW (Steinmännchenmarkierungen).

Km 366, kleines Wadi, Piste wieder deutlich erkennbar (auf der Ebene z.T. sich verlaufende Spuren).

Km 372, verfallene Steinhäuser.

Km 384, unangenehmes sandiges und steiniges Gelände (Bodenfreiheit). Immer wieder Sandfelder.

Km 392, Autowrack. Weiter sandig.

Km 399, Ruinen einige hundert Meter links der Piste. **N 28°03,301′ E 12°43,521′.**

Km 408, zahlreiche Steinmännchen, Piste fest, z.T. Wellblech.

Km 415, Steinruinen und wieder sehr große Steinmännchen.

Die nächsten Kilometer immer wieder Ruinen von Steinhäusern. Später hügelig mit Sandfeldern in den Senken.

Km 472, von weitem sind die Palmen von Idri sichtbar.

Km 476, Einmündung in große Piste, geradeaus drüberfahren in Richtung Wasserturm (durch Müllhalden).

1 km weiter an Schule (grün-weißes Gebäude) und Moschee (links) vorbei nach Süden. Kreuz und quer zwischen Häusern durch, erst ungefähr in Richtung S, dann O durch Palmengärten.

Km 479, Einmündung in Teerstraße, rechts weiter.

Km 483, **IDRI**, – Malerische Oase. Dreiecksstempel bei Polizei erhältlich (gegenüber vom Kreisverkehr, „Stempler" verlangt mind. 10 Dinar/Person, verhandeln!). Tankstelle, Bäckerei, Läden, neben Moschee Markthalle mit Gemüse, Getränke und Sandwiches an der Tankstelle. **N 27°27,10′ E 13°03,05′.** (Ende D 23.)

Idri in Ri. NO verlassen. Rissiger, sehr schlechter Asphalt (meist nur noch Reste).

Km 72–90 hinter Idri, Teilstück mit neuem hervorragendem Asphalt. Danach fängt die alte, kaputte Straße wieder an (Bauarbeiten zwischen Idri und Brak in Gang). Orte mit Läden und Tankstellen auf der Strecke.

Bei **BARGAN** (sprich Birgen) gibt es einen neuen Campingplatz mit Zimmern, 15 LD, Zelten 10 LD (2002), alles VB, sehr sauber, **N 27°33,40′ E 13°35,12′,** ca. 3 km westlich des Ortsausganges Bargan, nördlich der Straße, Inhaber ist Ahmed Amir Ahmed (auch Führer zu Felsgravuren, sehr freundlich und bemüht), Hinweisschild an der Straße.

3 Km vor Brak vierspurige, beleuchtete Straße.

Km 613, **BRAK** – Lebhafter Ort. Gute Versorgung. Tankstelle am Ortsende. Zahlreiche prähistorische Funde.

Km 622, Polizeikontrollposten (man darf auch abends weiterfahren Richtung Sabha und muss nicht dort übernachten) und Abzweig nach Norden in Ri. Tripolis. Geradeaus weiter. Mittelmäßige Teerstraße.

Km 625, Abzweig, rechts nach Sabha. Ab hier neuer Asphalt.

Schön entlang der Ausläufer des Erg Ubari.

Km 674, Kreuzung und Kontrollposten, Abzweig nach links in Ri. NO, geradeaus weiterfahren.

Km 692, Kreuzung, halbrechts weiter.

Km 694, **SABHA** – S. D 8. (Ende D 8 und D 24; Beginn D 13 und D 14.)

D 13: Sabha – Maknusa – Ubari – Ghat – algerische Grenze (609 km)

(04.00, VW Bus T2) Guter Asphalt. Ab dem Flugplatz vor Ghat sehr schlecht (rissig). Die Grenze von Libyen nach Algerien ist offen. Die Einreise von Algerien nach Libyen ist nicht möglich.

SABHA – S. D 8. (Ende D 8, D 12 und D 24; Beginn D 14.)

In Sabha beim Kreisverkehr nahe des Kastells (auf Hügel) halbrechts in Ri. SW. Auf vierspuriger Straße die Stadt verlassen.

Km 0, Kreuzung, vierspurige Straße endet. Rechts weiter nach Ghat (links geht's nach Murzuk).

Zwischen Sabha und Maknusa mehrere Tankstellen. Bis Maknusa fährt man durch mehrere Oasen, die mit dem Grundwasser des Oued al-Ajaal bewässert werden.

Km 6, Polizeicheckpoint.

Km 48, Polizeicheckpoint, Dorf.

Es folgen noch zwei weitere Checkpoints auf der Strecke.

MAKNUSA – Oase. Keine Versorgungsmöglichkeiten. (Ende D 15.)

TEKERKIBA – Oase. Versorgungsmöglichkeiten.

Unterkunft: Zwischen Maknusa und Tekerkiba Jugendherberge „Al-Fejeaj", Treffpunkt der Reisenden, Parken im Hof möglich. Am Beginn der Auffahrt in die Dünen Restaurant, Camping und Touristenunterkünfte (einfach).

In der Umgebung: Die Mandara-Seen (siehe Abstecher).

ABSTECHER ZU DEN MANDARA-SEEN (s.a. Routenkarte):

Es gibt zehn Seen (Hauptseen: Mafu, Gabaron ca. 50 km nordöstlich von Tekerkiba in den Dünen, Mandara und Um al-Ma'a ca. 30 km nördlich von Tekerkiba). Sie liegen eingebettet von Palmen und Dünen in traumhafter Wüstenlandschaft. Sie sind sehr salzhaltig und die kleineren Seen sind zum Teil ausgetrocknet. Etwa 1000 Menschen lebten früher an deren Ufern, sind aber in die Orte entlang der Hauptstraße zwangsumgesiedelt worden. Mittlerweile führen deutlich sichtbare Spurenbündel über die Dünen zu den Seen. Eine Land Rover-Tour kostet ca. 200 LD. Vorsicht bei der Passage in Eigenregie! 100 km Dünen hin und zurück, nur mit leichten, nicht zu schwachen und gut ausgerüsteten Geländefahrzeugen zu schaffen.

Pistenbeginn am nördlichen Oasenrand direkt bei einem markanten, burgähnlichen, lang gezogenen Berg (Pos. **N 26°33,389' E 13°14,737'),** bis zu einem festen Sandfeld direkt bei einem umgefallenen Strommast, deutliche Spuren sind zu sehen. Fahrt über die erste Düne der Ubari-Wüste (relativ problemlos). Nach einer leichten Steigung durch eine Sandmulde in Richtung Norden weiter (schwierig). 2 km weiter durch eine Ebene, Düne westlich umfahren. 18 problemlose Km durch Dünen. Danach drei Dünenreihen quer zur Piste (schlaufenweise überwinden!). An der Kreuzung (eingegrabene Felge rechts), Pos. **N 26°38,323' E 13°17,853'** (nordwestlich geht es zu den Mandara-Seen), weiter nach O zum ersten der **Gabronseen.** Der erste, fast ausgetrocknete See ist nach 37,5 km erreicht. Nach 44 km stößt man auf den Mafusee, Pos. **N 26°47,256' E 13°30,370'.** Bei ca. Km 48 ist der Gabronsee mit der verlassenen Ortschaft Gabron erreicht: Pos. **N 26°48,440' E 13°32,570'.** Zu den Mandara-Seen zurück bis zur Kreuzung und dann rechts den breiten Spuren folgen bis nach 4 km der **Mandara-See** mit der verlassenen Ortschaft erreicht ist: **N 26°41,273' E 13°18,470'.** Das Wasser ist schmutzig, und eine dicke Schlamm- und Salzkruste schwimmt darauf. Links am See vorbei erreicht man nach weiteren 3 km den langezogenen See **Umm el-Ma** in traumhafter Umgebung, Position **N 25°42,550' E 13°19,717').** Die Fahrt zu den Mandara-Seen ab der Kreuzung macht keine größeren Probleme, zurück ist schwieriger, da es im Sand konstant bergauf geht und auch die Dünen schwieriger zu passieren sind.

Ein leichterer Einstieg zu den Mandara- und Gabron-Seen besteht ab Tekerkiba in Richtung Ubari (ca. 7 km bis ca. 800 m vor einem Sendemast). Östlich zweigt ein Weg vom Asphalt ab, der ca. 3,8 km zu einem Tamariskenplatz mit sehr vielen Spuren, die in die Dünen führen, geht (GPS-Position **N 26°35,706′ E 13°09,837′**).

Km 155, **GERMA** – Ort. Lebensmittel, Wasser, Tankstelle. Die Genehmigung für eine Fahrt ins Wadi Mathendous gibt's im Museum (neben der Tankstelle) und beim Hotel „Funduk Germa" (3 LD p.P.).

Unterkunft: Einige Campingplätze (Abzweige von der Hauptstraße beschildert, z.B. „Africatours"). Camping „Eirawan Tourist Camp", ca. 2,5 km hinter Germa rechts, nett angelegter Platz, leider noch wenig Schatten, Chef sehr bemüht (schon fast zu sehr), sanitäre Anlagen etwas heruntergekommen, aber akzeptabel, Camping (04.00) 5 LD p.P., 10 LD p.P. in kleinen Rundhütten (einfach), Touren zu den Mandara-Seen können gebucht werden (04.00: 120 LD für eine 1-Tages-Tour zu Mandara und Umm el-Ma mit Geländewagen und Fahrer).

Sehenswert: Interessante Ruinen und Gräber aus dem 10. Jh. v. Chr. Kleines historisches Museum (Garamanten) an der Kreuzung gegenüber der Tankstelle. Hier beginnt die Straße zu der Ruinenstätte (Eintritt 3 LD, Fotoerlaubnis 5 LD).

In der Umgebung: Felsgravuren im Wadi Mathendous (s.u.), 1850 von Heinrich Barth entdeckt. Die Gravuren sind zwischen 6000 und 10 000 Jahre alt (Giraffen, Elefanten, Rinder, Krokodile).

FAHRT ZUM WADI MATHENDOUS
(s.a. Routenkarte):

Bis zum Oued Mathendous sind es ca. 160 km, nach In Habeter ca. 15 km weiter. Bei der Tankstelle Asphaltstraße nach S **(N 26°31,550′ E 13°03,900′)** nehmen, die auf das Messak-Mastafet-Plateau führt. Die ersten 30 km sind asphaltiert, danach zunächst Schotter-, hinter Wadi Barjuj schlechte Piste.

Km 61, Bewässerungsprojekt Wadi Barjuj. **N 26°02,700′ E 12°56,417′.** Vor den Gebäuden nach rechts biegen und der Piste in Richtung Westen folgen.

Km 89, Reifenhaufen von Baumaschinen. Auf 240° halten. Die Piste ist mit kleinen Holzpflöcken markiert und entfernt sich allmählich von den Dünen des Idhan Murzuq.

Km 129,5, Kontrollposten **El-Elaouen N 25°48,283′ E 12°20,450′,** einige Bäume und Container. Ab hier ist eine Fortsetzung der Fahrt in Richtung Ghat nur mit Führer und Genehmigung aus Germa oder Sabha möglich. Man kann auch gegen Hinterlegung des Passes ohne Führer die Gravuren besichtigen und auf der Rückfahrt die Papiere wieder abholen.

Den Posten in Richtung 180° verlassen. Die gut markierte Piste führt zu einem Plateau.

Km 131,5, auf dem Plateau nach rechts biegen und der Piste nach Westen folgen, die mit Reifen markiert ist.

Km 152, Schild „Wadi Mathendous" (Hinweis, dass die Gravuren unter dem Schutz der UNESCO stehen) rechts der Piste. **N 25°43,017′ E 12°11,433′.** Hinter dem Schild ist aber immer noch kein Wadi in Sicht! Weiter entlang der deutlichen Spuren, bis Sie auf nach 2,5 km eine blaue Tonne stoßen **N 25°43,783′ E 12°10,133′.** Ab hier zwei Möglichkeiten:

1. zum nordöstlichen Ende des Wadi, das hier „Mathendous" heißt. Ab der blauen Tonne geht es rechts ins Oued und über Hammada in einen Taleinschnitt bis nach ungefähr 5 km das Wadi Mathendous erreicht ist. **N 25°45,767′ E 12°10,033′.** Das sandige Oued mit vielen Akazien gesäumt, liegt unspektakulär von niedrigen schwarzen Felswänden begrenzt, aber die Felsgravuren an der Nordseite des Oueds sind um so beeindruckender. Man kann mit dem Geländefahrzeugen bis ins Oued fahren und dort auch campen. Bitte nehmen Sie aber unbedingt Ihren Abfall wieder mit, denn selbst wenn dieser vergraben wurde, werden Überreste von Tieren oder den im Wadi umherfahrenden Fahrzeugen wieder ausgegraben. Der Platz zählt zum Weltkulturerbe, und europäischer Müll ist hier wirklich fehl am Platz!

2. zum südwestlichen Ende des Wadi: Sie fahren zurück bis zur blauen Tonne und fahren in Richtung W, bis Sie nach ca. 8 km auf eine Pistenkreuzung stoßen, **N 25°42,083′ E 12°06,400′.** (Eine Abkürzung ist möglich, wenn man kurz nach Beginn des steinigen Untergrunds zwischen zwei Orientierungspunkten hindurch in Richtung W – 240° –

fährt (Reifenspuren) bis man nach ca. 11 km auf vier Erdhaufen stößt, dann rechts – 290° – auf die Piste einbiegen, die zum Wadi führt). Von erstgenannter Pistenkreuzung (8 km nach der blauen Tonne) leicht rechts weiter. Nach ca. 4 km endet die Piste an einem Abhang oberhalb des Steilabfalls in das Wadi, dessen Abschnitt hier In Habeter heißt. Von hier aus führt eine Piste in das Wadi zu den Gravuren hinunter, die jedoch für Autos (auch Geländewagen) ungeeignet (zu Fuß ca. 45 Min). Die bedeutendsten Felsbilder sind in einem etwa 10 km langen Abschnitt des Wadi zu finden, das in vier Abschnitte In Habeter, Al-Aurer, In Galguien und Mathendous unterteilt wird. Große Felsgravuren von Büffeln, Straußen, Giraffen und Elefanten. Die linke Piste in Richtung Süden, ab der Pistenkreuzung, führt entlang des Idayan Murzuk zum Messak Mellet und zum Djebel Akakus. (Nur mit Führer und Genehmigung aus Sabha oder Ghat, zwei Tage Piste und Sandfelder.)

Zwischen beiden Wadi-Abschnitten liegen die Abschnitte El Aurer und In Galohien mit weniger bedeutenden Gravuren. Wer gut zu Fuß ist kann von In Habeter (oder umgekehrt) nach etwa 10 km den Mathendous-Teil des Wadi erreichen. Felsgravuren finden Sie auf der gesamten Länge des Tals.

Weiterfahrt in Richtung Ubari:
Km 177, Polizeicheckpoint.

Km 186, **UBARI** – Lebhafter großer Ort, 429 m (s. Stadtplan). Restaurant, viele Läden, Tankstelle.

Unterkunft: Campingmöglichkeit am Ortsrand in Richtung Ghat.

Beim Fort links abbiegen Richtung Süden nach Ghat. Vierspurige Straße endet.

Bis nach Al Awaynat durchquert man über 260 km völlig dürre Landstriche zwischen der Ubari- (im N) und der Murzuk-Wüste (im S). Dazwischen liegt eine niedrige Bergkette, an der die Straße entlangführt.

Km 194, Polizeicheckpoint.

Km 395, Checkpoint.

Km 441, **AL AWAYNAT** – S. D 22. (Ende D 22, J 4; Beginn J 1, J 2 und J 3.)

Ca. 80 km vor Ghat überquert man die Dünen von Egghidi-Uan Titagsin. Dann führt die Straße gegen Süden am Oued Tanezzuft entlang am Fuß der Tadrart-Kette bis nach Ghat.

Ca. Km 40 vor Ghat, der Tafelberg Idinen (1300 m). Hier hätte Heinrich Barths Forschungsreise fast ein jähes Ende gefunden: der Forscher hatte sich zu Fuß von seiner Karawane entfernt, war vom Weg abgekommen und wäre beinahe verdurstet.

Km 468, Kontrollposten.

Riesige, schöne Düne ab ca. 40 km vor Ghat auf der linken Seite.

Polizeisperre beim Abzweig zum Flugplatz 20 km vor Ghat (durchgewunken). Danach sehr schlechter, rissiger Asphalt.

GHAT – Oase (s. Karte). Tankstelle, Läden, Markt mit Gemüse, Restaurant, zahlreiche Reiseagenturen.

Unterkunft: Hotel „Tassili", Container-Hotel, angenehme warme Duschen, alkoholfreies Bier erhältlich, netter Garten. „AWISS-Camping", von N kommend am Ortseingang links abbiegen (Schild), ca. 3 km Piste Ri. O, **N 24°58,10'E 10°12,26'**, gute Stellplätze unter Palmen, teures Essen, 10 LD/Pers. (11.99). Weiterer Camping ca. 2 km hinter dem Ort Ri. Djanet, ausgeschilderter Abzweig rechts „Camping Anay": schöner Platz mit sauberen sanitären Anlagen, Veranstalter von Akakus-Touren (55 LD pro Tag für Führer oder Fahrzeug), sehr gepflegt, Camping 10 LD p.P. (04.00), auch Rundhütten, netter Besitzer, kühler und schattiger Aufenthaltsraum mit Matratzen.

Sehenswert: Die Altstadt (ist mehr oder minder verfallen), Besichtigung 3 LD p.P. (04.00); das Handwerkerviertel und die zahlreichen Feste.

Ausreise nach Algerien: Polizei beim Fort (Hintereingang des Forts), sehr freundlich, Ausreiseformalitäten völlig problemlos. Zoll am Ortsausgang bei der Kreuzung in Ri. Süden (Djanet und Akakus), auch freundlich und problemlos, sogar Nummernschildkaution (50 LD) wird ohne Nachfragen sofort zurückerstattet (04.00).

In der Umgebung: Von Ghat kommend in Ri. Ubari bei Kilometerstein 328 zweigt eine deutliche Piste nach rechts ab zu heißen Quellen (ca. 10 km). Eine Akakus-Rundfahrt (ca. 3 Tage) ist unbedingt zu empfehlen und mit das Schönste, was die Sahara zu bieten hat! Für einen Führer, der im Auto mitfährt, müssen ca. 50–80 LD/Tag bezahlt werden. Ein Allradfahrzeug mit Führer/Fahrer kostet 200–250 LD/Tag. Führer und Fahrer sind häufig Tuareg. Es empfiehlt sich, den Zustand des Wagens zu checken und auch die Sprachkenntnisse des Führers zu testen. Zum Besuch des **Akakus-Nationalparks** benötigen Sie eine Genehmigung (Ausweis mit Passfoto), die von der Polizei ausgestellt aber von den Reiseagenturen beantragt und erledigt wird. Passbilder beim Fotografen am Marktplatz. Im Gebiet des Akakus-Nationalparks haben Archäologen die ältesten Keramikfunde der Alten Welt ausgegraben, die auf ca. 7200 v. Chr. datiert wurden. Die gesamte Region ist übersät mit Felsbildern, die meisten aus der „Jägerepoche", der „Rundkopf-Phase" und der „Hirtenzeit". Bemerkenswert sind auch die zahlreichen Gräberfunde. Lassen Sie sich nicht am ersten Tag von den etwas unbedeutenderen Felsbildern irritieren (zum Teil schwach und übermalt), denn die besseren Bilder folgen erst im zweiten Teil der Rundfahrt!

Der Zollposten 22 km hinter Ghat ist nicht mehr besetzt; Ende der Teerstraße.

D 14: Sabha – Traghan – Um al-Aranib – Al Katrun – nigrische Grenze (620 km)

(03.96, Motorrad) Asphalt von Sabha bis Al Katrun. Piste (A/C/G/I) von Al Katrun bis zur nigrischen Grenze. Erkundigen Sie sich vor der Fahrt, ob die Grenze tatsächlich geöffnet ist (2002 war sie offen). Freitags ist die Grenze immer geschlossen.

SABHA – S. D 8. (Ende D 8, D 12 und D 24; Beginn D 13.)

TRAGHAN – Städtchen. Lebensmittel, Treibstoff. (Beginn D 15.)

UM AL-ARANIB – Kleine Stadt. Lebensmittel, Wasser, Treibstoff. (Beginn D 16.)

AL KATRUN – Oase. Einige Lebensmittel; Bäckerei gegenüber der Tankstelle. Wasser, Treibstoff. Duschen an der Tankstelle. Zoll- und Polizeikontrolle für aus Libyen Ausreisende (genaues s. D 17). Hier kann man Führer für den Tschad anwerben. (Beginn D 17.)

60 km hinter Al Katrun Piste nach rechts, den Telefonmasten entlang nach

TAJARHI – Militärposten, Passkontrolle. Tankstelle.

An der Tankstelle in Richtung Süden (ab Tajarhi schlecht markierte Piste, doch deutliche Spuren) und dann immer den Hauptspuren nach (Weichsand!), ca. 40 km nach Osten.

Km 47, kleine Passhöhe.

Km 50, Kreuzung. Die am schlechtesten markierte Piste nach S wählen; die andere führt nach O ins Tibestigebirge. Schwierige Piste (fesch-fesch).

Km 110, kurz vor Erreichen des Wendekreises des Krebses Abwärtsfahrt durch Sand, der mit großen Steinen übersät ist.

Km 160, ähnliche Verhältnisse, die man aber aufwärts zu bewältigen hat. Möglichst links, auf felsigem Grund, fahren.

TUMU – Libyscher Militärposten. Passkontrolle (Benzin und Medikamente erwünscht). (Beginn H 26.)

D 15: Traghan – Murzuk – Tesawa – Maknusa (155 km)

(05.92) Asphalt. Verbindung Traghan – Ubari, ohne über Sabha zu fahren.

TRAGHAN – S. D 14. (Zur D 14.)

MURZUK – Großer Ort und ehemaliger, wichtiger Karawanenstützpunkt, Ruinen einer türkischen Festung. Kleines Museum.

MAKNUSA – S. D 13. (Zur D 13.)

D 16: Um al-Aranib – Timsah – Waw al-Kebir – Waw an-Namus (ca. 409 km)

(1997) Asphalt von Um al-Aranib bis Timsah (116 km). Dann 123 km schwach markierte Piste (I/K/G) bis Waw an-Namus. Prinzipiell Fahrgenehmigung aus Sabha erforderlich, wa jedoch 2001 nicht notwendig. Auch ohne Geländefahrzeug möglich. Manchmal muss der Militärstützpunkt Waw al-Kebir umfahren werden (dann unbedingt weitere Wasser- und Treibstoffreserven einplanen!).

UM AL-ARANIB – S. D 14. (Zur D 14.)

ZUWAYLAH – Königsgräber, gr. Parkplatz. Supermarkt und Bäcker.

TIMSAH – Tankstelle. Ende Asphalt. Piste beginnt am östlichen Ortsende (Pos. **N 26°23,700′ E 15°47,000′).** Staubige Wellblechpiste immer in Ri. O und NO.

Km 12 (nach Timsah), Verzweigung: Haupttrasse Ri. SO folgen.

Km 15 (nach Timsah), Luft ablassen, Beginn einer sandigen und ausgefahrenen Passage.

Km 34, Schrottplatz, Piste wieder gut (Reifen aufpumpen). Pos. **N 26°14,167′ E 15°57,717′.**

Km 78, kleiner Pass.

Km 132, Militär, Ausweiskontrolle (Pos. **N 25°28,450′ E 16°40,800′).**

Km 145, Wadi, 2 km danach Bewässerungsprojekt, Unerkunftsmöglichkeit (Dusche). **N 25°28,800′ E 16°43,033′.**

Km 163, militärische Tankstelle von Waw al-Kebir.

WAW AL-KEBIR – Militärposten. Keine Versorgungsmöglichkeit. Eine kl., stark ausgefahrene Piste (weg von der Haupttrasse) führt zu einem sprudelnden Wasserrohr im Palmenhain (auffüllen). (Beginn D 19.)

Auf der Haupttrasse weiter bis

Km 171, Abzweig, nach Osten weiter (Schild), nicht nach S.

Km 176, Kreuzung, rechts abbiegen.

Km 179, Kreuzung, geradeaus. Keine deutliche Trasse mehr, Spuren.

Km 189, großer Reifen (auch Betonmarkierungen auf weiterer Strecke).

Km 203, ein paar Akazien.

Km 251, Abzweig nach O-NO (Fass).

Km 265, sandige Passagen.

Km 281, an Vulkan vorbei.

Km 283, ab hier wird die Farbe des Bodens schwarz, denn die Vulkanasche des Waw an-Namus bedeckt in einem weitem Umkreis um den Krater den Sand.

WAW AN-NAMUS – Der „Mückenkrater" mit einem Durchmesser von ungefähr 5 km ist eines der Traumziele Libyens (Pos. **N 24°54,850′ E 17°46,550′).** Im Innern des Kraters befinden sich ein Vulkan sowie drei größere und ein kleinerer See mit salzigem Wasser, die von Palmen und Schilf umgeben sind. Die Oase ist (wahrscheinlich wegen der vielen Mücken) unbewohnt. Bitte keinen Müll zurücklassen, zu Fuß den Krater erkunden, nicht in den Krater fahren (!), da das labile ökologische Gleichgewicht immer mehr gestört wird und die dort heimischen Tiere ein Rückzugsgebiet verlieren! Außerdem sind die Reifenspuren der Offroad-Freaks, die es nicht lassen können, auch noch Jahre danach zu sehen – ein weiteres Naturparadies wird durch den Menschen zerstört. (Beginn D 18 und D 20.)

D 17: Al Katrun – Wour (Tschad) (528,5 km)

(11.97, MAN Lkw) Piste (A/C/H/I). Serir, überwiegend Sand, manchmal fesch-fesch, wenig Steine, hin und wieder Hügelgelände, Gebirge wird nur im Tal durchfahren. Diese Strecke verläuft östlicher als die in der Michelin-Karte eingezeichnete. Die in der Karte eingezeichnete Strecke ist nicht befahrbar, da vermint (sehr massiv am Passe de Korizo). Dies ist die offizielle Strecke, es gibt noch eine Schmugglerroute, die die Polizeikontrollen von Al Katrun umfährt; da die Kontrollposten häufig ihren Standort wechseln und diese Strecke eine illegale Ausreise voraussetzt, ist sie jedoch nicht empfehlenswert. Traumhaft schöne Landschaften. Führer wegen Minenfeldern dringend empfohlen! GPS empfohlen! Zurzeit wegen Unruhen und Rebellenbewegungen im Tschad nicht mehr zu empfehlen (erkundigen Sie sich über die aktuelle Sicherheitslage)!

AL KATRUN – S. D 14. **N 24°53,536′ E 14°31,533′.** Zusammenfassung der Formalitäten: Mit gültigem Tschad-Visum Dauer der Ausreiseformalitäten in Al Katrun ca. 3 Std. (mehrere Tage Wartezeit ohne Visa). Grenzpolizei stellt ein Ausreisekärtchen aus, dieses wird von „Geheimpolizei" und von „Staatssicherheit“ I und II abgestempelt. Schließlich gibt die Grenzpolizei den Ausreisestempel in den Pass, danach werden beim Zoll die libyschen Nummernschilder abgegeben. Um die komplette Prozedur einfacher abzuwickeln wendet man sich an zwei örtliche Vermittler, die sowohl die Behörden koordinieren als auch geeignete Führer auftreiben. Die beiden erfragt man am besten an der Tankstelle (Mohammed Tahar Ahmed Abaya und Sidan Abdel Salam), beide sprechen fließend französisch, sind freundlich, erfahren, diskret und verfügen wenige Kilometer außerhalb der Stadt (mitten in einem Weichsandfeld) über einen schattigen Oasengarten mit fließendem Wasser aus einem Rohr (GPS-Pos. **N 24°53,058′ E 14°30,408′**, 3–4 km von Gatrun), keine sanitären Anlagen. Mit den Männern wird besprochen, was man vor hat, über welche Dokumente man verfügt, wie lange man unterwegs sein möchte und bis wohin man einen Führer mitnehmen möchte (auch bei Beschaffung von Verpflegung behilflich). Mohammed Tahar erledigt die Ausreiseformalitäten (ca. 600 LD inkl. Führer bis Zouar für Konvoi mit vier Geländefahrzeugen, einem MAN-Lkw und 10 Pers.). Ein hervorragender Führer ist Mohamed Ali Ibrahim, ein älterer Tubu (kennt sich auch im Niger bestens aus).

Teerstraße Ri. Tadjeri, nach 8 km Teerende, kreuz und quer durch Ort, dann sandige Piste auf Palmen zu, Kupsten und kl. Dünen.

Km 14, Tal mit Dünen und Palmen (Pos. **N 24°48,423′ E 14°30,432′**), schönes Wadi, ca. 2km danach wieder Ort, im Rechtsbogen durch Ri. SO, auf Hochspannungsleitung Ri. Tadjeri zu.

Km 21, Zur Markierung aufgestellte Reifen **(N 24°47,096′ E 14°34,666′)**. Piste von Gatrun nach Tadjeri queren, serir-Ebene, Ri. OSO in Richtung der Berg-Hügelkette von Jebel Ben Ghanamaih zu.

Km 51, Hügelgruppe **(N 24°36,454′ E 14°46,277′)**. Weiter durch lockere, verstreute schwarze Hügel, erst sandig, feschfesch, dann Hammada.

Km 65, Gebiet mit schwarzen Bergen **(N 24°25,033′ E 14°58,983′)**. Kurvige Fahrt durch Hammada.

Km 75, Berge enden (Pos. **N 24°20,315′ E 15°03,324′)**. Talkessel umgeben von flachen Tafelbergen. Fahrt in Ebene, danach wieder leicht bergauf, durch hügelige schwarze Hammada.

Km 93, Talsenke (Pos. **N 24°13,409′ E 15°09,980′)**, sandige Senke, großer Taleinschnitt voraus sichtbar.

Km 97, Militärposten (Pos. **N 24°12.272′ E 15°11.405′)**. Posten an Abbruchkante nach Süden, danach folgt ein Sandfeld.

Km 114, Berg- bzw. Hügelkette (Pos. **N 24°05,237′ E 15°17,567′)**. Schutthaldenlandschaft, wieder fester Boden mit weichen Mulden bzw. Sandverwehungen.

Km 126, Abbruchkante bei Position **N 24°00,509′ E 15°20,208′**. Durch Ebene zwischen Schutthügeln, danach hügelige Hammada mit Weichsand und wieder Schutthügel-Hammada.

Km 137, Beginn Sand-serir-Ebene (Pos. **N 23°57,002′ E 15°24,440′)** mit markanten Zeugenbergen, Ri. SO auf Berggruppe zu, einzelner steiler Berg bleibt rechts.

Km 144, Kullerfelsen **(N 23°54,902′ E 15°28,318′)**. 5 km Feld mit markanten runden Felsen, flache serir, auf Hügel zu, danach Kieshügellandschaft und wieder flache serir.

Km 203, Schlafplatz (Pos. **N 23°29,062′ E 015°43,701′)**. Kleine Schutthügel, weite serir mit wenig Erhebungen, einige km danach weiche Sandfelder.

Km 265, Hinkelsteinfeld **(N 23°02,587′ E 15°51,892′)**. Feld mit Felsen und Steinhaufen vor Dünen, bzw. Sandflächen, schöne Landschaft, Sandfelder über 18 km mit Hinkelsteingruppen durchsetzt, danach Bergspitzen von nördl. Tibestiausläufern in Sicht, nach 26 km verzweigtes Oued mit Grasbüschel dazwischen sowie Kies und Sand, sehr sandige Durchfahrt.

Km 327, kl. Dünen (Pos. **N 22°37,442′ E 015°54,207′**) mit aufgetürmten Plattensteinen, danach Hinkelsteine zwischen den Dünen.

Km 370, Anfang Gebirgslandschaft (Pos. **N 22°21,438′ E 16°06,115′)**, links Bergkette und Hügel, am Horizont Tibestiausläufer, Vorgebirge.

Km 380, eine Bergkette auf der linken Seite **(N 22°16,224′ E 16°05,129′)**. Viele

Spuren führen zusammen, Steinmännchen, sandig, geradeaus auf Tafelberge zu, Ri. S auf markanten, zackigen Berg zu.

Km 400, Berg bleibt rechts (W) (Pos. **N 22°06,835' E 16°03,419').**

Km 416, Tibestianfang **(N 21°59,011' E 16°06,077').** Beginn Kourizotal, sehr schöne Tafelberge.

Km 421, Taleinschnitt **(N 21°57,600' E16°06,637').** Schöne Bergkulisse mit steilen Bergtürmen. Es ist möglich durch den Taleinschnitt Ri. S, dann Osten zu halten und trifft dann bei **N 21°55,641' E 16°08,330'** (s.u.) wieder auf die Piste, die nördlich um die Berge führt.

Km 430, Hauptpiste (Pos. **N 21°55,641' E 16°08,330').** Einmündung auf Hauptpiste, rechts weiter auf serir-Piste durch sehr schöne Berglandschaft.

Km 461, guelta (GPS-Pos. **N 21°44,22' E 15°57,56').** Taleinschnitt mit guelta am Ende, links von der Piste und dem Haupttal abzweigend, mit Felsbogen, Felstürmen und Ritzungen, sehr schön.

Km 475, Ende der Taldurchquerung **(N 21°42,982' E 15°50,760'),** am Westrand der nördl. Tibestiausläufer, nur noch kleine Hügel und flache Bergkuppen, Akazien, Reifen am Boden, am Gebirgswestrand entlang, danach Steinmännchen.

Km 499, Felshügelkette **(N 21°31,744' E 15°47,451').** Hügel queren, kurz danach links Spuren-Abzweig.

Km 506, gr. Wadi queren **(N 21°28,031' E 15°48,283').** Akazien, Kupsten, Ri. SO, deutliche Piste auf markante Berggruppe zu, hügeliges Gelände, Tal mit Ginster, Akazien und Dumpalmen. Im Wadi entlang.

Km 516, Wadi-Ende (Pos. **N 21°24,118' E 15°51,890'),** erste Hütten.

Ca. Km 516,5, Bergkuppe queren (Pos. **N 21°22,800' E 15°53,138'),** kleiner Pass, im südlichen Tal Minen (laut Führer auch auf Plateau), Dumpalmen, danach wieder Wadi queren.

Km 521, Abzweig (Pos. **N 21°23,249' E 15°50,382'),** links nach Wour, **Barrière** (Militär), rechts auf Felskuppe, Wadi links. Achtung: nördlicher Militärposten – Barrière zuerst anfahren, bevor man nach Wour fährt, sonst gibt es Ärger von Seiten des Militärs.

Barrière bei **N 21°22,510' E 15°49,396',** Militärposten ca. 1 km nördl. des Abzweigs in Ri. Zouar, Papiere zeigen.

Km 525, Pistenabzweig **N 21°21,607' E 015°55.445',** rechts nach Zouar, links nach Wour.

Km 528, **Barrière** vor Wour bei Pos. **N 21°21,595' E 15°57,332'.** Sperre und Militärposten 0,5 km vor Wour, Hefte etc. werden gewünscht.

WOUR – Bei Behörden melden, Einreiseformalitäten

ABSTECHER ZU DEN AIGUILLES DE CISSES:
Km 570, schöne Felstürme und -nadeln die sich westlich des Tibesti, nahe der nigrischen Grenze auftürmen. **N 21°16,211' E 15°39,765'.** Steile, einzeln stehende Berge umgeben von hellem Sand und Dünen, laut Führer alles minenfrei.

Von dort wieder zurückfahren zur Barrière (s.o.) und zur Abzweigung nach Zouar.

Libyen

D 18: Waw an-Namus–Tazurbu – Bir bu Zarraigh (ca. 520 km)

(09.95) Piste (A/D/H/I). Kaum bekannte Strecke; mehrere Routen nach Tazurbu. Vermuten Sie ein Militärfahrzeug, sofort anhalten. Alternativstrecke vom Waw an-Namus über Tazurbu zur Weiterreise nach Al Khofra ist empfehlenswert, da auf der Strecke weniger Dünen zu queren sind. Durchschnittsgeschwindigkeit 60–70 km/h.

WAW AN-NAMUS – S. D 16. (Ende D 16; Beginn D 20.)

TAZURBU – Oase. Die Bevölkerung verteilt sich auf fünf oder sechs Ortschaften in jeweils 15 bis 20 km Entfernung. Wasser. Beschränkte Lebensmittelauswahl; Tomaten und Zwiebeln. Tankstelle (nicht immer Treibstoff).

Von Tazurbu nach Bir bu Zarraigh flacher serir. Vereinzelte Spuren ohne jede Markierung. (Beginn D 27.)

BIR BU ZARRAIGH – S. D 10. (Zur D 10.)

D 19: Waw al-Kebir – B.U.C. (ca. 175 km)

Kaum befahrene Piste (A/D/H/I) durch serir, der von einigen Oueds durchfurcht wird. Kilometerweise Markierung durch 200-l-Fässer. Trifft man ein vermutlich militärisches Fahrzeug, sofort halten. Die Minen sind inzwischen (1999) geräumt und es existiert eine markierte Trasse.

WAW AL-KEBIR – S. D 16. (Zur D 16.)

B.U.C. (Bivio Uan el Cebir) – Die Pisten von Waw al-Kebir nach Al Khofra und von Waw an-Namus nach Aouzou (Tschad) kreuzen sich. Unbewohnt. Früher (vor Ghaddafis Zeiten) befand sich hier eine amerikanische Air-base, die Buchstaben B.U.C. sind mit Lesesteinen in riesiger Schrift (wahrscheinlich als Kennzeichnung für die Flugzeuge aus der Luft) in die serir gelegt. Bivio Uan el Cebir bedeutet „Abzweig zum Waw al-Kebir". (Ende D 20; Beginn D 21.)

D 20: Waw an-Namus – B.U.C. (ca. 75 km)

(03.90, Landcruiser) Piste (A/D/H/I). Keine Markierungen. Große Ausbesserungsarbeiten sind vorgesehen, der genaue Zeitpunkt ist allerdings unbekannt. Trifft man ein vermutlich militärisches Fahrzeug, sofort halten. Warnung! Erkundigen Sie sich, ob das Befahren der Piste erlaubt ist; seit 1990 ist die Piste (verminte Passagen) gesperrt.

WAW AN-NAMUS – S. D 16. (Ende D 16; Beginn D 18.)

Waw an-Namus nach S/SW verlassen. Diese Richtung beibehalten, bis man entweder auf die markierte Piste aus Sabha oder auf eine ebenfalls markierte, von N nach S verlaufende Piste trifft. Beide führen nach B.U.C.

B.U.C – S. D 19. (Ende D 19; Beginn D 21.)

D 21: B.U.C – Hosenofu – Rabianeh – Al Khofra (ca. 800 km)

Piste (A/D/H/I). Große Ausbesserungsarbeiten sind vorgesehen, doch der genaue Zeitpunkt ist unbekannt. Trifft man ein vermutlich militärisches Fahrzeug, sofort halten. Warnung! Erkundigen Sie sich, ob das Befahren der Piste erlaubt ist; seit 1990 ist die Piste wegen verminten Passagen gesperrt! Nur mit Führer befahren! Kompass bzw. Satellitennavigation notwendig!

B.U.C. – S. D 19. (Ende D 19 und D 20.) Alle 1–3 km bis zum Djebel Eghei (je nach Karte auch Neghei) Fässer-Markierung.

Km 74, kleiner Dünengürtel, dann weicher serir.

Km 133, Kreuzung. Steinpfeile am Boden nach S, „Aouzou" (280 km; einige Spuren ohne Markierung, verbotene Piste); nach SO, „Eghei" (140 km); nach NW, „Waw al-Kebir" (300 km).

Km 135, man erreicht ein Berggebiet. Rechter Hand der Gara Smeraldi (alleinstehender, erloschener Vulkan). Dann harter, gut befahrbarer serir.

Km 165, Kreuzung mit Steinwegweisern nach N, „Waw an-Namus" (deutliche Spuren ohne Markierung); nach O, „Djebel Eghei"; nach W, „Waw al-Kebir"; nach SW keine Angaben, doch gut sichtbare Spuren zum Tibestigebirge.

Ab Km 165, breites Tal mit hartem Grund, Sandstellen, die einfach zu durchfahren sind. Schwarze Bergkämme, die vom hellen Sand aufragen.

Km 210, das Tal wird enger, und man gelangt in ein Oued mit sandigem Grund. Im Oued trifft man mehrmals auf unebenes Gelände mit tiefen Fahrrinnen. Die Winderosion hat die Felsen zu erstaunlichen Formen geschliffen.

Km 225, das Tal wird breiter, die Piste ist wieder markiert.

Km 236, die Piste teilt sich. Die markierte Piste windet sich den Berg hoch. Dieser folgen, nicht den vielen Spuren, die weiter ins Oued hineinführen.

Km 256, Kreuzung mit Steinpfeilen am Boden nach O, „Zouma" (nach Al Khofra); nach S, „Baya".

Km 262, Beginn eines Berggebiets. Miserable, geröllbedeckte Piste mit kleinen, weißen Steinmarkierungen.

Km 266, wiederum Steinpfeil am Boden; die Angaben sind unlesbar.

Km 272, **ZOUMA-PASS** und Kreuzung; Pfeil nach Eghei, nach O; Waw al-Kebir (450 km) und Aouzou (400 km) sind angegeben, allerdings ohne Pfeil.

Km 280, Pfeil am Boden mit der Aufschrift „UAU" (Richtung N/NW).

Km 280–287, Piste ist voll Geröll.

Ab Km 287, streckenweise fesch-fesch und Weichsandfelder.

Km 303, „Kathedralberg", der vom Deutschen Eberhard Klitsch so getauft wurde. Es handelt sich um einen einsamen, kathedralenförmigen, schwarzen Felsberg zwischen hellen Sanddünen – sehr schöne Landschaft.

Ab hier Umfahrung des Minengebiets in Richtung Norden auf schwierigem Dünen- und Felsgelände möglich (nur mit Führer):

90 km bis zum 24. Breitengrad und dann Richtung Ost. Fortsetzung alte Strecke (Vorsicht, auch andere Durchfahrten nach Osten scheinen vermint zu sein).

Km 305, vereinzelte Felsen mit prähistorischen Gravuren. Lkw-Wrack. Minen!

Ab Km 305 wird die Strecke auf der Hochebene immer sandiger.

Km 307, gesprengter blauer Pickup blokkiert die Piste. Ein Umfahren ist wegen Geröll und evtl. vorhandener weiterer Minen nicht möglich.

Ab Km 315, härterer Grund. Ende der Berggegend. Ebene mit hie und da kl. Erhebungen. Serir mit einigen Weichsandstellen.

Km 335, keine Markierungen mehr.

Ab Km 350, harter Sand über 9 km am Rand des Sandmeers von Rabanieh.

Ab Km 359, mehrere äußerst weiche fesch-fesch-Strecken.

Ab Km 387 beginnt ein Lavageröllfeld, das mühsam zu durchqueren ist. Daran schließt eine besser befahrbare Hammada an. Kleine guemiras weisen den Weg.

Ab Km 398 beginnt das Sandmeer von Rabianeh. Zwischen den ersten Dünenketten steinige Abschnitte, dann nur noch fester Sand – den gut sichtbaren Spuren folgen.

Ab Km 418 ist der pyramidenförmige Hosenofu-Berg zu sehen.

Km 465, Skelett eines sitzenden Dromedars (1962 von E. Klitsch erwähnt).

Km 474, **HOSENOFU** – Rechteckiger Brunnen einige km westlich des gleichnamigen Berges. Von Tierskeletten (Dromedare, Ziegen, Wüstenfüchse) umgeben. Trinkwasser 15–20 m tief.

Nach dem Brunnen 10 km fesch-fesch bis zum Fuße der Dünen; weiter 16 km nach NO an den Nordrand der Hochebene. Relativ fester Grund zwischen zwei Dünenketten.

Km 576, die Hochebene von Rabianeh zeichnet sich ab. Davor befindet sich ein kleiner, pyramidenförmiger Berg. In der Nähe des Brunnens liegt sehr weicher Sand.

RABIANEH – Kleine Oase. Grundnahrungsmittel, Brunnen, kein Treibstoff.

Von Rabineh nach Al Khofra gibt es zwei Routen: nachfolgend die kürzere, aber schwierigere Strecke. Auf der anderen Strecke (+ 60 km) ist nur 40–50 km Sand zu durchqueren. Rabianeh in Richtung S über ein breites Sandfeld verlassen.

Km 13 (ab Rabianeh), eine Düne 1 km weit in Richtung SW entlangfahren.

Zwischen Km 14 und 17 schwierige Überquerung mehrerer Dünenketten.

Ab Km 17 einen Tafelberg ansteuern, den man im W (rechts) umfährt, fesch-fesch.

Ab Km 26 fährt man wieder eine Dünenkette entlang, dann hält man nordöstlich. Nach 10 km feinem und weichem Sand überquert man eine dieser Ketten.

Bis Km 62, Dünen weiterhin an den günstigsten Stellen überqueren.

Km 62, Ende der Dünen. Fester Grund zwischen den Bergen und den Dünen, dann 7 km breites Sandmeer.

Km 78, Pass, fesch-fesch. Äußerst schwierige Bergauffahrt (Weichsand, der die festen Stellen beim geringsten Windstoß bedeckt). Leichtere Fahrzeuge können den Pass über die Dünen nach NO umgehen.

Dann beginnt eine Berg- und Talfahrt; fester Grund und äußerst weicher fesch-fesch wechseln ab.

Km 103, bei der Abfahrt nach O ist ein großes Weichsandfeld zu bewältigen.

Ab Km 105, Wellblech. Piste gut sichtbar. Mehrere Spuren münden ein.

Zwischen Km 131 und Al Khofra stellenweise Sand.

AL KHOFRA – S. D 10. (Ende D 10; Beginn D 22 und I 22.)

D 22: Al Khofra – Djebel al-Awaynat (370 km)

(U.a. 01.00, Unimog 1550L) Piste (A/D/H/I/K). In der Vergangenheit war für diese Strecke eine Genehmigung aus Al Khofra obligatorisch. Im Sommer 2001 war jedoch keine Genehmigung erforderlich. Erkundigen Sie sich vorher bei der Polizei. Hinter Al Khofra gibt es zwei Routen. Beide Strecken führen bei Pos. **N 23°07,562′ E 24°06,505′** wieder zusammen. Es gibt einige sandige Stellen, die von Lkw wegen der Spurtiefe leichter zu bewältigen sind als von Geländewagen. Letztere müssen die Stellen in tiefem Sand umfahren. Ca. 1–2 Tage Fahrzeit. Es ist mit sehr hohem Spritverbrauch zu rechnen. Starker Lkw-Verkehr. Trifft man ein vermutlich militärisches Fahrzeug, sofort anhalten!

AL KHOFRA – S. D 10. (Ende D 10 und D 21; Beginn I 22.)

Km 0, Tankstelle beim Mineralwasserdenkmal.

Km 16, Pistenanfang, tiefe Spuren. Pos. **N 24°06,98′ E 23°17,56′.** Im weiteren Verlauf Kurs ca. 165°.

Man überquert mehrere Hügelketten, bevor man auf Sandfelder und serir gelangt.

Km 80, kleiner Laden, deutliche Kursänderung auf 134°. **N 23°35,74′ E 23°29,41′.**

Km 102, **WENDEKREIS DES KREBSES – N 23°27,00′ E 23°36,70′.**

Km 169, kleiner Laden mit Imbiss, ab hier Gelände mit schwarzen Hügeln, 125°. Pos. (1 km vorher) **N 23°07,40′ E 24°06,36′.**

Km 308, am Djebel al-Awaynat entlang, **N 22°11,68′ E 24°36,85′.**

Ab Km 327 **(N 22°06,80′ E 24°46,25′)** wird die Archenu-Düne überquert, die vierte, ca. 10 km breite Kette ab Al Khofra. Viel Weichsand.

Km 337, Dünenende, Imbissbude, Lkw-Rastplatz. **N 22°02,34′ E 24°46,85′.**

Km 342, **DJEBEL AL-AWAYNAT** – Pos. **N 21°59,23′ E 24°46,32′.** Dieser Berg vulkanischen Ursprungs ragt aus der Ebene auf. Beeindruckende Landschaft, Felszeichnungen und neolithische Werkzeuge. Polizeistation direkt am Berg.

AL AWAYNAT – Oase bei **N 21°52,10′ E 24°48,22′.** Zwei Campingplätze, Lebensmittel, Kontrollposten vor dem Ort, Tankstelle nach dem Ort. Wasser 8 km östlich direkt am Fuß des Berges an der Fels-Quelle „Ayn al-Gazal" **(N 21°48,50′ E 24°51,29′).** Aus-/Einreiseformalitäten. Die Einreise in den Sudan ist für Europäer zurzeit (Sommer 2002) nicht möglich (Libyen verweigert die Ausreise, Sudan erlaubt die Einreise). (Ende J 4; Beginn J 1 und J 3.)

D 23: Bir Alagh – Awaynat Uennin – Idri (500 km)

Piste (A/C/H/I).

BIR ALAGH – S. D 6. (Zur D 6.)

Bir Alagh auf der Piste in Richtung S auf die Bergkette zu verlassen.

Km 13, Auffahrt auf die Hochebene. Danach Weiterfahrt auf dem Plateau nach Kompass in südlicher Richtung. Die Piste ist anfangs steinig, danach besser. Flache Landschaft ohne Orientierungspunkte. Es gibt keine Piste, der man die ganze Strecke folgen kann.

Km 119, man kreuzt die Asphaltstraße Ghadamès – Garyat.

Auf der Strecke trifft man immer wieder auf Markierungen (blaue und gelbe Fähnchen). Folgt man ihnen, dann stößt man bei

Km 217 auf ein Ölpumpfeld. Einige Ölleitungen müssen überfahren werden.

Danach ist mit etwas Glück eine sehr gute Erdpiste erreicht.

Km 348, scharfe Rechtskurve vor dem Ende des Plateaus und steile Abfahrt ins Tal. Wer die Klippen nicht über die Erdpiste erreicht hat, ist zu weit östlich gefahren. Nach Westen fahren, bis man die Piste kreuzt.

Km 352, **AWAYNAT UENNIN** – S. D 12. (Zur D 12.)

Km 357, Einfahrt in große Talebene.

Km 362, marabout.

Km 397, von links Einmündung einer Piste, nach 4 km rechts ein Baum.

Km 412, Verzweigung, links weiter, nach 10 km Verzweigung ebenfalls nach links.

Km 475, die Teerstraße Sabha – Idri ist erreicht (Idri liegt 25 km westlich).

Km 500, **IDRI** – S. D 12. (Zur D 12.)

D 24: Gharyan – Mizda – Gariyat – Shwayrif – Brak – Sabha (675 km)

Asphalt.

Km 0, **GHARYAN** – S. D 6. (Zur D 6.)

Km 94, **MIZDA** – Ort. Treibstoff.

In der Umgebung: Ausflugsmöglichkeit zum **Wadi al-Kheil** (Piste A/I), 70 km westlich von Fassanu, für alle Fahrzeuge mit hoher Bodenfreiheit befahrbar. Führer empfohlen. Die Felswände des Oued sind mit Felsgravuren bedeckt, die Gerhard Rohlfs 1874 entdeckt hat.

Km 254, **GARIYAT** – Ort rechterhand der Straße. Tankstelle an der Kreuzung. Bäckerei. Kleines, nettes Restaurant rechts der Straße. Dort sind auch Getränke, ein wenig Lebensmittel und Brot erhältlich.

Km 330, **SHWAYRIF** – Trostloser, vermüllter Ort. Treibstoff. Links Abzweig in den Ort nach rechts in Richtung Tripolis abbiegen.

Km 377, die Straße nach Hun kreuzt.

Zwischen Km 378 und Brak (s. D 12) Vorsicht vor Straßenschwellen zur Geschwindigkeitsbegrenzung.

Km 467, Restaurant, Polizeiposten.

Km 592, Kreuzung vor Brak. Treibstoff. Kontrollposten. Nach Sabha nach links abbiegen.

SABHA – S. D 8. (Ende D 8 und D12; Beginn D 13 und D 14.)

D 25: Darj – Ubari (ca. 760 km)

(1999, Toyota Landcruiser) Abwechslungsreiche Dünenfahrt durch den Erg von Ubari (C/H/I). Ab Süden und ab Norden befahrbar, keine Markierung und im Normalfall nur sehr alte Spuren. Dünen müssen weite Strecken zu Fuß oder mit kleinem leichtem Fahrzeug erkundet werden (sofern keine deutlichen Spuren vorhanden sind), da viele Sicheldünen und Steilabfahrten ohne Möglichkeit einer Rückkehr! Fahrzeit ca. 3–5 Tage.

DARJ – S. D 5. (Zur D 5; Ende D 6; Beginn D 12.)

Von Teerstraße abbiegen **(N 30°08,05′ E 10°34,16)**. Piste durch Hammada.

Km 32,3, Fass **(N 29°56,16′ E 10°46,96′).**

Km 40, mehrere alte Fässer **(N 29°52,48′ E 10°48,82′).**

Km 55,5, **BIR RIMIT** (Pos. **N 29°46,39′ E 10°56,92′).**

Km 109, Piste nach links **(N 29°25,61′ E 10°43,83′).**

Km 117,4, Lkw-Wrack **(N 29°21,22′ E 10°43,55′).**

Km 145,9, Pickup-Wrack **(N 29°07,96′ E 10°48,13′).** Ab hier Piste durch reg.

Km 161,7, Steinmarkierung Ifertas (Pos. **N 28°49,97′ E 10°44,79′).**

Km 213, Schönes Wadi **(N 28°46,71′ E 11°00,92′).**

Km 247,5, Wasserbohrstelle (Camp) **(N 28°41,51′ E 11°19,39′).**

Km 253, Düneneinstieg **(N 28°41,67′ E 11°22,43′).** Koordinaten in den Dünen: **N 28°40,49′E 11°21,35′, N 28°38,53′E 11°21,38′, N 28°36,03′ E 11°21,99′.**

Ab **N 28°35,39′ E 11°22,76′** wieder reg.

Bei **N 28°34,34′ E 11°25,31′** gut ersichtliches Tal.

Ab Pos. **N 28°33,29′ E 11°25,19′** wieder Dünen.

Km 296,2, Zickzack über Sandebene **(N 28°25,25′ E 11°23,32′).**

Km 301, Düne überqueren **(N 28°24,63′ E 11°22,68′).**

Km 302,5, sandige Abfahrt **(N 28°23,90′ E 11°22,49′).**

Weitere Dünenüberfahrten: Km 304,8 **(N 28°23,32′ E 11°21,45′)** und Km 306,5 **(N 28°22,53′ E 11°21,30′).**

Km 309,1, harte (reg) Durchfahrt (Pos. **N 28°21,26′ E 11°21,10′).**

Km 311,6, harte Sandebene.

Km 313,5, Sandauffahrt rechts (GPS-Pos. **N 28°19,30′ E 11°19,92′).**

Km 316,7, Dünenumfahrung links (Pos. **N 28°17,63′ E 11°20,08′).**

Km 320,1, steile Düne (Pos. **N 28°16,59′ E 11°19,46′).**

Km 323,6, Talebene (Pos. **N 28°15,02′ E 11°19,10′).**

Km 327, Hartsand (Pos. **N 28°13,62′ E 11°19,79′).**

Km 328,4, über Düne (Pos. **N 28°12,96′ E 11°19,75′).**

Km 331,4, Steilabfahrt (Pos. **N 28°11,83′ E 11°20,40′).**

Km 335, Sandebene (Pos. **N 28°10,02′ E 11°20,21′).**

Km 340,3, Flachdünen, Vollgas! Pos. **N 28°07,99′ E 11°21,71′.**

Km 343,1, Dünenumfahrung.

Km 344, *sebkha*-ähnliche Steine (Pos. **N 28°06,56′ E 11°22,58′).**

Km 347, sehr weiche, schwierige Stelle (**N 28°05,26′ E 11°22,67′).**

Km 350, Schrägfahrten, schwierig (Pos. **N 28°04,18′ E 11°22,93′).**

Km 356, harte Sandebene (**N 28°01,25′ E 11°22,43′).**

Km 361,5, Dünenüberfahrten (GPS-Pos. **N 27°59,25′ E 11°20,67′).**

Km 365,4, Sandebene (Pos. **N 27°58,11′ E 11°18,80′).**

Ab Km 371–375 Dünenüberquerungen (Ebenen dazwischen).

Km 378, Ebene mit Steinen, alte Spuren **(N 27°52,53′ E 11°15,63′).**

Km 381,9, Umfahren von Kieselebene **(N 27°50,61′ E 11°15,44′).**

Km 382,7, Umfahren von Steildüne rechts **(N 27°50,24′ E 11°15,12′).**

Km 389,9, Dünenrand **(N 27°48,28′ E 11°12,04′).**

Km 398,3/401,3/403,1, Dünenüberquerungen und Talwechsel.

Km 407,7, reg, Gravel-Tal mit Spuren **(N 27°41,47′ E 11°12,05′).**

Km 412, Stange.

Km 414,8, links Berg, Piste folgen.

Km 423,9, Bohrstelle (Pos. **N 27°34,41′ E 11°08,00′).**

Km 434,3, W-O Tal entlang **(N 27°34,17′ E 11°08,78′).**

Km 437,5, bei Fass nach rechts (Pos. **N 27°33,61′ E 11°10,54′).**

Km 440,5, durch einen Dünensattel, sehr weich! **N 27°31,71′ E 11°10,47′.**

Km 442, Sandebene (Pos. **N 27°31,81′ E 11°10,47′).**

Km 447,5, Dünensattel, Fass (GPS-Pos. **N 27°30,01′ E 11°08,10′).**

Km 450,6, langes Tal.

Km 460,9, Bohrstelle, Hammada (Pos. **N 27°23,64′ E 11°09,08′).**

Km 468,9, Flugpiste (Pos. **N 27°20,26′ E 11°12,22′).**

Km 512,2, Piste nach Westen (wohin?). **N 27°04,90′ E 11°30,67′.**

Km 575,7, 63 km rasche Fahrt nach Südosten über die Regflächen der Hammada Zegher **(N 27°02,82′ E 11°32,27′).**

Km 579,2, altes Camp (Pos. **N 27°01,07′ E 11°34,21′).**

Km 584, Düneneinstieg **(N 27°00,55′ E 11°34,23′).**

Km 593,1, Ebene (Pos. **N 26°58,82′ E 11°34,97′).** Danach wieder Dünenquerung.

Km 609,2, Tal (GPS-Pos. **N 26°52,54′ E 11°39,68′),** dann wieder Dünen.

Km 629,7, Tal **(N 26°52,62′ E 11°48,99′).**

Km 634,4, sandige Anfahrt, danach einige Dünenüberquerungen **(N 26°51,76′ E 11°51,82′, N 26°51,06′ E 11°53,66′, N 26°50,58′ E 11°53,66′).**

Km 644,3, 90° in Sattel fahren (Pos. **N 26°50,34′ E 11°54,09′).**

Km 646,6, breite Dünendurchfahrt (Pos. **N 26°50,54′ E 11°55,38′).**

Km 650, Talecke.

Km 652,2, über Flachdüne **(N 26°49,70′ E 11°58,09′).**

Km 659,1, langes Tal (Pos. **N 26°49,82′ E 12°01,28′).** Dann 7 km durch Dünental.

Km 687,2, Sandebene beginnt (Pos. **N 26°45,72′ E 12°14,64′).**

Km 691,9, Pipeline Nr. 019 **(N 26°44,49′ E 12°16,84′).**

Km 698,7, Beginn der Pipelinepiste (Pos. **N 26°42,57′ E 12°20,23′).**

Km 747,3, Beginn der Teerstraße (Pos. **N 26°32,59′ E 12°40,82′**).

Km 759,2, **Ubari** – Pos. **N 26°35,32′ E 12°46,44′**, s. D 13. (Beginn D 26.)

D 26: Ubari – Idri („Pipelinepiste")

(11.99, Toyota Hilux) Sehr schöne Strecke entlang der Pipeline („Pipelinepiste") durch den Erg von Ubari zur „Plateaupiste" von Idri nach Darj (D 12). Ideale und direkte S-N Verbindung. Seit der Fertigstellung der Pipeline 1995 wird die Strecke nicht mehr unterhalten und versandet zusehendst (z.T. mit Stahlstangen markierte Umfahrungen). Starkes Geländefahrzeug, Ausrüstung und Wüstenerfahrung unerlässlich! Die Orientierung ist kein großes Problem, da die alte Piste noch erahnt werden kann und alle Km eine rot/weiße Markierung die Pipeline kennzeichnet. Die Strecke ist von N nach S schwerer zu befahren, da die Steigungen aus dieser Richtung noch steiler sind.

UBARI – S. D 13. (Zur D 13; Ende D 25.)

12 km der Teerstraße in Richtung Ghat folgen. Dann rechts abbiegen durch Akazienbüsche Richtung erg über Sandfelder **(N 26°35,32′ E 12°46,44′).**

Bis km 45 über Sandebene, dann Beginn einer Umfahrung der „Pipelinepiste" (Pos. **N 26°42,57′ E 12°20,23′**).

Km 47,3/Km 49,2/Km 53,5, Weichsand bergauf.

Km 55, weiche Abfahrt **(N 26°46,42′ E 12°20,65′).**

Km 59,1, sandige Steigung über Sattel **(N 26°47,53′ E 12°19,12′).**

Km 60,3, Querverbindung, nachher rechts **(N 26°47,99′ E 12°18,76′).**

Km 60,6, ab hier entlang Pipeline, Nr. 026 (**N 26°48,13′ E 12°18,54′**).

Km 61,9, Nr. 027 (Pos. **N 26°48,78′ E 12°18,77′**). Km 62,4, Nr. 028.

Km 64–73,4, steil auf und ab (Pos. **N 26°49,79′ E 12°19,25′**).

Km 78,6, sehr steile Dünenauffahrt (ca. 600 m ü.NN). **N 26°54,76′ E 12°21,63′.**

Km 83,2, Talsenke (Pos. **N 26°57,21′ E 12°21,57′**).

Km 84,8, Steilanstieg auf Düne (Pos. **N 26°57,95′ E 12°21,53′**).

Km 88,1, wieder Steilanstieg auf Düne **(N 26°58,95′ E 12°21,51′).**

Km 89,4, Messstation Nr. 048 und 746 **(N 26°59,62′ E 12°21,52′).**

Km 94,5, Steilanstieg (Pos. **N 27°01,59′ E 12°21,62′**).

Km 97,3, defekter, roter Lkw (GPS-Pos. **N 26°02,93′ E 12°21,63′**).

Km 104,2, Dünenkuppe.

Km 112,5, sehr schwierige Stelle, steil auf und ab, Nr. 67 **(N 27°09,56′ E 12°23,30′).**

Km 115,5/119,8, steil auf und ab.

Km 123,4, Piste dreht nach links zu Nr. 079 **(N 27°15,13′ E 12°24,60′).**

Km 124,1, Tal **(N 27°15,22′ E 12°24,24′).**

Km 124,7, Piste dreht nach rechts.

Km 128,4, steile Abfahrt; Umfahrung nach re., Nr. 084 **(N 27°18,45′ E 12°23,73′).**

Km 133,2, Tal **(N 27°19,79′ E 12°23,65′).**

Km 140, Umfahrung nach rechts, Nr. 095 **(N 27°23,31′ E 12°24,53′).**

Km 141,2, Piste dreht nach links, Nr. 096.

Km 143,1, Tal.

Km 145,4, auf und ab, Nr. 100 (Pos. **N 27°26,09′ E 12°24,76′**).

Km 146,9, Messstation **(N 27°26,86′ E 12°24,89′).**

Km 149,9, leichtes auf und ab.

Km 151,4, Pipeline dreht nach links.

Km 152, Pipeline dreht nach rechts.

Km 154,7, Messstation, Nr. 109 (Pos. **N 27°30,74′ E 12°26,56′**).

Km 158, Tal, Piste dreht nach rechts.

Km 161,9, Dünental (Pos. **N 27°34,37′ E 12°27,66′**).

Km 165,9, leicht dünig und anschließend bei Km 169,9 hohe Düne.

Km 170,6, Tal, Abzweigung nach Idri? **(N 27°38,50′ E 12°28,30′).**

Km 174,4, Steilauffahrt **(N 27°40,42′ E 12°28,92′).** Bis Km 192,5 mehrere Dünenqerungen, dann Sandebene (Nr. 146, Pos. **N 27°49,63′ E 12°30,12′**).

Km 196,7, Messstation „BV 3" (Pos. **N 27°51,98′ E 12°30,32′**).

Km 204,9, Weichsand auf und ab (Pos. **N 27°56,22′ E 12°30,62′**).

Km 208, Piste dreht nach links.

Km 211,3, Ebene, Nr. 162 (**N 27°58,30′ E 12°31,10′**). Weiter über Sandfelder.

Km 226,4, Nr. 177 (Pos. **N 28°06,02′ E 12°33,30′**).

Km 230,5, Abzweigung El Hassi (Spuren, **N 28°08,14′ E 12°33,91′**).

Weiter über Sandebene; Markierung Nr. 193, Nr. 196.

Km 250,3, Messstelle „BV4" und „BV5" (**N 28°18,45′ E 12°36,06′**).

Km 252,2, sandiges Wadi (**N 28°19,26′ E 12°36,47′**).

Km 252,9, Pipelinekreuzung, Nr. 203 und 600 (**N 28°19,57′ E 12°36,78′**).

Km 257,2, harte Piste, Reifen wieder aufpumpen!

Km 272,4, Auffahrt Plateau (**N 28°29,07′ E 12°41,34′**).

Km 284,9, Wellblech.

Km 285,6, Spuren nach links, Nr. 234 (**N 28°35,17′ E 12°42,68′**).

Ca. 10–20 km weiter der Pipelinepiste entlang nach Norden stößt man auf die normale Plateaupiste von Darj nach Idri (s. D 12).

D 27: Tazurbu – Waha – (Braygah)

(01.00, Landcruiser BJ75) Fahrzeit 1,5–2 Tage, Piste (170 km Sand, 180 km Reg/Hammada). Wenig bis gar kein Verkehr, vorwiegend alte Spuren, mind. 2 Fahrzeuge. Schwierigkeit leicht bis mittel. Nicht durchgehend markiert und immer wieder parallele oder querende Pisten. Stellenweise wenig bis gar keine Spuren. Der Streckenverlauf entspricht großteils der in den russ. Karte 1:500 000 (Al Khofra, Tmel Bu Chaschisc, Maradah) eingezeichneten Piste. Großteils zweiradtauglich, einige Sandpassagen sind nur von erfahrenen „Füchsen" ohne Alllrad zu machen. Navigation in den weiten Ebenen ohne GPS schwierig.

TAZURBU – S. D 18. (Zur D 18.)

Zunächst durch Tamariskenfelder. Dann wird der südliche Rand eines kleinen Dünenfeldes gequert. Anschließend schnelle Fahrt über weit ausgedehnte Regfläche, hin und wieder werden Spurenstränge quer zur Fahrtrichtung passiert. Nach einigen Stunden Überquerung einiger Dünenriegel. Es geht weiter zwischen kegelförmigen Hügeln. Die letzten Km ziehen sich über Walfischdünen, rechter Hand ein Abbruch, links Erg (innerhalb des Ergs zahllose Bohrstellen). Nach Querung einer Trasse wird das nördlich von Waha liegende Flugfeld umfahren und die Teerstrasse erreicht, die von Waha weiter nach N an die Küste führt. (Zur D 9.)

Koordinatenliste:

N 25°40,57′ E 21°06,57′, Tankstelle, auf Trasse in Richtung O an Kreuzung links.

N 25°42,99′ E 21°06,00′, Spuren Richtung N.

N 25°48,55′ E 21°05,82′, N-NW zwischen Tamarisken.

N 25°56,68′ E 21°00,60′, Querung eines kleinen Dünenfelds mit Tamarisken.

N 25°57,52′ E 21°00,33′, Dünenfeld verlassen in weite, schnelle Regebene.

N 26°12,76′ E 20°57,79′, Fass, es queren Lkw-Spuren.

N 26°23,11′ E 20°53,91′, Oued-Querung.

N 26°25,32′ E 20°53,76′, Stange.

N 26°53,10′ E 20°57,03′, Querung eines tief liegenden Kiesfelds.

N 27°00,31′ E 20°54,35′, breite Piste mit Stangen markiert Richtung N.

N 27°04,73′ E 20°53,57′, Oued-Querung.

N 27°20,94′ E 20°34,64′, schwingen durch Doppeldüne, nach Düne Ri. N.

N 27°30,15′ E 20°28,93′, Stange, Fahrt in Ri. N und Treffen auf Dakar Scout.

N 27°36,86′ E 20°29,83′, Spuren Dakar Scout, weiter NW auf Dakar-Route.

N 27°45,30′ E 20°23,21′, kleiner Pass mit Holpergras.

N 27°49,68′ E 20°19,89′, Ende Holpergras, Beginn Walfischdünen immer NW 329°.

N 28°05,55′ E 20°06,21′, Tonne, NW 329°.

N 28°19,69′ E 19°59,64′, Strommasten, queren Trasse NW 320°.

N 28°21,15′ E 19°58,52′, Dünenquerung, Schwenk nach W.

N 28°21,30′ E 19°57,68′, Dünenquerung, SW.

N 28°20,37′ E 19°55,69′, Teerstraße nördlich Waha, Flugfeld.

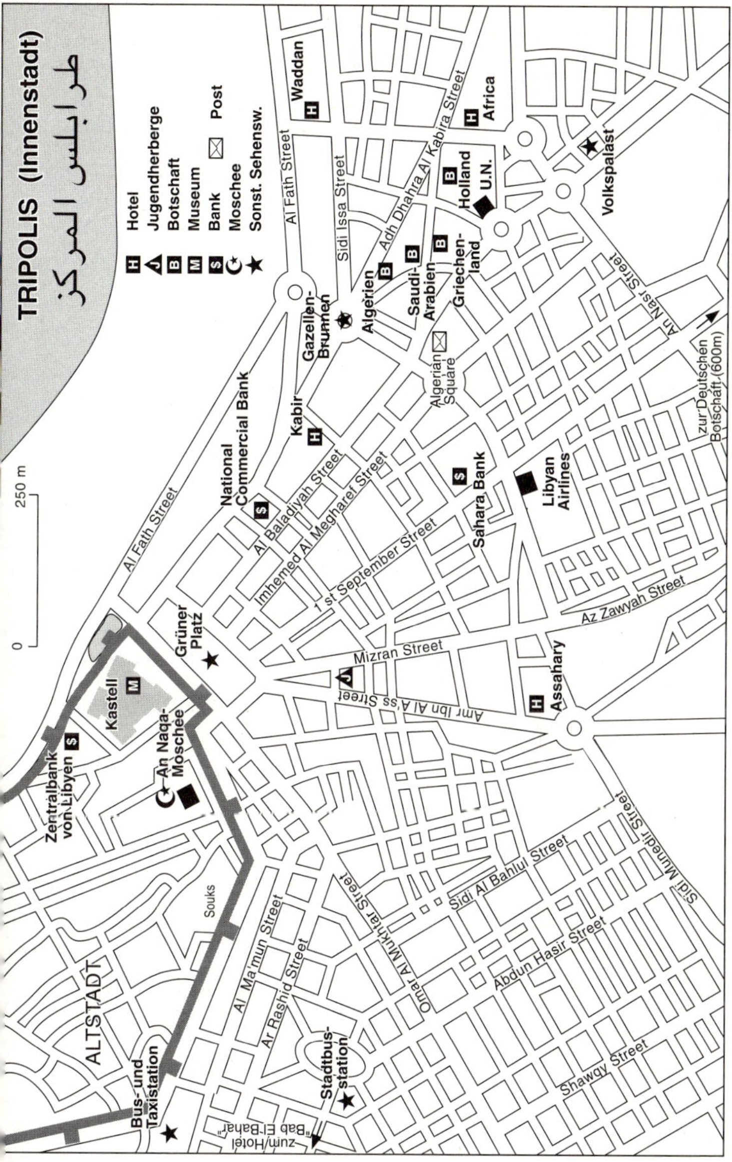
TRIPOLIS (Innenstadt)
طرابلس المركز
0
250 m
Hotel
Jugendherberge
Botschaft
Museum
Bank
Post
Moschee
Sonst. Sehensw.
Waddan
Africa
Al Fath Street
Sidi Issa Street
Adh Dhahra Al Kabira Street
Holland
U.N.
Volkspalast
Algerien
Saudi-Arabien
Griechen-land
Gazellen-Brunnen
Algerian Square
An Nasr Street
zur Deutschen Botschaft (600m)
National Commercial Bank
Kabir
Al Baladiyah Street
Imhemed Al Megharef Street
1 st September Street
Sahara Bank
Libyan Airlines
Az Zawyah Street
Grüner Platz
Mizran Street
Amr Ibn Al A'ss Street
Assahary
Kastell
Zentralbank von Libyen
An Naqa-Moschee
Souks
ALTSTADT
Sidi Al Bahlul Street
Sidi Munedir Street
Omar Al Mukhtar Street
Al Ma'mun Street
Ar Rashid Street
Abdun Hasir Street
Shawqy Street
Stadtbus-station
Bus- und Taxistation
zum Hotel „Bab El Bahar"

Libyen

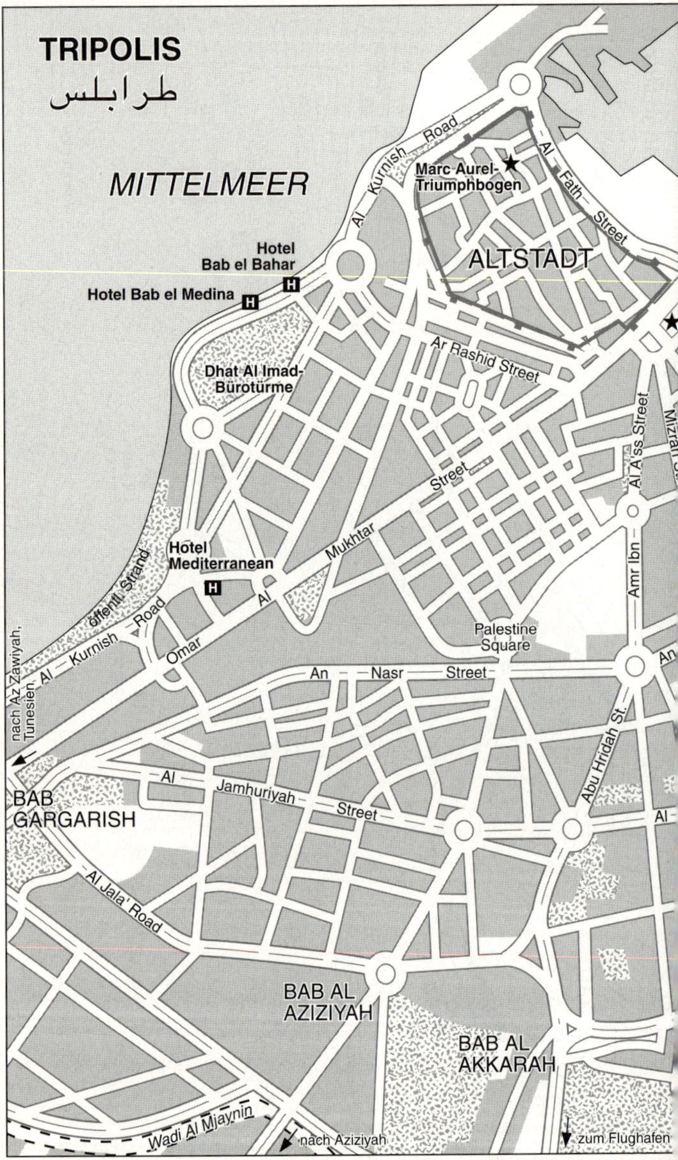
TRIPOLIS
طرابلس
MITTELMEER
Al Kurnish Road
Marc Aurel-Triumphbogen
Al Fath Street
ALTSTADT
Hotel Bab el Bahar
Hotel Bab el Medina
Ar Rashid Street
Dhat Al Imad-Bürotürme
Al A'ss Street
Omar Al Mukhtar Street
Hotel Mediterranean
öffentl. Strand
Al Kurnish Road
nach Az Zawiyah, Tunesien
Amr Ibn
Palestine Square
An Nasr Street
Abu Hridah St.
Al Jamhuriyah Street
BAB GARGARISH
Al Jala' Road
BAB AL AZIZIYAH
BAB AL AKKARAH
Wadi Al Mjaynin
nach Aziziyah
zum Flughafen

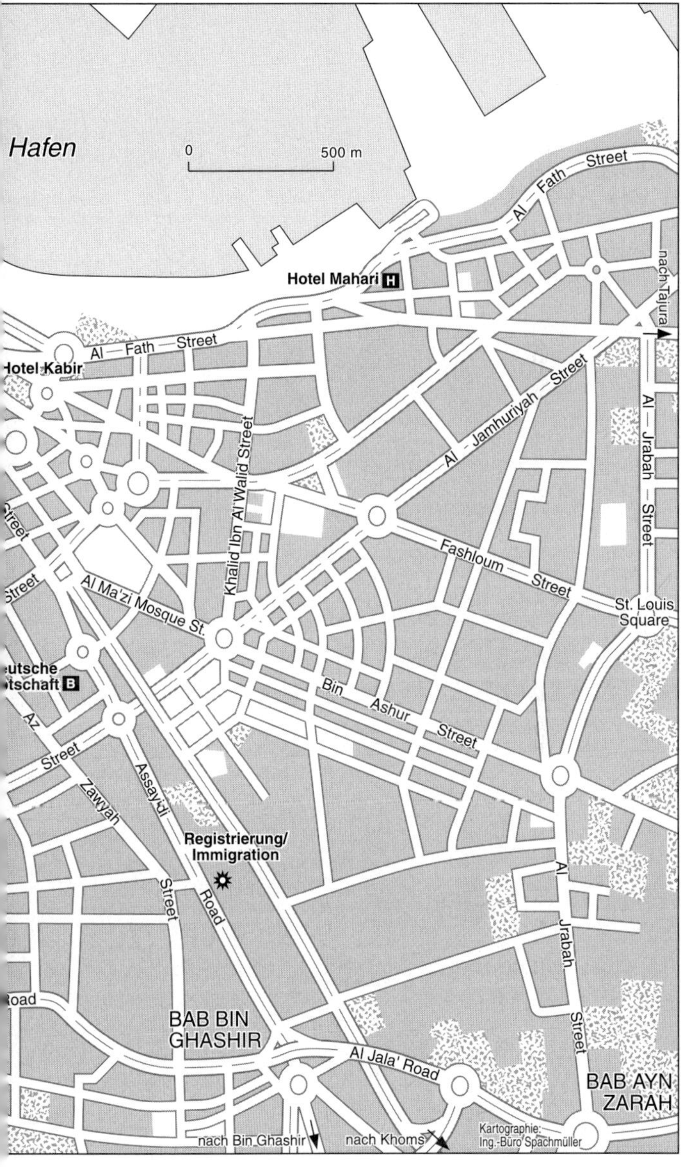

Hafen
0
500 m
Al Fath Street
Hotel Mahari
nach Tajura
Hotel Kabir
Al Jamhuriyah Street
Khalid Ibn Al Walid Street
Al Jrabah Street
Fashloum Street
St. Louis Square
Al Ma'zi Mosque St.
Bin Ashur Street
Az Zawyah Street
Assaydi Road
Registrierung/ Immigration
BAB BIN GHASHIR
Al Jala' Road
BAB AYN ZARAH
nach Bin Ghashir
nach Khoms
Kartographie: Ing.-Büro Spachmüller

Libyen

BENGHASI
بنغازي
MITTELMEER
Hotel
Botschaft/Konsulat
Bank
Polizei
Ruine
Sonst. Sehenswürdigkeit
Ahmad Rafiq al Mahdawi Street
ASSABRI
Syria Street
7 th October Street
Algeria Street
Zentral-Suq
Funduq Markt
SIDI HSAYN
Ash Sharif Street
ALTSTADT
Imhemmed al Mgaryif Road
Al U'rubah Road
Detailkarte Altstadt siehe rechts oben
Jamal Abdun Naser Street
Hafen
Tibisty
RAS ABAYDAH
23 July Road
23 rd July Lake
Algeria Street
SPORT'S CITY
1st September Stre
UZO (ehem. Al Bhayrah)
JULIYANA
Sky-Criber-Projekt
Wadi Street
Saqizi Street
Western Lakes
nach Qaminis
nach Tripolis
nach Cement Plant

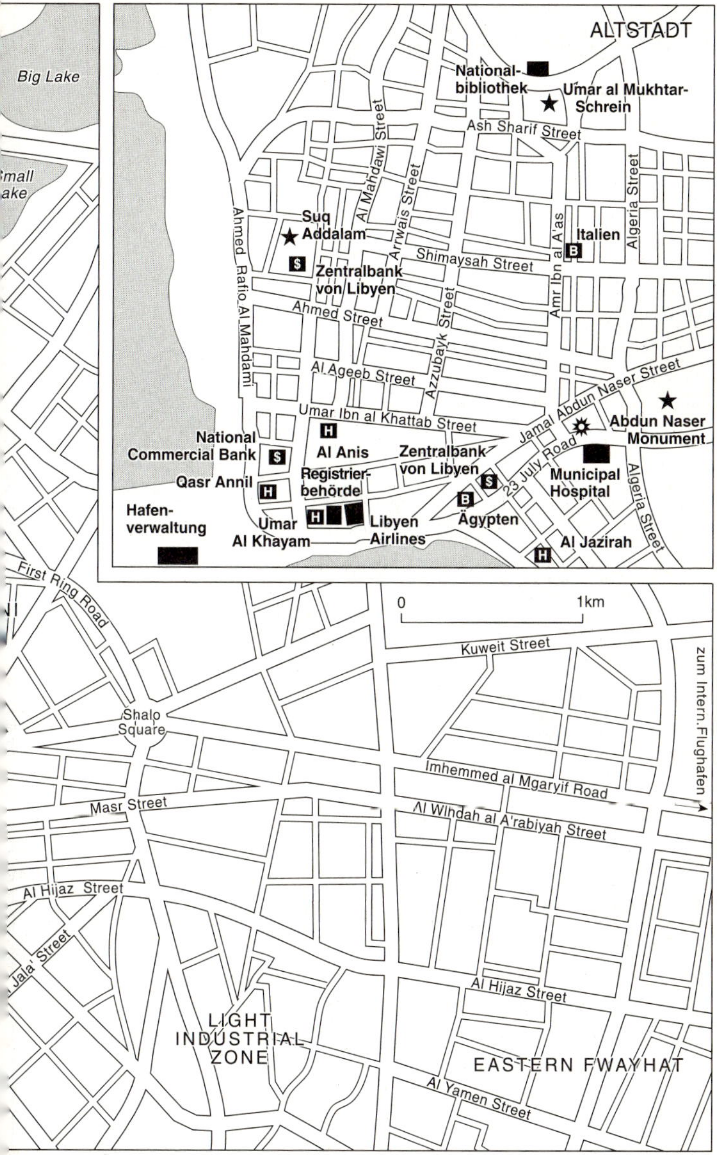
ALTSTADT
National-
bibliothek
Umar al Mukhtar-
Schrein
Ash Sharif Street
Al Mahdawi Street
Arwais Street
Algeria Street
Suq
Addalam
Italien
Amr Ibn al A'as
Shimaysah Street
Zentralbank
von Libyen
Ahmed Rafio Al Mahdami
Ahmed Street
Azzubayk Street
Al Ageeb Street
Jamal Abdun Naser Street
Umar Ibn al Khattab Street
Abdun Naser
Monument
National
Commercial Bank
Al Anis
Zentralbank
von Libyen
23 July Road
Qasr Annil
Registrier-
behörde
Municipal
Hospital
Hafen-
verwaltung
Umar
Al Khayam
Libyen
Airlines
Ägypten
Al Jazirah
Algeria Street
Big Lake
Small
Lake
First Ring Road
0
1km
Kuweit Street
zum Intern. Flughafen
Shalo
Square
Imhemmed al Mgaryif Road
Masr Street
Al Wihdah al A'rabiyah Street
Al Hijaz Street
Jala' Street
Al Hijaz Street
LIGHT
INDUSTRIAL
ZONE
EASTERN FWAYHAT
Al Yamen Street

Libyen

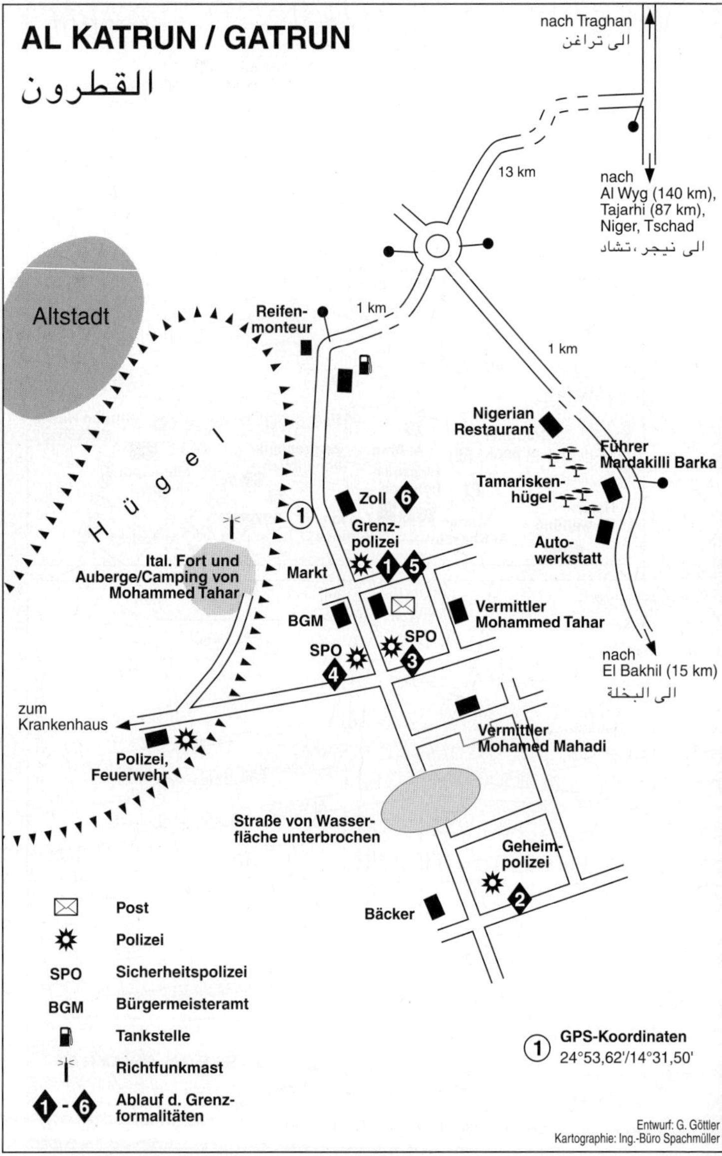
AL KATRUN / GATRUN
القطرون
nach Traghan
الى تراغن
13 km
nach
Al Wyg (140 km),
Tajarhi (87 km),
Niger, Tschad
الى نيجر ،تشاد
Altstadt
Reifen-
monteur
1 km
1 km
Hügel
Nigerian
Restaurant
Führer
Mardakilli Barka
Tamarisken-
hügel
Zoll
Grenz-
polizei
Ital. Fort und
Auberge/Camping von
Mohammed Tahar
Markt
Auto-
werkstatt
BGM
Vermittler
Mohammed Tahar
SPO
SPO
nach
El Bakhil (15 km)
الى البخلة
zum
Krankenhaus
Vermittler
Mohamed Mahadi
Polizei,
Feuerwehr
Straße von Wasser-
fläche unterbrochen
Geheim-
polizei
Bäcker
Post
Polizei
SPO Sicherheitspolizei
BGM Bürgermeisteramt
Tankstelle
Richtfunkmast
Ablauf d. Grenz-
formalitäten
GPS-Koordinaten
24°53,62'/14°31,50'
Entwurf: G. Göttler
Kartographie: Ing.-Büro Spachmüller

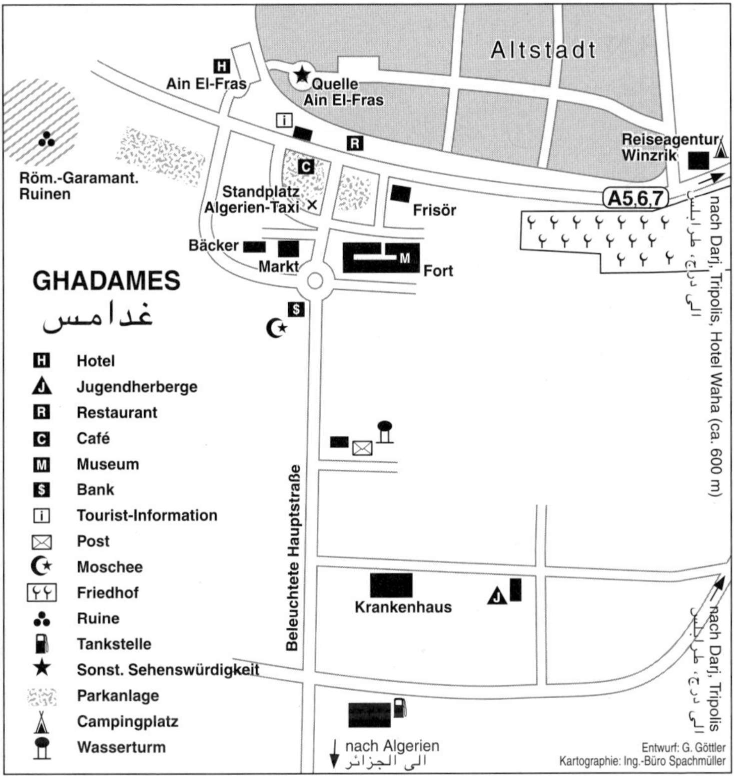
Altstadt
Ain El-Fras
Quelle
Ain El-Fras
Reiseagentur
Winzrik
Röm.-Garamant.
Ruinen
Standplatz
Algerien-Taxi
Frisör
A5,6,7
Bäcker
Markt
Fort
GHADAMES
غدامس
Hotel
Jugendherberge
Restaurant
Café
Museum
Bank
Tourist-Information
Post
Moschee
Friedhof
Ruine
Tankstelle
Sonst. Sehenswürdigkeit
Parkanlage
Campingplatz
Wasserturm
Beleuchtete Hauptstraße
nach Darj, Tripolis, Hotel Waha (ca. 600 m)
Krankenhaus
nach Darj, Tripolis
nach Algerien
الى الجزائر
Entwurf: G. Göttler
Kartographie: Ing.-Büro Spachmüller

Libyen

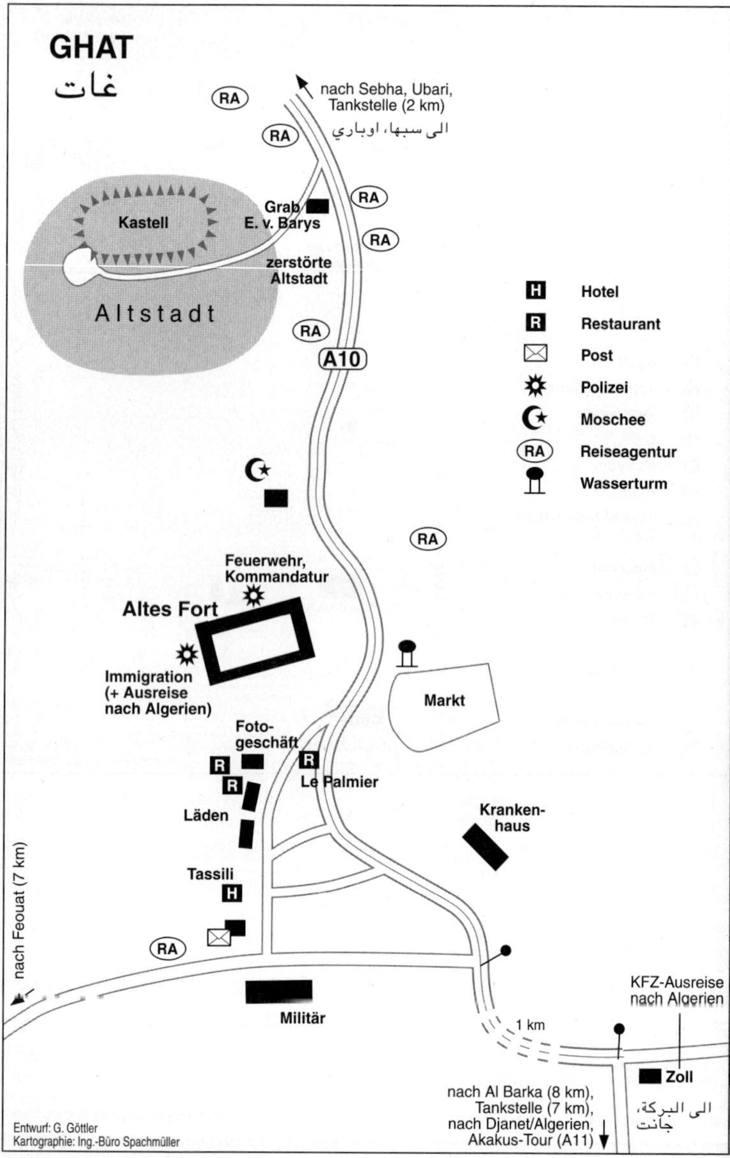
GHAT
غات
nach Sebha, Ubari,
Tankstelle (2 km)
الى سبها، اوباري
RA
RA
RA
RA
RA
Kastell
Grab
E. v. Barys
zerstörte
Altstadt
Altstadt
A10
Hotel
Restaurant
Post
Polizei
Moschee
Reiseagentur
Wasserturm
RA
Feuerwehr,
Kommandatur
Altes Fort
Immigration
(+ Ausreise
nach Algerien)
Markt
Foto-
geschäft
Le Palmier
Läden
Kranken-
haus
Tassili
nach Feouat (7 km)
RA
Militär
1 km
KFZ-Ausreise
nach Algerien
Zoll
nach Al Barka (8 km),
Tankstelle (7 km),
nach Djanet/Algerien,
Akakus-Tour (A11)
الى البركة،
جانت
Entwurf: G. Göttler
Kartographie: Ing.-Büro Spachmüller

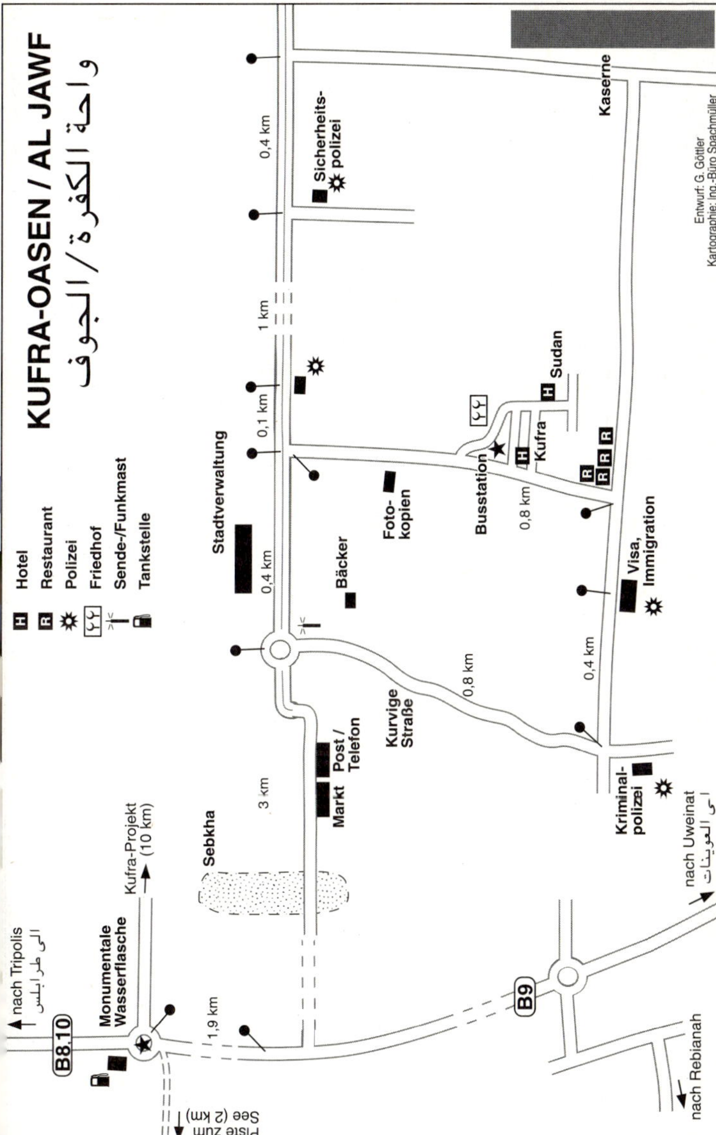
KUFRA-OASEN / AL JAWF
واحة الكفرة / الجوف
Hotel
Restaurant
Polizei
Friedhof
Sende-/Funkmast
Tankstelle
Stadtverwaltung
Sicherheits-polizei
Kaserne
Bäcker
Foto-kopien
Busstation
Kufra
Sudan
Visa, Immigration
Kurvige Straße
Post / Telefon
Markt
Kriminal-polizei
Sebkha
Kufra-Projekt (10 km)
Monumentale Wasserflasche
nach Tripolis
الى طرابلس
B8.10
B9
Piste zum See (2 km)
nach Uweinat
الى العوينات
nach Rebianah
0,4 km
1 km
0,1 km
0,8 km
3 km
1,9 km
Entwurf: G. Göttler
Kartographie: Ing.-Büro Spachmüller

Libyen

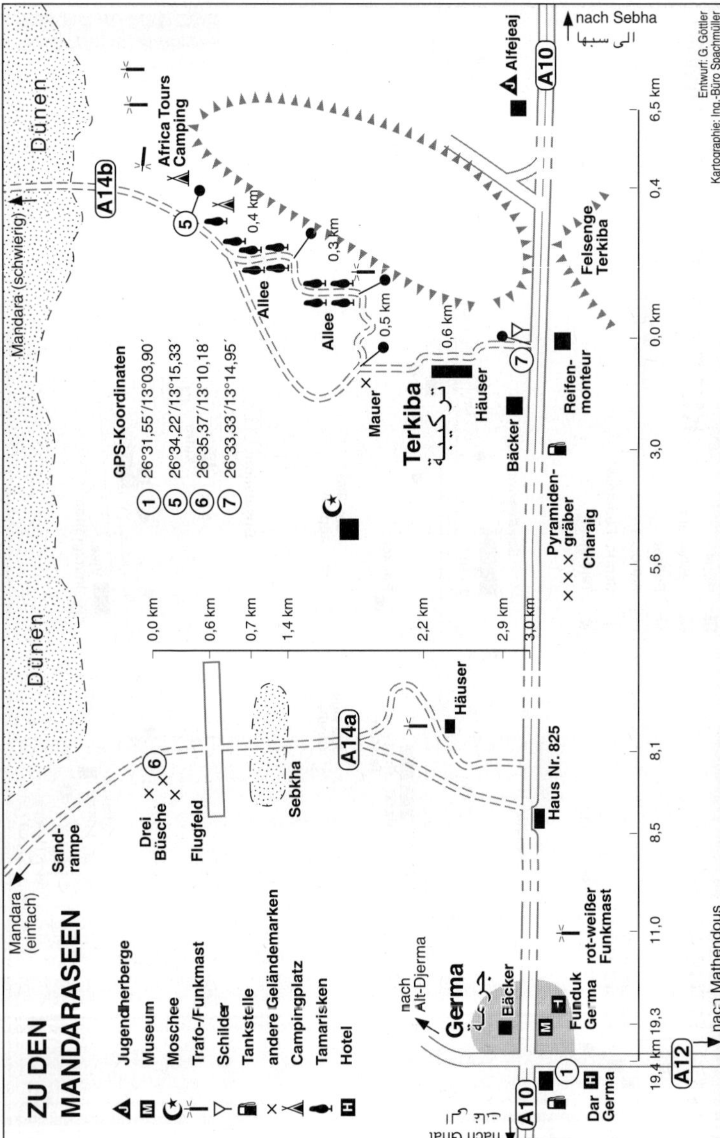

ZU DEN MANDARASEEN
Jugendherberge
Museum
Moschee
Trafo-/Funkmast
Schilder
Tankstelle
andere Geländemarken
Campingplatz
Tamarisken
Hotel
GPS-Koordinaten
1 26°31,55'/13°03,90'
5 26°34,22'/13°15,33'
6 26°35,37'/13°10,18'
7 26°33,33'/13°14,95'
Dünen
Dünen
Mandara (schwierig)
Mandara (einfach)
Sand-rampe
Drei Büsche
Flugfeld
Sebkha
A14a
A14b
A10
A12
Africa Tours Camping
Allee
Allee
Mauer
Terkiba
Häuser
Häuser
Bäcker
Reifen-monteur
Felsenge Terkiba
Alfejeaj
Pyramiden-gräber Charaig
Haus Nr. 825
rot-weißer Funkmast
Germa
Bäcker
Funduk Germa
Dar Germa
nach Alt-Djerma
nach Ghat
nach Sebha
nach Mathendous
0,4 km
0,3 km
0,5 km
0,6 km
0,0 km
0,6 km
0,7 km
1,4 km
2,2 km
2,9 km
3,0 km
19,4 km 19,3
11,0
8,5
8,1
5,6
3,0
0,0 km
0,4
6,5 km
Entwurf: G. Göttler
Kartographie: Ing.-Büro Spachmüller

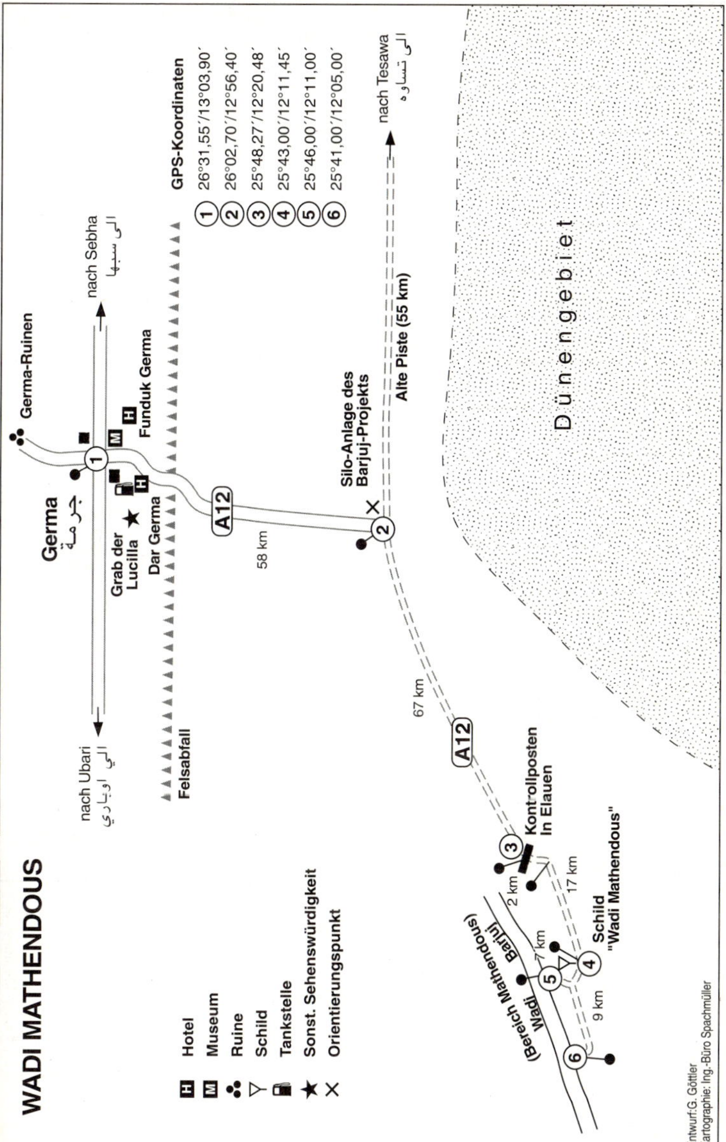
WADI MATHENDOUS
Hotel
Museum
Ruine
Schild
Tankstelle
Sonst. Sehenswürdigkeit
Orientierungspunkt
nach Ubari
الى اوباري
Felsabfall
Grab der Lucilla
Dar Germa
Germa
جرمة
Germa-Ruinen
Funduk Germa
nach Sebha
الى سبها
A12
58 km
Silo-Anlage des Barjuj-Projekts
Alte Piste (55 km)
nach Tesawa
الى تساوه
GPS-Koordinaten
1 26°31,55´/13°03,90´
2 26°02,70´/12°56,40´
3 25°48,27´/12°20,48´
4 25°43,00´/12°11,45´
5 25°46,00´/12°11,00´
6 25°41,00´/12°05,00´
Dünengebiet
67 km
A12
Kontrollposten In Elauen
2 km
17 km
Schild "Wadi Mathendous"
7 km
9 km
Wadi Barjuj
(Bereich Mathendous)
Entwurf: G. Göttler
Kartographie: Ing.-Büro Spachmüller

Libyen

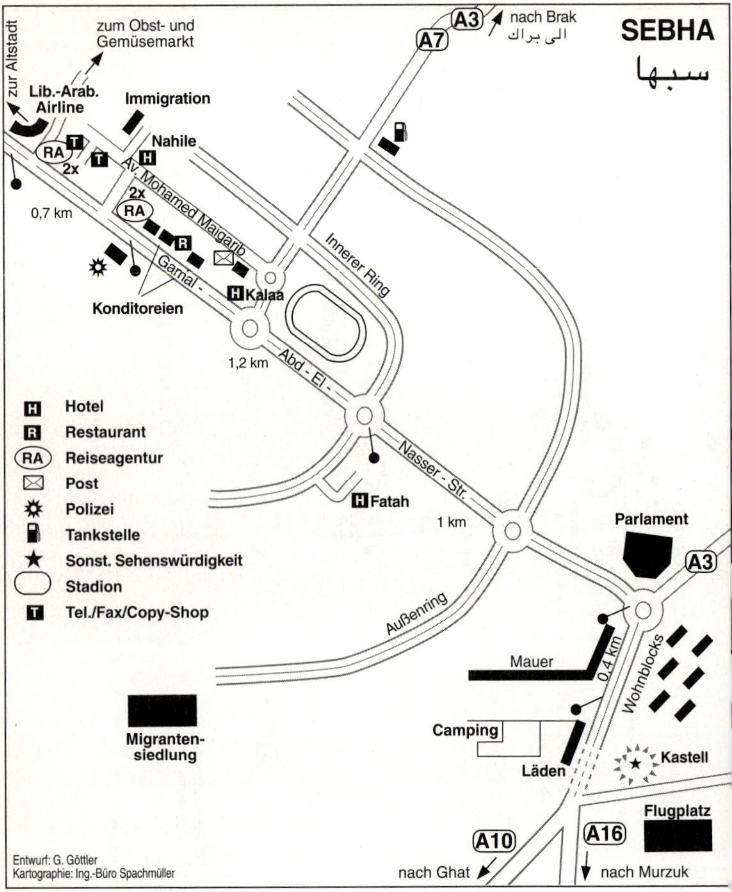
SEBHA
سبها
nach Brak
الى براك
A3
A7
zum Obst- und Gemüsemarkt
zur Altstadt
Lib.-Arab. Airline
Immigration
Nahile
RA
2x
0,7 km
Av. Mohamed Magarib
Gamal -
Abd - El -
Nasser - Str.
Konditoreien
Kalaa
1,2 km
Innerer Ring
Fatah
1 km
Parlament
Außenring
Mauer
0,4 km
Wohnblocks
Camping
Läden
Kastell
Migranten-siedlung
Flugplatz
A10
nach Ghat
A16
nach Murzuk
Hotel
Restaurant
Reiseagentur
Post
Polizei
Tankstelle
Sonst. Sehenswürdigkeit
Stadion
Tel./Fax/Copy-Shop
Entwurf: G. Göttler
Kartographie: Ing.-Büro Spachmüller

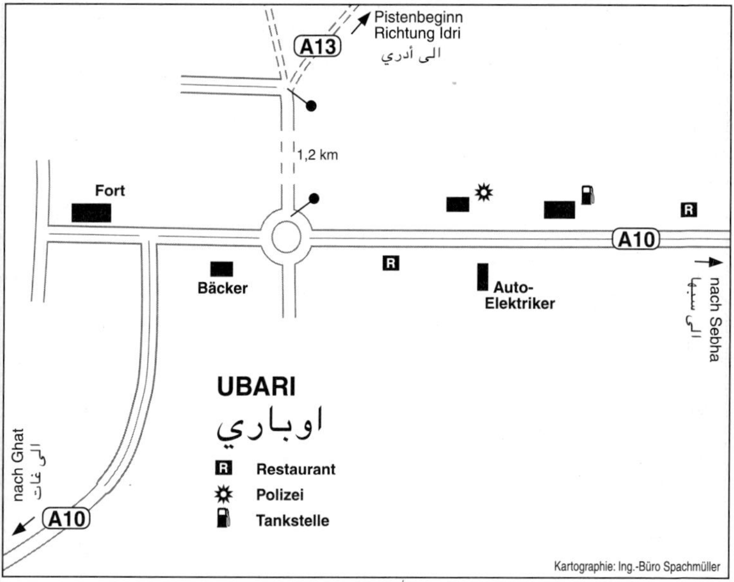
Pistenbeginn
Richtung Idri
الى أدري
A13
1,2 km
Fort
A10
R
Bäcker
Auto-
Elektriker
nach Sebha
الى سبها
UBARI
اوباري
R Restaurant
Polizei
Tankstelle
nach Ghat
الى غات
A10
Kartographie: Ing.-Büro Spachmüller

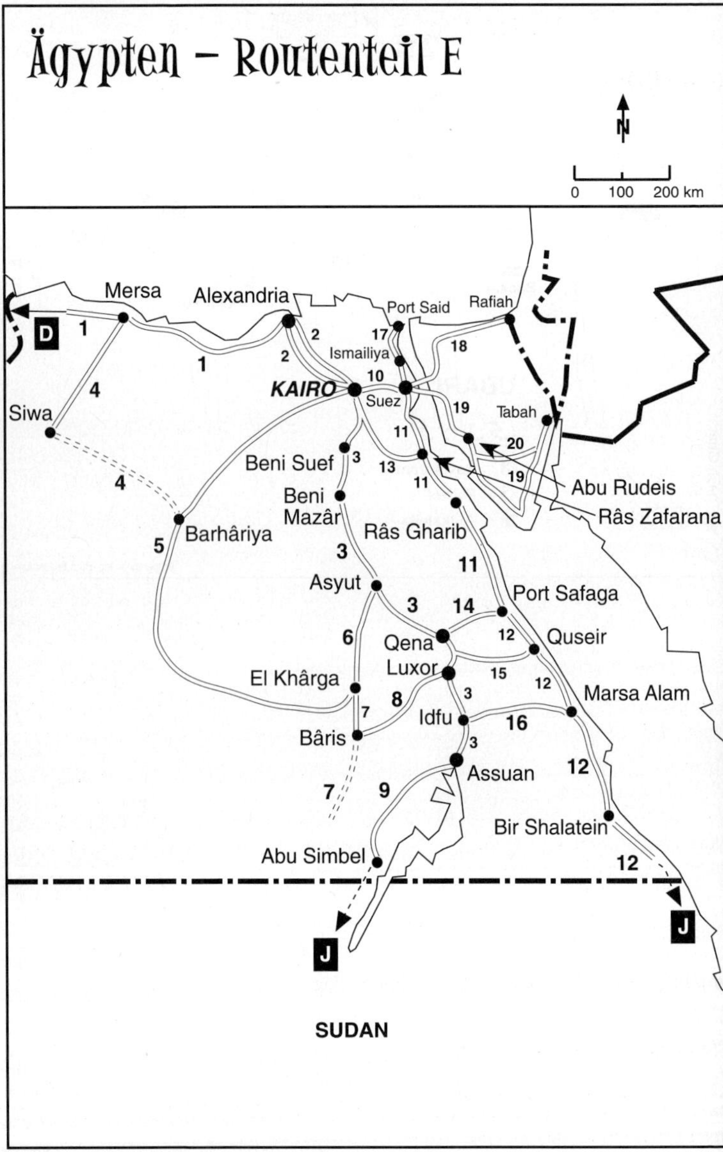
Ägypten – Routenteil E
N
0 100 200 km
Mersa
Alexandria
Port Said
Rafiah
D
1
2
17
Ismailiya
18
10
KAIRO
Suez
19
Tabah
4
Siwa
11
20
Beni Suef
3
13
19
Abu Rudeis
Râs Zafarana
Beni Mazâr
Barhâriya
Râs Gharib
5
Asyut
Port Safaga
14
6
Qena
12
Quseir
Luxor
15
El Khârga
8
Marsa Alam
Idfu
16
Bâris
Assuan
9
Bir Shalatein
Abu Simbel
J
SUDAN

Ägypten – Routenteil E

Überblick

Fläche: 997 739 km².

Einwohner: ca. 68 Mio.

Ethnien: Araber, Nubier.

Hauptstadt: Kairo (ca. 15 Mio. Einw.).

Sprachen: Amtssprache Arabisch, daneben Englisch.

Religion: Islam, ca. 7% koptische Christen.

Ruhetag: Freitag, Behörden schließen Donnerstag und Freitag, Firmen können ihr Wochenende selbst bestimmen z.B. ob Donnerstag/Freitag oder Freitag/Samstag bzw. Samstag/Sonntag.

Feiertage: 1.1., 5.4., 1.5., 18.6., 6.10., 24.10., 23.12.; außerdem noch zahlreiche mit dem Mondkalender wechselnde islamische Feiertage.

Einreise: Visumpflicht für Reisende aus Deutschland, Österreich und der Schweiz. Das Visum kann bei den konsularischen Vertretungen beantragt werden (Rückumschlag beilegen, 20 Euro, 3 Monate gültig). Visum wird aber für Reisende aus der EU auch bei Ankunft am Flughafen ausgestellt (auch erhältlich in Eilat/Israel, innerhalb einiger Stunden, 1 Monat gültig). Eine Meldepflicht nach der Einreise besteht zurzeit nicht mehr. Eine Einreise nach Alexandria mit einem Frachtschiff (italienische Grimaldi Line) ist möglich, aber teuer und zeitaufwendig. Ausweichmöglichkeit: mit der „Habib" nach Tunis und über Libyen nach Ägypten (siehe jeweilige Länderteile) oder über Piräus – Israel (Haifa) und dann weiter auf dem Landweg nach Ägypten. Dann ist allerdings eine Weiterreise in die Nachbarstaaten – außer Jordanien – nicht mehr möglich, da deren Grenzbeamte bereits aus dem Einreiseort auf den Grenzübertritt aus Israel schließen, auch wenn die Israelis den Sichtvermerk auf einem Einlegeblatt im Pass stempelten. Eine Alternative ist die Fahrt über Jordanien mit der Fähre von Aqaba nach dem ägyptischen Nuweiba auf Sinai, so dass man den Nachweis der Einreise nach Ägypten aus einem arabischen Land führen kann: einmal täglich für Kfz, Motorrad (02.99: 25 US-$ p.P.); die zweite Jet-Fähre ist nicht für Kfz-Transporte, schneller und teurer (27 US-$ p.P.). Seit Anfang 1998 ist die klassische Einreise vom Sudan nach Ägypten mit der Fähre von Wadi Halfa wieder offiziell möglich (seit Anfang 1999 auch mit Kfz, s.a. E 3)!

Impfung/Gesundheit: Keine vorgeschriebenen Impfungen. Malariaschutz dringend empfohlen.

Währung: Ägyptisches Pfund (E£). 1 E£ = 100 Piaster. 1 Euro = 4,26 E£, 1 US$= 4,66 E£.

Kfz: Internationaler Führerschein und internationaler Fahrzeugschein sowie ein Carnet de passage oder alternativ Hinterlegung der Zollsumme als Kaution vorgeschrieben. Bei der Einreise muss eine Haftpflichtversicherung (auf ausreichend lange Gültigkeit achten, kann unterwegs nur mit sehr großer Mühe verlängert werden; ca. E£ 35 Motorrad, E£ 255 Kfz) abgeschlossen werden und Straßenbenutzungsgebühr bezahlt werden. Gebühr: unter 1600 ccm E£ 250, 1600–2000 ccm E£ 400–500, über 2000 ccm E£ 600–1000, Wohnmobil E£ 1005 (bis zu 3 Monate). Ägyptische Nummernschilder werden montiert (E£ 35). Die israelischen Grenzer weisen meistens darauf hin, dass die Ägypter keine Allrad-/Diesefahrzeuge einreisen lassen. Soweit uns bekannt ist, entspricht dies nur selten der Wahrheit. Sollte es dennoch zu Schwierigkeiten kommen, muss man von Aqaba nach Nuweiba verschiffen oder zu anderer Tageszeit erneut versuchen, wenn andere Grenzbeamte Dienst tun.

Treibstoff: Sehr gute Treibstoffversorgung. Preise (2002): Diesel ca. E£ 0,40/l, Benzin ca. E£ 0,90/l, Super ca. E£ 1/l.

Kontrollen: An nahezu allen Hauptstraßen kontrollieren Checkposts routinemäßig (problemlos).

Sicherheit: Seit dem Terroranschlag in Luxor am 17.11.1997, bei dem 58 Touristen und vier Ägypter von Anhängern der Dschamaa al-Islamija getötet worden waren, hat sich inzwischen die Lage wieder stabilisiert. Die Sicherheitsmaßnahmen wurden erheblich erhöht. Als kritisch wird immer noch die Lage in Mittelägypten (El Minya, Mallawi, Asyut, Sohag, Qena) wegen Auseinandersetzungen zwischen militanten Islamisten und der Polizei eingeschätzt. Daher sind Fahrten durchs Niltal nach Süden praktisch nicht möglich, man muss entwder durch die Oasen oder am Roten Meer entlang über Hurghada nach Luxor/Assuan fahren, wobei von Port Safaga bis Luxor bzw. Assuan nur Fahrten in polizeibegleiteten Konvois erlaubt sind. Auf dem Sinai, in einigen Küstenbereichen des Roten Meeres, am Mittelmeer westlich von El Alamein und im Grenzgebiet zum Sudan und Libyen ist nach Information des Auswärtigen Amtes eine Gefährdung durch Minenfelder nicht auszuschließen, aber sehr gering. Wildes Campen ist in Ägypten generell in einem Streifen bis ca. 1 km parallel zur Küste untersagt. Die Polizei fährt abends in der Regel eine Kontrolltour und scheucht alle geparkten Fahrzeuge weg.

Straßenzustand: Zumeist asphaltierte Straßen und einige Pisten.

Grenzen: Die Grenzen zu den Nachbarländern Israel und Libyen sind geöffnet. Seit Anfang 1998 ist die klassische Einreise in den Sudan mit der Fähre von Assuan nach Wadi Halfa wieder offiziell möglich, seit Anfang 1999 auch die Überführung mit Kfz (s.a. E 3)! Es besteht eine Fährverbindung Suez – Port Sudan einmal wöchentlich. Auch Port Sudan – Massawa (Eritrea) wird von einer saudiarabischen Fährlinie bedient (Babood Shipping and Trading Co.), allerdings in unregelmäßigen Abständen. Adressen von Agenturen s. Kairo (E 2) und Port Sudan (J 57). Die Ausreise über Wüstenstrecken nach dem Sudan ist verboten (s. E 9). Zahlreiche Schilder entlang der Strecke nach Abu Simbel weisen darauf hin, dass ein Verlassen der Hauptstrecke verboten ist, desgleichen bei der Oase El Kharga (s. hierzu auch Einreise im allgemeinen Teil von Sudan). Bei unerlaubter Aus-/bzw. Einreise riskieren Sie eine Fahrzeugbeschlagnahmung und Inhaftierung.

Zeitverschiebung: MEZ + 1 Stunde.

Stromversorgung: 220 V.

Literatur und Landkarten:
Reiseführer: „Ägypten Individuell“, Sigrid und Wil Tondok, Reise Know-How Verlag, München.

Landkarten: Reise Know-How/world mapping project: Ägypten, 1:1 250 000; F&B Ägypten 1:1 000 000; gute Geländedarstellung auf den TPC-Detailkarten 1:500 000; geeignet sind auch russische Generalstabskarten.
Hintergrund: Das Literaturangebot zur pharaonischen Geschichte Ägyptens ist riesengroß. Das heutige Ägypten spiegelt sich spannend und unterhaltsam in den Büchern des Literatur-Nobelpreisträgers Nagib Mahfus (u.a. „Die Midaq-Gasse"), der 1994 von Fundamentalisten niedergeschossen wurde, das Attentat aber überlebte. Seine Romane sind im Unions-Verlag, Zürich, erschienen.

Geschichte: Die ägyptisch-pharaonische Kultur gehört zu den ältesten Zivilisationen der Welt. Die schriftlich aufgezeichnete Geschichte der Reiche am Nil reicht bis etwa 3000 v. Chr. zurück. Im Folgenden nur ein ganz kurzer Überblick über die einzelnen Perioden ägyptischer Geschichte. Um 3000 v. Chr. vereinen die Herrscher der Ersten und Zweiten Dynastie die bis dahin getrennten Teile Ober- und Unterägypten. Das folgende Alte Reich (3. Jahrtausend v. Chr.) brachte die großen Pyramidenbauer (Djoser, Cheops etc.) hervor. Die Epoche des Mittleren Reiches, die Herrschaftszeit der 11. bis 17. Dynastie (bis etwa 1650 v. Chr.) wird durch den Einfall der Hyksos beendet. 1550 v. Chr. werden diese vertrieben, Pharao Ahmose begründet das Neue Reich (18. bis 20. Dynastie). Neue Landesteile werden erobert (Nubien bis zum 4. Katarakt, Vorderasien bis zum Euphrat), glanzvolle Tempel entstehen (z.B. Abu Simbel, Karnak, Luxor-Tempel, Theben-West, Abydos). In diese Epoche fällt auch die Herrschaft Echnatons, der eine kurze monotheistische Periode einleitet (Aton als einziger Gott) und die Hauptstadt nach Amarna verlegt. Doch bereits sein Nachfolger, Tut-Anch-Amun, kehrt wieder zu den alten Göttern zurück. Unter der 21. bis 24. Dynastie verfällt die Macht der Pharaonen, das Reich wird zeitweise in einen nördlichen und einen südlichen Landesteil geteilt, fremdstämmige Pharaonen lenken die Geschicke Ägyptens, bis 322 v. Chr. Alexander der Große die Überreste des einstigen Weltreichs mühelos erobert. Ihm folgen Ptolemäer und schließlich Römer (30 v. Chr.), danach Byzanz und im 7. Jh. n. Chr. die arabisch-islamischen Eroberer, die nicht nur eine neue Religion, sondern auch eine neue Sprache, das Arabische, einführen. Kairo entwickelt sich zur neuen Metropole. 1798 fällt Ägypten an die Franzosen. Im Begleittross Napoleons reisen angesehene Wissenschaftler, welche die wissenschaftliche Ägyptologie begründen. Drei Jahre später versenkt der Engländer Nelson die französische Flotte und beendet damit das kurze Gastspiel. Das Machtvakuum nutzt ein albanischer Söldner namens Mohammed Ali, der sich in einem blutigen Handstreich der Herrschaft bemächtigt und durch seine Neuorganisation des Staates die Basis für das moderne Ägypten legt. Ende des 19. Jhs. wird Ägypten schließlich englisches Protektorat, 1922 erlangt es unter König Fuad eine formale Unabhängigkeit.

Politik: 1952 beendet ein Militärputsch die Herrschaft der Königsdynastie, 1954 putscht Gamal Abdel Nasser seinen Vorgänger von der Macht. Er verstaatlicht unter anderem den Suezkanal und errichtet mit sowjetischer Unterstützung den Assuan-Staudamm. 1967 verliert Ägypten im Sechs-Tage-Krieg den Sinai an Israel. 1970 stirbt Nasser, sein Nachfolger wird Anwar el Sadat, dem es 1973 gelingt, einen Teil des Sinai zurückzuerobern. 1979 schert Sadat mit dem Friendensschluss mit Israel im Camp-David-Abkommen aus der Anti-Israel-Liga der arabischen Staaten aus und bekommt dafür den Sinai wieder zurück. 1981 wird Sadat bei einem Attentat ermordet. Sein Nachfolger Hosni Mubarak hat mit einer immer stärker werdenden fundamentalistischen Strömung in der Bevölkerung zu kämpfen, die ihm insbesondere auch seine Unterstützung der Amerikaner im Golfkrieg vorwirft. Er kommt deshalb innenpolitisch immer wieder in Bedrängnis, vor allem auch bei der Durchsetzung der gemäßigten und auf Ausgleich bedachten Israelpolitik und seiner Hinwendung zum Westen.

Routen

Herzlichen Dank an Wil Tondok für Lektorat und Aktualisierung!

E 1: Libysche Grenze – Soloum – Marsa Matruh – El Alamein – Alexandria (516 km)

Asphalt (vierspurige Straße). Starker Lastwagenverkehr. Legt man die Strecke in umgekehrter Richtung nach Libyen zurück, sollte man sich in Kairo erkundigen, ob die Grenze tatsächlich geöffnet ist.

SOLOUM – Städtchen. Ägypt. Grenzposten 4 km weiter. Umtauschkurs für LD zu E£ fast 1:1. Seit 1998 neue, pompöse Abfertigungsanlage mit mehreren Gebäuden. Die folgende Prozedur ist zu absolvieren (2001): Passkontrolle in der Arival Hall an einem beliebigen Schalter, dann weiter zum Zoll rechts vom Gebäude, der das Fahrzeug meist nur flüchtig kontrolliert. Weiterfahrt zum Gebäude der Traffic Control; dort kontrolliert ein Ingenieur Fahrgestell- und Motornummer und lässt sie von einem Adlatus vom Metall durch Rubbeln abkopieren. Man erhält einige Zettel und geht mit diesen zurück in Richtung Customs Hall, muss aber zuvor im Gebäude der Port Authority (links) die bereits angesammelten Papiere einschließlich Carnet kopieren und zu einer Akte anlegen lassen. Mit Akte und Carnet marschiert man nun zu einem beliebigen Schalter in der Customs Hall und wird zu einem Beamten in ein Büro dirigiert, der vorgibt, sich mit Carnets auszukennen. Nach dem Erstellen zahlloser Papiere sind die Gebühren fällig (z.B. Mercedes-Sprinter E£ 1002 für drei Monate). Jetzt wieder zum Traffic Department mit allen Papieren. Dort werden weitere Formulare ausgefüllt, abgeschrieben und bearbeitet; das kostet E£ 40. Nun muss man mit einem Teil der Formulare auf die andere Straßenseite und erhält dort die Haftpflichtversicherung (E£ 40). Zurück zur Traffic Control und mit allen Papieren zum Customs-Mann, der Carnet und Formulare aushändigt, die man erneut zur Traffic Control trägt. Dort wird jetzt endgültig das (hoffentlich richtig gestempelte) Carnet und die so genannte „Rochsa" ausgehändigt, der Kfz-Schein, der einen zum Befahren der ägyptischen Straßen befähigt. Mit Rochsa, einem Zettel vom Zoll und der Versicherungspolice kann man nun endlich das Auto besteigen und zum Ausgangstor fahren – dort wird noch einmal der Pass des Autohalters abgeschrieben (E£ 15). Bei der Ausreise Richtung Libyen muss man am Grenzeingang E£ 25 für die Bearbeitung der Papiere zahlen, später noch zweimal E£ 2. Die Carnet-Bearbeitung gestaltet sich erneut chaotisch, d.h. es wird in verschiedenen Büros „bearbeitet". Dann müssen die Kennzeichen auf der nördlichen Straßenseite abgeliefert werden, nach Einholen einer Unterschrift auf der südlichen Straßenseite wird das Carnet, richtig gestempelt, ausgehändigt. Es folgt die Passabfertigung, dann an zwei Toren jeweils Kontrolle aller Papiere.

Für Reisende mit größeren, Lkw ähnlichen Kfz (wie Hanomag, Unimog, Magirus usw.) besteht die Gefahr, dass der Grenzbeamte das Fahrzeug nicht als Wohnmobil, sondern als LKW ansieht – Folge: Ins Carnet wird nur eine Woche Aufenthaltsdauer eingetragen, die Fahrzeugzulassung und Versicherung gilt nur eine Woche! Möglichkeit in größeren Städten wochenweise zu verlängern oder besser die ausgestellten Fahrzeugpapiere in Kairo am Flughafen beim „Car Customs" (Flughafen Ri. Terminal 1) ändern lassen. Am Besten gleich an der Grenze immer wieder betonen, dass es sich um einen Caravan, Campmobil oder Arabic Nome (arabisch: Schlafauto) handelt (oder internat. Zulassung ins Arabische übersetzen lassen).

MARSA MATRUH – Ca. 50 000 Einw. (s. a. Stadtplan). Gute Infrastruktur. Zahlreiche Soldaten. (Beginn E 4.)

Sehenswert: Malerische Lage der Stadt.

Auf der Strecke von Marsa Matruh nach El Alamein sollte wegen übrig gebliebener Minen aus dem Zweiten Weltkrieg nicht wild gecampt werden!

SIDI ABD EL RAHMAN - Dorf.

Unterkunft: Hotel „El Alamein" mit Bungalows. Schöne Bademöglichkeiten. Zum Campen in den weißen Sanddünen ist in El Alamein Genehmigung einzuholen.

EL ALAMEIN - Ort. Hotel, Treibstoff.

Sehenswert: Die Soldatenfriedhöfe, wo die Opfer der berühmten Wüstenschlacht von 1942 begraben sind, und das Kriegsmuseum.

ALEXANDRIA - Ca. 5,5 Mio. Einw. (s. a. Stadtplan). Gute Infrastruktur. Bedeutender Handelshafen, der 331 v. Chr. gegründet wurde. (Beginn E 2.)

Unterkunft: Zahlreiche Hotels aller Kategorien. Hotel „Cecile", 4 Sterne, Md Saad Zaghlul, DZ ca. 160 US-$, angenehm und sauber, zentral. Hotel „Union", zwei Sterne, Sh 26. July (Eingang 2. Querstraße westl. „Cecile"), sehr gutes Preis-Leistungs-Verhältnis, sehr sauber, empfehlenswert, DZ ca. E£ 75. Youth Hostel in 32 Sh Bur Said, sauber, Ventilator, DZ mit Bad und 8-Bettraum.

Sehenswert: Pompejussäule, Katakomben von Kom el Chougafa, griechisch-römisches Museum, Befestigung Kai't Bey, wo sich früher der Leuchtturm von Alexandria, eines der Sieben Weltwunder, befand, Hydrobiologisches Institut, Alexandria Bibliothek (unter der UNESCO als Nachfolgerin der berühmten antiken Bibliothek errichtet), Montazah-Palast (nicht zu besichtigen) (Sommerresidenz und Parkanlagen, 17 km nach O am Kliff entlang), Strände mit feinem Sand (oft überfüllt), Abu Sir, das in der Antike Taposiris Magna hieß und Osiristempel.

E 2: Alexandria - El Giza - Kairo (225 km)

Asphalt. Gebührenpflichtige Straße. Vorsicht: Radarkontrollen der Polizei (strenge Geschwindigkeitskontrollen). Die beschriebene und schnellste Strecke nach Kairo führt über die Wüstenstraße - eine vierspurige, stark frequentierte Autobahn, auf der Vorsicht geboten ist!

ALEXANDRIA - S. E 1. (Ende E 1.)

Alexandria in Richtung W (Agami mit breitem Sandstrand) verlassen.

Km 13, links nach El Amriah, einem Bauerndorf, abbiegen.

Km 61, **Abstecher** links nach **Abu el Matâmir** und **Kellia** (ca. 80 km hin und zurück). 20 km in diese Richtung zurücklegen, dann nach rechts abbiegen und auf 17 km entlang des Noubariyeh-Kanals weiterfahren. Den Kanal überqueren, anschließend auf 3 km südwestlich halten, bis man die archäologische Fundstätte von **KELLIA** erreicht: etwa 700 koptische Klöster aus dem 6.–9. Jh. n. Chr., die 1964 entdeckt worden sind.

Km 122, **WADI NATRUN** - Ort, ca. 10 000 Einw. Hotels, Tankstelle.

In der Umgebung: Straße zu den koptischen Klöstern des Wadi Natrun, die im 4. Jh. n. Chr. gegründet wurden; campen in der Regel in der Nähe der vier Klöster möglich. **Deir Baramûs,** vier Kirchen; Ikonostase und Kanzel (13. Jh.) der „St. Makarius-Kirche". **Deir Suriâni,** drei Kirchen, byzantinische Fresken und Ikonen in der „El Adrah-Kirche"; das Refektorium und das ksar, der befestigte Teil des Klosters, sind ebenfalls sehenswert. **Deir Amba Bishoi,** ähnlich angelegtes Kloster wie vorher genanntes. **Deir Makâryûs,** dieses Kloster liegt am weitesten südlich und erlebt einen neuen Aufschwung (ca. 50 Mönche leben darin); drei wunderschöne, sehr alte Kirchen (kann nicht mehr besichtigt werden).

Km 199, Polizeiposten.

EL GIZA - Praktisch mit Kairo verschmolzene, westliche „Vorstadt". 1,6 Mio. Einw., gute Infrastruktur. (Zur E 3.)

Unterkunft: Zahlreiche luxuriöse Hotels. Campingplatz „Saharamar", warme Duschen, Küche mit Herd, schattiges gartenähnliches Gelände, renovierte san. Anlagen, E£ 10 p.P. (2002), Besitzer ist Amir Moussa (deutsch), e-mail: saharamar@moussa.net, www.moussa.net/saharamar; Anfahrt: von Kairo kommend Ri. Pyramiden auf El-Haram-Str. (Pyramidenstr.), dann beim Mariutia-Kanal links einbiegen, nach 600 m ist rechts das „Siag Pyramids Hotel", ca. 1400 m danach in kl. Straße rechts einbiegen, nach 600 m links in El-Sett-Aleia-Str. abbiegen, nach 1400 m ist der Camping erreicht,

N 29°57,80' E 31°09,51'. Campingplatz „Salma-Camp", Sakkara Rd., Harrania Village, neben der Teppichwebschule Wissa Wassef, warme Duschen, Traveller-Treffpunkt, relativ sauber, viele Mücken, E£ 10 p.P. (2001), **N 29°58,17' E 31°10,54'.**

Essen: Restaurant „Andrea" an Maryutin-Kanal Richtung Kairo, am zweiten Kanal links etwa 3 km, beliebtes Gartenlokal mit hervorragenden Brathühnchen und ägyptischen Spezialitäten, preiswert.

Sehenswert: Die Pyramiden von Cheops, Chephren und Mykerinos, der Sphinx, Taltempel und Mastabas. Die Baudenkmäler südlich von El Giza sind unter E 3 aufgeführt.

Die Pyramid Road durchquert El Giza in östlicher Richtung zum Nil und damit nach Kairo. Beide Städte sind mittlerweile zusammengewachsen.

KAIRO – Hauptstadt (s. a. Stadtpläne). Ca. 15 Mio. Einw. mit Vororten, größte Stadt Afrikas. Für Touristen gute Infrastruktur. Zur Erledigung von Formalitäten (Visa, verschiedene Fahrkarten, Versicherungen usw.) viel Zeit einplanen. (Beginn E 3, E 10; Ende E 5, E 13.)

Unterkunft: Camping siehe El Giza. Zahllose Hotels aller Kategorien. Mittelklasse (drei Sterne, Zentrum): z.B. Hotel „Carlton", 21 Sharia 26. July, zentral, freundlich, sehr sauber, klimatisiert, Dachterrasse mit Aussicht; „Grand Hotel", 17 Sh. 26. July, gegenüber Taufik-Markt, große Zimmer, stilvoll, angenehme Atmosphäre, klimatisiert, sehr sauber, empfehlenswert; „Victoria", 69 Sharia Goumhouria (nahe des Bahnhofs), gutes Buffet, sauber, gemütlich. Preiswertere Hotels (Zentrum): Arabisches Hotel „El Hussein", Md. Hussein mitten in der Altstadt nahe der El Azhar-Moschee und am Rand des Khan-el-Khalili-Bazar (keine Parkmöglichkeit), sauber und preiswert; „Garden City House", 23 Kanal el Din Salah, teilweise Nilblick, sehr sauber, laut; „Happyton", 10, Sharia ali el Qasr/Imad el Din nahe Victoria, hinter der kl. Moschee, sauber und angenehm.

Sehenswert: Ägyptisches Museum (weltweit größte Sammlung pharaonischer Objekte), Islamisches Museum, Islamisches Viertel (mittelalterliche Altstadt) mit Khan el Khalili Bazar, Al Azhar Moschee (führende islamische Institution), Sultan Hassan Moschee, Ibn Tulun Moschee und andere Moscheen, Alt-Kairo mit Koptischem Museum und verschiedenen koptischen Kirchen.

Verschiedenes: Über „Yara Shipping", nahe des Tahrir-Platzes kann man die Fähre von Suez über Jeddah (Saudi-Arabien, Transit) und Port Sudan bzw. Suakin (Sudan) buchen. Deutschsprachige Sendung auf Radio Kairo (95,7 od. 95,4 MHz, 16 UTC/GMT). Verfliegen von Motorrädern nach Eritrea mit „Cargo Village", Kairo Flughafen, Mr. Mohamed Chamies (Achtung: jeder gibt sich als solcher aus!), mit Ethiopia Airlines ca. 500 US-$. Flug Kairo – Asmara 260 US-$ mit Studentenausweis (360 US-$ ohne, Ethiopia Airlines). Studentenausweise einfach erhältlich z.B. beim „Sun Hotel", 2 Sharia Talaat Harb/Midan Tahrir (Zentrum, Kosten ca. E£ 35). Deutschsprachige Bücher, Karten etc. bei „Lehnert & Landrock", 44, Sharia Sherif. Ägyptisches „Stella-Bier" an der Einmündung der Sh. Mohammed Izz El Arab in die Sharia Qasr El Aini (kl. Getränkeladen auf Straßenseite ggü.), 20 Fl. zu E£ 70 plus E£ 10 Pfand (04.98); direkt an Einmündung gibt's ägyptischen Wein. Kfz-Werkstatt und Reparaturdienst „Mitwalli" in Kairo/Gizeh (Hatem Mitwalli ist sehr nett und spricht deutsch), **N 30°00,475' E 31°12,169',** Notdienst, Abschleppdienst (auch nachts und am Wochenende – kommt immer, sehr zuverlässig!), Tel. 02 58 58 460, Mobil 010 14 63 724.

Botschaften: Eritrea, 13 Mohamed Shafik, Mohandiseen, Kairo (Visa innerhalb 24 Std.). Äthiopien, 6 Rue Abdel Reham Hussein, Dokki, Kairo (Visum nur mit Flugticket, in Eritrea problemlos). Saudi-Arabien, nur Transitvisum für 48 Std. erhältlich (unverheiratete Frauen werden abgewiesen). Sudan, Visum erhältlich, Wartezeit war im Jahr 2002 Glückssache (zwischen 3–4 Tagen und 6 Wochen), evtl. Empfehlungsschreiben der Deutschen Botschaft nötig, ca. 54 US-$ (2000), keine Transitvisa.

E 3: Kairo - Beni Suef - Asyut - Qena - Luxor - Assuan (872 km)

Asphalt. Starker Verkehr. In den Ortschaften vorsichtig fahren. Beni Suef - Asyut: Die Strecke ist für Ausländer wegen möglicher terroristischer Auseinandersetzungen derzeit gesperrt. In Ausnahmefällen nur mit Militäreskorte befahrbar. Ein Besuch der Region Asyut ist wegen nicht möglich. Die Strecke Luxor - Assuan darf nur im militärisch eskortierten Konvoi gefahren werden. **Alternative:** I.d.R. fahren Ausländer an der Rot-Meer-Küste bis Hurghada und von dort im Konvoi nach Luxor od. Assuan. Von Kairo wurde außerdem eine autobahnähnliche Straße durch die Wüste etwa paralell zum Nil (westlich) gebaut, die bereits bis über Assyut hinaus befahrbar ist. Sie zweigt von der Fayum-Straße ab, unterwegs Abfahrten zu den wichtigsten Orten.

KAIRO - S. E 2. (Ende E 2, E 5, E 13; Beginn E 10.)

Kairo auf der Straße nach **El Giza** (s. E 2) verlassen. Von der Pyramid Road beim Schild „Sakkara" und „Ring Road" nach Süden abbiegen.

Hauptdenkmäler um SAQQÂRA:

1. Pyramiden von Abusir (5. Dynastie).
2. Pyramiden und Nekropole von Saqqâra (die größte Nekropole dieser Gegend, 3. Dynastie).
3. Pyramiden und Nekropole von Saqqâra-Süd mit drei Gruppen von Bauten: Nordgruppe (5. und 6. Dynastie); Mittelgruppe (4. und 6. Dynastie); Südgruppe (zwei Pyramiden der 13. Dynastie).
4. Pyramiden von Dahsh-r (13. Dynastie, gegenwärtig militärische Sperrzone).

EL BADRSHEIN - Kleiner Ort. Keine Versorgungsmöglichkeit.

Sehenswert: Die Ruinen von Memphis, rechts in eine kleine Straße durch El Badrshein einbiegen. Memphis befindet sich bei der Dorfausfahrt; Koloss von Ramses XI. und Sphinx aus Alabaster.

RIKKA - Dorf.

Sehenswert: Pyramide von Meidum, 5 km südwestlich; von Snefru (4. Dynastie) erbaut, ursprünglich acht, heute noch drei Stockwerke; Taschenlampe zur Besichtigung der beeindruckenden Gänge (einige sind senkrecht) erforderlich; zahlreiche Gräber in der Umgebung.

BENI SUEF - 30 m, 190 000 Einw. Gute Infrastruktur. Preiswertes Hotel dem Bahnhof gegenüber. Bedeutender Baumwollmarkt und Agrarzentrum. (Zur E 3.)

In der Umgebung: Westlich das Fayum (s. Plan). **El Faiyûm** - Halboase, 40 m unter dem Meeresspiegel, ca. 1,9 Mio. Einw., bedeutendste Stadt des ehemaligen „Seelandes". Sehenswert sind die Wasserräder des Bewässerungssystems, Moschee aus dem 15. Jh., koptische Kirche. Zwischen El Faiyûm und Beni Suef kann man die Pyramide von **Hauwâra** besichtigen, das Grab von König Amenemhat III. (12. Dynastie). Überreste des Labyrinths (Begräbnistempel mit 3000 Räumen auf zwei Stockwerken) in der Nähe.

BENI MAZÂR - Städtchen. Gute Infrastruktur.

EL MINYA (MINIA)- 39 m, ca. 500 000 Einw. Gute Infrastruktur.

Unterkunft: Einige kleine, einfache Hotels und 4-Sterne-Hotel „Nefertiti" an der Corniche.

Sehenswert: Die beiden Moscheen.

In der Umgebung: Zauiyet el Mayitîn, den Nil über die Brücke überqueren und nach S fahren, ungewöhnlich großer Kuppelgräber-Friedhof. Tehneh el Djebl und Deir el Adrah, über Nilbrücke und nach N fahren, in Tehneh el Djebel (früher Tehni) befinden sich Gräber und der Kolossalstatue von Ramses II., Deir el Adrah ist ein Kloster aus dem 4. Jahrhundert.

ABU QURQÂS - Dorf, 23 km südlich von El Minya bei El Fikrîya.

Sehenswert: Zum Nilufer fahren und mit einer Fähre zur Nekropole Beni Hasan übersetzen, die aus 39 Felsgräbern (aus der 11. und 12. Dynastie) besteht, von denen vier zugänglich und wegen der Ausschmückungen mit Szenen des täglichen Lebens sehr sehenswert sind.

MALLAWI - Städtchen. Lebensmittel, Treibstoff.

Sehenswert: Markt (donnerstags und samstags).

In der westlichen Umgebung: Die Ruinen von Hermopolis und die Ruinen von Tûna el Gabal (Grab von Petosiris, kunstvolle Skulpturen).

In der östlichen Umgebung: 5 km hinter Mallawi mit der Fähre nach Tell el Amârna übersetzen, der Hauptstadt Akhetaton von Amenophis IV. (18. Dynastie), der als Echnaton und der Pharao in die Geschichte einging, der als erster Herrscher den Monotheismus einführte. Die Stadt wurde nur wenige Jahre bewohnt, heute ist nicht viel davon erhalten. Von den Felsgräbern sind die Nordgräber interessant, die mit Reliefs (Alltag in Akhetaton) verziert sind.

ASYUT (ASSIUT) – 70 m, ca. 321 000 Einw. (s.a. Stadtplan). Gute Infrastruktur. Hochburg der Fundamentalisten. Touristenfahrzeuge werden in schwer bewaffneten Konvois hindurchgeleitet. (Beginn E 6.)

Unterkunft: Hotels und Jugendherberge. Campen im Offiziersclub am rechten Nilufer möglich und beim YMCA in der Stadtmitte.

Sehenswert: Bazar, Staudamm.

Zwischen Asyut und **Sohâg** besser auf dem rechten Nilufer bleiben, weniger Verkehr und malerische Straße.

SOHÂG – Städtchen (Baumwollindustrie). Gute Infrastruktur. Jugendherberge.

In der Umgebung: Kloster Deir el Abyad (Weißes Kloster, 4. Jh.), bewohnt, früher bekannt für seine Manuskripte; Kloster Deir el Ahmar (Rotes Kloster), Backsteinbau, schöne Kapitelle; zwei weitere Klöster auf dem linken Nilufer.

EL BALYANA – Städtchen.

In der Umgebung: Abydos (10 km, Asphalt, in Richtung W), Zentrum des pharaonischen Osiris-Kults. Restaurant.

Sehenswert: Tempel von Sehtos I. (19. Dynastie), reich verziert; Tempel von Ramses II. (Sohn von Sethos I.), schlecht erhalten, mit schönen Basreliefs (Besichtigung derzeit nur per Konvoi von Luxor aus).

NAG HAMMÂDI – Stadt. Gute Infrastruktur. Aluminium-Werk.

Die Hauptstraße führt über einen Damm auf die andere Nilseite. Auf dem linken Ufer bleiben.

DANDARA – Archäologische Stätte aus der Zeit der letzten Ptolemäer.

Unterkunft: Camping auf dem Platz vor dem Tempel möglich.

Sehenswert: Tempel der Hator, der Liebesgöttin mit einem Kuhkopf, wunderbar verziert, vom Dach des Tempels öffnet sich eine herrliche Aussicht über die Wüste und das Niltal; zwei Mammisi (Geburtstempel); Grundmauern einer koptischen Basilika aus dem 5. Jh.

6 km hinter Dandara führt eine Brücke über den Nil.

QENA – 80 000 Einw. Gute Infrastruktur. (Ende E 14 und E 15.)

Unterkunft: Mehrere kleine Hotels.

Sehenswert: Auf der anderen Nilseite Herstellung von Krügen aus porösem Ton, in denen das Wasser kühl bleibt.

QIFT – Marktflecken. Früher bedeutender Markt. (Zur E 15.)

QÛS – Dorf. Schöne Moschee.

In der Umgebung: 7 km südlich von Qûs befindet sich das Dorf **Garagûs,** eine Handwerkergenossenschaft, in der vor allem Kinder arbeiten.

EL MADÂMÛD – Ruinen eines griechisch-römischen Tempels.

LUXOR – Touristenstadt (s.a. Stadtplan). Gute Infrastruktur.

Unterkunft: Zahlreiche Hotels. „Rezeiky-Camp", Sh Fayek Fouad El Rezeiky, Campingplatz und Hotel, Karnak Temple Str. stadtauswärts, vorbei an Jugendherberge, Eingang links neben Werkstatt, Bar, Restaurant, sauberer Pool, DZ mit Bad E£ 60, Camping E£ 10 p.P. Wildes Camping in Theben-West auf der anderen Nilseite. Baden ist gegen Gebühr in den Hotels „Winter Palace" und „Isis" und sehr schön im „Pharao" direkt am Nilufer, 1 km nördlich des Karnaktempels, möglich.

Verschiedenes: Seit Eröffnung der Nilbrücke werden Eintrittskarten für **Theben-West** (s.a. Plan) nur noch am Tickethäuschen beim Inspektorat, also auf dem Weg zu den Sehenswürdigkeiten, verkauft.

Hauptbaudenkmäler in Luxor:

1. „Luxor-Tempel". Er wurde von Amenophis III. und Ramses II. über einem Tempel der 12. Dynastie erbaut und diente dem Amonkult. Der Obelisk der Place de la Concorde in Paris stammt aus diesem Tempel, der reich verziert ist.

2. Museum, schöne und modern präsentierte Sammlung **Tempelanlage von Karnak** (3 km nördlich von Luxor): Tempel des Amon, größter pharaonischer Tempel, an dem von etwa 2100 v. Chr. (Thutmosis I., 18. Dynastie) bis in die Römerzeit (also mehr als zwei Jahrtausende) gebaut, erweitert oder auch abgerissen wurde. Komplexe Anlage, die durch insgesamt zehn Pylone gegliedert wird. Überwältigend ist der Große Säulensaal (Hypostyl) nach dem 2. Pylon, sehr sehenswert sind diverse Obeliske, Schlachtendarstellungen an den Außenwänden des Säulensaals, der Barkenraum, die Festhalle des Thuthmosis III., der „Botanische Garten" (Reliefs fast aller Pflanzen und Tiere der pharaonischen Zeit), der Heilige See und das neu angelegte Freilichtmuseum. Im Südwesten des Areals liegt ein kleiner Chons-Tempel.

Außerhalb des Amon-Tempels liegen die Tempelbezirke der Mut und des Month, beide sind nicht zugänglich.

Sehenswürdigkeiten in Theben-West (von N nach S): Mit der Fähre erreichbar; dort kann man Fahrräder oder Esel mieten oder ein Taxi nehmen. Eintritt zwischen E£ 10 und 30/p.P. Unterkunft in mehreren kleineren Hotels, u.a. „Sheikh Ali".

1. „Grabtempel von Sethos I.", nur teils erhaltener Tempel mit einigen interessanten Reliefs

2. „Tal der Könige", beeindruckendes, abgelegens Wadi mit z.T. tief in den Berg getriebenen Felsgräbern von Pharaonen der 18., 19. und 20. Dynastie, Dekorationen haben religiöse Themen zum Inhalt, u.a. aus den Totenbüchern (s.a. Plan).

4. Deir el Bahri, sehr gut erhaltener Grabtempel der Königinnen Hatshepsut, in herrlicher Architektur direkt an eine senkrechte Felswand gebaut.

5. Privatgräber von Gurnah, verzierte Felsgräber hoher Beamter hauptsächlich der 18. Dynastie; Ausschmückungen mit Szenen des täglichen Lebens.

6. Ramsesseum, stark beschädigter Grabtempel von Ramses II. Reste einer riesigen Kollosal-Statue, schöne Reliefs.

7. Deir el Medinêh, Dorf der Nekropolen-Arbeiter mit Hausruinen und einigen Felsgräbern, kleiner ptolemäischer.

8. „Tal der Königinnen", Gräber von Königinnen (u.a. Nefertari, schönstes Grab in Theben-West) und Prinzen.

9. Medinet Habu, sehr gut erhaltener und von seinen Dimensionen beeindruckender Grabtempel von Ramses III.

10. Kolosse von Memnon, zwei beschädigte riesige Statuen von Amenophis III.

Südlich von Luxor befindet sich in Isna ein unfertiger, aber gut dekorierter ptolemäischer Tempel (linkes Nilufer, über eine Brükke erreichbar). Zwischen Isna-Bahnhof und Idfu-Bahnhof liegt der weitgehend zerstörte „Tempel von El Kab" am Straßenrand.

IDFU-BAHNHOF – Bahnhof, 3 km von der gleichnamigen Stadt entfernt, Verbindung über eine Nilbrücke. (Ende E 16.)

IDFU – Städtchen. Gute Infrastruktur.

Sehenswert: „Horustempel", nach Karnak landesweit der größte, 327 v.Chr., reich verziert und fast vollständig erhalten.

KÔM OMBO – Städtchen. Zuckerrohrplantagen.

Sehenswert: Ptolemäertempel von Sobek (Gott mit Krokodilskopf) und von Haroeris (Gott mit Falkenkopf) am Nilufer.

ASSUAN – 105 m, ca. 500 000 Einw. (s.a. Stadtplan). Gute Infrastruktur. Zollformalitäten bei Sudan-Ausreise. (Beginn E 9.)

Unterkunft: Zahlreiche Hotels, z.B. „El Salam", 101 Corniche, Dachterrasse mit Restaurant, sehr sauber, freundlich, Nilblick, klimatisiert, DZ ca. E£ 50.

Sehenswert: Nubisches Museum, von der UNESCO finanziertes, sehr interessantes Museum über Kultur und Kunst der Nubier und die Einflüsse zwischen Ägypten und Nubien; sehr gutes Display mit hervorragenden Exponaten, interessantes Gebäude, sehenswerte Außenanlagen. Markt in der Altstadt. Unvollendeter Obelisk (wäre größter Obelisk geworden, wenn nicht bei der Herstellung gebrochen). Elephantine-Insel (antiker Ort Elephantine an der Südspitze, dessen Entwicklung über vier Jahrtausende sichtbar ist, Museum und Nilometer, um den Wasserstand im Nil zu messen). Pflanzen- oder Kitchenerinsel (schöner botanischer Garten). Auf dem linken Nilufer: Felsgräber der Gaufürsten, Ruinen des Simeonklosters (7.–13. Jh.) und Mausoleum des Aga Khan (nicht zugänglich).

Fähre Assuan – Wadi Halfa: Die Fähre wurde anlässlich der erneuten Grenzöffnung zwischen Ägypten und Sudan Anfang 1998 wieder in Betrieb genommen. Abfahrt der Personenfähre jeden Montag (nachmittag) von Assuan, Ankunft Dienstag (vormittag) in Wadi Halfa (Fahrzeit ca. 17 Std.). Wegen Zollformalitäten kann sich das Entladen und die Abfertigung bis nachmittags ziehen. Die Personenfähre kann vier Motorräder mitnehmen. Tickets in Assuan bei „Nile Valley River Co." (Tel. 097-30 33 48, Sa/So/Di von 9–11 Uhr), gleich neben der Tourist Police. Verantwortlich ist Herr Mohammed Salah, der auch bei der Abfahrt im Hafen, der Organisation der Autoüberführung (s.u.) und bei den Formalitäten hilft (freundlich und hilfsbereit). Preise (02.02): E£ 119 p.P. (2. Klasse), E£ 180 p.P. (1. Klasse), E£ 135/Motorrad. Zur Autoüberführung von Assuan nach Wadi Halfa muss ein Ponton (Frachtboot) organisiert werden („Nile Valley River Co.", s.o.), der unregelmäßig verkehrt (einige Tage Wartezeit); Kosten ca. E£ 950/Geländewagen. In Wadi Halfa wird man vom Tourist Officer Midhal Mahir Ahmed empfangen (Tel. 0251-22 22 22, 0251-2 22 93, hilfsbereit, will entsprechendes Entgelt). Rückfahrt der Personenfähre von Wadi Halfa nach Assuan am Mittwochnachmittag, Tickets in Brettergebäude nahe dem Alien's Office in Wadi Halfa.

In der Umgebung: Regelmäßige Schiffsverbindungen zur Insel **Philae,** mit dem Isis-Tempel aus dem 4. Jh. v. Chr.; die Ptolemäer und die Römer setzten den Bau bis ins 2. Jh. n. Chr. fort; light-and-sound-Vorführung; der gesamte Komplex ist von 1972–1980 mit Unterstützung der UNESCO auf die Insel **Aegilka** (vor den Fluten des Nils geschützt) versetzt worden. Die **Staudämme:** der frühere Stausee (Damm von 1902) umfasste 5 000 000 000 m^3 und überflutete Nubien über 275 km flussaufwärts; der neue Staudamm Sadd el Aali ist 3,6 km lang, sein Volumen ist 17-mal so groß wie jenes der Pyramide Cheops, der Stausee umfasst 157 km^3 auf 500 km nach S; Besichtigung möglich. **Ausflug: Abu Simbel** mit dem Flugzeug oder per Bus (hin und zurück E£ 30, täglich). Beschreibung der Tempel von Abu Simbel s. E 9.

E 4: Marsa Matruh – Siwa – Barhâriya (ca. 760 km)

(02.02, BMW R80G/S) Bis Siwa gut ausgebaute Asphaltstraße (langweilige Landschaft), dann Piste (A/G/I/K). Nach Siwa 420 km ehemaliger Asphalt (nur noch Reste). Asphalt ist mit scharfkantigen Steinen gemischt (extreme Belastung für die Reifen). Einige Abschnitte evtl. zugeweht, kann zu Wartezeiten führen, bis der Bulldozer kommt. Keine Versorgungsmöglichkeiten. Genehmigung (Tasryih) erforderlich. In Siwa innerhalb eines Tages problemlos erhältlich. Sechs Armee-Checkpoints.

MARSA MATRUH – S. E 1. (Zur E 1.)

Marsa Matruh in Richtung Westen verlassen.

Km 10, Militärkontrolle. Kreuzung, rechts nach Soloum, links nach Siwa.

Km 177, Rasthaus mit geschlossener Tankstelle.

Km 345, **SIWA** – Oase. Lebensmittel (Markt und Geschäfte). Wasser. Tankstelle am Marktplatz. Restaurant. Fährt man 500 m vor dem Marktplatz nach rechts, kommt man nach 5 km an eine gefasste Quelle namens Fatnas (Übernachtungsmöglichkeit).

In der Umgebung: Salzseen, Palmenhaine, Ruinen aus der Antike und mittelalterliches Lehmdorf.

4 km nach letzter Siedlung 1. Checkpost, **N 29° 08,41′ E 25°49,80′.**

Nach 47 km erstes Dünengebiet mit möglichen Straßenverwehungen.

93 km nach 1. folgt 2. Checkpost, Pos. **N 28°47,70′ E 26°33,16′**.

22 km weiter 3. Checkpost, **N 28°47,40′ E 26°55,02′.**

Nach 58 km zweites Dünengebiet.

148 km nach 3. folgt 4. Checkpost, **N 28°27,11′ E 28°06,73′.**

43 km später 5. Checkpost, **N 28°34,67′ E 28°31,60′.**

Nach 46 km Einfahrt in die Barhariya-Senke und letzter Checkpost.

BAWITI (BARHÂRIYA) – S. E 5. (Zur E 5.)

In Gegenrichtung in nordwestlicher Richtung auf der Asphaltstraße die Oase verlassen, vor „Ahmeds Safari Camp" rechts abbiegen. Genehmigung für die Süd-Nord-Fahrt muss in Kairo beim Military Intelligence, 26 Sharia Manshia el Bakry, Heliopolis, eingeholt werden.

E 5: El Khârga – Mût – Farâfra – Bawiti – El Giza – Kairo (917 km)

(02.99, Kawasaki Tengai) Asphalt.

EL KHÂRGA – Ca. 70 000 Einw. Gute Infrastruktur. (Ende E 6; Beginn E 7.)

Unterkunft: Campen im Hotelgarten. Mehrere Hotels. Gastfreundliche Bewohner.

Wer die Fahrt über die Strecke E 9 fortsetzen möchte, muss bei der Polizei ein desert permit beantragen, die Erlaubnis zum Verlassen der Straße, welche die Formalitäten bei Kontrollen erleichtert.

Sehenswert: Hibis-Tempel (etwa 500 v. Chr., am Ortseingang), frühchristliche Nekropole El Bagawât (263 z.T. gut erhaltene Lehmziegelbauten aus dem 4.–7. Jh. n. Chr.), 500 m von der Nekropole entfernt Klosterruine Qasr Ain Mustafa Kaschif (5.–10. Jh.), Museum mit z.T. interessanten Funden der Umgebung; südlich vom Hauptort Kharga liegen der Tempel El Ghaita (Tempel von Amun aus der Ptolemäerzeit), der Tempel Kasr el Zayan (römisch), der Tempel von Dush (röm. Tempel von Serapis und Isis).

Zwischen Km 10 und Km 20, große, halbmondförmige Dünen, die zum Abu Muharik Dünenzug gehören. Anschließend abwechslungsreiche Landschaft.

MÛT – Hauptstadt der Dakhla-Oase. Lebensmittel, Wasser, Treibstoff. Kalt- und Warmwasserquelle ca. 2 km im NO der Stadt. Von Mût führt eine relativ neue Asphaltstraße nach Süden nach East Uwaynat (auch als Ain Village ausgeschildert). Von dort eine ebenfalls neue Verbindungsstraße nach Toshka/Abu Simbel. Genehmigung erforderlich. Entfernungen von Mût: Ain Village 385 km, Abzweig Kharga/Toshka 493 km, Assuan-Abu-Simbel-Straße 723 km.

EL KASR – Pittoreskes Dorf der Dahkla-Oase aus mamlukischer/osmanischer Zeit. Ein einfaches Hotel. Warmwasserquelle. Überwältigende Landschaft.

Sehenswert: Dorfkern (steht unter Denkmalschutz) mit zwei historischen Moscheen, Töpferei. Tempel Deir el Hagar („Steinkloster"), 4 km westlich, Überreste eines Amon und Mût geweihten Tempels; römische Nekropole von Mozawaka, 3 km westlich.

BAB EL MAUB – Dorf, das im Rahmen eines Entwicklungsprogramms für die Landwirtschaft gegründet wurde.

Km 217, man lässt die letzten Orte von Dakhla hinter sich.

Km 397, **BIR ABU MINQÂR** – Kleine Oase. Militärposten.

Km 428, **FARÂFRA** – Oase, ca. 2000 Einwohner, Wasser, Warmwasserquelle. Lebensmittel. Treibstoff. Unterwegs Kontrollen.

Unterkunft: „Badit El Farafra Village & Hotel", sehr gut, sauber, Camping möglich.

Sehenswert: Museum des Malers Badr mit Gemälden und Darstellungen des dörflichen Lebens sowie der Wüstenfauna und -flora.

Von Km 457 bis Km 467, „Weiße Wüste" mit eigenartigen Kalkgebilden und Formationen, eine der schönsten Gegenden der Sahara.

Km 563, **EL HAIZ** – Erster Ort der Bahâriya-Oase. Keine Versorgung. Hier folgt die „Schwarze Wüste" mit tafelförmigen Bergen, die schwarz schimmern.

Km 608, **BAWITI** – Hauptort der **Bahâriya-Oase.** Warme Quellen. Lebensmittel, Treibstoff und kleine Reparaturwerkstatt.

Unterkunft: Hotel „Oasis", Hotel „Alpenblick". Camping „Ahmed's Safari Camp".

Sehenswert: Diverse warme Quellen, Drainagewasser-Verdunstungssee, „Valley of the Golden Mummies", Gräberfeld mit etwa 10 000 vermuteten Mumien aus der Spätzeit, Museum, sehr gut erhaltenes Grab des Banentiu und das seines Vaters.

ERZMINE MANAGEM – Zur Mine gehörende Siedlung mit Übernachtungsmöglichkeit im Gästehaus, etwa 40 km nordöstlich von Bahâriya. Treibstoff mit Genehmigung der Verwaltung.

Km 775, Einfaches Resthouse. Camping möglich. Tankstelle meistens trocken.

Km 812–842, manchmal versteinertes Holz auf beiden Seiten der Straße.

Km 905, **6. OCTOBER CITY** – Aus dem Wüstenboden gestampfte neue Satellitenstadt Kairos.

Km 935, Kreuzung. Rechts nach El Faiyûm; links nach El Giza abbiegen.

EL GIZA – S. E 2. (Zur E 2.)

KAIRO – S. E 2. (Ende E 2 und E 13; Beginn E 10.)

E 6: Asyut – El Khârga (240 km)

Asphalt. Langweilige Landschaft bis Km 152, wo man die Hochebene verlässt.

ASYUT – S. E 3. (Zur E 3.)

Km 234,5, koptische, ca. 500 m nordwestlich (Piste) von der Straße entfernt. 253 Lehmgrabstätten, die sehr gut erhalten sind. 500 m von der Nekropole entfernt liegt das gut erhaltene Kloster Qasr Ain Mustafa Kaschif (5.–10. Jh.).

Km 236, Amun gewidmeter Ibistempel nordwestlich der Straße. Gegenüber, ca. 1 km von der Straße entfernt, befindet sich auf einem Hügel der römische Tempel Nadura.

EL KHÂRGA – S. E 5. (Beginn E 5, E 7.)

E 7: El Khârga – Bâris – El Maks (ca. 90 km)

Karawanenstraße der 40 Tage Darb el Arbain. Asphalt bis El Maks, dann Piste (A/H/I), äußerst schwierig zu befahren. Zahlreiche Militärposten und Kontrollen auf der ganzen Strecke. Malerische Landschaft mit Dünen und Bergen. Die Strecke südlich von Bâris ist militärisches Sperrgebiet und zurzeit nicht mehr befahrbar!

EL KHÂRGA – S. E 5. (Beginn E 5; Ende E 6.)

Man verlässt El Khârga auf einer Hochebene.

BÛLAQ – Kleiner Ort ohne Versorgungsmöglichkeiten.

BÂRIS – Wichtigster Ort im südlichen Bereich der Kharga-Oase. Lebensmittel, Post, Treibstoff. (Beginn E 8.)

In der Umgebung: Von Bâris aus führt eine Asphaltstraße nach Dush (16 km) mit seinem sehenswerten Isis-Tempel. Dieser steht auf der Ostseite eines Hügels, der sich etwa 2 km östlich von Dush befindet. Zurück kann man die Asphaltstraße über El Maks (26 km) benützen.

Von Bâris bis El Maks verläuft eine gute Asphaltstraße.

Km 19 ab Bâris, **EL MAKS** – Letzter größerer Ort der Kharga-Oase. Bedeutende Militärgarnison. Vorweisen der Genehmigung. Ab El Maks führt eine schlechte Asphaltstraße nach Süden, welche in die Verbindungsstraße East Uwaynat – Abus Simbel (vermutlich bei Km 99) einmündet.

Die weitere Strecke Darb el Arbain in den Sudan (Selima) ist gesperrt! Die ersten ca. 100 km sind asphaltiert (mit Löchern), dann schwierige Piste.

E 8: Kharga (Bâris) – Luxor (277 km)

(02.02, BMW R80G/S) Asphaltstraße. Keine Versorgungsmöglichkeiten, langweilig. In der angegebenen Richtung keine Genehmigung erfroderlich, in umgekehrter Richtung gesperrt.

KHARGA – S. E 5. (Zur E 5; Beginn E 5, E 7.)

74 km Richtung Bâris fahren.

15 km vor Bâris zweigt eine nur arabisch beschilderte Straße nach O zum Niltal ab.

Stetige Auffahrt zum „Limestone Plateau".

Km 238, nach Abfahrt vom Plateau trifft die Route auf die westlich des Nils gelegene Straße Luxor – Isna. Die unübersehbare Abzweigung liegt 15 km südlich des Kontrollpostens an der Kreuzung zur Nilbrücke nach Luxor bzw. 32 km nördlich der nördlichen Brücke von Isna. Dieser Checkpost ist das Problem, um auf die Route in nördlicher Richtung zu kommen. Mit Glück und Geschick lässt er sich eventuell auf Seitenstraßen/Pisten umfahren.

E 9: Assuan – Abu Simbel – sudan. Grenze (350 km)

Asphalt zwischen Assuan und Abu Simbel in hervorragendem Zustand (tanken unterwegs in Abu Simbel möglich). Dann Piste (A/D/H/I/K). Achtung: im Sudan frühestens in Dongola (von libyschen Lkw-Fahrern) oder in Khartoum Diesel erhältlich! Das heißt, dass ab Assuan für die gesamte Strecke Treibstoff mitzuführen ist, am besten auch noch für die Strecke über Khartoum hinaus (Versorgungslage schwierig)! Die Piste ab Abu Simbel ist für Touristen gesperrt .

Wadi Halfa war 1993/1994 auf dem Landweg erreichbar. Es gab die Möglichkeit sich eine Genehmigung für die Ausreise auf dem Landweg (auch für die Wiedereinreise) zu besorgen beim army intelligence office („Mucharabat el Herbeiya") an der Straße vom Zentrum Kairos nach Heliopolis in der Nähe des „Roxy"-Kinos und des „House of Nasser". Die Bearbeitung dauerte ca. 2 Tage. Unterstützung in Kairo bekam man, wenn man im angenehmen Hotel „Siag Pyramids" an der Sakkara-Road in Giza nächst den Pyramiden nächtigte. Der Inhaber Herr Rami Siag hat hervorragende Beziehungen zu den Behörden und besorgte die Genehmigung gegen eine angemessene Bezahlung. Zurzeit (2002) werden keine Genehmigungen erteilt. Vor einer illegalen Befahrung der Strecke wird ausdrücklich gewarnt. Sie verbringen sonst einige Tage in ägyptischen Gefängnissen. Sollte sich die Lage ändern, erhält man einen Begleitsoldaten bis zur sudanesischen Grenze. Für die Landstrecke ist volle Wüstenausrüstung und Konvoifahren unabdinglich. Die Piste ist schwierig mit teils sandigem, teils steinigem Gelände. Auch die Weiterfahrt nach Khartoum ist durchaus anspruchsvoll. Einfacher ist es (s. E 21) auf der Fähre von Assuan nach Wadi Halfa zu schippern (seit 1998 wieder offiziell möglich).

ASSUAN – S. E 3. (Ende E 3.) Assuan über den alten Staudamm verlassen (Nil überqueren) und in Ri. Flughafen fahren.

Km 15, Kreuzung. Nach links zum Flughafen; geradeaus nach Abu Simbel.

Km 66, links Asphaltstraße nach Gerf Hussein.

Km 218, **TOSHKA** – Keine Versorgungsmöglichkeit. Geradeaus in Richtung Sudan, links nach Abu Simbel.

Km 276, **ABU SIMBEL** – Archäologische Stätte. Treibstoff.

Unterkunft: Mehrere Hotels. „Nefertari", direkt am Stausee, Camping auf dem Parkplatz möglich (E£ 20), Pool, DZ 75 US-$. Es lohnt sich, mindestens eine Nacht in Abu Simbel zu verbringen, um den Sonnenaufgang über den Tempeln zu erleben.

Sehenswert: Die beiden Tempel sind 1963–1972 mit Unterstützung der UNESCO hierher versetzt worden (hoch empfindliche Filme mitnehmen, da Blitzlichtaufnahmen im Innern verboten sind). Der große Tempel (Tempel Ramses II.) ist Amon geweiht, vier Monumentalstatuen (20 m hoch) von Osiris/Ramses II. zieren die Fassade, der Wandschmuck der drei Haupträume zeigt z.T. Kriegsszenen; auf der Fassade des kleinen Tempels, der Nefertari, der Frau von Ramses II., und der Göttin Hator geweiht war, befinden sich sechs Kolosse von 10 m Höhe, die Ramses II. und Königin Nefertari darstellen, Basreliefs zieren das Innere.

Abu Simbel im SW des Militärpostens, in der Nähe des Flughafens, verlassen. Die Piste umfährt einen westlichen Zipfel des Sees, führt dann nach SW, stößt wieder zum Ufer und verläuft mehr oder weniger nahe am Ufer entlang bis zur Grenze.

Ca. 80 km südlich Abu Simbel, **Grenze.** Der ägyptische Zoll befindet sich in einem kleinen, roten Haus am Wasser. (Beginn J 8.)

E 10: Kairo – Suez (134 km)

Autobahn. Radar- bzw. strenge Geschwindigkeitskontrollen der Polizei.

KAIRO – S. E 2. (Ende E 2, E 5, E 13; Beginn E 3.)

HELIOPOLIS - Bekannter Vorort, bei Ausländern beliebt, internationaler Flughafen von Kairo.

Bei Km 97 steht in der Mitte ein Polizeipostenhäuschen, dort links abbiegen zum Ahmed Hamdi Tunnel (25 km). Der **AHMED HAMDI TUNNEL** (1600 m lang) unter dem Suez-Kanal hindurch ist die wichtigste Querverbindung zum Sinai.

Kurz vor Suez rechts, Djebel Attaka, erster Gipfel einer langen Bergkette, die sich am Roten Meer entlangzieht.

SUEZ - Stadt, ca. 600 000 Einw. Gute Infrastruktur. (Beginn E 11, E 17, E 18, E 19.)

Unterkunft: Mehrere Hotels. Youth Hostel, Sh Tarik El Hurriya, Mückenschwärme in den Schlafsälen, Dreibettzimmer mit Bad/WC, mit Campingmöglichkeit.

E 11: Suez - Ain Sukhna - Hurghada - Port Safaga (447 km)

Guter Asphalt. Breite Straße am Roten Meer entlang. Baden und Tauchen sind nur dort zu empfehlen, wo eindeutig Spuren zum Strand führen (sonst eventuell Minengefahr). Infolge der Erdölbohrungen sind die Strände oft verschmutzt.

SUEZ - S. E 10. (Ende E 10; Beginn E 18, E 19.)

AIN SUKHNA - Badeort. Schweflige Warmwasserquelle ungefähr 100 m vom Meer entfernt.

Von Ain Sukhna nach Râs Zafarana kurvenreiche Straße direkt parallel zum Strand, diverse neue Feriendörfer.

RÂS ZAFARANA - Straßenknoten mit wenigen Häusern. (Beginn E 13.)

Unterkunft: Motel „Sahara In". Hotel-Resort „Solymar Zafarana" (5 Sterne) 4 km in Ri. Ras Gharib.

In der Umgebung: Koptisches Antoniuskloster, s. E 13.

Km 157, Asphaltstraße nach W zum **Pauluskloster** (22 km hin und zurück), etwas kleiner als das Antoniuskloster (s. E 13). Sehr gastfreundliche Mönche.

RÂS GHARIB - Hochmoderne Ölbohrstadt. Gute Versorgungsmöglichkeiten.

HURGHADA - Urlaubsort, Taucherparadies. Gute Infrastruktur. Flughafen.

Unterkunft: Zahllose Unterkünfte aller Kategorien. Preisverhandlungen möglich.

In der Umgebung: Organisierte Schnorchel/Tauch-Ausflüge auf die vorgelagerten Inseln; fantastische Einblicke in die Unterwasserwelt. Reisende in den Sudan müssen hier die Polizei-Ausreiseformalitäten erledigen (derzeit keine Ausreise möglich!).

Zwischen Hurghada und Port Safaga Straße an den Ausläufern des Djebel el Shâyib entlang.

PORT SAFAGA - Hafen. Phosphatgewinnung. Gute Infrastruktur. Schöne Strände, Surferparadies. (Beginn E 14 und E 12.)

Unterkunft: Mehrere Hotels. „Safaga Tourist Center", Hotelsiedlung am Sandstrand 5 km nördlich der Stadt. „Robinson Club" und „Sheration Soma Bay Resort" (5 Sterne, pharaonisierte Architektur, herrliche Lage) in Soma Bay (15 km nördlich). Ca. 5 km nördl. Safaga „Sun Beach Camping", Platz ohne Schatten, Sandstrand, E£ 10 p.P.

E 12: Port Safaga - Quseir - Marsa Alam - Berenice - Bir Shalatein - Halaib - sudan. Grenze (510 km)

Asphalt bis nach Halaib, dann Piste (A/D/H/I/K). Vorsicht, die Einreise in den Sudan ist hier legal nicht möglich.

PORT SAFAGA - S. E 11. (Ende E 11; Beginn E 14.)

Zwischen Port Safaga und Quseir Phosphatverladung.

QUSEIR - Städtchen, ca. 50 000 Einw. Lebensmittel, Treibstoff. Bahnlinie zu den Phosphatminen im Hinterland. (Beginn E 15.)

Unterkunft: Hotel „Mövenpick Sinrena Beach", 4 km nördlich, 5 Sterne. „Fanadir", ca. 1 km südlich, sauber, Bungalows, DZ ungefähr 55 US-$.

Sehenswert: Reste einer Zitadelle.

Von Quseir nach Marsa Alam verläuft die Straße an einer wunderbaren Küste entlang, die als neue toruistische Zone ausgewiesen ist (mehrere Hotels im Bau bzw. fertiggestellt). Neuer Internationaler Flughafen nördlich vom Marsa Alam.

MARSA ALAM – Fischerort. Lebensmittel, Restaurant, Treibstoff. Obligatorische Straßenkontrolle. (Beginn E 16.)

BERENICE – Kleiner Hafen (um 275 v. Chr. von Ptolemäus II. Philadelphius gegründet). Lebensmittel, Wasser. Militärzentrum. Reisefortsetzung nur mit Sondergenehmigung (s. Hurghada, E 11).

Sehenswert: Ruinen eines kl. Tempels.

BIR SHALATEIN – Kleines, äußerst ärmlicher Ort. Wasser. Ausreiseformalitäten beim Zoll für Reisende in den Sudan.

HALAIB – Grenzort. Wenig Lebensmittel, Wasser. Bei der Polizei melden. Fischerei, Schafzucht und Manganminen in der Umgebung. (Beginn J 57.)

Verschiedenes: Etwa 40 km südlich von Halaib befindet sich der nicht gekennzeichnete Grenzübergang, der von Ägypten in den Sudan führt (Grenzverlauf umstritten).

E 13: Râs Zafarana – El Koreimat – El Saff – El Tabbin – Kairo (254 km)

Asphalt. Ziemlich monotone Landschaft.

RÂS ZAFARANA – S. E 11. (Zur E 11.)

Bei der westlichen Ausfahrt Kreuzung. Den Schildern nach El Koreimat folgen.

Km 32, Abzweigung zum koptischen **ANTONIUSKLOSTER** (28 km hin und zurück) – Das älteste Kloster des Landes, außerhalb der Fastenzeiten 9–17 Uhr offen.

Km 98, Militärposten.

Km 165, Ostufer des Nils.

EL SAFF – Städtchen. Gute Infrastruktur.

EL TABBIN – Industrievorort von Helwân. Von El Tabbin aus kann man entweder über eine Brücke zum Westufer des Nils fahren oder die Fahrt am Ostufer fortsetzen.

KAIRO – S. E 2. (Ende E 2 und E 5; Beginn E 3 und E 10.)

E 14: Port Safaga – Qena (161 km)

Asphalt. Starker Lastwagenverkehr. Konvoipflicht (in beiden Richtungen). Diese Strecke sollte abends in Richtung W nicht gefahren werden, da das Gegenlicht stark blendet.

PORT SAFAGA – S. E 11. (Ende E 11.)

Port Safaga nach W verlassen. Die Straße führt ab Km 80 entlang der Bahngleise.

Km 41, nach rechts zweigt eine Asphaltstraße zum Mons Claudianus ab. Nach Ende der Asphaltstraße auf der Piste nach NO weiterfahren, die sich ein paar hundert Meter weiter gabelt. 4 km auf der rechten Piste zurücklegen.

MONS CLAUDIANUS – Steinbrüche d. Römer (hauptsächlich für Obelisken, einige unfertige vorhanden), befestigtes Lager, Tempelreste, schöne Berglandschaft.

Auf demselben Weg zur Hauptstraße zurückkehren.

QENA – S. E 3. (Zur E 3; Ende E 15.)

E 15: Quseir – Qift – Qena

Asphalt. Schöne Landschaft. Diese Strecke war in der Antike die wichtigste Verbindung zwischen Nil und Rotem Meer (Isthmusstraße). Einige archäologische Fundstätten liegen auf der Strecke, kubische Alamat („Steinmännchen") als Wegzeichen auf Bergspitzen stammen aus der Antike. Touristen sollten zur Erhaltung der Zeugnisse der Vergangenheit beitragen: nicht mit dem Fahrzeug in die Fundstätten fahren, von Gekritzel auf den Felszeichnungen absehen, alle archäologischen Gegenstände unberührt lassen (Scherben u.Ä.). Die Strecke ist, wenn überhaupt, nur in der angegebenen Richtung für Touristen befahrbar, vom Niltal her militärisch gesperrt.

QUSEIR – S. E 12. (Zur E 12.)

Km 87 und 100, Karawansereien aus der Römerzeit.

Km 110, Brunnen. Gegenüber zahlreiche Felsinschriften und Basreliefs aus der Pharaonen- und Römerzeit.

EL FAWAKHIR - Kleiner Ort. Lebensmittel, Wasser, Restaurant. Alte Goldminen und Überreste der Arbeiterdörfer.

Km 131, ehemalige Steinbrüche und Felsinschriften.

Km 132, Felsinschriften und -malereien.

Km 135, **BIR EL HÂMMÂMAT** - Überreste einer römischen Karawanserei, einzig der Brunnen (30 m tief) ist gut erhalten.

Sehenswert: Steinbrüche (von der 5. Dynastie bis zum Neuen Reich in Betrieb).

Km 150, ehemalige römische Karawanserei.

Km 166, **KASR EL BANAT** - Bizarre Felsgebilde mit einigen, z.T. alten Inschriften. Gegenüber römische Karawanserei.

Km 178, **EL LAQEITA** - Kleine Oase. Keine Versorgungsmöglichkeit.

QIFT - S. E 3. (Zur E 3.)

QENA - S. E 3. (Zur E 3.)

E 16: Marsa Alam - Idfu-Bahnhof (230 km)

Südlichste Asphaltverbindung vom Roten Meer zum Niltal. Durchquerung einer schönen Bergwüste, zahlreiche Minen. Die Strecke ist, wenn überhaupt, nur in der angegebenen Richtung für Touristen befahrbar, vom Niltal her militärisch gesperrt.

MARSA ALAM - S. E 12. (Zur E 12.)

Km 180, 1 km von der Straße entfernt links „Tempel von El Kanâyis", kleiner Tempel, der von Sethos I. erbaut und Amon geweiht wurde; leider ist er nach den Ausgrabungen zugemauert worden.

In der Gegend von El Kanâyis Baustellen.

IDFU-BAHNHOF - S. E 3. (Zur E 3.)

E 17: Suez -Ismailiya - Port Said (250 km)

Asphalt. Der Kanal kann bei El Kantara, Ismailiya und Suez per Fähre über- oder bei Suez im Tunnel unterquert werden.

SUEZ - S. E 10. (Ende E 10; Beginn E 11, E 18, E 19.)

ISMAILIYA - Gepflegte Stadt. Guter Platz zur Beobachtung des Schiffsverkehrs auf dem Suez-Kanal.

Unterkunft: Mehrere Hotels, Jugendherberge.

Eine Fähre über den Kanal verbindet die Stadtteile der Stadt **El Kantara.**

PORT SAID - Hafenstadt, Freihandelszone.

E 18: Suez - El Arish - Rafiah (israel. Grenze) (ca. 350 km)

Asphalt. S.a. Sinai-Plan.

SUEZ - S. E 10. (Ende E 10; Beginn E 11, E 17, E 19.)

Durch den Ahmed-Hamdi-Kanaltunnel (s. E 10) nach Sinai fahren. Nach der Tunnelausfahrt nicht an der ersten Kreuzung links, sondern nach 2,5 km an T-Kreuzung. Die Straße führt parallel zum Kanal.

Ca. 110 km nach dem Tunnel Kreuzung, links geht's zur Kanalfähre nach Isamailiya (s. E 17), rechts nach El Tassa. 37 km weiter Kanalfähre El Kantara.

EL KANTARA - Alte Karawanenstadt, geteilt in Kantara-Ost und Kantara-West (kostenlose Fähre).

Die Straße zieht sich in Küstennähe (Strand meist nicht in Sicht) durch weite Dünenlandschaft.

Zwischen **Bir el Abd** (grössere Stadt) und **Massaid** (neue Siedlung) liegt der **Zaranik-Naturschutzpark** (zwischen Straße und Strand) mit ca. 250 Vogelarten.

EL ARISH - Hauptstadt des Sinai. Gute Infrastruktur. Schöner Sandstrand, Erholungsort. Hotels.

35 km weiter erreicht man
RAFIAH – Grenzstadt zu Israel.

E 19: Suez – Ras Sudr – Abu Rudeis – Sharm el Sheik – Tabah (ägyptisch-israelische Grenze) (ca. 620 km)

Asphalt. Campen am Meer verboten, entlang der Straße jedoch erlaubt. Überall auf dem Sinai jede Menge Tankstellen, daher keine Erwähnung bei einzelnen Orten. S.a. Sinai-Plan.

SUEZ – S. E 10. (Ende E 10; Beginn E 11, E 17, E 18.)

Von Suez nach **RAS EL SUDR** – Städtchen. Hotels am Strand.

Hinter Ras el Sudr führt die Straße weiter an der Küste entlang.

Hammam Pharaon südlich von Ras Sudr, Abzweig über eine schlechte Asphaltstraße an der Küste entlang. Warmwasserquellen und Höhlen.

ABU ZENIMA – Wasser, Lebensmittel.

ABU RUDEIS – Ölstadt (Bohrinseln im Meer). Hier beginnt eine Piste zum Katharinenkloster. (Beginn E 20.)

Km 32 ab Abu Rudeis, **Kreuzung,** Raststätte „Manta Rest". Rechts abbiegen. (Zur E 20.)

EL TÛR – Verwaltungsstadt des Südsinai. Lebensmittel. Mehrere Hotels.

Gut ausgebaute Straße nach **SHARM EL SHEIK** – Urlaubsort, extrem touristisch. Gute Infrastruktur.

Unterkunft: Viele Hotels, von wenigen billigen bis zahlreichen teuren.

Verschiedenes: Wassersportarten, Tauchen (viele Tauchschulen).

NA'AMA – Verwaltungsmäßig zu Sharm el Sheikh gehörende Badebucht mit vielen Hotels, Restaurants, Discos.

4 km hinter dem Ort zweigt rechts eine Straße ab zum Strand mit Camp „Shark's Bay" (Bungalows, Schnorchel- sowie Tauchmöglichkeit).

DAHAB – Travellertreff und Badeort Nr. 1 in Ägypten. Surfer- und Taucherparadies. Gute Infrastruktur.

Unterkunft: Zahllose Hotels. Billigunterkünfte in Beduinensiedlung El Assalah (Bungalow-Dorf, genannt „Bedu-Village").

Verschiedenes: Ca. 40 Tauchschulen, 17 Tauchplätze in der Umgebung. Schnorchelausrüstung kann überall entliehen werden.

In der Umgebung: Piste nördlich der Beduinensiedlung entlang dem Korallenriff. Die Piste endet 10 km nördl. des Hotels „Sirtaki" am **Blue Hole,** einem Loch von ca. 80 m Durchmesser in der Riffplatte, das senkrecht abfällt. Ein Tunnel führt ins offene Meer. Beliebter Schnorchel- und Tauchplatz.

Etwa 40 km nördlich von Dahab zweigt die Straße zum Katharinenkloster ab (s. E 20).

NUWEIBA – Schön gelegene Oase, gute Infrastruktur.

Unterkunft: Zahlreiche Hotels und Camps. „Habiba Camp", Kamelreitschule, Stein-Bungalows, sehr sauber, sehr freundlich und hilfsbereit, Nuweiba-City. „El Salam Touristic Village" (drei Sterne), nördlich Nuweiba-Tarabin, eigener Strand, sauber, klimatisiert, 100 Bungalows, gutes Riff vor der Tür. Drei Campingmöglichkeiten nahe nebeneinander: „Morgana Camp" neben Hotel „Helnan", „El Waha Village" (sehr schön), „Amun-Ra-Yahro Camp".

Verschiedenes: Tauchen an den Korallenriffen, alle Wassersportarten möglich. Fährverbindung nach Aqaba, 35 US-$ p.P. mit Normalschiff, 43 US-$ mit Tragflügelboot.

Hinter Nuweiba Küstenstraße. Die Berge sind immer näher an der Straße. Zahlreiche Camps.

22 km hinter Nuweiba ist bei der Polizeistation Rab Barka besonders das Camp „Basata Camp" zu empfehlen. Hübsche Hütten aus Bambusgeflecht, saubere sanitäre Einrichtungen, Essen im Camp, dort sind auch Lebensmittel erhältlich, familiäre Atmosphäre.

FJORD – Kleine Bucht unterhalb der Straße, 8 km vor Tabah.

TABAH – Ägyptischer Grenzposten, wenige Km von Elat entfernt. Die Einreise nach Israel über Elat ist selbst bei vorherigem Aufenthalt in Libyen und den entsprechenden Sichtvermerken in den Papieren kein Problem (04.98).

Sehenswert: Coral Island - Kleine Koralleninsel mit Kreuzfahrerfestung, einige 100 m vor der Küste, 2 km vor Taba.

E 20: Abu Rudeis - Katharinenkloster - Nuweiba (ca. 230 km)

Asphalt. Landschaftlich eindrucksvoll quer durchs Sinai-Hochgebirge. S.a. Sinai-Plan.

ABU RUDEIS - S. E 19. (Zur E 19.)

Km 32 ab Abu Rudeis, **Kreuzung,** Raststätte „Manta Rest". Rechts nach Sharm el Sheik (zur E 19). Links abbiegen.

Km 54, Links (im N) die Piste aus Abu Rudeis.

FERAN - Oase. Lebensmittel. Dattelpalmen. Kurz hinter Feran folgt die Waita-Passhöhe.

ZEITUNA - Hotel „Morgenland", etwa 6 km vom Katharinenkloster entfernt, Pool, sehr sauber.

KATHARINENKLOSTER - Griechisch-orthodoxes Kloster, gegründet 527 n. Chr. von Kaiser Justinian an der Stelle des brennenden Dornbusches und der einzigen Quelle der Gegend. Besichtigung von 9-12 Uhr, außer Fr und So.

Unterkunft: „Auberge St. Catherine", direkt am Kloster, Einzel- bis Fünfbettzimmer, sehr sauber. Verschiedene Hotels im nahe gelegenen Dorf Milga. Camping bei Hotel „Fayrouz" und beim Touristencamp Zeituna (Hotel „Morgenland", s.o.).

Sehenswert: Basilika (565 n.Chr.), bekanntes Mosaik aus dem 6. Jh., „Verklärung Christi", in Apsis-Halbkuppel, Kapelle des Brennenden Dornbusches, Umfassungsmauer, Moses-Brunnen, Bibliothek (3500 Manuskripte).

In der Umgebung: Der **Djebel Musa** (Sinaiberg, Berg Mose), 2285 m, von dem man eine überwältigende Aussicht hat. Vom **Katharinenberg** (2639 m) ist die noch bessere Aussicht; ein Führer ist obligatorisch.

Vom Kloster nach N zur Hauptstraße zurückkehren. Rechts nach Nuweiba abbiegen.

Kurz bevor man die Straße Sharm el Sheik - Tabah erreicht: ca. 2 km links der Straße sehr malerische Kleinoase **Ain Hudra,** etwas weiter direkt an der Straße schöne Sandsteinersosionengebilde.

Von der Einmündung in die Straße Sharm el Sheik - Tabah bis Nuweiba sind es 24 km.

NUWEIBA - S. E 19. (Zur E 19.)

Shopping:	6 Silber	**Restaurants:**
1 Kupfer, Messing	7 Beduinenschmuck	A Café Nagib Mahfus
2 Galabeya	8 Schmuck	B Teahouse Senussi
3 Bauchtanz	9 Gold	C Restaurant und Hotel Hussein
4 Antiquitäten	10 Parfüm	
5 Teppiche	11 Gewürze	

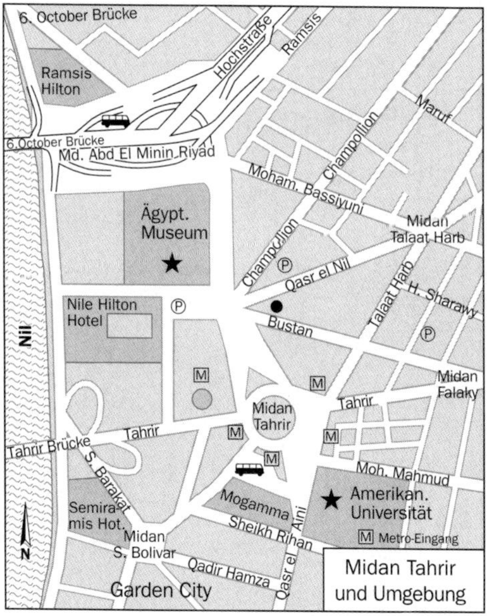

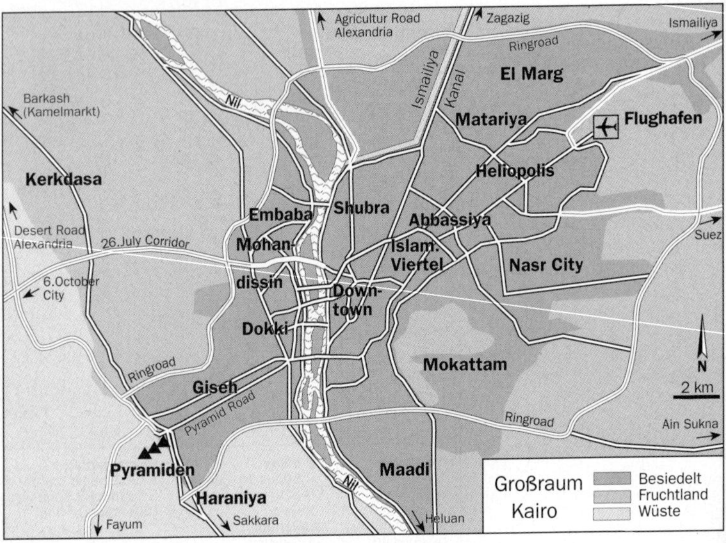
Agricultur Road Alexandria
Zagazig
Ismailiya
Ringroad
El Marg
Ismailiya
Kanal
Barkash (Kamelmarkt)
Nil
Matariya
Flughafen
Heliopolis
Kerkdasa
Embaba
Shubra
Abbassiya
Desert Road Alexandria
26.July Corridor
Mohan-dissin
Islam. Viertel
Nasr City
Suez
6.October City
Down-town
Dokki
Ringroad
Mokattam
N
2 km
Giseh
Pyramid Road
Ringroad
Ain Sukna
Pyramiden
Maadi
Haraniya
Nil
Fayum
Sakkara
Heluan
Großraum Kairo
Besiedelt
Fruchtland
Wüste

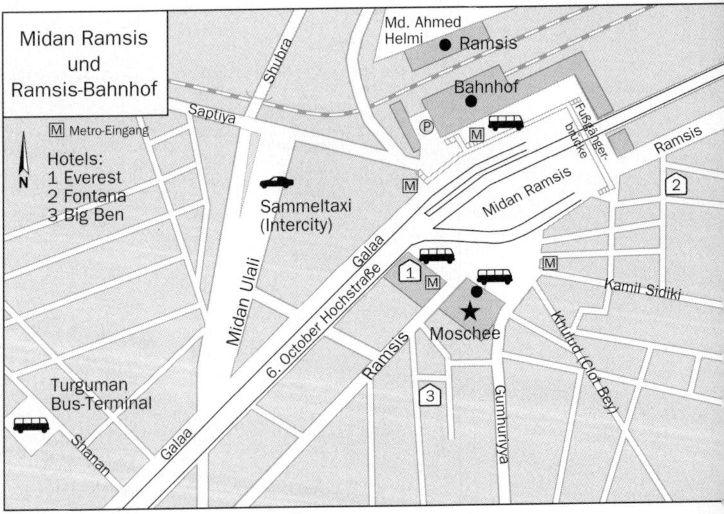
Midan Ramsis und Ramsis-Bahnhof
Md. Ahmed Helmi
Ramsis
Shubra
Bahnhof
Saptiya
M Metro-Eingang
Fußgänger-brücke
Ramsis
Hotels:
1 Everest
2 Fontana
3 Big Ben
Sammeltaxi (Intercity)
Midan Ramsis
Galaa
6. October Hochstraße
Midan Ulali
Kamil Sidiki
Moschee
Ramsis
Khulud (Clot Bey)
Turguman Bus-Terminal
Gumhuriya
Shanan
Galaa

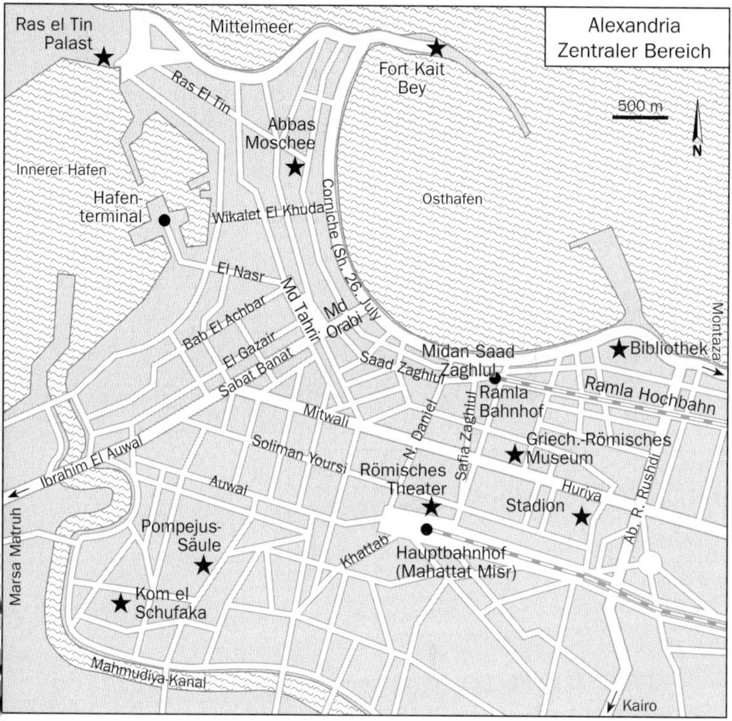
Alexandria
Zentraler Bereich
500 m
N
Ras el Tin
Palast
Mittelmeer
Fort Kait
Bey
Ras El Tin
Abbas
Moschee
Innerer Hafen
Hafen-
terminal
Wikalet El Khuda
Corniche (Sh. 26. July
Osthafen
El Nasr
Md Tahrir
Md
Orabi
Bab El Achbar
El Gazair
Sabat Banat
Midan Saad
Zaghlul
Saad Zaghlul
Bibliothek
Montaza
Ramla
Bahnhof
Ramla Hochbahn
Mitwali
N. Daniel
Safia Zaghlul
Griech.-Römisches
Museum
Soliman Yoursi
Römisches
Theater
Huriya
Stadion
Ab. R. Rushdi
Ibrahim El Auwal
Auwal
Marsa Matruh
Pompejus-
Säule
Khattab
Hauptbahnhof
(Mahattat Misr)
Kom el
Schufaka
Mahmudiya-Kanal
Kairo

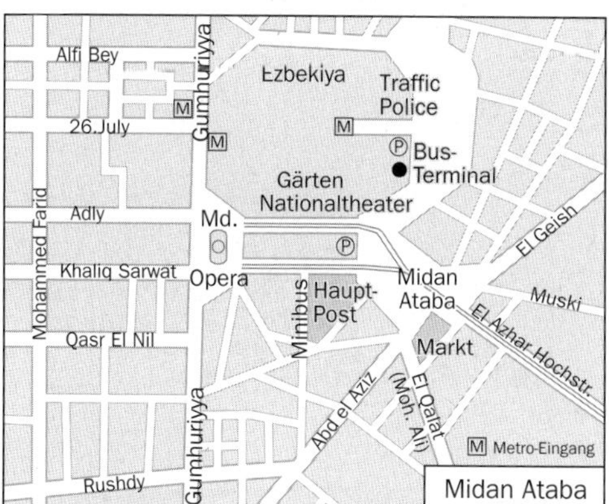
Alfi Bey
Ezbekiya
Traffic
Police
26.July
Gumhuriyya
Bus-
Terminal
Gärten
Nationaltheater
Mohammed Farid
Adly
Md.
Khaliq Sarwat
Opera
Midan
Ataba
El Geish
Muski
El Azhar Hochstr.
Minibus
Haupt-
Post
Qasr El Nil
Markt
Abd el Aziz
El Qalat
(Moh. Ali)
Metro-Eingang
Rushdy
Gumhuriyya
Midan Ataba

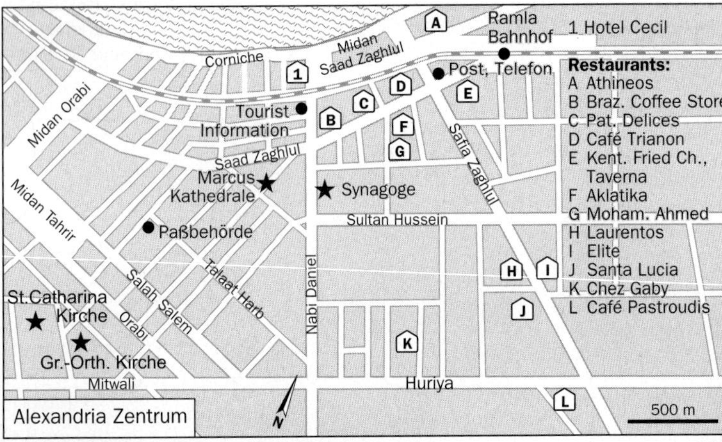
Alexandria Zentrum
1 Hotel Cecil
Restaurants:
A Athineos
B Braz. Coffee Store
C Pat. Delices
D Café Trianon
E Kent. Fried Ch., Taverna
F Aklatika
G Moham. Ahmed
H Laurentos
I Elite
J Santa Lucia
K Chez Gaby
L Café Pastroudis
Ramla Bahnhof
Post, Telefon
Corniche
Midan Saad Zaghlul
Midan Orabi
Tourist Information
Saad Zaghlul
Marcus Kathedrale
Synagoge
Safia Zaghlul
Sultan Hussein
Midan Tahrir
Paßbehörde
Talaat Harb
Nabi Daniel
Salah Salem
St.Catharina Kirche
Orabi
Gr.-Orth. Kirche
Mitwali
Huriya
N
500 m

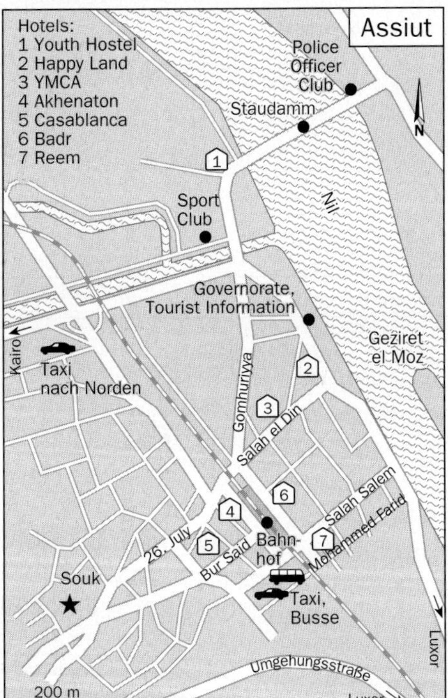
Assiut
Hotels:
1 Youth Hostel
2 Happy Land
3 YMCA
4 Akhenaton
5 Casablanca
6 Badr
7 Reem
Police Officer Club
Staudamm
N
Nil
Sport Club
Governorate, Tourist Information
Geziret el Moz
Kairo
Taxi nach Norden
Gomhuriyya
Salah el Din
Salah Salem
Mohammed Farid
26. July
Bur Said
Bahnhof
Taxi, Busse
Souk
Luxor
Umgehungsstraße
Luxor
200 m

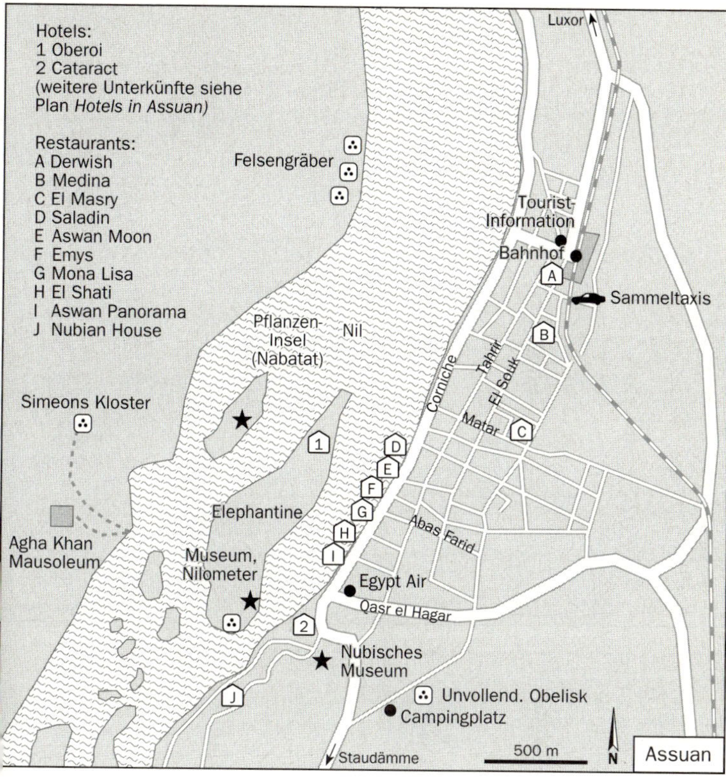
Hotels:
1 Oberoi
2 Cataract
(weitere Unterkünfte siehe Plan *Hotels in Assuan*)
Restaurants:
A Derwish
B Medina
C El Masry
D Saladin
E Aswan Moon
F Emys
G Mona Lisa
H El Shati
I Aswan Panorama
J Nubian House
Luxor
Felsengräber
Tourist-Information
Bahnhof
Sammeltaxis
Pflanzen-Insel (Nabatat)
Nil
Corniche
Tahrir
El Souk
Matar
Simeons Kloster
Elephantine
Abas Farid
Agha Khan Mausoleum
Museum, Nilometer
Egypt Air
Qasr el Hagar
Nubisches Museum
Unvollend. Obelisk
Campingplatz
Staudämme
500 m
N
Assuan

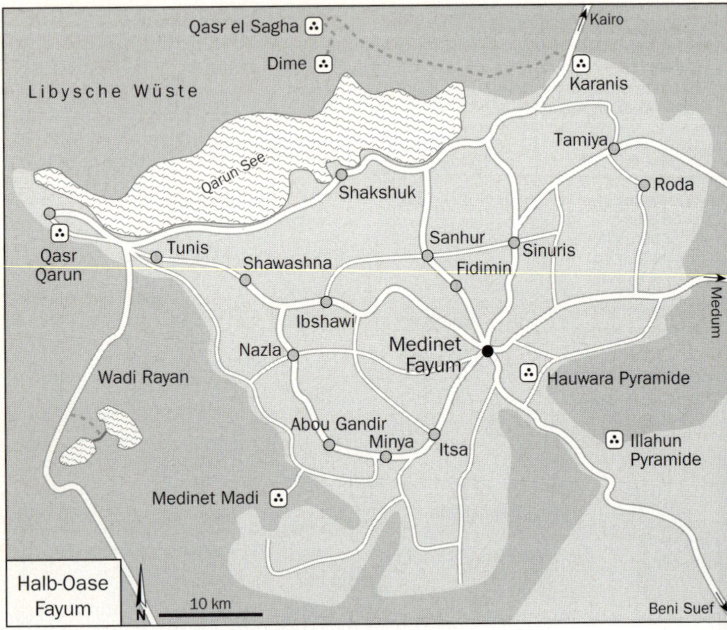
Qasr el Sagha
Kairo
Dime
Karanis
Libysche Wüste
Tamiya
Qarun See
Roda
Shakshuk
Qasr Qarun
Tunis
Sanhur
Sinuris
Shawashna
Fidimin
Medum
Ibshawi
Medinet Fayum
Nazla
Wadi Rayan
Hauwara Pyramide
Abou Gandir
Minya
Itsa
Illahun Pyramide
Medinet Madi
Halb-Oase Fayum
N
10 km
Beni Suef

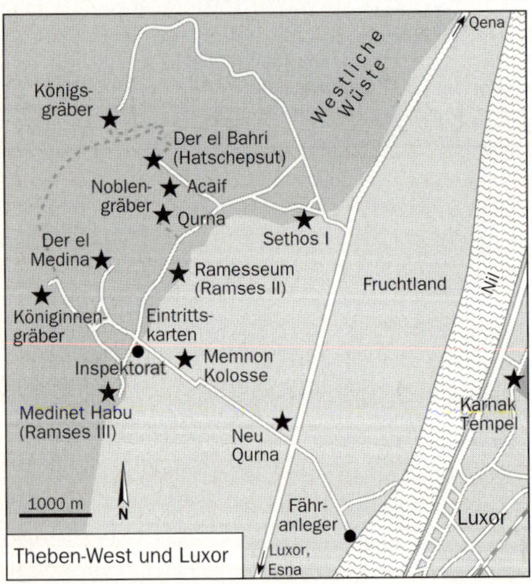
Qena
Westliche Wüste
Königs-gräber
Der el Bahri (Hatschepsut)
Noblen-gräber
Acaif
Qurna
Sethos I
Der el Medina
Ramesseum (Ramses II)
Fruchtland
Nil
Königinnen-gräber
Eintritts-karten
Inspektorat
Memnon Kolosse
Medinet Habu (Ramses III)
Karnak Tempel
Neu Qurna
1000 m
N
Fähr-anleger
Luxor
Theben-West und Luxor
Luxor, Esna

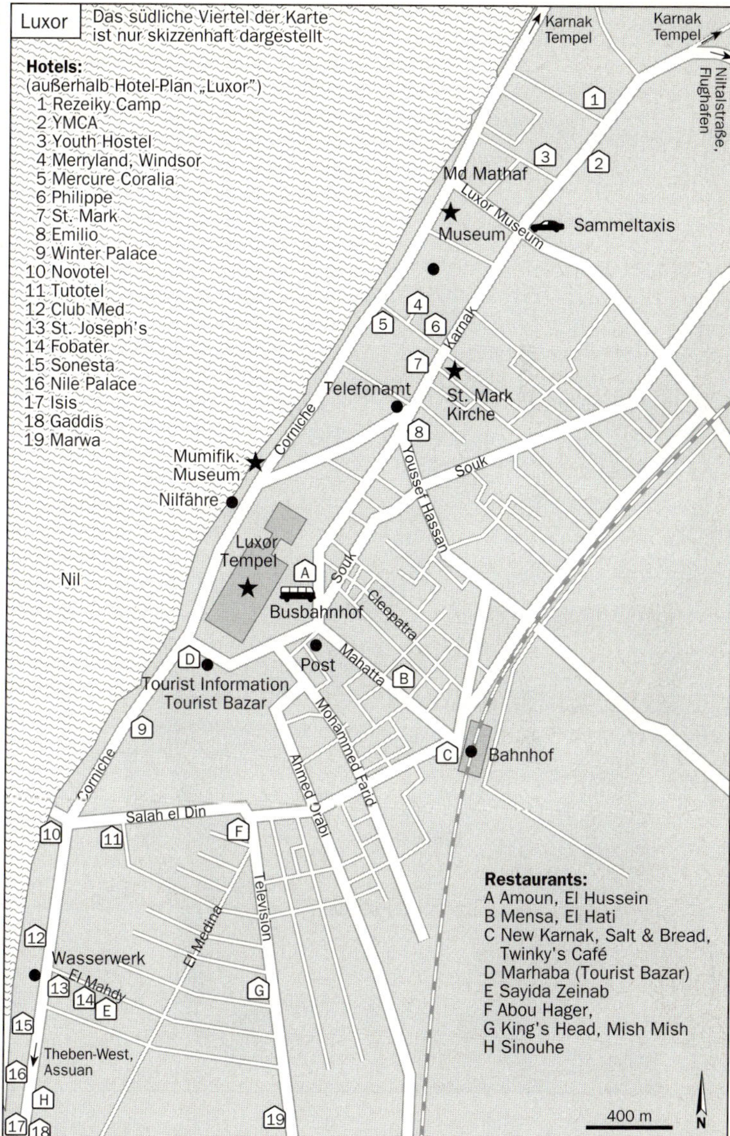
Luxor
Das südliche Viertel der Karte ist nur skizzenhaft dargestellt
Hotels:
(außerhalb Hotel-Plan „Luxor")
1 Rezeiky Camp
2 YMCA
3 Youth Hostel
4 Merryland, Windsor
5 Mercure Coralia
6 Philippe
7 St. Mark
8 Emilio
9 Winter Palace
10 Novotel
11 Tutotel
12 Club Med
13 St. Joseph's
14 Fobater
15 Sonesta
16 Nile Palace
17 Isis
18 Gaddis
19 Marwa
Karnak Tempel
Karnak Tempel
Niltalstraße, Flughafen
Md Mathaf
Luxor Museum
Museum
Sammeltaxis
Karnak
Corniche
Telefonamt
St. Mark Kirche
Mumifik. Museum
Nilfähre
Souk
Youssef Hassan
Luxor Tempel
Nil
Busbahnhof
Souk
Cleopatra
Post
Mahatta
Tourist Information
Tourist Bazar
Mohammed Farid
Ahmed Orabi
Bahnhof
Corniche
Salah el Din
Television
El Medina
Wasserwerk
El Mahdy
Theben-West, Assuan
Restaurants:
A Amoun, El Hussein
B Mensa, El Hati
C New Karnak, Salt & Bread, Twinky's Café
D Marhaba (Tourist Bazar)
E Sayida Zeinab
F Abou Hager,
G King's Head, Mish Mish
H Sinouhe
400 m
N

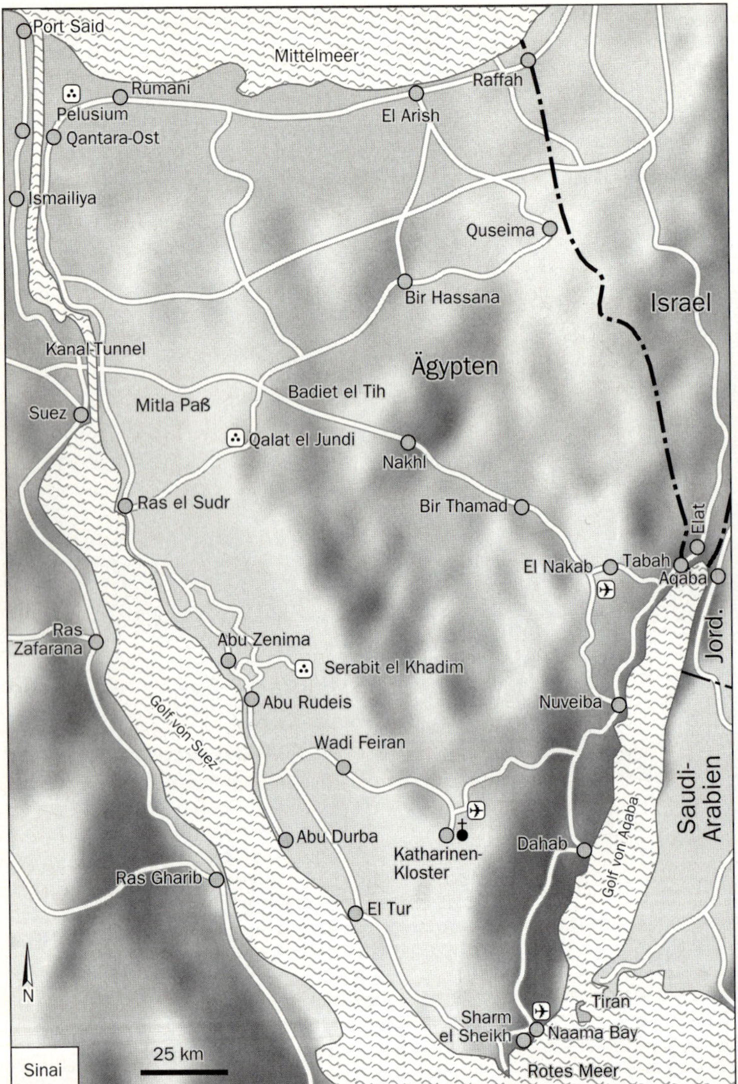
Port Said
Mittelmeer
Rumani
Pelusium
Raffah
El Arish
Qantara-Ost
Ismailiya
Quseima
Bir Hassana
Israel
Kanal-Tunnel
Ägypten
Badiet el Tih
Mitla Paß
Suez
Qalat el Jundi
Nakhl
Ras el Sudr
Bir Thamad
Elat
El Nakab
Tabah
Aqaba
Ras
Zafarana
Abu Zenima
Serabit el Khadim
Jord.
Abu Rudeis
Nuveiba
Golf von Suez
Wadi Feiran
Saudi-
Arabien
Abu Durba
Katharinen-
Kloster
Dahab
Golf von Aqaba
Ras Gharib
El Tur
N
Tiran
Sharm
el Sheikh
Naama Bay
25 km
Rotes Meer
Sinai

ÄGYPTEN INDIVIDUELL

in 14. Auflage erschienen:

- Stark erweitert (30 Prozent mehr Text)
- Noch eingehendere Beschreibung der pharaonischen Stätten
- Integrierter Reise-Atlas
- Detaillierte Routen- und Ortsbeschreibungen mit vielen zusätzlichen Informationen
- Zahllose praktische Tips

14 Auflagen in 18 Jahren (Ersterscheinen 1983) – das spricht für die Aktualität eines Reiseführers! Aber auch für die Akzeptanz der Leser, die diesen Führer weiterempfahlen und so den Erfolg als „Bibel der Ägyptenreisenden" möglich machten. Denn:

ÄGYPTEN INDIVIDUELL hilft, sich schon bei der Ankunft zurechtzufinden, den Orient in vollen Zügen zu genießen und zu verstehen. Sei es das heutige Leben, die arabische Vergangenheit oder das pharaonische Weltreich. Aber auch die faszinierenden Wüstenlandschaften mit den Oasen, die Sinai-Berge und die bunte Unterwasserwelt im Roten Meer.

ÄGYPTEN INDIVIDUELL zeigt die richtigen Wege zu all den unterschiedlichen Sehenswürdigkeiten, hilft, sie einzuordnen und erklärt Zusammenhänge sowie alle wichtigen Details. Ausführliche Informationen zu den pharaonischen Stätten führen den Interessierten tiefer in die dreitausendjährige Hochkultur der alten Ägypter.

ÄGYPTEN INDIVIDUELL ist von morgens bis abends unentbehrlich, z.B.bei der Suche nach Hotels, Restaurants oder nach Verkehrsverbindungen. Systematischer Aufbau, ausführlicher Index und viele Querverweise erleichtern die Benutzung.

ÄGYPTEN INDIVIDUELL
von Wil und Sigrid Tondok

ISBN 3-89662-472-5, 23,50 Euro
680 Seiten + 32 Farbseiten, 82 s/w-Fotos; 126 Pläne und Karten, 8-seitiger Farbatlas, Glossar, kleiner Sprachführer

Reise Know-How Verlag Tondok, München

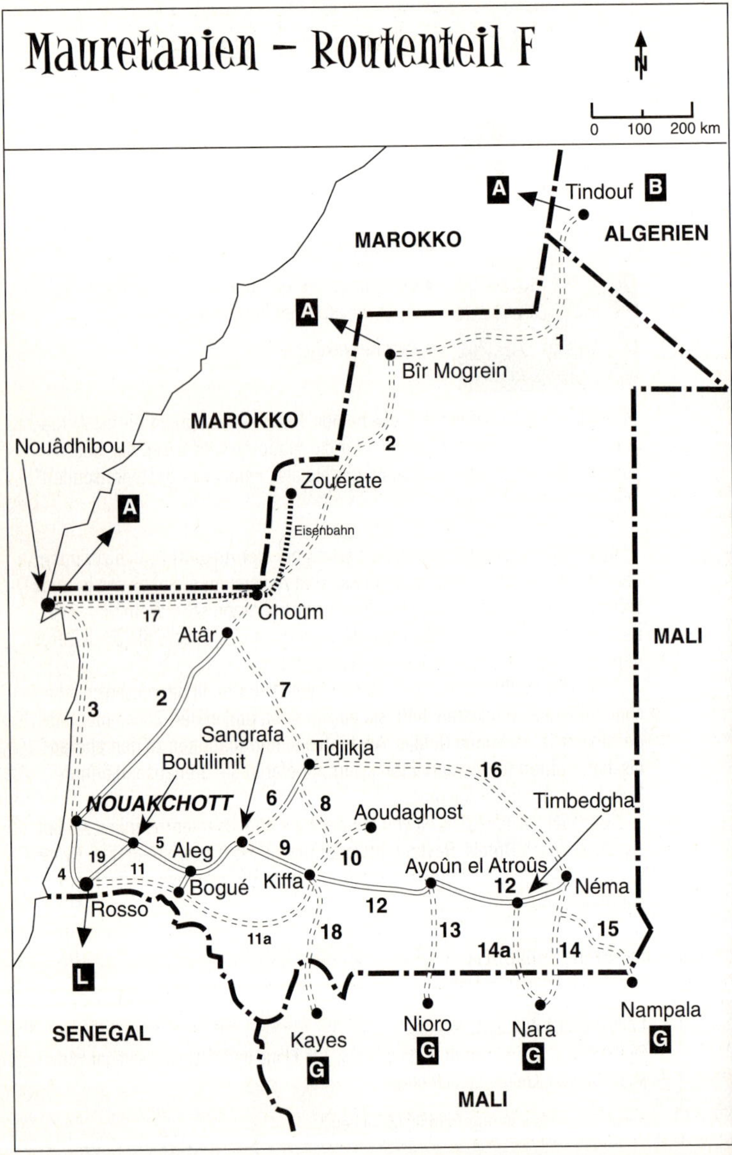

Mauretanien – Routenteil F
N
0 100 200 km
A
Tindouf
B
ALGERIEN
MAROKKO
A
1
Bîr Mogrein
MAROKKO
Nouâdhibou
2
Zouérate
A
Eisenbahn
Choûm
17
Atâr
MALI
2
3
7
Sangrafa
Tidjikja
Boutilimit
16
NOUAKCHOTT
6
8
Aoudaghost
Timbedgha
5
19
11
Aleg
9
10
Ayoûn el Atroûs
4
Bogué
Kiffa
12
Néma
Rosso
12
11a
18
13
15
14a
14
L
Nampala
SENEGAL
Kayes
Nioro
Nara
G
G
G
G
MALI

Mauretanien – Routenteil F

Überblick

Fläche: 1 030 700 km².

Einwohner: ca. 2,5 Mio.

Ethnien: Mauren (ca. 20%), Haratin (ca. 40%), Schwarze (ca. 40%), Fulbe, Bambara, Tukolor.

Hauptstadt: Nouakchott (ca. 750 000 Einw.).

Sprachen: Amtssprache Arabisch, daneben Französisch und Hassanya.

Religion: Islam.

Ruhetag: Freitag.

Feiertage: 1.1., 1.5., 25.5., 10.7., 28.11. (Nationalfeiertag), 25.12., sowie mit dem Mondkalender veränderliche islamische Feiertage.

Einreise: Visum erforderlich, bei der Botschaft in Berlin erhältlich. Das Visum ist inzwischen auch problemlos und schnell in Rabat oder direkt an der Grenze (Westsahara – Mauretanien) erhältlich. An der Grenze ist das Visum jedoch wesentlich teurer. Vom Senegal kommend kann auch ein 7-Tage-Visum in Rosso beantragt werden: Preis (Verhandlungssache) ca. 25 Euro/Pers. (03.02), ca. 2 Std. Wartezeit. Es herrscht keine Konvoipflicht mehr von Dakhla nach Nouâdhibou. Keine Einfuhr von Alkoholika! Devisenerklärung obligatorisch.

Impfung: Gelbfieberimpfung ist nicht mehr vorgeschrieben, soweit man nicht weiter nach Westafrika fährt. Bei der Einreise aus Senegal muss evtl. eine Gelbfieberimpfung nachgewiesen werden. Malariaprophylaxe ist im Süden empfohlen.

Währung: Ouguiya (UM). 1 Euro = 267 UM, 1 US-$ = 289 UM. UM dürfen weder ein- noch ausgeführt werden, jedoch selten Kontrollen. Devisendeklaration (offziell nicht mehr vorgeschrieben, wird aber meist noch verlangt), evtl. auch Kontrolle bei der Ausreise (Umtauschbelege aufbewahren). Viele Wechselstuben in Nouâdhibou und Nouakchott, auch in Atâr.

Grenzen: Die Grenzen nach Marokko, Senegal und Mali sind offen. Die Grenze nach Algerien ist gesperrt, das Gebiet um die Grenze gilt als verbotene Zone. Der Grenzübertritt in Süd-Nord-Richtung von Mauretanien in die Westsahara war bis 2001 inoffiziell und nur mit Führer möglich. Jetzt ist der Grenzübertritt in beide Richtungen offiziell und ohne Schwierigkeiten möglich (s. A 4). Es herrscht keine Konvoipflicht mehr von Dakhla nach Nouâdhibou.

Kfz: Nat. Führerschein und Kraftfahrzeugschein ausreichend, internat. Papiere empfohlen. Kfz-Versicherung ist obligatorisch und kann in Mauretanien leider nicht für alle CFA-

Länder Westafrikas gültig geschrieben werden (s. F 3/Nouâdhibou). Beim Ausstellen der Versicherungs-Papiere unbedingt Angaben kontrollieren (womöglich absichtlich falsch eingetragene Angaben führen zu „Gebühren" seitens der Polizeikontrollen). Seit 1. Februar 1999 ist ein Carnet de passage für die Einreise mit dem Auto zwar offiziell vorgeschrieben, es wird aber trotzdem noch ein Laissez passer (bzw. eine vom Halter zu unterschreibende Ausfuhrerklärung) ausgestellt! Offiziell muss ohne ein Carnet eine Kaution als Garantie für die Zahlung von Steuern und Zollgebühren hinterlegt werden (wird bei Ausreise theoretisch zurückerstattet, pauschal 2000 US-$ pro Kfz). Momentan (Sommer 2002) ist die Einreise problemlos auch ohne Carnet möglich. An der Grenze wird nicht nach dem Carnet gefragt. Evtl. aktuelle Informationen bei der Deutschen Botschaft in Nouakchott einholen. Das Fahrzeug wird in den Pass eingetragen.

Treibstoff (03.02): Nouâdhibou Diesel 97,9 UM/l, Benzin 144,4 UM/l. Nouakchott Diesel 97 - 100 UM/l, Benzin 137,5 UM/l. Versorgung in allen größeren Ortschaften gut (Super nur in Nouakchott).

Sicherheit/Kontrollen: Die Kontrollen verlaufen meist schnell und freundlich, allerdings sind viele Beamte sehr korrupt und verlangen „cadeau" bzw. „Gebühr" für Formalitäten (Stempel o.ä.). Im Grenzgebiet zu Mali (Route de l'Espoir), mittlerweile auch im Bereich zwischen Ouadâne und Chegga(t), kam es 1998 und 1999 zu räuberischen Überfällen auf Touristen mit großen finanziellen Verlusten (Fahrzeuge, Ausrüstung, Geld usw.). Das Auswärtige Amt warnt vor vereinzelten Überfällen am Strand von Nouakchott, insbesondere zu Zeiten, an denen der Strand wenig frequentiert wird. Im Herbst 2001 erfolgte ein bewaffneter Überfall auf ein Kfz am Strand ca. 2 km nördlich von Nouakchott.

Alkohol gibt es in Nouâdhibou und Nouakchott, außerhalb von Nouâdhibou werden manchmal Alkoholkontrollen vorgenommen.

Telefon/Internet: In Nouâdhibou und Nouakchott mehrere Internetcafés mit gemäßigten Preisen.

Straßenzustand: Hauptsächlich Pisten mit teilweise schlechter Markierung. Die Straße von Nouakchott nach Néma ist zum größten Teil in recht gutem Zustand, ebenfalls die Straßen nach Bogué und Kaedi. Von Nouâdhibou nach Choûm kann man das Fahrzeug auf die Eisenbahn verladen (s. F 17).

Stromspannung: 220 V.

Zeitverschiebung: MEZ minus 1 Stunde; in der Sommerzeit: minus 2 Stunden.

Literatur und Landkarten:
Reiseführer: „Westafrika Band 1- Sahelländer", hrsg. von Erika Därr, Autoren Thomas Baur und Gerhard Göttler, Reise Know-How Verlag, Bielefeld.
Landkarten: Michelin 953, Nord- und Westafrika 1: 4 000 000; Carte Routière de Mauritanie 1:2 500 000; Cartes IGN 1:1 000 000, 1:500 000 und 1:200 000. Russische Generalstabskarten 1:500 000.
Hintergrund: H. Ritter, „Sahel", Trickster Verlag München; P. Fuchs, „Menschen der Wüste", Westermann Verlag, Braunschweig.

Geschichte: Städte wie Chinguetti, Aoudaghost, Koumbi Saleh und Oualata waren im afrikanischen Mittelalter Handelsknotenpunkte und wissenschaftliche wie religiöse Zentren des westlichen Sahel. Kumbi Saleh war Hauptstadt des legendären schwarz-afrikanischen Reiches Ghana, dessen Einfluss ebenso wie der seiner Nachfolger (u.a. Songhay-Reich) auf dem Transsaharahandel beruhte. Nördlich davon beherrschten nomadisierende Berberstämme (Sanhadja) die Wüstenregionen. Von ihnen gingen auch Impulse zu neuen Dynastiegründungen in Marokko aus (Almoraviden). Durch das Eindringen arabischer Stämme entstand eine neue ethnische Gemeinschaft, die Mauren (Arabo-Berber), die sich in mehrere Unterstämme gliedern. Ständige Fehden zwischen den führenden Clans leiteten schließlich den Niedergang des Transsaharahandels und damit auch der alten Handelsstädte ein. Den Franzosen gelang es erst zwischen den Weltkriegen, die Region unter ihre Kontrolle zu bringen. 1960 wurde Mauretanien unabhängig.

Politik: Der Konflikt um die bis 1975 spanisch besetzte Westsahara und der kostspielige Krieg mit der Polisario führten 1979 zum Verzicht Mauretaniens auf die Region. Seither hat sich im Süden des Landes ein neuer Konfliktherd gebildet, der in der streng hierarchisch gegliederten Gesellschaft der Mauren seinen Hintergrund hat. Zwischen den ehemaligen schwarzafrikanischen Sklaven und den „Gastarbeitern" aus dem Senegal und Mali einerseits und der herrschenden Schicht der arabo-berberischen Mauren andererseits kam es immer häufiger zu gewalttätigen Auseinandersetzungen, die schließlich in einem Massaker an der schwarzen Bevölkerung und umgekehrt in Racheakten gegen Mauren mündeten. Deshalb blieb die Grenze zwischen dem Senegal und Mauretanien einige Zeit gesperrt. Auch Mauretanien wurde von der afrikanischen Demokratisierungswelle erfasst – die 1991 abgehaltenen Wahlen, bei denen der amtierende Regierungschef Maaouiya Ould Sid'Ahmed Taya die große Mehrheit der Stimmen für sich verbuchte, waren allerdings manipuliert und führten zu massiven Protesten der Bevölkerung. Im Dezember 1997 wurde Taya wiedergewählt. Der Demokratisierungsprozess erfährt durch Festnahmen von Oppositionsführern und Verbot von Parteien immer wieder herbe Rückschläge.

Routen

F 1: Tindouf - algerische Grenze - Ain ben Tili - Bîr Mogrein (577 km)

Piste (A/B/H/I). Die Strecke/Grenze ist seit Jahren von algerischer Seite aus gesperrt.

TINDOUF - S. B 55. (Ende B 55 und A 6.)

Tindouf nach N verlassen, dann links abbiegen.

Km 9, rechts Piste nach Laâyoune. Der Piste links nach S folgen. Holperige und kurvenreiche Pistenstrecke, die in unregelmäßigen Abständen mit kleinen Bögen aus Eisen gekennzeichnet ist.

Km 48, Überquerung eines sebkha.

Km 68, Grenze. Die äußerst gewundene Piste verläuft nun auf hartem Grund. Querrinnen und Kämme.

Km 153, schwierige, 5 km lange Durchfahrt durch ein Wadi, in der Regenzeit nicht befahrbar.

Km 227, sehr sandige Piste mit einigen steinigen Stellen. Für normale Fahrzeuge schwierig zu bewältigen.

AIN BEN TILI - Marktflecken. Keine Versorgungsmöglichkeit, nur Wasser. Mauretanischer Kontrollposten. Verkehrsgebühr bezahlen.

Von Ain ben Tili nach Bir Mogrein (257 km) zuerst sandige Piste, v.a. bei Km 22, 23, 28 und 36 (schwierige Wadi-Durchfahrten); dann holperige Piste mit kurzen Weichsandstellen.

Km 101 ab Ain ben Tili, 200 m langer, schwieriger Abschnitt durch Sand.

Km 210, Weichsand und 2 km weiter aus dem Sande ragende Felsbrocken.

BÎR MOGREIN - Ort. Sehr teurer Treibstoff. Weder Restaurant noch Unterkunft. Zoll- und Polizeiformalitäten für Mauretanien. Warnung vor „falschen Fremdenführern"! (Beginn F 2.)

F 2: Bîr Mogrein - Zouérat - Fdérik - Choûm - Atâr - Akjoujt - Nouakchott (981 km)

(03.00, XT 600) Piste (A/H) bis Atâr, dann Asphalt bis Nouakchott. Die letzten 150 km sind in Dünennähe bei hoher Geschwindigkeit oder bei Sandstürmen manchmal gefährlich. Achtung, Strecke Bîr Mogrein - Zouérat war im Jahr 2000 gesperrt.

BÎR MOGREIN - S. F 1. (Ende F 1.)

Die Piste ist in Bîr Mogrein schwierig zu finden. Zahlreiche Pisten führen zu Nomadenlagern, deshalb sollte man sich besser erkundigen.

Die alte Piste führt östlich an den Salzseen vorbei und wird nicht mehr unterhalten. Sie ist 100 km länger als die unten empfohlene Piste, gut gekennzeichnet und - bis auf einige Sandstellen und die Überquerung einer kleinen Bergkette etwa 200 km südlich von Bîr Mogrein - nicht schwierig zu befahren.

Einige Kilometer auf der alten Piste (s.o.) zurücklegen. Rechts halten und auf die erste Piste rechts abbiegen. Im W an den Salzseen (Sebkhet Oumm ed Droûs Telli und Sebkhet ed Oumm ed Droûs Guebli) vorbeifahren.

Km 120, schwierige Sandstelle vor einer Bergkette, dann Beginn der Sebkha Oumm ed Droûs Guebli.

Km 211, Wendekreis des Krebses. Danach durchquert man den SO-Zipfel der Westsahara und gelangt wieder auf die alte, direkte Piste nach Zouérat (nicht mehr Fdérik). Vor Zouérat viel Sand.

ZOUÉRAT - Kleine Stadt. Gute Infrastruktur. Zentrum der Minengesellschaften (Eisenerz).

Unterkunft: Mehrere Hotels, darunter ein erstklassiges.

Verschiedenes: Die Eisenbahn befördert ausschließlich Personen (evtl. mit Fahrrad, gratis) nach Choûm.

Von Zouérat nach Fdérik 32 km Asphalt.

FDÉRIK - Dorf. Wasser, Treibstoff, Mechaniker.

Ab Fdérik guter, fester reg auf den ersten 43 km, dann 23 km mit schlimmen Weichsandstellen.

Zwischen der Wartungsstelle der Bahn in Mjeida (Km 66 ab Fdérik) und Choûm kreuzt die Piste die Gleise und führt dann auf der W-Seite der Bahnlinie entlang; so kann der Einsinkgefahr bei Châr entgangen werden. Sehr schwieriger Streckenabschnitt, zahlreiche Kurven, starke Steigungen (10%) und mehrere km sehr weicher Sand.

Ab Km 165 ab Fdérik, felsige Ebene. Starkes Wellblech, Steine, Sand bis Km 184 (kleine Wartungsstelle in Choûm, im SW des Tunnels).

Warnung: es ist verboten und gefährlich, auf den Bahngleisen zu fahren, da die Züge für den Erztransport die längsten der Welt sind und über mehrere Loks verfügen, die sowohl im Zug als auch im Schiebeeinsatz arbeiten und dadurch mehrere Km Bremsweg haben. Ein Zusammenstoß mit dem Zug ließe sich im Ernstfall nicht vermeiden, da die Gleise auf einem Damm verlaufen. Außerdem könnten nur Fahrzeuge mit hoher Bodenfreiheit diese Gleishöhe bewältigen; zudem könnten die großen Schienenlaschen, die sich von den Schwellen lösen, die Reifen beschädigen.

CHOÛM – Größerer Bahnhof. Wasser. Verkehrsgebühr wird bereits hier erhoben: 1000 UM, kurz hinter Choum wird kontrolliert, ob die Gebühr entrichtet wurde.

Unterkunft: Mehrere sehr einfache Hotel/Restaurants am Hauptplatz.

1 km hinter dem Bahnhof ist der Zoll (Kontrolle).

Viele, teilweise sandige Spuren auf ca. 2 km Breite bis zur Abzweigung nach Nouakchott (63 km ab Choûm). Steigungen von 10–12% in den Atâr-Bergen (zwei steinige Pässe bei Km 70 und Km 80).

Km 91 ab Choûm, Militärlager.

Km 93, **KSAR TORCHANE** – Dorf. Wasser.

Auf den letzten 10 km vor Atâr mittelstarkes Wellblech.

ATÂR – 224 m. Städtchen. Gute Infrastruktur. Tankstellen, Reparaturwerkstatt. Katholische Mission.

Unterkunft: „Hotel/Camping Dar Salam", am Ortseingang aus Richtung Chinguetti, 700 UM/Pers./Zelt, 3500 UM/Zimmer. „Hotel El Mourabitine", sehr freundlicher Besitzer, sauber, aber schon etwas abgewrackt, DZ 4000 UM (11.99).

Verschiedenes: Wechselstube im Zentrum (keine Travellerscheks). Geldwechsel privat problemlos möglich. Beim Posten an der Stadtausfahrt in Ri. Nouakchott wird eine Verkehrsgebühr erhoben. Die Quittung wird 6 km hinter Atâr kontrolliert. Akim Béchir (Tel. 6 43 71) vom „Hotel/Restaurant Azougi" im Zentrum veranstaltet 4-tägige Kameltouren (4000–5000 UM p.P. und Tag), sehr guter Führer, Übernachtung in Nomadenzelten.

Sehenswert: Kamelmarkt.

In der Umgebung: Ausflugsmöglichkeit zur Quelle von Terjid (30 km), Besuchsgebühr; Übernachtungsmöglichkeit in einfachen Zimmern oder Camping (700 UM, Essen 500 UM), keine Preisverhandlung (03.96), paradiesisches Plätzchen, das leider von vielen Kindern und dem Besitzer belagert wird.

Ausflug zur Oase CHINGUETTI
(Ende F 7). Zwei Varianten:

1. Piste, 90 km, Abzweigung am Ortsausgang; im Bereich des Anstiegs zum Amokjar-Pass (bei Km 45) asphaltiert. Derzeit (2002) für alle Fahrzeuge problemlos machbar.

2. Alte Piste (s. IGN-Karte), 130 km, landschaftlich schöne Strecke durch steinige Wadi zwischen hohen Bergen; danach steile, steinige und schmale Auffahrt zum Plateau; dort Vereinigung mit Variante 1. Nur für Geländewagen.

CHINGUETTI – Eine der sieben heiligen und zugleich eine der ältesten Städte des Islam. Dattelpalmenanbau. Kleiner Markt. Nicht immer Treibstoff vorhanden (u.U. auf dem Schwarzmarkt). Meldung bei Polizei (2000 UM/Lkw, 1000 UM/Pkw).

Unterkunft: Drei Auberges. Hotel „Auberge des Caravanes", einfach und sauber, 1000 UM p.P. (03.00), Campingmöglichkeit im Hof.

Verschiedenes: Verkehrsgebühr muss bezahlt werden. Meldung bei der Polizei erforderlich (s.o.). An sich ist Chinguetti bei der Ankunft aus Algerien bzw. Mali Grenzort; damit ist die lokale Gendarmerie aber überfordert. Kein Einreisestempel (den gibt es in Atâr), nur Eintrag in das „große Buch".

In der Umgebung: Von Chinguetti aus erreicht man die sehr sehenswerte, alte Oase **OUADÂNE** über zwei Pisten (s.u., 140 km); man sollte sich dort bei der Polizei melden; neues Hotel „Guelb el Richât" in schöner Lage auf anderer Oued-Seite ggü. dem Ort (11.99: DZ 150 FF) und private, sehr freundliche „Auberge Vaureni" (auch Camping) ggü. der Gendarmerie in der Ortsmitte (11.99: 700 UM p.P. Übernachtung, Essen zum gleichen Preis, warme Duschen, unbedingt immer zuvor die Preise erfragen, sonst kostet eine Tasse Nescafé 5 Euro!); kleiner Markt, Treibstoff aus Fässern.

1. Die in der Michelin-Karte eingezeichnete Piste zweigt etwa 17 km vor Chinguetti von der Piste nach Atâr ab und führt auf starkem Wellblech durch eine reizlose Landschaft.

2. Direkt von Chinguetti aus führt eine Piste (C/H/I, sehr weichsandig, Allrad unabdingbar, bereits bei Abfahrt in Chinguetti Reifenluftdruck reduzieren) 100 km durch eine fantastische Dünenlandschaft (da keine Markierungen vorhanden sind, wird ein Führer empfohlen, ca. 2500 UM).

45 km von Ouadâne entfernt (Piste durch eine sandige und steinige Ebene; Führer nehmen, da auch die Einfahrt in den Guelb schwierig zu finden ist): **GUELB EL RICHÂT,** kraterähnliche Ringstruktur in Schüsselform, die fünf konzentrischen Kreise innerhalb der Schüssel sind erhaben, wobei sich der höchste 400 m über die Wüste erhebt, im Inneren Sanddünen und Palmen; Besichtigung des Forts Aguadir.

Ab Atâr bis Nouakchott Asphalt.

Km 30 ab Atâr, links zweigt eine Piste zur Oase **Terjît** (10 km) ab; nie versiegende Quelle; Beginn der Piste nach Oujeft. Von der Hochebene aus bietet sich eine grandiose Aussicht.

Km 40 ab Atâr, rechts nicht sehr tiefer Brunnen, gutes Wasser.

AKJOUJT – Ziemlich schmutziges Städtchen. Versorgungsmöglichkeiten, Treibstoff, Reparaturwerkstatt.

Unterkunft: Einfaches „Hotel Indiri".

NOUAKCHOTT – Ca. 750 000 Einw. Hauptstadt (s. Stadtplan). Gute Infrastruktur. (Beginn F 3, F 4 und F 5.)

Verschiedenes: Viele Wechselstuben beim Markt. „Cyber Café" in Av. Ahmed O. Mhamed (Querstr. von Av. Nasser), moderne Ausstattung, Internet 200 UM/Std. Banken von Do 12 bis So 8 Uhr geschlossen. Kein Schiffsverkehr mit Dakar, aber Möglichkeit der Autoverladung nach Banjul und auf die Kanaren. „Le Jardin des Dunes", Kunsthandwerksausstellung und Verkauf, Ilot O. 75–79, Abzweig von Av. de Gaulle, auch Reiseveranstalter und Hotel (s. bei Unterkunft). „Don Simon", Laden mit sehr guten Fruchtsäften in der Innenstadt. Cybercafé neben der marokkanischen Botschaft, Av. Charles de Gaulle, nahe Deutscher Botschaft.

Werkstätten: Mercedes bei GPS-Pos. **N 18°05,724′ W 15°57,476′** (s.a. Stadtplan), deutscher Patron, großes Ersatzteillager (faire Preise für Arbeitszeit, Ersatzteile teuer wg. Zoll), u.U. Übernachtung auf dem Werkstattgelände. Nissan neben Mercedes. Toyota bei **N 18°06,435′ W 15°56,834′** (s.a. Stadtplan), Tel. 5 25 30 27.

Botschaften: Keine Schweizer Vertretung mehr, in Notfällen an die Botschaft der Bundesrepublik wenden. Visa für den Senegal stellt die marokkanische Botschaft aus (nur für Schweizer nötig). Auch keine malische Vertretung! In dringenden Fällen kann die „Comission des Comunautés Européennes" weiterhelfen. Visum für Zaire innerhalb einer Stunde für 6000 UM (1 Einreise, 1 Monat, Gültigkeit 3 Monate), Botschaft wirbt um Touristen. Deutsche Botschaft nahe Av. Charles de Gaulle und „Hotel Halima", Tel. (222) 25 17 29, Fax 25 17 22, zuständig für Touristen ist die sehr freundliche Frau Dobrunz.

Unterkunft: „Auberge Les Dunes" (Jardin des Dunes), Ilot O. 75–79, Tel./Fax (222) 29 11 40, hübsche große Zimmer, sehr sauber, großer Garten, Parkplatz nur außerhalb, DZ mit Bad 8000–12 000 UM (11.99), Kunsthandwerksausstellung (s. Verschiedenes). „Hotel Adrar", ca. 250 m SO des Marktes, sauber, freundlich, 2500 UM/DZ mit Dusche. Hotel-Restaurant „Oasis", teuer, aber gut. Gutes und teures Hotel „Elamen" an der Hauptstraße, französische Leitung (12 000 UM/DZ). „Hotel Monotel", Tel. (222) 25 35 26, bestes Hotel am Platz, Pool, DZ 18 200 UM (11.99), gutes Essen. „Hotel Petit Paris", nahe „Monotel", hübsches kleines Hotel, DZ ca. 5000 UM (11.99). „Hotel Halima", nahe Deutscher Botschaft, schönes, komfortables Hotel, DZ ca. 12 500 UM, Reiseveranstaltung und Führervermittlung (nach Marokko), Pool. „Hotel Sabah" außerhalb der Stadt, nahe Campingplatz, schöner Strand, Parkplatz vor dem Hotel, schon etwas heruntergekommen (6000 UM/DZ mit Klimaanlage), 2002 im Umbau und geschlossen. Campingplatz „Tergit Vacances" an der Küste (beschildert), 1 km vom „Hotel Sabah" entfernt, 6 km außerhalb von Nouakchott in Ri. Nouâdhibou, direkt am schönen Sandstrand, schlecht gepflegt, san. Anlagen heruntergekommen und dreckig, warme Duschen, unfreundlich, kein Schatten, abartig viele Fliegen, Camping 1000 UM/Pers. plus 200 UM/Pers. Tax. (03.02), sehr weichsandige Auffahrt vom Strand (wenn man von Nouamghar kommt), **N 18°06,650' W 16°01,362'.** Recht guter Camping, zentral in der Stadt bei Pos. **N 18°05,344' W 15°58,699',** 1000 UM, mit mehreren Leuten 700 UM (05.00).

Essen: Sehr gute Pizzeria „Lina", nahe „Monotel", Pizza ca. 1200 UM (11.99). Schönes Restaurant/Pâtisserie „La Palmeraie", an der Av. des Ambassadeurs mit nettem Garten, Essen 1000–1300 UM (11.99). Libanesisches Restaurant „Ali Baba".

Sehenswert: Ksar, große Moschee, Nationalmuseum, Kamelmarkt, Handwerkerviertel (im Marktbezirk). Einholen und Verkauf des Fischfangs und der Fischerboote am Strand südl. von Camping „Tergit Vacances". Markt im Zentrum.

F 3: Nouâdhibou – Nouamghar – Nouakchott (ca. 490 km)

(03.02, VW Syncro) Piste (A/G/I), meist ausgefahren und deutlich. Bei Wind evtl. Spuren verweht und Verlauf schlecht erkennbar, dann querfeldein immer in Ri. SO halten. Fahrzeit ca. 2½ Tage, ca. 3 Stunden für die Strandpassage Nouamghar – Nouakchott. Vor Befahren der Strecke muss der Eintritt für den Nationalpark Banc d'Arguin (2400 UM p.P.) bei der Nationalparkbehörde in Nouâdhibou bezahlt werden. Bereits an der mauretanischen Grenze und in Nouâdhibou bieten sich viele Führer für die Strecke an. Ein Führer kostet ca. 150 Euro für bis zu fünf Kfz (bei mehr Autos verlangen die Führer meistens mehr). Die Durchfahrt ist für geländegängige Fahrzeuge auch ohne Führer möglich, aber für Pkw (wegen vieler evtl. umfahrbarer Sandfelder) nicht empfehlenswert. Ohne Führer sind GPS, Geländefahrzeug mit Wüstenausrüstung und Vorräte obligatorisch, Fahren in der Gruppe empfohlen. Es gibt drei Pisten der Küste entlang nach Nouakchott: eine Lkw-Piste (für alle größeren Kfz Pflichtstrecke, relativ weit im Landesinneren), eine „mittlere" Piste und eine breit ausgefahrene Piste nur für kleinere Kfz, die der Küste am nächsten verläuft. Nachfolgend wird eine küstennahe, ausgefahrene Variante beschrieben. Diese Hauptpiste führt an Morzouba und Bir el Gareb westlich vorbei. Hier herrscht auch nachts reger Verkehr, abseits ist nur wenig Verkehr. Alle Varianten führen erst ab Nouamghar direkt am Strand entlang (weiter nördlich ist Sumpfgebiet an der Küste). In Nouamghar muss abgewartet werden, bis das Wasser sich so weit zurückgezogen hat, dass der Strand befahrbar und hart genug ist. Die genaue Beachtung der Gezeiten ist wichtig, denn fährt man zu spät los, muss man evtl. plötzlich alles im Stich lassen, wenn die Flut steigt. Bei Ebbe am Strand entlangzufahren ist ein einzigartiges, aber nicht ganz ungefährliches Erlebnis, denn bei Steinen am Strand muss evtl. ins Wasser ausgewichen werden, wobei das Auto unterspült wird. Meistens besteht keine Ausweichmöglichkeit ins Landesinnere, da der Strand von Dünen begrenzt wird.

Die Kilometerangaben in der Beschreibung sind ungenau und sollen nur Anhaltspunkte sein. Von Nouamghar bis Nouakchott gibt es auch eine Lkw-Piste, die nicht direkt den Strand entlang, sondern mehr im Landesinneren verläuft. Diese ist jedoch für Pkw keinesfalls zu empfehlen (übles Wellblech und tiefe Spurrillen).

Im Nationalpark von Banc d'Arguin können Pelikane, Flamingos, Winkerkrabben, Riesenschildkröten, Goldschakale und viele andere Tiere (vor allem Vögel) beobachtet werden.

NOUÂDHIBOU (MAURETANIEN) – Ca. 130 000 Einw. (s. Stadtplan). Erz- und Fischereihafen. Gute Infrastruktur. Die Stadt wurde anlässlich der ersten Postflüge gegründet. Saint-Exupéry und Mermoz sind hier gelandet. Eintritt für Park Banc d'Arguin beim Nationalparkbüro (s.u.) bezahlen und Fahrzeug-Versicherung für Mauretanien abschließen (s.u.). (Beginn F 17.)

Verschiedenes: Pâtisserie „Clair de Lune", neben Camping „Baie du Levrier", große Auswahl an leckerem Gebäck, teuer, Gebäck/Café jeweils ca. 200 UM. Kfz-Versicherung „NASR" in linker (Ri. Bahnhof) Querstraße nahe Camping „Baie du Levrier" (Schild am Abzweig), ggü. Hotel de Ville, 30 Tage ca. 7300 UM für 4x4 (03.02). Nationalparkbüro: Genehmigung für Banc d'Arguin 2400 UM p.P. für 48 Std. (03.02). Verschiffung auf die Kanarischen Inseln nicht möglich. Krankenhaus in sehr schlechtem hygienischen Zustand. Vorsicht: In Nouâdhibou haben es sich einige Beamten (Gendarmerie) anscheinend zum Nebenverdienst gemacht, Touristen zu beschuldigen, einen Unfall verursacht und jemanden verletzt zu haben (ohne es zu bemerken)! Dabei wird man stundenlang festgehalten, auch wenn der angeblich Geschädigte keinerlei Verletzungen aufweist und es auch sonst keine Zeugen gibt! In solchen Fällen darauf bestehen, das Krankenhaus zur Diagnose zu besuchen bzw. die (nicht vorhandenen) Zeugen zu sprechen sowie den Gendarmerie-Chef. Es bleiben auch andere Tricks nicht unversucht: z.B. Touristen beim Fotografieren aufgreifen und wegen nicht vorhandener (angeblich erforderlicher) Fotogenehmigung abzukassieren.

Bahnverladung nach Chôum (März 2002): am Bahnhof (am Ende der Stadt auf rechter Seite, Ri. Cap Blanc, **N 20°54,051' W 17°03,511'**) fragen, wann nächster Zug mit Flachwaggon (Plattform) kommt und vorbuchen. Der Zug mit Plattform fährt ca. zweimal wöchentlich (von Chôum Mo und Di, Sa in Nouâdhibou telefonisch anmelden). Der Chef d'agence TFM, Elkory Bah, gibt am Bahnhof Auskunft, Tel. 5 74 77 54. Preis für Geländewagen und zwei Personen ca. 15 000 UM.

Unterkunft: Schönes „Hotel Al Jazira", am Bd Maritime, nahe Rathaus, großer Hof zum Parken. „Hotel Maghreb", Treffpunkt der Reisenden, Bewachung des Hofs unbedingt nutzen (sonst unsicher). „Youth Hostel Sahara", 1000 UM/Pers. (04.96), Tel. 45 667. „Camping/Auberge Chez Abba" am Bd Médian, absperrbarer Stellplatz 5x10 m, Haus mit Betten und kaltem Wasser, netter Aufenthaltsraum. „Auberge Sahara", etwas abseits der Hauptstraße, ruhig, Stellplatz 7x25 m, gute Sanitäreinrichtungen (warme Duschen), ca. 500 UM, 800 UM für Bett. „Camping de la Baie", ca. 11 km hinter Flugplatz am Meer, Stellplatz 10x20m, freundlich, san. Anlagen sehr mäßig, 500 UM/ Nacht. „Camping Baie du Levrier" am Bd Médian, direkt ggü. Polizei, neben NAFTEC-Tankstelle (gelb), B.P. 431, Tel. 4 65 36, Fax 4 59 49, sehr gepflegt, Kochmöglichkeit, kl. Zimmer, saubere/einfache san. Anlagen, einziger Camping mit Baum, Stellplatz 15x25, freundlich, am Ausgang Pâtisserie mit gutem Gebäck, Preise (03.02): 1500 UM/Pers. Zimmer, 200 UM Motorrad, 600 UM Auto, 700 UM/Pers. Camping, 2300 UM/2 Pers. und Auto (teuer). „Camping Auberge Asimex", Minicampingplatz mit passabler Toilette/Dusche, freundlicher Abdallahi O. Souelem kennt Gott und die Welt und hilft bei der Erledigung aller Formalitäten. „Camping Moussafir". Einfacher „Camping Salam", nur Hof mit Mauer, beim Flughafen.

Essen: Sehr gutes „Restaurant le Sol" am Bd. Médian mit chines. Küche und Bier (07.98: Gericht ca. 1000 UM). Nette einheimische Restaurants „Populaire" und „Peuplier" am Bd. Médian.

Sehenswert: Das Cap Blanc mit den vom Aussterben bedrohten Mönchsrobben an der Atlantikseite der Halbinsel. Die Ankunft der Erzbahn zweimal am Tag, der schwerste und längste Zug der Welt, wie an den Schienen zu erkennen ist.

Km 0, Abzweig von der Teerstraße zur Piste entlang des Bahngleises und marokk Grenze.

Km 9, „Bouchon des Mines“, Polizeiposten.

Km 12, Posten **PK 27,** Gendarmerie.

Km 13, die Piste in Ri. marokk. Grenze überquert die Gleise (links), weiter der Piste geradeaus entlang der Gleise folgen. Ri. NO. Vorsicht, es liegen z.T. alte Schienenteile auf der Piste.

Entlang der Gleise und Betonbelüftungsschächte der Wasserleitung. Holprige und sandige Piste.

Entweder bei GPS-Pos. **N 21°13,998' W 16°56,894'** schon auf die Sebkha Aoueital nach rechts abbiegen oder erst einige Km später (s.u.).

Km 37, Sebkha Aoueital und Baie du Levrier rechts in Sicht. Verzweigung: Pos. **N 21°15,250' W 16°55,877',** geradeaus die Bahngleise entlang geht's nach Choûm, rechts abbiegen auf die Sebkha in Richtung Nouamghar.

BAIE DU LÉVRIER – Flache Bucht. Flotte Fahrt über die Ebene in Ri. NO, dann O. Deutliche Piste (gut festgefahren), z.T. starkes Wellblech.

Km 45, **N 21°14,659' W 16°53,424',** aufgestellter Reifen, breite Wellblechpiste, in Ri. SO auf Dünen zu.

Km 51, **N 21°13,419' W 16°50,721',** Dünen sind erreicht, weiter in Ri. S, später SO. Teils Wellblech, teils sandige Passagen. Keine Orientierungsprobleme, bei starkem Wind evtl. Spuren verweht.

Km 87, **N 21°01,446' W 16°36,824',** Autowrack, ab hier stehen einzelne Bäume in der Gegend.

Die Piste führt ca. 7 km westlich am Brunnen Morzouba vorbei und wird auf dieser Hauptstrecke nicht angefahren.

Abstecher nach MORZOUBA – Kleine Betonhäuschen mitten in der Sandwüste. **N 21°01,760' W 16°29,776'.** Wenig davon entfernt in Ri. S findet sich ein Ziehbrunnen mit Kameltränke (1998 mit Wasser), Pos. **N 21°01,521' W 16°29,659'.**

Immer wieder lange Sandpassagen (Luftdruck senken). Bei Orientierungsproblemen in Ri. SO halten.

Km 108, Lager mit Bretterverschlägen, Autowracks. **N 20°56,872' W 16°26,980'.**

Diese Piste führt auch am verwitterten, großen Nationalparkschild **(N 20°50,832' W 16°16,200')** und westlich an Bir el Gareb (ca. 2 km) vorbei.

Abstecher nach BIR EL GAREB – Ziehbrunnen und kl. Häuschen. Nicht immer Wasser. **N 20°37,553' W 16°14,714'.**

Flotte Fahrt über flache Ebene in Ri. S, z.T. sehr sandig, Spuren z.T. verweht, undeutlicher Pistenverlauf bei Wind.

Km 188, kleine Dünenketten, immer noch sehr sandig.

Km 202, **N 20°10,412' W 16°11,980',** erstmals Ausblick aufs Meer, Pistenverlauf nahe der Küste, wieder fester Untergrund, z.T. Wellblech.

Wenig später viele Reifen, Cap Tafarit mit Mast in Sicht, viele Spuren in diese Richtung.

Km 211, ärmliche Hüttensiedlung, Pos. **N 20°07,294' W 16°15,126',** weiter in Ri. SO über Sebkha, flotte und feste Piste, nicht daneben ausweichen.

Km 230, **TEN-ALLOUL** (Tanoudert) – Kleines ärmliches Fischerdorf. **N 19°58,338' W 16°13,720'.** Nationalparkbüro. Kontrolle und Abstempeln der Genehmigung (von Nouamghar kommend Abgabe der Quittungen), ärmlich Hütten. Weiter Wellblech.

Km 251, auf den nächsten Kilometern geht es über Ausläufer der Azeffal-Dünen in Ri. S. Sehr sandig und weich, Spuren verlaufen sich.

Km 256, **N 19°45,348' W 16°13,477',** Ende der Dünenfeldquerung, kurzzeitig wieder feste Piste mit Wellblech.

Km 259–276, wieder über Ausläufer der Dünen. Danach Wellblech.

Km 280, Lkw-Wrack, Pos. **N 19°34,383' W 016°15,963'.**

Km 284, **BAIE DE ST. JEAN** – Bucht. Fahrt am Meer entlang. V.a. im Frühjahr sehr viele Vögel (Pelikane, Reiher, Kormorane usw.).

Km 311, kleines Fischerdorf auf GPS-Pos. **N 19°23,381' W 16°24,990'.**

Km 322, **NOUAMGHAR (RÂS TIMIRIST)** – Sehr ärmliches und vermülltes Fischerdorf, **N 19°21,300' W 016°30,733'.** Kl. Restaurant, kl. Läden. Kontrolle der Genehmigung im Nationalparkbüro bzw. Ausstellung der Genehmigung (von Nouakchott kommend); nach Gezeiten und möglicher Weiterfahrt am Strand informieren.

Unterkunft: „Auberge des Nomades“, Camping, einfach.

Sehenswert: Fischen mit Hilfe von Delphinen. Nachdem die Netze ausgelegt worden sind, schlagen die Fischer mit Stöcken auf das Wasser, so dass sich die Fische in Schwärmen zusammendrängen. Die Delphine werden auf die Fische aufmerksam, jagen ihnen nach und treiben sie so genau in die Fischernetze. Die UNESCO hat darüber einen Film gedreht.

Bei optimaler Bodenfestigkeit und Ebbe Weiterfahrt direkt am Strand den Spülsaum entlang. Zur richtigen Zeit ist der Sand sehr fest und gut befahrbar (Geschwindigkeiten bis zu 80 km/h, Fahrzeit ca. 3 Std.). Den breitesten Strand gibt es bei Vollmond und Neumond. Es besteht oft keine Ausweichmöglichkeit ins Landesinnere (Hügel, Sanddünen).

Viele Goldschakale suchen nach angespülten toten Fischen.

Ab Km 38 bis ca. Km 41 nach Nouamghar, hohe Dünen bis an den Strand.

Viele Fischerdörfer, die nur aus Bretterbuden bestehen. Vorsicht vor Bootsleinen und Ankern am Strand!

Km 371, Fischerdorf, Pos. **N 19°01,789' W 16°14,020',** Gendarmeriekontrolle (wollen „cadeau").

Km 392, Schiffswrack und Fischerhütten.

Km 417, nahe der **Pos. N 18°38,468' W 16°07,741'** evtl. Ausweichen ins Landesinnere wegen Steinen am Strand; schon ab ca. 1 km vorher viele Steine, i.d.R. problemloses Ausweichen möglich.

Km 418 – 19, Steine am Strand, evtl. Ausweichen auf weichsandiges Festland oder in die Wellen (evtl. schwierig).

Ab Km 419 keine Steine mehr am Strand.

Km 436, Wrackreste am Strand.

Km 479, Auffahrt weg vom Meer zum Campingplatz „Tergit Vacances" und zur Teerstraße nach Nouakchott (sehr weichsandig, mit Pkw u.U. stundenlange Graberei), **N 18°06,782' W 16°01,629'.**

Am Campingplatz vorbei bis zur Teerstraße, dann rechts weiter.

Km 485, **NOUAKCHOTT** – S. F 2. (Ende F 2; Beginn F 4 und F 5.) **N 18°05,099' W 15°59,468'.**

F 4: Nouakchott – Rosso (203 km)

(03.02, VW Syncro) Asphalt, z.T. löchrig. Viele Nomaden, flache Wüstenlandschaft mit Büschen.

NOUAKCHOTT – S. F 2. (Ende F 2 und F 3; Beginn F 5.)

Km 0, Nouakchott Stadtende, in Ri. S.

Km 98, **TIGUENT** – Ort. Kl. Restaurant, Läden. Sehr aufdringliche Kinder.

VARIANTE TIGUENT – MEDERDRA – ROSSO (107 km): (03.00, XT 600) Anfangs Piste (gut), später Sandspur. Piste beginnt in Tiguent an der Tankstelle. Nach 49 km erreicht man Mederdra, Pos. **N 16°55,33' W 15°39,66',** kl. Restaurant. Pistenbeginn nach Rosso an der Moschee neben dem Restaurant. Bei der GPS-Pos. **N 16°52,58' W 15°42,03'** Schule links der Piste. Piste verläuft ca. 240°. Bei Km 70 kl. Siedlung, **N 16°45,82' W 15°46,32'.** Bei Km 93 Ortschaft in Dünengürtel, Pos. **N 16°35,28' W 15°52,30'.** 500 m weiter ist Teerstraße erreicht, links nach Rosso.

Auf der Hauptstraße nach Tiguent Straße schlecht, viele Löcher, später etwas besser.

Km 194, **ROSSO** – Stadt, ca. 28 000 Einw. Gute Infrastruktur. Bank zum Wechseln bei Shell-Tankstelle am Ortsausgang (Ri. St. Louis). Die Fähre über den Sénégal fährt 2x vormittags und 2x nachmittags, bei viel Verkehr bis zu 10x täglich, 2500 UM (03.02) für 3- bis 5-t-Kfz (Bezahlung immer auf mauretanischer Seite!). (Ende F 19; Beginn F 11 und L 1.)

Unterkunft: Hotel „Alasmaa" am Ortseingang.

Ausreise aus Senegal (aus anderer Richtung): Bei Polizei im Ort melden (Ausreisestempel), sehr freundlich, problemlos. Zollformalitäten an Anlegestelle (problemlos), bei Polizei an Anlegestelle Registrierung des Kfz (legt Reihenfolge der Auffahrt auf die Fähre fest), 500 CFA Parkgebühr im Hafen.

Einreise nach Mauretanien (aus anderer Richtung): Zoll und Polizei sind direkt an der Anlegestelle. Ausstellung der Zollerklärung 1000 UM (gegen Quittung), hier nur 8 Tage Gültigschreibung, Verlängerung in Dakar (evtl. auch woanders) möglich. Devisendeklaration in separatem Häuschen nahe der Wechselstuben. 1000 UM für Einreisestempel (Quittung) bei Polizei. Taxe communale 1200 UM (Quittung). Wechselbüros und Versicherung direkt an der Anlegestelle. Im April 2002 freundliche und problemlose Abwicklung, keine Abzocke wie in Diama.

Alternative zur Fähre: VARIANTE ROSSO – DIAMA: Abzweig nach Diama am Ortseingang, rechts abbiegen über Auto- und Bushalteplatz, GPS-Pos. **N 16°30,900' W 15°48,806'.** Dann Fahrt den Damm entlang (ca. 90 km) durch sehr schönes Sumpfgebiet mit Reihern, Pelikanen, Kranichen, Warzenschweinen u.a. (Rand des Djoudj-Nationalparks, s. L 1). Grenze bei **Barrage Diama:** Touristen-Abzockerei, unbedingt verhandeln, man erhält nur für das senegal. Passavant und die Kfz-Versicherung eine Quittung. Verlangte (aber nicht voll bezahlte!) Preise im März 2002: auf mauretan. Seite oberflächliche Kfz-Kontrolle, Tax Commune 1500 UM, Brückengebühr 10 Euro; auf senegal. Seite Polizei 20 Euro (!), Zoll 2500 CFA f. Passavant (4 Tage gültig, Verlängerung in Dakar möglich, für 8 Tage Gültigkeit 5000 CFA), Versicherung (carte brune) ca. 19 500 CFA für 10 Tage (4x4). Gesamtausgaben ca. 50–100 Euro (wenn man alles ohne zu verhandeln bezahlt)! Nach Grenzdamm sehr gute Wellblechpiste (19 km) durch wildreiche Dornsavanne bis zur Teerstraße in Richtung St. Louis.

F 5: Nouakchott – Boutilimit – Aleg – Sangrafa (459 km)

(03.02, VW Syncro) Guter Asphalt, ab Magta Lahjar sehr schlecht, neue Asphaltierung von Sangrafa nach Magta Lahjar war im Frühjahr 2002 in Arbeit. Vorsicht vor Tieren und Sandverwehungen auf der Straße! Einige Polizeikontrollen.

NOUAKCHOTT – S. F 2. (Ende F 2 und F 3; Beginn F 4.)

Von Nouakchott nach Aleg führt die Straße an langen, schwarzen Dünenketten entlang; karge Landschaft.

BOUTILIMIT – Dorf. Lebensmittel. Treibstoff. Verkauf von Silberschmuck, Lederarbeiten, Teppichen und Teekannen (preisgünstig).

6 km vor Aleg Kreuzung: rechts nach Bogué (zur F 11), geradeaus weiter nach Aleg. Polizeikontrolle.

ALEG – Stadt. Tankstellen, Läden, Telefon, Apotheken. (Ende F 11.)

Sehr gute Teerstraße.

Km 109 (ab Aleg), **MAGTA LAHJAR** – Lang gezogener Ort. Tankstelle, kl. Läden.

Danach Straße sehr schlecht (löchrig), Sandverwehungen. Viele Kontrollposten wollen „cadeau".

Km 133 (ab Aleg), Ende der Asphaltstraße, breite geschobene Piste, Asphaltierung im März 2002 in Vorbereitung (Baustelle).

Km 139, **SANGRAFA** – Ort. Lebensmittel. Kein Treibstoff (Tankstelle defekt). (Beginn F 6 und F 9.)

F 6: Sangrafa – Moudjéria – Tidjikja (208 km)

(03.02, VW Syncro) Piste (A/G), ab Letfada guter Asphalt.

Km 0, **SANGRAFA** – S. F 5. (Ende F 5; Beginn F 9.)

Km 1, **N 17°35,604' W 12°49,660',** Abzweig links (Piste) in Ri. Tidjikja, ca. 100 m vor defekter Tankstelle (auf rechter Seite).

Z.T. sehr sandige Piste in Ri. O. Frequentierte Strecke (auch nachts Verkehr).

Km 127, Dorf links an kl. Dünenkette.

Piste gut, z.T. Wellblech. Weiter in Richtung NO.

Km 136, **LETFADA** – Ort. Wasser. Einmündung auf Teerstraße (sehr gut und neu) bei **N 17°45,372' W 12°30,439'.**

Km 871, Straße führt am Fuß des Plateauabbruchs von Tagant entlang. Fantastische Landschaft.

Km 162, **MOUDJÉRIA** – Großer Ort. Gendarmerieposten. Kein Treibstoff. Kaum Läden (Lebensmittel).

Danach Auffahrt (betoniert, steil) aufs Plateau von Tagant. Sehr schöner Blick.

Km 172, **PASSE ECHETF** – Passhöhe.

Weiterhin fantastische Landschaft mit Dünen und grünen Tälern.

Km 179, **N'BEIKA** – Dorf im Tal. Beschränkte Lebensmittelversorgung. Kein Treibstoff. Gutes Trinkwasser gegen Entgelt. Hinter dem Dorf Abzweig nach rechts (s.u.) zum Guelta Matmata mit Wüstenkrokodilen.

Abstecher zum GUELTA MATMATA:
Km 0, N'Beika, bei Pos. **N 17°58,047' W 12°14,560'** rechts abbiegen (Ri. O). Sehr sandige Piste (Luftdruck reduzieren). Km 9, Dorf **(N 17°58,282 W 12°10,343').** Km 19, **Dar es Salam** – Dorf und Palmeraie, **N 17°53,880' W 12°07,563'.** Weiter an breitem und sandigem Oued entlang, begrenzt von Felsen (Felsabbruch). Nach 1-2 km im Oued parken **(N 17°53,306' W 12°06,826',** kein Weiterfahren möglich wegen Felsen, Sand und Wasserbecken). Weiter zu Fuß zum Guelta Matmata (ca. 45 Min.). In diesem felsigen, wunderschönen Tal gibt es zahlreiche kleine Gueltas mit großen Fischen. Im sehr großen Guelta Matmata am Ende des Tals im Felskessel leben einige der letzten Sahara-Krokodile. Die Tiere sind sehr scheu, und es bestehen kaum Beobachtungschancen, wenn man sich nicht zu Fuß von oben her nähert.

TIDJIKJA – Stadt. Lebensmittel. Wasser. Keine zuverlässige Treibstoffversorgung. Übernachtungsmöglichkeit. Registrierung und Passeintrag bei der Polizei (ca. 1 Std.). Offizieller Geldwechsel mit Wechselbestätigung bei der Polizei zu sehr schlechtem Kurs. Verkehrsgebühr wird erhoben.

Sehenswert: Altstadt (17. Jh.) und Markt. (Ende F 7 und F 16; Beginn F 8 .)

F 7: Atâr – Tidjikja (439 km)

(01.94, Magirus Deutz 150) Piste (A/C/H/I), kaum auffindbar, schwierig. Unbedingt Führer nehmen, wenn kein GPS zur Verfügung steht. Im ersten Teil viele, große Steine, dann Dünen und Weichsand. Wenig durchgehender Verkehr, einige Oueds sind von Nomaden besiedelt. Der Pistenverlauf hat sich in den letzten Jahren stark geändert und entspricht nicht mehr der IGN-Karte.

Km 0, **ATÂR** – S. F 2. (Zur F 2)

Man verlässt Atâr nach Osten auf der Piste nach Chinguetti (s. F 2).

Km 20, steiler steiniger Pass; hartes Wellblech ab Passhöhe.

Km 44, ca. 5 km ab Passhöhe schlecht erkennbarer, unmarkierter Abzweig nach rechts **(N 20°31,88' W 12°45,21').**

Km 44 bis Km 63, gut sichtbare, steinige Piste; einige Oueds. Wenige Kilometer nach Abzweig Hütte und Brunnen linker Hand **(N 20°27,56' W 12°44,96'** bis **N 20°24,86' W 12°45,23').**

Km 63 bis Km 66, Dünenpassage; Weichsand, keine Spuren mehr. Sicht auf den Berg Zarga, der rechts umfahren wird (Pos. **N 20°22,54' W 12°46,34'** bis **N 20°20,96' W 12°46,56').**

Km 66, fesch-fesch (Steine und Sand).

Km 77, verlassene Steinhütte (Pos. **N 20°16,43' W 12°43,21').**

Km 110, kurze Dünenpassage (Pos. **N 20°02,12' W 12°36,97').**

Km 117, **OUED MARGIT,** Felder (Pos. **N 20°00,54' W12°40,04').**

Km 121, Verzweigung, linke Piste wählen, die rechte führt vermutlich nach Faraoun (Pos. **N 20°00,00' W 12°40,85').**

Km 125 bis Km 133, Dünenpassage; die Dünen können auf hartem Boden im Slalom durchfahren werden.

Km 133, Ende der Dünenpassage (Pos. **N 19°55,85' W 12°41,97'),** danach harter Untergrund auf dem schneller gefahren werden kann.

Km 148, an der Verzweigung linke Piste wählen **(N 19°53,09' W 12°36,06').**

Km 152, auch an dieser Verzweigung die linke Piste wählen (GPS-Pos. **N 19°52,73'**

W 12°34,86'). Die Piste dreht nun nach NNO ab, um auf die falaise zu klettern.

Km 167, Gedenktafel der französischen Armee zum Pistenbau anno 1959 (Pos. **N 19°55,61' W 12°28,47').**

Km 177, Einmündung einer Piste von links (aus Chinguetti).

Die Piste wird ab hier wieder besser erkennbar **(N 19°55,68' W 12°24,42').** Große Felsbrocken zwingen zu langsamem Tempo.

Km 184, an der Verzweigung rechte Piste wählen **(N 19°53,56' W 12°22,47').**

Km 189 bis Km 190, Dünenpassage; die Dünen können auf hartem Boden im Slalom durchfahren werden.

Km 197 bis Km 201, gute Piste, schnell zu fahren; dann wieder steinig.

Km 207 bis Km 210, Dünenpassage; die Dünen können auf hartem Boden im Slalom durchfahren werden (Pos. **N 19°45,60' W 12°14,38').**

Km 214 bis Km 221, Weichsand, einige Oueds.

Km 221 bis Km 222, kurze Dünenpassage, Weichsand.

Km 222–Km 240, gute Piste entlang eines Wadis auf hartem Untergrund.

Km 240, Dünenpassage, die Dünen können auf hartem Boden im Slalom durchfahren werden.

Km 246, **AIN EL ZAFFRA** – Schön gelegenes Dorf. Keine Versorgungsmöglichkeit **(N 19°32,82' W 12°06,55').**

Dorf in Ri. S verlassen. Die Piste ist ab hier wieder unmarkiert. Man folgt den teilweise nur schwach sichtbaren Spuren.

Km 254 bis Km 277, harter Boden, recht gut zu befahren (GPS-Pos. **N 19°29,59' W 12°04,34'**).

Km 277 bis Km 284, Dünenpassage, Weichsand **(N 19°23,40' W 11°59,98').**

Km 284 bis Km 319, flache Dünen, fester Sand, keine Spuren. Die hohen Dünen werden westlich umfahren (Pos. **N 19°20,87' W 11°54,39'** bis Position **N 19°19,93' W 11°55,83').**

Km 319, Oued, danach steinige Piste, die Piste ist wieder erkennbar **(N 19°11,55' W 11°55,31').**

Km 324, Verzweigung, rechte Piste wählen **(N 19°08,97' W 11°53,79').**

Km 328 bis Km 339, Überquerung des Dünenzugs EL Khatt. Schwierige Passage, viel Weichsand; keine Spuren, dafür sehr schöne Dünenlandschaft (Pos. **N 19°06,76' W 11°53,99').**

Km 339, **OUED EL KHATT** – Meist von Nomaden bewohnt. Auf der südlichen Seite des Oued blickt man auf den Berg El Kerim **(N 19°03,13' W 11°52,81').**

Km 345, El Kerim (Pos. **N 19°00,11' W 11°53,22').**

Km 345 bis Km 373, schwierige Passage, flache Dünen, teilweise Weichsand. In der Ferne wird das Massiv von Nouezerek sichtbar. Man quert das Tal und hält sich rechts entlang der falaise.

Km 373, **NOUEZEREK** – Der Brunnen liegt gleich am Fuß der großen rötlichen Düne, sehr schöner Flecken **(N 18°48,13' W 11°52,01').** Aufstieg auf die falaise sehr steinig, die Piste wird wieder erkennbar.

Km 374 bis Km 402, flache Dünen, teilweise Weichsand. Die Piste ist meist gut erkennbar, die Vegetation wird dichter (Pos. **N 18°41,39' W 11°51,10').**

Km 402, Kreuzung; geradeaus weiterfahren. Nach links gelangt man nach **RACHID** (Wasser, keine Versorgungsmöglichkeit, sehenswerte alte Stadt), nach rechts auf die Piste Tidjikja – Moujderia **(N 18°39,62' W 11°41,89').** Schöne Landschaft bis Tidjikja, viel cram-cram (fährt man die Strecke von Süd nach Nord, kann man hier auch über Rachid und Taoujafet in das Oued El Khatt gelangen; 339 km, wegen der Dünen aber nicht zu empfehlen).

Km 439, **TIDJIKJA** – S. F 6 (Position **N 18°33,21' W 11°25,83').** (Ende F 6 und F 16; Beginn F 8.)

F 8: Tidjikja – Kiffa (ca. 240 km)

(01.98 und 11.97, Bucher Duro 4x4) Piste (A/C/H/I), z.T. schwierig zu finden. Bis Boûmedeid problemlose, gut erkennbare Piste, im Ort weicher Sand. Vor El Gheddiya muss eine sehr große Düne überquert werden (führt auf ein Hochplateau). Für die Dünenfahrt zwischen El Gheddiya und Boûmedeid empfehlenswert, einen Führer zu engagieren. Teilweise sehr selten befahren, daher kaum sichtbare Abzweigungen (manchmal etwas verwirrend).

TIDJIKJA - S. F 6. (Ende F 6, F 7 und F 16.)

Abzweigung von der Piste Tidjikja - Sangarafa vom Polizeiposten Tidjikja ca. 16 km entfernt nach Süden.

Bei **N 18°26,65′ W 11°32,49′,** Abzweigung.

Weiter **N 18°23,78′ W 11°32,71′.**

Bei **N 18°20,82′ W 11°32,77′,** Blick auf See **BARRAGE EDERUM.**

Bei **N 18°19,54′ W 11°32,75′,** Ederum Ausfahrt.

Bei **N 18°18,16′ W 11°31,44′,** Häuser.

Bei **N 18°16,06′ W 11°30,93′,** EU-**Brunnen.**

Bei **N 18°03,17′ W 11°34,87′,** Kreuzung zum **Brunnen MEKRERI.**

N 18°01,02′ W 11°35,30′, Talabfahrt.

Bei **N 17°58,92′ W 11°37,90′,** Oued.

Bei **N 17°56,62′ W 11°39,04′,** weiches Oued.

Bei **N 17°49,10′ W 11°33,83′, EL GHEDDIYA.**

Weiter **N 17°48,17′ W 11°33,25′.**

Bei **N 17°44,84′ W 11°32,39′,** Kreuzung, westl. vom Berg bleiben.

Bei **N 17°36,80′ W 11°32,45′,** Steinhäuser.

Bei **N 17°35,04′ W 11°32,72′,** Steinhaus.

Bei **N 17°29,58′ W 11°36,65′,** verlassenes Dorf.

Weiter über
N 17°26,89′ W 11°36,97′.

Bei **N 17°21,70′ W 11°36,88′,** Abbruch. Zurückfahren, dann sieht man nach W eine schwache Spur zu einem verlassenen Dorf abzweigen.

Bei **N 17°22,87′ W 11°32,20′,** Kreuzung.

Bei **N 17°23,48′ W 11°45,04′,** Kreuzung, El Goudya.

Weitere Wegpunkte:
N 17°22,32′ W 11°48,19′,
N 17°22,19′ W 11°49,27′.

Bei **N 17°23,17′ W 11°46,41′,** Kreuzung nach SW.

Bei **N 17°22,44′ W 11°55,61′,** Durchquerung von felsigem Oued.

Bei **N 17°22,87′ W 11°59,62′,** Tafel Guellagua.

Bei **N 17°22,57′ W 12°00,61′,** große Kreuzung.

Bei **N 17°21,58′ W 12°03,51′,** Tafel.

Bei **N 17°16,66′ W 12°06,00′,** Felsen.

Bei **N 17°14,32′ W 12°06,05′,** Felsen, gewaltiger Ausblick.

Bei **N 17°11,24′ W 12°05,34′, AIN EL KHACHBA.**

Weiter über **N 17°07,88′ W 12°03,84′.**

Bei **N 17°07,11′ W 12°05,01′,** Asphalt Kiffa - Aleg.

KIFFA - Ort, ca. 30 000 Einw. Lebensmittel. Mehrere Tankstellen. Letzte Möglichkeit für Reisende nach Néma (s. F 12) Diesel im freien Verkauf zu erhalten. Reparaturwerkstatt. Übernachtungsmöglichkeit. Zoll- und Polizeiformalitäten für Reisende von oder nach Mali. (Beginn F 10, F 12 und F 18; Ende F 9 und F 11.)

F 9: Sangrafa - Kiffa (210 km)

(03.02, VW Syncro) Neuer Asphalt (z.T. noch Baustelle).

SANGRAFA - S. F 5. (Ende F 5; Beginn F 6.)

Ab Sangrafa Asphaltierungsarbeiten in Gang (breite geschobene Piste bzw. schon geteert), im März 2002 noch Fahrt auf sandiger Ausweichpiste neben der Baustelle. Ab Km 8 Baustellenende und Fahrt auf neuem, sehr gutem Asphalt.

KIFFA - S. F 8. (Ende F 8 und F 11; Beginn F 10, F 12 und F 18.)

F 10: Kiffa - Tâmchekket - Aoudaghost (160 km)

Piste (A/H). Die Strecke zwischen Tâmchekket und Aoudaghost verläuft etwas anders als in der IGN-Karte.

KIFFA - S. F 8. (Ende F 8, F 9 und F 11; Beginn F 12 und F 18.)

Sandige Piste bis Tâmchekket (120 km).

TÂMCHEKKET – Die Präfektur stellt einen Führer zur Verfügung, um den Brunnen von Noudache (40 km) und die Ruinen der Stadt Aoudaghost zu besichtigen.

AOUDAGHOST – Frühere Handelsstadt, die durch die Berichte arabischer Reisender seit dem 9. Jh. bekannt ist. Ende der früheren Karawanenroute von Nordafrika nach Schwarzafrika.

Sehenswert: Älteste Moschee von Mauretanien (restauriert) und einige Häuser aus dem Mittelalter. Ausgrabungen. Sehr beeindruckender Ort.

F 11: Rosso – Bogué – Aleg

(03.02, VW Syncro) Meist recht gute Piste (A), z.T. löchrig, in der Regenzeit evtl. tiefe Spurrillen und schlammig (H). Kaum Verkehr, keine Versorgung. Keine Markierung, meistens aber keine Orientierungsprobleme, da immer nach O. Angeblich Planung einer Asphaltstraße wegen schwieriger Befahrbarkeit des Sénégal-Schwemmgebiets in der Regenzeit. Langweilige, karge Landschaft, viele Dörfer.

Km 0, **ROSSO** – S. F 4. (Ende F 4.)

N 16°30,591′ W 15°48,707′, bei Fähranlegestelle links abbiegen in Ri. SO (Teerstraße).

Km 2, Ortsende Rosso, Teerstraße endet, Piste in Richtung O.

Km 16, Dorf links der Piste, weiter nach O entlang der Strommasten.

Km 21, Dorf.

Km 30, Wegweiser „Keur Mor“ nach rechts, **N 16°32,339′ W 15°34,121′**, geradeaus weiter.

Km 46, Dorf (Jeder el Mohguene?) und Polizeiposten.

Ab Km 61, Piste führt direkt an Nebenarmen des Sénégal entlang, viele Felder und Hütten.

Ca. Km 90, Felder und Zelte, Position **N 16°40,731′ W 15°06,890′.** Vorher evtl. Orientierungsprobleme, da viele Verzweigungen zu Hütten, weiter nach O.

Km 92, **N 16°40,857′ W 15°06,045′**, Polizeiposten, Passkontrolle und Personalienaufnahme, freundlich.

Km 150, Dorf.

Km 160, über karge, staubige Schwemmtonebene, deutliche Piste, **N 16°41,018′ W 14°31,757′.**

Bei Km 173, Km 175 und Km 183 Dörfer.

Km 184, Piste führt über einen Damm, dann Damm entlang nach S.

Km 193, Einmündung auf geschobene Wellblechpiste, dann auf dem Damm Einfahrt nach Bogué (Position **N 16°35,135′ W 14°16,488′).**

Km 195, **BOGUÉ** – Ort. Lebensmittel, „Motel Azur“. Bei Position **N 16°35,846′ W 14°15,407′** Kreuzungspunkt der Straße nach Kaedi und nach Aleg, Tankstelle.

An der Kreuzung in Ri. NO (Asphalt).

Km 260, Kreuzung: links nach Boutilimit, rechts nach Aleg.

Km 265, **ALEG** – S. F 5.

F 11a: Bogué – Kaedi – Mbout – Kiffa

(01.98) Piste (A/C/H/I). Ab Mbout zahlreiche Oued-Durchquerungen, nur noch wenige Brücken befahrbar; im letzten Teil vor Kiffa starkes Wellblech, dem man aber ausweichen kann. Allrad notwendig. Am „Passe de Soufa“ sehr steile und steinige Auffahrt.

BOGUÉ – S. F 11.

KAEDI – Stadt, 20 000 Einw. Lebensmittel (zum Ende der Regenzeit knappe Vorräte). Treibstoff nicht immer erhältlich. Übernachtungsmöglichkeit. Motorräder können den Fluss nicht überqueren. Fähre gegenüber Matam (Sénégal), auf 65 km nur in der Trockenzeit befahrbarer Piste erreichbar.

Von Kaedi nach Mbout gute Schotterpiste, etwas Wellblech.

Von Mbout nach Kiffa führt eine sehr schlechte Piste über Soufa. Starkes Wellblech zu Beginn, dann große Rinnen.

KIFFA – S. F 8. (Ende F 8 und F 9; Beginn F 10, F 12 und F 18.)

F 12: Kiffa – Ayoûn el Atroûs – Timbedgha – Néma (535 km)

(01.97, Peugeot 504) Asphalt (zwischen Kiffa und Timbedgha in gutem Zustand). Piste (H) für Ausflüge. Typische Sahellandschaft (viel cram-cram). Wenige Polizeikontrollen auf der Strecke.

KIFFA – S. F 8. (Ende F 8, F 9 und F 11; Beginn F 10 und F 18.)

Schöne Landschaft mit schwarzen, pilzförmigen Felsformationen zwischen Kiffa und Ayoûn el Atroûs.

AYOÛN EL ATROÛS – Städtchen. Lebensmittel. Treibstoff. Ausreiseformalitäten können hier erledigt werden. (Beginn F 13.)

Unterkunft: Hotel „Ayoûn".

TIMBEDGHA – Dorf. Lebensmittel. Zwei Tankstellen. (Beginn F 14a.)

Ausflug: Zu den Ruinen von **KOUMBI SALEH** (etwa 60 km nach S auf der Piste Timbedgha – Nara (F 12a), ohne Führer von der Piste aus nicht zu sehen), Fahrzeug mit Allradantrieb unerlässlich. Im Mittelalter bedeutendster Ort des alten Reiches Gana (nicht der heutige Staat Ghana), das für seinen Goldhandel berühmt war.

Sehenswert: zahlreiche Schieferbauten, Moschee und einige Steinhäuser.

NÉMA – 400 m, 5000 Einw. Lebensmittel, Wasser, Treibstoff, Bank und Post. (Ende F 15; Beginn F 14 und F 16.)

Sehenswert: Schöne Moschee und viele verzierte Häuser.

F 13: Ayoûn el Atroûs – Kobenni – malische Grenze – Nioro (194 km)

(03.95, Toyota Landcruiser) Piste (A/C/H/I). Viel Sand.

AYOÛN EL ATROÛS – S. F 12. (Zur F 12.)

Km 10, die Piste windet sich durch mehrere enge Passagen. Große Felsen. Zuerst verläuft die Piste nach SO, dann nach SW. Kein Dorf, nur Lager und Brunnen.

Km 112, **KOBENNI** – Dorf. Keine Versorgungsmöglichkeit. Bei der gendarmerie und dem Zoll melden. Evtl. sind die Zollbeamten der Ansicht, dass Zwangsumtausch von 10 000 UM pro Tag und Person besteht und erheben hohe Bußgelder. Ausreiseformalitäten besser in Ayoûn el Atroûs oder Kiffa (F 12) erledigen.

Km 130, die Piste führt östlich am Dorf Gogui vorbei. Keine Versorgungsmöglichkeit.

Km 143, **BOULOULI** – Dorf. Keine Versorgungsmöglichkeit.

Km 154, **SENEVALY** – Dorf. Keine Versorgungsmöglichkeit.

Km 162, **DIANDIOUMÉ** – Erstes Dorf auf senegalesischem Boden. Keine Versorgungsmöglichkeit.

Ab Dandioumé Piste nach S nehmen.

Km 180, **FORCADI** – Dorf. Keine Versorgungsmöglichkeit.

Km 184, **CAMANA** – Dorf. Keine Versorgungsmöglichkeit.

Km 186, **BATACARIDI** – Dorf. Keine Versorgungsmöglichkeit.

Km 190, Kreuzung. Geradeaus nach Nioro fahren. Man fährt die Piste zum Flughafen entlang, bevor man Nioro erreicht.

NIORO – S. G 40. (Ende G 40; Beginn G 41.)

F 14: Néma – Adel Bagrou – malische Grenze – Nara (181 km)

(04.97) Piste (A), durch eine breite Talsohle führend. Auf der Strecke teilweise sehr tiefe LKW Spuren, die nicht umfahren werden können, da die Piste sehr eng ist (dichter Savannenbewuchs). Adel Bagrou – Nara: lange Abschnitte mit sehr tiefen LKW-Spuren; in der Regenzeit unpassierbar. Orientierung z.T. nicht einfach. Polizeiliche Genehmigung erforderlich; in Néma einholen. Zahlreiche Polizeikontrollen. Alle Touristen mit eigenem Fahrzeug können zu einem Geleitkonvoi bis zur Grenze verdonnert werden, um einen Fahrzeugverkauf unmöglich zu machen (Preis: 8000 UM für den ganzen Konvoi). Carnet de passage und Pässe werden in Néma eingezogen und erst nach Bezahlung in Adel Bagrou wieder ausgehändigt. Nach Möglichkeit sollte man den Konvoi vehement ablehnen.

NÉMA – S. F 12. (Ende F 12 und F 15; Beginn F 16.) Ab Néma steinige Piste bis Adel Bagrou (Reifenkillerstrecke), vorher polizeiliche Genehmigung einholen, Ausreiseformalitäten werden in Adel erledigt.

Km 46, stark versandete Stelle, nicht gut einsehbar, täuscht durch üppigen Baumbestand festere Bodenbeschaffenheit vor. Links führt eine sehr tiefe Lkw-Spur in einer scharfer Kurve um den Sand herum. Erst bei runden Felsblöcken (Friedhof) wird der Untergrund wieder härter.

ADEL BAGROU – Dorf. Lebensmittel. Brunnen. Treibstoff. Zoll. Devisenkontrollen. Geldwechsel. Möglichkeit, Reifen flicken zu lassen (200 UM) und neue Schläuche zu kaufen (900 UM).

NARA – S. G 39. (Beginn G 38 und G 39.) Es muss eine Kfz-Versicherung für Mali abgeschlossen werden, diese bekommen Sie aber erst in Bamako. Bei dem Polizeiposten vor Kati (ca. 20 km vor Bamako) wird die Versicherung verlangt; kann man sie nicht vorweisen, darf man nicht weiterfahren. Der Polizeichef betreibt hier ein kleines Nebengeschäft, indem er den Touristen anbietet, für ca. 17 000 CFA in seinem Wagen nach Bamako mitzufahren (um Versicherung abzuschließen), oder Strafe verlangt. Man sollte nicht auf diesen unverschämten Vorschlag eingehen.

F 14a: Timbedgha – Nara (Mali) (171 km)

(01.97, Peugeot 504) Piste mit zeitweise tiefen Fahrspuren durch Grasland; mit Pkw manchmal besser neben der Spur. Gute Alternative zu F 14 über Néma, da die dortigen schikanösen Behörden gemieden werden. Formalitäten in Nara problemlos.

TIMBEDGHA – s. F 12. (Zur F 12)

Es folgen einige Dörfer: **KOUMBI DIOFI, FARKELI, KORONGA.** Richtige Piste nach den Dörfern manchmal schwierig zu finden, Dorfbewohner fragen (GPS hilfreich).

NARA – S. G 39 (Beginn G 38 und G 39.) Einreiseformalitäten für Mali, Laissez passer. Kfz-Versicherung erst in Bamako möglich (s. F 14).

F 15: Nampala – Medd Allah – mauretan. Grenze – Bassikounou – Néma (etwa 265 km)

(01.98, Iveco Daily 4x4) Piste (A/C/G/I), bis Medd Allah evtl. Führer nehmen. Von Nampala nach Medd Allah keine Piste, Tierspuren und Eselswege führe kreuz und quer durch Busch und Savanne. Von Med Allah führen nur Pisten für Eselskarren (sehr schmal) nach Koussana, von dort bessert sich die Piste. Grenzformalitäten in Niono und Néma.

NAMPALA – S. G 19. (Zur G 19.)

N 15°17,952′ W 05°32,940′, hundert Meter außerhalb von Nampala in Ri. N.

MEDD ALLAH – Dorf. Keinerlei Versorgungsmöglichkeit. Kleiner Polizeiposten.

Bei **N 15°30,245′ W 05°35,416′**, Ausfahrt Med Allah, viele Tierspuren, richtigen Pisteneinstieg evtl. zeigen lassen.

Weitere Wegpunkte:

N 15°32,360′ W 05°37,692′.

Bei **N 15°34,183′ W 05°41,066′.** kleine Regfläche.

Weiter über Wegpunkt **N 15°34,885′ W 05°43,306′.**

Bei **N 15°37,381′ W 05°44,462′, KOUSSANA** – Ab hier Kfz-Piste.

Bei **N 15°39,996′ W 05°46,609′,** Savanne, deutliche Spuren.

Bei **N 15°44,758′ W 05°51,620′, Brunnen.**

Bei **N 15°51,300′ W 05°56,480′, BASSIKOUNOU** – Dorf. Keine Versorgungsmöglichkeit. Beim Militär melden, sonst bekommt man Ärger.

Bei **N 15°53,460′ W 06°08,686′,** Hügel.

Mauretanien

Bei **N 15°53,881' W 06°16,451'**, Hügel.

Bei **N 15°54,283' W 06°18,548'**, Pass.

Bei **N 16°01,106' W 06°27,983'**, Steinhäuser.

Weiter über Wegpunkt **N 16°00,223' W 06°30,488'.**

Bei **N 16°01,348' W 06°35,720'**, Oued und Walddurchfahrt.

Bei **N 16°02,724' W 06°38,560'**, Oued und Walddurchfahrt.

Bei **N 16°02,265' W 06°41,884'**, Dorf.

Bei **N 16°03,871' W 06°45,411'**, Piste von Süden, dann Dorf.

Bei **N 16°04,910' W 06°47,511'**, Dorf.

Bei **N 16°07,463' W 06°50,877'**, kleine reg-Ebene mit Fernblick.

Bei **N 16°09,461' W 06°52,252'** und **N 16°11,611' W 06°54,316'**, Dorf.

Bei **N 16°14,971' W 06°58,324', Brunnen.**

Bei **N 16°16,520' W 06°29,322', BOU NADER** – Dorf.

Bei **N 16°18,467' W 07°02,169'**, Dorf.

Bei **N 16°20,951' W 07°10,509'**, verlassenes Dorf.

Bei **N 16°22,887' W 07°15,420'**, Hügel.

Bei **N 16°26,167' W 07°17,185'**, Dorf.

Bei **N 16°31,343' W 07°17,301'**, Pass mit Blick auf Dorf und Berg.

Bei **N 16°36,092' W 07°15,631', NÉMA** – S. F 12. (Ende F 12; Beginn F 14 und F 16.) Hier werden die Einreiseformalitäten für Mauretanien erledigt.

F 16: Néma – Oualâta – Oujâf – Aghrijit – Tîchît – Tidjikja (735 km)

(01.98) Piste (A/C/H/I/J). Extrem schwierige und nicht mehr befahrene Strecke; teils keine Spuren oder Markierungen mehr vorhanden. Mindestens zwei Fahrzeuge, gute Navigationskenntnisse und Ausrüstung und ausreichende Treibstoffreserven notwendig. Nimmt man einen Führer, darauf achten, dass dieser die Strecke schon einmal mit einem Fahrzeug gefahren ist. Dauer 6 –12 Tage.

NÉMA – S. F 12. (Ende F 12 und F 15; Beginn F 14.)

Von Néma nach Oualâta führen zwei Pisten: die schwierigere, aber kürzere und befahrenere Piste immer der Steilwand folgen, Weichsand am Ende; oder über die Berge, bei Km 10 den Spuren an den Rand der Hochebene folgen, die man über eine kurvenreiche, holperige Piste erreicht.

Km 105, Abfahrt im Sand nach **OUALÂTA** – Inzwischen relativ touristischer Ort („guides" und Artisanats). Wasser erhältlich.

Verschiedenes: Melden Sie sich bei der sehr zuvorkommenden Polizei. Im 14. und 15. Jh war Oualâta neben Timbuktu das religiöse und geistige Zentrum des Sahel. Oualâta war eine Handelsstadt und ein „Verkehrsknotenpunkt" für die Karawanen zwischen Marokko und den Reichen des Sudan. Trotz der Abgeschiedenheit und des Bedeutungsverlustes bleibt es ein traditionelles Zentrum der Geisteslehre. Hier leben noch zwei landesweit bekannte Marabuts.

Sehenswert: Architektur (die Häuser sind mit Fresken aus rotem Ton und weißem Kalk und eindrucksvoll geschnitzten Türen verziert); Handwerk (Gold-, Silberschmuck), das am aussterben ist.

Von Oualâta nach Aghrijit benötigt man etwa 2 Tage. Nicht den sporadischen Markierungen folgen, sondern so nah wie möglich am Fuß des Dahr Oualâta fahren, um den Sand zu vermeiden. Dünen und Grasbüschel.

Kurz vor dem Brunnen Ayoun El Kohal bei

Km 147, Abschnitte mit barkanen.

Bis zum Brunnen **TAGOURÂRET** einige barkanen; der Piste auf einem Kamm folgen. Hinter Tagourâret durchquert man einen großen barkan-Abschnitt rechts in der Nähe der Steilwand, dann sucht man die Pistenspuren links, um bei

Km 230 den Brunnen **OUJÂF** zu erreichen.

Hinter Oujâf verschwindet die Piste. Die Steilwand entlangfahren. Bei der Durchquerung des Enji-Massivs folgt man der Streckenführung der IGN-Karten. Um auf die Hochebene zu gelangen, muss nicht mehr unbedingt das Wadi Chibé durchfahren werden, die Piste verläuft jetzt weiter östlich auf einem einfacheren Weg wieder den Abbruch hinunter.

Anschließend Bergfahrt auf das Massiv Imedel el Akdar und Durchquerung eines großen aklé (etwa 50 km breit). Sich an den Kurs der Karte halten. Die ersten 10 km sind einfach (fester, flacher Sand); dann Senke bis zur IGN-Markierung und danach ein Abschnitt mit hohen barkanen, auf dem man passierbare Stellen finden und gleichzeitig den Kurs beibehalten muss. Man fährt wiederum auf die Hochebene und durchquert dann einen felsigen Abschnitt, wo man bis zu Km 360 am Brunnen **ARATÂNE** nur langsam vorwärts kommt.

Anschließend stößt man wiederum auf einige Spuren in einer grasbewachsenen Ebene (leicht befahrbar). Den Steilhang an der Stelle hinunterfahren, die auf der IGN-Karte eingezeichnet ist. Kurz vor dem Brunnen Touijinet, bei

Km 412, die barkan-Abschnitte links umfahren, indem man auf eine Felshöhe hochfährt. Hinter Touijinet einen großen barkan-Abschnitt rechts umfahren. Kurz vor Aghrijit nicht in das Wadi rechts (mit sehr weichem Grund) fahren, sondern links auf die Düne hinauffahren.

Km 446, **AGHRIJIT** – Äußerst arme Geisterstadt, die allmählich unter einer Sanddecke begraben wird.

Sehenswert: Die wunderbare, von Sand bedeckte Moschee.

Zwischen Aghrijit und Tîchît Salzebene und -see. Problemlose Piste.

Km 482, **TÎCHÎT** – 200 m. Stadt. Wasser. Großer Palmenhain.

Verschiedenes: Im 12. Jh. gegründet, ehemaliges Karawanenzentrum. Mauren (Charfa und Ouled Bella) und Schwarzafrikaner (Massana).

Sehenswert: Baustil (Häuser aus hellem Stein mit Verzierungen aus grünem Schiefer, mit dreieckigen Nischen, zurückversetzten Bogen, tiefer liegende Motive) und die kürzlich restaurierte Moschee.

Ab Tîchît sehr sandige Piste über etwa 10 km (Luft aus den Reifen lassen), die dann kaum merklich auf das Massiv ansteigt.

Bis zum **Brunnen ZIG** bei Km 520 führt die Piste nicht mehr – wie auf der IGN-Karte eingezeichnet – über die Höhe, sie verläuft unten und ist problemlos (Sand und Grasbüschel). Kurz vor Zig steigt der Weg an, und man stößt wieder auf die eingezeichnete Piste (wenn keine Spuren sichtbar sind, Kurs halten). Später trifft man wieder auf Spuren in einem weniger sandigen Gelände und auf IGN-Markierungen.

Danach fährt man durch das Dorf **EL CHROB,** zu dem eine steinige Auffahrt führt. Die Spuren werden jetzt immer deutlicher bis Tidjikja, wohin man durch das Wadi, nach einer Passage zwischen zwei Steilwänden (ziemlich weicher Sand), gelangt. Ab und zu sieht man in der Ferne das Sandmeer Aouker auftauchen (im Neolithikum ein großer See, dessen Ufer früher besiedelt waren).

Auf den letzten 50 km viel Sand; man kann sich nur schlecht orientieren, keine Markierung.

Km 735, **TIDJIKJA** – S. F 6. (Ende F 6 und F 7; Beginn F 8.)

Melden Sie sich bei Ihrer Ankunft und Abreise bei der örtlichen gendarmerie.

F 17: Nouâdhibou – Choûm (ca. 450 km)

(2002) Piste (A/C/H), teils kilometerlange tiefsandige und weiche Abschnitte, die Strecke kostet sehr viel Treibstoff. Führer nicht notwendig. Die Strecke ist meist unmarkiert. Alternativ kann das Auto auf die Bahn verladen werden (u.U. einige Tage Wartezeit). Informationen zur Bahnverladung s. F 3 Nouâdhibou.

Km 0, **NOUÂDHIBOU** – S. F 3. (Beginn F 3.)

Km 15, Polizei- und Militärkontrolle, die Bewilligung wird abgestempelt; die Devisendeklaration wird kontrolliert. Südlich der Bahn weiterfahren.

Km 20, Bahnübergang, die Piste nördlich ist besser (sehr sandig). Unbedingt auf der Piste bleiben, nördlich der Bahnstrecke soll es angeblich Minen geben!

Km 49, die Bewilligung wird kontrolliert und einbehalten. Auf ca. 1 km soll es wiederum Minen geben. Die Piste ist etwas schwierig zu finden und in eher schlechtem Zustand. Möglichst nahe an der Bahn bleiben und tagsüber fahren. Keineswegs auf den Schienen fahren, da der Eisenerzzug (der längste der Welt) von mehreren Loks gezogen wird und extrem Lange Bremswege besitzt. Ein Ausweichen ist nicht möglich!

Km 95, **BOÛ LANOUÂR** - Dorf. Gutes Wasser und Militärkontrolle. Benötigt man kein Wasser, ist die Kontrolle der Bahn entlang zu umfahren. Nach dem Dorf ist die Piste gut, zum Teil sandig. Auf der Michelin-Karte ist eine Piste nördlich der Bahn eingezeichnet - die gibt es nicht, auch die Dörfer sind südlich. Die eingezeichneten Dünenfelder stimmen sehr genau, die zwei ersten sind je 30 km, das dritte 5 km lang. Sandbleche und Schaufeln bereithalten. Es gibt immer die Möglichkeit direkt bei den Schienen zu fahren (Achtung, die Schienen haben scharfe Kanten).

Ca. Km 450, **CHOÛM** - S. F 2. (Zur F 2.)

F 18: Kiffa - malische Grenze- Kayes (ca. 300 km)

(2002) Piste (A/I). Im Gegensatz zur Markierung in den Landkarten handelt es sich um eine sehr kleine, feldwegähnliche Piste. Häufig Orientierungsprobleme, da die Einheimischen mit Eselskarren zu ihren Hirsefeldern fahren und solche Wege von der Piste nicht zu unterscheiden sind.

Km 0, **KIFFA** - S. F 8. (Ende F 8, F 9, F 11; Beginn F 10, F 12.) Die Asphaltstraße nach rechts nehmen.

Ca. Km 3, nach rechts abbiegen, Wellblechpiste.

Ca. Km 13, kl. bewachsene Düne queren.

Ca. Km 45, **KOÛROUDJÉL** - Dorf, rechter Hand.

Rechts halten, links neben der Düne vorbei in ein grünes Tal. Am Ende des Tales auf der Spur bleiben.

Ca. Km 95, **KANKOSSA** - Dorf. Evtl. Brot erhältlich. Ausreiseformaliäten bei Polizei und Zoll.

Über die Düne weiterfahren (rechts Selibabi). Auf den nächsten 50 km ist die Orientierung schwierig.

Ca. Km 150, **HAMOUD** - Dorf, Polizei, Zoll, aber keine Kontrolle.

Richtung Westen weiter, nach 5-6 km der Spur Richtung Süden folgen.

Ca. Km 220, **AOUROU** - Dorf. Einreiseformalitäten nur bei Polizei, Zoll erst in Kayes.

Ca. Km 295, **KAYES** - S. L 6. (Ende L 6; Beginn G 40, G 44.)

F 19: Boutilimit - Rosso (ca. 195 km)

(11.97, Bucher Duro 4x4) Piste (A/H), meist sandig, keine großen Schwierigkeiten. Entlang und über die Piste bewachsene Dünen. Mehrere Dörfer.

BOUTILIMIT - S. F 5. (Zur F 5) Abzweigung von Nouakchott kommend am Ortsende nach Kraftwerk über Müllplatz.

Es folgen **N 17°31,857′ W 14°42,475′, N 17°29,929′ W 14°44,846′.**

Bei **N 17°26,209′ W 14°48,717′,** Brunnen.

Weiter **N 17°22,077′ W 14°52,297′.**

Bei **N 17°14,284′ W 14°59,946′,** verfallene Häuser.

Bei **N 17°10,693′ W 15°03,191′,** Dorf.

Bei **N 17°03,253′ W 15°09,534′,** Dorf.

Bei **N 16°39,978′ W 15°11,064′,** Kreuzung, rechts abzweigen.

Bei **N 17°56,032′ W 15°18,434′,** Kreuzung, Abzweigung SW nehmen.

Bei **N 16°53,511′ W 15°24,649′,** Dünenüberquerung.

Bei **N 16°48,529′ W 15°32,317′,** Brunnen.

Weiter **N 16°42,449′ W 15°39,203′.**

Bei **N 16°36,158′ W 15°44,830′,** Eisenstange.

Bei **N 16°33,546′ W 15°48,206′,** Asphaltstraße nach Rosso. Weiter auf der Route F 4.

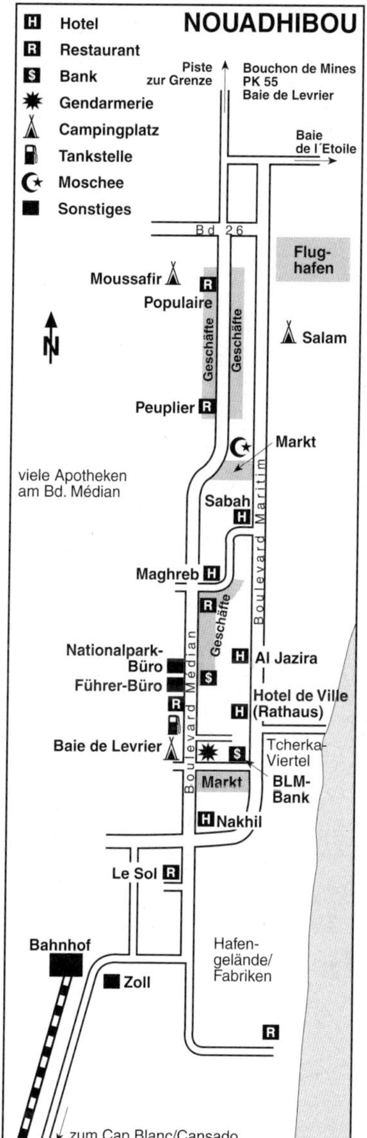

Mauretanien

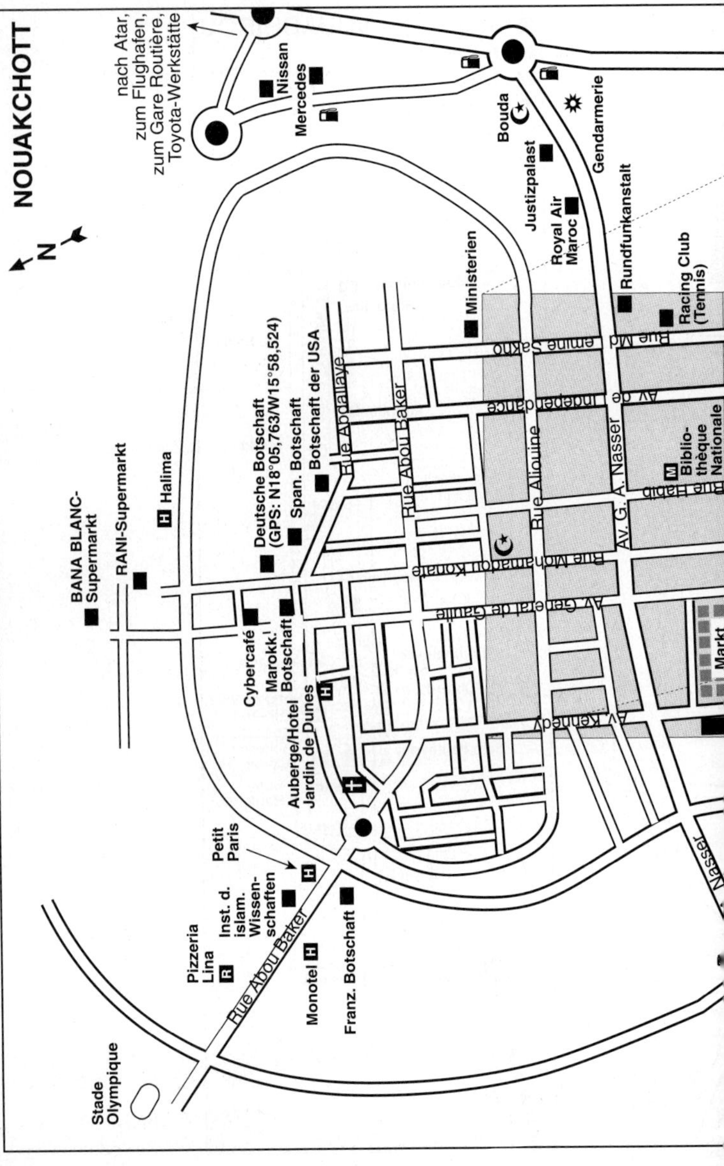
NOUAKCHOTT
N
nach Atar,
zum Flughafen,
zum Gare Routière,
Toyota-Werkstätte
Nissan
Mercedes
Bouda
Gendarmerie
Justizpalast
Royal Air
Maroc
Rundfunkanstalt
Racing Club
(Tennis)
Ministerien
Rue Md. emine Sakho
Av. de Independance
Rue Alioune
Av. G. A. Nasser
Biblio-
thèque
Nationale
Rue Habib
Rue Mohamadou Konaté
Av. Général de Gaulle
Av. Kennedy
Markt
Nasser
Rue Abdallaye
Rue Abou Baker
Deutsche Botschaft
(GPS: N18°05,763/W15°58,524)
Span. Botschaft
Botschaft der USA
BANA BLANC-
Supermarkt
RANI-Supermarkt
Halima
Cybercafé
Marokk.!
Botschaft
Auberge/Hotel
Jardin de Dunes
Petit
Paris
Pizzeria
Lina
Inst. d.
islam.
Wissen-
schaften
Monotel
Franz. Botschaft
Rue Abou Baker
Stade
Olympique

Nema
Municipale
Garde Nationale
Klinik
Maroc
Garage Arafat
Marché Sixième
Marché Cinquième
zum Strand: 7km
Hotel Sabah: 6 km
Nouâdhibou via Strand
Saoud
Dragon
Frisco
Video-laden
Reise-agentur
Phenica
Oasis
Amrane
Air Algerie
Markt
Rimal
Foto-geschäft
Reise-agentur
Air Afrique
Europcar
Marhaba
Zoll
Air Mauretanie
Racing Club
Rue Mohamadou Konate
Rue Alioune
Av. de l'Indépendance
Av. G. A. Nasser
Av. General de Gaulle
Av. Kennedy
Rosso
An die Küste
Hotel
Restaurant
Bank
Post
Museum
Tankstelle
Wäscherei/Reinigung
Zahnarzt
Sonstiges
Moschee
Kirche

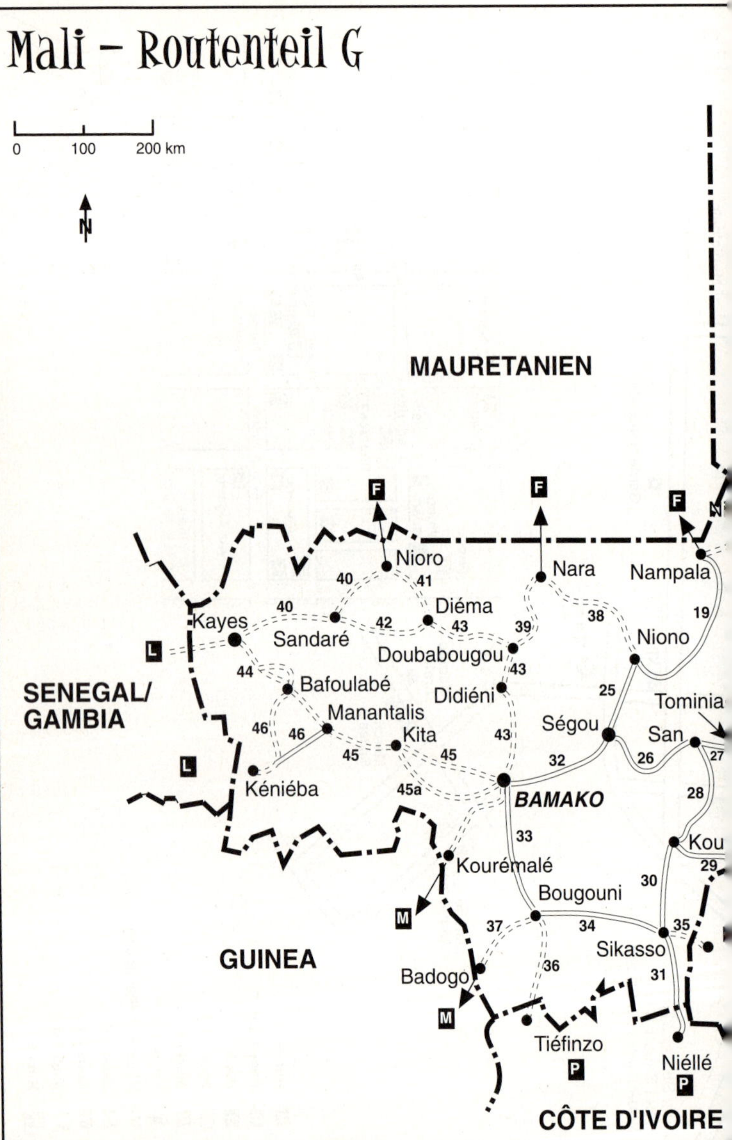
Mali – Routenteil G
0
100
200 km
N
MAURETANIEN
SENEGAL/
GAMBIA
GUINEA
CÔTE D'IVOIRE
F
F
F
Nioro
Nara
Nampala
Kayes
Sandaré
Diéma
Doubabougou
Didiéni
Niono
Tominia
Bafoulabé
Manantalis
Kita
Ségou
San
Kéniéba
BAMAKO
Kou
Kourémalé
Bougouni
Sikasso
Badogo
Tiéfinzo
Niéllé
L
L
M
M
P
P
40
41
40
42
43
39
38
19
44
43
25
46
46
45
45
43
32
26
27
45a
28
33
29
30
37
34
35
36
31

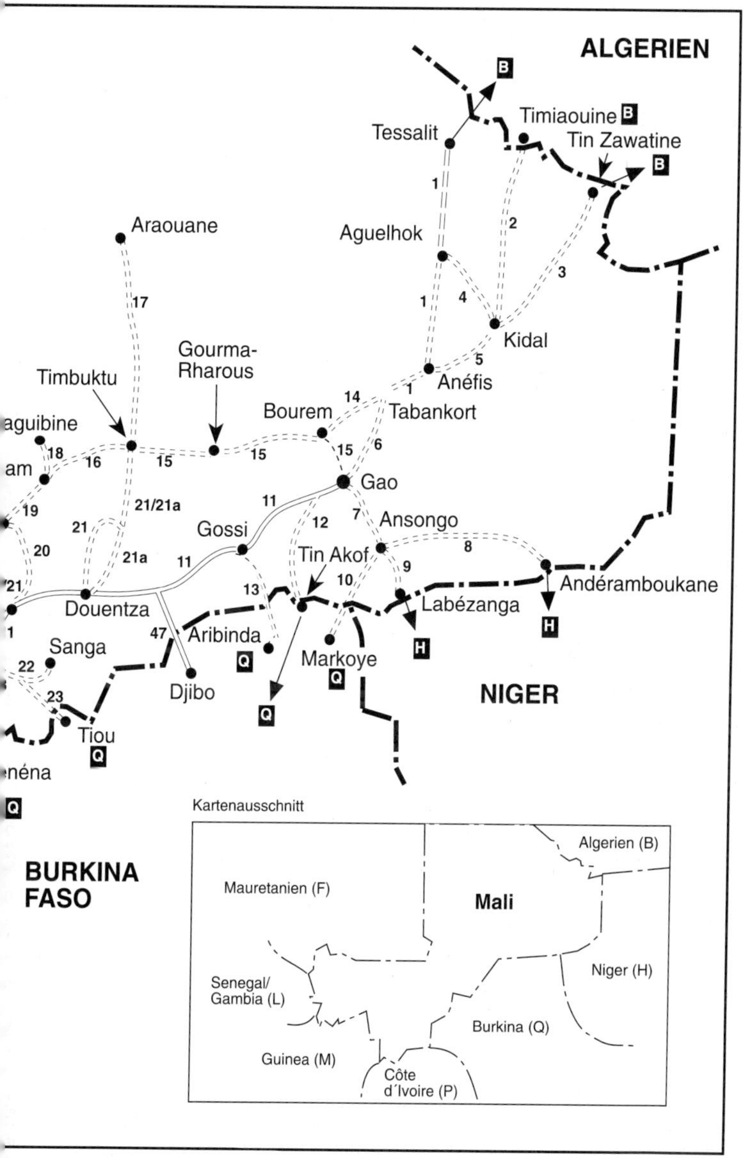
ALGERIEN
Tessalit
Timiaouine
Tin Zawatine
Araouane
Aguelhok
Kidal
Anéfis
Tabankort
Gourma-
Rharous
Timbuktu
aguibine
Bourem
am
Gao
Ansongo
Gossi
Tin Akof
Andéramboukane
Labézanga
Douentza
Aribinda
Sanga
Markoye
Djibo
NIGER
Tiou
néna
BURKINA
FASO
Kartenausschnitt
Algerien (B)
Mauretanien (F)
Mali
Senegal/
Gambia (L)
Niger (H)
Burkina (Q)
Guinea (M)
Côte
d´Ivoire (P)

Mali – Routenteil G

Überblick

Fläche: 1 240 192 km².

Einwohner: ca. 11 Mio.

Ethnien: Bambara, Peul, Tuareg, Songhay, Mauren, Senufo, Soninke.

Hauptstadt: Bamako (über 1 Mio. Einw.).

Sprachen: Amtssprache ist Französisch, daneben Nationalsprachen Bambara, Fulfulde (Fulbe), Sonrhai, Sarakollé, Tamaschek, Dogon, Senufo, Bobo und Maurisch-Arabisch.

Religion: Etwa 75% Muslime, ca. 1% Christen, der Rest Animisten.

Ruhetag: Sonntag. Büros und Regierungsstellen haben schon ab Freitagmittag geschlossen.

Feiertage: 1.1., 20.1., 25.5., 22.9., 19.11., sowie wechselnde islamische Feiertage.

Zeitverschiebung: MEZ minus 1 Stunde; Sommerzeit minus 2 Stunden.

Stromspannung: 220 V.

Einreise: Deutsche, Schweizer und Österreicher benötigen ein Visum (schnell und unproblematisch in Deutschland bei der Botschaft erhältlich). Flugreisende müssen bei der Einreise ein gültiges Rückflugticket vorlegen.

Impfung/Gesundheit: Gelbfieberimpfung vorgeschrieben. Malariaschutz dringend zu empfehlen. Die medizinische Versorgung im Land ist eher mangelhaft.

Währung: Franc CFA. 1 Euro = 663 CFA, 1 US-$ = 720 CFA. Einfuhr unbegrenzt (ab 25 000 CFA wird Deklarierung empfohlen); Ausfuhr von bis zu 25 000 CFA, es sei denn, es wurde bei der Einfuhr ein höherer Betrag deklariert. Beim Tausch von Reiseschecks werden hohe Gebühren erhoben (1998 ca. 4000 CFA in Bamako). In Bamako „cash advance“ mit Visa- und Mastercard möglich.

Kfz: Internationaler Führerschein und Fahrzeugschein. Die Grüne Versicherungskarte wird nicht anerkannt, an der Grenze muss eine Haftpflichtversicherung abgeschlossen werden. Es wird die so genannte „Carte brune“ (C.D.E.A.O.) ausgestellt, eine Versicherung, die für mehrere westafrikanische Länder gültig ist; Preise: ca. 19 500 CFA für Geländewagen und 10 Tage (03.02), ca. 24 000 CFA für 30 Tage (03.01). Ein Carnet de passage ist nicht notwendig, an der Grenze wird ein Laissez passer ausgestellt (10 000 CFA), dazu eine Verkehrsbewilligung (Permission de circuler, ca. 2000 CFA), welche nur 8 Tage gültig ist und dann bei einer Zollstelle in Bamako oder Mopti verlängert werden muss (ansonsten Geldstrafen). Das Carnet de passage wird anerkannt, in diesem Fall sind kein Laissez passer und Permission de circuler notwendig. Fahrzeugverkauf möglich.

Treibstoff: Die Treibstoffversorgung ist nicht immer gewährleistet, genug Kanister mitführen. Zwischen Timbuktu, Taoudeni und Tessalit kein Treibstoff (und keine Lebensmittel). Preise (2001): Benzin 440 CFA/l, Super 530 CFA/l.

Straßenzustand: Wenige Asphaltstraßen. Ein Teil der Pisten ist in der Regenzeit nicht befahrbar (siehe Pistenbeschreibungen). In nahezu allen Ortschaften befinden sich zur Tempodrosselung künstliche Bodenwellen, die nur in Schritttempo zu befahren sind.

Kontrollen: Eine offizielle Meldepflicht besteht nicht mehr. Es kommt nur noch sehr selten vor, dass Reisende von der Polizei aufgehalten und zum Melden „verdonnert" werden (Passfotos und Bearbeitungsgebühr). Meldepflicht lediglich in Mopti. Im Jahr 2001 viele, z.T. sehr gründliche Polizeikontrollen (Kontrolle aller Papiere, Feuerlöscher usw.). Geldstrafen bei Missachtung der Anschnallpflicht.

Grenzen: Die Grenzen zu den Nachbarländern sind geöffnet. Fahrten in das Grenzgebiet zu Algerien sollten aber unbedingt vermieden werden (s. Sicherheit)!

Sicherheit: Eindringliche Warnung! Fahren Sie nicht über die Tanezrouft-Piste von Algerien nach Mali, fahren Sie nicht von Tamanrasset über Tin-Zawatine oder Boughessa nach Tessalit, fahren Sie nicht in den Adrar des Iforhas oder Kidal. Die Versuche der malischen Armee, die dort aktiven Banditen auszuheben, endeten erfolglos. Im Oktober 2001 gab es erneut zwei Überfälle mit zwei Toten. Auf der Hauptroute Algerien – Mali, der Tanezrouftpiste, wurden seit 1992 zahlreiche Überfälle auf Reisende begangen, mit dem Ziel, sich der Fahrzeuge und Wertsachen zu bemächtigen. In der Regel wurden die beraubten Touristen nur noch mit dem allernötigsten ausgestattet an der Piste ausgesetzt, es gab aber auch Tote. Reisen nach Norden sind derzeit bis Timbuktu und Gao möglich bzw. noch empfehlenswert. Es bestehen keine Konvoipflichten, eine Begleitung ist aber gegen Bezahlung möglich. Wegen den vielen Überfällen in der Vergangenheit (neben Übergriffen auf Touristenfahrzeuge kam es häufig auch zwischen den einzelnen Bevölkerungsgruppen zu Auseinandersetzungen, hier scheint der alte Gegensatz zwischen hellhäutigen Mauren/Tuareg und dunkelhäutigen Maliern wieder aufzubrechen), informieren Sie sich in Mali vor der Weiterfahrt in den Norden unbedingt über die aktuelle Situation bei der malischen Botschaft oder dem Auswärtigen Amt.

Literatur und Landkarten:
Reiseführer: „Westafrika Band 1 – Sahel", hrsg. von Erika Därr, Autoren Thomas Baur und Gerhard Göttler, Reise Know-How Verlag, Bielefeld.
Landkarten: Übersicht Michelin 953, Nord- und Westafrika, 1:4 000 000, Carte IGN Mali, 1:2 500 000; Detailkarten Cartes IGN, 1:1 000 000, 1:500 000 und 1:200 000.
Hintergrund: Heinrich Barth, „Reisen und Entdeckungen in Nord- und Zentralafrika", Ed. Erdmann, Tübingen; Boyle, „Wassermusik", TB (Roman über die Reisen Mungo Parks); M. Griaule, „Gespräche mit Ogotemeli", Suhrkamp TB (über die Kosmologie der Dogon).

Geschichte: Das Reich Mali, gegründet von dem Mande Sundiata, dessen Heldentaten die griots in ihren Liedern heute noch preisen, beherrschte zwischen dem 13. und dem 16. Jh. die Völker im Nigerbinnendelta. Seine größte Ausdehnung, weit über das Territorium des heutigen Mali hinaus, erreichte es unter dem König Kankan Moussa, dessen glanzvolle Pilgerfahrt nach Mekka Malis Ruf als „Goldland" begründete und zahlreiche Kaufleute und islamische Gelehrte in das Reich am Niger zog. Mitte des 15. Jhs. trat das

Reich der Songhay mit der Hauptstadt Gao an die Stelle des Malireiches. Die Songhay konnten ihren Machteinfluss im Osten bis zum Aïr und den Haussa-Stadt-Staaten, im Westen bis an den Atlantik ausdehnen. Mit der marokkanischen Invasion 1591 war die Zeit der großen Reiche vorbei; Unsicherheit und häufige Fehden zwischen den einzelnen Volksstämmmen schädigten den einst florierenden Transsaharahandel, der sich nun allmählich gen Osten, in das Gebiet der Haussa-Staaten und des Reiches Kanem-Bornu verlagerte. Europäische Forschungsreisende fanden im 19. Jh. die ehemaligen Handelsmetropolen Djenné und Timbuktu verfallen und verlassen vor. Ende des 19. Jhs. wurde Mali französische Kolonie, 1960 erhielt es seine Unabhängigkeit.

Politik: Modibo Keita, der erste Präsident der Republik Mali, wurde 1968 von Militärs unter Moussa Traoré gestürzt. Madame Traoré scheint die Regierungszeit ihres Mannes massiv dafür genützt zu haben, ihre Familie zu bereichern und der weitverzweigten Verwandtschaft Pöstchen zu verschaffen. Im Gegensatz zum puristischen Nachbarpräsidenten Kountché (Niger) wurden die Traorés überall im Land mit Korruption in Verbindung gebracht. Nach blutig niedergeschlagenen Studenten- und Schülerunruhen in Bamako putschte das Militär 1991 gegen die Traorés. Von da an regierte ein „Übergangskomitee zur Rettung des Volkes", bestehend aus Militärs und Zivilisten. Neuer Präsident war Ibrahim Boubacar Keita, der den allmählichen Übergang zu einer demokratischen Verfassung regeln sollte. Erschwert wurde diese Aufgabe einerseits durch die wachsenden Tuaregaufstände im Norden Malis, andererseits durch das Wiederaufbrechen rassischer Gegensätze in der Bevölkerung, das wiederholt zu Progromstimmung beispielsweise gegen die Mauren geführt hat. Zudem schienen Teile des Militärs nicht mehr unter der Kontrolle der Befehlshaber zu stehen. Ende April 1992 fanden die ersten freien Wahlen in der Geschichte Malis statt, aus der die Demokratische Front ADEMA als Sieger hervorging, Staatsoberhaupt wurde Alpha Oumar Konaré. Bei den Wahlen 1997 erhielt die ADEMA erneut die große Mehrzahl der Sitze im Parlament. Die Wahlen waren von der Oppositon boykottiert worden. Den Provinzen im Norden mit ihrer Tuareg-Bevölkerung soll seit 1992 ein Autonomiestatus gewährt werden. Friedensverhandlungen mit den Tuareg fanden statt, doch dann kam es im Mai 1992 nach weiteren Überfällen durch Tuareg zu einer Strafaktion von Regierungstruppen, bei der 15 Zivilisten, u.a. Mitarbeiter einer Hilfsorganisation, erschossen wurden. Weitere Verhandlungen wurden geführt, trotzdem gab es sowohl 1993 und 1994 in den nördlichen Provinzen und im Jan. 1995 in Gao zahlreiche Tote bei den Auseindersetzungen zwischen den Regierungstruppen und Tuareg. Ein Friedensabkommen erfolgte, weitere Überfälle blieben zwischen 1997 und 1999 weitestgehend aus, jedoch entspannte sich die Lage nie vollständig. Im Norden Malis formierte sich eine arabische Widerstandsbewegung namens Kunta. Im Dez. 1999 gab es bei Kidal erneut blutige Auseinandersetzungen. 2002 endete Konarés Amtszeit, die geprägt war von der Entwicklung hin zu Demokratie und Dezentralisierung. Bei den ersten freien, transparenten und demokratischen Wahlen des Landes im Mai 2002 ging von 24 Präsidentschaftskandidaten Amadou Toumani Touré mit 64% der Stimmen als Sieger hervor.

Die Dogon

Die Dogon begegnen dem Mali-Reisenden auf fast jedem malischen Marktplatz – nicht persönlich zwar, aber in Form ihres Haupt-Exportproduktes, der getrockneten Zwiebelbällchen. Neben etwas Hirse sind Zwiebeln das einzige, das die Dogon dem kargen Boden ihres Rückzugsgebietes, der Falaise von Bandiagara, entlocken können. So prägen das frische Grün und der aromatische Duft der Zwiebeln zur Erntezeit auch die Landschaft des Dogon-Landes, die mit ihren bizarren Affenbrotbäumen und den chaotisch aufgetürmten Felsblöcken so gar nicht gastlich wirkt. Im Kontrast zur rauhen Umgebung steht die reiche Kosmologie der Dogon, ihre komplexe Vorstellung von der Entstehung der Welt und vom Wirken der Götter und Naturkräfte. Der Ethnologe Marcel Griaule hat diese Vorstellungen detailliert aufgezeichnet und in seinem Buch „Gespräche mit Ogotemelli" auch für Laien verständlich und spannend beschrieben. Seinen schönsten Ausdruck findet der Glaube der Dogon in den Maskentänzen, die inzwischen leider häufig zu reinem Touristen-Theater verkommen sind. Die Masken begleiten Verstorbene zur letzten Ruhe und markieren ein wichtiges Ereignis, das jedoch nur alle 60 Jahre stattfindet: das Sigi, eine Feier zu Ehren des Urahnen Dyongou-Serou. Die Vorbereitungen für das Sigi-Fest und die eigentliche Sigi-Zeremonie hat der Ethno-Filmer Jean Rouch in einer Serie von Dokumentarfilmen festgehalten. Möglicherweise war es das letzte Sigi, das die Dogon gefeiert haben. Denn obwohl sie in einem Schutz-Reservat leben, sind die Auswirkungen des Tourismus und der Sog der Moderne auch an diesem alten Bauernvolk nicht vorbeigegangen. Reisende sollten aus Respekt vor der Glaubenswelt der Dogon die Dörfer nur mit Führer besichtigen.

Mali

Routen

G 1: Tessalit – Aguelhok – Anéfis – Tabankort (ca. 325 km)

(01.01, Peugeot 505) Piste (A/C/G/I). Gefährliche Strecke, große Überfallgefahr! Fahren Sie möglichst nur im Konvoi (s.a. Überblick/Sicherheit). Keine Versorgungsmöglichkeiten unterwegs, keine Kontrollen. Zwei Pisten stehen zur Auswahl. Die Strecke durch das Tilemsi-Tal ist kürzer und besser befahrbar, in der Trockenzeit unproblematisch; dennoch sollte hier nicht allein gefahren werden, es gibt wenig Verkehr. Besonders wenn Sie in Eile sind, ist es empfehlenswert, einen Führer zu nehmen. Die Hauptpiste, die weiter unten beschrieben wird, trägt den pompösen Namen „Route Nationale". Zu Beginn ist sie steinig, danach folgt Sand; Markierung (Wegzeichen) alle 5 bis 10 km. Bei Regen ist die Strecke evtl. problematisch, weil fast keine Brücken existieren, sondern nur Dämme.

TESSALIT – S. B 28. (Ende B 28/B 35.)

Bei der Ausfahrt von Tessalit starkes Wellblech; harter, steiniger Boden.

Km 26, Überquerung des Oued Tilemsi. Die Brücke ist in gutem Zustand.

Km 31, zwei Oued-Durchquerungen.

Km 35, Oued-Durchquerung, ca. 3 km.

Km 40, Oued-Durchquerung, ca. 8 km.

Km 53, Oued-Überquerung, gute Brücke.

Km 59, **TAGLIT** – Dorf (auf der Michelin-Karte nicht eingezeichnet). **N 19°44,304' E 00°55,786'.**

Km 61, eine Eisenbrücke wird rechts umfahren. **N 19°43,4524' E 00°55,870'.**

Km 81, 85, 88, 94, Oueds.

Km 96, **AGUELHOK** – Dorf. Extrem sandige Ortszufahrt. Kontrolle (Polizei, Militär). Beschränkte Lebensmittelversorgung, Restaurant. Pos. **N 19°28,057' E 00°51,2336'.** (Beginn G 4.)

Unterkunft: Übernachtung in großem Gehöft (als Campement errichtet) möglich, sehr schöner Innenhof mit vielen kl. Zimmern mit WC/Dusche (Wasser aus Eimer), sehr zu empfehlen.

Der kl. Flughafen des Ortes wird passiert.

Km 118, Oued (Wasserstelle), Pos. **N 19°21,5074' E 00°52,500'.**

Km 130, Pisten nach Kidal und Anéfis kreuzen. **N 19°16,178' E 00°52,850'.**

Km 161, Oued.

Km 188, VW-Bus-Wrack.

Km 194, Beginn der Marcouba-Ebene. Lange, sehr sandige Passage (ca. 8 km). Ohne Geländefahrzeug sollte dieses Stück unbedingt weiträumig im Westen umfahren werden, sonst sehr schwierig und zeitaufwendig! Luftdruck senken.

Km 283, **ANÉFIS** – Dorf. Bei der Ortseinfahrt Polizeikontrolle. Lebensmittel, viele Brunnen (reges Treiben). (Ende G 5.)

Km 310, Hier mündet die Piste durch das Tilemsi-Tal in die „Route Nationale".

Km 325, **TABANKORT** – Dorf. Wasser. Polizeikontrolle. (Beginn G 6 und G 14.)

G 2: Timiaouine – algerisch-malische Grenze – Kidal (250 km)

Vorsicht, Überfälle und Belästigung durch Militär möglich. Nur im Konvoi fahren! Gut erkennbare und ehemals viel befahrene Piste (A/C/G/I); in der Regenzeit schwierig.

TIMIAOUINE – S. B 35. (Zur B 35.)

Verlassen Sie Timiaouine in südlicher Richtung. Auf etwa 10 km Weichsand.

Km 14/236, Oued-Durchquerung.

Km 26/224, direkt vor Ihnen drei Berge in Pyramidenform.

Km 36/214, Pisten kreuzen; geradeaus weiterfahren.

Km 52/198, Steinmännchen.

Km 76/174, große Steine.

Km 105/145, Autowrack.

Km 126/124, Geröll.

Km 152/98, großer Oued.

Km 158/92, Haus.

Km 167/83, einige Weichsandpassagen, viele Spurrillen.

Km 297/43, tiefe Spurrillen.

Km 207/33, Steinmarkierung in einem Oued.

Km 232/18, zwei große Steinmännchen. Ein kleines Stück weiter mündet eine Piste von links, Tonnen und Wegweiser; geradeaus weiterfahren.

Km 247/3, linker Hand ein Haus.

KIDAL – Städtchen. Lebensmittel, Wasser, Treibstoff. Zwei Restaurants. Meldung bei Gendarmerie erforderlich, an der Ausfahrt in Richtung Süden, nach dem Justizgebäude beim alten Fort, schnell und unbürokratisch. Formalitäten zur Einreise nach Mali (Polizei und Zoll). (Ende G 3 und G 4; Beginn G 5.)

Unterkunft: Kleines, einfaches Campement-Hotel „Les Dattiers" mit Biergarten, DZ 5000 CFA (03.99), B.P. 41, Tel. 85 00 36, wichtigster Biertisch Malis, **N 18°26,421' E 01°24,576'.** Campingmöglichkeit am Rand des großen Trockenbettes östlich der Stadt beim Flugplatz.

Verschiedenes: Möglichkeit, die Haftpflichtversicherung abzuschließen (beim Zoll, CDEAO-Versicherung). Vorsicht beim Fotografieren in der Stadt, fast alle wesentlichen Gebäude werden von der Nationalgarde beobachtet, insbesondere das franz. Fort mit dem berüchtigten Gefängnis! Kleines Krankenhaus, Artisanat mit Handwerkerhof. Empfehlenswert ist ein Besuch bei der Radiostation am Markt (sehr interessant).

G 3: Tin Zawatine – Kidal (249 km)

Harte und steinige Piste durch das Adrar des Iforhas (A/C/G/I). Auf den ersten 30 und den letzten 40 km Markierung mit Steinmännchen; dazwischen gut befahrbare und erkennbare Piste ohne Markierung. Vorsicht, Überfälle und Belästigung durch Militär möglich. Fahren Sie nur im Konvoi (Piste eventuell gesperrt, erkundigen Sie sich vor Ort, s.a. Hinweise im Überblick/Sicherheit).

TIN ZAWATINE – S. B 37. (Ende B 37; Beginn B 38.)

KIDAL – S. G 2. (Ende G 2 und G 4; Beginn G 5.)

G 4: Aguelhok – Kidal (150 km)

(03.99) In der Trockenzeit unproblematische Piste (A/C/G/I), sehr gut. In der Regenzeit nur mit Geländewagen befahrbar. Zunächst verläuft die Piste auf Granitboden, danach auf sandigem oder schlammigem Untergrund. Vorsicht, Überfälle und Belästigung durch Militär möglich. Fahren Sie nur im Konvoi (s.a. Überblick).

AGUELHOK – S. G 1. (Zur G 1.)

Sie verlassen Aguelhok auf der Piste nach Tabankort (G 1).

Ca. Km 20/130, Abzweigung nach rechts (W).

Ab Km 30/120 ist die Piste gut mit Steinmännchen markiert.

Km 50/100, breiter, sandiger Oued, der in der Regenzeit Wasser führt.

Km 62/88, kleiner, aber tiefer Oued; Sand und viel Wasser in der Regenzeit.

Zwischen Km 100/40 und Km 110/50 muss ein breites Tal umfahren werden, teilweise führt die Piste über die im Westen gelegenen Hügel.

Km 120/30, eine Piste zweigt nach links ab (Osten) in Richtung Timiaouine (zur G 2).

Km 135/15, große Kreuzung mit Wegweiser; nach links geht es nach Boughessa, nach rechts nach In Tedeïn.

KIDAL – S. G 2. (Ende G 2 und G 3; Beginn G 5.)

G 5: Kidal – Anéfis (149 km)

(02.90, UMM 4x4) Auf den ersten 15 km holperige und steinige Piste (A/C/G/I), danach besser befahrbar. In der Regenzeit ist diese Piste nur schwer zu befahren; in einigen Oueds kann das Wasser innerhalb weniger Stunden um einen Meter steigen. Piste derzeit gesperrt (erkundigen Sie sich vor Ort über die aktuelle Lage). Vorsicht, Überfälle und Belästigung durch Militär möglich (s.a. Überblick).

KIDAL – S. G 2. (Ende G 2, G 3 und G 4.)
Kurz hinter Kidal wird ein steiniges Oued überquert.

Km 31/118, Oued-Durchquerung.

Km 33/116, Steinmarkierung.

Km 48/101, breites Oued.

Km 58/91, ein großes Oued mit viel Wasser muss links umfahren werden. Kurz nach der Senke trifft man auf die Hauptpiste.

Km 66/83, kleine Dünen.

Km 70/79, Weichsandpassagen.

Km 76/73, Abzweigung nach rechts führt zu einer historischen Stätte (9 km).

Km 81/68, großes Oued.

Km 114/35, Pistenspuren nach links.

Km 128/21, man trifft auf die Piste Tessalit – Tabankort (zur G 1).

ANÉFIS – S. G 1. (Zur G 1.)

G 6: Tabankort – Gao (201 km)

(04.02, Yamaha TT 600) Piste (A/C/G/I). Viel Lkw-Verkehr, auch nachts.

TABANKORT – S. G 1. (Ende G 1; Beginn G 14.)

Beim Verlassen von Tabankort in Richtung Gao fahren Sie nach links (Wegweiser), nach rechts geht es in Richtung Bourem. Wenn man den Anfang der Piste verpasst, durchquert man kleine Sandflächen und trifft etwas später auf die Hauptpiste.

Km 15/186, Brunnen von Trabichat, der meist östlich umfahren wird.

Km 18/185, ein Haus rechts der Piste.

Km 21/180, ein drei Kilometer langes Sandfeld, das keine Probleme aufgibt; es kann auch östlich umfahren werden.

Km 44/157, Abzweigung nach Süd-Südwest in Richtung In-Tassint. Weiter nach Süd-Südost fahren.

Km 56/145, Haus rechts der Piste.

Km 61/140, Piste nach Süd-Südost in Richtung Agamor und Bourem.

Km 94/107, Ruinen links der Piste.

Km 95/106, Windrotor links der Piste.

Km 134/67, Weiler mit Windrotor.

Km 150/51, großes Sandfeld.

Km 155/46, Weiler mit Windrotor.

Km 167/34, links kommen schwarze Berge in Sicht.

Km 180/21, Kreuzung mit Wegweiser, die Piste nach Osten führt nach Djebok; nach Gao nach Westsüdwest weiterfahren.

Km 195/6, großes Sandfeld.

GAO – 264 m, ca. 43 000 Einw. (s. Stadtplan). Gute Infrastruktur, gute Lebensmittelversorgung (teuer). (Beginn G 7, G 11, G 12 und G 15.)

Unterkunft: Hotel „Atlantide“, schmutzig, ziemlich verwahrlost, kühles Bier, aufdringliche Schlepper vor und im Hotel, DZ (inkl. Frühst.) 12 000 CFA mit Ventilator, 14 500 CFA klimatisiert (03.99). Campingplatz „Yarga“, in der Nähe des Niger in Richtung Fähre, ca. 6000 CFA. „Chez Jean-Claude“ (Franzose), Sanitäranlagen und Duschen, Restaurant, gut bewacht (Vermietung von Hütten) mit netter Atmosphäre. Camping „Bangion“, Zimmer, Camping oder Unterkunft in Songhai-Hütten möglich, Schlafgelegenheit auf den Dächern, gutes Essen, saubere Toiletten und Duschen, Andenkenladen, neben Campingplatz sehr schicke Disko, noch kaum Schatten. Camping „Tizi Mizi“, am Ortsausgang in Richtung Flughafen, gute Sanitäreinrichtungen und Duschen, Bar und Nachtclub, schattig, Camping 1500 CFA, Auto 2000 CFA, Vermietung von Hütten, DZ mit Ventilator 10 000 CFA.

Essen: Rest. „Le Senegalais“, freundlich, gut, preiswert. „Yarga“, sehr preiswert, gut. „Le Thierry Sabine“, akzeptabel.

Verschiedenes: Telefonieren am günstigsten in „Telefonica“-Zentrale (weithin sichtbar, am Kreisverkehr nicht links Ri. Flughafen, sondern Str. den Niger entlangfahren), faxen und telefonieren (auch nachts). Evtl. Abstempeln des Passes bei der Polizei (offen 7–14.30 Uhr, ca. 1000 CFA p.P. und Passfoto). Vergessen Sie nicht, das an der Grenze ausgestellte Laissez passer verlängern zu lassen (falls nicht schon in Mopti oder Bamako geschehen). Hat man an der Grenze kein Laissez passer bekommen, ist es beim Zoll für 1500 CFA erhältlich. Artisanat direkt hinter dem Hotel „Atlantide“, verhandeln. Algerisches Generalkonsulat sehr entgegenkommend: in einem halben

Tag kostenfreie Ausstellung der Transitvisa für Algerien und Vermittlung eines zuverlässigen Tuareg-Führers für die Tanezrouft-Piste (01.02).

Sehenswert: Die Stadt selbst hat keinen eigenständigen Charakter, besuchenswert ist sie wegen ihrer ethnischen Vielfalt; hier begegnen sich zahlreiche Stämme aus Sahara und Sahel. Schön ist die Vielfalt der Bevölkerung vor allem auf dem Markt zu beobachten. Trotz der modernen Stadtanlage kann Gao auf eine fast tausendjährige Geschichte zurückblicken. Über 600 Jahre war Gao Hauptstadt des Songhay-Reiches, dessen mächtigster Herrscher, Mohammed Askia, auch hier begraben liegt (Grabmal des Askia). Erst die marokkanische Eroberung 1591 beendete die Blütezeit der alten Handelsstadt. Neben dem Grabmal des Askia gibt es ein archäologisches Zentrum und einen schönen Markt mit übertriebenen Preisen. Reisende, die Gao das erste Mal besuchen, sollten einen der jungen Führer anheuern, die beim Erledigen der verschiedenen Formalitäten sehr hilfreich sein können. Sehr zu empfehlen: Pirogenfahrt zur Koina-Düne, ca. 3 Std., 4000 CFA p.P. (03.99) mit Oumar Tiémogo (genannt Samory), zu erreichen bei Nachfrage am Grab der Askia.

Gao – Timbuktu – Mopti per Nigerschiff: Unregelmäßige Fahrtzeiten (verkehrt nur Juli–Dezember, für Motorräder Pinassen auch außerhalb dieser Zeit möglich, aber teuer), verladen werden können nur Motorräder. Zufahrt zur Fähre über einen Damm nigerabwärts. Nach Dienstschluss (17 Uhr) werden ein paar 1000 CFA mehr verlangt (Verhandlungssache), sonst Gebühren nach angeschriebenem Tarif. Tarif Gao–Mopti etwa 5500 CFA/Person (auf der Brücke) und 5300 CFA/Motorrad. Autos können auf Schleppkähne verladen werden, die verschiedene Handelsgüter auf dem Niger befördern; hier sind die Abfahrtszeiten beliebig, die Verschiffung dauert lange, mit Verspätungen muss gerechnet werden, die Reise ist völlig ohne Komfort und außerordentlich teuer. Infos gibt die „Compagnie malienne de Navigation".

G 7: Gao – Ansongo (105 km)

(01.02) Gute Piste (A/H/I). Im Jahr 2000 in sehr schlechtem Zustand (viel Wellblech wechselt mit stark verspurtem Sand). Es besteht Überfallgefahr.

GAO – S. G 6. (Ende G 6; Beginn G 11, G 12 und G 15.)

ANSONGO – Dorf, in schöner Lage am Ufer des Niger. Lebensmittel. Treibstoff auf dem Schwarzmarkt. Einfacher Campingplatz. Polizeikontrolle. (Beginn G 8, G 9 und G 10.)

G 8: Ansongo – Ménaka – Andéramboukane – nigrische Grenze (310 km)

(01.02) Gute Piste (A/I). Diese Strecke kann als Verbindung von Gao nach Tahoua dienen, die Niamey umgeht.

ANSONGO – S. G 7. (Ende G 7; Beginn G 9 und G 10.)

MÉNAKA – Dorf. Brunnen. Malische Zollkontrolle.

ANDÉRAMBOUKANE – Dorf. Malischer Grenzposten. (Beginn H 15.)

Einreise in den Niger in Abala.

G 9: Ansongo – Labézanga – nigrische Grenze (140 km)

(01.00, YAMAHA TT 600) Piste, sehr schlechter Zustand (A/H/I), viel Wellblech wechselt mit stark verspurtem Sand.

ANSONGO – S. G 7. (Ende G 7; Beginn G 8 und G 10.)

FAFA – Dorf. Lebensmittel. **Unterkunft:** Campement am Fluss total heruntergekommen, mit 4-Rad nicht mehr zu erreichen, quasi nicht mehr existent.

LABÉZANGA - Dorf. Malischer Grenzposten. Zoll-/Polizeikontrolle. (Beginn H 1.)

G 10: Ansongo - Tessit - Grenze zu Burkina Faso - Markoye (133 km)

Piste (A/H/I), in der Regenzeit nicht befahrbar.

ANSONGO - S. G 7. (Ende G 7; Beginn G 8 und G 9.)

Verlassen Sie Ansongo auf der Piste nach Labézanga und Niamey (G 9).

Km 13, nach rechts auf die Piste abbiegen, die zur Nigerfähre führt (2500 CFA/Fahrzeug, wenn der Motor funktioniert, 10 000 CFA, wenn der Motor eine „Panne" hat und die Fähre gerudert werden muss).

Die Piste führt nun deutlich sichtbar durch Buschland bis Tessit.

Km 53, **TESSIT** - Dorf. Grenzformalitäten zur Ausreise aus Mali.

Der See muss rechts umfahren werden, danach einer ziemlich sandigen Piste nach Südwesten folgen.

Km 133, **MARKOYE** - Dorf. Lebensmittel (Markt am Montag). Grenzformalitäten zur Einreise nach Burkina Faso. (Beginn Q 5.)

G 11: Gao - Hombori - Douentza - Mopti (584 km)

(01.00, YAMAHA TT 600) Asphalt. Zwischen Gao und Douentza gut, dann mittelmäßig (oft geflickt, z.T. Rollsplitt). Einige Polizeikontrollen (meistens wird man durchgewunken). Wenig Verkehr. Landschaftlich sehr schön rund um Hombori.

GAO - S. G 6. (Ende G 6; Beginn G 7, G 11, G 12 und G 15.)

Km 0, Gao Zentrum.

Km 11, Fähre. Die Fähre über den Niger (von ehemals zwei verkehrt nur noch eine) kostet zwischen 2000 und 5000 CFA/Fahrzeug, je nach Tageszeit (an Wochenden, mittags und abends werden Sondertarife erhoben). Sie verkehrt zwischen 06:00 und 12:00 Uhr und von 15:00 bis 17:00 Uhr.

Km 13, Polizeikontrolle, Asphaltbeginn. Es wird eine taxe routière erhoben. Quittung aufheben (weitere Kontrollen).

Km 61, Dorf, Polizeikontrolle.

Km 153, Abzweigung nach rechts nach **GOURMA RHAROUS** (Ende G 20). Das Tuaregdorf liegt etwa 140 km nördlich und ist auf gut markierter Piste (A/C/G/I) zu erreichen, die allerdings selten befahren wird. Ausnahmen sind Samstag und Sonntag, die Markttage in Gossi. Die Piste führt zum Teil durch Sanddünen mit einigen Grasbüscheln, zum Teil über lehmigen Untergrund.

Km 163, **GOSSI** - Dorf. Polizeikontrolle. Markt Samstag und Sonntag. (Beginn G 13.)

48 km nach Gossi unscheinbarer Abzweig nach links in Ri. Ndaki (s. G 13).

Km 250, **HOMBORI** - Großer Ort. Lebensmittel, Getränkemarkt, Tankstelle (24 h geöffnet, am Ortseingang links). Dienstags Markt.

Unterkunft: Campement, sehr schön, am Ortseingang rechts, Bar und Restaurant, Camping 1500 CFA (04.02).

Landschaftlich sehr reizvoll führt die weitere Strecke durch die **Berglandschaft von Hombori,** mit hohen turm- und kegelförmigen Bergen, die aus der flachen Wüsten-/Steppenlandschaft ragen. Fußwanderungen und Klettertouren lohnen sich. Zur Regenzeit entspringen Quellen und Flüsse auf den Höhen der Bergrücken, die auch zum Baden geeignet sind. Sehr arme Bevölkerung.

Sehenswert: Das Höhlendorf am Fuß der falaise (Klettertouren möglich).

Km 285, die Straße führt am nördlichen Fuß des Mont Hombori vorbei, ein faszinierender Berg mit drei Felsnadeln.

Km 287, Dorf, großer Straßenmarkt.

Km 395, **DOUENTZA** - Dorf. Lebensmittel, Tankstelle. Gutes Wasser. (Beginn G 21.)

Unterkunft: Wild Campen erlaubt. Ein kleines Restaurant liegt etwa 200 m hinter der Brücke.

Sehenswert: Der eindrucksvolle Markt.

Km 458, **BORÉ** - Dorf.

Sehenswert: Die schöne Moschee im sudanesischen Lehmbaustil.

Km 517, **KONNA** – Dorf. Lebensmittel, Treibstoff. (Ende G 20.)

Km 572, **SÉVARÉ** – Kleinstadt, ca. 10 km von Mopti entfernt. Zahlreiche Tankstellen.

Unterkunft: Motel und Campingplatz „Oasis" (DZ ca. 8000 CFA mit Ventilator und Dusche).

Verschiedenes: Supermarkt mit guter Auswahl (teuer) neben Mobil-Tankstelle an gr. Kreuzung. Regionalzentrale des Zolls zur Verlängerung der Permission de circuler (s.u.).

Km 584, **MOPTI** – Stadt, 263 m, 78 000 Einw. Gute Infrastruktur. (Beginn G 22, G 23 und G 24.)

Verschiedenes: Meldepflicht bei der Polizei (Büro liegt am Ortsausgang in Richtung San): Zettel ausfüllen, 1000 CFA p.P. (08.98), Stempel in Pass und Laissez passer. Reiseschecks wechselt die „BIAO". Die Werkstatt des el Hadji Abdou Cisse, Avenue du Fleuve, ist sehr kompetent und hat Ersatzteile für Geländewagen. Schiffsverbindung auf dem Niger nach Timbuktu und Gao, unregelmäßige Abfahrtszeiten, Näheres unter Gao (s. G 6). Regionalzentrale des Zolls zur Verlängerung der Permission de circuler ist in Sévaré (von Bamako kommend an Hauptstr. auf rechter Seite), Abwicklung freundlich, schnell und problemlos.

Unterkunft: In der Hochsaison kann es schwierig werden eine Unterkunft zu finden. Campingmöglichkeit (ca. 2500 CFA/Person) und Bungalows am Ortseingang im „Campement-Hotel", Bungalow für 2 Personen etwa 12 000 CFA, großer Innenhof. Hotel „Le Relais Kanaga (Sofitel)", bestes und teuerstes Hotel, am Flussufer, gute Küche, internationale Telefonverbindung, DZ ca. 33 000 CFA mit Klimaanlage. Einfaches Hotel „Bar Mali" in der Altstadt, empfehlenswert, sehr afrikanisch (DZ ca. 8000 CFA), große Dachterrasse, gilt angeblich als Stundenhotel. Wenn die Hotels voll sind, nach Sévaré fahren.

Essen: Restarant/Bar „Le Bozo" (touristisch) an einer Ecke des kleinen Hafenbeckens, schöne Terasse, gute Fischgerichte. Empfehlenswertes Lokal „Sigui" an der Uferpromenade in Richtung Hotel „Kanaga", gutes Essen, freundlich, schöne Atmosphäre. Guter Vietnamese.

Sehenswert: Mopti heißt „Treffpunkt". Mitte des 19. Jh. vom Fulbe-Führer Sekhu Ahmadou gegründet, wurde die Stadt Ende des 19. Jh. von den Franzosen auf drei Inseln am Zusammenfluss von Bani und Niger ausgebaut. Mopti wird auch das „afrikanische Venedig" genannt (viele Mücken). Mopti ist zugleich auch die Stadt der Fische, die die Bozo-Fischer auf den der Stadt vorgelagerten Inseln trocknen und räuchern (ein frischer oder geräucherter capitaine ist ein Genuss). Sehenswert sind die malerische Lage der Stadt, die Moschee, die Viertel der Händler und Handwerker mit der Markthalle (Kunsthandwerk, schöne Decken der Peul-Weber), der Pirogenhafen, Pirogenfahrten (teuer) und der Markt mit allen wichtigen Volksgruppen Malis (v.a. donnerstags).

In der Umgebung: Das **Dogon-Land** (s. G 22, G 23), die Seno-Ebene, die Straße der Légion.

G 12: Gao – In Tellit – Grenze zu Burkina Faso – Tin Akof (ca. 210 km)

Piste (A/F/H/I). Orientierung zum Teil sehr schwierig.

GAO – S. G 6. (Ende G 6; Beginn G 7, G 11 und G 15.)

Sie verlassen Gao auf der Straße nach Mopti (G 11).

Ca. Km 20, nach links (S) führt eine gut ausgefahrene Piste nach In Tellit.

Ca. Km 80, **DOREY** – Campement. Keine Versorgungsmöglichkeit.

Ca. Km 115, **IN TELLIT** – Dorf. Keine Versorgungsmöglichkeit. Formalitäten zur Ausreise aus Mali.

Verschiedenes: Führer für die Strecke bis Kacham zu empfehlen. Die auf der Michelinkarte eingezeichnete Piste existiert nicht mehr; nur einige Kamelspuren dienen zur Orientierung im hügeligen, buschbewachsenen, schwierigen Gelände.

Ca. Km 190, **KACHAM** – Aufgegebenes Campement.

Die Piste wendet sich nun Ri. Osten.

TIN AKOF - Dorf. Keine Versorgungsmöglichkeit. Beim Militärposten melden. Die Formalitäten zur Einreise nach Burkina Faso werden in Dori durchgeführt (s. Q 2). (Beginn Q 4.)

G 13: Gossi - Ndaki - Grenze zu Burkina Faso - Déou - Aribinda (ca. 262 km)

(08.98, Mercedes G) Die in der Michelin-Karte eingezeichnete Strecke nördlich von Gossi nach Oursi war im Aug. 1998 nicht mehr passierbar, deswegen fahren die Taxi-Brousse jetzt vor Gossi eine andere Piste nach Ndaki. Sandige Piste durch einsames Grasland (A/G/I, in der Regenzeit H), Streckenverlauf meistens sehr schlecht erkennbar, deswegen GPS sehr empfohlen. Fahrzeit ca. 2 Tage. Sehr ruhige Route mit kaum Besiedelung. Nach Ndaki kein Verkehr, Wanderweg für Nomaden (Tuareg) nach Burkina, viele Vögel und Kanninchen.

GOSSI - S. G 11. (Zur G 11.)

48 km südlich von Gossi unscheinbarer Abzweig von der Teerstraße (G 11) nach links (von Gossi kommend). **N 15°24,834' W 01°25,052'.** Sandige Piste durch Gebiet mit vielen Tuareg.

Km 53 (nach Gossi, 5 km nach Abzweig), Dorf. Immer weiter in Richtung Osten fahren. In der Regenzeit grüne, vollkommen grasbedeckte Landschaft mit Büschen soweit das Auge reicht (sehr schön).

Km 93, Hütten und Getreidefelder, Pos. **N 15°21,493' W 01°00,365'.**

Km 99, **NDAKI** - Dorf. Sanitärstation. Kein Polizeiposten mehr, also keine Ausreiseformalitäten. Evtl. Führer für die weitere Strecke nehmen.

Die Piste weiter Richtung Grenze zweigt schon ca. 1 km vor dem Dorf nach rechts (S) von der anderen Piste ab. **N 15°21,010' W 00°58,757'.**

Ab Ndaki ist die Piste nur noch sehr schlecht zu erkennen (evtl. Führer nehmen). Notfalls querfeldein (ziemlich schwer, da Dickicht und Geröllfelder) in Ri. SSO fahren, bis wieder Spuren auftauchen. Die folgenden Km-Angaben sind nur Richtwerte!

Ca. bei Km 130, Pos. **N 15°09,345' W 00°48,318',** Punkt auf der Piste.

GRENZE BURKINA FASO/MALI, ca. Km 144. **N 15°05,055' W 00°43,333'.**

Weiter auf sandiger Piste in Ri. SO.

Ca. bei Km 166, Pos. **N 14°56,570' W 00°37,261',** Punkt auf der Piste.

Ca. bei Km 176, Pumpbrunnen links neben der Piste. **N 14°51,581' W 00°37,826'.**

Ca. bei Km 188, zwei Pumpbrunnen und Betonhäuschen neben Piste.

Ca. bei Km 192, kl. Dorf.

Ca. bei Km 204, Pos. **N 14°37,682' W 00°42,623',** Punkt auf der Piste.

Ca. bei Km 207, **DÉOU** - Ort mit Wasser und Lebensmitteln. Pos. **N 14°36,125' W 00°43,119'.** Abzweig nach Oursi (vor Déou) wie in Michelin-Karte eingezeichnet war nicht auffindbar. Einreiseformalitäten für Burkina in Déou: Gendarmerie am Ortsausgang (Stempel), Douane vor dem Ort auf linker Seite (08.98: Laissez passer für 1 Monat 5000 CFA, freundlich und problemlos).

Weiter auf mittelmäßiger, in Regenzeit verschlammter Piste (tiefe Rillen) in Ri. SW nach Aribinda. Einige Furten durch Bäche. Streckenverlauf wieder gut erkennbar und befahren.

km 20 (nach Déou), **GASSÉLNAY** - Dorf.

Km 36 (nach Déou), **SIKIRÉ** - Dorf links der Piste. Kreuzung: rechts (SW) nach Aribinda, links nach Tassamakat.

Km 55, **ARIBINDA** - Ort, hübsch gelegen zwischen gr. Granitfelsen. Wasser, Lebensmittel. Hier mündet die Route in die Hauptpiste (zur Q 26) von Dori (links) bzw. Djibo (rechts).

G 14: Tabankort - Agamor - Bourem (150 km)

Piste (A/I), zwischen Tabankort und Agamor für jeden Fahrzeugtyp befahrbar. Ab Agamor Piste (A/H/I) mit zahlreichen langen und tiefen Sandpassagen. Zwischen Agamor und Bourem ist die Piste mit unleserlichen Kilometersteinen markiert. Diese Route umgeht Gao und kürzt so die Strecke von Algerien nach Timbuktu ab.

TABANKORT – S. G 1. (Ende G 1; Beginn G 6.)

Sie verlassen das Ortszentrum von Tabankort in westsüdwestlicher Richtung.

Bis Agamor ist die Piste gut, aber wenig befahren; leichtes Wellblech. Die Piste kann nach der Regenzeit zerstört sein – dann werden zahlreiche Umfahrungen abseits der Piste durch schwieriges sandiges Gelände nötig.

AGAMOR – Einige Häuser. Brunnen mit Trinkwasser. Hier kommen große Viehherden zusammen.

Hinter Agamor werden große Sandflächen durchquert (die Spurrillen sind tief, aber meist unproblematisch).

BOUREM – Dorf. Wasser, Markt, Klinik. Kein Treibstoff. Bei der Polizei melden. (Zur G 15.)

G 15: Gao – Bourem – Timbuktu (505 km)

(01.97, Motorrad) Stark versandete Piste, bis Bourem sehr schwierig (A/G/I), im allgemeinen gut markiert. Abseits der Piste Vorsicht vor den Stacheln der Akazien und cram-cram-Gräser, die Reifenpannen verursachen. Versorgen Sie sich in Bourem mit Vorräten, danach wird es teuer. Sehr schöne Landschaft, teils Sanddünen, teils Buschsavanne; gelegentlich Blick auf den Niger.

GAO – S. G 6. (Ende G 6; Beginn G 7, G 11 und G 12.)

BOUREM – S. G 14. (Ende G 14.)

Zwischen Bourem und Timbuktu kann die Piste auch ohne Probleme von Fahrzeugen ohne hohe Bodenfreiheit befahren werden. Reifendruck reduzieren, um Einsanden zu vermeiden. Allradantrieb wird hier nur selten gebraucht. Die Spuren sind gut zu erkennen.

Kurz hinter Bourem Durchquerung eines etwa 5 km langen Sandfelds. Viele Spuren, stark versandete Piste. Danach ist ein Plateau mit härterem Untergrund erreicht, die Piste ist besser zu befahren und leicht erkennbar. Etwa 30 km weiter erneut ein Sandfeld, die Piste ist gut erkennbar.

Km 238 bis Km 258, Sandfeld, schwierige Passage. Am Ufer des Niger das Dorf **BISSANE** (keine Versorgungsmöglichkeit).

Km 270, **ATLIK-EBANGUE** – Dorf. Wasser, aber keine Versorgungsmöglichkeit.

Danach wieder besser befahrbare Piste (harter Untergrund).

Km 302, Piste nach links nach

GOURMA-RHAROUS – Stadt. Lebensmittel (schöner Markt). Kleines, einfaches Campement. Die freundlichen Stadtbewohner sind zum größten Teil Tuareg. Fähre über den Niger (02.97: Fähre 2000 CFA zuzüglich 20l Benzin und einer Genehmigung des Unterpräfekten).

Die Piste wird nun wieder schlechter, zahlreiche Sandpassagen.

Km 365, **BER** – Dorf. Keine Versorgungsmöglichkeit. Von hier ab wieder besser befahrbare Piste.

Km 425, man trifft auf die Asphaltstraße Kabara – Timbuktu. Nach rechts fahren.

7 km vor Timbuktu Pistenauffächerung, möglichst links halten.

Km 435, **TIMBUKTU** – 296 m, ca. 20 000 Einw. Gute Infrastruktur. Die Stadt ist von Sanddünen eingeschlossen. (Ende G 21; Beginn G 16, G 17 und G 21a.)

Unterkunft: Hotel „Bouctou", ehem. Campement, laut, Nebengebäude (ruhiger) im Stil einer Karawanserei, DZ etwa 12 000 CFA inkl. Frühstück, Camping 2500 CFA/Pers. Relais „Azalai", sauber und ordentlich, DZ ca. 30 000 CFA.

Verschiedenes: Mehrere Geschäfte und Markt. Flughafen, Flug nach Mopti für 44 000 CFA one way (05.99), Ermäßigung für Studenten unter 26 Jahre. Evtl. bei Zoll und Polizei melden, eine Stadtsteuer von 1000 CFA/Person wird erhoben. Mineralwasser wird hier doppelt so teuer wie in Gao verkauft. Vom Hafen Kabara Nigerschiff nach Gao und Mopti (nur Juli–Dez., für Motorräder Pinassen auch außerhalb dieser Zeit möglich, aber teuer), unregelmäßige Abfahrtszeiten, Näheres unter Gao (s. G 6). „Sahel Expeditionen" (Tel./Fax (00 223) 92 10 48, Fr. Kazmaier spricht deutsch) organisiert Erlebnisreisen vor Ort, Pirogenfahrten auf dem Niger, Trekkingtouren im Dogon-Land, Kameltrekkingtouren u.v.m., in Deutschland repräsentiert durch „New Adventure Erlebnis Reisen", auch Übernachtungsmöglichkeit auf der Dachterrasse, sicheres Parken, technische Hilfestellung, Routen-Beratung, Hilfe bei evtl. Problemen und Vermietung von Geländewagen mit Fahrer.

Sehenswert: Nehmen Sie einen Führer (etwa 5000–8000 CFA/Tag). Die Ursprünge der Stadt gehen auf einen Tuareg-Lagerplatz zurück. Die strategisch günstige Lage am Endpunkt der Transsahararouten und zugleich an der Niger-Wasserstraße nach Djenné bescherten Timbuktu ab dem 14. Jh. einen Handelsboom. Neben Händlern ließen sich auch viele Religionsgelehrte und Wissenschaftler in Timbuktu nieder, so dass der wissenschaftliche Ruhm der Stadt bald ebenso groß war wie ihr Wohlstand. Mit der marokkanischen Invasion und dem Zerfall des Songhay-Reiches war auch Timbuktus Blütezeit beendet. Die Stadt wurde zu einem Spielball rivalisierender Tuareg- und Peulgruppen, die sie abwechselnd eroberten. Als Mitte des 19. Jhs. die ersten Europäer Timbuktu betraten (R. Caillé, G. Laing, H. Barth), war die alte Handelsstadt zerstört und fast gänzlich verlassen, eine Situation, die nach anfänglichem Aufschwung auch heute wieder besteht, weil Timbuktu durch die Auseinandersetzungen zwischen Tuareg-Aufständischen und Militär wieder völlig isoliert ist. Ein Besuch Timbuktus lohnt sich dennoch: Neben den drei Moscheen aus dem 13., 14. und 15. Jh. kann man das Wohnhaus Heinrich Barths besichtigen (kl. Museum mit Wandtafeln zur Geschichte in deutsch/französisch/englisch, Eintritt 03.99: 500 CFA). Interessant ist auch das „Centre Ahmed Baba", ein Dokumentationszentrum zu arabischer Literatur, in dem u.a. Fragmente des Tarikh es-Sudan aufbewahrt werden (unweit des Marktes). Neues Artisanat im Handwerkerhof in der Nähe des Kleinen Marktes.

G 16: Timbuktu – Goundam (97 km)

Stark versandete Piste, keine Orientierungsprobleme (A/G/I).

TIMBUKTU – S. G 15 (Ende G 15 und G 21; Beginn G 17 und 21a.)

Sie verlassen Timbuktu in Richtung Kabara. Nach 5 km in Richtung Flughafen weiterfahren; dann, etwa 500 m weiter, in die Piste nach rechts abbiegen. Die ersten 35 km sind stark versandet, danach wird die Piste besser. Die Orientierung wirft keine Probleme auf (parallel zu den alten Telefonmasten fahren). Die letzten 30 km sind wieder schwierig (Sand).

GOUNDAM – Dorf. Lebensmittel, Wasser. Kein Treibstoff. Unterkunftsmöglichkeit. (Beginn G 18 und G 19.)

Sehenswert: Der Markt und die schöne Moschee.

G 17: Timbuktu – Araouane (260 km)

(03.99) Piste (A/C/H/I). Schwierigste Verhältnisse, schon bei Ortsausfahrt Timbuktu tiefer Sand, weiter kaum Fahrspuren, nur wenige Km lange pistenähnliche Verhältnisse, oft sehr tief und meist versandet. Die Fahrt ohne Führer ist kaum möglich. Es sollte über Bou Djebeha gefahren werden (östliche Strecke), die westliche Strecke existiert nur auf Karten. Vorsicht, häufig Überfälle und Belästigung durch Militär. Gelegentlich werden Karawanentouren von Timbuktu nach Araouane organisiert.

TIMBUKTU – S. G 15. (Ende G 15 und G 21; Beginn G 16 und 21a.)

BOU DJEBEHA – Nur Wasserversorgung, sonst nichts.

Anfahrt Araouane: die erste Dünenkette nicht verpassen und etwa in der Mitte durchqueren.

ARAOUANE – Dorf. Wasser. Keine Unterkunft, kein Treibstoff, keine Lebensmittel, keine Polizei. Hier legten früher die Salzkarawanen der Kunta einen Halt ein, um die Kamele zu tränken. Gastfreundliche Bevölkerung.

Unterkunft: Sehr gute Pension mit Restaurant und Zimmern (ca. 12 000 CFA/DZ); serviert wird Kamelfleisch. Einige Oasenbauern vermieten Zimmer.

Verschiedenes: Das Projekt „Trees for Araouane" versucht der Oasenbevölkerung neue Einkommensquellen zu erschließen. Lehmmoschee mit vorgeschichtlichem Friedhof (bitte nicht betreten!) und zahlreichen Reibeschalen.

In der Umgebung: Es gibt die Möglichkeit zu den alten Salzminen von **Taoudenni** weiterzufahren (500 km nördlich, von Araouane ca. 40 km nach NO fahren, dort einigermaßen gute Spuren direkt von Bou Djebeha, ab Brunnen Foum el Alba ordentliche Piste). Früher waren in Taoudenni Strafgefangene untergebracht, heute hat man die Strafkolonie verlegt, ein Führer ist unentbehrlich. Wasser ca. 5 km außerhalb von Taoudenni, schlechte Qualität, salzig. Das zur Zeit betriebene Salzabbaugebiet liegt in einer weiten Salzton-Senke etwa 5x3 km groß. In den etwa 8x8 m großen Erdlöchern und Höhlen wird das Salz in etwa 3 m Tiefe in Platten mit Hacken aus der Erde geschlagen.Von Oktober bis April werden die Platten mit Kamelen in mehrwöchigen Märschen nach Kidal, Gao, Timbuktu oder in andere Sahel-Länder transportiert (gebrochene Platten haben fast keinen Wert mehr). Die Salzhauer leben unter unmenschlichen Bedingungen (Hitze, winzige Unterkünfte aus nicht verwertbaren Platten, minimale Lebensmittelversorgung).

G 18: Goundam – Lac Faguibine (60 km)

Piste (A/H/I), fantastische Landschaft. Wegen der gefährlichen Lage im Norden derzeit zu meiden (s. Sicherheit im Überblick).

GOUNDAM – S. G 16. (Ende G 16; Beginn G 19.)

Verlassen Sie Goundam in westlicher Richtung.

Auf den ersten 10 km ist die Piste sehr schwer zu erkennen (Weichsand, viele Löcher und Buckel). Nehmen sie einen der vielen Tuareghirten mit, die hier ihre Herden hüten, damit er Ihnen den Weg weist. Danach abwechselnd Sandpassagen und harter Untergrund. Bis etwa 5 km vor **Mbouna** kaum Schwierigkeiten.

Von hier ab weiße Sanddünen. Der Sand ist so fein, dass Spuren sofort wieder vom Wind verweht werden (Vierradantrieb unentbehrlich).

LAC FAGUIBINE – Der 3000 m² große See liegt mitten in der Wüste. Keine Versorgungsmöglichkeit.

G 19: Goundam – Niafounké – Nampala – Niono (475 km)

(01.98, Iveco Daily 4x4) Piste (A/H/I). Erkundigen Sie sich, ob es derzeit ratsam ist, die Strecke wegen der unsicheren Lage im Norden zu befahren.

GOUNDAM – S. G 16. (Ende G 16; Beginn G 18.)

Sie verlassen Goundam über eine Steinbrücke. Etwa 100 m weiter nach rechts abbiegen (die geradeaus verlaufende Piste führt nach Diré). Bis Tonka sehr schlechte Piste (tiefe und versandete Spuren); man muss häufig die Piste verlassen und nach links auf die Dünen ausweichen; die Route verläuft in der Nähe des Lac Fati, an dem man teilweise entlangfährt.

TONKA – Wohlhabendes, sympathisches Dorf. Lebensmittel. Staudamm. Deutsches Entwicklungshilfeprojekt „Lac Horo".

Unterkunft: Das Campement „La Poule Verte".

Von Tonka nach Niafounké (37 km auf einem Damm) Wellblech, besser befahrbare Piste.

NIAFOUNKÉ – Malerisch gelegenes Dorf. Lebensmittel (schöner Markt). Treibstoff auf dem Schwarzmarkt. Polizeiposten. Nigerschiffe nach Mopti, Timbuktu und Gao; unregelmäßige Abfahrtszeiten; Informationen gibt die „Compagnie malienne de Navigation". (Beginn G 20.)

Zwischen Niafounké und Léré ist ein Führer empfohlen; schlecht beschilderte Sandpiste, nur wenige Spuren; Gefahr, sich zu verlieren. An der Ortsausfahrt von Niafounké fahren Sie an der ersten Kreuzung, noch vor den Bäumen, nach rechts. Auch die linke Piste führt nach Léré, kann aber nur in der Trockenzeit zwischen April und Juni befahren werden.

LÉRÉ - Dorf. Lebensmittel, Bar. Treibstoff auf dem Schwarzmarkt.

Von Léré nach Nampala schmale Piste auf stabilem Untergrund. Unerwartete, mit Weichsand gefüllte Quergräben. Lange Steigungen, tiefe Spurrillen.

Km 68 hinter Léré, Kreuzung. Nach Nampala geradeaus weiterfahren; die Piste nach links führt über **Diaoura** (Lebensmittel) ebenfalls nach Niono.

NAMPALA - Dorf aus schwärzlichen Rundhütten. Keine Versorgungsmöglichkeit. Polizeiposten. (Beginn F 15.)

Die Strecke führt durch ein Gebiet, das z.T. dicht mit Dornbüschen (Akazien) bewachsen ist. Dazwischen Reisanbauflächen. Mehrere Peul-Dörfer.

NIONO - Dorf. Lebensmittel, Tankstelle. **N 14°15,315' W 05°59,634'.** (Beginn G 25; Ende G 38.)

G 20: Niafounké - Konna (etwa 165 km)

(03.94, Peugeot 505) Piste (A/C/G/I), nur am Ende der Trockenzeit, von April bis Juni, befahrbar. Sie führt durch den nördlichen Teil des inneren Nigerbinnendelta, das in der Regenzeit überschwemmt ist. Es gibt mehrere Fähren; die Kilometerangabe ist unzuverlässig, da die Piste von Jahr zu Jahr einen anderen Verlauf nimmt. Dennoch ist sie leicht erkennbar und fast durchgängig mit kleinen Betonwürfeln markiert. Entlang der Piste viele prähistorische Gräber.

NIAFOUNKÉ - S. G 19. (Zur G 19.)

Verlassen Sie Niafounké mit der Nigerfähre (2500 CFA/Fahrzeug), die bis 17 Uhr verkehrt.

Danach fahren Sie entlang des Niger nach rechts bis zur Piste in Richtung Saraféré. Es geht durch wunderschöne Landschaft mit vielen Vogelarten. Zahlreiche kleine Dörfer, teilweise mit sehr schönen Moscheen. Einige seichte Furten sind auf der Strecke zu überqueren.

Km 15, in der Nähe eines kleinen Dorfs eine tiefe Furt. Halten Sie sich links.

Km 23, kleine Ortschaft ohne Versorgungsmöglichkeit.

Km 34, kurz vor Saraféré eine sehr tiefe (bis zu 130 cm), schlammige Furt. Man kann diese Stelle mit einem Umweg von 20 km flussabwärts umfahren. Kinder können Ihnen als kundige Führer helfen.

Km 35, **SARAFÉRÉ** - Dorf. Lebensmittelversorgung schwierig. Je nach Wasserstand Fähre oder Furt.

Km 55, **NGORKOU** - Dorf. Tabak und Zigaretten. Verlassen Sie das Dorf in südlicher Richtung (Ausfahrt ist schwer zu finden; fahren Sie nicht westlich in Richtung Sah).

Km 75, **KONKOBOUGOU** - Dorf. Keine Versorgungsmöglichkeit. Je nach Wasserstand Fähre oder Furt zum Überqueren.

Km 90, **KORIENTZÉ** - Dorf. Lebensmittel (großer Markt, zu dem die Peul-Hirten der Region kommen). In der Umgebung liegt ein See gleichen Namens. Hier leben zahlreiche Vogelarten. (Zur G 20.)

Von hier ab gute Piste bis Konna.

KONNA - S. G 11. (Zur G 11.)

G 21: Douentza - Kanioume - Bambara-Maoundé - Timbuktu

(01.97) Piste (A/H).

DOUENTZA - S. G 11. (Zur G 11; Ende G 21a.)

Eine Meldung bei der Polizei in Douentza ist trotz gegenteiliger Beteuerungen der Behörden in Mopti (bei Zielangabe Timbuktu) nicht nötig, da nach Douentza keine Pistenkontrollen mehr stattfinden.

Vor Kanioume teilt sich die Hauptpiste in mehrere kleine Pisten. Weiter zweigt sie nach Osten ab und führt entlang dem Lac Niangay durch hübsche Landschaft mit reichhaltiger Ornithologie.

KANIOUME - Dorf.

BAMBARA-MAOUNDÉ – Dorf. Wasser, sonst keine Versorgungsmöglichkeiten. (Zur G 21a.)

Von Bambara-Maoundé führte eine direkte Piste nach Timbuktu. Bei der Gendarmerie teilen sich die Pisten. Die östliche führt nach Gourma-Rharous (s. G 15), die nördliche auf direktem Weg nach Timbuktu.

Diese direkte Strecke (nördlich) ist wegen vielen Tierspuren nur schwer erkennbar und in der Regenzeit nicht passierbar (ab Mitte Januar wieder möglich, dann aber noch viele überschwemmte Passagen).

In der Trockenzeit ist auf den letzten ca. 5 km vor dem Niger mit nassen Passagen zu rechnen, die sehr heimtückisch sein können (am besten im Konvoi befahren).

Vor Timbuktu Fähre über den Niger (steht auf Timbuktu-Seite), von kleinem Außenbordmotor angetrieben. Der Fährenbesitzer auf der anderen Fluss-Seite reagiert erst, wenn man ihm mit einem entsprechenden Bündel Geld winkt (evtl. kann man auch einen „Unterhändler" mit einer Piroge hinüber schicken; mehrere Stunden einplanen).

TIMBUKTU – S. G 15. (Ende G 15, Beginn G 16, G 17 und G 21a.)

G 21a: Timbuktu – Bambara-Maoundé – Douentza (220 km)

(01.02) Neue Piste, Allrad notwendig (A/H). Anfahrt zur Fähranlegestelle: je nach Wasserstand muss bis zu 200 m durch Wasserfurten gefahren werden. Achtung: hoch gelegter Schnorchel für Luftfilter nötig. Schöne hügelige Landschaft mit lichter, typischer Vegetation. Diese Strecke führt nicht wie Route G 21 über Kanioume, sondern von Bambara-Maoundé direkt Richtung Douentza.

TIMBUKTU – S. G 15. (Ende G 15 und G 21; Beginn G 16 und G 17.)

Die Stadt in Richtung Kabara verlassen, kurz vor Kabara ausgeschilderter Abzweig nach Korioumé/Douentza. Im Hafen Pirogen für Motorräder (Preis verhandeln) und Autofähre (nach der Anlegestelle am anderen Ufer geht es noch ca. 100 m durch Wasser). Der Anfang der Piste ist sehr sandig.

Km 29, Pistengabelung, nach rechts und Süden.

Ca. Km 60, neues (2002) Campement bei einem Tuaregdorf (ca. 40 km nach der Anlegestelle der Fähre über den Niger) mit 12 Bungalows, Zeltplatz, Duschen, Toiletten, Restaurant, gepflegt, ein Bungalow kostet 10 000 CFA, Zelt 1500 CFA p.P. (01.02).

Km 81, Pistengabelung, weiter in Richtung Süden.

Km 115, **BAMBARA-MAOUNDÉ** – Siehe G 21. (Zur G 21.)

Nicht wie in der Michelin-Karte eingezeichnet nach Westen fahren, sondern nach Süden.

Km 170, Beginn einer breiten Ebene, Mondlandschaft, tausende abgestorbener Bäume, harter Grund, deshalb Orientierungsprobleme. Weiter rechts an einer Bergkette vorbei.

Km 178, Fassmarkierung – grün-gelbe Tonne.

Km 208, man nähert sich der Bergkette, schöne Landschaft, malerische Dörfer (nur Wasser).

Km 220, **DOUENTZA** – S. G11. (Zur G 11; Beginn G 21.)

G 22: Mopti – Bandiagara – Sanga und Dogon-Land (107 km)

(01.00, Yamaha TT 600) Gute Wellblechpiste.

MOPTI – S. G 11. (Ende G 11; Beginn G 23 und G 24.)

SÉVARÉ – S. G 11. (Zur G 11.)

Km 58, Piste nach links nach

Km 58, **SONGHO** (4 km) – Sehr ursprüngliches, malerisches Dorf. Ehemalige Kultstätte der Dogon, schöne Felsmalereien (01.00: Führer und Besichtigung 1000 CFA p.P.), sehr aufdringliche „Führer". Campement und Hotel.

Km 64, **TOUCOMBO.**

Km 65, Hotel, Bar, Restaurant rechts der Piste.

Km 69, **BANDIAGARA** – Kleinstadt. Lebensmittel. Nicht immer Treibstoff. Polizeikontrolle an der Ortsausfahrt. Z.T. sehr aufdringliche Leute, die sich als „Führer" anbieten (s.a. Sanga).

Unterkunft: „Auberge de Kansaye", einfach, ca. 5000 CFA/Person, freundlich, Campingmöglichkeit, wenn man in der Pension isst.

Sehenswert: Das lokale Kunsthandwerk (Markttag am Montag und Freitag).

SANGA – Dorf. Lebensmittel.

Unterkunft: „Hotel-Campement".

Sehenswert: Verschiedene Organisationen vermitteln Führer zur Besichtigung der Dörfer im **Dogon-Land.** Ein Führer ist obligatorisch. Die Exkursionen dauern von einigen Stunden bis zu mehreren Tagen. Für Führer, Übernachtung, Essen, Träger für drei Tage muss eine Gruppe von ca. 7 Personen ungefähr 300 Euro (ohne Getränke, Anfang 2002) zahlen. Aufgrund des massiven Zuwachs des Besichtigungstourismus ist die Bevölkerung recht aggressiv.

In der Umgebung: Die Dogon-Dörfer **Irelli, Banani** und **Nombori** (u.a.), die in die Felswand oder am Fuße der Felswand gebaut wurden; ein Führer ist hier obligatorisch. Vorsicht vor Bilharziose, die im Dogon-Land sehr häufig vorkommt. Nicht in den Wasserfällen baden und möglichst keine Flüsse barfuß durchwaten!

Verschiedenes: Die Dogon-Bauern sind noch stark in ihren Traditionen und Riten verhaftet, die ihren intensivsten Ausdruck in den beeindruckenden Maskenfesten finden (siehe allgemeiner Teil). Das Dogon-Land wurde zum Nationalpark erklärt, der Eintritt ist frei, in den einzelnen Dörfern wird jedoch gelegentlich eine Gebühr erhoben. Eine Fotografiererlaubnis ist nicht notwendig. Sanga und Bongo werden mittlerweile durch den Tourismus so stark frequentiert, dass sich die negativen Auswirkungen auf die Bevölkerung bemerkbar machen (betteln, aufdringliche Kinder und Jugendliche) und so kaum mehr zum Verweilen einladen.

Von Sanga können Sie auf dem gleichen Weg nach Mopti zurückkehren oder über Douentza auf die Strecke G 11 fahren. Die Piste ist sehr schwierig (mit einem Geländewagen ist auf der schlechten Piste mit acht Stunden Fahrzeit zu rechnen). Die Mühe wird mit einer Fahrt durch wunderschöne Landschaft, ganz ohne Touristen, belohnt.

G 23: Mopti – Bandiagara (oder Bankass) – Koro – Grenze zu Burkina Faso – Tiou (206 km)

(04.01, Motorrad) Über Bandiagara (Variante 1) bis zur falaise sehr gute, z.T. betonierte Piste, später passabel. Über Bankass (Variante 2) gute Allwetterpiste. Alle Pisten im Dogon-Land sind nur mit 4x4 möglich. Von Koro bis Tiou sehr schlechte Piste, starke Wasserschäden.

MOPTI – S. G 11. (Ende G 11; Beginn G 22 und G 24.)

Von Mopti nach Koporokendié-Na stehen zwei Varianten zur Auswahl.

VARIANTE 1 (ÜBER BANDIAGARA):
Gute Wellblechpiste von Mopti über Sévaré bis Bandiagara (ca. 63 km, s. G 22). Bandiagara Ri. Osten verlassen (über eine Brücke). Selbst in der Regenzeit hervorragende Piste (zahlreiche Betonfurten).

Km 7 (nach Bandiagara), Sibi-Sibi (Schild). Es geht ein Flüsschen entlang, zwei Pumpbrunnen.

Km 11, Staustufen und kl. Stausee.

Km 20, **KOUROU** – Dorf direkt neben der Straße.

Km 22, Gabelung (Wegweiserstein): links nach Koro, rechts nach Dourou weiter, das ca. 1 km später erreicht ist.

DOUROU – Dorf. Campement. Aggressive Kinder und guides, man wird bei der Ankunft regelrecht überfallen. **N 14°18,875' W 03°26,060'.**

An Gabelung links weiter (in Ri. Koro).

Km 26, Piste führt die **FALAISE DE BANDIAGARA** hinunter. Unterhalb des Steilabbruchs Möglichkeit auf Eselspfad ca. 1 Std nach Nombori (Dogon-Dorf am Hang) zu laufen.

Weiter auf nicht mehr ausgebauter, sandiger Piste über baumbestandene Ebene mit vielen Feldern.

Km 47, **KOPORO-PEN** – Dorf in Richtung SSW verlassen.

Weiter gut befahrbare Piste mit einigen Schlammlöchern in der Regenzeit. Viel Landwirtschaft (keine Übernachtungsmöglichkeiten).

Km 56, Dorf. Weiter nach SW.

Km 59, **KOPOROKENITÉ-NÁ** – Dorf. **N 14°08,313' W 03°20,958'.** Piste mündet in gr. Hauptpiste von Koro nach Bankass ein. Rechts in Ri. Bankass und Mopti (Variante 2), links geht's nach Koro (s.u.) und weiter nach Burkina.

VARIANTE 2 (ÜBER BANKASS):
Von Mopti auf der Teerstraße in Ri. San. In Somadougou links abbiegen. (01.02) Sehr gute Piste. In der Regenzeit, v.a. nach starken Regenfällen, z.T. stark ausgewaschen bzw. große Wasserlöcher (A/G). 76 km bis Bankass.

SOMADOUGOU – Dorf. Lebensmittel. Von Hauptstraße links abbiegen.

Durch eindrucksvolle Felsenlandschaft in Ri. Bankass.

Km 36, eingestürzte/weggeschwemmte Betonbrücke. Fahrt durch das Flussbett möglich (nach Regenfällen evtl. problematisch).

Passable, in der Regenzeit z.T. sehr ausgewaschene (gr. Löcher und Rinnen) Piste. Nach starken Regenfällen eventuell besser einen halben Tag warten, bis das Wasser wieder abgeflossen ist.

Km 76, **BANKASS** – Ort. Wasser, Lebensmittel. Dienstagsmarkt. Schönes, neues Markthaus aus Blocksteinen. Ausgangspunkt für Besuch der Dogondörfer (Agentur „Senobel" ist überteuert und unfreundlich).

Unterkunft: Es gibt zwei Campements „Hogon". „Campement Hogon" in der Ortsmitte, 1500 CFA p.P. (08.98), 3000 CFA p.P. im Zimmer (08.98). „Hotel Campement Hogon" am Ortsausgang in Richtung Mopti auf rechter Seite, nett und gepflegt, Camping 1500 CFA p.P. (08.98), Übernachtung auf Dachterrasse möglich, 5 einfache Zimmer und 6 hübsche Bungalows (5000 CFA pro Nacht, 08.98), san. Anlagen extrem einfach, aber rel. sauber, Strom und Licht von Generator bis 22 h, Duschen mit fließend Wasser sollten gebaut werden (bisher nur Eimerdusche), Café mit Softdrinks; der Chef des Campements ist Dogonführer und arbeitet mit einer holländischen Reiseorganisation zusammen.

KORO – Dorf. Lebensmittel, zwei Tankstellen. Malischer Grenzposten.

TIOU – Dorf. Keine Versorgungsmöglichkeit. Formalitäten zur Einreise nach Burkina Faso. (Beginn Q 1.)

G 24: Mopti – Sévaré – Djenné – Tominian (171 km)

(08.98, Mercedes G) Guter Asphalt.

MOPTI – S. G 11. (Ende G 11; Beginn G 22 und G 23.)

SÉVARÉ – S. G 11. (Zur G 11.)

SOFARA – Interessantes Dorf, das rechts etwas abseits der Straße liegt.

Km 24 nach Sofara, Abzweig einer guten Teerstraße rechts zur Fähre nach Djenné. 24 km nach Abzweig Fähre über den Bani (ganzjährig in Betrieb!), 3000 CFA/KFZ/2 Pers. (08.98, Hin- und Rückfahrt). 3 km weiter ist Djenné erreicht.

DJENNÉ – Historische Stadt, bekannt für seine schöne Lehmbauarchitektur. Evtl. Meldung bei der Polizei. Beste Besichtigungszeit ist im Dezember und Januar, möglichst montags, wenn zahlreiche Nomaden hierher zum Markt kommen. Zahlreiche aufdringliche „guides".

Unterkunft: Übernachtung im Campement (5000 CFA/DZ, Übernachung im Zelt auf Dach möglich für ca. 1500 CFA, Sanitäranlagen häufig überlastet, Personal unfreundlich), Fahrzeug sollte hier abgestellt werden (sicher). Im freundlichen Restaurant „Chez Baba" (gutes und preiswertes Essen) Übernachtung auf der Dachterrasse möglich (1500 CFA/Pers.), sehr freundlich.

Sehenswert: Die Lage der Stadt, die auf allen Seiten von Flussarmen umgeben ist, die fantastische Lehmmoschee und die im sudanesischen Stil erbauten Lehmhäuser. Djenné war jahrhundertelang das südliche Pendant zur saharischen Handelsstadt Timbuktu. Auch hier wurde nicht nur gehandelt (zeitweise sogar Gold gegen Salz im Verhältnis 1:1), sondern Djenné entwickelte sich auch zum geistigen Mittelpunkt des westlichen Sahel. Welche Bedeutung das religiöse Leben für die Stadt hatte und hat, kann man bereits an den unzähligen Koranschulen in Djenné erkennen. Prunkstück der Stadt ist die riesige Lehmmoschee, die zu Beginn dieses Jahrhunderts an der Stelle und nach dem Vorbild eines älteren Gotteshauses errichtet wurde, das der malische König Kankan Moussa auf seiner Pilgerfahrt nach Mekka hier erbauen ließ. Ein Führer ist nicht mehr Pflicht und auch nicht unbedingt nötig. Am Montag findet vor der Moschee der große Markt statt, sehr malerisch. Am Markttag sollte man sich zeitig um ein Taxi für die Rückfahrt nach Mopti kümmern, die letzte Fähre über den Bani geht um 18 Uhr, die meisten Marktbesucher treten den Heimweg bereits am Nachmittag an, so dass Taxen abends nicht mehr voll besetzt werden können (und dann auch nicht mehr starten). Alternative: Mit der Pinasse wunderschöne Flussfahrt nach Mopti, mit häufigem Anschieben, wenn das Boot auf Grund läuft; der Start erfolgt irgendwann in den Morgenstunden.

TÉNÉ – Dorf. Lebensmittel (kl. Markt), Treibstoff.

TOMINIAN – 280 m. Das Dorf liegt etwas abseits der Straße San – Mopti. Keine Versorgungsmöglichkeit. (Zur G 27.)

G 25: Niono – Ségou (110 km)

(01.01, Peugeot 505) Guter Asphalt.

NIONO – S. G 19. (Ende G 19; Ende G 38.)

SÉGOU – 190 m, ca. 100 000 Einw. Gute Infrastruktur. Hübsches Städtchen mit sehr malerischem Markt (montags). Banken, Tankstellen. **N 13°25,821′ W 06°13,473′.** (Beginn G 26; Ende G 32.)

Unterkunft: Hotel „Djoliba", Terrasse, Garten, Restaurant, unter deutscher Leitung, DZ mit Bad 22 500 CFA, EZ 20 000 CFA (02.01), sehr gepflegt und empfehlenswert. Zimmer und Zelten im „Centre d'Acceuil" an der Straße nach Bamako, links beim Rathaus. „Hotel l'Esplanade", modernes, sauberes Hotel am Niger (DZ ca. 17 500 CFA mit Klimaanlage). „L'Auberge", gutes Essen (DZ ca. 20 000 CFA). „Grand Hotel de France", idyllischer Innenhof, etwas heruntergekommen (DZ 7500 CFA mit Ventilator). Campement und Hotel des „Offices du Niger" (12 Betten). Hotel „Maison du Peuple", einfach, Etagenduschen, gutes Restaurant, Garten, großer Parkplatz (etwa 2000 CFA/Person). Hotel „22 Séptembre 1960", mit gutem Essen, sauberen Zimmern und Bier vom Fass (ca. 15 000 CFA/DZ). „Motel Savane", DZ 7500 CFA (12.97), ruhig, nette Atmosphäre.

Essen: Im Stadtzentrum gibt es ein gutes und preiswertes Restaurant mit malischen Spezialitäten.

Verschiedenes: Wechsel von Travellercheques problemlos. Versicherungsbüro.

Sehenswert: Der Markt (preiswertes Kunsthandwerk), die afrikanischen Viertel, das Gebäude des „Office du Niger", das mit einem Bewässerungsprojekt im Nigerbinnendelta tausende von Hektar kultivierbaren Landes gewonnen hat (Reis, Baumwolle, Zuckerrohr), einige schöne Alleen mit Verwaltungsgebäuden im Kolonialstil und die Promenaden am Fluss.

In der Umgebung: Der etwa 40 km entfernte Markala-Staudamm (Fotografieren verboten).

G 26: Ségou – San (199 km)

(08.98, Mercedes G und 01.97, Motorrad) Asphalt, bis 10 km vor Bani schlecht (viele große Löcher), dann sehr gut.

SÉGOU – S. G 25. (Ende G 25 und G 32.)

ZINZANA – Dorf. Keine Versorgungsmöglichkeit.

Große Brücke über den Bani.

BLA – Ort. Lebensmittel. Links abbiegen, geradeaus Beginn einer geteerten Straße (73 km) nach Koutiala, die ohne Umweg über San (G 28) direkt von Ségou nach Koutiala und weiter nach Sikasso führt (gu ter Asphalt, aber viele Kontrollen, manchmal auch in Zivil und halbseiden).

SAN – 285 m, ca. 20 000 Einw. Stadt. Gute Infrastruktur. Tankstelle, Bank.

Unterkunft: Im Campement Campingmöglichkeit (ca. 1000 CFA/Pers., DZ ca. 6000 CFA ohne Frühstück).

Sehenswert: Der sehr schöne Montagsmarkt. (Beginn G 27 und G 28.)

G 27: San – Tominian – Bénéna – Grenze zu Burkina Faso (82 km)

Ausgezeichneter Asphalt.

SAN – S. G 26. (Ende G 26; Beginn G 28.)

TOMINIAN – S. G 24. (Ende G 24.)

BÉNÉNA – Dorf. Mal. Grenzposten. Formalitäten zur Ausreise. (Beginn Q 27.)

G 28: San – Koutiala (135 km)

(03.94, Peugeot 505) Asphalt, guter Straßenzustand.

SAN – S. G 26. (Ende G 26; Beginn G 27.)

Kurz hinter **Kimparana** zweigt eine ausgezeichnete Teerstraße links ab, über die die Route G 29 in Kouri zu erreichen ist. So spart man auf der Strecke San – Bobo Dioulasso 67 km.

KOUTIALA – 347 m, ca. 28 000 Einw. Gute Infrastruktur. (Beginn G 29 und G 30.)

Unterkunft: „Hotel de la Poule Verte", schmutzig.

Sehenswert: Die schöne Moschee.

Verschiedenes: Hier beginnt eine Asphaltstraße (73 km) nach Bla (zur G 26). Diese Route ist interessant für diejenigen, die die Strecke Sikasso – Ségou (oder umgekehrt) ohne den Umweg über San fahren wollen.

G 29: Koutiala – Kouri – Grenze zu Burkina Faso – Faramana – Fô (120 km)

(01.95, Ford Taunus) Guter Asphaltbelag, einige Schlaglöcher auf der Seite von Burkina Faso.

KOUTIALA – S. G 28. (Ende G 28; Beginn G 30.)

KOURI – Dorf. Schnelle Ausreiseformalitäten für Mali.

Von links mündet eine Asphaltstraße ein, die nahe Kimparana auf die Strecke G 28 trifft. Wer die Route von Bobo-Dioulasso nach San fährt, kann mit dieser Abkürzung 67 km sparen.

FARAMANA – Dorf. Grenzposten von Burkina Faso.

FÔ – Dorf. Formalitäten zur Einreise nach Burkina Faso, schnell und freundlich. (Beginn Q 18.)

G 30: Koutiala – Sikasso (130 km)

Asphalt, guter Straßenzustand.

KOUTIALA – S. G 28. (Ende G 28; Beginn G 29.)

SIKASSO – Kleine Stadt. Gute Infrastruktur. Wer in Richtung Elfenbeinküste weiterfahren will, muss sich im Kommissariat einen Stempel geben lassen.

Unterkunft: „Hotel du Mamelon", klimatisiertes DZ ca. 11 000 CFA. „Kenedougou Palace". Hotel „Solokhan", in der Nähe des Zollbezirks. „Tata", freundliches Personal, einfache Küche. Keine Campingmöglichkeit direkt im Ort, nur außerhalb in der Nähe der Farako-Fälle.

Verschiedenes: Malischer Grenzposten für diejenigen, die auf der G 35 nach Burkina Faso und Bobo-Dioulasso weiterfahren.

Sehenswert: Die Reste der Stadtmauer (Ende des 19. Jh.) und die traditionellen Tänze der Einwohner (dazu braucht man aber etwas Glück).

In der Umgebung: Die Höhlen von **Missirikoro** (11 km im SW) und die **Farako-Fälle** (30 km im Osten). (Beginn G 31 und G 35; Ende G 34.)

G 31: Sikasso – Zégoua – Grenze zur Elfenbeinküste (Côte d'Ivoire) – Niellé (136 km)

(01.97, Peugeot 504) Guter Asphalt, wenig Schlaglöcher.

SIKASSO – S. G 30. (Ende G 30 und G 34; Beginn G 35.)

ZÉGOUA – Dorf. Malischer Grenzposten. Erledigung der Ausreiseformalitäten aus Mali.

POGO – Dorf. Ivorischer Grenzposten. Die Einreiseformalitäten für die Elfenbeinküste sind sehr zügig erledigt (Laissez passer wird ausgestellt).

NIELLÉ – Dorf. Lebensmittel, Treibstoff. (Beginn P 3 und P 4.)

G 32: Bamako – Ségou (235 km)

(01.97, Motorrad) Asphalt, sehr guter Straßenzustand. Die Strecke führt durch Baumsavanne. Bei Ortsdurchfahrten viele Tempobremsen (sehr hoch).

BAMAKO – S. G 43. (Ende G 43, G 45 und G 45a; Beginn G 33.)

Ca. km 125, **FANA** – Großer Ort. Lebensmittel (Markt), Treibstoff.

Unterkunft: „Motel des Moulins", „Hotel le Mirador".

Km 152, **KONOBOUGOU** – Ort. Lebensmittel, Restaurants.

SÉGOU – S. G 25. (Ende G 25; Beginn G 26.)

G 33: Bamako – Bougouni (163 km)

(01.97, Motorrad) Guter Asphaltbelag, Straße führt durch Baumsavanne. Hügelige Landschaft.

BAMAKO – S. G 43. (Ende G 43, G 45 und G 45a; Beginn G 32.)

OUÉLÉSSÉBOUGOU – Dorf. Lebensmittel (Markt), Treibstoff, Café.

SIDO – Dorf. Keine Versorgungsmöglichkeit.

In der Umgebung: Eine ziemlich schlechte Piste nach links (Osten) führt nach **Tienra** (24 km), ein Dorf am Fuße des Mont Kokoun (schöner Blick). Auf einem Lateritplateau gegenüber befinden sich die Häuptlingsgräber des animistischen Dio-Bundes. Die Herrscher wurden hier mit ihren Ehefrauen und ihren griots bestattet. (In einigen westafrikanischen Ländern bilden die griots eine eigene Kaste innerhalb der Gesellschaft. Sie sind zugleich Historiker, Sänger, Musiker und mit magischen Fähigkeiten begabt. Bei den Dio wurden griots häufig mit dem Leichnam ihres Herrn lebendig begraben.) Sie sollten sich dieser Kultstätte nur vorsichtig nähern, denn die Bevölkerung sieht Touristen an diesem heiligen Ort nicht gerne.

BOUGOUNI – 368 m. Kleinstadt. Gute Infrastruktur. Tankstellen.

Unterkunft: Hotel an der Ortsausfahrt links, sauber mit Innenhof (DZ 15 000 CFA). Verwahrlostes, schlechtes Campement mit schmutzigem Wasser. Campingmöglichkeit am Ufer des Baoulé, einige Kilometer in Richtung Sikasso.

Verschiedenes: Schweizer Entwicklungshilfezentrum „Helvétas". (Beginn G 34 und G 36; Ende G 37.)

G 34: Bougouni – Sikasso (210 km)

(01.97, Peugeot 504) Guter Asphalt, wenig Schlaglöcher. Hügelige Landschaft, Baumsavanne.

BOUGOUNI – S. G 33. (Ende G 33 und G 37; Beginn G 36.)

NIÉNA – Dorf. Lebensmittel (Markt).

SIKASSO – S. G 30. (Ende G 30; Beginn G 31 und G 35.)

G 35: Sikasso – Heremakono – Grenze Burkina Faso – Koloko (48 km)

(09.93, Mercedes G) Piste (A/G in der Regenzeit), relativ guter Zustand.

SIKASSO – S. G 30. (Ende G 30 und G 34; Beginn G 31.)

Die Formalitäten zur Ausreise aus Mali werden in Sikasso erledigt.

Km 27, Abzweigung nach links (N) zu den Karako-Fällen, sauberes Wasser, Campingmöglichkeit.

HEREMAKONO – Dorf. Mali-Grenzposten.

KOLOKO – Dorf, kleiner Markt. Grenzposten von Burkina Faso. (Beginn Q 17.)

G 36: Bougouni – Manankoro – ivorische Grenze – Tiéfinzo (135 km)

(01.97, Motorrad) Piste (A), ab Garolo in der Regenzeit u.U. nicht befahrbar (Überschwemungen). Wenig Verkehr.

BOUGOUNI – S. G 33. (Ende G 33 und G 37; Beginn G 34.)

Km 50, **GAROLO** – Dorf. Ab hier harte, schlechte, unterspülte Piste, hohe Bodenfreiheit nötig.

Km 100, Piste wird etwas besser.

Km 125, **MANKORO** – Dorf. Malischer Grenzposten. Ausreise freundlich und zügig. Die Brücke über den Dégou ist manchmal durch Hochwasser unterbrochen.

Km 135, **TIÉFINZO** – Dorf. Ivorischer Grenzposten. Einreise in die Elfenbeinküste kann langwierig und kompliziert sein. Kaum Verkehr. (Beginn P 1.)

G 37: Badogo – Bougouni (104 km)

Piste (A), Asphaltstraße in Bau.

BADOGO – S. M 14. (Ende M 14.)

Km 15, Brücke.

Km 22, **YANFOLILA** – Dorf. Polizeikontrolle.

BOUGOUNI – S. G 33. (Ende G 33; Beginn G 34 und G 36.)

G 38: Nara – Niono (258 km)

(01.01, Peugeot 505) Meist gut befahrbare Eselspfade durch Buschland (A/G/I). Wenige tiefe Spuren, da kein Lkw-Verkehr (nur Eselskarren und Viehherden in der Nähe der Wasserstellen). Manchmal schwierige Orientierung, da mehrere Pfade möglich sind – in den Dörfern nach dem Weg fragen. Keine Versorgungsmöglichkeit auf der Strecke. Angenehme Alternative zur Wellblechpiste Nara – Bamako. Keine Kontrollen.

Km 0, **NARA** – Dorf. Lebensmittel, Wasser (Brunnen außerhalb des Dorfes), Tankstellen. (Ende F 14 und F 14a; Beginn G 39.)

Verschiedenes: Deutsche Entwicklungshilfestation der LAG (Landesarbeitsgemeinschaft Entwicklungshilfe Mali). Formalitäten zur Ausreise aus Mali für diejenigen, die nach Mauretanien weiterfahren (F 14). Formalitäten werden relativ schnell und problemlos abgewickelt. Bei Einreise aus Mauretanien muss unbedingt eine Kfz-Versicherung abgeschlossen werden (Sie bekommen sie aber erst in Bamako). Der Polizei-Posten vor Kati (ca. 20 km vor Bamako) verlangt den Versicherungsnachweis (ohne darf man nicht weiterfahren). Der Polizeichef betreibt hier ein Nebengeschäft, indem er den Touristen anbietet, für eine überhöhte Summe in seinem Wagen nach Bamako mitzufahren (um Versicherung abzuschließen).

Km 9, Dorf bei Position **N 15°09,367′ W 07°13,255′**.

Km 13, Dorf bei Position **N 15°09,219′ W 07°10,834′**.

Km 29, **TICHILAT** - Dorf. **N 15°07,976′ W 07°02,970′.**
Km 53, Dorf bei Pos. **N 14°55,892′ W 07°01,944′.**
Km 57, Dorf bei Pos. **N 14°54,244′ W 07°01,906′.**
Km 64, Dorf bei Pos. **N 14°52,0842′ W 06°58,859′.**
Km 67, Dorf bei Pos. **N 14°52,239′ W 06°56,030′.**
Km 77, Dorf bei Pos. **N 14°52,865′ W 06°50,840′.**
Km 88, Dorf bei Pos. **N 14°52,286′ W 06°45,947′.**
Km 117, **GIRÉ** - Dorf. **N 14°38,650′ W 06°41,603′.**
Km 148, Dorf bei Pos. **N 14°34,159′ W 06°25,203′.**
Km 155, Dorf bei Pos. **N 14°35,196′ W 06°21,876′.**
Km 175, Dorf bei Pos. **N 14°40,567′ W 06°13,031′.**
Km 178, Dorf bei Pos. **N 14°41,455′ W 06°11,856′.**
Km 181, Dorf bei Pos. **N 14°42,488′ W 06°10,389′.**
Km 187, **SOKOLO** - Dorf. **N 14°44,289′ W 06°07,707′.**
Km 199, Brücke bei Pos. **N 14°41,338′ W 06°03,307′.**
Km 258, **NIONO** - Siehe G 19. Pos. **N 14°15,315′ W 05°59,634′.** (Ende G 19; Beginn G 25.)

G 39: Nara - Didiéni (211 km)

(01.97, Peugeot 504) Lateritpiste, meist starkes Wellblech (hohe Geschwindigkeit erforderlich). Vorsicht bei asphaltierten Oued-Querungen (steile Abfahrten). Wenige Polizeikontrollen.

NARA - S. G 38. (Beginn G 38; Ende F 14 und F 14a.)
Zw. Nara und Didiéni liegen drei Dörfer (Goumbou, Mourdiah, Doubabougou).
DIDIÉNI - Dorf. Lebensmittel, Treibstoff. Am Donnerstag findet ein großer Markt statt. (Zur G 43.)

G 40: Kayes - Sandaré - Nioro (259 km)

(11.97, Bucher Duro 4x4) Piste (A/G/I), beinahe durchgehend schlecht, nach Regen total zerfahren.

KAYES - S. L 6. (Ende L 6; Beginn G 44.)
Km 63, **SÉGALA** - Dorf.
Km 71, Abzweigung rechts in ein Dorf, die Piste führt halblinks an einem Tafelberg vorbei.
Km 86, Abzweigung links nach Yelimané.
Km 101, **MARENA** - Dorf
Km 136 **SANDARÉ** - Dorf. Lebensmittel, Treibstoff auf Anfrage. (Beginn G 42.)
Sandaré links Richtung Nioro verlassen.
NIORO - Stadt, gute Versorgungsmöglichkeit. (Ende F 13; Beginn G 41.)

G 41: Nioro - Diéma (99 km)

Sehr gute zweispurige Piste (A).

NIORO - S. G 40 (Ende G 40 und F 13.)
Nioro in Richtung Flughafen verlassen und hinter den letzten Häusern des Ortes der Piste folgen, die 90° nach rechts wegführt. Die folgenden 30 km sind unproblematisch.
DIÉMA - Großes Dorf. Lebensmittel, Wasser. (Ende G 42; Beginn G 43.)

G 42: Sandaré - Lakamane - Diéma (132 km)

(11.97 Bucher Duro 4x4) Piste (A/G), durchgehend gut bis sehr gut, aber schmal. Für breite und hohe Fahrzeuge (großer Unimog oder MAN) nicht geeignet. In den Dörfern meist große Bäume mit wenig Durchfahrtshöhe (manche Dörfer können umfahren werden). Ab Lakamamé regelmäßiger Lkw-Verkehr, daher Piste etwas breiter.

SANDARÉ - S. G 40. (Zur G 40.)

Die Piste beginnt südlich einige 100 m nach Sandaré. Der Pisteneinstieg ist sehr schmal, nach ca. 3 km wird die Piste breiter (Rover-Spurbreite).

Die Piste passiert die Dörfer **Lakamané** und **Diangounté** (keine Versorgungsmöglichkeit).

DIÉMA – S. G 41. (Ende G 41; Beginn G 43.)

G 43: Diéma – Didiéni – Kolokani – Bamako (ca. 330 km)

(11.97, Bucher Duro und 01.97, Motorrad) Piste in sehr schlechtem Zustand (A/G/I) bis Didiéni (sehr ausgefahren, tiefe Lkw-Spurrillen), ab Didiéni bis 20 km vor Kati wurde 1998 eine 20 m breite, neue Straße gebaut (z.Zt. parallele, gut befahrbare Baustraße), von Kati nach Bamako Asphalt. Die Strecke Diéma – Didiéni war 2001 im Bau (evtl. überschwemmte Umleitungen in der Regenzeit). Die Piste trifft etwa 10 km nördlich von Didiéni auf die Piste Nara – Bamako. Die Piste Diéma – Didiéni (SO), die auf der Michelin-Karte 953 eingezeichnet ist, gibt es nicht mehr.

DIÉMA – S. G 41. (Ende G 41 und G 42.)

Pisteneinstieg: Am Ortsausgang an der „Tankstelle" links; ausgefahrene LKW-Piste, Bodenfreiheit erforderlich.

Nach einem Kilometer kommt eine Gabelung. Links Richtung ONO halten. Die Piste verläuft in Richtung 60° bis 150° durch sieben Dörfer.

Km 55, Beginn der Sandpassagen.

Km 73, **DIOUMARA** – Dorf. Lebensmittelversorgung ist schwierig (Brot). Treibstoff. Im Dorf nach der Piste für „petit voitures" fragen (auch für Lkw befahrbar), dann kommt man relativ bald ca. 30 km auf eine glattgewalzte Piste einer ital. Baufirma, die eine breite Piste in Richtung Norden baut (11.97). Auf dieser Arbeitspiste kann man lange in Ri. Bamako fahren.

Km 79, Dorf.

Km 80, Schotter. Die Piste passiert drei weitere Dörfer.

Km 103, Ruinen. Nach weiteren vier Dörfern Gabelung, rechts halten und durch zwei Dörfer fahren.

Ca. 45 km vor Didiéni: Einmündung in Hauptpiste Nara – Bamako (zur G 40).

Km 163, **MÉTANBOUGOU** – Dorf.

Km 173, **DIDIÉNI** – Großes Dorf. Lebensmittel (mehrere Geschäfte), Treibstoff, Werkstätte. Wasser 500 m südöstlich des Dorfes beim Solarbrunnen.

KOLOKANI – Dorf. Lebensmittel, Treibstoff, Hotel.

KATI – Großes Dorf. Lebensmittel, Treibstoff.

BAMAKO – 480 m, über 1 Mio. Einwohner (ca. 1,5 Mio. mit Vororten), Hauptstadt (s. Stadtplan). Gute Infrastruktur. Angeblich kommt es vor, dass die Polizei nachts Touristen erpresst (nach dem Motto „Geld oder mit auf die Wache"). (Ende G 45 und G 45a; Beginn G 32 und G 33.)

Unterkunft: Im Campingfahrzeug bietet sich das auf dem Hügel gelegene Unigelände an, ruhig und saubere Luft. Camping beim „Hotel les Colibris" (s.u., 2500 CFA p.P.), auch bei „Le Cactus" (s.u.). „Camping de Patriaot", ca. 12 km außerhalb in Ri. Ségou (Wegweiser kaum lesbar), Bar/Restaurant verfallen, sehr einfach, Wasser und Toiletten, Dusche per Verlegung eines Schlauchs in unbenützte Toilette, ruhiger und angenehmer Ort, 3000 CFA/Kfz (11.97, verhandeln). „Hotel Maxim", Tel. 00223-221.98.56, e-mail: nomade@cefib.com, Quartier Hippodrome, Rue 224, Porte 1545, unter dt. Leitung, ruhige Lage, Travellertreffpunkt, Fahrradverleih für Stadtbesuche, sehr sauber mit Garten, Pool, klimatisierte Zimmer mit Frühstück 20 000 CFA (08.02), daneben Botschaften von Burkina Faso und Mauretanien. Hübsches „Hotel Les Arbres" mit Camping, Baco-Djicoroni, Tel. und Fax 28 66 43, Restaurant, Pool. „Hotel Aquaris", Quartier Mali, Rue 305, DZ (klimat.) 22 000 CFA, ruhig, gutes Terrassenrestaurant. „Mission Libanaise" (15 000 CFA/DZ, 2500 CFA p.P. im Schlafsaal mit Ventilator, 2500 CFA p.P. im Zelt), vom Place de la Liberté kommend in der Av. Du Fleuve, kurz vor der BDM-Bank rechts in eine ungeteerte Seitenstraße einbiegen. Idyllisches und komfortables „Mandé Hotel" am Niger mit Pool und gelegentlich Live-Musik (31 000 CFA/DZ). „Hotel Rabelais“, viel Komfort (Zi. mit Kühlschrank, klimatisiert, TV, Dusche/Wc), DZ 30–35 000 CFA (12.97). „Hotel des Arbres“, DZ 7500–10 000 CFA/Pers. (12.97), Zi. mit Klimaanlage od. Ventilator, sauber, sehr gutes Essen, außerhalb, auch Stundenhotel. Hotel „Tennessee“, in der Nähe der ehem. sowjetischen Botschaft, familiäre Atmosphäre, von zwei Franzosen geführt (einer ist ehemaliger Arzt und kann bei Wehwehchen helfen), Pool, Restaurant, kaum Mücken, exzellente Hygiene (ca. 18 000–22 000 CFA/DZ). „Hotel de l'Amitié“, gr. Luxushotel, ca. 50 000 CFA/DZ, in der Nähe des Niger (von Mücken belagert), der angenehme Pool ist auch für Nicht-Gäste zugänglich (08.98: 2000 CFA). „Grand-Hotel“ (ca. 24 000 CFA/DZ mit Bad). Hotel „Lac Debo“, Av. de la Nation, billig aber schmutzig (ca. 7000 CFA/DZ), recht gutes Restaurant (08.98: Essen ca. 1500 CFA). „Des Hirondelles“, an der Straße nach Koulikoro, sehr sauber (ca. 18 000 CFA/DZ). „Hotel les Colibris“, hinter der Brücke (in Richtung Süden) nach 3 km nach links, Bungalows, heruntergekommen (ca. 15 000 CFA/DZ, Camping 2500 CFA/Pers.). Motel an der Straße in Richtung Guinea. Unterkunftsmöglichkeit auch in der „Maison des Jeunes“, am Nordufer des Niger, in der Nähe der Brücke (ca. 1000 CFA/Person im Schlafsaal), schlechte Sanitärinstallationen, Vorsicht vor Dieben. Katholische Mission (nahe der Kathedrale), sehr sauber, kein Parkplatz (ca. 1000 CFA/Person im Schlafsaal, 5000 CFA/DZ, nicht für Motoradfahrer). Libanesische Mission, direkt neben dem Ersatzteilladen „Simagala“, großer Innenhof, günstige Lage (2000 CFA/Auto und 2 Personen). Hotel „Le Cactus“ (B.P. 26.19, Kabala), etwas abgelegen, ruhig am Ufer des Niger gelegen im Stadtteil Kalaban Koro (Anfahrt: über die alte Brücke, an der Mobil-Tankstelle rechts abbiegen, weiter geradeaus bis Kalabou, am Ende der Teerstraße auf Lateritpiste weiter), unter freundlicher Leitung des kanadischen Ehepaares Joan und Andre Charette, Hotel wurde 1998 renoviert (Pool, Boutique und Dinnerroom gebaut), schöne Terrasse, großes Sonntagsbuffet für 9500 CFA (08.98), einfache Zimmer ohne fließendes Wasser und Strom, mit Moskitonetz, sauber (aber viele Fledermäuse, die Dreck machen), Preise (08.98): 10 000 CFA pro Nacht, Frühstück 1500 CFA, Abendessen 3000 CFA (gut), Taxi Collectif für ca. 200 CFA in die Stadt.

Essen: Restaurant „Le Lagune“, ca. 20 km außerhalb, sehr pittoresk, direkt an Seitenarm vom Niger, Kapitänfisch. Restaurant „Phoenicia“ (libanesisch). „L'Alsacienne“ im Stadtzentrum, gutes Essen, aber recht teuer. Restaurant und Galerie „Le San Toro“, besuchenswert, keine alkoholischen Getränke, frisch gepresste Säfte und köstliche einheimische Küche, Vorbestellung erforderlich, Tel. 2 22 30 82.

Verschiedenes: Im Juni 2002 wurde vor alle Telefonnummern in Bamako zusätzlich eine 2 angefügt – die Telefonnummern sind also jetzt 7-stellig und nicht mehr 6-stellig! Camping-Gaz-Kartuschen verkauft nur die „Shell“-Tankstellen. Ersatzteile für VW und Mercedes gibt es bei „SIMAGALA“ im Stadtzentrum. Reiseschecks wechseln fast alle Banken, aber nur von 8–12 Uhr (auch Schwarzmarkttausch möglich). Neben der „BND“-Bank gibt es eine „American Express“-Filiale. Postlagernde Sendungen nach Bamako können nicht empfohlen werden, sogar eingeschriebene Briefe gehen spurlos verloren. Eine Meldung bei der Polizei ist nicht mehr notwendig. Busverbindungen nach Ségou 2000 CFA, nach Mopti 6500 CFA (1x täglich, ca. 12 Std.). Afrikanische Life-Musik gibt es im „Rive Gauche“ (alles am Fahrzeug gut sichern). Pool des „Hotel de L'Amitié“ 2000 CFA (08.98) für Nichtgäste. Reiseagentur unter dt. Leitung (Niger-Pinassenfahrten, Dogon-Land, 4x4 Expeditionen): „Nomade Voyage“, Tel./Fax 00223-2 21 75 13, e-mail: nomade@cefib.com, Internet: www.nomads-of-mali.com, Quartier Hippodrome (Hotel „Maxim“), Rue 224, Porte 1545. Vorsicht, die Polizisten von Bamako haben sich auf das Ausnehmen von Touristen spezialisiert. Unter allen möglichen und unmöglichen Vorwänden werden Geldstrafen verhängt (auch im Straßenverkehr, z.B. viele Einbahnstraßen). Zeigen Sie sich unbeeindruckt und tragen Sie imme Ihre Papiere bei sich. Verlängerung der Permission de circuler bei der Zollstation (douane) rechts von der Route de Keita, im grün gelben Haus, in dem unten ein Reisebüro (Afrique Voyages) untergebracht ist (kein Hinweis auf Zoll), keine Verlängerung bei der „Direction Generale de Douane" am Stadtrand. Fahrzeugverladung per Zug nach Dakar mit dem Mali-Express möglich. Flug von Bamako nach Timbuktu von Air Mali für 66 000 CFA one-way, Studentenrabatte, 2500 CFA Flughafengebühr (04.99).

Botschaften: Ein Visum für Guinea erteilt die guineische Botschaft (15 000 CFA/Pers. und 10 000 CFA für das Carnet de passage; aufpassen, dass alles richtig ausgefüllt und die Unterschrift geleistet wird, der Konsul spricht deutsch). Ebenfalls mit einer Botschaft ist der Senegal vertreten. Visum für Nigeria problemlos an einem Tag (09.97), 15 000 CFA, ab alter Brücke 2 km Richtung Flughafen, bei Mobil-Tankstelle links, nach 500 m auf linker Seite. Visum für Burkina Faso (01.97: 40 000 CFA/15 Tage), für Elfenbeinküste bei der franz. Botschaft (01.97: 10 000 CFA/60 Tage, innerhalb 24 Std.).

Bahnfahrt Bamako – Kayes – Tambacounda (Senegal): Ein wirkliches Abenteuer (siehe L 6). In Bamako werden Fahrzeuge und Passagiere auf die Plattformen der Waggons verladen (improvisierte Rampen, langwierig). Der Zug fährt mit etwa 60 km/h, und das Fahrgefühl kann sich gut mit Wellblech messen. Wer direkt nach Senegal fahren möchte, kann in Diboli (Grenzposten des Senegal) den Zug verlassen; in Kidira (Grenzposten Malis) und später bis Tambacounda gibt es keine Verladerampe. In Bamako muss ein Spediteur genommen werden (ca. 20 000 CFA). Die Formalitäten zur Ausreise aus Mali müssen in Bamako durchgeführt werden. Nicht weniger als vier Unterschriften sind nötig, bis das Ausreisedokument gültig ist (Bahnkosten ca. 70 000 CFA für den malischen Teil der Strecke, in Bamako zu bezahlen, und ca. 42 000 CFA für die senegalesische Seite, in Tambacounda zu zahlen, daneben ist mit etwa 5000 CFA für die Befestigung des Fahrzeugs auf dem Wagon und das Lösen der Verankerungen bei der Ankunft zu rechnen). Jeder Passagier muss eine Fahrkarte für die zweite Klasse lösen. Die interessanteste Lösung ist die Bahnfahrt bis Kayes (01.95: ca. 110 000 CFA pro Pkw; Rampe zum Auf-/Abfahren in Kayes vorhanden; Fahrt dauert 12–24 Std.; Verpflegung mitnehmen) und dann die Weiterfahrt auf guter Piste nach Senegal. Die Grenzformalitäten sind beim Straßenzoll wesentlich schneller als auf der Bahn. Von Bamako ist auch eine Fahrzeugverladung per Zug nach Dakar mit dem Mali-Express möglich (04.97).

Sehenswert: Der Markt („Marché rose", Vorsicht vor Dieben!), das Zentrum des Kunsthandwerks, das Haus der Künste, das „Institut des Sciences humaines" und das Nationalmuseum.

In der Umgebung: Der Botanische Garten, ein Zoo, die **Koulouba-Höhlen,** die **Mandingo-Berge** und die **Oyako-Fälle** (die nur in der Regenzeit Wasser führen).

G 44: Kayes – Diamou – Bafoulabé (130 km)

(02.02 und 04.01, Motorrad) Piste. Über Galougo sehr schlecht (A/H), über Sélinkégni etwas besser, z.T. Asphalt.

KAYES – S. L 6. (Ende L 6; Beginn G 40.)

Sie verlassen Kayes, indem Sie neben der Bahnlinie entlangfahren.

Km 15 nahe Médine, die sehenswerten **Paparah-Fälle** (25 m hoch) und etwas weiter die **Félou-Fälle** (Kraftwerk).

DIAMOU – Dorf. Lebensmittel.

Ab Diamou gibt es zwei Möglichkeiten nach Bafoulabé:

VARIANTE 1 (über Galougo): (02.02) Schwierige Piste, teilweise die Bahnstrecke entlang. Lange sandige Passagen und tiefe Spurrillen, Auswaschungen, Ausweichen schwierig. Nur mit Geländewagen und nur in der Trockenzeit möglich. Asphaltstraße durch Diamou folgen, hinter der Kalkmine (linke Seite) geht direkt nach dem rechter Hand liegenden Schrottplatz die schwierig zu erkennende Piste rechts ab. Auf der schmalen Piste anfangs immer links halten; nach 13 km sind die **Gouina-Fälle** erreicht. Unterhalb der Wasserfälle Campingmöglichkeit an einer kleinen Bucht (nur in der Trockenzeit).

VARIANTE 2 (über Sélinkégni): (04.01, Motorrad) Ca. 160 Km. Piste bis Km 68, streckenweise Asphalt. Geländewagen nötig, sonst schwierig. Viele tiefe Spurrinnen und tiefer Sand. Viele Autoschieber. Nach **Diamou** (Versorgung schlecht, Übernachtungsmöglichkeit) über Bahnlinie, auf Asphalt geradeaus. Nach Brücke über den Bafing wird der Asphalt schlechter, viele Löcher. Asphalt wird später besser. Nach ca. 40 km, bei kleinem, unauffälligem Schild, links auf Piste abbiegen, nach ca. 1,5 km rechts abbiegen (Schild „Bafoulabé"). Ab hier immer geradeaus nach Sélinkégeni. In **Sélinkégeni** nur geringe Versorgungsmöglichkeiten. In Sélinkégeni rechts abbiegen, ab Steinbruch den Hauptspuren folgen. Die Spuren verzweigen sich häufig, führen aber wieder zusammen.

Km 106, **BAFOULABÉ** – Dorf. Lebensmittel. Per Fähre über Bafing und Bakoye in den Hauptort zwecks Weiterfahrt nach Kita/Bamako. Fähre war 1998 defekt. Fährenstrecke auch umfahrbar: 1 km zurückfahren, dann nach rechts in Busch abzweigen, ca. 1 km durch Busch, Spuren folgen zur Furt (ca. 7–10 km); ca. 1,5 Stunden Fahrzeit, Vorsicht steiler Böschungswinkel!

Sehenswert: Zusammenfluss von Bafing und Bakoye, die zusammen den Senegalfluss bilden. (Beginn G 45; Ende G 46.)

G 45: Bafoulabé – Manantali – Kita – Bamako (ca. 500 km)

(04.01, Motorrad, 02.99, Suzuki Samurai) Piste. Von Bafoulabé bis Manantali gut. Ab Manantali sehr gute Piste (Wellblech, 99 km) bis Tambaga, z.T. Asphalt, Furten betoniert, schöne Motorradstrecke, viele Kurven. Bis Kita unterschiedliche Leserinfos: einmal schnelle Piste mit vielen neuen Abschnitten und ausgebauten Flussfurten (1999), dann schlechte Piste mit Wellblech (2001). Von Kita nach Kati ebenfalls divergierende Infos: die ca. 150 km bis Kati z.T. miserable Piste, vor allem die letzten 50 km vor Erreichen der Asphaltstraße nach Bamako (1999), und schnelle Piste, alle Brücken sind neue 30-t-Brücken (2001). Von Kati nach Bamako schlechter Asphalt, viele Löcher und Wasserschäden. Die Strecke verläuft westlicher als in der Michelinkarte eingezeichnet (ab Kita Ri. W, erst ab Tambaga nach NW).

BAFOULABÉ – S. G 44. (Ende G 44 und G 46.)

Sie verlassen Bafoulabé entlang des Bafing-Flusses. Das Flüsschen wird bei

Km 0 in der Nähe von **Mahina** auf einer Eisenbahnbrücke überquert – 5000 CFA Brückengebühr, runterhandeln auf 2500 CFA möglich (02.02). Nach der Überquerung geht es entlang des Flusses bis

Km 92, **MANANTALI** – Städtchen, am Bafing-Stausee gelegen. Lebensmittel, Treibstoff.

Unterkunft: Kl. Campement am Ortseingang rechts an der Hauptstraße, nette Bar, sehr einfache Rundhütten. Gästehaus des GTZ (nicht für Touristen gedacht), grandiose ruhige Anlage mit allen Vorzügen der westl. Welt, sehr sauber, malischer wissenschaftlicher Mitarbeiter (Dipl. Ing.) spricht perfekt deutsch, höfliche Touristen dürfen auf dem Gelände campieren, schwer zu finden: die schnurgerade Teerstraße (das Zentrum liegt links) immer gerade fahren, dann links (ca. 2 km vom Zentrum).

Verschiedenes: Der Staudamm wurde von Deutschen erbaut.

Bei Manantali bis kurz vor den Stausee fahren, dann links abzweigen, nach ca. 500 m wieder links auf die Straße den Berg rauf.

Km 180, **KOKOFATA** – Dorf. Nach Kokofata biegt man links in Richtung Kita ab. 47 km von **TAMBAGA** nach Kita.

KITA – 342 m. Kleines, ruhiges Städtchen. Lebensmittel, Treibstoff.

Unterkunft: „Relais de Tourisme", sauber, Pool, DZ mit Ventilator 7200–20 500 CFA (11.98). „Etoile"/„Lolo", Zimmer mit Ventilator, etwas heruntergekommen, Übernachtung auf Dach (Hütte) 3500 CFA. Im Restaurant „L'Oasis" wird sehr gutes Essen serviert.

KATI – Dorf.

BAMAKO – S. G 43. (Ende G 43 und G 45a; Beginn G 32 und G 33.)

G 45a: Kita – Sirakoro – Sibi – Bamako

(11.97, Isuzu Trooper) Da auf der Route G 46 zwischen Kita und Bamako zwei Flüsse durchquert werden müssen, die Ende der Regenzeit noch 1,5 m tief sind, bietet sich folgende Ausweichpiste an, um die teure Zugverladung zu sparen. Keine Versorgungsmöglichkeit. Pistenverlauf oft nicht leicht erkennbar. Von Sirakoro bis Sibi ca. 7 Stunden rechnen.

KITA – S. G 45. (Zur G 45.)

Km 0, **SIRAKORO** – In Sirakoro 50 m nach dem Marktplatz die Hauptstraße nach links verlassen.

Km 5,5, Pos. **N 12°42,16′ W 09°11,56′**, rechts halten.

Km 7,8, Pos. **N 12°41,98′ W 09°10,49′**, rechts halten.

Km 19, Dorf, **N 12°41,53′ W 09°04,74′**.

Km 23, Dorf, rechts abbiegen, Pos. **N 12°40,72′ W 09°02,94′**.

Km 30, Dorf, links fahren, **N 12°37,16′ W 09°00,61′**.

Km 50, Dorf, **N 12°37,97′ W 08°58,59′**.

Km 52, rechts halten.

Km 62, Dorf, **N 12°34,00′ W 08°52,82′**.

Km 73, Dorf, **N 12°29,27′ W 08°52,06′**.

Km 93, Dorf,

N 12°26,04′ W 8°44,43′, ab jetzt gute Piste nach Sibi.

Km 99, schöne Bademöglichkeit an kleiner Bucht unterhalb des Wasserfalls.

Km 135, links abbiegen, **N 12°20,62′ W 08°25,51′**.

Km 147, **SIBI** – Ort, Pos. **N 12°22,69′ W 08°20,26′**. Ab hier keine Orientierungsprobleme mehr.

BAMAKO – S. G 43. (Ende G 43 und G 45; Beginn G 32 und 33.)

G 46: Kéniéba – Sitakili – Koulouguidi – Mahina – Bafoulabé (136 km)

(01.98, Toyota Landcruiser FJ 40) Schlechte bis sehr schlechte Piste (Flussbettdurchfahrten, Felsen, Sand, Unterspülungen). Alternative s.u.

KÉNIÉBA – S. L 8. (Ende L 8.) Einreiseformalitäten für Mali erledigen (Zoll, Polizei). Einreisestempel bei der Gendarmerie (am Ortsausgang in Ri. Bafoulabé rechts). Nach dem Ort viel Wellblech.

Km 15, Polizeiposten.

Km 50, Kreuzung. Nach links in Ri. Kayes. Nach rechts fahren. Gebirgspiste, schlechte Felspassagen.

Km 85, Piste von rechts.

Km 90, **KOULONG** – Ort. Schöne Felsen rechts. Danach sandige Piste.

Km 97, Kleines Dorf (mit Wasserpumpe).

Km 106, ab hier Piste besser.

MAHINA – Städtchen. Lebensmittel (Markt), Treibstoff. Zwei Bars mit Unterkunft.

Verschiedenes: Es gibt die Möglichkeit, gegen eine Gebühr über die Eisenbahnbrücke zu fahren, um in Kalé die Route G 45 zu erreichen. Wer nach Bamako fahren will, vermeidet so den Umweg über Bafoulabé.

BAFOULABÉ – S. G 44. (Ende G 44; Beginn G 45.)

VARIANTE KÉNIÉBA – MANANTALI: (02.99, Suzuki Samurai) Variante, um die sehr mühselige Strecke über Bafoulabé (G 46) zu umgehen und zu verkürzen. Piste (H) mit vielen sehr guten Abschnitten. Viele Bauarbeiten auf der gesamten Strecke, schlechte Abschnitte selten. Piste nach Manantali recht gut (ca. 100 km), bis auf vereinzelte Gebirgsstellen mit Steinen; Strecke mit kleinen selbst gebauten Schildern gut ausgeschildert; zwischendurch neue autobahnähnliche Piste (100 km/h möglich); spektakuläre einsame Gebirgslandschaft, vereinzelt Dörfer.

G 47: Boni – Djibo (Burkina Faso) (162 km)

(01.01, Peugeot 505) Meist gut befahrbare Piste oder Eselspfad. Einige Weichsandpassagen mit tiefen Spuren. Schöne Buschlandschaft mit Sicht auf die Hombori-Berge. Kein Verkehr, keine Versorgungsmöglichkeit. Ab Baraboulé breite Lateritpiste mit mehreren Oued-Durchfahrten (steile An- u. Abfahrten).

Km 0, Abzweigung von der Teerstraße Gao – Mopti (ca. 62 km vor Hombori) nach S.

Km 5, **BONI** – Dorf. Zollposten. Ausreiseformalitäten für Mali (schnell, problemlos).

Km 38, 44, 45, 47, kleine Dörfer.

Km 51, großes, schönes Dorf mit Moschee.

Km 70, **MONDORO** – Dorf.

Km 80, Dorf.

Km 85, großes Dorf mit Krokodilteich in der Dorfmitte (8–10 Tiere).

Km 103, erstes größeres Dorf in Burkina Faso.

Km 108, 110, 112, kleine Dörfer.

Km 115, Dorf mit großer Wasserstelle, riesige Tierherden.

Km 124, kleines Dorf.

Km 131, **BARABOULÉ** – Dorf. Einreiseformalitäten Burkina Faso (Polizei).

Km 162, **DJIBO** – S. Q 26. (Zur Q 26; Beginn Q 29.) Zollformalitäten für Burkina Faso.

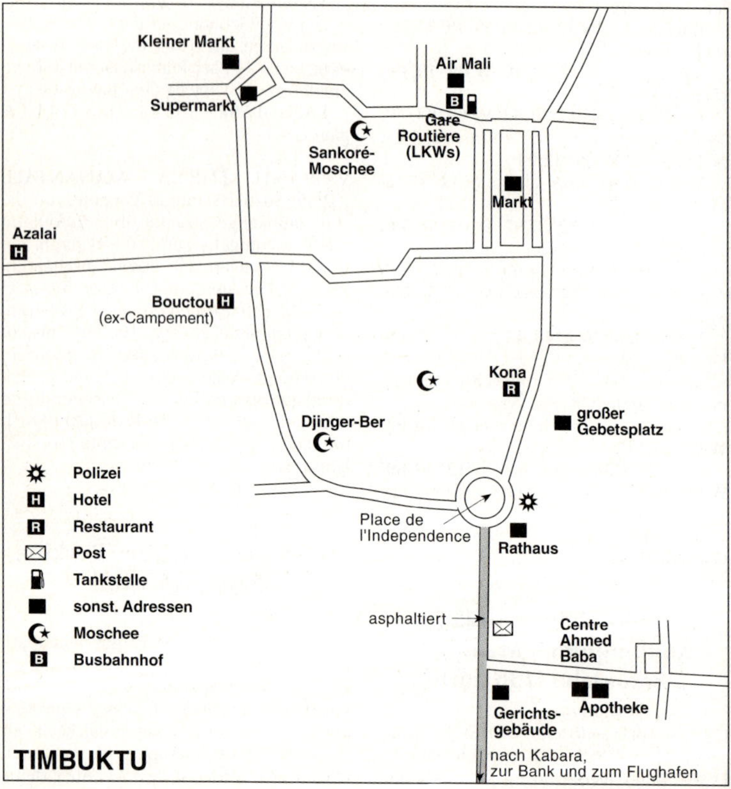

Karten S. 274/275, 304–311

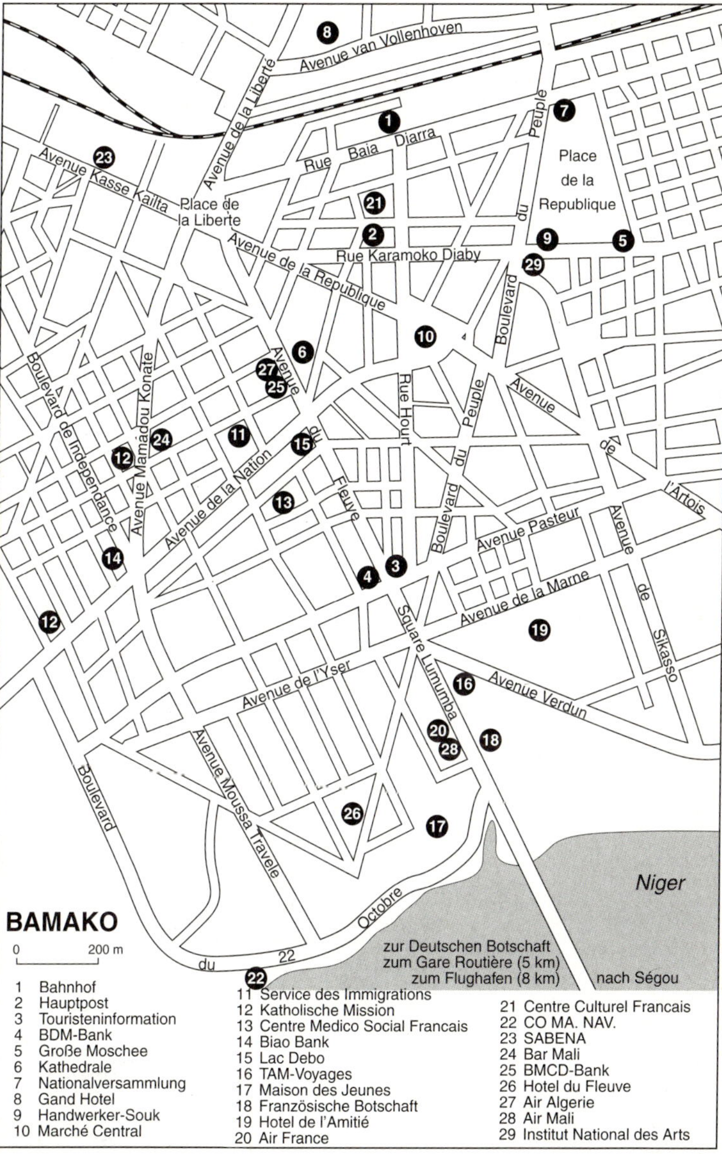

1 Bahnhof
2 Hauptpost
3 Touristeninformation
4 BDM-Bank
5 Große Moschee
6 Kathedrale
7 Nationalversammlung
8 Gand Hotel
9 Handwerker-Souk
10 Marché Central
11 Service des Immigrations
12 Katholische Mission
13 Centre Medico Social Francais
14 Biao Bank
15 Lac Debo
16 TAM-Voyages
17 Maison des Jeunes
18 Französische Botschaft
19 Hotel de l'Amitié
20 Air France
21 Centre Culturel Francais
22 CO MA. NAV.
23 SABENA
24 Bar Mali
25 BMCD-Bank
26 Hotel du Fleuve
27 Air Algerie
28 Air Mali
29 Institut National des Arts

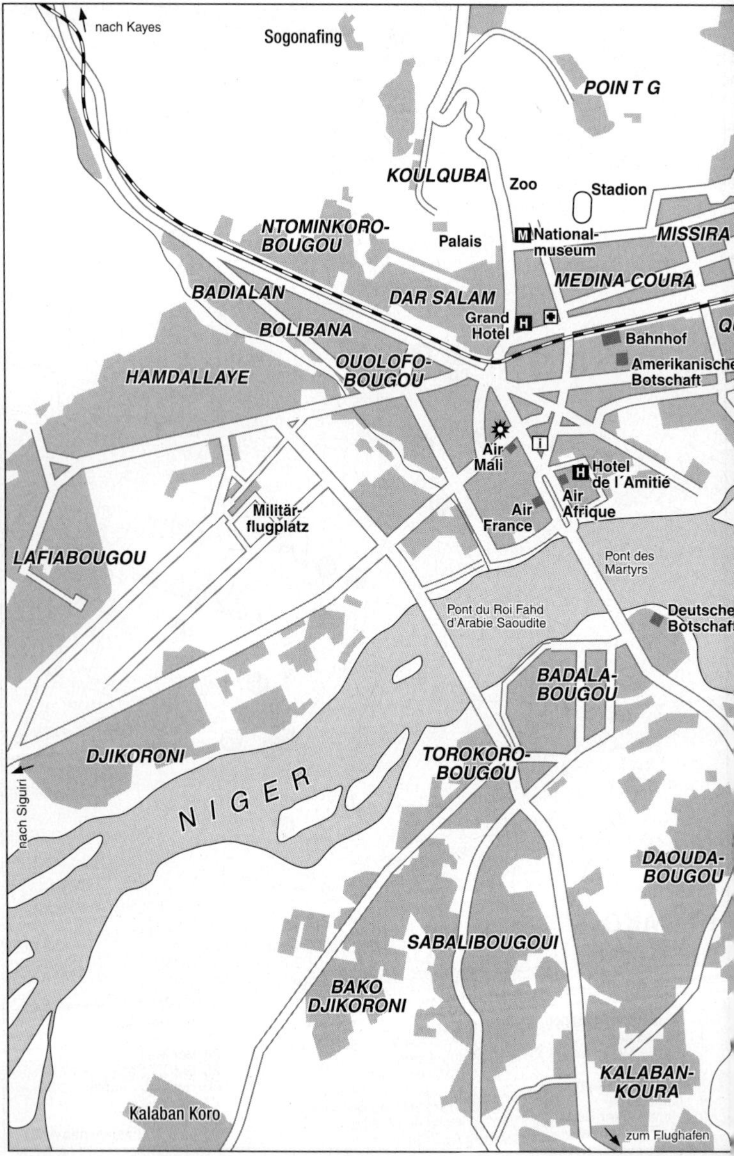
nach Kayes
Sogonafing
POINT G
KOULQUBA
Zoo
Stadion
NTOMINKORO-
BOUGOU
Palais
National-
museum
MISSIRA
MEDINA COURA
BADIALAN
DAR SALAM
Grand
Hotel
BOLIBANA
Bahnhof
OUOLOFO-
BOUGOU
Amerikanische
Botschaft
HAMDALLAYE
Air
Mali
Hotel
de l´Amitié
Air
Afrique
Militär-
flugplatz
Air
France
LAFIABOUGOU
Pont des
Martyrs
Pont du Roi Fahd
d'Arabie Saoudite
Deutsche
Botschaft
BADALA-
BOUGOU
DJIKORONI
TOROKORO-
BOUGOU
nach Siguiri
NIGER
DAOUDA-
BOUGOU
SABALIBOUGOUI
BAKO
DJIKORONI
KALABAN-
KOURA
Kalaban Koro
zum Flughafen

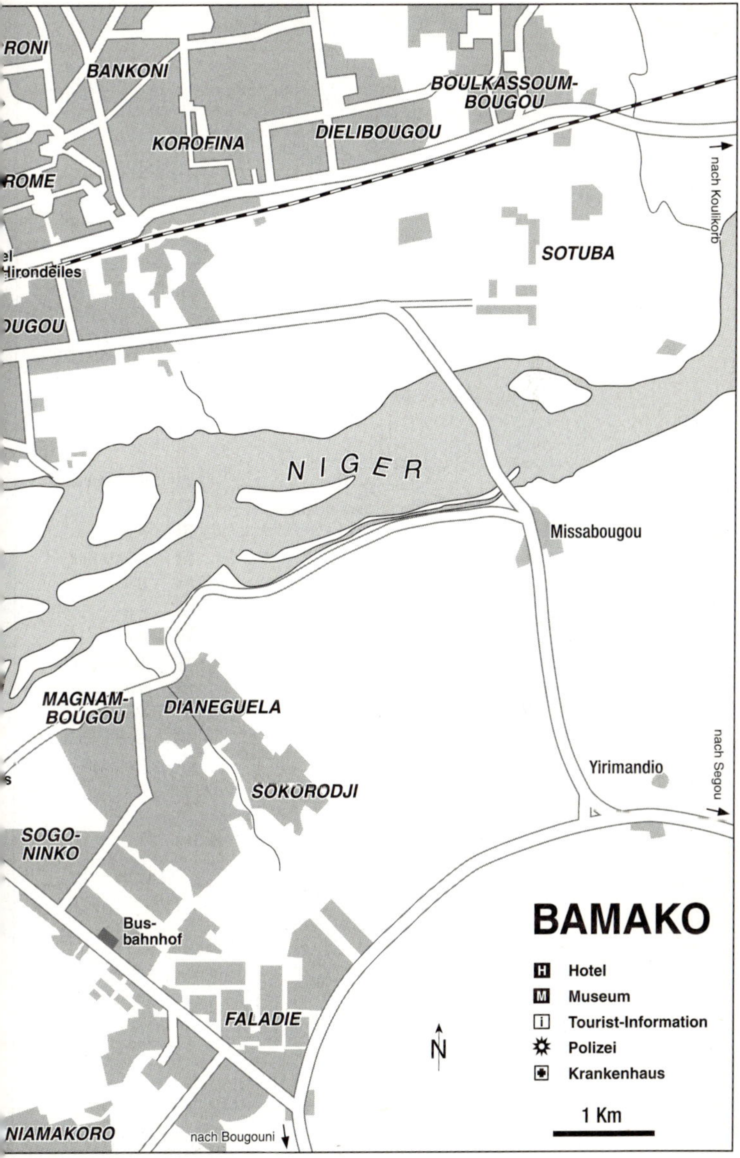

RONI
BANKONI
BOULKASSOUM-BOUGOU
KOROFINA
DIELIBOUGOU
ROME
nach Koulikoro
SOTUBA
Hirondelles
OUGOU
NIGER
Missabougou
MAGNAM-BOUGOU
DIANEGUELA
SOKORODJI
Yirimandio
nach Segou
SOGO-NINKO
Bus-bahnhof
FALADIE
NIAMAKORO
nach Bougouni
BAMAKO
Hotel
Museum
Tourist-Information
Polizei
Krankenhaus
1 Km
N

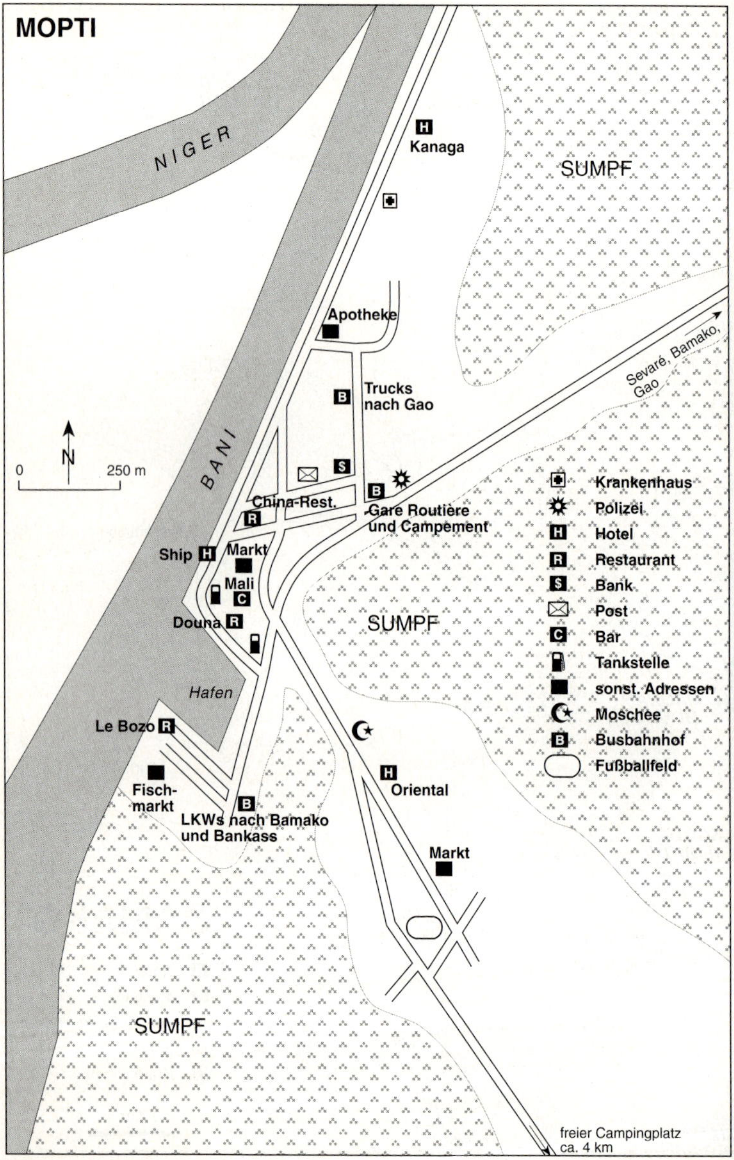
MOPTI
NIGER
BANI
Kanaga
SUMPF
Apotheke
Trucks
nach Gao
Sevaré, Bamako,
Gao
0
250 m
N
China-Rest.
Gare Routière
und Campement
Ship
Markt
Mali
Douna
Hafen
Le Bozo
Fisch-
markt
LKWs nach Bamako
und Bankass
SUMPF
Oriental
Markt
SUMPF
freier Campingplatz
ca. 4 km
Krankenhaus
Polizei
Hotel
Restaurant
Bank
Post
Bar
Tankstelle
sonst. Adressen
Moschee
Busbahnhof
Fußballfeld

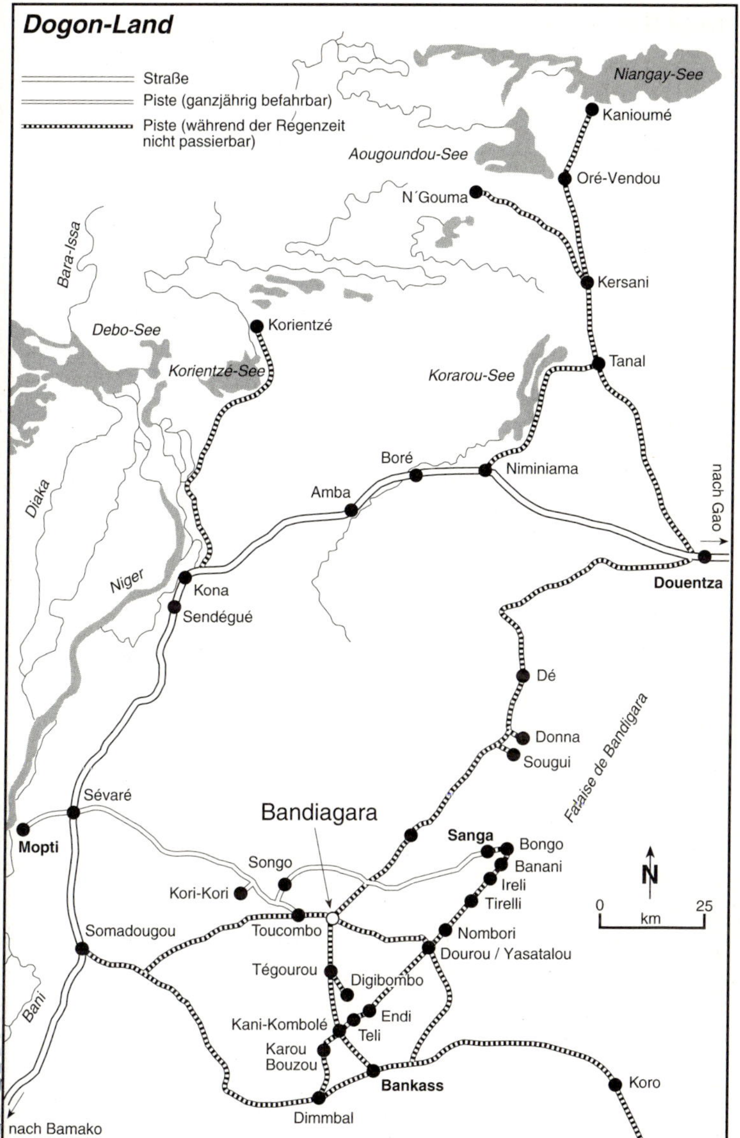
Dogon-Land
Straße
Piste (ganzjährig befahrbar)
Piste (während der Regenzeit nicht passierbar)
Niangay-See
Kanioumé
Aougoundou-See
Oré-Vendou
N´Gouma
Bara-Issa
Kersani
Debo-See
Korientzé
Korientzé-See
Korarou-See
Tanal
Boré
Niminiama
nach Gao
Amba
Diaka
Niger
Kona
Sendégué
Douentza
Dé
Falaise de Bandigara
Donna
Sougui
Sévaré
Bandiagara
Mopti
Sanga
Bongo
Songo
Banani
Ireli
Kori-Kori
Tirelli
N
0 km 25
Toucombo
Somadougou
Nombori
Dourou / Yasatalou
Tégourou
Digibombo
Bani
Endi
Kani-Kombolé
Teli
Karou Bouzou
Bankass
Koro
Dimmbal
nach Bamako

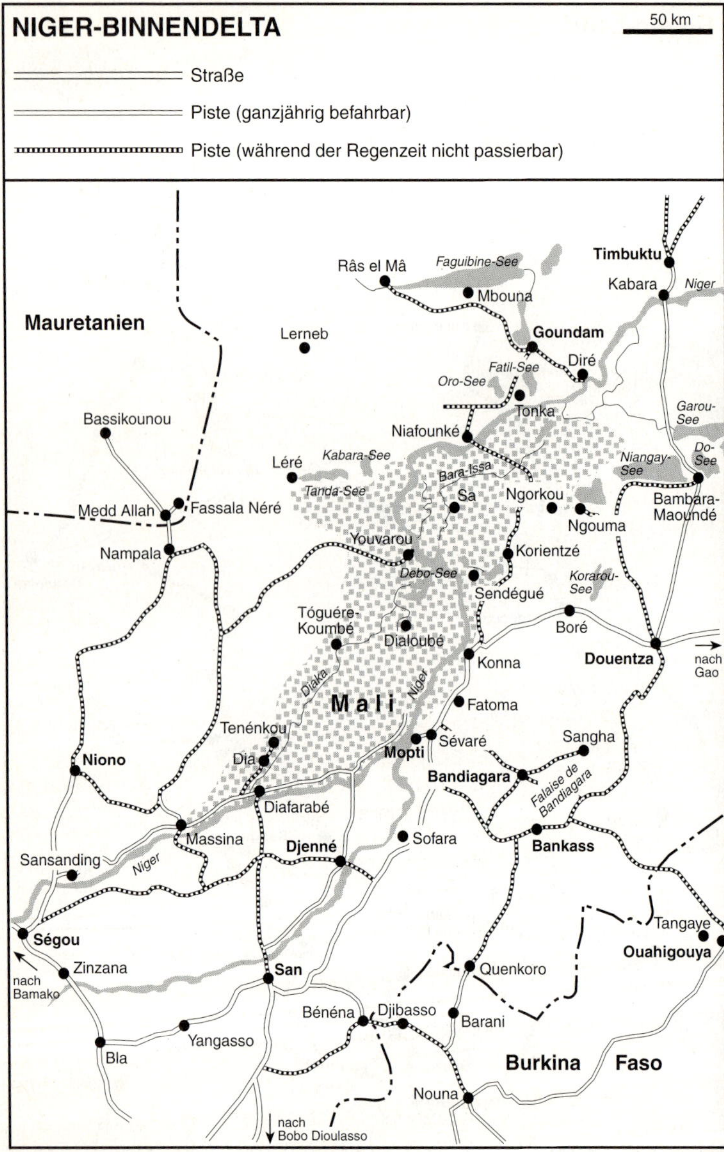
NIGER-BINNENDELTA
50 km
Straße
Piste (ganzjährig befahrbar)
Piste (während der Regenzeit nicht passierbar)
Mauretanien
Mali
Burkina Faso
Timbuktu
Kabara
Niger
Râs el Mâ
Faguibine-See
Mbouna
Goundam
Diré
Fatil-See
Oro-See
Tonka
Lerneb
Garou-See
Do-See
Niafounké
Niangay-See
Bassikounou
Léré
Kabara-See
Tanda-See
Bara-Issa
Sa
Ngorkou
Ngouma
Bambara-Maoundé
Medd Allah
Fassala Néré
Nampala
Youvarou
Korientzé
Debo-See
Sendégué
Korarou-See
Tóguére-Koumbé
Dialoubé
Boré
Douentza
nach Gao
Konna
Diaka
Fatoma
Tenénkou
Sévaré
Mopti
Sangha
Dia
Niono
Bandiagara
Falaise de Bandiagara
Diafarabé
Massina
Bankass
Sofara
Sansanding
Djenné
Tangaye
Ségou
Ouahigouya
Zinzana
nach Bamako
San
Quenkoro
Bénéna
Djibasso
Barani
Yangasso
Bla
Nouna
nach Bobo Dioulasso

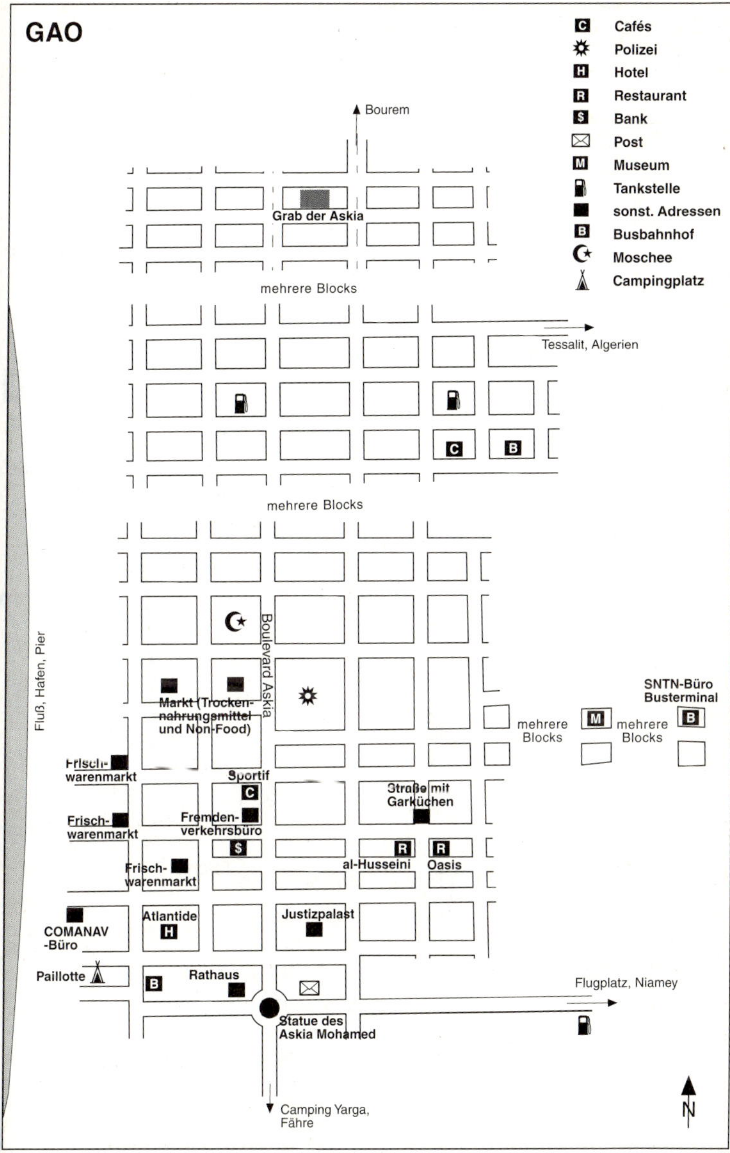
GAO
Cafés
Polizei
Hotel
Restaurant
Bank
Post
Museum
Tankstelle
sonst. Adressen
Busbahnhof
Moschee
Campingplatz
Bourem
Grab der Askia
mehrere Blocks
Tessalit, Algerien
mehrere Blocks
Boulevard Askia
Fluß, Hafen, Pier
Markt (Trocken-
nahrungsmittel
und Non-Food)
SNTN-Büro
Busterminal
mehrere
Blocks
mehrere
Blocks
Frisch-
warenmarkt
Sportif
Straße mit
Garküchen
Frisch-
warenmarkt
Fremden-
verkehrsbüro
al-Husseini
Oasis
Frisch-
warenmarkt
COMANAV
-Büro
Atlantide
Justizpalast
Paillotte
Rathaus
Flugplatz, Niamey
Statue des
Askia Mohamed
Camping Yarga,
Fähre
N

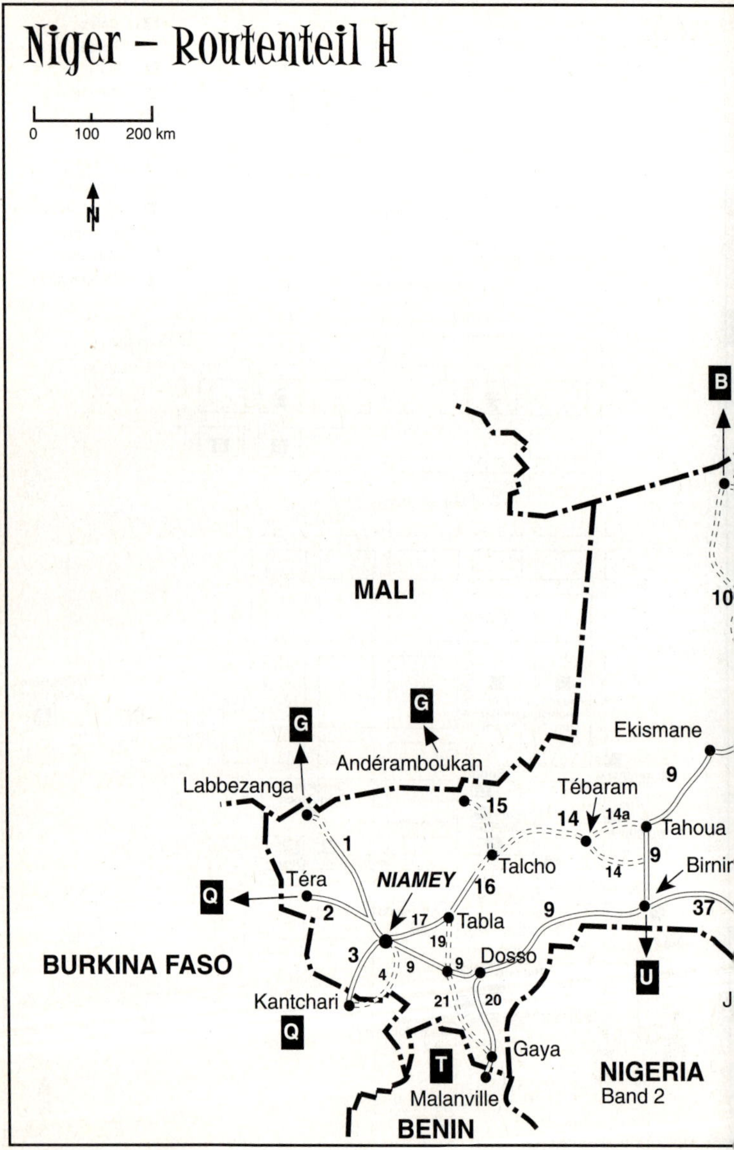
Niger – Routenteil H
0
100
200 km
N
B
MALI
10
G
G
Ekismane
Andéramboukan
9
Labbezanga
Tébaram
15
14
14a
Tahoua
1
9
Talcho
14
Birnir
Téra
NIAMEY
16
Q
37
2
17
Tabla
9
19
3
9
Dosso
BURKINA FASO
4
9
U
21
20
Kantchari
Q
Gaya
T
NIGERIA
Band 2
Malanville
BENIN

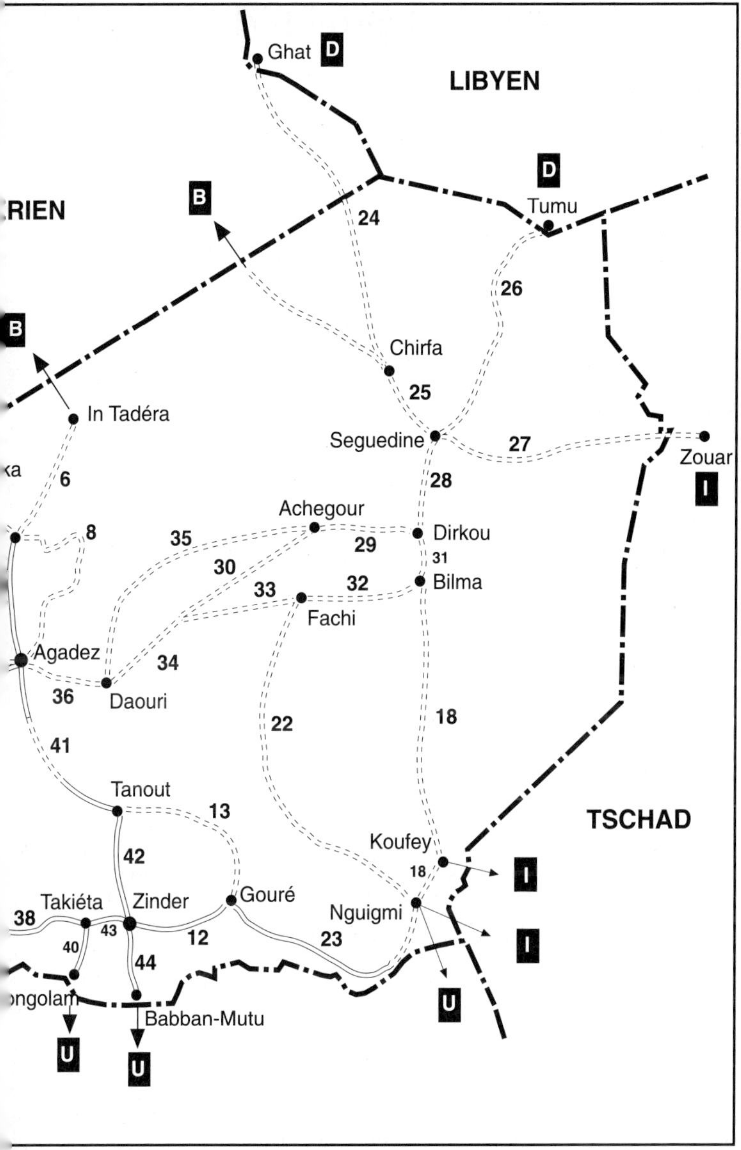

Ghat
D
LIBYEN
D
Tumu
B
RIEN
24
26
B
Chirfa
25
In Tadéra
Seguedine
27
Zouar
I
ka
6
28
Achegour
8
35
29
Dirkou
31
30
33
32
Bilma
Fachi
Agadez
34
36
Daouri
22
18
41
Tanout
13
TSCHAD
42
Koufey
18
I
Takiéta
Zinder
Gouré
Nguigmi
38
43
12
23
I
40
44
ongolam
Babban-Mutu
U
U
U

Niger

Niger – Routenteil H

Überblick

Fläche: 1 267 000 km².

Einwohner: ca. 10 Mio.

Ethnien: Haussa (50–55%), Djerma (20–24%), Peul (unter 10%), Tuareg (ca. 10%), Kanuri (ca. 4%) und andere Minderheiten.

Hauptstadt: Niamey (ca. 900 000 Einw.).

Sprachen: Verkehrssprachen sind Französisch und Haussa, daneben werden Tamaschek, Ful, Djerma und Kanuri gesprochen.

Religion: Islam (sunnitisch, ca. 95%).

Ruhetag: Sonntag.

Feiertage: 1.1., 15.4., 1.5., 3.8., 18.12., 25.12., sowie jährlich wechselnde islamische Feiertage (Tabaski, Mouloud).

Zeitverschiebung: MEZ gleich, Sommerzeit minus 1 Stunde.

Stromspannung: 220 V.

Einreise: Deutsche, Österreicher und Schweizer benötigen ein Visum (Antrag an die jeweilige Botschaft). Ein Visum ist auch bei den Konsulaten erhältlich, z.B. relativ problemlos beim Konsulat in Grünwald bei München (Adressen s. Anhang). Das Visum ist 3 Monate zur Einreise gültig. Es muss eine Reisekrankenversicherung mit Krankenrücktransport (Flugrettung) nachgewiesen werden. Zudem muss eine Gewährungsfirma bzw. -dienst bzw. -person im Heimatland und im Niger angegeben werden. Das Visum ist auch in Tamanrasset innerhalb weniger Stunden erhältlich (s. B 2). Die Botschaften/Konsulate der Republik Niger verschicken eine kostenlose, jedoch veraltete Informationsbroschüre für Touristen. Bei der Einreise über Assamaka wird eine Taxe touristique von 5000 CFA pro Person (07.02) erhoben. Seit 1. Jan. 02 gibt es angeblich auch ein „5-Länder-Visum", das für Benin, Burkina Faso, Elfenbeinküste, Niger und Togo gilt. Es kostet 25 000 CFA und ist 2 Monate gültig. Leider ist dieses Visum noch nicht überall zu bekommen, auch wenn in den Botschaften Plakate dafür aushängen (in Accra/Ghana, war es im Feb. 02 aber wohl möglich).

Impfung/Gesundheit: Gelbfieberimpfung vorgeschrieben. Malariaprophylaxe und Meningokokkenimpfung dringend empfohlen. Die ärztliche Versorgung ist mangelhaft, in einigen Städten franz. Kliniken.

Kfz: Internationaler Führerschein, Kfz-Schein, an der Grenze muss eine Haftpflichtversicherung abgeschlossen werden. Es wird die so genannte „Carte brune" (C.D.E.A.O.) ausgestellt – eine Versicherung, die für mehrere westafrikanische Länder gültig ist; Preise: ca. 19 500 CFA für Geländewagen und 10 Tage (03.02), ca. 24 000 CFA für 30 Tage

(03.01). Ein Carnet de passage ist nicht zwingend vorgeschrieben. Es wird ein Laissez passer ausgestellt (auch in Assamaka, pauschal 3000 CFA). Beim Laissez passer darauf achten, dass das Papier auf den ganzen Niger (bei „Destination") ausgestellt wird, sonst braucht man in Arlit oder Niamey wieder ein neues. Die Kfz-Versicherung kann erst in Arlit abgeschlossen werden, da es in Assamaka kein Versicherungsbüro gibt. Straßenbenützungsgebühr auf den Teerstraßen (Agadez – Niamey z.B. 1560 CFA).

Treibstoff: Schwarzverkauf von Treibstoff aus Nigeria. Im Ost-Niger, Richtung Tschadsee, schlechte Versorgung. Spätestens in Zinder alle Behälter füllen. Preise (2001): Diesel ca. 355–365 CFA/l, Benzin 425 CFA/l.

Währung: Franc CFA. 1 Euro = 663 CFA, 1 US-$ = 720 CFA. Einfuhr unbegrenzt, Ausfuhr auf 25 000 CFA begrenzt (einschließlich FF), es sei denn, man hat bei der Einreise einen anderen Betrag deklariert (Beleg).

Straßenzustand: Im Norden und Nordosten zumeist Pisten (sehen Sie dazu die Routenbeschreibungen), im südlichen Landesteil meist Asphalt.

Kontrollen: Meldepflicht in einigen Städten. Häufige Straßenkontrollen. Militär und Polizei sind im Niger sehr streng und straff organisiert. Verstößt man gegen Vorschriften, können die Beamten sehr unangenehm werden.

Führer: Auf der Tourismuskonferenz in München (April 2002) betonte das nigrische Tourismusministerium die Reglementierung des Tourismus im Nordniger. Das Bereisen des Aïr-Gebirges und der Ténéré-Wüste ist nur in Begleitung einer anerkannten Agentur aus dem Niger (Agadez) möglich. Schon aus Sicherheitsgründen sollte nicht auf einen Führer bzw. Eskorte verzichtet werden, auch wenn Reisende gelegentlich „stolz" darauf sind, diese Regionen ohne Führer bereist zu haben. Die Reiseagenturen in Agadez begleiten Individualtouristen oder führen Gruppen in die Wüste (Adressen s.u.). Die Agenturen beantragen eine Genehmigung, das Feuille de route, das zum Bereisen der Regionen notwendig ist und kontrolliert wird. Es sind im Aïr und der Ténéré z.T. erhebliche Schwierigkeiten zu erwarten, wird man ohne Führer und ohne Genehmigung angetroffen.

Agentur: Eine erfahrene Agentur in Agadez mit guten Verbindungen ist „Le Pélerin du Désert", Mr. Elkontchi Aoutchiki, P.O.B. 181, Agadez, Niger, Tel. (00227) 44 05 86, Mobil (00227) 97 24 52, Fax (00227) 75 37 90, Thuraya (Sat.-Telefon) ab 18 Uhr (00 88 21 6) 22 77 04 64, e-mail: pelerindudesert_fr@yahoo.fr (Korrespondenz in französisch oder englisch).

Grenzen: Das nigrische Tourismusministerium betonte im April 2002 (Tourismuskonferenz in München), dass die einzigen Grenzübergänge in den Nordniger Assamaka (von Algerien kommend) und Madama (von Libyen kommend) wären. Eine Einreise von Djanet kommend (Route B 16, s.a. Algerien/Sicherheit und Grenzen) ist nur in Ausnahmefällen möglich. Dazu müssen die Botschaft des Niger und das Tourismusministerium in Niamey konsultiert werden. Evtl. verweigern nach dem brutalen Überfall auf Touristen im Dez. 2001 (s.u. Sicherheit) auch die alger. Behörden in Djanet eine Ausreise. Die Grenze nach Libyen ist zur Einreise nach Libyen geschlossen, eine Ausreise von Libyen nach Algerien und Niger ist jedoch möglich. In Madama wird jedoch bei der Einreise aus Libyen in den Niger verlangt, dass man die Referenz einer Agentur in Agadez vorweisen kann. Ist das nicht der Fall, so ist man evtl. gezwungen, mit Militärkonvoi bis nach Niamey zu fahren. Die Grenzen zum Tschad, Nigeria, Benin, Burkina Faso und Mali sind offen, erkundigen sie sich vor Ort über die aktuelle Situation.

Sicherheit: S.a. Führer/Grenzen. Im gesamten Norden und in der Region Tschadsee kam es in den vergangenen Jahren immer wieder zu Überfällen, vereinzelt wurden Touristen, die nicht vorangemeldet waren auch von „übernervösen" Soldaten beschossen, weil diese sie für Rebellen bzw. Banditen hielten. Im Aïr-Gebirge kam es im Jahr 2001 zu mehreren gewalttätigen Überfällen auf Touristen mit erheblichen (materiellen) Verlusten. Im Dez. 2001 gab es auf der Piste Djanet - Chirfa (Route B 16, ca. Höhe von Balise Nr. 444, Nordniger) einen bewaffneten Raubüberfall auf eine deutsche Reisegruppe. Die Reisenden wurden drei Tage festgehalten, geschlagen und gefesselt, ein Mitreisender wurde angeschossen. Es wurden Wertgegenstände und Geld geraubt, wobei den Banditen US-$ unbekannt waren. Seitdem ist der Tourismus im Nordniger reglementiert. Es werden Patrouillen zum Schutz der Touristen im Aïr-Gebirge und Djado-Plateau gefahren. Es sind außerdem permanent besetzte Posten in Temet und Orida eingerichtet worden. Zwischen Seguedine und Bilma wurden 1998 Minen verlegt, die mittlerweile wieder beseitigt sein sollen. Die Rebellenbewegung FARS aus Orida wurde im Herbst 2001 zerschlagen. Informieren Sie sich vor Fahrtantritt in den größeren Ortschaften über die Sicherheitslage. Es wird dringend empfohlen vor Abreise im Internet Informationen des Auswärtigen Amts zu Niger einzuholen (www.auswaertiges-amt.de) und im Land nur mit zuverlässigen, auf diese Gegend spezialisierten Reiseunternehmen zu reisen, z.B. „Sun-Tours" in 35428 Langöns, Dorfstr. 14, Tel. (0 64 47) 9 21 03, Fax 9 21 04 oder Nomade Voyages" Weißhausstr. 25, 50939 Köln, Tel. (00 221) 4 20 03 64, Fax 4 20 21 49 oder den Agenturen in Agadez, z.B. „Agence Eouaden Voyages", B.P. 61, Agadez, Niger, Tel./Fax (0 02 27) 44 01 83 oder in Deutschland: Frau Dr. Alice Gansz, Weberstr. 90, 53113 Bonn, Tel. (02 28) 26 40 57. Die Veranstalter wissen über die Sicherheitslage im Land Bescheid und verfügen, je nachdem wie gefährlich die Situation ist, über Begleitschutz. Die Deutsche Botschaft in Niamey ist geschlossen.

Literatur und Landkarten:
Reiseführer: „Westafrika Band 1 - Sahel", hrsg. von Erika Därr, Autoren Thomas Baur und Gerhard Göttler, Reise Know-How Verlag, Bielefeld.
Landkarten: Übersichtskarten Michelin 953, Nord- und Westafrika 1:4 000 000; IGN 1:1 000 000 und Niger, 1:2 500 000. IGN Detailkarten 1:500 000 und 1:200 000, in Deutschland meist nicht lieferbar.
Hintergrund: H. Barth, „Reisen und Entdeckungen in Nord- und Zentralafrika", Ed. Erdmann, Thübingen; H. Ritter, „Sahel", Trickster Verlag, München; Manyo Dayak „Geboren mit Sand in den Augen", Unions-Verlag, Zürich; P.-M. Decoudras, „Bonjour le Sahara du Niger", Les Creations du Pelican, 104, Rue Tronchet, 69006 Lyon, hervorragendes Farbbuch mit detaillierten Erläuterungen und Beschreibungen der Sehenswürdigkeiten im Niger (Menschen, Natur, Geschichte, prähistorische Artefakte usw.).

Geschichte: Der Süden der heutigen Republik Niger war zwischen dem 14. und dem 19. Jh. Sitz mehrerer Stadt-Staaten der Haussa und Peul (z.B. Gobir) und war zeitweise dem Songhayreich von Gao tributpflichtig. Im äußersten Osten, im Gebiet um den Tschadsee bis hinauf nach Djado, lag das mächtige Reich von Kanem-Bornu, während Agadez und das Aïr-Gebirge der Oberhoheit des Sultans von Agadez unterstanden. Stabilität und Wohlstand aller Reiche basierten auf dem ausgedehnten Karawanenhandel von Nord nach Süd und von West nach Ost. Mit der Eroberung durch die Franzosen bis 1890 wurden die Einzelstaaten aufgelöst und in der Kolonie Niger zusammengefaßt. 1960 erlangte Niger die Unabhängigkeit.

Politik: Die prägende Gestalt der jüngeren nigrischen Politik war der 1974 an die Macht geputschte Oberstleutnant Seyni Kountché, der seinen Vorgänger Hamami Diori wegen der immer mehr um sich greifenden Korruption absetzte. Der Kampf gegen die Korrup-

Die Peul-Bororo

Zu den wohl eindrucksvollsten Erlebnissen bei Reisen im Niger gehört das Fest Gerewol, zu dem sich Peul-Bororo-Nomaden aus allen Landesteilen anlässlich der cure salée im Gebiet um Ingal versammeln. Höhepunkt dieses „Stammestreffens" ist der Schönheitswettbewerb der jungen Peul-Männer, die sorgfältig frisiert und geschminkt und reich mit Schmuck und Amuletten behängt tanzend um die Gunst der Mädchen werben. So fremdartig die Gesänge und Tänze der Bororo anmuten, so geheimnisvoll ist ihre Herkunft. Man vermutet jedoch eine Verbindung mit den Rindernomaden, die auf vielen zentralsaharischen Felsbildern dargestellt werden. Auffällig ist auch die Aufteilung der Peul in die sesshaften, streng muslimischen „Stadt-Peul" (die große Mehrzahl) und die Peul-Nomaden, die immer noch ihrem alten Naturglauben verhaftet sind. Äußerlich sind die Peul-Bororo an den fast europiden Gesichtszügen, der helleren rötlichen Haut und ihrem traditionellen Kleidungsstück, einem ledernen Lendenschurz, leicht zu erkennen. Viele Männer haben inzwischen auch die Kleidung der Tuareg übernommen und tragen häufig auch die Takuba (Tuaregschwert). Unübersehbar ist die lässige Eleganz und Selbstsicherheit, mit der Bororo-Männer wie -Frauen über die Sahelmärkte schlendern. Wegen ihrer „unmoralischen" Lebensweise (Frauen genießen auch bei diesen Nomaden eine sehr große Freiheit) sind sie bei den muslimischen Sesshaften nicht gerade beliebt, werden aber häufig als Rinderhirten engagiert. Die Liebe zu ihren Rindern ist denn auch das prägende Element für jeden Peul-Bororo. Als man einen Bororo auf dem Agadezer Markt beim Diebstahl von Rindfleisch ertappte, reagierte er erstaunt: Rinder gehörten ja schließlich den Peul!

tion war denn auch Kountchés vorrangiges Anliegen, und als einer der wenigen afrikanischen Potentaten galt er als integer und unbestechlich, als „afrikanischer Preuße". Kountché installierte jedoch auch ein umfassendes Kontroll- und Überwachungssystem, das jede Unmutsäußerung in der Bevölkerung brutal unterdrückte. Unter seiner harten Hand hatten vor allem die Nomaden, Tuareg und Peul-Bororo, zu leiden. Besonders die Tuareg galten immer als potenzielle Aufwiegler, die Kountché auch häufig der Verschwörung mit Libyens Ghaddafi beschuldigte. Nach Kountchés Tod (1987) wurde Niger von dem als „schwach" und vom Militär gelenkt geltenden General Ali Saibou regiert. Wie in den meisten anderen afrikanischen Staaten sind auch im Niger Demokratisierungsbestrebungen im Gange. Dieser Prozess wurde jedoch im Frühjahr 1991 schroff unterbrochen, als Militär nördlich von Tahoua in mehreren Tuareglagern ein Massaker anrichtete, und zahlreiche prominente Tuaregführer verhaftet und exekutiert wurden. Diese Ereignisse waren u.a. Auslöser für die Unruhen und Aufstände unter den Tuareg die sich zu einer Rebellenbewegung unter Manyo Dayak (s.a. Literatur) organisierten. Im Februar 1993 fanden im Niger die ersten freien Wahlen statt, die ein Bündnis verschiedener Parteien, die „Alliance des Forces Changement", AFC, gewann. Das neue Staatsoberhaupt wurde Mhmane Ousmane. Verhandlungen mit den untereinander zerstrittenen aufständischen Tuareg führten damals zu keinem Erfolg. Während die gewählte, aber schwache Regierung in Niamey ums Überleben kämpfte, beherrschte weite Teile des Landes marodierendes Militär. 1996 wurde Ibrahim Baré Mainassara durch einen Putsch Staatsoberhaupt, auch ihm lag nicht viel an der Demokratie. Mit der Unterzeichnung des Friedensabkommens zwischen der Regierung und den Tuareg-Rebellen im November 1997 in Algier ist ihm jedoch ein Schritt hin zur Integration der Tuareg in die reguläre Armee gelungen. Im April 1999 wurde Mainassara von seiner Leibwache ermordet. Ein aus Militärangehörigen bestehender Nationaler Versöhnungsrat wurde als Regierung eingesetzt. Der neue Machthaber Major Dadouda Malam Wanke (Chef der Leibgarde Mainassaras!) kündigte Parlaments- und Präsidentschaftswahlen an. Mit den fairen und transparenten Präsidentschaftswahlen am 24.11.1999 kehrte das Land zu einer Zivilregierung zurück, die vierjährige Militärherrschaft wurde beendet. Präsident ist seitdem Mamadou Tandja (MNSD).

Routen

H 1: Malische Grenze – Firgoun – Ayorou – Tillabéri – Niamey (205 km)

(01.02 und 12.99, Yamaha TT600) Piste (A/G/I) problemlos, guter Asphalt ab Ayorou bis Niamey. Achtung: im Grenzgebiet bei Polizei oder Zollstation übernachten, nicht außerhalb von Ortschaften – Banditengebiet!

GRENZE MALI (LABEZANGA) – S. G 9. (Ende G 9.)

FIRGOUN – Dorf. Grenzformalitäten zur Einreise werden ca. 7 km vor dem Ort erledigt. Die Beamten sind korrekt, das Laissez passer wird meist ohne Gebühren ausgestellt. In der Umgebung: Pirogen-Exkursionen auf dem Niger (Flusspferde).

Die Wellblechpiste führt am Niger entlang.

AYOROU – Dorf. Wasser. Kein Treibstoff. Zollkontrolle.

Unterkunft: Campingmöglichkeit im Hof des Hotels, das geschlossen ist; weder Wasser noch Sanitäreinrichtungen.

Sehenswert: Der schöne Wochenmarkt am Sonntag, zu dem auch Nomaden (Peul, Buzu, Tuareg) aus Mali anreisen; in Ayorou können Pirogenausflüge auf dem Niger unternommen werden.

Hinter Ayorou Klespiste, nicht zu schnell fahren; einige Weichsandpassagen.

TILLABÉRI – Kleinstadt. Lebensmittel, manchmal Treibstoff.

Unterkunft: Angenehmes Touristenhotel, aber schwache Sanitäreinrichtungen.

Verschiedenes: In der Stadt müssen Sie sich einen Stempel der Polizei geben lassen, der von einem Posten am Ortsausgang überprüft wird.

FARIÉ – Dorf. Keine Versorgungsmöglichkeit. (Zur H 2.)

Km 90 ab Tillabéri (etwa 20 km vor Niamey), Campingplatz auf der **BOUBON-INSEL,** wohin man mit Motorbooten übersetzen kann.

NIAMEY – 195 m, ca. 900 000 Einw., Hauptstadt (s. Stadtplan). Gute Infrastruktur. (Ende H 2, H 3, H 9 und H 17; Beginn H 4.)

Unterkunft: „Hotel du Sahel", sehr schöne Terrasse/Garten mit Blick auf den Niger, freundlich, sauber und ordentlich, gute Brochettes im Restaurant, 18 500 CFA für DZ mit Klimaanlage und Bad, 16 000 CFA für EZ, bewachter Parkplatz, „Piscine Olympique" nebenan war 2001 nicht in Betrieb. Hotel „Terminus", sauber, gute Adresse, mit Swimmingpool, gutes Restaurant (täglich außer dienstags Pizza aus dem Steinbackofen), Zimmer oder klimatisierte Bungalows 25 000–31 000 CFA (03.02, je nach Belegung). Hotel „Chez Moustache", einfach, DZ 10 000 CFA (03.02), Restaurant, viele Prostituierte (ein Teil des Gebäudes ist Stundenhotel). Hotel „Village Chinoise", Restaurant, Bar, gute Parkmöglichkeiten, 2 Zimmer teilen sich ein Badezimmer, sehr einfach, DZ 10 000 CFA (01.02). „Grand Hotel", kleiner Pool, klimatisierte DZ, abends werden sehr gute Brochettes serviert, bewachter Parkplatz. Hotel „Gaweye", Pool (auch für Nichtgäste), Frühstücksbuffet auch für Nichtgäste. „Hotel du Ténéré", mit Parkplatz, Pool. „Hotel les Rôniers", 4 km vom Zentrum entfernt in Gudel am Niger, schöner Garten mit Bungalows, Pool, sauberes Haus mit Warmwasser und guter französischer Küche. Camping „Yantala", **N 13°32,076′ E 02°04,706′**, weitläufige Anlage mit schattigen Plätzen, eher schlechte san. Anlagen, ca. 2000 CFA/Pers. und 2000 CFA/Kfz (01.00), nachts sehr laut. Weitere Campingmöglichkeit: an der Ausfallstraße nach Tillabéri weiterfahren, der alte (offiziell nicht mehr aktive) Campingplatz **(N 13°35,68′ E 01°57,87′)** liegt unterhalb des Golfplatzes (Schild an der Straße), kein Trinkwasser, aber saubere Duschen und Toiletten, einfache Hütten, schattige Plätze direkt am Niger, sehr schön, auf Wunsch wird gekocht, Pirogenfahrt zu Nachbardörfern, Kamelausflüge usw. möglich, sehr freundlicher Empfang, 1500 CFA/Person (01.02). Beim Golfplatz geht es auch zum „Relais Kanasi", gepflegtes Restaurant am Fluss (Fr–So geöffnet), 6 Bungalows (neu, mit Bad), Preis pro Bungalow/Nacht 10 000 CFA (01.02), auch Möglichkeit zu zelten (1500 CFA p.P.). Auf der Hauptstraße Richtung Tillabéri nach 7 km nördlich der Abzweigung „Rio Bravo" Abzweig zum Dorf Boubon (Töpferwerkstätten). Auf der nahe gelegenen Insel findet sich das „Campement Boubon": Hütten etwas verwahrlost, Restaurant vorhanden.

Essen: „Le Mbaké", preiswertes und gutes Essen im Garten, kein Alkohol. Restaurant im Hotel „Rivoli" (gute Brochettes). „Le Fouta Djalon" (gegenüber dem „Min. de l'Agriculture"). „La Gaieté", Av. Soni Ali Ber, preiswert und gut. „Chaiselong", Rue de la Corniche, nicht billig, aber gute französisch-italienische Küche, schön am Niger gelegen.

Botschaften: Visum für Burkina Faso, Côte d'Ivoire, Togo, Kongo (Zentralafrik. Republik), Gabon beim franz. Konsulat (Av. Mitterrand/Bd. de la République), Antragsstellung vormittags (Mo–Fr, 8.30–11.30 Uhr), Visumsausstellung noch am gleichen Tag bis 17 Uhr, 16 400 CFA p.P. für 30-Tage-Visum, Transitvisa 6560 CFA (03.01). Ausstellung eines Transitvisums oder Visumsverlängerung bei der algerischen Botschaft sehr problematisch bzw. nicht möglich (01.02). Visum für den Tschad, gilt ab Ausstellungsdatum, Antragsdauer 1–3 Tage, 1 Monat gültig, im Jan. 2000 wurden 50 000 CFA (Regulärpreis 15 000 CFA) verlangt, es war runterhandeln auf 20 000 CFA möglich, Botschaft in der Nähe des städt. Camping schräg gegenüber der kanadischen (nahe Botschaft Benin). Ausstellung eines Visums in der beninischen Botschaft innerhalb eines Tages möglich (Antragsstellung vormittags). Die Botschaft von Mali (in der Nähe des Grand Marché) stellt Visa innerhalb eines Tages aus. Ein Nigeria-Visum erhält man nach ca. einem Tag (zwei Fotos). Die Deutsche Botschaft ist geschlossen (zuständig ist Botschaft in Abidjan).

Verschiedenes: Öffentl. Parkplatz direkt bei Score-Supermarkt und ggü. Krankenhaus nahe franz. Konsulat. Zentral gelegener Parkplatz (bewacht) in der Rue du Musée, direkt ggü. Haupteingang des Nationalmuseums, von dort zu Fuß zum „Pétit Marché" und Supermarkt „Score" u.a. Neben dem „Hotel du Sahel" befindet sich das olympische Schwimmbecken (öffentlich), sehr sauber und preiswert, wenig Besucher, Bar mit kalten Getränken. Poolbenutzung für Nichtgäste im „Hotel Gaweye/Sofitel" an der Nigerbrücke 2500 CFA/Pers. (03.01). Internetcafé im Häuserblock von Air Algerie und Air Maroc. Vorsicht vor Dieben, die sich insbesondere um den „Petit Marché" und den Supermarkt „Score" herumtreiben. Vorsicht auch vor den Polizeikontrollen an den Plätzen mit Kreisverkehr – sie halten Autofahrer wegen geringster Vergehen auf, verhängen Geldstrafen und können sogar die Papiere bis zum nächsten Tag einbehalten (außer man gibt „Cadeau" od. Geld). Postlagernde Sendungen sollten nur an das „Hotel de Postes" (Hauptpost) geschickt werden. Auf dem Markt gibt es gute Moskitonetze zu kaufen. Das Auffüllen von Gasflaschen besorgt „Nigergaz", Route de Dosso, in Richtung Flughafen nahe der „Total"-Tankstelle.

Werkstätten: „Nigercar Voyages" (B.P. 715, Route de Gamkalley, Tel. 73 23 31, Fax 73 64 83, e-mail: nicarvoy@intnet.ne) erteilt Informationen über W-Nationalpark (Campement-Reservierung) und veranstaltet Touren, außerdem sehr gute Werkstatt: sehr korrekt, freundlich und sehr gute Arbeit, besorgen auch Original-Ersatzteile. Mercedeswerkstatt neben „Nigercar Voyages". „Niger-Afrique", neben „Score", verkauft auch Mitsubishi-Ersatzteile. Weder VW- noch Land-Rover-Vertretung.

Sehenswert: Das etwas in die Jahre gekommene Nationalmuseum, mit schattigem Garten mit Bar (Bier etc.), das montags geschlossen ist; am Sonntag sind dort viele Besucher, besser an einem Werktag beischtigen; auch der Trödlermarkt von Boukaki lohnt einen Besuch.

H 2: Téra – Gothèye – Farié – Niamey (175 km)

(Jan. 02) Gut ausgebaute Asphaltstraße.

TÉRA – S. Q 2. (Ende Q 2.) Aus-/Einreiseformalitäten.

GOTHÈYE – Dorf. Keine Versorgungsmöglichkeit. Polizeikontrolle.

Kurz hinter Gothèye (ca. 62 km vor Niamey) Fähre über den Niger (sehr schöne

Überfahrt) nach **FARIÉ,** wo man auf die Route H 1 trifft. Aus umgekehrter Richtung ca. 62 km nach Niamey rechts weg nach Farié und zur Fähre.

NIAMEY – S. H 1. (Ende H 1, H 3, H 9 und H 17; Beginn H 4.)

H 3: Kantchari (Burkina Faso) – nigrische Grenze – Niamey (147 km)

(04.00, Nissan Patrol TD, Toyota HJ 60) Die Strecke Niamey – Makalondi befindet sich in sehr schlechtem Zustand: viele Schlaglöcher, z.T. fehlt die Teerdecke völlig. Für die 147 km 3–4 Stunden einkalkulieren. Ab burkinischer Grenze sehr gute Teerstraße.

KANTCHARI – S. Q 9. (Ende Q 9 und H 4; Beginn Q 10.)

MAKALONDI – Dorf. Nigrischer Grenzposten (Zoll und Polizei). Restaurants.

Sehenswert: die interessante Kooperative der Kunsthandwerker.

Bei der Ausreise aus dem Niger werden 2500 CFA an Bearbeitungsgebühr („Taxe de péréquation") für das Carnet fällig. Auf burkinischer Seite Ausstellung eines Laissez Passer für 5000 CFA (1 Monat gültig), wenn kein Carnet vorhanden.

LAMORDÉ-TORODI – Dorf. Lebensmittel, Restaurant, Post. Überprüfung der Formalitäten, die in Makalondi durchgeführt wurden.

NIAMEY – S. H 1. (Ende H 1, H 2, H 9 und H 17; Beginn H 4.)

H 4: Niamey – Say – Tamou – La Tapoa – Tamou – Grenze Burkina Faso – Botou – Kantchari (ca. 270 km)

(04.01, Nissan Patrol TD) Bis Say guter Asphalt, dann sehr gute Piste bis Tamou. Ab Tamou bis zur Grenze sehr kleine, passable Piste (nur Fahrrad- und Mopedverkehr), dann wieder gut. Kleiner, sehr wenig frequentierter Grenzübergang nach Burkina.

NIAMEY – S. H 1. (Ende H 1, H 2, H 3, H 9 und H 17.)

Km 0, Niamey über die Nigerbrücke (Ri. SW) verlassen; beim Kreisel (beschildert) geradeaus nach Say. Zahlstelle an der Stadtausfahrt, 800 CFA Straßengebühr bis zum W-Nationalpark.

Kurz vor Say Abzweig (Schild) nach La Tapoa auf sehr gute Piste.

Ca. Km 54, **SAY** – Ort. Tankstelle, Lebensmittel.

Ca. 20 km vor Tamou eingestürzte Brücke, Piste führt durch das Flussbett (in der Regenzeit wahrscheinlich problematisch).

Ca. Km 95, **TAMOU** – Dorf ohne Versorgung. Vor Tamou T-Kreuzung, links zum W-Nationalpark, rechts nach Tamou.

Ca. Km 139, **LA TAPOA** – Campement, Eingang zum W-Nationalpark (Büro des Nationalparks). **N 12°28,536' E 02°25,484'.**

W-NATIONALPARK – Schöner Nationalpark am Dreiländereck, benannt nach der W-Schleife des Niger. Preise (03.01): Eintritt 3500 CFA p.P./Tag, 2500 CFA p.P./Nacht im Park, 5000 CFA/Tag für den obligatorischen Führer, 1000 CFA/Nacht für den Führer, 1000 CFA für Fotogenehmigung. Offiziell bis Mai geöffnet, in der Regenzeit für doppelten Eintrittspreis aber auch Zutritt möglich. Sehr viele Tiere (Elefanten, versch. Antilopen, Gazellen, Löwen, Paviane, Hippos, Giraffen, Krokodile, Wasserböcke usw.), u.a. an den Flüssen Mékrou, Niger und La Tapoa. Es hängt vor allem vom Führer ab, ob und wie viele Tiere man sieht. Meist gute Pisten, z.T. sehr steinig, Geländewagen erforderlich. Gîte d'etappe (Campement, **N 12°30,028' E 02°32,864'**) an der W-förmigen Nigerwindung, Zeltlager, hübsch hergerichtet, sehr schöne Lage direkt am Fluss, saubere (einfache) Toilette und Dusche, Übernachtung im Zelt 5500 CFA, Campen 3500 CFA p.P., Reservierungen bei „Nigercar Voyages" in Niamey (s. dort). Ein ganzer Besuchstag ist ausreichend. Aussichts- und Beobachtungspunkt auf das Flüsschen Mékrou (Grenze zu Benin) bei **N 12°15,228' E 02°25,972'.**

Von La Tapoa zurückfahren nach **TAMOU.** Polizei am Dorfende in Richtung burkin. Grenze, sehr freundlich, Ausreisestempel in 5 Min.

Weiter kleine, aber recht gute Piste. Nur Moped- und Fahrradverkehr.

Ca. 16 km nach Tamou, **BOTOU** – Dorf ohne Versorgung. Grenzposten (Schranke) vor dem Ort. Polizist (Comissair) muss evtl. erst aus dem Ort geholt werden, dann vorher Zollabwicklung einige Meter weiter. Polizei und Zoll sehr nett und unproblematisch, Laissez passer 5000 CFA.

Hinter Botou „Barrière de pluie" und Brücke, in Regenzeit (bzw. nach Regenfällen) evtl. gesperrt. Gute Piste.

Ca. 81 km nach Tamou, **KANTCHARI** – Großer Ort, alle Versorgungsmöglichkeiten. Kreuzung: geradeaus weiter durch den Ort. Aus anderer Richtung (von Fada-Ngourma kommend) im Ort erst Abzweig nach rechts in Ri. Tamou, dann Kreuzung (s. oben) und Abzweig nach links (rechts nach Diapaga, beschildert). (Beginn H 3.)

H 5: Assamaka – Arlit (212 km)

(03.01, Nissan Patrol) Piste (G), meistens fest und gut, bis auf einige sandige Abschnitte. Unregelmäßige Markierung mit Eisenstangen in Fässern. Achten Sie sorgfältig darauf, nicht versehentlich auf die Piste nach Ingal zu geraten (H 10). Das Gebiet zwischen Arlit und Assamaka war zwischen 1992 und 1996 durch wiederholte Überfälle sehr unsicher (s.a. im Überblick unter Sicherheit, erkundigen Sie sich vor Ort über die Sicherheitslage)!

ASSAMAKA – S. B 10. (Ende B 10; Beginn H 10.)

Assamaka in Ri. NO verlassen, flotte Piste, Stangen in Fässern als Markierung (nur unregelmäßig).

Km 43, Kreuzung mit Wegweiser, rechts weiter nach Arlit (SO), links nach Djanet beschildert. **N 19°29,958' E 06°05,783'.**

Km 79, Markierungen (Tonnen), Wegweiser (unleserlich), Position **N 19°20,278' E 06°22,466'.**

Ca. in der Mitte der Strecke einige Wanderdünen (für Pkw evtl. schwierig), werden meist umfahren. Die Hauptpiste geht leicht verloren, da sich die Spuren verlaufen.

Km 198, verlassene Lehmhäuser links etwas abseits. Kurz darauf kommt rechts das Uran-Bergwerk von Arlit in Sichtweite.

Km 207, **N 18°45,808' E 07°23,347'**, erste Häuser von Arlit erreicht. Einfahrt von anderer Seite, normalerweise Einfahrt in den Ort am Flugplatz (Position **N 18°47,647' E 07°20,813'**) vorbei über 4-spurige Piste (**N 18°47,243' E 07°21,623'**).

Km 209, **ARLIT** – Verarmte Uranstadt. Zwei Tankstellen, Lebensmittel, Wasser.

Verschiedenes: Sehr viele bettelnde Kinder. Kfz-Versicherung abschließen (Carte brune, C.D.E.A.O., s. Überlick). Polizei schikanös und unfreundlich, nicht freiwillig bei der Polizeistation (Position **N 18°44,193' E 07°22,961'**) in der Stadt melden. Evtl. Kontrolle des Polizeistempels an der Ortsausfahrt Richtung Agadez. Wenn man von Assamaka kommend erst bei Einbruch der Dunkelheit zum Kontrollposten beim Uran-Bergwerk kommt, wollen die Beamten in Erwartung eines „cadeau" Reisende zum Übernachten am Kontrollposten zwingen (diskutieren!). Die Bank hat Fr–So geschlossen, Wechseln ist evtl. auch im Versicherungsbüro möglich.

Unterkunft: „Auberge la Caravane", unterschiedliche Leseraussagen von sehr bemüht und hilfsbereit bis zu Diebstähle der Angestellten, **N 18°44,318' E 07°22,942'**, Camping im Innenhof möglich, DZ 5000 CFA, Auto 1500 CFA (04.00). Hotel-Restaurant „Tamesna", DZ ca. 7000 CFA (11.96). Die Jugendherberge im Stadtzentrum ist schwer zu finden, saubere Zimmer, Duschen, einfache aber gute Küche, freundlicher Service.

Verschiedenes: CDEAO-Versicherungsbüro (Kfz-Versicherung abschließen, wenn man von Algerien kommt). Die Bank „BIAO" tauscht zu gutem Kurs. Reiseschecks werden nur mit Bestätigung über den Kauf in CFA eingelöst (ohne Kommission). Souvenirs sind teurer als in Agadez. (Ende H 6; Beginn H 7 und H 8.)

H 6: In Tadéra – Arlit (ca. 215 km)

Piste (A/D/H/I/J/K). Verbotene Piste.

IN TADÉRA – S. B 10a. (Ende B 10a.)

In Richtung Süden fahren; mit Steinen ist die Richtung Iferouâne auf den Boden geschrieben.

Km 22, von links Einmündung der Piste, die vom Adrar Bous kommt.

Km 75, Kreuzung, Markierung mit einem Steinmännchen. Die Hauptpiste führt ostwärts nach Iferouâne, etwa 100 km weiter. Folgen Sie den Spuren in südsüdwestlicher Richtung im Kori Aourour. Bis auf einige Schlammfelder während und nach der Regenzeit nur wenige Schwierigkeiten.

Km 150, Zusammenfluss der Koris Idrarène (von Osten), Mammanat (von Westen) und Ethagas (von Süden). In der Umgebung findet man auf den Felsen zahlreiche Gravuren. Sie umfahren den Mont Ekade-n-Elgein im Osten, folgen dann dem Kori Ethagas nach Südwesten und verlassen auf einer sandigen Ebene das Gebirge. Gute Piste bis Arlit.

ARLIT – S. H 5. Melden Sie sich nach Ankunft bei Polizei und Zoll und hoffen Sie, dass Sie nicht allzuviel Ärger bekommen. (Ende H 5; Beginn H 7 und H 8.)

H 7: Arlit – Agadez (238 km)

(03.01, Nissan Patrol) Sehr guter Asphalt. Öde Landschaft. Mobile Gendarmeriekontrollen. Straßengebühr (Quittung bis Agadez aufheben).

ARLIT – S. H 5. (Ende H 5 und H 6; Beginn H 8.)

Km 0, Arlit in Ri. SO verlassen, Teerstraße beginnt. **N 18°43,673′ E 07°24,035′.** Kurz darauf Zahlstelle (660 CFA Straßenbenutzungsgebühr bis Agadez) und Polizeiposten (Pass-/Führerschein- und Versicherungskontrolle).

Km 83, kleiner Ort, Lebensmittel.

Km 107, kurz nach Oued Dabous Abzweig einer Piste nach links (Ri. O) zu den Giraffengravuren. GPS-Pos. **N 17°52,728′ E 07°34,736′.**

Abstecher zu den Gravuren: Sandige, am Ende steinige Piste; nach ca. 2 km versteinertes Holz neben der Piste, nach 6 km endet die Piste bei einer Absperrung bei markanter Felsgruppe. Ein Gardien will 5000 CFA p.P. (03.01) als Eintritt und lässt nicht mit sich handeln. Sehenswerte prähistorische Gravuren, darunter zwei Giraffen (eine ca. 5 m hohe Mutter mit ihrem Jungen).

Km 226, Zahlstelle, Straßengebühr (falls noch nicht in Arlit bezahlt).

Km 235, „Camping Escale“ rechts (s. Unterkunft Agadez).

Km 238, **AGADEZ** – Stadt (s. Stadtplan), 496 m, ca. 50 000 Einw. Gute Infrastruktur. Krankenhaus, Banken, Werkstätten. Leider sammelt sich in der Stadt (vor allem am Markt) zusehends der Müll. (Ende H 8 und H 36; Beginn H 9, H 11 und H 41.)

Unterkunft: „L'Auberge d'Azel“, Celine und Akly Joulia, im Banco-Stil erbaute, sehr geschmackvolle, kleine Herberge, zurzeit komfortabelste Unterkunft in Agadez, 5 Zimmer mit Bad, schöne Terrasse, gutes Restaurant, bewachter Innenhof zum Parken, Celine ist Französin und spricht deutsch, Preise (05.02): DZ 45 Euro, Frühstück 4 Euro, Essen 9–13 Euro, Infos im Internet unter www.agadez-toursime.com. Hotel „Telwa-Annexe“ sehr zu empfehlen, DZ mit Klimaanlage und Kühlschrank 50 Euro (01.02), bewachter Parkplatz im Innenhof, Zimmer sauber und ruhig. Das Hotel „Caravane“ gehört Tuareg-Brüdern und ist sehr stilvoll eingerichtet (Tuareg-Betten, Kiesboden). „Hotel de l'Aïr“, in ehemaligem Sultans-Palast, viele Artisanat-Verkäufer rundum, schöner Blick von der Dachterrasse (Übernachtung möglich), gutes und preiswertes Essen, bewachtes Parken im Hof, auch Campingmöglichkeit für 16 000 CFA/ 2 Pers. und Kfz (01.00), DZ ca. 25 000–30 000 CFA. Camping auch im Hotel „Sahara“ möglich, 15 000 CFA/2 Pers. und Kfz (01.00). Hotel „Tellit“, gegenüber dem „Aïr“, italien. Besitzer (auch Restaurant „Pilier“), sehr schöne Herberge, saubere Zimmer mit Bad für 18 000–38 000 CFA. Hotel „Telwa“

zwei Straßen westlich vom Marktplatz, saubere DZ mit Klimaanlage und Kühlschrank für ca. 15 000 CFA. Camping „Escale" am Ortseingang von Arlit kommend, sehr großer Campingplatz, gepflegt und schön, viele große Bäume (Schatten), sanitäre Anlagen sehr einfach, aber o.k., 2000 CFA p.P., 1500 CFA/Auto (03.01).

Essen: Sehr stilvolles ital. Restaurant „Le Pilier", sehr gutes Essen. Restaurant/Pizzeria „Mon Village". Restaurant „Le Gourmet" in der Nähe der Moschee, gutes, preiswertes Essen, einfach, Besitzer sind Togolesen. Restaurant „Tamgak", im Zentrum, östlich der Hauptstraße, sehr gut und einladend, korrekte Preise, Bäckerei. Restaurant „Orida", angenehme Atmosphäre.

Verschiedenes: Besichtigung der Moschee 3000 CFA. Werkstätten sind ziemlich teuer. Einige Télécentres, Telefonverbindung nach Europa schwierig und teuer. Günstige Charterflüge von/nach Paris und Marseille jedes Jahr von Dez. bis Ende März, buchbar in Agadez bei „Dunes Voyages" an der Straße Ri. Niamey auf rechter Seite, 138 000 CFA (ca. 230 Euro) einfacher Flug nach Paris (03.01), Tel. 00227/44 03 72. In Paris buchbar bei „Point Afrique", 2 Rue de la roquette, 75011 Paris, Tel. 01 55 28 39 99, Fax 01 55 28 39 98, www.point-afrique.com. Algerisches Konsulat: In der Vergangenheit gab es keine Visa für Deutsche, Österreicher oder Schweizer. Reisen ins Aïr sind nur mit örtlichem Führer möglich (s. Überblick/Sicherheit und Führer)!

Sehenswert: Die Anlage der Stadt, die Moschee, der Sultanspalast, in dessen Innenhof der Sultan von Agadez (und zugleich Oberhaupt der Aïr-Tuareg) Audienz hält, der „Grand Marché" und der Viehmarkt der Tuareg und Peul etwas außerhalb der Stadt. Agadez ist das Zentrum der Tuaregschmiede, die in ihren „Ateliers" neben Silberschmuck (Kreuz von Agadez, Armreifen, Ringe) auch die überall in der Sahara begehrten Kamelsättel herstellen. Wenn Sie ernsthaft die Absicht haben, Schmuck zu kaufen, lassen Sie sich ruhig zu einem Besuch der Ateliers einladen. Bei einem Glas Tee können Sie vielleicht zusehen, wie der Schmuck in der Technik des „Gusses in der verlorenen Form" (Gelbguss) entsteht.

H 8: Arlit – Iferouâne – Timia – Elméki – Agadez (542 km)

(01.00, YAMAHA TT 600) Die Piste (A/H/I/J/K) ist durchweg gut zu erkennen. Sehr schöne Landschaft des Aïr-Gebirges. Führerpflicht (s.a. Überblick/Sicherheit und Führer)!

ARLIT – S. H 5. (Ende H 5 und H 6; Beginn H 7.)

Asphaltstraße Arlit – Agadez bei Pos. **N 18°22,527' E 07°33,725'** verlassen.

Piste in Ri. O folgen.

Km 75, man erreicht die Ausläufer des Aïr-Gebirges und **GOUGARAM** – Brunnen. **N 18°27,367' E 07°48,160'.**

Km 177, **IFEROUÂNE** – Oase, am Fuß des Berges Tamgak. Lebensmittel, Wasser (20 m tiefe Zisterne). Bei der Sous-Préfecture registrieren lassen (mit Führer problemlos, „cadeau" wird erwartet). Treibstoff aus Fässern im Hof bei GPS-Pos. **N 19°03,877' E 08°25,351',** 300 FF für 80 l (03.01).

Sehenswert: Das lokale Kunsthandwerk (das Kreuz von Iferouâne ist hier billiger als gleichwertige in Agadez).

Verlassen Sie Iferouâne in Richtung Südosten (gut markierte Piste).

Km 288, nach rechts zweigt die Piste nach Elméki in Form einer Haarnadelkurve ab. Die Kreuzung ist mit Holzwegweisern ausgeschildert, die die Aufschrift „Elméki – Agadez" und „Assode – Iferouâne" tragen. Nach Timia geradeaus weiterfahren.

Abzweig nach Tchintoulous (Tin Telloust) und weiter nach Aracau bei **N 18°28,185' E 08°34,875'.**

ASSODÉ – Ruinen der ehem. Hauptstadt des Aïr. **N 18°27,294' E 08°35,962'.**

Km 301, **TIMIA** – Bergoase, die sich auf 8 km Länge an den Ufern eines Oued entlang zieht. Schöne Palmengärten, bei den Bauern kann man Gemüse kaufen. Sehr gutes Wasser. Kleine Läden, gutes Brot, schöner Silberschmuck und Specksteinfiguren zu kaufen. **N 18°06,875' E 08°46,853'.**

Unterkunft: Hotelbetrieb im renovierten Fort Massu. Neuer Campingplatz, noch wenig Schatten.

Km 305, Steinmänner markieren die Abzweigung **(N 18°05,478' E 08°45,789'),** wo man nach 1 km zum schönen **Guelta** und **Cascade von Timia** gelangt (Pos. **N 18°05,727′ E 08°45,732′**).

Km 337, eine Piste nach Iferouâne zweigt nach Nordwesten ab. Fahren Sie weiter nach Südsüdwest. Die Piste wird schmäler und umgeht das imposante Massiv des Adrar Egalah (im Südosten der Piste).

Km 355, die Piste wendet sich nach W.

Km 363, in Form einer Haarnadelkurve mündet eine von Osten kommende Piste ein. Holzschilder weisen nach Timia und Assodé. Es handelt sich möglicherweise um die alte Hauptpiste nach Timia, die heute nicht mehr befahrbar ist (s.o.). Fahren Sie weiter nach SW, später nach W.

Km 395, Durchquerung eines steinigen Oued. Vorsicht, gefährliche Einfahrt. Im Oued fahren Sie etwa 5 km weiter und verlassen es dann nach links.

Km 401 bis 403, mehrere schwierige Oued-Durchquerungen. Langsam fahren.

Km 434, **ELMÉKI** – Dorf. Einfache Lebensmittel (frisches Brot). Zinnminen. Pos. **N 17°44,165′ E 08°16,600′.**

Nach Agadez direkt in Richtung Süden fahren.

Km 441, Abzweigung nach Aoudéras (die Piste nach Aoudéras verläuft durch ein malerisches, mit Palmen bewachsenes Tal).

Km 542, **AGADEZ** – S. H 7. (Ende H 7 und H 36; Beginn H 9, H 11 und H 42.)

Weitere GPS-Koordinaten im Aïr:
Einfahrt in den Trichter des Adrar Chiriet: **N 19°18,326′ E 09°08,729′;**

Brunnen Adegdeg: Pos. **N 19°12,316′ E 08°58,373′;**

Tchintoulous (Tin Telloust): **N 18°34,827′ E 08°48,018′.**

H 9: Agadez – Tahoua – Niamey (945 km)

(03.02, BMW R 100 GS, Yamaha TT 600 S) Meist guter Asphalt, ab Dosso bis etwa 40 km vor Niamey schlechter Asphalt mit vielen Schlaglöchern. Arbeiten für die Erneuerung der Teerdecke sind im Gange, deshalb in diesem Bereich viele Umleitungen über Piste. Zahl- und Kontrollposten vor und nach den Dörfern. Bis ca. 20 km vor Abalak kaum Vegetation und öde Landschaft, dann zunehmend dichterer Bewuchs und Besiedlung.

Km 0, **AGADEZ** – S. H 7. (Ende H 7, H 8 und H 36; Beginn H 11 und H 41.)

An Stadtausfahrt Polizeikontrolle und Mautstelle (2500 CFA bis Niamey).

Km 50, auf der linken Seite der Straße ein versteinerter Baumstumpf.

Km 185, **OBORA** – Siedlung, 150 m tiefer Brunnen (!).

Km 245, **ABALAK** – Ort. Versorgungsmöglichkeiten. Café. Evtl. Treibstoff aus Kanistern erhältlich (man wird am Café angesprochen).

Kurz vor Tabalak wird auf einem Damm ein großer See überquert.

Km 326, **TABALAK** – Ort am See. Lebensmittel (Geschäfte und Restaurants, Markt am Freitag).

Ca. 2 km vor Tahoua Polizeikontrolle, Zahlstelle und Kreuzung: links weiter nach Niamey, rechts nach Tahoua (2 km). Wenige Kilometer weiter wieder Zahlstelle und Zollkontrolle.

Km 403, **TAHOUA** – Kleinstadt, Verwaltungssitz, ca. 52 000 Einw. Infrastruktur gut.

Unterkunft: Campement im Ortszentrum, teures Restaurant und Bungalows. Hotel und Restaurant „Galabi Ader“, rechts an der Hauptstraße gelegen, viele Mücken, DZ ca. 8000 CFA. „Camping des Arènes“ bzw. „du Stade“ am Stadion, **N 14°54,047′ E 05°15,235′,** 1250 CFA p.P., 1250 CFA/Kfz (01.00), akzeptabel.

Km 452, **BADÉGUICHÉRI** – Dorf. Lebensmittel. Schöner Wochenmarkt am Donnerstag.

Km 525, **BIRNIN-KONNI** – Grenzstadt zu Nigeria. Zwei Tankstellen, alle Versorgungsmöglichkeiten.

Unterkunft: „Relais Touristique“, Pos. **N 14°48,025′ E 05°14,660′,** Camping möglich, 1500 CFA p.P., 1000 CFA/Kfz, laut, sauber, freundlich, gutes Essen. Hotel „Kado“, DZ mit Ventilator 8500 CFA, klimatisiert 9500 CFA (03.02), Restaurant, an der Hauptstraße im Zentrum.

Essen: Viele kleine Restaurants und Garküchen an Hauptstraße in Ortsmitte.

Verschiedenes: Zahllose Verkäufer von Treibstoff aus Nigeria, Diesel 200 CFA/l (01.00). Achtung: unterschiedliche Diesel-Qualität!

Km 670, **DOGONDOUTCHI** – Dorf. Lebensmittel.

Unterkunft: Hotel „Magama" mit Campingmöglichkeit, GPS-Pos. **N 13°38,009' E 04°01,957'**, 3000 CFA/2 Pers. und Kfz (nach Verhandlung), etwas laut, gemütlicher Hotelinnenhof gegenüber.

Variante DOGONDOUTCHI – TABLA: In Dogondoutchi rechts abzweigen, nach 1 km links auf guter Lateritpiste (etwas Wellblech) Richtung Loga. **Loga** ist bei Km 95 erreicht. Loga – Tabla auf schlechter Piste, viele Löcher, Sand, aber sehr schöne Waldlandschaft. **Tabla** ist bei Km 130 erreicht. S. H 16. (Ende H 16; Beginn H 17 und H 19.)

Km 807, **DOSSO** – Kleinstadt. Gute Infrastruktur. Tankstellen.

Unterkunft: Hotel „Etoile d'Afrique", Bar, afrikanisches Essen. Hotel „Djerma", Pool, nobelstes Restaurant von Dosso. Mittelmäßige „Auberge du Carrefour" im Zentrum.

Km 845, **BIRNIN-GAOURÉ** – Kleiner Ort.

Ca. Km 867, **KOURE** – Kleines Dorf, in der näheren Umgebung leben ca. 120 Giraffen, Besichtigung mit Führer möglich

Km 945, **NIAMEY** – S. H 1. (Ende H 1, H 2, H 3 und H 17; Beginn H 4.)

H 10: Assamaka – I-n-Abangarit – Tegguidda-n-Tessoum – Ingal (346 km)

(02.01, Motorrad) Piste (A/H/I). Bewilligung nicht erforderlich. Orientierung einfach. Bis Km 150 stark tiefsandig, teilweise mit Steinen durchsetzt. Ab I-n-Abangarit ist der Pistenzustand gut und sehr schnell befahrbar.

ASSAMAKA – S. B 10. (Ende B 10; Beginn H 5.)

Verlassen Sie Assamaka Richtung Osten.

Km 2, biegen Sie nach Südosten, danach nach Süden. Die Piste, die geradeaus weiterführt, führt nach Arlit (H 5).

Auf 80 km abwechselnd felsiger Boden und Weichsandpassagen.

Km 80 bis 150, immer wieder Gefahr des Einsandens. Achten Sie darauf, die Piste nicht mit den vielen Lkw-Spuren zu verwechseln, die in alle Richtungen abgehen.

Ab Km 150, stabilerer Untergrund und mehr Vegetation. Piste besser zu erkennen.

I-N-ABANGARIT – Brunnen mit gutem Wasser.

Hinter I-n-Abangarit verläuft die Piste zwischen Dornbüschen (Vorsicht vor Reifenpannen). Einige schwierige Oued-Durchquerungen.

TEGGUIDA-N-TESSOUM – Dorf. Salziges Wasser.

Sehenswert: Die Salzminen unter freiem Himmel (in einer jahrhundertealten Methode wird hier mit Hilfe der Verdunstung Salz von Wasser getrennt). Zur Zeit der Cure salée (Regenzeit) kommen hier hunderte von Nomaden mit ihrem Vieh zusammen.

Achtung: In der Regenzeit verwandelt sich die Umgebung des Dorfes in ein wahres Schlammmeer.

Danach starkes Wellblech, das von Passagen mit Weichsand oder Staub unterbrochen wird.

INGAL – 482 m. Oase und wichtiger Marktort für die Nomaden aus der Umgebung (Tuareg, Peul). Lebensmittel (Brot, gegrilltes Fleisch und Spießchen). Der Umweg lohnt schon wegen des herzlichen Empfangs durch die Bevölkerung und auch durch die Gendarmerie. (Ende H 11.)

Sehenswert: Der versteinerte Wald und die Gärten.

H 11: Agadez – Ingal (158 km)

Asphalt.

AGADEZ – S. H 7. (Ende H 7, H 8 und H 36; Beginn H 9 und H 41.)

Verlassen Sie Agadez auf der Hauptstraße in Richtung Tahoua auf Route H 9.

Km 110, Kreuzung, folgen Sie dem Schild „Ingal" in Richtung NO.

Km 158, **INGAL** – S. H 10. (Ende H 10.)

H 12: Zinder – Gouré (161 km)

(08.99) Asphalt, viele Schlaglöcher

ZINDER – S. H 42. (Ende H 42 und H 43; Beginn H 44.)

Km 3, Polizeikontrolle.

MIRIA – Dorf.

Sehenswert: die idyllisch gelegenen Oasengärten.

GOURÉ – Malerische Stadt. Lebensmittel. Treibstoff nur aus Kanistern. Post.

Unterkunft: Camping auf dem Hof des Jugendzentrums an der Hauptstraße am westlichen Ortsrand möglich, **N 13°59,25′ E 10°16,05′,** Bar, Toilette, freundlicher Direktor, am Wochenende sehr laut. (Beginn H 13 und H 23.)

H 13: Gouré – Boultoum – Qualeram – Aborak – Tejira – Tanout (ca. 235 km)

Piste (A/H/I/J) durch fantastische Landschaft. Die Strecke führt durch zahlreiche traditionelle Dörfer, wo kaum jemand französisch spricht. Rechnen Sie mit 2 Tagen Fahrzeit.

GOURÉ – S H 12. (Ende H 12; Beginn H 23.)

ABORAK – Dorf. Militärposten. Beginn einer Piste nach Termit.

TANOUT – S. H 41. (Ende H 41; Beginn H 42.)

H 14: Tahoua – Badéguichéri – Illéla – Bagaroua – Tébaram – Talcho (107 km)

(11.96, Motorrad) Bis Badéguichéri Asphalt, dann sandige und häufig schwer erkennbare Piste (A/H/I). Malerische Dörfer mit runden Getreidespeichern.

TAHOUA – S. H 9. (Zur H 9; Beginn H 14a.)

Verlassen Sie Tahoua auf der Straße nach Birnin-Konni (H 9).

Km 44, **BADÉGUICHÉRI** – S. H 9 (zur H 9). An der Kreuzung nach rechts in Richtung Illéla abbiegen. Gute Piste (leichtes Wellblech und Regenbarrieren), malerische Dörfer, über **BAGAROUA** bis

Km 199, **TÉBARAM** – Dorf, kaum Lebensmittel. (Ende 14a.)

Nun schlechte Piste in Richtung W, viel Sand, Vierradantrieb ist unentberlich.

Km 329, **TALCHO** – Dorf. Keine Versorgungsmöglichkeit. (Ende H 15; Beginn H 16.)

VARIANTE: BAGAROUA – SANAM – ABALA (107 km). (12.96, Motorrad Honda XR 600 R) Sandige Savannenpiste mit sehr wenig Verkehr. Nicht auf der Michelinkarte eingezeichnet.

Bis Km 52 Orientierungsprobleme – je nachdem, ob der Händler diesen Monat schon die Strecke befahren hat, gibt es hier einzelne Reifenspuren oder nicht. Hauptrichtung NW, später W.

BAGAROUA – Ort (zur H 14). Auf Piste in Richtung NW. Durchquerung mehrere Dörfer (überall Wasser, kaum Lebensmittel).

Km 52, **SANAM** – Größeres Dorf. Schön an einem See gelegen, einige Lebensmittel. Ab hier trassierte Piste (Wellblech, Auswaschungen, Sand), keine Orientierungsprobleme mehr.

Km 107, **ABALA** – S. H 15. (Zur H 15.)

H 14a: Tahoua –Tébaram (95 km)

(12.96, Motorrad Honda XR 600 R) Sandige Savannenpiste, relativ schmal mit tiefen Fahrspuren, Ausweichen auf besseres Terrain nur bedingt möglich (hohes Gras, viele Dornengewächse).

TAHOUA – S. H 9 (Zur H 9; Beginn H 14).

Lassen Sie sich den Pistenanfang in Tahoua zeigen, er ist schwierig zu finden (anfangs viele Abzweigungen). Durchquerung mehrerer kleiner Dörfer.

Km 65, zeitweise Wasser führender Weiher, sehr schöner Rastplatz in der Nähe eines Dorfes.

Km 95, **TÉBARAM** – S. H 14. (Zur H 14.)

H 15: Malische Grenze – Abala – Talcho (ca. 140 km)

(03.90, Landcruiser) Auf der Piste (A/I) kann man von Gao nach Tahoua gelangen, ohne den Umweg über Niamey zu machen. In umgekehrter Richtung müssen die Formalitäten zur Ausreise aus Niger in Tahoua erledigt werden.

MALISCHE GRENZE – S. G 8. (Ende G 8.)

In der Regenzeit sehr schwierige Piste

Ca. Km 85, **ABALA** – Dorf. Lebensmittel (schöner Markt jeden Donnerstag).

TALCHO – S. H 14. (Ende H 14; Beginn H 16.)

H 16: Talcho – Filingué – Tabla (115 km)

(11.96, Motorrad) Asphalt erst ab Filingué, bis dahin Piste (A). Die Route führt durch die interessante Region des Dallol Boboye.

TALCHO – S. H 14. (Ende H 14 und H 15.)

FILINGUÉ – Dorf. Lebensmittel, evtl. Treibstoff. Einfaches Campement-Hotel.

TABLA – Dorf. Manchmal Treibstoff. (Beginn H 17 und H 19.)

H 17: Tabla – Niamey (105 km)

(02.01, Motorrad) Die ersten 15 km Piste, danach sehr guter Asphalt.

TABLA – S. H 16. (Ende H 16; Beginn H 19.)

NIAMEY – S. H 1. (Ende H 1, H 2, H 3 und H 9; Beginn H 4.)

H 18: Bilma – Zoo Baba – Dibella – Agadem – Koufey – Nguigmi (ca. 704 km)

(02.00, Toyota Landcruiser) Eine der schwierigsten Pisten der Sahara (A/C/H/I/K). Traumhafte Landschaft. Beinahe 300 mehr oder weniger große Dünen müssen überquert werden. Die Strecke ist kaum befahren. Vorher in Bilma anmelden. Dauer ca. 4–5 Tage. Strecke nicht alleine fahren (ggf. mit Führer), nur für geübte Saharafahrer, nur mit GPS! Führer nicht mehr vorgeschrieben, keine offiziellen Gebühren. Aus anderer Richtung kommend letzter Posten der Gendarmerie nationale und Militärcamp in Ngourti. Die ersten 200 km nach Bilma bis südlich von Zoo Baba sind fahrtechnisch sehr anspruchsvoll und schwierig. Dünenzüge liegen alle quer zur Fahrtrichtung und müssen passiert werden. So gut wie keine Spuren! Ab 200 km vor Nguigmi wieder eindeutige Piste. Menschen in Zoo Baba und Agadem. Unterwegs trifft man auf kleine Salzkarawanen. Wasser in jedem der auf der Michelinkarte eingezeichneten Brunnen. Falls man sich in Bilma bzw. Nguigmi (aus anderer Richtung) abgemeldet hat, sollte man sich in Nguigmi/Bilma wieder anmelden. Das Meldewesen auf der Strecke funktioniert gut (man wird über Funk angekündigt), die Inanspruchnahme davon ist also sinnvoll! Der Pistenverlauf (sofern Spuren oder Piste erkennbar) entspricht etwa der östlichen Route der russ. Karte 1:500 000.

Km 0, **BILMA** – S. H 31. (Ende H 31; Beginn H 32.)

Km 29, Palme. GPS-Pos. **N 18°35,293′ E 13°05,009′.**

Es folgen mehrere Dünenpassagen.

Km 98, **ZOO BABA** – Oase. Hütten. Brunnen mit trinkbarem Wasser. Die freundliche Bevölkerung ist sehr arm, Medikamente werden dringend gebraucht. Aus anderer Richtung kommend, Ort um die Südspitze der Berge verlassen. Pos. **N 18°14,509′ E 13°03,397′.**

Wieder mehrere Dünenpassagen.

Km 126, Dünen, Pos. **N 18°14,063′ E 13°15,415′.** Passage mit Steinmännchen.

Km 139, alte Fahrzeugspuren zwischen Bergen und Dünen. Passagen mit Steinmännchen versehen. Pos. **N 18°11,134′ E 13°13,677′.**

Km 184, Berg, Kurswechsel. GPS-Pos. **N 18°03,301′ E 13°12,74′.**

Km 196, Berg, bis hier (von anderer Richtung kommend ab hier) viele Dünenpassagen in Abständen von 1–2 km. Position **N 18°00,221′ E 13°08,025′.**

Km 276, **DIBELLA** – Verlassene Oase. Brunnen, Wasser trinkbar. **N 17°33,004′ E 13°06,452′.**

Km 333, Reifen, Sandebenen. GPS-Pos. **N 17°09,286′ E 13°14,123′.**

Km 378, **FORT AGADEM** – Verfallenes Fort. **N 16°50,476′ E 13°18,162′.** Schöner Palmenhain. Felsmassiv von Agadem. Hütten und (im Jahr 2000) Menschen. Brunnen mit trinkbarem Wasser. In der Umgebung der Festung zahlreiche versandete Salzseen, deren Salzkruste nicht immer dick genug ist, ein Fahrzeug zu tragen. Von Nguigmi kommend, den Ort zwischen den nördlichen Felsen hindurch verlassen. **N 16°50,111′ E 13°17,388′.**

Hinter Agadem Orientierungsmöglichkeit an den gut erkennbaren Homodji-Bergen, die im Osten aufragen.

Km 421, viele Spuren. Pos. **N 16°29,358′ E 13°16,41′.**

Km 514, Brunnen, Wasser trinkbar. Pos. **N 15°44,673′ E 13°09,168′.**

Km 542, Brunnen, Wasser trinkbar, ab hier wieder erkennbare Piste (aus anderer Richtung Ende der sichtbaren Piste). Pos. **N 15°30,537′ E 13°10,631′.**

Km 562, Verzweigung (aus anderer Richtung Agadem rechts). Pos. **N 15°20,905′ E 13°10,686′.**

Kleine Siedlung **BELABIRIM** bei Pos. **N 15°21,049′ E 13°11,401′.**

Km 571, **NGOURTI** – Dorf. Gendarmerie nationale. Sandige Piste. **N 15°19,155′ E 13°12,078′.**

Km 588, Vermessungsstein, bei Position **N 15°11,372′ E 13°13,201′.**

Km 674, Verzweigung, Wegweiser, sandige Piste. **N 14°30,294′ E 13°08,239′.**

Km 704, **NGUIGMI** – Siehe H 23. Pos. **N 14°15,287′ E 13°06,500′.** (Ende H 23; Beginn H 22, I 4 und U 20.)

H 19: Tabla – Birnin-Gaouré (80 km)

Piste (A/G/I), die viele kleine Dörfer durchquert. Schöne Landschaft; viele Ziegen und Langhornrinder.

TABLA – S. H 16. (Ende H 16; Beginn H 17.)

Bis Km 9, gute Piste, leichtes Wellblech.

Km 11, kurze, sehr tiefe Sandpassage, leicht zu umfahren.

Km 13 bis 16, die Hauptpiste ist stark versandet, Ausweichpisten!

Km 51, mehrere tiefe Sandpassagen von 100–150 m Länge mit leichtem Gefälle. Unterbrochen werden sie von Passagen mit härterem Sand.

Km 76, 150 m lange Sandpassage, tiefe Spurrillen.

BIRNIN-GAOURÉ – S. H 9. (Zur H 9; Beginn H 21.)

H 20: Dosso – Gaya – beninische Grenze – Malanville (160 km)

(03.02, BMW R 100 GS, BMW R 1150 GS) Guter Asphalt. Die Grenze ist 24 Stunden geöffnet (nachts aber evtl. keine Zollabfertigung möglich).

Km 0, **DOSSO** – S. H 9.

Am Kreisverkehr bei der Tankstelle den Ort Ri. benin. Grenze verlassen. Am Ortsausgang Polizeikontrolle, Mautstelle. Entlang der Route einige kleinere Ortschaften, die außer kl. Läden oder Cafés keine Versorgungsmöglichkeiten bieten. Ab und zu Händler mit geschmuggeltem Treibstoff aus Kanistern (v.a. nahe Gaya).

Km 150, **GAYA** – Dorf, Tankstelle, Markt, Unterkunft („Auberge").

Km 153, Umleitung der Straße über den Zollhof. Zollkontrolle, Beginn der Ausreiseformalitäten für Benin. Danach sehr schön am Niger entlang.

Km 157, Kontrollstelle der Polizei vor der Nigerbrücke (Passkontrolle und Aufnahme der Personalien).

Km 158, nach der Nigerbrücke benin. Polizeiposten (Kontrolle von Pass, Visum, Führerschein und Fahrzeugpapieren).

Km 159, **MALANVILLE** - Grenzort zu Niger und Nigeria. Gute Versorgungsmöglichkeiten (Markt, Supermarkt). Tankstelle (nicht immer Treibstoff).

Km 160, im Ortszentrum von Malanville Straßensperre, Zollkontrolle, Abstempeln des Carnet de passage bzw. Ausstellen des Laissez passer im Zollgebäude.

Unterkunft: Hotel „Rose du Sable" an der Hauptstraße ca. 1 km nach der Straßensperre. Campingmöglichkeit, gutes Essen, sehr empfehlenswert.

H 21: Birnin - Gaouré - Falmey - Koulou - Gaya (170 km)

Piste (A), Wellblech. Schöne Landschaft.

BIRNIN-GAOURÉ - S. H 9. (Zur H 9; Ende H 19.)

FALMEY - Dorf. Lebensmittelversorgung schwierig. Wasser. Polizeikontrolle.

Km 120, Polizeikontrolle.

Km 147, Dorf.

GAYA - S. H 20. (Zur H 20.)

H 22: Nguigmi - Termit-Sud - Termit-Ouest - Fachi (etwa 820 km)

Sehr schwierige Piste (A/C/H/I). Ein Führer ist Pflicht. Üppige Fauna mit Antilopen, Gazellen und Steinböcken.

NGUIGMI - S. H 23. (Ende H 23; Beginn H 20, I 4 und U 20.)

Bis Termit-Sud folgt die nicht markierte Piste dem schwierig zu befahrenden Oued.

TERMIT-SUD - Verlassener Flughafen am äußersten Rand des Termit-Massivs. In den drei aufgelassenen Gebäuden halten sich manchmal Nomaden auf. Sehr ursprüngliche Region, arme Bevölkerung.

Die sehr schlechte, sandige Piste nach Termit-Ouest führt im Westen entlang des Termit-Massivs.

TERMIT-OUEST - Drei sehr schmutzige Brunnen.

Die Piste (abwechselnd Dünen und steinige Senken mit großen Kieseln) umrundet nun das Termit-Massiv im Westen und verlässt bei etwa Km 52 die Termit-Region. Vorsicht, diese Piste folgt nicht der Karawanenroute Termit-Ouest - Fachi durch den Erg de Ténéré (diese Route ist für Fahrzeuge nicht passierbar). Berg bei **N 16°04,470' E 11°14,376'.** Termit-Kaobout bei Pos. **N 15°36,163' E 11°31,358'.**

Bis Km 167 ab Termit-Ouest führt die Piste direkt nach Norden auf die Kassror-Berge zu, an denen sie zunächst im Osten, später dann im Norden entlangführt. Sie verlässt das Gebirge 20 km weiter.

Danach wendet man sich zunehmend nach Westen und schließlich nach Nordwesten. Die Dünen werden größer.

Km 252 ab Termit-Ouest, Überquerung von 40 Dünengürteln. Davon sind etwa zehn schwierig zu passieren (abgebrochene Dünen oder Dünen, die plötzlich enden).

Fahren Sie nach Nord-Nordwest. Das Kamelgras verschwindet.

Km 317, fahren Sie direkt nach Norden über Feinsanddünen.

Km 347, man trifft wieder auf die Spuren der Karawanenroute Tanout - Fachi, der man auf 170 km nach Nordosten folgt.

FACHI - S. H 32. (Ende H 32; Beginn H 33.)

H 23: Gouré - Maïné–Soroa - Diffa - Nguigmi (425 km)

(01.00, Toyota Landcruiser HJ 60) Asphalt, viele Schlaglöcher.

GOURÉ - S. H 12. (Ende H 12; Beginn H 13.)

GOUDOUMARIA - Dorf. Post.

MAÏNÉ-SOROA - Dorf. Schmutziges Wasser, Treibstoff, Post, Polizeikontrolle.

Verschiedenes: Keine Fähre nach Nigeria, Passage nur in Trockenzeit möglich.

Schmaler, holpriger Asphalt auf 40 km vor Diffa.

DIFFA – Großes Dorf. Gute Infrastruktur. Gutes Krankenhaus (zwischen Zinder und Nguigmi die einzige medizinische Hilfe, die es gibt).

Verschiedenes: Keine Bank, Tausch nur bei Händlern mit Abschlag. Für diejenigen, die nach Nigeria weiterfahren, werden hier schnelle Zoll- und Polizeikontrollen durchgeführt. Versicherungsbüro. **N 13°18,97' E 12°36,45'.** (Beginn U 17.)

NGUIGMI – 248 m. Malerische Oase. Freundliche Bevölkerung. Gute Infrastruktur. **N 14°15,287' E 13°06,500'.** (Beginn H 22, H 20, I 4 und U 20.)

Verschiedenes: Treibstoff auf Schwarzmarkt für 300 CFA/l (02.00). Keine Bank. Tauschen auf dem Schwarzmarkt zum CFA-Kurs minus 5–10% Provision. Zwei Bars mit kühlen Getränken (Cola, Bier u.a.). Zoll- und Polizeiformalitäten bei Weiterreise in den Tschad, Ein-/Ausreiseformalitäten für den Niger. Ein Carnet de passage ist nicht erforderlich. Einreise (von Tschad kommend) dauert ca. 3 Std. inkl. Immigration. Übernachtung im Zollhof möglich. Wenn zur Wiedereinreise kein Visum mit 2. Einreise vorhanden ist (wird aber von der Botschaft auf Antrag ohne Extragebühr erteilt), kann man gegen (inoffizielle) Gebühr trotzdem einreisen. Bei irgendwelchen Problemen nach Modo Gaptia fragen (auch zu erreichen über die „Mission Catholique", Tel. 54 00 76 07), er ist sehr hilfsbereit, kann bei Vorräten und Diesel, sowie bei den Behörden behilflich sein (auch preisgünstiger Führer). Die Polizei empfiehlt, sich bis zur Tschadgrenze von einem Führer begleiten zu lassen. Die Versorgung im Tschad ist schlechter, also hier versorgen.

Sehenswert: Der Markt, der vor 20 Jahren noch direkt am Ufer des Tschad-Sees stand; die Kolonial-Gabäude (z.B. Préfecture).

H 24: Chirfa – algerische Grenze – In Ezzane – Tin Alkoum – libysche Grenze – Ghat (ca. 530 km)

Piste (A/B/C/H/I/K). Offiziell genehmigen die nigrischen Behörden im algerischen Grenzverlauf nur Ein- bzw. Ausreisen über Assamaka (s. Überblick/Grenzen). Die Strecke ist sehr einsam, nur Schmugglerfahrzeuge sind hier unterwegs, ab und zu auch Militärpatrouillen. In den vergangenen Jahren wurde in der Grenzregion im Niger nach Öl gesucht; zahlreiche Spuren von Lkw führen kreuz und quer und machen eine eindeutige Pistenbeschreibung unmöglich. Über Jahre hatte sich die „Force Armée Revolutionaire Saharienne" (F.A.R.S.) in Orida festgesetzt und kontrollierte das Djado-Plateau vom Enneri Blaka bis Orida und hinein in die Ténéré. Diese Tubu-Rebellen unter ihrem „President" Chahay Barka kooperierten einige Zeit mit der Regierung, machten aber immer wieder ihre eigenen Geschäfte, überfielen Schmuggler, raubten Fahrzeuge, setzten sich aber ebenso für die bettelarme Bevölkerung um Orida, Djaba und Djado ein. Diese Region zu bereisen, barg ein erhebliches Risiko. 2001 wurden die Rebellen vom Militär getötet, Orida wurde besetzt. Von Chirfa aus kann man die Region (evtl. in Begleitung eines Führers oder Soldaten) manchmal besuchen. Von Norden kommend, ist die Route von Seiten des Niger nach wie vor verboten. Von Süden kommend, kann man jedoch in Richtung Algerien (nicht Libyen) ausreisen.

CHIRFA – S. B 16. (Ende B 16; Beginn H 26.)

Verlassen Sie Chirfa in nördlicher Richtung (in Richtung Djado).

Km 15, Pass.

Auf einer von Felsen übersäten Ebene fahren Sie nach NNW weiter.

Die letzten Wasserstellen liegen in **DJABA** und **ORIDA** (GPS-Pos. **N 21°07,518' E 12°15,891',** letzter und höchster Berggipfel). Brunnen von Orida nahe dem Oridafelsen und beim ehemaligen Rebellencamp, **N 21°06,507' E 12°14,943'.** Fantastische Landschaft! In der Region Orida gibt es ein

Felstor, Felsgravuren von Giraffen und Menschen (bei Pos. **N 21°06,532′ E 12°06,044′** sowie **N 21°06,506′ E 12°16,424′).** Nahebei liegen die Ruinen der Festungsdörfer Djado und Djaba (s. B 16).

Nach ca. 35 km auf Geröll wenden Sie sich in Richtung Ténéré und umgehen zwei Berge im Westen. Danach folgen Sie dem windumtosten Felsplateau nach Norden.

Ca. Km 100, erneut ein Pass, schon von weitem im Osten zu erkennen.

Danach verläuft die Piste über eine sandige Ebene in Richtung Westen.

Nach 25 km Fahrt durch ein felsiges, nordnordwestlich gerichtetes Tal, Abzweigung nach rechts, die Passage ist gut mit Steinmännchen markiert.

Sie nehmen diese Abzweigung nicht, sondern fahren auf weiteren 5 km geradeaus weiter und erreichen ein langes, sandiges Gefälle.

Danach verläuft die Route auf 60–70 km über Felsen, Orientierung direkt nach Norden. Ein dunkles Bergmassiv, das rechts umfahren werden muss, kann als Orientierungspunkt dienen.

Sobald Sie die höchste Stelle erreicht haben (mehrere vereinzelt stehende Felsen), treffen Sie auf einen fast schwarzen Fels, der mit einem Steinmännchen markiert ist. Sie fahren unmittelbar vor diesem Felsen rechts vorbei und erreichen eine Sandsteigung, die nach einigen Kilometern in ein breites Tal mündet, in das man von der linken Talseite hineinfährt. Es endet in einem sandigen Felskessel, in dessen Mitte zwei Felstürme aufragen, die rechts umfahren werden müssen.

Durch eine Schlucht, die dem Eingang des Felskessels fast direkt gegenüber liegt, können Sie diesen wieder verlassen.

Sie folgen der Schlucht (sehr alte Kamelspuren) etwa 4–5 km und stoßen auf eine große sowie zwei kleinere Dünen, die auf der linken Seite überquert werden können. Am Ende der Schlucht ragt der Berg Pic Aho auf, von dessen Fuß aus ein Tal in östlicher Richtung zum „Passe de Salvador" weiterführt.

4 km hinter dem Gipfel wird das Tal über einen schwer erkennbaren Pass wieder verlassen, der in ein breites, nördlich gerichtetes Tal mündet.

Sie folgen dem Tal etwa 10 km und erreichen die algerische Grenze (Steinmännchen, kein Grenzposten).

2 km weiter kreuzt die gut unterhaltene Berliet-Piste Djanet – Passe de Salvador **(N 23°16,251′ E 12°05,297′).** Der **Brunnen von Salvador** liegt unweit bei Position **N 23°27,072′E 11°16,342′.** Sie folgen der Piste nach links in einem runden Bogen auf ca. 10 bis 12 km (nicht weiterfahren, da sie sich nach ca. 80 km im Sande verliert).

Danach geradeaus weiterfahren (die alte Piste ist gut zu erkennen).

Etwa 4 bis 5 km weiter ein alter Holzwegweiser. Sie fahren in der Mitte des Oued weiter und überqueren nach 6 km eine Sandpassage (möglichst weit links halten).

Als nächster Orientierungspunkt dient ein etwa 10 km entfernter Felshügel, der rechts umfahren werden muss (nicht in das Tal links der Felsen fahren, es handelt sich um die alte Piste In Ezzane – Djanet, auf der man sich leicht verlieren kann).

Jenseits des Hügels folgen Sie der markierten Piste (die parallel zur Landebahn verläuft) bis In Ezzane.

IN EZZANE – Altes, verfallenes und verlassenes Fort. Schlechtes Wasser. Position **N 23°27,072′ E 11°16,342′.**

Pistenkreuzung bei Pos. **N 23°16,069′ E 10°53,413′.**

Ab In Ezzane gut markierte Piste, die nach 75 km in Richtung Norden auf die Piste Djanet – Ghat (zur B 15 und D 13) trifft. **N 24°05,554′ E 10°27,420′.**

TIN ALKOUM – S. B 15. (Zur B 15.)

Formalitäten zur Einreise nach Algerien (und ebenfalls Ausreise). **N 24°37,381′ E 10°13,329′.**

GHAT – S. D 13. (Zur D 13.)

H 25: Chirfa – Seguedine (130 km)

Piste (A/C/H/I), die auf den ersten 100 km zumeist markiert ist. Nur mit Führer!

CHIRFA – S. B 16. (Beginn H 24; Ende B 16.) Militärposten bei Pos. **N 20°52,00′ E 12°52,00′.**

Trotz der Markierung ist die Piste nach Sandstürmen bis etwa Km 37 schwierig zu erkennen. Hier führt der Sara-Pass über einen Felsgrat.

Km 37 bis 40, keine Markierung.

Ab Km 40 erneut Markierung.

Km 40 bis 47, hügelige Hochfläche mit versandeten Gefällstrecken. Etwa 25 km im Westen ist der alleinstehende Berg Oleki zu erkennen.

Danach 53 km Sand entlang der östlichen Ausläufer der Ténéré. In den Senken Gefahr des Einsandens. Etwas weiter gut befahrbares, sandiges Gelände. Die Markierung endet bei Km 100.

Versteinerte Bäume in einer Senke links und rechts der Piste vor Seguedine.

SEGUEDINE – Kleines Dorf in einer Mulde am Fuß des Pic Zumri. Militärposten, Passkontrolle. Lokale Lebensmittel. Gutes Wasser (Brunnen). Einige Palmengärten. **N 20°11,557′ E 12°57,760′.** (Beginn H 27 und H 28; Ende H 26.)

H 26: Libysche Grenze – Tumu – Madama – Dao Timmi – Seguedine (363 km)

(03.96, Motorrad) Piste (A/B/C/G/I). Einreise nach Libyen nicht möglich. In Madama wird bei der Einreise in den Niger verlangt, dass man eine Referenz einer Agentur in Agadez vorweisen kann. Kann man diese nicht vorweisen, so ist man evtl. gezwungen, mit Militärkonvoi bis nach Niamey zu fahren (s.a. Überblick). (03.01) Angeblich hat sich die Route im Abschnitt Madama – Mabrous, Dao Timmi – Seguedine weiter westlich verschoben. Von Seguedine kommend, folgt sie der Route Richtung Chirfa bis zu einer Stelle, wo versteinerte Holzstücke (ca. 1 m hoch) senkrecht im Sand stehen.

TUMU – Militärposten. Auf nigrischem Gebiet ist die Piste vereinzelt mit Betonpfosten markiert. Immer entlang den Hauptspuren nach SW. (Ende D 14.)

Sobald man sich Madama nähert, dient der Berg Kokarama als Orientierungspunkt.

MADAMA – Militärposten. Zollkontrolle für die Einreise nach Niger. Sie müssen dazu vor dem Fort anhalten, die Stelle ist mit leeren Benzinfässern markiert; unweit davon liegt die Landepiste mit einem ausgedienten Flugzeug. Halten Sie nicht zu nahe am Fort und fotografieren Sie nicht. Gutes Wasser (Brunnen).

Verlassen Sie Madama in südwestlicher Richtung. Nachdem Sie die Landebahn diagonal überquert haben, halten Sie auf ein Benzinfass zu, das auf einem sandigen Gefälle aufgestellt ist. Die Piste ist schlecht markiert und auf etwa 40 km holperig, aber leicht zu folgen.

Etwas weiter Sand. Im Gebiet um Mabrous schöne Landschaft, ein angenehmer Platz zum Campieren. Wasser. Zahlreiche Gazellen.

DAO TIMMI – Militärposten. Polizei- und Zollkontrolle. Wasser. Nicht in der Nähe des Forts fotografieren. Verlassen Sie Dao Timmi in westlicher Richtung (die Militärs können Ihnen den Weg zeigen). Ca. 7 km nach dem Militärcamp angenehmer Übernachtungsplatz (bei den Palmen links). Bis Seguedine Sand.

SEGUEDINE – S. H 25. (Ende H 25; Beginn H 27 und H 28.)

H 27: Seguedine – Yeï-Lulu-Pass – tschadische Grenze – Zouar (460 km)

Sehr wenig befahrene Piste (A/B/C/H/I/J). Sie wurde 1960 von der zweiten Berliet-Mission verbessert und enthält auf den ersten 300 km keine Felspassagen mehr. Sie umgeht im Süden die markierte aber schwierige Piste über Itchouna und die Brunnen der Karawanenstrecke. Markierungen bei wichtigen Richtungsänderungen. Vorsicht: als Folge des tschadischen Bürgerkriegs sind weite Teile dieser Strecke auf tschadischem Gebiet vermint. Alternative s. I 3 über Mumr. In umgekehrter Richtung: Die Ausreise von Zouar in den Niger ist offiziell möglich, es werden allerdings 1500 FF (03.97) für den Führer bis Seguedine verlangt. Wegen des seit 1999 wieder ausgebrochenen Bürgerkriegs im Nordtschad und marodierenden Rebellen auch im Grenzgebiet von Niger und Südlibyen ist jegliche Befahrung der Strecken nahe des Tibesti unbedingt zu vermeiden (s.a. Tschad/Sicherheit)!

SEGUEDINE – S. H 25. (Ende H 25 und H 26; Beginn H 28.) Ausreiseformalitäten.

Sie verlassen Seguedine in Ri. O. Kurz darauf zweigt nach Nordosten die Piste nach Madama ab (zur H 26). Sie fahren nach Osten (rechts). In einem Bogen wird über eine leichte Gefällstrecke die Falaise des Kaouar überquert (Greh Azara), dann folgt flacher, harter reg in Ri. Ehi Turba, gut zu befahren; ein alleinstehender Felsen muss südlich umfahren werden. Man kann zahlreiche prähistorische Werkzeuge finden.

Auf etwa 10 km direkt nach Süden fahren (Balise 3), danach Ostsüdost. Recht gutes Gelände mit Weichsandpfannen.

Balise 4, nach Ostnordost halten.

Km 230, **EHI DOHAR** – Alleinstehender Felsen, der nördlich umfahren wird.

Km 265, **GOBO-PASS,** die Piste verläuft entlang der Felsbarriere. Das Gelände ist nun sandiger, aber noch gut befahrbar.

Einfahrt in felsiges Gelände. Die Piste wird holpriger und schwieriger.

Hinter dem **YEÏ-LULU-PASS** wendet sich die Piste über den Enneri Lulu nach Nordosten. Die tschadische Grenze wird passiert. Abwechselnd Hochebenen und Oued-Passagen mit Weichsand.

20 km nördlich des Enneri Tao kreuzt die nordsüdlich verlaufende Piste Sebha – Zouar. Sie fahren im Bett des Enneri Tao nach Süden weiter.

Vom Brunnen der **BENI MADO** an verläuft die Route über eine bewachsene Hochebene, die an ein Gebirgsmassiv grenzt. Zahlreiche Gazellen und Antilopen.

Im Hintergrund sind die Gipfel des Tibesti-Gebirges zu erkennen, darunter der Pic Toussidé (3265 m).

Die Piste wendet sich nun voll nach Osten (holpriges, aber relativ einfaches Gelände) und führt in die Zouarké-Schlucht, die sich nach Zouar hin öffnet.

ZOUAR – S. I 23. Formalitäten zur Einreise in den Tschad. (Beginn I 3a und I 20, Ende I 23.)

H 28: Seguedine – Dirkou (150 km)

(02.00) Piste (A/G/I) folgt einer nordsüdlich verlaufenden Felsbarriere. Einfache Orientierung. Regelmäßig befahren, führt am Rand der Ténéré über sandige Ebenen.

SEGUEDINE – S. H 25. (Ende H 25 und H 26; Beginn H 27.)

Sie verlassen Seguedine auf den Spuren, die Richtung Pic Zumri führen, den man im W liegen lässt. Suchen Sie nun nach den besten N-S gerichteten Spuren und verlieren Sie die Felsbarriere nicht aus den Augen.

Zu Beginn flache und harte Sandpassagen, die später immer weicher werden. Fahren Sie so weit wie möglich von der Felswand entfernt, da sich am Fuße der Barriere heiße Luftmassen sammeln.

Kurz vor Dirkou und kurz nachdem man wieder auf Vegetation gestoßen ist, Ausflugsmöglichkeit zum **Arrigui-See,** einige km östlich der Piste. Vorsicht vor Weichsand!

Man erreicht Dirkou vom Süden her. Beim Schild „Arrêt" („Halt") verlässt man das Fahrzeug. Von hier ab Weichsand.

DIRKOU – 350 m. Oase. Militärcamp. Großer, gut bestückter Markt, Wasser, Werkstätten. Meldung bei der Polizei (Stempel in Pass). (Beginn H 30 und H 31.)

Verschiedenes: Treibstoff bei Mohamed Djaram (sprich „Gerome"), sehr freundlich, er hat ein Treibstoffdepot außerhalb der Stadt, 200-l-Fass Diesel 50 000 CFA (02.00). Ausreise (für Fahrtrichtung Algerien) beim Zoll und Immigration reibungslos, beide am westlichen Ortsausgang.

Unterkunft: Es soll ein Hotel errichtet werden (Information von Febr. 2000).

H 29: Dirkou – Achegour (129 km)

Piste (A/F/H/I). Einheimischer Führer empfohlen (s.a. Überblick/Führer).

DIRKOU – S. H 28. (Ende H 28; Beginn H 31.)

Verlassen Sie Dirkou in westlicher Richtung, als Orientierungspunkt dient der „Kontrollturm" des Flughafens. Markierung bei jedem Kilometer. Vorsicht vor sehr kleinen Dünen bei der Ausfahrt aus dem Militärgebiet, Gefahr des Einsandens.

Danach bis Km 68 viel Sand und schwierige Passagen (Beginn von cram-cram, Vorsicht vor Reifenpannen).

Km 88, Ende des cram-cram-Gebiets.

Km 129, sandiges Gefälle. Vorsicht vor verborgenen Steinen.

ACHEGOUR – Brunnen. Gutes Wasser. (Ende H 35; Beginn H 30.)

H 30: Achegour – Arbre du Ténéré (228 km)

Markierte Piste (A/F/H/I). Einheimischer Führer empfohlen (s.a. Überblick/Führer).

ACHEGOUR – S. H 29. (Ende H 29, H 35.)

Km 23, die Markierungen beschreiben eine Krümmung. Weichen Sie nicht nach rechts ab, hier verfährt man sich leicht.

Km 33 bis 45, cram-cram, das zum Teil Weichsandstellen verdeckt (Gefahr von Reifenpannen).

Ca. Km 123, Sie erreichen eine Düne, die links umfahren wird. Man entfernt sich von den Markierungen, ohne sie jedoch aus den Augen zu verlieren (sehr sandige Passage). Etwa 10 km weiter sind die Markierungen wieder erreicht. Von hier ab folgen Sie den Hauptspuren bis zum Arbre du Ténéré.

ARBRE DU TÉNÉRÉ – N 17°44,667′ E 10°04,956′. Der Platz erhielt diesen Namen, weil ein Baum – der einzige in einem Umreis von hunderten von Kilometern – neben dem Brunnen stand. Er wurde jedoch von einem Lkw-Fahrer umgefahren. Jetzt steht der Baum im Museum in Niamey und stattdessen ein hässliches Metallgestell an seiner Stelle in der Ténéré. Daneben hat ein Japaner ein noch hässlicheres Metalldenkmal errichtet, und eine kleine Anpflanzung von Mini-Bäumchen (Jan. 2001), die hoffentlich nicht wieder vertrocknet, fristet hier ein kümmerliches Dasein. (Ende H 33; Beginn H 35.)

H 31: Dirkou – Bilma (45 km)

Piste (A/F/G/I). Fahrt mit Führer empfohlen (s.a. Überblick/Führer).

DIRKOU – S. H 28. (Ende H 28; Beginn H 29.)

BILMA – Oase. Lebensmittel. Gutes Quellwasser. Manchmal Treibstoff aus Fässern. Gendarmerie nationale (Stempel in Pass). **N 18°41,652′ E 12°55,102′.**

Unterkunft: Campingmöglichkeit in der Nähe des „Schwimmbeckens" (in Bilma wurde bei Bohrungen nach Wasser artesisches Tiefenwasser angebohrt, das jetzt frei in die Landschaft sprudelt und einen großen See gebildet hat; Bademöglichkeit).

Sehenswert: Die Salinen, hier wird nach dem Verdunstungsprinzip Salz gewonnen. Die stark salzhaltigen Erdschichten werden in kleinen Wasserlöchern aufgelöst, das Wasser verdunstet und die zurückbleibenden Salzablagerungen werden abgetragen. Diese noch feuchte Masse wird in Palmstümpfe gefüllt (Kantu) bzw. zu flachen runden Kuchen (pain) geformt und zum Trocknen aufgestellt. Einige der Salinen sind inzwischen versandet. Im Winter bringen Tuareg und häufig auch Haussa die Salzstöcke mit Kamelkarawanen nach Agadez und zum Teil sogar bis Zinder, ein großartiges Schauspiel. Neben Fachi und Tegguida-n-Tessoum (s. H 10) gehört Bilma zum wichtigsten Viehsalzlieferanten für die Sahelbewohner. (Beginn H 32 und H 18.)

H 32: Bilma – Fachi (176 km)

Piste (A/F/H/I). Einheimischer Führer empfohlen (s.a. Überblick/Führer).

BILMA – S. H 31. (Ende H 31; Beginn H 18.)

Sie verlassen Bilma in Richtung des ehemaligen Lichtmastes des Flughafens.

Km 8, Beginn eines Gebiets mit flachen Dünen, die man in den Zwischentälern in leichter Steigung durchfährt. Mit einem Geländewagen kein Problem.

Dann Markierung jeden Kilometer, Orientierung problemlos, einige Weichsandpassagen.

Km 158, man erreicht das Gebirgsmassiv von Fachi; schöner Blick auf Tal und Oase.

FACHI - 397 m. Oase. Militärposten. Meldung bei der Polizei (Stempel in Pass). (Ende H 23; Beginn H 34.)

Verschiedenes: Brunnen in der Nähe der Burg Dada. Schlecht ausgestattete, kleine Krankenstation. Campingmöglichkeit im Palmenhain.

Sehenswert: Die Salinen im Palmenhain, die von den hier sesshaften Kanuri ausgebeutet werden. Die Kanuri führen ein sehr einfaches Leben, es herrscht nach wie vor eine traditionell-patriarchalischen Gesellschaftsordnung. In den Zeiten der großen Salzkarawanen (azalaï) in den Wintermonaten kann man hier bis zu 300 Kamele am Brunnen antreffen.

H 33: Fachi – Arbre du Ténéré (185 km)

Sehr schwierige Piste (A/F/H/I); viele Dünen. Folgen Sie den Metallmarkierungen. Einheimischer Führer empfohlen (s.a. Überblick/Führer). Die Alternativroute entlang des Karawanenwegs, rechts der Piste, außer Sichtweite der Markierungen, ist am Kamelkot und den Karawanenspuren gut erkennbar und sehr interessant.

FACHI – S. H 32. (Ende H 22 und H 33.)

ARBRE DU TÉNÉRÉ – S. H 30. (Ende H 30; Beginn H 34.)

H 34: Arbre du Ténéré – Daouri (Kori Braghot) (187 km)

(01.01, MAN L 2000) Piste (A/F/H/I). Führerpflicht, nur mit Geländefahrzeug. Bis Km 70 Metallmarkierungen, danach Fässer oder Kilometersteine links und rechts der Piste.

ARBRE DU TÉNÉRÉ – S. H 30. (Ende H 30 und H 33.)

Spurentrasse in Richtung SW auf festem Sand, sanfte Sandhänge. Links zieht sich eine Dünenkette entlang, **N 17°34,001′ E 09°54,045′.**

Km 32, Balise, Position **N 17°30,680′ E 09°51,603′.**

N 17°29,233′ E 09°49,459′, wieder festerer Untergrund, ab und zu Steine, ein kleiner Hügel mit Felsspitze liegt rechter Hand der Piste. Vereinzelt Akazien, gut sichtbare Trasse mit vielen Spuren.

Km 61, aufgestellter Hinkelstein à la Obelix als Markierung, Pos. **N 17°21,522′ E 09°43,307′.**

Viele Felshügel kurvig umfahren, dazwischen Sandfelder. GPS-Pos. **N 17°19,186′ E 09°42,261′.**

Nur wenige Kilometer ist der Boden einigermaßen hart, dann folgen Sandfelder. Akaziental, viele Kamelspuren bei Pos. **N 17°14,514′ E 09°37,83′.**

Km 95, Brunnen **OULAGEDOUT.** Pos. **N 17°911,136′ E 09°25,931′.**

Km 111, die Piste geht mit der Lkw-Hauptpiste zusammen, die über Tazolé führt. **N 17°14,479′ E 09°17,151′.** Weiter kurvig durch hügeliges, steiniges Gelände. Ab und zu Wadis mit Akazien und Gras, meist harte, aber oft auch holprige Piste.

Km 129, **KORI KANTANA** – Kleines, hübsches Tuareg-Dorf im Oued (Kori bedeutet in Tamaschek das gleiche wie Oued = Trockenflussbett). GPS-Pos. **N 17°12,601′ E 09°08,745′.** Sehr sandige und staubige Oued-Durchquerung mit sehr tiefen Spuren, danach hügelige Ausläufer des Aïr-Gebirges.

Alte Balise, dünner Bewuchs, Wellblechpiste. **N 17°07,596′ E 08°56,200′.**

Km 187, Oase und Posten im Trockenflussbett (Kori) **BRAGHOT. N 17°00,126′ E 08°43,432′.** Kontrolle der Papiere. (Beginn H 35 und H 36.)

H 35: Daouri (Kori Braghot) – Adrar Madet – Achegour (592 km)

(01.01, MAN L 2000) Piste (A/H/I). Einheimischer Führer empfehlenswert (s.a. Überblick/Führer).

DAOURI (KORI BRAGHOT) – S. H 34. (Ende H 34; Beginn H 36.)

Km 76, Kreuzung, Abzweig links nach Tazolé und Adrar Madet. **N 17°14,479' E 09°17,151'.**

Km 232, trockener **BRUNNEN VON TCHÉROZERINE.** In Richtung SO weiterfahren. Man entfernt sich vom Aïr und passiert die Areschima-Berge im NW.

Km 390, Beginn eines 25 km breiten Dünengürtels. Die Piste ist stellenweise stark versandet.

Km 430, man erreicht den **ADRAR MADET,** einige Akazien. Pos. **N 18°43,535' E 10°22,854'.** Der Gebirgszug ist im Süden und Westen von hellen Sicheldünen eines weitläufigen Dünengebietes umgeben, das man in Gassis und einigen Dünenüberquerungen durchfahren muss, bevor man den schwarzen Adrar Madet inmitten der Ebene erreicht. Sie umfahren ihn im Norden und wenden sich danach nach Südosten und schließlich nach Osten.

Km 592, **ACHEGOUR** – S. H 29. (Ende H 29; Beginn H 30.)

H 36: Daouri (Kori Braghot) – Agadez (87 km)

(01.01, MAN L 2000) Piste (A/F/H/I). Führer Pflicht (s.a. Überblick). Markierung mit Fässern und Wegzeichen abwechselnd auf beiden Seiten der Piste.

DAOURI (KORI BRAGHOT) – S. H 33. (Ende H 34 und H 35.)

Km 6, sehr schönes, grünes Tal mit Felsabbruch und Sanddünen, die sich die Hänge hinaufziehen. Schöne Übernachtungsplätze.

Km 11, große Felsen, sehr schöne Gegend im Kori Braghot. Die Piste schlängelt sich entlang einer falaise im Oued.

Ca. Km 12, **N 16°56,328' E 08°38,409',** Schlucht in einem Wadi, das von der Piste rechter Hand abzweigt. Wenn man etwa 500 m in das Wadi fährt (sehr weicher Sand), bis zu einem Kessel, und linker Hand zu Fuß in die enge Felsspalte des abzweigenden Tales steigt (entweder linker Hand zum oberen Rand auf ein Plateau oder am Boden in der Spalte entlang), findet man am oberen Rand der schmalen Schlucht sehr schöne Felsgravuren von Rindern und Giraffen.

Km 31, Tuareg-Mattendorf.

Km 47, **KORI QUARANTE** – GPS-Pos. **N 16°56,23' E 08°21,009'.** Brunnen („Quarante", weil dieser Fluss 40 km von Agadez entfernt liegt) mit vielen Nomaden, die ihre Tiere tränken. Sehr malerisch.

Km 84, Kontrollposten vor Agadez. Pos. **N 16°58,347' E 08°01,811'.**

Km 85, Flughafen von Agadez.

Km 87, Anfang von **AGADEZ** (bei Kreisverkehr am Wasserturm). Pos. **N 16°58,330' E 08°00,017'.** S. H 7. (Ende H 7 und H 8; Beginn H 9, H 11 und H 41.)

H 37: Birnin-Konni – Madaoua – Maradi (250 km)

(12.98, Land Rover 130) Asphalt.

BIRNIN-KONNI – S. H 9. (Zur H 9.)

MADAOUA – Dorf. Gute Infrastruktur. Reparaturwerkstätte (elektrisches Schweißgerät) am Ortseingang.

Unterkunft: Bei der Werkstatt auch Camping im Hof möglich.

Sehenswert: Die Erdnussfelder und die hier hergestellten Matten.

In der Umgebung: Dorf **Bouza** (66 km nach Norden).

Hinter Madaoua führt die Route durch eine tiefe Senke; zwischen Juli und September kann die Straße überschwemmt sein. Erdnuss- und Hirsekultur.

MARADI – 368 m, ca. 113 000 Einw. Gute Infrastruktur. Großer Markt montags und freitags.

Unterkunft: Hotel „Jangorza", schlecht unterhalten und unfreundlicher Empfang. Hotel „Liberté", Übernachtung auf dem Parkplatz möglich. Hotel „Niger" (bekannter unter dem Namen des ehem. Besitzers Blanchard), gutes Essen, Preis ist Verhandlungssache (DZ ca. 10 000 CFA). Hotel „Larewa", von Niamey kommend nach dem Ortseingang bei „CNSS" links und wieder links, sauber und preiswert (DZ ca. 7000 CFA mit Ventilator oder Klimaanlage).

Verschiedenes: Maradi ist ein wichtiges Wirtschaftszentrum (Erdnüsse und rotes Ziegenleder). Sie müssen sich bei der Polizei melden und den Pass abstempeln lassen, da es sonst Probleme mit dem Zoll gibt, wenn Sie nach Nigeria weiterfahren. Die „Banque Internationale Nigériane" wechselt zu Schwarzmarktkursen und akzeptiert Reiseschecks. (Beginn H 38 und H 39.)

H 38: Maradi – Tessaoua – Takiéta (185 km)

(08.99) Asphalt

MARADI – S. H 37. (Ende H 37; Beginn H 39.)

TESSAOUA – 399 m. Dorf. Gute Infrastruktur.

Unterkunft: Campement-Hotel, dunkle und schlechte Zimmer mit Dusche, Waschbecken und Ventilator, Getränke und Essensmöglichkeit, freundliches Personal.

TAKIÉTA – Dorf. Keine Versorgungsmöglichkeit. (Beginn H 40 und H 43.)

H 39: Maradi – Dan Issa – nigerianische Grenze – Jibiya (50 km)

Asphalt, guter Straßenzustand. Viele Polizeikontrollen zwischen der Grenze und Kano.

MARADI – S. H 37. (Ende H 37; Beginn H 38.)

DAN-ISSA – Dorf. Formalitäten zur Ausreise aus dem Niger (schnell).

JIBIYA – Dorf. Formalitäten zur Einreise nach Nigeria.

Verschiedenes: Sie müssen das Carnet de passage vorlegen oder das Formular Nr. 45, das umsonst erhältlich ist, ausfüllen; die Devisenerklärung ist Pflicht. Da die Grenzbeamten jeden drängen, zu Schwarzmarktkursen Geld zu tauschen, empfiehlt es sich, in der Devisenerklärung nur Reiseschecks aufzuführen. (Beginn U 13.)

H 40: Takiéta – Matamey – nigerianische Grenze – Kongolam (68 km)

Asphalt.

TAKIÉTA – S. H 38. (Ende H 38; Beginn H 43.)

MATAMEY – Dorf. Die Formalitäten zur Ausreise aus Niger müssen direkt an der Grenze erledigt werden.

KONGOLAM – Dorf. Formalitäten zur Einreise nach Nigeria. (Beginn U 14.)

H 41: Agadez – Tanout (311 km)

(01.00, Toyota Landcruiser HJ 60) Asphalt bis Km 82, danach gute Piste mit einigen Sandverwehungen, z.T. Wellblech (A/G/I), dann wieder guter Asphalt.

AGADEZ – S. H 7. (Ende H 7, H 8 und H 36; Beginn H 9 und H 11.)

Polizeikontrolle am Ortsausgang von Agadez. Fahren Sie in Richtung Tahoua und biegen Sie dann unmittelbar hinter dem Polizeiposten nach links Richtung Zinder ab.

Km 80, die Straße führt hinauf auf die **Falaise von Tiguidit.** Schöne Landschaft.

ADERBISSINAT – Dorf. Lebensmittel, Treibstoff (Diesel). Polizeikontrolle.

Unterkunft: Hotel und Restaurant in den Lehmhäusern.

TANOUT – Großes Dorf aus weißen Hütten und Häusern. Lebensmittel, Wasser, Treibstoff. (Ende H 13; Beginn H 42.)

H 42: Tanout – Zinder (160 km)

(12.98, Land Rover 130) Guter Asphalt. Savannenlandschaft, üppige, niedrige Vegetation, viele Dörfer und viele Kamele (Vorsichtig fahren).

TANOUT – S. H 41. (Ende H 13 und H 41.)

ZINDER – 468 m, ca. 121 000 Einw. Ehemalige Hauptstadt der französischen Kolonie Niger. Gute Infrastruktur. Mehrere Tankstellen, hier volltanken bei Fahrt nach O.

Unterkunft: Hotel „Central", Campingmöglichkeit im Hof, Camping 2000 CFA/Person (01.00), laut (Kino nebenan), daneben Bäckerei, schöne Terrasse. Hotel „Amadou Kouram Daga", Ri. Niamey, kein Camping möglich, Zimmer ab 12 000 CFA (12.98), Bar. Campingmöglichkeit beim Restaurant „La Cafeteria".

Verschiedenes: Diesel aus Nigeria für ca. 225 CFA/l (01.00). Das Fleisch ist sowohl bei „Nénesse" (ggü. Post) als auch bei den drei europäischen Fleischern im Viertel am „Petit Marché" sehr teuer.

Sehenswert: Die reich mit Ornamenten verzierten Bürgerhäuser der Altstadt Birni und der Donnerstagsmarkt (Bauern, Viehzüchter). (Beginn H 12, H 44; Ende H 44.)

H 43: Takiéta – Zinder (52 km)

Asphalt, guter Straßenzustand.

TAKIÉTA – S. H 38. (Ende H 38; Beginn H 40.)

ZINDER – S. H 42. (Ende H 42; Beginn H 12 und H 44.)

H 44: Zinder – Magaria – nigerianische Grenze – Babban Mutum (115 km)

Asphalt, guter Straßenzustand. Hauptstrecke Zinder – Kano.

ZINDER – S. H 42. (Ende H 42 und H 43; Beginn H 12.)

MAGARIA – Kleinstadt. Gute Infrastruktur. Formalitäten zur Niger-Ausreise.

BABBAN MUTUM – Dorf. Formalitäten zur Einreise nach Nigeria. Korrekte Beamten, allerdings leicht reizbar (eventuell werden an Wochenenden Zusatzgebühren verlangt).

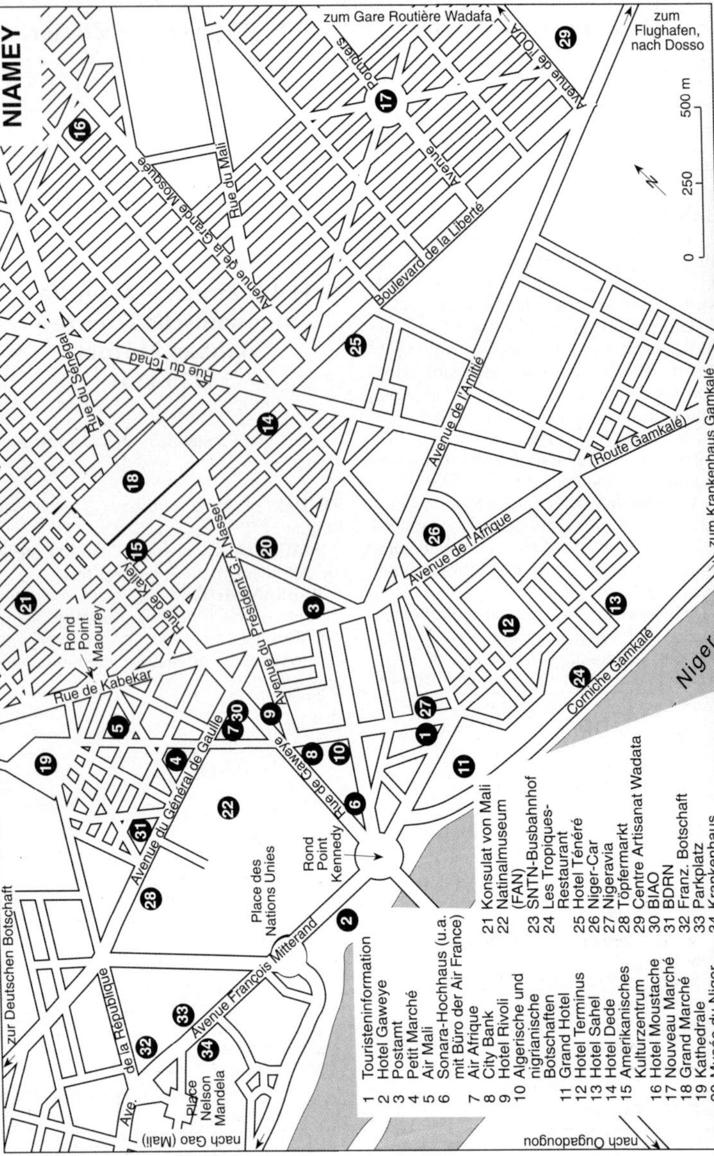
NIAMEY
zum Gare Routière Wadafa
zum Flughafen, nach Dosso
Pompiers
Avenue de l'OUA
Avenue
Avenue de la Grande Mosquée
Rue du Mali
Boulevard de la Liberté
Rue du Tchad
Rue du Sénégal
Avenue de l'Amitié
(Route Gamkalé)
zum Krankenhaus Gamkalé
Avenue de l'Afrique
Avenue du Président G.A. Nasser
Rue de Kalley
Rond Point Maourey
Rue de Kabekar
Avenue du Général de Gaulle
Rue de Gaweye
Corniche Gamkalé
Niger
Rond Point Kennedy
Place des Nations Unies
Avenue François Mitterand
zur Deutschen Botschaft
Ave. de la République
Place Nelson Mandela
nach Gao (Mali)
nach Ougadougou
0 250 500 m
1 Touristeninformation
2 Hotel Gaweye
3 Postamt
4 Petit Marché
5 Air Mali
6 Sonara-Hochhaus (u.a. mit Büro der Air France)
7 Air Afrique
8 City Bank
9 Hotel Rivoli
10 Algerische und nigrianische Botschaften
11 Grand Hotel
12 Hotel Terminus
13 Hotel Sahel
14 Hotel Dede
15 Amerikanisches Kulturzentrum
16 Hotel Moustache
17 Nouveau Marché
18 Grand Marché
19 Kathedrale
20 Musée du Niger
21 Konsulat von Mali
22 Natinalmuseum (FAN)
23 SNTN-Busbahnhof
24 Les Tropiques-Restaurant
25 Hotel Ténéré
26 Niger-Car
27 Nigeravia
28 Töpfermarkt
29 Centre Artisanat Wadata
30 BIAO
31 BDRN
32 Franz. Botschaft
33 Parkplatz
34 Krankenhaus

- Autowerkstaat
- Tankstolle

- 1 Night-Club Belle Etoile
- 2 Restaurant Chez Bibi
- ★ 3 Kamelmarkt
- 4 Agentur Pelerin du Désert
- 5 Restaurant Orida
- 6 Auberge d'Azel (Hotel und Reiseagentur)
- 7 GTZ
- 8 Reiseagentur Azalei
- 9 Reiseagentur Temet
- 10 Mini-Market (Supermarkt)
- 11 Agentur Chiriet
- ★ 12 Heinrich-Barth-Haus
- 13 Polizei
- 14 Gare Routière (Busse, Taxis)
- 15 Touristeninformation
- 16 Krankenhaus
- 17 Souvenirläden
- 18 Apotheke
- 19 Bar l'Ombre du plaisir
- 20 Nachtmarkt
- 21 Hotel Tidene
- ★ 22 Sultanspalast
- ★ 23 Große Moschee
- 24 Hotel de l'Aïr
- 25 Hotel Tellit und Agentur
- 26 Restaurant Pillier
- 27 Lebensmittelladen-Drogerie
- 28 Sanitätsstation
- ★ 29 Maison du Boulanger (schönes Burgerhaus)
- 30 Pizzeria
- ★ 31 Hauptmarkt
- ★ 32 Schmied Koumama
- 33 Hotel (und Annexe) Telwa
- 34 Tiguidit (Agentur-Autovermietung)
- ★ 35 "Centre artisanal"

Niger

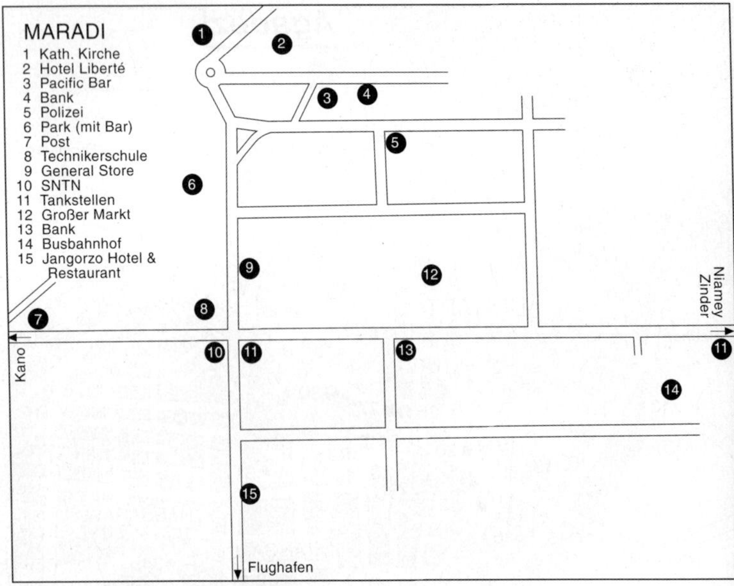
MARADI
1 Kath. Kirche
2 Hotel Liberté
3 Pacific Bar
4 Bank
5 Polizei
6 Park (mit Bar)
7 Post
8 Technikerschule
9 General Store
10 SNTN
11 Tankstellen
12 Großer Markt
13 Bank
14 Busbahnhof
15 Jangorzo Hotel & Restaurant
Niamey
Zinder
Kano
Flughafen

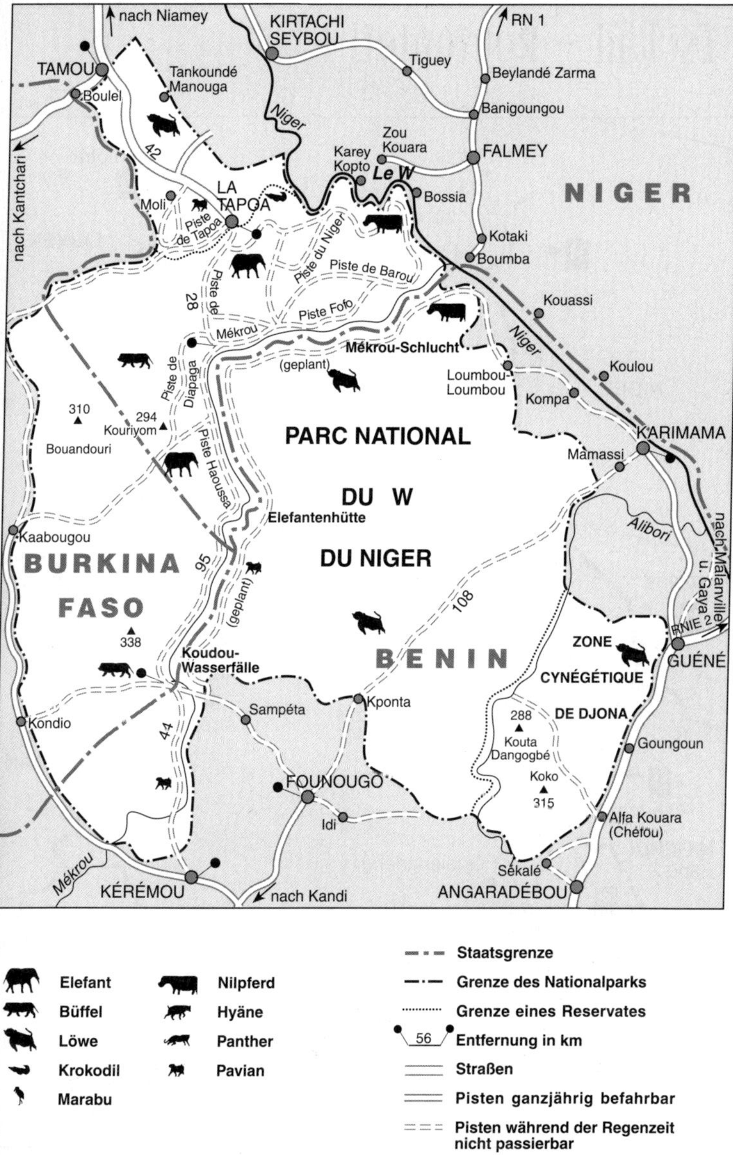
nach Niamey
KIRTACHI
SEYBOU
RN 1
Tiguey
Beylandé Zarma
Banigoungou
TAMOU
Tankoundé
Manouga
Boulel
Niger
Zou
Kouara
Karey
Kopto
FALMEY
Le W
Bossia
NIGER
42
LA
TAPOA
Moli
Piste
de Tapoa
nach Kantchari
Piste du Niger
Kotaki
Boumba
Piste de Barou
Piste de
28
Piste Fofo
Mékrou
Kouassi
Mékrou-Schlucht
Niger
(geplant)
Piste de
Diapaga
Loumbou-
Loumbou
Koulou
Kompa
310
294
Kouriyom
Bouandouri
Piste Haoussa
PARC NATIONAL
KARIMAMA
Mamassi
DU W
Elefantenhütte
Alibori
Kaabougou
BURKINA
DU NIGER
95
nach Malanville u. Gaya
108
FASO
(geplant)
RNIE 2
338
ZONE
GUÉNÉ
Koudou-
Wasserfälle
BENIN
CYNÉGÉTIQUE
Kponta
Sampéta
288
DE DJONA
Kondio
Kouta
Dangogbé
Goungoun
44
Koko
FOUNOUGO
315
Idi
Alfa Kouara
(Chétou)
Mékrou
Sékalé
KÉRÉMOU
nach Kandi
ANGARADÉBOU
Elefant
Nilpferd
Büffel
Hyäne
Löwe
Panther
Krokodil
Pavian
Marabu
Staatsgrenze
Grenze des Nationalparks
Grenze eines Reservates
56
Entfernung in km
Straßen
Pisten ganzjährig befahrbar
Pisten während der Regenzeit nicht passierbar

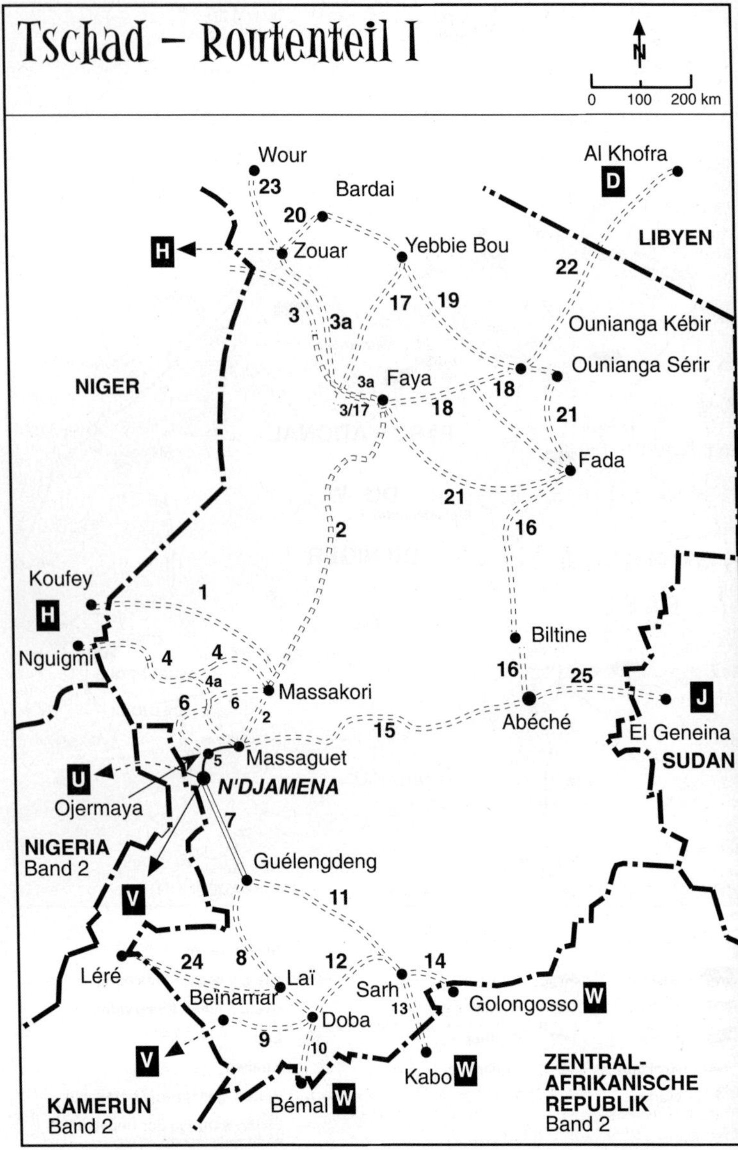

Tschad – Routenteil I
N
0 100 200 km
Wour
23
Bardai
20
Al Khofra
D
H
Zouar
Yebbie Bou
LIBYEN
22
3
3a
17
19
Ounianga Kébir
Ounianga Sérir
NIGER
3a
Faya
3/17
18
18
21
Fada
21
16
2
Koufey
H
1
Nguigmi
4
4
4a
Biltine
16
25
Massakori
6
6
2
J
Abéché
15
El Geneina
5
Massaguet
SUDAN
U
N'DJAMENA
Ojermaya
7
NIGERIA
Band 2
Guélengdeng
V
11
24
8
12
14
Léré
Laï
Sarh
Beïnamar
Golongosso
W
13
Doba
9
10
V
Kabo
W
ZENTRAL-
AFRIKANISCHE
REPUBLIK
Band 2
KAMERUN
Band 2
Bémal
W

Tschad – Routenteil I

Überblick

Fläche: 1 284 000 km².

Einwohner: ca. 8,7 Mio.

Ethnien: Sudan-Gruppen 60% (Sara, Bongo), Tschado-hamitische Gruppe 12% (Kotoko, Massa), Araber 9%, Saharanische Gruppen 4% (Tubu-Teda, Daza, Zaghawa).

Hauptstadt: N'Djaména (ca. 530 000 Einw.).

Sprachen: Amts- und Verkehrssprache Französisch und Arabisch, daneben Sara, Tebu.

Religion: ca. 55% Muslime, ca. 25% Christen, Naturreligionen.

Ruhetag: Sonntag.

Feiertage: 1.5., 7.6., 22.6., 11.8. (Nationalfeiertag) und die christlichen und islamischen Feiertage.

Einreise: Visumpflicht für Deutsche, Schweizer und Österreicher. Visum auch in Niamey erhältlich (s. Niamey, Botschaften).

Impfung/Gesundheit: Gelbfieberimpfung obligatorisch. Malariaprophylaxe empfohlen.

Währung: Franc CFA. 1 Euro = 663 CFA. 1 US-$ = 720 CFA. Einfuhr unbeschränkt, Ausfuhr auf 10 000 CFA beschränkt. Keine Devisendeklaration.

Kfz: Internationaler Führerschein, Kfz-Schein, der Abschluss einer Haftpflichtversicherung ist in der ersten größeren Stadt hinter der Grenze obligatorisch. Offiziell ist ein Carnet de passage erforderlich, wird aber nicht immer verlangt (z.B. bei Einreise aus dem Niger). Eine Reiseerlaubnis ist offiziell vorgeschrieben (s.u.).

Treibstoff: Diesel 320 CFA/l (02.00), Super (falls vorhanden) 390 CFA/l. Die Treibstoffversorgung ist inzwischen auch im Norden gesichert (Schwarzmarkt, Preise im Feb. 2000: 200-l-Fass Benzin oder Diesel 50 000–85 000 CFA).

Straßenzustand: Hauptsächlich Pisten.

Kontrollen: Es finden kaum noch Fahrzeugdurchsuchungen statt; einige Straßenkontrollen. In abgelegenen Gebieten kann es vorkommen, dass man plötzlich von nervösem Militär umstellt ist (genaue Kontrolle der Papiere und Genehmigungen).

Genehmigungen: Für alle Landesteile außer N'Djaména ist offiziell eine besondere Reiseerlaubnis erforderlich (bei Visumsbeantragung in Deutschland mit zu beantragen oder beim Innenministerium im Tschad). Die Genehmigung wird wohl oft nicht mehr verlangt oder kontrolliert (z.B. im Jahr 2000). Das Auswärtige Amt warnt jedoch vor scharfen

Kontrollen der Genehmigung im Norden des Landes. Offiziell muss eine Foto- und Filmerlaubnis in N'Djaména eingeholt werden (sonst riskiert man die Konfiszierung der Kamera).

Grenzen: Die Grenzen zum Niger (im Norden jedoch gefährlich) und Sudan sind offen. Eine Einreise von Libyen (Formalitäten in Al Katrun, s. D 17) in den Tschad ist nicht möglich und ist momentan sehr gefährlich (Rebellion im Nordtschad). Libyen verweigert Europäern die Einreise aus dem Tschad (von Süden kommend). Die Grenze nach Kamerun ist offen.

Zeitverschiebung: Keine; Sommerzeit minus 1 Stunde.

Stromspannung: 220 V, Adapter empfohlen.

Sicherheit: Durch den jahrelangen Bürgerkrieg sind Strecken im Nordtschad (**B**orkou, **E**nnedi, **T**ibesti) teilweise vermint; zum Bereisen des BET ist eine Genehmigung des Verteidigungsministeriums in N'Djaména erforderlich, wird aber in bestimmten Gebieten nicht immer verlangt (s. oben)!

Achtung Minengefahr! Im Jahr 2000 wurden im Gebiet des Dohone (Südostlibyen, Nordtibesti), besonders auf der Ostseite, neue Minen verlegt. Im Oktober 2000 fuhr ein Touristenfahrzeug im Enneri Jedi (bei **N 22°12,621′ E 19°31,134′**) auf eine Personenmine; dort wurden auch große Fahrzeugminen gefunden! Ein weiteres Kfz wurde im Oued Oyouroum von einer Mine erfasst. Vor Reisen ins Tibesti (Dohone) wird aufgrund der ernst zu nehmenden Lebensgefahr durch neue Minen und der schlechten Sicherheitslage dringend abgeraten!

Die Sicherheitslage im gesamten Land ändert sich schnell. Zwischen 1993 und 1999 war die Lage zwar gespannt, die Genehmigung aber erhältlich und die Grenzen waren zu den Nachbarländern offen. Seit 1997 formierte sich jedoch in der Region um Zouar eine Rebellenbewegung, es kam zu Überfällen auch auf Touristen. Seit Herbst 1999 bis heute (Sommer 2002) ist der ganze Nordtschad unsicher, die Rebellen sollen ihren Hauptsitz östlich des Ennedi (also nahe der Sudangrenze) haben, die Genehmigung für BET wird nicht mehr erteilt und die Rebellen kontrollieren fast den gesamten Norden. Momentan sind aufgrund der Sicherheitssituation keine Reisen in den Tschad möglich! Sollte die Sicherheitslage wieder Reisen in den Nordtschad zulassen, ist eine Meldung bei allen Polizei- und Militärposten in den Orten unerlässlich, das Militär war auch in der Vergangenheit sehr nervös, so dass es schon mal Touristen mit Waffen umstellt, bis klar ist, was diese und wohin diese wollen. Es herrscht Führerpflicht! Das Ennedi ist nur vom Süden her mit Führer ereichbar. 1996 und 1997 gab es bewaffnete Überfälle auf Touristen nahe Bardai. Der Überfall am Wau en Namus (Libyen, s. dort) im Winter 2000 wurde mit großer Wahrscheinlichkeit von tschadischen Rebellen ausgeführt. In Südlibyen gab es im Dezember 2000 heftige Kämpfe zwischen tschadischen Rebellen und Regierungssoldaten auf libyschem Territorium südlich Gatrun. Alle grenznahen Gebiete in Libyen und Niger sollten gemieden werden. Das Auswärtige Amt weist ausdrücklich darauf hin, dass bei Autopannen oder anderen Zwischenfällen im Nordtschad die Botschaft wegen der mangelhaften Infrastruktur keine (bzw. nur sehr beschränkte) Hilfe leisten kann (die Deutsche Botschaft in N'Djaména ist geschlossen). In der Vergangenheit war das ganze Gebiet um den Tschad-See wegen Überfällen durch Rebellengruppen (Tubu) hochgefährlich, die Situation hat sich jedoch weitgehend beruhigt. Erkundigen Sie sich vorsichtshalber vor Ort nach der aktuellen Sicherheitslage.

Literatur und Landkarten:
Übersichtskarten: Michelin 953, Nord- und Westafrika, 1:4 000 000.
Detailkarten: Cartes IGN 1:1 000 000, Carte Routière.
Hintergrundliteratur: P. Fuchs, „Menschen der Wüste", Westermann Verlag; G. Nachtigal, „Tibesti", Ed. Erdmann; W. Gartung, „Yalla Tibesti", Westermann-Verlag.

Geschichte: Im Grenzgebiet der heutigen Staaten Niger, Kamerun und Tschad bestimmten vom 13. Jh. bis zur kolonialen Eroberung Ende des 19. Jh. das Reich Kanem und später Kanem-Bornu die Geschicke der Völker am Tschad-See. Von hier führten bedeutende Handelsstraßen durch die Wüste an die Große Syrte, nach Osten nach Wadai und in den Westen zu den Haussa-Stadt-Staaten und weiter in den Maghreb. Wichtigstes Handelsgut waren Sklaven, die sich die Kanem-Herrscher aus den Gebieten im Süden ihres Reiches holten.

Im Norden des Tschad, im Tibesti-Gebirge, weisen Funde prähistorischer Steinwerkzeuge und zahlreicher Felsgravuren darauf hin, dass auch diese Region, wie Hoggar und Tassili, früher fruchtbare Landstriche und von Hirten bewohnt waren. Die Tubu scheinen seit dem Beginn unserer Zeitrechnung in der östlichen Sahara beheimatet zu sein. Ihrer Gesellschaftsstruktur entsprechend, in der sich jeder Tubu als Gleicher unter Gleichen fühlt, haben sie nie Reiche gegründet. Den Lebensunterhalt bestritten sie aus ihren Herden, dem Transsaharahandel und den Oasen, in denen Sklaven als Arbeitskräfte eingesetzt wurden.

Politik: Bereits acht Jahre nach der Unabhängigkeit 1960 kam es im Tschad zu den ersten bürgerkriegsähnlichen Auseinandersetzungen, die das Land bis heute prägen. Auslöser war ein Streit zwischen Tubu und Militär, der in Windeseile die gesamte Tibesti-Region erfasste. Die Ursache des Konfliktes liegt jedoch in der neuen Machtverteilung nach der Unabhängigkeit. Die stolzen Tubu wollten die neue schwarzafrikanische Führungselite, ihre ehemaligen Sklaven, nicht anerkennen. Mit Unterstützung Khadafis gelang es ihnen trotz Eingreifen der französischen Schutzmacht, den Nordtschad weitgehend unter Kontrolle zu behalten und schließlich auch N'Djaména zu erobern. Seither folgen Putschversuche, Uneinigkeiten in der FROLINAT und Attacken verschiedenster in der Zwischenzeit entstandener und von Nachbarländern unterstützter Guerillatruppen aufeinander. Der augenblickliche Präsident, der Hissen Habre 1990 aus N'Djaména verjagte, heißt Idriss Déby (ehem. Armeechef Habres). Nach der neuesten Entwicklung begibt sich der Tschad auf den Weg zur Demokratie. Oppositionsparteien wurden 1992 zugelassen, 1994 bekam der Tschad den von Libyen besetzt gehaltenen Aouzou-Streifen zurück. Bei der Wahl 1997 erhielt die Partei von Idriss Déby, „Mouvement Patriotique pour le Salut" (MPS), die Mehrzahl der Sitze im Parlament. Dem ehemaligen Präsidenten Hissen Habre sollte Anfang 2000 in Dakar (Senegal) wegen Verstößen gegen die Menschenrechte und zahlreichen Morden während seiner Regierungszeit der Prozess gemacht werden, was jedoch bisher nicht geschah. Präsident Déby wurde im Jahr 2001 wiedergewählt. Die Opposition warf der Regierung Wahlbetrug vor, in dessen Folge mit massiver Gewalt gegen politische Protestdemonstrationen vorgegangen wurde. Im Nordtschad herrscht nach wie vor Kriegszustand mit Auseinandersetzungen zwischen der bewaffneten Oppositionsgruppe „Bewegung für Demokratie und Gerechtigkeit im Tschad" („Mouvement pour la Démocratie et la Justice au Tchad", MDJT) und Regierungstruppen.

Routen

I 1: Koufey (Niger) – tschadische Grenze – Nokou – Mao – Massakori (428 km)

Piste (A/B/H/I/K), bis Nokou z.T. schwierig zu befahren, weil sie praktisch weder benützt noch unterhalten wird und völlig versandet ist. Eine Genehmigung ist Pflicht; informieren Sie sich in Nguigmi. Zur nördlichen Umfahrung des Tschad-Sees ist die Route I 4 geeigneter.

KOUFEY – S. H 18. (Zur H 18.)

Ausreiseformalitäten für Niger müssen in Nguigmi erledigt werden.

NOKOU – Dorf. Obligatorischer Stopp.

MAO – Dorf. Formalitäten für die Einreise in den Tschad. Wasser. Eventuell bekommen Sie Treibstoff beim Polizeikommissar.

MASSAKORI – Dorf. Evtl. Treibstoff. Lokale Lebensmittel. **N 13°00,40′ E 15°44,60′**. (Zur I 2; Ende I 4 und I 6.)

I 2: Faya (Largeau) – Koro-Toro – Salal – Moussoro – Massakori – Massaguet (867 km)

(Winter 95/96, Land Rover) Piste (A/C/H/I), (02.00) Asphaltstraße ab Massakori. Die Piste (vor allem bis Koro-Toro) ist sehr schwierig zu befahren, daher nach Möglichkeit nur im Konvoi und mit Führer fahren. Hauptpiste wird regelmäßig von schwer beladenen Lkw befahren und ist mit Fässern deutlich markiert. Der Erg Djourab wird auf dieser Piste westlich umfahren, die Durchquerung ist zwar möglich, aber schwieriger (s. Variante). Zwischen den Brunnen Chicha und Toungoul liegen Minen, unbedingt der Spur folgen.

FAYA (LARGEAU) – S. I 21. (Ende I 3a, I 17, I 18 und I 21; Beginn I 3.)

Von Faya nach Koro-Toro 270 km.

Die Piste macht eine Nordostschleife über den Flughafen zum Militärposten (**N 17°57,15′ E 19°09,333′**), da südlich von Faya Minen liegen.

Km 30 (hinter Faya), Piste nach Fada zweigt ab, **N 17°50,717′ E 19°15,417′**. Gut befahrbares reg bis

Km 100, ab hier sandig. **N 17°12,583′ E 19°02,867′**.

Bei **N 16°59,97′ E 18°47,86′** Verzweigung. Die Lkw-Piste rechts führt über **Chicha** und **Tangaléa** und umfährt den Erg Djourab westlich. Achtung: ab Chicha bis **Toungour** Minen, nicht die Spur verlassen! Links geht es über den Erg (s. Variante).

VARIANTE:
DURCHQUERUNG DES ERG DJOURAB
(11.96, Mitsubishi L300) Piste (A/C/H/I). Die Strecke durchquert den Erg Djourab auf einer gut befahrbaren Strecke, die auch von manchen Lkw benutzt wird. Die westlichen Brunnen Chicha usw. werden nicht berührt.

GPS-Koordinaten in Grad, Minuten, Kommaminuten.

Km 0, Spuren nach links folgen (an Verzweigung s. oben), Fassmarkierung entfernt sich westlich, **N 16°59,97′ E 18°47,86′**.

Km 11, Dünen-Umfahrung bei GPS-Pos. **N 16°56,06′ E 18°43,38′**, nun Südkurs.

Km 24, **N 16°49,83′ E 18°40,90′**.

Km 27, über 1. Düne, Pos. **N 16°48,66′ E 18°40,60′**, weiter auf Spuren zwischen flachen Dünen.

Km 41, reg zwischen Dünen bei Pos. **N 16°41,60′ E 18°38,72′**.

Km 45, zwischen Dünen, markiert, Pos. **N 16°40,50′ E 18°38,35′**.

Km 51, sandige Ebene, Grasbüschel, Pos. **N 16°37,37′ E 18°38,43′**.

Km 64, in den Dünen, Pos. **N 16°31,56′ E 18°37,67′**.

Km 71, dreht 220°, Position **N 16°29,01′ E 18°35,86′**.

Km 81, weicher Sand und Bäume, Pos. **N 16°24,52′ E 18°35,27′**.

Km 90, Pistenmarkierung, Stab und Schild, Ende Tiefsand, Pos. **N 16°20,48′ E 18°32,39′**.

Km 97, fester Sand, GPS-Pos. **N 16°17,02′ E 18°33,15′**.

Km 104, fester Sand, Pos. **N 16°13,95' E 18°34,47'.**

Km 111, Einmündung der mit Tonnen markierten Piste, die den Erg Djourab umfährt (nordöstl. von Koro-Toro), **N 16°10,87' E 18°35,62'.**

Der verlassene Militärposten von **KORO-TORO** wird östlich umfahren (Minengefahr!). Von Koro-Toro nach Massakori sind es 530 km.

KOUBA OLANGA - Ort bei Position **N 15°44,783' E 18°17,867'.**

Die Piste führt durch Savannenlandschaft, gut befahrbar und leicht zu erkennen. In den Dörfern Militärkontrollen möglich (Kugelschreiber sind gefragt).

Km 202, **SALAL** - Dorf.

Von hier ab sandige und kurvenreiche Piste bis Km 395.

MOUSSORO - 301 m. Belebter Bezirkshauptort. Markt, Lebensmittel, Treibstoff. Bei ernsten Problemen kann das hier stationierte französische Militär helfen.

MASSAKORI - S. I 1. (Ende I 1, I 4, I 6.)

Von Massakori nach Massaguet 68 km.

MASSAGUET - Großes Dorf. Gutes Lebensmittelangebot. Treibstoff aus Fässern, mehrere Bars. **N 12°28,662' E 15°26,222'.** (Ende I 15; Beginn I5.)

I 3: Faya (Largeau) - Ain Galaka - Sherda - Mamar (Mumr) - Piste Berliet (Niger) (ca. 570 km)

(12.97, MAN LKW 4x4) Piste (A/F/H/I/K). Extrem einsam und selten befahren. Diese Piste biegt noch vor Zouar in Ri. Mamar (Mumr) ab, daher ist es bei der Weiterfahrt in den Niger nötig, die Ausreiseformalitäten bereits in Faya zu erledigen (und sich schon dort ausreichend zu versorgen); hier bekommt man gleichzeitig einen Führer (Preis ca. 70 000 CFA bis Mamar) und die Bewilligung, über Mamar (Mumr) auszureisen. Auch bei der Weiterreise über Zouar (Variante) ist ein Führer Pflicht (03.97: 1500 FF bis Seguedine), dann Ausreiseformalitäten dort. Achtung, die Kilometrierung ist nicht exakt, da der Tacho beim Umschalten (100 Stellen) hing. Diese Route verläuft weiter östlich (näher am Gebirgsrand) als die auf der Michelinkarte eingezeichnete Strecke.

FAYA (LARGEAU) - S. I 21. (Ende I 3a, I 17, I 18 und I 21; Beginn I 2.)

Km 0, **Faya Prefecture (N 17°56,084' E 019°06,800').** Durch viele hübsche Dörfer, sehr holprig und staubig.

Km 18, Barrière (Position **N 17°53,153' E 18°58,232'),** sehr staubig weiter.

Km 31, Ende eines Palmenhains (Pos. **N 17°53,610' E 18°56,380'),** nach wie vor katastrophale Piste, immer wieder kleine Palmenhaine mit aufgestellten weißen Felsen (wie Flossen) in der Landschaft, sehr wackelig und staubig. Die Piste durch die Dörfer umgeht die alte verminte Piste und wurde nie richtig präpariert.

Km 44, **ZOA BOUROU** - Brunnen bei Palmen. **N 17°56,827' E 18°49,077'.** Piste danach etwas besser.

Km 53, **ELLEBOI** - Palmenhain, Ort, Brunnen. **N 17°58,701' E 18°41,310'.**

12 km danach Sanddünen.

Km 73, **NGOUR** - Gr. Palmenhain, ca. 2 km östlich, kurz davor und kurz danach abzweigende Pisten zum Ort. **N 18°05,532' E 18°35,162'.**

KIRDIMI-BARRIÈRE, N 18°05,532' E 18°35,162'.

YEDI - Ort, an der Straße gelegen. Pos. **N 18°06,148' E 18°28,764'.**

Artesischer Brunnen, Pos. **N 18°05,306' E 18°27,806',** Wasser strömt aus Rohr, leicht eisenhaltig (trotzdem Trinkwasser), kleiner Bachlauf, von Gras umgeben.

AIN GALAKA - Schöner See der sich ebenfalls durch artesischen Brunnen gebildet hat, von Dünen und Schilf umgeben. **N 18°02,996' E 18°25,912'.** Kurz danach Dünen und Plamenlandschaft zu Ende.

Alte Piste von rechts, Pos. **N 17°59,310' E 18°17,154',** ehemalige, verminte Piste mündet ein, weiter auf gut befahrbarer serir.

Km 122, **ZOURI** - Rechts Baumgruppe in Oued, hügeligere Strecke. **N 18°06,002' E 18°09,971'.**

Km 209, ca. 2 km rechts der Piste bei Felsgruppe Gravuren am rechten hinteren Ende der Felsgruppe (Giraffen, Rinder). Position **N 18°26,690' E 17°41,580'.**

Links Hügelzug (Position **N 18°37,674' E 17°34,573'),** kurz darauf Abzweig, jetzt gut befahrbare serir, dann passiert man einen kaputter Panzer. Es wird ein Hügelzug gequert, holprigere Piste, kleine Dünen, meist gut befahrbar.

Km 268, Berge näher **(N 19°08,383' E 17°28,543'),** Emi Koussi ist rechts am Horizont schwach zu erkennen, Piste verläuft östlicher als die Balisen, wenige Km danach kleinen Dünenzug queren.

Km 275, kleine verstreute Dünen (Pos. **N 19°12,908' E 17°29,293'),** die Piste führt dann parralell zum Wadi (Enneri) Dohar.

Km 288, ca. 2 km davor Pistenknick Ri. Westen. **N 19°18,697' E 17°30,180'.**

Km 290, allein stehende Felsgruppe **(N 19°24,683' E 17°25,871'),** danach steiniges Plateau (Platten) queren.

Km 321, großen Oued überqueren (Pos. **N 19°38,531' E 17°17,624'),** Akazien; dann Plateau (mit Steinplatte), das sich Ri. Berge abflacht. Die Piste verläuft wesentlich westlicher als auf der Karte verzeichnet. Danach gut befahrbare, leicht sandige Ebene.

Km 350, Gebirgsrand rechts (Position **N 19°48,189' E 17°08,203'),** weiter entlang gr. Oued Enneri Maro, gelegentlich Berge, immer wieder Querwadis queren.

Km 368, **ENNERI MARO** – Brunnen **(N 19°52,441' E 17°00,264'),** Doumpalmen, Hütten. Links weiter im Oued, dann rechts queren (Minen!) und Ri. NW auf Plateau, dann Oued Ougouia links.

Km 382, **OUED OUGOUIA** – Dorf, viele Hütten, **N 19°59,076' E 16°56,624'.** Westl. vom Oued Sanddünen.

Km 387, **OGOUNATORI** – Panzer nach Oued, kaputte Gebäude, Brunnen ehem. Garnison, Kampfgebiet. Pos. **N 20°01,259' E 16°55,353'.**

Km 396, Barrière (Pos. **N 20°04,542' E 16°55,157'),** linke Spur nehmen, dann bei Gabelung vor Dünen rechts.

Km 401, Balise (Position **N 20°04,261' E 16°52,779'),** alte Hauptpiste erreicht, sandig weiter.

Km 416, **SHERDA** – Wadi, rechts Brunnen, einige Kilometer östl. kleine Siedlung. **N 20°07,680' E 16°46,181'.**

VARIANTE ÜBER ZOUAR: Von Sherda kann man auf direktem Wege nach Zouar (58 km, s. I 3a) fahren und entlang der alten (verminten) Lkw-Piste (H 27) in den Niger fahren. Unten beschriebene Abkürzung, die an Zouar vorbeiführt, ist die sandigere Piste für Gruppen, die sich nicht mehr in Zouar versorgen müssen oder melden wollen.

Km 417, links weg (westwärts) Ri. Mamar (Mumr) **(N 20°08,018' E 16°45,807'),** kurz danach mit Steinen gelegter gr. Rondpoint.

Km 428, Piste nach Mamar (Mumr) **(N 20°05,078' E 16°42,567'),** viele Spuren.

Km 450, rechts Felsberge, **N 20°05,932' E 16°32,346',** runde Monolithen.

Wadi bei **N 20°05,931' E 16°27,203'.**

Km 457, kleines Dorf **(N 20°05,815' E 16°24,756'),** Wadi, letzter Brunnen vor der Grenze.

Km 460, Wadi bei Pos. **N 20°02,586' E 16°21,769',** südl. großer, schwarzer Berg.

Km 469, Abzweig (Pos. **N 20°01,519' E 16°17,666'),** rechte Spur nehmen, Gebirge immer rechts, serir, Felsplatten und Oueds wechseln ab.

Km 472, **MAMAR (MUMR)** – kleiner Ort am Oued Marmar, nur wenige Hütten. Führer abliefern, neuen ordern (in den Niger, ist sehr teuer). **N 20°02,313' E 16°16,312'.**

Ca. Km 488, Felsrücken auf der linken Seite **(N 20°05,125' E 16°10,648').** Weiter weg rechts und links Berge, Strecke teils sandig, teils steinig.

Ca. Km 485, Felsnase mit Düne bei Pos. **N 20°09,380' E 16°09,424',** Oued und flache Düne queren Ri. NN, links im SW Dünenkette auf nördl. Ende der Dünenkette zusteuern. Schöne Landschaft, nordöstl. ist der Pic Tousside in Sicht.

Ca. km 498, Ri. nordwestl. Dünenende **(N 20°18,591' E 16°06,166'),** gr. sandiges Oued, am Dünenrand entlang, gelegte Steine als Markierung, links Dünen, rechts gr. Oued, schöne Gegend (Dunes de Tarka).

Weiter Dünenquerung, Dünen sind mit schwarzen Felskuppen durchsetzt.

Ca. Km 517, **OUED TARKA** – Akazien-Oued, links von Dünen begrenzt, mit Schatten spendenden Bäumen. **N 20°21,197' E 15°56,234'.**

Ca. Km 530, Dünen sind fast zu Ende **(N 20°20,406′ E 15°49,108′),** rechts Tafel- und Zeigefingerberge, links Sandfeld, geradeaus weiter, ab und zu steinige Abschnitte, danach auf weitere Dünenkette zu.

Ca. Km 544, Dünen links **N 20°16,553′ E 15°43,580′,** rechts Berge und zwei Hügelzüge queren, dann auf Dünen zu.

Ca. Km 548, Dünen (Pos. **N 20°16,393′ E 15°41,466′),** dahinter Berge, sehr schöne Gegend.

Ca. Km 560, drei kleine Hügel bei Pos. **N 20°15,599′ E 15°36,546′,** links Dünen, rechts Hügelzug. Spuren führen Ri. WSW, vorne flacher Plateaubergzug, dann Rechtsschwenk (WNW) auf Korridor bergauf zwischen Bergzügen.

Km 571, rechts Balise **(N 20°16,549′ E 15°31,139′),** kurz darauf Passhöhe, alte Piste von rechts (zur H 27). Entlang von Balisen, schwarze Hügel, darunter heller Sand. Ca. 2 km weiter **Balise Berliet Nr. 8.** Weitere Strecke auf H 27.

I 3a: Zouar – Faya (Largeau) (525 km)

Piste (A/C/H/I/J). Diese Piste ist im letzten Abschnitt vor Faya vermint (Umfahrung nötig). Führer ca. 50 000–60 000 CFA.

ZOUAR – S. I 23. (Ende I 23; Beginn I 20.)

Markierte, aber schwierig zu befahrende Piste. Auf den ersten 38 km felsige und holperige Piste, danach etwas besser.

Km 46, die Piste nach Kichi-Kichi kreuzt (Wegzeichen).

Km 58, **SHERDA** – Aufgegebener Posten. Brunnen (trocken). Weiterfahrt über Mamar (Mumr) in den Niger möglich (s. I 3).

Schwierige Durchquerung des Enneri Sherda. Danach bessere Piste (harter Untergrund, undeutliche Spuren).

Km 126, Durchquerung des Enneri Maro.

Km 150, westlich der Piste der Tafelberg Ehi Atroun. In diesem Gebiet zweigen mehrere alte Pisten nach links ab und führen in derselben Richtung weiter. Bleiben Sie rechts auf der Berliet-Piste.

Km 285, **MARAHO** („Rond-point De Gaulle") – Steinkreis am Boden, Pfeile weisen nach Zouar und Faya.

Bis Km 465 Querrinnen und Eselsrücken, leichtes Terrain.

Km 465, Durchquerung eines gut befahrbaren, sandigen reg. Die Piste nach Kirdimi (Wegweiser) zweigt nach links ab.

Die letzten Kilometer vor Faya sind sehr holprig und sandig.

FAYA (LARGEAU) – S. I 21. (Ende von I 17, I 18 und I 21; Beginn I 2 und I 3.)

I 4: Nguigmi (Niger) – tschadische Grenze – Daboua – Kiskawa – Liwa – Kaya – Bol – Ngouri – Massakori (470 km)

(02.00, Toyota Landcruiser) Piste (A/C/H/I). Bis Bol auf sandigen Pisten durch den Busch, dann starkes Wellblech. Erster (oder letzter von Tschad kommend) Checkpoint im Tschad ist Daboua, **N 14°24,635′ E 13°36,523′.** Rig-Rig wird auf dieser Strecke nicht berührt. Wer ab Abzweig Kanirom doch weiter nach Osten über Rig-Rig fährt, findet dort evtl. eine unangenehme Eingangskontrolle (Polizei und Zoll). Ab Iseirom kann u.U. auch eine südliche Strecke über Dörfer dichter am See befahren werden (s. I 4a), die Strecke ändert sich aber durch unterschiedliche Wasserstände häufig, ist navigatorisch nicht einfach (1:200 000 erforderlich) und macht oft weitere Umfahrungen nötig. In der Vergangenheit war das ganze Gebiet um den Tschad-See wegen Überfällen durch Rebellengruppen hochgefährlich. Erkundigen Sie sich vorsichtshalber vor Ort nach der aktuellen Sicherheitslage! Die Piste ist evtl. in der Regenzeit nicht befahrbar.

NGUIGMI – Formalitäten, s. H 23. (Ende H 18 und H 23; Beginn H 22.)

Km 0, Flugfeld, ab hier beginnt breite Trasse. **N 14°15,215′ E 13°07,917′.**

Km 5 bis Km 15, viel fesch-fesch.

Km 10, Dorf, **N 14°17,14′ E 13°10,06′.**

Km 23, kleine Siedlung, Lkw-Rastplatz, **N 14°20,10′ E 13°16,22′.**

Km 50, querab Grenzstein zum Tschad, Büsche, fester. **N 14°24,75' E 13°28,35'.**

Vor Daboua besonders tiefer Sand.

Km 63, **DABOUA** – Dorf. **N 14°24,83' E 13°36,81'.** Zwei Brunnen, ein Geschäft mit geringer Auswahl. Checkpoint. Einreisekontrolle für den Tschad, eigentliche Einreise aber erst in Rig-Rig oder in Bol. In Ri. Niger fahrend letzter Checkpoint im Tschad. Hier Fahrzeugdurchsuchung durch Polizei und Militär am Ortseingang rechts und Zoll ca. 300 m weiter. Am Ortsende folgt noch eine Nachkontrolle. Militär verlangt Medikamente (u.a.). Besser vormittags hier passieren.

Km 78, **KANIROM** – Verlassenes Dorf. Unmarkierter Abzweig bei Pos. **N 14°23,13' E 13°41,16'**nach Kiskawa, geradeaus weiter nach Rig-Rig. Zur Besichtigung des noch gut erhaltenen Dorfes, das zeitweise auch bewohnt ist, sollte man sich etwas Zeit nehmen.

Weiter Richtung Kiskawa auf deutlichen Spuren, entlang dem ehemaligen Seeufer, viele trockene Cuvetten.

Km 114, Brunnen, GPS-Pos. **N 14°14,69' E 13°52,96'**, evtl. Nomaden.

Km 118, **KISKAWA** – Dorf bei Pos. **N 14°14,352' E 13°55,158'.** Wochenmarkt, kein Militär.

Km 138, Brunnen in Senke mit üppiger Vegetation, viele Tiere.

Ca. 22 km hinter Kiskawa liegt Lkw-Wrack, **N 14°08,182' E 14°03,988'.**

Km 142, schöner Übernachtungsplatz am Fuß einer Düne, Position **N 14°08,00' E 14°04,35'**, Einwohner von Koudougou kommen vorbei.

Km 157, Verzweigung, **N 14°03,28' E 14°09,94'**, linke Spur umgeht den Hügel. Spuren führen später wieder zusammen.

Km 165, Dorf bei Pos. **N 14°02,22' E 14°11,17'**, Hirsebau, tiefer Sand.

Km 168, Wadi, GPS-Pos. **N 14°58,95' E 14°11,81'**, schön, gut für eine Pause oder Übernachtung.

ABSTECHER/VARIANTE NACH MAO: Ca. 1 km vor Liwa gehen Spuren nach Osten ab; folgt man diesen (immer mittig halten), kommt man direkt nach Mao. In Mao weithin sichtbarer Wasserturm, Einfahrmöglichkeit in Ort nur von N oder S, sehr schöner Markt, Diesel erhältlich, Polizeistation bei Pos. **N 14°07,662' E 15°18,687'.**

Km 184, **LIWA** – Großes Dorf. GPS-Pos. **N 13°52,20' E 14°15,76'.** In der Bar gibt es Bier für ca. 1000 CFA/Flasche. Polizei, Brunnen nebenan. Keine Kontrollen, nur Eintragung in Buch. Zur Weiterfahrt der Hauptpiste nach Süden folgen, aber mittem im Dorf nach Osten abbiegen. Ortsausgang: **N 13°52,10' E 14°16,09'.** Ab hier deutliche Piste, sandig.

Km 207, quer ab nach Kaya/Anya, Pos. **N 13°41,70' E 14°17,77'**, weiter in Spurrillen.

Km 216, wichtige Pistenkreuzung/Pistenknick, **N 13°37,48' E 14°17,173'**, Spuren treffen auf breite präparierte Piste, südlich nach Bega-Sola (180°), östlich Richtung Bol (350°) usw. Ab hier querfeldein, wenig Spuren, sandig. Dies ist die einzige schwierige Stelle der Strecke.

Km 264, Abzweig nach Bol, GPS-Pos. **N 14°33,688' E 14°41,418'**, in südlicher Richtung, gleicher Pistenzustand. Nach Osten später weiter nach Ngouri.

Km 271, Landwirtschaftsprojekt (ehemals italienisch) links. **N 13°30,22' E 14°41,57'.** Hier evtl. Camping möglich. Der wissenschaftliche Leiter Dr. Tissout hat in Deutschland studiert (spricht hervorragend deutsch) und erläutert gern die Bewässerungssysteme am Tschad-See.

Weiter auf der Hauptzufahrt nach Bol, hinter kleinem Markt links Bar mit kühlen Getränken, danach Verzweigung, hier rechts halten.

Km 278, **BOL** – Kleinstadt am Tschad-See. **N 13°27,425' E 14°42,985'.** Zoll am Ufer des Sees, Polizei ca. 1,5 km innerorts. Ein-/Ausreiseformalitäten. Ausreise (von Tschad kommend) dauert ca. 2 Std. inkl. Immigration. Keine Tankstelle, Treibstoff evtl. teuer von Händlern. Etwas Gemüse und Konserven auf dem Markt (beim Ortseingang von Norden).

Unterkunft: Vermeiden Sie es, in Bol oder der unmittelbaren Umgebung zu übernachten, da es von Militär nur so wimmelt.

Verschiedenes: Falls Sie einen Zoll- oder Polizeibeamten mitnehmen können, zeigt er

Ihnen die Abkürzung nach Doum-Doum. Halbprivate Tschad-See-Touren (Boot) möglich. Am Ortseingang eine von zwei Nigerianern geführte Bar (einer der beiden, Desmond, kann bei Problemen mit den Behörden sehr hilfreich sein). In dringenden Fällen kann der Militärmechaniker eine behelfsmäßige Reparatur vornehmen; fragen Sie nach Zao, dem verantwortlichen Chef.

Km 292, wieder an der Kreuzung (von Km 264), **N 14°33,688' E 14°41,418'**, östlich weiter Richtung Ngouri.

Km 341, querab **ISEIROM** - Dorf, einige Lehmhütten, Wasser, Pos. **N 13°29,20' E 15°02,95'**, unmarkierte Abzweigung. Hier biegt man ab, wenn man über verschiedene Dörfer Richtung N'Djaména fahren will (nicht auf Michelinkarte, s. Einleitungstext, zur I 4a).

Km 382, querab **NGOURI, N 13°37,87' E 15°21,93'**. Weiterhin sehr schlechte Piste nach Massakori (Verlauf stimmt nicht mit der IGN-Karte überein). Ungefähr 30 km vor Massakori verbessert sich der Pistenzustand deutlich.

Km 470, **MASSAKORI** - S. I 1. Pos. **N 13°00,40' E 15°44,60'**. (Zur I 2; Ende I 1 und I 6.)

I 4a: Tourba - Iseirom

(12.97, Mitsubishi L 300 4x4 TD) Piste, meist extrem staubig und oft sehr mühsam zu befahren. Kontakt mit oft ursprünglichen Dörfern und ihren Bewohnern entschädigt für die Mühe. Alternativstrecke zu I 4 (über Ngouri nach Massakori). Die Strecke ändert sich infolge unterschiedlicher Wasserstände häufig, ist navigatorisch nicht einfach (1:200 000 erforderlich) und macht oft weitere Umfahrungen nötig.

Km 0, **TOURBA** - S. I 6. **N 12°52,26' E 15°16,98'**. (Zur I 6.)

Weiter in tiefen Spurrillen.

Km 1, Tourba-Ortsausgang. Ri. Norden nach Kouloudja, sehr sandig, **N 12°52,51' E 15°16,94'**.

Km 35, **MAMAKULA** - Dorf am See. Falsch, zurück in Richtung Kouloudja. Pos. **N 13°06,00' E 15°09,91'**.

Km 52, **KOULOUDJA** - Ort. Am Ortsausgang weiter nach Doum-Doum, Pos. **N 13°01,67' E 15°16,44'**. Ab hier sind häufig Umfahrungen nötig, je nach aktuellem Wasserstand des Sees. In den Dörfern erkundigen. Herrliche Landschaft, üppige Vegetation, viele Vögel. Navigation nicht einfach.

Km 94, **DOUM-DOUM** - Dorf. Lebensmittel (Brot und Gemüse). Wasser. Treibstoff (Normalbenzin) von schlechter Qualität und nur in geringen Mengen. Am Ortsende nach Amerou, **N 13°11,90' E 15°23,16'**. Sehr staubig.

Km 118, **AMEROU** - Dorf. Einige Lehmhütten. Wasser. **N 13°21,21' E 15°15,63'**. Weiter staubig, überall Kanuri-Rinder (mit Schwimmhörnern).

Km 152, **ISEIROM** - S. I 4. Von Ortsmitte etwas zurück auf neue Piste, **N 13°28,47' E 15°03,00'**.

Km 155, trassierte Hauptpiste Massakori – Bol, **N 13°29,20' E 15°02,95'**. Von hier Weiterfahrt auf I 4 nach Bol und weiter nach Nguigmi möglich.

I 5: Massaguet - Djermaya - N'Djaména (81 km)

(02.00, Toyota Landcruiser) Guter Asphalt. Viel Verkehr, viele Tiere.

MASSAGUET - S. I 2. (Ende I 2 und I 15.) An der Kreuzung rechts abbiegen, davor evtl. Kontrolle.

Km 48, **DJERMAYA** - Dorf. GPS-Pos. **N 12°23,23' E 15°02,92'**. Keine Versorgungsmöglichkeit. Polizeikontrolle. Abzweig nach NW zum Tschad-See (Beginn I 6).

Km 81, **N'DJAMÉNA** - 295 m, ungefähr 530 000 Einw. Gute Infrastruktur (s. Stadtplan). **N 12°05,933' E 15°03,270'**. (Ende U 18; Beginn I 7, V 1 und V 4.)

Unterkunft: „Hotel du Chari" und „Novotel La Tchadienne", DZ 45 000 CFA (11.96), Pool. „Hotel Aurora", Stadtteil Sara Moursal, DZ 15 000 CFA (11.96), nicht immer Strom und Wasser. „Team Guest

House" der evangelische Mission, B.P. 127, Tel. (0 02 35) 51 26 57, sauber, geräumige Zimmer, Küchenbenutzung, Parkmöglichkeit im großen Vorgarten (mit Wächter), sehr freundliche Aufnahme, Voranmeldung ist günstig. Zimmer in der Katholischen Mission beim Stadion. Camping beim Hotel „Caravelle" auf dem Innenhof möglich, etwas außerhalb, **N 12°05,527' E 15°05,448'**, 1500 CFA/Pers. (01.00). Camping auf dem Gelände des „Novotel", abgezäunter Platz, Möglichkeit, Duschen/Toiletten/Pool des Hotels mitzubenutzen, an der Rezeption melden, Preisabsprache mit Sicherheitspersonal, ca. 1500 CFA 1 Pers./Motorrad/Zelt (02.99).

Formalitäten/Botschaften: Beim „office d'immigration" melden (1500 CFA/Person und Passbild, innerhalb einer Stunde). Visum für Zaïre (2 Monate Gültigkeit) bei der Botschaft (dauert 48 Std. und kostet ca. 8000 CFA). Visum für Kamerun innerhalb von 24 Stunden (11.96: 10 000 CFA), für Zentralafrika sofort (11.96: 20 000 CFA). Visum für Nigeria (1 Monat gültig) ohne Wartezeit bei der Botschaft (ca. 5000 CFA). Visum für den Sudan dauert ca. 1–4 Wochen (7000 CFA).

Verschiedenes: Gut ausgerüstete Werkstatt „SECADEV" an der Hauptstraße. Cybercafé ggü. dem Kino „Normandie", BAT und GTZ (Av. Charles de Gaulle).

Sehenswert: Der Markt, das afrikanische Viertel und die Moschee.

Abstecher: Zu den **Felsen des Riesen** (Hadjer el Hamis) und zum **Tschad-See.** N'Djaména in nördlicher Richtung auf einer Teerstraße in Richtung Sahellandschaft verlassen. Nach 10 km kommt eine Kontrolle. Nach weiteren 33 km ist der Abzweig nach links Richtung Douguia erreicht, wo man nach 40 km ankommt.

DOUGUIA – Dorf. Von hier können mit Führer Fahrten zum Tschad-See nach Adide **(N 12°54,41' E 14°33,56')** und zum Felsen des Riesen **(N 12°51,19' E 14°58,26')** gemacht werden.

Unterkunft: Hotel mit Pool, gut geführt.

I 6: Djermaya – Mani – Hadjer el Hamis – Tourba – Massakori (ca. 290 km)

(10.95, Land Rover) Guter Asphalt bis Koral, danach Piste (A/G/I). Kompass unerlässlich.

DJERMAYA – S. I 5. (Zur I 5.)

Von Douguia aus gibt es direkt Pisten nach Tourba, die allerdings in einem Durcheinander an unterschiedlichen Pisten mühsam zu finden sind (Abzweigung von der Teerstraße bei **N 12°38,85' E 14°49,72'**, über Ganatir **N 12°48,73' E 15°09,63').**

HADJER EL BEGUI – Kleiner, von Geröllhalden umgebener Felsen. Vom Gipfel schöne Aussicht.

In der Umgebung: Das Fischerdorf **Gité** (40 km hin und zurück auf recht schlechter und staubiger Piste), von dem aus man eine Pirogenfahrt auf dem Tschad-See unternehmen kann.

Koral – Dorf. Lokale Lebensmittel.

HADJER EL HAMIS – Dorf. Keine Versorgungsmöglichkeit.

Sehenswert: Die Basaltfelsen am Ufer des Tschad-Sees, bereits von weitem zu sehen – sie allein lohnen schon die Reise.

Durch mehrere kleine Dörfer gelangt man über ein Pistenlabyrinth nach Tourba. Es können Abstecher zum Tschad-See unternommen werden.

TOURBA – Dorf. Wasserturm. Lokale Lebensmittel. **N 12°52,26' E 15°16,98'.** Möglichkeit, nach Massaguet oder entlang des Tschad-Sees nach Iseirom weiterzufahren (s. I 4a). Direkte Piste nach

MASSAKORI – S. I 1. (Zur I 2; Ende I 1 und I 4.).

I 7: N'Djaména – Mandélia – Guélengdeng (156 km)

(10.95, Land Rover 109) Asphalt, guter Straßenzustand.

N'DJAMÉNA – S. I 5. (Ende U 18; Beginn I 7, V 1 und V 4.)

MANDÉLIA – Dorf. Keine Versorgungsmöglichkeit. Das Elefantenreservat ist aufgegeben, die Tiere wurden abgeschossen oder sind nach Kamerun gezogen.

GUÉLENGDENG – Dorf. Gelegentlich Treibstoff. (Beginn I 8 und I 11.)

I 8: Guélengdeng – Bongor – Laï – Doba (349 km)

(10.95, Land Rover 109) Piste (A/G/I), in der Regenzeit unpassierbar. Schöne Landschaft und freundliche Menschen. Unterwegs zahlreiche Polizeikontrollen. Beim Campieren Vorsicht vor Schlangen, die vom Ufer des Logone kommend die Straße überqueren.

GUÉLENGDENG – S. I 7. (Ende I 7; Beginn I 11.)

In der Nähe von Bongor Einfahrt in die reizvolle Logone-Ebene.

BONGOR – Oase. Lebensmittel, Hotel, Krankenhaus. Evtl. Treibstoff.

Sehenswert: Der Markt jeden Montag.

In der Umgebung: Die eigenartig geformten Kegelhütten der Mouloui.

LAÏ – Ca. 9000 Einw. Lebensmittel, Treibstoff, Werkstatt. Campement. Mission.

Sehenswert: die Erzeugnisse des lokalen Kunsthandwerks (Keramik und Korbflechterei). Wildreiche Gegend. (Beginn I 24.)

DOBA – Dorf. Treibstoff. (Ende I 9; Beginn I 10 und I 12.)

I 9: Beïnamar – Moundou – Doba (190 km)

Gute Piste.

BEÏNAMAR – Dorf. Formalitäten zur Ausreise bei Weiterreise nach Kamerun. (Ende V 10.)

MOUNDOU – Kleinstadt. Gute Infrastruktur.

DOBA – S. I 8. (Ende I 8; Beginn I 10 und I 12.)

I 10: Doba – Goré – zentralafrikanische Grenze – Bémal (126 km)

Piste (A/G/I) mit vielen Schlaglöchern.

DOBA – S. I 8. (Ende I 8, I 9; Beginn I 12.)

GORÉ – Dorf. Treibstoff. Unterkunftshütte ohne Komfort. Die Formalitäten zur Ausreise aus dem Tschad sind recht schnell erledigt.

Sehenswert: Die üppige Landschaft.

Ungefähr 30 km hinter Goré Grenze zwischen dem Tschad und der ZAR.

BÉMAL – Dorf. Zollformalitäten zur Einreise in die ZAR. (Beginn W 1.)

I 11: Guélengdeng – Manda – Sarh (403 km)

Piste (A), nur in der Trockenzeit befahrbar. Im Gebiet um Sarh Wellblech.

GUÉLENGDENG – S. I 7. (Ende I 7 und I 8.)

Bis Bousso eintönige Ebene.

MANDA – Dorf. Campement-Hotel.

Das Naturschutzreservat von Menda ist verlassen, die meisten Tiere wurden abgeschossen.

SARH – Ca. 200 000 Einw. Hauptort des Südtschad. Gute Infrastruktur. (Ende I 12; Beginn I 13 und I 14.)

Verschiedenes: Die Formalitäten bei der Polizei sind obligatorisch, werden aber freundlich durchgeführt. Wer in die ZAR weiterfährt, muss hier auch die Zollformalitäten erledigen.

I 12: Doba – Sarh (191 km)

Piste (A).

DOBA – S. I 8. (Ende I 8 und I 9; Beginn I 10.)

SARH – S. I 11. (Ende I 11; Beginn I 13 und I 14.)

I 13: Sarh - Maro - Sido - zentralafrikanische Grenze - Kabo (187 km)

Piste (A) in sehr schlechtem Zustand, nur in der Trockenzeit befahrbar.

SAHR - S. I 11. (Ende I 11 und I 12; Beginn I 14.)

MARO - Dorf. Formalitäten für die Ausreise aus dem Tschad. Polizeikontrolle. Achtung, auf jeden Fall bereits in Sichtweite des Stopschildes anhalten, da sonst mit Schwierigkeiten (Geldstrafe) zu rechnen ist.

SIDO - Dorf. Militärkontrolle.

KABO - Dorf. Formalitäten zur Einreise in die ZAR.

Unterkunft: etwa 100 m von der Sicherheitspolizei entfernt in der Mission.

Verschiedenes: Polizei, Zoll und Sicherheitspolizei, die die Gesundheitskontrollen durchführt, am Ortsausgang. Pro Fahrzeug dauern die Formalitäten etwa einen halben Tag. (Beginn W 8.)

I 14: Sarh - Chari-Fähre - zentralafrikanische Grenze - Golongosso (132 km)

Piste (A), in der Regenzeit schwierig zu befahren. Region mit reicher Fauna. Informieren Sie sich in Sarh, ob die Fähren über den Chari funktionieren; eine andere Möglichkeit ist die Fähre, die von der tschadischen Baumwollgesellschaft (Coton Tchad) betrieben wird, in Helibongo, etwa 20 km von Sarh entfernt (ca. 2500 CFA pro Fahrzeug).

SARH - S. I 11. (Ende I 11 und I 12; Beginn I 13.)

GOLONGOSSO - Dorf. Formalitäten zur Einreise in die ZAR. (Beginn W 11.)

I 15: Abéché - Ati - Massaguet (692 km)

(02.00) Piste (A/D/H/I). Bis Oum Hadjer gut befahrbar, danach breit gefächert durch den Busch bis Massaguet. Alternativroute (vorwiegend von Pkw benutzt): ab Oum Hadjer via Mongo nach Am Djamena, soll in weitaus besserem Zustand sein, ca. 120 km länger, aber landschaftlich reizvoller.

ABÉCHÉ - Stadt, 545 m. Registrierung bei der Polizei. Alle Versorgungsmöglichkeiten. Treibstoff aus Fässern. Flughafen. Pos. **N 13°50,00' E 20°50,00'.**

Verschiedenes: Restaurant, Bäckerei. Picknickplätze um den Lkw-Parkplatz. Krankenhaus mit zum Teil europ. Ärzten. Die GTZ-Niederlassung hat Funkverbindung nach N'Djaména. Das sudan. Konsulat erteilt keine Visa. Werkstatt. (Ende I 16; Beginn I 25.)

Unterkuft: Gute Übernachtungsmöglichkeit und Wasser bei Kath. Mission.

Sehenswert: Die Moscheen und Souks. Schöne Kamelhaardecken.

Km 149, **OUM HADJER.**

Km 191, Dorf. GPS-Pos. **N 13°15,518' E 19°23,032'.**

Km 317, **ATI** - Kleinstadt, 331 m. Lebensmittel, Privatverkauf von Treibstoff, Flughafen. **N 13°12,86' E 18°20,835'.**

Km 389, Dorf. Position **N 13°08,867' E 17°45,058'.**

Km 449, **AM DJAMÉNA. N 13°07,107' E 17°18,087'.**

Km 563, **NGOURA** - Checkpoint. Pos. **N 12°52,355' E 16°26,167'.**

Km 637, Dorf. Position **N 12°32,907' E 15°54,063'.**

Km 692, **MASSAGUET** - S. I 2. (Ende I 2; Beginn I 5.)

I 16: Fada - Biltine - Abéché (447 km)

(12.93, Mercedes G) Piste (A/C/G/I).

FADA - S. I 21. (Zur I 21.)

In der Umgebung: Das 73 km entfernte **Guelta d'Archei,** GPS-Pos. **N 16°54,04' E 21°46,30',** siehe I 21. In einem riesigen Canyon mit permanenter Wasserstelle tränken die Nomaden ihre Kamele und Ziegen und fassen selbst Wasser, das extrem verschmutzt ist durch Tierexkremente.

In den Nähe von Fada beginnt die gut markierte, sandige Piste. Später fallen die Markierungen weg, die Spuren sind aber gut sichtbar. Flotte Fahrt mit Geländefahrzeugen möglich. Das auf den Karten verzeichnete Oum-Chalouba mit seiner Militärbasis wird nicht erreicht. Statt dessen wird das 20 km nordöstlich gelegene Kalait angefahren.

Km 180, **KALAIT** – Dorf. Kontrolle (Gendarmerie). Kleiner Markt, u.U. Treibstoff. **N 15°50,58' E 20°53,63'.**

Km 290, **ARADA** – Dorf. Brunnen. Pos. **N 15°01,19' E 20°39,48'.**

Km 355, **BILTINE** – Dorf. Großer Markt, Treibstoff, Brot. **N 14°31,60' E 20°55,60'.**

Ab Biltine trassierte, schnell zu befahrende Piste, zum Teil auf einem angelegten Damm.

Km 447, **ABÉCHÉ** – S. I 15. (Beginn I 15 und I 25.)

I 17: Yebbie Bou – Miski – Faya (Largeau)

(12.93, Mercedes G) Piste (A/C/G/I).

Km 186, **YEBBI BOU** – S. I 19. (Zur I 19.)

Verlassen Sie Yebbi Bou Richtung Süden.

Km 190, kleine Quelle **(N 20°55,45' E 18°07,43').**

Es geht am höchsten – aber unauffälligen – Berg der Sahara, dem Emi Koussi, westlich vorbei.

Km 284, **MISKI** – Dorf **(N 20°12,22' E 18°03,00').** Wasser an einem Brunnen im Miski-Tal (enneri heißt Tal), mitten auf der Piste, nahe beim Dorf.

Nach Verlassen des Tales schlängeln sich die vereinzelten Spuren durch wechselweise steiniges und sandiges Gelände, ohne erkennbare Piste südlich auf die große, gut erkennbare, markierte Piste von Faya (Largeau) nach Zouar zu.

Km 627, auf der Piste von Faya (Largeau) nach Zouar gelangt man an einen großen Haufen abgeladener, scharfer, libyscher Panzergranaten, **N 18°00,25' E 18°14,48'.**

Km 658, Militärkontrolle. **N 18°05,33' E 18°28,09'.**

Km 667, Militärkontrolle. **N 18°08,18' E 18°31,45'.** Beide Kontrollpunkte liegen bereits auf der nördl. Umfahrung des verminten Pistenabschnittes westlich von Faya.

FAYA (LARGEAU) – S. I 21. (Ende I 3a, I 18 und I 21; Beginn I 2 und I 3).

I 18: Ounianga Kébir – Wadi Doum – Faya (Largeau) (312 km)

(10.98, Mercedes GD 300) Gut markierte Piste (A/C/G/I), nicht einfach zu befahren. Abseits der Piste Minengefahr! Die Piste nimmt einen völlig anderen Verlauf als in der IGN-Karte und der Michelinkarte eingezeichnet. Sie verläuft zunächst strikt östlich, um dann, nach ca. 120 km, nach NO zu verlaufen.

OUNIANGA KÉBIR – S. I 22. (Ende I 19 und I 22.)

Km 0, Pistenbeginn, Abzweig vor Ounianga Kébir. **N 19°02,48' E 20°30,50'.**

Km 17, Reifenmarkierungen (gelb angestrichen). **N 18°55,48' E 20°25,79'.**

Km 24, Lkw Führerhaus, grünes Oued. **N 18°53,00' E 22°22,61'.**

Km 40, breites Oued mit Bäumen. Pos. **N 18°47,35' E 20°16,66'.**

Km 48, schlimmer fesch-fesch. GPS-Pos. **N 18°43,43' E 20°14,53'.**

Km 67, Minensperre links umfahren, kurz vorher Einmündung der Lkw-Piste von Gouro. Danach Wadi Doum (Richtung Siedlung fahren). **N 18°34,33' E 20°12,22'.**

WADI DOUM – Senke mit einzelnen Hütten. Flugplatz, Panzer, Brunnen.

Km 97, Piste im Wadi. Pos. **N 18°26,05' E 20°21,87'.**

Km 108, weiche Piste. Pos. **N 18°24,17' E 20°26,36'.**

Km 119, Piste verlässt Wadi, jetzt bergig. **N 18°19,65' E 20°29,38'.**

Km 136, Piste im breiten Oued, erst SW, dann W. **N 18°13,96′ E 20°23,00′.**

Km 162, Piste verlässt Oued, danach wieder Abfahrt ins Oued (Düne). **N 18°05,97′ E 20°14,27′.**

Km 188, jetzt offenes, sandiges Gelände. **N 17°59,56′ E 20°02,86′.**

Km 195, Durchfahrt zwischen Bergen. **N 17°56,79′ E 20°00,75′.**

Km 208, sandige Durchfahrt zwischen Bergen. **N 17°52,11′ E 19°56,76′.**

Km 226, Hinkelsteine. Pos. **N 17°51,24′ E 19°47,98′.**

Km 274, flotte Piste, einzelne Dünen. Pos. **N 17°49,76′ E 19°22,81′.**

Km 291, links Einmündung der Piste von Fada/N'Djaména. **N 17°53,79′ E 19°14,75′.**

Km 306, Militärposten, dann Flugplatz.

Km 312, Préfécture von Faya (Largeau). **N 17°55,50′ E 19°06,20′.**

FAYA (LARGEAU) – S. I 21 (Ende I 3a, I 17 und I 21; Beginn I 2 und I 3).

I 19: Bardai – Zoumri – Yebbie Bou – Gouro – Ouinanga Kébir – Ouinanga Sérir (632 km)

(11.97, MAN L 2000) Piste (A/C/H/I/J). Mit Rundfahrt 649 km. Landschaftlich sehr schöne Strecke, v.a. um Yebbi Souma und Yebbi Bou, zweite Hälfte der Strecke nach Gouro und zw. Ouinanga Kébir und Ouinanga Sérir, absolute landschaftliche Highlights in den abgelegensten Gegenden der Sahara. Führer bis Yebbi Bou, ab dort neuen Führer bis Gouro (60 000 CFA) und von dort neuen Führer bis Ounianga (60 000 CFA), aber auch bis Fada möglich. Sehr anspruchsvolle Route, nur mit Geländefahrzeug und hervorragender Ausrüstung, Lebensmittel-/Wasservorrat für die gesamte Strecke.

BARDAI – Ort. Meldung bei der Präfektur notwendig. Grundnahrungsmittel sind erhältlich. Das Fass libyscher Diesel mit 200 l kostet ca. 50 000 CFA. 1996/1997 gab es zwei Überfalle in bzw. um Bardai. Der Präfekt ist dabei, gegen das Bandenunwesen vorzugehen (ein Touristen-Campement als sicherere Übernachtungsmöglichkeit wurde errichtet). **N 21°21,334′ E 16°59,909′.**

Unterkunft: Campement.

Achtung: Die Piste von Bardai nach Norden in das libysch besetzte Aozou ist vermint.

Ausflug: Lohnenswerte Kameltour von Bardai nach Soborom, 5 Tage kosten 100 000 CFA für 2 Pers., Tiere und Führer (11.97). (Ende I 20.)

Km 0, **POSTE DE BARDAI.**

Km 11, Ortsende und kleine Oase (Pos. **N 21°19,747′ E 17°05,608′).** Zusammenführung von zwei Pistenspuren am Ortsende. Achtung: ca. 1 km vorher am Ortsanfang rechte Spur nehmen, da die linke Spur sehr eng wird und durch Schild und unter niedrigen Palmen hindurchführt, was für größere Fahrzeuge problematisch wird. Die rechte Spur führt breiter am Rand der Palmenoase entlang.

Km 21, **TIÉBORO** – Dorf, **N 21°19,261′ E 17°10,670′,** ehemalige Barrière existiert nicht mehr.

10 km weiter (Km 31–34) Minenfelder, abgesperrte alte Piste, neue Piste führt hinter dem Oued entlang.

Km 62, **ZOUMRI** – Kleiner Ort, Posten (melden), unangenehme Abzockermentalität. **N 21°11,771′ E 17°28,189′.**

Km 86, **TORONTORON** – Oued entlang **(N 21°12,169′ E 17°39,879′),** rechts zur kleinen Quelle mit wenig Wasser (Km 87, **N 21°12,02′ E 17°39,874′)** am Felshang (als Trinkwasser nur bedingt geeignet bzw. zu wenig zum abfüllen).

Km 94, Basaltsäulen, **N 21°14,614′ E 17°41,354′.** Berg mit schönen vulkanischen, aufeinander getürmten Basaltsteinquadern, Einmündung von alter gesperrter Piste, danach steile Bergabfahrt, dann im Wadi mit Akazien und kleiner Schlucht (viele Akazien und Bäume).

Km 127, Minenlöcher **(N 21°16,185′ E 17°55,368′),** weitere gesperrte Abschnitte, zurück und von Zoumri kommend rechte Spur nehmen, Aufspaltung der Spuren. GPS-Koordinaten s.u., Yebbi Souma.

Km 119, Pistenaufspaltung bei Pos. **N 21°12,064′ E 17°55,095′,** rechte Spur nehmen (W) aus Wadi raus. Spuren führen von links nach 2 km wieder zusammen (es besteht Minengefahr, s.o.).

Km 133, **SCHLUCHT VON YEBBI SOUMA** – Großer Palmenhain in Schlucht mit Wasserlauf. Übernachtungsplatz wenn Piste kurz ins Tal führt, 2 km danach herrlicher Ausblick auf

Km 135, **YEBBI SOUMA** – Ortsanfang bei Pistenabzweig (Pos. **N 21°05,875′ E 17°57,173′),** Strohhütten mit geflochtenen Dächern, sehr ursprüngliche Bevölkerung. Schmuck, Schilfflechtwek, Shangor Mangor, Messer zum Verkauf.

Km 160, **BARRIÈRE YEBBI BOU** – Steinhaus mit Mauer, hier anmelden. Position **N 20°56,857′ E 18°05,160′.**

Militärposten YEBBI BOU – Melden, neuer Führer (60 000 CFA) bis Gouro (nach Aozou 75 000 CFA). Pos. **N 20°56,901′ E 18°05,094′.**

Km 163, **YEBBI BOU** – Ort bei Pos. **N 20°55,710′ E 18°05,742′.** Sehr schöner Ort mit Mattenhütten, von Steinmauern umzäunt. Unbedingt in die Schlucht absteigen. Der Lehrer weiß sehr gut Bescheid und erklärt die Oase. In der Schlucht gibt es einen kleinen Fluss und Bewässerungskanäle sowie einen aufgestauten See. Es wachsen Orangen- und Zitronenbäume, Feigen, Dattelpalmen, Trauben (besonders im Frühjahr) und diverse Grünpflanzen/Gemüsearten. (Beginn I 17.)

Km 167, **AHOUIDERM** – Quelle, Pos. **N 20°55,739′ E 18°05,715′.** Kurz nach Quelle (ca. 500 m) links nach Gouro, rechts nach Faya.

Km 170, Landepiste, ausgebranntes Flugzeug. **N 20°54,825′ E 18°08,753′.**

Km 183, **CARRÉ D'ABZAK** – Bewachsene Hochebene, Kamelweide, Nomaden. **N 20°50,692′ E 18°12,674′.**

Km 214, Passhöhe, Pos. **N 20°46,682′ E 18°25,233′.** Holprig bergab (Gebiet von Domosoro).

Km 219, Abzweig bei Pos. **N 20°46,164′ E 18°27,337′:** links zu einer Quelle am Berghang (ca. 1 km), geradeaus weiter. 1 km weiter geht ein Abzweig rechts nach Goumre, geradeaus weiter. Mühsam und steinig geht es bergab.

Km 236, Ebene, Pistenkreuzung, Pos. **N 20°41,687′ E 18°32,865′,** Steinmännchen, Aufschrift aus Lesesteinen am Boden gelegt: „Rondpoint de 29. Nov. 93" (Datum der Pistenfertigstellung).

Km 238, weiterer Pistenabzweig (Pos. **N 20°42,402′ E 18°32,865′):** rechts nach Goumre, linke Spuren von einer Piste aus Libyen-Khofra-Rebiana-Region. Danach sehr schöne Landschaft, schöne Felsformationen, Tore und Bögen, Säulen vor hellem Sand.

Km 270, Talverengung bei **N 20°34,437′ E 18°32,985′.** Felsvorsprung, höhere Berge, nach wie vor sehr schöne Landschaft.

Km 300, Oued mit Bäumen bei Pos. **N 20°29,299′ E 19°02,619′.**

Km 312, Talverengung bei **N 20°24,284′ E 19°05,612′.** Linkskurve, Lavahalde, weniger Sand, härtere Piste, Sand- und Felsenlandschaft zu Ende, geschlossenes Tal mit lang gezogenen braunen Bergen.

Km 326, Pistenabzweig, **N 20°21,943′ E 19°11,520′.**

Km 340, großes Wadi queren bei Pos. **N 20°15,547′ E 19°13,790′.** Viele Bäume und Büsche, danach fesch-fesch.

Km 376, Wadi queren, **N 19°53,104′ E 19°16,560′.**

Km 377, das **WADI MOYANGA** entlang, **N 19°52,510′ E 19°16,931′,** in kleiner Schlucht.

Km 417, einzelne verstreute Sicheldünen, **N 19°39,55′ E 19°33,439′.** 9 km danach schwierige, sehr sandige, weiche Bergab-Passage nach Gouro zwischen Bergzug. Schwung nehmen und möglichst versuchen sich etwas rechts im steinigen Gelände zu halten. Bergauf muss dieses Stück katastrophal sein. Sehr schöner Blick auf die riesige Palmenoase Gouro.

Km 429, **GOURO** – Sehr schön gelegene Oase in Senke, von Dünen und Bergen umgeben, sehr viele Palmen. **N 19°35,089′ E 19°34,603′.**

Km 439, **GOURO GARNISON** – Brigade, **N 19°34,265′ E 19°35,611′.** Auf gegenüberliegender Seite vom Tal am Abbruch. Freundlicher Sous-Prefect, nervöses Militär. Reisende wurden ca. 50 km vor Gouro von einer Patrouille mit MG im Anschlag aufgehalten und sehr aggressiv über den Zweck der Reise befragt; angeblich hätten sie von Yebbi Bou per Funk angekündigt werden sollen, was aber scheinbar nicht erfolgt war;

offensichtliche Angst vor evtl. libyscher Aggression, obwohl viel Lkw-Verkehr nach Al Khofra. In Gouro dann freundlichere Behandlung und Entschuldigung durch Militär.

Km 440, hübsche Quelle, **N 19°33,825' E 19°35,695',** vor Plateaubergen. SW von Militär, kl. Badequelle, die sich zu einem Tümpel staut, daneben Brunnen zum Wasserfassen. Gutes Wasser. Doumpalmen. Danach O-SO an Bergzug entlang (dieser liegt linker Hand der Piste).

Km 451, Abzweig (Pos. **N 19°28,914' E 19°36,991'):** rechts nach Faya, links nach Ouinanga Kébir weiter.

Km 454, Abzweig (Pos. **N 19°28,152' E 19°38,597'):** rechts ins Wadi Doum (Hauptstrecke Gouro – Faya), linke Spur weiter Ri. Ouinanga.

Km 450, **QUELLE FOCHI** – Palmenhain mit Wasserloch links der Piste (abseits der offiziellen Piste, ca. 2 km in einem Bergeinschnitt). **N 19°29,482' E 19°40,704'.** Sehr viele Dumpalmen, Büsche, Dünen, Wildesel, eingezäunte Palmen, aber keine Bewohner, gelegentlich Nomaden, Wildesel. Sehr schöner Lagerplatz.

Km 476, Abzweig bei Pos. **N 19°17,929' E 19°48,408':** rechts Wadi Doum – Faya, linke Spur weiter. Vorher serir, jetzt steiniger, größere Steine, Hügel-Bergkette nach wie vor links (Abbruchkante von Plateau).

Km 483, Abzweig bei Pos. **N 19°16,151' E 19°59,553':** rechts wieder Abzweig ins Wadi Doum (Markierungen: aufgestellte Steine), geradeaus weiter. Weiches Sandfeld mit Steinen, viele Spuren, sehr zerpflügt, fesch-fesch, danach wieder härter, flache und langweilige Strecke.

Km 517, Wadi, GPS-Pos. **N 19°09,159' E 020°07,806',** wenig Bäume, Akazien, flaches Gelände, links Abbruchkante.

Km 552, Verminungen rechts bei Pos. **N 19°05,319' E 20°26,991'.** Östl. bei Sanddünen und ehemaligem Flugfeld auf Plateau.

Km 559, **OUINANGA KÉBIR** – S. I 22. **N 19°03,490' E 20°29,442'.**

Rundfahrt zu den Seen:

Km 565, **LAC BLEU (N 19°00,827' E 20°30,491').** Der Lac rouge (der vordere See) und der Lac bleu (der hintere See) liegen nebeneinander und sind miteinander durch einen Zufluss verbunden.

LAC ROUGE – See, Pos. **N 19°00,616' E 20°30,962'.** Es gibt Flamingos, am Ufer stark versalzt.

Km 580, **LAC YOA** – Großer See und Quelle, **N 19°02,994' E 20°29,541'.** Der See und die gute, reichhaltige Quelle mit sauberem Wasser liegen 500 m unterhalb des Ortes Ouinanga Kébir (s.o., auch kurz Onka genannt). Weiterfahrt Richtung Ouinanga Sérir.

Km 605, Hügelketten überqueren, viel Sand. **N 18°54,721' E 20°38,532'.**

Km 625, Bergabbruch, **N 18°54,238' E 20°46,979'.** Einstieg zur Bergabfahrt Ri. Ounianga Sérir, fantastischer Blick auf die Seen, Abfahrt zu einem Schlafplatz westlich der Seen zwischen Sanddünen, Palmen und weißen Kalkfelsen.

Km 631, **OUINANGA SÉRIR (SEGHIR)** – Oase (auf direktem Wege ohne Schlafplatz sind es ca. 5 km weniger). Pos. **N 18°54,935' E 20°52,952'.** Sehr schöner, ursprünglicher Ort, Mattenhütten, keine Behörden, örtlicher Führer.

Km 639, **HINTERER SEE** – Herrlicher, unbewohnter Süßwassersee, genannt Bocu („beaucoup"– viel Wasser), fantastisch zum Baden **(N 18°54,882' E 20°54,612').**

Km 643, **MITTLERER SEE** – Sehr verschilfter See mit steilem Dünenufer. **N 18°55,121' E 20°53,579'.**

Km 645, **GROSSER SEE** – See in der Nähe von Ouinanga Sérir. **N 18°55,146' E 20°52,337'.**

Km 649, **VORDERER SEE** – Westlichster See (rot, erster See von Oka kommend), **N 18°55,962' E 20°51,284'.**

I 20: Zouar – Bardai (180 km)

(12.93, Mercedes G) Piste (A/C/G/I). Ein Führer wird strikt empfohlen, um nicht in verimntes Gelände zu gelangen.

ZOUAR – S. I 23. (Ende I 23; Beginn I 3a.).

Verlassen Sie Zouar westlich durch eine grandiose Schluchtenlandschaft mit Felsgravuren an den Wänden.

Km 45, Talende bei Pos. **N 20°25,36' E 16°14,53'.** Das nach Norden führende breitere Arkiafera-Tal, vorbei an Wour und den Aiguilles de Sissé zum Korizo-Pass in Richtung Libyen, ist vermint, deshalb geht die Piste gleich nach Talende nach Norden auf kürzestem Weg zum Wasserloch von Sao, Pos. **N 20°36,48′ E 16°15,20′.** Wollen Sie zu den aiguilles, müssen Sie sich unbedingt einen ortskundigen Führer nehmen. Ebenfalls vermint sind folgende Täler: westlich von Zouar Enneri Mi, südwestlich von Zouar Enneri Sidi Abakenar – beide Täler führen nach Niger.

Km 98, **YINDE** – Wasserloch, Pos. **N 20°54,17′ E 16°32,32′** nördlich der Piste (auf Michelinkarte falsch eingezeichnet).

Km 103, Kraterrand des **TROU AU NATRON** (Pos. **N 20°56,28′ E 16°34,04′**) in 2300 m Höhe.

Es geht auf sehr staubiger, steiniger, wakkeliger Piste nach Bardai.

Km 160, kleiner Wendekreisel mit Parkmöglichkeit bei **N 21°18,26′ E 16°53,34′** zur Besichtigung des Tales von *Gonoa*.

Km 180, **BARDAI** – S. I 19. (Beginn I 19.)

I 21: Ouinanga Sérir – Fada – Guelta d'Achei – Faya (Largeau) (808 km)

(11.97, MAN L 2000) Piste (A/C/H/I). Keine exakte Kilometrierung, da der Tacho hakte.

OUINANGA SÉRIR – S. I 19 (Ende I 19).

Richtung W-SW, mehr oder minder querfeldein.

Km 18, kl. Dünenzug (**N 18°53,286′ E 20°43,132′**) queren, Ri. SW, serir.

Km 23, Pisteneinmündung bei GPS-Pos. **N 18°53,993′ E 20°40,634′**, Hauptpiste Onka-Wadi Doum.

Km 37, Verzweigung (**N 18°56,214′ E 20°33,599′**): linke Spur nehmen, weiches Sandfeld bergauf.

Km 47, alte Trasse, Pos. **N 18°55,757′ E 20°27,887′**, schlechte Spuren kreuz ud quer in alle Richtungen.

Km 54, Schutthügel, Pos. **N 18°54,283′ E 20°25,931′**, Steinhaufen, kaum Spuren, bzw. uralte Spuren.

Km 65, Hauptpiste, Pos. **N 18°48,878′ E 20°23,399′.** Einmündung in Piste von Onka kommend, deutliche Spuren von rechts, Zeugenberglandschaft.

Km 78, Akazien-Wadi, **N 18°43,038′ E 20°20,956′**, übles fesch-fesch, Steine mit Sand.

Km 87, kleine Dünen, **N 18°38,622′ E 20°20,589′.** Links **WADI DEBI** – Wasserstelle, Bäume.

Km 107, Einmündung (Pos. **N 18°28,855′ E 20°16,629′**) in reguläre Piste Ouninanga Kébir – verminter ehemaliger Flughafen von Wadi Doum (nach rechts).

Km 111, Ehemaliger Flughafen, Pos. **N 18°29,928′ E 20°14,813′.** Kriegsschauplatz – eingezäuntes verminte Gelände mit vielen Panzern, Granatwerfern, Minen, z.T. noch tote Soldaten bzw. Überreste.

Km 131, **WADI DOUM** – Oase, Pos. **N 18°25,750′ E 20°22,479′.** Häuser, Bäume, Palmen, kleine Saline, Karawanen holen Salz.

Km 153, Kreuzung Fada – Faya (Position **N 18°17,722′ E 20°28,851′**): links Fada, rechts Faya.

Km 166, links schwarzer Felsberg, Pos. **N 18°11,563′ E 20°30,301′.** 1 km danach ist Hügelkette zu queren, weitere folgen.

Km 183, Dünengebiet mit Steinhügeln (**N 18°04,772′ E 20°35,000′**), zum Teil extrem schwierig (tiefer Sand, dann wieder Steinplatten und Felsen).

Bei **N 18°01,064′ E 20°36,077′** Dünenende, kaputter Panzer, danach bergiger aber noch viel Sand. Östlich einzelne größere Berge, Kuppen, kleiner Pass, dann in Sandebene Ri. O-SO auf Ennedi-Gebirge zu.

Km 200, wieder Dünen queren, Pos. **N 17°57,978′ E 20°37,072′**, sehr schön, Berge mit Dünen.

Km 218, **ONUA** – Wasserstelle (Pos. **N 17°55,281′ E 20°39,984′**), an der Karawanen Halt machen. Hain mit Doumpalmen, Berge, sehr schöne Landschaft. Danach wieder Dünenquerung.

Km 225, Dünensenke, Plateauabbruch, **N 17°51,637′ E 20°39,541′.** Blick auf Ebene mit einzelnen Bergsäulen und Bäumen.

Km 229, **LAC MOGORO** – Sehr schöner See mit Palmen, von Bergen gesäumt. **N 17°47,760′ E 20°39,799′.**

Km 237, **LAC ORUA** – Verschilfter See, sehr mückig, nicht so schön. **N 17°45,134′ E 20°41,526′.**

Km 253, Wadi-Ebene mit Sträuchern, **N 17°39,381′ E 20°45,929′.** Breite Piste nach Kalait.

Km 330, links ab Richtung OSO, Pos. **N 17°37,613′ E 20°47,188′,** kaum Spuren, kahle serir.

Km 332, Schlafplatz zwischen steilen Felstürmen, traumhaft schöne Landschaft. Pos. **N 17°14,698′ E 21°18,390′.**

Km 341, Felsbögen und Höhle (Pos. **N 17°12,126′ E 21°21,878′),** linker Hand einfache Felsmalereien.

Km 344, Pisteneinmündung von rechts (Kalait), **N 17°12,357′ E 21°23,972′.** Fässermarkierung und viele Bäume – vermintes Gebiet, auf der Spur bleiben!

Km 365, Ortsanfang von Fada, Position **N 17°11,136′ E 21°34,676′.**

Km 368, **FADA** – Provinzhauptstadt, Präfektur, **N 17°11,083′ E 21°35,215′.** Bei Präfektur und Militär melden (sehr freundlich), örtlichen Führer zum Guelta d'Archei nehmen. Wasserhähne am Marktplatz, geringe Versorgungsmöglichkeit (Zwiebeln, Tomaten, Brot, wenige Konserven). (Beginn I 16.)

Km 413, Felssäulenwald, **N 16°53,032′ E 21°38,416′,** bizarre schwarze Felsäulen wie im Irrgarten.

Km 430, Akazien-Wadi vor Schlucht, Pos. **N 16°52,958′ E 21°45,880′.**

Km 433, Schlucht und **GUELTA D'ARCHEI** – Steil aufragende Felswände, Wasserstelle, Kamel- und Eselstränke, vorbeiziehende Nomaden, Felsmalereien am Eingang der Schlucht, Geier, Klippschliefer, archaische Szenen bei der Tränke. Das Geschrei von Kamelen und Eseln hallt von den Felswänden wider.

Km 446 (bzw. bei Anfahrt Km 420), **ARC DE TRIOMPH** – Riesiger Triumphbogen auf einer Anhöhe, Pilz-Schaukelfelsen und andere bizarre Felsformationen. **N 16°50,779′ E 21°40,728′.**

Km 503, wieder zurück in Fada. Weiter in Richtung Faya nach WSW, Tonnenmarkierung, deutliche Piste. Auf der Piste bleiben, da Umgebung vermint.

Km 529, kleine Siedlung in Oued, Pos. **N 17°10,874′ E 21°22,618′.**

Km 540, einige Felszeichnungen, Pos. **N 17°04,909′ E 21°20,755′.** Viele Bäume rechts, Berglandschaft; schöne Zeichnungen an einer Felsgruppe linkerhand der Piste an vorstehender Felsnase mit kleinem Überhang (Rinder, Frauen). Danach Felsbogenlandschaft.

Km 566, Abzweig Kalait – Fada (Pos. **N 16°53,493′ E 21°16,987′):** rechts weiter. Berge zu Ende, flache Sahellandschaft, dünner Grasbewuchs, Tonnenmarkierung.

Km 590, flache serir, Pos. **N 16°47,846′ E 21°04,779′,** gut befahrbar.

Km 600, Querung der Trasse Kalait – Ounianga, flache serir, gut befahrbar, viele Gazellenherden, GPS-Pos. **N 16°48,014′ E 20°59,495′.**

Km 666, Ausläufer des Erg Djerab, Pos. **N 16°53,377′ E 20°22,863′,** Tonne, Piste dreht nach Norden.

Km 698, Dünenanfang bei **N 16°57,103′ E 20°05,121′,** rechts die ersten Dünen des Erg Djerab, meist flach und gut befahrbar, ab und zu kleine Dünen bzw. lang gezogenen Dünenrücken queren.

Km 728, Tonnen-Schild bei **N 17°01,482′ E 19°49,995′.**

Km 739, Abzweig nach Kalait, Position **N 17°02,567′ E 19°45,385′** links, Fada zurück, für einige Kilometer breite Lkw-Piste mit vielen Spuren.

Km 780, **BIR NASARA (JOGOLA)** – Brunnen (von Saudis gestiftet und von deutscher GTZ errichtet). Viele Kamelkarawanen zur Tränke. Keine Dünen mehr. GPS-Pos. **N 17°25,583′ E 19°31,424′.**

Bei **N 17°50,759′ E 19°15,469′** Abzweig, N'Djaména links.

Bei **N 17°53,784′ E 19°14,724′** Abzweig, Wadi Doum rechts.

Km 802, Flugplatz Faya Largeau, Pos. **N 17°55,451′ E 19°07,179′.**

Km 808, **FAYA (LARGEAU)** – Wichtigste Stadt des Nordtschad, 268 m, GPS-Pos. **N 17°56,084′ E 19°06,800′.** (Ende I 3a, I 17 und I 18; Beginn I 2.)

Verschiedenes: Großer, malerischer Markt (Gemüse, Brot, Konserven etc.). Meldepflicht bei der Police d'Immigration und Préfecture, 6000 CFA/Person und Passbild. Für die Weiterfahrt nach Norden (Zouar, Fada) herrscht Führerpflicht, der Führer wird vom Polizeichef bestimmt, ca. 50 000–60 000 CFA. Treibstoff: 200-l-Fass Diesel ca. 60 000 CFA, 200-l-Fass Benzin ca. 70 000 CFA (12.97).

Unterkunft: Einfaches Hotel (stickige Zimmer, nur eine Toilette/Dusche für mehrere Zimmer, meist sauber, häufig kein Wasser, kleiner Laubenfreisitz im Hof, kühles Bier). Übernachtung im Hof der Préfecture (keine sanitären Anlagen, aber Bäume und Dünen in der Nähe).

I 22: Al Khofra (Libyen) – tschadische Grenze – Ounianga-Kébir (752 km)

(11.98, Mercedes G) Piste (A/C/H/I). Bewilligung zur Weiterfahrt in Richtung Al Awaynat (Jebel Uweinat) bei der Sécurité in Al Khofra einholen (problemlos in 30 Min., 1 Passfoto).

AL KHOFRA – S. D 10. (Ende D 10 und D 21; Beginn D 22).

Km 0, **N 24°13,52′ E 23°15,42′**, Tankstelle, Khofra-N.

Km 16, **N 24°06,98′ E 23°17,56′**, Pistenbeginn, Piste rechts Khofra-Süd, Piste links Djebel Uweinat.

Km 56, **N 23°48,94′ E 23°05,77′**, nicht mehr so weich.

Km 77, **N 23°38,31′ E 23°02,70′**, gute Piste.

Km 97, **N 23°28,21′ E 22°59,78′**, flotte Piste, Gebirge voraus.

Km 99, **N 23°26,75′ E 22°59,31′**, Pass von Militär besetzt.

Km 125, Pos. **N 23°13,07′ E 22°59,48′**, Weichsandfelder zwischen Gebirge.

Km 138, Pos. **N 23°06,13′ E 28°58,86′**, Richtungsänderung, jetzt Hauptrichtung 200°.

Km 152, Pos. **N 22°59,00′ E 22°57,61′**, Weichsandfeld.

Km 161, Pos. **N 22°55,51′ E 22°54,73′**, Weichsand, Piste umfährt Brunnen Bisciara.

Km 168, **N 22°53,61′ E 22°51,33′**, harter Grund, Stange rechts.

Km 176, **N 22°51,15′ E 22°47,73′**, Passhöhe.

Km 183, Pos. **N 22°48,77′ E 22°44,77′**, Hochebene, Steine.

Km 187, **N 22°47,63′ E 22°42,95′**, Pass.

Km 203, **N 22°40,63′ E 22°38,69′**, flotte Piste.

Km 209, **N 22°38,50′ E 22°36,22′**, weite Ebene.

Km 237, **N 22°26,71′ E 22°25,79′**, links kleiner schwarzer Berg, am Horizont Tafelberg.

Km 252, **N 22°20,14′ E 22°21,19′**, Tafelberg rechts passiert.

Km 262, **N 22°15,28′ E 22°18,89′**, kleiner Pass.

Km 268, **N 22°12,48′ E 22°16,85′**, sandige Auffahrt.

Km 282, **N 22°06,81′ E 22°12,25′**, Piste mit Fässern markiert.

Km 295, **N 22°02,09′ E 22°06,46′**, verlassenes Miltärlager.

Km 307, **N 21°56,87′ E 22°02,63′**, sandige, steinige Piste.

Km 333, **MAN'TEN ES SARRA** – Flugplatz, Gebäude in Sicht. Pos. **N 21°45,80′ E 21°53,77′.**

Km 338, **N 21°43,50′ E 21°52,46′**, Absperrung des verminten Gebietes, schmaler Durchlass, nicht hineinfahren! Militärischer Bereich! Militär nett und hilfsbereit. Links am Zaun entlangfahren, sehr harte Wegstrecke (ist unumgänglich!).

Km 349, **N 21°39,31′ E 21°55,37′**, Ende der harten Wegstrecke.

Km 356, **N 21°37,25′ E 21°51,79′**, Ende der Umfahrung Richtung SW, Pistenmarkierung mit Fässern.

Km 367, **N 21°31,51′ E 21°49,14′**, flotte Piste, gut markiert.

Km 385, **N 21°24,11′ E 21°42,71′**, einige Weichsandstellen.

Km 405, **N 21°13,48′ E 21°34,58′**, viele Weichsandfelder.

Km 425, **N 21°03,95′ E 21°27,67′**, Ende der Weichsandfelder.

Km 440, **N 20°59,01′ E 21°20,90′**, Libysches Flugzeugwrack russ. Herkunft, jetzt mit DÄRR-Aufkleber am hinteren Leitwerk.

Km 453, **LIBYSCHE GRENZPOLIZEI-STATION** – Freundlich, Tee, kein Ausreisestempel. **N 20°55,00′ E 21°15,71′.**

Km 480, Pos. **N 20°43,63′ E 21°04,86′**, Ebene.

Km 524, **N 20°28,43′ E 20°47,52′,** Ebene, flotte Fahrt.

Km 540, Pos. **N 20°20,31′ E 20°46,54′,** Weichsandfelder .

Km 590, **N 19°59,07′ E 20°46,64′,** gelegentlich Weichsandfelder.

Km 609, **N 19°53,62′ E 20°56,19′,** steinig, Weichsand.

Km 621, **N 19°48,46′ E 20°59,82′,** großes Weichsandfeld.

Km 636, **N 19°41,62′ E 21°03,77′,** Ende des Plateaus, hügelig.

Km 648, Pos. **N 19°35,93′ E 21°06,27′,** Dünendurchfahrt.

Km 655, **N 19°33,11′ E 21°08,36′,** sandige Abfahrt.

Km 658, Pos. **N 19°32,36′ E 21°07,10′,** schwieriger Übergang.

Km 677, Pos. **N 19°24,60′ E 21°00,02′,** Dünendurchfahrt.

Km 709, **N 19°09,83′ E 20°50,80′,** Abfahrt in Canyon.

Km 719, **N 19°06,55′ E 20°45,54′,** Ausfahrt aus Oued.

Km 733, Kegelstumpf links, falaise rechts, Akazien, sehr schöne Landschaft.

Km 745, **N 19°03,37′ E 20°32,39′,** Auffahrt, schlechte Piste.

Km 746, **N 19°03,08′ E 20°31,97′,** Militärposten, grandioser Blick auf den **LAC YOA.**

Km 748, **OUNIANGA-KÉBIR** – Oase, **N 19°02,57′ E 20°30,77′.** Melden, Sprit aus Fässern (11.97: 200 l für 45 000 CFA). Passkontrolle bei Polizei, Dorfchef, Militär (korrekt, höfliche Behandlung). Wasser am Brunnen des Seeufers (gut), auf dem Markt Lebensmittel spärlich. (Zur I 19; Beginn I 18.)

Verschiedenes: Elementarste Nahrungsmittel sind erhältlich. Die von N aus Libyen über Khofra und Matan as Sarah eintreffenden Lkw laden ihre Waren nicht ab, sondern fahren nach Faya (Largeau) weiter. Offiziell kein Geldwechsel.

In der Umgebung: Rundfahrt mit örtlichem Führer zu den diversen Seen (großer See mit Quelle, Lac rouge und Lac bleu), siehe I 19. Malerisch gelegen am Lac Yoa, dessen Wasser stark salzhaltig ist. Bademöglichkeit im See. Traumhafte Landschaft, die vom Gegensatz zwischen türkisfarbenem Wasser, rot-gelben Dünen, dem Palmenbestand und den Palmhütten lebt. Rundfahrt zu den Seen s. I 19.

Km 751, **N 19°02,97′ E 20°29,54′,** Piste entlang des Sees.

Km 752, **N 19°32,26′ E 20°29,50′,** Brigade, Meldung, Begrüßung durch Chef de Village, kein Einreisestempel, Treibstoff aus Fässern, Wasser.

I 23: Wour – Zouar (176 km)

(11.97, MAN L 2000) Piste (A/H/I). Vorsicht, Minengefahr (Führer nehmen)!

WOUR – S. D 17. In Wour kann es vorkommen, dass man einen tschadischen Führer aufgedrängt bekommt, der keine Ahnung hat. Offensichtlich kassieren die Polizeiposten die offiziellen Führergebühren und setzen dann irgendeinen Burschen ins Auto. (Ende D 17.)

Km 3, Abzweigung bei **N 21°21,527′ E 15°55,646′:** nach Zouar links abbiegen, aus Wadi heraus auf Hügel und Hammada, anstrengende Wellblechpiste.

Km 9, Minenfeld, Pos. **N 21°21,128′ E 15°52,183′,** Piste zwischen schwarzen Hügeln, Knick nach links, rechts zwischen zwei schwarzen Hügeln vermint, mit Stöpseln markiert.

Km 14, Pisten-Einmündung in Hauptpiste **(N 21°20,540′ E 15°49,786′)** von Libyen kommend (nicht über Wour). Weiter nach Süden, serir und Sand, links das Tibesti und der Pic Toussidé zu sehen, rechts einzelne Berge. Gut befahrbare Serirpiste.

Km 43, Oued-Ebene, Pos. **N 21°07,003′ E 15°56,481′,** mit Gras bewachsen, Toussidé links, rechts Bergspitzen, viele Gazellenherden, sehr schöne Gegend.

Km 67, Übernachtungsplatz bei Pos. **N 20°58,937′ E 16°06,879′,** sehr schönes Wadi mit Akazien und Dumpalmen. Herrliche Kulisse: links das Tibesti, rechts Bergspitzen der Aiguilles bzw. südlich anschließender Bergkette.

Km 99, Schieferplatten, **N 20°42,797′ E 16°07,921′,** große Ebene ist hier zu Ende, Sandebene mit Steinplatten durchsetzt.

Km 113, betonierter Vermessungspunkt, **N 20°35,052′ E 16°08,384′,** rechts Steinmännchen.

Km 122, **ENNERI TAO** bei **N 20°30,613′ E 16°09,418′,** Oued-Querung, viele Doumpalmen und Akazien, sandig.

Km 127, links Abzweig bei **N 20°28,166′ E 16°09,527′** nach Bardai, geradeaus in die Schlucht von Zouar und Richtung Zouar. Wenige Kilometer danach Hügelkette, dahinter, zwischen Hügelkette und Dünen, vermint (alte Piste). Die neue Piste führt erst über eine feste Sandebene, dann bergab zwischen Felshügeln hindurch, ein Lkw-Wrack wird passiert, dann folgt ein Schwenk nach O, rechts abgesperrt (Steinchenmarkierungen am Boden) wegen Minen.

Km 135, Militärposten, **N 20°24,909′ E 16°11,786′.** Oued, dieses queren, Pistenaufspaltung, linke Spur, weiter in sandigem Oued auf Berge zu, abgedeckter und abgesperrter Brunnen im Oued.

6 km nach **MIPO** Beginn der **Schlucht von Zouar.** Sehr schöne Fahrt 33,5 km durch die Schlucht mit Büschen, hochaufragenden Felssäulen und Kletterfelsen, abgeschossenen Panzern, sehr schöne Übernachtungsplätze.

Km 175, **ZOUAR** – Oase, 775 m. Pos. **N 20°27,250′ E 16°31,430′.** (Ende H 27; Beginn I 3a und I 20.)

Verschiedenes: Préfecture Zouar, langwierige Formalitäten, neuer Führer bis Bardai 35 000 CFA. Kinder, Erwachsene und Jugendliche wollen viele Geschenke (Hefte, Filme, Stifte, Kugelschreiber bis zu Medikamente und Kleider). Brot (200 CFA), wenige Lebensmittel (Dosen). Brunnen mit Reifen umrandet, das bessere Wasser ist im Wadi (abgesperrter Brunnen). Treibstoff aus Fässern von libyschen Händlern, ca. 3 km außerhalb Zouars (200-l-Fass Diesel ca. 80 000 CFA). Die Ausreise von Zouar in den Niger ist offiziell möglich, es wurden 1997 allerdings umgerechnet ca. 250 Euro für den Führer bis Seguedine verlangt.

Sehenswert: Die zahlreichen Felsgravuren in der Umgebung; für die Besichtigung ist eine Genehmigung erforderlich.

I 24: Laï – Kelo – Pala – Léré – Figuil (Kamerun) (430 km)

(10.95, LR 109 V 8) Piste (A/I).

LAÏ – S. I 8. (Zur I 8.)

Fähre über den Fluss Logogne.

Km 25, zweite Fähre.

KELO – Markt. Evtl. Treibstoff.

PALA – Markt. Eventuell Treibstoff. Es gibt eine Mission sowie eine Reparaturwerkstatt.

LÉRÉ – Markt. Evtl. Treibstoff, Ausreiseformalitäten korrekt.

FIGUIL – Dorf. Wasser gibt es am Brunnen hinter der Tankstelle. Abwicklung der Einreiseformalitäten.

I 25: Abéché – El Geneina (Sudan) (201 km)

(02.00) Trassierte Piste (A/G), Wellblech. Im Sudan schlechte Piste. In der Regenzeit Befahren unmöglich. Ca. 1 Tag Fahrzeit. In Abéché Sprit bunkern, da bis El Fasher Versorgung schlecht.

ABÉCHÉ – S. I 15. (Ende I 16; Beginn I 15.)

Km 0, Polizeirevier (Ausschilderung), Richtung Osten nach Adré Abéché verlassen. **N 13°49,77′ E 20°49,82′.**

Km 62, Dorf, Checkpoint, Fluss. Pos. **N 13°45,71′ E 21°21,56′.**

Km 101, Dorf bei Position **N 13°36,997′ E 21°39,062′.**

Km 122, Dorf. **N 13°34,59′ E 21°49,37′.**

Km 172, **ADRÉ** – Dorf am Ufer eines Sees. Aus-/Einreiseformalitäten (Zoll, Polizei). Einreise (von Sudan kommend), Pos. **N 13°28,148′ E 22°12,585′**, problemlos und schnell.

Verschiedenes: Med. Versorgung durch amerikanischen Arzt am Ort. Markt.

Km 174, Sudanesischer Checkpoint (Ein-/Ausreise). **N 13°27,143′ E 22°13,400′.**

Km 201, **EL GENEINA** – S. J 15. Pos. **N 13°26,062′ E 22°26,312′.** (Ende J 15 und J 17.)

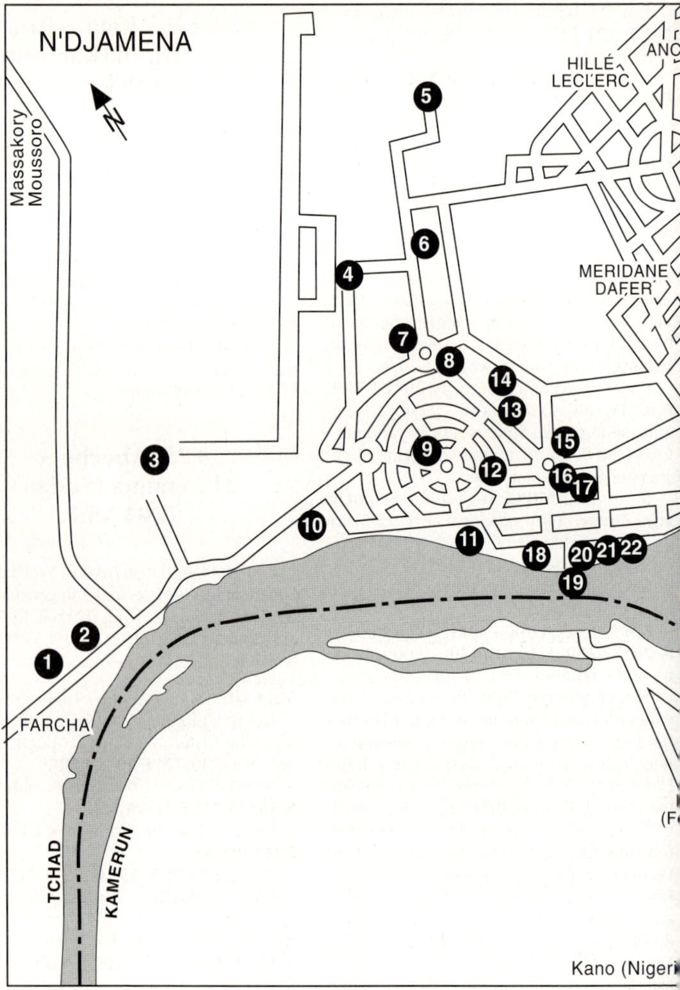
N'DJAMENA
Massakory
Moussoro
N
HILLÉ
LECLERC
ANC
MERIDANE
DAFER
1
2
3
4
5
6
7
8
9
10
11
12
13
14
15
16
17
18
19
20
21
22
FARCHA
TCHAD
KAMERUN
Kano (Nigeri

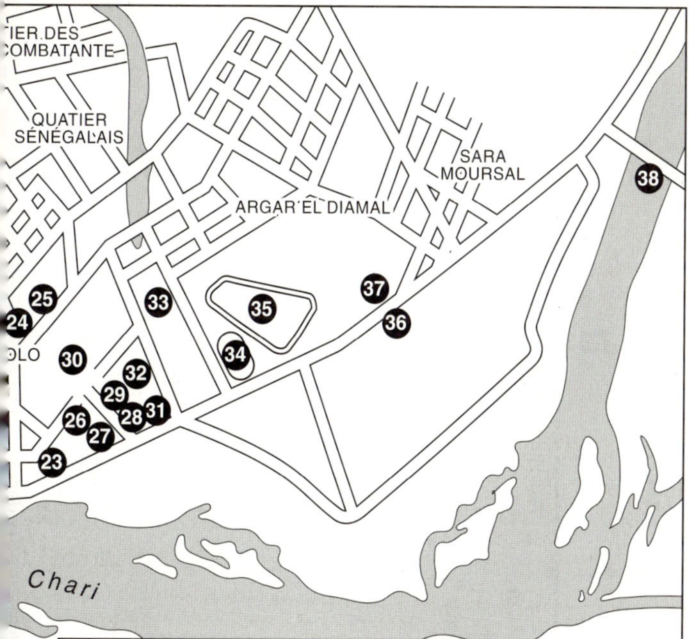

1 Camp Dubut
2 SATOM
3 Luftwaffenstützpunkt
4 Flughafen
5 Telekom
6 Gendarmérie
7 Botschaft von Zaïre
8 VOG
9 Französische Botschaft
10 Hotel Le Tchadienne
11 Hotel du Chari
12 Post
13 Bank
14 Europäisches Viertel
15 Camp Koufra
16 Finanzministerium und Justizpalast
17 Kathedrale
18 Elektrizitätswerk
19 Fähre nach Kamerun
20 Polizei, Einwanderungsbehörde
21 Museum
22 Präsidentenpalast
23 Krankenhaus
24 Moschee
25 Kommisariat
26 Afrikanisches Viertel
27 Schulen
28 Deutsche Botschaft
29 Moschee
30 Großer Markt
31 Markt
32 Polytechnikum
33 Katholische Mission
34 Stadion
35 Pferderennbahn
36 Technische Hochschule
37 Gymnasium F. Eboue
38 Chagoue-Brücke

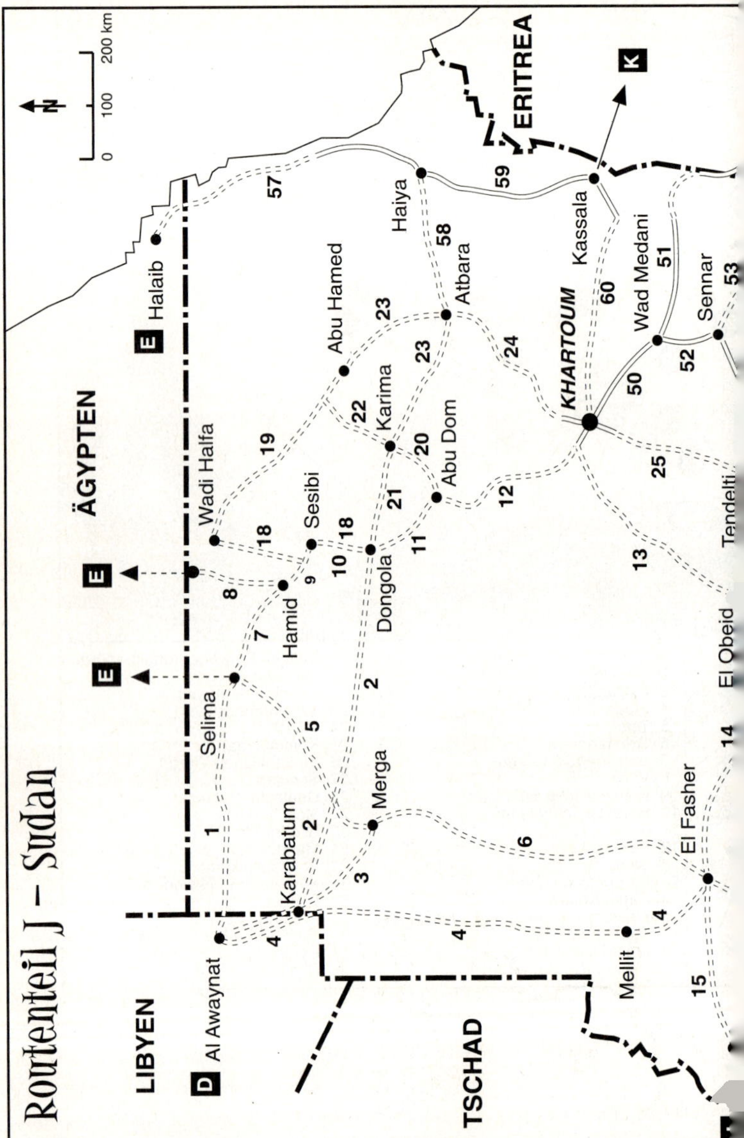
Routenteil J – Sudan
0 100 200 km
N
LIBYEN
ÄGYPTEN
TSCHAD
ERITREA
D
E
E
E
E
K
Al Awaynat
Selima
Wadi Halfa
Halaib
Hamid
Sesibi
Dongola
Karabatum
Merga
Abu Hamed
Karima
Abu Dom
Atbara
Haiya
Kassala
KHARTOUM
Wad Medani
Sennar
Tendelti
El Obeid
El Fasher
Mellit
1
2
2
3
4
4
4
5
6
7
8
9
10
11
12
13
14
15
18
18
19
20
21
22
23
23
24
25
50
51
52
53
57
58
59
60

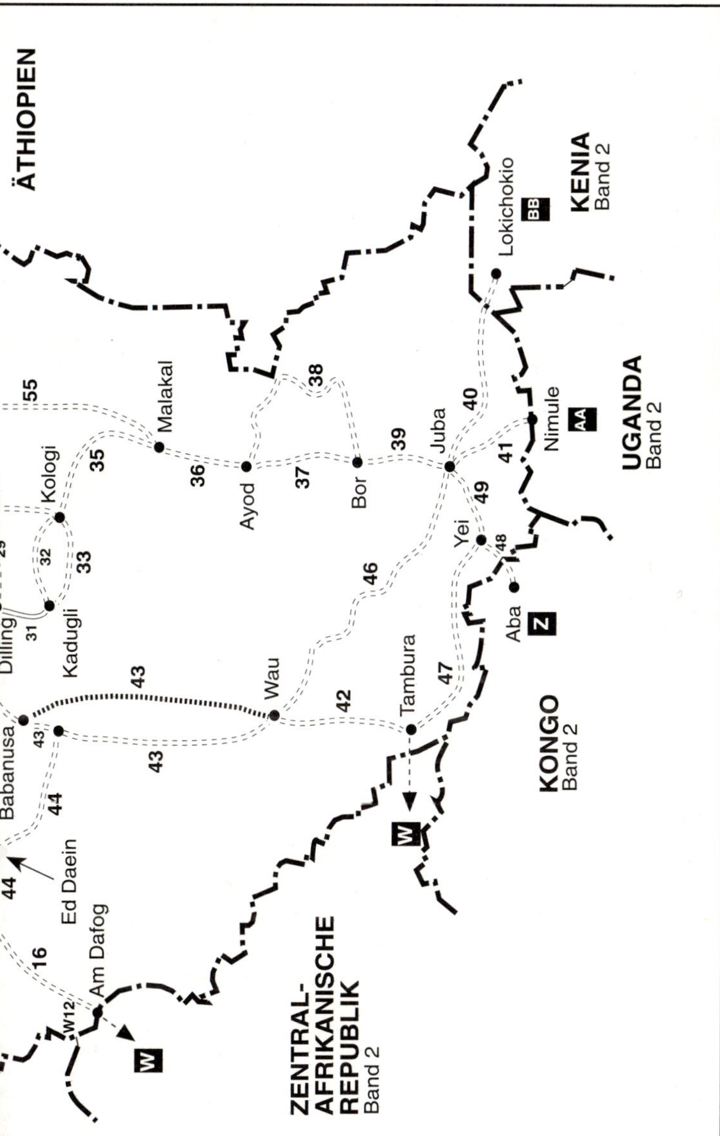
ÄTHIOPIEN
KENIA
Band 2
UGANDA
Band 2
KONGO
Band 2
ZENTRAL-
AFRIKANISCHE
REPUBLIK
Band 2
Lokichokio
BB
Nimule
AA
Aba
Z
W
W
Malakal
Kologi
Dilling
Kadugli
Ayod
Bor
Juba
Yei
Wau
Tambura
Babanusa
Ed Daein
Am Dafog
W12
16
29
31
32
33
35
36
37
38
39
40
41
42
43
44
46
47
48
49
55

Sudan - Routenteil J

Überblick

Fläche: 2 505 813 km².

Einwohner: ca. 31 Mio.

Ethnien: Araber, Nubier, Dinka, Nuer, Shilluk, Nuba u.a.

Hauptstadt: Khartoum (ca. 6 Mio. Einw. mit Omdurman).

Sprachen: Amtssprache ist Arabisch, insgesamt 132 lokale Sprachen, Englisch nur im Süden (abnehmend wg. der schlechter werdenden Bildungsstituation durch den Bürgerkrieg).

Religion: Staatsreligion Islam (70%), im Süden Naturreligionen, Christen (ca. 5%).

Ruhetag: Freitag.

Feiertage: 1.1., 8.4., 1.5., 21.10., 23.10., 25.12., dazu zahlreiche islamische und christliche Feiertage.

Zeitverschiebung: MEZ plus 1 Stunde; Sommerzeit gleich.

Stromspannung: 220/240 V.

Einreise: Visumpflicht für Deutsche, Schweizer und Österreicher. Reisende mit Sichtvermerken von Israel erhalten kein Visum. Antragsdauer bei der Botschaft in Berlin ca. 1 Woche. Beim Antrag auf mehrmalige Einreise wird die Anfrage nach Khartoum geschickt - die Bearbeitungszeit ist entsprechend länger. In Kairo ist das Visum innerhalb von 1 Woche für 61 US-$ (03.99) erhältlich, keine Transitvisa. Visum in Addis Abeba (Äthiopien) für 50 US-$/1 Monat (03.00), im Mai 2000 erhielt ein Leser das Visum nur mit gültigem Flugticket (der Zusatz „Einreise per Luft" führte dabei zu Problemen an der Grenze). Einfuhr von Alkohol, Schweinefleisch und „pornographischen" bzw. Publikationen mit freizügigen Abbildungen verboten.

Impfung/Gesundheit: Gelbfieberimpfung ist bei Ankunft aus einem Infektionsgebiet und bei Reisen außerhalb der Städte vorgeschrieben; auch bei Einreise aus Ägypten empfehlenswert, um Diskussionen zu vermeiden. Malariaprophylaxe dringend geboten.

Kontrollen/Genehmigungen: Zahlreiche Polizeikontrollen. Für Reisen im Land ist ein Travel Permit obligatorisch. Reisende, die sich länger als 3 Tage im Land aufhalten, müssen sich polizeilich anmelden. Travel Permits und Meldestempel gibt es im Alien Office in Khartoum (u.U. sehr (zeit-)aufwendig, s.a. Khartoum/J 12). Bei Schwierigkeiten ist das Travel Permit einfacher und schnell im „Ministry of Environment and Tourism" in Khartoum (100 m vom British Council entfernt) zu erhalten; dort auch Fotopermit. Das Travel Permit wird von div. Checkpoints und bei Meldung bei der Security der Städte in Kopie einbehalten (Kopien in Khartoum machen). Permits zum Besuch von Ausgrabungsstätten erhält man im Nationalmuseum in Khartoum (s. Khartoum/J 12). Die Behörden haben Donnerstagnachmittag und Freitag geschlossen.

Währung: Sudanesischer Dinar (früher Pfund, 1 Dinar = 10 Pfund). 1 Euro = 237 Dinar, 1 US-$ = 256 Dinar. Die Preisangaben im Buch sind weitgehend noch in Pfund. Offizieller und Schwarzmarktkurs unterscheiden sich um unter 10%. Alle Fremdwährungen in jeglicher Höhe, am besten auch Travellerschecks, müssen bei der Einreise unbedingt deklariert werden. Vielfach tauschen die Banken nur gegen Vorlage der Deklaration. Außerhalb der Hauptstadt kann man nur US-$ (bar) tauschen. Devisenerklärung wird bei der Ausreise über Gallabat nicht kontrolliert (03.00). Tausch von Travellerschecks selbst in Khartoum schwierig, nur nach längeren Diskussionen in der „National Bank of Abu Dhabi" gegen hohe Gebühr möglich.

Kfz: Internationaler Führerschein und Kfz-Schein. Carnet de passage ist nicht erforderlich. Bei Anreise mit dem Schiff wird häufig anstelle des Carnet ein Zoll-Papier ausgestellt. In der Zollerklärung müssen Wertgegenstände wie Kamera, Computer etc. aufgeführt werden. Wichtiger Treffpunkt in Khartoum ist das griechische Hotel „Agropol" (s. J 12), der Eigentümer hat Infos und wichtige Verbindungen.

Treibstoff: Diesel in Khartoum 250 Dinar/Gallone (4,5 l), in El Obeid 265 Dinar/Gallone (03.00). Benzin in Wadi Halfa 650 Dinar/Gallone (05.00). In der Nord- und Westprovinz ist der Treibstoff bis zu 30% teurer als in Khartoum. Die Treibstofflage hängt von den verfügbaren Devisenreserven des Sudans ab und vom Verbrauch der Armee. Sind genügend Devisen vorhanden, wird Rohöl importiert und in Port Sudan weiterverarbeitet. Während stärkerer kriegerischer Aktivitäten im Südsudan wird der Treibstoff für die Armee reserviert. Diesel normalerweise flächendeckend ohne Engpässe. Südlich von Dongola ist Benzin und Diesel problemlos in den Städten erhältlich. Nördlicher ist Benzin bei privaten Händlern (zu überhöhten Preisen) zu bekommen.

Alkohol: Vorsicht! Kein Alkohol oder Trunkenheit in der Öffentlichkeit (harte Strafen).

Straßen: Kaum Asphalt, meist schlechte Pisten, im Süden in der Regenzeit selten befahrbar. Wegen des Bürgerkriegs im Süden sind alle Streckenbeschreibungen dort alt.

Grenzen: Die Grenze nach/von Ägypten über den Nasser-Stausee ist seit Anfang 1998 wieder offen! Es verkehrt eine Personenfähre von Assuan nach Wadi Halfa (s. E 3). Die Straßenverbindung Abu Simbel – Wadi Halfa ist weiterhin gesperrt. Der Süden des Lan des ist für Reisende gesperrt, d.h. die Weiterreise in die Zentralafrikanische Republik ist aufgrund des Bürgerkriegs derzeit nicht möglich, ebenso nach Kenia. Die Weiterreise in den Tschad ist durch häufige Überfälle sehr unsicher. Die Grenzen nach Äthiopien sind z.Z. (Sommer 2002) offen, aber häufig vermint. Die Grenze von Äthiopien in den Sudan bei Gedaref/Gonder ist passierbar (s. J 51). Sicherheit über die aktuelle Situation erhält man vor Ort erst direkt an der Grenze. Mit einem „Airtravel-Visum" die äthiopische Grenze auf dem Landweg zu überqueren, kann zu Problemen führen (s.a. Einreise). Die Grenzen nach Eritrea sind offen. Das Grenzgebiet zu Uganda und der Demokratischen Republik Kongo (ex. Zaire) ist Bürgerkriegsgebiet. Die Ausreise aus Libyen in den Sudan von Al Khofra via Djebel al-Awaynat ist für Europäer nicht offiziell möglich (Libyen verweigert die Ausreise, Sudan erlaubt die Einreise).

Sicherheit: Derzeit ist ohne größere Risiken nur ein Bereisen der nördlichen Landesteile möglich. Im Süden herrscht Bürgerkrieg, diese Gebiete sind lebensgefährlich. Der Westen des Landes entlang der Tschadgrenze ist durch immerwährende Grenzkonflikte sehr unsicher. Viele Überfälle und militärische Auseinandersetzungen. Das Auswärtige Amt rät grundsätzlich vor Reisen außerhalb der sicheren Gebiete um Khartoum und der Tauchgebiete bei Port Sudan ab.

Literatur und Landkarten:
Reiseführer: Keine.
Landkarten: Übersichtskarte Michelin 954, Nord- und Ostafrika, 1:4 000 000. Russische Generalstabskarten im Maßstab 1:500 000 (z.B. bei Därr Expeditionsservice oder ILH Stuttgart erhältlich).
Hintergrund: B. Selby, „Ah Agala!", Serie Piper Abenteuer (mit dem Fahrrad zu den Quellen des Nil). O. Itten, „Fungor", über die Zerstörung der Nuba-Kultur.

Geschichte: Reiche wie Meroë, Napata und Kusch prägten die Geschichte des Nordsudan noch lange nach dem Zerfall des pharaonischen Ägypten. In ihrer Nachfolge fungierten die Königreiche Dongola, Nobatia und Alodia fast 2000 Jahre lang als Mittler zwischen den Reichen am Oberlauf des Nil und den „Fanggründen" für Sklaven und Elfenbein im Süden des heutigen Sudan. Zwischen 1820 und 1876 eroberten ägyptische Truppen, unterstützt von den Briten, den Sudan. Für kurze Zeit gelang es einer religiösen und politischen Erneuerungsbewegung unter dem „Mahdi" (Erlöser), die Besatzer aus Khartoum zu vertreiben, doch bereits 1898 konnten die Briten das verlorene Territorium wieder zurückerobern. Während die britische Kolonialverwaltung eine Aufteilung des Gebietes anstrebte, die den muslimisch-arabischen Nordsudan Ägypten, den christlich-animistischen Süden Uganda zugeschlagen hätte (sogar Eheschließungen zwischen Nord- und Südsudanesen wurden für illegal erklärt, um die Teilung voranzutreiben), strebte die Unabhängigkeitsbewegung die Einheit des Territoriums an. 1955 wurde der Sudan unabhängig.

Politik: Der ethnisch wie religiös bedingte Gegensatz zwischen dem muslimischen Norden und dem christlich-animistischen Süden des Sudan hat dem unabhängigen Staat ein Konfliktpotential hinterlassen, das maßgeblich seine jüngere Geschichte prägt. Der Bürgerkrieg zwischen den verfeindeten Landesteilen ist fast ebenso alt wie die Unabhängigkeit selbst. Während in Khartoum mit Numeiri und seinem per Putsch 1989 an die Macht gekommenen Nachfolger El-Beshir immer Vertreter des arabischen Nordens die Regierungsgewalt innehaben, kämpfen im Süden die SPLA und eine weitere von der SPLA abgespaltene Gruppe um die Unabhängigkeit und die Kontrolle der Ölgebiete. Maßnahmen wie die Einführung der Sharia (islamisches Gesetz) als Rechtskodex für das ganze Land haben die Spannungen nur noch verschärft. Die Regierung isolierte sich wegen des zunehmenden Einflusses des islamischen Fundamentalismus zusehends vom Westen, gute Beziehungen werden v.a. zum Iran aufrechterhalten. Anfang 2000 setzte jedoch El-Beshir den Islamistenführer und Parlamentspräsidenten Hassan al-Turabi ab, um den Einfluss der radikalen Muslime einzudämmen. Es kam zu einer Annäherung/Dialog des Landes mit dem Westen. Im Dez. 2000 wurde El-Beshir für weitere fünf Jahre als Präsident im Amt bestätigt. Die Wahl wurde von wichtigen Oppositonsparteien boykottiert, in zahlreichen Wahlkreisen konnten keine Wahlen abgehalten werden.

Im Gefolge des Bürgerkriegs leidet der Süden des Landes unter massiver Unterversorgung mit Lebensmitteln (Hungersnöte) und Medikamenten und unter dem Zusammenbruch der Infrastruktur. Noteinsätze der Hilfsdienste scheitern an den Kämpfen, an der „Aushungerungspolitik" des Nordens und den Versuchen der Rebellen, die Hilfsorganisationen zu kontrollieren. Ein Ende des Bürgerkriegs ist nicht absehbar. Es kommt weiterhin zu massiven Menschenrechtsverletzungen im Bürgerkriegsgebiet. Im Februar 2000 verhängte die USA einen Boykott gegen sudanesisches Öl, da angeblich mit den Geldern aus dem Ölverkauf der Bürgerkrieg finanziert wird.

Routen

J 1: Al Awaynat (Libyen) – sudanesische Grenze – Selima (490 km)

(01.00) Piste (A/D/H/I). Streckenverlauf meist abseits der Piste; GPS notwendig. Ausgesprochen einsame, abgelegene Strecke. Nur wirklichen „Wüstenfüchsen" empfohlen. Wasser in Selima. Von libyscher Seite wird Touristen die Ausreise in Richtung Sudan nicht erlaubt. Seitens Sudan ist eine Einreise möglich. Gibt man an, dass man in den Sudan fahren will, wird evtl. die Weiterfahrt bereits in Al Khofra untersagt. Bei Übertretung der Grenze ohne Ausreiseformalitäten werden die Einreiseformalitäten in den Sudan in Dongola (s. J 10, problemlos) oder Karabatum (s. J 4) erledigt. Koordinaten des sudanesischen Polizeipostens Karabatum (s. J 4): **N 20°13,49' E 25°30,13'.** Karabatum ist der Verteiler, von dem aus die Lkw, die von Khofra kommen, entweder nach Süden oder nach Osten fahren.

AL AWAYNAT – S. D 22. (Ende D 22 und J 4; Beginn J 3.)

Verlassen Sie Al Awaynat ostwärts.

Km 30, die Grenze ist mit einem Metallschild markiert. Die Spuren werden hier deutlicher und verlaufen erst Richtung Osten, dann mehr und mehr Richtung Norden. Nicht nach Norden, sondern Richtung Osten weiterfahren, zwischen dem Djebel al-Awaynat (links) und dem Jebel Kissu (rechts), einer südöstlich vom Jebel Awaynat gelegenen Spitze, hindurch. Der Boden ist sehr steinig.

Km 230, zwei lang gestreckte Dünen (barkane), die im Norden zu umfahren sind. Unmittelbar hinter diesen Dünen liegt ein aufgegebenes Treibstofflager (Ölfässer und 4-Gallonen-Benzinkanister mit der Aufschrift „Air fuel").

Den mit diesen Kanistern errichteten Markierungen ist nicht zu trauen, da es in der Wüste davon wimmelt. Richtung Ostsüdost weiterfahren.

Km 410, man kommt zurück auf die alte Karawanenstraße, genannt „Straße der 40 Tage", die ca. 30 km Richtung Osten verläuft und dann nach Nordost in Richtung Selima abbiegt.

SELIMA – Verlassene Oase, die in einer großen Senke am Fuße des langen, dunkelroten, von weitem sichtbaren Bergzuges liegt, und auf dem zwei große Steinfiguren stehen. Zwei Löcher mit klarem Wasser, die von dichtem Schilfgewächs umgeben sind. Ruine oberhalb der Wasserlöcher. Zahlreiche Dattelpalmen. Sandrosen. Die alte Karawanenstraße Darb el Arbain nach Ägypten ist gesperrt (s. E 7). (Beginn J 5 und J 7.)

J 2: Karabatum – Dongola (ca. 655 km)

(11.99) Piste (A/H/I). Tiefe, ausgefahrene Lkw-Spuren, stellenweise tiefer Weichsand mit scharfen Steinen. Alle 14 Tage fährt ein Allrad-Bus, sonst kaum Verkehr. Volle Wüstenausrüstung und Allradfahrzeuge notwendig. Fahrzeit ca. 6 Tage.

Km 0, **N 20°13,60' E 25°30,033',** nach der Grenzstation Richtung Norden fahren, Spuren folgen.

Km 13, Richtung 60° auf Gebirge zu.

Km 19, **N 20°22,100' E 25°34,383',** Piste zieht nach Osten in die Berge hinein, teilw. SO bis SSO.

Km 53, **N 20°14,783' E 25°47,317',** sandiges Tal, viele Spuren, 500 m Höhe.

Km 63, **N 20°10,483' E 25°51,317',** weites Tal.

Km 79, **N 20°03,017' E 25°55,45',** Abzweigung nach links, Wegweiser mit arabischer Aufschrift. Gerade Piste führt nach Nukheila und Hamrat.

Km 0, Kilometerstand bei dem Schild auf 0 setzen, nach links abzweigen.

Km 39, **N 19°51,633' E 26°12,80',** Pick-Up hochkant als Pistenmarkierung, Reg-Fläche, zügig befahrbar.

Km 69, **N 19°40,950' E 26°23,65',** steiniges Gebiet mit Weichsand auf ca. 5 km.

Km 95, **N 19°35,067' E 26°36,45',** linker Hand Bergzug, Fahrt darauf zu.

Km 99, **N 19°34,833' E 26°38,35',** links altes Flusstal.

Km 111, **N 19°32,05′ E 26°44,177′,** links zwei Ginsterhügel im Weichsand.

Km 120, **N 19°30,177′ E 26°48,017′,** Verkehrsschild mit arabischer Aufschrift, auf der Spur bleiben.

Km 135, **N 19°29,267′ E 26°56,283′,** Talquerung, Piste führt in die Berge hinein.

Km 169, **N 19°26,650′ E 27°11,783′,** weite Täler, Piste führt auf das Plateau of Abydan.

Km 179, **N 19°27,967′ E 27°17,917′,** Pistenmarkierung dreieckiges Schild, Aufschrift „400 km to Dongola".

Km 195, **N 19°29,617′ E 27°26,417′,** Pistenmarkierung viereckiges Schild, arabische Aufschrift. Langes Weichsandfeld mit spitzen Steinen.

Km 312, **N 19°10,717′ E 28°22,15′,** Schild in langem Weichsandfeld mit Steinen.

Km 329, **N 19°07,083′ E 28°30,933′,** links und rechts Dünen.

Km 342, **N 19°04,633′ E 28°37,917′,** Abstieg vom Plateau, Fass mit Schild als Markierung.

Km 351, **N 19°02,983′ E 28°41,783′,** Buswrack, bis Km 380 Teller mit Weichsand.

Km 394, **N 19°02,567′ E 29°04,017′,** Markierungsstab, Schild mit arabischer Beschriftung.

Km 421, Abstieg vom Plateau.

Km 431, **N 19°02,633′ E 29°21,167′,** Dreieckiges Schild, herrliche Hügellandschaft, sandige Täler.

Km 436, viereckiges Schild.

Km 447, **N 19°02,917′ E 29°30,05′,** mehrere Büsche, gr. Reifen (Aufschrift „120").

Km 499, **N 18°53,733′ E 29°53,983′,** Gebäude, Palmen, mehrere Brunnen.

Km 512, **N 18°52,35′ E 30°00,183′,** viereckiges Schild.

Km 522, **N 18°53,667′ E 30°05,283′,** versteinerte Bäume, Sicheldünen.

Km 526, **N 18°54,633′ E 30°07,25′,** links verfallenes Haus, im Hintergrund Brunnen, Wasser in ca. 1 m Tiefe, Oase Gab im Hintergrund.

N 18°55,85′ E 30°07,60′, Verlassen der Oase Gab in Richtung Nordosten.

Km 560, **N 19°02,517′ E 30°20,933′,** Pistenkreuzung, Richtung beibehalten.

Km 575, **N 19°08,383′ E 30°26,217′,** wir kommen auf die Teerstraße, links Flughafen Dongola, nach links auf die Teerstraße einbiegen.

N 19°10,383′ E 30°27,70′, Zollhof von **DONGOLA** – S. J 10. (Ende J 10; Beginn J 11 und J 21.)

J 3: Al Awaynat (Libyen) – sudanesische Grenze – Merga (ca. 400 km)

Piste (A/D/H/I). Streckenverlauf abseits der Pisten; GPS notwendig. Russische Generalstabskarten 1:500 000 mitnehmen. Nur wirklichen „Wüstenfüchsen" empfohlen (siehe Anmerkungen zu J 1). Die Ausreise aus Libyen ist z.Z. (2002) offziell nicht möglich (s. J 1). Koordinaten des sudanesischen Polizeipostens Karabatum siehe J 1.

AL AWAYNAT – S. D 22. (Ende D 22 und J 4; Beginn J 1.)

Al Awaynat wird in Richtung Süden verlassen. Weiter geht es entlang eines Berges, der links von der Piste liegt. Unmittelbar dahinter in Richtung Osten abbiegen und ein Dünengebiet durchqueren. Danach weiter Richtung Süden fahren bis zu einer Art Gang zwischen zwei Dünen. Am Ausgang dieses Ganges nach links, Richtung Nordost, abbiegen und weiterfahren bis zur Merga-Senke. Schlechte Piste nördlich von Merga. Den **Merga-See** umfährt man ca. 15 km östlich.

MERGA – Oase. See und Palmen. Schöne einsame Region. (Ende J 5; Beginn J 6.)

J 4: El Fasher – Mellit – Karabatum – Al Awaynat (Libyen) (ca. 1050 km)

(12.93, Mercedes G) Piste (A/D/H/I). Die Ausreise aus Libyen ist z.Z. (2002) offiziell nicht möglich (s. J 1). Die ersten 900 km sind tiefer, weicher Sand (keine Dünen), der zu exorbitantem Treibstoffverbrauch führt (Mercedes 290 GD 40 l/100 km). GPS erforderlich.

EL FASHER – 730 m. Provinzhauptstadt. Alle Versorgungsmöglichkeiten. Großer Markt. Treibstoff aus Fässern. **N 13°37,41′ E 25°21,43′.**

Verschiedenes: Läden mit Fahrzeugzubehör. Post, Bank, Flughafen, Restaurants. Die Reiseerlaubnis erhält man schnell und kostenlos beim Immigration office. Mittwoch und Sonntag geht ein Lkw-Konvoi nach Al Khofra ab. (Ende J 6 und J 14; Beginn J 15, J 16 und J 62.)

Fahren Sie Richtung Norden auf tiefen, sandigen Spuren aus El Fasher heraus. Sie erreichen riesige, rötliche, sehr flache, bewachsene Sandfelder.

Km 36, **UMM MARAHIK** – Dorf, Pos. **N 13°58,32′ E 25°27,47′.** Praktisch keine Versorgungsmöglichkeit.

Es geht in tiefen Sandspuren weiter.

Km 71, **MELLIT** – Kleine Stadt, Position **N 14°07,39′ E 25°32,06′.** Relativ gute Versorgung. Markt, Zollamt, Polizei, Security. Gutes Wasser an einem Motorbrunnen. Ausreiseformalitäten erledigen. Besorgen Sie sich den gesamten Treibstoff bis Al Khofra. Kalkulieren Sie den hohen Verbrauch ein (über 40 l/100 km). Wird der Treibstoff knapp, fragen Sie libysche Lkw-Fahrer.

Km 101, **SAYAH** – Dorf bei GPS-Pos. **N 14°18,40′E 25°45,26′.** Brunnen. Kleine Läden.

Km 147, **MADU** – Dorf. **N 14°36,08′ E 26°02,18′.**

Km 205, **MALHA** – Dorf bei Position **N 15°05,25′E 26°09,36′.**

Sehenswert: Der nordöstlich liegende ca. 80 m tiefe Krater mit **Salzsee von Malha (N 15°07,39′E 26°10,32′).** Er liegt in einem vom Ort aus gut sichtbaren Vulkan und dient den Nomaden als Viehtränke und Salzlager. Mit dem Geländewagen kann bis zum Kraterrand gefahren werden.

Die Piste ist nun unmarkiert.

Km 249, Dorf bei Pos. **N 15°23,15′ E 26°03,16′.**

Km 287, **HARRA** – Lkw-Rastplatz, Pos. **N 15°35,17′E 26°14,52′.**

Km 387, die Vegetation endet hier.

Km 447, **WADI HOWAR** – Geländepunkt, **N 16°57,26′E 26°04,04′.**

Vom Wadi Howar führen viele, weit auseinander laufende, auf weiten Strecken verwehte Spurenbündel durch tiefen Sand nach Norden.

Km 747, teilweise kiesiger, steiniger Untergrund.

Km 847, **KARABATUM** – Sudanesischer Polizeistützpunkt, GPS-Pos. **N 20°13,49′ E 25°30,13′.** Meldung erforderlich, der Pass wird registriert. Einreiseformalitäten von Libyen kommend (einige Stunden dafür einrechnen). Wasser (Dusche). Wichtig für Motorradfahrer: Benzin sehr schwer aufzutreiben, die Polizei fährt nur Dieselfahrzeuge, evtl. tagelanges Warten. Karabatum ist der Verteiler, von dem aus die Lkw, die von Khofra kommen, entweder nach Süden oder nach Osten fahren.

Km 1047, **AL AWAYNAT** – S. D 22. (Ende D 22; Beginn J 1 und J 3.)

J 5: Selima – Merga (ca. 480 km)

Piste (A/D/H/I). Streckenverlauf weitgehend abseits der Piste; GPS erforderlich. Schwierige Wüstenstrecke durch hügeliges, steiniges, zeitweise sandiges, einsames Gelände ohne jeglichen Verkehr. Nur wirklichen „Wüstenfüchsen" empfohlen.

SELIMA – S. J 1. (Ende J 1; Beginn J 7.)

Selima in Richtung Südsüdost verlassen (230°).

Km 20, Überquerung eines Felsriegels, der das Ende des Selima-Kessels darstellt.

Bis Km 36 in Richtung 210° weiterfahren. Vereinzelte Markierungen, seltene Spuren von Kamelen.

Bis Km 41 halten Sie sich Richtung 235°, danach bis Km 48 nach 250°.

Schließlich mit 210° bis Km 52 weiterfahren, wo man eine Ost-West-Piste („Convoy route 1934") quert. Unzureichende Markierung durch Metallstangen und 4-Gallonen-Ölkanister.

Auf der westlichen Piste mit 270° bis zu Km 70 weiterfahren, wo die Piste eine abrupte Biegung nach Norden macht. An diesem Punkt hat der Reisende zwei Möglichkeiten:

VARIANTE 1: Piste über Laqiyat Umran (nicht ratsam). In der Biegung die markierte Süd-West-Piste (214°) verlassen und durch sandige, kiesige Becken bis Km 100 weiterfahren.

Von da ab bis Km 170 in Richtung 230° weiterfahren. Markierung durch einzelne Steinmännchen, zahlreiche scharfkantige Steine.

Dann Orientierung auf 210° bis Km 220, wo man den Jebel el-Bik erreicht, der den Eingang in den Laqiyat-Umran-Canyon darstellt. Das Gefälle auf der Kamelpiste in den Canyon ist durch ein Dutzend Steinmännchen markiert. Diese Piste endet in der riesigen Düne, die den Canyoneingang versperrt. Einen anderen Eingang viel weiter im Westen suchen – der Canyonausgang ist jedoch für ein Fahrzeug so gut wie nicht befahrbar.

Wir kennen die weitere Strecke zwischen dem Ausgang und Merga nicht, sie dürfte jedoch über leichtes Gelände führen.

VARIANTE 2: West-Piste nach Laqiyat Umran. Nach der Biegung bis Km 200 (felsige Erhebung von Burg-el-Tuyur, 230 m) nach 264° halten.

Von dort an mit 215° weiter quer durch flaches, leichtes Gelände bis Km 470, wo man die Gebirgsregion von Merga erreicht. Der Zugang zur Oase ist vom Norden her durch eine schwierig zu überquerende Wanderdüne versperrt.

MERGA – S. J 3. (Ende J 3; Beginn J 6.)

J 6: Merga – El Atrun – Wadi Howar – El Fasher (ca. 710 km)

Piste (A/D/H/I). Fahrstrecke abseits der Pisten; Kompass und GPS dringend erforderlich. Nur wirklichen „Wüstenfüchsen" angeraten. Russische Generalstabskarte 1:500 000 verwenden.

MERGA – S. J 3. (Ende J 3 und J 5.)

Merga in Richtung Süd-Südwest verlassen; Durchquerung einer steinigen Region. Den alten Spuren folgen.

Einige deutliche Spuren führen nach El Atrun; dann in Richtung Süden weiterfahren, anschließend nach Südsüdost. Die Piste führt in Slalomkurven durch eine mit Granitblöcken durchsäte Gegend, dazwischen Weichsandstrecken. Einige Steinmännchen.

Kurz vor El Atrun tauchen links im Osten charakteristische Bergformationen auf, die von einer Reihe von teilweise schwer überquerbaren Wanderdünen gefolgt werden.

EL ATRUN – Wichtiger Karawanenknotenpunkt. Büsche. Wasser nur, wenn die Pumpe funktioniert. Polizeistation. Manchmal halten sich hier auch einige Nomaden auf. Zeltlager und einige feste Häuser etwa 3 km südlich der hohen Berge in der Oase südöstlich von El Atrun (Polizeistation, Wasser und manchmal Diesel).

Südlich von El Atrun nicht den Kamelpisten folgen, die nahezu alle als Sackgassen enden, sondern nach Südost, danach Richtung Südsüdost auf der Lkw-Piste weiterfahren. Überquerung von weiten sandigen Flächen, wo vereinzelt Gras wächst.

WADI HOWAR – Hohe Bäume. Wasser. Pumpstation außer Betrieb.

Zwischen Wadi Howar und Wadi Magrur führt die Route über weite sandige Flächen, die ab und an von leicht zu überquerenden Dünenketten durchbrochen werden.

WADI MAGRUR – Bewohnter Ort. Außergewöhnlich malerisch. Wasser. Pflanzungen. Anschließend fährt man über den **Meidob-Hills-Canyon** (sehr schöne Landschaft) in Richtung Malha weiter.

MALHA – Krater mit See in der Mitte.

Gut sichtbare Spuren von leichten Fahrzeugen bis Mellit.

MELLIT – S. J 4. (Zur J 4.)

Gute Piste bis El Fasher.

EL FASHER – S. J 4. (Ende J 14; Beginn J 4, J 15, J 16 und J 62.)

J 7: Selima – Hamid (ca. 130 km)

(01.00) Piste (A/D/H/I). Einsame Strecke, kaum befahren, GPS erforderlich.

SELIMA – S. J 1. (Ende J 1; Beginn J 5.)

Ab Selima drei Trassen nach Wadi Halfa, Hamid, Dongola.

Die Piste führt geradeaus Richtung Südosten. Anfangs sind zahlreiche felsige Stufen zu überfahren, danach Sand- oder serir-Felder.

Die letzten Kilometer vor Erreichen des Nil sind bergig. Der Berg Abri, am östlichen Flussufer und bereits von großer Entfernung aus sichtbar, dient als Orientierungspunkt.

HAMID – Hübscher Ort, zauberhafte Landschaft, gastfreundliche Bevölkerung. Verpflegung (kleiner Laden). Gutes Wasser (Brunnen). Geldwechsel im Laden möglich. Polizeistation, Zoll und Einwanderungsstelle. Kein Treibstoff. (Beginn J 9; Ende J 8.)

J 8: Ägyptische Grenze – Amara-Tempel – Hamid (ca. 185 km)

Piste (A/D/H/I/K).

ÄGYPTISCHE GRENZE – S. E 9. (Ende E 9.)

Nach Passieren des ägyptischen Grenzübergangs führt die Piste weiter nach Südwesten und entfernt sich immer mehr vom Fluss. Kein Verkehr, keine Markierung, häufiger Weichsand. Die Fahrt führt mehr oder weniger entlang der Kamelpiste von Ägypten in den Sudan, die häufig durch Steinkegel markiert ist.

Ungefähr bei Km 95 erreicht man den See; gegenüber, am anderen Ufer, liegt ein Dorf.

Die Piste verläuft dann über Weichsanddünen und entfernt sich erneut vom Nil.

Ungefähr bei Km 105 großes, so gut wie unbewohntes Dorf am Fluss. Hier biegt die Piste wieder ins Landesinnere ab und überquert einen Gebirgszug. Kieshügel mit ziemlich steilen und schrägen Hängen.

Ca. Km 125, **KULB** – Dorf. Keine Versorgungsmöglichkeit. Herzlicher Empfang, hübsche Hügellage.

Die Piste führt auf der anderen Seite des Hügels wieder hinunter nach Südwesten und überquert weitere Hügel. Weichsand. Gazellen.

Ungefähr bei Km 140 stößt man wieder auf den Nil, an dem die Route dann mehr oder weniger entlangführt. Piste gut markiert (passiert mehrere Ortschaften).

Ca. Km 155, die Piste biegt nach Westsüdwest ab (Weichsand), umfährt die Dünen und durchquert eine weite Ebene, um sich dann allmählich ab Km 175 wieder Richtung Südsüdwest zu orientieren. Gefährliche Dünen.

Ca. Km 185, **HAMID** – S. J 7. (Ende J 7; Beginn J 9.)

J 9: Hamid – Sesibi (ca. 180 km)

(01.00) Piste (A/D/H/I), nicht markiert, führt durch trockene, von Felsen versperrte Flusstäler. So nahe wie möglich am Fluss bleiben. Kein Verkehr.

HAMID – S. J 7. (Ende J 7 und J 8.)

SEDDENGA-TEMPEL – Bereits zerfallenes Bauwerk aus der Zeit von Amenophis III. Unweit einige ebenfalls stark beschädigte Pyramiden.

Die Gegend wird von zahlreichen Bauern bewohnt.

SULB-TEMPEL – Tempel aus der Zeit von Amenophis III., erinnert an den von Luxor (s. E 20), schöne Basreliefs.

SESIBI – Malerischer Ort am Nil. Bevölkerung sehr sympathisch und gastfreundlich. Wasser. (Beginn J 10.)

In der Umgebung: Zahlreiche Tempelruinen.

J 10: Sesibi – Dongola (147 km)

(01.00) Piste (A/D/H/I) nicht markiert, entlang des Nils. Fahrrinnen, ausgetrocknete Flusstäler, steile Steigungen und Gefälle. Freundliche Bevölkerung, interessante lokale Architektur (Häuserfronten oft geschmückt und mit Fetischen behängt). Mühsame Strecke mit tiefen Spurrillen entlang des Nils; landschaftlich sehr schön.

SESIBI – S. J 9. (Ende J 9.)

DONGOLA – Stadt. Gute Infrastruktur. Treibstoff, Bank, Markt, Hotels und Restaurants. Bei der Polizei melden. Einreise (von Libyen kommend, s. J 1) auch ohne Ausreisestempel oder Carnet problemlos (ca. 1 Tag inkl. Immigration, nicht freitags oder Donnerstagnachmittag). Zollhof nahe des Stadtzentrums, ggü. Tankstelle. (Ende J 18 und J 2; Beginn J 11 und J 21.)

Unterkunft: Übernachtungsmöglichkeit im Zollhof (sicher, sauber, freundlich, Toiletten, Wasser). „Olla Hotel", etwas gehobenere Klasse, Einstellmöglichkeit für Motorräder, schöner Innenhof.

In der Umgebung: Kawa (drei Tempel) am rechten Nilufer (Fähre).

J 11: Dongola – Debba – Abu Dom (177 km)

(12.99, BMW R 80 G/S) Man kann hier entweder am Nil entlang durch die Dörfer fahren, die Straße ist oft sandig (H/I) mit ausgefahrenen Spuren, oder einige Kilometer in der Wüste mit Blickkontakt auf das grüne Vegetationsband des Nils und die Minarette. Mehrere parallele Spuren. Auf der Strecke gibt es auch ein ca. 15 km langes Teerband, das in einem sandigen Abschnitt gebaut wurde. Danach Schotterwüste, gut zu fahren. Hier wird an einer Teerstraße gebaut, bis ca. 15 km südlich von Dongola ist sie fertig.

DONGOLA – S. J 10. (Ende J 2, J 10 und J 18; Beginn J 21.)

Wellblech bis El Khandaq.

EL KHANDAQ – Dorf. Keine Versorgungsmöglichkeit.

Sehenswert: Überreste der Befestigungsanlagen und die malerische Architektur.

Km 76 ab Dongola, Beginn zahlreicher sandiger Passagen und tiefer Fahrrinnen.

Km 125, die Piste wird undeutlich. Folgen Sie nicht den vielen nach Süden führenden Spuren, sondern bleiben Sie am Nil.

DEBBA – Dorf. Wichtiger Treffpunkt für Karawanen, die vom Süden des Landes kommen. Verpflegung. Fähre über den Nil.

Sehenswert: der Markt.

ABU DOM – Weiler. Lebensmittelversorgung schwierig. Markt am Samstag. Restaurant. (Beginn J 12 und J 20.)

J 12: Abu Dom – Omdurman – Khartoum (367 km)

(02.99, Kawasaki Tengai) Piste (A/C/H/I/J), von Juli bis September nicht befahrbar, gefährliche Felsformationen. Die Piste ist nicht markiert und sehr schlecht erkennbar, die gesamte Region südl. von Ganetti ist von Spuren in alle Richtungen durchzogen. Sand, Tiefsandfelder, Geröllfelder. Landschaften im Oktober und November üppig grün, sonst wüstenartig. Keine Besiedelung, erst 150 km südlich des Nils Menschen. Die Strecke Ed Debba – Omdurman ist im April 2002 angeblich fertig asphaltiert worden.

ABU DOM – S. J 11. (Ende J 11; Beginn J 20.)

Man fährt am Nil entlang bis zur Ortschaft **GANETTI** (ca. 15 km östlich von Abu Dom); dort sucht man den Lkw-Treffpunkt („Relais de Gabolab", am Südrand von Ganetti), von wo die Lkw nach Süden nach Khartoum abfahren. Wenn man vom Norden kommt, ist es sinnvoll, **ED DEBBA** anzusteuern, bzw. von da nach Süden vom Nil abzubiegen **(N18° 02,983' E 30°56,933').**

Das Wüstenfleckchen **TAM-TAM**, von wo eine Asphaltstraße nach Omdurman führt, erreicht man indem man 140 km nach Süden und dann ca. 30 km nach Westen fährt, bis man die Asphaltstraße kreuzt. Dann noch ca. 250 km bis Omdurman.

OMDURMAN – Stadt, 378 m, 500 000 Einw. Gute Infrastruktur.

Sehenswert: Die Souks mit vielfältigem Kunsthandwerk, die alten Derwischklöster, das „Khalifa-Haus" (Museum) und das Mausoleum des Mahdi.

KHARTOUM – Hauptstadt, 378 m ü.NN (s. Stadtplan), ca. 6 Mio. Einw. mit Omdurman und Khartoum-Nord. Gute Versorgungsmöglichkeit, großer Markt in Omdurman. Gute Infrastruktur. (Ende J 24 und J 62; Beginn J 13, J 25, J 50 und J 60.)

Unterkunft: Wichtiger Treffpunkt ist das Hotel „Agropol", GPS-Pos. **N 15°36,320' E 32°31,737'**, der griechische Eigentümer George Pagoulatos verfügt über Infos und wichtige Verbindungen (auch für Nicht-Gäste), Treffpunkt der Entwicklungshelfer, Wissenschaftler etc., Preis nichts für Low-Budget-Traveller, P.O. Box 48, Tel. 00249/11/ 77 28 60 (Büro-voice), Fax 1: 7 20 26, Fax 2 : 77 08 98. Beste Hotels sind „Arak" und „Méridien". Hotel „Sheherazade", nähe „Méridien"-Hotel, EZ mit Bad und Klimaanlage ca. 35 Euro (04.02), TV; Kakerlaken, ansonsten in Ordnung. Der „German Sudan Club" (Tel. 44 24 38) ist in der First Street, südl. der Straße zum Flughafen, wo die Nationalstraße in Richtung Wad Medani weiterführt, unweit vom Zwischenlager der „Sudan Airways Cargo" (dort rechts abbiegen), Pos. **N 15°35,145' E 32°32,865'**, Camping nicht mehr möglich, Zimmer für 40 US-$. „Blue Nile Sailing Club" direkt am Nil, 3 US-$ p.P., 5 US-$/Kfz (03.00), **N 15°36,670' E 32°32,030'**, Travellertreffpunkt, sicher und o.k., kleines Restaurant (gut und preiswert). Camping Ground von Isaac Lubudi, **N 15°30,886' E 32°37,804'**, 12 km vom Zentrum (in Ri. Wad Madani und Äthiopien), ruhig, sympathisch und hilfsbereit, Preis günstiger als im „Blue Nile Sailing Club", Schattenplätze, Waschmaschine, Dusche/ Toiletten einfach, aber sehr sauber, gefiltertes Wasser, Internet in Vorbereitung. Jugendherberge, El-Tabia-Street, im östlichen Teil von Khartoum (am Bahnhof, kurz vor der Polizeistation).

Botschaften: Die Botschaft des Tschad stellt Visa aus (Empfehlungsschreiben erforderlich). Visa für Äthiopien bei der Botschaft nur mit Flugticket (10–100 US-$ Stornokosten, s.a. Überblick Äthiopien), mühevoll, Empfehlungsschreiben der Botschaft erforderlich, mehrere Tage Wartezeit. Visum für Eritrea mühevoll, Empfehlungsschreiben der Deutschen Botschaft, 11 000 £S (05.95).

Verschiedenes: In Khartoum nicht fotografieren. Travel Permits und Meldestempel im Alien Office (ca. 1,5 km vom „Blue Nile Sailing Club" entfernt). Travel Permit wird von versch. Checkpoints und bei Meldung bei der Security der Städte in Kopie einbehalten; Kopien in Khartoum machen (Copyshop ggü. Camping). Bei Schwierigkeiten ist das Travel Permit einfacher und schnell im „Ministry of Environment and Tourism" (100 m vom British Council entfernt) zu erhalten (weniger bürokratisch); dort auch Fotopermit. Permits für Ausgrabungsstätten erhält man im Nationalmuseum (Verwaltungsgebäude hinten), 10 US-$ p.P. und Besichtigungsstätte (03.01). Mercedes-Vertretung mit deutschem Meister „Yousif Mohamed El Ashi & Sons" (westlich der El-Hurriya-Street).

Sehenswert: Der Zoo, das sudanesische Nationalmuseum (interessante prähistorische und historische Sammlungen), das ethnographische Museum (ausgestellt sind Objekte sämtlicher Stämme des Landes) und der Zusammenfluss von Weißem und Blauem Nil. Keine historischen Monumente (die Stadt entstand erst zur Kolonialzeit).

J 13: Khartoum – Bara – El Obeid (451 km)

Asphalt bis Omdurman, wo die (schwierig zu findende) Piste nach Süden beginnt, danach Piste (A/C/H/I). Vorsicht, von der direkten Piste Khartoum – Sodiri – El Fasher wird stark abgeraten; die Behörden stellen für diese Strecke auch keine Fahrerlaubnis aus (große Gefahren durch nicht politisch motivierte, gut organisierte Räuberbanden); die Polizei stellt auch Einheimischen in leichten Fahrzeugen keine Eskorte zur Verfügung. Alternative: Asphaltstraße von Khartoum über Kosti nach El Obeid.

KHARTOUM – S. J 12. (Ende J 12, J 24 und J 62; Beginn J 25, J 50 und J 60.)

Km 47, Militärcamp.

Km 61, Beginn des **QOZ ABU DULU.** Sandigere Piste durch die letzten Ausläufer einer Dünenreihe. Tiefe Spurrinnen.

Ca. Km 107, Ende des Qoz Abu Dulu; leichtes Wellblech.

Km 125, Brunnen, einige Häuser aus getrocknetem Schlamm und Strohhütten.

Km 137, **UMM INDERABA** – Dorf.

Bis Km 159, Piste stark beschädigt (tiefe Spurrinnen) auf grasbewachsener Ebene.

Km 239, Weiler (zwei Häuser) gekennzeichnet durch ein Schild mit arabischer Aufschrift.

Ab Km 248, sehr tiefe Spurrinnen vom Lkw-Verkehr in der Regenzeit.

Km 293, **GABRA** – Dorf.

Die Piste nach Bara ist schwierig zu finden. Nicht den Hauptspuren folgen (die Piste führt hinauf in Richtung Nordwesten nach Hamrat-el-Wuz), sondern nach Südwesten fahren. Weichsand, die Gegend ist mit dichtem Buschwerk bewachsen.

Km 311, die Piste wird besser.

Km 313, Dorf.

Danach erneut sehr sandiges Pistenstück durch Steppenlandschaft (mehr Vegetation). Sehr tiefe Fahrrillen, kein Ausweichen möglich, da links und rechts der Piste dichtes Buschwerk wächst.

Km 345, großes Dorf.

Km 379, Dorf. Die Piste wird etwas besser, die Fahrrillen sind weniger tief.

Km 375, Dorf. Hübsche Hütten mit Graszäunen.

Km 380, **BARA** – Kleiner Marktflecken.

Danach führt die Route an einer Telegrafenleitung entlang; die Piste ist sehr stark ausgefahren, v.a. zwischen den Km 392 und 415, und sehr sandig.

Km 427, Beginn harten Bodens, guter Pistenzustand.

EL OBEID – Stadt, 568 m. Alle Verpflegungsmöglichkeiten. (Ende J 28 und J 45; Beginn J 14, J 30, J 61.)

Unterkunft: „Hotel Kordofan" mit abgeschlossenem Hof, GPS-Pos. **N 13°10,983' E 30°13,460'.**

J 14: El Obeid – En Nahud – El Fasher (645 km)

(01.00) Piste (A/C/H/I). Die ersten 50 km sehr gut trassiert und nahezu 100 km/h möglich; danach auf Trampelpfaden durch den Busch. Ab En Nahud geht der Hauptverkehr über Ghubeish und Ed Daein (J 61). Ab En Nahud viele Dörfer, die Bevölkerung ist sehr freundlich. Orientieren Sie sich an der stillgelegten Telegrafenleitung, auf die man von Zeit zu Zeit stößt. Infolge von tschadisch-sudanesischen Grenzstreitigkeiten unsicheres Gebiet (s. Überblick).

EL OBEID – S. J 13. (Ende J 13, J 28 und J 45; Beginn J 30, J 61.)

El Obeid in Richtung Westen verlassen. Die Piste ist leicht zu finden (Lkw-Spurrillen); Baobabs.

Km 19, Dorf rechts.

Die Piste führt durch Felder oder an Feldern vorbei.

Km 36, Dorf rechts.

Km 45, zwei Hütten.

Km 53, Dorf.

Km 64, Dorf. Lkw-Raststätte.

Km 69, größere Lichtung (Rodung).

Km 108 und 174, größere Orte. Lkw-Raststätten.

Km 146, 149 und 198, Dörfer.

Km 215, **EN NAHUD** – Marktflecken. Verpflegung, manchmal Treibstoff, Hotel.

Sie verlassen diesen Ort sozusagen in der Verlängerung der von El Obeid kommenden Piste. Die Piste biegt danach in Richtung Nordwesten ab.

Km 224, die gleiche Richtung beibehalten (nicht den Spuren in Richtung Norden folgen). Zeitweise Markierung durch Metallstangen von 1 m Höhe (ehemalige Telefonleitung En Nahud – El Fasher).

Km 231, kl. Ort am Fuße des Jebel Kiria.

Km 239, Dorf und kleine Moschee.

Km 292, **WAD BANDA** – Dorf. Verpflegung, Wasser.

Km 340 bis 346, Sanddünen, zeitweise sehr weich, schwierig zu befahren.

Km 350, Markierung (Metallstangen).

Km 353, **DAM GAMAD** – Dorf. Lkw-Raststation.

Km 358 bis 365, erneut Dünen.

Km 369, Reste eines Fahrbahnbelags.

Bei Km 389 stößt man wieder auf die alte Telefonleitung.

Km 402, **EL HILLA** – Dorf. Die Piste führt nun nach Osten und wendet sich schließlich nach Nordwesten. Rechter Hand mehrere Berge.

Km 433, **BURUSH** – Dorf. Die kaum erkennbare Piste biegt in Richtung Westen ab und führt auf einen Berg hinauf.

Km 447, Dorf.

Km 453, Piste führt Berg wieder hinab.

Km 459 bis 463, schwer zu befahrende Sanddünen.

Km 466, **UMM KEDDADA** – Dorf.

Km 482, steiler sandiger Hang.

Km 488, Lkw–Raststätte.

Km 498, **ABYAD** – Dorf.

Die Telefonleitung taucht wieder auf; Masten von 4 bis 5 m Höhe. Richtung Nordwesten weiterfahren.

Km 511, die Piste neigt sich nach Westen.

Km 515, Hütte.

Km 517, Dorf, danach Ebene mit Weichsand.

Km 517, Dorf.

Km 560, **KUMA** – Dorf mit Moschee. Wasser.

Am Ortsausgang Spuren einer Kiesfahrbahn. Folgen Sie in etwa der Telefonleitung. In der von Tälern durchzogenen grasbewachsenen Ebene ist der Boden ziemlich fest.

Km 613, Überquerung von trockenen Wadis über baufällige Brücken. Danach fester und felsiger Boden, auf den eine große Ebene mit Bepflanzungen folgt.

EL FASHER – S. J 4. (Ende J 6; Beginn J 4, J 15, J 16 und J 62.)

J 15: El Fasher – Kebkabiya – El Geneina (356 km)

(02.00, Nissan Patrol) Piste (A/H/I), z.T. schwer zu finden. Zahlreiche Steine, tiefe Fahrrillen. Wenn Sie die Formalitäten für die Ausreise aus dem Sudan nicht in El Fasher oder in El Geneina erledigen können, dann fahren Sie die Strecken J 16 und J 17, um die Formalitäten in Nyala zu erledigen.

EL FASHER – S. J 4. (Ende J 6 und J 14; Beginn J 4, J 16 und J 62.)

Bei **N 13°39,156′ E 24°07,515′** fängt die „Hauptstraße" an, auf der man traumhaft durchs Gebirge fährt.

EL GENEINA – 805 m. Stadt. Verpflegung (Markt). Treibstoff aus Fässern. Unterkünfte vorhanden. (Ende I 25 und J 17.)

Verschiedenes: Zollstelle. Hier wird die Zollabfertigung für die Aus-/Einreise vorgenommen, **N 13°26,062′ E 22°26,312′,** Dauer ca. 4 Std., dort auch Übernachtung möglich. Ausstellung des Travel Permits (bei Weiterreise in Ri. Äthiopien Gedaref od. Gallabat eintragen lassen). Diesel auf dem Schwarzmarkt für 400 Dinar pro Gallone (01.00) aus Kanistern (volltanken, Sprit im Tschad teurer). Bank nur vormittags geöffnet. Cafés im Freien.

J 16: El Fasher – Nyala – Am Dafog (Grenze zur Zentralafrikanischen Republik) (486 km)

Piste (A/G/I), zwischen El Fasher und Nyala gut präpariert (11.98), in der Regenzeit oft nicht befahrbar, einige Abschnitte Wellblech. Die Landschaft ist sehr malerisch. Infolge von gelegentlichen Grenzkonflikten zwischen Tschad und Sudan politisch unsicheres Gebiet (s. Überblick).

EL FASHER – S. J 4. (Ende J 6 und J 14; Beginn J 4, J 15 und J 62.)

MENAWASHEI – Dorf.

In der Umgebung: Der **Jebel Marra;** herrliche Landschaften, allerdings Rebellengebiet. Informieren Sie sich, ob die Region zugänglich ist. Auf guter Piste bis Mellam, weiter in Richtung Nordwesten bis zu einem kleinen Ort auf der linken Seite, wobei die ersten 25 km leicht zu fahren sind. Ab dann steile Bergpiste, nur mit kurzen Fahrzeugen mit viel Bodenfreiheit befahrbar; Gräben und große Steine am Fuße einer Bergkette. Längere Fahrzeuge mit niedriger Bodenfreiheit sollten über Kalu Kitting (J 17) die Marra-Berge befahren. Bezaubernde Berglandschaft.

Gute Wellblechpiste nach Nyala.

Km 210, **NYALA** – Stadt, ca. 1,2 Mio. Einw. **N 12°03,44′ E 24°53,31′.**

Unterkunft: Mehrere Hotels. Hotel „Dafour" und Hotel „Tourist" mit abgeschlossenem Parkplatz. (Beginn J 17; Ende J 44 und W 12.)

Verschiedenes: Tankstellen, großer Markt, kleine Supermärkte, Bank zum Geldwechseln (nur in Bank „El Wadi Branch"), DED (Deutscher Entwicklungsdienst). Auch bei der Durchfahrt (ohne Übernachtung) bei der Security melden, sonst wird man am Checkpoint Ri. Zalingei zurückgewiesen.

Weiterfahrt in Richtung Zentralafrikanische Republik: Mittelmäßige Piste mit mehreren Querdurchfahrten und Sandfeldern in Richtung

AM DAFOG – Kleiner Grenzort. Markt. Sofort bei der Ortseinfahrt melden! Formalitäten für die Ausreise aus dem Sudan.

J 17: Nyala – El Geneina (390 km)

(01.00) Asphaltbelag bis 209 km nach Nyala, dann Lkw-Piste ohne Ausweichmöglichkeit für kleine Fahrzeuge. Stark frequentiert. Im Gebiet um den Jebel Marra Rebellen, Gefahr von Schießereien (s.a. Hinweise im Überblick). Ab Zalingei sollte man sich einem freiwilligen Konvoi unterwerfen – täglich gegen 10 Uhr, 70 km durch den Busch, von Soldaten auf den Kfz begleitet, Sammelpunkt am Ortsausgang von Zalingei Richtung El Geneina.

NYALA – S. J 16. (Zur J 16; Ende J 44 und W 12.) Auch bei der Durchfahrt (ohne Übernachtung) bei der Security melden, sonst wird man am Checkpoint Richtung Zalingei zurückgewiesen.

Ca. Km 120, an der Abzweigung nach Kalu Kitting, ist ein Ausflug ins **MARRA-GEBIRGE** möglich (über politische Situation informieren, Rebellengebiet).

Vor der Polizeistation von **KALU KITTING** (keine Kontrolle) führt eine sehr schlechte Bergpiste 6 km hinauf zu einem idyllisch gelegenen Dorf, dessen Einwohner Strohmatten flechten und sich bereitwillig fotografieren lassen. In dieser Richtung weiterfahren. 200 m nach der Ortsausfahrt ist ein Bach zu überqueren (schwierig bei Regen). 100 m weiter versperrt eine Schranke (theoretisch ...) die Weiterfahrt zum Jebel Marra. Sie können diese öffnen und 6 km durch einen wunderschönen Nadelwald weiterfahren (sehr schlechte Piste). Dann erreicht man einen kleinen Parkplatz auf 2400 m Höhe, unterhalb dessen eine beinahe 300 m hohe Felswand und schöne Wasserfälle liegen. Der Gipfel des Jebel Marra überragt den Parkplatz um 600–700 m. Großartige Landaschaft.

Km 209, Teerstraße endet. Der Ort Zalingei wird nicht direkt berührt. GPS-Pos. **N 12°55,79′ E 23°30,78′.**

Km 281, **SERER UMRA** – Dorf.

Bei **N 13°28,507′ E 22°29,153′** Flussbett-Durchquerung (trocken). Von El Geneina kommend, zweigt hinter dem Wadi die Piste nach Nyala in Ri. S/O ab.

Km 390, **EL GENEINA** – S. J 15. (Ende J 15 und I 25.) Vor dem Ort Brücke über Oued.

J 18: Wadi Halfa – Akasha – Kerma en Nuzi – Dongola (ca. 490 km)

(02.99, Kawasaki Tengai, und 12.99, BMW R 80 GS) Piste (A/G/I). Bis Akasha neu und gut, bis Dongola gut befahrbar, geringes Wellblech, sehr wenig Sand, meist hart. Orientierung kein Problem. Fahrgenehmigung in Wadi Halfa einholen.

WADI HALFA – Ort. Treibstoff, Verpflegung (kleiner Markt), Bahnhof, Bank (am Bahnhof, Geldtausch problemlos, nur vormittags offen), Restaurants. Sudanesische Formalitäten für Ein-/Ausreise bei Alien's Office (Pos. **N 21°48,043′ E 31°21,062′**) melden und Travel Permit besorgen. (Beginn J 19.)

Unterkunft: Hotel „Wadi el Nile" in der Nähe des Bahnhofs, hübsch, 650 Dinar/ Pers. (04.00), Einstellmöglichkeit für Motorräder, **N 21°48,100′ E 31°20,900′.** Hotel „Onatti", 5 km nördlich am See.

Verschiedenes: Fähre Wadi Halfa – Assuan siehe E 3 (Assuan).

Wadi Halfa in Richtung Südosten verlassen. Pistenbeginn bei Position **N 21°46,512′ E 31°22,973′.** Die Piste (gut markiert, Wellblech) entfernt sich vom Nil.

Km 61, verlassene und verfallene Strohhütten.

Km 66, verlassene und verfallene Strohhütten.

Km 91, Rasthaus, Wasser.

Km 122, die Piste erreicht wieder den Nil. Rasthaus.

Km 130, **AKASHA** – Dorf. Keine Verpflegungsmöglichkeit.

Dann harte Piste auf felsigem Plateau.

Ab Km 154 (bei Ferka) führt die Piste immer am Nil entlang.

Danach Durchquerung einiger Dörfer bis

Km 185, **ABRI** – Manchmal Fähre über den Nil, Hotel (02.99: 1 US-$), kleiner Markt, Benzin vom Händler.

Km 274, **DELGO** – Fähre über den Nil nach Sesibi.

Von hier gibt es zwei mögliche Routen: die Weiterfahrt am Westufer des Nils und die unten beschriebene Route am Ostufer.

Km 324, die Piste biegt nach links landeinwärts ab, Spuren folgen, nach ca. 20 km erreicht man wieder den Nil.

KERMA EN NUZI – Dorf mit hübscher Lage am Nilufer. Bedeutender Markt, Tankstelle.

Nach wenigen sandigen Km ist **ARGO** erreicht, dort mit der Fähre übersetzen. Nicht die Fähre in Kerma nehmen, diese fährt auf eine Insel! Ca. 20 km vor Dongola beginnt eine Straßentrasse bzw. Teerstraße.

DONGOLA – S. J 10. (Ende J 2 und J 10; Beginn J 11 und J 21.)

J 19: Wadi Halfa – Abu Hamed (369 km)

(01.91, Fahrrad) Piste (A/C/H/I). Kurz nach Station 6 (trübes Wasser) einige lange Weichsandfelder, ansonsten guter Zustand. Bei Erteilung der Fahrerlaubnis (ca. 180 £S) musste sich der Reisende verpflichten, die Piste nur im Konvoi mit mindestens zwei Fahrzeugen zu befahren; inzwischen ist die Konvoipflicht jedoch angeblich aufgehoben, erkundigen Sie sich vor Ort über die aktuelle Situation. Verladen des Fahrzeugs auf den Zug bis Khartoum möglich (ca. 200 £S für einen VW-Bus.)

WADI-HALFA – S. J 18. (Beginn J 18.)

Die Piste führt quer durch die Nubische Wüste entlang der Eisenbahntrasse; diese dürfen Sie nicht aus der Sicht verlieren, aber auch nicht befahren, Gefahr! Wasser kann an der Eisenbahnhaltestelle Nr. 6 (ungefähr Km 200) nachgefüllt werden. In Wadi-Halfa besteht die Möglichkeit, den Bahnhofsvorsteher zu bitten, Stationen 4, 6 und Abu Hamed zu informieren, dass Reisende unterwegs sind: so kann Hilfe organisiert werden, sollte es Probleme geben.

ABU HAMED – 312 m. Dorf. Verpflegung. (Nicht immer) Treibstoff beim City Council. Kleiner Markt. Camping am Nil. (Ende J 22; Beginn J 23.)

J 20: Abu Dom – Korti – Karima (113 km)

(02.99, HPN BMW) Unmarkierte Piste (A/C/H/I) entlang des Nils. Straßenbauarbeiten aus Richtung Karima, 36 km Straße bzw. Straßentrasse (noch ohne Belag) sind vorhanden. Es ist auch möglich bis kurz vor Korti etwas weiter abseits des Nils, nicht durch die Dörfer, zu fahren. Kurz vor Korti wegen Wadi wieder auf die Piste durch die Dörfer. Tiefe Spurrillen im Sand. Außerhalb der Dörfer ab Korti erst Asphalt, dann geschobene Trasse mit feschfesch-Löchern bis Merowe.

ABU DOM – S. J 11. (Ende J 11; Beginn J 12.)

KORTI – Oase. Keine Versorgungsmöglichkeit.

MEROWE – Dorf. Übernachten möglich. Bei der Polizei melden.

Sehenswert: Die Nekropole von Nuri (25. Dynastie, 58 Pyramiden) sowie die Kirche und das befestigte Kloster von Ghazali (atemberaubende Anlage). Danach die Piste einschlagen, die zur Fähre nach Karima führt.

Bei **N 18°33,820′ E 31°54,848′** Fähre Merowe – Karima.

KARIMA – Regional bedeutende Stadt. Verpflegung, Treibstoff (auch schwarz neben Tankstelle), Hotels, Restaurant, Krankenhaus. Endstation der von Abu Hamed (J 19) kommenden Eisenbahn.

Unterkunft: Schönes Hotel „Nubia Resthouse", sehr angenehm, von Italienern geführt, Bungalow-Hotel im nubischen Stil, nur im Winter (Saison) offen (Voranmeldung empfohlen). (Ende J 21, J 23; Beginn J 22.)

In der Umgebung: Mit einem Führer nach **NAPATA** (Hauptstadt des ehemaligen Kusch-Königreiches, am Fuße des Jebel Barkal; großer Amon-Tempel; schöne Bas-Reliefs aus der Zeit der 25. Dynastie); nach **BARKAL** (Nekropole aus dem 3. Jh. v. Chr., westlich vom Jebel Barkal, wo man auch die schönsten Pyramiden des Sudan findet); nach **EL KURRU** (Nekropole aus dem 7. Jh. v. Chr.; mehrere Pyramiden in schlechtem Zustand; schöne Fresken in den Grabkammern), nach dem gaffir fragen, der die Schlüssel zur Nekropole verwahrt. Ruinen bei Jebel Barkal auf dem Weg von der Fähre nach Karima bei Pos. **N 18°32,047' E 31°49,693'.**

J 21: Dongola – Karima (190 km)

Piste (A/C/H/I) teilweise markiert. Belag unterschiedlich.

DONGOLA – S. J 10. (Ende J 2 , J 10 und J 18; Beginn J 11.)

Dongola mit der Nilfähre verlassen. Viel Sand bis Km 10, danach härterer Boden bis zum Beginn der Gebirgsregion (dort Weichsandbereich an den Gefällen).

Km 75 bis 76, Dünen leicht befahrbar. Danach stark versandete Piste, durchsetzt mit einigen Passagen härteren Bodens.

Km 160, Piste wird sehr undeutlich.

Ca. Km 184, versteinerte Bäume.

KARIMA – S. J 20. (Ende J 20 und J 23; Beginn J 22.)

J 22: Karima – Abu Hamed (ca. 250 km)

Piste (A/C/H/I) entlang der Eisenbahntrasse, häufig sandig.

KARIMA – S. J 20. (Ende J 20, J 21 und J 23.)

ABU HAMED – S. J 19. (Ende J 19; Beginn J 23.)

J 23: Abu Hamed – Berber – Atbara – Karima (564 km)

Piste (A/C/H/I/J), nur zwischen Oktober und Juni befahrbar; lange, tiefe Sandpassagen. Vor der Abfahrt bei der Polizei in Abu Hamed melden. Die Piste westlich des Nils ist wesentlich besser, als die östlich an der Bahnlinie entlang führende. (01.95, BMW R100GS) Die Piste von Atbara bis Karima (ca. 340 km) ist sehr sandig am Anfang und am Ende, einige tiefe Sandpassagen, im mittleren Teil gebirgig (Fahrzeit ca. 7 Std.).

ABU HAMED – S. J 19. (Ende J 19 und J 22.)

Den Ort in südl. Richtung verlassen und 2 km der Eisenbahnlinie folgen bis zur Fähre. Auf die andere Nilseite wechseln. Gute Piste, kurze Sandpassagen.

KADEITA – Dorf.

UMM MIRDI – Dorf.

EL BAQEIR – Dorf.

EL BAUGA – Dorf.

Hier mit der Fähre wieder übersetzen.

BERBER – Stadt, ca. 45 000 Einw. Unterkunftsmöglichkeit. Verpflegung. Nicht immer Treibstoff. Bei Polizei melden.

Sehenswert: Kunsthandwerkerzentrum.

Ab Berber Asphalt mit vielen Schlaglöchern.

ATBARA – Stadt, 346 m, ca. 80 000 Einw. Verpflegung, Treibstoff, Markt. Bei der Polizei melden. Internationales Telefon bei der Hauptpost (5 Min. = 3 US-$). (Beginn J 24 und J 58.)

Unterkunft: Hotel „Nile" (900 £S) und Villa-Hotel „Resthouse", gut.

Atbara südlich über die Eisenbahnbrücke verlassen und mit der südlichen der beiden Fähren über den Nil übersetzen (Pos. **N 17°41,358′ E 33°57,663′).** Etwa 2 km südlich der Anlegestelle beginnt eine Eisenbahntrasse, die etwa 18 km östlich und danach 2 km nördlich bis zu einem Steinbruch führt. Dieser Trasse ostwärts folgen, nach ca. 18 km einige Häuser mit Abzweigung; die Trasse verlassen und der Piste Richtung Osten folgen.

Nach 100 km ist eine Teehütte erreicht; von hier führt die Hauptpiste nach Tangasi-Sanareit (20 km südl. von Merowe). Auf den letzten 30 km extrem sandig. Hält man sich nach der Teehütte am rechten Rand der Piste, gerät man auf eine Piste, die direkt nach Merowe geht, meist gut zu befahren ist und nur durch einige wenige kurze Sandpassagen führt.

Km 285, **MEROWE** – Dorf. Flugplatz, Übernachten möglich, Versorgung, kein Treibstoff, Fähre.

Km 295, **KARIMA** – S. J 20. (Ende J 20 und J 21; Beginn J 22.)

Fährt man in umgekehrter Richtung von Karima nach Atbara, so ist der Pistenanfang schwer zu finden; die Piste führt an Ruinen vorbei, nach 165 km Gabelung: links halten, obwohl die rechte Piste markiert ist, immer den deutlichen Spuren folgen, ca. 37 km nördlich von Atbara erreich man den Nil (südlich fahren).

J 24: Atbara – Ed Damer – Meroë – Shendi – Wad Ben Naqa – Nord-Khartoum – Khartoum (312 km)

(02.99, HPN BMW) Guter Asphalt.

ATBARA – S. J 23. (Zur J 23; Beginn J 58.)

Atbara über Eisenbahnbrücke verlassen.

MEROË – Ruinen etwas nördlich der Eisenbahntrasse, unweit des Dorfes Kabushiya. Ehemalige Hauptstadt des Königreiches von Kusch, die Stadt gab der meroïtischen Kultur ihren Namen.

Sehenswert: Königsstadt (Bäder aus dem 2. Jh. v. Chr.), die Nekropole (ca. 30 Pyramiden) und die königliche Nekropole (mehrere schöne Pyramiden).

SHENDI – Stadt, ca. 33 000 Einw. Verpflegung, Treibstoff. Unterkünfte sehr einfach. Baumwollindustrie. Ab hier wieder Asphalt.

Km 33 ab Shendi, **MUSAWWARAT** – Ort.

Sehenswert: Mehrere Tempel, darunter der restaurierte Löwentempel von Apdemak (meroïtische Kultur); ein wunderschönes Basrelief stellt Elefanten dar.

Km 57, **NAGA** – Ort. Meroïtische Ruinen.

Sehenswert: Der Löwentempel (der besterhaltene des Landes) und der Amon-Tempel (zahlreiche Basreliefs). Danach kommt man über die direkte Piste nach Wad Ben Naqa wieder auf die Hauptpiste.

Km 100, **WAD BEN NAQA** – Dorf. Hin und wieder Treibstoff.

Sehenswert: Zwei meroïtische Tempel und die Ausgrabungen, bei denen eine Stadt freigelegt wird.

NORD-KHARTOUM – Etwa 340 000 Einw., Industriestadt am rechten Ufer des Blauen Nils.

KHARTOUM – S. J 12. (Ende J 12 und J 62; Beginn J 13, J 25, J 50 und J 60.)

J 25: Khartoum – Ed Dueim – Tendelti (356 km)

(01.00) Asphalt.

KHARTOUM – S. J 12. (Ende J 12, J 24 und J 62; Beginn J 13, J 25, J 50 und J 60.)

In **JEBEL AULIA** Überquerung des Nils und Weiterfahrt auf dem Westufer.

ED DUEIM – Kleiner Marktflecken am Nil. Verpflegung, Treibstoff. Einfaches Hotel. Nilfähre, die Fahrzeuge (bis zu 8 m Länge) transportieren kann.

Danach Richtung Zureiqa und Derafisa fahren. Sandige und schwierige Piste kurz vor Tendelti.

TENDELTI – Dorf ohne Versorgungsmöglichkeit. (Beginn J 26; Ende J 56.)

J 26: Tendelti – Umm Ruwaba (75 km)

(01.00) Asphalt.

TENDELTI – S. J 25. (Ende J 25 und J 56.)

Der südlich der Eisenbahntrasse gelegenen Piste folgen (im Gegensatz zur Michelinkarte Nr. 954) und über **EL GHABSHA** weiterfahren.

UMM RUWABA – Kleiner Marktflecken. Verpflegung, Treibstoff, Restaurant. Bescheidenes Hotel. Viel und unfreundliches Militär. (Beginn J 27; Ende J 34.)

J 27: Umm Ruwaba – Er Rahad (75 km)

(01.00) Asphalt.

UMM RUWABA – S. J 26. (Ende J 26 und J 34.)

Der Piste (am Ortausgang von Umm Ruwaba schwer erkennbar) folgen, die südlich der Eisenbahnstrecke nach Semeih verläuft. Hier Überquerung der Gleise. Nicht der auf der Michelin-Karte Nr. 954 angegebenen Piste folgen, die nördlich der Eisenbahntrasse verläuft und über mehrere Dünen führt, in die Lkw riesige Spurrillen gegraben haben (Einsanden garantiert).

ER RAHAD – Dorf. Hotel mit Schlafsälen. (Beginn J 28 und J 29.)

J 28: Er Rahad – El Obeid (75 km)

(01.00) Asphalt.

ER RAHAD – S. J 27. (Ende J 27; Beginn J 29.)

EL OBEID – S. J 13. (Ende J 13 und J 45; Beginn J 14, J 30 und J 61.)

J 29: Er Rahad – Sidra – Kortala – Dilling (193 km)

Piste (A/H/I).

ER RAHAD – S. J 27. (Ende J 27; Beginn J 28.)

Er Rahad in Richtung Süden verlassen. Sehr sandige Piste am Ortsausgang. Überquerung der Eisenbahntrasse und Umfahrung des Stausees im Osten. Danach wird der Boden wieder härter. Fahren Sie in Richtung Jebel Ed Duair.

Km 6, Brücke über den Auslass des Sees.

Km 9, V-förmige Gabelung (Hinweisschild auf Arabisch). Nach links abbiegen. Durchquerung eines Wadi (sehr steile Zufahrt). Nach dem Wadi nach rechts halten.

Km 11, Brücke bei Abu Halill. Nach links abbiegen.

Km 13, **TOMAT** – Dorf. Keine Versorgungsmöglichkeit. Bevölkerung nigerianischer Herkunft. Erste Baobabs. Im Folgenden führt die Piste gerade auf die Berge zu

Bei Km 23 biegt sie ab, um die Berge schräg ostwärts zu umfahren. Durchquerung einer schönen bewaldeten Savanne.

Km 36, **SIDRA** – Dorf. Restaurant-Hütte

Hinter Sidra führt die Piste weiter Richtung Osten, weg vom Gebirge. Nach 1 km rechts auf eine undeutliche Piste abbiegen die erneut den Berg umfährt.

Km 41, starke Kurve in Richtung Osten.

Km 46, Überquerung einer sehr breiten von Semeih (J 27) kommenden Piste; au dieser nach rechts weiterfahren.

Sehr ausgeprägtes Wellblech, das soga bei 80 km/h in die Knochen geht. Piste bi Kortala fast gerade.

Km 75, kurze Passage ohne Wellblech.

Km 77, tiefes, plötzlich auftauchende Wadi. Vorsicht!

Km 79, erneut wird ein Wadi durchquer

Km 110, **KORTALA** – Hübsches Dorf ar Fuße eines Berges. Restaurant.

An der Ortsausfahrt nach links in Rich tung Habila abbiegen. Der Berg wird süc lich umfahren.

Km 113, Y-Gabelung: hier nach rechts ab biegen.

Km 117, am Fuße eines Berges rechter Hand befindet sich ein hübsches, von Baobabs umgebenes Dorf.

Km 120, U-Kurve in der Nähe eines hafir (Wasserstaubecken).

Km 121, Kreuzung; Piste nach rechts einschlagen, die mit Resten von Telegrafenmasten markiert ist, von denen oft nicht mehr als der Metallsockel übrig ist. Diese alte Telegrafenleitung führt bis nach Habila und ist leicht zu verfolgen.

Km 137, kleiner Ort rechts.

Km 146, **HABILA** – Dorf. Baracken eines landwirtschaftichen Projekts am Fuße des Hügels.

Km 148, **HABILA SOUK** – Dorf.

Am Ende des Souks zwei Möglichkeiten:

1. nach links halten (entlang des Hügels) um am Jebel Sernasen, 40 km südl. von Dilling (J 31), auf die Asphaltstraße zu stoßen.

2. geradeaus bis Km 191 weiterfahren, wo man auf die Asphaltstraße trifft. Nach rechts in Richtung Dilling oder nach links Richtung Kadugli abbiegen.

DILLING – Größerer Ort. Verpflegung (Markt). (Beginn J 31; Ende J 30.)

J 30: El Obeid – Dilling (153 km)

Asphalt.

EL OBEID – S. J 13. (Ende J 13, J 28 und J 45; Beginn J 14 und J 61.)

Verlassen Sie El Obeid entlang der Telegrafenlinie in Richtung Südwesten. Lassen Sie sich nicht von den vielen nach Süden führenden Spuren verwirren.

Km 46, Ortschaft.

Danach holprige und sehr schlechte Piste mit mehreren schwierigen Wadi-Durchquerungen.

Km 71, Kreuzung, geradeaus weiter.

Km 85, die Piste stößt wieder auf die Eisenbahn und folgt dieser bis Km 98.

DUBAIBAT – Dorf. Keine Versorgungsmöglichkeit.

Die Piste überquert anschließend die Eisenbahn und führt gen Süden weiter.

DILLING – S. J 29. (Ende J 29; Beginn J 31.)

J 31: Dilling – Kadugli (127 km)

Asphalt. Die theoretisch für die Durchfahrung dieser Gegend erforderliche Erlaubnis wird nur in Kadugli erteilt. Buschsavannenlandschaft (Baobabs und Büsche mit rosa Blüten); in den Orten sehr typische, runde Strohhütten. Hier beginnt das Land der Nuba.

DILLING – S. J 29. (Ende J 29 und J 30.)

KADUGLI – Größerer Ort. Verpflegung. Verwaltungssitz des Nuba-Gebiets. (Beginn J 32 und J 33.)

Verschiedenes: Sie sollten sich unbedingt bei der Polizei melden, die meist erst nach langwierigen Verhandlungen eine Genehmigung zur Besichtigung des Nuba-Landes ausstellt.

J 32: Kadugli – Jebel Heiban – Kologi (192 km)

Piste (A/H/I/K).

KADUGLI – S. J 31. (Ende J 31; Beginn J 33.)

Den Weg nach Jebel Heiban erfragen (die Piste von Kadugli aus ist anfangs schwer zu finden). Am Ortsausgang nach links abbiegen.

Km 10, Kreuzung, nach rechts abbiegen (Piste nach links führt nach Delami).

Km 16, Kreuzung, nach links abbiegen.

Durchquerung mehrerer kleiner Ortschaften, die unter schattigen Palmen liegen. Die Dächer der Strohhütten sind mit Kalebassen verziert.

Die Piste schlängelt sich durch das hohe Gras, durch schöne, hügelige Landschaft mit Baobabs und Büschen.

Einige schwierige Wadi-Durchfahrten (Sand oder Kies).

Km 39, die Hügel werden steiler und die Piste verschlechtert sich.

Sudan

Km 62, Dorf (Pumpstation.) Danach sehr schlechte und holperige Piste.

Km 77, Kreuzung, geradeaus weiterfahren (linke Piste führt nach Delami).

Km 87, **JEBEL HEIBAN** – Schönes Bergdorf, viel Baumwuchs.

An der Heiban-Kreuzung rechts Richtung Süden abbiegen (die linke Piste führt nach Delami). Sehr schlechte Piste (Steine, Löcher).

Km 111, **KAODA** – Dorf, Steinhäuser. Schule (mit sehr freundlichen Lehrern).

Km 117, in eine Haarnadelkurve in Richtung Kologi einbiegen.

Km 138, Kreuzung, nach rechts abbiegen. Viele Durchquerungen von besonders schwierigen Wadis.

Km 146, Kreuzung der Straßen nach Tosi – Rashad und Heiban – Kologi, geradeaus fahren.

Km 170, man stößt wieder auf die Hauptpiste von Tolodi nach Kologi (J 33). In Richtung Tosi weiterfahren.

Km 170 bis 171, Weiterfahrt entlang des Jebel Tosi (links von der Piste) auf dessen Südseite man Felsmalereien mit Leoparden, Büffeln und Giraffen bewundern kann.

Km 172, Kreuzung, geradeaus weiterfahren. Piste etwas besser, jedoch Durchfahrt durch nach wie vor schwierige Wadis.

KOLOGI – Dorf. Keine Versorgungsmöglichkeit. (Beginn J 34 und J 35; Ende J 33.)

J 33: Kadugli – Talodi – Kologi (ca. 165 km)

Piste (A/H/I/K).

KADUGLI – S. J 31. (Ende J 31; Beginn J 32.)

Etwa bei Km 143 stößt man wieder auf die vom Jebel Heiban kommende Piste (J 32).

KOLOGI – S. J 32. (Ende J 32; Beginn J 34 und J 35.)

J 34: Kologi – Rashad – Umm Ruwaba (ca. 280 km)

Piste (A/H/I/K).

KOLOGI – S. J 32. (Ende J 32 und J 33; Beginn J 35.)

RASHAD – Dorf. Übernachtungsmöglichkeit.

UMM RUWABA – S. J 26. (Ende J 26; Beginn J 27.)

J 35: Kologi – Kau – Kodok – Malakal (ca. 280 km)

Piste (A/H/I//K), wenig befahren. Durchquerung von schwierigen Wadis. Hinter Kau ist die Piste nur in der Trockenzeit befahrbar. Wegen des Bürgerkriegs derzeit gesperrt.

KOLOGI – S. J 32. (Ende J 32 und J 33; Beginn J 34.)

Kologi auf der Piste nach Ostam verlassen.

Km 25, starkes Gefälle. Zahlreiche Vögel

Km 51, Kreuzung, nach links abbiegen.

Km 57, etwas ab von der Piste und schwer zu finden liegt eine Wasserstelle im Wald und ein Dorf 500 m weiter. Die hier lebenden Nuba sind noch tiefer in ihren Traditionen verankert als die Nuba von Kau.

Danach wird die Piste wieder sehr undeutlich und ähnelt eher einem Muli-Pfad der sich durch Bäume und Büsche seinen Weg sucht.

Km 65, Dorf.

Km 73, **KAU** – Hübsches Dorf, Steinhäuser, große Baobabs. Verpflegung (Geschäft). Melden Sie sich beim omda (Bürgermeister), der gewöhnlich die Reisende in den benachbarten Ort Niaro zur Polizeikontrolle begleitet. Filmen und Fotografieren ist in Kau verboten.

Verschiedenes: Die Veröffentlichung der Aufnahmen von Leni Riefenstahl aus dieser Gegend hat mit Sicherheit dazu beigetragen, dass die Behörden ein größeres Augen merk auf die Traditionen der Gegend legen. Gegen das Nacktgehen der Bevölkerung wurden strengere Maßnahmen ergriffen, die Einwohner müssen sich heute anziehen, wenn sie ihre Häuser verlassen; bei Nichteinhaltung dieser Bestimmung werden sie zwei Jahre mit dem Bann belegt. Außer den Touristen, die von Reiseveranstaltern wie Lama oder Bitsch hierhergeführt werden, gibt es kaum Besucher in der Gegend. Die Menschen sind daher noch recht freundlich und haben auch nichts von ihrer natürlichen Gastlichkeit eingebüßt. Da viele Menschen hier an Lepra und Malaria erkrankt sind, wird häufig um Medikamente gebettelt.

Km 78, man erreicht den **JEBEL ISKAT** (Quelle mit klarem Wasser ca. 50 m unterhalb des Bergfußes).

Km 82, man stößt wieder auf die von Niaro kommende Piste.

Km 83, **FUNGOR** – Dorf (kleiner und einfacher als Kau).

Die Piste von Kodok geht direkt hinter den Felsen von Fungor nach rechts ab. Sie ist sehr schwer zu erkennen und durchquert ein Gebiet mit hohem Grasbewuchs (Vorsicht vor Buschfeuern).

Km 127, verbranntes Chassis eines Toyota-Pickup links der Piste. Einige stachelige Büsche werden durch Laub verdeckt.

Km 144, ein Pfahl, der die Grenze zum Südsudan markiert (Grenze zwischen den Provinzen Obernil im Süden und Kordofan im Norden).

Km 145, Beginn einer lichten Waldzone. Die Piste ist sehr holperig, zahlreiche Löcher und Spurrillen führen quer über die Fahrbahn.

Km 174, Dorf auf einer Lichtung.

Km 185, Dorf.

Km 195, **KODOK** – Kleinstadt mit Strohhütten und einigen festen Häusern im Ortszentrum. Verpflegung (oft schwierig). Bei der Polizeistation melden. Gefängnis. Militärposten. Keine Fahrzeuge (außer Militär- und Polizeifahrzeugen), der gesamte örtliche Personentransport erfolgt mit Nilfähren.

Die Piste von Kodok nach Malakal ist, mit Ausnahme des Januars, oft überschwemmt. Bei dem Versuch, die dann auftretenden Schlammgruben zu umfahren, läuft man häufig Gefahr, die Orientierung zu verlieren. Die Brücken sind oft von den Flüssen mitgerissen oder schwierig zu überqueren (gefährliche Zufahrt, Fahrbahndecke in meist schlechtem Zustand). Zahlreiche Shilluk-Dörfer an den Flussufern (sehr einfaches Leben, althergebrachtes Brauchtum).

Km 278, Dorf mit Landebrücke für Fähre. Wegen des Bürgerkrieges wahrscheinlich nicht in Betrieb.

MALAKAL – 386 m, 50 000 Einw., Verpflegung, Markt. Hotel am Flughafen; Gasthaus. Militärkontrolle. (Beginn J 36; Ende J 55.)

In der Umgebung: Viele Shilluk-Dörfer im Nordwesten. Die Bewohner sind für ihre Körpergröße bekannt und ihr Lebensstil ähnelt dem der Dinka, von denen sie sich durch die Sprache unterscheiden.

J 36: Malakal – Doleib Hill – Ayod (173 km)

Piste (A/D/H/I), nur von Mitte Dezember bis Mitte April befahrbar; ausgeprägtes Wellblech. Melden Sie sich unaufgefordert in jedem Dorf bei der Polizei. Falls Sie in einem Dorf übernachten möchten, sollten Sie sich an den District commissioner wenden, der meist englisch spricht und gerne hilft. Wegen des Bürgerkriegs derzeit gesperrt.

MALAKAL – S. J 35. (Ende J 35 und J 55.)

Im Ort **DOLEIB HILL** muss man mit der Fähre über den Fluss Sobat übersetzen. Vor dem Verschiffen bei der Polizei melden. Dann führt die Piste entlang des Jongheï-Kanals.

AYOD – Dorf. Keine Versorgungsmöglichkeit. (Beginn J 37; Ende J 38.)

J 37: Ayod – Duk Fadiat – Duk Faiwil – Bor (237 km)

Piste (A/D/H/I), nur von Mitte Dezember bis Mitte April befahrbar; ausgeprägtes Wellblech (s.a. Anmerkungen bei J 36). Wegen des Bürgerkriegs derzeit gesperrt.

AYOD – S. J 36. (Ende J 36 und J 38.)

BOR – 420 m. Dorf. Verpflegung, Treibstoff, Hotel. (Beginn J 38 und J 39.)

J 38: Bor – Pibor Post – Akobo – Waat – Ayod (523 km)

Piste (A/H/I), nur in der Trockenzeit, d.h. im Januar und Februar, befahrbar. Die Piste nach Pibor beginnt in Bor und nicht in Malek wie es auf der Michelin-Karte Nr. 954 vermerkt ist. Wegen des Bürgerkriegs derzeit gesperrt.

BOR – S. J 37. (Ende J 37; Beginn J 39.)

Bor in Richtung Osten verlassen. Die Piste ist auf den ersten 20 km gut, danach mäßig. Einige interessante Ortschaften auf den ersten 50 km, danach 100 km Wüste (zahlreiche Gazellen).

Auf den letzten 50 km vor Pibor Post lebt die Bevölkerung noch stark in ihren Traditionen verhaftet.

PIBOR POST – Dorf ohne Versorgungsmöglichkeit.

Danach ist die Wellblechpiste von Rinderherden, die hier in der Regenzeit durchziehen, sehr ausgetreten.

AKOBO – 403 m. Dorf in unmittelbarer Nähe der äthiopischen Grenze (hier kein Grenzübergang).

Es folgt ein Streckenabschnitt mit tiefen, durch das hohe Gras versteckten Spurrinnen. Vorsicht vor Buschfeuern! Gute Piste auf den 10 km vor Waat.

WAAT – Dorf. Keine Versorgungsmöglichkeit.

Hinter Waat 30 km sehr gute Piste; später sandige Piste durch Wüstenlandschaft mit starkem Buschbewuchs.

AYOD – S. J 36. (Ende J 36; Beginn J 37.)

J 39: Bor – Mongalla – Juba (200 km)

Piste (A/C/H/I), nur von Mitte Dezember bis Mitte April befahrbar. Tiefe Löcher, Wellblech, etwas Sand bei Juba. Bei jedem Militärposten an der Piste müssen Sie sich unaufgefordert melden. Bei Schwierigkeiten oder auf der Suche nach einem Quartier für die Nacht kann Ihnen der District commissioner des jeweiligen Dorfes helfen. Die meisten Beamten sprechen englisch und sind gerne behilflich. Wegen des Bürgerkriegs derzeit gesperrt.

BOR – S. J 37. (Ende J 37; Beginn J 38.)

MALEK – Dorf. Hotel.

GEMMEIZA – Dorf. Hotel.

MONGALLA – Dorf. Hotel.

JUBA – Stadt, ca. 15 000 Einw. (s. Stadtplan). Gute Infrastruktur. (Ende J 46 und J 49; Beginn J 40 und J 41.)

Unterkunft: Hotel „Juba", teuer und überbelegt. Hotel „Africa", billiger. Übernachtung auch im „Senior Resthouse" möglich. Camping hinter der Polizeistation am Nilufer (Vorsicht vor Schlangen) oder unweit der evangelischen Kirche („All Saints Cathedral"), in einem Garten mit Wasser und WC möglich.

Verschiedenes: Aus-/Einreise in den Sudan derzeit nicht möglich. Gutes Essen in den Hotels, im Kulturzentrum und im „Griechischen Klub".

J 40: Juba – Ngangala – Torit – Kappeta – Lotimi – Grenze zu Kenia – Lokichokio (360 km)

Piste (A/G/I). Viel Lkw-Verkehr angesichts de[r] Tatsache, dass die Gegenden, die man durch[-] fährt, relativ abgelegen sind. Piste in der Re[-] genzeit schwierig (H). Vorsicht vor Überfälle[n] im Grenzgebiet Sudan/Kenia! Wegen des Bü[r]gerkriegs derzeit gesperrt.

JUBA – S. J 39. (Ende J 39, J 46 und J 4[9;] Beginn J 41.)

Juba über die Nilbrücke verlassen. I[n] **NGANGALA** stößt man links auf die vo[n] Mongalla kommende Piste (J 39). Die Stre[-] cke führt durch einen Nationalpark.

Betonierte Furt am Ortseingang von Tori[t.]

TORIT – Dorf. Keine Versorgungsmög[-] lichkeit. Militärposten, bei Polizei melden[.]

Hinter Torit wird das Gras kürzer, die Bäume weichen den Dornbüschen, und die Landschaft wird gebirgig.

Gute Piste bis zur Brücke am Km 30 (ab Torit). Danach mäßige Piste, große Steine, einige steile Hänge, etwas Schlamm.

Km 112, sandige Furt; Furt auch am Ortseingang von Kappeta.

KAPPETA – Dorf. Verpflegung ist schwierig. Polizeiposten (Kontrolle). Zollformalitäten für die Ausreise aus dem Sudan.

Die Piste nach Kenia geht 16 km hinter Kappeta rechts ab.

Vorsicht ist bei der Durchquerung von Flüssen nach Regenfällen geboten, da der Wasserspiegel sehr schnell ansteigen kann.

Wegen der Stammesfehden wird davon abgeraten, in dieser Grenzgegend zu zelten. Lebensstil und Kleidung der Eingeborenen sind hier sehr interessant.

Die Grenze zwischen dem Sudan und Kenia ist nicht markiert. Vergessen Sie nicht, dass in Kenia Linksverkehr herrscht.

Die Zoll- und Polizeiformalitäten in Kenia sind auf halber Strecke zwischen Grenze und Lokichokio zu erledigen.

LOKICHOKIO – Dorf. Verpflegung schwierig. Wasser. Kanadische Mission. Bei der Polizei melden. (Beginn BB 1.)

J 41: Juba – Nimule – Grenze zu Uganda (175 km)

Piste (A/G/I). Strecke wegen des Bürgerkriegs derzeit gesperrt.

JUBA – S. J 39. (Ende J 39, J 46 und J 49; Beginn J 40.)

Juba über die Nilbrücke verlassen.

NIMULE – Kleinstadt. Verpflegung, Treibstoff rar. Einfache Übernachtungen. Formalitäten für die Ausreise aus dem Sudan (Kontrolle der in Juba ausgestellten Papiere). (Beginn AA 1.)

Sehenswert: Nimule-Nationalpark.

Der Grenzposten für die Einreise nach Uganda ist in **ATIAK,** 35 km weiter.

J 42: Tambura – Wau (265 km)

Piste (A/G/I), steinig und holperig (max. 30 km/h). Interessante Gegend, in der man bisweilen auf Elefantenherden stößt, die von den Einheimischen noch mit Speeren gejagt werden. Erkundigen Sie sich, ob die Sicherheitslage die Benutzung der Strecke zulässt (s.a. Überblick).

TAMBURA – 650 m. Kleiner Ort. Keine Versorgungsmöglichkeit. Bei der Polizei melden. (Ende W 15; Beginn J 47.)

WAU – Kleinstadt. Verpflegung, Treibstoff (mit Genehmigung der Polizei). (Beginn J 43 und J 46.)

Unterkunft: Zwei einfache Hotels, „Griechischer Klub".

Verschiedenes: Kino, ein Besuch lohnt sich v.a. wegen der „Atmosphäre": Da der Projektor nicht hell genug und der Lautsprecher nicht laut genug ist, sieht und hört man so wenig, dass man weniger die Filmhandlung als vielmehr das Drumherum mitkriegt.

J 43: Wau – Aweil – Wed Weil – Sumeih – El Muglad – Babanusa (539 km)

Piste (A/H/I/K) nur in der Trockenzeit befahrbar. Alternative: das Fahrzeug auf den Zug verladen und bis nach Babanusa oder gleich nach Er Rahad fahren. Zuginfos siehe bei Wau. Erkundigen Sie sich, ob die allgemeine Sicherheitslage eine Befahrung der Strecke zulässt (s.a. Überblick).

WAU – S. J 42. (Ende J 42; Beginn J 46.)

Bahnverladung: Darauf achten, dass die Fahrzeuge beim Befestigen auf der Ladefläche nicht beschädigt werden. Führen Sie diese Arbeit besser selber aus. Dauer der Fahrt (mit Stopps) 2–4 Tage bis Babanusa, 3–8 Tage bis Er Rahad. Ausreichend Wasser und Verpflegung mitführen. Sie sollten auch einige Tage für das Warten in Wau einkalkulieren, bis Sie einen Platz auf der Bahn bekommen. Der Tarif für einen Land Rover liegt bei ca. 400 £S bis Babanusa, ca. 600 £S bis Er Rahad (je nach Gesamtgewicht des Fahrzeugs). Man kommt etwas billiger weg, wenn man auf der Piste bis Aweil fährt, wo man ebenfalls das Fahrzeug auf den Zug aufladen kann (ungefähre Kosten Aweil – Babanusa 120 £S für einen Land Rover).

Km 6, unbeschilderte Verzweigung; links halten. Von hier bis El Muglad werden auf der Michelin-Karte Nr. 954 falsche Angaben gemacht: Eisenbahn und Piste kreuzen sich mehrmals bis Aweil und führen beide durch Wed Weil.

Km 149, **AWEIL** – Dorf.

WED WEIL – Dorf. Man kreuzt die Eisenbahntrasse.

5 km hinter dem Dorf, schwierige Durchquerung des Lol-Flusses.

Km 303, **SUMEIH** – Dorf. Keine Versorgungsmöglichkeit.

Ab Sumeih führt die Route auf 90 km am oder auf dem Bahndamm entlang. Hierzu wird beinahe 1 Tag benötigt.

Km 359, Überquerung des Bahr el Arab auf der Eisenbahnbrücke (da der Schienenabstand variiert, wird diese Übung streckenweise zu einem gefährlichen Unterfangen). In der Trockenzeit ist eine Überquerung an der Furt möglich.

Ab km 391, gute Piste.

Km 505, **EL MUGLAD** – Dorf. Verpflegung, Treibstoff bei der Raffinerie. (Beginn J 44.)

BABANUSA – Dorf. Eisenbahnknotenpunkt. (Beginn J 45.)

J 44: El Muglad – Nyala (150 km)

Piste (A/G), in gutem Zustand; sandig. Eventuell wegen kriegerischer Handlungen zwischen Tschad und Sudan unsicher. Erkundigen Sie sich vor Ort, ob eine Befahrung möglich ist (s.a. Überblick).

EL MUGLAD – S. J 43. (Zur J 43.)

Richtung SW weiterfahren. Vor Abu Gabra viel Sand. Ab Abu Gabra bis Ed Daein in Richtung Norden weiterfahren; Sand.

ED DAEIN – Kleiner Ort. Treibstoff, Markt. (Ende J 61.)

Ab Ed Daein folgt man der Eisenbahntrasse; Piste ziemlich gut.

NYALA – S. J 16. (Zur J 16; Ende W 12; Beginn J 17.)

J 45: Babanusa – Ed Odaiya – El Obeid (372 km)

Piste (A/C/H/I/K). Erkundigen Sie sich vor Ort, ob die Sicherheitslage eine Befahrung zulässt (s.a. Überblick).

BABANUSA – S. J 43. (Ende J 43.)

100 km sehr sandige und schlechte Strecke bis El Odaiya.

EL ODAIYA – Dorf. Übernachtungsmöglichkeit.

Danach auf 121 km tiefe Spurrillen, in der Regenzeit bis Abu Zabad unbefahrbar.

ABU ZABAD – Dorf. Treibstoff rar, Übernachtungsmöglichkeit, Bahnhof.

Ab hier 155 km mittelmäßige Piste bis El Obeid.

EL OBEID – S. J 13. (Ende J 13 und J 28; Beginn J 14, J 30 und J 61.)

J 46: Wau – Tonj – Rumbek – Mundri – Amadi – Medi – Juba (665 km)

Piste (A/H/I/K). Wegen des Bürgerkriegs derzeit gesperrt.

WAU – S. J 42. (Beginn J 43; Ende J 42.)

Zwischen Wau und Amadi auf 477 km schlechte Piste; ausgeprägtes Wellblech; max. 50 km/h.

RUMBEK – Kleiner Marktflecken. Mangelhafte Versorgungssituation. Treibstoff rar. Einfaches resthouse.

MUNDRI – Dorf. Treibstoff rar.

An der Abzweigung nach links abbiegen.

AMADI – Kleiner Marktflecken. Treibstoff rar. Gasthaus sehr einfach.

Ab hier über 20 km breite und gut ausgebaute Piste.

MEDI – Dorf.

An der Abzweigung nach links in die Piste abbiegen, die über Rokkom führt, sie ist kürzer als die Piste über Mendopolo, jedoch in weniger gutem Zustand. Viel Staub, Wellblech, tiefe Löcher und Spurrillen.

JUBA – S. J 39. (Ende J 39 und J 49; Beginn J 40 und J 41.)

J 47: Tambura – Yambio – Maridi – Yei (533 km)

Piste (A/H/I). Unaufgefordert bei den örtlichen Behörden melden. Wegen des Bürgerkriegs derzeit gesperrt.

TAMBURA – S. J 42. (Ende W 15; Beginn J 42.)

Relativ gute Piste bis Yambio.

YAMBIO – Dorf. Polizeistation.

MARIDI – Kleines Dorf. Polizeistation.

Unterkunft: Niederlassung des Deutschen Caritasverbandes (Camping im Garten möglich).

Die Piste nach Yei geht am ersten Kreisverkehr hinter Maridi rechts ab (vor der Polizeistation). Ihr Zustand ist schrecklich (viele Löcher, Schlamm nach Wolkenbrüchen). Variante: über Mundri auf die J 46.

GARMABE – Dorf. Keine Versorgungsmöglichkeit.

YEI – Dorf. Verpflegung, Bank, Polizei, Einwanderungs- und Zollbehörde. Hübscher Ort, jedoch hohe Militärpräsenz. (Ende J 48; Beginn J 49.)

J 48: Aba (DR Kongo) – sudanesische Grenze – Yei (60 km)

Piste (A/H/I). Schlechte Lateritpiste bis Laso, danach ausgezeichnet. Die Formalitäten für die Ausreise aus der Demokratischen Republik Kongo (ex. Zaire) in Aba erledigen. Wegen des Bürgerkriegs derzeit gesperrt.

ABA – Dorf. Lebensmittel. (Beginn Z 28 und J 48.)

Unterkunft: Hotel. Katholische Mission (hier können Sie sich über die Weiterfahrt in Richtung Aru informieren, s. Z 28 in Durch Afrika, Band 2). Außerhalb der Stadt protestantische Mission mit regelmäßigen Flugverbindungen nach Nairobi.

Verschiedenes: Formalitäten zur Ausreise aus dem Kongo für die Weiterfahrt in den Sudan (Reisen durch das von der SPLA kontrollierte Gebiet westlich des Nils sind z.Z. nicht möglich).

LASO – Sudanesische Grenzstation. Polizei- und Zollkontrolle.

YEI – S. J 47. (Ende J 47; Beginn J 49.)

J 49: Yei – Juba (153 km)

Piste (A/H/I). Zeitweise sehr beschwerliches Wellblech. Wegen des Bürgerkriegs derzeit gesperrt.

YEI – S. J 47. (Ende J 47 und J 48.)

JUBA – S. J 39. (Ende J 39 und J 46; Beginn J 40 und J 41.)

J 50: Khartoum – Wad Medani (177 km)

Asphalt.

KHARTOUM – S. J 12. (Ende J 12, J 24 und J 62; Beginn J 13, J 25 und J 60.)

WAD MEDANI – Stadt, 407 m, etwa 219 000 Einw. Gute Infrastruktur. (Beginn J 51 und J 52.)

Unterkunft: Hotels „Continental", „El Gezira" und „El Kwawad".

Verschiedenes: Industriestadt mit Baumwoll- und Autoreifenproduktion; großes Bewässerungsnetz (7000 km Kanal), das Wasser stammt aus dem Sennar-Stausee.

J 51: Wad Medani – Gedaref – Gallabat – Grenze zu Äthiopien – Metema – Azèzo (611 km)

(05.00, Honda African Twin und Nissan Patrol) Asphalt bis Gedaref, danach Piste (A/G). In der Regenzeit nur bedingt befahrbar. Die Piste ist im Jahr 2000 neu geschoben und hergerichtet worden.

WAD MEDANI – S. J 50. (Ende J 50; Beginn J 52.)

GEDAREF – Stadt, ca. 190 000 Einw. Verpflegung, Treibstoff, Hotel.

Ab hier eine geteerte Straße (220 km) bis Kassala (J 59).

GALLABAT – Dorf. Formalitäten für die Ausreise aus dem Sudan (problemlos, keine Kontrolle der Devisendeklaration oder der Fahrzeuge).

METEMA – Dorf und Grenze.

Nach 40 km ist Shedi erreicht.

SHEDI – Bezirkshauptstadt.

Verschiedenes: Ein- bzw Ausreiseformalitäten für Äthiopien (Immigration office bei **N 12°46,596′ E 36°24,463′**, Zollpapier und Devisendeklartion). Kleines, schmutziges Hotel. Keine offizielle Tankstelle. Schwarzwechsel (nur US-$) möglich.

Unterkunft: Hotel „Sakbesak".

AZÈZO – Garnisonsstadt. Flughafen von Gonder. Manchmal Treibstoff. (Beginn K 5; Ende K 4.)

In der Umgebung: Tana-See (s. K 4).

J 52: Wad Medani – Barakat – Sennar (115 km)

Asphalt.

WAD MEDANI – S. J 50. (Ende J 50; Beginn J 51.)

Kurz vor Sennar zweigt eine Straße nach rechts nach Kosti ab (J 54).

SENNAR – Mittelgroße Stadt. Verpflegung. Treibstoff rar. Bescheidenes Hotel. (Beginn J 53 und J 54.)

Sehenswert: Das Stauwehr, während der englischen Kolonialzeit für die Bewässerung der Region errichtet; zwischen 1959 und 1961 hat ein deutsches Unternehmen ein Kraftwerk dazugebaut, das die ganze Gegend bis Khartoum mit Strom versorgt.

J 53: Sennar – Suki – Dinder Station – Dinder – Abu Hashim – Galegu (247 km)

Piste (A/H/I), in der Regenzeit unbefahrbar. Erkundigen Sie sich vor Ort über die Sicherheitslage. Wegen des Bürgerkriegs könnte die Strecke gesperrt sein.

SENNAR – S. J 52. (Ende J 52; Beginn J 54.)

Sennar auf der Piste nach Suki verlassen, dabei den Damm überqueren und an der Eisenbahntrasse entlangfahren.

SUKI – Dorf. Verpflegung, Campement.

Bis Dinder Station Weiterfahrt entlang der Eisenbahntrasse.

DINDER STATION – Bahnhof. Keine Versorgungsmöglichkeit.

Danach Piste nach Dinder einschlagen.

DINDER – Dorf. Treibstoff. Militärkontrolle.

ABU HASHIM – Dorf ohne Versorgungsmöglichkeit.

GALEGU – Dorf. Einfaches Hotel.

In der Umgebung: Der **DINDER-NATIONALPARK,** ein schöner Nationalpark, der bis zur äthiopischen Grenze reicht. Artenreiche Tier- und Pflanzenwelt (5 £S/Person, 1 £S/Führer/Pers./Tag, 15 £S/Ausflug/Pers., mindestens 3, höchstens 6 Personen), Übernachtung in einfachem Hotel (ca. 15 £S/Person). Vorsicht, es ist nicht möglich, den Park in Richtung Basunda und Streckenabschnitt J 51 zu verlassen, da der Rahad-Fluss nicht überquert werden kann. Die Einreise nach Äthiopien wird von äthiopischer Seite verweigert. In seltenen Fällen kann die Strecke eventuell im Konvoi bereist werden. Hiervon ist allerdings abzuraten, da die Strecke im Westen Äthiopiens sehr gefährlich ist.

J 54: Sennar – Kosti (102 km)

Asphalt.

SENNAR – S. J 52. (Ende J 52; Beginn J 53.)

KOSTI – Industriestadt, 377 m, ungefähr 75 000 Einw. Verpflegung, Hotel, Treibstoff (rar). (Beginn J 55 und J 56.)

Verschiedenes: Autowäsche an der Total-Tankstelle möglich.

Kosti – Juba per Nilschiff: Kosti ist der Abfahrtspunkt für die Nilschiffe, die über Malakal und Bor nach Juba (J 39) fahren; Reisedauer ca. 9 Tage (abhängig vom Wasserstand und der Anzahl der Pannen unterwegs). Auskünfte über Beförderungstarife und Abfahrtszeiten erhielt man vor dem Bürgerkrieg bei der „Sudan River Transport Corporation", P.O. Box 29, Khartoum-Nord. Die Boote sind in jämmerlichem Zustand, die 1. Klasse ist weit von europäischen Standards entfernt; wegen des Bürgerkriegs ist mit keiner regulären Verbindung zu rechnen.

J 55: Kosti – El Jebelein – Geigar – Renk – Paloich – Malakal (511 km)

Piste (A/D/H/I), nur von November bis April befahrbar; ausgeprägtes Wellblech. Wegen des Bürgerkriegs derzeit gesperrt.

KOSTI – S. J 54. (Ende J 54; Beginn J 56.)

EL JEBELEIN – Dorf. Treibstoff rar. Hotel.

GEIGAR – Dorf. Treibstoff rar. Hotel.

RENK – Kleiner Ort. Letzter großer Markt vor dem Süden. Treibstoff rar.

Unterkunft: Hotel mit angenehmem Restaurant.

In der Umgebung: Mit Hilfe des District commissioner kann ein Ausflug in die **Dinka-Dörfer** unternommen werden. Dieses gastfreundliche Volk mit fast schwarzer Haut lebt sehr einfach in Hütten aus getrocknetem Schlamm mit Strohdächern.

PALOICH – Dorf. Treibstoff rar. Hotel.

MALAKAL – S. J 35. (Ende J 35; Beginn J 36.)

J 56: Kosti – Tendelti (95 km)

(03.92, Unimog) Asphalt.

KOSTI – S. J 54. (Ende J 54; Beginn J 55.)

TENDELTI – S. J 25. (Ende J 25; Beginn J 26.)

J 57: Halaib (Ägypten) – sudanesische Grenze – Dungunab – Port Sudan – Suakin – Sinkat – Haiya (547 km)

(03.92, Unimog) Piste (A/D/H/K) bis Port Sudan; danach Asphalt bis Haiya. Ausreise seitens Ägypten nicht erlaubt.

HALAIB – S. E 12. (Ende E 12.)

Zwischen Halaib und Dungunab wird die Grenze zwischen Ägypten und Sudan überschritten (nicht markiert; die Grenzformalitäten werden in Port Sudan erledigt). Gute Piste bis Port Sudan.

DUNGUNAB – Fischerdorf. Wasser.

MUHAMMAD QOL – Fischerdorf. Versorgung mit Wasser.

PORT SUDAN – Hafenstadt, ca. 306 000 Einw. Gute Infrastruktur. Nicht immer Treibstoff. Formalitäten für die Einreise in den Sudan. Schiffsverbindungen nach Ägypten (Suez, 3 Tage), Saudi-Arabien, Somalia, Yemen und Europa (s.u.).

Unterkunft: Jugendherberge im Stadtteil Salabbone, keine Camp-Möglichkeit. Evtl. campen bei der Polizeistation.

Verschiedenes: Großer, gut sortierter Markt. Eisenbahnverbindungen nach Atbara und Kassala.

Verschiffung: Fähre nach Jeddah (Sudan-Line) 165 US-$/Kfz, 105 US-$/Pers. für Kabine 1. Klasse, 3300 Dinar Bearbeitung (03.00), die Fähre geht von Suakim. Verladen von Fahrzeugen und Verschiffung nach Hamburg über die Agentur „El Shark General Agencies", P.O. Box 558, Port Sudan (sehr seriöse Firma) möglich. Für etwa 150 US-$ übernimmt diese Agentur alle Formalitäten, die für eine Privatperson mehrtägige Behördengänge bedeuten würden; das Fahrzeug verbleibt bis zur Verschiffung im Freihafen, unweit des Büros der Agentur.

Sehenswert: Die rechteckige Anlagestruktur der Stadt.

SUAKIN - Kleiner Hafen. Verpflegung, Treibstoff rar, einfaches Hotel.

Sehenswert: Die Überreste des alten Suakin, eines Piratenstützpunktes.

Die Straße führt anschließend über die Passhöhe von Akaba (starke Steigungen) und dann längere Zeit entlang der Eisenbahn.

SINKAT - Kleines Dorf. Wasser, Treibstoff rar.

HAIYA - Eisenbahn- und Straßenknotenpunkt. (Beginn J 59; Ende J 58.)

J 58: Atbara - Haiya (291 km)

(01.91, Yamaha XT 600) Piste (A/D/H/I) entlang der Eisenbahntrasse. Dichter Lkw-Verkehr.

ATBARA - S. J 23. (Zur J 23; Beginn J 24.)

Tiefe Spurrillen und viel Staub auf den ersten 60 km, danach etwas besser. Die letzten km vor Haiya sind sehr schwierig (Vorsicht vor Dornbüschen).

HAIYA - S. J 57. (Ende J 57; Beginn J 59.)

J 59: Haiya - Derudeb - Ungwatiri - Erida - Mitatib - Aroma - Kassala (404 km)

(01.97, Land Rover) Asphalt. 110 km nördlich von Kassala: schlechte Piste, in Bau befindlich, 15 km Schotter, 15 km schlechter Asphalt. Die Straße führt an der Eisenbahntrasse entlang.

HAIYA - S. J 57. (Ende J 57 und J 58.)

DERUDEB - Dorf. Wasser.

UNGWATIRI - Bahnhof. Keine Versorgungsmöglichkeit.

ERIDA - Bahnhof. Keine Versorgungsmöglichkeit.

MITATIB - Bahnhof. Keine Versorgung.

AROMA - Dorf. Wasser, Treibstoff, einfaches Hotel. Bahnhof. Kleinindustrie (Karton und Baumwolle).

KASSALA - Stadt, 529 m ü.NN. Verpflegung, Wasser, Treibstoff, Hotel. Unproblematische Formalitäten für die Ausreise aus dem Sudan für Reisende in Richtung Eritrea (über die K 1). (Beginn K 1; Ende J 51 und J 60.)

J 60: Khartoum - Kassala (481 km)

Piste (A/C/H/I) bis Khashm el Girba, von Juli bis November unbefahrbar, danach Asphalt. Schotterpiste, einige Durchquerungen von sandigen Wadis. Baumwollanbaugebiet. Wer es eilig hat, kann über die Strecken J 50 und J 51 bis Gedaref fahren, von wo aus es nach wie vor auf einer geteerten Straße nach Kassala weitergeht.

KHARTOUM - S. J 12. (Ende J 12, J 24 und J 62; Beginn J 13, J 25 und J 50.)

In der Trockenzeit, wenn der Atbara-Fluss seinen Tiefststand erreicht hat, kann Kassala direkt auf einer Piste über Amara Abu (Sarsereib) angefahren werden. Sollten Zweifel hinsichtlich der Befahrbarkeit der Furt bei Amara Abu bestehen, besser der Eisenbahntrasse bis New-Halfa folgen.

NEW-HALFA - Stadt. Verpflegung, Treibstoff, Übernachtungsmöglichkeit.

Verschiedenes: Die Neugründung der Stadt erfolgte, als durch den Bau des neuen Assuan-Staudamms der Bevölkerung Nubiens ihre Heimat genommen wurde.

KHASHM EL GIRBA - Dorf. Keine Versorgungsmöglichkeit.

Sehenswert: Der Staudamm, der die Bewässerung von ca. 100 000 ha Wüste ermöglicht; die landwirtschaftliche Fläche wird von der umgesiedelten nubischen Bevölkerung bestellt.

Am Ortsende nach links in Richtung Kassala abbiegen. Rechts geteerte Straße (140 km) nach Gedaref (J 51.)
KASSALA - S. J 59. (Ende J 59; Beginn K 1.)

J 61: El Obeid – En Nahud – El Aid – Ed Daein

(01.00) Der Hauptverkehr ab En Nahud geht über diese Strecke, nicht mehr über die Route J 14 (vor Ort über aktuelle Situation erkundigen). Zeitaufwand: ca. 3 Tage. Einspurige Piste (schwer und schlecht, A/C/H) durch den Busch. Aus Sicherheitsgründen sollte diese Route in Richtung Nyala gefahren werden. Kompass unabdingbar, GPS angeraten. Um die durch Lkw zerstörten Wege zu umgehen, kann man sich nach den donkey-tracks erkundigen, Spuren der Eselskarren, die die Wasserversorgung der Dörfer sicherstellen.

EL OBEID - S. J 13. (Ende J 13, J 28, J 45; Beginn J 14 und J 30.)

Gleich an der Dorfausfahrt kommen tiefe, versandete Spurrinnen. Vor En Nahud laufen viele Pisten zusammen und verwandeln den Weg in ein Schlachtfeld (am besten von Norden hineinfahren).

EN NAHUD - S. J 14. (Zur J 14.)

GHUBEISH - Kleiner Ort. Die Moschee ist schon von weitem erkennbar.

EL AID - Kleiner Ort. Vorsicht vor der Polizei, nicht in umittelbarer Nähe von El Aid campen.

ED DAEIN - S. J 44. (Zur J 44.)

J 62: El Fasher – Khartoum (956 km)

(11.98, Mercedes GD 300) Lkw-Piste, auf den ersten 200 km schlecht zu befahren, sehr weich, tiefe Spuren, keine Ausweichmöglichkeit; danach z.T. flotte Piste. Viel Verkehr.

EL FASHER - S. J 4. (Beginn J 4, J 15, J 16; Ende J 6 und J 14.)

Km 0, Pistenbeginn Richtung NNO. **N 13°39,41′ E 25°21,55′.**

Km 25, **UMM MARAHIK** - Ort. Polizei. **N 13°50,47′ E 25°27,86′.**

Km 30, Abzweigung nach rechts. Vorsicht, Lkw-Piste von Libyen kommend. Pos. **N 13°52,83′ E 25°29,44′.**

Km 74, Abzweigung rechts. Vorsicht, Lkw-Piste von Libyen. Pos. **N 14°03,74′ E 25°47,88′.**

Km 99, Ort (Wasser). Pos. **N 14°01,48′ E 25°57,58′.**

Km 113, Ort (Wasser). Pos. **N 14°10,09′ E 26°17,37′.**

Km 154, Ort (Wasser). Pos. **N 14°11,72′ E 26°38,77′.**

Km 229, Ort, danach dichterer Bewuchs und viele Dörfer. GPS-Pos. **N 14°21,88′ E 27°14,97′.**

Km 324, **HAMRAT ES SHEIK** - Ort. Markt. Treibstoff aus Fässern. **N 14°38,16′ E 27°58,87′.**

Km 350, Pass, jetzt mit guter Piste. Pos. **N 14°35,81′ E 28°13,75′.**

Km 371, **BIR ABU ZAIMA** - Ort. Wasser. **N 14°34,30′ E 28°24,06′.**

Km 502, **SODIRI** - Ort. Markt. Sprit aus Fässern. **N 14°24,99′ E 29°06,16′.**

Km 632, Felsenberge, Dünenfahrt. Pos. **N 14°41,76′ E 30°06,68′.**

Km 638, **HAMRAT EL WUZ** - Markt. Treibstoff. **N 14°40,51′ E 30°09,53′.**

Km 646, Abzweigung nach rechts. Pos. **N 14°42,57′ E 30°13,34′.**

Km 668, Dorf.

Km 888, **FATTASHA** - Brunnen. Pos. **N 15°23,40′ E 32°00,45′.**

Km 917, Großer Ort. Pos. **N 15°29,91′ E 32°11,71′.**

Km 949, Teerstraße. Pos. **N 15°35,47′ E 32°26,88′.**

Km 956, Brücke Omdurman über den White Nile Ri. Khartoum. Pos. **N 15°36,92′ E 32°29,30′.**

KHARTOUM - S. J 12. (Ende J 12 und J 24; Beginn J 13, J 25, J 50 und J 60.)

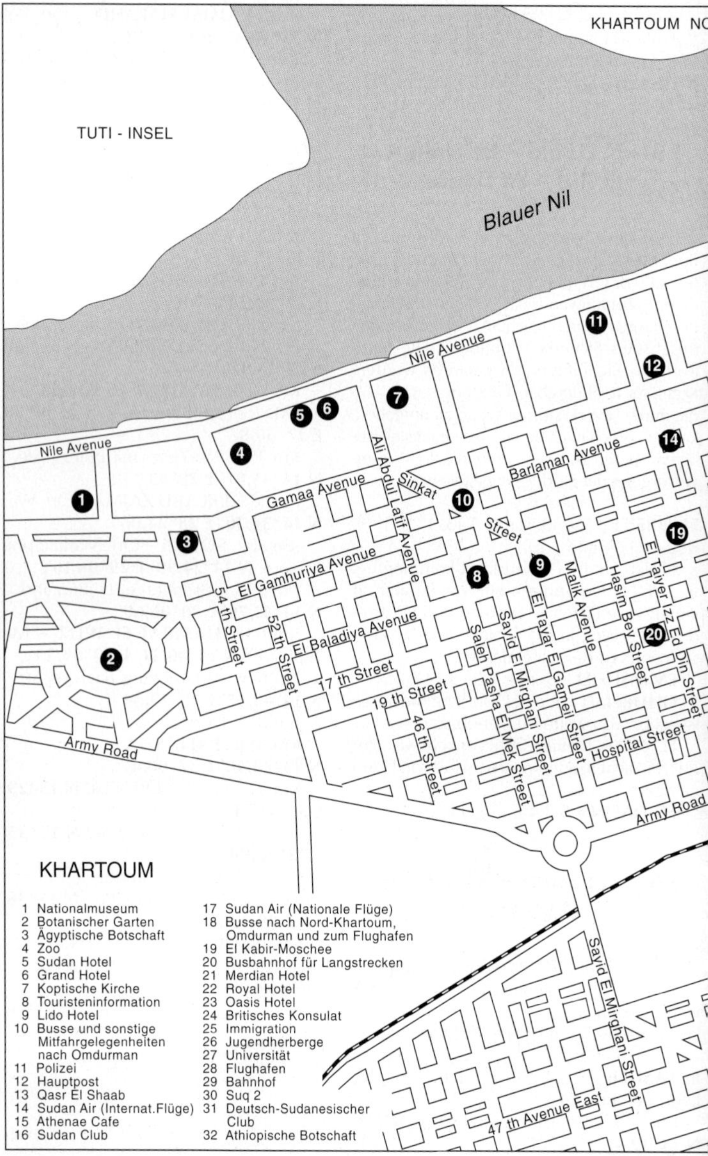
KHARTOUM NO
TUTI - INSEL
Blauer Nil
Nile Avenue
Nile Avenue
Gamaa Avenue
Sinkat Street
Barlaman Avenue
Ali Abdul Latif Avenue
El Gamhuriya Avenue
54 th Street
52 th Street
El Baladiya Avenue
17 th Street
19 th Street
46 th Street
Saleh Pasha El Mek Street
Sayid El Mirghani Street
El Tayar El Gameil Street
Malik Avenue
Hasim Bey Street
El Taiyer Izz Ed Din Street
Hospital Street
Army Road
Army Road
Sayid El Mirghani Street
47 th Avenue East
KHARTOUM
1 Nationalmuseum
2 Botanischer Garten
3 Ägyptische Botschaft
4 Zoo
5 Sudan Hotel
6 Grand Hotel
7 Koptische Kirche
8 Touristeninformation
9 Lido Hotel
10 Busse und sonstige Mitfahrgelegenheiten nach Omdurman
11 Polizei
12 Hauptpost
13 Qasr El Shaab
14 Sudan Air (Internat.Flüge)
15 Athenae Cafe
16 Sudan Club
17 Sudan Air (Nationale Flüge)
18 Busse nach Nord-Khartoum, Omdurman und zum Flughafen
19 El Kabir-Moschee
20 Busbahnhof für Langstrecken
21 Merdian Hotel
22 Royal Hotel
23 Oasis Hotel
24 Britisches Konsulat
25 Immigration
26 Jugendherberge
27 Universität
28 Flughafen
29 Bahnhof
30 Suq 2
31 Deutsch-Sudanesischer Club
32 Athiopische Botschaft

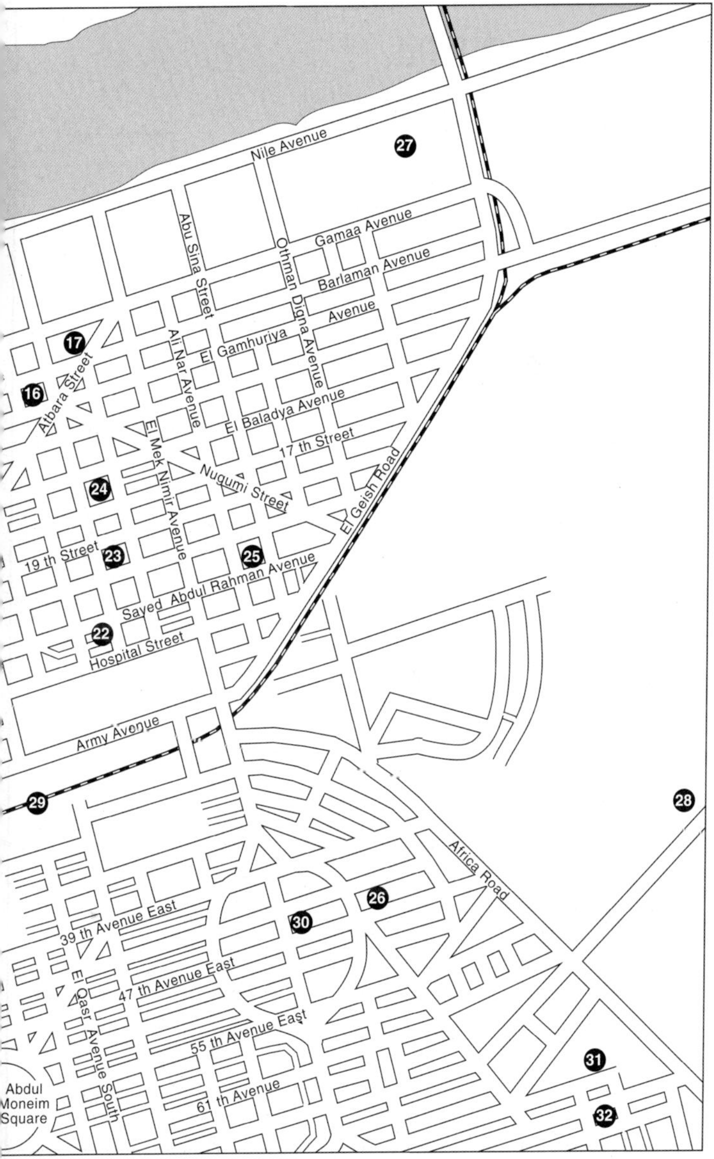
Nile Avenue
27
Gamaa Avenue
Barlaman Avenue
Abu Sina Street
Othman Digna Avenue
Avenue
El Gamhuriya
17
Ali Nar Avenue
16
Atbara Street
El Baladya Avenue
El Mek Nimir Avenue
17 th Street
Nugumi Street
24
El Geish Road
19 th Street
23
25
Sayed Abdul Rahman Avenue
22
Hospital Street
Army Avenue
29
28
Africa Road
26
39 th Avenue East
30
47 th Avenue East
El Qasr Avenue South
55 th Avenue East
31
61 th Avenue
Abdul
Moneim
Square
32

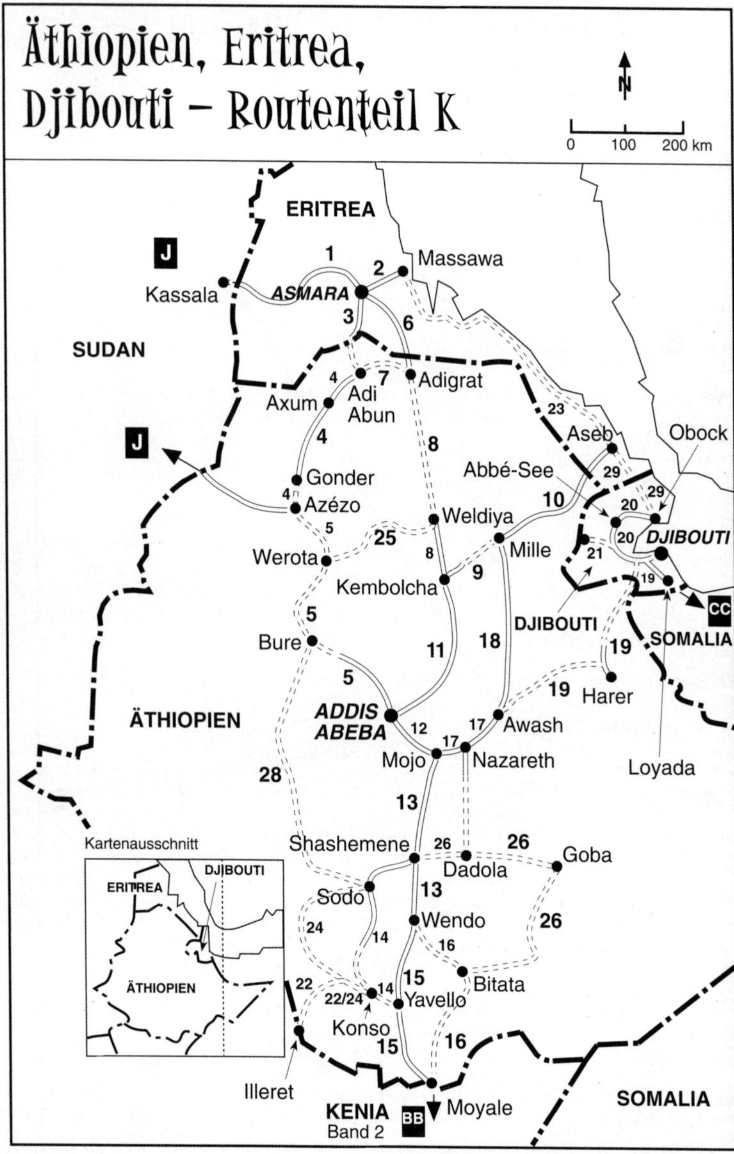

Äthiopien, Eritrea, Djibouti – Routenteil K
N
0
100
200 km
ERITREA
SUDAN
ÄTHIOPIEN
DJIBOUTI
SOMALIA
KENIA
Band 2
J
CC
BB
Massawa
ASMARA
Kassala
Adigrat
Adi Abun
Axum
Gonder
Azézo
Werota
Weldiya
Kembolcha
Bure
ADDIS ABEBA
Mojo
Nazareth
Awash
Mille
Harer
Aseb
Abbé-See
Obock
DJIBOUTI
Loyada
Shashemene
Dadola
Goba
Sodo
Wendo
Bitata
Yavello
Konso
Illeret
Moyale
Kartenausschnitt
ERITREA
DJIBOUTI
ÄTHIOPIEN

Äthiopien, Eritrea, Djibouti – Routenteil K

Überblick Äthiopien

Fläche: ca. 1,1 Mio. km².

Einwohner: ca. 65,3 Mio.

Ethnien: Amharen und Tigre, Oromo, Danakil, Niloten, Somali.

Hauptstadt: Addis Abeba (ca. 3 Mio. Einwohner).

Sprachen: Amtssprache Amharisch, daneben Englisch, Französisch, Arabisch und Italienisch. Insgesamt über 80 verschiedene lokale Sprachen.

Religion: Ca. 45% äthiop.-orthodoxe Christen, ca. 40% Muslime, ca. 10% Protestanten, 5% traditionelle (Natur-)Religionen, 1% Katholiken.

Ruhetag: Sonntag.

Feiertage: 7.1. (Weihnachten), 19.1., 2.3., äthiopisches Osterfest (ca. 1 Woche nach unserem), 6.4., 1.5., 28.5., 11./12.9., 27.9., jährlich wechselnde islamische Feiertage. In Äthiopien hat das Jahr 13 Monate, 12 Monate zu 30 Tagen und einen Monat zu 5 oder 6 Tagen (julianischer Kalender).

Zeitverschiebung: MEZ plus 2 Std., während unserer Sommerzeit plus 1 Std.

Stromspannung: 110–220 V.

Einreise: Deutsche, Schweizer und Österreicher benötigen ein Visum. Seit Anfang 2002 ist es auch möglich, ohne Visum anzureisen und dieses dann bei der Einreise am Flughafen in Addis Abeba ausstellen zu lassen. Visum auch in Asmara (Eritrea) erhältlich (äthiopische Botschaft in der Franklin Road, 63 US-$, nur in US-$ zahlbar, innerhalb 1 Std.). Die äthiopischen Botschaften in Khartoum (Sudan) und Kairo (Ägypten) stellen nur Visa mit Flugticket aus (mehrere Tage Wartezeit). Man sollte sich ein Ticket bei einem Reisebüro besorgen, das bereit ist, nach Vorlage bei der Botschaft dieses wieder zurückzunehmen (ca. 10–100 US-$ Stornogebühr). Wertvolle elektronische Geräte müssen bei der Einreise angegeben werden (Eintrag in Pass). Einfuhr von Waffen, Drogen und pornographischem Material strengstens verboten.

Impfung/Gesundheit: Gelbfieberimpfung vorgeschrieben, Malariaprophylaxe für Gebiete unter 2000 m dringend empfohlen. Informieren Sie sich bei einem Tropeninstitut in Ihrer Nähe (s. Anhang).

Währung: Birr, Br (= 100 Cents). 1 Birr = 1 Nakfa. 1 Euro = 8,21 Birr, 1 US-$ = 8,87 Birr. Devisendeklaration theoretisch vorgeschrieben, wird aber meistens nicht verlangt. Umtauschbescheinigungen für evtl. Kontrolle bei der Ausreise aufbewahren. Tausch von

Travellerschecks in jeder Commercial Bank. Auch auf Euro augestellte Schecks können getauscht werden.

Treibstoff: Tankstellen in allen Provinzhauptstäden und größeren Orten an den Hauptverkehrsstraßen. Der Treibstoff wird jedoch rationiert, oft kein Sprit oder Strom an den Tankstellen. Schwierige Treibstoffversorgung im Norden. Man benötigt dort ein Papier von der Regierungsstelle, das erlaubt, eine bestimmte Treibstoffmenge zu kaufen. Es werden zum Teil nur beschränkte Mengen bewilligt. Auf dem Schwarzmarkt ist Treibstoff zu bekommen. Preise (04.02): Benzin 4,30 Birr/l, Diesel 2,60 Birr/l.

Telefon: Verschiedene Internetbüros bieten Verbindungen für Auslandsgespräche über Internetleitungen an. Dies ist erheblich billiger als über konventionelle Leitungen.

Kfz: Nat. Führerschein zusammen mit Internat. Führerschein und internat. Kfz-Schein offiziell vorgeschrieben. Carnet de passage obligatorisch, wird aber nicht immer verlangt (so z.B. im Mai 2000 bei Einreise über Shedi, s. J 51). Kein Haftpflichtversicherungszwang, der Abschluss einer Versicherung ist jedoch dringend zu empfehlen.

Straßenzustand: Wenig Asphaltstraßen. Gut befestigte Pisten, auf den Hauptrouten auch in der Regenzeit befahrbar.

Kontrollen: Häufig nachts Straßensperren. Keine Kontrollen, außer im Südwesten, im Grenzgebiet zu Somalia und im Norden bei Ortsdurchfahrten (Touristenfahrzeuge werden meist durchgewunken).

Grenzen: Die Grenzübergänge zwischen Äthiopien und Eritrea sind geschlossen. Die Grenze nach Somalia (Tog Wajale) ist geöffnet, das Grenzgebiet ist jedoch gefährlich. Die Grenze nach Sudan (Gonder/Gedaref) ist offen, das Grenzgebiet ist jedoch ebenfalls gefährlich. Die Routen in den Sudan können nur in der Trockenzeit (von Mitte Oktober bis Mitte Juni) befahren werden.

Sicherheit: Seit Ende des Krieges Ende 2000 herrscht zwischen Eritrea und Äthiopien Ruhe. Der Norden des Landes (Axum) ist ohne Probleme zugänglich. In den meisten Landesteilen ist es relativ sicher. Das Auswärtige Amt rät jedoch weiterhin von Fahrten nördlich der Straße Adigrat – Aksum sowie in das direkte Grenzgebiet zu Eritrea ab. Vorsicht bei der Weiterreise nach Kenia über Moyale (K 15). Vorsicht bei Fahrten ins Grenzgebiet zu Somalia. Unter keinen Umständen sich nachts außerhalb von Ortschaften aufhalten. Auch der gesamte Schwerlastverkehr verlässt nach 17 Uhr die Fernstraßen. Es wird empfohlen, vor Berreisen folgender Regionen Rat und Auskunft der Botschaft in Addis einzuholen: Afar-Region, Somali-Region, Grenzgebiet zu Kenia (Moyale), Westen der Südregion (um Tepi), Gambella, Grenzgebiet zum Sudan, Westteil der Oromo-Region (Wellega). Das Auswärtige Amt warnt außerdem vor Minen: „Landminengefahr besteht in den Grenzregionen zu Somalia, Sudan (nördlich von Gambela) und Eritrea, wo ein ca. 10 km breiter Streifen südlich der temporären Sicherheitszone betroffen ist, der von Humera im Westen über das Badme-Dreieck entlang des Mereb-Flusses bis in die Umgebung von Fadi und Salambesa reicht. Im Südosten der Grenzregion zu Eritrea ist das Gebiet an der Straße Bure – Assab betroffen. Es wird generell davon abgeraten, die Straße Eli Dar Richtung Assab zu befahren."

Literatur und Landkarten:
Reiseführer: „Äthiopien" von K. Hildemann und M. Fitzenreiter, Reise Know-How Verlag, Bielefeld.

Landkarten: Reise Know-How/world mapping project: Äthiopien/Somalia/Eritrea/Djibuti, 1:2 000 000; Übersichtskarte Michelin 954, Nord- und Ostafrika, 1:4 000 000.
Detailkarten: ONC- und TPC-Karten (1:1 000 000, 1:500 000) mit guter topografischer Darstellung (Fliegerkarten). Russische Generalstabskarten 1:500 000.

Geschichte: Ob in Äthiopien tatsächlich das biblische Reich der Königin von Saba zu sehen ist, bleibt Spekulationen überlassen. Das erste historisch verbriefte Königreich auf äthiopischem Boden war Axum, das ab etwa 300 v. Chr. zum größten Umschlagplatz für Elfenbein in Nordostafrika wurde. Im vierten Jahrhundert n. Chr. nahm der König von Axum den christlichen Glauben an und begründete so die älteste Tradition eines christlichen Königreiches in Afrika. Die erste ernsthafte islamische Bedrohung für Axum ging vom Osmanischen Reich aus, das im 16. Jh. lokale muslimische Fürsten im Kampf gegen die christlichen Könige unterstützte, die nur durch das Eingreifen der Portugiesen 1542 vor dem Zusammenbruch bewahrt werden konnten. Erst im 18. Jh. war die Epoche des Reiches Axum zu Ende: das Land spaltete sich in mehrere Provinzen, deren Fürsten sich gegenseitig bekriegten. Ende des 19. Jh. übernahm mit Menelik ein König die Macht, der die Grenzen seines Reiches wieder ausdehnte (auf die Gebiete der Galla im Südwesten und der Somali in Harrar und im Ogaden). Trotz anfänglicher Erfolge im Krieg gegen die Italiener konnte er jedoch nicht verhindern, dass diese sich in Eritrea festsetzten. 1936 – inzwischen war Haile Selassie König – wurde Äthiopien schließlich vollständig von Mussolinis Truppen überrannt, doch bereits 1941 wurden diese wieder aus dem Land vertrieben. Nur Eritrea blieb bis 1952 unter britischer Verwaltung, und wurde dann, nach einer Volksabstimmung in einer Föderation mit Äthiopien vereint. Als Selassie 1962 die Föderation auflöste und Eritrea annektierte, legte er damit den Samen für einen Bürgerkrieg, der erst 1991 sein Ende fand.

Politik: Die Unabhängigkeit 1948 und die Rückkehr Haile Selassies auf den äthiopischen Thron bescherte der äthiopischen Bevölkerung eine zweite feudale Ära. 80% des fruchtbaren Landes waren im Besitz der Herrscherfamilie und des koptischen Klerus. Die schlechten Lebensbedingungen führten zu einer Erstarkung nationalistischer Bewegungen, die, wie die Volksfront zur Befreiung Eritreas, schon bald Landgewinne verzeichnen konnten. Angesichts massiver Proteste der Bevölkerung gegen die feudale Unterdrükkung durch Kirche und König kam es 1974 zum Militärputsch, dem Selassie nur mit Mühe lebend entkommen konnte. Nach Auseinandersetzungen im Militärrat gelangte schließlich Haile Mariam Mengistu an die Macht. Der sozialistische Kurs der Militärregierung wurde lange Zeit von Kuba und der ehem. UdSSR unterstützt, brachte aber weder Beruhigung in den Unabhängigkeitsbestrebungen der einzelnen Provinzen, noch eine verbesserte Versorgung der Bevölkerung. Die Dürrekatastrophen der 1970er und -80er Jahre verschärften die Situation; die Machthaber in Addis Abeba nutzten den Hunger der Bevölkerung als Waffe gegen die Befreiungsbewegungen und behinderten die Hilfseinsätze der internationalen Katastrophendienste. 1991 musste Mengistu schließlich vor den anrückenden Truppen der Rebellen die Hauptstadt verlassen. Die vorläufige Übergangsregierung unter Tamirat Layne beschloss eine allmähliche Demokratisierung, die 1994 in freien Wahlen der Regierungspartei eine überwältigende Mehrheit verschaffte. In Eritrea führte eine Volksabstimmung über die Unabhängigkeit 1993 zu einer einvernehmlichen Abspaltung von der äthiopischen Zentralregierung. Seit 1995 ist Negasso Gidada (OPDO) Staatsoberhaupt. Nachdem Eritrea 1997 ihre eigene Währung einführte und die bisherige Währungsunion brach, Äthiopien daraufhin die Einführung der eritreischen Währung untersagte und den Grenzverlauf zu Eritrea in Frage stellte, verschlechterte sich die Beziehung der beiden Länder wieder. Im Mai 1998 kam es zu ersten Gefechten an der Grenze, weiter eskalierte der Konflikt mit Boden- und Luftkämpfen. Friedensbemühungen blieben lange erfolglos. Am 18.6.2000 wurde ein Waffenstillstand vereinbart, und am 12.12.2000 wurde schließlich der Friedensvertrag zwischen Äthiopien und Eritrea unterzeichnet. Um den Waffenstillstand zu sichern, wurde in einem Sicherheitsstreifen (Temporary Security Zone) in der Grenzregion eine Friedenstruppe der Vereinten Nationen (UNMEE) stationiert. Die Lage hat sich seitdem beruhigt.

Überblick Eritrea

Fläche: 121 144 km².

Einwohner: ca. 3–3,5 Mio.

Ethnien: Afar (5%), Tigre (ca. 31%), Tigrinya (50%), Bilen, Hedareb oder Beja (2,5%), Nara od. Baria (1,5%), Kunoma, Saho (5%), Rashaida (0,5%).

Hauptstadt: Asmara (ca. 400 000 Einwohner).

Sprachen: Tigrinya, Tigre, Arabisch, Saho, Bilen, Afar, Gewa, Nara, Kunama. Alle Sprachen der neun Ethnien sind gleichberechtigt. Verkehrssprachen sind hauptsächlich Arabisch und Tigrinya. Z.T. wird auch Englisch und Italienisch verstanden.

Religion: 50% orthodoxe Christen, 45% Muslime, 5% Naturreligionen.

Ruhetag: Sonntag.

Feiertage: 1. Sept. (Nationalfeiertag) sowie wechselnde Tage nach alter äthiopischer Zeitrechnung.

Stromspannung: 110–220 V.

Zeit: MEZ plus 1 Std.

Einreise: Deutsche, Österreicher und Schweizer benötigen ein Visum, das frühestens ein Monat vor Einreise beantragt werden sollte. Die Gültigkeit beträgt ein Monat (Verlängerung möglich). Visa werden auch in Khartoum (Sudan) und Kairo (Ägypten) ausgestellt (s. dort). Visum nur in Ausnahmefällen direkt an der Grenze erhältlich. Bei mehrmaliger Einreise (Eritrea, Djibouti) muss das Visum auch mehrmalig ausgestellt sein.

Kfz: Die Einreise mit eigenem Kfz ist möglich. Carnet de passage nötig. Achtung: man braucht für die Ausreise aus Eritrea eine Ausreisegenehmigung vom „Ministery of Road & Transport" in Asmara.

Treibstoffpreise (12.97): 2,8 Nakfa/l Benzin. Versorgung problemlos.

Impfung/Gesundheit: Gelbfieberimpfung ist Pflicht. Malariaprophylaxe empfohlen.

Währung: Nicht mehr äthiopischer Birr, sondern nun eigene Währung Nakfa. 1 Euro = 11,90 Nakfa, 1 US-$ = 13,50 Nakfa. Devisendeklaration ist nicht notwendig. Ein- und Ausfuhr von bis zu 100 Nakfa.

Sicherheit: Nach Beendigung des Krieges ist die Lage wieder entspannt. Weite Teile des Landes sind jedoch vermint. Betroffen hiervon sind touristisch interessante Gebiete im Süden Eritreas und teilweise auch Verbindungsstraßen von Asmara zur Küste und entlang der Küste. Erkundigen Sie sich bei der Deutschen Botschaft (Asmara) nach der aktuellen Situation.

Grenzen: Die Grenzen nach Äthiopien sind geschlossen (Sommer 2002). Die Grenzen zum Sudan sind neuerdings geöffnet. Die Grenze nach Djibouti war im Dez. 1998 offiziell geschlossen, ebenfalls deren Botschaft, dennoch konnten Leser eine offizielle Ausreise erreichen. Das Immigrationsoffice in Asseb erteilt auf Antrag eine schriftliche Ausreisebewilligung (innerh. einer Stunde), im Hafen von Asseb (Nebenstelle Immigration office) gibt es den Ausreisestempel. Die Ausreisebewilligung ist beim Militär an der Grenze abzugeben.

Literatur und Landkarten:
Landkarten: Reise Know-How/world mapping project: Äthiopien/Somalia/Eritrea/Djibouti, 1:2 000 000; Übersichtskarte Michelin Nord- und Ostafrika, 1:4 000 000.
Literatur: Keine deutschsprachige Literatur. Empfehlenswert ist „Guide to Eritrea“, Bradt Publications.

Geschichte: Siehe Äthiopien.

Politik: Bei der Volksabstimmung im Frühjahr 1993 erklärte sich die überwältigende Mehrheit der Eritreer für die Unabhängigkeit von Äthiopien. In einem Kooperationsvertrag legten die beiden Länder die Bedingungen für eine künftige, enge Zusammenarbeit fest, die u.a. die Nutzung der eritreischen Häfen durch Äthiopien vorsah. Aus der Eritreischen Volksbefreiungsfront bildete sich die Regierungspartei PFDJ unter Isayas Afewerki, der immernoch in der vorläufigen Übergangsregierung als Staatspräsident fungiert. Im November 1997 führte Eritrea eine eigene Währung Nakfa ein und kündigte somit die Währungsunion mit Äthiopien. Daraufhin boykottierte Äthiopien die eritreischen Häfen und wickelte seinen Handel über Djibouti ab. Es kam zu Güterverknappung und starken Preisanstiegen in Eritrea. Im Mai 1998 eskalierte der Konflikt mit Streitigkeiten um den Grenzverlauf, es kam neben Bodenkämpfen auch zu Luftangriffen Eritreas auf Mekele und Äthiopiens auf Asmara. Vermittlungsversuche der Vereinten Nationen, der USA und der EU blieben lange erfolglos. Im Jahr 2000 wurde schließlich ein Friedensvertrag zwischen Äthiopien und Eritrea unterzeichnet (s.u. Äthiopien).

Überblick Djibouti

Fläche: 23 200 km².

Einwohner: ca. 660 000.

Ethnien: Issa, Afar, zahlreiche Europäer, Flüchtlinge aus Äthiopien und Somalia.

Hauptstadt: Djibouti (ca. 400 000 Einw.).

Sprachen: Französisch und Arabisch als Amtssprachen, daneben kuschitische Sprachen und Issa.

Religion: 95% Muslime, 5% Christen.

Ruhetag: Sonntag.

Stromspannung: 220 V, Adapter empfohlen.

Zeit: MEZ plus 2 Std., in der Sommerzeit plus 1 Std.

Einreise: Visumpflicht für Deutsche, Österreicher und Schweizer (erhältlich bei der dschibutischen oder französischen Botschaft), bei Flugreisen gültiges Rück- oder Weiterreiseticket. In der Vergangenheit war das Visum (30 Tage) auch innerhalb von 24 Std. in Addis Abeba und in Asmara bei der Jemenitischen Botschaft erhältlich. Bei Einreise am Flughafen bzw. am Hafen kann auch bei der dschibutischen Einwanderungsbehörde ein Visum erworben werden (kann aber sehr zeitaufwändig sein). Einreise mit der Fähre von Aden (Jemen) nach Djibouti möglich. Einmal die Woche verkehrt ein Containerschiff (Container ca. 1000 US-$, Flug ca. 80 US-$). Alle zwei Wochen fährt ein Frachter, der allerdings weniger seriös ist (ca. 700 US-$/Fahrzeug). Personen an Bord sind erlaubt.

Impfung/Gesundheit: Gelbfieberimpfung bei Einreise aus Infektionsgebieten vorgeschrieben. Malariaprophylaxe dringend empfohlen.

Währung: Djibouti-Franc. 1 Euro = 158,66 FD, 1 US-$ = 171,33 FD. Unbeschränkte Einfuhr von Fremdwährung. Keine Devisendeklaration erforderlich. Allgemeines Preisniveau sehr hoch (bedingt durch die 4000 französischen Fremdenlegionäre).

Kfz: Internationaler Führerschein und Kfz-Schein, Carnet de passage. Haftpflichtversicherung muss bei Einreise in der ersten größeren Stadt abgeschlossen werden.

Grenzen: Die Grenzen zu den Nachbarländern, außer zu Somalia, sind geöffnet. Im Oktober 1998 war nur ein Grenzübergang (via Kompolcha) von Äthiopien nach Djibouti offen. Die Grenze von Eritrea nach Djibouti ist offiziell geschlossen, 1998 war jedoch eine Einreise nach Djibouti trotzdem möglich (s. Überblick/Grenzen Eritrea).

Treibstoffpreise: Super ca. 130 FD, Diesel ca. 90 FD. Sehr günstig.

Straßenzustand: Teils gute Asphaltstraßen, ansonsten schlecht.

Kontrollen: Selten.

Sicherheit: Die Sicherheitslage ist gut. Das Auswärtige Amt warnt jedoch wegen Minengefahr vor Reisen in den Norden, westlich des Lac Assal und nördlich des Golfs von Tadjourah. Die Asphaltstraße nach Tadjourah sollte nicht verlassen werden, auch nicht zum Wenden über den Seitenstreifen (Minengefahr)! Die Regionen Mabla und As Eyla gelten als unsicher (Rebellengruppen vermutet). In Djibouti-Stadt Vorsicht in den ärmeren Stadtvierteln südlich der Av. de Brazzaville.

Literatur und Landkarten:
Reiseführer: Es gibt keinen deutschsprachigen Reiseführer.
Landkarten: Reise Know-How/world mapping project: Äthiopien/Somalia/Eritrea/Djibuti, 1:2 000 000; Michelin 954, 1:4 Mio.; Detailkarten ONC/TPC 1:1 Mio., 1:500 000.

Geschichte: Der Hafen Obock wurde 1862 mit seinem Hinterland vom Sultanat Tadjoura (an der somalischen Küste gelegen) für 52 000 FF an Frankreich verkauft. Schon knapp 40 Jahre später war die Ära des Sultanats beendet und Djibouti zur Hauptstadt der französischen Kolonie „Somaliland" geworden, die ihren Namen kurze Zeit später in „Territorium der Afar und Issa" änderte. Die kleine Kolonie wurde außerordentlich gut gegen das feindliche Umfeld abgeschirmt: Stacheldraht und elektrische Zäune grenzten sie von den Nachbarn Äthiopien und Somalia ab, über 20 000 französische Soldaten wurden zu ihrer Bewachung abkommandiert.

Die Unabhängigkeitsbestrebungen im benachbarten Somalia führten auch in Djibouti zur Bildung von Oppositionsbewegungen, die ihren Widerstand gegen die französische Besatzung teils auf legalem Wege, teils auch mit Waffengewalt geltend machten. Doch erst nach schweren Unruhen in den siebziger Jahren beendete Frankreich nach einer Volksbefragung 1977 die koloniale Epoche Djiboutis.

Politik: Der erste gewählte Regierungschef der unabhängigen Republik, Hassam Gouled Aptidon, war Vorsitzender der „African League for Independence", einer der beiden Unabhängigkeitsbewegungen Djiboutis. Durch die Einbeziehung der wichtigsten ethnischen Gruppen in die Regierung versuchte er, ethnischen Konflikten den Wind aus den Segeln zu nehmen. Im äthiopischen Bürgerkrieg wahrte er strikte Neutralität und lavierte zugleich zwischen den beiden verfeindeten Nachbarländern Somalia und Äthiopien, die beide territoriale Ansprüche auf Djibouti erheben. Djiboutis wichtigster Wirtschaftsfaktor ist sein Hafen, über den Äthiopien einen Großteil seines Exports abwickelt.

Der Versuch, Djibouti zu einer Drehscheibe der internationalen Finanz- und Handelswelt nach dem Vorbild Hongkongs zu entwickeln und so die Wirtschaft zu stärken, ist in den 1980er Jahren gescheitert. Djibouti ist auch weiterhin auf internationale Finanzhilfe angewiesen und wird als Mitglied der Arabischen Liga auch von zahlreichen arabischen Staaten unterstützt.

1981 wurden per Dekret alle Oppositionsparteien verboten, 1993 fanden erstmals wieder Wahlen statt. In diesem Jahr kam es auch zu Kämpfen zwischen Regierungstruppen und der FRUD (Front für die Wiederherstellung der Einheit und Demokratie), die durch einen Friedensschluss Ende 1994 weitgehend beigelegt wurden. 1997 fanden erneut Wahlen statt, wobei die Regierungspartei RPP („Rassemblement Populaire pour le Progrès") unter Hassan Gouled Aptidon die große Mehrzahl an Sitzen in der Nationalversammlung erhielt. Bei den Präsidentschaftswahlen im April 1999 gewann mit klarer Mehrheit der Kandidat der Regierung Ismail Omar Gelleh, Hassan Gouled Aptidon war wegen seines Alters (83 Jahre) nicht mehr angetreten. Die Konfrontationen in den 1990er Jahren zwischen den beiden Ethnien Afars und Issas sind mit einem „endgültigen" Friedensvertrag zwischen Innenminister Miguel und Ahmed Dini (FRUD) im Mai 2001 beigelegt worden.

Routen

K 1: Kassala (Sudan) – äthiopische Grenze – Sebderat – Teseney – Barentu – Akordat – Keren – Asmara (432 km)

(12.95, Land Rover) Bis Sebderat Piste (A/H), in der Regenzeit nicht befahrbar. Danach bis Akordat Schotterstraße (viele zerstörte Brücken - im trockenen Flussbett umfahren). Asphalt ab Keren, davor sehr steinige Piste. Zollformalitäten direkt an der Grenze (es ist nicht mehr nötig, sie in Kassala zu erledigen).

KASSALA - S. J 59. (Ende J 51, J 59 und J 60.)

Von der Ortsmitte aus in Richtung der Straße Khartoum - Port Sudan fahren, entgegen den Angaben in der Michelin-Karte noch vor Erreichen dieser Straße nach Überquerung des großen Wadi in die erste Teerstraße nach links abbiegen. Nach etwa 4 km Piste, die auf etwa 30 km entlang des Wadi führt und mehrere Dörfer passiert. In Höhe des zweiten Inselberges ist schließlich der sudan. Zoll/Polizei erreicht, 5 km weiter Einreiseformalitäten Eritrea.

TESENEY - Dorf. Gute Infrastruktur. Zollformalitäten zur Einreise.

BARENTU - Dorf. Lebensmittel, Treibstoff, Hotel, Post und Telegrafenamt.

AKORDAT - Dorf. Lebensmittel, Treibstoff, Hotel, Post, Telegrafen- und Telefonamt. Bahnhof.

KEREN - Kleinstadt. Gute Infrastruktur.

Kurz hinter Keren Brücke über das Flüsschen Anseba.

ASMARA - Hauptstadt, 2340 m, ca. 400 000 Einw. (Beginn K 2, K 3 und K 6.)

Unterkunft: Viele Pensionen. Pension „Mirasol", Av. A. Matienzo, in der Nähe der Kathedrale, sehr zentral (ca. 30 Nakfa für DZ mit Balkon und Waschbecken, EZ 20 Nakfa), san. Anlagen ordentlich.

Essen: Zahlreiche Pizzerien. Gute Pizza in „Pizzeria Napoli", eine Straße nördlich der Liberation Av. „Cathedral Snack Bar" in Liberation Av. (ggü. Kathedrale), sehr gute Snacks, Hamburger und Säfte.

Verschiedenes: Gute Versorgungsmöglichkeit in diversen italienischen Läden; große Markthalle. Trinkwasserreservoir in der Nähe des Krankenhauses (beim Flughafen), Wasser gegen geringes Entgeld. Visum für Äthiopien erhältlich (Äthiopische Botschaft in der Franklin Road, 63 US-$, nur in US-$ zahlbar, innerhalb 1 Std.). Visum für Djibouti bei der jemenitischen Botschaft.

Sehenswert: Die Kolonialbauten (die Stadt wurde von den Italienern erbaut), die „St.-Josephs-Kathedrale", die „St.-Maria-Kirche", das archäologische Museum, die Moschee und der Kaiserpalast.

K 2: Asmara – Massawa (Mitsiwa) (115 km)

(12.97, Land Rover 109) Asphalt. Höhenunterschied 2500 m. Bus nach Massawa: 2x täglich (mittags und abends), Fahrzeit ca. 5 Std. Sehr interessante Fahrt.

ASMARA - S. K 1. (Ende K 1; Beginn K 3 und K 6.)

GINDA - Kleinstadt, in einem hübschen Tal gelegen. Treibstoff. Bahnhof.

DENGOLO - Dorf.

Verschiedenes: Heiße mineralhaltige Quellen, das Wasser wird in der nahe gelegenen Fabrik abgefüllt. Kurz hinter Dengolo nimmt die Landschaft, bedingt durch die niedrige Höhenlage, wüstenähnlichen Charakter an. Ein kleines Denkmal erinnert an die Schlacht von **Dengali** (1887, Sieg der Äthiopier unter Ras Alula über die Italiener); rechts die äthiopischen Gräber, die gefallenen Italiener sind links begraben.

Danach führt die Straße geradeaus durch die Massawa-Wüste.

MASSAWA (MITSIWA) - Seit Jahrhunderten ein wichtiger Hafen. Lebensmittel, Restaurants, Treibstoff. Viele Gebäude sind noch vom Krieg mit Äthiopien zerfallen.

Verschiffung nach Jeddah: Fähre „Al Rasheed" einmal wöchentlich, 36 Std., Preise (10.98): Land Rover 350 US-$, eine Person 80 US-$, Clearance 57 US-$, „Shumdean Intern. Ferwarding“, P.O. Box 45, Tel. 55 24 90, Fax 29 11 53 21 14.

Sehenswert: Die malerische Lage der Stadt auf Inseln und Halbinseln, die untereinander mit Dämmen verbunden sind. Die Stadt wurde im Bürgerkrieg fast völlig zerstört. Hervorragendes Revier für Unterwasserjagd und Hochseefischerei.

K 3: Asmara – Adi Abun (157 km)

(12.94, Land Rover) Asphalt bis zur Brücke über den kleinen Fluss Mereb; danach folgt Piste (A).

ASMARA – S. K 1. (Ende K 1; Beginn K 2 und K 6.)

MENDEFERE (ADI UGRI) – Dorf. Treibstoff, Unterkunftsmöglichkeit.

ADI QUALA – Dorf. Treibstoff, Unterkunftsmöglichkeit.

Die äthiopischen Grenzformalitäten finden in **RAMA,** 7 km nach Überquerung des Grenzflusses Mereb statt. Die Brücke ist zerstört, die Flussdurchquerung ist von Juli bis September wegen Wasserhöhen bis 1,50 m nicht möglich.

ADI ABUN (ADWA) – Kleines Dorf. Wasser. Sehr selten Treibstoff. Unterkunftsmöglichkeit. (Ende K 7; Beginn K 4.)

K 4: Adi Abun – Axum – Inda Silase – Adi Arkay – Debark – Gonder – Azèzo (394 km)

(02.99, HPN BMW, und 12.97, Land Rover 109) Piste (A) bis Gonder (gut, aber hart), danach extrem löchriger Asphalt. Neue Brücken in der Tekeze-Schlucht. Felslandschaft des Semyien-Gebirges (eine der schönsten Landschaften Äthiopiens). Höchster Berg ist der Ras Dashen (4620 m, höchster des Landes).

Die Grenze nach Eritrea ist z.Z. geschlossen (2002).

ADI ABUN – S. K 3. (Ende K 3 und K 7.)

AXUM – Kleinstadt, 2150 m, ca. 30 000 Einw. (s.a. Stadtplan). Lebensmittel. Treibstoff 1999 nur mit Wartezeiten, auf Schwarzmarkt sehr teuer. Bis zum 10. Jh. Hauptstadt des Reiches Axum. Wichtiges Wirtschafts-, Kunst- und religiöses Zentrum (koptisch).

Unterkunft: Gutes Hotel der Ghion-Gruppe und einige andere kleine Hotels. „Hotel Axum“, DZ mit Dusche/WC 70 Birr, EZ 50 Birr. Campmöglichkeit im Hof des Hotels „Yeha“ (30 Birr).

Sehenswert: Der Palast des Taakha Maryam (der den „Enda-Mikael-Palast“ mit einschließt), die reich verzierten monolithischen Begräbnisstellen, die wahrscheinlich aus dem 4. Jh. unserer Zeitrechnung stammen (die höchste Stelle misst 33,3 m), das in einen Felsen gegrabene künstliche Wasserbecken (Bad der Königin von Saba) und die „St.-Maria-von-Zion-Kathedrale“ (16. Jh.). Sammel-Eintrittspreis für alle fünf hist. Stätten; Frauen dürfen den Hof der Kathedrale St. Maria von Zion nicht betreten.

Die Strecke verläuft auf einer Hochebene (2000–2300 m) mit einzelnen herausragenden vulkanischen Inselbergen.

INDA SILASE – Städtchen. Evtl. Treibstoff (eher keinen). Unterkunftsmöglichkeit.

Von hier aus führt die Piste hinunter in die beeindruckenden Schluchten (830 m) des Tekeze-Flusses (zweitlängster Fluss des Landes, üppige Flora), den sie überquert, um auf der anderen Seite wieder auf ein Plateau hinaufzuklettern. Einige Ruinen von italienischen Befestigungen aus der Kolonialzeit.

Auf der weiteren Strecke folgen vier Pässe (auf und ab) mit einer Höhe zwischen 1900 und 2300 m bis zum höchsten Wolkefit-Pass (3100 m).

ADI ARKAY – Kleines Dorf. Treibstoff selten. Unterkunftsmöglichkeit.

Die Piste überquert nun den **WOLKEFIT-PASS** (fantastische Panoramastrecke auf guter Piste bis 3100 m Höhe).

DEBARK – Dorf, 3100 m. Treibstoff. Trekkingtouren (2–4 Tage) möglich.

Unterkunft: „Simien Park Hotel“ (sehr gutes Essen, organisiert Touren in den Nationalpark) und andere Hotels.

In der Umgebung: In unmittelbarer Nähe der **SIMIEN-NATIONALPARK:** spektakuläre Landschaft mit Hochplateau (um 3600 m) und einem 1500 m hohen Steilabfall. Tiere sind nur schwer zu beobachten. Pisten im Park nur von Geländewagen befahrbar, die touristische Infrastruktur ist zerstört. In Debark kann man Führer und Pferde für Trekkingtouren mieten. Eintritt am südlichen Ortsausgang (Parkverwaltung): 20–30 Birr/Person/Tag, 10 Birr/Fahrzeug/Tag, Camping 10 Birr/Pers./Nacht, Führer 50 Birr/Tag, Maultier od. Pferd 150 Birr inkl. Führer (1999).

GONDER – 2223 m, ca. 147 000 Einw. Gute Infrastruktur. Ehemalige Kaiserstadt, wichtiges Handelszentrum. Versorgungsmöglichkeit. Samstags Markttag (sehr sehenswert). Auto-Werkstatt, Ersatzteile.

Unterkunft: Campmöglichkeit im Hof des Hotels „Terara", zentral gelegen, 60 Birr (05.02), san. Anlagen nicht immer sauber, Wasser auffüllen für 1 Birr, gutes und preiswertes Essen. Stellmöglichkeit auch im „Goha Hotel", 61 Birr/Nacht (02.00), Zimmer mit WC/Bad. „Fogera Hotel" mit bewachtem Parkplatz, Tukuls (Hütten) mit DZ, Bad/WC.

Sehenswert: Der Komplex der Kaiserpfalz in dem mehrere gut erhaltene Paläste besichtigt werden können: der „Fasilidas-Palast" (1632–1667), der „Palast von Yassou dem Großen" (um 1700), die „Bibliothek von Tsadigt Yohannes" (1667–1682), Mauer und Eingangstor des Viertels, das „Haus des Gesangs", das „Hochzeitshaus", die „Kirche St. Michael dem Schönen" und das „Schatzhaus der Maria" (Fresken). Außerhalb der Kaiserdomäne liegen der „Ras-Micael-Sehoul-Palast", das „Grab des Pferdes" und das „Bad des Fasilidas". „Debra-Berhan-Selassie-Kirche" (mit einem der schönsten Freskenensembles Äthiopiens).

AZÈZO – S. J 51. (Ende J 51; Beginn K 5.)

Abstecher zum TANA-SEE: S.a. K 5. 40 km, gute Schotterpiste mit einigen Schlaglöchern und Hindernissen (mit Pkw befahrbar).

KOBLA DIBBA – Kleiner Marktfleck (interessanter Markt ca. 10–14 Uhr).

GORGORA – Kleines Dorf am Lake Tana. Versorgungsmöglichkeit.

Unterkunft: Restaurant und Hotel der staatlichen Hafenbehörde. Luxushotel direkt am See, mit Zeltmöglichkeit im schönen Garten.

Sehenswert: Am Seeufer Berg Sinaii-Kirche (Debre Sina) mit sehenswerten Wandmalereien. Besuch der Ruinen von Alt-Gorgora (nur mit Führer, Fußmarsch von ca. 2–3 Std. pro Weg). Von Gorgora kann gegen vorherige Reservierung (am Besten in Bahir Dar, s. K 5) eine ganztägige Bootsfahrt über den Tana-See (viele Vögel) gemacht werden, die alle wichtigen Inselklöster einschließt (s. a. K 5). 5 der 12 Klöster dürfen nicht von Frauen betreten werden (in anderen Klöstern Fotografierverbot für Frauen).

Verschiedenes: 1x wöchentl. Fähre ans andere Ufer (Bahir Dar).

K 5: Azèzo – Addis Zemen – Bahir Dar – Dangla – Debre Markos – Debre Libanos – Addis Abeba (748 km)

(09.00, Landrover) Schotterpiste bis Debre Markos; danach sehr schlechter Asphalt. Strecke in sehr desolatem Zustand, von Dahir Bar bis Addis 13 Std. Fahrzeit rechnen; soll angeblich erneuert werden. Schnelleres Vorwärtskommen auf der östlichen Alternativpiste ab Bahir Dar über Mota nach Dejen.

AZÈZO – S. J 51. (Ende J 51 und K 4.)

ADDIS ZEMEN – Kleiner Marktflecken in der Nähe des Tana-Sees. Wasser, Treibstoff. Campement-Hotel.

BAHIR DAR – Stadt. Lebensmittel, Wasser. Tankstelle (Genehmigung fürs Tanken erforderlich, leicht zu beschaffen).

Unterkunft: „Blue Nile Spring Hotel", direkt am See, zelten für ca. 40 Birr/Zelt möglich, heiße Duschen. Hotel „Ghion", direkt am See, heiße Duschen, Stellmöglichkeit für 44 Birr/Nacht (05.02), Duschmöglichkeit im Zimmer, Internet. Akzeptables Hotel „Enkutatash" mit Restaurant, schräg ggü. „Ghion"-Hotel, DZ mit Dusche 50 Birr (09.00) Camping im Hof des Hotels „Tana" am See, 70 Birr (05.02), ohne san. Anlagen.

In der Umgebung: Die Wasserfälle des Blauen Nils (Tis Isat Falls), Ausgangspunk ist das Dorf Tis Isat (38 km Piste), 2 km hinter diesem zweigt Fußweg zu einer Schlucht aus vulkan. Gestein (portug. Brücke aus 17. Jh.) ab, kurz hinter der Schlucht die **TIS ISAT FALLS – N 11°29,376′ E 37°35,003′**, über Säulenbasaltfelsen 60 m hinabstürzende Wassermassen. Auch sehenswert: die 14 Kirchen des „Tana-Klosters" (auf Inseln des **Tana-See**s, s. a. Abstecher K 4), die meisten mit wunderschönen Fresken geschmückt. Am Besten gleich nach Ankunft das Boot (zur Besichtigung der Inselklöster) bei der Hafenbehörde reservieren; Boot 60 US-$ (03.00), Platz für 12 Pers.

DANGLA – Dorf. Treibstoff. Campement-Hotel.

BURE – Dorf. Versorgungsmöglichkeit. Hotel. (Beginn K 28.)

DEBRE MARKOS – Kleinstadt, 2515 m, ca. 40 000 Einw. Lebensmittel, Treibstoff, Hotel. Kaffee-, Rinder- und Getreidewirtschaft. Div. Reparatur-Werkstätten.

Sehenswert: Triumphbogen an der Bibliothek; die schöne Brücke über das Flüsschen Uatzau, einen Zufluss des Blauen Nils.

DEJEN – Kl. Ort oberhalb der Schlucht des Blauen Nils. Recht gutes Hotel. Kein Treibstoff.

Weiter windet sich die Straße in die Schlucht des Blauen Nil, der auf einer Brücke aus der italienischen Besatzungszeit überquert wird. Wiederauffahrt zum Pateau (Vulkangesteinslandschaft). Die Straße aus der Besatzungszeit verläuft etwas weiter südöstl., ist aber nicht benutzbar.

DEBRE LIBANOS – Kloster und Kirche liegen 4 km von der Straße entfernt am Rande einer tiefen Schlucht (herrliche Ausblicke).

ADDIS ABEBA – Hauptstadt, 2400 m ü.NN, ca. 3 Mio. Einw. (s. Stadtplan) Gute Infrastruktur. (Beginn K 12; Ende K 11.)

Unterkunft: Camping im Hotel „Bel Air" möglich, **N 09°01,849′ E 38°46,510′**, bei der indischen Botschaft, Stellplatz 30 Birr (05.02), san. Anlagen nicht immer sauber, heiße Dusche, Treffpunkt der Reisenden, DZ 50 Birr (05.02). Hotel „Motera", sehr gutes Mittelklassehotel, guter Service, hervorragendes Essen, DZ 90 Birr (01.02). Hotel „Imperial", nahe AMICE, gut und sauber, zw. Asmara Road und Flughafen. Luxushotels „Sheraton" und „Hilton", sehr teuer, jeder Komfort. Zahlreiche andere Hotels.

Verschiedenes: Zahlreiche Internetcafés, z.B. in lilafarbenem Gebäude 100 m vom Nordausgang der Hauptpost in Ri. N/O, teuer, ca. 0,65–0,75 Birr/Min. (04.02). Gute Mercedes-Werkstatt mit deutschem Meister. Sehr gute Reifen-Reparaturwerkstatt „TRIA", Debr Zeyid Av., Nähe „Crown"-Hotel, **N 08°54,773′ E 38°45,684′**, 11 km vom Zentrum. Visum für den Sudan für 50 US-$/1 Monat (03.00), im Mai 2000 erhielt ein Leser das Visum nur mit gültigem Flugticket (der Zusatz „Einreise per Luft" führte dabei zu Problemen an der Grenze).

Sehenswert: Die „Africa Hall" (Sitz der OAU, wunderbare Glasfenster des äthiopischen Künstlers Apewerk Teklé), der große „Palast von Menelik II." (1892), das Nationalmuseum, der „Löwe von Juda", der neue Markt (Mercado, täglich außer sonntags, einer der größten Märkte Afrikas, Vorsicht vor Dieben), die „St.-Georgs-Kathedrale", die der Kaiser Menelik II. nach dem Sieg von Adowa erbauen ließ, die „Dreieinigkeitskirche" und die im Herzen des Mercado gelegene große Moschee.

K 6: Asmara – Dekemehare – Adi Kevih – Senafe – Adigrat (195 km)

(12.97, Land Rover 109) Asphalt, z.T. tiefe Schlaglöcher. Dichter Lkw und Busverkehr. Sehr schöne Landschaft. Grenze zu Äthiopien sehr klein, kaum merkbar.

ASMARA – S. K 1. (Ende K 1; Beginn K 2 und K 3.)

DEKEMEHARE – Städtchen. Treibstoff. Unterkunftsmöglichkeit. Panzer am Stadteingang (Andenken des 30 jähr. Krieges).

ADI KEVIH – Kleines Dorf. Treibstoff selten.

Kurz hinter Adi Kevih, zwischen Km 121 und 122 (ab Asmara), zweigt eine nur für geländegängige Fahrzeuge befahrbare Piste nach links zu den Ruinen von Cohaïto ab (ca. 25 km hin und zurück).

Äthiopien

COHAÏTO – Ruinenstadt. Einst wichtige Stadt des Reiches Axum.

Sehenswert: Die Gräber und Höhlen, das Wasserreservoir (mit schönen Säulen im axumitischen Stil) sowie die kunstvollen Fresken; die Einwohner können Sie durch die Anlagen führen.

SENAFE – Kleines Dorf. Treibstoff, Unterkunftsmöglichkeit.

In der Umgebung: Die „Ruinen von Matara" (2 km hin und zurück), ebenfalls eine Stadt des Reiches Axum, die zugleich als ältester besiedelter Ort in Eritrea gilt.

ADIGRAT – Kleinstadt. Lebensmittel, Treibstoff und Werkstatt. Bank. Unterkunftsmöglichkeit. (Beginn K 7 und K 8.)

K 7: Adigrat – Debre Damo – Inticho – Adi Abun (97 km)

(12.97, Land Rover 109) Gute Schotterpiste, nur bei trockenem Wetter befahrbar. Landschaftlich eine der reizvollsten Strecken im Norden Äthiopiens.

ADIGRAT – S. K 6. (Ende K 6; Beginn K 8.)

ADIGRAT-PASS – 3100 m. Nach der Auffahrt zum Pass schöne Rückblicke auf die Hochebene. Danach Ausblick auf canyonartige Schluchten.

BISTET – Kleiner Ort mit Restaurant.

7 km hinter dem Ort Abzweig zum Kloster (kleines Blechschild).

DEBRE DAMO – Die Kirche des christlichen Klosters gilt als eine der ältesten des Landes (zw. 7. und 11. Jh. n. Chr.). In dem hoch auf dem Felsen gelegenen Kloster leben heute noch viele Mönche. Zugang nur für Männer, Aufstieg im freien Fels (Seil), von der Hochfläche schöne Ausblicke.

BEZET – Dorf.

Unterkunft: „Hotel Axum", kein fließendes Wasser, aber sehr sauber, Hof für Kfz, ca. 8 Birr/Pers.

INTICHO – Dorf. Treibstoff selten.

Kurz vor dem Pass und Adi Abun zweigt eine schlechte Piste nach links zu den **Ruinen von YEHA** ab, der ehemaligen Hauptstadt des Landes (4 km nördlich).

Sehenswert: Die Überreste eines dem Modgott Almaqh geweihten Tempels und einer koptischen Kirche (6. Jh.).

REBBI ARIENNI-PASS – 2243 m.

Km 97, **ADI ABUN** – S. K 3. (Ende K 3.)

K 8: Adigrat – Wikro – Kwiha – Weldiya – Dese – Kembolcha (510 km)

(12.99, Iveco Turbo Daily, 11.99, BMW R 80 G/S) Gute Schotterpiste. Zwischen Weldiya und Dese ca. 60 km löchriger Asphalt, Rest Piste (hart, Steine, Wellblech, Staub). Entgegen der Angaben in der Michelinkarte (1998) ist die Strecke nicht durchgehend geteert.

ADIGRAT – S. K 6. (Ende K 6; Beginn K 7.)

WIKRO – Dorf.

In der Umgebung: Die Felsenkirchen von Kirkos und Abraha Atsbha (am nördlichen Ortsende Abzweigung südlich des Flusses in Richtung Osten – ca. 300 m zu Fuss).

KWIHA – Dorf. Treibstoff. Hotel.

In der Umgebung: Lohnenswerter Abstecher nach **MEKELE**, der Hauptstadt der Provinz Tigre mit dem sehenswerten Schloss von Xohannes IV. Der Montagsmarkt, auf dem Salzplatten aus der Danakil-Wüste angeboten werden, die mit Karawanen antransportiert wurden.

Hinter **ENDA MEDHANE ALEM** (60 km südlich von Kwiha) führt die Straße in engen Kehren und starker Steigung hinauf zum **AMBA-ALAGI-PASS** (3250 m). Auf der anderen Seite steiles Gefälle.

WELDIYA – 1850 m. Städtchen. Lebensmittel, Treibstoff.

Unterkunft: Zahlreiche kleine Hotels und Motels.

Abstecher nach LALIBELA: Lalibela ist wichtigstes Zentrum der äthiopischen Felsenkirchen. Entgegen der Angaben in der Michelinkarte ist die Piste von Kobbo nach Lalibela nicht die beste Verbindung. Sie wird offenbar nicht mehr benutzt, da Brücken weggespült sind. Landschaftlich grandios, aber schwierig (A/G) ist die Strecke von Dilbe nach Lalibela (2–3 Std., bei Regen nicht zu empfehlen). Es gibt eine relativ neue Piste (Pkw-tauglich), die bei Gashena, Pos. **N 11°41,233' E 38°55,383'**, von der Weldiya-Werota-Strecke (K 25) abgeht: ca. 47 km Piste bis zur Brücke/Kreuzung, dann Asphalt (ca. 18 km) bis Lalibela (nach Brücke rechte Teerstr. nehmen).

LALIBELA – Stadt, mit den berühmten elf Felskirchen. In der Regenzeit zwischen Juli und September ist Lalibela weder per Auto noch mit Flugzeug erreichbar. Flughafen 17 km außerhalb. Keine Bank.

Sehenswert: Die monolithischen Felsenkirchen, 1156–79 unter König Lalibela aus dem Fels gemeißelt und reich ausgestattet. Eintritt ca. 100 Birr/Pers., Führer 100 Birr (09.00), Dauer etwa 5–6 Stunden, Blitzlicht und Taschenlampe mitnehmen.

Unterkunft: Sehr empfehlenswertes Hotel „Lal", Abzweig vor dem Ort (beschildert), sehr freundlich, sauber, Preis Verhandlungssache und saisonabhängig, schöne Aussicht, gutes Essen, auch Camping möglich für 50 Birr/Auto, 10 Birr Dusche/Pers. (12.99). Hotel „Asheten" mit Parkmöglichkeit im Hof, einfach und sauber, ca. 50 Birr. Hotel „Roha", sauber und preiswert (im Ortszentrum; nicht mit dem gleichnamigen staatlichen Hotel am Ortsrand verwechseln).

Wieder auf Hauptpiste zurückfahren. Von Weldiya bis Dese sind es 144 km.

Vor Dese Abstecher zum 5 km entfernten Hank (=See) mit unfertigem Hotel (u.U. Campmöglichkeit) möglich.

DESE – Hauptstadt der Provinz Wollo. Lebensmittel, Treibstoff. Krankenstation.

Unterkunft: „Bati"-Hotel am Ortseingang, laut, nicht empfehlenswert. „Ghion"-Hotel empfehlenswert, gutes Restaurant, 100 Birr (09.00), Campingmöglichkeit ohne Dusche/WC 40 Birr (12.99).

Die Piste führt in landschaftlich schönen Kehren etliche hundert Meter vom Hochland herunter.

KEMBOLCHA – Dorf mit Treibstoff und Unterkunftsmöglichkeit. (Beginn K 9 und K 11.)

K 9: Kembolcha – Bati – Mille (130 km)

(03.95, Isuzu Trooper) Bis Bati Asphalt; danach Piste (A/I) bis zur Kreuzung vor Mille; ab hier wieder Asphalt. Gute Verbindungsstrecke zur Hauptstrecke Addis Abeba – Aseb.

KEMBOLCHA – S. K 8. (Ende K 8; Beginn K 11.)

BATI – Kleines Dorf. Lebensmittel (Montagsmarkt). Wasser (Brunnen).

MILLE – Ort. Unterkunft im Hotel „Efrem". (Beginn K 10 und K 18.)

K 10: Mille – Tendaho – Logia – Serdo – Aseb (330 km)

(11.96, Unimog) Asphalt (I). Die Strecke führt durch malerische Vulkanlandschaft und durchquert die Danakil-Wüste. Weiter bis Awash wichtigste Verkehrsader des Landes. Die Grenze nach Eritrea ist geschlossen (2002).

MILLE – S. K 9. (Ende K 9; Beginn K 18.)

TENDAHO – Kleines Dorf. Manchmal Treibstoff.

LOGIA – Dorf. Treibstoff. Unterkunftsmöglichkeit.

SERDO – Dorf. Keine Versorgungsmöglichkeit.

45 km hinter Serdo zweigt eine Teerstraße nach rechts in Richtung Djibouti ab (zur K 19).

ASEB – Lebhaftes Hafenstädtchen. Alle Versorgungsmöglichkeiten. **N 13°01,30' E 42°44,63'.**

Unterkunft: Hotel „Assab", Hotel „Asmara", ca. 20–35 Birr für Zimmer mit Dusche/WC.

Verschiedenes: Gutes Restaurant „Nino" an der Hauptstraße zum Hafen. Zahlreiche Schiffahrtsgesellschaften, kein Personentransport. Flugverbindungen nach Asmara (2x wöchentlich, 276 Birr) und nach Addis Abeba (3x wöchentlich). Formalitäten bei der Verschiffung von Europa, Suez oder Aquaba, Erledigung der Zollformalitäten für Eritrea und Äthiopien, auch bei Weiterfahrt über Massawa (Mitsiwa)/Asmara. Formalitäten problemlos, aber zeitaufwendig (2 Tage). Regelmäßige Frachtverbindungen mit Europa. Salinen und Raffinerien. Aseb liegt in einer Region mit einem der unangenehmsten Klimata von ganz Afrika, es ist zugleich sehr heiß und sehr feucht.

K 11: Kembolcha – Karakore – Debre-Sina – Debre Birhan – Addis Abeba (375 km)

(12.99, Iveco Turbo Daily) Asphalt, streckenweise viele Schlaglöcher.

KEMBOLCHA – S. K 8. (Ende K 8; Beginn K 9.)

Km 49, Brücke über das Flüsschen Borchenna.

KARAKORE – Dorf. Treibstoff. Unterkunftsmöglichkeit.

Km 123, die Straße folgt einem ausgetrockneten Flussbett durch ein enges Tal, dieses Teilstück kann nach starken Regenfällen unpassierbar sein. Auf 15 km hinter Karakore schlechter Asphalt.

Zwischen Karakore und Robit findet ein sehr schöner Sonntagsmarkt zwischen 10 und 14 Uhr statt (Afar und Oromo).

ROBIT – Dorf. Treibstoff. Unterkunftsmöglichkeit.

DEBRE-SINA – Dorf. Treibstoff. Unterkunftsmöglichkeit.

Über mehrere Kehren erreicht die Straße den **TERMABER-PASS** (3230 m).

DEBRE BIRHAN – Städtchen. Lebensmittel, Treibstoff.

Unterkunft: „Belen-Hotel" am Ortseingang rechts, sauber, freundlicher Service DZ mit Bad/WC 20 Birr.

ADDIS ABEBA – S. K 5. (Ende K 5; Beginn K 12.)

K 12: Addis Abeba – Akaki – Debre Zeit – Mojo (70 km)

(10.00, Landrover) Neue, breite Teerstraße, teils dreispurig. Viel Verkehr.

ADDIS ABEBA – S. K 5. (Ende K 5, K 11.)

AKAKI – Dorf. Treibstoff. Unterkunftsmöglichkeit.

DEBRE ZEIT – Kurort, zwischen sieben Seen vulkanischen Ursprungs gelegen, ca. 22 000 Einw. Lebensmittel, Treibstoff, Hotels. Luftwaffenstützpunkt und Kaserne an der Straße Richtung Süden – dort Halte- und Fotografierverbot!

MOJO – Dorf. Treibstoff. Unterkunftsmöglichkeit. (Beginn K 13 und K 17.)

K 13: Mojo – Meki – Adami Tulu – Bulbula – Shashemene – Awassa – Yirga Alem – Wendo (263 km)

(10.00, Landrover) Asphalt, bis Shashemene neu und sehr gut. Die Strecke führt durch das Rift Valley, beiderseits begrenzt von hohen Berggipfeln wie dem Mont Kaka (4190 m). Lkw-Verkehr nach Norden hin stark zunehmend.

MOJO – S. K 12. (Ende K 12; Beginn K 17.)

MEKI – Dorf. Treibstoff. Unterkunft.

ADAMI TULU – Dorf. Treibstoff. Unterkunftsmöglichkeit.

BULBULA – Dorf am Ufer des **Langano-Sees.**

Unterkunft: Camping im „Beleke-Hotel", **N 07°33,928' E 38°41,040',** 30 Birr für Stellplatz am See (05.02), schöne Anlage.

Einige Kilometer südlich Abzweigung zum **WABE-SHEBELLE-RESORT** (Camping), schön am Ufer des Sees gelegen.

SHASHEMENE – 1580 m. Kleinstadt. Lebensmittel, Treibstoff, Hotel. Vorsicht vor Diebstahl und Autobeschädigung, Fahrzeug nicht unbeaufsichtigt lassen. Sichere Unterstellmöglichkeit im Mobil-Camp. In der Umgebung schöne Landschaft mit Avocado-, Papaya- und Bananenplantagen. (Beginn K 14, K 26.)

Sehenswert: Das Museum für lokale Geschichte und Kultur; das jamaikanische Dorf.

In der Umgebung: Sehenswert das 18 km entfernt liegende **WENDO GENET** mit Thermalquellen und Spaziergängen in der umliegenden Bergwelt, Unterkunft im Hotel (ehemalige Sommerresidenz der Kaisertochter), Abzweig am südlichen Ortsende.

AWASSA – Größere Stadt, 1760 m. Lebensmittel, Post, Banken.

Unterkunft: Gutes, neues „Yabelo Motel" direkt neben Tankstelle am Abzweig zum Dorf, Restaurant/Bar, saubere Zimmer mit Du/WC 60 Birr (05.02), sehr freundlich. Gutes Essen, angenehmes Ambiente im Hotel „Pinna" im Zentrum.

In der Umgebung: Der **Awassa-See** (morgens sehr sehenswerter Fischmarkt).

YIRGA ALEM – Kleinstadt. Lebensmittel, Treibstoff, Hotel.

WENDO – Kleinstadt. Treibstoff. Unterkunftsmöglichkeit. (Beginn K 15, K 16.)

K 14: Shashemene – Sodo – Arba Minch – Konso – Yavello (475 km)

(10.00, Landrover) Asphalt, bis Sodo holprig, ab Sodo recht gut. Vorsicht vor Fußgängern und Tieren auf der Straße. Ab Arba Minch gute Piste bis Konso. Dann sehr schlechte Piste (A/G), große Steine, Flussbett (in Regenzeit nicht befahrbar).

SHASHEMENE – S. K 13. (Zur K 13; Beginn K 26.)

Km 15, **WENDO-GENET** – Ehemalige Kaiserresidenz. Heiße Quellen.

Km 60, **ALABA KULITO** – Dorf. Geringe Versorgungsmöglichkeiten.

Km 115, **BODITI** – Kleines Dorf.

Km 135, **SODO** – Städtchen. Tankstelle, Werkstatt. (Ende K 24 und K 28.)

Unterkunft: Hotel „Bekele Mola", o.k., DZ mit Dusche 35 Birr (10.00), mäßig gutes Restaurant.

7 km vor Arba Minch Besuchsmöglichkeit einer Krokodilfarm.

Km 267, **ARBA MINCH** – Kleinstadt. Lebensmittel, Treibstoff. Große Werkstatt bei norwegischer Mission.

Unterkunft: Empfehlenswertes Hotel „Bekele Mola", schöner Blick über die Seen, DZ mit Dusche 120 Birr (01.02), sehr viele Moskitos, Camping möglich.

Essen: Gute Fischgerichte im Restaurant des „Rooza"-Hotels. „Soma"-Restaurant, empfehlenswert, u.a. sehr gute Fischgerichte (aus der Stadt kommend vor dem Kreisverkehr, der zum Hotel „Bekele Mola" führt, nach links).

In der Umgebung: Tagesausflug in den **CHELELEKTU-NATIONALPARK** (nicht sehr tierreich). Exkursion mit dem Schiff auf dem **CHAMO-SEE,** in dem eine riesige Krokodilart und Flusspferde leben; Abfahrt 10 km hinter der Stadt auf der Straße Ri. Konso; Buchung einer Bootstour im „Bekele Mola"-Hotel für ca. 200 Birr/2 Std. (10.00) möglich, Preis vorher aushandeln. Außerdem in Arba Minch links Abzweig zum **NECHISAR-NATIONALPARK,** Eintritt: 70 Birr p.P. (10.00). Zelten ist überall im Park erlaubt. Der Park ist nur mit Geländewagen befahrbar, mit Motorrad problematisch (viele Schlammlöcher, große Steine, Steigungen). Kaum Tiere, schöne Landschaft. Nach stärkeren Regenfällen und durchweichtem Boden ist ein Besuch des Parks nicht möglich.

Km 355, **KONSO** – Befestigtes Dorf. Grabstellen. Benzin auf dem Schwarzmarkt. Tankstelle für Diesel. Hotels. Schlechter Mechaniker (Reparaturen besser in Arba Minch). Keine Versorgung.

In der Umgebung: Das Dorf **Arboré** (Ausflugsmöglichkeit mit Führer zum Chew-Bahir-See, dem ehemaligen Stéphanie-See, ausgedehnte Sandebene); schlagen Sie die Straße nach Jinka ein und biegen Sie 6 km hinter der Woito-Brücke nach links ein, nach 50 km ist Arboré erreicht.

Weiterfahrt auf einer sehr schlechten Bergpiste (große Steine). Auf der weiteren Strecke muss ein Flussbett überquert werden (in der Regenzeit unbefahrbar!).

27 km (nach Konso), bessere Piste.

Km 45 (nach Konso), kleines Dorf, Café mit kalten Getränken.

Km 110, **YAVELLO** – Kleinstadt westl. der Piste. Lebensmittel, Wasser, Treibstoff (rar). Hotels. (Zur K 15.)

K 15: Wendo – Dila – Yavello – Mega – Moyale (454 km)

(12.99 BMW R90 GS) Asphalt mit wenigen tiefen Schlaglöchern. Sehr wenig Verkehr. Vorsicht an Ortseinfahrten: Straßensperren mit schlecht sichtbaren Seilen. Vorsicht vor Kamelen auf der Straße. S.a. Überblick/Sicherheit.

WENDO – S. K 13. (Ende K 13; Beginn K 16.)

DILA – Kleinstadt. Die Lebensmittelversorgung ist schwierig. Treibstoff selten. Hotel. Kurort, Bergregion mit interessanter tropischer Vegetation.

Unterkunft: „Get Smart"-Hotel empfehlenswert.

YAVELLO – S. K 14. (Ende K 14.)

MEGA – Kleinstadt. Wasser. Hotels.

In der Umgebung: Der **EL-SOD-KRATER** (10 km im Nordosten).

Hinter Mega schlechter Asphalt. 116 km von Mega bis Moyale.

MOYALE – 1280 m. Zwei Dörfer (auf äthiopischer und kenianischer Seite). Gute Infrastruktur. (Beginn BB 12; Ende K 16.)

Unterkunft: Stellplatz beim Hotel „Ysosadayo", 40 Birr (04.00), Zimmer mit Dusche 60 Birr (04.00), sehr sauber, äthiop. Seite. „Hotel Marsabit", 200 KSh/DZ, sehr sauber, Strom, kenian. Seite. Camping auf der kenian. Seite auf Campsite im Wildlife-Service, **N 03°31,112' E 39°03,027'**, einfacher Stellplatz, schönes, weites Gelände mit Schatten, 2 US-$/Pers. (04.00).

Verschiedenes: Grenzformalitäten zur Ausreise aus Äthiopien problemlos (Grenze schließt um 16 Uhr), Zollformalitäten schnell erledigt, manchmal Vorweisen der Zolldeklaration. Visum für Kenia (für Schweizer, Deutsche brauchen keins) an der Grenze erhältlich. Häufig Treibstoffmangel auf kenianischer Seite; auf äthiopischer Seite öffnen die Tankstellen erst um 12 Uhr (bis dahin Stromsperre). Nächste Tankstelle Richtung Norden in Yavello. Dörfer haben „schwarzen" Sprit (teurer). In Richtung Kenia nächste öffentliche Tankgelegenheit in Marsabit. Der Sprit ist in Kenia wesentlich teurer! Bank und Versorgungsmöglichkeit auf kenianischer Seite.

K 16: Wendo – Negele – Wachille – Moyale (542 km)

Piste (A/G/I), bis Negele gut, danach schlecht (Savanne mit tiefen Gräben). Sprit in Kenia wesentlich teurer.

WENDO – S. K 13. (Ende K 13; Beginn K 15.)

KIBRE MENGIST – Dorf. Treibstoff. In der Nähe bedeutende Goldminen.

BITATA – Dorf. (Ende K 26.)

NEGELE – 1441 m. Dorf. Wasser. Lebensmittelversorgung schwierig. Treibstoff selten. Werkstatt.

Kurz vor Hudat führt eine Holzbrücke über das Flüsschen Dawra.

WACHILLE – Dorf.

MOYALE – S. K 15. (Ende K 15; Beginn BB 12)

K 17: Mojo – Nazareth – Awash (155 km)

(01.95, Land Rover) Asphalt (I). Mit Pkw befahrbar, starker Lkw-Verkehr.

MOJO – S. K 12. (Ende K 12; Beginn K 13.)

NAZARETH – Industriestadt. Lebensmittel, Treibstoff. (Ende K 27.)

Unterkunft: Ein größeres Hotel, mehrere kl. Hotels. Campingplatz verwahrlost, ca. 5 Birr/Zelt/Nacht. Gute Unterkunft bei Thermalbad in Sodore (2 Pools, Hotel, Restaurant aus der Kaiserzeit, Eintritt ca. 3 Birr/Person, keine eigenen Getränke erlaubt).

In der Umgebung: Der **Koka-Staudamm** am Awash-Fluss.

AWASH – 986 m, Kleinstadt. Lebensmittel, Werkstatt, Treibstoff.

Unterkunft: Hotel „Buffet de la Gare", sehr schlechter Service, zwei Zimmer mit eigener Dusche, san. Anlagen (Dusche, Toiletten) in schlechtem Zustand.

Sehenswert: AWASH-NATIONALPARK mit Wasserfällen und Schlucht. Eintritt 70 Birr/Pers. (10.00). Beste Aussicht vom Autodach aus. Fahrt zu den heißen Quellen „Filwoha" im Norden des Parks (ca. 40 km, 1,5 Std. Fahrt) anstrengend und nur mit 4x4 (nur anfangs beschildert) möglich, aber lohnenswert.

K 18: Mille – Gewane – Awash (480 km)

(03.95, Land Rover) Guter Asphalt (I), z.T. durch starken Lkw-Verkehr geschädigt. Durchquerung des südlichen Teiles der Danakil-Wüste.

MILLE – S. K 9. (Ende K 9; Beginn K 10.)

GEWANE – Dorf. Treibstoff.

AWASH – S. K 17. (Ende K 17; Beginn K 19.)

K 19: Awash – Harar – Alemaya – Dire Dawa – Chinile – Dewele (Äthiopien) – Ali Sabieh (Djibouti) – Loyada – somalische Grenze (ca. 670 km)

(12.94, Toyota Landcruiser) Piste (B/D/H/I); Asphalt bis Mieso, zwischen Harar, Alemaya und Chinile und zwischen Ali Sabieh und Loyada. Nach dem Abzweig hinter Awash schlechte Schotterpiste, Vorsicht Steinschlag. Hinter Mieso bis Alemaya meist recht gute Piste. Die Strecke führt durch malerische Landschaft.

AWASH – S. K 17. (Ende K 17 und K 18.)

MIESO – Städtchen. Bahnhof. Treibstoff. Bis Kulubi gute steinige Bergpiste.

ASBE TEFERI – Städtchen, auf den ersten Ausläufern der Ahmar-Berge gelegen. Lebensmittel (Markt), Treibstoff.

Unterkunft: Einfaches Hotel.

KULUBI – Dorf. Keine Versorgungsmöglichkeit.

Sehenswert: Die Pilgerfahrt zur „St.-Gabrielskirche" Ende Dezember.

Kurz vor Alemaya Kreuzung, links nach Dire Dawa, rechts nach Harar. Wer hier direkt nach Dire Dawa weiterfährt, kürzt die Strecke um 68 km ab.

ALEMAYA – Dorf am Ufer eines Sees. Keine Versorgungsmöglichkeit.

HARAR – Stadt, 1865 m ü.NN. Gute Infrastruktur.

Verschiedenes: Die Stadt wurde im 7. Jh. unserer Zeitrechnung gegründet, doch Felsmalereien, die in der Umgebung gefunden wurden, bezeugen, dass die Stelle bereits vor 20 000 Jahren besiedelt war.

Sehenswert: Der Marktplatz, wo Waren aus Äthiopien, Somalia und Djibouti umgeschlagen werden, des weiteren der Palast Meneliks II. (der selbst nie in Harar gewesen ist), Mausoleum und Palast des Kaisers Makonnen (Vater von Haile Selassie), die „Kathedrale von Medhane Alem", die „Jami-Moschee", die „Michaelskirche" und das Haus, in dem Rimbaud angeblich gelebt haben soll. Abends kann man bei einer Hyänenfütterung zusehen (ein Stadtbewohner füttert die hier zahlreich vertretenen Tiere am Fuss der Stadtmauer).

In der Umgebung: Viele bemalte Höhlen (im „Ras Hotel" erhalten Sie Infos zur Besichtigung der Höhlen).

DIRE DAWA – Stadt, 1160 m ü.NN, ca. 174 000 Einw. Gute Infrastruktur. Flughafen in Chinile.

Unterkunft: Mehrere Hotels.

Verschiedenes: Industriestadt, die Anfang dieses Jahrhunderts anlässlich des Baus der Eisenbahnlinie Addis-Abeba – Djibouti gegründet wurde (hier ist auch der Verwaltungssitz der Eisenbahngesellschaft). Möglichkeit mit der Bahn, nach Addis Abeba zu fahren (ca. 10 Std.).

Sehenswert: Der Palast der Fürsten von Harar.

AYSHA – Dorf. Bahnhof. Militärkontrolle, Formalitäten zur Ausreise aus Äthiopien.

DEWELE – Dorf. Bahnhof. Erneut Militärkontrolle und Formalitäten zur Ausreise aus Äthiopien.

ALI SABIEH – Dorf. Bahnhof, Lebensmittel, Treibstoff. Unterkunftsmöglichkeit. Militärkontrolle und Formalitäten zur Einreise nach Djibouti. Ab hier wieder Asphalt.

14 km hinter Ali Sabieh, Kreuzung (zur K 21): nach Djibouti nach rechts fahren.

OUEHA – Kleinstadt. Lebensmittel, Treibstoff. (Zur K 20 und K 21.)

DJIBOUTI – Hauptstadt, etwa 400 000 Einw. (s. Stadtplan). Gute Infrastruktur. (Beginn K 20 und K 21.)

Verschiedenes: Botschaften von Äthiopien und Somalia. Botschaft von Jemen, Visum innerh. von 3 Tagen. Visum für Saudi-Arabien entweder in Djibouti oder in Sanaa, allerdings muss man bereits das jordanische im Pass haben (keine jordan. Botschaft in Addis Abeba und Djibouti, in Sanaa schon).

Verschiffung (10.98): Zwei „Schiffseigner"-Niederlassungen und zwei Agenturen. Preisbeispiele für 20'-Container (RoRo wird nicht angeboten): Aden 800 US-$, Jeddah 900 US-$, Suez 1000 US-$, Hamburg 1200 US-$, Aqaba 750 US-$ (nach langem Verhandeln, mit Porthandling und Clearing 1220 US-$). Buchung bei „Sociéte Maritime Savon u. Ries", Tel. 35 03 91, Fax 35 03 70 (253 für Djibouti); sehr korrekt, vorbildlich und hilfsbereit dort Mr. Kalid Mohamed Saleh (Marketing Officer). Schiff braucht 5 Tage bis Aqaba, Mitfahren nicht möglich. Flug („Yemenia Air") Djibouti – Sanaa – Amman 515 US-$ (hin und zurück), Binnenflug Amman – Aqaba 32 US-$. Partneragentur von Savon/Ries in Aqaba: „Amin Kawar and Sons", Kawar Building, P.O. Box 22, Tel. 31 36 17/31 36 19, Fax 31 36 18, zuständig Mr. Waseed (vermittelt sofort günstige Clearing Agentur). Innerhalb von ca. 2 Werktagen und relativ günstig (Harbourhandling und Clearing 250 US-$) ist der Wagen in Aqaba aus dem Hafen (Carnet nicht erforderlich, Temporary permit wird ausgestellt, in den Kosten von 250 US-$ ist 30-tägige Haftpflichtversicherung enthalten). Gesamtkosten der Verschiffung nach Aqaba: 1470 US-$ plus 515 US-$ Flug, der Wagen war insgesamt 10 Tage nicht verfügbar.

Sehenswert: Die Lage der Stadt am Tadjourah-Golf. Markt.

LOYADA – Dorf. Formalitäten zur Ausreise aus Djibouti u. Einreise nach Somalia.

K 20: Djibouti – Arta –Oueha – Assal-See – Tadjourah – Randa – Day-Wald – Obock (ca. 280 km)

Asphalt auf dem größten Teil der Strecke; in der Regenzeit manchmal schwierig zu befahren. Die Straße sollte nicht verlassen werden, auch nicht zum Wenden über den Seitenstreifen, Minengefahr (s.a. Überblick/Sicherheit)! Vor der Weiterfahrt von Tadjourah nach Obock und weiter nach Ras Siyyan sollte Kontakt mit den Behörden in Tadjourah bzw. der französischen Armee in Obock aufgenommen werden.

DJIBOUTI – S. K 19. (Zur K 19; Beginn K 21.)

ARTA – Fantastischer Aussichtspunkt über dem Tadjourah-Golf.

Über die mittelmäßige „Piste der Jungvermählten" ist der Strand von Arta zu erreichen (Tiefseetauchen).

OUEHA – S. K 19. (Zur K 19 und K 21.)

Einige Kilometer hinter Oueha an der Kreuzung nach rechts in Richtung Assal abbiegen.

ASSAL-SEE – 150 m unter dem Meeresspiegel, hoher Salzgehalt (350 g/l). Mondlandschaft.

Auf der Hauptstraße in Richtung Tadjourah weiterfahren. Zwischen dem Goubet-Wald und dem Assal-See Gefahr von starken Böen. Kreuzung mit der Piste zum Ardoukoba-Vulkan (wer ihn besuchen will, biegt hier nach links ab).

TADJOURAH – Freundliche Stadt (mit nervigen Kindern). Gute Infrastruktur. Tankstellen **(N 11°47,14' E 42°53,09').**

RANDA – Dorf. Vorsicht vor Kindern.

Am Ortsausgang nach links auf der Piste zum Day-Wald weiterfahren.

DAY-WALD – Primärwald, der sich auf natürliche Weise selbst zerstört. Ausflugsmöglichkeiten. Wasser und Treibstoff im französischen Militärcamp. Zurückfahren bis Tadjourah.

OBOCK – Städtchen. Gute Infrastruktur. Hervorragender Platz zum Tiefseetauchen. Meldung bei der Polizei. (Ende K 29.)

In der Umgebung: Ausflugsmöglichkeit zu den **Iles des Sept Frères** (Tauchen).

Von Obock aus kann man mit der Fähre nach Tadjourah oder Djibouti zurückfahren. Informationen beim Tourismusbüro in Djibouti.

K 21: Djibouti – Dikhil – Es-Eyla – Abbé-See (ca. 170 km)

Guter Asphalt bis Dikhil, danach Piste.

DJIBOUTI – S. K 19. (Zur K 19; Beginn K 20.)

OUEHA – S. K 19. (Zur K 19 und K 20.)

DIKHIL – Stadt. Polizeikontrolle (schnell).

ES-EYLA – Stadt.

Verschiedenes: Zum Abbé-See sollte ein Führer gemietet werden.

ABBÉ-SEE – Ohne Führer kommt man an die steile Böschung nicht heran. Nicht den Fuss in die Quellen halten – sie sind kochend heiß!

K 22: Konso – Arboré – Turmi – Illeret (Kenia)

(02.99, Motorräder HPN BMW, Suzuki DR 650) Piste (A/G/I). Von Woito bis Turmi (120 km) und von dort bis Abzweig Richtung Ileret (Kenia) (55 km) gute harte Piste, wenig Wellblech. Von Turmi bis Dimeka (28 km) gute Piste, etwas ausgewaschen. Kurz vor Illeret (Weiterfahrt Route BB 13) überquert man die „grüne Grenze", d.h. keine Ausreiseformalitäten für Äthiopien möglich, die Einreiseformalitäten für Kenia können aber (legal) in Nairobi nachgeholt werden. Die Landkarten sind sehr ungenau.

KONSO – Dorf. Markt. Treibstoff.

Km 66, Kreuzung (Pos. **N 05°22,817' E 37°14,867'**) in der Nähe von Woito: links (SW) abbiegen.

In der Umgebung: Geradeaus führt die Piste nach Jinka (80 km, G), dem Touristenzentrum Südäthiopiens. Von dort kann man den **MAKI-NATIONALPARK** besichtigen, wo das Volk der Mursi lebt. Die Weiterfahrt nördlich von Jinka Richtung Sodo kann nicht passierbar sein (Unwetterschäden).

Km 130, **ARBORÉ** – Dorf. Militärkontrolle. Schöner Nomadenmarkt.

In der Umgebung: Zum **STEFANIE WILDLIFE RESERVAT** nach 30 km auf der Hauptpiste Richtung Turmi auf eine kl. Piste links abbiegen – die Strecke führt vorbei an Nomaden, auf die ausgedehnte Sandebene des ausgetrockneten Stefaniesees (Vogelsträuße).

Km 205, **TURMI** – Dorf. Militärkontrolle. Auch von hier führt eine Piste nach Jinka (130 km). Montags Markt. Kreuzung: rechts nach Dimeka, links nach Omorate.

Unterkunft: Camping 3–4 km vor Turmi Richtung Konso, linke Seite.

In der Umgebung: Sehr schlechte Piste (kaum markiert) zum **MAGO-NATIONALPARK** (Abzweig 6 km nördl. von Turmi).

Km 260, Einmündung der Piste BB 13 aus Kenia. Nach S abzweigen, **N 04°44,873' E 36°10,47'.**

Einige Kilometer nach dem Abzweig ist ein Dorf mit Polizei, die einen nicht nach Kenia weiterfahren lässt. Dorf umfahren! Auf der Piste alle Dörfer umfahren.

Km 301, Grenzstein, Pos. **N 04°27,177' E 36°13,95'.**

Km 319, **ILLERET** – Militärposten, kleine Siedlung, einige Km südöstlich von Banya Fort. Keine Versorgungsmöglichkeiten, sofort bei der Polizei melden. Erstes offizielles Gebäude in Kenia. Aus-/Einreiseformalitäten kennt man hier nicht (auch kein Carnet-Stempel). Wenn Einreisestempel hier nicht erhältlich, dann Formalitäten in Nairobi.

K 23: Aseb – Massawa (Mitsiwa) (650 km)

(01.99, Mercedes G und 11.96, Unimog 416) Piste (A/C/G), hohe Bodenfreiheit erforderlich (für letzten Küstenstreifen), teilweise sehr gut, stark frequentiert. Bei Regen unpassierbar! Gutes Wasser in verschiedenen Orten, Treibstoff unterwegs aus Fässern. Sehr abwechslungsreiche, grandiose Landschaft. Viele Strauße, Gazellen, Antilopen. Der tatsächliche Pistenverlauf im südlichem Teil (Aseb bis Tio) weicht erheblich von dem in der Karte (Eritrea 1:1 000 000, Karte der Regierung) eingezeichneten ab, im nördlichem Teil sucht man vergebens nach den eingezeichneten Abzweigungen. Einmal wöchentlich Bus von Asmara nach Aseb.

ASEB – S. K 10. (Ende K 10.)

Die Stadt Richtung Flughafen (nördlich) auf der Teerstraße verlassen, die bei Km 13 endet (vorher Badebuchten, Übernachtungsmöglichkeiten bei den Fischersiedlung). Am westlichen Ende der nördlichen der beiden Rollbahnen schwenkt die Piste auf 360° **(N 13°04,92′ E 42°37,80′).**

Km 30, Ruine (einzelnes Haus).

Km 33, Abzweigung: Piste nach links, weiter geradeaus.

Km 41, Abzweigung: Piste Ri. 240°, weiter geradeaus.

Km 48, Piste verläuft in Meeresnähe (Beylul Bay).

Km 49/56, Abzweigung von Pisten, jeweils geradeaus.

Km 62, **HLELIKA** – Ort, **N 13°15,77′ E 42°19,90′.** Lebensmittel, Restaurant.

Piste verlässt die Ortschaft in Richtung 300° und führt durch akazienbestandenes Tal; später lavabedeckte Tafelberge, Pistenverlauf gut erkennbar.

Km 96, **GAHARA** – Ort bei **N 13°10,75′ E 42°02,86′.** Keine Versorgungsmöglichkeiten. Piste schwenkt auf 230°.

Km 115, **WADE** – Ort, Pos. **N 13°10,75′ E 41°47,95′.** Lebensmittelversorgung. Piste schwenkt auf 360°.

Km 140, Passhöhe (860 m, **N 13°21,83′ E 41°47,95′)** am Fuße des Ramlo-Vulkans. In der Umgebung zahlreiche Obsidiansteine, Piste führt durch eindrucksvolle Landschaft.

Km 146 bis 148, zahlreiche Hügelgräber links und rechts der Piste.

Km 157, Durchquerung eines Flusstals mit senkrechten Wänden (gute Ein-/Ausfahrt).

Km 167, Sanddünenfeld nördlich der Piste am Rande eines Gebirgsstreifens, Piste verläuft nach 270°.

Km 188, **AFAMBO** – Militärlager, Pos. **N 13°34,16′ E 41°30,89′.** Restaurant.

Km 213–217, Durchquerung eines Flussbettes, Piste steinig.

Km 226, **BEL'EBUY** – Ort, **N 13°48,95′ E 41°24,04′.** Lebensmittel, Restaurant, kein Treibstoff. Piste verlässt den Ort nach 360° und verläuft auf langen Strecken in steinigen Flussbetten.

Km 230, Pistenabzweig nach 270°, mit Sträuchern versperrt, weiter geradeaus.

Km 259, Kleiner Pass (800 m ü.NN), Abfahrt in malerische Landschaft.

Km 276, Piste verlässt Flusstal und wird etwas besser.

Km 281, Pistengabel, Wege treffen sich nach 4 km wieder, westlich halten.

Km 294, **IGHIROLI** – Dorf, **N 14°12,42′ E 41°10,66′.** Lebensmittel, Restaurant, Süßwasserquelle.

Km 306, zwei Flussbetten mit steilen Ein- bzw. Ausfahrten.

Km 317, kleiner Pass, Abstieg in sandige Landschaft, Hauptpiste tief ausgefahren, Ausweichen möglich.

Km 323, Piste wieder im Flussbett.

Km 358, Piste verlässt Berge (Ri. 360°) und wird etwas ebener (Wellblech).

Km 370, Abzweig (Pos. **N 14°39,24′ E 40°56,69′)** der Piste nach **TIO** (liegt ca. 5 km nördlich, Lebensmittel, Hotel, evtl. Treibstoff).

Piste verläuft weiter nach 270° und passiert zahlreiche Gräber.

Km 387, „eingezäunte" Piste erreicht Dorf (Pos. **N 14°41,13′ E 40°47,31′)** und schwenkt wieder auf 270°.

Km 430, Piste schwenkt nach 200°.

Km 439, Piste schwenkt wieder auf 300° **(N 14°50,17′ E 40°27,70′).**

Km 453, die Piste verläuft in Meeresnähe (Achtung bei Abstechern: die letzten 2 km überquert man eine Salzpfanne mit Einbrech-Gefahr, der Strand ist flach, z.T. mit Mangroven bewachsen, viele Vögel).

Km 457, Einmündung einer Piste aus 110° (zur Danakil-Senke?), meerwärts Ruinen und zwei Flugzeugwracks.

Km 484 bis 507, Strecke verläuft direkt am Meer (Mangrovenküste). Die Piste überquert fünf Meeresarme, teils auf steinigen Dämmen, teils auf schlammigem Seegrund

Querung der zwischenliegenden Landzungen auf extrem felsigen, steilen Auf- und Abfahrten; hohe Bodenfreiheit unerlässlich.

Km 507, **GHELA'ELO** - Ort bei Pos. **N 15°06,85' E 40°04,76'.** Piste schwenkt auf 270°, in der Umgebung weitläufiger Akazienwald, Piste wird etwas besser, evtl. Zoll- oder Militärkontrolle (problemlos).

Km 539, Piste wieder am Meer, siehe km 484–507.

Km 570, **IRAFAYLE** - Ort, **N 15°04,75' E 39°44,50'.** Lebensmittel, Bar.

Piste weiter nach 270°. Landschaft dichter besiedelt.

Km 593, Durchquerung zweier Wadis, Solar-Wasserpumpe (gute Qualität).

Km 597, Piste führt auf Staudamm entlang (malerische Landschaft).

Km 599, **FORA** - Verwaltungszentrum, **N 15°15,82' E 39°37,22'.** Lebensmittel, Restaurant, evtl. Treibstoff. Piste wird besser.

Km 612, **GALELEINDE** - Ort. Die Piste schwenkt auf 330° und verläuft in sandigem Flusstal (gut befahrbar).

Km 626, **LAHAZEEN TOWN** - Ort, Pos. **N 15°24,99' E 39°28,87'.** Ab hier Wellblech bis Massawa (Mitsiwa).

Km 647, Agip-Tankstelle.

Km 650, **MASSAWA (MITSIWA)** - S. K 2. (Ende K 2.)

K 24: Konso – Woito – Key Afer – Jinka – Sodo (273 km)

(02.99, Motorräder HPN BMW, Suzuki DR 650) Piste (A/G/I). Bis Woito gute, harte Piste, wenig Wellblech. Wegen immenser Steigungen starker Motor oder Untersetzungsgetriebe nötig. In der Regenzeit muss vor Jinka ein See (bis 1 m tief) durchquert werden. Ab Jinka schwierige, aber relativ gut befahrbare Stein- und Sandpiste ohne besondere Höhepunkte.

KONSO - S. K 14. (Zur K 14; Beginn K 22.)

Km 69, **WOITO** - Hüttenansammlung, dort Abzweig (links) zu einer Farm, auf deren riesigen, umzäunten Gelände man auf Anfrage übernachten darf.

Km 74, Abzweig: rechts Jinka, links Turmi.

Km 113, Abzweig links nach Alduba, Dimeka, Turmi.

Km 114, **KEY AFER** - Dorf. Bar. Donnerstags Markt.

Km 138, **JINKA** - Provinzhauptstadt. Hotel, Treibstoff, Bank. Versorgungsmöglichkeiten. Alle Garagen mit nur sehr beschränkten Werkstoffen ausgestattet.

In der Umgebung: MAGO-NATIONALPARK (20 km relativ gut ausgebaute Piste mit steilen Abschnitten) an den Ufern des Omo-Flusses und nach Hana-Mursi (in der Regenzeit zeitweise unterbrochen), der Hauptsiedlung der Mursi (schmücken sich selbst mit riesigen Tellerlippen).

GUELTA - Kleiner Ort unterhalb des Mt. Gugo (4200 m). Angeblich Ausflüge ins Berggebiet möglich.

Km 273, **SODO** - S. K 14. (Zur K 14, Ende K 28).

K 25: Werota – Weldiya (300 km)

(11.99, Motorrad BMW R 80 G/S) Gute Schotterpiste. Mit Pkw befahrbar. Großteils in einer Höhe von ca. 3000 m (höchster Punkt 3600 m). Kaum Treibstoff unterwegs. Landschaftlich besonders interessant auf den letzten 100 km. Achtung: Die in zahlreichen Karten eingezeichnete Piste Adis Zemen – Debre Tabor ist nach der Eröffnung nicht mehr instand gehalten worden und praktisch nicht mehr befahrbar!

WEROTA - Dorf. (Zur K 5.)

Km 42, **DEBRE TABOR** - Treibstoff, sowie kleinere Hotels.

DEBRE ZEBIT - Kleiner Ort mit nur geringen Versorgungsmöglichkeiten.

Ca. 110 km vor Weldiya, **DILBE** - Schön gelegener Ort (ohne Versorgungsmöglichkeiten) mit herrlichem Blick auf das Tal.

Abstecher nach LALIBELA: s. K 8.

Ohne Abstecher landschaftlich interessante Abfahrt ins Tal nach

WELDIYA - S. K 8. (Zur K 8.)

K 26: Shashemene – Robe – Goba – Bitata (495 km)

(03.95, Isuzu Trooper) Piste mit schwierigen Abschnitten im Bale-Gebirge. Bei vorsichtiger Fahrweise mit jedem Pkw befahrbar. Ab Goba gute Piste. Da Höhen bis zu 3000 m erreicht werden, ist eine gute Kondition des Fahrzeugs erforderlich. Sehr lohnenswerte Strecke durch die Bale-Berge.

SHASHEMENE – S. K 13. (Zur K 13; Beginn K 14)

Km 69, Abzweig der Straße nach Nazareth.

Km 72, **DODOLA** – Kleiner Ort am Fusse der Bale-Berge mit Versorgungsmöglichkeiten. (Beginn K 27.)

Aufstieg der Straße in die vulkanische Region der Bale-Berge.

DINSHO – Dorf. Unterkunfts-/Campingmöglichkeit bei der Nationalparkverwaltung des Bale Mt. Nationalpark.

In der Umgebung: Dinsho ist Hauptquartier des **Bale Mt. National Park** (Wanderwege, Trails, Pferde mieten, Fischen etc. möglich). Der Park beginnt aber erst hinter Goha (ca. 50 km entfernt), schlechte Piste (hart und große Löcher). Sanetti Plateau: schöne Landschaft, wenige Tiere. Parkeintritt (12.99): 50 Birr/Pers. für 48 Std., 30 Birr Camping pro Auto/Nacht.

ROBE – Ort. Tankstelle, Werkstätten, Unterkunftsmöglichkeiten (besser in Goba).

In der Umgebung: Sofar Omar-Höhle (interessante Kalksteinhöhle).

BITATA – S. K 16. (Zur K 16.)

K 27: Dodola – Nazareth (200 km)

(12.94, Toyota Landcruiser) Bis Asela gut ausgebaute Piste, anschließend Asphalt.

DODOLA – S. K 26. (Zur K 26.)

Ca. 20 km vor Nazareth Abzweig nach **SODORE** (Thermalbad mit guter Unterkunft).

NAZARETH – S. K 17. (Zur K 17.)

K 28: Bure – Nekemte – Bedele – Jima – Sodo (ca. 796 km)

(01.98, Land Rover 109 und Yamaha XT 600) 100 km gute Schotterpiste, dann Wellblech und viele Schlaglöcher bis Nekemte. Dann sehr schlechte Schotterpiste bis 55 km nach Bedele, ab dort Betontrasse. Strecke Jima – Sodo sehr gut befahrbar (01.02).

BURE – S. K 5. (Zur K 5.)

100 km gute Piste, dann Schlucht (von 2300 m auf 1200 m) und Brücke über den Blauen Nil. Achtung: Brücke wird von Militär bewacht, fotografieren ist strikt verboten! Viele Tiere auf der Straße.

Einige Dörfer ohne Versorgungsmöglichkeiten:

Km 110, **KIRAMU** – Dorf.

Km 185, **GUTER** – Dorf.

Km 220, **TSIGE** – Dorf.

NEKEMTE – Dorf.

Unterkunft: „Hotel Ethiopia", 60 Birr/DZ mit Bad (Handeln möglich).

Km 25 (nach Nekemte), **GETEMA** – Dorf. Versorgungsmöglichkeit.

Km 48 (nach Nekemte), **ARJA** – Dorf. Versorgungsmöglichkeit.

Km 70, Schlucht, Fluss Didesa.

Km 105, **BEDELE** – Ort. Versorgungsmöglichkeit, Treibstoff.

Unterkunft: Hotels. Angenehmes Hotel ggü. der Tankstelle für 12 Birr/DZ, Bad, schöner Garten.

Von Bedele nach Jima sind es 137 km. Unterwegs kleine Dörfer mit Versorgung.

Km 16 (nach Bedele), Dorf.

Km 39, **GECHI** – Dorf.

Km 53, **DEMBI** – Dorf.

Talfahrt, Überquerung eines Flusses, Abstieg auf 1800 m.

Ca. km 55, Beginn Betontrasse.

Km 90, **AGARO** – Dorf.

Km 115, Dorf mit Hotel.

Km 137, **JIMA** – Stadt. Viele Hotels. Treibstoff und Werkstatt. Anfang der Piste nach Chida.

Km 20 (nach Jima), kleines Dorf ohne Versorgungsmöglichkeiten.

Km 38, **SHEKI** – Dorf. Keine Versorgung.

Km 83, **CHIDA** – Dorf. Gleich zu Beginn des Dorfes nach links abbiegen.

Ab hier betoniert, 40 km gut befahrbar, dann viel Schutt, sehr schwer zu fahren (nur mit Geländefahrzeug!). Einspurige Straße mit Schlammlöchern, Überquerung eines Flussbetts (mit Motorrad große Schwierigkeiten, viele Stürze).

Vor Waka starker Aufstieg mit großen Steinen.

Km 150, **WAKA** – Ort. Versorgungsmöglichkeiten.

Unterkunft: Gutes „Gabriel Jirtai Hotel", DZ 8 Birr.

Wieder gute Schotterpiste.

Km 200, Fluss Omo.

Km 263, **BELE** – Dorf. Versorgungsmöglichkeiten.

Km 305, **SODO** – S. K 14. (Zur K 14, Ende K 24.)

K 29: Aseb – Obock (Djibouti) (163 km)

(01.99, Mercedes G 300) Gute Piste. 55 km Gebirgspiste mit steilen Anstiegen. Bei Regen nicht passierbar. Mäßig frequentiert.

ASEB – S. K 10. (Ende K 10; Beginn K 23.)

Wählen Sie die Teerstraße in Richtung Äthiopien.

Km 0, Ortsausgang Aseb bei GPS-Pos. **N 12°58,47' E 42°43,75'.**

Km 3, Pistenbeginn, links bei Bretterbuden abbiegen und immer den Telegrafenmasten folgen. **N 12°57,30' E 42°42,60'.**

Km 9, Oued wird gequert.

Km 21, präparierte Piste, quer in linker Richtung einbiegen. GPS-Pos. **N 12°49,97' E 42°46,88'.**

Km 50, bei großer Tafel nach rechts abbiegen, nicht auf präparierter Piste weiterfahren (militärischer Sicherheitsbereich bei Halib Island). **N 12°46,20' E 42°58,53'.**

Km 54, links weiter. Pos. **N 12°45,19' E 43°00,61'.**

Km 60, in Sichtweite eines Dorfes rechts abbiegen bei **N 12°44,96' E 43°03,66'.**

Km 64, **RAHAYTA** – Dorf. Grenzposten Eritrea, Militär. **N 12°43,49' E 43°05,01'.**

Km 85, **MOULHOULE** – Dorf. Grenzposten Djibouti, Militär bei **N 12°35,38' E 43°11,75'.**

Km 114, **ANDOLI** – Dorf bei GPS-Pos. **N 12°23,04' E 43°20,05'.**

Km 125, verlassenes Militärlager. Pos. **N 12°17,37' E 43°21,52'.**

Km 163, **OBOCK** – S. K 20. (Ende K 20.)

nach Ambo/
Wellaga
nach Gojam/ Gondar
GULELE
Arbeynoch
Dejazmach Belay Zeleke Street
Weatheral Street
Street
Aba Koran Street
Dejazmach
Nesibu
ABA KORAN
St. Georgs-
Kathedrale
Dejazmach Zewdu
Street
Stadt-
verwaltung
Piazza
British
Busbahnhof
Habte
Giyorgis
Street
ARADA
Fitawari
Große
Moschee
Cunningham Street
ADDIS
KETEMA
Dejazmach Mekonin Demisew Street
Gobena Aba Tigu Street
M. Gandhi Street
Taitu
Hotel
General Wing
Mercato
Gaston Guez Street
Extreme
Hotel
Alliance
Ethio-Française
Colson
Tesema Aba Kemaw Street
Aba Nefso Street
GOLA
SEFER
Churchill
Immigration
Office
GEJA
SEFER
Revolutions-
denkmal
Black Lion
Krankenhaus
Avenue
Zentralbank
Nationalbibliothek
Balcha
Dejazmach Bekele Weya
Sudan Street
National-
theater
Lido
Hotel
Dejazmach
Aba Kemaw Street
Aregay Street
Hotel d'Afrique
Ras
Wabe
Shebele
Ras Abebe
Blue
Mexico
Square
Ras Mekonin Avenue
Smuts Street
Smuts Street
Bahnhof

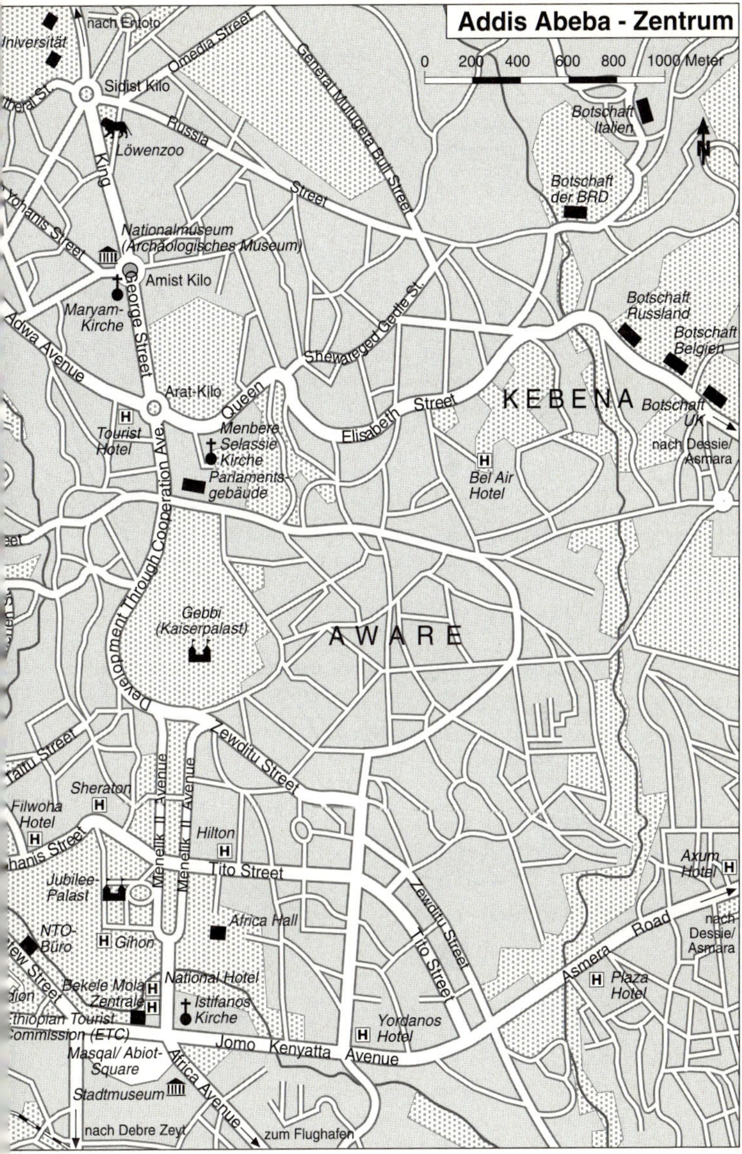
Addis Abeba - Zentrum
0 200 400 600 800 1000 Meter
N
nach Entoto
Universität
Sidist Kilo
Omedia Street
General Mulugeta Buli Street
Russia Street
Löwenzoo
King George Street
Yohanis Street
Nationalmuseum (Archäologisches Museum)
Amist Kilo
Maryam-Kirche
Adwa Avenue
Shewareged Gedle St.
Arat-Kilo
Queen Elisabeth Street
Tourist Hotel
Menbere Selassie Kirche
Parlaments-gebäude
Development Through Cooperation Ave.
Gebbi (Kaiserpalast)
AWARE
KEBENA
Botschaft Italien
Botschaft der BRD
Botschaft Russland
Botschaft Belgien
Botschaft UK
nach Dessie/ Asmara
Bel Air Hotel
Zewditu Street
Taitu Street
Sheraton
Filwoha Hotel
Menelik II Avenue
Hilton
Tito Street
Jubilee-Palast
Africa Hall
NTO-Büro
Gihon
National Hotel
Bekele Mola Zentrale
Istifanos Kirche
Ethiopian Tourist Commission (ETC)
Yordanos Hotel
Jomo Kenyatta Avenue
Masqal/ Abiot-Square
Stadtmuseum
Africa Avenue
nach Debre Zeyt
zum Flughafen
Asmera Road
Axum Hotel
Plaza Hotel
nach Dessie/ Asmara

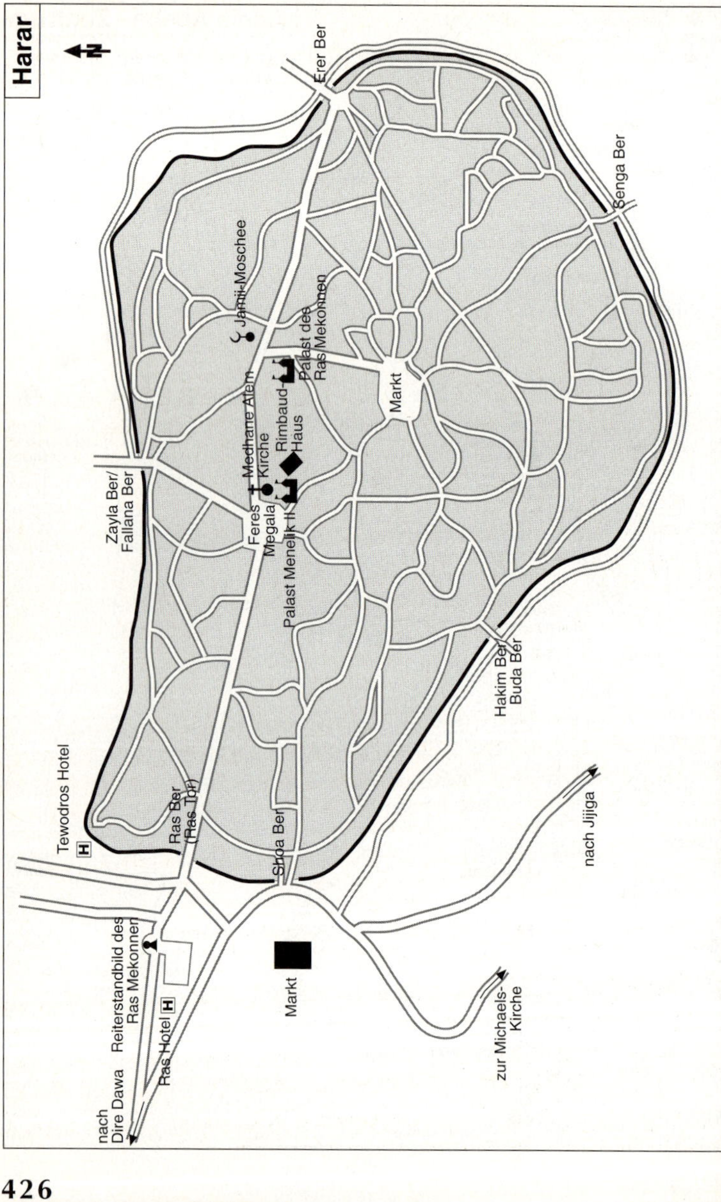
Harar
N
Erer Ber
Senga Ber
Jamii-Moschee
Palast des Ras Mekonnen
Markt
Rimbaud-Haus
Medhane Alem Kirche
Feres Megala
Palast Menelik II
Zayla Ber/ Fallana Ber
Hakim Ber
Buda Ber
Tewodros Hotel
Ras Ber (Ras Tor)
Shoa Ber
nach Jijiga
Reiterstandbild des Ras Mekonnen
Ras Hotel
nach Dire Dawa
Markt
zur Michaels-Kirche

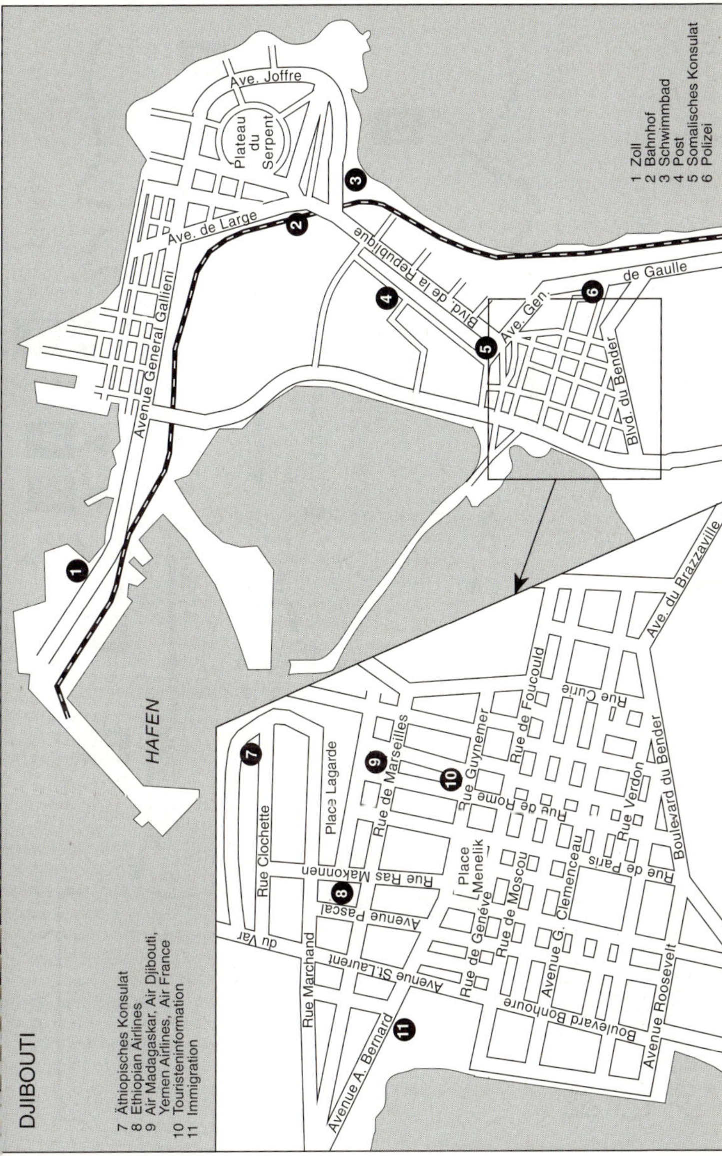
DJIBOUTI
1 Zoll
2 Bahnhof
3 Schwimmbad
4 Post
5 Somalisches Konsulat
6 Polizei
7 Äthiopisches Konsulat
8 Ethiopian Airlines
9 Air Madagaskar, Air Djibouti, Yemen Airlines, Air France
10 Touristeninformation
11 Immigration
HAFEN
Ave. Joffre
Plateau du Serpent
Ave. de Large
Avenue General Gallieni
Blvd. de la Republique
Ave. Gen. de Gaulle
Blvd. du Bender
Ave. du Brazzaville
Rue de Foucould
Rue Curie
Rue Guynemer
Rue de Marseilles
Place Lagarde
Rue Clochette
Rue de Rome
Rue Verdon
Boulevard du Bender
Rue de Paris
Place Menelik
Rue Ras Makonnen
Avenue Pascal
Rue de Moscou
Avenue G. Clemenceau
Rue de Genéve
du Var
Rue Marchand
Avenue St.Laurent
Boulevard Bonhoure
Avenue Roosevelt
Avenue A. Bernard

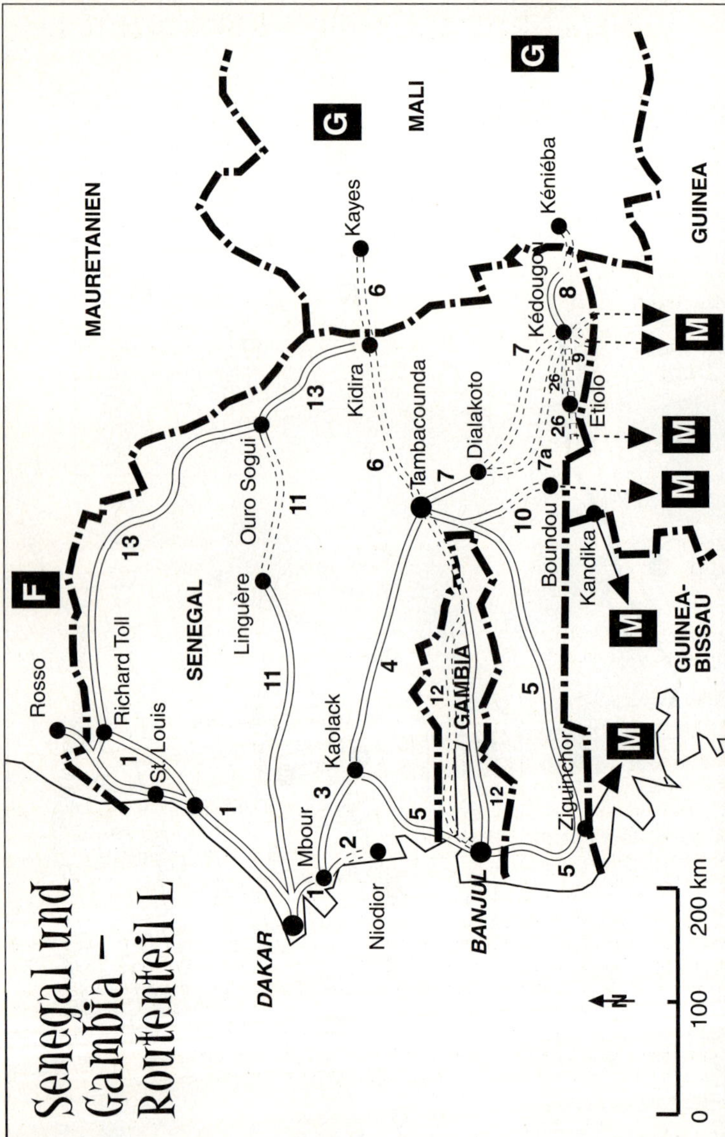
Senegal und Gambia – Routenteil L
MAURETANIEN
MALI
SENEGAL
GAMBIA
GUINEA
GUINEA-BISSAU
DAKAR
BANJUL
Rosso
Richard Toll
St. Louis
Linguère
Ouro Sogui
Kidira
Kayes
Kaolack
Mbour
Niodior
Tambacounda
Dialakoto
Kédougou
Kéniéba
Etiolo
Boundou
Kandika
Ziguinchor
F
G
M
1
2
3
4
5
6
7
7a
8
9
10
11
12
13
26
N
0
100
200 km

Senegal und Gambia – Routenteil L

Überblick Senegal

Fläche: 196 722 km².

Einwohner: ca. 9,8 Mio.

Ethnien: Wolof, Serer, Tukolor, Fulbe, Mandingo, Diola.

Hauptstadt: Dakar (fast 3 Mio. Einw. im Großraum).

Sprachen: Amtssprachen sind Französisch und Wolof, daneben Fula, Mandinka, Diola.

Religion: Über 90% Muslime, Christen (ca. 7%), Animisten.

Ruhetag: Sonntag.

Feiertage: 1.1., 4.4., Karfreitag, Ostermontag, 1.5., Himmelfahrt, Pfingstmontag, 15.8., 15.8., 1.11., 25.12., sowie einige jährlich wechselnde islamische Feiertage.

Einreise: Keine Visumpflicht für Deutsche; Österreicher brauchen Visum erst ab 3 Monaten; Schweizer benötigen ein Visum. Flugreisende müssen ein gültiges Rück- oder Weiterflugticket vorlegen.

Impfung/Gesundheit: Gelbfieberimpfung vorgeschrieben, Malariaprophylaxe dringend empfohlen. Die medizinische Versorgung in den Städten ist gut, auf dem Land mangelhaft.

Währung: Franc CFA. 1 Euro = 663 CFA, 1 US-$ = 720 CFA. Wechselstuben in St. Louis, ansonsten Banken. Einfuhr von CFA unbegrenzt, Ausfuhr begrenzt auf 20 000 CFA. Höhere Beträge müssen bei der Einreise deklariert werden. Beim Wechseln von Banknoten und TC wird Gebühr erhoben (2%, Credit Lyonnais nimmt für TC bis zu 10%).

Kfz: Die nationalen Papiere sind ausreichend und werden akzeptiert, Internationaler Führerschein und Fahrzeugschein sind trotzdem zu empfehlen. Grüne Versicherungskarte wird nicht anerkannt, an der Grenze muss eine Haftpflichtversicherung abgeschlossen werden. Es wird die so genannte „Carte brune" (C.D.E.A.O.) ausgestellt – eine Versicherung, die für mehrere westafrikanische Länder gültig ist; Preise: ca. 19 500 CFA für Geländewagen und 10 Tage (03.02), ca. 24 000 CFA für 30 Tage (03.01). Ein Carnet de passage ist nicht unbedingt nötig. Ein Passavant wird an der Grenze für 4 Tage ausgestellt (2500 CFA, evtl. auch Ausstellung für 8 Tage, dann 5000 CFA) und kann in Dakar beim Zoll (Place de l'Indépendance, Résidence Cap Vert, 4. Stock, nähe Royal Air Maroc) um 15 weitere Tage verlängert werden (Fr/Sa/So geschlossen, morgens beantragen, mittags abholen, ca. 1000 CFA). Die Frist sollte keinesfalls überschritten werden (hohe Geldstrafe). Eventuell wird auch im Besitz eines Carnets ein Passavant ausgestellt.

Bei Einreise direkt aus Europa muss das Carnet beim Verkehrsclub in Dakar abgestempelt werden.

Treibstoffpreise (03.02): Diesel ca. 330 CFA/l, Super 449 CFA/l.

Telefon/Internet: In allen größeren Orten Internetcafés.

Straßenzustand: Einige Asphaltstraßen, vor allem im Grenzbereich zu Mali schlechte Pisten (sehen Sie dazu die Routenbeschreibungen). Aufpassen bei Orts- und Stadteinfahrten, nicht mehr als 40 km/h fahren. Die Polizei lauert auf Verkehrssünder und ist vor allem bei Ausländern gnadenlos.

Grenzen: Die Grenzen zu den Nachbarländern sind offen. Einziger Übergang nach Mauretanien über den Senegal ist bei Diama (Damm) und Rosso (Fähre). Es fährt keine Fähre weiter (süd)östlich (Podor, Kaedi, Matam)!

Sicherheit: Erhöhte Diebstahlgefahr in touristischen Gebieten und Städten. Die Casamance sollte wegen anhaltender gewaltsamer Unruhen gemieden werden (bzw. nach der aktuellen Sicherheitslage erkundigen).

Kontrollen: Auf dem Land einige Straßenkontrollen, meistens freundlich und nicht immer Kontrolle der Papiere. In/nahe den Städten (St. Louis, Dakar) kommt es häufig vor, dass Bußgelder wegen angeblicher Verkehrsvergehen verlangt werden. Z.T. schikanöse und korrupte Kontrollen durch die Polizei (Tarife: z.B. „Geschwindigkeitsüberschreitung" 6000 CFA, „kein Feuerlöscher vorhanden" 3000 CFA). Viele schikanöse Polizisten in Dakar (hohe Geldforderungen), häufig rund um den Place de l'Indépendance (besser nicht mit dem Auto in die Stadt fahren). Möglichst nicht zahlen, sondern zeigen, dass man Zeit hat, diskutieren und evtl. nach dem Vorgesetzten verlangen. Korrupte Polizei und Zoll an den Grenzübergängen Diama und Rosso (Geldforderungen). Extreme Kontrollen zwischen Ziguinchor und Cape Skirring. Anschnallpflicht beachten.

Zeitverschiebung: MEZ minus 1 Stunde; Sommerzeit: minus 2 Stunden.

Stromspannung: 220 V, Adapter empfohlen.

Literatur und Landkarten:
Reiseführer: „Westafrika Band 1 – Sahel", hrsg. von Erika Därr, Autoren Thomas Baur und Gerhard Göttler, Reise Know-How Verlag, Bielefeld. „Senegal/Gambia", Urlaubshandbuch, von Thomas Baur, Reise Know-How Verlag, Bielefeld.
Hintergrund: Mariama Bâ, „Der scharlachrote Gesang", Fischer TB (Roman über den Emanzipationsprozess einer Frau); Sembene Ousmane, „Chala", Ullstein TB (Roman um den Konflikt zwischen Tradition und modernem Leben); T.C. Boyle, „Wassermusik", Rowohlt TB (die Reisen Mungo Parks werden hier in einer Mischung aus Fakten und Fiktion amüsant und wortgewaltig erzählt); A. Haley, „Roots", Fischer TB.
Landkarten: Übersichtskarten: Michelin 953, Nord- und Westafrika, 1:4 000 000. IGN Carte Touristique Senegal, 1:1 000 000. Kanadische International Travelmap 901, Senegal/Gambia 1:800 000, ist schlecht (ungenau, zu wenige Ortsbezeichnungen, manchmal auch falsch).

Geschichte: Im „afrikanischen Mittelalter" war das Gebiet des heutigen Senegal zwischen mehreren Reichen aufgeteilt (Wolof, Tekrur). Mit der Landung der Portugiesen im 15. Jh. und der ersten französischen Niederlassung St. Louis Ende des 17. Jh. geriet das Senegalgebiet zunehmend unter den Einfluss europäischer Interessen. Die Insel Gorée wurde zum wichtigen Stützpunkt des transatlantischen Sklavenhandels ausgebaut, die französische Kolonialmacht dehnte ihr Einflussgebiet bis zum Ende des 19. Jh. auf den gesamten Senegal aus. Im Landesinneren herrschten verschiedene Wolof-Könige (Damels), die sich zunächst heftig der französischen Landnahme widersetzten, später jedoch auch mit der Kolonialmacht kooperierten. Die bedeutenden Wolof-Clans spielen auch im heutigen politischen Leben eine wichtige Rolle. 1960 erlangte Senegal die Unabhängigkeit.

Politik: Im Gegensatz zu den meisten anderen westafrikanischen Ländern hat Senegal eine demokratische Verfassung. Neben der von Senghor gegründeten UPS gab es ursprünglich drei, inzwischen 16 weitere Parteien. In den 80er Jahren kam es wiederholt zu gewalttätigen Protesten und Demonstrationen vor allem der Jugendlichen, die eine weitere Liberalisierung des politischen Systems forderten. Seit dem freiwilligen Rücktritt von Leopold Sedar Senghor 1980 steht Abdou Diouf (PS) an der Spitze des Staates; er wurde bei den ersten freien Wahlen im Senegal 1993 und bei den nächsten Wahlen 1998 in seinem Amt bestätigt. Zu Beginn der 90er Jahre führten Massaker an Senegalesen in Mauretanien (und umgekehrt im Senegal an Mauren) zu Spannungen zwischen den beiden Ländern. Im Februar 2000 gewann Abdoulaye Wade gegen Diof die Präsidentschaftswahl. Es erfolgte ein friedlicher Machtwechsel.

Seit 1997 gibt es wieder Unruhen in der nach Unabhängigkeit strebenden südlichen Provinz Casamance. Es kommt zu gewaltsamen Auseinandersetzungen der Regierung gegen die Rebellen der „Mouvement des Forces Démocratiques de la Casamance" (MFCD).

Die Mouriden

Muslimische Bruderschaften haben überall im geistigen, aber auch im politischen Leben des Senegal einen großen Einfluss. Vorreiter dieser Entwicklung war der Wolof Ahmadou Baba (1850–1927), der in der zweiten Hälfte des 19. Jhs. die Bruderschaft der Mouriden und Ende des 19. Jhs. deren Hochburg Touba gründete. Ganz im Gegensatz zu den traditionellen Wolof-Werten, die körperliche Arbeit als unwürdig ablehnen, forderte er ein Leben, das von Arbeit und Gebet geprägt sein sollte. Nach der erniedrigenden Erfahrung der Kolonisation schien diese neue Lehre für viele, vor allem adelige Wolof die Verheißung auf ein neues Leben und möglicherweise auch auf die Erneuerung der alten Wolof-Reiche. Neben der geistigen und körperlichen Askese zeichneten sich die überall im Land entstehenden Mouriden-Zentren durch außerordentlich hohe Wirtschaftlichkeit (billige Arbeitskräfte) aus. Binnen kurzem hatten die Mouriden-Scheikhs den Erdnussanbau unter ihre Kontrolle gebracht; ihr Wohlstand erhöhte auch ihren politischen Einfluss. Ahmadou Baba wurde von den Franzosen wiederholt in die Verbannung geschickt, was ihn endgültig zum Volkshelden machte. Sein Grab in Touba gehört zu den wichtigsten Wallfahrtsstätten senegalesischer Muslime. Bis heute haben die Mouriden großen politischen wie religiösen Einfluss. Ihre größte Anhängerschaft finden sie unter den Jugendlichen, die sich im Widerstreit zwischen Moderne und Tradition von der asketischen Welt der Mouriden-Zentren angezogen fühlen.

Überblick Gambia

Fläche: 11 295 km².

Einwohner: ca. 1,34 Mio.

Ethnien: Mandingo, Peul, Wolof, Diola.

Hauptstadt: Banjul (ca. 150 000 Einw.).

Sprachen: Englisch Amtssprache, als Handelssprache auch Französisch, Wolof, verschiedene lokale Sprachen.

Religion: 90% Muslime.

Ruhetag: Sonntag.

Währung: Dalasi (D), 1 Dalasi = 100 Bututs. 1 Euro = ca. 16,50 Dalasi. Auf dem Schwarzmarkt bekommt man wesentlich bessere Kurse. Einfuhr unbeschränkt; Ausfuhr bis 75 D, ausländische Währungen bis zur Höhe des eingeführten Betrags. Travellercheques können in jeder Bank und in vielen Hotels sehr gut eingetauscht werden (meistens wird keine Provision verlangt).

Zeitverschiebung: minus 1 Stunde; Sommerzeit: minus 2 Stunden.

Stromspannung: 220–240 V.

Treibstoffpreise (Mai 2002): Super 9,75 D/l, Benzin 7,75 D/l.

Kontrollen: Häufige Polizeikontrollen.

Gesundheit/Impfungen: Besondere Malariagefährdung der touristischen Regionen. Prophylaxe dringend angeraten. Gelbfieberimpfung vorgeschrieben.

Sicherheit: Im Großraum Serekunda und Banjul ereigneten sich wiederholt Überfälle auf Ausländer.

Landkarten: The Gambia Traveller's Map, 1:400 000, sehr detailliert, aber schwer erhältlich (im Souvenirshop des Novotel, ca. 15 km westl. von Banjul, probieren).

Geschichte: Siehe Senegal.

Politik: Am 23.7.1994 wurde der von der britischen Regierung ernannte und bis dahin seit über 20 Jahren immer wieder im Amt bestätigte Staatspräsident und Alleinherrscher Sir Dawda Kairaba Jawara durch einen Putsch entmachtet. Er konnte auf ein US-amerikanisches Kriegsschiff fliehen, ein Teil seiner Minister wurde inhaftiert. Neuer Staatschef wurde Leutnant Yayah Jammeh, der bei den Präsidentschaftswahlen am 26.9.1996 mit über 55% der Stimmen auch als Sieger hervorging. 2002 wurde Jammeh wiedergewählt.

Routen

L 1: Rosso (Mauretanien) – senegalesische Grenze – Saint Louis – Dakar – Mbour (273 km)

(03.02, VW Syncro) Sehr gute neue Teerstraße. Vor und nach Dakar fährt man durch Wälder gigantischer Baobabs.

ROSSO – S. F 4. (Ende F 4; Beginn F 11.)

In Rosso mit der Fähre über die Grenze oder über die Brücke bei Diama (siehe F 4).

VARIANTE ROSSO – DJOUDJ-NATIONALPARK – ST. LOUIS: Piste (ca. 140 km). In Rosso ca. 50 m nach der Anlegestelle der Fähre nach Westen abbiegen. Auf guter Piste am Damm des Senegal entlang.

Km 50, „Poste crocodile" (kein Parkeingang).

Km 73, Anlegestelle der Pirogen (3000 CFA pro Person, Ticket im Hotel).

Km 80, **DJOUDJ-NATIONALPARK** – Parkeingang. Vogelreservat im Delta des Senegal-Flusses (Eintritt in den Park 2000 CFA/Person/Tag, Auto einmal 5000 CFA), fantastisches Naturschutzgebiet. Im Dezember und Januar kann man hier Pelikane und Kormorane beim Brüten beobachten. Es werden Rundfahrten mit dem Motorboot angeboten. Unbedingt morgens mit dem erstem Boot fahren, bei den weiteren sind weniger Vögel zu beobachten. Touren zum Djoudj Nationalpark sind auch von Hotels in St. Louis aus möglich.

Unterkunft: Kein Campingplatz (Camping im Park trotzdem erlaubt). Bungalows im Campement von Djoudj, im Reservat oder 25 km entfernt im Campement von Maka Diama (sehr schöne Bungalows in einem Garten am Ufer eines Seitenarmes des Senegal, unweit des Maka-Diama-Staudamms, 30 000 CFA pro Bungalow, vorher anmelden, Hotel 2000 CFA/Person, Camper 3000 CFA).

Weiter auf der normalen Zufahrtspiste (ca. 33 km mittleres Wellblech) zur Straße Rosso – St. Louis.

Weiter auf der Hauptstraße (ohne Variante) bis zur Kreuzung in Richtung Richard Toll sehr löchriger Asphalt.

Km 2, Zollposten (Registrierung der Kfz, Kontrolle des Passavant).

Km 5, Kreuzung: geradeaus nach St. Louis, links nach Richard Toll (zur L 13).

Möglichkeit 35 km vor Ross-Béthio auf Variante über Keur Momar Sar (Lac de Guier) abzubiegen (Abzweig siehe Km 120 bei Variante unten).

ROSS-BÉTHIO – Ort am Rand des Ndiael Animal Reservats. Tankstelle und Lebensmittel.

LOUGA – Großer Ort. Alle Versorgungsmöglichkeiten, Hotels. Bei Louga trifft man wieder auf die beschriebene Teerstraße nach Dakar.

VARIANTE (aus anderer Richtung) LOUGA – GNIT – RICHARD TOLL: (03.02, VW Syncro) 90 km Asphalt, dann meist gute Piste (z.T. holprig und in Regenzeit sehr schlammig). Sehr schöne ruhige Strecke in der Gegend um den Lac de Guier.

Km 0, in Louga Ri. Keur Momar Sar abbiegen (beschildert).

Km 4, Ortsausgang. Meist gute Teerstraße, immer wieder Schlaglöcher.

Viele Dörfer mit Tempostoppern. Erdnussanbaugebiet.

Km 55, **KEUR MOMAR SAR** – Ort. Kleine Läden.

Danach schöner Blick auf den Lac de Guier und weniger Besiedelung.

Km 88, T-Kreuzung: rechts nach Gnit (von Gnit kommend hier links abbiegen).

Km 90, Abzweig links auf eine Piste dem See entlang (aus anderer Richtung Pistenende, rechts weiter auf der Teerstraße), **N 16°11,261' W 15°54,346'.**

Gute Piste, nur teilweise Wellblech. Ursprüngliche Dörfer, sehr schöne Landschaft mit Tümpeln, Seerosen, Schilf und vielen Vögeln.

Km 95, Passage über Sumpf zwischen zwei Tümpeln, in Regenzeit evtl. schwierig und schlammig, GPS-Pos. **N 16°13,462' W 15°53,191'.** Piste führt weg vom Lac de Guier. Weiter meist recht gute Piste durch schönes Sumpfgebiet (in Regenzeit schlammig), ab und zu Dörfer.

Km 120, Einmündung in Teerstraße in Ri. Richard Toll, **N 16°24,860′ W 15°51,516′.**

Km 129, unbeschilderter Abzweig: geradeaus Rosso, rechts Richard Toll.

Km 140, **RICHARD TOLL** – S. L 13.

SAINT LOUIS – Stadt, ca. 160 000 Einw. (s. Stadtplan). Ehemalige Hauptstadt des Senegal.

Unterkunft: „Hotel de la Poste" mit dem Charme vergangener Zeiten, Feinschmeckerrestaurant, EZ 22 900 CFA (03.00). Jugendherberge in Rue Briere de L'isle, sauber, sehr freundlich, mit Moskitonetzen, kalte Dusche, DZ 5200 CFA (03.00). „Hotel Mermoz", hinter dem Campingplatz, Bungalows. „Camping de l'océan" auf der Barbarie-Halbinsel ca. 4 km südl. der Brükke, direkt neben dem berühmten Fischerfriedhof, gemütlich mit Bar/Restaurant direkt am Strand, 5000 CFA/Person (03.00). Hotel „Battling Siki", günstig, im Erdgeschoss Bar mit lauter Musik (erst gegen morgen ruhig). „Auberge de la Vallée", Rue Potin Blaise Diagne, ggü. „Hotel de la Residence", 1997 eröffnet, einfach aber sauber, Doppel- und Mehrbettzimmer, Du/WC nicht im Zimmer, Innenhof, nettes Personal, Travellertreffpunkt, 5000 CFA/Pers. inkl. Frühstück (12.97). Camping/Campement „Zebrabar" (24 km außerhalb), 10 km weiter nach Süden Richtung Gandiol und Dakar fahren, dann rechts abbiegen (Pos. **N 15°58,499′ W 16°28,978′,** ausgeschildert), nach weiteren 11 km geht rechts ein Abzweig zum „Campement Lagune de Barbarie" (Vogelschutzgebiet), nach 12 km (1 km nach Abzweig zur Lagune) ist der Ort Tassineré erreicht, links abbiegen zur Zebrabar (Schild 2 km, Pos. **N 15°51,85′, W 16°30,71′).** Die Zebrabar liegt bei der Lagune de Barbarie (Vogelreservat) an der Mündung des Senegal, Camping-/Bungalowanlage (drei Bungalows der Schweizer U. Bürki und M. Durig, B.P. 640, Tel. 00 22 1-6 38 18 62, www.come.tu/zebrabar), nette Atmosphäre, direkt am Fluss, einfache und saubere Bungalows, gutes Essen, gute Sanitäranlagen, warmes Wasser, Treffpunkt der Afrikafahrer, Windsurfer-Verleih (1000 CFA/Std.); Preise (05.00): Bungalows 6000–12 000 CFA (1 Pers.), 9000–15 000 CFA (2 Pers.), Bungalow de luxe ab 12000 CFA, Camping 2000 CFA p.P.

Verschiedenes: Zwei Internetcafés in der Nähe des „Hotel de la Poste".

Sehenswert: Die Stadt war schon früh französischen Einflüssen unterworfen. Herausgekommen ist eine faszinierende Mischung afrikanischer und französischer Elemente. Besuchenswert sind vor allem die Ile St. Louis (Altstadt) mit dem Gouverneurspalast und der muslimische Fischerfriedhof südlich von Ndar Guet.

MBORO-S-MER – Ruhiges Fischerdorf, etwa 27 km nordwestlich von Tivaouane. Sandstrand, wenig Touristen.

TIVAOUANE – Großer Ort. Alle Versorgungsmöglichkeiten.

2 km weiter, **THIÈS** – Stadt. Alle Versorgungsmöglichkeiten.

Danach sehr viel Verkehr bis Dakar, z.T. dreispurige Straße. Straße im Ausbau (vierspurig) bis Rufisque. Zwischen Thiès und Dakar zahllose Baobabs, Mango- und Papayabäume.

RUFISQUE – Stadt. Alle Versorgungsmöglichkeiten. Ab hier vierspurig.

DAKAR – Hauptstadt mit fast 3 Mio. Einwohnern (s. Stadtpläne). Gute Infrastruktur. (Beginn L 11.)

Unterkunft: „Camping L'Oasis du Desert" (ehemals „West African Safari"), am Ortsausgang von Rufisque auf rechter Seite, **N 14°43,341′ W 17°17,235′** (Abzweig), gepflegter und sauberer Platz, gute san. Anlagen, Restaurant/Bar, franz. Pächterin, direkt am Bahngleis (laut), viel Schatten, evtl. bald geschlossen, da dort Fischfabrik entstehen soll; Preise (03.02): 2500 CFA p.P., Zimmer (sauber) 12 500 CFA mit WC/Dusche, 16 000 CFA mit WC/Dusche und Klimaanlage, 7500 CFA ohne WC/Dusche. Camping auch am Strand des Hotels „Su-nu-gal", Richtung Flughafen (Route de N'Gor), sauber, 2000 CFA/Tag (03.98), gutes Restaurant. Die meisten Hotels erheben eine Touristensteuer von 400 CFA/Person und Nacht. „Hotel Su-nu-gal", Bungalows kosten 25 000 CFA (03.97), Auto kann direkt daneben parken, sicher (Campingmöglichkeit am Strand des Hotels), gutes, aber teures Essen im Hotelrestaurant. „Hotel Miramar", Rue Felix Faure, DZ (inkl. Frühstück) 22 000 CFA, klimatisiert, sehr sauber, mit künstlerischem Touch. „Hotel St. Louis Sun", Rue Relix Faure, DZ (inkl. Frühstück) 19 400 CFA, schöner Innenhof, klimat. Zimmer, reservieren. Gute Unterkunft bei Antonio Bento Veira in der Rue Moussé Diop (unweit Av. G. Pompidou), Tel. 21 73 48, DZ ca. 8000 CFA (handeln!). Hotel „Continental Annex" (ca. 10 000 CFA/DZ). Campement/Jugendherberge „Le Boulagou" (6000 CFA/Person, Yoff-Plage). Hotel „Farid", 51, Rue Vicens (in der Nähe des Hafens), herzlicher Empfang, komfortabel, libanesisches Restaurant (ca. 13 000 CFA/DZ). Die folgenden Hotels kosten mindestens 60 000 CFA/DZ: „Sofitel-Teranga", „Novotel", „Le Lagoon", „Le Savana", „Indépendance" und „Meridien" (die Pools des „Taranga" und des „Savana" sind auch der Öffentlichkeit zugänglich, ca. 2000 CFA/Person). Ein gutes Preis-Leistungs-Verhältnis bietet das Hotel „Al Baraka", 35, Rue Bourgi (nahe der Place de l'Indépendance, ca. 15 000 CFA/DZ) oder der „Club de Calao", Tel. 20 05 40/20 04 70, Fax 20 11 80, B.P. 8270 (Ngor, Yoff-Plage – nahe des Flughafens). Rundhütten-Bungalowdorf mit Pool, direkt am Meer, Parkmöglichkeit neben den Bungalows (ca. 25 000 CFA für 3-Bett-Bungalow mit Dusche/WC). Für einfache Ansprüche „Hotel des Princes", Rue Raffenel (ca. 5 000 CFA/DZ mit Dusche und WC). Hotel „Ganalé", 38, Rue Amadou Ndoye, Dusche und Klimaanlage, sehr gut geführt.

Essen: Restaurant „Dionevar" (ca. 3000 CFA/Pers.), Straße zum Flughafen. Restaurant „Chez Loutcha", Rue Moussé Diop, gute senegalesische Küche/Preise, große Portionen. „L'Auberge Rouge" (116, Rue Blanchot), gut, preiswert. Üppiges und gutes Essen im „Relais 114". „Dagonne", Fischspezialitäten, Rue Dagonne, nahe dem Kermel-Markt. Gute Eisdiele „La Glacier moderne", Place de l'Indépendance. Restaurant „Keur N'Dexa", afrikanische Spezialitäten, 68 Rue Vincenz.

Verschiedenes: Motorradrücktransport nach Europa mit verschiedenen Fluggesellschaften möglich (ca. 600 Euro). Vorsicht in der Innenstadt, evtl. Überfälle sogar tagsüber auf belebten Straßen. Keine Wertsachen zeigen, möglichst in Gruppen gehen. Vorsicht vor Dieben, auch beim Geldwechseln in der Bank. Wenn der Pass gestohlen wird, in der Garage des corps rapides nach „la caisse" fragen. Meist kann man den Pass hier einige Tage später wieder zurückkaufen. Die Touristeninformation befindet sich in der Rue Dr. Calonette. Internetcafé in der Nähe der franz. Botschaft und Novotel. Zoll zur Verlängerung des Laissez passer am Place de l'Indépendance (s. Überblick/Kfz). Vorsicht in der ganzen Stadt vor korrupten und schikanösen Polizisten (besonders um den Place de l'Indépendance)! Die Beamten locken Touristenautos (bzw. lauern ihnen auf) z.B. umgekehrt in Einbahnstraßen oder Taxi- und Bus-Straßen, um abzukassieren (3000 CFA Strafe) oder verlangen Geldstrafen wg. angeblicher Verkehrsvergehen; nicht zahlen, sondern diskutieren! Besser mit dem Taxi in die Stadt fahren.

Werkstätten: BMW an der Straße von Rufisque in Ri. Flughafen. Peugeot und Toyota an der Route de Rufisque, Pos. **N 14°41,258′ W 17°26,245′.** Land Rover, Nissan und Mercedes auch an der Route de Rufisque, **N 14°42,031′ W 17°26,197′** (Mercedes). Volkswagen „Senegam Motors" nahe Route de Rufisque, Av. du Président Lamine Gueye x Autoroute, keine Ersatzteile vorrätig, Tel. (221) 849 65 49, Pos. **N 14°40,809′ W 17°26,272′.**

Botschaften: Visum für Kamerun innerhalb eines Tages (15 000 CFA für 3 Monate). Visum für Mali bei der Botschaft, 46 Bd de la République (01.98: 7500 CFA, 8–11 Uhr geöffnet, Dauer 2 Tage, mit „cadeau" schneller, 2 Passfotos). Visum für Guinea bei der Botschaft, Rue 7, Viertel Pont E, innerhalb weniger Std., Führerschein und Kfz-Schein vorlegen, 20 000 CFA p.P. (07.98), Laissez passer 20 000 CFA (07.98), kein Empfehlungsschreiben verlangt. Visum für die Elfenbeinküste innerhalb 48 Std. bei der Botschaft, Av. Albert Sarraut, nahe französischer Botschaft, im gleichen Haus wie Goethe-Institut, 3.Stock, 2 Passfotos, 10 000 CFA (01.98).

Fahrzeugtransport nach Europa: „Vasquez et Espinosa", Agentur der „Mac-Lines-Gesellschaft", Avenue Faidherbe 7 (Dakar); etwa 600 Euro bis Livorno, nach Marseille etwas billiger (Hauptsitz der Gesellschaft ist

Madrid). Das Fahrzeug wird in einen Container verschlossen, so dass man alles im Inneren lassen kann. Versicherungen vermittelt die Agentur „La Foncière" (seriös), 79, Avenue Peytavin.

Bahnverladung: Dakar – Bamako zweimal pro Woche (Ticketverkauf Mo/Di 8–18 Uhr), 1. Klasse 35 000 CFA, 2. Klasse 26 000 CFA, Bett/1. Klasse 16 000 CFA. Die wahrlich abenteuerliche Reise dauert etwa 40 Stunden. Näheres über die Mitnahme von Fahrzeugen im Zug unter L 6.

Sehenswert: Die Märkte Sandanga und Kermel, der Hafen, die Kathedrale, das ethnographische und archäologische Museum des „IFAN" (institut fondamental de l'afrique noire), die „Große Moschee" und die Medina. Besonders sehenswert ist auch die sehr moderne, riesige „Mosquee de la Divinité", erbaut 1992 von Architekt Cheikh Ngom direkt am Meer in einer Bucht im Norden der West Corniche Road (Straße der Westküste entlang).

In der Umgebung: Die **Insel Gorée,** von der bis zum 18. Jh. viele Sklaven nach Amerika verschifft wurden (Sklavenhäuser, Historisches Museum und ozeanographisches Museum), Fähre 5000 CFA p.P. (03.02), Abfahrt ca. alle 1,5 Std., Museum 200 CFA Eintritt, sehr schöner und lohnenswerter Ausflug. Die Panoramastraße an der Küste. Der See Retba, auch unter **Lac Rose** bekannt (Salzabbau, Dünen) 50 km im Norden von Dakar über Tiaroye-Mer, Keur Massar bis Niakoul Rap; von hier gute Piste zum See.

Unterkunft am See: Sehr ruhiges „Campement Bonaba" am Nordufer (franz./engl. Leitung, Zelt 1500 CFA, Hütte 3000 CFA/Pers.). „Campement Niaga Peul" am Westufer, Hütte 5000 CFA/Pers., viele Souvenirläden in der Nähe. In Popenguine schöner Strand, Bungalows, Campingmöglichkeit.

Auf der weiteren Strecke nach Mbour kommt man am Eingang des Tierreservats **RÉSERVE DE BANDIA** vorbei. Der Park ist täglich geöffnet (auch in der Regenzeit), Eintritt (07.98) 5000 CFA p.P., 3000 CFA für Kinder. Es gibt dort u.a. Vogelstrauße, Büffel, Warzenschweine und Krokodile.

MBOUR – Kleinstadt, ca. 120 000 Einw. Gute Infrastruktur, schöner Strand. (Beginn L 2 und L 3.)

Unterkunft: Teure Hotels, u.a. „Club Aldiana" in Nianing von Neckermann. „Villa Amitié", Privatunterkunft bei kanad. Ex-Diplomaten, neues Haus am Strand, ca. 300 m südlich vom „Coco Beach Hotel", sehr freundlich, EZ ca. 10 000 CFA (12.97), DZ 15 000 CFA (12.97). Preiswerte und gute Übernachtungsmöglichkeit in der Village touristique. „Mbour Camping" (8000 CFA/Kfz/Zelt). Möglichkeit, am Strand zu übernachten (Vorsicht vor Dieben). „Campement Ferme de la Saly" (Zelt 2000 CFA/Pers., Hütte 150 FF/Pers./HP, Menü 4000 CFA), ca. 3 km nördlich direkt am Strand (schlecht ausgeschildert), familiäre Atmosphäre, franz. Leitung.

L 2: Mbour – Joal – Ndangane – Niodior (ca. 70 km)

(12.97, Fahrrad) Bis Joal Asphalt, dann Piste bis Djiffer, meist mittleres Wellblech.

MBOUR – S. L 1. (Ende L 1; Beginn L 3.)

JOAL – Ort. Gute Infrastruktur. Pirogenfahrt durch die Lagunen und die Mangrovensümpfe.

Unterkunft: Campement im Zentrum wird gerade renoviert. Hotels ebenso teuer wie in Mbour. Hölzerne Fußgängerbrücke nach

FADIOUTH – (Christlicher) Ort, auf Muschelinseln erbaut (sehenswert). Sehr lästige, aggressive „guides".

Von Joal aus besteht die Möglichkeit auf einer guten Wellblechpiste (im Ort links abbiegen) über Samba-Dia (Dorf, Campements), Fimla (Dorf) und Diofior (Dorf) wieder auf die Teerstraße nach Mbour bzw. nach Kaolack zu gelangen (zur L 3); sehr schöne Strecke durch Baobab- und Palmenwald.

NDANGANE – Fischerdorf. Gute Infrastruktur.

Unterkunft: Hotel „Le Pélican", gut geführt, Bungalow-Hütten, Tennis, Restaurant.

In der Umgebung: Pirogenausflüge zur Vogelinsel (teuer).

PALMARIN – Mehrere kleine Dörfer, wunderschöner Strand.

Unterkunft: Campement direkt am Strand unter Palmen (DZ ab 8000 CFA, Zelten nicht möglich).

DJIFFER – Ort.

Unterkunft: „Madléne", sehr sauber, gutes Essen. Campement in Palmarin, s.o.

Verschiedenes: Einmal täglich Überfahrt in der Piroge nach Niodior (ca. 200 CFA/ Person). 1x täglich Piroge nach Banjul (Gambia), Übernachtung und Umsteigen in Betani (nur mit Piroge erreichbar, Unterkunft nur bei privat oder am Strand, 2 kleine Läden, Weiterfahrt frühmorgens), insgesamt ca. 1500 CFA/Pers., 4 Std. Fahrtdauer. Über Ndangane – Diafior – Sésséne Anschluss an L 3 (durchgehend Asphalt).

NIODIOR – Ort. Keine Übernachtungsmöglichkeit. Schöne Moschee.

In der Umgebung: Fußweg nach Dionewar (30 Minuten), wo es ebenfalls eine schöne Moschee gibt.

L 3: Mbour – Kaolack (107 km)

(07.98, Mercedes G) Asphalt, guter Straßenzustand. Wenige km hinter Mbour bis 35 km vor Kaolack z.T. große Löcher.

MBOUR – S. L 1. (Ende L 1; Beginn L 2.)

Kurz hinter Tiadaye kann man nach Ndangane fahren (zur L 2); 7 km vor Ndangane führt eine Piste nach rechts nach Fumela, wo Léopold Sédar Senghor geboren wurde (Geburtshaus).

FATICK – Ort. Versorgungsmöglichkeit.

GANDIAYE – Ort. Versorgungsmöglichkeit.

KAOLACK – Stadt, ca. 200 000 Einw. Gute Infrastruktur, aber schmutzige und trostlose Stadt. Wichtiges Zentrum des Erdnussanbaus. (Beginn L 4 und L 5.)

Unterkunft: Empfehlenswerte Hotels „Paris" und „Dior" (sympathische Chefs, ungefähr 20 000 CFA/DZ). Einfaches Hotel „Napoléon" billiger. „Mission catholique", Maison d'Ouevre, Camping im Hof 3000 CFA (03.98).

Sehenswert: Der Markt (täglich).

L 4: Kaolack – Tambacounda (266 km)

(07.98, Mercedes G) Guter Asphalt, vereinzelt Schlaglöcher. Ab Kaffrine sehr viele Löcher, ab Koumpentoum etwas besser. Schöne Savannenlandschaft mit dichter Besiedelung.

KAOLACK – S. L 3. (Ende L 3; Beginn L 5.)

KAFFRINE – Ort, ca. 10 000 Einw. Lebensmittel, Treibstoff.

In der Umgebung: Vorgeschichtliche Überreste.

TAMBACOUNDA – Ort, 52 m, ca. 70 000 Einw. Gute Infrastruktur. Markt ggü. dem Bahnhof. Viele bettelnde Kinder (von islam. Bettelorden). (Beginn L 6, L 7 und L 10; Ende L 5.)

Unterkunft: Hotel „Asta-Kébé" (10.98: 22 800 CFA/DZ), Camping kostenlos, wenn man dort zu abend isst, großer, Innenhof, schöner Garten mit Pool, Zimmer o.k. und sauber, Menu 5000 CFA (10.98, gut, aber zu teuer). Hotel „Niji", einfach und sauber (ca. 10 000 CFA/DZ).

L 5: Kaolack – gamb. Grenze – Banjul – senegalesische Grenze – Ziguinchor – Kolda (Variante Medina – Gonasguin. Grenze) – Velingara – Tambacounda (844 km)

(04.01, Motorrad) Asphalt. Bis 30 km nach Kaolack guter Asphalt, danach sehr schlecht.

KAOLACK – S. L 3. (Ende L 3; Beginn L 4.)

TOUBAKOUTA – Dorf.

Unterkunft: Ferienclub am Ufer eines Flüsschens, meist für Gruppen reserviert, kein Bungalow am Flussufer (ca. 12 000 CFA/DZ). Dem Feriendorf ist das „Les Palétuviers", etwa 500 m weiter, vorzuziehen, herzlicher Empfang, französischer Besitzer (saubere Bungalows, ca. 20 000 CFA/zwei Personen mit Vollpension), Vermietung von Pirogen, Jagd vom 1. Januar bis zum 1. April

(Vermietung von Citroën Méhari und Ausflüge).

KARANG – Dorf. Formalitäten zur Ausreise aus dem Senegal. Am Wochenende werden Gebühren von 800 CFA erhoben.

BARRA – Dorf. Formalitäten zur Einreise nach Gambia.

Verschiedenes: Am Ortsausgang von Barra setzt eine Fähre nach Banjul über (ca. 6x täglich). Tickets für die Fähre direkt am Hafen (gut aufheben). Bei letzter Fähre spätestens um 18 Uhr an der Anlegestelle einfinden. Überfahrtsdauer 30 Minuten, Preise (Stand 03.98): 3 D/Pers., 50 D/Pkw, 120 D/Geländewagen. Die Fähre über Farafenni und Mansa – Kokko ist wesentlich preiswerter, da der Fluss hier nicht so breit ist (siehe später, Variante zur Regenzeit). Die gambischen Beamten sind sehr unfreundlich und erheben Straßenabgaben und -zölle nach Gutdünken. Die braune Versicherungskarte ist hier nicht zu kaufen (erst in Banjul). Bei Weiterfahrt am Gambia nach Basse volltanken (Versorgung ist schwierig).

BANJUL – Hauptstadt Gambias, etwa 150 000 Einw. (s. Stadtplan). Gute Infrastruktur. Zahlreiche zollfreie Geschäfte.

Unterkunft: Viele Hotels südl. von Banjul, in der Satellitenstadt am Strand. Hotel „Apollo", einfach, DZ ab 260 D. Hotel „Teranga", einfach, unfreundlich. Hotel „The Malawi Guesthouse", einfach, sauber, bewachter Parkplatz. „Camping Sukuta" (Tel. 00 22 0-91 77 86, www.campingsukuta.de, alle Preise 2002), ca. 25 km SW, 4 km von Serekunda entfernt (nahe Ort Sukuta), gut ausgeschildert, 2 km zum schönen Strand von Bijilo, dt. Leitung (Hr. Peters), Rundhütten mit Dusche/WC (120 D) oder Zimmer (EZ 80 D, 4-Bett-Zi. 50 D/Bett), Camping (35 D/Pers.), Restaurant (Frühstück 25 D, Essen 45 D), Grill-Platz, Möglichkeit des Langzeitparkens (PKW 240 D/Monat, LKW 360 D/Monat), Auto- und Fahrradverleih.

Verschiedenes: Visum für Nigeria, Wartezeit zwei Wochen. Es werden keine Visa mehr für Mali ausgestellt (evtl. Empfehlungsschreiben mit dem man evtl. an der Grenze ein Visum erhält). Post ist innerhalb von fünf Tagen in Deutschland. „Cash advance" mit Visacard.

Sehenswert: Die Strände, das Nationalmuseum und der Zoo (Abuko Park).

BRIKAMA – Kunsthandwerkstadt.

Unterkunft: „AFET Guesthouse".

7 km hinter Brikama Kreuzung, beide Straßen führen nach Ziguinchor. In der Trokkenzeit die rechte Straße einschlagen, sie führt durch schöne Landschaft mit Affen und Vögeln (der Zoll ist im Dorf Jibara bzw. Seleti an der Grenze, keine Probleme). Weiter auf der Strecke von Seleti nach

DIOLOULOU – Dorf. Von hier aus führt ein Teerstraßenabzweig nach

KAFOUTINE – Hübscher Ort am Strand, wenig Touristen und viele günstige kleine Strandhotels.

Die Straße führt weiter zu dem Ort Bignona.

BIGNONA – Größerer Ort, gute Versorgung; hier mündet die unten beschriebene Variante ein.

VARIANTE: in der Regenzeit fahren Sie an obengenannter Kreuzung bei Brikama geradeaus über **BWIAM** und **KWINELLA** weiter und treffen dann in der Nähe von **Mansa-Konko** (Treibstoff) auf die Hauptverkehrsachse Kaolack – Ziguinchor.

Zwischen Mansa-Konko und Farafenni verkehrt halbstündlich eine Fähre über den Gambia (diese Fähre ist auch vom Norden kommend von Kaolack direkt über Nioro du Rip erreichbar). Kurz darauf wieder Einreise in den Senegal.

Moderne Brücke am Ortseingang von Ziguinchor.

ZIGUINCHOR – Stadt. Gute Infrastruktur (s. Stadtplan).

Unterkunft: „Hotel de l'Escale"; Campement „Ndary Kassoum" (nicht zu verwechseln mit dem gleichnamigen, teureren Hotel), Rue de France, nahe dem „Hotel du Tourisme".

Verschiedenes: Visa für Guinea-Bissau werden im Büro neben dem „Hotel du Tourisme" ohne Wartezeit ausgestellt (5000 CFA/Person).

Sehenswert: Kunsthandwerks-Zentrum des und der Markt.

In der Umgebung: Die Casamance, schöne Landschaft, riesige Kapokbäume mit großen Brettwurzeln. Der **PARC NATIONAL DE LA BASSE CASAMANCE** ist seit einigen Jahren geschlossen (Rebellenstandort; es führt eine kleine, 9 km lange Piste zum Park, die kurz hinter Oussouye von der Straße Oussouye – Cap Skirring abzweigt).

CAP SKIRRING – Seebad, ideal zum Erholen und über eine gute, asphaltierte Straße erreichbar. Stark ausgebaute touristische Infrastruktur, darunter auch ein Dorf des „Club Méditerranée".

Unterkunft: Empfehlenswert ist das Hotel „La Paillotte" mit einem exzellenten Restaurant und einem 2 km langen Sandstrand (ca. 30 000 CFA/DZ mit HP), luxuriöse Bungalows. Zahlreiche Campingplätze (ca. 1000 CFA/Person); am Strand sollte nicht wild gecampt werden.

Zwischen Ziguinchor und Velingara ist die Straße aus militärischen Gründen hin und wieder gesperrt (Nähe der Grenze zu Guinea-Bissau). Am besten vorher fragen.

KOLDA – Ziemlich große Stadt. Gute Infrastruktur. Konsulat für Guinea-Bissau. (Beginn M 29.)

Unterkunft: Mehrere einfache Hotels.

KOUNKANÉ – Kleiner Ort. Hier führt die Straße in Richtung N nach Velingara.

VARIANTE MÉDINA GOUNAS – GUINEISCHE GRENZE: Wer direkt zur guineischen Grenze weiter will, kann 12 km nach Kounkane in einem kleinen Dorf die Abzweigung nach Médina-Gounas/Linkiring (zur L 11), wählen. Die Abkürzung ist nicht markiert und schwer zu finden, wird aber viel befahren.

VELINGARA – Marktflecken. Bei der Einreise nach Gambia Vorsicht vor Beamten, die den Wagen als Selbstbedienungsladen sehen (übelste Schläger!).

Unterkunft: In der Nähe des Zolls.

TAMBACOUNDA – S. L 4. (Ende L 4; Beginn L 6, L 7 und L 11.)

L 6: Tambacounda – Kidira – malische Grenze – Kayes (285 km)

(04.01, Motorrad) Bis Kidira durchgehend sehr guter Asphalt. Diboli – Kayes: breite, schlechte Piste, Wellblech, Löcher. 25 km nach Diboli verbessert sich der Pistenzustand. Dünn besiedelt, wenig Versorgungsmöglichkeiten.

TAMBACOUNDA – S. L 4. (Ende L 4 und L 5; Beginn L 7 und L 11.)

Bahnverladung: Die Bahnverladung soll angeblich nicht mehr möglich sein (2002). Erkundigen Sie sich vor Ort. Tambacounda – Kayes (zeitaufwendig) ca. 9000 CFA/Person, ca. 45 000 CFA/Fahrzeug bis 1,5 t; Kayes – Bamako (insgesamt mit 2,5 Tagen rechnen), ca. 4000 CFA/Person, ca. 57 000 CFA/Fahrzeug bis 1,5 t. Zusätzlich muss mit etwa 10 000 CFA weiteren Kosten bis Bamako gerechnet werden. Auch Fahrzeuge über 1,5 t können verladen werden: Das Fahrzeug muss an allen vier Ecken verankert werden, die Kabel müssen diagonal nach außen gespannt werden (Befestigungsmaterial stellt das Bahnpersonal nicht). Da die Gleise sehr uneben sind und oft recht brüske Zugmanöver erfolgen, sollte die Befestigung des Fahrzeug zweifach gesichert sein. Sorgen Sie für ausreichend Wasser und Lebensmittel für ca. 3 Tage und vergessen Sie nicht, eine Zeltplane zum Schutz gegen die Sonne mitzunehmen, da die Fahrzeuginsassen auf derselben Plattform reisen wie das Auto. In Tambacounda sollten Sie es ablehnen, seitlich auf die Plattform hinaufzufahren. Am Ende der Verladerampe gibt es eine Vorrichtung, die ein Hinauffahren am Wagenende erlaubt. Das Bahnpersonal ist oft zu bequem, die dafür nötigen Manöver durchzuführen. Ein Päckchen Zigaretten im richtigen Moment bewirkt Wunder. Vergessen Sie nicht, das Carnet de passage für die Ausreise aus dem Senegal abstempeln zu lassen. Übrigens können Fahrzeuge auch bereits in Dakar auf eine Plattform verladen werden, die dann an einen Expresszug angehängt wird. Hier reisen die Passagiere im Schlafwagen, das Mitfahren auf der Plattform ist verboten (Dakar – Bamako zweimal pro Woche, Ticketverkauf Mo/Di 8–18 Uhr, 1. Klasse 35 000 CFA, 2. Klasse 26 000 CFA, Bett/1. Klasse 16 000 CFA). Die Plattformen zum Fahrzeugtransport müssen bereits lange vorher in Dakar reserviert werden, die Wartezeiten betragen zwischen 8 Tagen und mehreren Wochen (nur malische Plattformen dürfen den Senegal verlassen). In Kidira (Zisterne mit Wasser im Bahnhof) nehmen Sie sich vor Schwarzhändlern in acht, die versuchen, ihre Handelswaren im Zug oder in den Fahrzeugen zu verstecken (während des Halts das Auto nicht aus den Augen lassen). In Kayes kann die lange Wartezeit dazu genützt werden, die Einreise nach Mali im Carnet de passage eintragen zu lassen. Das Abladen in Bamako dauert sehr lange und ist v.a. für Fahrzeuge mit geringer Bodenfreiheit schwierig. Lösen Sie die Verankerung des Fahrzeugs selbst.

Km 27, Gendarmerieposten, kurz danach wird die Piste etwas schlechter, nicht mehr so breit und mehr Löcher.

Km 62, schöner Baobabwald.

Km 65, Richtfunkantenne und Dorf **BALA**, Bahnstation.

Km 91, Dorf und Bahnhof.

Km 112, kleines Dorf.

Km 116, **GOUDIRI** – Dorf. Lebensmittel, Treibstoff. Ein Pistenabzweig führt direkt nach Bakel, geradeaus weiter nach Kidira.

Km 152, wieder ein schöner, großer Baobabwald.

Km 154, Eisenbahngleis wird überquert.

Km 165, Landschaft wird hügeliger, schöne Baobabs.

Km 166, **BELLA** – Dorf.

Km 172, Kontrollposten.

Km 186, **KIDIRA** – Ort. Am Bahnhof Zisternenwasser. Zwei Tankstellen. Gute Versorgungsmöglichkeiten. (Beginn L 13.)

Verschiedenes: Neben der Eisenbahnbrücke führt eine Brücke über den Fluss. Bei Weiterfahrt in Richtung Matam nicht bis zum Falème-Fluss fahren, sondern vorher links an Moschee vorbeifahren, dann rechts über das Bahngleis, danach beginnt die Teerstraße.

In der Umgebung: 63 km im Nordwesten liegt **BAKEL,** eine angenehme kleine Stadt am Ufer des Senegal (interessanter Markt, Treibstoff). Von hier aus führt eine hervorragende Straße am Fluss entlang bis Rosso (F 4), 530 km.

Ausreiseformalitäten bei Polizei (aus Richtung Mali kommend rechts hinter der Brücke, danach erste links, am Rond Point geradeaus auf linker Seite). Zoll an der Brücke (unterhalb der Piste). Einreiseformalitäten für Mali beim Zoll nach der Brücke (auch unterhalb), Carnet wird ohne Probleme abgestempelt. Polizeiformalitäten in Diboli. Es ist unbedingt darauf zu achten, dass bereits eine Versicherung für Mali besteht (Carte brune, s. Überblick). Ohne Versicherung Verweigerung der Weiterfahrt. Aus-/Einreiseformalitäten locker und freundlich.

Km 194, **DIBOLI** – Dorf. Lebensmittel, Tankstelle, Werkstatt.

Km 285, **KAYES** – Stadt, 47 m, 75 000 Einw. Gute Infrastruktur. (Beginn G 40 und G 44.)

Unterkunft: Neues, schönes Bungalowhotel „Le Khasso“, direkt am Fluss, sehr gute Küche, nahe Gefängnis, Tel. 52 16 66. Campingmöglichkeit beim „Maison des Jeunes“ (1000 CFA zuzüglich Dusche, Zimmer 3000 CFA, Essen 750 CFA). „Hotel de la Gare“ (ca. 18 000 CFA/DZ).

Verschiedenes: Hier das Carnet de passage abstempeln lassen. Die Fähre über den Senegal verkehrt nur, wenn die Furt nicht passierbar ist, und dann nur mit häufigen Pannen (Lkw 6000 CFA, Touristenpreis 10 000 CFA). Am Bahnhof von Kayes darf man nicht damit rechnen, dass die Fahrzeuge sofort abgeladen werden, wenn man hier den Zug verlassen möchte. Dies passiert erst am nächsten Tag ab 8 Uhr morgens. Die Polizeikontrolle gegenüber dem Bahnhof wird schnell und freundlich abgewickelt; danach Zollkontrolle. Beim Abladen mit zwei bis drei Stunden rechnen. Hier kann das Fahrzeug auch nach Tambacounda oder Bamako auf die Bahn verladen werden.

In der Umgebung: Ausflugsmöglichkeit zu den **Chutes du Félou** (50 km hin und zurück). Dazu die Stadt an den Gleisen entlang nach OSO verlassen.

L 7: Tambacounda – Dialakoto – Niokolo-Koba Nationalpark – Kédougou (234 km)

(06.00, Pinzgauer M 710) Sehr guter Asphalt. Achtung: Vor Weihnachten wird im Gebiet um den Nationalpark von Dialakoto bis Kédougou das hohe Gras abgebrannt, das ganze Gebiet ist bis ins Bassari Land vernebelt (dicke Luft und schlechte Sicht).

TAMBACOUNDA – S. L 4. (Ende L 4 und L 5; Beginn L 6 und L 10.)

Km 4, Kreuzung, rechts nach Velingara (zur L 5), links nach Kédougou. Die Straße führt durch schöne, baumbestandene Savannenlandschaft, die nur dünn besiedelt ist.

Km 61, Brücke über den marigot (Trockenflussbett) Niériko.

Km 73, **DIALAKOTO** – Dorf. Kl. Läden.

DAR SALAM – Dorf. Nationalparkeingang. Von hier aus kann man auf einer Piste durch den Park über Badi und Simenti bis zurück zur Teerstraße vor Niokolo Koba gelangen (s. L 7a).

NIOKOLO-KOBA-NATIONALPARK (s. Karte) – Sehr schöner, tierreicher Nationalpark. Die Strecken im Norden des Parks sind unterhalten und befahrbar (mit Geländewagen, mit großen Fahrzeugen schwierig). Eintritt in den Park (07.98): 2000 CFA/Person/Tag, einmalig 5000 CFA/Kfz, Führer 6000 CFA/Tag (nicht obligatorisch). Sehr gute farbige Broschure über den Park erhältlich (Pläne, Erläuterungen über Tiere usw., ca. 6 Euro). Der Park ist für Motorräder gesperrt, nur die Durchfahrt ist gestattet. Im Park leben Elefanten und Löwen, Büffel, Antilopen, Warzenschweine, Affen, Krokodile, verschiedene Reptilien- und Fischarten. Die Vegetation ist vielfältig, entlang der Wasserläufe Galeriewälder, Hochwald mit Unterholz aus Bambus, in den Senken Baumsavanne, Termitenhügel an den Böschungen und lichter Urwald am Fuß der Hügel, riesige Sumpfgebiete am Flussufer des Gambia. Fischen ist erlaubt, Jagen, das Mitführen von Waffen und Wildcampen ist verboten. In der Nähe der Sammelstellen der Tiere sind Beobachtungsplätze zum Fotografieren eingerichtet. Im Park gibt es eine wackelige Hängebrücke über den Niokolo Koba.

Unterkunft: „Simenti Camp", s. L 7a. Jagdcamp in Kédougou (s.u). „Camp de Lion" hinter Simenti. In Dialakoto und Mako gibt es Campements.

Die Teerstraße führt weiter durch Baumsavanne mit vielen Affen, Warzenschweinen, Wasserböcken, und Nashornvögeln.

Km 136, abgebranntes Campement **NIOKOLO-KOBA** (wird trotzdem genutzt).

Kurz hinter dem Campement führt eine Brücke über den Niokolo-Koba-Fluss.

Km 190, **NIEMENIKE** – Dorf. Kl. Laden.

Km 192 (Mako), Brücke über den Gambia-Fluss. Im Jahr 2000 gebautes Campement „Le Baobab" ca. 500 m nach der Brücke, gemauerte Rund-Bungalows, fließend Wasser, Campingmöglichkeit, von Franzosen geführt.

Km 198, **SOKOTO** – Dorf. Campement „African Safari" in Mako: Bungalows heruntergekommen, viele Ameisen und Termiten, aber traumhafte Lage am Fluss (18 800 CFA für 2 Personen).

Km 201, **TOMBORONKOTO** – Dorf.

Km 234, **KÉDOUGOU** – Ort, 128 m. Gute Infrastruktur. Tankstelle, Werkstatt. Krankenhaus. (Ende L 7a; Beginn L 8, L 9, M 1 und M 2.)

Unterkunft: Jagdcamp „Relais de Kédougou", sehr schöne Anlage mit Swimmingpool, DZ 9000 CFA (01.01).

Verschiedenes: Formalitäten zur Ausreise aus dem Senegal (in Ri. Guinea, Route M 1/Südband) sind dem Zoll unbekannt und auch nicht unbedingt nötig (Ausreisestempel ist an der Grenze erhältlich).

L 7a: Dialakoto – Simenti – Kédougou (ca. 315 km)

(10.98, Mercedes G) Piste (H). Die Piste durch den Niokolo-Koba-Park über die Posten Bangaré und Worouli bis ganz nach Süden existiert nicht mehr oder ist nicht auffindbar (02.96, Land Rover). Es ist jedoch möglich über Badi und Simenti wieder auf die Teerstraße nach Niokolo Koba und Kédougou zu fahren. Es ist erlaubt alleine mit dem Kfz durch den Park zu fahren (Führer ist nicht obligatorisch). In der Regenzeit viele Wasserlöcher und Schlamm. Die Orientierung ist schwierig, da es viele Verzweigungen gibt. Piste z.T. ziemlich zugewachsen. Der Großteil der Pisten im Park wird wohl nicht mehr unterhalten.

DIALAKOTO – S. L 7. (Zur L 7.)

Km 12, Einfahrt in den Nikolo-Koba-Nationalpark in **DAR SALAM** (s. L 7). Abzweig der Piste zum Simenti Camp, **N 13°15,616′ W 13°12,077′,** Centre touristique im Bau.

Auf schmaler Piste durch dichten Busch. Viele Beobachtungsplätze mit sehr vielen Tieren (vor allem Affen und Antilopen). In der Regenzeit kommt es vor, dass kleine Krokodile vor dem Auto aus Pfützen auf der Piste flüchten.

Km 45, „Centre Touristique Niokolo Koba", Campement von **SIMENTI.** Kl. Flughafen ca. 1 km vom Camp, der gebuchte Gäste über Dakar/Tambacounda direkt hierher bringt. Wunderschöne Lage am Gambia. Zimmer mit Bad in Bungalows (10.98: ca. 20 000 CFA) oder Pailottes, einfache Strohhütten mit einer Liege, etwas stickig, ohne eigene sanitäre Anlagen, schmutzige Toiletten und Duschen im Angestelltentrakt. Im Juni 2000 war das Campement in sehr schlechtem Zustand, ohne Wasser und Strom, Restaurant geschlossen (evtl. wegen Nebensaison). Kein Camping erlaubt, bzw. erlaubt, wenn man eine Pailottes bucht. Schönes offenes Restaurant mit großer Aussichtsterrasse auf den Gambia-Fluss. Abends kommen die kleinen Green Monkeys zum Camp und schaukeln in der Hängematte. Von der Terrasse kann man die Tiere beobachten, die zum Fluss zur Tränke kommen, außerdem hört man nachts die Flusspferde lautstark brüllen. Eine Flusssafari, die man direkt bei den Wildhütern bucht (Campement der Wildhüter direkt neben den Pailottes) kostet 3500 CFA pro Person (10.98) und ist sehr lohnenswert (viele Flusspferde, Paviane, Vögel aller Art, Seeadler, Krokodile, Antilopen). Der Wildhüter ist sehr angenehm, interessiert und weiß gut Bescheid (auch Parksafaris möglich). Die Preise sind an der Rezeption angeschlagen. Es soll im Park sehr viele Löwen geben, aber Ende der Regenzeit steht das Gras noch zu hoch, die bessere Beobachtungszeit ist Ende März/April.

Von Simenti kann man noch zum **CAMP DE LION** fahren, das 10 km entfernt liegt **(N 13°01,572′ W 13°14,321′).** Hier gibt es neben dem Camp für die Wildhüter einfache Hütten für 7000 CFA (Pailottes) und campen ist für 3000 CFA erlaubt (10.98).

Bei Weiterfahrt in Richtung Niokolo Koba von Simenti: Ab Simenti ist die Orientierung schwierig, viele kleine Pisten enden irgendwo im Busch. Den Wegweisern durch das Labyrinth in Ri. Niokolo folgen (sonst in Ri. N oder NO fahren). Abwechslungsreiche, tolle Landschaft. Piste z.T. etwas zugewachsen. Bei ca. Km 90 erreicht man kurz vor Niokolo Koba wieder die gute Teerstraße in Richtung Kédougou (zur L 7).

NIOKOLO KOBA – S. L 7. (Zur L 7.)

KÉDOUGOU – S. L 7. (Ende L 7; Beginn L 8, L 9, M 1 und M 2.)

L 8: Kédougou – Saraya – malische Grenze – Kéniéba (130 km)

(1999) Asphalt bis Saraya, danach Piste (A/H/I). Größtes Hindernis ist in Satadougou der Grenzfluss Falémé, im Jan./Feb. ohne Geländewagen kein Durchkommen möglich (hoher Wasserstand), viele (noch kostenlose) Helfer. Danach schlechte Piste. Die Formalitäten für die Ausreise aus dem Senegal werden in Kédougou erledigt.

KÉDOUGOU – S. L 7. (Ende L 7 und L 7a; Beginn L 9, M 1 und M 2.)

SARAYA – Dorf ohne Versorgung.

Alternative zur unten beschriebenen Route nach Kéniéba: der nach Süden führenden, guten Piste nach Nafadji auf 7 km folgen, dann nach links die schlechte Piste zum Dorf Kiakha Madina einschlagen. Die Piste ist 10 km länger, jedoch besser.

Saraya in östlicher Richtung verlassen. Schlechte Bergpiste (schwierige Felspassagen und viel Sand), die auf der Michelinkarte 953 nicht eingezeichnet ist, bis Mahina. Schwierige Flussüberquerungen.

Km 106, durch eine Furt wird das Flüsschen Falémé überquert (im Jan./Feb. hoher Wasserstand, nur mit Geländewagen passierbar). Keine malischen Grenzposten vor Kéniéba.

Km 109, Kreuzung: Die Piste links führt nach Kayes, rechte Piste einschlagen.

Km 122, man erreicht die Piste Kéniéba – Kayes. Nach Süden weiterfahren.

Die Ausreiseformalitäten können in Moussala ein paar Km vor der Grenze erledigt werden.

KÉNIÉBA – Ort. Lebensmittel (kl. Markt), drei Tankstellen. Formalitäten zur Einreise nach Mali. Polizeiposten beim Ortseingang. Zoll ca. 1 km vor dem Ort. (Beginn G 46.)

Unterkunft: Lausiges Campement im Zentrum mit Bar und großen Rundhütten, dreckige Mehrbettzimmer (besser Zelt im Zimmer aufbauen).

Verschiedenes: Flughafen, ein russischer Pilot soll einmal pro Woche mit Klapperkiste nach Bamako fliegen (astronomische Preisangabe für Autos).

L 9: Kédougou – Etiolo (80 km)

Piste (A/H/I).

KÉDOUGOU – S. L 7. (Ende L 7 und L 7a; Beginn L 8, M 1 und M 2.)

Kédougou in westl. Richtung (Salémata) verlassen. Leichtes Wellblech.

Km 14, **BANDAFASSI** – Dorf. Marmorbrüche. Nach Nordosten zweigt eine sehr schlechte Piste in Richtung Tioketian und Landé ab.

Km 24, **IBEL** – Dorf. Steinbrüche mit grauem und weißem Marmor.

In der Umgebung: Das Dorf **Iwol** (2 km im Norden) mit dem größten Baobab (Affenbrotbaum) des Senegal (21 m Umfang), nur zu Fuß erreichbar.

Km 42, Brücke über den Tiokoye.

Km 57, **TIANKOYE** – Ort.

Abzweigung nach links in Richtung Dateli. 500 m weiter rechts Abzweigung nach Wouroli und dem Campement „Eland“ im Niokolo-Koba-Nationalpark (s. L 7).

Km 71, Brücke über die Diakha.

Km 72, erneut Abzweigung, geradeaus nach Ebarak, links nach Etiolo. Die Piste wird schwierig (viele Löcher, in der Regenzeit Überschwemmungsgefahr).

Km 75, **NANGAR** – Dorf.

In der Umgebung: Beginn des Bassari-Landes. Die Bassari gehören zu den ältesten Bevölkerungsgruppen des Senegal. Im Gegensatz zu ihren Nachbarn Wolof und Peul haben sich die Bassari der Islamisierung widersetzt und ihre animistische Glaubenswelt bewahrt.

ETIOLO – Dorf. Hauptort des Bassari-Gebiets. Keine Verpflegung.

L 10: Tambacounda – Médina Gounas – Kalifourou – Boundou-Foudou (Guinea) (147 km)

(10.98, Mercedes G) Asphalt bis Médina Gounas, danach Piste (A/G/I), die während der Regenzeit unpassierbar sein kann (zwischen Kalifourou und Boundou-Foudou ist der Zustand katastrophal und in der Regenzeit auch von Geländewagen nicht befahrbar). Z.T. schmal und bei Gegenverkehr für große und breite Kfz schwer auszuweichen. Dieselfahrzeuge sollten im Senegal volltanken. Wenn man auf guineischer Seite in den Niokolo Koba/Bandiar-Nationalpark fahren will, braucht man eine Genehmigung aus Koundara.

TAMBACOUNDA – S. L 4. (Ende L 4 und L 5; Beginn L 6 und L 7.)

Tambacounda in Richtung Velingara verlassen (L 5). Baumsavanne.

Km 26, **GOULOUMBOU** – Dorf. Kontrollposten, Brücke über den Gambia.

Km 46, Kreuzung, geradeaus weiter.

Km 71, Ende der Teerstraße. **MÉDINA GOUNAS** – Stadt. Lebensmittel, Wasser, Treibstoff.

Sehenswert: die Moschee.

KALIFOUROU – Dorf. Formalitäten zur Ausreise aus dem Senegal (sehr freundlich, Gendarmerie, Polizei, Zoll).

Km 78, Kreuzung, nach rechts fahren, die geradeaus weiterführende Piste zum Nioko-lo-Koba-Nationalpark endet nach 11 km am Fluss (evtl. zur Trockenzeit möglich). Die Piste wird schmäler, tiefe Spurrinnen von Lkw; trotz der zahlreichen kleinen Ausweichpisten lassen sich die tiefen Furchen nicht immer umgehen.

Km 93, Grenze, umkomplizierter Grenzübergang, flott, freundlich.

Km 113, Sperre, guineische Kontrolle und Fragen, Anmache nach Zigaretten.

Km 131, **BOUNDOU-FOUDOU** - Dorf. Formalitäten zur Einreise nach Guinea. Korrupte Beamte, die unverblümt nach Geld fragen, Verkehrsabgabe (5000 CFA) ohne Quittung (bei der Polizei Einreisestempel in Pass und auf Laissez passer, Gendarmerie Personalienaufnahme, Zoll). (Beginn M 3.)

L 11: Dakar – Linguère – Ouro Sogui (514 km)

(10.98, Mercedes G) Asphalt bis Linguère, danach Piste bis Ouro Sogui.

DAKAR – S. L 1. (Zur L 1.)

Relativ gute Teerstraße mit vereinzelten Schlaglöchern.

LINGUÈRE – Stadt.

Schlechte Piste mit tiefen Wasserlöchern in der Regenzeit. Manchmal fehlt ein Stück der Piste und man muss durch den Busch ein Wegstück umfahren (Durchschnittsgeschwindigkeit 25 km/h).

Km 514, **OURO SOGUI** – Stadt. Tankstellen, Geschäfte, Reifenwerkstatt, Imbiss, großer Markt. Abzweig nach Matam. (Zur L 13.)

L 12: Banjul – Georgetown – Basse – Tambacounda (410 km)

Zwei Varianten bis Georgetown. Variante 1 (Nordroute): Piste. Variante 2 (Südroute): Asphalt. Ab Basse gute Piste bis Fato, ab Grenze guter Asphalt bis Tambacounda. Viele Dörfer mit bescheidenen Versorgungsmöglichkeiten.

BANJUL – S. L 5. Fähre Banjul – Barra, s. L 5. (Zur L 5.)

VARIANTE 1 (Nordroute) BANJUL – FARAFENNI – GEORGETOWN: (01.98, Fahrrad) In der Trockenzeit gute Piste (gelegentlich leichtes Wellblech).

In **ESSAU** Ri. Osten auf Piste abbiegen. „Crocodile Pool" bei **BERENDING.**

Fähre bei **KEREWAN** über einen Seitenarm des Gambia (lange Wartezeit).

FARAFENNI – Kleines Städtchen, gute Versorgungsmöglichkeiten, Tankstelle.

Unterkunft: „Eddi's Hotel/Bar".

WASSU – Prähistorische Steinkreise in der Umgebung.

VARIANTE 2 (Südroute) BANJUL – BRIKAMA – MANSA KONKO – GEORGETOWN: (04.01, Motorrad) Von Serekunda bis Brikama Großbaustelle, dann bis Mansa Konko schlechter Asphalt, Löcher. Von Mansa Konko bis Basse guter Asphalt. Achtung: in Mansa Konko von anderer Richtung kommend rechts und an der Shell Tankstelle links abbiegen. Sehr häufige Polizeikontrollen (immer korrekt).

GEORGETOWN (JANG JANG BUREH) – Verschlafenes Kolonialstädtchen auf Mccarthy Island. Vom Nord- und Südufer des Gambia per Fähre erreichbar. Gute Versorgungsmöglichkeiten. Tankstelle.

Unterkunft: „Campement Jang Jang Bureh", sehr schön, am Nordufer des Flusses (kurz vor der Fähre ca. 1 km Ri. O fahren, nicht beschildert), meistens ausgebucht. „Bird Camp" mit Pool müsste inzwischen fertig gestellt sein.

BASSE – Quirliges Städtchen. Gute Infrastruktur. Fährverbindung ans Nordufer Ausreise nach Velingara/Senegal möglich.

Unterkunft: „Fulladu Camp", von Deutschem geführt, von Basse mit der Fähre zum Ufer ggü., direkt oberhalb des Flusses, Rundhütten, EZ 265 D inkl. Frühstück (11.98), gutes Essen. „Plaza Hotel", einfach, sauber, im Zentrum (50 D/DZ mit Ventilator).

FATOTO – Bescheidene Versorgungsmöglichkeiten.

Weiterfahrt auf einer schmalen Piste nach **KRISTI KUNDA** (ungefähr 5 km Richtung NO, durchfragen). Dann 10 km Richtung O über die Grenze zur Hauptstraße nach **TAMBACOUNDA** (s. L 4). Fehlende Ein-/Ausreisestempel bereiten keine Probleme.

Alternative: von Fatoto auf besserer Piste über Sun Kunda nach Manda/Senegal (ca. 10 km nach Süden); weiter auf der Hauptstraße nach Tambacounda.

L 13: Kidira – Richard Toll

(03.02, VW Syncro) Asphalt, z.T. schlecht. Thilogne – Richard Toll: Asphalt sehr schlecht, wird aber besser, ab ca. 110 km vor Richard Toll gut. Senegal-Fluss nicht zu sehen, landschaftlich eintönig, viele Dörfer. Vorsicht vor Tieren auf der Straße. Es gibt keine Auto-Fähre über den Senegal (einziger Übergang bei Diama und Rosso).

Km 0, **KIDIRA** – S. L 6. (Zur L 6.)

Ca. Km 45, die Teerstraße ist für ca. 6 km unterbrochen.

Km 63, Kreuzung, rechts nach Bakel, Tankstelle.

Km 68, **BAKEL** – Ort. Alle Versorgungsmöglichkeiten. Restaurants, Nightclub, viel Müll, kaum Blick auf den Senegal-Fluss.

Km 73, wieder an Kreuzung, rechts nach Ouro Sogui.

Km 104, **FADARIA** – Dorf.

Km 106, **DIAMANGOUÉL** – Dorf.

Km 130, **SEMMÉ** – Dorf. Tankstelle.

Km 151, **ORKADIERÉ** – Dorf.

Km 154, **AMADJ OUNARÉ** – Dorf.

Km 178, **SINTIOU** – Dorf.

Km 216, **KANEL** – Dorf.

Km 224, **OURO SOGUI** – S. L 11. (Ende L 11.)

Km 275, **THILOGNE** – Dorf. Lebensmittelversorgung.

Abstecher: Von Thilogne aus ist es möglich, auf einer Piste (im Dorf links abbiegen) in Ri. NO zum Ufer des Senegal-Flusses zu fahren. Durchquerung einiger kleiner (trockener) Flussbette (in Regenzeit evtl. problematisch). Km 20, Dorf. Km 21, entlang des Senegals, holprige Piste. Km 23, Dorf am Fluss. Km 27, Dorf und Anlegestelle, Polizei und Zoll, GPS-Pos. **N 16°08,402' W 13°29,641'**, keine Autofähre, mit Motorrädern ist eventuell Übersetzen in Piroge möglich.

Km 284, **AGNAM THIODAYE** – Dorf. Dienstagsmarkt.

Km 308, **GALOYA** – Dorf. Tankstelle.Viel Müll in den Dörfern.

Km 320, **NGOUYÉ PÉTÉ** – Dorf. Tankstelle. Keine Kontrolle.

Km 333, **M'BOUMBA** – Dorf.

Ab ca. Km 349 bis Km 361 Straße sehr schlecht, Piste als Umfahrung nebenher.

Km 351, Abzweig rechts (Teer) zu einer Fähre über den Doué.

Km 416, Dorf mit zwei Tankstellen, Lebensmittel. Montag Markttag.

Km 439, Tankstelle, kleine Läden, Abzweig nach Podor (24 km). **PODOR** – Ort. Tankstelle, Lebensmittel. Keine Fähre über den Senegal.

Km 481, **FANAYE DIÉRRE** – Dorf. Tankstelle, kleine Läden.

Km 513, Abzweig nach Dagana rechts.

Km 530, **RICHARD TOLL** – Großer Ort. Alle Versorgungsmöglichkeiten (Bank, Tankstelle). Montag Markttag.

Unterkunft: Hotel „Gîte d'Etappe", direkt am Fluss mit Steg, Pool, kolonialer Charme, EZ 18 000 CFA, Bungalow 30 000 CFA p.P. (03.00), gutes französisches Essen.

Halbinsel Cap Vert
Guédiawaye
Île de Yoff
Île de Ngor
Cambérène
Petit Yoff
Pikine
Rufisque
Ngor
Pointe des Almadies
Internat. Flughafen
Grand Yoff
Tiaroye-Mer
LES MAMELLES
Hann
Dieupeul
Ouakam
Baie de Hann
Zone Industrielle
Mermoz
Pointe de Bel Air
Point E
Medina
DAKAR
Rade de Dakar
Pointe de Fann
Île de Gorée
Île des Madeleines
Cap Manuel

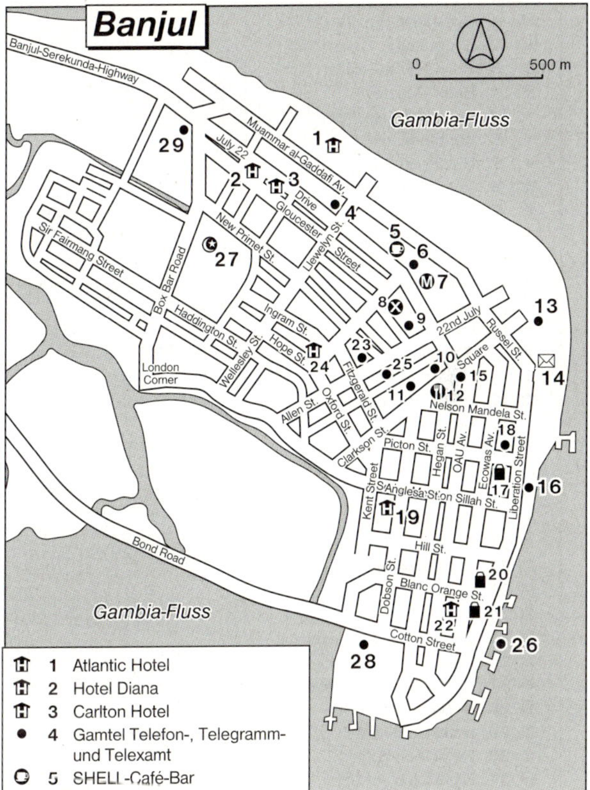

- 1 Atlantic Hotel
- 2 Hotel Diana
- 3 Carlton Hotel
- 4 Gamtel Telefon-, Telegramm- und Telexamt
- 5 SHELL-Café-Bar
- 6 SHELL-Tankstelle
- 7 Nationalmuseum (MRC)
- 8 Taxis nach Bakau
- 9 BP-Tankstelle
- 10 Busse und Taxis nach Serekunda
- 11 Busse u.Taxis nach Birkama
- 12 Restaurant, Bar und Nachtclub Soto-Koto-Club
- 13 Albert-Markt
- 14 Hauptpost (PTT)
- 15 Gambia-Airways-Büro
- 16 Shell-Tankstelle
- 17 CFAO-Supermarkt und African Heritage Restaurant
- 18 Hauptpolizeiwache und BICIS-Bank
- 19 Traveller's Lodge
- 20 Sonnar Stores-Supermarkt
- 21 Chellerams-Supermarkt
- 22 Apollo Hotel
- 23 Ritz Kino
- 24 Duma Guesthouse
- 25 Youth Centre (Jugendzentrum)
- 26 Barra-Fährhafen
- 27 Moschee
- 28 GPTC-Station
- 29 Arch 22

- 1 Busstation
- 2 Hauptpost
- 3 Hotel/Bar Massalia
- 4 Hotel Oceanic
- 5 Botschaft Kapverden
- 6 Kermel-Markt
- 7 Goethe Institut
- 8 Hotel Croix du Sud
- 9 Kaufhaus Score
- 10 Air Senegal
- 11 Air France
- 12 SN Brussels
- 13 Novotel
- 14 Französische Botschaft
- 15 Rathaus, Hotel de Ville
- 16 Hotel Provençal
- 17 Bücherei Clairafrique
- 18 Hotel de l'Indépendance
- 19 CBAO Bank, Air Mauretanie
- 20 Senegal Tours
- 21 Air Afrique/Cinema Paris
- 22 Hotel Teranga
- 23 BICIS Bank/Citibank
- 24 Hotel Nina
- 25 Bar/Restaurant Lagon 1
- 26 Post
- 27 Restaurant Chez Loutcha
- 28 Ali Baba Snack Bar
- 29 Hotel Continental
- 30 Hotel Mon Logis
- 31 Night Club Jet Set
- 32 Hotel du Princes
- 33 La Pizzeria
- 34 Sandaga-Markt
- 35 Air Guinée
- 36 Hotel Ganalé
- 37 Franz. Kulturzentrum
- 38 Botschaft von Mali
- 39 Botschaft der USA
- 40 Präsidentenpalast
- 41 I.F.A.N-Museum
- 42 Nationalversammlung
- 43 Hotel Saint-Louis Sun
- 44 Rest. Gargotto Diarama
- 45 Nouvelles Frontières

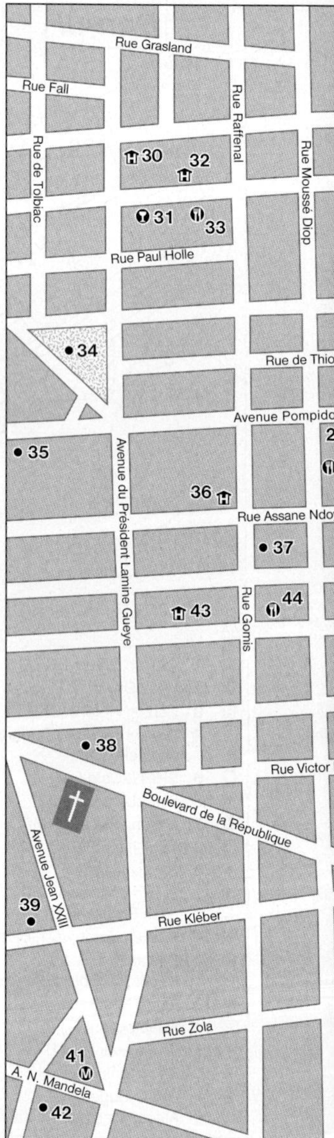

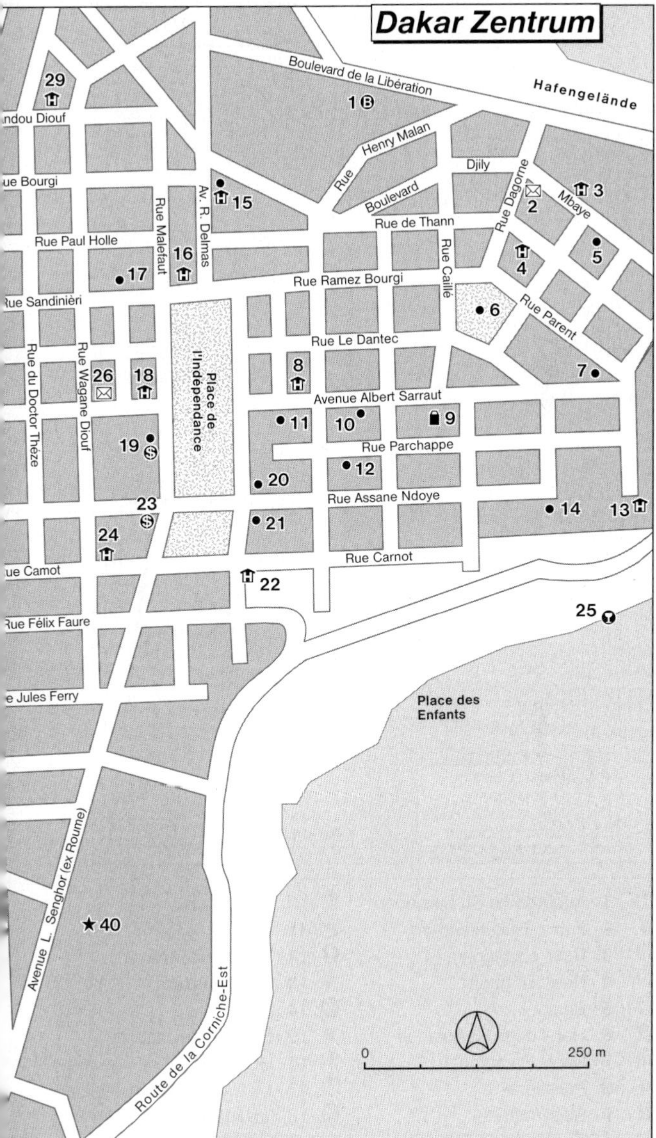
Dakar Zentrum
Boulevard de la Libération
Hafengelände
1
29
ndou Diouf
Rue Henry Malan
Djily
Rue Dagorne
3
2
Mbaye
ue Bourgi
15
Boulevard
Rue de Thann
Rue Malefaut
Av. R. Delmas
Rue Paul Holle
16
17
Rue Caillé
4
5
Rue Ramez Bourgi
Rue Sandinièri
6
Rue Parent
Rue Le Dantec
Rue du Doctor Thèze
Rue Wagane Diouf
26
18
Place de l'Indépendance
8
7
Avenue Albert Sarraut
11
10
9
19
Rue Parchappe
12
20
23
Rue Assane Ndoye
14
13
24
21
Rue Carnot
ue Camot
22
25
Rue Félix Faure
e Jules Ferry
Place des Enfants
Avenue L. Senghor (ex Roume)
40
Route de la Corniche-Est
0
250 m

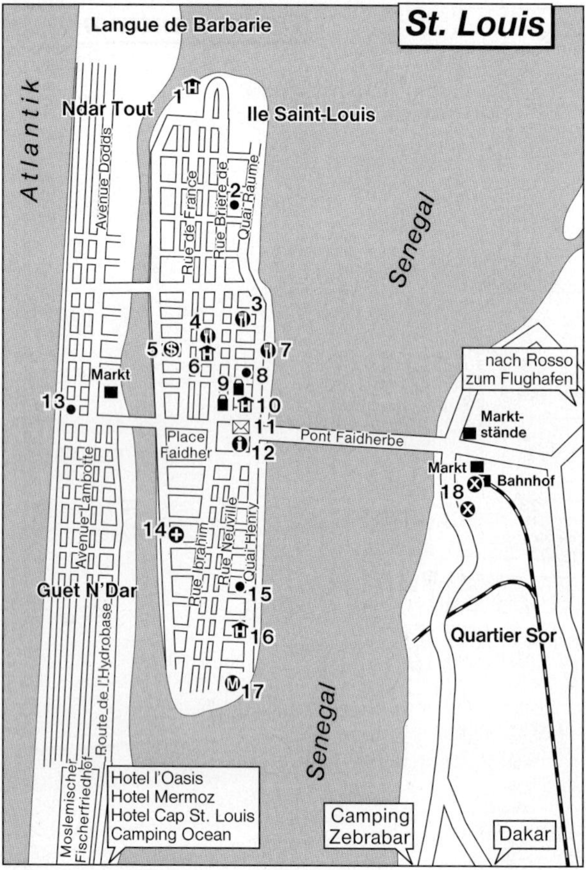

1 Auberge La St. Loisienne	10 Hotel de la Poste
2 Franz. Kulturzentrum	11 Post
3 Rest. La Signara	12 Tourist Information
4 Rest. Linguere	13 La Chaumière
5 Bank	14 Hospital
6 Hotel de la Resistance	15 Disco Ponty Village
7 Rest. Flamingo	16 Hotel Sidone
8 Patisserie	17 I.F.A.N.-Museum
9 Supermärkte	18 Taxistände

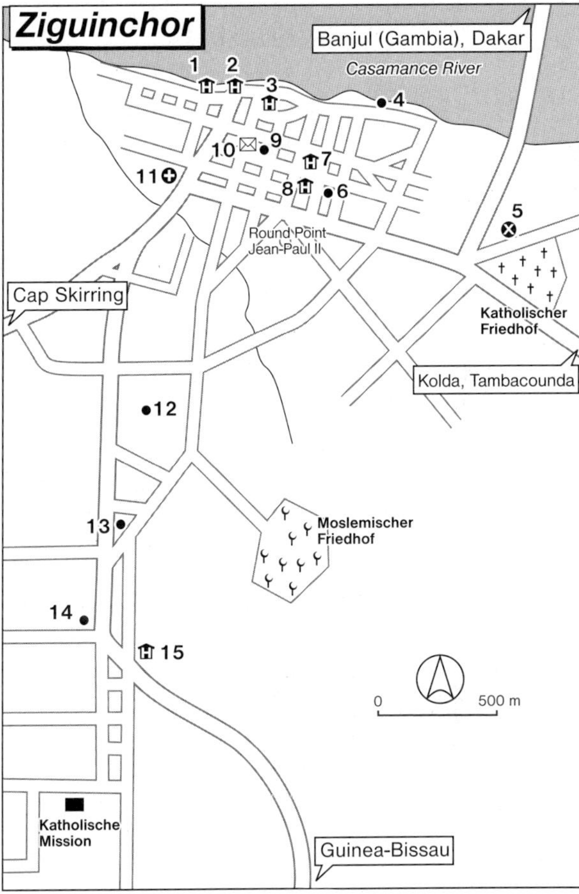

1 Hotel Kadiandoumagne
2 Hotel Le Perroqeut
3 Hotel Aubert
4 Fähre Dakar
5 Buschtaxis
6 Konsulat Guinea-Bissau
7 Hotel le Flamboyant
8 Hotel de Tourisme
9 Polizei
10 Post
11 Krankenhaus
12 Markt St. Maur
13 Kunstmarkt
14 Franz. Kulturzentrum
15 Hotel Nema Kadior

Senegal/Gambia

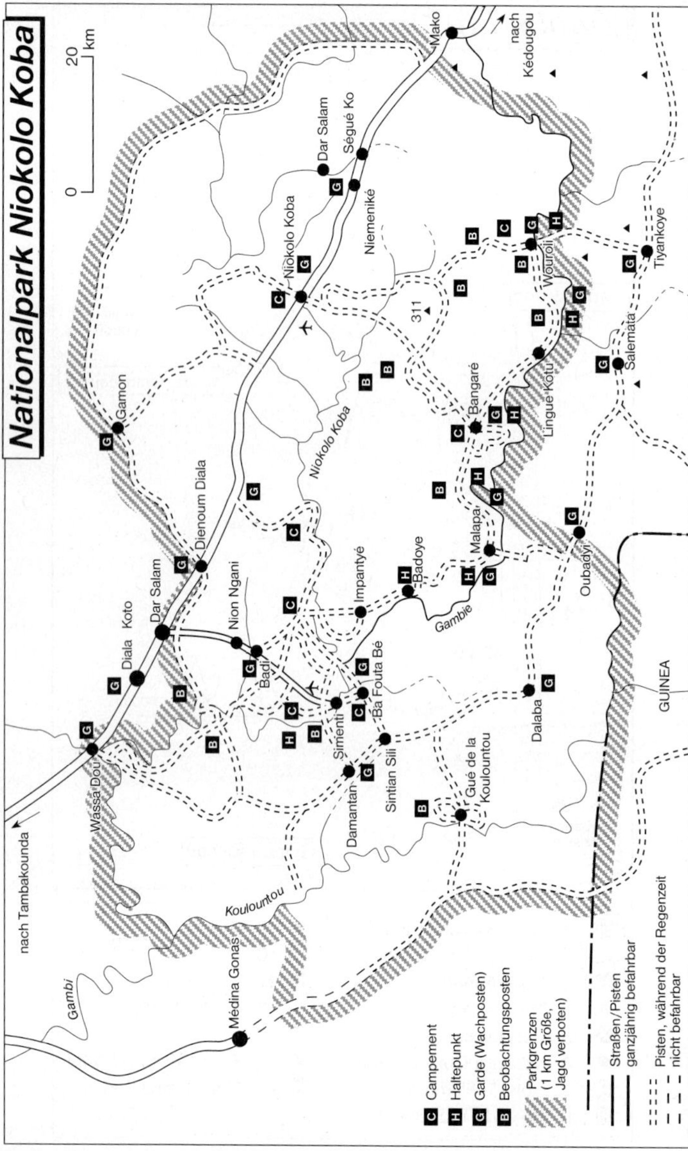
Nationalpark Niokolo Koba
0
20
km
Mako
nach Kédougou
Dar Salam
Ségué Ko
Niemeniké
Niokolo Koba
311
Gamon
Dienoum Diala
Niokolo Koba
Bangaré
Lingue Kotu
Wouroli
Tiyankoye
Salemata
Dar Salam
Diala Koto
Nion Ngani
Impantyé
Badoye
Malapa
Gambie
Oubadyi
Badi
Simenti
Ba Fouta Bé
Wassa Dou
Damantan
Sintian Sili
Gué de la Koulountou
Dalaba
GUINEA
nach Tambakounda
Kolountou
Gambi
Médina Gonas
C Campement
H Haltepunkt
G Garde (Wachposten)
B Beobachtungsposten
Parkgrenzen (1 km Größe, Jagd verboten)
Straßen/Pisten ganzjährig befahrbar
Pisten, während der Regenzeit nicht befahrbar

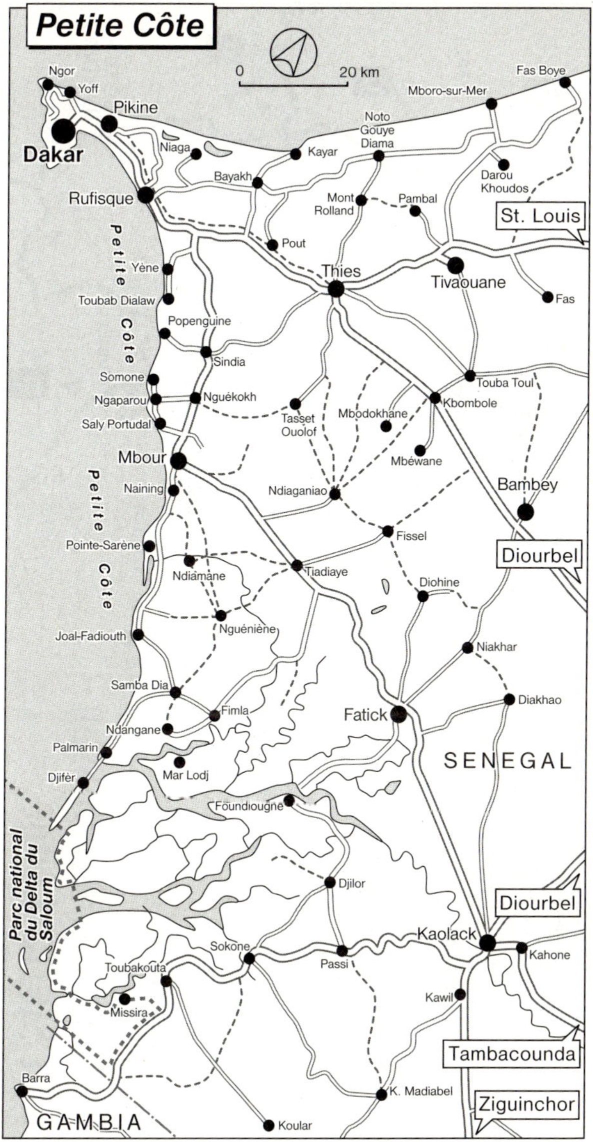

Senegal/Gambia

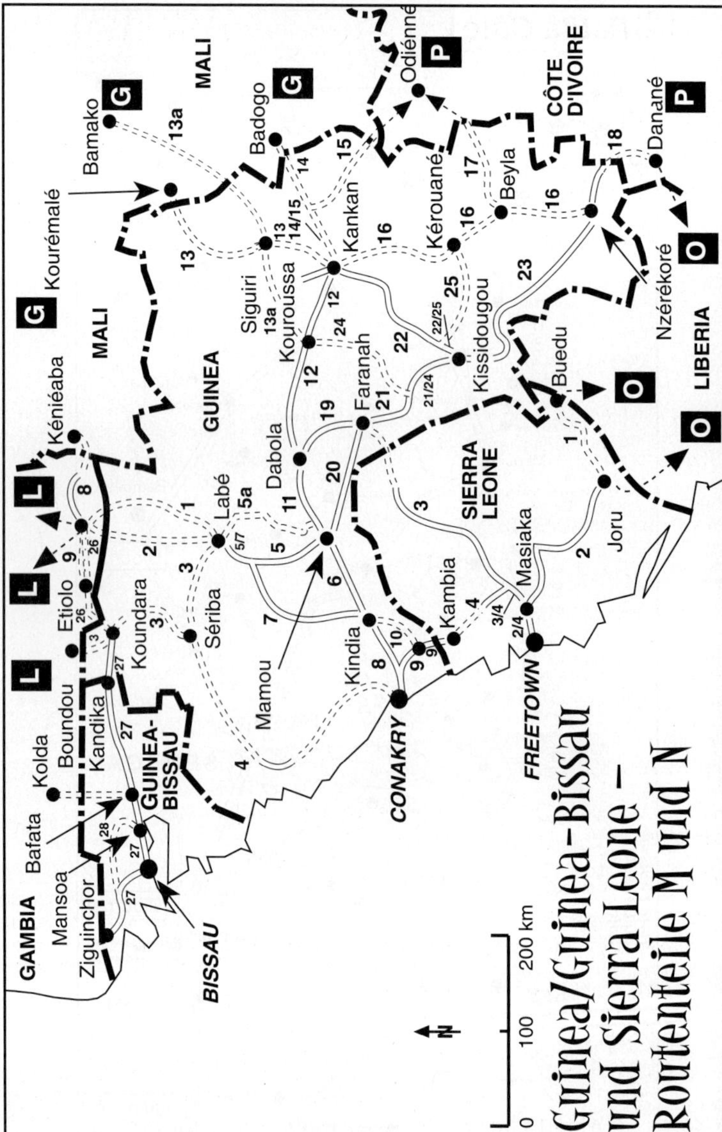
Guinea/Guinea-Bissau
und Sierra Leone –
Routenteile M und N
0
100
200 km
N
GAMBIA
MALI
GUINEA
GUINEA-BISSAU
SIERRA LEONE
LIBERIA
CÔTE D'IVOIRE
BISSAU
CONAKRY
FREETOWN
Ziguinchor
Mansoa
Bafata
Kolda
Boundou
Kandika
Koundara
Etiolo
Kéniéaba
Kourémalé
Bamako
Siguiri
Badogo
Kankan
Kouroussa
Dabola
Faranah
Labé
Mamou
Kindia
Séribia
Kissidougou
Kérouané
Beyla
Odiénné
Nzérékoré
Danané
Buedu
Joru
Masiaka
Kambia
G
L
P
O

Guinea/Guinea-Bissau – Routenteil M

Überblick Guinea

Fläche: 245 857 km².

Einwohner: ca. 7,2 Mio.

Ethnien: Malinke, Fulbe, Franzosen und Libanesen.

Hauptstadt: Conakry (ca. 1,5 Mio.).

Sprachen: Amtssprache Französisch, Mandingo, Ful.

Religion: ca. 80% Muslime, 20% Naturreligionen, ca. 5–10% Christen.

Ruhetag: Sonntag.

Feiertag: 1.1., Ostermontag, 3.4., 1.5., 15.8., 28.9., 2.10., 25.12. und diverse jährlich wechselnde islamische Feiertage.

Zeitverschiebung: MEZ minus 1 Stunde; Sommerzeit: minus 2 Stunden

Stromspannung: 220 V. Selbst in Conakry und Labé keine gesicherte Stromversorgung.

Einreise: Visumpflicht für Schweizer, Österreicher, Deutsche (3 Antragsformulare, 3 Fotos, bis 3 Monate Gültigkeit). Bei Flugreisen Rück- oder Weiterreiseticket. Visum und Laissez passer in Abidjan und in Dakar (Rue 7, Viertel Pont E, innerhalb weniger Std., Führerschein und Kfz-Schein vorlegen, kein Empfehlungsschreiben notwendig, 07.98: 20 000 CFA p.P., Laissez passer 20 000 CFA). Visum (40 US-$) und Laissez passer (20 US-$) auch in Bissau sofort.

Impfung/Gesundheit: Gelbfieberimpfung vorgeschrieben bei Einreise aus einem Infektionsgebiet. Malariaprophylaxe dringend empfohlen.

Währung: Franc Guinée (FG). 1 Euro = 1,89 FG, 1 US-$ = 2,04 FG, 100 CFA = ca. 283 FG. Ein- und Ausfuhr von FG sind verboten, ausländische Währungen können unbeschränkt eingeführt werden. Fast nur Schwarzmarkttausch möglich, da Banken nur in größeren Städten zu finden. Auch bei Banken in größeren Städten (z.B. Labé) ist oft kein Wechseln möglich, wenn die Telefonverbindung zur Hauptstadt nicht funktioniert. Travellerschecks-Umtausch nur in Conakry. Beste Wechselwährung ist der Dollar.

Kfz: Internationaler Führerschein und Fahrzeugschein. Das Carnet de passage wird anerkannt (nicht unbedingt nötig), Laissez passer obligatorisch (wird in den Botschaften der Nachbarländer ausgestellt oder an der Grenze). Haftpflichtversicherung muss abgeschlossen werden. Bei der Einreise wird vom Zoll zusätzlich eine Verkehrsbewilligung ausgestellt (rotes Papier, Quittance de transit), für die eine Transit-Gebühr von offiziell 3% des Kfz-Werts verlangt wird. Wenn man bereits bei der guineischen Botschaft in einem Nachbarland (bei der Visumserteilung) für das Laissez passer bezahlt hat (was laut eines Grenzzöllners nicht korrekt ist), dann ist evtl. Runterhandeln der Gebühr möglich. Normalerweise werden ca. 30 000 CFA für einen Geländewagen verlangt. Wenn man über ein Carnet verfügt, wird keine Transit-Gebühr erhoben.

Treibstoffpreise (01.01): Diesel im Norden 1900 FG/l, sonst 1300 FG/l. Recht gute Versorgung.

Straßenzustand: Viele breite, neue Asphaltstraßen. Gute Pisten mit neuen Betonbrücken. Einige Pisten in der Regenzeit nicht befahrbar.

Sicherheit: Vor Reisen in die Grenzgebiete von Sierra Leone und Liberia wird abgeraten. Ende 2000 kam es zu grenzüberschreitenden Attacken auf guinesische Dörfer durch Rebellen, die angeblich unter den Flüchtlingen gewesen sein sollen. Die Flüchtlinge an der südlichen Grenze wurden deswegen auf Aufforderung des Präsidenten vorübergehend interniert. Das UNHCR (UN-Flüchtlingshilfswerk) schätzt die Zahl der Flüchtlinge in Guinea aus Liberia auf ca. 125 000, aus Sierra Leone auf ca. 33 000.

Kontrollen: Sehr viele Polizeikontrollen (vor und nach jedem größeren Ort), meist korrekt und freundlich, z.T. arrogant. Manchmal wird nach Mängeln am Fahrzeug oder Fehlern in den Papieren gesucht, um abzukassieren. Beamte fragen ab und zu nach „cadeaus", geben sich aber meist mit Aufklebern oder Kugelschreibern zufrieden.

Grenzen: Die Grenzen zu den Nachbarländern sind geöffnet.

Wasser: Fast in jedem Ort gibt es saudi-arabische Pumpbrunnen mit gutem Wasser.

Literatur und Landkarten:
Reiseführer: „Westafrika Band 2 – Küste", hrsg. von Erika Därr, Reise Know-How Verlag, Bielefeld, viele praktische Tipps und wichtige Informationen sowie Beschreibungen von Städten, Orten und Sehenswürdigkeiten.
Karten: Als Übersichtskarte die Michelin 953, 1:4 000 000. IGN Carte touristique 1:1 000 000, recht gut. IGN-Karte3615 Guinée von 1992 in Conakry an Zeitungsständen und in Schreibwarenläden erhältlich (sonst nirgends im Land).

Geschichte: Über die frühe Geschichte der Region ist nur wenig bekannt. Anzunehmen ist, dass in dem Gebiet des heutigen Guinea eines der legendären Goldländer lag, das den Sahelkönigen das begehrte Gold als Tauschmittel gegen europäische Waren lieferte und den Reichtum von Königreichen wie Mali begründete. Zwischen dem 17. und dem 19. Jh. zogen die islamisierten Fulbe allmählich in das Futa Djalon, verdrängten die hier lebenden Ureinwohner (Temne, Kissi, Limba) in Richtung Küste und gründeten einen feudalen Staat, der zwar streng islamisch geprägt war, in dem sich jedoch auch Überreste der traditionellen Religionen erhalten haben. Zeiten friedlicher Koexistenz wechselten ab mit kriegerischen Auseinandersetzungen, unter anderem mit den Malinke. Ende des 19. Jh. gehörte auch das heutige Guinea zum französischen Protektorat.

Politik: Mit der durch Sékou Touré erkämpften Unabhängigkeit 1958 begann für Guinea eine Phase strenger Isolation. Sékou Touré schottete sein Land gegen europäische und insbesondere gegen französische Einflüsse ab und nahm dafür die Aussetzung von Militär- und Wirtschaftshilfe seitens Frankreich in Kauf. Während seine konsequent anti-koloniale Haltung von den Nachbarländern bewundert wurde, hatte die Bevölkerung unter den Folgen dieser Politik zu leiden. Zugleich begann in Guinea eine schonungslose

Verfolgung „Andersdenkender“, denen Konspiration und Umsturzpläne vorgeworfen wurden und die zu Tausenden in Gefängnissen oder vor Exekutionskommandos landeten. Zahlreiche Guineer flohen vor der strengen Überwachung in die Nachbarländer und nach Europa. Der von Portugal unterstützte Invasionsversuch von Exil-Guineern im Jahr 1970 bestärkte Touré in seiner Angst vor politischer Opposition. 1984 starb Touré, kurz darauf übernahm eine Militärjunta die Macht, die sich nach internen Machtkämpfen unter dem als Sieger hervorgegangenem Lansana Conté auf die wirtschaftliche Entwicklung des Landes konzentrierte und das Land dem Westen öffnete. Der 1991 gebildete „Provisorische Rat für den nationalen Wiederaufbau“ hatte den Übergang zu einer Zivilregierung innerhalb von fünf Jahren vorgesehen, kam aber mit der Umsetzung nicht voran. 1993 kam es deshalb in Conakry zu Demonstrationen, bei denen 18 (nach Oppositionsangaben 63) Menschen getötet wurden. Die im Dezember 1993 erfolgten Präsidentschaftswahlen bestätigten Conté im Amt. Trotz Protest der Opposition wegen Wahlbetrugs wurde die Wahl vom Obersten Gericht 1994 anerkannt. Bei den Präsidentschaftswahlen im Januar 1999 wurde Conté mit 56% der Wählerstimmen wiedergewählt. Eine demokratische Gewaltenteilung ist zwar theoretisch gegeben, es liegt aber eine erhebliche Machtkonzentration beim Präsidenten.

Überblick Guinea-Bissau

Fläche: ca. 36 000 km².

Einwohner: ca. 1,15 Mio.

Ethnien: 23 Ethnien, 30% Balante, 20% Fulbe, 13% Mandingo, 14% Manyako, 7% Pepels.

Hauptstadt: Bissau (ca. 200 000 Einw.).

Sprachen: Amtssprache Portugiesisch, gesprochen werden Creol und verschiedene westafrikanische Sprachen.

Religion: ca. 40% Naturreligionen, ca. 50% Muslime, 10% Christen

Feiertage: 1.1., 20.1., 8.3., 1.5., 3.8., 24.9. (Unabhängigkeitstag), 14.11., 25.12., jährlich wechselnde islamische Feiertage.

Zeitverschiebung: MEZ minus 1 Stunde, Sommerzeit: minus 2 Stunden.

Stromspannung: 220 V Wechselstrom. Selbst in der Hauptstadt keine gesicherte Stromversorgung.

Einreise: Visumspflicht für Europäer (problemlos, 2 Antragsformulare, 2 Fotos, 30 Tage Gültigkeit, Beantragung frühestens 30 Tage vor Einreisedatum). Flugreisende möglichst Visum schon vorher besorgen. Autoreisende erhalten das Visum wesentlich günstiger und schnell (5000 CFA für 30 Tage) vor Ort in Ziguinchor, Banjul oder Dakar.

Impfung/Gesundheit: Gelbfieberimpfung obligatorisch, Malariaprophylaxe dringend empfohlen. Gelegentlich tauchen Choleraepedemien auf. Das Gesundheitswesen ist sehr schlecht entwickelt (medizinische Versorgung nur in Bissau).

Währung: Seit 1997 ist Guinea-Bissau in der CFA-Zone (vorher Peso). 1 Euro = 663 CFA, 1 US-$ = 720 CFA. Devisenerklärung ab 10 000 US-$.

KFZ: Internat. Versicherungskarte, Internat. Führerschein. Offiziell kein Carnet de passages nötig, manche Zöllner versuchen trotzdem mit der Forderung danach bei unwissenden Reisenden ein paar Dollar zu verdienen. Laissez passer wird ausgestellt (20 US-$).

Treibstoffpreise (1999): Super umgerechnet ca. 1,25 Euro/l, Diesel ca. 0,50 Euro/l.

Straßenzustand: Straßenverhältnisse verbesserten sich in den letzten Jahren erheblich (Entwicklungshilfe), wichtigste Überlandstraßen geteert. Pisten oft in der Regenzeit nicht oder schwer befahrbar.

Kontrollen: Z.T. behördliche Schikanen, viele obligatorische Kontrollen im Landesinneren (vor allem vor größeren Orten; Kontrolle von Warndreieck, Feuerlöscher, Sicherheitsgurt).

Sicherheit: Informieren Sie sich vor Reiseantritt über die aktuelle Situation! In den nördlichen Grenzregionen zum Senegal gab es wiederholt bewaffnete Auseinandersetzungen zwischen Armee und z.T. rivalisierenden Rebellengruppen. Vor Reisen in diese Grenzregion wird abgeraten, ebenso vor der Einreise über die westliche Casamance. Das Auswärtige Amt warnt außerdem vor einer weitläufigen Verminung einzelner Landstriche und Bandenkriminalität in Bissau.

Grenzen: Die Grenzübergänge nach Senegal und Guinea werden nach Einbruch der Dunkelheit geschlossen. Es gab in der Vergangenheit Berichte von Reisenden mit Problemen beim Grenzübertritt von Guinea-Bissau nach Guinea.

Literatur und Landkarten:
Reiseführer: „Westafrika Band 2 – Küste“, hrsg. von Erika Därr (s.o.)
Karten: Übersichtskarte Michelin 953, 1:4 000 000.

Geschichte: Bis zum 9. Jh. gehörte das Land zum Großreich Ghana (nicht zu verwechseln mit dem heutigen Staat Ghana). Im 13./14. Jh. gehörten Teile des Landes zum Königreich Mali. 1546 landete der Portugiese Nuno Tristao auf der Suche nach Gold und Sklaven an der Nordküste, in den darauffolgenden Jahrzehnten wurden zahlreiche Stützpunkte errichtet. Später gab sich der neue König Portugals, Johannes II., den Titel „Herr von Guinea“. Erster Sitz der Kolonialverwaltung wurde Cacheu, wo der Sklavenhandels abgewickkelt wurde. Zu den Portugiesen kamen Franzosen, Engländer, Spanier und Holländer um Handel zu betreiben. 1879 wurde das Gebiet zur portugiesischen Überseeprovinz Guiné Portugesa erklärt. Immer wieder gab es bewaffneten Widerstand der Bevölkerung (wegen Zwangsarbeit, Hütten- und Kopfsteuer), der letzte wurde in den 1930er Jahren auf den Bijagos-Inseln niedergeschlagen; damit erlangte die Kolonialmacht die endgültige Kontrolle über das Land. Aufgrund der portugiesischen Kolonialideologie kam es erst relativ spät zur Unabhängigkeit. 1956 wird ein Streik der Hafenarbeiter in Bissau blutig niedergeschlagen und die schon vorher entstandene linksgerichtete Befreiungsbewegung PAIGC unter Führung von Amilcar Cabral gewinnt immer mehr Anhänger. In zahlreichen blutigen Gefechten werden die Portugiesen mehr und mehr zurückgedrängt Am 24. September 1973 verkündet die PAIGC einseitig die Unabhängigkeit von Guinea-Bissau, die sofort von über 70 Staaten anerkannt wird. Am 10.9.1974 erhält das Land durch die Nelkenrevolution vom April 1974 (die in Lissabon das Caetano-Regime stürzt und die Demokratisierung einleitet) die volle Souveränität.

Politik: Seit der Unabhängigkeit ist das Land eine Präsidiale Republik. Erster Staatspräsident wurde Louiz Cabral (Halbbruder von Amilcar Cabral, der unter ungeklärten Umständen starb), der zur Planwirtschaft und Ostblock-Kurs hinsteuern wollte, was u.a. wegen einer Versorgungskrise scheiterte. Im Nov. 1980 gelangte durch einen Putsch der Brigadegeneral Joao Bernado Vieira an die Macht, der Mitte der 80er das Land dem Westen öffnete (seither zählt Guinéa-Bissau zu den blockfreien Staaten). Von 1987 an leitete er eine radikale Wendung in Richtung Neo-Liberalismus ein und es kam u.a. zu einer Verbesserung der Menschenrechtssituation. Seit 1991 sind auch andere Parteien als die PAIGC zugelassen. 1994 gab es erste freie Wahlen, PAIGC erlangte 62 Parlamentssitze, die restlichen teilten sich vier andere Parteien. Erst im zweiten Wahlgang siegte Staatsoberhaupt und Regierungschef Joao Bernado Vieira mit knapper Mehrheit bei den Präsidentschaftswahlen über den linksgerichteten Kumba Yalla der Opposition.

1998 kam es unter der Führung des entlassenen Stabschefs der Streitkräfte, General Ansumane Mane, zu einem Militäraufstand in Bissau. Von den Aufständischen wurde der Rücktritt Vieiras und Neuwahlen gefordert. Trotz intensiver militärischer Unterstützung Senegals und Guineas gelang es der Regierung nicht, den Putsch niederzuschlagen und große Teile des Landes gerieten unter die Kontrolle der Putschisten. Im August 1998 wurde in Dakar ein Friedensabkommen unterzeichnet. Im Mai 1999 gab es über 100 Tote bei einem von General Asumane Mane geführten erneuten Putsch von Rebellen, die den Präsidentenpalast in Brand steckten und Anhänger des gestürzten Staatsoberhauptes Vieira jagten. Joao Bernardo Vieira wurde in Portugal politisches Asyl gewährt. Im Nov. 2000 gab es einen erneuten Putschversuch, bei dem General Mane ums Leben kam. Der Vorsitzende der Partei für Soziale Erneuerung („Partido da Renovação Social", PRS), Kumba Yalá, gewann im Januar 2001 die zweite Runde der Präsidentschaftswahlen. Das Land wird vom Präsidenten zentral regiert, mit einer weiterhin wichtigen Rolle des Militärs.

Routen

M 1: Kédougou (Senegal) – guineische Grenze – Balaki – Labé (240 km)

(01.01, Nissan Patrol) Piste (A/G/H/I). Fahrzeit 1,5 Tage, sehr schwere Piste (steil, Geröll mit großen Steinblöcken, Bodenfreiheit unbedingt notwendig), Geländewagen unbedingt erforderlich. Bei der Einreise nach Guinea bekommt man einen Militärangehörigen ins Auto gesetzt, der einen über Balaki, Madina-Salambande, Yambéring nach Mali begleitet. Die Pässe werden abgenommen und erst in Mali wieder ausgehändigt. Ohne bewaffneten Militär ist die Einreise nach Guinea hier nicht möglich! Zoll, Militär- und Polizeikontrolle finden in Mali statt (offensichtlich sind alle Grenzformalitäten dorthin verlegt worden). In Labé ist eine Abfertigung nicht möglich, da es zu einem anderen Distrikt gehört. Es ist daher zu empfehlen, von Kédougou direkt nach Mali zu fahren (s. M 2), schlechter kann die Piste dort kaum sein. Unbedingt gut versorgen, auch mit Wasser. Sehr interessante Region – Wald, Berge, viele Affen und Vögel. In der Regenzeit nicht befahrbar (Alternative s. M 26).

KÉDOUGOU – S. L 7. (Ende L 7 und L 7a; Beginn L 8, L 9 und M 2.)

Eventuell Zollformalitäten in Kédougou (nicht unbedingt nötig, desinteressierter Zoll). Man verlässt Kédougou auf einer breiten Piste in Richtung Saraya.

Km 15, eine kleine, nicht sehr schwierige Piste zweigt nach rechts (Wegweiser) in Richtung Fongolembi ab.

FONGOLEMBI – Kleiner Ort. Kurze Formalitäten (Stempel) zur Ausreise aus dem (bzw. Einreise in den) Senegal.

Fragen Sie nach dem Abzweig nach Balaki. Von dem Abzweig an (etwa 3 km nach rechts hinter dem Ortsausgang) wird die Piste sehr schwierig; Steilhänge mit Geröll, Furchen usw.

BALAKI – Kleines, sympathisches Dorf. Keine Versorgungsmöglichkeit.

Die Piste bleibt auf etwa 50 km noch sehr schwierig und wird dann etwas besser.

MADINA-SALAMBANDÉ – Kleiner Ort ohne Versorgung. In Richtung Koubia (kann umfahren werden) Pistenzustand besser.

Kurz vor Labé Militärkontrolle.

LABÉ – 1050 m, 110 000 Einw., Hochburg des Islam in Guinea (s. Stadtplan). Gute Infrastruktur. Wichtiger Güterumschlagplatz, Schwarzmarkt mit Waren aus Senegal. (Ende M 2, M 3; Beginn M 5 und 5a.)

Unterkunft: „Hotel du Tourisme" im Stadtzentrum, Dreckloch, schmutzige Zimmer (03.98: 10, 15 oder 20 US-$), viel als Stundenhotel genutzt, schöne Terrasse, kühles Bier, gutes Restaurant, Kfz können hinter Hotel abgestellt werden. „Hotel de la Sala", Richtung Conakry, ca. 2 km, ziemlich saubere Zimmer, 5 US-$, Restaurant. „Hotel de l'Indépendance", 7 US-$, kaum Platz für Camper, nahe Krankenhaus.

Sehenswert: Tägl. malerischer Markt.

Verschiedenes: Parken Sie das Fahrzeug bei der Gendarmerie oder dem „Hotel du Tourisme", um Diebstählen vorzubeugen. Bank „BICIGUI" akzeptiert manchmal Travellerschecks, kann aber oft nicht wechseln (auch kein Bargeld), wenn die Telefonverbindung zu Conakry nicht funktioniert.

In der Umgebung: Chutes de la Sala, herrliche, große Wasserfälle in schöner Gegend. Piste oft schlecht, in Regenzeit sehr glitschig, die letzten 4 km ziemlich zugewachsen, Fahrzeit ca. 1,5 Std. Anfahrt (08.98, Mercedes G): 10 km vor Labé (s. M 3) Abzweig einer Piste nach rechts (Wegweiser nach Lélouma mit Farbe übersprüht), **N 11°21,313' W 12°22,466'.** Kurz nach Abzweig Kreuzung: nach links abbiegen (an Ecole Primaire vorbei). Bei km 15 (nach Abzweig v. Teer) Ort, dort Piste rechts bergauf fahren (nicht links bergab). Bei km 19 zweigt spitzwinklig eine kleine Piste nach links hinten ab **(N 11°18,807' W 012°29,442'),** dieser folgen (geradeaus geht's nach Diari). Nach 4 km Gabelung: links geht es zu Wasserbecken (sehr schöner Badeplatz) oberhalb des Wasserfalls, rechts zur Aussichtsplattform unterhalb von ihm (0,5 km). Von der Plattform (GPS-Position **N 11°17,762' W 012°31,171'**) genießt man einen fantastischen Blick auf die beeindruckenden Fälle. Sehr schöner, einsamer Platz zum wild Campen.

M 2: Kédougou (Senegal) – guineische Grenze – Mali – Yambéring – Labé (223 km)

(01.01, Nissan Patrol) Piste (A/H), s.a. M 2. Zwischen Ségou und Mali oft in sehr schlechtem Zustand. In der Regenzeit handelt es sich hier mehr um ein geröllgefülltes Flussbett mit riesigen Löchern – man läuft Gefahr, bei Regen vom reißenden Wasser weggeschwemmt zu werden; die Piste ist dann nicht befahrbar, gefährlich und ohne Ausweich- oder Umkehrmöglichkeit. Große Bodenfreiheit unerlässlich, steile Anstiege auf steinigen Wegen (die Bewohner helfen zwar, dies ist aber teuer). Zwischen Mali und Labé frisch geschobene Piste (2001) mit neuen Betonbrücken und Wasserrinnen. Kein Verkehr. Gute Alternative in der Regenzeit: die M 26 nach Youkounkoun.

KÉDOUGOU – S. L 7. (Ende L 7 und L 7a; Beginn L 8, L 9 und M 1.) Hier werden die Formalitäten zur Ausreise aus dem Senegal erledigt.

Kédougou Ri. Bandafassi (L 9) verlassen.

Km 11/212, Abzweig (bei einigen Hütten links), links abbiegen. Geradeaus geht es nach Bandafassi.

Km 28/195, **SÉGOU** – Kleiner Ort. Polizeiposten (an ihm nach links weiterfahren).

Sehenswert: Die 6 km entfernten, schönen Wasserfälle (bei Polizeiposten kleine Piste nach rechts in Richtung Dinndefelou, dann 30 Minuten Fußweg). Der Pfad zu den Fällen geht links vom „Campement de la Cascade" weg, oben Bademöglichkeit. In Dinndefelou gibt es Lebensmittel (Markt am Samstag) und ein Campement (s.o., ca. 1400 CFA/Person, Campingmöglichkeit); viele Touristen und aufdringliche Kinder.

Km 28–31/195–192, die Piste ist sehr schmal, steil und extrem steinig. In der Regenzeit hier meistens nicht befahrbar bzw. bei starken Regenfällen gefährlich.

Km 41/182, **LONGUÉ** – Kleiner Ort. Formalitäten zur Einreise nach Guinea (unfreundliche Zöllner).

Im Anschluss daran durchquert die Piste das Tamgué-Massiv, eine fantastische Gebirgslandschaft.

Km 50, Kleiner Ort. Zollformalitäten und Polizei, Transitgebühr.

Km 72/151, alte Zementfabrik, Wasser.

MALI – Kleinstadt in den Bergen. Nicht immer Lebensmittel. Manchmal Treibstoff.

Unterkunft: Hotel „La Dame de Mali" sehr heruntergekommen, Übernachtungsmöglichkeit auf dem Platz davor.

Sehenswert: Der Mt. Loura und der schöne Felsen „Dame de Mali", 9 km nördlich der Stadt.

Km 153/70, **YAMBÉRING** – Kleiner, schöner Ort. Nicht immer Lebensmittel. Kein Treibstoff. Für ein Nachtlager wende man sich an die Sous-Prefecture, ihre vier Gastzimmer werden auch Reisenden gerne zur Verfügung gestellt.

Sehenswert: Die zweite Moschee des Ortes am Dorfausgang Richtung Mali.

Km 176/47, Brücke über den Fluss Koumba.

LABÉ – S. M 1. (Ende M 1, M 3; Beginn M 5 und 5a.)

M 3: Boundou-Foudou – Koundara – Sériba – Labé (ca. 300 km)

(011.98, Mercedes G) Schlechte Piste (A/G/I) von Koundara bis Labé (löchrig, z.T. Wellblech, glitschig in der Regenzeit, Durchschnittsgeschwindigkeit 30–40 km/h), ansonsten gut (leichtes Wellblech, 40–50 km/h). Bis Kiffaya kaum besiedelt, fast nur Lkw-Verkehr, reizvolle Landschaft. Die Strecke ist M 1 und M 2 vorzuziehen.

BOUNDOU-FOUDOU – S. L 10. (Ende L 10.)

Km 25, **SAMBAILO** – Kleiner Ort. Erneut Formalitäten zur Einreise nach Guinea (die ja bereits in Boundou-Foudou erledigt wurden). Beim Zoll Laissez passer und Carnet abstempeln lassen, Polizei Personalienaufnahme, beim Zoll Transit-Gebühr bezahlen („Quittance de transit" wird ausgestellt).

Km 41, **KOUNDARA** – Kleinstadt. Kath. Mission, Lebensmittel, Wasser, Post, Bank. Keine Weiterfahrt bzw. Ausreise in Richtung

Senegal über Youkounkoun möglich (nur vom Senegal kommend, s. M 26). Autokontrolle beim Zoll, bei Polizei außerhalb des Ortes Passkontrolle (und „Quittance de transit").

Km 50, Kontrollposten.

Km 80, Richtfunkstation.

Km 87, **KIFFAYA** – Dorf ohne Versorgungsmöglichkeit.

Mit Glück sieht man Paviane neben der Piste. Die Landschaft nimmt zunehmend Gebirgscharakter an.

Km 105, Brücke und Dorf.

Km 118, Urwaldbrücke und Dorf **BOUMÉOUL.**

Km 130, Urwaldbrücke.

Km 137, **SÉRIBA** – Kleines Dorf, bestehend aus etwa 15 Hütten. Abzweig rechts nach Gaoual, nach Labé im Ort rechts. Zoll (manchmal besoffen), Polizei, Gendarmerie, Kontrolle. (Beginn M 4.)

Km 155, Abzweig rechts nach Touba.

Km 182, Dorf Bantala Cadam und Fähre (07.98: 5000–7000 FG/Fahrzeug, handeln möglich, mit Seil betrieben).

Km 196, **SITA** – Dorf.

Km 214,5, Abzweig links nach Manda, geradeaus weiter.

Km 229, **THIANGUEL-BORI** – Ort. Kontrollposten (Gendarmerie und Polizei). Tankstelle, Lebensmittel. Danach Piste deutlich besser; viele Dörfer.

Km 243, **PÉTEL-KOMO** – Kleines Dorf. Farbenfroher Markt am Donnerstag.

Km 255, **NIAGANTOU** – Dorf mit acht Häusern (schöne grasgedeckte Hütten).

Km 270, **POPODARA** – Ort. Tankstelle, Lebensmittel. Kontrollposten.

Km 276, Abzweig (Wegweiser) rechts nach Lélouma (nicht bis dahin befahrbar) und zu den wunderschönen **CHUTES DE LA SALA, N 11°21,313′ W 12°22,466′** (Beschreibung s. M 1, Labé).

Km 278, Kontrollposten, genaue Personalienaufnahme, korrupt.

Km 284, **LABÉ** – S. M 1. (Ende M 1, M 2; Beginn M 5 und M 5a.)

M 4: Sériba – Gaoual – Boké – Kamsar – Conakry (596 km)

(01.01, Nissan Patrol) Piste (A/G in der Regenzeit) zwischen Sériba und Boké und größtenteils zwischen Kamsar und Conakry; Asphalt zwischen Boké und Kamsar (55 km) und zwischen Boffa und Wassou.

SÉRIBA – S. M 3. (Zur M 3.)

Zwischen Sériba und Boké führt die sehr schlechte Piste durch Gebirgslandschaft.

GAOUAL – Kleinstadt. Lebensmittel (Markt). Manchmal Treibstoff. Schöne, von Bäumen gesäumte Hauptstraße.

Bis Boké gute Piste.

BOKÉ – Kleinstadt. Gute Infrastruktur. Großer Markt.

Unterkunft: „Centre de Jeunesse", gegenüber dem Markt, einfach, 3 US-$.

Sehenswert: Das kleine historische Museum (mit Masken), der alte, geschichtsträchtige Hafen, schöne Umgebung

KAMSAR – Stadt mit amerikan. Flair.

Verschiedenes: Von den Amerikanern für die guineische Bauxitgesellschaft gebaut („CBG"). Lebensmittel (Supermarkt, Preise in US-$). Treibstoff, die Tankstelle ist nicht immer geöffnet. Ein Schiff fährt einmal wöchentlich über Boffa nach Conakry.

Unterkunft: Hotel „Haffia", im Zentrum, schmutzig, 17 US-$, Klimaanlage, Pool. Hotel „RBQ", im Zentrum, Hotel der Bauxitgesellschaft, modern mit allem Komfort, 30 US-$, oft ausgebucht.

Beim Verlassen von Kamsar auf der asphaltierten Straße nach Boké weiterfahren.

Km 25 ab Kamsar, **KOLABOUNIY** – Dorf.

Rechts auf die Piste nach Boffa einbiegen. Schöne Piste unter Kokospalmen, allerdings viel Wellblech und einige gefährliche Schlaglöcher.

Km 90, **Ausflugsmöglichkeit zum Cap-Verga-Strand** (20 km, möglichst Geländewagen), angenehmer Erholungsort mit Hütten, weißem Sandstrand mit Kokospalmen, Fischgerichte von den einheimischen Fischern.

BOFFA – Kleiner Ort. Lebensmittel. Manchmal Treibstoff.

Der Meeresarm wird auf einer Motorfähre überquert, 6500 FG für Kfz und 2 Pers. (01.01).

Km 218, **WASSOU** – Kleine Bar. Piste nach Fria (64 km sehr gute Piste); die Stadt wurde für die Pechiney-Fabrik erbaut; gute Infrastruktur.

Sehenswert: Die 5 km entfernten Stromschnellen des Konkouré-Flusses, Badeplatz (kurvenreiche Piste in Ri. des Flughafens).

Km 270, Kreuzung von Dubréka. Von hier ab Teerstraße bis Conakry.

In der Umgebung: Der **Berg Kakoulima** (1000 m), von dessen Gipfel aus sich ein fantastischer Blick auf die **Conakry-Halbinsel** und die Stadt öffnet (steile Piste, die nach links abbiegt).

CONAKRY – Ca. 1,5 Mio. Einw. Hauptstadt (s. Stadtpan). Gute Infrastruktur. (Ende M 8; Beginn M 9.)

Unterkunft: Hotel „Camayenne", das modernste Hotel Guineas, gute Lage am Meer, 4 km vom Zentrum, Zimmer 130–160 US-$. „Pension Doherty", 5ème Av. Angle Diallo Telly, B.P. 3671 Conakry, Tel. (224) 45 43 80, schön, zentral und ruhig gelegen, familiär, für 20 000 FG Zimmer klein/muffig, Dusche funktioniert nicht, für 35 000 FG (03.99) größere klimatisierte Zimmer. Gute „Mission Catholique", oft ausgebucht, im Zentrum, Dusche im Zimmer, WC im Gang (04.97: DZ 15 000 FG), familiäre Atmosphäre, Essen auf Bestellung (4000 FG). Hotel „Golfe de Guinee", Route de Donka, ordentlich (ab 42 000 FG/DZ). Pension „Irene", nahe Aratoma-Polizeistation (ab 60 000 FG/DZ). Grundsätzlich ist zu bemerken, dass das Preis-Leistungs-Verhältnis in vielen Hotels/Pensionen nicht stimmt.

Verschiedenes: In der Nähe des „Pont des Pendus", der einzigen Straßenbrücke der Stadt, zwei gut sortierte Supermärkte („Superbobo"; WC-Papier nur in Supermärkten erhältlich). Viele Autovertretungen aller wichtigen Marken, die Land Rover-Vertretung befindet sich im Stadtteil Ratoma. Am „Marché Madina" (größter Markt des Landes, Autofriedhof) gibt es alle möglichen Ersatzteile und Werkzeug zu kaufen. Diesel ist am Hafen immer erhältlich, Benzin ist rar. Das Krankenhaus ist nicht zu empfehlen. Mehrere Botschaften (u.a. Elfenbeinküste). Deutsche Botschaft (auch zuständig für Sierra Leone): Tel. (00 224) 41 15 06 oder 45 15 08. Wöchentliche Flüge nach Bamako.

Essen: In der mittleren Preisklasse ist das „Les Iles", in der höheren Preisklasse das „Grand Hotel de l'Indépendance" (französische Küche). Ausgezeichnetes Essen im Restaurant „Chez Claude/Julie" 36 km außerhalb Richtung Coyah. Gutes, nicht immer voll ausgestattes Restaurant „Le Mirage", ggü. Aeroflot-Agentur. „Café Patisserie Central", sehr guter Kaffee, leckeres Gebäck, Snacks und Pizza, europäisches Preisniveau, keine Terrasse.

In der Umgebung: Die verschiedenen **Los-Inseln** (u.a. Room, Kassa, Tamara) mit ihren teilweise fantastischen Stränden, per Piroge zu erreichen (auf Room Hotel „Le Sogue", hübsch, direkt am Strand, ca. 70 Euro pro Appartement).

M 5: Labé – Pita – Mamou (148 km)

(11.98, Mercedes G) Sehr gute, neue Asphaltstraße. Sehr schöne Berggegend. Panoramastraße.

LABÉ – S. M 1. (Ende M 1, M 2, M 3; Beginn M 5a.)

Km 0, Elf-Tankstelle, Stadtausfahrt.

Km 2, Kontrolle durch den Zoll.

Km 34, **PITA** – Stadt. Lebensmittel, Wasser, Treibstoff, Krankenhaus. (Beginn M 7.)

Unterkunft: „Hotel Kinkon", Stadtausfahrt ca. 800 m Richtung Labé, nach der Apotheke links unterhalb der Hauptstraße durch den Park, vorbei an Schule, Do u. Sa Disco nebenan, fl. Wasser, WC, sehr schön gelegener Altbau, recht sauber, DZ 5 US-$ (03.99). „Auberge M&H", von Dalaba her kommend ca. 1 km vor Ortsmitte, 6 Zimmer mit fl. Wasser, WC und Strom, ruhige Lage mit Terrasse und Innenhof, lockere Atmosphäre, gekühlte Getränke (auch Bier), Essen auf Anfrage, DZ 10 US-$ bis 15 US-$ (03.99), netter senegal. Besitzer Jury.

In der Umgebung: Der **Kinkon-Wasserfall.** Eine ausgeschilderte, gute Piste (8 km) zweigt 2 km vor der Stadt ab. Zur Besichtigung muss eine Genehmigung bei der Polizei (Commissariat) in Pita eingeholt werden (problemlos, kostenlos; wird von Militärposten kurz vor dem Fall verlangt). Man kann bis direkt zur Abbruchkante des Wasserfalls gehen und dort hinunterschauen (sehr beeindruckend). Durch das Stauwerk oberhalb ist das Naturschauspiel ziemlich verschandelt worden. Vom gleichen Abzweig wie zu den Kinkon-Wasserfällen (2 km vor Pita) kann man die Piste weiter zu den **Kambadaga-Wasserfällen** fahren (beschildert, 26 km, H, Fahrzeit ca. 2 Std.). In der Regenzeit z.T. sehr schlechte Piste (bei Regen lieber etwas warten, sonst viele Bachdurchquerungen, sehr glitschig), die bei einem Fluss endet; in der Trockenzeit führt die Piste bis zum Schild „Village Touristique Kambadaga" (ca. 1 km weiter). Von dort Pfad bergauf den Fluss entlang, Ausblick auf den Fall nur durchs Gebüsch. Fantastische Gebirgslandschaft, oft schöne Ausblicke.

Zwischen Pita und Dalaba schöner Panoramablick auf den Futa Djalon.

Km 50, **BOMBOLI** – Dorf.

Km 55, links Abzweig zu den **CHUTES DE BOUBOU, N 10°55,871′ W 12°22,007′.** Die schlechte Piste führt 2 km nach unten in eine Senke; von dort muss man den Fluss entlang in Richtung N bis zum Wasserfall laufen (ca. 20 Minuten). Von der Piste aus kann man von oben nur einen kurzen Blick erhaschen.

Km 88, rechts Abzweig und **Abstecher in Richtung DITINN** (Wegweiser) und **CHEVALIER-GÄRTEN** (bis Ditinn ca. 70 km plus Fußmarsch zu den Wasserfällen). Landschaftlich sehr schön, vorbei an vielen Gärten mit Zitrusbäumen. Nach 1 km rechts Abzweig einer Allee entlang einer Mauer zu den Chevaliergärten (Pinienwald). Beim ehemaligen Farmhaus liegt ein Teich mitten im Pinienwald. Es sind weitere 30 km bis Ditinn. Bei einem Farmhaus (kleines Schild mit der Aufschrift „chutes") links abbiegen. Ab hier einen Führer nehmen, da die Wasserfälle von Ditinn allein kaum zu finden und mit dem Auto schlecht erreichbar sind. In der Trockenzeit fällt leider nur sehr wenig Wasser die 200 m hohe Felswand hinunter.

Km 92, **DALABA** – 1400 m. Hübsche Stadt mit fast europäischem Klima. Lebensmittel. Treibstoff.

Unterkunft: „Hotel SIB", vom Zentrum rechts nach oben, o.k., sehr wenige Touristen, Bungalowanlage etwas verkommen. „Hotel Tangaba" im Zentrum, einfach. „Hotel Tarana", DZ mit fließend Wasser ca. 30 000 FG. „Hotel Centre de Conference/ Accueil", DZ für ca. 40 000–55 000 FG.

Verschiedenes: Restaurant „Silence" vom Zentrum links. Office du Tourisme am Point de Dieu.

In der Umgebung: Chevaliergärten (Pinienwald auf der Strecke nach Ditinn) und das Dorf Ditinn, s. Abstecher vor Dalaba.

Km 106, **BOULIVEL** – Dorf.

Km 139, Kontrollposten, Abzweig nach links in Ri. Dabola und zum Schimpansenhügel.

MAMOU – Großstadt. Wichtigster Verkehrsknotenpunkt des Landes. Gute Infrastruktur, alles erhältlich. Treibstoff auf dem Schwarzmarkt. Nachts vor Übergriffen in Acht nehmen. (Beginn M 6, M 11, M 20.)

Unterkunft: Hotel „Clos Ste. Catherine", familiär, ausgezeichnetes Essen. Hotel „Bafing", Richtung Faranah, ca. 500 m nach Bahnübergang links, 11 Zimmer, ziemlich sauber, WC/Dusche außerhalb, 5 US-$, einfache Mahlzeiten. Hotel „Youla"; Einfahrt von Conakry links; 3 Zimmer, ziemlich sauber, familiär, 6–8 US-$. Hotel „Hidalgo/ Luna", 3–5 US-$, widerlich. „Buffet de la Gare", 12 Zimmer, zentral, ruhig, mit WC, etwas schmuddelig, 8 US-$, einfache Mahlzeiten im Buffet. „Hotel Rama", DZ 20 000 FG, sehr laut und schmutzig, Bettwanzen.

M 5a: Labé – Kankalabé – Ditinn – Timbo (234 km)

(02.96, Land Rover 109) Piste (A). Alternativroute zu M 5 (Mamou wird umfahren).

LABÉ – S. M 1. (Ende M 1, M 2, M 3; Beginn M 5.)

Km 0, Labé in Richtung Ost verlassen, Elf-Tankstelle (Km 0).

Km 3, korrekte Polizeikontrolle.

Km 19, Dorf, rechts halten.

Km 20, ausgewaschene Piste.

Km 23, Verzweigung, kommt später wieder zusammen.
Km 27, Dorf, nach S-Ost verlassen.
Km 41, **TANGALY** - Dorf.
Km 49, Kreuzung, links weiter. Nachher geradeaus Richtung Tougué (Piste links weg geht nach Koubia).
Km 58, Dorf, Brücke, sehr steinige Piste beginnt.
Km 61, Kreuzung, rechte Piste nehmen (linke Piste führt nach Tougué, seit 1993 kein Fährverkehr zwischen Tougué und Sélouma, daher Weiterfahrt nach Bisskrima nicht möglich).
Km 69, Dorf.
Km 73, rechts halten.
Km 81, Piste ab hier wiede sehr gut.
Km 87, **FATAKO** - Dorf. Sehr interessante Landschaft. Dorf verlassen in Ri. S-SW.
Km 104, **KANKALABÉ** - Dorf, Richtung S-SW verlassen.
Km 109, Abzweigung links Ri. SO.
Km 114, sehr steiler Anstieg auf sehr guter Piste.
Km 120, **DOBIE** - Dorf. Lebensmittel. Richtung NW verlassen.
Km 127, Piste links weg nicht beachten.
Km 140, **KABALY** - Dorf. Bar, Restaurant, Lebensmittel, nach SO-O verlassen.
Km 149, **DITINN** - Dorf. Immer links halten.
Km 151, Abzweigung, links weiter.
Km 157, Dorf, Kreuzung nach links, Richtung SO-O verlassen.
Km 176, **POREDAKA** - Dorf. Nach der Barrière links (geradeaus nach Mamou).
Km 193, Kreuzung: links weiter (rechts geht's nach Mamou).
Km 203, linke Piste.
Km 208, **GONGORE** - Dorf, Wasser. Piste ab hier enger und schlechter.
Km 210, links fahren.
Km 211, geradeaus.
Km 215, links halten, sehr interessante Panoramaaussicht.
Km 222, **GOKIA** - Dorf. Rechts über Brücke.
Km 234, **TIMBO** - Dorf (Wegweiser: S/P Niagara et Gongore, als entgegengesetzter Einstieg). (Zur M 11.)

M 6: Mamou - Kindia (140 km)

(04.97, Peugeot 306) Asphalt. Guter Straßenzustand. Gebirgige Gegend, schöne Landschaft.

MAMOU - S. M 5. (Ende M 5; Beginn M 11 und M 20.)
LINSAN - Ort. „Hotel Mariador": hübsche offene Restauranthütte, europäische Küche.
TAFORI-PASS, schöne Landschaft.
Kurz vor Kindia gut ausgeschilderter Abzweig zu den Wasserfällen „Cascades du Voile de la Mariee", wo in den Hütten beim Wasserfall übernachtet werden kann (15–20 000 FG mit 3 Zimmern, Klimaanlage und Bad).
KINDIA - Ca. 80 000 Einw. Gute Infrastruktur. Treibstoff auf dem Schwarzmarkt. Polizeikontrollen öfters alkoholisiert. Interessante Weber- und Färber-Kooperative. (Beginn M 7, M 8 und M 10.)
Unterkunft: „Hotel Flamboyant", am Ortsausgang (schlecht erkennbares Schild), franz. Küche, Schwimmbad, Mai/Juni geschlossen, DZ/Hütte mit Bad 55 US-$ (03.98). Hotel „Buffet de la Gare", rechts am Ortseingang, beim Bahnhof, einfach, DZ 10–30 US-$ mit Dusche (03.99), sauber, geräumig, großer Innenhof, Tel. 61 08 71 oder 61 08 99.
Essen: Restaurant „Le Mont Gangagn", sehr nett, gute Küche und wirklich kalte Getränke.
Sehenswert: Schöner Wasserfall „Voile de la Mariée" 12 km außerhalb mit Hütten zur Übernachtung und Camping.

M 7: Pita - Gougoudjé - Kindia (116 km)

(03.99, Fahrrad) Piste (A/G) von Pita in Richtung Télimélé ist in sehr gutem Zustand und so gut wie gar nicht befahren; von Télimélé in Richtung Kindia sehr schlecht: steinig, sandig, riesige Schlaglöcher, viel Lkw- und Taxi-Brousse-Verkehr, sehr steile Passagen (öfter Unfälle). Während der Regenzeit ist vom Befahren abzuraten. Bergstraßen durch malerische Landschaft. Zahlreiche traditionelle Dörfer, sympathische Bevölkerung. Vorsicht vor Rinderherden!

PITA – S. M 5. (Zur M 5.)

Von Pita-Ortsmitte nach 3 km links abbiegen (Schild Kinkon).

Km 5, Schild Kinkon-Fälle, aber nicht links diesem folgen, sondern geradeaus bzw. eher rechts halten. Diese Piste heißt nun RN 22. Ab hier nach 3,5 km Brücke.

Km 4, **SINTALI** – Ort.

Km 5,5, Brücke.

Km 13, Kreuzung (Unterstellhütte/Ruine Kolonialhaus), rechts: Piste nach Timbi Madina, links: Piste nach Timbi Touni bzw. Télimélé.

Km 17, **TIMBI TOUNI** – Ort. Wasserpumpe vorhanden.

Km 24, **OUANSAN** – Dorf.

Km 26,5, Wasserpumpe.

Km 29, **HORE OURY** – Dorf.

Km 34, **BENDE KOURE** – Dorf.

Km 40, **DIAGA** – Ort. Wasserpumpe.

Km 51, **KOWAWAL SOMO** – Wasserpumpe.

Km 60, **DONGOL TOUMA** — Ort. Wasserpumpe.

Km 78, **LASSOU** – Wasserhahn.

Km 84, **DJUNKUM** – Wasserpumpe und kleiner Bach vorhanden.

Km 92, **BHORNA** – Dorf.

Km 96, **LEY MIRO** – Wasserpumpe, donnerstags ist Markt.

Km 100, der Fluss Kakrima wird mit handbetriebener Fähre überquert (Preis vorher aushandeln).

Von Dongol Touma bis hier führt die Piste meist nur bergab.

Km 101, **KUSI** – Wasserpumpe.

Km 120, Kreuzung: Ort **GOUGOUDJE** (Wasserpumpe). Hier trifft die Piste Pita – Télimélé auf die Piste Télimélé – Kindia. Nach **TÉLIMÉLÉ** sind es noch ca. 12 km ansteigende Piste.

Ab Gougoudje (alle Orte haben eine Wasserpumpe):

Km 7, **KABA.**

Km 23, **SINTA** – Markt montags.

Km 54, **KONKURÉ.**

Km 71, **BANGOUYA.**

Km 86, **BAGUIA.**

Km 92, **TANENE** – Markt dienstags.

Km 116, **KINDIA** – S. M 6. (Ende M 6; Beginn M 8 und M 10.)

M 8: Kindia – Conakry (133 km)

Asphalt, guter Straßenzustand. Viel Verkehr.

KINDIA – S. M 6. (Ende M 6; Beginn M 7 und M 10.)

Km 67, **KOURYA**. Stadt.

Sehenswert: Fahren Sie 4,5 km die Piste nach rechts und dann etwa 300 m einen Feldweg zum Ufer eines Flüsschens; etwa 100 m flussabwärts steht man über einem schönen, 15 m hohen Wasserfall.

Km 82, **COYAH** – Kleiner Ort. Lebensmittel. Manchmal Treibstoff.

Unterkunft: Kleines Hotel (ca. 5000 FG/DZ mit Klimaanlage).

CONAKRY – S. M 4. (Ende M 4; Beginn M 9.)

M 9: Conakry – Forécariah – Pamelap – Kambia (135 km)

(04.92, Trooper) Asphalt bis 5 km vor Pamelap, dann gute Piste. Reisenden, die nach Sierra Leone weiterfahren, wird eine Treibstoffreserve empfohlen.

CONAKRY – S. M 5. (Ende M 4 und M 8.)

Die Straße nach Kindia einschlagen.

COYAH – Am Ortsausgang weiter auf der rechts abgehenden Asphaltstraße.

MAFERENA – Kleiner Ort. Lebensmittel. Treibstoff. Ananas-Konservenfabrik.

FORÉCARIAH – Dorf. Lebensmittel (Markt). Treibstoff. Hotel. (Ende M 10.)

Am Ortsausgang nach der Brücke hinter der Moschee nach rechts fahren.

FARMORENE – Großes Dorf. Polizeikontrolle.

PAMELAP – Grenzdorf. Formalitäten zur Ausreise aus Guinea (unproblematisch). Kl. Hotel im guineischen Teil des Dorfes.

KAMBIA – Kleiner Ort. Formalitäten zur Einreise nach Sierra Leone (unfreundlich), strenge Devisenkontrolle. (Beginn N 4.)

M 10: Kindia – Moussayah – Forécariah (120 km)

Piste (A/G), für alle Fahrzeuge in der Trockenzeit befahrbar, in der Regenzeit sehr schwierig. Viele Passagen über Vulkanfelsen; die Brücken sind zerstört, die Furten aber leicht passierbar.

KINDIA – S. M 6. (Ende M 6; Beginn M 7 und M 8.)

Nach Kindia vor den „Wasserfällen Voile de la Marie" Piste nach links nehmen.

Die Piste führt an den Bergen entlang und durchquert mehrere kleine Dörfer (keine Versorgungsmöglichkeit).

Km 90, **MOUSSAYAH** – Kleiner Ort. Lebensmittel.

Von hier ab breitere und besser zu befahrende Piste.

FORÉCARIAH – S. M 9. (Zur M 9.)

M 11: Mamou – Dabola (155 km)

(07.98, Mercedes G) Sehr guter Asphalt, aber Vorsicht vor vereinzelten Löchern. Die Brücken sind in gutem Zustand. Viele Kurven, aber sehr schöne Gebirgslandschaft. Vorsicht vor Geschwindigkeitsstoppern in den Ortschaften.

MAMOU – S. M 5. (Ende M 5; Beginn M 6 und M 20.)

Mamou auf der Asphaltstraße in Richtung Labé verlassen (M 5). Einige km nach Mamou Abzweig nach rechts, davor Straßensperre und Kontrolle.

Km 55, Timbo – Ort. Lebensmittel.

Km 66, Brücke über den Bafing (neu), alte Brücke steht noch daneben.

Km 148, Abzweig einer Piste rechts zum **TINKISSO-STAUDAMM**/-Fällen (Schild)

Vor Dabola Polizeikontrolle.

Km 155, **DABOLA** – Kleinstadt. Lebensmittel, Wasser, Treibstoff, Post. Viele kleine Bars. (Beginn M 12 und M 19.) Die nahe gelegenen Wasserfälle von Tinkosso sind durch den völlig ausgetrocknet.

Unterkunft: „Chez la Libanese", nahe Taxistand Richtung Mamou; einfache Zimmer, 5 US-$, schöner Innenhof.

M 12: Dabola – Kouroussa – Kankan (275 km)

(01.01, Nissan Patrol) Neue Teerstraße.

DABOLA – S. M 11. (Ende M 11; Beginn M 19.)

Km 0, Ortsende Dabola. Manchmal Polizeikontrolle, es wird nach Mängeln am Auto gesucht.

Von Dabola nach Kouroussa führen zwei Wege: die nördliche Asphaltstraße und die südliche Piste, die über Dialakania führt und bei Km 78 auf die Nordstrecke trifft. Von hier aus bis Kouroussa Teer.

Km 20, **BISSIKRIMA** – Ort. Sonntagsmarkt. Der Besitzer des Tanzclubs „Chez Cissé" (auf der Hauptstraße) vermietet Zimmer.

Km 43, Brücke über den Tinkisso.

Km 49, **KOUROUKORO** – Dorf. Einige Lebensmittel.

Km 68, neue elf-Tankstelle.

Km 104, schmale, gute Brücke über den Banié.

Km 121, **SANGUIANA** – Ort. Sonntagsmarkt.

Km 158, **KOUROUSSA** – Kleinstadt. Lebensmittel, Wasser, Tankstelle. (Beginn M 13a und M 24).

Km 189, Dorf. Abzweig rechts nach Kankan (geradeaus geht's nach Siguiri, s. M 27). Brücke über den Niger.

KANKAN – Ca. 100 000 Einw., zweitgrößte Stadt des Landes (s. Stadtplan). Gute Infrastruktur. Treibstoff auf dem Schwarzmarkt. Bei Sureté Regionale melden (links zwischen Taxistand und Markt an alter Tankstelle)! (Ende M 15 und M 22; Beginn M 13, M 14 und M 16.)

Unterkunft: Hotel „Baté", in der Nähe des Petit Marché, 21 saubere Zimmer mit WC/Du/Klima, 15–20 US-$, momentan (1994) das beste Hotel außerhalb Conakrys, Reservierung unbedingt nötig. „Le Refuge", ca. 2 km vom Ortszentrum entfernt, 7 Zimmer mit WC/Du, fl. Wasser am Morgen, sauber, 7 US-$. „A la bonne Auberge", nahe beim Hotel „Le Refuge" (s.o.), Zimmer 7 US-$, einfach, inzwischen völlig verdreckt. Es empfiehlt sich im „Restaurant la Sympatie, Chez Mama" neben der BICGUI-Bank zu essen und sich von „Mama" ein Hotel, z.B. „Galaxie" 10 000 CFA pro DZ (01.01), empfehlen zu lassen („Mama" zeigt den Weg).

M 13: Kankan – Niandankoro – Siguiri – Kourémalé – malische Grenze (217 km)

Piste (A/G, in der Regenzeit I).

KANKAN – s. M 12. (Ende M 12, M 15 und M 22; Beginn M 14 und M 16.)

Informieren Sie sich über den Zustand der Brücken und den Fährverkehr. Erdpiste, manchmal Wellblech.

Kurz vor Niandakoro Fähre über den Niger (ca. 500 FG/Fahrzeug), die auf Verlangen verkehrt (nur tagsüber) und bis zu drei Fahrzeuge aufnehmen kann. In Perioden von Niedrigwasser Gefahr des Einsandens bei den Anlegestellen.

NIANDAKORO – Dorf. Örtl. Lebensmittel. Einmündung in die von Kouroussa kommende Piste (s. M 27). Bis Siguiri Streckenverlauf entsprechend M 27. Wellblech mit einigen Löchern, viele Dörfer.

38 km nach Niandakoro, Dorf und Fähre über den Tinkisso (08.98: Lkw/Geländewagen 5000 FG, Pkw 3000 FG). Auf der anderen Flussseite Kontrollposten.

SIGUIRI – Stadt am Niger. Lebensmittel, Tankstellen, gute Versorgungsmöglichkeiten. Bank. (Zur 13a.)

Unterkunft: Hotel „Tam-Tam", „Relais Hotel Bate", „Hotel de la Paix".

Verschiedenes: Ausreiseformalitäten für Weiterfahrt nach Mali bei Zoll (nahe Gare Routière, Stempel auf Laissez passer) und Polizei.

Immer geradeaus durch die Stadt, an kl. Kirche vorbei, bei Gabelung nach links.

Hinter Siguiri wird die Piste steinig und eng, bleibt aber dennoch gut. Achtung, gelegentlich stößt man unvermutet auf eingestürzte Brücken. In der Trockenzeit können sie ohne Probleme durch das Flussbett umgangen werden.

Km 22 ab Siguiri, Dorf **BOURANFE.** An der Kreuzung geradeaus weiterfahren.

Km 33, **SOUM BARAKOBA** – Dorf.

Km 38, **SOUM BARAKA** – Dorf.

Km 46, **TATAKOUROU** – Dorf.

Km 51, **DOKO** – Dorf.

Km 53, **MADINAKOURA** – Dorf.

Km 58, **TOMOKO** – Dorf.

KOURÉMALÉ – Grenzdorf. Keine Versorgungsmöglichkeit.

Verschiedenes: Die Grenze schließt um 18 Uhr. Formalitäten zur Ausreise aus Guinea (Gendarmerie, Polizei und Zoll) und zur Einreise nach Mali (Gendarmerie und Zoll; alle Formalitäten müssen vor 14.30 Uhr erledigt werden, da die Zöllner sonst in der Regel Überstundenbezahlung verlangen).

Unterkunft: Auf der Terasse des Grenzpostens.

M 13a: Kouroussa – Siguiri – Kangaba (Mali) – Bamako (355 km)

(08.98, Mercedes G) Piste (A/G). Bis 29 km nach Kouroussa sehr löchrige Wellblechpiste, danach sehr gut (70 km/h) bis Siguiri. Nach Siguiri mäßig, viele tiefe Löcher. Ab der Grenze wieder gut (Wellblech). Die Piste folgt dem Nigerlauf.

Km 0, **KOUROUSSA** – s. M 12. (Zur M 12; Beginn M 24.) Ort in Ri. Kankan verlassen.

Km 29, Dorf. Abzweig rechts nach Kankan (M 12), nach Siguiri geradeaus weiter. Es folgen viele Dörfer mit Geschwindigkeitsstoppern auf der Piste (nicht zu schnell fahren).

Km 66, **NORASSOBA** – Ort. Lebensmittel, Wasser, kleines Hotel.

Km 94–104, Piste etwas schlechter, Wellblech und kl. Löcher (50 km/h).

Km 112, **NIANDAKORO** – Dorf. Örtliche Lebensmittel. Hinter dem Dorf mündet rechts die von Kankan kommende Piste ein (M 13). Bis Siguiri Streckenverlauf entsprechend M 13. Wellblech mit einigen Löchern, viele Dörfer.

Km 150, Dorf und Fähre über den Tinkisso (Lkw und Geländefahrzeuge 5000 FG, Pkw 3000 FG).

Auf der anderen Flussseite befindet sich ein Kontrollposten.

Km 158, **SIGUIRI** – S. M 13 (Zur M 13). Ausreisformalitäten bei Zoll (s.a. M 13, evtl. nicht nötig, weil nochmal Formalitäten in Nafadji). Immer geradeaus durch Stadt, vorbei an kl. Kirche, bei Gabelung Piste nach rechts nehmen (in Richtung Osten).

Mittelmäßige, holprige Piste mit vielen großen Löchern. Viele Felder.

Km 190, Kreuzung (verwirrendes Schild), links weiter in Ri. Banco (21 km) und mal. Grenze, rechts geht's zum Nigerufer.

Km 192, gute Brücke über den Koba.

In der Regenzeit große, tiefe Schlammlöcher, aber relativ gut zu umfahren.

Km 211, **NAFADJI** – Grenzort. Lebensmittel, Wasser. Ausreiseformalitäten bei Polizei, Zoll und bei Gendarmerie.

Km 214, Bachdurchfahrt, rechts Möglichkeit über Bretterverschlag (provisorische Brücke) den Bach zu überqueren. Besser durch fahren (auch in Regenzeit problemlos). Danach Piste wesentlich besser, sehr gut mit leichtem Wellblech.

Km 222, **TOMBOLA** – Erstes malisches Dorf.

Km 228, **BANANCORO** – Ort. Grenzformalitäten zur Einreise. Einreisestempel bei Gendarmerie (verlangt 1000 CFA Trinkgeld). Ausstellung des Laissez-passer beim Zoll (2000 CFA, 8 Tage gültig, Verlängerung in Bamako), Fahrzeugkontrolle. Beamte korrekt und problemlos.

Weiter auf guter, breiter Wellblechpiste.

Km 233, etwas brüchige Betonbrücke über Bach.

Km 237, **KÉNIÉGOUÉ** – Dorf. Lebensmittelversorgung.

Km 267, **KANGABA** – Kleinstadt. Tankstelle, Lebensmittel.

Unterkunft: Hotel „Le Mande" am Ortseingang.

Weiter auf schöner Allee Ri. Bamako.

Km 272, Kontrollposten.

Km 279, kleine Eisenbrücke (gut), 3 km weiter noch eine.

Km 287–290, Piste ist ziemlich löchrig und holprig.

Km 290, **KENIEROBA** – Dorf.

Nach dem Dorf wieder gute Wellblechpiste (in Regenzeit sehr glitschig).

Km 295, **NAGANABUGU** – Dorf.

Km 301, Brücke.

Km 302, **BANACOUMANA** – Ort. Lebensmittel. Schwarzmarkt-Treibstoff. Gendarmerie-Kontrollposten an Ortsausfahrt.

Km 307, **KOLE** – Dorf.

Km 314, **KOURESALE** – Dorf.

Km 325, **DJOLIBA** – Dorf.

Km 329, **SAMAYANA** – Dorf.

Km 337, Einmündung in die breite Piste von Kourémalé nach Bamako (M 13).

Km 347, Teerstraße (breit und gut).

Km 349, **SAMAYA** – Ort. Lebensmittel.

Km 354, Kreuzung: links nach Siby, rechts weiter nach Bamako.

Ca. 1 km später erreicht man die Vororte von Bamako.

BAMAKO – s. G 44 (Ende G 43, M 45, M 45a; Beginn M 32 und M 33.)

M 14: Kankan – Mandiana – Badogo (172 km)

(12.92, VW 181) Piste (A/G).

KANKAN – S. M 12. (Ende M 12, M 15 und M 22; Beginn M 13 und M 16.)

Kankan in Richtung Kérouané (M 16) verlassen und über die Milo-Brücke fahren.

Km 6, Abzweigung nach rechts. Geradeaus weiterfahren.

Km 13, Brücke.

Km 38, Eisenbrücke.

Km 46, **KODIERAN** – Kleiner Ort. Keine Versorgungsmöglichkeit.

Km 51 und 62, Dörfer. Keine Versorgung. Verbrannte Steppenlandschaft.

Km 87, **MANDIANA** - Kleiner Ort. Treibstoff auf dem Schwarzmarkt. Krankenhaus. Polizeikontrolle.

Verschiedenes: Zoll am Ortsausgang; Durchsuchung des Fahrzeugs und Überprüfung des Passierscheins.

Am Ortsausgang in Richtung der Fähre fahren; an der Kreuzung zunächst nach rechts, dann zweimal nach links halten.

Km 101, Fähre über den Sankarani-Fluss in desolatem Zustand (3000 FG/Fahrzeug).

Km 107, Abzweigung nach rechts; geradeaus weiterfahren.

Km 130, eingestürzte Brücke; über das Flussbett ausweichen.

Km 131 und 141, Dörfer. Keine Versorgungsmöglichkeit.

Km 146, **DANDELA** - Kleiner Ort. Keine Versorgungsmöglichkeit.

Km 155, **TOUMANINA** - Kleiner Ort. Lebensmittel.

Verschiedenes: Formalitäten zur Ausreise aus Guinea; Fahrzeugdurchsuchung (gesucht wird nach Waffen und Drogen); die Polizisten sind korrekt.

Km 160, **NIALE** - Kleiner Ort. Keine Versorgungsmöglichkeit.

Ab hier sehr schmale, schlechte Piste.

Km 172, **BADOGO** - Kl. Ort. Formalitäten zur Einreise nach Mali; das Laissez passer gilt 8 Tage (2000 CFA). (Beginn G 37.)

M 15: Odiénné (Elfenbeinküste) - Minignan - guineische Grenze - Tindila - Mandiana - Kankan (287 km)

(08.97, IFA W 50) Piste: bis Minignan gut, dann 30 km mäßig, ab Grenze sehr gut.

ODIÉNNÉ - S. P 1. (Ende P 1 und P 15; Beginn P 2 und M 17.)

Odiénné auf der Piste nach Bamako verlassen.

Km 24, nach links in Richtung Minignan abbiegen (Wegweiser).

Km 64, **MINIGNAN** - Kleiner Ort. Keine Versorgungsmöglichkeit. Formalitäten zur Ausreise aus der Elfenbeinküste. Von hier bis zur Grenze ist die Piste in besserem Zustand. Nach der Grenze verschlechtert sie sich wieder (während der Regenzeit schwierig zu befahren).

Km 68, Grenze.

Km 71, kleiner Ort. Kontrollen der guineischen Gendarmerie (Pass, Fahrzeugbegleitschein).

Km 90, guinesischer Grenzposten, im kl. Laden können FG und CFA zum normalen Kurs zurückgewechselt werden.

Km 93, **BOULA** - Kleiner Ort. Keine Versorgungsmöglichkeit.

Im Dorf die Piste nach links einschlagen.

Km 106, **TINDILA** - Kleiner Ort. Keine Versorgungsmöglichkeit.

2 km nach Tindila führt eine gute Piste nach rechts, auf der man Saladou umfahren kann und später wieder auf die Hauptpiste gelangt.

Km 116, **SALADOU** - Kleiner Ort. Keine Versorgungsmöglichkeit. Kontrolle von Gendarmerie und Polizei.

Da die direkte Piste nach Tiriro kaum mehr benützt wird, auf der Piste weiterfahren, die nach rechts ins Dorf führt (sehr gut).

Km 122, kleiner Ort.

Km 128, ab hier bessere Piste. Trotzdem ist mit einigen steinigen Passagen und schwierigen Durchquerungen ausgetrockneter Flüsse zu rechnen.

Km 141, **BAKOUNA** - Kleiner Ort. Keine Versorgungsmöglichkeit.

Km 145, kleiner Ort.

Km 151, **FARABA** - Kleiner Ort. Keine Versorgungsmöglichkeit.

Km 168, kleiner Ort.

Km 172, **TIRAKOULOU** - Kleiner Ort. Keine Versorgungsmöglichkeit.

Km 182, man trifft auf die gute Piste Bougouni - Kankan; nach links fahren.

Km 188, kleiner Ort und Steindamm durch Fluss.

Km 197, **MANDIANA** - Kleiner Ort. Keine Versorgungsmöglichkeit. Zoll, Polizei und Gendarmerie. 5000 FG für zwei Stempel in Pass beim Chef der Polizei zahlen!

Danach gute Piste (leichtes Wellblech).

Km 225, Eisenbrücke und kleiner Ort.

Km 236 bis 241, mehrere Dörfer.

Km 245, Kurzwellensender.

Km 250, drei Brücken, darunter eine Eisenbrücke, kleiner Ort.

Km 268, kleiner Ort. Mangoplantagen.

Km 273, kleiner Ort.

Danach Eisenbrücke und ein zweites Dorf.

Km 278, großes Dorf.

Einfahrt auf die Kankan-Ebene; man passiert mehrere Mangoplantagen.

Km 284, kleiner Ort.

KANKAN – S. M 12. (Ende M 12 und M 22; Beginn M 13, M 14 und M 16.)

M 16: Kankan – Kérouané – Beyla – Nzérékoré (398 km)

(02.96, Land Rover) Piste (A/G, in der Regenzeit I), zwischen Kérouane und Beyla sehr gute Piste mit Betonbrücken. Viele kleine, schlecht erhaltene oder zerstörte Holzbrücken, einige Wellblechpassagen.

KANKAN – S. M 12. (Ende M 12, M 15 und M 22; Beginn M 13 und M 14.)

Km 150, **KÉROUANÉ** – (Ende M 25.) Städtchen. Die Lebensmittelversorgung ist schwierig. Wasser. Treibstoff. Disco, wenn der Generator nicht gerade kaputt ist. Im Gegensatz zu den Angaben auf der Michelinkarte 953 führt die Piste durch den Ort.

Km 234 bis 237, Überquerung eines Passes. Ausgewaschene und von Spuren durchfurchte Piste.

Km 265, **BEYLA** – Kleiner Ort. Lebensmittel. Gutes Brunnenwasser. Treibstoff selten. Hotel. (Beginn M 17.)

Bis Boola gut befahrbare Piste.

Km 289, Holzbrücke, die rechts über das Flussbett umfahren werden kann.

BOOLA – Kleiner Ort ohne Versorgung.

Hinter Boola auf 30 km sehr schlechte Piste (tiefe Furchen, Schlamm); danach wieder gut befahrbar.

Km 333, eingestürzte Holzbrücke; man hat die Möglichkeit, entweder das Fahrzeug über den Fluss ziehen zu lassen (1,5 m Wassertiefe) oder in der Umgebung einen besseren Übergang zu suchen. Das beste ist, hier einen Führer zu nehmen, da die Brücken nicht immer stabil genug sind.

NZÉRÉKORÉ – 30 000 Einw. Gute Infrastruktur (s. Stadtplan). (Beginn M 18; Ende M 23.)

Unterkunft: „Orly", einfache und saubere Billigunterkunft, nahe Gouvernat, von Liberianern geführt, 3 US-$, Bar-Restaurant mit liberianischen Spezialitäten. „Bakoli", Richtung Gare-Voiture Yomou, zentral, Zimmer z.T. mit Dusche und WC, fließend Wasser, 3–6 US-$, schöner Innenhof.

In der Umgebung: Die Nimba-Berge.

M 17: Beyla – Sinko – Tinkoro – Grenze – Booko – Odiénné (ca. 237 km)

(02.96, Land Rover) Piste.

BEYLA – S. M 16. (Zur M 16.)

Km 58, **SINKO** – Dorf. Polizei (Personalienaufnahme, Zoll stempelt Laissez passer ab).

Km 94, **TINKORO** – Dorf. Formalitäten zur Ausreise aus Guinea (Gendarmerie, Zoll, Polizei und Militär).

Km 98, Zoll der Elfenbeinküste.

Km 112, Dorf.

Km 117, **BOOKO** – Dorf. Beim Zoll Vignette ausstellen lassen (2000 CFA), kein Laissez passer oder Carnet nötig.

Hübsche ursprüngliche Gegend, viel Wald, Kaffeeanbau, immer wieder sumpfige Niederungen, großer Bambuswald, viele Löcher zur Regenzeit, ohne Allrad Gefahr steckenzubleiben.

Km 237, **ODIENNE** – S. P 1. Polizeiformalitäten zur Einreise in die Elfenbeinküste. (Zur P 1; Beginn P 2.)

M 18: Nzérékoré – Lola – Nzo – ivorische Grenze – Danané (134 km)

Piste (A/I). Wer diese Strecke in entgegengesetzter Richtung fährt, sollte die Pässe bereits in Danané abstempeln lassen, da der Polizeiposten an der Grenze keinen Ausreisestempel hat.

NZÉRÉKORÉ – S. M 16. (Ende M 16 und M 23.)

Am Ortsausgang von Nzérékoré führt eine schlechte Piste (große Löcher, Furchen) nach rechts in Richtung Lola und durchquert den Regenwald.

In der Trockenzeit harter Lateritboden, in der Regenzeit sehr glitschig. Die Holzbrücken sind baufällig. Zahlreiche Dörfer, malerische Märkte, fröhliche und sympathische Menschen.

Km 42, **LOLA** – Kleiner Ort. Lebensmittel, Wasser, Polizeikontrolle.

In der Umgebung: Für eine Exkursion in die Nimba-Berge ist eine Genehmigung des Präfekten erforderlich. Ein Geländefahrzeug ist unabdingbar. Großartige Landschaft.

Bis zu Grenze gute Piste.

Km 45, kleiner Ort. Nach links halten. An der Kreuzung bei der Polizei melden.

Km 69, an der Kreuzung rechts.

Km 75, **NZO** – Kleiner Ort. Nur Zollkontrolle, die Polizeikontrolle erfolgt an der Grenze einige Kilometer weiter. Nach Überquerung der Brücke bei

Km 95, **GBABLEU** – Zollposten der Elfenbeinküste. Bis Danané gute Piste.

DANANÉ – S. P 14. (Ende P 14; Beginn P 15 und O 1.) Polizeiformalitäten zur Einreise.

M 19: Dabola – Faranah (110 km)

Piste (A/G/I).

DABOLA – S. M 11. (Ende M 11; Beginn M 12.)

Zwischen Dabola und Faranah enge, aber gute Piste. Man passiert mehrere kleine Dörfer. Die Einwohner sind sehr freundlich.

Hinter Bèlèya Brücke über den noch ganz schmalen Fluss Niger.

FARANAH – Stadt am Oberlauf des Niger. Versorgung insgesamt gut. Treibstoff selten. Kleines Restaurant am Flughafen. (Ende M 20 und N 3; Beginn M 21.)

M 20: Mamou – Faranah (194 km)

(12.98, Mercedes 290 GD) Guter Asphalt mit einigen Schlaglöchern. Berglandschaft, dann Ebene.

MAMOU – S. M 5. (Ende M 5; Beginn M 6 und M 11.)

Km 10, Kontrollposten bei kleinem Dorf.

Km 64, **OURÉ-KABA** – Ort. Tankstelle.

Km 97, **MARELLA** – Ort. Tankstelle mit Getränkeausschank.

Km 171, rechts Abzweig (Wegweiser) nach Sierra Leone.

Km 194, **FARANAH** – S. M 19. (Ende M 19, M 24 und N 3; Beginn M 21.)

M 21: Faranah – Kissidougou (139 km)

(12.98, Mercedes 290 GD) Gute Asphaltstraße. Viel Verkehr. Die Strecke führt durch Savannen- und Gebirgslandschaft.

FARANAH – S. M 19. (Ende M 19, M 20, M 24 und N 3.)

KISSIDOUGOU – Kleinstadt. Lebensmittel (Markt), Flughafen, drei Tankstellen. Krankenhaus mit französischem Arzt. Sehenswertes Museum im Zentrum. (Beginn M 22, M 23 und M 25.)

Unterkunft: Hotel-Restaurant „Kissi", Zi und Appartement, dreckig, ohne Komfort, 3 bis 20 US-$, Restaurant mit einfachen Gerichten für 2 bis 4 US-$. „Le Palmier, Auberge Guinée Forestière", 1,5 km Richtung Guékédou links, schöne, komfortable Zi (15 bis 40 US-$), gute franz. und internat. Küche (5 bis 10 US-$). Hotel „Le Savannah" recht gut.

M 22: Kissidougou – Kankan (190 km)

Asphalt. Auf den ersten 80 km schlechter Straßenzustand (Schlaglöcher). Wenig Verkehr.

KISSIDOUGOU – S. M 21. (Ende M 21; Beginn M 23 und M 25.)

KANKAN – S. M 12. (Ende M 12 und M 15; Beginn M 13, M 14 und M 16.)

M 23: Kissidougou – Guékédou – Macenta – Nzérékoré (312 km)

(12.98, Mercedes 290 GD) Asphalt, schlecht bis miserabel. Fantastische Berglandschaft. Bis Guékédou viel Verkehr. Brücken neu gebaut. Trop. Regenwald abgeholzt.

KISSIDOUGOU – S. M 21. (Ende M 21; Beginn M 22 und M 25.)

Km 3, Posten am Ortsende.

Km 41, **MILLIMOU** – UNHCR-Flüchtlingslager für Flüchtlinge aus Sierra Leone und Liberia.

Km 84, **GUÉKÉDOU** – Lebhafte Kleinstadt. Lebensmittelversorgung (großer Markt). Treibstoff auf dem Schwarzmarkt. Kalte Getränke in den vielen kleinen Geschäften.

Unterkunft: Hotel „Hibiscus", am Ortsausgang nach rechts fahren und die Brücke passieren, 4 Zimmer, Strom, sauber und sympathisch, 7 US-$, gutes Restaurant mit Terrasse (Mahlzeit 3–7 US-$). Hotel „Stadium", beim Fußballstadion, zentral gelegen, 8 Zi, einfach, ziemlich sauber, 4 US-$.

Km 88, Shell-Tankstelle.

Km 91, Posten, Police und Douane.

Km 105, **TEKONTOU** – Ort.

BOFOSSOU – Kleiner Ort. Im Camp der „Société Lefèbvre" med. Versorgung.

Km 148, **KOULOUMA** – Ort. Katholische Mission.

Km 155, **BALIZIA** – Ort.

Km 172, einfache „Bar/Motel Le Tam-Tam".

Km 174, **MACENTA** – Kleine Bergstadt. Lebensmittel (schöner Markt). Treibstoff.

Unterkunft: „Le Sapin", Ausfahrt Richtung Nzérékoré, Schild rechts, 6 Zimmer mit WC/Du, sauber, 5 US-$, schön gelegen, Restaurant. Hotel „Magnétie", im Zentrum, 15 Zimmer, einfach, 5 US-$, Dancing, Restaurant. „Palm-Hotel", im Zentrum, 24 Zimmer, einfach, Restaurant.

Sehenswert: Die Lianenbrücke neben der Fähre über den Diani.

Km 203, schwierige Schlammpassagen, da die Straße komplett kaputt ist. Wenn Fahrzeuge stecken bleiben, dann Stau.

Km 213, **SÉRÉDOU** – Ort. Tankstelle, Hotel-Restaurant „Chez Josephine", etwas außerhalb (einfach). Ende des Forêt de Ziana.

Km 224, Straße unterbrochen.

Km 253, **NZEBALA** – Ort.

Km 257, kleine Cascade links der Straße, schöne Landschaft.

Km 303, Kontrollposten.

Km 305, Hotel-Rest. „Eau Vive plus", einfache Rundhüttenanlage.

Eine Straße mit Mittelstreifen und doppelter Spurbreite nach Nzérekoré.

Km 312, **NZÉRÉKORÉ** – S. M 16. (Ende M 16; Beginn M 18.)

M 24: Kouroussa – Banfèlè – Faranah

(02.96, Land Rover 109) Piste (G) bis Banfèlè z.T. schlecht, ab Banfèlè sehr gut.

KOUROUSSA – S. M 12 (Zur M 12; Beginn 13a.). Ort Richtung S-SW verlassen.

Ca. km 15, neue Fähre über den Niger (5000 FG).

Nicht zu verfehlende Piste, sehr ausgewaschen, z.T. steiniger Untergrund. Fahrt an vielen kleinen Dörfern vorbei mit sehr freundlichen Einwohnern.

BANFÈLÈ – Dorf. Ab hier sehr gute Piste (beschildert) nach Faranah.

FARANAH – S. M 19 (Ende M 19, M 20 und N 3; Beginn M 21.).

M 25: Kissidougou – Férédou – Banankoro – Kérouane (125 km)

(02.96, Land Rover 109) Asphalt und Piste. Achtung! Ca. 30 km nach Férédou bis Banankoro Diamantenminen. Diese Strecke ist nur mit Bewilligung aus Conakry zu befahren! Nach langer Diskussion ohne Bewilligung evtl. Durchfahrt mit Poilzeibegleitung möglich.

KISSIDOUGOU – S. M 21 (Ende M 21; Beginn M 22 und M 23.). Die Stadt in Ri. Kankan verlassen (M 22).

Km 28, Abzweigung nach rechts Richtung Banankoro.

Km 0, Abzweigung.

Km 9, Piste links nicht beachten (führt nach Dorf Konardo).

Km 11, **SINSSIKORO** – Dorf.

Km 16, **SIRKOUDO** – Dorf.

Km 20, **MANFRAN** – Dorf.

Km 34, Dorf.

Km 38, starkes Wellblech.

Km 40, **FÉRÉDOU** – Dorf.

Km 57, sehr steiler Anstieg auf einer guten Piste.

Km 70, Polizeikontrolle (ab hier Genehmigung nötig).

Km 90, **BANANKORO** – Ort in Richtung Kérouané verlassen (Wegweiser).

Km 93, Kontrollposten.

Km 94, rechts.

Km 96, Dorf, Kontrollposten.

Km 115, **MANITOU** – Dorf.

Km 116, Metallskelettbrücke.

Km 125, Fluss, kein Fährverkehr mehr. Es ist möglich, das Auto mit Pirogen über den Fluss zu bringen (5000 FG). Nicht über 2 t. Durchfluten in der Trockenzeit kein Problem.

KÉROUANÉ – S. M 16 (Zur M 16.)

M 26: Bandafassi (Senegal) – Salémata – Youkounkoun (Guinea) – Koundara (129 km)

(08.98, Mercedes G) Piste (H), bis Salémata recht gut, danach wird die Piste immer schmäler und ist eigentlich nur noch ein kleiner Fußpfad (keinerlei Autoverkehr). Pfad führt durch dichtes Gebüsch, ist aber gut befahrbar. Ab Youkounkoun wieder gute Piste (Wellblech) bis Koundara. Die Ausreiseformalitäten für Senegal müssen in Kédougou erledigt werden und nur in diese Richtung befahrbar. Von Koundara kommend ist keine Einreise in den Senegal über Youkounkoun möglich. Die Strecke ist die beste Alternative zu den steinigen und sehr schlechten Gebirgsstrecken M 1 und M 2 um nach Guinea zu kommen (vor allem in der Regenzeit!). Nicht auf der Michelinkarte eingezeichnet. Reizvolle Landschaft.

BANDAFASSI – S. L 9.

Km 5, Abzweig einer Piste rechts nach Chick.

Km 8, **IBEL** – Dorf.

Km 16, **NDÉBOU** – Dorf.

Abwechslungsreiche, reizvolle Landschaft: z.T. bergig (schöne Felsen), dann Wald mit Bambus durchsetzt. Viele Dörfer.

Km 28, Dorf, kurz danach Brücke über den Tiokoye.

Üppiges Waldgebiet mit vielen Palmen.

Km 40, Piste ist über ca. einen km ziemlich ausgewaschen (Rillen längs und quer), danach wieder gut.

Km 43, **TIANKOYE** – Dorf.

Km 50, über 500 m Auswaschungen bergab.

Km 57, Brücke über den Diakha.

Km 63, **SALÉMATA** – Kleiner Ort. Gendarmerie-Posten. Campement. In Richtung Youkounkoun in der Ortsmitte (Läden) links auf Pfad abbiegen.

Km 65, Dorf.

Weiter entlang dem Pfad an zahlreichen Hütten vorbei, bergauf und bergab. Zuerst geht's in Richtung SO, dann immer weiter nach SW. Z.T. steile Steigungen, sonst gut befahrbar.

Km 72, Kreuzung (Schild), links nach Etiolo, geradeaus weiterfahren.

Km 73, Wegweiserstein: Etiolo nach rechts, nach Youkounkoun links weiter.

Danach z.T. größere Auswaschungen und Rillen. Dicht besiedelte Region, immer wieder Hütten.

Km 76, Verzweigung, rechts weiter in Richtung SW.

Kurze Abschnitte steil bergauf und bergab, zwei Bachdurchfahrten (Regenzeit).

Km 79, Dorf.

Die Piste wird immer schmäler, bis man nur noch einem kleinen Pfad durchs dichte Gebüsch folgt.

Km 81, Hausruine neben dem Pfad, Pos. **N 12°33,248′ W 012°54,774′.**

Km 82, Dorf.

Km 88, Bachdurchfahrt.

Km 100, Betonbrücke, **N 12°31,775′ W 013°04,264′.**

Km 103, **OUROUS (GUINEA)** – Malerischer Ort in fantastischer Landschaft.

Km 105, Einmündung in gute Piste. **N 12°31,295′ W 013°06,747′.** Rechts weiter nach Youkounkoun, links geht's nach Guingan.

Km 106, **YOUKOUNKOUN** – Idyllischer Ort mit riesiger, schöner Kapokbaum-Allee. Guter Pumpbrunnen. Einreisestempel bei Polizei (freundlich und problemlos).

Ab Youkounkoun weiter auf guter Wellblech-Piste (in der Regenzeit einige kleine Löcher).

Km 118, Brücke.

Km 129, **KOUNDARA** – s. M 3 (Zur M 3.). Beim Douane (Zoll, freundlich) melden und Transit-Gebühr bezahlen (ungefähr 30 000 CFA für Geländewagen, s. Überblick Guinea); runterhandeln möglich, vor allem wenn man bereits in Dakar bei der guin. Botschaft für die Ausstellung des Laissez passer bezahlt hat. Die Quittung („Quittance de transit") wird an Straßenposten nach Koundara kontrolliert (korrupte Beamte).

M 27: Ziguinchor (Senegal) – Bissau (Guinea-Bissau) – Kandika (Guinea)

(09.95, Motorrad Kawasaki, und 1996, Mercedes LAK 1513) Asphalt, bis Ingore sehr gut. Zwischen Bissau und Mansoa Schlaglöcher, danach einwandfrei. Nach Pitche Piste (A/G) bis Koundara. Obligatorische Kontrolle vor Bissau, sehr genaue Straßenkontrolle in Bambadinca (Warndreieck, Feuerlöscher, Mautgebühr). Freundliche Bevölkerung. Treibstoff nicht immer erhältlich.

ZIGUINCHOR – S. L 5 (Zur L 5.).

Ausreiseformalitäten für den Senegal direkt an der Grenze, Einreiseformalitäten (Militär und Zoll) für Guinea-Bissau ebenfalls.

SAO DOMINGOS – Grenzort. Einreisestempel bei der Polizei.

INGORE – Dorf. Keine Versorgungsmöglichkeiten. (Beginn M 25.)

Neue Fähren (200 t) in Richtung Bissau.

BISSAU – Verschlafene Hauptstadt, alle Versorgungsmöglichkeiten, ca. 200 000 Einw. Kolonialbauten der Portugiesen (schönes Flair). (Ende M 29.)

Unterkunft: Einige Hotels wurden bei den Unruhen im Fühjahr 1999 zerstört oder geschlossen. „Hotel 24. Sep" (1996: DZ 160 US$), 2 km nördlich vom Zentrum, Luxushotel. „Hotti Hotel Bissau" (1996: DZ 125 US$), 4 km vom Zentrum. „Grand Hotel de Paris" (1996: DZ 30 US$), „Tar-Mar-Hotel" (1996: DZ 45 US$), „Hotel Pensao Central". Campingmöglichkeit vor der Abfertigungshalle des Flughafens. Evtl. Campmöglichkeit beim Zoologischen Garten.

Essen: Mittagessen im „Hotel Pensao Central" (Kolonialzeit-Charme), in der Nähe der beiden Banken, 3-Gänge-Menü für 3 US$. Laden für Importfleisch im Zentrum.

Verschiedenes: Wer den **Bijagos-Archipel** besuchen will, kann sein Fahrzeug auf dem bewachten Gelände von Andreas Goll abstellen; seine Reifenfirma „Almagui" liegt 1 km nach dem Flughafen Richtung Innenstadt. Flughafen: samstags Flug nach Dakar, dienstags nach Abidjan, außerdem Verbindungen nach Portugal und Cabo Verde. Nach Bubaque verkehrt derzeit nur eine Fähre. Geldwechsel: besser Geldwechselstuben hinter der Post benutzten, besserer Kurs als in der Post. Botschaften: Schweden, Libanon, Taiwan, Portugal, Brasilien, Frankreich. Geldwechsel: Travellerschecks werden nur in der Banco International de Guiné-Bissau und Banco Cetral de Guiné-Bissau gewechselt, außerdem im Supermarkt Mavergo. Schwarzhändler nahe dem Mercado Central (Kurs kaum besser als bei Bank).

Sehenswert: Der Markt, Kolonialbauten, Zoologischer Garten.

BAFATA – Großer Ort. Alle Versorgungsmöglichkeiten. Kleines Hotel/Restaurant unter franz. Leitung gegenüber der Kirche, interessanter Markt beim alten Hafen, viele alte Kolonialgebäude. (Zur M 29.)

GABU – Ort. Letzte Tankstelle vor der Grenze (volltanken, da Treibstoffversorgung in Guinea nicht mehr sichergestellt). Gutes Restaurant beim Hotel „Oasis".

PITCHE – Ort. Ausreiseformalitäten evtl. schon hier möglich.

Asphaltende, einwandfreie Piste bis

BURUNTUMA – Ausreise Guinea-Bissau (schnell und korrekt).

Zwischen Buruntuna und Kandika wird die Piste schlagartig schlecht.

KANDIKA – Einreise Guinea (relativ unproblematisch, „cadeau" werden erwartet).

Bis Koundara üble Piste, in der Regenzeit wahrscheinlich unpassierbar.

KOUNDARA – S. M 3 (Zur L 3; Ende M 26.).

M 28: Ingore – Farim – Mansaba – Mansoa – Bissau

(1996, Mercedes LAK 1513) Gute Naturstraße, während der Regenzeit glitschig. Die Umfahrung des Cacheu hinter Farim (möglichst mit Führer) ist in der Regezeit unpassierbar. Ab Mansaba guter Asphalt bis Mansoa. Dann auf den ersten 30 km nach Mansoa sehr löchriger Asphalt, 20 km vor Bissau besser.

IGNORE – S. M 27.

FARIM – Markt. Übernachtungsmöglichkeit bei katholischer Mission. Fähre nur für Fahrzeuge bis 4 t.

Weiter nach Mansaba kann der Fluss Cacheu umfahren werden. Die Piste zweigt hinter der kath. Kirche ab (wenig befahren).

Km 15, Dorf, rechtwinkliger Abzweig nach rechts.

Km 31, der (nur noch 8 m breite) Cacheu fließt rechts der Piste.

Km 35, Furt über den jetzt trockenen Cacheu, kleines Dorf.

Km 37, Dorf.

Km 40, großes Dorf, Weg nach Mansaba schwer zu finden.

Ca. Km 62, große Piste von links.

Ca. Km 66, **MANSABA** – Ort.

MANSOA – Bei der Einmündung in die Hauptstraße Bissau – Gabun neue, moderne Tankstelle mit kalten Getränken.

BISSAU – S. M 27. (Zur M 27; Ende M 29.)

M 29: Kolda – Bafata – Bissau (325 km)

(04.02, MB 207) Bis Bafata Piste (meist Wellblech), dann guter Asphalt mit einigen tückischen Schlaglochpassagen. Bei Gefechten in der Casamance oder wenn der Hauptübergang bei Ziguinchor gesperrt ist, ist dies die Alternativroute von Dakar nach Bissau.

KOLDA – S. L 5. (Zur L 5.)

Km 7, unbeschilderter Abzweig auf Piste Richtung Süden.

Km 32, senegalesischer Grenzposten.

SALIKÉNIE – Schnelle und korrekte Abwicklung. Das Austragen des Fahrzeugs aus dem Pass kostet 2500 CFA (2002).

Km 36, **CAMBAJU** – Grenzposten von Guinea-Bissau. Außer Sprachproblemen (kein französisch) keine Schwierigkeiten mit dem Zoll. Allerdings wurde 2002 kein Passavant ausgestellt, was bei Kontrollen im Landesinneren für lange Diskussionen sorgt.

Km 54, **CANHAMINA** – Kleine Ortschaft. Weiter auf staubiger Piste entlang einer Allee mit großen Bäumen.

Km 78, **CONTOBOUL** – Großes Dorf mit vielen Läden. Wenige Kilometer hinter dem Ort führt eine solide Brücke über den Rio Geba; hübsche Landschaft mit Reisfeldern.

Km 106, Ende der Piste, Polizeikontrolle.

Km 110, **BAFATA** – S. M 27. (Zur M 27.).

Km 138, **BAMBADINGA** – Ort. Viele Läden, Diesel aus Kanistern.

Km 242, **JUGUDUL** – Abzweig links nach Bissau, rechts nach Mansoa. Große Tankstelle, Polizeikontrolle.

Km 307, **SAFIM** – Abzweig links nach Bissau, rechts nach Bula (diese Route war aber im März 2002 wegen Brückenbauarbeiten gesperrt). Wenige Kilometer hinter Safim großer Zoll- und Polizeiposten (Eintrag des Fahrzeugs).

Km 325, **BISSAU** – S. M 27. (Zur M 27.)

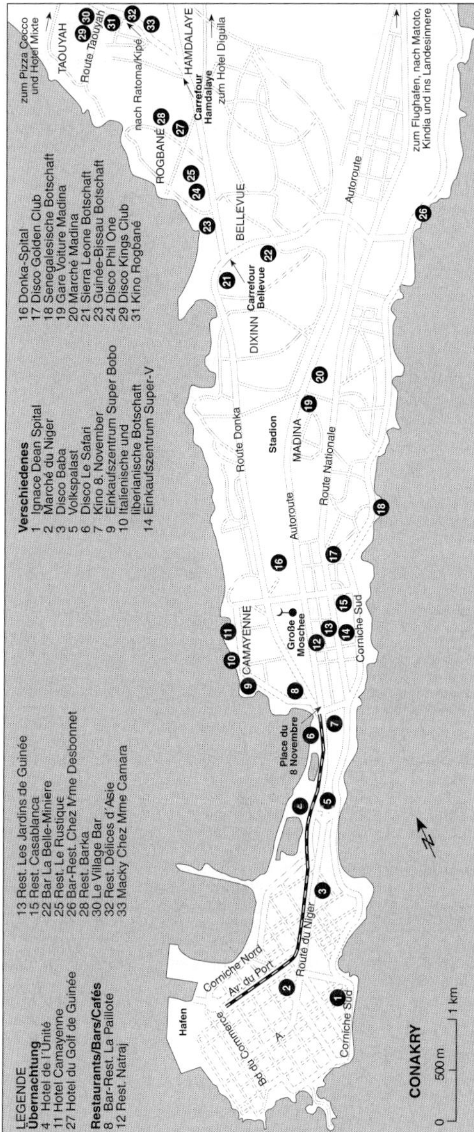
CONAKRY
0 500 m 1 km
LEGENDE
Übernachtung
4 Hotel de l'Unité
11 Hotel Camayenne
27 Hotel du Golf de Guinée
Restaurants/Bars/Cafés
8 Bar-Rest. La Paillote
12 Rest. Natraj
13 Rest. Les Jardins de Guinée
15 Rest. Casablanca
22 Bar La Belle-Minière
25 Rest. Le Rustique
26 Bar-Rest. Chez Mme Desbonnet
28 Rest. Barka
30 Le Village Bar
32 Rest. Délices d'Asie
33 Macky Chez Mme Camara
Verschiedenes
1 Ignace Dean Spital
2 Marché du Niger
3 Disco Baba
5 Volkspalast
6 Disco Le Safari
7 Kino 8. November
9 Einkaufszentrum Super Bobo
10 Italienische und liberianische Botschaft
14 Einkaufszentrum Super-V
16 Donka-Spital
17 Disco Golden Club
18 Senegalesische Botschaft
19 Gare Voiture Madina
20 Marché Madina
21 Sierra Leone Botschaft
23 Guinée-Bissau Botschaft
24 Disco Phil One
29 Disco Kings Club
31 Kino Rogbané
Hafen
Bd du Commerce
Av. du Port
Corniche Nord
Route du Niger
Corniche Sud
Place du 8 Novembre
CAMAYENNE
Große Moschee
Autoroute
Route Nationale
Stadion
MADINA
Route Donka
DIXINN
Carrefour Bellevue
BELLEVUE
ROGBANÉ
nach Ratoma/Kipé
Carrefour Hamdalaye
HAMDALAYE
zum Hotel Diguila
TAOUYAH
Route Taouyah
zum Pizza Cocco und Hotel Mixte
zum Flughafen, nach Matoto, Kindia und ins Landesinnere

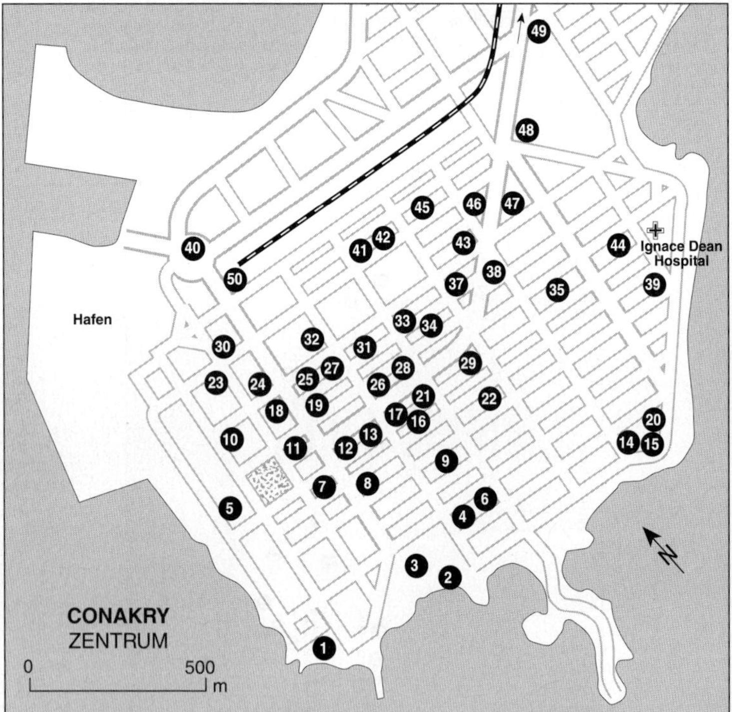

Übernachtung
1 Hotel Indépendance
12 Hotel Kaloum
37 Hotel du Niger
44 Pension Doherty
48 Mission Catholique

Restaurants/Bars/Cafés
4 Macky
6 Les Iles
7 Bar-Café au Bon Coin
8 Le Conakry
12 Brasserie Kaloum
15 Restaurant le Refuge
16 African Queen
20 Macky
25 La Calebasse
26 Café de Pressing
29 Patisserie Centrale
33 Bar le Palmier
34 Le Cèdre
39 Le Rocher
40 Straßenbeizen
41 L´Escale de Guinée
42 Le Djoliba
43 Libanesischer Imbiss
45 La Gentilhommière
47 Patisserie Le Damier

Verschiedenes
2 Boulbinet-Hafen (Pirogen zu den Inseln)
3 Palais OUA/Regierungssitz
5 Ministère du Commerce, Transport et Tourisme
9 SOGUIP (Bücher/Zeitungen)
10 Immigration/Verlängerung
11 Kathedrale
12 Air Afrique
13 Sabena
14 Nationalmuseum
17 Karou Voyages, Stadtbüro/ Guinée Travel Service
18 CEDUIST
19 BIAG Bank
21 UTA, Air Guinée
22 Dr. Thermos Samal
23 Deutsche Botschaft
24 Franz. Botschaft/Alliance Franco-Guinéen
26 Kino und Dancing Le Palace/Holzbildhauer
27 Geldwechsler (Schwarzmarkt)
28 BICIGUI
29 Air Maroc/Aeroflot/KLM
30 USA-Botschaft
31 Disco Tropicana
32 Hauptpost/Telefon
35 Librairie l´Apostrophe
36 Bahnhof
38 Supermarché
46 Marché du Niger
49 zum Supermarkt Mackity
50 Bahnhof

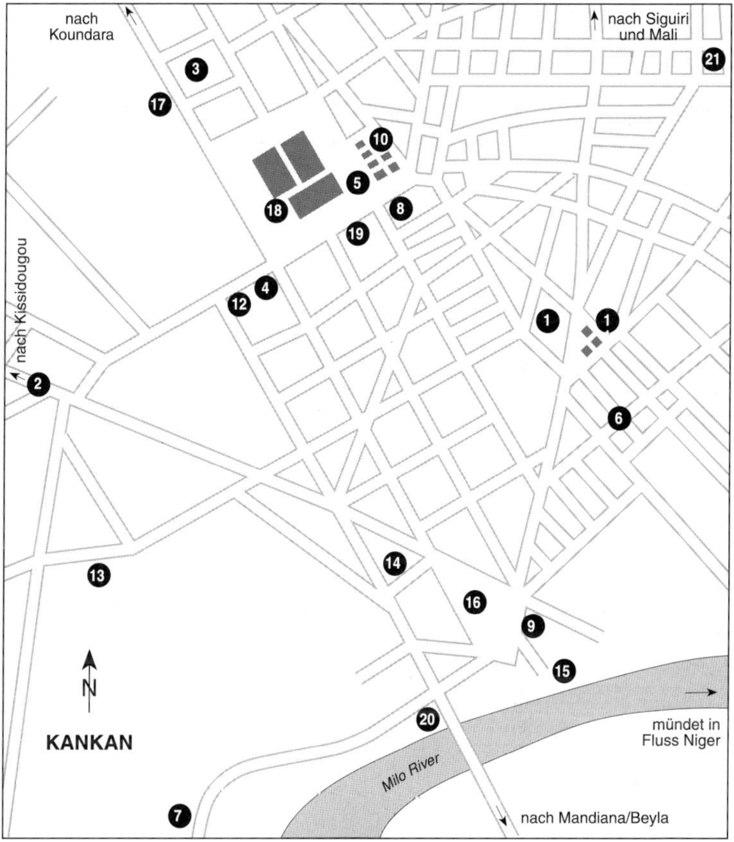

LEGENDE

Schlafen/Essen/Bars
1 Hotel Baté
2 Richtung Chez Mme Marie und À la Bonne Auberge
3 Hotel Buffet de la Gare
4 Mission Catholique
5 Macky Chez Maman Souman
6 Macky Calao
7 Richtung Macky La Source
8 Cafè Contact
9 Macky beim Hafen

Verschiedenes
10 Grand Marché
11 Petit Marché
12 BICIGUI Bank
13 Médicins sans Frontières
14 Krokodil-Brunnen
15 Ehemaliger Hafen
16 Gare Voiture
17 Bahnhof
18 Universität
19 Post
20 Ursprung Kankans
21 Richtung Hauptmoschee

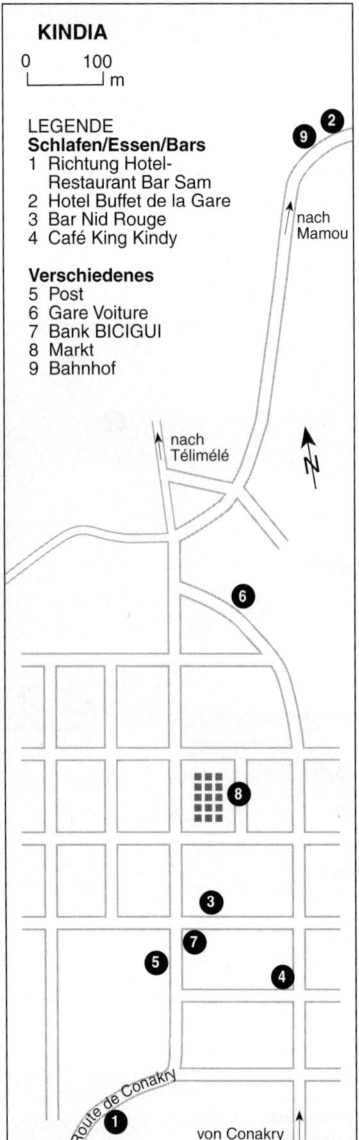
KINDIA
0 100 m
LEGENDE
Schlafen/Essen/Bars
1 Richtung Hotel-Restaurant Bar Sam
2 Hotel Buffet de la Gare
3 Bar Nid Rouge
4 Café King Kindy
Verschiedenes
5 Post
6 Gare Voiture
7 Bank BICIGUI
8 Markt
9 Bahnhof
nach Mamou
nach Télimélé
N
Route de Conakry
von Conakry

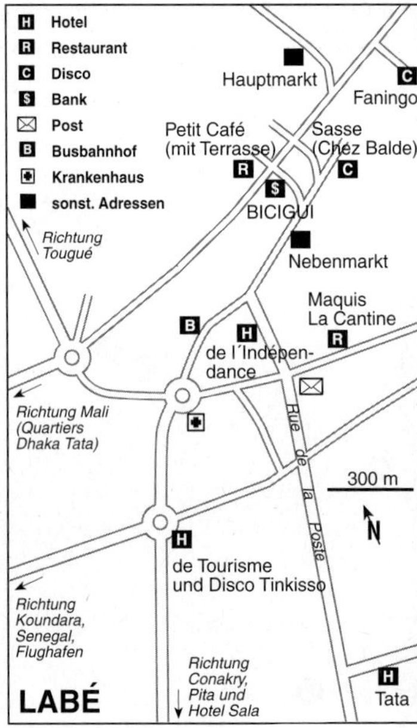
Hotel
Restaurant
Disco
Bank
Post
Busbahnhof
Krankenhaus
sonst. Adressen
Hauptmarkt
Faningo
Petit Café (mit Terrasse)
Sasse (Chez Balde)
BICIGUI
Richtung Tougué
Nebenmarkt
Maquis La Cantine
de l'Indépen-dance
Richtung Mali (Quartiers Dhaka Tata)
Rue de la Poste
300 m
N
de Tourisme und Disco Tinkisso
Richtung Koundara, Senegal, Flughafen
Richtung Conakry, Pita und Hotel Sala
LABÉ
Tata

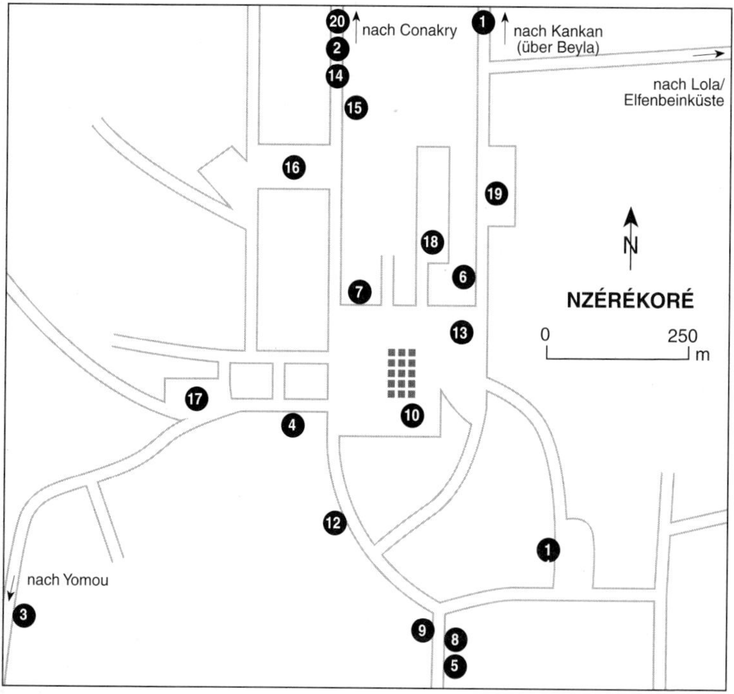

LEGENDE

Schlafen/Essen/Bars
1 Richtung Mission Catholique
2 Richtung Centre d'Acceuil
3 Hotel Bar Hanoi
4 Hotel Bakoli
5 Richtung Hotel Corniche Peking
6 Restaurant Chez M. Sow
7 Macky Escale de Guinée
8 Macky Escale de Centre

Verschiedenes
9 Post
10 Markt
11 Präfektur
12 Spital
13 BICIGUI Bank
14 Museum
15 Geschäft des Village Artisanale
16 Gare Voiture der Stadttaxis
17 Gare Voiture Yomou
18 Gare Voiture Liberia
19 Gare Voiture Beyla/Kankan/Lola
20 Gare Voiture Conakry

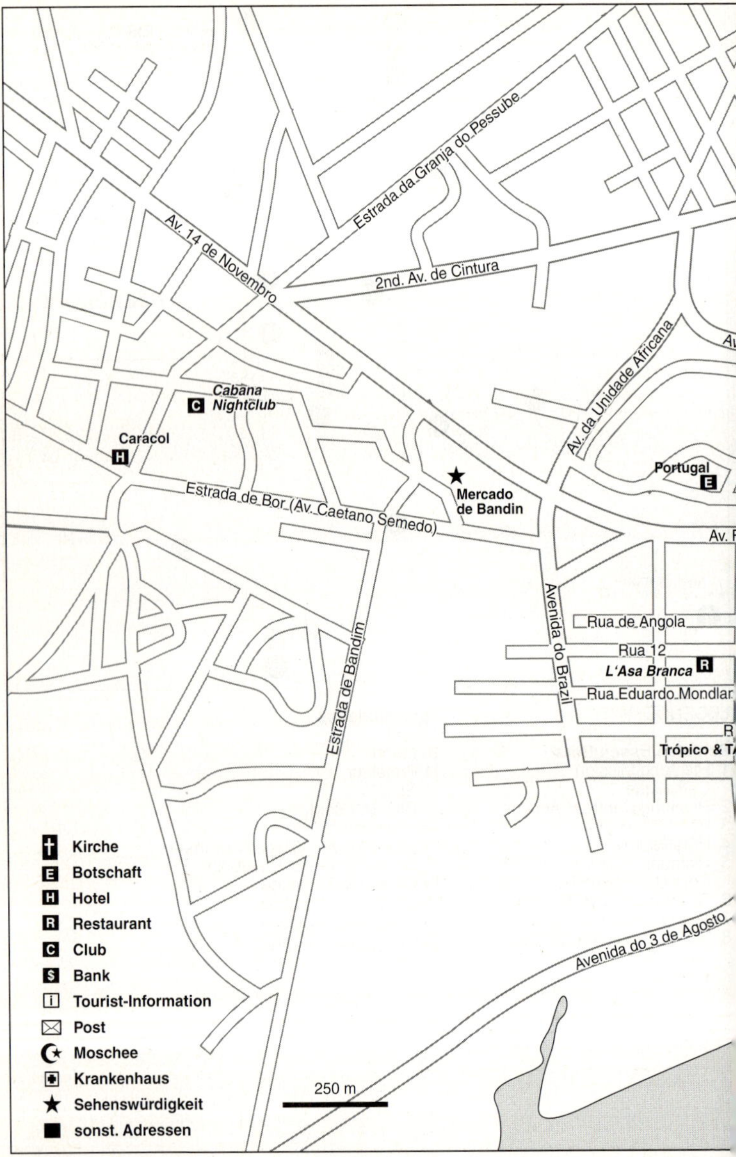
Estrada da Granja do Pessube
Av. 14 de Novembro
2nd. Av. de Cintura
Av. da Unidade Africana
Cabana Nightclub
Caracol
Portugal
Mercado de Bandin
Estrada de Bor (Av. Caetano Semedo)
Avenida do Brazil
Rua de Angola
Rua 12
L'Asa Branca
Rua Eduardo Mondlar
Trópico & T
Estrada de Bandim
Avenida do 3 de Agosto
250 m
Kirche
Botschaft
Hotel
Restaurant
Club
Bank
Tourist-Information
Post
Moschee
Krankenhaus
Sehenswürdigkeit
sonst. Adressen

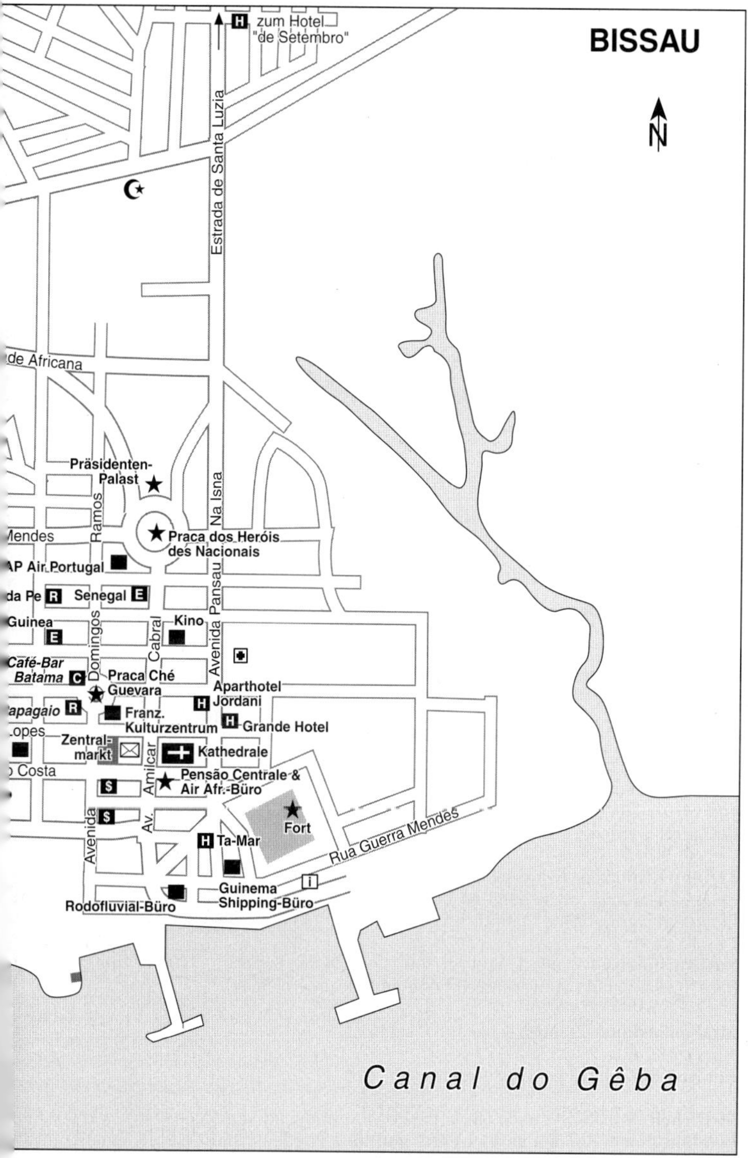
BISSAU
N
zum Hotel "de Setembro"
Estrada de Santa Luzia
de Africana
Präsidenten-Palast
Ramos
Na Isna
Mendes
Praca dos Heróis des Nacionais
AP Air Portugal
da Pe
Senegal
Guinea
Domingos
Cabral
Kino
Avenida Pansau
Café-Bar Batama
Praca Ché Guevara
Aparthotel Jordani
Papagaio
Franz. Kulturzentrum
Grande Hotel
Lopes
Zentral-markt
Amilcar
Kathedrale
Costa
Pensão Centrale & Air Afr.-Büro
Fort
Rua Guerra Mendes
Avenida
Av.
Ta-Mar
Guinema Shipping-Büro
Rodofluvial-Büro
Canal do Gêba

Sierra Leone - Routenteil N

Vorbemerkung: Wegen der unsicheren politischen Lage in Sierra Leone können sich die folgenden Informationen ständig ändern. Von Reisen in das Land muss im Augenblick abgeraten werden (s. Politik). Durch die verminderte Reisetätigkeit stammen die Routenbeschreibungen von Anfang der 1990er Jahre.

Überblick

Fläche: 72 300 km².

Einwohner: ca. 4,7 Mio.

Ethnien: Mande, Temne, Soso, Kuranko, zahlreiche Briten, Libanesen und Kreolen.

Hauptstadt: Freetown (ca. 1 Mio. Einw.).

Sprachen: Amtssprache Englisch, daneben Malinke und Krio.

Religion: ca. 70% Muslime, ca. 15% Christen, 15% Animisten.

Ruhetag: Sonntag.

Feiertage: 1.1., Ostern, 19.4., 27.4., 25. und 26.12. sowie verschiedene veränderliche Feiertage.

Einreise: Visumpflicht für Deutsche, Schweizer und Österreicher.

Impfung/Gesundheit: Gelbfieberimpfung vorgeschrieben, Malariaprophylaxe dringend empfohlen.

Währung: Leone (Le). 1 Euro = ca. 1944 Le, 1 US-$= ca. 2100 Le. Einfuhr und Ausfuhr von bis zu 50 000 Leone. Einfuhr ausländischer Währungen unbeschränkt, muss aber deklariert werden.

Kfz: Internationaler Führerschein und Fahrzeugschein, Carnet de passage nicht erforderlich, allerdings muss dann an der Grenze eine Kaution oder eine Bankbürgschaft hinterlegt werden. Eine Haftpflichtversicherung muss abgeschlossen werden.

Treibstoffpreise (02.99): Diesel ca. 3000 Le/Gallone, Super ca. 3500 Le (meist nur auf dem Schwarzmarkt zu wesentlich höheren Preisen erhältlich).

Straßenzustand: Zumeist schlechte Pisten.

Kontrollen: Zahlreiche Straßenkontrollen.

Sicherheit: Vor Reisen nach Sierra Leone wird dringend abgeraten. Nach wie vor treiben bewaffnete Banden ihr Unwesen, und trotz Friedensschluss ist die Situation nicht stabil. Die deutsche Botschaft in Freetown ist seit Mai 1997 geschlossen, zuständig für Sierra Leone ist bis auf weiteres die Botschaft in Conakry (Guinea, s. M 4). Konsularische Aufgaben können aber nur begrenzt von Conakry aus wahrgenommen werden. Informieren Sie sich vor Reiseantritt unbedingt beim Auswärtigen Amt über die aktuelle Situation.

Grenzen: Die Grenzen zu den Nachbarländern - außer zu Liberia - sind geöffnet.

Zeitverschiebung: MEZ minus 1 Stunde; Sommerzeit: minus 2 Stunden.

Stromspannung: 230 V, Adapter empfohlen. In den letzten Jahren kam es vor, dass es nirgendwo Strom gab. Kerzen mitnehmen!

Literatur und Landkarten:
Reiseführer: Keine deutschsprachige Reiseliteratur.
Karten: Als Übersichtskarte die Michelinkarte 953 (1:4 000 000). Detailkarten ONC 1:1 000 000, TPC-Fliegerkarten 1:500 000.

Geschichte: Sierra Leone verdankt seine Entstehung einem „Experiment" zur Rückführung befreiter Sklaven nach Afrika: 1787 landeten die ersten 411 Siedler an der Küste, doch schon drei Jahre später waren von den ersten Pionieren nur knapp 50 Siedler übrig geblieben. 1792 wurden 1200 befreite Sklaven an die „Löwenküste" gebracht, kurz darauf folgten weitere 500 Menschen.

In der ersten Hälfte des 19. Jh. stieg die Zahl der Siedler, denen sich inzwischen auch zahlreiche Afrikaner aus dem Landesinneren angeschlossen hatten, auf über 70 000. Verwaltet wurde diese bunt zusammengewürfelte Gemeinschaft von der britischen Regierung. Ende des 19. Jh. mündete die Einführung einer hohen Kopfsteuer in einen Aufstand der eingeborenen Bevölkerungsgruppe und in Gewalttaten gegen die „fremden" Siedler, die Kreolen. Die Erinnerung an diesen Krieg ist bis heute lebendig und führt zu Misstrauen zwischen Einheimischen und Zugewanderten. 1961 erreichte Sierra Leone unter Führung der von den Kreolen favorisierten SLPP, der Partei der im Süden lebenden Mande, die Unabhängigkeit.

Politik: Politisch wie ethnisch bestimmte Rivalitäten zwischen der SLPP und der APC (der Partei der im Norden lebenden Temne) prägten Sierra Leones Weg zur Unabhängigkeit. Zünglein an der Waage waren die Kreolen, die zunächst die SLPP, bei den Wahlen 1967 aber die APC unterstützten, weil sie um die zumeist von Kreolen besetzten höheren Posten fürchteten. Ein Militärcoup beendete die demokratische Entwicklung und führte zu einer Serie von Putschen, die schließlich 1967 mit der Wiedereinsetzung der gewählten Zivilregierung endeten. Siaka Stevens, der gewählte Regierungschef von der APC, hatte mit Stammeskriegen und massiven wirtschaftlichen Problemen zu kämpfen. 1978 schließlich wurden alle Oppositionsparteien verboten. 1985 übernahm der Armeekommandeur Saidu Momoh als Kompromisskandidat das Präsidentenamt. Doch auch Momoh, der zu keiner der rivalisierenden ethnischen Gruppen gehört, gelang es nicht, die tribalen Konflikte zu entschärfen, die hohe Inflation (100%) zu stoppen oder die Korruption in den Griff zu bekommen. Man schätzt, dass von Sierra Leones Hauptausfuhrprodukt, den Diamanten, etwa ein Drittel ohne Gewinn für den Staat außer Landes geschmuggelt werden. Ende April 1992 putschte das Militär und stürzte den Präsidenten Momoh. Die Junta stellte eine neue Regierung aus 19 Mitgliedern vor, als neues Staatsoberhaupt wurde Hauptmann Valentine Strasser eingesetzt, der zugleich Vorsitzender des Rates und Verteidigungsminister wurde. Im Norden Sierra Leones hatte sich eine Guerilla-Gruppe formiert, die v.a. durch aufsehenerregende Entführungen von Entwicklungshelfern und hohe Lösegeldforderungen von sich reden machte. Der Bürgerkrieg gegen die Rebellen der RUF (Rebellen-Organisation Vereinte Revolutionäre Front) unter Foday Sankoh ging auch nach dem Regierungswechsel weiter. Im Januar 1996 stürzte Vizepräsident Julius Maada Bio den Präsidenten Strasser. Trotz der Auseinandersetzungen wurden unter großen Behinderungen durch Überfälle und Kämpfe im März 1996 Wahlen abgehalten. Der Rechtsanwalt Ahmad Tejan Kabbah wurde Präsident. Am 30. November 1996 kam es zu einem Friedensvertrag zwischen Kabbah und den Rebellen. Ende Mai 1997 jedoch stürzten unzufriedene Soldaten den Präsidenten Kabbah, die Rebellen schlossen sich dem Putsch an. John Koroma wurde Militärdiktator. Im Oktober 1997 vereinbarten Junta und die Außenminister der westafrikanischen Wirtschaftsgemeinschaft auf deren Druck hin die Wiedereinsetzung von Kabbah. Es kam weiter ständig zu schweren Kämpfen zwischen Junta-Loyalisten und Ecomog-Einheiten (hauptsächlich von Nigeria gestellte Interventionstruppe). Im Dezember 1998 wurde Freetwon von tausenden Flüchtlingen überschwemmt, weil sich in den benachbarten Städten die Rebellen (RUF) gegen die von Nigeria geführte Interventionstruppe harte Gefechte lieferten. Im Januar 1999 sickerten Rebellen in die Hauptstadt ein, große Teile von Freetown gelangten für einige Wochen in Rebellenhand. Nigeria verdoppelte seine Truppen auf 19 000 Mann, bis Ecomog die Rebellen im März 1999 weitgehend zurückdrängen konnte. Bei den Kämpfen wurden mehr als 5000 Menschen getötet und einige von RUF entführt. Die Stadt wurde durch die Plünderungen und Kämpfe schwer in Mitleidenschaft gezogen. Regierung und Ecomog verstärkten weiter ihre Truppen. Der Führer der Rebellenorganisation RUF, Foday Sankoh, ist inhaftiert und zum Tode verurteilt, derzeitiger Kommandeur ist Sam Bokkarie. Die Rebellen, z.T. bestehend aus Jugendlichen und Kindern (eingefangen und unter Drogen gesetzt), zeichnen sich durch besondere Gewalt mit Massenmorden, Vergewaltigungen, Entführungen und Verstümmelungen aus. Jeder zehnte Einwohner hat wohl inzwischen das Land verlassen und ist in die Nachbarländer Liberia oder Guinea geflüchtet. Im Mai 1999 unterzeichneten Kabbah und Sankoh einen Waffenstillstand, bald darauf erfolgte eine Einigung mit den Rebellen (Friedensabkommen von Lomé) und im Herbst 1999 wurde eine gemeinsame Regierung gebildet. Die Entwaffnung der Rebellen, die Einstellung der Kampfhandlungen und die Wiedereingliederung der Kindersoldaten in ihre Familien ging jedoch nur schleppend voran. Im Mai 2000 eskalierte der Konflikt erneut mit der Einkesselung von etwa 400 UNO-Soldaten durch die Rebellen. Die UN-Truppen wurden verstärkt, britische Soldaten entsandt und ein weltweites Handelsverbot für unzertifizierte Diamanten aus Sierra Leone verhängt, um die Waffenfinanzierung der Rebellen aus Diamantenverkäufen zu verhindern. Im Nov. 2000 kam es erneut zu einem Waffenstillstand. Die Lage entspannte sich kurzzeitig. In den Diamantengebieten um Kono weigerten sich die RUF-Rebellen jedoch, ihre Waffen abzugeben. Anfang des Jahres 2001 gab es Übergriffe von Rebellen auf Flüchtlingslager in Guinea (s.a. Guinea/Sicherheit). Der Rebellenführer Foday Sankoh wurde nach zwei Jahren Haft vor einem nationalen Gericht des Mordes und des Raubes angeklagt. Bei den Präsidentschafts- und Parlamentswahlen am 14. Mai 2002 wurde der bisherige Präsident Ahmad Tejan Kabbah im Amt bestätigt.

Routen

N 1: Buedu – Pendembu – Daru – Joru (86 km)

(03.90, Patrol) Piste (A/H), in schlechtem Zustand; Asphaltreste zwischen Buedu und Pendembu. Zahlreiche Polizeikontrollen.

BUEDU – S. O 2. (Ende O 2.)

PENDEMBU – Weiler. Verpflegungsmöglichkeit. Treibstoff rar. Übernachtungsmöglichkeit. Bank.

DARU – Kleiner Ort. Treibstoff rar.

JORU – Kleiner Ort. Keine Versorgungsmöglichkeit. (Beginn N 2; Ende O 5.)

N 2: Joru – Kenema – Bo – Freetown (340 km)

(03.90, Landcruiser) Piste (A/I), in gutem Zustand (leichtes Wellblech) bis Kenema; danach Asphalt in schlechtem Zustand (viele Schlaglöcher) bis Freetown. Einige Polizeikontrollen (Schranke oder Seil über die Fahrbahn gespannt).

JORU – S. N 1. (Ende N 1 und O 5.)

KENEMA – Kleinstadt. Verpflegungsmöglichkeit (Waren im Supermarkt teuer). Treibstoff rar. Hotel und Restaurant. Banken. Post, Telefon. VW-Händler (keine gute Arbeit).

In der Umgebung: Diamantenminen (Besichtigungsmöglichkeit).

BO – Kleinstadt. Verpflegungsmöglichkeit (Waren im Supermarkt teuer). Treibstoff rar. Übernachtungsmöglichkeit. Mehrere Banken. Flugplatz.

In der Umgebung: Ca. 14 Meilen vor Masiaka in Richtung Rotifunk/Moyamba (Piste teilweise mit Löchern) – Sembe – Shenge. In **Shenge** schöner Strand. Ausflugsmöglichkeit per Boot zur **Plantain Island,** Campingmöglichkeit (ca. 3 Stunden Fahrzeit).

MASIAKA – Kleiner Ort. Keine Versorgungsmöglichkeit. (Beginn N 3; zur N 4.)

Straße bis 30 km vor Freetown in schlechtem Zustand (viele Schlaglöcher).

FREETOWN – Ca. 1 Mio. Einwohner. Hauptstadt (s. Stadtplan). Gute Infrastruktur (Benzin ist jedoch rationiert und oft nicht zu finden, häufige Stromausfälle und Trinkwasserknappheit). Guter Wechselkurs bei libanesischen Händlern. Schöne Strände. Vorsicht vor Dieben. Die deutsche Botschaft in Freetown ist seit dem 30. Mai 1997 vorübergehend geschlossen. Zuständig für Sierra Leone ist nun die deutsche Botschaft in Conakry (Guinea, s. M 4). (Ende N 4.)

Unterkunft: Hotel „Mama-Yoko", Luxushotel, Privatstrand, Tennisplätze. Hotel „Bintumani", schöne Sicht auf das Meer bei Sonnenuntergang. Indische Spezialitäten und exotische Atmosphäre im Restaurant „Old Roots", in der Nähe des Hotels „Bintumani".

Sehenswert: Der Regierungspalast, das Parlament, „Fourrah Bay College" (älteste Universität Westafrikas), das Museum von Sierra Leone, das Zentrum für Kunst und Technik (lokales Kunsthandwerk), der Markt und die Bunce-Insel.

In der Umgebung: Das **Africana Tokey Village,** 15 km nördlich (schlechte Piste), sämtliche Wassersportmöglichkeiten, Exkursionen zu den Bananen-Inseln, sehr schöner Strand mit weißem Sand, weitere schöne Strände etwa 30 km südlich der Stadt.

N 3: Masiaka – Makeni – Kabala – Falaba – Grenze zu Guinea – Heremakono – Faranah (381 km)

(02.91, Trooper) Asphalt in gutem Zustand bis Kabala; danach Piste in schlechtem Zustand bis 20 km vor Faranah; Asphalt erst wieder am Ende der Strecke. Wunderschöne Berglandschaften ab Makeni.

MASIAKIA – S. N 2. (Zur N 2 und N 4.)

Km 29, **MAGBALE** – Kleiner Ort. Kreuzung; nach rechts abbiegen.

MAKENI – Hübsche kleine Stadt. **MAGBURAKA** – Abzweigung nach Norden auf guter Piste in Richtung Bumbuna, die Rundfahrt führt via Bendugu auf kurvenreicher und landschaftlich schöner Strecke (nur für Geländewagen) nach Kabala (ca. 6 Stunden Fahrzeit für den Abstecher).

KABALA - Kleine Stadt. Verpflegung häufig nicht möglich.

Ab Kabala schwierige Bergpiste mit steilen Hängen; nur sehr langsames Fahren ist möglich.

Km 16 und 44 hinter Kabala, jeweils nach rechts abbiegen.

FALABA - Kleiner Ort. Keine Versorgung.

Km 8 hinter Falaba, Dorf, in dessen Zentrum nach rechts abgebogen werden muss.

Km 24, letztes Dorf in Sierra Leone. Formalitäten für die Ausreise, schnelle Abwicklung und oft von einem Lächeln begleitet.

HEREMAKONO - Kleiner Ort. Keine Versorgungsmöglichkeit. Formalitäten für die Einreise nach Guinea (schnell erledigt).

Gute Piste; 20 km vor Faranah stößt man wieder auf Asphalt. Hier rechts abbiegen.

FARANAH - S. M 19. (Ende M 19 und M 20; Beginn M 21.)

N 4: Kambia - Mange - Port Loko - Masiaka - Freetown (186 km)

(04.92, Trooper) Schlechte Piste bis Mange, starkes Wellblech, danach gute Asphaltstraße bis Masiaka, danach schlechter Asphalt bis Freetown. Zahlreiche Polizeikontrollen.

KAMBIA - S. M 9. (Ende M 9.)

MANGE - Größerer Ort. Kurz danach Beginn der Teerstraße.

PORT LOKO - Kleinstadt. Verpflegungsmöglichkeit.

Unterkunft: In der Kath. Mission.

MASIAKA - S. N 2. (Zur N 2; Beginn N 3.)

Die Straße ist bis 30 km vor Freetown in schlechtem Zustand und weist zahlreiche Schlaglöcher auf.

FREETOWN - S. N 2. (Ende N 2.)

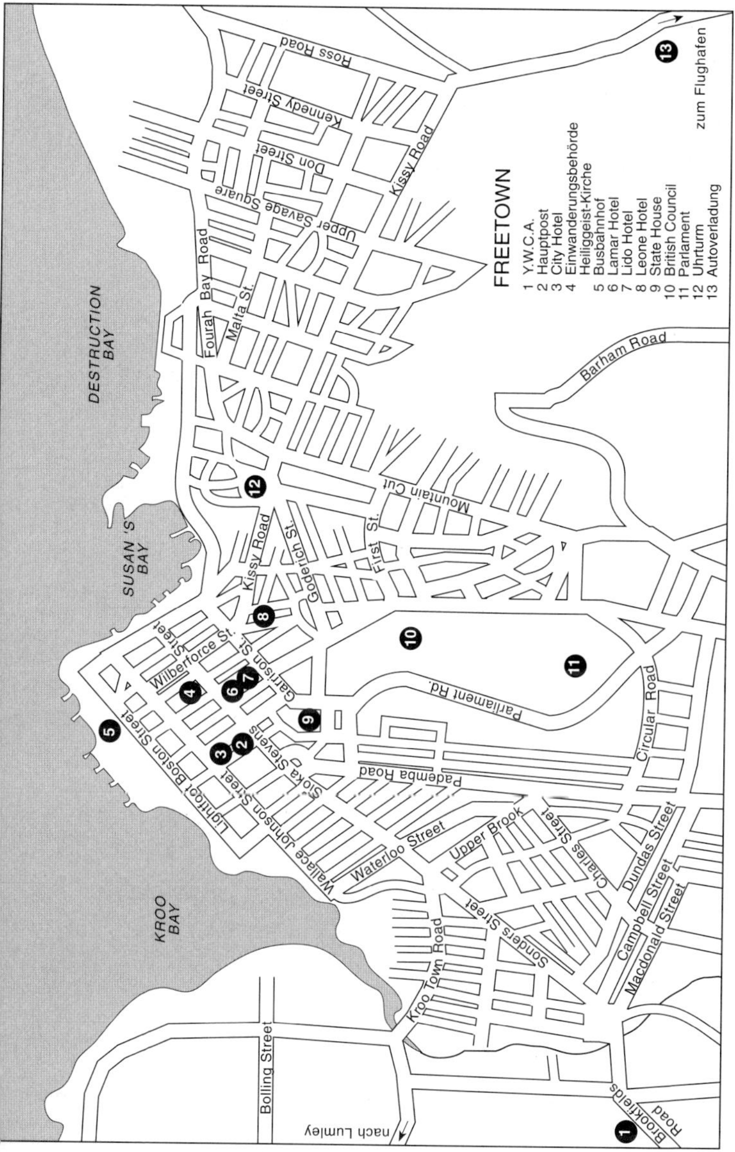

Sierra Leone

Liberia und Elfenbeinküste (Côte d'Ivoire) – Routenteile O und P

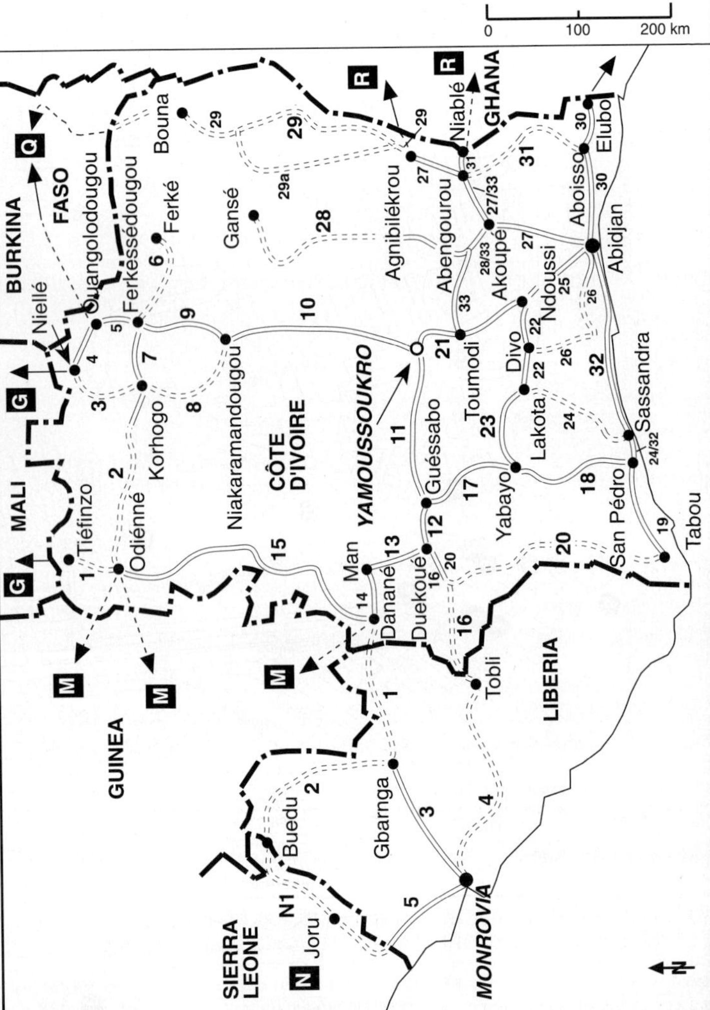

Liberia – Routenteil O

Vorbemerkung: Durch den in Liberia herrschenden Bürgerkrieg können sich die folgenden Informationen ständig ändern. Von Reisen in das Land muss im Augenblick abgeraten werden (obwohl es etwas ruhiger geworden ist). Die Deutsche Botschaft in Monrovia ist weiterhin geschlossen. Durch die verminderte Reisetätigkeit stammen die Routenbeschreibungen von Anfang der 1990er Jahre.

Überblick

Fläche: 111 369 km².

Einwohner: ca. 3,2 Mio., viele Flüchtlinge sind inzwischen zurückgekehrt.

Ethnien: 95% verschiedene afrikanische Stämme (u.a. Kru, Mandingo, Kpelle, Bassa, Gio, Mana), 2,5% von karibischen Sklaven abstammend, ca. 2,5% von amerikanischen Schwarzen abstammend.

Hauptstadt: Monrovia (ca. 470 000 Einw.).

Sprachen: Amtssprache ist Englisch, daneben ca. 20 lokale Sprachen (Kru, Mande, Golla und andere).

Religion: ca. 40% Naturreligionen, ca. 20% Muslime, ca. 40% Christen.

Ruhetag: Sonntag.

Feiertage: 1.1., 7.1., 11.2., 2. Mittwoch im März, 15.3., 2. Freitag im April, 12.4., 14.5., 26.7. (Unabhängigkeitstag), 24.8., 1. Donnerstag im November, 29.11., 25.12.

Einreise: Deutsche, Österreicher und Schweizer benötigen ein Visum. Nach der Einreise Pflicht zur Anmeldung beim Immigration office in Monrovia (2 Passfotos), wenn man länger als 15 Tage im Land bleiben will. Ausreisegenehmigung erforderlich (spätestens 7 Tage vor Ausreisedatum beantragen).

Impfung/Gesundheit: Gelbfieberimpfung vorgeschrieben. Malariaprophylaxe dringend empfohlen.

Währung: Liberianischer Dollar ($Lib). 1 Euro = 0,91 $Lib, 1 US-$ = 0,98 $Lib. Neben dem offiziellen Kurs soll sich ein Parallelkurs gebildet haben, für den uns aber keine Kursangaben vorliegen.

Kfz: Internationaler Fahrzeugschein, der nationale Führerschein wird anerkannt, dennoch wird die Mitnahme eines internationalen Führerscheins empfohlen. Ein Carnet de passage ist nicht erforderlich, an der Grenze wird ein Laissez passer ausgestellt. Haftpflichtversicherung sollte abgeschlossen werden.

Treibstoff: Sofern vorhanden. Super: 3,50 $Lib/Gallone, Diesel 2,95 $Lib/Gallone.

Straßenzustand: Weitgehend schlechte Pisten, in der Regenzeit oft nicht befahrbar.

Kontrollen: Zahlreiche Straßenkontrollen.

Grenzen: Theoretisch offen, zwischen Sierra Leone und Liberia zu. Die Situation kann sich durch den herrschenden Bürgerkrieg ständig ändern.

Zeitverschiebung: MEZ minus 1 Stunde; Sommerzeit: minus 2 Stunden.

Stromspannung: 110/220 V, Adapter empfohlen.

Literatur und Landkarten:
Reiseführer: Deutschsprachige Reiseführer sind keine auf dem Markt.
Karten: Als Übersichtskarte dient die Michelin 953, 1:4 000 000, ONC- und TPC-Karten.

Geschichte: Die Idee, freigelassene amerikanische Sklaven in ihre Urheimat zurückzuführen, stand Pate bei der Gründung Liberias, das als älteste afrikanische Republik zählt (1847 proklamiert). Die Heimgekehrten hatten einige Schwierigkeiten, sich in ihrer alten/neuen Heimat zurechtzufinden, viele starben an den ungewohnten Krankheiten. Auch mit ihrer Vorstellung von Freiheit (Liberia) war es offensichtlich nicht sehr gut bestellt: die einheimische Bevölkerung wurde von den ehemaligen Sklaven ähnlich rücksichtslos ausgebeutet, wie sie selbst es erlebt hatten. Dies führte dazu, dass sowohl die USA als auch Großbritannien für einige Zeit die diplomatischen Beziehungen zu Liberia aussetzten, und das Land noch 1960 von der „International Labour Organisation" wegen der Zwangsrekrutierung der lokalen Ethnien öffentlich verurteilt wurde.

Politik: Trotz der massiven Ausbeutung der lokalen Arbeitskräfte blieb das Land weitgehend von fremden Kapital abhängig. Die „True Whig Party" holte unter dem Staatspräsidenten William Tubman zwischen 1944 und 1971 zahlreiche ausländische Investoren ins Land. Um die immer stärker aufkeimenden sozialen und ethnischen Unruhen zu besänftigen, die sich in erster Linie gegen die afro-amerikanischen Siedler richteten, gestand Tubman 1963 der großen Mehrheit der Bevölkerung, immerhin 97%, das Bürgerrecht zu. Die Ära der „True Whig Party" ging 1980 mit einem blutigen Militärputsch zu Ende: ein junger Sergeant, Samuel Doe, übernahm die Macht. Dem Putsch folgten Kapitalflucht und internationale Ächtung, auch die afrikanischen Nachbarländer versagten Doe, immerhin dem ersten Vertreter einer lokalen Bevölkerungsgruppe in der Geschichte Liberias, die Anerkennung. Does Einparteienherrschaft endete 1990 mit seiner Ermordung durch Truppen des Rebellenführers Prince Johnson. Seitdem wird das Land von einem blutigen Bürgerkrieg erschüttert, in dessen Verlauf beinahe die Hälfte der Bevölkerung vertrieben wurde. Seit 1997 ist Charles Ghankay Taylor Staatsoberhaupt. Der Regierung konnte nachgewiesen werden, dass sie lange Zeit die Rebellenbewegung RUF in Sierra Leone, u.a. durch militärische Ausbildung und Waffenlieferungen, unterstützte und zudem in den Diamantenschmuggel verwickelt war. Auf Grund dessen verhängte der UN-Sicherheitsrat im Mai 2001 Sanktionen gegen das Land (Verbot von Waffenlieferungen und Export von Diamanten). Es gibt weiterhin gravierende Verstöße gegen die Menschenrechte, und es wird keine politische Opposition zugelassen.

Routen

O 1: Danané (Elfenbeinküste) – liberianische Grenze – Sanniquellie – Gbarnga (160 km)

Piste (A/H), bis zur Grenze (26 km) recht gut; von der Grenze bis Gbarnga breiter.

DANANÉ – S. P 14. Hier werden die Formalitäten zur Ausreise aus der Elfenbeinküste erledigt. (Ende P 14 und M 18; Beginn P 15.)

Hinter der Brücke über den Fluss Nipoué links der liberianische Zoll (auch sonntags geöffnet), rechts die Polizeikontrolle.

KAHNPLAY – Polizeikontrolle (korrupt). Vorsicht vor Dieben!

SANNIQUELLIE – Kleinstadt. Lebensmittel. Treibstoff. Übernachtungsmöglichkeit.

Verschiedenes: Visumkontrolle im Einwanderungsbüro (auch sonntags geöffnet). Polizeikontrolle im Hauptquartier der Polizei; korrekte Abwicklung. Manchmal muss eine Bescheinigung über die Gelbfieberimpfung vorgelegt werden.

Hinter Sanniquellie wird die Piste besser, kann aber im Falle starker Niederschläge auch mehrere Tage gesperrt sein. In den meisten Orten gibt es Treibstoff.

GBARNGA – Ca. 30 000 Einw. Lebensmittel. Treibstoff. Übernachtungsmöglichkeit. (Beginn O 2 und O 3.)

O 2: Gbarnga – Zorzor – Voinjama – Foya – Grenze zu Sierra Leone – Buedu (287 km)

Piste (A/H), zahlreiche Polizeikontrollen.

GBARNGA – S. O 1. (Ende O 1; Beginn O 3.)

Erdpiste (leichtes Wellblech).

ZORZOR – Städtchen. Lebensmittel. Treibstoff. Evangelisches Hospital.

Danach wird die Piste schlechter und steiniger. Mehrere schwierige Steigungen. Schöne Berglandschaft mit tropischem Regenwald.

VOINJAMA – Kleinstadt. Lebensmittel. Treibstoff. Restaurant mit Zimmervermietung.

Die Piste (recht guter Zustand) biegt gegenüber der Shell-Tankstelle nach links ab.

FOYA – Kleiner Ort. Lebensmittel. Formalitäten zur Ausreise aus Liberia (langwierig) an der Grenze einige Kilometer weiter.

BUEDU – Kleiner Ort. Treibstoff selten. Formalitäten zur Einreise nach Sierra Leone. (Beginn N 1.)

O 3: Gbarnga – Monrovia (196 km)

Asphalt.

GBARNGA – S. O 1. (Ende O 1; Beginn O 2.)

SUAKOKO – Kleiner Ort. Lebensmittel, Treibstoff.

Unterkunft: Staatliches Gästehaus.

SALALA – Kleiner Ort. Polizeikontrolle.

KAKATA – Kleinstadt. Lebensmittel, Treibstoff, Übernachtungsmöglichkeit.

MONROVIA – Ca. 470 000 Einwohner. Hauptstadt (s. Stadtplan). Gute Infrastruktur. Vorsicht, nehmen Sie sich vor den Polizisten in Acht, die sehr aufdringlich und absolut unehrlich sind! (Ende O 4; Beginn O 5.)

Sehenswert: Das Nationalmuseum und viele Dörfer in der näheren Umgebung.

Unterkunft: Im Süden der Stadt mehrere Strände, an denen im allgemeinen auch campieren erlaubt ist. „Elwa Beach", Snackbar. „Cooper's Beach", gutes Restaurant, von einer Französin (Madame Chantal) geführt. „Palm Beach", „Caesar's Beach".

O 4: Blay – Tappita – Kwendin – Buchanan – Monrovia (257 km)

Piste (A/G/H/I).

BLAY – S. P 16. (Ende P 16.)

TAPPITA – Städtchen. Lebensmittel und Treibstoff.

Unterkunft: Am Ortsausgang links, nahe der Kirche (sehr freundliche ital. Nonnen).

Folgen Sie von Tappita bis Monrovia nicht der Hauptstraße, die über Gbarnga führt. Sie ist in schlechtem Zustand. Außerdem befinden sich auf der Strecke drei Kontrollposten (Immigration post), wo die langwierigen Formalitäten nur durch Zahlung einer Steuer beschleunigt werden können. Schlagen Sie statt dessen die südliche Piste ein; vor der Kirche nach rechts abbiegen.

KWENDIN – Ort. Keine Lebensmittel.

3 km hinter Kwendin links abbiegen, ebenso an der Kreuzung 17 km weiter.

33 km hinter dieser Kreuzung an der Abzweigung geradeaus weiterfahren.

2 km weiter passiert man die „Timber Company".

An den folgenden Kreuzungen nach 1, 27 und 42 km hinter der „Timber Company" immer rechts fahren.

41 km nach der letzten Kreuzung wird die Eisenbahnlinie überquert.

1,5 km nach dem Bahnübergang nach links fahren.

Von hier ab folgen 15 km schlechte Piste, danach wieder guter Pistenzustand bis Buchanan.

BUCHANAN – Städtchen. Lebensmittel, Treibstoff.

Unterkunft: Übernachtungsmöglichkeit im Stadtteil Lamco, in dem hauptsächlich Weiße wohnen; mit etwas Glück erlaubt Ihnen einer der Einwohner, bei ihm zu duschen. Das Gasthaus ist nur Gästen mit Gutschein zugänglich, der vom „Main Office" der Stadt ausgegeben wird.

MONROVIA – S. O 3. (Ende O 3; Beginn O 5.)

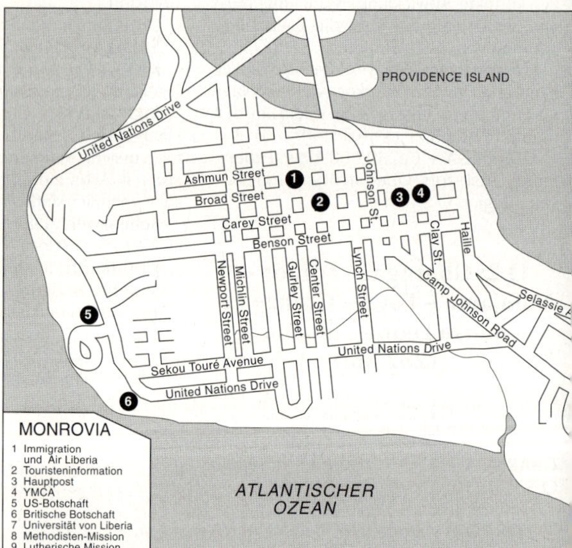

O 5: Monrovia – Klay – Tienie – Grenze zu Sierra Leone – Zimmi – Joru (230 km)

(03.90, Patrol) Asphalt bis zur Grenze (recht guter Zustand); danach schlechte Piste. Zahlreiche Polizeikontrollen (in der Regel korrupte Beamte).

MONROVIA – S. O 3. (Ende O 3 und O 4.)

KLAY – Städtchen. Lebensmittel, Treibstoff. An der Kreuzung nach links fahren.

In der Umgebung: Robertsport mit der angeblich größten und schönsten Lagune Liberias; Campingmöglichkeit.

TIENIE – Kleiner Ort.

Die Grenze liegt einige Km hinter Tienie. Formalitäten zur Ausreise aus Liberia. Eine Brücke bildet die Grenze (ca. 2 $Lib/Fahrzeug, ca. 2 Leones/Fahrzeug in der Gegenrichtung). Rechnen Sie mit einer Durchsuchung des Fahrzeugs, das Gepäck muss abgeladen werden.

Hinter der Brücke Formalitäten zur Einreise nach Sierra Leone.

Das Carnet de passage muss vorgelegt werden (wer kein Carnet besitzt, kann hier ein Spezialformular erstellen lassen, das den vorübergehenden Import des Fahrzeugs nach Sierra Leone genehmigt). Danach erfolgt eine sogenannte Sicherheitskontrolle (mit Personenbefragung und Inspektion des Fahrzeugs). Zum Abschluss noch Gesundheitskontrolle (genaue Überprüfung des Impfpasses) und Passkontrolle (beide Ausweise müssen innerhalb von zwei Tagen dem Einwanderungsbüro in Freetown vorgelegt werden, das die Genehmigung der Grenzbeamten verlängert).

Zwischen Grenze und Zimmi zahlreiche Polizeikontrollen.

ZIMMI – Kleiner Ort. Lebensmittel. Treibstoff selten.

In Zimmi nach dem Zollamt nach rechts fahren. Gute Piste.

Km 54 ab Zimmi, nach links fahren.

Bei ca. Km 230 erreicht man

JORU – S. N 1. (Ende N 1; Beginn N 2.)

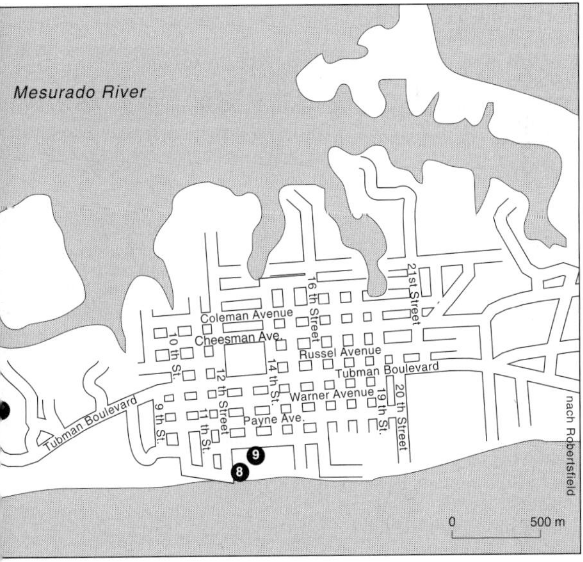

Elfenbeinküste (Côte d'Ivoire) – Routenteil P

Überblick

Fläche: 322 463 km².

Einwohner: Ca. 15,9 Mio.

Ethnien: 25% Akan-Gruppen (u.a. Baule), 12% Kru (v.a. Bété), 11% Volta-Gruppe (v.a. Senufo), 10% Malinke, 8% Mandé-Gruppen etc.

Hauptstadt: Yamoussoukro (ca. 160 000 Einwohner).

Sprachen: Amtssprache Französisch, Verkehrssprache Diula, lokale Dialekte.

Religion: ca. 40% Muslime (steigend), ca. 28% Christen, Naturreligionen.

Ruhetag: Sonntag.

Feiertage: 1.1., Ostermontag, 1.5., Himmelfahrt, Pfingstmontag, 7.8. (Unabhängigkeitstag), 1.11., 7.12., 25.12., außerdem jährlich wechselnde islamische Feiertage.

Einreise: Visumpflicht für Deutsche, Schweizer, Österreicher (2 Antragsformulare, 2 Fotos, 3 Monate Gültigkeit). Visum in Burkina Faso (Ouagadougou) unproblematisch innerhalb eines Tages (Botschaft in Av. Raoul Follerau, Ecke Bd de Faso, geöffnet 9–12 Uhr/14–17 Uhr, 3 Passbilder, ca. 20 000 CFA). Seit 1. Jan. 02 gibt es angeblich auch ein „5-Länder-Visum", das für Benin, Burkina Faso, Elfenbeinküste, Niger und Togo gilt. Es kostet 25 000 CFA und ist 2 Monate gültig. Leider ist dieses Visum noch nicht überall zu bekommen, auch wenn in den Botschaften Plakate dafür aushängen (in Accra/Ghana, war es im Feb. 02 aber wohl möglich).

Impfung/Gesundheit: Gelbfieberimpfung vorgeschrieben. Malariaprophylaxe dringend empfohlen.

Währung: Franc CFA. 1 Euro = 663 CFA, 1 US-$ = 720 CFA. Sowohl CFA als auch ausländische Währungen können unbeschränkt eingeführt werden, keine Devisendeklaration nötig. Ausfuhr von CFA bis zu 25 000. TC-Wechsel in den meisten großen Banken (Gebühr), auch in einigen Hotels.

Kfz: Internationaler Führerschein und Fahrzeugschein (nationle Papiere reichen notfalls auch), Carnet de passage nicht unbedingt erforderlich (entgegen aller Aussagen von Touristikunternehmen und ADAC), es wird an der Grenze eine Vignette touristique ausgestellt (1 Monat 2000 CFA, für Motorräder kostenlos). Haftpflichtversicherung muss vor der Einreise abgeschlossen werden. Reisende (1997) berichteten, dass sie am Grenzübergang in Minignan keine Vignette touristique erhalten hätten, die Polizei hätte zwar danach gefragt, sich aber mit Einreisestempel zufrieden gegeben. Anschnallpflicht beachten (hohe Geldstrafen).

Treibstoffpreise (2001): Diesel ca. 410 CFA, Benzin ca. 550 CFA/l, Super 590 CFA/l.

Straßenzustand: Im Küstenbereich asphaltierte Straßen und Autobahn, ansonsten gute bis mittelmäßige Pisten. Kleinere Pisten können während der Regenzeit unpassierbar sein. Für westafrikanische Verhältnisse sind die Straßen allgemein in erstklassigem Zustand. Es muss im ganzen Land keine Straßengebühr bezahlt werden (evtl. versuchen „falsche Beamte" Gebühr zu verlangen, z.B. vor Abidjan).

Kontrollen: Viele Kontrollen vor und nach den Städten, im Grenzbereich mit Kampfanzug und MP. In der Regel sehr freundlich, oft werden Pass und Kfz-/Zollpapiere kontrolliert, häufig aber nur nach dem Woher und Wohin gefragt. Viele der Offiziellen sind sehr freundlich, sprechen ein paar Brocken deutsch und bemühen sich diese loszuwerden. Keine Bestechungsversuche unternehmen, sondern Strafe bezahlen, wenn es denn sein sollte.

Sicherheit: Im allgemeinen kein Problem, die Kriminalität steigt (Straßenkriminalität, bewaffnete Raubüberfälle, Autodiebstahl). Das Auswärtige Amt warnt, dass die beiden Brücken in Abidjan möglichst nicht zu Fuß überquert werden sollten (Überfallgefahr), bei Fahrten mit Geländefahrzeugen besteht angeblich im gesamten Land ein hohes Risiko der gewaltsamen Entführung von Fahrer und Auto. Nachtfahrten sollten generell vermieden werden.

Grenzen: Die Grenzen zu den Nachbarländern sind geöffnet.

Zeitverschiebung: MEZ minus 1 Stunde; Sommerzeit: minus 2 Stunden

Stromspannung: 220 V, gelegentlich Gleichstrom, Adapter empfohlen.

Literatur und Landkarten:
Reiseführer: „Westafrika Band 2 - Küste", hrsg. von Erika Därr, Reise Know-How Verlag, Bielefeld.
Landkarten: Michelinkarte 975, „Cote D'Ivôire", 1:800 000.
Hintergrund: Till Förster, „Glänzend wie Gold", D. Reimer Verlag Berlin (reich bebilderter Band mit Einführung in Handwerk und soziale Organisation der Senufo).

Geschichte: Vor der Kolonisierung durch die Franzosen gab es im Gebiet der heutigen Elfenbeinküste zahlreiche lokale Häuptlingstümer, die von den großen Reichen der Ashanti im Osten und den zentralsudanesischen Staaten im Norden eingerahmt wurden. Mit Ankunft der Portugiesen im 17. Jh. entstanden die ersten europäischen Handelsniederlassungen an der Küste, denen schon bald christliche Missionare folgten. Erst im Verlauf des 19. Jh. kam es zu ersten Handelsverträgen zwischen französischen Niederlassungen und den lokalen Häuptlingen, die die Einflussnahme Frankreichs begründeten und schließlich dazu führten, dass das Gebiet der Elfenbeinküste im Jahre 1895 „Französisch-Westafrika" eingegliedert wurde. Die Unabhängigkeit erhielt die Elfenbeinküste 1960.

Politik: Einer der dienstältesten afrikanischen Präsidenten war Felix Houphouët-Boigny, der 1960 zum Präsidenten der Elfenbeinküste gewählt wurde. Zunächst von marxistischen Idealen geprägt, schwenkte er schon bald auf einen westlich-orientierten, kapitalistischen Kurs, der die Elfenbeinküste ausländischen Investoren öffnete und zahlreiche Gastarbeiter aus den Nachbarländern ins Land holte. Lange Zeit galt die Elfenbeinküste als eines der politisch stabilsten Länder Afrikas, eine Stabilität, die inzwischen beginnt, durch die immer größer werdenden Gegensätze zwischen Arm und Reich und zwischen Muslimen im Norden und Christen im Süden zu bröckeln. Houphouët-Boigny, dessen Regierungsgewalt sich bis 1990 auf die Einheitspartei PDCI stützte, starb am 7.12.93. Sein monströser Nachbau der St.-Peters-Kirche in Yamoussoukro, der neuen Hauptstadt, sorgte weltweit für Proteste gegen die Geldverschwendung in einem Land, dessen soziale Probleme immer drängender werden. Nichtsdestoweniger errang die PDCI bei den ersten pluralistischen Wahlen 1990 die Mehrheit im Parlament. Houphouët-Boignys Nachfolger war Henri Konan Bédié (PDCI). Laut Dekret vom 1.1.1986 darf das Land nicht mehr Elfenbeinküste genannt werden. Es heißt offiziell Republik Côte d'Ivoire. Bei den Wahlen im November 1995 erhielt die PDCI erneut die große Mehrzahl an Sitzen im Parlament. Am 24. Dezember 1999 putschte sich überraschend der ehemalige Armeechef (1995 wegen Vorwurfs eines geplanten Staatsstreichs entlassen) General Robert Gueï an die Macht und erklärte Bédié für abgesetzt. Die Polizei, die ehemaligen Minister und die Armee stellten sich trotz der entgegengesetzten Apelle aus Afrika, den USA, Frankreich und Großbritanniens hinter den neuen Machthaber, da dieser mit der Korruption, die unter Bedi blühte, aufräumen wollte. Gueï steht an der Spitze eines neunköpfigen „Komitees für Sicherheit" (nur Militärs) und verspricht neben Sicherheit auch Demokratie nach einer Übergangszeit. Seit 26.10.2000 gibt es wieder einen zivilen Präsidenten, Laurent Gbagbo (FPI), und eine zivile Regierung. In Zusammenhang mit den Präsidentschaftswahlen kam es zu bürgerkriegsähnlichen Straßenschlachten zwischen den Militäranhängern von Gueï und FPI-Anhängern und nach Guïes Untertauchen auch zwischen FPI und RDR (Oppositionspartei unter Ouattara). Am 7.1.2001 scheiterte ein erneuter Putschversuch des Militärs. Am 19.9.2002 kam es zu einer Militärrevolte: Der gesamte Norden des Landes wurde von Aufständischen erobert (sie nennen sich „Patriotische Bewegung der Elfenbeinküste"), im Süden hielten sich die Soldaten der Regierung Gbagbo. Bis zum Oktober kamen 400 Menschen ums Leben.

Die Senufo

Die Waldsavanne im nördlichen Landesteil um das Senufo-Zentrum Korhogo ist der Lebensraum der Senufo. Als Ackerbauern siedeln sie schon seit Jahrhunderten ohne nennenswerte Wanderbewegungen in dieser Region und gelten daher als „Ureinwohner", als Erdherren des Senufo-Landes. Trotz starker Einflüsse durch muslimische Diula-Händler ist die traditionelle Senufo-Kultur noch relativ unverfälscht erhalten. Herausragendes Merkmal dieser Kultur sind die reich geschnitzten Masken der Senufo und, damit zusammenhängend, der Poro-Bund, in den junge Männer mit 18 Jahren initiiert werden, und der den gesamten rituellen und sozialen Bereich der Senufo dominiert. Der Poro ist kein „Geheim"-Bund, denn die Mitgliedschaft ist öffentlich, und jedes Dorf besitzt seinen Poro-Hain, der allerdings nur von Initiierten betreten werden darf. Initiationen finden alle sieben Jahre statt. Danach müssen die neuen Poro-Mitglieder eine siebenjährige Lehrzeit durchlaufen. Neben den rituellen Aufgaben des Poro besteht die Funktion des Bundes auch im Verbinden der einzelnen Verwandtschaftsgruppen der Senufo-Gemeinschaft: Mitglieder derselben Lineage müssen in unterschiedliche Poro-Bünde eintreten. So wird der Poro zu einem übergeordneten Verbindungsglied, das die verwandtschaftlich organisierten Gruppen zusammenhält und die Belange der Gemeinschaft regelt. Zu diesen Belangen gehört auch die Umverteilung von Eigentum – die Initiierten leisten, je nach wirtschaftlichem Vermögen, Abgaben an den Bund, die wiederum der gesamten überverwandtschaftlichen Gemeinschaft zugute kommen. Am spektakulärsten treten die Poro-Bünde bei den großen Bestattungs-Ritualen für bedeutende Bund-Mitglieder in Erscheinung, die mehrere Tage dauern können und bei denen auch die typischen helmartigen Metallmasken (Gelbguss) getragen werden.

Routen

P 1: Tiéfinzo – Odiénné (108 km)

(01.97, Motorrad) Piste (A/G in der Regenzeit), gut befahrbar.

TIÉFINZO – S. G 36. (Ende G 36.)

ODIÉNNÉ – 435 m, 25 000 Einw. Gute Infrastruktur. Zersiedelte, unübersichtliche Stadt. Tankstelle. (Ende P 15 und M 17; Beginn P 2 und M 15.)

Unterkunft: Hotel „Frontières" ordentlich, Pool, DZ mit Klimaanlage und Dusche 14 000 CFA. „Le Touristel", sauber mit Innenhof, Restaurant daneben, Zimmer mit Ventilator 4000 CFA. Hotel „Kao-ka", DZ mit Dusche und Ventilator 3500 CFA.

Essen: Restaurant „Yankao" ist gut.

Sehenswert: Moschee. Goldgräberdorf (10 km in Richtung Touba, am Ortseingang des ersten Dorfes rechts, dann noch ca. 5 km Piste).

P 2: Odiénné – Boundiali – Korhogo (238 km)

(03.01, Motorrad) Piste (A) auf den ersten 136 Km. Ab Boundiali Asphalt.

ODIÉNNÉ – S. P 1. (Ende P 1, P 15 und M 17; Beginn M 15.)

BOUNDIALI – Großer Ort. Gute Infrastruktur.

Sehenswert: Die vielen traditionellen Feste mit ihren Tänzen (die Region ist berühmt für ihre Folklore).

In der Umgebung: Der See mit zahlreichen Flusspferden (20 km im Norden der Stadt an der Straße nach Kouto).

KORHOGO – 381 m, ca. 88 000 Einw. Stadt. Gute Infrastruktur. Kunsthandwerkszentrum der Senufo.

Unterkunft: „Mission Catholique", schöne, große und saubere Zimmer in ruhiger, parkähnlicher Lage (08.98: 3000 CFA).

Sehenswert: Beerdigungen der Senufo (erkundigen), sehr interessant mit trad. Musik und Maskentänzen. (Ende P 7 und P 3; Beginn P 8.)

P 3: Niellé – Mbengué – Korhogo (115 km)

Piste (A) mit Wellblech. Mehrere malerische Dörfer (Kunsthandwerk). Schöne Landschaft.

NIELLÉ – S. G 31. (Ende G 31; Beginn P 4.)

KORHOGO – S. P 2. (Ende P 2 und P 7; Beginn P 8.)

P 4: Niellé – Ouangolodougou (61 km)

(01.97, Peugeot 504) Guter Asphalt.

NIÉLLÉ – S. G 31. (Ende G 31; Beginn P 3.)

OUANGOLODOUGOU – S. Q 19. (Ende Q 19; Beginn P 5.)

P 5: Ouangolodougou – Ferkessédougou (44 km)

(03.01, Motorrad) Asphalt, viele Löcher.

OUANGOLODOUGOU – S. Q 19. (Ende Q 19 und P 4.)

FERKESSÉDOUGOU – 14 000 Einw. (s. Stadtplan). Gute Infrastruktur. Drei Tankstellen. Banken. Baptistenkrankenhaus mit amerikanischen Ärzten. (Beginn P 6, P 7 und P 9.)

Unterkunft: „Auberge de la Ré-serve", saubere Bungalows mit Dusche und Klimaanlage, gute Küche (ca. 6500 CFA/DZ). Hotel „Le Refuge" (ca. 3500 CFA/DZ mit Ventilator, ca. 4500 CFA mit Klimaanlage).

Sehenswert: Die Zuckerrohrplantagen und die Zuckerfabrik.

P 6: Ferkessédougou – Nassian – Ferké (Comoé-Nationalpark) (121 Km)

Piste (A/G/I), nur während der Trockenzeit befahrbar.

FERKESSÉDOUGOU – S. P 5. (Ende P 5; Beginn P 7 und P 9.)

Ferkessédougou auf der Piste nach Téhini verlassen.

Km 90, **NASSIAN** – Kleiner Ort.

In der Umgebung: Die Moschee von Kong im sudanischen Baustil, 34 km südlich des Ortes.

FERKÉ – Kleiner Ort. Wachtposten von Kafolo.

Unterkunft: Hotel „Safari Lodge", teuer, schlecht geführt, Camping möglich.

In der Umgebung: Der riesige **COMOÉ-NATIONALPARK** (Affen, Löwen, Warzenschweine, Büffel, Antilopen usw.). Der Park ist von Dezember bis Mai geöffnet; Februar und März sind die besten Monate für einen Besuch. Eintritt 3000 CFA p.P. (02.01), Führer in Kafolo anheuern (ca. 30 000 CFA/Tag), Fahrt ohne Führer sinnlos. Besichtigung im Privatwagen möglich, aber der Park muss bis 18 Uhr verlassen werden (Camping verboten). Da die Pisten nicht unterhalten werden, ist die Durchquerung des Parks nur im Geländewagen möglich.

Ab Ferké kann man bis Oango Fitini (gutes Hotel, Besuch des Bouna-Reservats) weiterfahren, wo man in Bouna auf die Strecke P 29 trifft (hervorragende Piste, malerische Dörfer).

P 7: Ferkessédougou – Sinématiali – Korhogo (53 km)

(03.01, Motorrad) Guter Asphalt. Mehrere Polizeikontrollen.

FERKESSÉDOUGOU – S. P 5. (Ende P 5; Beginn P 6 und P 9.)

SINÉMATIALI – Kleiner Ort. Manchmal Treibstoff.

KORHOGO – S. P 2. (Ende P 2 und P 3; Beginn P 8.)

P 8: Korhogo – Ténindiéri – Niakaramandougou (147 km)

Piste (A). Viele Polizeikontrollen. Malerische Dörfer (Kunsthandwerk). Schöne Landschaft.

KORHOGO – S. P 2. (Ende P 2, P 3 und P 7.)

In der Umgebung: Von Ténindiéri führt eine hervorragende Piste nach **Tortya** (10 km), in ein Dorf, in dem Gold- und Diamantenfieber grassieren. Wunderschöne Umgebung. Unterkunft bei Marius, einem ungewöhnlichen Mann, der Zimmer und Betten in Schlafsälen vermietet (am Ufer des Flüsschens, ca. 5000 CFA/DZ oder etwa 4500 CFA p.P. mit Vollpension); hier kann man fischen, jagen oder nach Diamanten schürfen.

NIAKARAMANDOUGOU – Ort. Treibstoff. (Ende P 9; Beginn P 10.)

P 9: Ferkessédougou – Tafiré – Niakaramandougou (114 km)

(01.97, Peugeot 504) Guter Asphalt. Mehrere Tankstellen, wenig Polizeikontrollen.

FERKESSÉDOUGOU – S. P 5. (Ende P 5; Beginn P 6 und P 7.)

TAFIRÉ – Kleiner Ort. Gelegentlich Treibstoff.

NIAKARAMANDOUGOU – S. P 8. (Ende P 8; Beginn P 10.)

P 10: Niakaramandougou – Katiola – Bouaké – Yamoussoukro (230 km)

(01.97, Peugeot 504) Asphalt, guter Straßenzustand. Mehrere Tankstellen; wenig Polizeikontrollen. Malerische Dörfer (Kunsthandwerk). Schöne Landschaft.

NIAKARAMANDOUGOU – S. P 8. (Ende P 8 und P 9.)

KATIOLA – 328 m. Kleinstadt. Lebensmittel (Markt), Treibstoff.

Unterkunft: Hotel „Hambol" (8000 CFA/DZ mit Klimaanlage).

Sehenswert: Die Keramikschule.

Von hier aus führt eine Piste nach Osten (90 km) nach Dabakala (zur P 28).

BOUAKÉ – Ca. 900 000 Einw. Zweitgrößte Stadt des Landes. Gute Infrastruktur. Bedeutender Markt.

Unterkunft: „Hotel Harmattan", sehr modern, komfortabel, Pool. „R.A.N.-Hotel", Klimaanlage, Pool, DZ ca. 18 000 CFA.

YAMOUSSOUKRO – 208 m ü.NN. Ca. 160 000 Einw. (s. Stadtplan) Hauptstadt und Geburtsort des ehemaligen Präsidenten Houphouët Boigny. Gute Infrastruktur. Großer Markt, breite Straßen. Moderne Architektur.

Unterkunft: Motel „Le Bonheur I", ca. 15 000 CFA/DZ mit Klimaanlage, gutes Restaurant. Hotel „Président", aller Komfort, Pool, Sauna, Zimmer mit Klimaanlage und TV. Campen auf dem Parkplatz beim Eingang der Basilika auf Anfrage möglich.

Verschiedenes: Es wechselt keine Bank DM, deshalb Franc mitnehmen.

Sehenswert: Der **Krokodilsee** unweit des Präsidentenpalastes. Die **Nachbildung des Petersdomes** in Rom: Die Kuppel ist noch höher als die des Petersdomes und ist schon von weitem zu sehen; Besichtigung täglich 8–19 Uhr, offiziell außer Sonntag und Montag, das spielt aber keine Rolle, da man über jeden Besucher froh ist (keine Besichtigung bei der Messe, Sonntagvormittag und Abendmesse); der Lift nach oben in die Kuppel kostet 1000 CFA (11.98), es gibt kein offizielles Eintrittsgeld, aber Trinkgeld für den Führer ist obligatorisch; Besichtigung lohnt sich, der Dom ist eine hervorragende handwerkliche und architektonische Meisterleistung; der Dom wurde nach der Fertigstellung dem Vatikan geschenkt und wird auch vom Vatikan unterhalten. (Beginn P 11 und P 21.)

P 11: Yamoussoukro – Bouaflé – Daloa – Guéssabo (199 km)

Asphalt, guter Straßenzustand.

YAMOUSSOUKRO – S. P 10. (Ende P 10; Beginn P 21.)

Zwischen Yamoussoukro und Bouaflé Ausflugsmöglichkeit nach Yabouédo und Kossou (Piste, schöne Landschaft, in Kossou kein Hotel, aber Campingmöglichkeit in der Nähe des Staudamms).

Kurz hinter Yamoussoukro ist rechts eine Kaffeefabrik (Besichtigung möglich).

BOUAFLÉ – 180 m, 70 000 Einw. Gute Infrastruktur.

In der Umgebung: Die Straße nach Daloa verläuft entlang der Südgrenze des **Maraoué-Nationalparks** (Elefanten, Büffel und Antilopen). Die Eintrittsgebühren (ca. 2000 CFA/Person, obligatorischer Führer ca. 3000 CFA) werden an der Straße erhoben, etwa 20 km hinter Bouaflé. Geöffnet ist der Park von 6–17.30 Uhr; mit Genehmigung der Parkwächter kann auch im Park übernachtet werden.

DALOA – 277 m, ca. 102 000 Einw. Gute Infrastruktur. Nissan-Werkstätte.

Sehenswert: Das Haus der Kunsthandwerker.

GUÉSSABO – Kleiner Ort. Keine Versorgungsmöglichkeit. (Ende P 17; Beginn P 12.)

P 12: Guéssabo – Duékoué (49 km)

(11.98, Mercedes 290 GD) Guter Asphalt.

GUÉSSABO – S. P 11. (Ende P 11 und P 17.)

Kurz hinter Guéssabo wird auf einer Brücke ein Arm des durch den Zakué-Staudamm neu entstandenen Sees (des Flusses Sassandra) überquert. Der See hat das alte Dorf Guétuzon überschwemmt. Der Stausee, der mit vielen Wasserhyazinthen bewachsen ist, zieht sich die Straße entlang. Weiter durch Waldgebiet, das z.T. durch die extensive Holzbewirtschaftung (viele Sägewerke) ziemlich ausgelichtet ist.

Km 49, **DUÉKOUÉ** – 231 m. Kleiner Ort. Lebensmittel, Treibstoff. Sehr schöne, waldreiche Umgebung mit Felsbergen aus einzelnen großen Felsmonolithen. (Beginn P 13, P 16 und P 20.)

P 13: Duékoué – Man (88 km)

(01.97, Motorrad) Asphalt.

DUÉKOUÉ – S. P 12. (Ende P 12; Beginn P 16 und P 20.)

Km 53, **LOGOUALÉ** – Größerer Ort.

Km 81, Kreuzung, links nach Danane, geradeaus nach Man. Checkpoint mit Nagelketten.

Km 85, Hotel „Beausejour“, schon etwas abgewrackt. Geradeaus weiter.

Km 88, **MAN** – 346 m, ca. 100 000 Einw. Gute Infrastruktur. Tankstellen, Supermärkte. (Beginn P 14.)

Sehenswert: Die traditionellen Tänze und das Kunsthandwerk.

Unterkunft: Hotel „Leveneur“ mit abgeschlossenem Parkplatz, DZ 5000 CFA mit Ventilator, 10 000 CFA mit Klimaanlage. „Hotel Concorde“, gut, sehr sauber, nahe Krankenhaus, DZ mit Ventilator 5000 CFA.

Essen: Nettes Gartenrestaurant mit gutem Essen „Maquis Le Jardin“, vor Total-Tankstelle links in Richtung Mont Tonkoui.

Ausflug zum Mont Tonkoui, Wasserfälle und Lianenbrücke: Bei der Total-Tankstelle rechts abbiegen (vom Zentrum kommend), von Abidjan kommend links (Pos. **N 07°24,113' W 07°33,450'**). Nach 1,5 km Kreuzung **(N 07°24,953' W 07°34,636')**, geradeaus Piste weiterfahren. Nach weiteren 2 km sind der Wasserfall und die Lianenbrücke erreicht (rechter Hand der Straße eingezäuntes Gelände, Stufen führen nach unten, 10.98: Eintritt 200 CFA), Pos. **N 07°24,799' W 07°34,981'**. 6,5 km nach der Kreuzung ist der Ort Dayne erreicht (an „Ecole primeur“ vorbei). Nach weiteren 5 km und Gesamt-Km 13 links Richtung Takpi Schild 8 km, rechts geht es nach Guinpléu. Links weiter zum Gipfel. Schöne Strecke durch dichten Wald bergauf, ab und zu Ausblicke. Km 18, Aufspaltung der Piste, rechts zur kleinen Sendeantenne, links zur großen Antenne. Die rechte Piste endet bei einzelnen Häusern. Die linke Piste geht zum Sendemasten (abgesperrt und davon abzweigend wieder eine Piste rechts zu den 1925 von Franzosen gebauten Steinhaus, das jetzt nur am Wochenende privat genutzt wird). Freundliche Bewohner, sehr schöne Aussicht auf das Bergland. Etwas unterhalb bei der Aufspaltung kann man bei einem durch Straßenbau freigeschaufelten Platz neben dichtem Wald ungestört campen.

P 14: Man – Danané (79 km)

(11.98, Mercedes 290 GD) Asphalt. Viele Lkw (Kaffeetransport; die Fabrik liegt in der Nähe von Danané).

MAN – S. P 13. (Ende P 13.)

Man Richtung Süden verlassen

Km 7, Kreuzung. Rechts nach Danané weiterfahren. Wieder mehr Rundhüttendörfer im Gegensatz zu den rechteckigen Häusern vorher.

Km 49, **M'HAPLEU** – Größerer Ort (Michelinkarte Mahapleu).

Ca. 14 km nach M'Hapleu überquert man den Fluss Cavally.

Km 73, Kreuzung vor Danane, Gendarmerieposten.

Km 75, **DANANÉ** – Kleinstadt. Gute Infrastruktur. Polizeiformalitäten zur Ausreise aus der Elfenbeinküste für diejenigen, die nach Liberia weiterfahren. (Ende M 18; Beginn P 15 und O 1.)

P 15: Danané – Touba – Odiénné (375 km)

(03.01, Motorrad) Piste bis Sipilou (A/H), ab Km 77 alle Brücken eingestürzt, Allrad erforderlich. Dann guter Asphalt, wenig Verkehr. Interessanter Primärwald.

DANANÉ – S. P 14. (Ende P 14 und M 18; Beginn O 1.)

Fantastische Wald- und Berglandschaft.

Km 10, tiefe Rinne vor Brücke.

BIANKOUMA – Kleiner Ort. Lebensmittel. Manchmal Treibstoff.

Unterkunft: Amerikanische Mission, sehr schön, günstig, Minigolf, Camping, Ausschilderung „C.A.M.P." zwischen Dingouin und Biankouma.

In der Umgebung: 20 km hinter Fouenan Ausflugsmöglichkeit zu einem östl. der Straße gelegenen Aussichtspunkt (28 km hin und zurück) hinter dem Dorf Zala. Typische Dörfer und freundliche Menschen entlang der Straße.

TOUBA – 440 m, 6000 Einw. Lebensmittel, Treibstoff, Arzt, Unterkunft.

ODIÉNNÉ – S. P 1. (Ende P 1 und M 17; Beginn P 2 und M 15.)

P 16: Duékoué – Guiglo – Toulépleu – liberianische Grenze – Blay (167 km)

(02.96, Land Rover) Asphalt bis Guiglo; danach Piste (A/H in der Trockenzeit).

DUÉKOUÉ – S. P 12. (Ende P 12; Beginn P 13 und P 20.)

GUIGLO – 209 m, Weiler. Lebensmittel, Treibstoff.

Sehenswert: Die Erzeugnisse des lokalen Kunsthandwerks (schöne Masken).

Am Ortsausgang von Guiglo an der Kreuzung rechts in Richtung Toulépleu abbiegen (links nach Tai und Tabou). (Zur P 20.)

Zwischen Guiglo und Toulépleu 114 km mittelmäßige bis gute Piste, in der Regenzeit möglicherweise nicht befahrbar (tiefe Schlammlöcher).

TOULÉPLEU – 270 m, Weiler. Lebensmittel (Markt). Manchmal Treibstoff. Campement.

Ab hier 19 km gute Piste bis zur Grenze.

PÉKANHOUÉBILI – Kl. Ort. Grenzposten der Elfenbeinküste von Samstag 15 Uhr bis Montagmorgen geschlossen. Formalitäten zur Ausreise aus der Elfenbeinküste.

BLAY – 1 km weiter. Kleiner Ort. Formalitäten zur Einreise nach Liberia (im allgemeinen sehr langwierig). (Beginn O 4.)

P 17: Yabayo – Issia – Guéssabo (120 km)

(11.98, Mercedes 290 GD) Sehr guter Asphalt. Schöne Landschaft, Regenwald, unterbrochen von Bananen-, Ananas-, Kokos-, Kaffee- und Ölpalmenplantagen. Viele Dörfer (Lebensmittelversorgung schwierig).

YABAYO – 180 m. Großer Ort. Tankstelle, Markt am Freitag. Abzweig rechts nach Gagnoa, Yammoussoukro und Dimbokro. (Beginn P 18; Ende P 23.)

Unterkunft: Schönes Hotel „La Vallée".

Geradeaus nach Daloa.

Km 22, **GRAND ZETTRY** – Dorf. Markt am Freitag.

Km 52, **BÉLIBOUO** – Dorf.

Km 54, Abzweig rechts nach Yamoussoukro. Kurz darauf die Einmündung der Straße von Yamoussoukro kommend. In Richtung Issia links weiterfahren.

Km 67, **ISSIA** – Gr. Ort. 218 m. Lebensmittel, Hotel „Bellevue", Tankstellen.

Km 69, links weiter nach Man. Motel „Agip" ca. 500 m links an der Straße nach Duékoué–Man und 1 km weiter „Hotel de la Paix" (motelartiger Flachbau).

Km 120, **GUÉSSABO** – S. P 11. Rechts mündet die Straße von Daloa ein. (Ende P 11; Beginn P 12.)

P 18: San Pédro – Soubré – Yabayo (153 km)

(11.98, Mercedes 290 GD) Sehr guter Asphalt. Schöne tropische Landschaft.

SAN PÉDRO – Expandierende Stadt mit Raffinerie und Freihafen(s. Stadtplan). (Beginn P 19; Ende P 24.)

Unterkunft: Am Strand nach dem Hafen „Seemannsclub", dann Restaurant „Sophia" und Hotel „Sophia" mit eigenem Strand (Plage Victoria), sehr schönem Salzwasserpool und geräumigen, sehr schönen Zimmern und gutem Restaurant; Preise (11.98): DZ für 35 000 CFA, Suite 45 000 CFA, mit Zusatzbett 10 000 CFA. Am Strand daneben ist das Hotel „La Caravelle" in Bau. Camping „Le Ponty" am Meer, 4 km westlich des Hafens (ca. 500 CFA p.P., Hütten ca. 3000 CFA). Camping beim Restaurant „L'Horizon" (westlich des Hafens am Strand, schöne Bademöglichkeit) nicht mehr erwünscht. Eine kleine Bar 700 m östlich davon akzeptiert Camper.

Verschiedenes: Guter libanesischer Supermarkt (nicht sehr groß) links an der Hauptstraße in der Cité. Viele Firmen, Geschäfte, gute Versorgungsmöglichkeiten. Neben dem „Hotel Atlantic", im Toyotagebäude (Immeuble Toyota), Tel. 71 23 53 (Office PATPAD), hat der Deutsche ehemalige GTZ-Mitarbeiter Gerhard Radel sein Büro. Er organisiert Fahrten und Genehmigungen für den Taï-Nationalpark.

Essen: Restaurants „Le Tamarin" und „Chawarma Aux Delices", an der Hauptstraße links, Cité schräg gegenüber „Hotel Atlantic". Die Boulangerie befindet sich kurz nach dem Kreisel links.

Km 10, Kreuzung zur Hauptstraße Abidjan–Tabou mit Polizeicheckpoint. Tabou links, Abidjan rechts. Geradeaus weiter in Richtung Soubré und Daloa durch hügelige Waldlandschaft, die sich nur im Bereich der Dörfer lichtet.

Km 38, **GABIADJO** – Ort.

Viele Holztransporter, lichter Wald mit großen Bäumen dazwischen, Felder, Kautschuk- und Kakaoplantagen, die Bohnen werden auf Holzgestellen oder an der Straße zum Trocknen ausgelegt.

Km 85, **MEADJI** – Großer Ort. Alle Versorgungsmöglichkeiten vorhanden. Nur noch wenige große Bäume, Palmen, Bananenstauden, hübsche Gegend.

Km 134, Brücke über den Sassandra-Fluss. Vor der Brücke links zu den **WASSERFÄLLEN VON SASSANDRA.**

Km 135, **SOUBRÉ** – 132 m. Kleiner Ort. Lebensmittel, Treibstoff, Hotel, Arzt.

Km 153, **YABAYO** – S. P 17. (Ende P 23; Beginn P 17.)

P 19: San Pédro – Grand-Bérébi – Tabou (144 km)

(02.96, Land Rover) Asphalt. Die Strecke führt durch Kokos- und Gummibaumplantagen.

SAN PÉDRO – S. P 18. (Beginn P 18, Ende P 24.)

GRAND-BÉRÉBI – Kleines Seebad, viele franz. Touristengruppen. Gute Infrastruktur. Wasser (der Brunnen befindet sich 50 m in Richtung Strand vom Marktplatz entfernt).

Unterkunft: Sehr schönes Hotel „La Phyton", Bungalow (4 Pers.) für 12 000 CFA (01.01). Hotel „Beau Rivage" in schweizerischer Hand, hervorragend und teuer, gutes Restaurant, schöner, von Kokospalmen eingerahmter Strand, Bungalows und Hütten (nicht bewirtschaftet) am Strand.

In der Umgebung: Der **Méneké-Strand** (20 km hin und zurück), Touristendorf (besser die Weihnachts- und Osterferienzeit meiden); am Marktplatz in Richtung Flughafen fahren und etwa 50 m vor dem Ende der Piste nach links abbiegen; man passiert zwei Dörfer (Wasser an einer manuell betriebenen Pumpe im zweiten Dorf) und biegt dann wieder nach links (Wegweiser). Ebenfalls sehenswert ist das Dorf Boubélé (4 km von Ménéké entfernt, gute Piste), ein bezaubernder Ort mit Lagune, Flüsschen und angenehmem, hübschen Hotel (ca. 18 000 CFA/Person mit Vollpension).

TABOU – Kleinstadt. Nur zeitweise fließend Wasser. Lebensmittel (aufgrund zahlreicher Bürgerkriegsflüchtlinge aus Liberea, recht teuer). Nicht immer Treibstoff. Arzt. (Ende P 20.)

Unterkunft: In der Umgebung Campement „Toulou" (2000 CFA/Hütte, keine sanitären Anlagen). Hotel „Kleh", sauber (ca. 6000 CFA/DZ). Am Ortseingang sehr schönes und sauberes Hotel, DZ 4500 CFA inkl. Frühstück. (01.98).

Sehenswert: Die im Kolonialstil erbauten Häuser.

In der Umgebung: Schöne Unterkunfts- und Bademöglichkeit an einer ruhig gelegenen Landzunge, über die Piste von Sekreke in Richtung Boubélé zu erreichen (mit Vermietung von Hütten).

P 20: Duékoué – Guiglo – Taï – Tabou (320 km)

(02.96, Land Rover) Bis Guiglo Asphalt, zwischen Youkou und Grabo neue Piste, bis Olodio gute Piste und dann bis Tabou mittelmäßig mit Wellblech. Unterwegs gibt es einige Polizeikontrollen.

DUÉKOUÉ – S. P 12. (Ende P 12; Beginn P 13 und P 16.)

GUIGLO – S. P 16. (Zur P 16.)

Km 36, großer Kreisverkehr; in Richtung Tabou weiterfahren. Danach 50 km starkes Wellblech. Viele Lkw, die Staubwolken aufwirbeln. Von hier ab gute Piste bis Taï.

Km 40 (hinter Guiglo), Campement und Hotel „Lopena" im Dorf **ZAGNE** (Camping 1500 CFA/2 Personen und Auto).

TAÏ – Kleinstadt. Lebensmittelversorgung schwierig. Treibstoff nur auf dem Schwarzmarkt (es empfiehlt sich, in Guiglo vollzutanken).

Danach wird die Piste enger, es herrscht weniger Verkehr (einige kleine Schlammlöcher können in der Regenzeit Schwierigkeiten bereiten).

DJIROUTOU – Dorf. Lebensmittelversorgung schwierig. Brücke über den Hara-Fluss.

In der Umgebung: Hier befindet sich der Eingang zum **TAÏ-NATIONALPARK.** In der Ortsmitte beschilderter Abzweig Richtung Osten, später schlechte Piste, jedoch an jedem Abzweig ausgeschildert. Besuch auch ohne Anmeldung in San Pedro möglich. Es werden diverse Ausflüge angeboten. Maximal-Leistung: 5 Tage Vollpension, Schimpansen-Beobachtung mit Übernachtung im Urwald, Besteigung des **Mont Nienokoué** (zweistündige Wanderung auf den Gipfel mit schönem Ausblick auf den Regenwald) und Pirogenfahrt für 120 000 CFA pro Pers. (02.01).

GRABO – Dorf.

Hinter Grabo wieder besserer Pistenzustand.

TABOU – S. P 19. (Ende P 19.)

P 21: Yamoussoukro – Toumodi – Ndoussi (136 km)

(03.01, Motorrad) Schlechter Asphalt, viele Löcher.

YAMOUSSOUKRO – S. P 10. (Ende P 10; Beginn P 11.)

Km 46, **TOUMODI** – Lebhafte Kleinstadt. Viele Geschäfte. Alle Versorgungsmöglichkeiten. (Ende P 33).

Unterkunft: Ordentliches Hotel „La Villa Hôtes" mit klimatisierten Zimmern, Mittelklasse (an Straße nach Abidjan). „Hotel Le Campement " und „Hotel le Refuge", beide einfach, an Straße nach Yamoussoukro.

Weiter nach Süden in Richtung Abidjan.

Km 75, **MARONOU** – Ort. Kl. Buden und Getränke, Obst.

Ca. 20 km weiter reihen sich in den Dörfern zahlreiche Stände von Korbflechtern, die ihre Waren an der Straße feilbieten.

Km 105, Autobahnanfang.

DUPUY-YAO – Kleiner Ort.

NDOUSSI – Kleiner Ort. Gute Treibstoffversorgung.

Unterkunft: In einer der zahlreichen Tankstellen. (Beginn P 22, P 25.)

P 22: Ndoussi – Divo – Lakota (113 km)

Asphalt. Vorsicht vor Holztransportern, die mit überhöhter Geschwindigkeit fahren.

NDOUSSI – S. P 21. (Ende P 21; Beginn P 25.)

TIASSALÉ – Kleiner Ort. Lebensmittel. Treibstoff und Werkstatt. Arzt.

DIVO – Kleiner Ort. Lebensmittel. Treibstoff und Werkstatt. Arzt. Übernachtungsmöglichkeit. (Ende P 26.)

37 km hinter Divo an der Kreuzung rechts fahren.

LAKOTA – 234 m. Weiler. Lebensmittel, Treibstoff und Werkstatt. Arzt. Übernachtungsmöglichkeit. (Beginn P 23 und P 24.)

P 23: Lakota – Gagnoa – Yabayo (126 km)

Asphalt. Beachten Sie die Anmerkungen zu Beginn der Strecke P 22.

LAKOTA – S. P 22. (Ende P 22; Beginn P 24.)

GAGNOA – 211 m. Kleinstadt. Lebensmittel, Treibstoff, Bank, Arzt.

Unterkunft: Campingplatz des Sportclubs der Europäischen Gemeinschaft einige Kilometer außerhalb der Stadt auf der Straße nach Man (blaues Hinweisschild „Camping"), ca. 1000 CFA/Person, Pool.

YABAYO – S. P 17. (Ende P 18; Beginn P 17.)

P 24: Lakota – Sassandra – San Pédro (245 km)

(08.97, IFA W 50) Piste (A) bis Sassandra, danach guter Asphalt.

LAKOTA – S. P 22. (Ende P 22; Beginn P 23.)

SASSANDRA – Malerische Kleinstadt an der Mündung des gleichnamigen Flusses. Täglich frischer Fisch. Gute Infrastruktur. Wunderschöner Blick von der Brücke über den Fluss und den Urwald.

Unterkunft: Hotel auf der Landzunge am Meer mit schönem Strand (ca. 18 000 CFA/DZ, Camping 1000 CFA/Person). In der Stadt rechts in Ri. Strände geht's zum schönen „Camping le Bivouac – Chez Ralph", nach 4 km biegt man links ab (Hinweisschild) und nach 500 m wieder links (die rechte Piste endet kurz darauf); hübscher Campingplatz unter Palmen mit eigenem Strand und Lagune, vermietet auch einfache Strohhütten für Traveller, es wird nach Absprache für die Gäste gekocht; der Deutsche Ralph lebt hier seit vielen Jahren ein Robinson-Dasein und ist ein netter Gesprächspartner; Preise (11.98): 1500 CFA/Pers. Camping, 5000 CFA für eine große Hütte mit Moskitonetz. Ralphs Bruder Marc betreibt das gute „Hotel-Restaurant Le Terrasse", Tel. (00 22 5) 72 02 00, gute Ausstattung, herrlicher Blick, gutes Essen.

Man verlässt Sassandra auf der Piste zum Flughafen, die am Meer entlangführt. Unterwegs passiert man malerische Fischerdörfer mit buntbemalten Booten.

Km 19 ab Sassandra, **NIEGA** – Dorf am Strand.

Unterkunft: Bungalowanlage im Bau, Campingmöglichkeit am Strand, schöne Bademöglichkeit, starke Brandung.

In der Umgebung: 2 km vor Niega Campingplatz in traumhafter Lage am Strand (kleine Hütten), gutes Essen. Weiterer Camping in Michel-Gode-Plage 1 km östlich.

SAN PÉDRO – S. P 18. (Ende P 25, P 32; Beginn P 18 und P 19.)

P 25: Ndoussi – Abidjan (108 km)

(09.97, IFA W 50) Autobahn. Zahlreiche Bodenwellen, Radfahrer fahren auf der Autobahn zeitweilig in Gegenrichtung. In den Waldgebieten Morgennebel. Vorsicht vor Kühen und Ziegen, die die Straße queren. Alternative: die Straße (schlechter Asphalt) über Sikensi (Lebensmittel, Treibstoff, Restaurant) und Dabou (zur P 26).

NDOUSSI – S. P 21. (Ende P 21; Beginn P 22.)

ABIDJAN – Ca. 3 Mio. Einw. Gute Infrastruktur (s. Stadtplan). In der Innenstadt (Plateau) ist der Glanz vergangener Zeiten zu sehen, alles gammelt etwas vor sich hin, der abnehmende Lebensstandard ist überall zu spüren. (Beginn P 26, P 27 und P 32; Ende P 30.).

Unterkunft: „Centre Acceuil Missionaire" in Plateau, zentral und preiswert, 4000 CFA (01.98). Hotel „La Vigie" (ca. 4000 CFA/DZ). In Richtung Campingplatz und Grand Bassam liegt rechter Hand „Le Baron", Bungalows, recht geräumig, Sanitär etwas wackelig, gute Küche, Restaurant direkt am Meer, sauber, DZ bzw. Bungalow 18 000 CFA (11.98), Busverbindung ins Zentrum und aufs Plateau, Camping möglich (1500 CFA/Pers., sehr schmutzige san. Anlagen). „Treichotel" (in Treicheville), abgeschlossener Garagenhof (8000–12 000 CFA/DZ mit Klimaanlage). Hotel „Prince" (ca. 5000 CFA/DZ mit Klimaanlage). Motel „Chez Cakpo" (12 000 CFA/DZ mit Klimaanlage und Fernseher). Hotel „Ibis-Marcory" (häufig ausgebucht, reservieren) kostet 36 500 DZ (11.98). Hotel „Massarana", Bd de la Republique. Ca. 3 km vor den Campingplätzen (s.u., von der Innenstadt kommend) an der Route de Grand Bassam liegt rechter Hand (von einer Seitenstraße erreichbar) das sehr schöne Hotel „Palm Beach" (direkt gegenüber der Raffinierie) mit Strand und Pool, häufig aber ausgebucht, DZ 26 000 CFA, Bungalow 34 000 CFA (11.98). Wenn man diese Straße entlang des Meeres Richtung N weiterfährt, liegt ca. 500 m danach links „Le Roi de la Langouste", DZ ca. 20 000 CFA (11.98), einfache Mittelklasse. Es gibt zwei Campingplätze an der Straße nach Grand Bassam, ca. 15 km von der Innenstadt entfernt, **N 05°14,471' E 03°54,545'.** Camping „Copacabana" in Bassam, 17 km von der Houphouët-Boigny-Brücke in Richtung Grand Bassam entfernt am Strand, freundlich, wird rund um die Uhr bewacht. Campingmöglichkeit auch auf dem Parkplatz des Hotels „Akwaba" unmittelbar neben dem „Palm Beach".

Essen: „Green Park", hübsches Gartenrestaurant an der Flughafenstraße (Abzweig von der Route de Grand Bassam). Zahlreiche Grill und Gartenrestaurants an der Route de Grand Bassam am Strand, viele haben nur am Wochenende Betrieb (dort auch sehr schöne Palmenstrände). Am Bd. de Marseille (von Treichville in Richtung Vridi) gibt es zahlreiche hübsche Gartenrestaurants, auch asiatische und italienische. Im Viertel Plateau viele Pizzerias wie „Sale de Pepe" (Av. Terrasson de Fougeres bzw. Av. de la Republique). „Pizzeria Bruno – Café Glacier", an Av. De la Republique/Ecke Av. Marchand, nahebei auch „Brasserie Carthage" und gepflegtes Restaurant „Park Avenue" am Bd de la Republique. Bei der guineischen Botschaft (Avenue Crosson Duplessis) liegt die gepflegte „Pizzeria Valentino", Tel. 32 80 29. Restaurant „Le Wharf" auf dem Plateau ist empfehlenswert. „Maquis la Paye" und „Restaurant le Cabaret" an der Av. 1 machen einen ordentlichen Eindruck. Neue Eisdiele „La Glacier moderne" empfehlenswert (Rue de Commerce im Plateau-Viertel).

Verschiedenes: Zahlreiche Internetcafés, z.B. in Plateau „Cyper@lloco" (im franz. Kulturzentrum), 2000 CFA/Std. (10.00) bei Mitgliedschaft (2000 CFA Eintrittsgebühr) oder „Infinity" (im Immeuble Je Ce Da) 3000 CFA/Std. (10.00) bei Mitgliedschaft (2500 CFA). Der Markt von Treicheville ist abgebrannt, es gibt einen Ersatzmarkt an der Schnellstraßenabfahrt (Kleeblatt an der Pont General de Gaulle) auf der Treichvilleseite. Hier ist auch ein großer Taxistandplatz. Im Stadtteil Marcory (Richtung Flughafen und Ibis-Hotel) parallel zur Rue Giscard d'Estaing (Ecke Rue G 20/Luis Lumiere und Marie Curie), liegt der riesige Hypermarché (Supermarkt) „Trade Center", sehr gute Auswahl. Gegenüber liegt das „Primacenter" mit Boutiquen, Buchhandlung mit Internationaler Presse, Café etc. Am Bd Giscard d'Estaing gibt es noch einige weitere große Supermärkte. In Plateau am Bd Latrille supermodernes Einkaufszentrum „SOCOCE" (auch Kino). Inoffizielle Parkplatzzuweiser (Wächter) kassieren in der Innenstadt für freie Plätze ab. In Treichville an der Av. 1 (Cristiani) entsteht ein neues großes Kulturzentrum (Palais de la Culture), noch im Bau. Stadtplan in der „Librairie française", Plateau und im Hotel „Ivoire". Gut sortierte Buchhandlung in Plateau an der Av. Marchand. Wechselstube im Alpha 2000 am Bd. de la Republique. Toyota-Hauptvertretung am Boulevard de Vridi. Eine von einem Österreicher geführte VW-Agentur befindet sich in Treicheville. Motorradersatzteile gegenüber dem Seemannsheim (von der H.-Boigny-Brücke Richtung Grand Bassam auf der rechten Seite). Im Krankheitsfall besser das Krankenhaus von Treicheville meiden und das kanadische Krankenhaus (auf dem Plateau) oder sehr empfehlenswerte Praxis Dr. Montagnier (Praxis im Nuralhayat-Gebäude auf dem Plateau) aufsuchen. Ein guter Strand ist der Grand Bassam mit Restaurant „L'Equateur" (Liegen, Sonnenschirme). Tourismusamt „Office Ivoirien du Tourisme et de l'Hotellerie", Place de la République, B.P. 8538, Tel. (225) 20 65 28, Fax (225) 22 56 24. Schwimmbad im „Hotel Ivoire", schöne Liegewiese, schöner Ausblick auf Plateau, Eintritt 1500 CFA (01.98).

Botschaften: Visum Gabun: in Cocody nach „R.T.I.", Reservierungsbestätigung von Hotel in Gabun beschaffen, Visumantrag stellen (2 Passbilder), Teletext (von Botschaft ausgefüllt) nach Libreville schicken, Antwort dauert 7–10 Tage, dann Visumerteilung (1 Tag) für 3 Monate, 35 000 CFA. Botschaft der Republik Niger, Rue de la Paix, Marcory, gegenüber der „Agip"-Tankstelle. Botschaft von Nigeria (Visum im Jan. 97 nicht erhältlich), Bd de la République, Plateau, Tel. 22 30 82. Botschaft von Ghana (01.98: Visum 12000 CFA für 30 Tage), Beantragung und Abholung des Visums nur Mo, Mi und Fr. Botschaft von Benin (Visum innerhalb von 6 Std., 20 000 CFA für 30 Tage), Rue de Jardins, Cocody, Tel. 41 44 13. Visum für Togo bei der französischen Botschaft (innerhalb 3 Stunden für 3 Tage, 01.98: 10 000 CFA). Botschaft von Kamerun (Visum innerhalb 2 Std., 30 000 CFA, 3 Monate gültig), Imm. Le Général, Tel. 32 20 86. Botschaft von Burkina Faso (Visum innerhalb 6 Std., 13 000 CFA für 3 Monate), Av. Terrasson de Fougères. Botschaft von Zaire (Visum innerhalb von 24 Std. für 30 Tage, 40 000 CFA), Boulevard Clozel 29, Tel. 22 20 80. Botschaft von Tschad: Rue de Selliers 5, Tel. 32 35 35. Visum für Guinea innerhalb eines Tages für 20 000 CFA p.P. (11.98), Rue Crosson Duplessis im Zentrum von Plateau zwischen der Deutschen Botschaft und dem Grand Hotel.

Sehenswert: Stadtteil Treicheville, der **BANCO-NATIONALPARK** und das Hotel „Ivoire". Auf der Route de Cocody erreicht man nach etwa 18 km guter Asphaltstraße das Städtchen **BINGERVILLE,** in dem der alte Gouverneurspalast, der Botanische Garten und die Schule für afrikanische Bildhauerkunst sehenswert sind. Der ganze Stadtteil Adjamé (im Norden von Abidjan) ist ein riesiger Markt – chaotischer Verkehr, totaler Trubel, interessanter und malerischer als Treichville.

P 26: Abidjan – Dabou – Grand-Lahou – Guitri – Divo (261 km)

Asphalt bis 10 km hinter Dabou; danach Piste (A).

ABIDJAN – S. P 25. (Ende P 25 und P 30; Beginn P 27 und P 32.)

DABOU – Kleinstadt. Lebensmittel, Treibstoff.

Sehenswert: Moschee und Markt.

IROBO – Kleiner Ort. Polizeikontrolle.

Km 127 und 141, Fähren über den Bandama und über die Lagune von Grand-Lahou.

GRAND-LAHOU – Weiler. Gute Infrastruktur. Schöner Strand an der Lagune.

Unterkunft: Hotel auf der Spitze der Halbinsel. Es gibt zahlreiche kleine Fischrestaurants.

GUITRI – Kleiner Ort. Lebensmittel, Treibstoff, Arzt.

DIVO – S. P 22. (Zur P 22.)

P 27: Abidjan – Abengourou – Agnibilékrou (280 km)

Asphalt, einige gefährliche Kurven; besser nicht nachts fahren. Zahlreiche Polizeikontrollen (Schranken).

ABIDJAN – S. P 25. (Ende P 25 und P 30; Beginn P 26 und P 32.)

ADZOPÉ – Kleiner Ort. Lebensmittel, Treibstoff, Post

AKOUPÉ – Kleiner Ort. Kleiner Laden mit kalten Getränken. (Zur P 33; Beginn P 28.)

ABENGOUROU – 201 m. Kleinstadt. Lebensmittel, Treibstoff, Hotels. (Beginn R 6; Zur P 31.)

Sehenswert: Die Moschee.

AGNIBILÉKROU – (Ende P 29.) Kleiner Ort. Lebensmittel. Treibstoff; letzte Tankmöglichkeit für Reisende, die nach Ghana weiterfahren. Übernachtungsmöglichkeit.

Verschiedenes: Wer nach Ghana weiterreisen will, erledigt hier die Formalitäten zur Ausreise aus der Elfenbeinküste.

P 28: Akoupé – Daoukro – Ouellé – Prikro – Dabakala – Gansé (Comoé-Nationalpark) (ca. 375 km)

Asphalt bis Ouellé, danach breite, gute Piste bis Dabakala. Zwischen Dabakala und Gansé leichtes Wellblech.

AKOUPÉ – S. P 27. (Zur P 27; Zur P 33.)

DAOUKRO – Kleiner Ort. Lebensmittel, Treibstoff.

OUELLÉ – Kleiner Ort. Treibstoff. Fragen Sie, welche Piste einzuschlagen ist.

PRIKRO – Kleiner Ort. Laden mit kalten Getränken.

DABAKALA – Kleiner Ort. Lebensmittel, kein Treibstoff. Von hier aus führt eine Piste nach Westen 90 km nach Katiola (zur P 10).

GANSÉ – Kleiner Ort.

Unterkunft: Hotel „Calao Gansé", schöne Zimmer, Pool, gutes Essen.

Verschiedenes: Eingang zum Comoé-Nationalpark (s. P 6).

P 29: Bouna – Bondoukou – Agnibilékrou (320 km)

Piste (A). Baumsavanne, hinter Tanda dichter Wald.

BOUNA – S. Q 21. (Ende Q 21.)

Leidlich gute Erdpiste (leichtes Wellblech). Zwischen den Dörfern **BLINAODI** und **KOTOUBA** führt die Strecke entlang der Ostgrenze des Comoé-Nationalparks (s. P 6 und P 28); Zufahrt zum Park im Dorf Bania.

BONDOUKOU – Kleinstadt. Lebensmittel, Treibstoff, Hotel.

In der Umgebung: Das Dorf **SOKO** (8 km in Richtung Osten) an der Grenze zu Ghana.

AGNIBILÉKROU – S. P 27. (Ende P 27; Beginn R 6.)

P 29a: Yao Ngatiakro – Kouassi-Datékro – Sandégué – Nassian – Kotouba (230 km)

(01.97, Honda XR 600 R) Piste. Während der Regenzeit unproblematische Strecke durch Baumsavanne. Piste in meist mäßigem, z.T. auch gutem Zustand. Durchquerung vieler kleiner Dörfer (kaum Versorgung mit Lebensmittel oder Treibstoff), überall Wasser. Keine Kontrollen.

YAO NGATIAKRO (od. Yaokro) – Ort, ca. 20 km nördl. von Agnibilékrou (auf P 29).

Km 0, Kurz hinter Yaokro ausgeschilderter Abzweig nach links („Ndrakro").

Km 20, **NDRAKRO** – Dorf. Weiter nach rechts.

Km 30, Pistengabelung, hier nach links weiter.

Km 56, Dorf, am Ortsausgang Pistengabelung, geradeaus weiter (Norden).

Km 98, Pistengabelung vor Kouassi-Datékro, rechts abbiegen.

Km 107, **SANDÉGUÉ** – Größeres Dorf. Lebensmittel, Treibstoff (in Flaschen).

Km 112, Pistengabelung, rechts weiter (Norden).

Km 170, **PARHADI** – Dorf. Im Ort nach rechts auf die sehr gute, breite Piste nach

Km 170, **NASSIA** – Ort. Lebensmittel, Sprit aus Flaschen.

Zur Weiterfahrt die Richtung nach Bouna erfragen. Ab hier schmale, aber gute Piste bis

Km 191, **TOUMBO** – Pistenkreuzung, nach rechts abbiegen. Ab hier führt die Piste entlang der Südseite des „Parc national de la Comoé" (s. P 6).

Km 230, **KOTOUBA** – Dorf. Einmündung in die Strecke P 29 (s. oben).

P 30: Elubo (Ghana) – Grenze zur Elfenbeinküste – Aboisso – Grand-Bassam – Abidjan (178 km)

(03.01, Motorrad) Durchgehend guter Asphalt. 5 km vor der Grenze haben Asphaltierungsarbeiten begonnen. Direkt vor Aboisso scharfe Linkskurve, nicht einsehbar.

ELUBO – S. R 17. (Ende R 17.) Schnelle Ausreise.

NOÉ – Kleiner Ort. Formalitäten zur Einreise in die Elfenbeinküste.

ABOISSO – Saubere, nette Kleinstadt. Lebensmittel, Treibstoff. (Beginn P 31.)

Unterkunft: Hotel „Bemesso" (ca. 3000 CFA/DZ mit Klimaanlage).

Verschiedenes: Laden mit Wein und Bäckerei rechts an der Hauptstraße.

Sehenswert: der Markt.

GRAND-BASSAM – Ca. 45 000 Einw. Stadt. Gute Infrastruktur. Wunderschöne Kolonialbauten.

Unterkunft: Hotel „Boblin la Mer", hinter den Hotels „Assayam" und „La Taverne bassamoise": Unter italienischer Leitung, direkt am Strand, gut und preiswert, Dreibettzimmer mit Klimaanlage und Bad/WC 13 000–15 000 CFA (04.00), gute italienische Küche. Hotel „La Plage du Parrein", einfache Hütten mit Ventilator, z.T. direkt am Strand, familiäre Atmosphäre, ggü. vom Museum gelegen, Preise je nach Ausstattung und Saison 9000–22 000 CFA (04.00), daneben das 1999 erbaute Luxushotel „L'Etoile du Sud" (Nouvelle-Frontière-Gruppe), DZ ca. 72 000 CFA (04.00). Hotel „Assayam", von Franzosen geführt, Bungalows mit Dusche und Klimaanlage, Pool, Restaurant, Bar, Strand, freundlicher Empfang.

Sehenswert: Der Souvenirmarkt „Le Carrefour", der sich auf 1 km Länge beiderseits der Straße Grand-Bassam – Abidjan erstreckt: Handwerker und Künstler aus ganz Westafrika.

ABIDJAN – S. P 25. (Ende P 25; Beginn P 26, P 27 und P 32.)

P 31: Aboisso – Ebilassékro – Niablé (180 km)

(11.98, Mercedes G) Breite und gut ausgebaute Teerstraße (gesäumt von tropischem Wald) bis Km 27; danach gute Piste (Straßenbau in Gang). Asphalt auf den letzten 25 km.

ABOISSO – S. P 30. (Zur P 30.) Rechts abbiegen in Richtung Ayamé.

Km 7, rechter Hand liegt das Restaurant „La Renaissance".

Km 19, Staumauer und der **Stausee Ayamé II.**

Km 21, **AYAMÉ** – Ort. Tankstelle, einige Geschäfte.

Km 33, **AGREPI** – Dorf. Teerstraßenende, nun gute, breite Erdpiste.

Km 42, Dorf, schmälere Piste, nicht mehr so gut ausgebaut, aber o.k.

Km 54, **YAOU** – Dorf.

Km 62, **KETESSO** – Dorf.

Km 80, **BIAOUAN** – Größerer Ort, einfache Versorgung, „Hotel de Sud".

Km 81, Brücke über den Bia-Fluss.

Km 90, kurzzeitig ausgebaute, verbreiterte Piste.

Km 94, Dorf (Sonntagsmarkt).

Km 97, größeres Dorf, viele kleinere Kautschukplantagen.

Km 109, **BOROBO** – Dorf.

Km 112, **ANYOKO** – Dorf.

Km 113, links Abzweig nach Bettié, geradeaus nach Abengouro, danach GTZ-Projekt (Intensivierung der Kakao und Kaffeeproduktion).

Km 127, **APROMPRON** – Dorf. Wieder breitere Piste.

Km 134, **EBILASSÉKRO** – Ort. Am Ortsende Zollkontrolle.

Km 141, **ZARANOU** – Dorf.

Km 156, **APUESSO** – Dorf.

Km 174, Einmündung in Teerstraße, links nach Abengourou, rechts direkt nach Niablé (Ghana). Kontrolle der Papiere, Zoll.

Km 180, **ABENGOUROU** – Kleinstadt. Alle Versorgungsmöglichkeiten. (Zur P 27; Beginn P 33.)

Niablé ist 31 km von Abengourou entfernt.

NIABLÉ – Kleiner Ort. Ausreiseformalitäten für Elfenbeinküste. (Beginn R 7.)

P 32: Abidjan – San Pédro (348 km)

(11.98, Mercedes G u. 01.97, Motorrad) Die Asphaltstraße verläuft parallel zur Küste, aber im Hinterland. Entlang der Straße viele Plantagen (Ölpalmen, Kokospalmen, Kautschuk, Kaffee).

ABIDJAN – S. P 25. (Ende P 25 und P 30; Beginn P 26 und P 27.)

Abidjan nördlich über die Autobahn nach Yamoussoukro verlassen.

Km 12 (ab nördl. Abidjan), Ausfahrt Dabou, auf löchriger Straße in Richtung Dabou weiterfahren.

Km 42, **DABOU** – Ort. Alle Versorgungsmöglichkeiten.

Km 52, links nach Sassandra und San Pédro abbiegen, geradeaus bzw. rechts geht es nach Sikensi.

Km 80, Abzweig links nach **TIEGBA** (Pfahlbausiedlung).

Km 119, links Abzweig zum **NATIONALPARK ASSAGNY** und „Motel Azagny".

Km 143, Abzweig links: Grand Lahou.

Km 219, **ZEGBA** – Dorf mit Texaco-Tankstelle.

Km 221, links Abzweig nach **FRESCO** (4 km) – Sauberer kleiner Ort an Lagune. Kein direkter Strandzugang, nur Pfad zur Lagune und weiter zu Fuß zum Meer.

Km 240, **ZUZUOKO** – Kleines Dorf. Pos. **N 05°06,435' W 05°45,236'.**

In der Umgebung: Abzweig links nach **KOSSO**, schöne abenteuerliche Piste durch dichten hügeligen Urwald bis Kosso, das nach 9 km erreicht ist. Pos. **N 05°03,443' W 05°46,422'.** Freundliche Bevölkerung, hübsches Dorf. Wenn man im Ort rechts am Fußballplatz vorbeifährt, gelangt man auf fast zugewachsener Piste (ca. 1 km) zu einem Traumstrand mit Süßwasserlagune, in der man auch baden kann (keine Bilharziose, da leicht salzhaltig). Preiswerter Fisch direkt von den Fischern, traumhafter Wildcampingplatz direkt am Strand. GPS-Pos. **N 05°03,070' W 05°46,682'.**

Km 241, **LELEDU**, kurz darauf durchfährt man ein geschütztes Waldgebiet.

Km 269, links Abzweig nach **DAGBEGO** und zum „Hotel-Restaurant Best of Africa" (12 km). Neues Touristikprojekt am Meer.

Km 294, Brücke über den Sassandra-Fluss. Pirogenfahrten möglich.

Km 295, links Abzweig nach Sassandra, Polizeiposten (aber keine Kontrolle). Rechts zum Dorf **GAOULOU** (5 km), dort Abzweig links zur Bungalowanlage und Maquis von Evelyne und Fabrice Grenom. Das Bungalowcamp liegt im **Parc Naturel de Gaoulou** am Sassandra-Fluss bzw. den Sassandra-Inseln, auch Veranstaltung von Bootstouren und Ausflüge zur Tierbeobachtung (Schimpansen, Flusspferde usw.)

Km 302, **SASSANDRA** – S. P 24.

Fährt man vom Camping auf die Hauptpiste und diese links weiter, ist man nach 2 km in **NIBIEKO.** Nach **LABLEKO** Abzweig nach links. Nach 4 km links Abzweig zum „Godella Plage", mittlere Piste zum **Lableko (Lateko) Plage** und „Chez Michel".

Km 310, wieder zurück an der Hauptstraße Abidjan – San Pedro, links weiter.

Km 317, **POLIBROUSSE** – Dorf.

Km 329, Fôret Classée de Monogaga, geschütztes Waldgebiet.

Km 354, links Abzweig zum Meer nach Monogaga und zum „Campement Le Langouste".

Km 374, links weiter nach San Pédro, Kontrollposten. Rechts mündet die P 18 von Yabayo ein.

Km 384, **SAN PÉDRO** – S. P 18. (Ende P 24; Beginn P 18 und P 19.)

P 33: Abengourou – Bongouanou – Dimbokro – Toumodi (ca. 210 km)

(11.98, Mercedes G) Teerstraße.

ABENGOUROU – S. P 31 (Zur P 27 und P 31.).

Km 0, Ortsende Abengourou, Stadt in Richtung W und Abidjan verlassen.

Km 3, Gendarmerie, Nagelketten.

Km 28, Brücke über den Comoé-Fluss.

Km 63, große Kreuzung (Obststände, Grillstände, Kneipe), rechts abbiegen nach Dimbokro und Bougouano, geradeaus geht's nach **AKOUPÉ** und Abidjan.

Km 101, **ABONGOUA** – Dorf.

Danach geht die Straße durch eine hübsche hügelige Savannenlandschaft mit einzelnen großen Bäumen mit riesigen Brettwurzeln.

Km 108, **KOTOBI** – Dorf. Alle Versorgungsmöglichkeiten. **Unterkunft:** „Hotel le Passe" und 1 km weiter „Hotel Zanfo", beide einfache bis mittlere Klasse. Links nach Dimbokrou abbiegen.

Km 119, **BONGOUANOU** – Ort.

Km 173, Abzweig nach **DIMBOKRO** (links der Straße). Lebhafter Ort, alle Versorgungsmöglichkeiten.

Km 209, **TOUMODI** – S. P 21 (Zur P 21).

An der Kreuzung im Ortszentrum treffen sich die Straßen nach Abidjan, nach Gagnoa und Yamoussoukro.

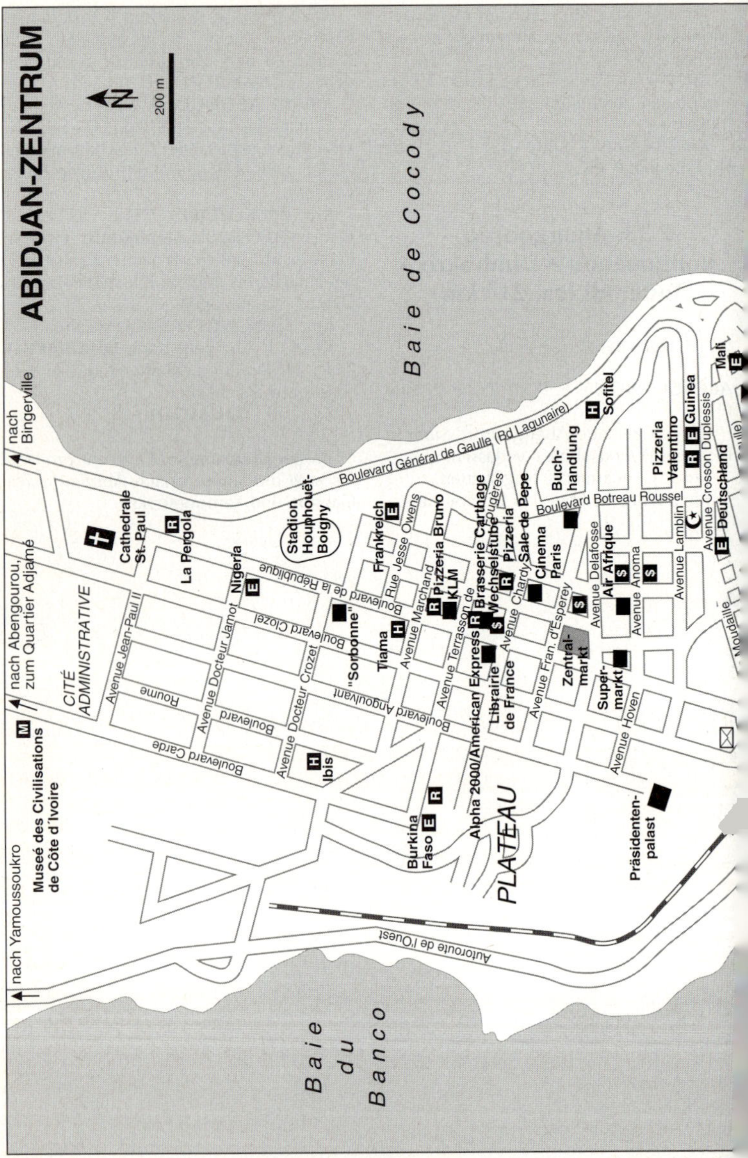
ABIDJAN-ZENTRUM
N
200 m
Baie de Cocody
Baie du Banco
nach Bingerville
nach Abengourou, zum Quartier Adjamé
nach Yamoussoukro
Museé des Civilisations de Côte d'Ivoire
CITÉ ADMINISTRATIVE
Cathedrale St. Paul
La Pergola
Nigeria
Stadion Houphouët-Boigny
Frankreich
Pizzeria Bruno
KLM
Brasserie Carthage
Wechselstube
Pizzeria
Sale de Pepe
Cinema Paris
Buch-handlung
Sofitel
Pizzeria Valentino
Guinea
Mali
Deutschland
Air Afrique
Zentral-markt
Super-markt
"Sorbonne"
Tiama
Ibis
Alpha 2000/American Express
Librairie de France
Burkina Faso
PLATEAU
Präsidenten-palast
Boulevard Général de Gaulle (Bd Lagunaire)
Boulevard de la République
Boulevard Clozel
Boulevard Angoulvant
Boulevard Carde
Boulevard Roume
Boulevard Botreau Roussel
Avenue Jean-Paul II
Avenue Docteur Jamot
Avenue Docteur Crozet
Avenue Marchand
Avenue Terrasson de Fougères
Avenue Chardy
Avenue Fran. d'Esperey
Avenue Delafosse
Avenue Anoma
Avenue Lamblin
Avenue Crosson Duplessis
Avenue Hoven
Rue Jesse Owens
Moudaille
Autoroute de l'Ouest

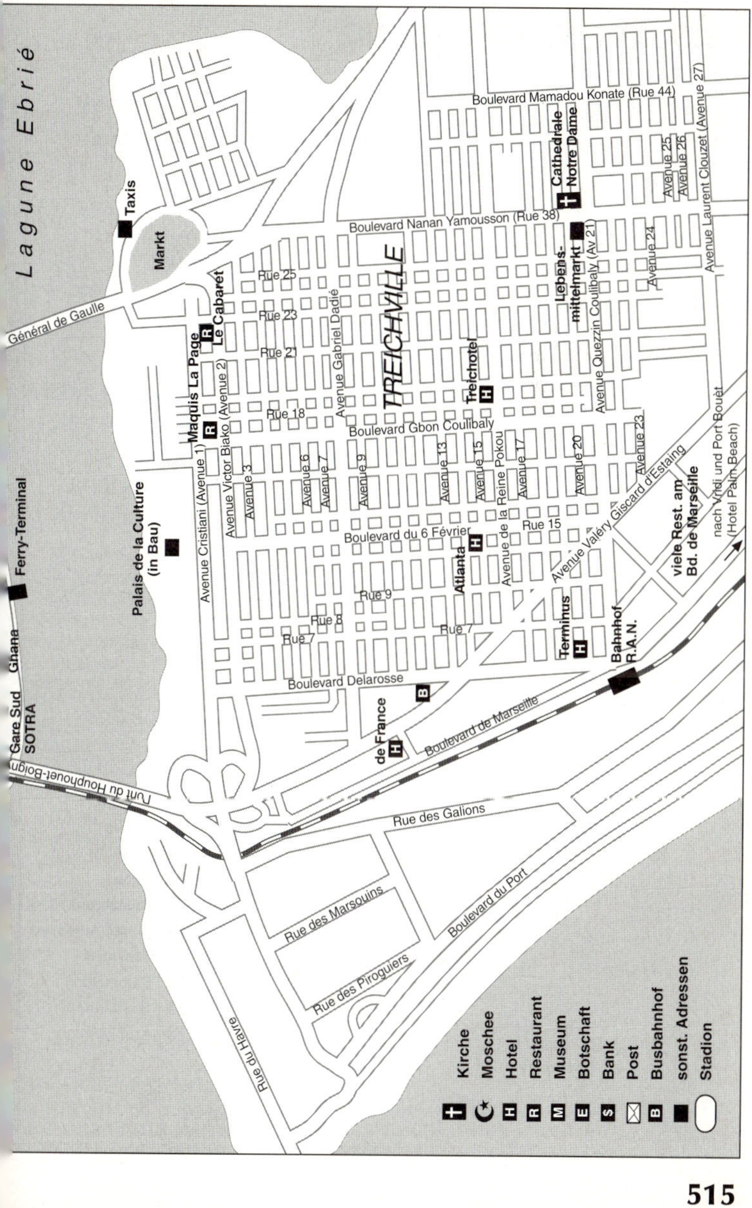

Elfenbeinküste

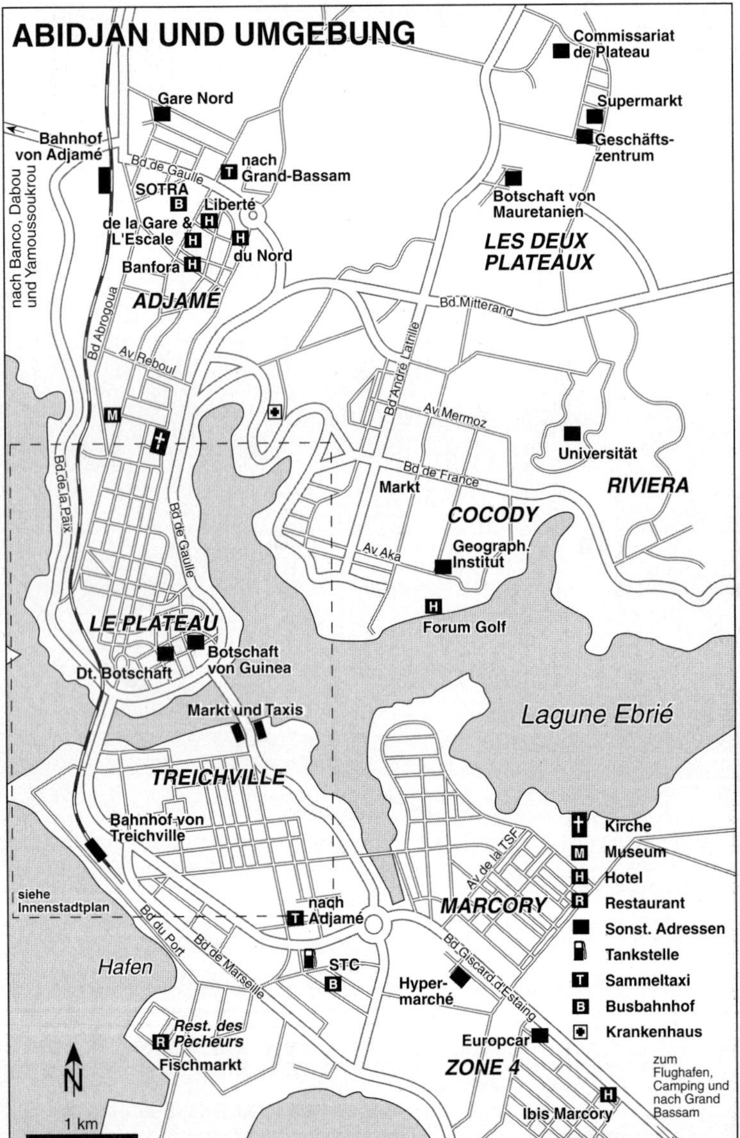
ABIDJAN UND UMGEBUNG
Commissariat de Plateau
Gare Nord
Supermarkt
Bahnhof von Adjamé
Geschäfts-zentrum
nach Banco, Dabou und Yamoussoukrou
Bd.de Gaulle
nach Grand-Bassam
SOTRA
Liberté
Botschaft von Mauretanien
de la Gare & L'Escale
du Nord
LES DEUX PLATEAUX
Banfora
ADJAMÉ
Bd.Mitterand
Bd Abrogoua
Av.Reboul
Bd André Latrille
Av.Mermoz
Universität
Bd.de.la.Paix
Bd de France
Markt
RIVIERA
Bd de Gaulle
COCODY
Av.Aka
Geograph. Institut
Forum Golf
LE PLATEAU
Botschaft von Guinea
Dt. Botschaft
Markt und Taxis
Lagune Ebrié
TREICHVILLE
Bahnhof von Treichville
Kirche
Museum
Av.de la TSF
Hotel
siehe Innenstadtplan
nach Adjamé
MARCORY
Restaurant
Sonst. Adressen
Bd du Port
Bd Giscard d'Estaing
Tankstelle
Hafen
Bd de Marseille
STC
Hyper-marché
Sammeltaxi
Busbahnhof
Rest. des Pècheurs
Europcar
Krankenhaus
Fischmarkt
ZONE 4
zum Flughafen, Camping und nach Grand Bassam
N
Ibis Marcory
1 km

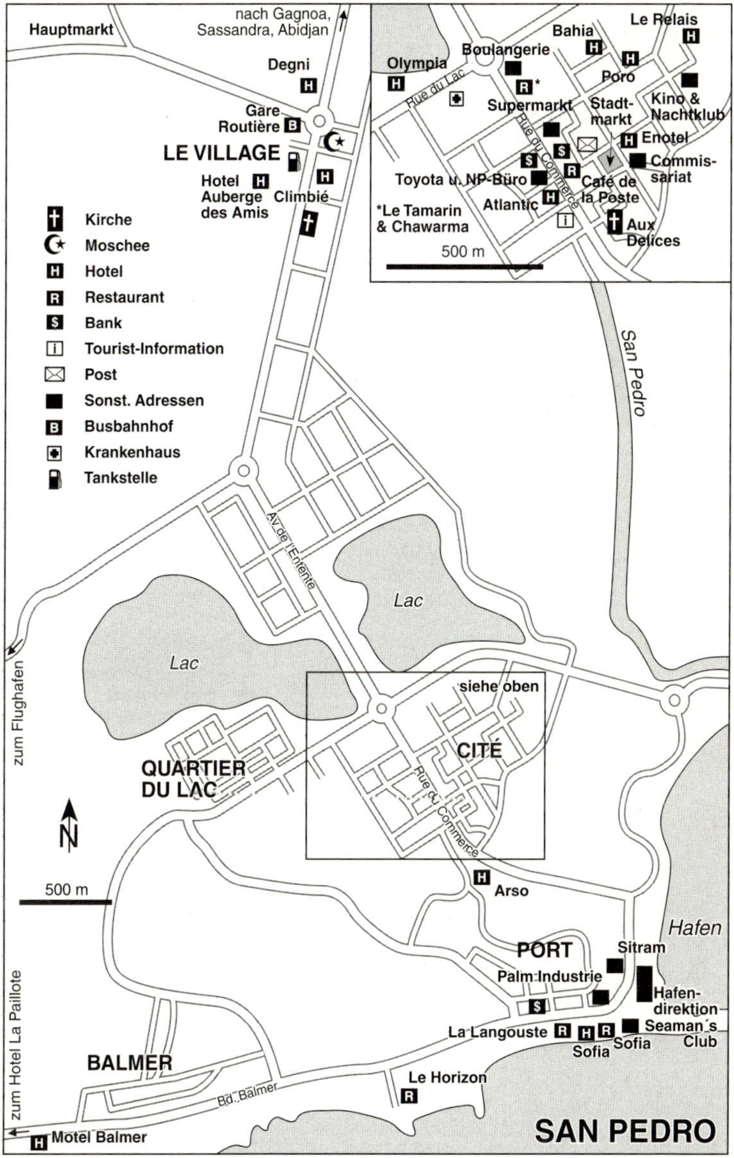

Elfenbeinküste

YAMOUSSOUKRO
nach Bouaké
Kathedrale (Eingang)
Rue de Daloa
Route de Bouaké
Präsidenten-Palast
Heilige Krokodile Fütterplatz
Commissariat
Lac
La Résidence
Marché de Kossou
Markt
Rue du Château
Rue de Daloa
Le Bélier
Gare de Burkina
Rue de la Mosquée
Las Palmas
Le Château
Akwaaba
Route de Mamie Adjoua
Lycée Mamie Adjoua
Le Bonheur II
Motel Agip
Le Loisir
de la Paix
Le Bonheur I
Gare Routière & Motel Shell
Rathaus
nach Daloa, Man
Rue de la Fondation
Ave Houphouet-Boigny
A La Bella Pizza
Rue de Sopim
Air Ivoire
Basilika
Moschee
Polizei
Hotel
Restaurant
Bank
Post
Tankstelle
Sehenswürdigkeit
sonst. Adressen
Taxen
Busbahnhof
Akraya
500 m
nach Abidjan, zum Hotel Président und div. Gares Routières

FERKÉSSÉDOUGOU
Kirche
Polizei
Hotel
Restaurant
Bank
Post
Telefon
Tankstelle
sonst. Adressen
Wasserturm
Bus-Büros
nach Burkina Faso
Gare du Nord
La Refuge
Rte de Bobo
Camions nach Bobo (LKW-Abfahrtsplatz)
Relais de Senoufo
Resto-Bar Chez Philippe
The New Pergola
Koffikro
Apotheke
Gare de Korhogo
Markt
Supermarkt
Rue de la Ran
Campement
Rte de Bouna
Bus-Büros
Gare de Bouna
nach Korhogo
Rte de Bouaké
La Muraille II
nach Kafolo, zum Comoé-Nat.-Park
N
500 m
La Muraille I
L'Auberge de la Réserve
n. Bouaké, Adodjan

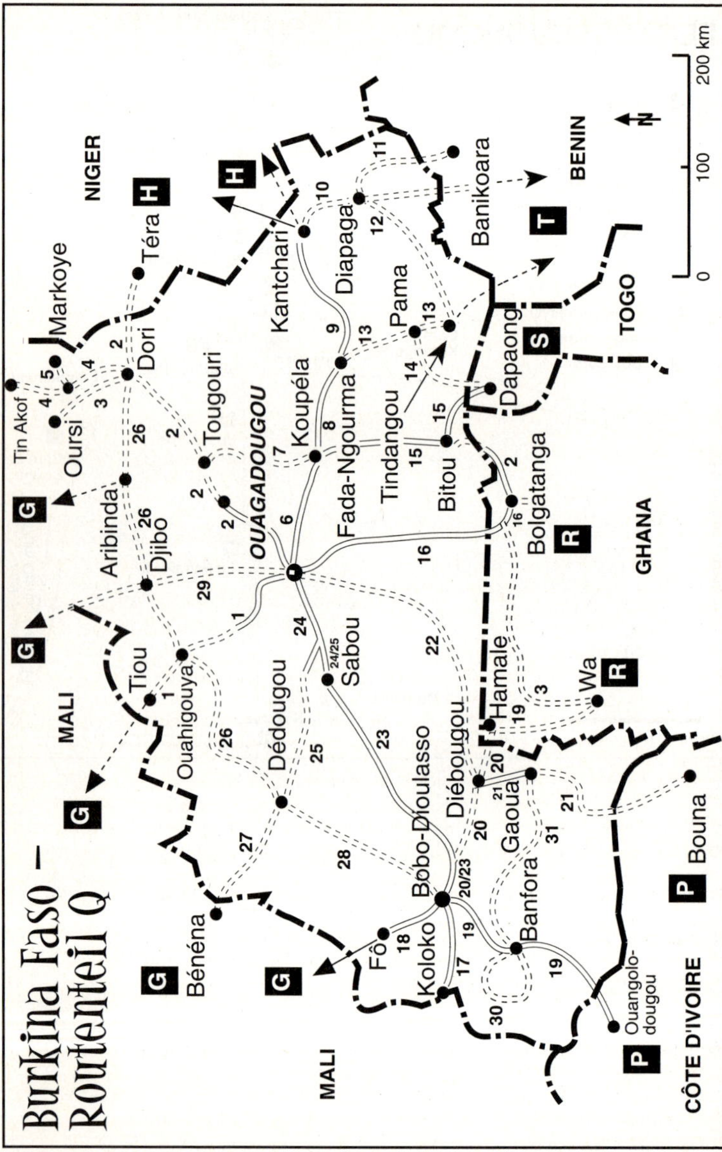

Burkina Faso – Routenteil Q
NIGER
MALI
BENIN
TOGO
GHANA
CÔTE D'IVOIRE
OUAGADOUGOU
Tin Akof
Markoye
Oursi
Téra
Dori
Aribinda
Djibo
Tougouri
Kantchari
Koupéla
Diapaga
Banikoara
Pama
Fada-Ngourma
Tindangou
Bitou
Dapaong
Bolgatanga
Tiou
Ouahigouya
Dédougou
Sabou
Hamale
Wa
Diébougou
Gaoua
Bouna
Bobo-Dioulasso
Bénéna
Fô
Koloko
Banfora
Ouangolo-dougou
G
H
T
S
R
P
N
0
100
200 km

Burkina Faso – Routenteil Q

Überblick

Fläche: 274 200 km².

Einwohner: ca. 11 Mio.

Ethnien: Mossi (über 40%), Gurunsi, Senufo, Fulbe, Bobo, Diula.

Hauptstadt: Ouagadougou (über 1 Mio. Einwohner).

Sprachen: Amtssprache Französisch, More (Mossi, Ful).

Religion: ca. 50% Muslime, 40% Naturreligionen, ca. 10% Christen.

Ruhetag: Sonntag.

Feiertage: 1.1., 1.5., 20.5., 4.8., 15.10., 11.12., 25.12. sowie jährlich wechselnde islamische Feiertage.

Einreise: Visumpflicht für Deutsche, Schweizer und Österreicher (problemlos, 2 Antragsformulare, 2 Fotos, frankierter Rückumschlag, Bezahlung nur per Postanweisung, 3 Monate gültig). Bei Flugreisenden ist ein Rück- oder Weiterflugticket nötig. Visum innerhalb einiger Stunden beim franz. Konsulat in Niamey (Av. Mitterrand/Bd. de la République, im März 2001 für 16 400 CFA p.P./30-Tage-Visum). Ein Transitvisum ist auch direkt an der Grenze (z.B. Kantchari, Pô) erhältlich. Das Transitvisum kostet 10 000 CFA plus 1000 CFA Bearbeitungsgebühr (12.01) und ist 7 Tage gültig. Seit 1. Jan. 02 gibt es angeblich auch ein „5-Länder-Visum", das für Benin, Burkina Faso, Elfenbeinküste, Niger und Togo gilt. Es kostet 25 000 CFA und ist 2 Monate gültig. Leider ist dieses Visum noch nicht überall zu bekommen, auch wenn in den Botschaften Plakate dafür aushängen (in Accra/Ghana, war es im Feb. 02 aber wohl möglich).

Impfung/Gesundheit: Gelbfieberimpfung vorgeschrieben (wird auch kontrolliert). Malariaprophylaxe wird dringend empfohlen.

Währung: Franc CFA. 1 Euro = 663 CFA, 1 US-$ = 720 CFA. Einfuhr von CFA und ausländischen Währungen unbeschränkt. Hohe Kommissionen für Travellerschecks. Schwarzwechsel in Ouagadougou beim „Marina Market" ggü. der großen Moschee, libanesischer Besitzer (freundlich) wechselt Annex-Reiseschecks ohne Limit oder Gebühr. Wechsel auch beim libanesischen Supermarkt in Bobo gleich an der Baustelle des neuen „Grand marché".

Kfz: Internationaler Führerschein und Kfz-Schein notwendig, die Grüne Versicherungskarte wird nicht anerkannt. Bei der Einreise muss eine Kfz-Haftpflichtversicherung abgeschlossen werden. Es wird die so genannte „Carte brune" (C.D.E.A.O.) ausgestellt – eine Versicherung, die für mehrere westafrikanische Länder gültig ist; Preise: ca. 19 500 CFA für Geländewagen/10 Tage (03.02), ca. 24 000 CFA für 30 Tage (03.01). Ein Carnet de passage ist nicht notwendig. Das Laissez passer kostet 5000 CFA für 1 Monat Gültigkeit (04.01). Fahrzeugverkauf möglich (beim Laissez passer darauf achten, dass nicht „Vente interdite" vermerkt ist).

Treibstoffpreise (2001): Benzin 400–465 CFA/l, Super 465–520 CFA/l.

Straßenzustand: Einige neu asphaltierte Straßen, sonst Pisten (s. Streckenbeschreibungen). Für die Asphaltstraßen muss theoretisch Straßenbenutzungsgebühr bezahlt werden, an den Ortsausfahrten sind Zahlhäuschen neben der Straße (keine Straßensperren). Ouaga - z.B. Pô 400 CFA, Ouaga - Bobo 800 CFA, Kantchari - Ouaga 600 CFA.

Grenzen: Die Grenzen zu den Nachbarländern sind geöffnet.

Kontrollen: Ab und zu Straßenkontrollen (angenehm und problemlos), evtl. Kontrolle der Quittungen für Taxe routière (s.o.). Eine Fotografiergenehmigung ist theoretisch erforderlich, wird aber sehr selten kontrolliert.

Sicherheit: Burkina ist ein sicheres Reiseland. In Großstädten z.T. Taschendiebe.

Zeitverschiebung: MEZ minus 1 Stunde; Sommerzeit: minus 2 Stunden.

Stromspannung: 220 V.

Literatur und Landkarten:
Karten: Übersicht: Michelinkarte 953, Nord- und Westafrika, 1:4 000 000; Cartes IGN Haute Volta, 1:1 000 000. Detailkarten: Cartes IGN 1:1 000 000.

Reiseführer: „Westafrika Band 1 - Sahel", hrsg. von Erika Därr, Autoren Thomas Baur und Gerhard Göttler, Reise Know-How Verlag, Bielefeld.
Hintergrund: Hans Ritter, „Sahel", Trickster Verlag. Die Botschaft verschickt eine ausführliche Liste mit empfohlener Hintergrundliteratur sowie Informationsmaterial (Freiumschlag oder Briefmarken beilegen).

Geschichte: Im Gegensatz zu den realtiv stabilen Großreichen Ghana, Mali und Songhay nördlich des heutigen Burkina entwickelten sich am Oberen Volta zahlreiche einzelne Mossi-Fürstentümer (u.a. Ouagadougou, Yatenga, Gourma), die häufig auch untereinander befehdet waren. Legenden zufolge sind die Mossi um das 11. Jh. aus dem Osten eingewandert. Ihr Oberhaupt, der Mogho Naaba, war weltlicher Herrscher und religiöses Oberhaupt zugleich. Als „sakraler" König stand er in direkter Beziehung zu den Göttern, seine Insignien betonten seine übernatürlichen Kräfte, die rote Farbe seiner Kleidung setzte ihn in Bezug zur Sonne. Beim Tod eines Königs folgten ihm seine Frauen und Teile seines Hofstaats als Jenseitsgefolge ins Grab. Geprägt ist die Geschichte der Mossi-Reiche von gegenseitigen Rivalitäten und Kämpfen mit den Nachbarstaaten. Ende des 19. Jh. wurde auch das Mossi-Gebiet Französisch Westafrika einverleibt. Die Unabhängigkeit wurde 1960 proklamiert.

Politik: Die Unabhängigkeit des ehemaligen Obervoltas war eine Folge von Putschen und Gegenputschen, von Militärdiktaturen und Regierungen mit demokratischem Anspruch. Auch die Regierungszeit Thomas Sankaras, der 1983 die Macht übernahm, war nur ein kurzes Intermezzo in diesem Reigen. Allerdings avancierte der damals 34-jährige zum Hoffnungsträger nicht nur für die Burkinabesen, sondern für viele andere Völker Afrikas. Sankara gehörte zu einer neuen Generation afrikanischer Staatschefs, die alle sehr jung und gut ausgebildet waren und ein neues afrikanisches Selbstbewußtsein verkörperten (wie auch Jerry Rawlings in Ghana und Yoweri Museweni in Uganda). Ihr rigider Purismus erinnert in vielem an den ehemaligen nigrischen Staatschef Seyni Kountché. Bereits die Umbenennung Obervoltas in Burkina Faso („Land der Unbestechlichen“) verdeutlicht sein Programm: Schluss mit Korruption, Ausbeutung, Vetternwirtschaft und der Abhängigkeit vom Mutterland Frankreich. Doch schon vier Jahre später wurde diese Entwicklung unterbrochen. Sankaras Weggefährte Blaise Compaoré (CDP) putschte gegen ihn, Sankara wurde ermordet. Compaoré warf ihm Verrat an seiner eigenen „Revolution“ vor, ja, von Zuständen wie zu Zeiten der Roten Khmer in Kambodscha war die Rede. Die neue Regierung versuchte fortan, die „positiven Ansätze der Revolution“ fortzuführen und eine allmähliche Demokratisierung anzustreben. 1992 fanden weitgehend demokratische Wahlen statt, aus denen die CDP („Congrès pour la Démocratie et le Progrès“) als Sieger hervorging. Seit 1997 existiert eine Verfassung. Bei den Wahlen im Mai 1997 gewann erneut die CDP die Mehrzahl an Sitzen im Parlament.

Die Mossi

Die Mossi bilden die größte Bevölkerungsgruppe Burkina-Fasos (ca. 40%), ihr König (Mogho Naaba) residiert in Ouagadougou. Dies war jedoch nicht immer so: Aufgabe der Mossi-Herrscher war in erster Linie die Kriegsführung, so dass sie meist zwischen den einzelnen Fürstentümern herumreisten und es keinen zentralen Königssitz gab. In der Regierungszeit des 20. Mogho Naaba scheint sich die Funktion der Könige jedoch geändert zu haben – nicht mehr Krieg, sondern die Sorge um die inneren Belange des Reiches waren nun ihre Aufgabe, und damit einhergehend wurde auch ein Verwaltungszentrum gebraucht. Die Legenden beschreiben diesen Umschwung so: Als die Lieblingsfrau des Mogho Naaba von einer Reise nicht mehr zurückkehrte, wollte der König sich auf die Suche nach ihr machen. Doch seine Höflinge hielten ihn zurück, sie befürchteten, dass dies zu einem neuen Krieg führen könnte. Der König, zerrissen zwischen der Sehnsucht nach seiner Frau und der Verantwortung für sein Land, entschied sich schweren Herzens, auf sein Vorhaben zu verzichten. Diese Entscheidung des Königs für sein Land – und damit die Entscheidung für Ouagadougou als Hauptstadt – wird nun einmal wöchentlich feierlich in einer Zeremonie bekräftigt, die jeden Freitagmorgen um 7 Uhr an der Westseite des Königspalastes abgehalten wird: Der Mogho Naaba kommt aus seinem Palast, gekleidet in Rot, der Farbe des Krieges. Seine Minister flehen ihn an, nicht zu gehen. Der König zieht sich wieder zurück und erscheint dann in einem weißen Bubu, bereit, bei seinem Volk zu bleiben. Griots stimmen Lobeshymnen auf ihn an, die Zeremonie ist beendet. Dass die Minister und Höflinge ihr Einkommen schon längst nicht mehr bei Hofe, sondern in ganz normalen weltlichen Berufen verdienen, verstärkt die Faszination dieser Zeremonie. Die Verbundenheit mit der jahrhundertealten Tradition ist offensichtlich stärker als der Einfluss des modernen Lebens und die Errungenschaften der Revolution. Noch bis zur Unabhängigkeit fungierten die Mossi-Könige als Oberste Gerichtsherren und regierten mit Unterstützung des Ministerrates ihre Untertanen. Inzwischen verfügt der Mossi-Herrscher zwar nicht mehr über die Regierungsgewalt, wird von der Bevölkerung jedoch tief verehrt und geachtet.

Routen

Q 1: Tiou – Ouahigouya – Yako – Ouagadougou (218 km)

(01.02) Sehr gute Piste bis Ouahigouya, ab dort Asphalt.

TIOU – Siehe G 23. (Ende G 23.)

YAKO – Dorf. Lebensmittel, Treibstoff, Campement, Restaurant, Post.

Sehenswert: Die schöne Moschee (ein Geschenk des größten Bauunternehmers des Landes).

OUAHIGOUYA – 337 m, ca. 30 000 Einw. Gute Infrastruktur. Tanksstelle. (Zur Q 26.)

Unterkunft: Hotel „Liberté" in der Nähe der Tagui-Tankstelle, kleine, saubere Zimmer, DZ mit Klimaanlage und TV 12 500 CFA. Hotel „l'Amitié" am Ortsausgang Richtung Tiou, mit ordentlichem Restaurant, bewachter Parkplatz. Schöner Marquis „Le Caimann", aus Richtung Tiou am Ortseingang links.

OUAGADOUGOU – 308 m, ca. 1 Mio. Einw. Hauptstadt (s. Stadtpan). Gute Infrastruktur. Polizeikontrolle am Ortseingang und -ausgang. (Ende Q 22, Q 24 und Q 29; Beginn Q 2, Q 6 und Q 16.)

Unterkunft: Die offiziellen Preise lassen sich oft beträchtlich herunterhandeln. Hotel „Sofitel Silmandé", B.P. 4733, Tel. 226-30 01 76, Fax 226-30 09 71, Luxushotel (das beste in Ouaga), alles höchster Standard, DZ 68 000 CFA (09.98), jeden Sonntag großes Buffet für 8600 CFA (09.98), Pool für Nichtgäste (mit Kabinen und Duschen) 2500 CFA p.P./Tag (zu teuer). Hotel „Pension Sarah", empfehlenswert, etwa 200 m von der Botschaft Malis, Av. Bassawarga, neben Fahrschule, ca. 20 saubere Zimmer mit Ventilator mit/ohne Moskitonetz, 5000–7000 CFA pro Nacht (06.99), hervorragende Küche zu afrikan. Preisen, Chef Jakob Bambara. Hotel „Don Camillo Annexe" im Stadtteil Gounghin-Nord, preiswert, ruhig und sauber, DZ mit Klimaanlage, TV, Dusche/WC 12 500 CFA (04.00). Hotel „Bangrin" (ehemals: „Le Provence") im Stadtteil Larle, DZ 12 500 CFA (04.00) mit Klimaanlage, Dusche/WC und TV. Hotel „OK Inn", Route de Pô, hinter Total-Tankstelle links abbiegen (am anderen Ende des Lkw-Parkplatzes), B.P. 5397, Tel. 226-37 00 20, Fax 226-37 00 23, hübsches Hotel, sehr angenehme Atmosphäre, ausgezeichnete Küche, Krokodile und Affen in Käfigen (schlechte Haltung), Pool (03.01: 2000 CFA für Nichtgäste), Garten, Preise (03.01): EZ 25 000 CFA, DZ 29 000 CFA, Bungalow 36 000 CFA, Bungalow (4 Pers.) 45 000 CFA. „Hotel R.A.N" bzw. „de la Gare" im Zentrum mit Pool, DZ 33 000 CFA (11.98), Tel. 30 61 06, Fax 31 15 47, in bungalowähnlichen Flachbauten, sauber, aber viele Mücken, kein übermäßiger Komfort aber brauchbar. Hotel „Relax", vorzüglich, teuer, Pool. „Buffet-Hotel", sauber, Pool auch für Nichtgäste (ca. 12 000 CFA/DZ). „Mission d'assemble de Dieu", Avenue Kadiogo (stadtauswärts links vor großem Supermarkt), Dep. Gounghin, große und saubere Zimmer mit Bad, AC, Küchenbenützung möglich (gut ausgestattet), gute Autoabstellmöglichkeit, 15 000 CFA (01.02). Hotel „Ricardo", rechts vom Staudamm Nr. 2, Pool, ruhig. Hotel „Oubri", in Flughafennähe, sympathisch. „Hotel Palm Beach", Av. Yennenga, Mittelklassehotel, DZ ca. 42 000 CFA. Hotel „Indépendance", Tel. 30 60 60, gut, Pool, gute Küche, Preise (09.98): DZ 40 000–48 500 CFA, Suite 64 000–82 000 CFA, für Kinder unter 15 frei, Vorsicht vor Dieben. Hotel „Delwende", zentral gelegen, einfach, DZ ca. 12 000 CFA. „Hotel de la Paix", Av. Yennenga, klimatisierte DZ mit WC/Dusche 10 000 CFA (08.98), DZ mit Ventilator und WC/Dusche 6500 CFA (08.98), sauber, hübsch, mit Innenhof, Restaurant. Möglichkeit, im Frauenkloster nahe der Kathedrale zu übernachten, guter Komfort und gastfreundlicher Empfang. Übernachtungsmöglichkeit ebenfalls in der „Pièrre-Dufour-Stiftung" nahe am Friedhof, Rue de la Chance, familiäre Umgebung, Gemeinschaftsküche, ca. 2000 CFA p.P. im Schlafsaal. Campingplatz „Au Pharao", ca. 15 km Ri. Niamey, eigentlich als Bungalow-Anlage gedacht, für 1000 CFA pro Person (07.02) kann aber auf Anfrage campiert werden, originelle Anti-AIDS Werbung auf den Wänden. Camping „Poko Club", 13 km vom Zentrum entfernt, an der Straße nach Bobo-Dioulasso, ursprünglich schön angelegter Platz mit vielen Bäumen, jetzt vollkommen heruntergekommen, Duschen unbenutzbar, Toiletten dreckig und ohne Wasser, Preise (09.98): Camping 1000 CFA p.P., Auto 500 CFA, Motorrad 350 CFA. Freundlicher Camping „Ouaga", 2 km vom Zentrum entfernt an der Straße nach Pô (in der Nähe „Gare routière", Einfahrt zwischen Tankstellen „Elf" und „Total"), zu teuer für das Gebotene, 1500 CFA/Pers. und 300 CFA/Auto (07.02), freundlicher und hilfsbereiter Patron, Diebstahlgefahr. Es wird dringend davon abgeraten, in den Wäldern von Boulogne an der Straße nach Niamey zu campen (Versteck von Räubern, Gefahr von Überfällen).

Essen/Bars: Pizzeria „Le Verdoyant" am Place des Nations Unies, franz. Leitung, hervorragendes Essen, freundlicher Empfang, Treffpunkt der Expatriés. „Kampala-City", Bd de la Jeunesse, gutes Essen, Terrasse, Gericht 800–1600 CFA (08.98). „Le Don Camillo", am Stade du 4 Août. „La Forêt", an der Straße nach Pô, im „Maison du Peuple", gute afrikanische Küche. „Tam Tam", ungefähr 2 km vom Zentrum an Straße nach Bobo, europäische Küche (österreichischer Besitzer), gutes Preis-Leistungs-Verhältnis, schöner Biergarten, Brochettes und andere Gerichte preiswert für 1500 CFA (11.98). „Le Belvédère", im Koulouba-Viertel, teuer. „L'Eau-Vive", sehr gut, von Missionsschwestern geführt, im Zentrum rechts der Hauptstraße, Tel. 30 63 03, Fax 31 50 23, mit schönem tropischem Garten, Menü 2000–4000 CFA (11.98). „La Chaumière", französischer Besitzer, gute Küche, gegenüber dem Hotel „Ran". „Makno Bar", beliebte (Open-Air) Bar, gemischtes Publikum, gute Liveband, immer viel los. Spielhalle im Hotel „Indépendance". Open-Air-Bar „Le Sahel", gemischtes Publikum, gute Liveband (afrikan. Publikum), beliebt, nahe „Makno Bar". „Jimmy's Disco", der Treffpunkt für die Reichen und Schönen (und Weißen), Disco im europ. Stil, am Wochenende sehr viel los, Eintritt 2500 CFA/Pers. (03.01, ein Getränk inkl.), afrikan. und westl. Musik, Av. Nkrumah. „Pili-Pili", neben „Jimmy's", Open-Air-Bar, einer der beliebtesten Treffs (u.a. von Europäern), am Wochenende Hochbetrieb in der ganzen Straße, entsprechend viele Prostituierte.

Verschiedenes: „New Tyre", sehr guter Reifenhandel/-werkstatt, libanesische Leitung (Georges Azar), Av. de la Nation. Taxifahrt vom Patte d'Oie ins Zentrum ca. 300–400 CFA/Pers., kleine Strecken ca. 200 CFA/Pers. (handeln). Teure, gute Akut-Behandlung im „Centre medical francais (CMF) de Ambassade du France", „Hausarzt" der franz. Botschaftsangehörigen, zwischen dem Ministerium fürs Äußere, dem Präsidentenpalast und „Radio Burkina", unweit des Beginns der Avenue Charles de Gaulle. Toyotahändler. „Krigar Afrika Expeditionen", rue 16/161 (nahe Patte d'Oie), Porte 597, B.P. 2170, Tel./Fax (00226) 38 49 15, Tel. 38 08 93, Geländewagen-Touren in Mali und Burkina des Deutschen Sigi Krigar. B.I.C.I.A.-Bank (Av. Dr. Kwame N'Krumah) wechselt problemlos TCs (1. Stock), Gebühr (09.98): ca. 2700 CFA & 2% (bei FF), geöffnet bis 11.15 und ab 15.15 Uhr. „Cash advance" mit Visa Card möglich. „Ste Marina Market Ouaga", Av. Yennenga, direkt ggü. Großer Moschee, riesiger Supermarkt mit bester Auswahl (Mo–So geöffnet). Zweiter „Marina Supermarkt" mit fast genauso großer Auswahl an Straße vom Patte d'Oie in Ri. Pô bzw. „Hotel OKInn". Auf dem Grand Marché Vorsicht vor Taschendieben! Mehrere Kunsthandwerksbetriebe. Guter Batikkünstler: Ouedraogo Mohamed, 01 B.P. 4944 Ouaga 01, Tel. 38 46 70, sein Vater ist einer der bekanntesten Batikkünstler in Westafrika. Lohnenswert die Kunsthandwerksausstellung „SIAO" Anfang November, bei der fast alle Staaten Westafrikas präsent sind (gute und preiswerte Möglichkeit, Kunsthandwerk zu kaufen). Schönes Kunsthandwerk mit guter Auswahl auch in der „Toubba Gallerie Boutique Nr. 3", Hotel „Indépendance". Möglichkeit, mit dem Zug (Abfahrt täglich) nach Abidjan (Elfenbeinküste) zu fahren. Reitmöglichkeit einige Km außerhalb in Ri. Pô beim „Polo Club".

Botschaften: Botschaft von Ghana, 01 B.P. 212, Öffnungszeiten: Mo–Fr 8–14 Uhr, Tel. 30 76 35, Av. d'Oubritenga, Visum

(08.98) 12 000 CFA p.P. (30 Tage gültig), Transit-Visum 6000 CFA p.P., 4 Formulare ausfüllen, 4 Passfotos, innerhalb von 24 Std. erhältlich. Botschaft von Mali, Visum innerhalb 1 Stunde, 2 Formulare, 2 Passfotos, 3 Monate gültig, 20 000 CFA/Pers. (02.02). Visum für die Elfenbeinküste unproblematisch innerhalb 48 Std., Botschaft in der Av. Raoul Follerau, Ecke Bd de Faso, geöffnet 9–12 Uhr und 14–17 Uhr, 3 Passbilder, 20 000 CFA (11.98). Bei der algerischen Botschaft, Place des Nations, wird ein 1- bzw. 2-Tage-Visum für 1650 CFA ausgestellt (nicht für Deutsche). Es ist nicht möglich, in Ouaga ein Visum für den Niger zu bekommen. Bei der Französischen Botschaft Visa für Togo (10 000 CFA, problemlos).

Sehenswert: Der Markt (Grand marché), das Museum mit wechselnden Ausstellungen traditioneller afrikanischer Kunst und die Zeremonie des Mogho Naaba (Mossi-König) am Königspalast jeden Freitagmorgen zwischen 7 und 7.30 Uhr.

Q 2: Ouagadougou – Kaya – Dori – nigrische Grenze – Téra (391 km)

(01.02) Von Ouaga bis Kaya Teer. Kaya – Dori: gute, neu geschobene Piste. Dori – Sitenga: Buschpiste. Einstieg von Téra aus anderer Richtung kommend schwer zu finden (fragen). Strecke führt durch Peul-Gebiet.

OUAGADOUGOU – S. Q 1. (Ende Q 1, Q 22, Q 24, Q 29; Beginn Q 6, Q 16.)

Ca. 5 km nach Ouaga Zahlstelle.

Km 29, **ZINIARÉ** – Kleinstadt. Tankstellen, Lebensmittel.

Km 54, Brücke über den Nakabé.

Km 67, **KORSIMORO** – Dorf. Läden, Tankstelle.

Km 76, **BOUSSOUMA** – Dorf.

Km 87, **LOUDA** – Dorf.

Km 92, „Taxe routière"-Häuschen und Willkommenstor von Kaya.

Km 96, **KAYA** – 300 m. Ort. Lebensmittel, Tankstelle, Bank, Museum.

Unterkunft: „Campement-Hotel Oasis", Treffpunkt der in Kaya lebenden Europäer (2000 CFA/DZ mit Dusche), kein Restaurantbetrieb.

Sehenswert: Grand Marché (Kunsthandwerk, alle drei Tage).

In der Umgebung: Der **See von Dem.** Versuchen Sie, falls sich die Gelegenheit ergibt, die Gegend mit einem Entwicklungshelfer zu besichtigen. So können Sie einen besseren Einblick in die Lebensverhältnisse der Menschen bekommen.

Km 101, Ende der Teerstraße. Sehr gute Piste.

Km 126, **PISSILA** – Ort. Lebensmittel, Straßencafés.

Km 165, **TOUGOURI** – Marktflecken. Lebensmittel, Treibstoff. (Ende Q 7.)

Staustufe und Stausee. Später weitere Staustufen.

Km 208, **YALGO** – Ort. Wasser, Tankstelle, Telecentre. Viele Läden. Sehr hübscher Markt alle drei Tage.

Km 227, **BANI** – Dorf. Lebensmittel. Kinder bieten Flechtwaren an.

Sehenswert: Sieben prächtige Lehm-Moscheen, schöner Ersteindruck schon bei der Anfahrt von Dori. Typische Sahel-Landschaft, in der man bereits die ersten Mattenzelte der Peul sieht. Die Peul-Nomaden sind sehr gastfreundlich.

Km 263, **DORI** – Ort., 280 m. Lebensmittel, Apotheke, Tankstellen, Bank. Ausreiseformalitäten bei der Weiterreise nach Mali. (Beginn Q 26; Ende Q 3 und Q 4.)

Unterkunft: Hotel „L'Auberge" (ca. 2000 CFA/Rundhütte mit Dusche), Bar, Restaurant. In der Snack-Bar neben der Moschee gibt es täglich frischen Joghurt.

In der Umgebung: Die Dörfer **OURSI** und **MARKOYE** (schöner Markt). Nahe Oursi liegt das „Réserve du Sahel" (mit etwas Glück am Lac Oursi Elefanten). Von Oursi Grenzübergang nach Mali möglich.

Sollte man sich verfahren, sind die Bewohner der Gegend gerne bereit weiterzuhelfen.

Km 45 ab Dori, **SITENGA** – Dorf. Formalitäten zur Ausreise aus Burkina Faso.

10 km vor Téra, Durchfahrt eines sandigen Flussbetts, wenn der Fluss kein Wasser führt. Am Ortseingang von Téra wird ein Damm gebaut; große Gefahr des Einsandens bei Flussüberquerung während der Trockenzeit.

TÉRA – Dorf. Lebensmittel. Treibstoff (in Kanistern, bei den Behörden nachfragen). Polizei- und Zollformalitäten für die Einreise nach Niger. (Beginn H 2.)

Unterkunft: Campement, im Winter jedoch geschlossen.

Q 3: Oursi – Gorom-Gorom – Dori (203 km)

Sand- und Laterit-Piste (A/C/G/I)

OURSI – Dorf ohne Versorgung.

GOROM-GOROM – Dorf. Lebensmittel. Polizeikontrolle. Interessanter Markt donnerstags.

Unterkunft: „Auberge Populaire, Campement-Hotel", Bungalows, in der Nähe eines heiligen Felsens.

DORI – S. Q 2. (Zur Q 2; Ende Q 4; Beginn Q 26.)

Einreiseformalitäten für Burkina Faso (für Reisende, die aus Mali kommen).

Q 4: Tin Akof – Dori (ca. 125 km)

Piste (A/F/H/I). Strecke teilweise von der Orientierung her sehr schwierig.

TIN AKOF – S. G 12. (Ende G 12.)

Km 8, Campement „Beldiabé" Keine Versorgungsmöglichkeit.

Ca. Km 50, rechts einige Hütten.

SALMOSSI – Dorf. Keine Versorgungsmöglichkeit.

Km 70, **TIN AGADEL** – Dorf. Keine Versorgungsmöglichkeit. (Ende Q 5.)

Km 103, Kilometerstein ohne Aufschrift; rechts nach Gorom-Gorom (zur Q 3); nach links fahren.

Km 118, genau vor einer linker Hand liegenden Häusergruppe ist eine Kreuzung. Die gute von NO und vom Niger kommende Laterit-Piste nehmen und nach Süden fahren.

DORI – S. Q 2. (Zur Q 2; Beginn Q 26; Ende Q 3.)

Für Reisende aus Mali sind hier die Formalitäten für die Einreise nach Burkina Faso zu erledigen.

Q 5: Markoye – Tin Agadel (20 km)

Piste (A/H/I), während der Regenzeit nicht befahrbar.

MARKOYE – S. G 10. (Ende G 10.)

TIN AGADEL – S. Q 4. (Zur Q 4.)

Q 6: Ouagadougou – Koupéla (135 km)

(04.01, Nissan Patrol) Sehr guter, neuer Asphalt. Bis ca. 20 km nach Ouaga noch Bauarbeiten.

OUAGADOUGOU – S. Q 1. (Ende Q 1, Q 22, Q 24, Q 29; Beginn Q 2, Q 16.)

Campingplatz an der Straße einige Km außerhalb von Ouaga in Ri. Koupéla.

Km 5, Kontrolle. Taxe routière Ouagadougou – Grenze Togo 600 CFA/Pkw. Quittung aufheben.

MOKTÉ – Dorf. Lebensmittel (Markt Mo, Mi und Sa).

32 km vor Koupéla, **ZORGO** – Großer Ort. Tankstelle, Lebensmittel (Markt).

KOUPÉLA – Gr. Ort. Tankstelle, Markt, Post, Bank. (Ende Q 15; Beginn Q 7, Q 8.)

Unterkunft: Hotel-Restaurant-Bar „Beau-Séjour", gleich hinter letztem Polizeiposten.

Verschiedenes: Polizeikontrolle an der Ortseinfahrt.

Q 7: Koupéla – Boulsa – Tougouri (153 km)

(03.90, Landcruiser) Piste (A/G), sehr guter Zustand bis Boulsa.

KOUPÉLA – S. Q 6. (Ende Q 6 und Q 15; Beginn Q 8.)

Koupéla in Richtung Ouagadougou (Q 6) verlassen.

Km 8, in der Nähe einer „Total"-Tankstelle nach rechts auf die Laterit-Piste Nr. 15 abbiegen (guter Zustand).

Km 15, **POUYENTZA** - Dorf. Lebensmittelversorgung.

Km 64, **BOULSA** - Marktflecken. Lebensmittel.

Km 79, **DONAM** - Dorf. Lebensmittel.

Km 80, hinter einer Brücke nach rechts auf eine gute Erdpiste abbiegen, die nach Tougouri führt.

Km 96, **BELGA** - Dorf. Keine Versorgungsmöglichkeit.

Km 109, **ZÉGUÉDÉGUIN** - Dorf. Lebensmittel.

TOUGOURI - S. Q 2. (Zur Q 2.)

Q 8: Koupéla - Fada-Ngourma (82 km)

(04.01, Nissan Patrol) Guter Asphalt, gelegentlich geflickt. Straßengebühr Ouaga - Kantchari 600 CFA. Dichter Verkehr.

Km 0, **KOUPÉLA** - S. Q 6. (Ende Q 6 und Q 15; Beginn Q 7.)

Km 60, **DIAPANGOU** - Dorf, Lebensmittelversorgung.

Ca. Km 80, **FADA-NGOURMA** - Kleinstadt, 282 m, ca. 8000 Einw. Drei Tankstellen (manchmal an allen kein Diesel erhältlich). Gute Infrastruktur. (Beginn Q 9; Ende Q 13.)

Unterkunft: „Hotel de l'Avenir", sehr zu empfehlen, am Ortseingang von Kantchari kommend linker Hand, DZ mit Ventilator 9000 CFA (04.00), sehr sauber und freundlich, gute Küche. „Auberge Yemmame", schmutzig, nachts sollte das Fahrzeug im Hotelgarten geparkt werden.

Verschiedenes: Schweißerei. Bank mit Möglichkeit Reiseschecks einzulösen. Viel Militär im Ort.

Sehenswert: Der Markt.

In der Umgebung: Die gesamte Umgebung ist sehr reich an Wild. Die Nationalparks Arly und Pendjari sollten Sie besser nicht von Fada-Ngourma aus besichtigen, da die Pisten, die dorthin führen, oft sehr schwierig, teils sogar unbefahrbar sind (s. Q 12).

Q 9: Fada-Ngourma - Ongarou - Kantchari (150 km)

(04.01, Nissan Patrol) Guter Asphalt, manchmal geflickt. Straßengebühr Ouaga - Kantchari 600 CFA.

Km 0, **FADA-NGOURMA** - S. Q 8. (Ende Q 8 und Q 13.)

Ca. km 70, **ONGAROU** - Dorf. Keine Versorgungsmöglichkeit. „Campement du Lion".

Km 93, **MATIACOALI** - Dorf. Lebensmittelversorgung.

Km 150, **KANTCHARI** - Großer Ort, alle Versorgungsmöglichkeiten. Abzweig nach Botou/Tamou (nigr. Grenze), s. H 4. (Ende H 4; Beginn Q 10 und H 3.)

Verschiedenes: Zoll von Burkina Faso und Polizeistation am Ortsausgang in Richtung Niamey (schnelle Formalitäten bei der Einreise nach Burkina Faso).

Q 10: Kantchari - Diapaga (56 km)

(02.92, Yamaha XT 600) Gute Piste in der Trockenzeit (H in der Regenzeit).

KANTCHARI - S. Q 9. (Ende Q 9 und H 4; Beginn H 3.)

Zwischen Kantchari und Diapaga führt die Piste an zwei für Ornithologen interessanten Stauseen vorbei.

DIAPAGA - Dorf. Lebensmittel. Formalitäten für die Ausreise aus Burkina Faso. (Beginn Q 11, Q 12 und T 8.)

Unterkunft: Campement von Diapaga, ca. 5000 CFA p.P. Campement von La Tapoa, ca. 20 000 CFA.

In der Umgebung: Besichtigung des **W-Nationalparks,** der auf dem Territorium der beiden Länder Burkina Faso und Benin liegt und als der großartigste Westafrikas gilt (siehe H 4.)

Q 11: Diapaga – W-Nationalpark – Grenze zu Benin – Wasserfälle von Koudou – Kérémou – Banikoara (237 km)

(03.90, Hilux) Piste (A/H/I) streckenweise schwer zu erkennen. An einigen Stellen Flussbettquerungen. Zu den Eintrittsmodalitäten in den „Parc du W" siehe unter Diapaga (Q 10).

DIAPAGA – S. Q 10. (Ende Q 10; Beginn Q 12 und T 8.)

Verlassen Sie Diapaga über ein trockenes Bachbett. Enge, kiesige Piste, die im W-Nationalpark etwas breiter wird. Mehrere steile Gefällpassagen und Durchquerung von Flussbetten. Traumhafte Landschaft bis Kérémou.

TANSARGA – Dorf. Zoll. Nach links abbiegen.

KODJARI – Dorf. Nach rechts abbiegen.

KONDIO – Haus der Waldhüter. Kleines Campement mit einer Hütte, ohne Einrichtung, Übernachtungsmöglichkeit.

In der Umgebung: Vorbeifahrt an den **Wasserfällen von Koudou,** die im Winter allerdings kein Wasser führen; wunderschöner Platz zum campen (Dschungel, See und Felsen). Die Koudou-Wasserfälle liegen auf dem Territorium der beiden Staaten Burkina Faso (Gebühr ca. 2000 CFA/Fahrzeug) und Benin (gleiche Gebühr); hinzu kommen ca. 500 CFA Steuer für die Zeltübernachtung.

KÉRÉMOU – Keine Zollstation bei der Einreise nach Benin (Formalitäten in Banikoara). Wildhüterstation.

Verschiedenes: Besuchserlaubnis für die Nationalparks in Benin zu den gleichen Konditionen wie in Burkina Faso.

BANIKOARA – S. T 4. (Ende T 4; Beginn T 5.)

Q 12: Diapaga – Arly (und Nationalpark) – Tindangou (159 km)

(11.93, Patrol) Schlechter Pistenzustand zwischen Diapaga und Arly (schwierig zu finden), danach wird die Piste nicht mehr unterhalten. Die Einreise nach Benin erfolgt über den Park von Pendjari.

DIAPAGA – S. Q 10. (Ende Q 10; Beginn Q 11 und T 8.)

ARLY – Dorf.

Unterkunft: Jagdcamp (in der Regenzeit geschlossen) mit Pool und klimatisierten Bungalows (inzwischen ziemlich heruntergekommen, ca. 20 000 CFA/DZ, zzgl. ca. 4200 CFA/Essen/Person), an der Grenze zwischen dem Arly-Park (Burkina Faso) und dem Pendjari-Park (Benin) gelegen. Der Treibstoff ist den Gästen des Jagdcamps vorbehalten. Camping vor den Bungalows möglich, 3000 CFA p.P. (07.98).

In der Umgebung: Park von Arly, Parkrundfahrt 5000 CFA p.P. plus 4000 CFA/Auto (07.98) für den Führer (gleicher Preis wie Park von Pendjari). Es gibt viel Wild, Gazellen, Paviane, Warzenschweine, Flusspferde, Antilopen und zahlreiche Vögel. Zahl- und artenreiche Fauna auch im Park von Pendjari.

TINDANGOU – Dorf. Ausreiseformalitäten bei Weiterreise nach Togo oder Benin. (Beginn Q 13; Ende T 7.)

Q 13: Tindangou – Pama – Bigou – Fada-Ngourma (121 km)

(11.93, Patrol) Asphalt. Ausgezeichnete Straße zum Pama-Nationalpark. Malerischer Streckenabschnitt ab Bigou.

TINDANGOU – S. Q 12. (Ende Q 12 und T 7.)

PAMA – Dorf. (Ende Q 14.)

Unterkunft: In der Nähe gibt es zwei Campements.

FADA-NGOURMA – S. Q 8. (Ende Q 8; Beginn Q 9.)

Q 14: Dapaong (Togo) – Grenze zu Burkina-Faso – Pama (ca. 75 km)

(12.01) Piste (A/G/I). Von Dapaong nach Ponio schwierige Piste (ca. 40 km) für Pkw ohne Allrad mit tiefen Löchern, kleinen Flussbetten (Wasserdurchfahrten) und vielen Brücken mit ca. 30 cm hohen Absätzen. Ausreiseformalitäten für Togo in Ponio (Zoll und Polizei). Ausreiseformalitäten für Burkina (aus anderer Richtung kommend) in Tindangou möglich.

DAPAONG – S. S 5. (Ende S 5; Beginn Q 15.)

Sie verlassen die geteerte Straße, die um Dapaong herumführt (Achse Lomé – Ouagadougou) und fahren Richtung Korbongou (Hinweisschild).

Km 11, Durchquerung des Dorfes **KORBONGOU**.

Km 17, Abzweigung mit Hinweisschild; nach links abbiegen. Dann nach 200 m rechts abbiegen.

Km 35, **PONIO** – Kleiner Grenzort. Zoll und Polizei (freundlich). Keine Ausstellung von Visa für Togo möglich (von Burkina kommend).

Rechts am Ort vorbei und nach den ersten Ziegelhäusern nach links abbiegen.

Km 36, über eine Furt wird der Grenzfluss zwischen Togo und Burkina Faso durchfahren.

Km 45, kleines Dorf, dessen Marktplatz man überquert. Am Ende dieses Platzes sofort nach rechts halten.

Km 59, Kreuzung (unweit liegt ein Dorf) mit der Piste Sangha – Pama. Nach rechts Richtung Pama halten.

Km 60, Durchfahrt durch den Fluss Oti.

PAMA – S. Q 13. (Zur Q 13.)

Q 15: Dapaong (Togo) – Sinkanse – Grenze zu Burkina Faso – Bitou – Tenkodogo – Koupéla (187 km)

(04.00, Nissan Patrol TD, Toyota HJ 60) Asphalt, Sinkanse – Koupéla in sehr gutem Zustand.

DAPAONG – S. S 5. (Ende S 5; Beginn Q 14.)

SINKANSE – Grenzort. Lebensmittel, Treibstoff, Werkstätte, Motel und Restaurant, Bank.

Verschiedenes: Grenzposten, Formalitäten für die Ausreise aus Togo (Grenzübergang von 7–18 Uhr geöffnet). Visum für Togo (von Burkina kommend) hier problemlos erhältlich, 10 000 CFA/Pers., 7 Tage gültig (12.01).

BITOU – Dorf. Lebensmittel (Markt). Formalitäten für die Einreise nach Burkina Faso (Grenzübergang von 7 bis 18 Uhr geöffnet). (Ende R 2.)

Unterkunft: Hotel-Restaurant „Frontalia", eher einfach (von 1000–5000 CFA p.P.).

TENKODOGO – Dorf. Lebensmittel (großer Markt mit reichhaltigem Angebot). Mehrere Tankstellen. Campement-Hotel.

KOUPÉLA – S. Q 6. (Ende Q 6; Beginn Q 7 und Q 8.)

Q 16: Ouagadougou – Pô – Paga – ghan. Grenze – Bolgatanga (ca. 209 km)

(09.98, Mercedes G) Sehr gute Teerstraße. Die Schwarzhändler an der Straße bieten schlechte Umtauschkurse, besser in Bolgatanga tauschen.

OUAGADOUGOU – S. Q 1. (Ende Q 1, Q 22, Q 24, Q 29; Beginn Q 2, Q 6.)

Km-Angaben ab dem Boulevard de la Jeunesse in Ouaga gezählt.

Km 6, Zahlstelle und Polizeikontrolle.

Km 35, **KOMBISSIRI** – Großer Ort. Tankstelle, Lebensmittel.

Km 64, **TOÉSSÉ** - Dorf.

Km 96, **NOBÉRÉ** - Ursprüngliches, malerisches Dorf.

Die Straße führt durch den Parc National Tambi Kaboré (Parc National de Pô), der sich dem Nazinon-Fluss entlangzieht. Vorsicht vor Affen auf der Straße!

Km 145, **PÔ** - Kleinstadt. Lebensmittel, Bank, Treibstoff.

Sehenswert: Der **Nationalpark von Pô** (viele Tiere, insbesondere Elefanten, die manchmal, gegen Ende des Nachmittags, bis an den Straßenrand kommen); es gibt keine offiziellen Eingang oder Pisten durch den Park, lediglich die Teerstraße führt hindurch. Der **Nationalpark von Nazinga,** circa 15 km in Richtung Léo, dann Richtung Nazinga, ist, so wird behauptet, noch interessanter als der Nationalpark von Pô; zahlreiche Elefanten (nicht in der Regenzeit), Bungalows mit Ventilator; Eintritt (beim „Bureau des eaux et fôrets") 8000 CFA p.P., 1000 CFA für Kfz, Wildhüter 4000 CFA pro Tag.

Km 147, Zollposten von Pô. Zollformalitäten (Laissez passer) schnell, korrekt und problemlos.

Km 167, **GHAN. GRENZE** - Einreiseformalitäten: Health Post (Kontrolle der Gelbfieberimpfung), Police und Customs problemlos und freundlich. Bei Einreise aus Ghana 1000 CFA Taxe (09.98) für burkin. Polizei.

Km 170, **PAGA** - Dorf. Lebensmittel. Heilige Krokodile (wie in Sabou, s. Q 24).

Km 179, **NAVRONGO** - S. R 3. (Zur R 3).

BOLGATANGA - Kleinstadt, ungefähr 100 000 Einw. Gute Infrastruktur. (Beginn R 1, R 2 und R 3.)

Unterkunft: Gute „Sanat Minat Lodge", am Ende des Dorfes Richtung Burkina, günstig und sauber. Hotel „Black Star", DZ mit Klimaanlage ca. 1,5 US-$. Gutes Hotel „Royal", 1 km außerhalb in Richtung Tamale, bewachter Parkplatz. Hotel „Central" (zu teuer für das Gebotene) und Restaurant „Comme çi Comme ça" wenig zu empfehlen. Gutes Café „Traveller's Inn".

Sehenswert: Die traditionellen Tänze dieser Region.

Q 17: Bobo Dioulasso - Diéri - Koloko (125 km)

(07.02) Durchgängig guter Asphalt von Bobo über Koloko bis Sikasso (Mali).

BOBO-DIOULASSO - Zweitgrößte Stadt Burkinas, 460 m, ca. 230 000 Einw. (s. Stadtplan). Gute Infrastruktur.

Unterkunft: „Hotel L'Auberge", Av. Ouédraogo, Tel. 97 14 26, Fax 97 21 37, eines der schönsten Hotels Burkinas mit wunderbarer Atmosphäre, DZ (mit Klimaanlage, TV, schönem Balkon) 28 000 CFA, EZ 26 000 CFA, Suite 44 000 CFA (Preise 04.01), Restaurant, Bar, Nightclub, Swimmingpool (1500 CFA für Nichtgäste), Billard, bewachter Parkplatz, sprechende und pfeifende Graupapageien. Evang. Mission gleich ggü. alter Moschee, absolut sauber, freundlich und hilfsbereit, 2500-4000 CFA pro Nacht (06.99), Selbstverpflegung in großen Küchen möglich, sehr empfehlenswert. „Hotel Algouta", alle Zimmer mit Dusche/WC, Terrasse, Restaurant, Preise (2001): DZ mit Klimaanlage und Moskitonetz ca. 15 200 CFA, DZ mit Ventilator 7500 CFA, Dreibettzimmer mit Ventilator und Moskitonetz 4500 CFA. Hotel „Le Pacha" mit guter Campingmöglichkeit für 2000 CFA pro Person (07.02), sehr gepflegte Grünanlage, gutes Restaurant, **N 11°10,323' W 04°18,867'.** Hotel „Relax", 2 Sterne, ca. 10 000 CFA/DZ, Klimaanlage, Warmwasserdusche. „Hotel de l'Unité", in der Nähe von Bahnhof und Post, sympathisch (von ca. 5000 CFA/ DZ). Hotel „Renaissance", einige Zimmer klimatisiert. Hotel „Entente", DZ ab ca. 8000 CFA, mit AC 10 000 CFA. Hotel-Camping „Casafrica", an der Straße zum Flughafen, von einer Französin geführt, sehr angenehme Atmosphäre, Restaurant mit Tischen im Freien, oft Musik am Abend, gemischtes Publikum (ca. 3000 CFA/Zimmer, ca. 1000 CFA/ Person am Campingplatz). Hotel „Soba", in der Nähe des Hotels „L'Auberge", Av. Ouédraogo, 11 000 CFA DZ (08.98) mit Dusche und TV, WC am Gang, Parkmöglichkeit im bewachten Hof, Zimmer etwas heruntergekommen, aber rel. sauber. „Hotel de la Gare (R.A.N)", Mittelklassehotel, Pool (auch für

Nichtgäste), eigener Parkplatz, klimatisiertes DZ ca. 23 000 CFA.

Essen: Café „Le rêve". Restaurant „Ex-Makhno", von einem Belgier geführt, Live-Musik und Tanz von Mittwoch bis Sonntag, schöne Atmosphäre (300 CFA). „Bar Oxygene", Av. Diawara, recht nett, Softdrinks und Alkohol. Restaurant „La Nouvelle Boule Verte", Rue de la Fosse, internat. Küche, Essen ca. 2800 CFA. „Boulangerie La Bonne Miche", Av. Ouédraogo, leckere Kuchen und Gebäck. Nette Bar „Maquis Vis à Vis" ggü. „Café des Amis", amerik. und afrikan. Musik, Guiness und Castel Bier, viel los.

Verschiedenes: Europäische Zeitschriften im Buchladen gegenüber dem „Hotel L'Auberge". „Booby Market" ggü. B.I.B.-Bank (um die Ecke des „Hotel L'Auberge"), Supermarkt mit großer Auswahl (frischer Käse, Fleisch, Alkoholika usw.), Av. de la République. Großes, recht modernes Kino, 700 CFA Eintritt (04.01). Neuer, schöner Grand Marché (alter Markt ist 1998 abgebrannt) fertig gestellt, aber 2001 noch nicht in Betrieb, Marktgeschehen außenrum. Verleih von Mofas und Motorrädern. Reithof „Tombstone", Av. Charles de Gaulle (Straße in Ri. Ouaga). B.I.C.I.A und B.I.B.-Bank wechseln TCs.

Sehenswert: Das überaus malerische afrikanische Viertel, die hübsche alte Moschee in der Nähe des Rathauses und die Ateliers der zahlreichen Weber.

In der Umgebung: Die **Klippen von Borodougou** (Höhlenwohnungen); das Dorf **Koro** (10 km), ein fantastisches Durcheinander von Granitblöcken; und die **Banfora-Wasserfälle** (70 km südlich), Drehort einer der Tarzan-Filme.

Km 0, Moschee von Bobo Dioulasso. Stadt auf der Asphaltstraße am Flughafen vorbei in Ri. Orodara verlassen.

Km 17, nach einer Brücke durchquert man **KOUMI** - Dorf. Lebensmittel. Viel Kunsthandwerk. Interessante Gebäude.

Von hier aus **Abstecher** über Nasso zur Quelle **LA GUINGUETTE** (nur für 4x4, Eselspfad) oder Quinquête (Name der Einheimischen für die Quelle von Kou, sauberes Wasser) möglich. Zelten verboten und Vorsicht vor Dieben während des Badens. Ab Guinguette kann man auch weiterfahren, ohne Koumi zu passieren: nach 800 m an der Abzweigung geradeaus fahren; bei Km 3,2 die Brücke überqueren und am Fluss entlangfahren; bei Km 4,2 durchquert man ein Dorf und nach 800 m stößt man auf die Piste von Karankasso nach Bobo-Dioulasso; nach 15 km Wellblech-Piste ist Bobo-Dioulasso erreicht.

Km 51, **GUENA** - Dorf.

Abstecher zu den CASCADES DE LA VOLTA NOIRE (Mouhoun): Abzweigung rechts auf neue Piste bei **N 11°04,155' W 04°43,718'** in Richtung Banfoulagoué. Ca. 1 km vor Pistenende schöne und ruhige Übernachtungsplätze **(N 11°09,760' W 04°45,202').** Eine Piste zu den Kaskaden existiert nicht, es muss ca. eine Stunde zu Fuss quer durch den Busch zum sehenswerten Wasserfall gelaufen werden **(N 11°10,543' W 04°43,780').** Mit Glück können Affen beobachtet werden.

Km 74, **ORODARA** - Alle Versorgungsmöglichkeiten. Sehr gute Verbindungspiste nach Banfora (ganzjährig befahrbar, zur Q 19).

Km 85, **DIÉRI** - Dorf, hier zweigt die Piste nach Sindou in Ri. Süden ab (Variante, s.u.). Weiter auf der Hauptstraße erreicht man bei

Km 125, **KOLOKO** - S. G 35. (Ende G 35.)

Variante BOBO DIOULASSO - DIÉRI - SINDOU - BANFORA: (02.00, YAMAHA TT 600) Von Diéri bis Sindou gute Lateritpiste, von Sindou bis Banfora Piste mit viel Wellblech und vielen Löchern.

Km 0 bis Km 85, s.o.

Km 85, **DIÉRI** - Dorf, hier zweigt die Piste nach Sindou in Richtung Süden ab.

Km 107 - Km 109, nach Regenfällen u.U. nicht passierbar.

Km 116, Abzweig nach links zu den kleinen Wasserfällen von Tourny (ca. 7 km).

Km 123, **KANKALABA** - Dorf. Nach Sindou links fahren.

Km 133, unauffällige, schmale Brücke.

Km 140, Tankstelle.

Km 140, **SINDOU** - Dorf.

Sehenswert: Felsformationen.

Sindou auf der Hauptpiste verlassen; bei Km 195 erreicht man in **BANFORA** die Route Q 19.

Q 18: Fô – Bobo-Dioulasso (95 km)

(11.96, BMW Motorrad) Asphalt, aber auf der ganzen Strecke viele Schlaglöcher.

FÔ – S. G 29. (Ende G 29.)

BOBO-DIOULASSO – S. Q 17. (Ende Q 17, Q 28; Beginn Q 19, Q 20 und Q 23.)

Q 19: Bobo-Dioulasso – Banfora – Grenze zur Elfenbeinküste – Ouangolodougou (184 km)

(04.01, Motorrad) Durchgehend guter Asphalt.

BOBO-DIOULASSO – S. Q 17. (Ende Q 17, Q 18 und Q 28; Beginn Q 20 und Q 23.)

Km 1, Zahlstelle (Taxe routière), Bobo – Banfora 200 CFA (08.98), kurz danach Polizeikontrolle.

Km 61, Straße führt die Falaise de Banfora hinunter, schöner Blick.

Km 80, **BANFORA** – Städtchen, 300 m, 15 000 Einw. Gute Infrastruktur. (Ende Q 30; Beginn Q 30 und Q 31.)

Unterkunft: Neues Campement „Camping Le Balafon" (bei Ortsausfahrt links abbiegen) sollte im Jahr 2001 eröffnet werden. Neuer Camping „Farafina" in Téngréla (s.u.), Bungalows, Restaurant, sympathische Atmosphäre, Besitzer gibt auch Percussionkurse, 1000 CFA pro Person für Camping, 5000 CFA für ein Bungalow (07.02).

Hotel „Canne à Sucre", ausgezeichnete Küche. Mehrere andere, einfachere Hotels, z.B. „Far" und „Comoé" (Fahrräder mieten möglich, angeblich schlecher Service/Essen und überteuert).

Verschiedenes: „Restaurant Le Flamboant" mit nettem Biergarten (auch Straßenverkauf von Bier), preiswertes Essen, Riz Sauce 500 CFA (11.98). Keine Bank akzeptiert Reiseschecks. Post. Rundfahrten in die Umgebung Bobos und Banforas, zum Nilpferdteich und ins Senufo- oder Lobiland veranstaltet Jean, Tel. 88 02 81, B.P. 27, Banfora, von der „Association pour le sauvegard Culturel", mit einem Geländefahrzeug.

Sehenswert: Der schöne sonntägliche Markt.

In der Umgebung: Der **Téngréla-See** (Flusspferdeteich): Banfora in Ri. W auf passabler Piste verlassen, nach 3 km Kreuzung (links nach Téngréla weiter, rechts zu den **Sindou-Spitzen** und den **Wasserfällen von Karfiguéla**, s. Q 30), 4 km weiter ist das Dorf Téngréla (Unterkunft s. oben) und der See erreicht, Taxe touristique (08.98) 250 CFA p.P., 1000 CFA p.P. für Pirogenfahrt zu den Nilpferden (beste Zeit frühmorgens), sehr schöner, ruhiger See. **Sindou-Spitzen** (bizarre Felsformationen), ca. 50 km von Banfora entfernt, bei erster Kreuzung rechts (s.o. und Abstecher Q 17). Die imposanten **Léraba-Wasserfälle,** etwas weiter, am Kilometerpunkt 84 (in Tourni).

NIANGOLOKO – Dorf. Formalitäten für die Ausreise aus Burkina Faso (schnell).

KAUARA – Dorf ohne Versorgungsmöglichkeit.

Sehenswert: Die Moschee (17. Jh.).

OUANGOLODOUGOU – Dorf. Tankstelle. Formalitäten für die Einreise in die Elfenbeinküste. Bei Ausreise aus der Elfenbeinküste hier ausschließlich Zollformalitäten. (Beginn P 5; Ende P 4.)

Q 20: Bobo-Dioulasso – Diébougou – Hamale (Ghana) (ca. 195 km)

(08.98, Mercedes G) Piste (A), Wellblech mit einigen Löchern, ab Ouessa sehr gut. Buschsavanne, dazwischen verstreut viele Dörfer, entlang von Waldschutzgebieten.

BOBO-DIOULASSO – S. Q 17. (Ende Q 17, Q 18, Q 28; Beginn Q 19, Q 23.) Bobo in Ri. Ouagadougou verlassen.

Km 0, Tor „Bonne route" am Stadtausgang.

Km 9, Zahlschalter (Taxe routière, nur für Weiterfahrt nach Ouaga). Hinter Zahlstelle rechts auf Piste abbiegen.

Km 30, **BARÉ** – Ort. Lebensmittel.

Km 41, **KLÉSSO** – Ort. Lebensmittel. Kurz darauf Kreuzung: links weiter, rechts geht es nach Karankasso (9 km) ab.

Km 100, **BONDIGUI** – Ort. Lebensmittel. Am Markttag Busse nach Bobo.

Km 109, **NISSÉKO** – Dorf. Abzweig einer Piste rechts nach Gaoua.

Km 129, **DIÉBOUGOU** – Kl. Städtchen. Lebensmittel, Bank, Tankstellen, Apotheken. Abzweig der Pisten nach Gaoua (Q 21) und Léo. (Beginn Q 21 und Q 22.)

Unterkunft: „Auberge/Bar Diébougou" am Ortseingang auf linker Seite. „Hotel Le Relais", Tel. 86 02 80.

Essen: „Restaurant Le Maxim" und „Le Cristal" an der Hauptstraße im Zentrum. „Restaurant Gao" am Ortsende beim Markt. Gute „Boulangerie l'Orient" im Ortszentrum rechts, dann wieder links abbiegen.

In der Umgebung: Die **Nationalparks Bontioli und Léo,** die in unmittelbarer Nähe liegen.

Diébougou in Richtung Léo verlassen. Passable Wellblechpiste mit Löchern.

Km 138, Brücke über den Bougouriba.

Km 143, Verzweigung: links nach Dano und Pa, rechts weiter nach Ouessa und Léo.

Südlich der Straße liegt nun das „Reservat de Bontiolo".

Km 166, **DISSIN** – Großer Ort. Lebensmittel, Post, Tankstelle. „Maquis La Causette": gepflegtes Bar/Restaurant/Dancing. Einfaches Hotel „Ba Boole".

Km 182, Brücke über den Schwarzen Volta (Mouhoun).

Km 188, **OUESSA** – Ort. Lebensmittel. Ausreiseformalitäten: evtl. Registrierung bei Police, Laissez passer beim Zoll abgeben.

In Ri. SO weiter auf breiter, ausgezeichneter Piste.

Km 193, **HAMALE-BURKINA** – Grenzposten (burkin. Seite). Ausreisestempel bei der Immigration (verlangt 1000 CFA Trinkgeld).

Km 195, **HAMALE-GHANA** – Grenzposten (ghanaische Seite). Immigration Service: Einreisestempel (schnell und problemlos), Customs: Straßengebühr bezahlen, Carnet stempeln, freundlich.

Q 21: Diébougou – Gaoua – Kampti – Grenze zur Elfenbeinküste – Bouna (243 km)

Piste (A). Ausflug in das Gebiet der Lobi und Koulanko. Buschsavannenlandschaft.

DIÉBOUGOU – S. Q 20. (Zur Q 20; Beginn Q 22.)

Sie verlassen Diébougou auf der guten Piste in Richtung Süden.

Km 6, **BAPLA** – Dorf.

Km 9–11, schöne Lobi-Lehmburgen (mit Umfassungsmauer, Backofen, Türmchen und Speichern), die aber auch hier in der Gegend schon rar werden.

Km 16, **TIENKOURA** – Dorf.

Km 45, **BOUROUM-BOUROUM** – Dorf. Schöner Markt am Freitag. Davor Abzweig nach Nako.

Km 53, links Abzweig nach Nako, geradeaus weiter.

Km 60, **GAOUA** – Kleinstadt, 329 m. Gute Infrastruktur. Großes Krankenhaus. Malerischer Markt (Fr Markttag). (Ende Q 31.)

Unterkunft: Ordentliches „Hotel Hala" links an der Straße nach Nako, kühle Getränke, bewachter Hof mit Parkmöglichkeit, Preise (11.98): DZ 18 000 CFA plus Steuer mit Klimatisierung, ohne 10 000 CFA, Menü 6000 CFA.

Sehenswert: Die Webereierzeugnisse und die Holzschnitzereien (Statuen) der Lobi. Gaoua ist einer der Hauptorte der Lobi.

Verschiedenes: Für die Weiterfahrt nach Bouna Treibstoffreserve angeraten.

Sie verlassen Gaoua in Richtung Lokosso und biegen nach 1 km nach links in Richtung Kampti ab.

KAMPTI – Lobi-Dorf. Lebensmittel (Markt). Polizeistation. Formalitäten für die Ausreise aus Burkina Faso.

Sehenswert: Einige Einkäufe werden hier noch mit Kauri-Muscheln bezahlt, kleiner

Muscheln aus dem Indischen Ozean, die in weiten Teilen Afrikas jahrhundertelang als Zahlungsmittel galten.

BOUNA – Kleinstadt (275 m), eine der alten Hauptstädte der Lobi-Könige. Lebensmittel, Treibstoff, Unterkunft. Formalitäten für die Einreise in die Elfenbeinküste. Die Fähre nach Ghana ist gesunken. (Beginn P 29.)

Q 22: Diébougou – Léo – Ouagadougou (300 km)

(02.00, YAMAHA TT 600) Piste (A/G/I). Zwischen Diébougou und Léo Piste mit starken Regenwasserschäden, viele Löcher; auch zwischen Léo und Saponé Regenwasserschäden; zwischen Saponé und Ouaga sehr schlechte Piste mit vielen Löchern und extrem unterschiedlichem Wellblech. Alternative ab Léo von Tabou – Kassou – Bouyounou – Dana – Thyou nach Sabou, wo man wieder auf die geteerte Straße nach Ouagadougou (zur Q 24) kommt.

DIÉBOUGOU – S. Q 20. (Zur Q 20; Beginn Q 21.)

LÉO – Dorf. Lebensmittel, Treibstoff in Nähe des Marktes.

Unterkunft: Einfaches Hotel „Le Cosmopolite".

Sehenswert: Die gesamte Gegend mit sehr artenreicher Fauna.

OUAGADOUGOU – S. Q 1. (Ende Q 1, Q 24, Q 29; Beginn Q 2, Q 6, Q 16.)

Q 23: Bobo-Dioulasso – Boromo – Sabou (260 km)

(04.01, Nissan Patrol) Neue Teerstraße in Bau, abschnittsweise Baustelle und Umleitung auf staubige Piste. Im April 2001 bis ca. 40 km hinter Houndé eher schlechter Asphalt (viele Flickstellen und Löcher), dann Beginn der Baustelle und später neue Straße.

BOBO-DIOULASSO – S. Q 17. (Ende Q 17, Q 18 und Q 28; Beginn Q 19, Q 20.)

Km 63, **KOUMBIA** – Dorf. „Campement Safari de la Mou". Lebensmittel.

Km 99, **HOUNDÉ** – Ort. Läden, Tankstelle, Bank. Baumwollzentrum.

Abkürzung zum MARE AUX HIPPOPOTAMES (s. Q 28): Von Houndé aus gibt es eine Abkürzung für diejenigen, die von Sabou aus kommend zum Flusspferdeteich fahren möchten: bei Pos. **N 11°29,538' W 03°31,188'** (bei elf-Tankstelle) links abzweigen (in Richtung Karma und Béréba). Bei **N 11°43,307' W 03°50,239'** Sara und Einmündung in die breite Piste Dédougou – Bobo, links weiter. Ab Satiri weiter Strecke Q 28.

Km 13, **DOHOUN** – Hübsche, ursprüngliche Gegend, schöne Dörfer. Savannenlandschaft, ab und zu Baumwollfelder.

Km 37, **SARA** – Dorf. Einmündung in die große Piste von Dédougou nach Bobo-Dioulasso (zur Q 28), Pos. **N 11°42,953' W 03°50,399',** links weiter.

Bei normaler Fahrt in Richung Sabou erreicht man Boni.

Km 114, **BONI** – Dorf. Katholische Mission. Keine Versorgungsmöglichkeit.

Sehenswert: Die Kirche, über deren Eingang eine riesige Maske hängt.

Km 130, **PÂ** – Ort. Lebensmittel, Shell-Tankstelle, Sonntagsmarkt.

Km 174, **BOROMO** – Großer Ort. Tankstellen, Post, Lebensmittel, Krankenhaus, Bank.

Unterkunft: „Relais Touristique" (Bar, Restaurant, Hotel) am Ortseingang rechts.

Verschiedenes: Zum Eintritt in das Reservat **Forêt des Deux Balé** (Elefanten, nicht in der Regenzeit) an die „Direction Regionale de l'Environnement et des eaux et forêts" (ggü. der Polizei; von der Teerstraße ggü. der Post nach rechts in Ri. Wasserturm abbiegen) wenden.

Kurz hinter Boromo Brücke über den Volta Noire.

Km 176, Brücke über den Mouhoun (Weißer Volta).

Km 225, **TITA NAPONÉ** – Dorf. Cafés, Lebensmittel.

Km 260, **SABOU** – Dorf mit schöner Allee am Ortsende. Lebensmittel, Tankstelle, Cafés. (Beginn Q 24 und Q 25.)

Unterkunft: Campement am See, gepflegte Anlage, neue Bungalows in Bau, für 1000 CFA p.P. (07.02) kann auf Anfrage campiert werden.

Verschiedenes: Neben dem „Zentrum" des Gelbgusses stellen junge Behinderte Batik und anderes Kunsthandwerk her; freundliche Atmosphäre, gute Preise.

Sehenswert: Mare aux crocodiles – der See der heiligen Krokodile, Eintritt 1500 CFA p.P. (08.98). Die Tiere werden mit Hühnchen angelockt, die man für 500 CFA/Stück kaufen kann und die dann lebend an die Krokodile verfüttert werden – ein sehr zweifelhaftes Spektakel, das zudem nicht nötig ist, da man die Krokodile auch massenweise ohne „Lockhuhn" zu sehen kriegt. Piste zum See nach dem Abzweig der Piste nach Koudougou.

Q 24: Sabou – Ouagadougou (ca. 85 km)

(04.01, Nissan Patrol) Sehr guter Asphalt. Straßengebühr.

SABOU – S. Q 23. (Ende Q 23; Beginn Q 25.)

Km 18, **NABADOGO** – Ort. Lebensmittelversorgung.

Km 29, Kreuzung: links nach Koudougou (zur Q 25), rechts weiter nach Ouaga.

Km 46, **KOKOLOGHO** – Ort. Tankstelle, Lebensmittel.

Km 66, **TANGUEN-DASSOURI** – Ort. Tankstelle, Lebensmittel.

Km 75, „Camping Poko Club" links (s. Unterkunft Ouaga).

Km 80, Zahlstelle, Taxe routière Bobo – Ouaga 800 CFA (08.98).

Kurz vor Ouagadougou Polizeikontrolle bei zwei riesigen, neuen Tankstellen.

Km 85, **OUAGADOUGOU** – S. Q 1. (Ende Q 1, Q 22 und Q 29; Beginn Q 2, Q 6 und Q 16.)

Q 25: Sabou – Koudougou – Dédougou (149 km)

Asphalt bis Koudougou; danach Piste (A) mit Wellblech. Zahlreiche Polizeikontrollen.

SABOU – S. Q 23. (Ende Q 23; Beginn Q 24.)

KOUDOUGOU – Drittgrößte Stadt. Lebensmittel, Treibstoff, Banken.

Unterkunft: Hotel „Photo Luxe", Pool, Restaurant, ein Stern. Noch einige andere, einfache Hotels.

DÉDOUGOU – Dorf. Treibstoff, Missionsstation, Post, Bank. (Ende Q 26 und Q 27; Beginn Q 28.)

Unterkunft: „Hotel du Commerce" mit Restaurant.

Q 26: Dori – Djibo – Titao – Ouahigouya – Tougan – Dédougou (479 km)

(08.98, Mercedes G) Piste, sehr gut bis Ouahigouya, schlechter zwischen Ouahigouya und Dédougou (große Löcher).

DORI – S. Q 2. (Zur Q 2; Ende Q 3 und Q 4.)

Hinter Dori führt die Piste über einen Damm (auf beiden Seiten Überschwemmungsgebiet).

Km 12, **YAKOUTA** – Dorf. Brücke über den Feildégassé.

Km 32, Staustufe.

Km 56, **GORADJI** – Ort. Kaum Versorgungsmöglichkeit.

Km 88, **BOUKOUMA** – Ort. Lebensmittel. Vor dem Ort Staustufe.

Km 101, **ARIBINDA** – S. G 13. (Ende G 13).

DJIBO – Kleiner Marktflecken. Lebensmittel, Treibstoff, Restaurant. (Beginn Q 29; Ende G 47.)

TITAO – Dorf. Lebensmittel, Treibstoff. Schöne Prachtstraße, die am Ortsein- und Ortsausgang von Bäumen gesäumt ist.

OUAHIGOUYA – S. Q 1. (Zur Q 1.)

TOUGAN – Dorf. Lebensmittel, Treibstoff, Restaurant. Polizeikontrolle.

DÉDOUGOU – S. Q 25. (Ende Q 25, Q 27; Beginn Q 28.)

Q 27: Bénéna (Mali) – Grenze zu Burkina Faso – Djibasso – Dédougou (109 km)

Piste (A), Wellblech. Schlechtes Stück zwischen Bénéna und Djibasso.

BÉNÉNA – S. G 27. (Ende G 27.)

DJIBASSO – Dorf. Formalitäten für Einreise nach Burkina Faso.

DÉDOUGOU – S. Q 25. (Ende Q 25 und Q 26; Beginn Q 28.)

Q 28: Dédougou – Ouarkoye – Bobo-Dioulasso (178 km)

Piste (A/G), starkes Wellblech.

DÉDOUGOU – S. Q 25. (Ende Q 25, Q 26 und Q 27.)

OUARKOYE – Dorf. Keine Versorgung. **Sehenswert:** Der große Baumwoll-Markt.

SARA – Dorf. Abzweig einer Piste nach Houndé (zur Q 23).

SATIRI – Ort. Lebensmittel.

Abstecher zum Nilpferdteich MARE AUX HIPPOTAMES: (04.01, Nissan Patrol 3,3 TD) Abzweig einer kleinen Piste im Zentrum von Satiri rechts. Km 8, Dorf **PALA.** Ab hier nur noch schmaler Eselspfad, holprig, schlecht, weiß bemalte Steine als Wegmarkierung, nur für Geländewagen möglich. Rechterhand der Piste nach dem Ort liegt die „Station de Bala", „Reserve de Biosphere" (die ganze Region um das Mare aux Hippopotames wurde als Biosphärenreservat ausgewiesen). Diese Biosphärenresrvate werden in Nord- und Westafrika von der GTZ unterstützt und sollen im Einklang mit der Bevölkerung die natürlichen Ressourcen der Umgebung unter Erhalt der Natur und ökologischen Gegebenheiten nutzen. Km 17, Schild „Mare aux Hippopotames 4 km". Km 20, Parken im Wald, Fischverkaufsplatz, 2000 CFA Eintrittsgebühr (inkl. Pirogenfahrt), **N 11°33,646' W 04°09,073'.** Von hier aus Pirogenfahrt (Einbaum) über den sehr schönen See. Viele Hippos, schöne und lohnenswerte Tour.

BOBO-DIOULASSO – S. Q 17. (Ende Q 17 und Q 18; Beginn Q 19, Q 20, Q 23.)

Q 29: Djibo – Kongoussi – Ouagadougou (215 km)

(01.01, Peugeot 505) Gut befahrbare Lateritpiste, z.T. Wellblech. Vorsicht bei Oued-Durchfahrten (steile Ab- und Auffahrten).

Km 0, **DJIBO** – S. Q 26. (Zur Q 26; Ende G 47.)

Km 54, **BOURZANGA** – Dorf. Einige Seen westlich der Piste.

Km 63, **BOULONGA** – Dorf.

Km 71, **WOUSSO** – Dorf.

Km 79, **YARGO** – Dorf.

Km 90, **KORA** – Dorf.

Km 96, **KONGOUSSI** – Ort. Lac de Bam östlich des Dorfes.

Km 137, Damm über See.

Km 164, **MANEGA** – Dorf.

Km 173, **DAPELOGO** – Dorf.

Km 200, See.

Km 208, Kreuzung Ouagadougou – Ouahigouya (Beginn Teerstraße).

Km 215, **OUAGADOUGOU** – S. Q 1. (Ende Q 1, Q 22 und Q 24; Beginn Q 2, Q 6 und Q 16.)

Q 30: Banfora – Chutes de Karfiguela (bzw. Chutes de Banfora) – Banfora

(11.98, Mercedes G) Piste (A/H). Zu den Wasserfällen von Karfiguela gibt es einen komplizierten, mühsamen, aber landschaftlich abwechslungsreichen Weg mit sehr malerischen Dörfern (nur mit 4x4 und nicht in der Regenzeit) und einen einfachen Weg. Hier ist die Strecke als Rundfahrt beschrieben. Wer weniger Zeit und Nerven investieren will und nicht über ein geländegängiges Fahrzeug verfügt, sollte den als Rückweg beschriebenen Weg (ab der Station „Tangui") wählen.

BANFORA – S. Q 19. (Zur Q 19; Beginn Q 31.)

Im Zentrum von Banfora (**N 18°38,636′ W 04°45,698′)** rechts abbiegen.

Km 4, altes Blechschild rechts „Chutes de Karfiguela", **(N 14°38,956′ W 04°48,083′),** rechts abbiegen.

Km 6, bei einem Tümpel links, Pos. **N 10°39,763′ W 04°48,083′.**

Km 7, große Sumpfloch-Ebene, Pos. **N 10°39,766′ W 04°48′082′.**

Auf der rechten Seite Ausweichpiste (Pos. **N 10°39,906′ W 04°48,319′),** dann ein paar sehr schmale Brücken über den Kanal, dann rechts **(N 10°40,350′ W 04°48,506′)** an Kanal entlang (dieser läuft erst links und dann vor Schleuse rechts der Piste).

Km 11, links Abzweig, geradeaus weiter, links liegen viele Felder.

Km 13, links ist das hübsche Dorf **KARFIGUELA** mit Seerosenteich, geradeaus weiter **(N 10°41,824′ W 04°48,904′).**

Km 15, Stauwehr und kleines Generatorenhäuschen, Kanalende **(N 10°42,723′ W 04°49,048′).** Geradeaus weiter über Stauwehr, 200 m weiter links auf größere Piste einbiegen.

Km 16, Ende der Piste und kleiner Parkplatz vor einer kleinen Fußgängerbrücke (Camping ist möglich, aber meist viele Mükken), **N 10°43,159′ W 04°49,135′.** Ca. 5–10 Minuten zu Fuß durch einen schönen Wald, bis man den Fuß des **Karfiguela-Wasserfalls,** der in Kaskaden die Felsen herunterstürzt oder tröpfelt (je nach Jahreszeit), erreicht. Man kann rechterhand nach oben klettern (gute Schuhe, lange Hosen) und erreicht so den Wasserfall von oben, wo man näher an den Fall herankommt.

Zurück am Parkplatz wieder die Piste entlang. 500 m weiter geht es an der Kreuzung (wo man bei der Anfahrt von rechts kam) geradeaus weiter auf breiter Piste nach Banfora.

Km 17, Kreuzung, rechts Mauern von Häuschen, geradeaus weiter **(N 10°42,331′ W 04°48,751′).**

Km 18, rechts großer Baobab, am Baum rote Markierung „P 1".

Km 19, Barriere mit Wärter, es kann ohne Formalitäten durchgefahren werden (Pos. **N 10°41,613′ W 04°48,484′).**

Km 26, Kreuzung und Einmündung in die Straße nach Banfora bei „Buvette Lavia", Schild „Cascade" zurück **(N 10°39,513′ W 04°46,027′).** Rechts abbiegen (von Banfora kommend links).

Km 28, Eisenbahn queren, danach auf die Hauptstraße Bobo – Banfora bei der Tankstelle „Station Tangui" (Pos. **N 10°38,734′ W 04°45,476′)** rechts einbiegen. Großes Schild „Sofitex" an der Kreuzung. Von Banfora kommend biegt man links nach der Tankstelle ein.

Km 29, **BANFORA** – S. Q 19. (Zur Q 19; Beginn Q 31.)

Q 31: Banfora – Gaoua (192 km)

(11.98, Mercedes G) Piste (A).

Km 0, **BANFORA** – S. Q 19. (Zur Q 19; Ende Q 30.)

Banfora auf der Teerstraße in Richtung Bobo verlassen.

Km 4, rechts (O) in Richtung Gaoua auf eine große breite Piste abbiegen.

Km 24, großer malerischer See mit Seerosen rechts der Piste.

Km 25, **TIÉFARA** – Dorf am Ostende des Sees. Markt am Donnerstag.

Km 53, **DÉGUE-DEGUÉ** – Dorf.

Km 55, **SIDÉRADOGOU** – Dorf. Bei der Polizeistation gibt es eine Piste, die laut Burkina Faso IGN Carte Routière nach Klésso (zur Q 20) führt. Die Piste (durch sehr ursprüngliche Buschlandschaft mit hübschen Senufo-Lehmdörfern) endet aber vor einem Fluss nach ca. 16 km. Evtl. nur zum Höhepunkt der Trockenzeit befahrbar.

Gute Piste weiter durch waldige, leicht hügelige Landschaft und hübsche, ursprüngliche Dörfer in Richtung Diébougou.

Km 92, **KOUERÉ** – Dorf.
Km 112, **OUO** – Dorf.
Km 135, **LOKOSSO** – Dorf.

Km 148, links Hinweisschild und kurze Piste zu den **RUINES DE LOREPENI,** dicke umwachsene Steinmauern im Wald, die ohne Mörtel gebaut wurden. Hübscher Platz zum Campen, wenn nicht die vielen Kinder wären.

Km 150, **LOREPENI** – Hübscher Ort mit Seerosenteich. Préfécture und Police. Viele kleine Dörfer entlang der Straße, wenige mit typischen Lobi-Lehmbauten.

Km 192, **GAOUA** – S. Q 21. (Zur Q 21.)

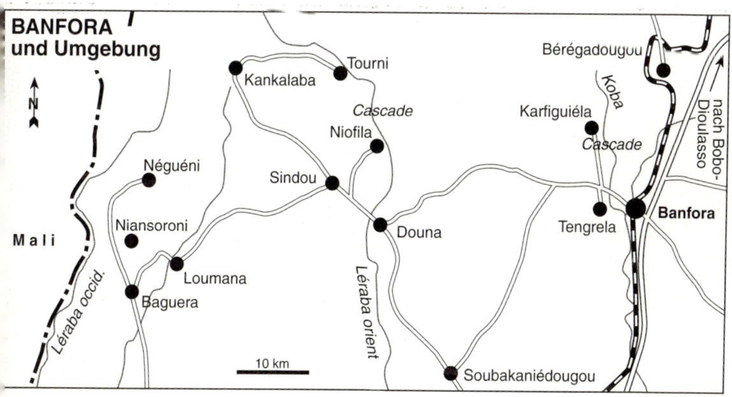

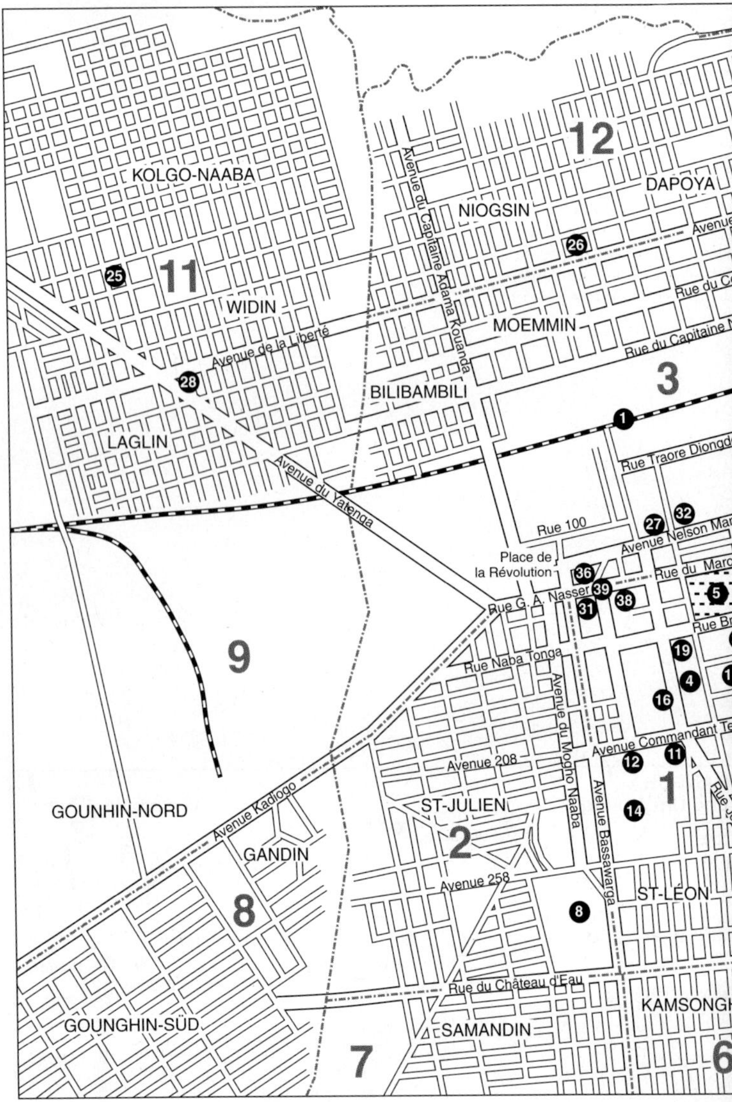

KOLGO-NAABA
11
25
WIDIN
Avenue de la Liberté
28
LAGLIN
12
DAPOYA
NIOGSIN
26
Avenue du Capitaine Adama Kouanda
MOEMMIN
BILIBAMBILI
3
1
Rue Traore Diongdo
Avenue du Yatenga
Rue 100
27
32
Avenue Nelson Man
Place de la Révolution
36
39
Rue du Marc
Rue G. A. Nasser
31
38
5
Rue Bru
Rue Naba Tonga
19
4
16
Avenue Commandant Tes
11
12
Avenue 208
Avenue du Mogho Naaba
Avenue Bassawarga
1
14
9
GOUNHIN-NORD
Avenue Kadiogo
GANDIN
ST-JULIEN
2
Avenue 258
8
8
ST-LÉON
Rue du Château d'Eau
KAMSONGH
GOUNGHIN-SÜD
SAMANDIN
7
6

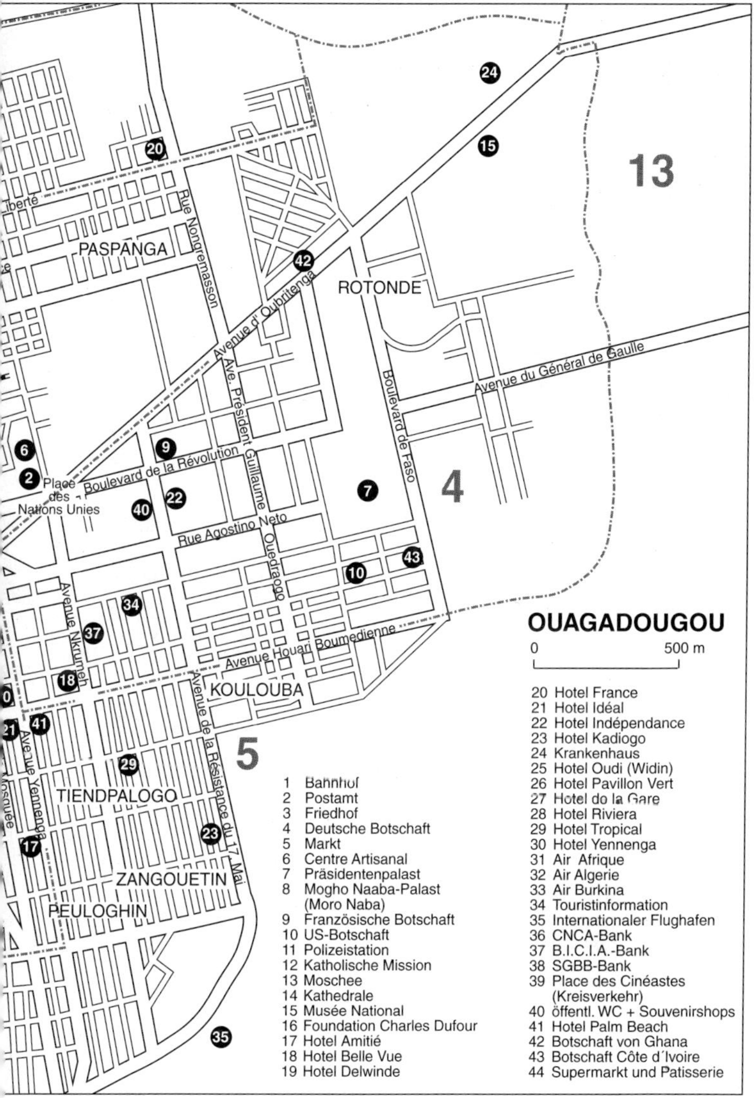
PASPANGA
ROTONDE
13
4
5
Rue Nongremasson
Avenue d' Oubritenga
Ave. Président Guillaume Ouedraogo
Boulevard de Faso
Avenue du Général de Gaulle
Boulevard de la Révolution
Place des Nations Unies
Rue Agostino Neto
Avenue Nkrumah
Avenue Houari Boumedienne
KOULOUBA
Avenue de la Résistance du 17. Mai
Avenue Yennenga
TIENDPALOGO
ZANGOUETIN
PEULOGHIN
OUAGADOUGOU
0 500 m
1 Bahnhof
2 Postamt
3 Friedhof
4 Deutsche Botschaft
5 Markt
6 Centre Artisanal
7 Präsidentenpalast
8 Mogho Naaba-Palast (Moro Naba)
9 Französische Botschaft
10 US-Botschaft
11 Polizeistation
12 Katholische Mission
13 Moschee
14 Kathedrale
15 Musée National
16 Foundation Charles Dufour
17 Hotel Amitié
18 Hotel Belle Vue
19 Hotel Delwinde
20 Hotel France
21 Hotel Idéal
22 Hotel Indépendance
23 Hotel Kadiogo
24 Krankenhaus
25 Hotel Oudi (Widin)
26 Hotel Pavillon Vert
27 Hotel de la Gare
28 Hotel Riviera
29 Hotel Tropical
30 Hotel Yennenga
31 Air Afrique
32 Air Algerie
33 Air Burkina
34 Touristinformation
35 Internationaler Flughafen
36 CNCA-Bank
37 B.I.C.I.A.-Bank
38 SGBB-Bank
39 Place des Cinéastes (Kreisverkehr)
40 öffentl. WC + Souvenirshops
41 Hotel Palm Beach
42 Botschaft von Ghana
43 Botschaft Côte d´Ivoire
44 Supermarkt und Patisserie

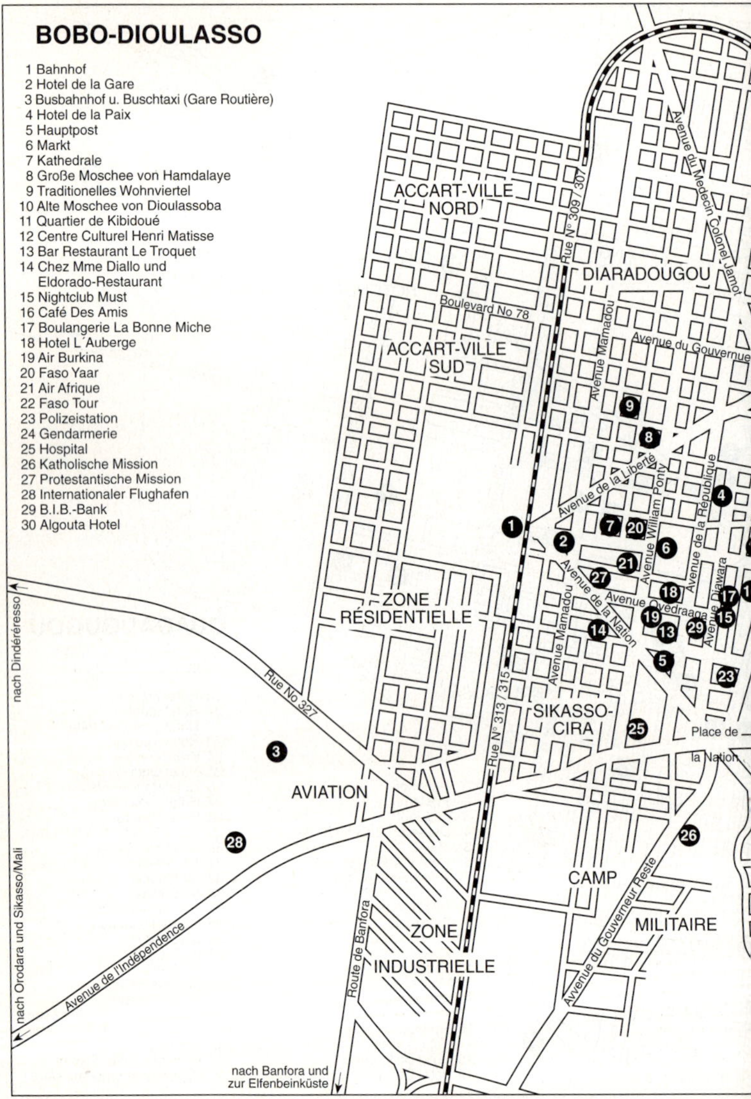
BOBO-DIOULASSO
1 Bahnhof
2 Hotel de la Gare
3 Busbahnhof u. Buschtaxi (Gare Routière)
4 Hotel de la Paix
5 Hauptpost
6 Markt
7 Kathedrale
8 Große Moschee von Hamdalaye
9 Traditionelles Wohnviertel
10 Alte Moschee von Dioulassoba
11 Quartier de Kibidoué
12 Centre Culturel Henri Matisse
13 Bar Restaurant Le Troquet
14 Chez Mme Diallo und Eldorado-Restaurant
15 Nightclub Must
16 Café Des Amis
17 Boulangerie La Bonne Miche
18 Hotel L´Auberge
19 Air Burkina
20 Faso Yaar
21 Air Afrique
22 Faso Tour
23 Polizeistation
24 Gendarmerie
25 Hospital
26 Katholische Mission
27 Protestantische Mission
28 Internationaler Flughafen
29 B.I.B.-Bank
30 Algouta Hotel
ACCART-VILLE NORD
ACCART-VILLE SUD
DIARADOUGOU
Avenue du Medecin Colonel Jamot
Rue N° 309 / 307
Boulevard No 78
Avenue Mamadou
Avenue du Gouvernuer
Avenue de la Liberté
Avenue William Ponty
Avenue de la République
Avenue de la Nation
Avenue Ouédraaga
Avenue Diawara
ZONE RÉSIDENTIELLE
nach Dindéréresso
Rue No 327
AVIATION
Rue N° 313 / 315
SIKASSO-CIRA
Place de la Nation
CAMP MILITAIRE
Avvenue du Gouverneur Reste
ZONE INDUSTRIELLE
Route de Banfora
Avenue de l'Indépendence
nach Orodara und Sikasso/Mali
nach Banfora und zur Elfenbeinküste

NIENETA
Rue N° 270
Avenue Martial Merlin
DONONA
BINDOUGOUSSO
FARAKAN
TOUNOUMA
KIBIDOUE
11
SAINT ETIENNE
DE TOUNOUMA
Avenue du Gouverneur Général Eboue
OUEZZIN-VILLE
YOROKOKO
Rue No 29
Rue No 305
Rue Vincens
KOMBOUGOU
KOKO
Avenue Guimbi Ouatta
DES ÉCOLES
Avenue Philippe Zinda
Rue de Ouagadougou
nach Ouagadougou
Avenue du Général de Gaulle
ZONE RÉSIDENTIELLE
Chalon sur Marne
OMAKOTE
24
Place Chalons
sur Marne
30
Circulaire
Avenue du Gouverneur Louveau
Boulevard de
KOUNIMA
Boulevard
0
500 m

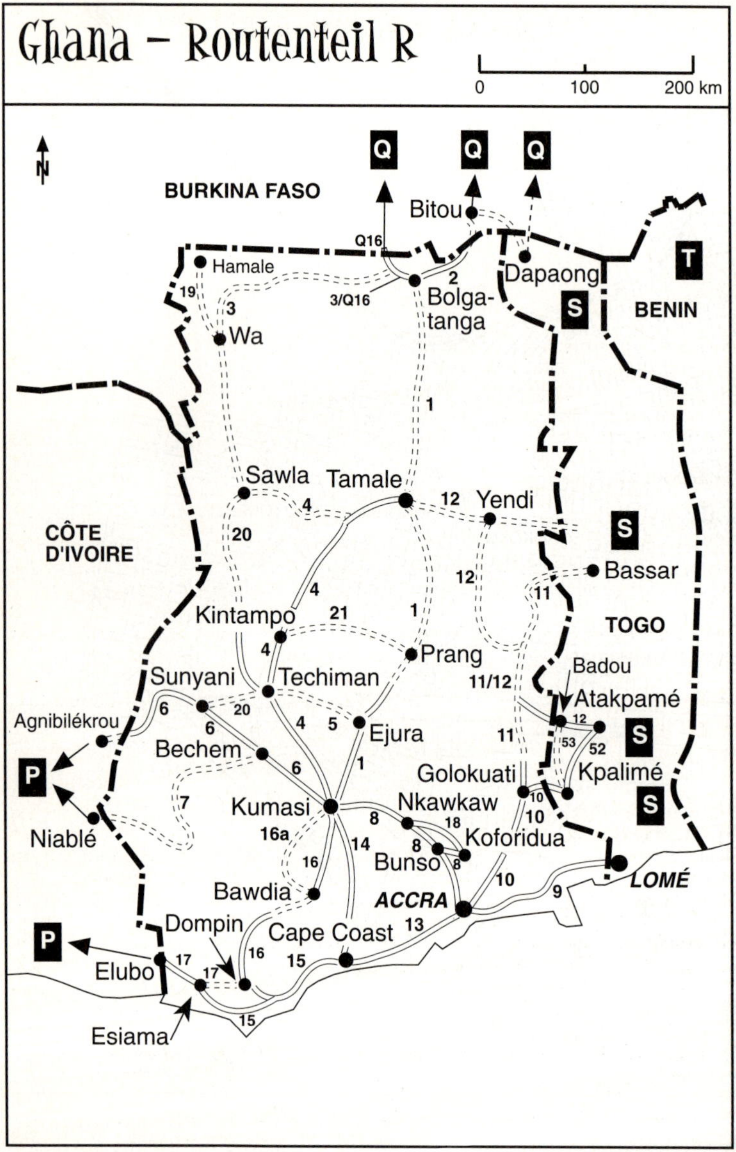
Ghana – Routenteil R
0
100
200 km
N
BURKINA FASO
Q
Q
Q
Bitou
Q16
Hamale
Dapaong
T
19
3
3/Q16
2
Bolga-
tanga
S
BENIN
Wa
1
Sawla
Tamale
12
Yendi
4
S
CÔTE
D'IVOIRE
20
Bassar
12
11
4
Kintampo
21
1
TOGO
4
Prang
Badou
Sunyani
Techiman
11/12
Atakpamé
6
20
12
Agnibilékrou
6
4
5
Ejura
11
53
52
S
Bechem
6
1
Golokuati
Kpalimé
P
7
Kumasi
Nkawkaw
10
S
Niablé
16a
8
18
10
Koforidua
14
8
Bunso
8
16
10
LOMÉ
Bawdia
ACCRA
9
Dompin
13
P
Cape Coast
17
16
Elubo
17
15
15
Esiama

Ghana – Routenteil R

Überblick

Fläche: 238 537 km².

Einwohner: ca. 18,3 Mio.

Ethnien: Aschanti, Fante, Ga, Ewe.

Hauptstadt: Accra (ca. 2 Mio. Einwohner).

Sprachen: Amtssprache Englisch, lokale Sprachen, darunter Twi, Fante, Gwa, Ewe, Haussa.

Religion: ca. 60% Christen, 30% Muslime, 10% Naturreligionen.

Ruhetag: Sonntag.

Feiertage: 1.1., 8.3., Karfreitag bis Ostermontag, Pfingstmontag, 1.7., 25. und 26.12.

Einreise: Visumpflicht für Deutsche, Österreicher und Schweizer, bei Flugreisenden Rück- oder Weiterflugticket. Visum in Abidjan in zwei Tagen erhältlich (4 Passfotos, 6000 CFA für 30 Tage, nur Montag, Mittwoch und Freitag). Visum an der Grenze für 50 US-$. Visum in Ouagadougou innerhalb von 24 Std. (08.98: 12 000 CFA, 4 Fotos, s. Q 1).

Impfung/Gesundheit: Gelbfieberimpfung vorgeschrieben (wird an größeren Grenzen auch kontrolliert). Malariaprophylaxe dringend empfohlen.

Währung: Cedi. 1 Euro = ca. 8324 Cedis, 1 US-$ = ca. 8460 Cedis (08.02). Überall gibt es Forex-Büros. Keine Devisendeklaration, beste Tauschwährung ist der Dollar. Ein- und Ausfuhr von Cedis sind verboten. Einfuhr ausländischer Währungen unbeschränkt. Die Inflation ist enorm, deswegen sind die meisten Preise in US-$ angegeben.

Kfz: Internationaler Führerschein und Kfz-Schein. Ein Carnet de passage ist zwingend erforderlich! Alle Fahrzeuge unter 10 Jahre können zollfrei verkauft werden, ältere werden mit 20% belegt. Im Ausland zugelassene Autos dürfen im Dunklen nicht fahren, Helmpflicht für Motorradfahrer. Nur für Fahrzeuge, die in Westafrika zugelassen (!), nicht älter als 5 Jahre sind und als „zollfrei" gelten, wie z.B. Pick-up wird an der Grenze ein Laissez passer (= „Undertaking C59") ausgestellt, zu dem das Carnet nicht unbedingt notwendig ist. Ist das Kfz in Europa zugelassen oder älter und man besitzt kein Carnet, kann eine Kaution hinterlegt werden (bei einem Alter von 5 Jahren und mehr 20%, bei über 10 Jahren 50% des geschätzten Wertes). Die deutsche Botschaft rät von einer Hinterlegung ab! Eine Haftpflichtversicherung wird an der Grenze abgeschlossen.

Treibstoffpreise (2001): Diesel ca. 0,27 Euro/l, Super ca. 0,30 Euro/l. Die Tankstellen sind meistens nur bis 20 Uhr geöffnet.

Straßenzustand: Viele gut Asphaltstraßen. Pisten meistens passabel, in der Regenzeit häufig schlecht passierbar. Fast alle größeren Brücken sind gebührenpflichtig.

Kontrollen: Einige Kontrollen vor und nach den Orten, Städten etc. Meist sehr freundlich. Manchmal werden „Cadeaux" verlangt (Kugelschreiber und Aufkleber reichen).

Sicherheit: Ghana ist ein sicheres Reisland. Im Norden Ghanas kommt es immer wieder zu ethnischen Auseinandersetzungen (z.B. im März 2002 lokale Unruhen in Yendi).

Grenzen: Die Grenzen zu den Nachbarländern sind geöffnet.

Zeitverschiebung: MEZ minus 1 Stunde; Sommerzeit: minus 2 Stunden.

Stromspannung: 220/230 V.

Literatur und Landkarten:
Reiseführer: „Westafrika, Band 2 - Küstenländer", hrsg. von Erika Därr, Reise Know-How Verlag, Bielefeld.
Karten: Übersichtskarte Michelin 953, 1:4 000 000. Als Detailkarten Blätter des IGN 1:1 000 000.

Geschichte: Große Goldvorkommen und der Handel mit Sklaven begründeten den Reichtum und die Macht des im südlichen Ghana angesiedelten Reiches der Aschanti. Ihre ersten europäischen Handelspartner waren die Portugiesen, die sich im 16. Jh. an der Goldküste festsetzten und ihre Forts schon bald gegen Niederländer, Briten und Dänen verteidigen mussten, die ebenfalls auf der Suche nach dem schnellen Geld versuchten, an der Goldküste Fuß zu fassen. Als der Sklavenhandel zu Beginn des 19. Jahrhunderts verboten wurde, war die Goldküste gesprenkelt mit 76 Festungen unterschiedlicher europäischer Herkunft. Die Briten übernahmen die Kontrolle über diese Festungsanlagen und versuchten durch Verträge mit den lokalen Häuptlingen ihren Einfluss landeinwärts zu intensivieren. Kumasi, die Hauptstadt des Aschanti-Reiches, konnten sie auf diese Art jedoch nicht erobern und so wurde die blühende Metropole der Aschanti-Kultur, in der übrigens auch zahlreiche Europäer als Militärberater und Verwaltungsbeamte beschäftigt waren, 1873 belagert und ein Jahr später schließlich erobert. Bis zur Unabhängigkeit 1957 blieb Ghana britische Kolonie.

Politik: Ghana war die erste afrikanische Kolonie, die sich die Unabhängigkeit erkämpfte. Der Staatsname erinnert an das alte westsudanische Reich Ghana, dessen Zerfall zu einer Wanderbewegung führte, in deren Zuge angeblich auch ghanaische Stämme in ihre heutigen Siedlungsgebiete gekommen sein sollen. Unter Kwame Nkrumah wurde Ghana 1960 zur Republik erklärt. Doch schon sechs Jahre später wurde der Präsident gestürzt, mehrere Militärputsche erschütterten das Land, das zugleich einen massiven wirtschaftlichen Niedergang erlebte. Erst 1979 kehrte mit einem erneuten Staatsstreich, diesmal von dem jungen Fliegerleutnant Jerry Rawlings, relative politische Ruhe in Ghana ein. Rawlings gehörte neben Thomas Sankara (Burkina Faso) und Samuel Doe (Liberia) zu einer neuen, europäisch ausgebildeten und afrikanisch-selbstbewussten militärischen Elite, die puristische Ideale auf ihre Fahnen schrieb und für die Bevölkerung auch ein neues afrikanisches Selbstbewusstsein verkörperte. Im Gegensatz zu seinen beiden „Gesinnungsgenossen" konnte Rawlings (National Democratic Congress, NDC) sich bis 2001 an der Macht halten, nicht zuletzt auch deshalb, weil er das katastrophale wirtschaftliche Erbe seiner Vorgänger überraschend gut in den Griff bekommen hat. Inzwischen ist Ghana wirtschaftlich im Vergleich zu den Nachbarstaaten relativ gut entwikkelt. Am 7. Januar 2001 trat ein neuer Präsident (Wahlen im Dez. 2000), John Agyekum Kufuor von der „New Patriotic Party" (NPP), sein Amt an. Die NDC von Rawlings ist seitdem in der Opposition.

Routen

R 1: Bolgatanga – Tamale – Yéji – Kumasi (554 km)

(02.02, Land Rover 110) Guter Asphalt bis Tamale. Brücke über den Weißen Volta (Brückenzoll, billig). (09.98, Mercedes G) Ab Yéji (sehr) löchrige Piste mit z.T. Teerresten bis 14 km nach Atebubu, dann sehr guter Asphalt.

BOLGATANGA – S. Q 16. (Ende Q 16; Beginn R 2 und R 3.)

TAMALE – 210 m, ca. 300 000 Einw. (s. Stadtplan). Provinzhauptstadt. Gute Infrastruktur. Treibstoff, Geldwechsel. (Ende R 12.)

Unterkunft: Hotel „Inter Royal", DZ ca. 5 US-$, kein fließendes Wasser. „Alhassan", laut, DZ ab ca. 4 US-$. „Catering Rest House", bewachter Parkplatz, DZ 8 US-$ mit Ventilator.

Verschiedenes: Wechseln im Forexbüro ggü. der Mobiltankstelle. Diese hat einen kleinen Supermarkt mit guter Auswahl (auch Butter, Käse, Yoghurt, Eier). Gut sortierter Markt im Zentrum verborgen hinter Buden.

Sehenswert: Der schöne Markt.

SALAGA – Dorf. Treibstoff.

20 km von Salaga entfernt, bei Makongo, verkehrt eine Fähre nach Yéji, falls der Wasserstand dies zulässt (vorher erkundigen, 1998 fuhr selbst in der Regenzeit keine; sonst Abfahrt täglich um 10.15 und 17.15 Uhr, Fahrtzeit 1 Stunde); sie fährt auch Akosombo (am südl. Ende des Sees) an.

YÉJI – Dorf. Keine Versorgungsmöglichkeit. Treibstoff.

Unterkunft: Hotel „Alliance", DZ ca. 3,5 US-$.

Abfahrt der Fähre in Gegenrichtung um 9 und 16 Uhr (falls Wasserstand hoch genug!).

PRANG – Dorf. (Beginn R 21.)

ATEBUBU – Ort. Lebensmittel, Hotel, Tankstelle.

In der Umgebung: Das **Kujani Game Reserve,** hier Führer besorgen.

VARIANTE: (09.98, Mercedes G) Von Atebubu besteht die Möglichkeit auf einer Piste (recht gut, streckenweise löchrig) zum Voltasee zu fahren und nach Kete Krachi überzusetzen (unbedingt vorher erkundigen, ob Fähre zur Zeit verkehrt): im Ort rechts abbiegen nach Bantama und Kwadjokrom.

Km 31, **BANTAMA** – Dorf.

Km 40, **KWAME-DANSO** – Ort, Lebensmittel, Treibstoff.

Km 100, **KWADJOKROM** – Dorf. Gabelung: links weiter (kl. Schild Deifour Nkwanta), Piste sehr löchrig und schlammig.

Km 104, Fähranlegestelle nach Kete Krachi.

Weiter auf der Hauptstraße (Km-Angaben ab Atebubu):

Km 14, eine ausgezeichnete Teerstraße beginnt.

Km 62, **EJURA** – Ort. Lebensmittel, Tankstellen, Bank.

Unterkunft: Guest House, „Ejura Paradise Hotel". (Ende R 5.)

Km 101 km, **MAMPONG** – Kleinstadt. Verpflegung. Treibstoff.

KUMASI – 309 m, 900 000 Einwohner, zweitgrößte Stadt (s. Stadtplan). Gute Infrastruktur. Schlimmstes Verkehrschaos ganz Westafrikas! (Ende R 6, 16a; Beginn R 4, R 8, R 14 und R 16.)

Unterkunft: „Catering Resthouse", sehr schön, große Bungalows mit Klimaanlage und Bad, gute Küche, bewachter Parkplatz, DZ 13 US-$ (09.97). „Rose's Resthouse", DZ ca. 30 US-$, Camping möglich. Hotel „Montana", Odum Rd, DZ 5 US-$ (08.98), sehr dunkel und ungepflegt. „Hotel de France" in Dichemso. „Presbyterian Guest House", Mission Road, Camping im großen Garten 1,5 US-$ p.P. (09.98), DZ 5 US-$ (09.98), beim Campen Vorsicht vor Dieben, häufig ausgebucht, sehr angenehmer Platz, Travellertreffpunkt. „Menka Memorial Guest House" an der Straße nach Accra zum Zentrum, an der „Shell"-Tankstelle rechts, bewachter Parkplatz, DZ 8 US-$. „Hotel de Kingsway", DZ 11–25 US-$ (mit Bad), AC, sehr sauber. Camping ist auch auf dem Parkplatz des Hotel „City" möglich.

Essen: „Vic Baboos Café", ggü. „Hotel de Kingsway", Prempeh II Road, Tel. (051)

2 87 25, sehr gutes Essen (Fastfood, Pizza, chinesisch und indisch, Seafood), sehr gepflegt, Preise (09.98): Burger 1,6–2 US-$, Pizza 2,7–3 US-$ (sehr klein), Chicken 2,6–4,3 US-$.

Verschiedenes: „Cash advance" mit Visa Card möglich. Von einem Büro neben der Post können problemlos mails nach Europa verschickt werden (ca. 1 US-$).

Sehenswert: Der Markt und das Freilichtmuseum (Kunsthandwerkszentrum).

In der Umgebung: Der mehr als 2 km lange, sehr schöne **Bosumtwi-See** vulkanischen Ursprungs, Stadt in Ri. SO verlassen (auf Lake Road), bis Abonu (Dorf am See) ca. 30 km gute Teerstraße, Bademöglichkeiten, einfache Unterkunft.

R 2: Bolgatanga – Bwaku – Grenze zu Burkina Faso – Bitou (117 km)

Asphalt auf den ersten 64 km; danach gute Piste (A) bis Km 100; danach Asphalt. Mehrere Polizeikontrollen.

BOLGATANGA – S. Q 16. (Ende Q 16; Beginn R 1 und R 3.)

Km 77, **BWAKU** – Kleinstadt. Gute Infrastruktur.

Km 83, Polizeikontrolle. Hinter dem Polizeiposten nach links abbiegen.

Km 97, Grenzposten. Formalitäten für die Ausreise aus Ghana.

Km 100, hier stößt man wieder auf Asphalt (viele Löcher). Nach links abiegen (rechts geht es nach Togo).

BITOU – S. Q 15. (Zur Q 15.) Formalitäten für die Einreise nach Burkina Faso.

R 3: Bolgatanga – Navrongo – Tumu – Han – Wa – Sawla (ca. 380 km)

(09.98, Mercedes G) Gute Piste (A), z.T. Wellblech bis Wa. Neue Teerstraße von Wa bis 10 km vor Sawla, weitere Asphaltierungsarbeiten müssten inzwischen abgeschlossen sein. Schöne Landschaft (landwirtschaftlich genutzte Gegend). Durchquerung mehrerer Dörfer mit malerischen Hütten.

BOLGATANGA – S. Q 16. (Ende Q 16; Beginn R 1 und R 2.)

NAVRONGO – Kleinstadt mit Verpflegungsmöglichkeit. Treibstoff.

Die weiteren Kilometer-Angaben sind von Navrongo aus gezählt.

Km 16, Ende der Teerstraße.

Km 70, brüchige Brücke.

Km 114, **TUMU** – Ort. Lebensmittel, Bank.

Km 140, brüchige Holz-Bretterbrücke, neuer Betonübergang eventuell schon gebaut.

Km 174, **HAN** – Dorf. Verpflegungsmöglichkeit.

Abzweigung in Richtung Süden nach Wa.

Km 212, **FIAN** – Zollcheckpoint vor dem Dorf. Lebensmittel.

Km 250, **WA** – Kleinstadt mit Verpflegungsmöglichkeit. Tankstellen, Banken, Mission. (Ende R 19.)

Unterkunft: „Sawaba Rest House", DZ ca. 8 US-$. Hotel „Senu", DZ ungefähr 8 US-$, sehr sauber. „Hotel du Pond", DZ ca. 14 US-$. „Uplandhotel" im Westen der Stadt (am Markt vorbei, dann rechts und wieder links abbiegen), ordentlich, mit großem Hof zum Parken, bungalowähnliche Flachbauten, DZ ca. 28 US-$ (11.98). Campingplatz etwa 2 km vom Zentrum entfernt.

Verschiedenes: Die „Commercial Bank" tauscht problemlos Dollars ohne Gebühr und zu gutem Kurs. Geldwechsel im „Adramani Store" am Markt möglich, falls Banken geschlossen haben. Polizeikontrolle in der Stadt.

Km 350, **SAWLA** – Ort. Lebensmittel, Wasser. (Ende R 4; Beginn R 20.)

R 4: Kumasi – Techiman – Kintampo – Nterso – Larabanga – Sawla (465 km)

(02.02, Land Rover 110) Bis Techiman guter Asphalt, zwischen Techiman und Kintampo auf ca. 30 km löchriger Asphalt, ab Kintampo wieder gut. Ab Nterso löchrige, sehr holprige Wellblechpiste (A/G) bis Larabanga (Fahrzeit Nterso – Larabanga ca. 3–4 Std., nach Regen glitschig), hinter Larabanga besser. Mautpflichtige Brücke über den Schwarzen Volta. Schöne und üppige Landschaft mit Regenwaldresten (sowie Kokospalmen, Papaya, Bananen usw.).

KUMASI – S. R 1. (Ende R 1, R 6 und R 16a; Beginn R 8, R 14 und R 16.)

Sehr schlechte Asphaltstraße (von Pistenabschnitten unterbrochen) bis ca. 60 km vor Techiman, dann etwas besser mit vielen Löchern.

Km 115, **TECHIMAN** – Großer Ort. Lebensmittel, Banken, Tankstellen, gute Infrastruktur. (Beginn R 5.)

Unterkunft: Mehrere günstige Hotels im Ort.

Teerstraße besteht weiter z.T. fast nur noch aus Löchern.

Ca. 2 km vor Kintampo sollte man einen Stop einlegen, denn hier stürzt der **FULLER-WASSERFALL** über den Felsabbruch (ca. 250 m abseits der Straße) und fließt dann eine kurze Strecke unterirdisch weiter.

Km 175, **KINTAMPO** – Größter Ort der Umgebung. Tankstellen, Bank, Lebensmittel. (Ende R 21.)

Unterkunft: „St. Michael's Hotel", Zimmer, Camping auf Rasen im Hof, Pos. **N 08°02,123' W 01°43,917'.** „Midway-Hotel" wirkt sehr heruntergekommen, auch „Kintampo Guesthouse" macht schlechten Eindruck.

Ab Kintampo sehr guter, neuer Asphalt.

Km 268, mautpflichtige Brücke über den Schwarzen Volta.

Km 316, **FUFULSO** (Nterso) – Dorf. Auf Piste nach links in Richtung Larabanga abbiegen. Bei Weiterfahrt (43 km) auf der Teerstraße erreicht man Tamale (zur R 1).

Löchrige Piste mit starkem Wellblech (zeitaufwendig und nervenaufreibend).

Km 382, **DAMONGO** – Großer Ort. Lebensmittel, Tankstelle, Cafés, Guest House.

Km 398, **LARABANGA** – Ort. Wasser, Lebensmittel.

Sehenswert: Die Lehmmoschee (älteste des Landes).

Unterkunft: Campment am Ortsausgang Richtung Swale rechts.

In der Umgebung: Das wunderschöne **Mole Game Reserve,** Eingang 3 km entfernt (in der Ortsmitte rechts abbiegen), Eintritt ins Reservat (09.98): 1,7 US-$ p.P. und Tag, 0,8 US-$ Studenten, 0,4 US-$/Kfz. Im Reservat gibt es das „Mole Game Reserve Motel", sehr schöne Lage, geräumige und saubere Bungalows für ca. 15 US-$, DZ ca. 11 US-$, Dreibettzimmer ca. 13 US-$, Camping 4,3 US-$ (alle Preise von 09.98 und zzgl. 15% Steuer), Restaurant (sehr teuer und unfreundlich), Swimmingpool (ca. 2 US-$ p.P./Tag), ganzjährig geöffnet, Wasser wird aus Wasserloch gepumpt (bräunlich). In der Trockenzeit (Dezember bis März) können am meisten Tiere (direkt vom Motel aus) beobachtet werden, da es oberhalb eines großen Wasserloches liegt, wohin alle Tiere zum trinken und baden kommen. Aber auch in der Regenzeit sind Krokodile, Elefanten, Affen, Warzenschweine, Gazellen, Antilopen etc. zu sehen, die z.T. bis auf das Motelgelände oder in unmittelbare Nähe kommen (z.B. Paviane und Warzenschweine, unter Umständen auch nächtliche Elefantenbesuche beim Campen). Im Park ist ein Führer obligatorisch (die Walking Safari oder Autotour von 2–3 Std. startet um 6.30 Uhr und 15.30 Uhr, ca. 1 US-$/Pers./Std.)

Km 465, **SAWLA** – S. R 3. (Ende R 3; Beginn R 20.)

R 5: Techiman – Ejura (80 km)

Piste (A).

TECHIMAN – S. R 4. (Zur R 4 und R 20.)

Km 27, **NKORANZA** – Dorf mit Verpflegungsmöglichkeit (Markt). Treibstoff. In der Ortsmitte nach links abbiegen.

Km 30, Brücke in schlechtem Zustand (bereitet jedoch keine Schwierigkeiten).

EJURA – S. R 1. (Zur R 1.)

R 6: Agnibilékrou (Elfenbeinküste) – Takikroum – Grenze zu Ghana – Berekum – Sunyani – Kumasi (267 km)

(06.93, IFA W 50) Von Agnibilékrou bis Km 30 nach der Grenze kleine Piste im Wald (zahlreiche Polizeikontrollen). Danach guter Asphalt bis Berekum. Von Berekum bis Km 20 hinter Sunyani Asphaltdecke, stark beschädigt. Danach guter Asphalt.

AGNIBILÉKROU – S. P 27. (Ende P 27 und P 29.)

ZAKIKIRO – Dorf. Formalitäten für die Ausreise aus der Elfenbeinküste.

TAKIKROUM – Dorf ohne Versorgungsmöglichkeit.

GONOKROM – Dorf. Formalitäten für die Einreise nach Ghana (werden sehr langsam erledigt).

DORMAA-AHENKRO – Dorf. Keine Versorgungsmöglichkeit.

BEREKUM – Weiler. Verpflegungsmöglichkeit. Treibstoff rar.

SUNYANI – S. R 20. (Ende R 20.)

BECHEM – Dorf. Verpflegungsmöglichkeit. (Ende R 7.)

KUMASI – S. R 1. (Ende R 1 und 16a; Beginn R 4, R 8, R 14 und R 16.)

R 7: Niablé (Elfenbeinküste) – Grenze zu Ghana – Goaso – Tepa – Bechem (203 km)

(06.93, IFA W 50) Piste (A/G/I) bis Goaso, danach Asphalt in sehr schlechtem Zustand. Überquerung mehrerer Holzbrücken (hier ist Vorsicht geboten).

NIABLÉ – S. P 31. (Ende P 31.)

Km 2, Polizeikontrolle (ghan. Polizei).

OSEIKOJOKROM – Dorf. Formalitäten für die Einreise nach Ghana.

Km 28, nach links auf eine Piste biegen, die direkt nach Goaso führt (sie ist auf der Michelin-Karte nicht angegeben).

Km 125, **MIM** – Weiler. Verpflegungsmöglichkeit. Treibstoff. Bank (nimmt keine Schecks an) und Post.

GOASO – Kleinstadt. Verpflegungsmöglichkeit. Treibstoff (Tankstelle). Bank (nimmt keine Schecks an). Polizeikontrolle.

Ab Goaso viele Lkw.

Km 384, **TEPA** – Dorf. Verpflegungsmöglichkeit. Treibstoff.

BECHEM – S. R 6. (Zur R 6.)

R 8: Kumasi – Konongo – Nkawkaw – (Koforidua) – Accra (ca. 245 km)

(09.98, Mercedes G) Gute Teerstraße, nach Nkawkaw einige Löcher. Sehr viel Verkehr. Tropische Waldlandschaft.

KUMASI – S. R 1. (Ende R 1, R 6 und 16a; Beginn R 4, R 14 und R 16.)

Ca. 30 km nach Kumasi in **Kubease** liegt das **BOBIRI FOREST RESERVE** – Schönes Schmetterlingsreservat mit ca. 400 Arten. Zufahrt: in Kubease von Kumasi kommend links im Ort Torbogen mit Aufschrift „Akwaaba", 50 m dahinter Einfahrt links, nach 2 km Piste Abzweig rechts, dann noch 1 km. Ruhige, preiswerte Campingmöglichkeit mitten im Regenwald (Preis ist Verhandlungssache) mit Dusche/WC, Zimmer 5–15 US-$ (12.00), Essen möglich.

KONONGO – Dorf. Verpflegungsmöglichkeit.

Sehenswert: Die Goldminen der Umgebung.

Km 94, **NKAWKAW** – Kleinstadt. Versorgungsmöglichkeiten. Hotels. (Ende R 18.)

Km 144, **BUNSO** – Dorf. Ab hier gibt es zwei Möglichkeiten nach Accra.

VARIANTE 1 (über Nsawam): In Bunso geradeaus weiter die Teerstraße entlangfahren, etwa 100 km bis Accra.

VARIANTE 2 (über Koforidua): Passabler Asphalt, landschaftlich schöner. In Bunso nach links abbiegen.

Km 35, **KOFORIDUA** – Kleinstadt. Lebensmittel, Bank, Tankstellen, Hotels.

In der Umgebung: Boti-Waterfalls, vor „Ghana Commercial Bank" links abbiegen auf Nana Asafo Boateng Road, Ri. NO immer geradeaus weiter (in Ri. Asesewa), 11 km nach Stadtende im Dorf Huhunya nach links abbiegen (Schild), Teerende (gute Wellblechpiste), 6 km weiter Café und Parkplatz, Treppe zu kleinen Wasserfällen in schöner Umgebung (Eintritt, verhandeln).

Koforidua auf Asphalt in Ri. S verlassen (sehr schöne, hügelige Landschaft).

Km 50, Dorf (Dienstagsmarkt) und Kreuzung (links weiter nach Accra).

Auffahrt auf die Akuapem-Höhe mit weiter, schöner Aussicht.

Km 66, **MAMPONG-AKUAPEM** – Ort. Tankstellen, alle Versorgungsmöglichkeiten. Kreuzung: rechts weiter in Richtung Aburi.

Km 80, **ABURI** – Ort, bekannt für seine Holzschnitzkunst.

Sehenswert: Der **Botanische Garten,** Eintritt ca. 0,5 US-$ (09.98), eigener Parkplatz, „ABG-Hotel" mit Bungalows, Restaurant, sehr schöner, gepflegter und ruhiger Garten mit vielfältigen Pflanzen, sehr sehenswert.

Nach Aburi geht es wieder bergab mit einer fantastischen Aussicht. Nach ca. 30 km erreicht man die Schnellstraße in Richtung Accra.

ACCRA – Ca. 2 Mio. Einw. (s. Stadtplan). Gute Infrastruktur. Für Fahrzeuge mit ausländischem Kennzeichen gilt nach 18 Uhr in der Stadt und in der Umgebung Fahrverbot. Abends Vorsicht vor Taschendieben, insbesondere in Jamestown. (Ende R 10; Beginn R 9 und R 13.)

Unterkunft: „Riviera Beach" an der Küste zu teuer, Lärm, DZ ca. 20 US-$ (1999). „Hotel de California", Castle Road, etwas heruntergekommen, große und helle Zimmer, mäßig saubere Dusche und WC (am Gang), sehr freundlich, sicherer Parkplatz im Hof, laut, Bar und Fernsehzimmer, Safe für Wertsachen, Travellertreffpunkt, DZ 7 US-$, EZ 6,5 US-$ (09.98). „Crown Prince Hotel", Castle Road, ggü. „Hotel de California", unfreundlich, einfach, DZ 10 US-$ (08.98). „YMCA" für Männer/„YWCA" für Frauen, Abstiege, schimmlige Wände, extrem schmutzige Toiletten und Duschen, kaputte Betten, ca. 2,6 US-$. „Coco-Beach", Bungalow-Anlage am Strand, außerhalb Accras in Richtung Téna, 5 km hinter Labadi-Beach, DZ mit Klimaanlage 39 US-$ (1999). Luxushotels „Granada" (DZ ca. 80 US-$) und „Shangri-La" an Liberation Av. (Schnellstraße in Ri Lomé, DZ ca. 250 US-$). Luxushotel „Labadi Beach" am Labadi Beach, DZ mit Klimaanlage und TV ca. 270 US-$ (1999).

Essen: „Frankie's", Cantonments Road, edle Bäckerei, große Eisauswahl (sehr gut) und Pizza Take-away (09.98: 7–8 US-$). „Southern Fried Chicken", Danquah Circle (Osu), neben Egypt Air, Tel. 77 14 85, sehr gutes Essen (Fast-Food, Pizza, asiatisch), Familiy Size Pizza (sehr groß) 4,5–6 US-$ (09.98), große Portionen, exzellenter Service, sehr gepflegt (europäischer Standard). Snack-Bars „Fort" und „Scissors", gut und preiswert.

Verschiedenes: Unzählige Supermärkte mit riesiger Auswahl an Importwaren (sogar z.B. Brezen, Erdbeeren usw.) in der Cantonments Road, südlich vom Danquah Circle, hier auch viele Restaurants. Bademöglichkeit am sehr schönen Labadi Beach, bewachter Parkplatz. Deutsch sprechende Ärztin mit Labor in der „Bank of Ghana Clinic", 43, 7th Av. Ext, North Ridge, Tel. 22 48 37, nahe der Deutschen Botschaft, empfehlenswert. Pool im „Novotel" ca. 2,6 US-$ Eintritt (01.97) für Nicht-Hausgäste. Fahrt zum Flughafen ca. 1 US-$. Gute Verschiffungsmöglichkeit ab Hafen Téma (Accra) mit der Firma „Mol", Chef Marcel Stappers (die japanische Firma befindet sich mitten im Hafengelände in Téma).

Botschaften: Visum für Niger in der Independance Av., ggü. SwissAir-Büro, sofort, 3 Passbilder, 10 000 CFA und 6,5 US-$ (in Cedis, 09.97), sehr freundlich. Ein Visum für Nigeria war im September 1997 nicht erhältlich. Die Deutsche Botschaft hat von 9–12 Uhr geöffnet.

Sehenswert: Das Nationalmuseum und das James Fort. Schöner botanischer Garten von Aburi (27 km in Richtung Koforidua, siehe bei Aburi).

R 9: Accra – Sogakofe – Grenze zu Togo – Lomé (201 km)

(03.01, Motorrad) Asphalt. Sogakofe – Ada: Baustelle, Asphaltierungsarbeiten.

ACCRA – S. R 8. (Ende R 8 und R 10; Beginn R 13.)

Km 32, **KOKROBITE** (-Beach) – Ort.

Unterkunft: „Wendy's Place", direkt am Strand, billig, sehr freundlich, sauber, europäisches Essen, Traveller-Treffpunkt, Trommelkurse möglich.

Ca. Km 100, Abzweig möglich nach

ADA – Dorf. Schöner Strand, Verpflegungsmöglichkeit, Treibstoff.

Unterkunft: Hotel „Ada", sauber, guter Empfang (DZ ca. 1,7 und 4,3 US-$). Hotel „Paradise Beach", Luxushotelanlage, Swimmingpool, ein DZ kostet ca. 41 US-$ (1999).

SAGAKOFE – Dorf.

Unterkunft: Schönes Hotel mit Terrasse und Zugang zum Volta-Fluss, allerdings schlechte Versorgung und am Wochenende wegen der Dorfdiskothek sehr laut.

AFLAO – Dorf. Formalitäten für die Ausreise aus Ghana (zügig).

LOMÉ – S. S 1. (Ende S 1; Beginn S 2.) Bei der Ausreise von Lomé in Richtung Ghana aufdringliche Schlepper und Schwarztauscher. Formalitäten problemlos. Der Zoll ist schwer zu finden: im großen Gebäude linkerhand vom Polizeigebäude und Parkplatz in oberer Etage. Formalitäten für das Carnet im hallenähnlichen Gebäude hinter dem Zoll.

R 10: Kpalimé – Klouto – Grenze zu Ghana – Kpandu – Akosombo Dam – Accra (192 km)

(11.97) Asphalt.

KPALIMÉ – S. S 2. (Zur S 2.)

Vor der Kirche von Kpalimé in Richtung Missahohe fahren.

Km 10, **KOTO-CAMP** – Liegt auf 700 m Höhe in einer schönen, bewaldeten Gegend. Zimmer mit Dusche und WC, Camping möglich.

KLOUTO – Dorf, 750 m.

Unterkunft: Campement, saubere Zimmer mit Duschen (ca. 10 000 CFA/DZ), Campingmöglichkeit, Rasen, viel Schatten (ca. 1000 CFA/Person).

Sehenswert: Das Schloss, das Residenz des togolesischen Präsidenten ist (die Genehmigung zur Besichtigung bekommt man bei der Präfektur in Kpalimé); schöne Spaziergänge im umliegenden tropischen Wald (nächtliche Spaziergänge sind jedoch wegen der Ameisen zu vermeiden, die bis an die Waden hochspringen und schwer heilende Bisse zufügen).

Am Ortsausgang von Klouto Formalitäten für die Ausreise aus Togo. Die Polizeiformalitäten werden direkt an der Grenze erledigt, die man 14 km weiter über eine kurvige Straße erreicht, die durch einen schönen tropischen Wald führt.

DAFOR – Dorf. Formalitäten für die Einreise nach Ghana, zwei Passfotos nötig.

GOLOKUATI – Dorf. Verpflegungsmöglichkeit. Polizeikontrolle am Ortseingang. (Beginn R 11.)

Kurz hinter Golokuati zweigt eine Asphaltstraße nach rechts nach Hohoé. 19 km außerhalb Hohoé Unterkunftsmöglichkeit im Hotel „African Unity". Hier liegen die Wli-Wasserfälle (siehe R 11).

KPANDU – Kleinstadt. Verpflegungsmöglichkeit. Treibstoff. Bank und Post.

Unterkunft: „Lucky Hotel" im Zentrum, jedoch nicht sehr sauber (DZ ca. 4 US-$ mit Dusche und WC). Restaurant „Rose", gut, jedoch sehr teuer.

Kurz vor Akosombo Dam überquert man den Abfluss des Volta-Sees über eine mautpflichtige Brücke. 100 m nach der Brücke Abzweigung nach rechts in Richtung Akosombo und Staudamm.

AKOSOMBO – Kleinstadt. Verpflegungsmöglichkeit. Treibstoff. Bank.

Unterkunft: „Lakeside Motel", 8 km außerhalb der Stadt, DZ ca. 8,7 US-$ (1999). Hotel „Benkum" in Atimpuku, 5 km außerhalb der Stadt, einfach, DZ ca. 5 US-$ (1999).

In der Umgebung: Fahrten auf dem Voltasee mit der Yapei Queen. Das Schiff ist in sehr gutem Zustand, es sind zwei Zweibett-Kabinen zur Mietung vorhanden. Reservierung bei der „Volta River Authority" am Port in Akosombo; möglichst einige Stunden vor der Abfahrt dort sein.

ABURI – S. R 8. (Zur R 8.)

ACCRA – S. R 8. (Ende R 8; Beginn R 9 und R 13.)

R 11: Golokuati – Hohoé – Kadjebi – Nkwanta – Kpassa – Grenze zu Togo – Tindjassé – Bassar (315 km)

Asphalt auf den ersten 30 km, danach Piste (A), zu sämtlichen Jahreszeiten befahrbar (auf der Michelinkarte 953 nicht eingezeichnet).

GOLOKUATI – S. R 10. (Zur R 10.)

HOHOÉ – Hübsche Kleinstadt. Verpflegung, Treibstoff, Banken und Post.

Unterkunft: Hotel „Matvin" am nördlichen Ortsausgang, Bungalows mit Klimaanlage, Kühlschrank und Fernsehen etwa 20 US-$ (1999), Campingmöglichkeit. „Grand Hotel", billig, einfach, sauber, gemütlicher und gepflegter Innenhof, an Wochenenden z.T. sehr laut (Dorf-Disco).

In der Umgebung: Die **Wli-Wasserfälle,** ca. 15 km östlich in Wli. 40 Min. Fußmarsch zu den Fällen, zahlreiche Bachüberquerungen, Führung ca. 1 US-$ p.P. Günstige Übernachtung bei Dogbe Ben Steeven, „Falls Lodge", Wli Agorviefe.

KADJEBI – Kleinstadt. Verpflegungsmöglichkeit. Post.

Unterkunft: Im Guest House am Ortseingang. Guter Ausgangspunkt für Regenwaldmärsche.

Die Piste führt anschließend durch einen tropischen Wald.

NKWANTA – Dorf. Schlechte Versorgungsmöglichkeiten. Katholische Mission mit medizinischer Ambulanz. (Zur R 12.)

KPASSA – Dorf. Keine Versorgungsmöglichkeit. Formalitäten für die Ausreise aus Ghana.

Unterkunft: „Police Guest House".

Kurz nach dem Kpassa-Fluss in Richtung Togo (NW) abbiegen.

TINDJASSÉ – Dorf. Keine Versorgungsmöglichkeit. Formalitäten für die Einreise nach Togo.

BOULO – Dorf. Keine Versorgungsmöglichkeit.

BASSAR – S. S 4. (Zur S 4.)

R 12: Atakpamé (Togo) – Badou – Grenze zu Ghana – Nkwanta – Dambai – Bimbilla – Yendi – Tamale (409 km)

(11.97, öffentl. Verkehrsmittel) Asphalt bis hinter Badou; danach ziemlich gute Piste (A) bis Nkwanta, dann weniger gut. In umgekehrter Richtung gelegentlich zweimalige Fahrzeugdurchsuchung bei der Einreise nach Togo durch Polizei und Zoll.

ATAKPAMÉ – S. S 2. (Zur S 2.)

Durchquerung einer hübschen Berglandschaft und tropischer Wälder.

BADOU – S. S 3. (Ende S 3.)

Bei der Ortsausfahrt Grenzposten. Formalitäten für die Ausreise aus Togo/Einreise nach Ghana (problemlos).

Danach folgt die Durchquerung eines Dschungelgebiets.

NKWANTA – S. R 11. (Zur R 11.)

DAMBAI – Dorf. Verpflegungsmöglichkeit. Fähre über den Voltastausee.

BIMBILLA – Dorf. Polizeikontrolle.

YENDI – Kleinstadt, recht schmutzig. Verpflegungsmöglichkeit. Treibstoff.

Unterkunft: „Police Guest House", für ca. 4 US-$ (01.95). (Ende S 7.)

TAMALE – S. R 1. (Zur R 1.)

R 13: Accra – Cape Coast (163 km)

(02.00, YAMAHA TT 600) Asphalt in schlechtem Zustand, sehr viel Verkehr auf der gesamten Strecke. Schöne Strände mit Schatten spendenden Palmen entlang der ganzen Fahrstrecke. Zugang zum Meer jedoch schwierig, außer in den zahlreichen angenehmen Fischerdörfern. Sehr viel Verkehr. Die Umgehung von Cape Coast ist dreispurig und sehr gut ausgebaut.

ACCRA – S. R 8. (Ende R 8 und R 10; Beginn R 9.)

Km 50, Abzweig nach **Winneba** am Meer.

Km 64, Abzweig nach **Apam** (Dorf, Fort, ziemlich verfallen).

SALTPOND – Dorf. Lebensmittel, Treibstoff. Hübsches Fort Amsterdam.

Unterkunft: „Palm Beach Hotel", DZ mit Klimaanlage und TV ca. 17 US-$ (09.98). „Hotel Mariesabell", hinter dem Dorf, DZ ca. 12 US-$ (09.98).

Zwischen Saltpond und Biriwa „Anomabo Beach Resort", Campingmöglichkeit unter Palmen direkt am Meer, sehr saubere Anlage, Restaurant, Preise (12.00): Camping 3 US-$/Pers., Bungalows 30 US-$ für 2 Personen.

BIRIWA – Fischerdorf.

Unterkunft: Das vom deutschen Ehepaar Kleinebudde geführte „Biriwa Beach Hotel", Reservierungen auch von Deutschland aus möglich, Reiseveranstalter „African Nature Tours", Tel. 00233-(0)42-33 555, Fax 33 66 6, e-mail: africa@africaonline.com.gh, Internet www.africa-africaonline.com od. www.biriwabeach.com.gh, sehr schön und komfortabel, DZ 60 US-$ mit Frühstück (2002), EZ 54 US-$ (2002), Kinder bis 14 Jahre kostenlos, Restaurant mit Seafood und deutscher Küche, Camping für ca. 1 US-$ p.P. direkt am schönen Hotel-Strand möglich, guter Ausgangspunkt für Erkundungen der Gegend.

CAPE COAST – Stadt, ca. 400 000 Einw. Gute Infrastruktur. (Beginn R 15; Ende R 14.)

Unterkunft: „Samma Guest House", beste, sauberste und billigste Unterkunft, Bakano, Tel. 33 24 2, gutes Restaurant, Dachterrasse mit Bar, 5 Minuten zum Strand, freundlich, Travellertreffpunkt, Zimmer ab ca. 3,4 US-$ Cedis (08.98). „Catering Resthouse", am nördlichen Ortseingang, DZ ca. 11 US-$ (1999). „Palace Hotel", DZ ca. 8 US-$ (1999), Restaurant.

Sehenswert: Cape Coast Castle, neben Elmina Castle das größte und schönste Castle in Ghana, Eintritt (09.98): 5 US-$ p.P. (mit Führung, 45 Min.), 2 US-$ für Studenten, sehr gut erhaltenes und renoviertes Castle, gepflegtes kleines Museum, trotz der traurigen Vergangenheit (Sklavenhandel) alles äußerst malerisch, unbedingt sehenswert.

In der Umgebung: Zahlreiche andere Festungen.

ABSTECHER: Zum Kakum Nationalpark an der Cape Coast Junction links abbiegen (Junkwa Road), nach 4,5 km liegt links „The class Restaurant" (nette Gartenkneipe), nach weiteren 3 km links „Hans Cottage Botel" (P.O.Box 1240, Tel. 33 62 1, Fax 33 62 3, sehr stilvoll auf Pfählen im Krokodilteich gebautes Restaurant und Bungalowhotel, kleines Paradies).

Km 21,5, **JUNKWA** – Kleiner Ort.

Km 31,5, **ABRAFO** – Kunsthandwerkszentrum „Abrafo Craft village".

Km 33, 5, rechts liegt der **KAKUM NATIONAL PARK.** Der Park ist geöffnet von 8–16 Uhr. Regenwaldschutzgebiet, Möglichkeit über Hängebrücken (Canopy Walkway) von Wipfel zu Wipfel der Urwaldriesen zu gehen und einen Überblick zu erlangen (beeindruckend), keine Tiere, Führung in großen Gruppen (sehr touristisch), Eintritt inkl. Canopy 9,5 US-$ p.P. (09.98), für Studenten die Hälfte, nur Hiking 2,6 US-$.

R 14: Kumasi – Cape Coast (218 km)

(02.00, YAMAHA TT 600) Guter Asphalt.

KUMASI – S. R 1. (Ende R 1, R 6 und 16a; Beginn R 4, R 8 und R 16.)

CAPE COAST – S. R 13. (Ende R 13; Beginn R 15.)

R 15: Cape Coast – Sekondi-Takoradi – Axim – Esiama (ca. 172 km)

(04.01, Motorrad) Guter Asphalt. Ab Sekondi-Takoradi Baustelle, Asphaltierungsarbeiten. Traumhafte Kokospalmenstrände entlang der Straße. Häufig Radarkontrollen.

CAPE COAST – S. R 13. (Ende R 13 und R 14.)

ELMINA – Hübsche Stadt. Treibstoff.

Unterkunft: „Berjaya Elmina Beach Resort", neuer Luxushotelkomplex, 40 Zimmer, EZ 65 US-$ (09.98), DZ 80 US-$ (09.98), wenn fertig voraussichtlich EZ 140 US-$, DZ 170 US-$, 4 Sterne, deutscher Manager, Casino, Nightclub usw. „Nyansapaw Hotel" (ehemals „Hollywood Hotel"), schöner Innenhof und üppiges Frühstück, Zimmer ca, 7,8 US-$ (08.98). „Coconut Grove", 3 km außerhalb (beschildert), edel, sehr schöner Strand, Tel. 33 64 48. Noch weitere Hotels und ein „Resthouse".

Sehenswert: Elmina Castle, neben Cape Coast Castle das größte und schönste Castle Ghanas, sehr malerisch, sehr gut erhalten (bzw. renoviert), interessanter Einblick in die Geschichte des Sklavenhandels, absolut sehenswert, Eintritt (09.98): 5 US-$ p.P. (mit Führung), 2 US-$ für Studenten, ohne Führung jeweils die Hälfte. Sehenswert außerdem der Fischmarkt und die Salzgärten.

20 km nach Cape Coast Abzweig (Ajensuda-Junction) nach Ampenyi und zum „KOSA Guesthouse and Cultural Centre". Empfehlenswerte Hotelanlage am schönen Sandstrand, Bungalows, Ausflüge möglich, Trommelworkshops u.a., DZ ab 17 US-$ (2002), Studentenermäßigung, Tel. 00233-24-37 54 32, e-mail: ko-saguesthouse@gmx.net (Buchung von Deutschland aus möglich).

Vor Sekondi Brücke über den Pra, gebührenpflichtig.

SEKONDI-TAKORADI – Drittgrößte Stadt des Landes, ca. 600 000 Einw. Gute Infrastruktur. Sommerfrischeort und bedeutender Hafen. Auftanken, da der Treibstoff billiger ist als in der Elfenbeinküste.

Unterkunft: Hotel „Star" im Zentrum, sauber, DZ ca. 7,8 US-$ (1999). „Beach Road Hotel", großer alter Kasten direkt am Meer, günstig, schöner Garten, sehr freundlich, riesige Balkone.

Sehenswert: Der Markt.

Verschiedenes: „S.O.S Snacks", Market Circle, frische, leckere Burger. Campinggasflaschen auffüllbar bei „Praba Enterprise", Tel. 2 10 10, Axim Road.

In der Umgebung: Das Fort des Herzogs von Mecklenburg Groß-Friedrichsburg, s. bei Princess Town.

Teer schlechter (viele Löcher). Öl- und Kokospalmenwälder.

Km 24 (nach Sekondi-Takoradi), **AGONA-JUNCTION** – Ort. Lebensmittel. Kreuzungspunkt: Abzweig nach Dompin (zur R 16), Axim (rechts) sowie nach Dixcove und Busua (links, 10 km). Abstecher nach Busua:

BUSUA – Dorf. Schöner Strand. Verpflegungsmöglichkeit (Fisch, Brot, Eier, Obst), allerdings nur Mineralwasser. Essen bei „Frank's Pancakes".

Unterkunft: „Busua Beach Resort", Bungalows ca. 33–73 US-$ (09.98), renoviert, deswegen Camping nicht mehr möglich, große und luxeriöse Anlage. „Alaska Beach Club", neben „Busua Beach Resort", direkt am Strand, geräumige Rundhüttenbungalows mit Moskitonetz und Ventilator (sauber), ca. 8,7 US-$ (09.98), Camping ca. 1,3 US-$ p.P. (09.98), Duschen und WC mäßig sauber, bekiffter und sehr freundlicher Betreiber.

In der Umgebung: Das Dorf **Dixcove** und seine portugiesische Festung (Übernachtungsmöglichkeit).

Bei Agona-Junction rechts in Richtung Axim abbiegen.

Km 29 (nach Sekondi-Takoradi), Kreuzung: links weiter nach Axim, geradeaus geht's nach Tarkwa. Sehr gute Teerstraße entlang von Kautschuk-Plantagen.

Km 38, Abzweig nach links nach Princess Town (kleines Schild).

19 km gute Piste nach Princess Town, bei Regen wahrscheinlich sehr glitschig, sehr schöne Tropenwaldlandschaft.

PRINCESS TOWN – Ort mit absolut traumhaftem Strand.

Unterkunft: Übernachtung in dem kleinen preußischen Fort **„Großfriedrichsburg"** (17. Jh.) möglich. Nettes, wunderschön gelegenes Fort (Aussicht über Princess Town und die Küste), das man mit etwas Glück ganz für sich alleine hat. Ruhiger und angenehmer Platz, um ein paar Tage am Strand zu verbringen (außer es kommt gerade eine große Gesellschaft zum Feiern aufs Fort). Ein DZ kostet ca. 6,5 US-$ (09.98), Campen im Hof ca. 2 US-$ (09.98); die sanitären Anlagen sind mäßig sauber, aber o.k. Von Fort aus auch Ausflüge in die Umgebung möglich: der Nachtwächter bietet eine dreistündige Pirogenfahrt auf dem Fluss (Mangroven) an, mit Führung zur Palmschnapsherstellung (sehr interessant), Preis (09.98) ca. 2,2 US-$ p.P.

Verschiedenes: Kleiner Markt (Tomaten, Brot, Eier) und kleiner Laden, Brunnen. Kneipe „Beach Way Spot" unterhalb der Burg, dort evtl. nach „Caretaker" der Burg fragen, falls er nicht da ist. Große Vorsicht vor der schnell umschlagenden Strömung, die es einem plötzlich unmöglich macht, wieder an den Strand zurückzuschwimmen!!

Km 18 (nach Abzweig in Richtung Princess Town), Dorf. Kreuzung: links nach Axim, rechts in Ri. Elubo (Elfenbeinküste).

Km 23 (nach Abzweig in Ri. Princess Town), **AXIM** – Ort. Lebensmittel, Wasser, Bank, Treibstoff. Fort aus dem 16. Jh. (gut erhalten). Wieder zurückfahren zur Kreuzung, dann links in Ri. Elubo.

Km 32 (nach Abzweig in Ri. Princess Town), Abzweig links zum **ANKOBRA BEACH** (1 km Piste), Bungalowanlage mit traumhaftem Strand im Kokospalmenhain, der Münchner F. Wolfart ist Mitbegründer, Bungalow 26–52 US-$ (09.98), Kunst- und Trommelworkshops, Exkursionen, Camping.

Gebührenpflichtige Brücke, Dorf Ankobra.

Km 62, **ESIAMA** – Ort. Lebensmittel. (Zur R 17.)

R 16: Kumasi (bzw. Lake Bosumtwi) – Obuasi – Dunkwa – Tarkwa – Dompin (175 km)

(08.98, Mercedes G) Bis 35 km nach Bawdia Asphalt (erst löchrig, dann sehr gut), dann gute Piste mit Teerresten bis Tarkwa (Bauarbeiten im 09.98 im Gang). Ab Tarkwa wieder Asphalt mit vielen Schlaglöchern. Vom Lake Bosumtwi kann man ab Kuntanse (hier links abbiegen) über Kokufu-Ashanti direkt auf die Straße nach Kumasi gelangen ohne erst nach Kumasi zurückzufahren (17 km).

KUMASI – S. R 1. (Ende R 1, R 6 und R 16a; Beginn R 4, R 8 und R 14.)

Km-Angaben von Kuntanse aus gezählt.

Km 17, Einmündung in die Straße nach Cape Coast, links abbiegen. Große Bambuswälder entlang der Straße.

Km 31, **MEDOMA** – Dorf.

Km 39, **FOMENA** – Dorf. Einfache Versorgungsmöglichkeiten. Hübsche, gebirgige und waldreiche Gegend (Busua Hills).

Km 44, rechts abbiegen in Ri. Obuasi.

OBUASI – Kleinstadt mit ca. 70 000 Einwohnern. Verpflegungsmöglichkeit. Treibstoff. Goldzentrum Ghanas. Die Besichtigung einer Mine ist evtl. nach Rücksprache mit der Verwaltung möglich, bzw. vom „Biriwa Beach Hotel" (s. R 13) bei Cape Coast werden Ausflüge nach Dunkwa (s.u.) mit Besichtigung einer Mine angeboten.

Ca. bei km 47, hübsche „Anynan Lodge". Beim Kreisverkehr und der Mobilfunkantenne vor der Lodge rechts, dann nach ca. 1,5 km nach links (an Wohnsiedlungen vorbei) abbiegen.

Km 79, Brücke (gebührenpflichtig), danach folgt

DUNKWA – Kleinstadt. Goldminen. In Dunkwa geht die Hauptstraße nicht wie auf den Karten eingezeichnet in Richtung Twifu Praso und Cape Coast nach Süden, sondern biegt unmerklich in Richtung Westen und weiter nach Süden nach Bogoso und Takoradi ab. Ab Dunkwa gibt es nur eine Piste bis Mapong und erst danach Apshalt nach Cape Coast.

Km 93, **AYENFURI** – Goldgräberstadt mit Minen. In den Dörfern wird Kakao auf Holzgestellen ausgelegt.

Km 154, **BAWDIA (T-JUNCTION)** – Kreuzung: links nach Sekondi und Bogoso. (Beginn R 16a.)

BOGOSO – Ort. Lebensmittel, Hotel, Bank.

Km 158, Teerstraßenende, Piste, häufig schlecht (Teerstraßenreste).

Km 164, rechts liegen die Goldminen von Tarkwa.

Km 167, T-Kreuzung, rechts geht es nach Takoradi.

Km 168, **TARKWA** – Kleine Industriestadt. Lebensmittel, Treibstoff, Bank. Sehr gute Versorgungsmöglichkeiten (Supermärkte). Ab hier wieder Asphalt (mit vielen Löchern).

Km 175, **DOMPIN** – Dorf. (Beginn R 17.)

R 16a: Bawdia – Asankragua – Bibiani – Kumasi (252 km)

(09.98, Mercedes G) Meist breite, gute Piste (Asphalt in Planung), manchmal löchrig und Wellblech. Km 113 – Km 123 sehr gute Teerstraße, ab Bibiani Asphalt. Sehr schöne Landschaft mit riesigem Bambus, einzelnen Urwaldriesen, Kakao, Öl- und Kokospalmen.

BAWDIA – S. R 16 (Zur R 16).

Von Bawdia aus gibt es zwei Möglichkeiten nach Kumasi zu fahren: über Dunkwa und Obuasi (s. R 16) oder diese Route.

Ab km 42 Piste deutlich schlechter, viele Löcher.

Km 52, **ASANKRAGUA** – Ort. Bank, Post, Lebensmittel.

Unterkunft: Gepflegtes „Melody Hotel“ vor dem Ort.

In Asankragua rechts abbiegen (N), ca. 1 km danach bei Gabelung rechts (NE). Piste wieder gut.

Km 65, große Kreuzung: links weiter in Ri. N (nicht geradeaus oder rechts).

Ca. km 82–84, Piste führt durch noch relativ intakten Regenwald.

Km 113, **SEFWI BEKWAI** – Ort. Lebensmittel, Tankstelle.

Km 113–123, kurzzeitig sehr gute Teerstraße, danach wieder Piste.

Km 128, Gabelung: links weiter in Richtung Bibiani.

Km 149–156, riesige Baustelle (Straßenausbau).

Km 156, **BIBIANI** – Ort. Lebensmittel, Tankstelle. Weiter auf guter Teerstraße.

Km 202, gebührenpflichtige Brücke.

Km 252, **KUMASI** – S. R 1. (Ende R 1 und R 6; Beginn R 4, R 8, R 14 und R 16.)

R 17: Dompin – Esiama – Elubo (149 km)

(09.98, Mercedes G) Piste von Dompin bis 6 km vor Esiama, einige Löcher. Von Esiama bis Elubo Asphalt in gutem Zustand. Vor allem bis Esiama schöne Landschaft mit riesigem Bambus, Ölpalmen und dichter Urwaldvegetation.

DOMPIN – S. R 16. (Ende R 16.)

Km 10, Abzweig, rechts von Teerstraße weg auf Piste abbiegen (auf der Teerstraße geht's weiter nach Agona-Junction, s. R 15).

Die Piste verläuft entlang Ölpalmenwäldern und Kautschukplantagen.

Km 21, **ANIBIL** – Dorf.

Km 23, Brücke über den Ankobra River.

Km 40, Dorf. Löchrige Teerstraße beginnt.

Km 46, **ESIAMA** – S. R 15. (Ende R 15.)

Km 76, **MPATABA** – Dorf. Keine Versorgungsmöglichkeit. Polizeikontrolle und Kreuzung: links nach Half Assini, rechts weiter nach Elubo.

Km 90, Abzweig nach rechts zum **ANKASA RESOURCE RESERVE** (kl. Schild): 7 km gute Piste bis zum Nationalparkeingang, zum Eintritt in den Park ist eine Genehmigung aus dem Headquarters in Ainyinaasi (Dorf vor Mpataba) nötig. Reservat mit sehr schönem, ursprünglichem Regenwald.

Die letzten Kilometer vor Elubo sind schlechter Asphalt.

Km 149, **ELUBO** – Grenzort. Treibstoff, Lebensmittel. Formalitäten für die Ausreise aus Ghana (langwierig aber korrekt). (Beginn P 30.)

Unterkunft: „Hotel Cocoville".

Verschiedenes: Bei der Einreise nach Ghana werden hier teilweise trotz Carnet de passage 2600 CFA für die „vorübergehende Einfuhr" eines Fahrzeuges verlangt. Von Elubo ist eine Teerstraße nach Enchi im Bau, auf der Michelinkarte ist sie nur als kleine Piste eingezeichnet (09.98).

R 18: Koforidua – Voltasee – Nkawkaw (265 km)

(04.01, Motorrad) Bis 40 km nach Asesewa gute Lateritpiste, auf den nächsten 50 km sehr schlechte Piste. Allrad und hohe Bodenfreiheit erforderlich (A/H). In der Regenzeit schwierig bis unmöglich. 20 km vor Nkawkaw sehr schlechte Piste, Allrad und hohe Bodenfreiheit erforderlich, in der Regenzeit schwierig bis unmöglich. Ab Nkawkaw sehr gute Piste. Ab Fago Asphalt. Spektakuläre Landschaft.

KOFORIDUA – S. R 8. Teerstraße nach Osten nehmen (wie zum Boti-Wasserfall).

Km 51, **ASESEWA** – Kleinstadt. Tankstelle. Bis hier guter Teer, dann schlechte Piste.

Km 62, Stahlbrücke (Holzauflage), bei schweren Fahrzeugen vorher prüfen.

Km 103, Ort. Keine Versorgungsmöglichkeit. Steinige Piste.

Km 114, Ort. Keine Versorgung.

Km 169, **NKAWKAW** – S. R 8. (Zur R 8.)

R 19: Hamale (Burkina) – Wa (128 km)

(08.98, Mercedes G, und 10.97, IFA W 50) Recht gute Piste, z.T. Wellblech. Nach Nadawii Piste z.T. sehr holprig und uneben. Ab Km 113 Asphalt.

HAMALE – S. Q 20. Einreiseformalitäten problemlos (bei Ausreise: Zoll von Burkina, Carnet-Stempel kostenlos). (Ende Q 20.)

Km 47, **LAWRA** – Ort. Lebensmittel, Wasser, Tankstelle. Piste nach Han (zur R 3).

Km 88, **NADAWII** – Ort. Lebensmittel, Wasser, Tankstelle.

Km 109, Straßensperre (Zollkontrolle).

Km 113, breite, gute Teerstraße beginnt.

Km 117, **KALEO** – Ort. Lebensmittel, Krankenhaus.

Km 128, **WA** – S. R 3. (Zur R 3.)

R 20: Sawla – Bole – Techiman – Sunyani

Piste bis 10 km hinter Bole, dann Asphalt.

SAWLA – S. R 3. (Ende R 3 und R 4.)

Die Piste nach links in Richtung Ortsmitte einschlagen.

BOLE – Dorf. Verpflegungsmöglichkeit. Treibstoff rar.

Hinter Bole die ersten 10 km gute Piste, dann schlecht bis zur mautpflichtigen Brükke über den Schwarzen Volta. Hinter der Brücke guter Asphalt.

WENCHI – Ort. Gute Versorgungsmöglichkeiten. Treibstoff.

Unterkunft: Hotel.

In der Umgebung: Der **Bui-Nationalpark**, Informationen über den Bui-Nationalpark im Police-Office in Wenchi (evtl. Führer für Nationalpark nehmen). Zum Park auf einer Piste in Richtung Nsawkaw fahren (Dorf, schlechte Versorgungsmöglichkeiten), weiter folgt Mengyi (Dorf, schlechte Versorgungsmöglichkeiten) und Banda (Dorf) bis Bui (Dorf im Nationalpark, Hotel nicht immer geöffnet, keine Versorgungsmöglichkeiten, Ausflüge meistens nur mit Führer möglich, Führer entweder über das Hotel oder in Wenchi anheuern).

TECHIMAN – S. R 4. (Zur R 4; Beginn R 5.)

SUNYANI – Moderne Kleinstadt. Gute Infrastruktur. (Zur R 6.)

Unterkunft: „Catering Resthouse", einfach, gute Küche, saubere Bungalows mit Klimaanlage und Duschen.

Verschiedenes: Werkstatt „C.M.T.C." des DED (gut) an der Straße nach Kumasi.

R 21: Prang – Kintampo (104 km)

(09.98, Mercedes G) Anfangs sehr gute Piste, dann meistens sehr löchrig und eher schlecht (A/G). Eine gute Alternative, um weiter nach Norden zu kommen, falls bei Yéji und Kwadjokrom keine Fähre über den Volta fährt (siehe auch R 1).

PRANG – S. R 1 (Zur R 1.).
Km 37, **ABEASE** – Dorf.
Km 41, Piste schlechter, viele Löcher.
Km 104, **KINTAMPO** – S. R 4. (Zur R 4.)

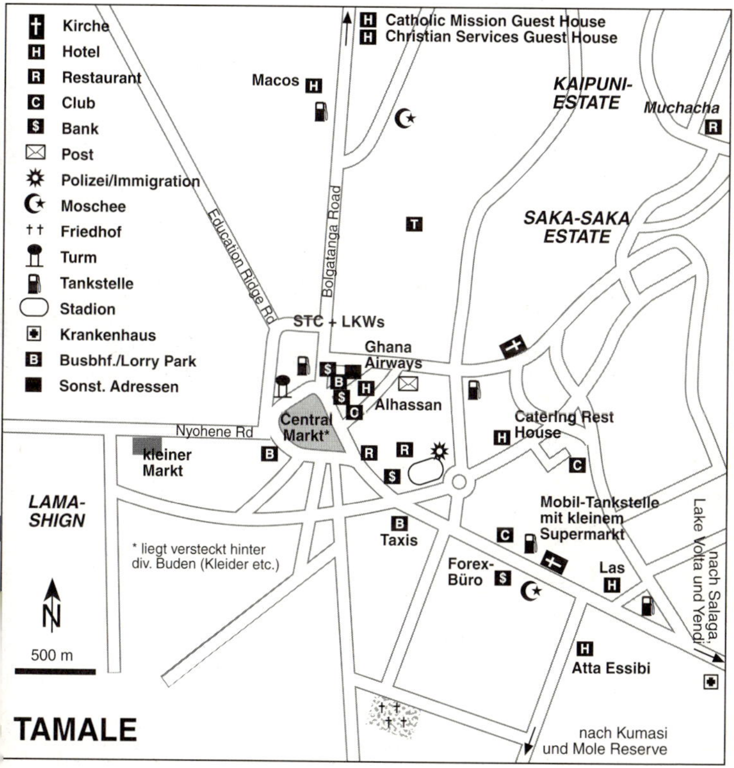

Ghana

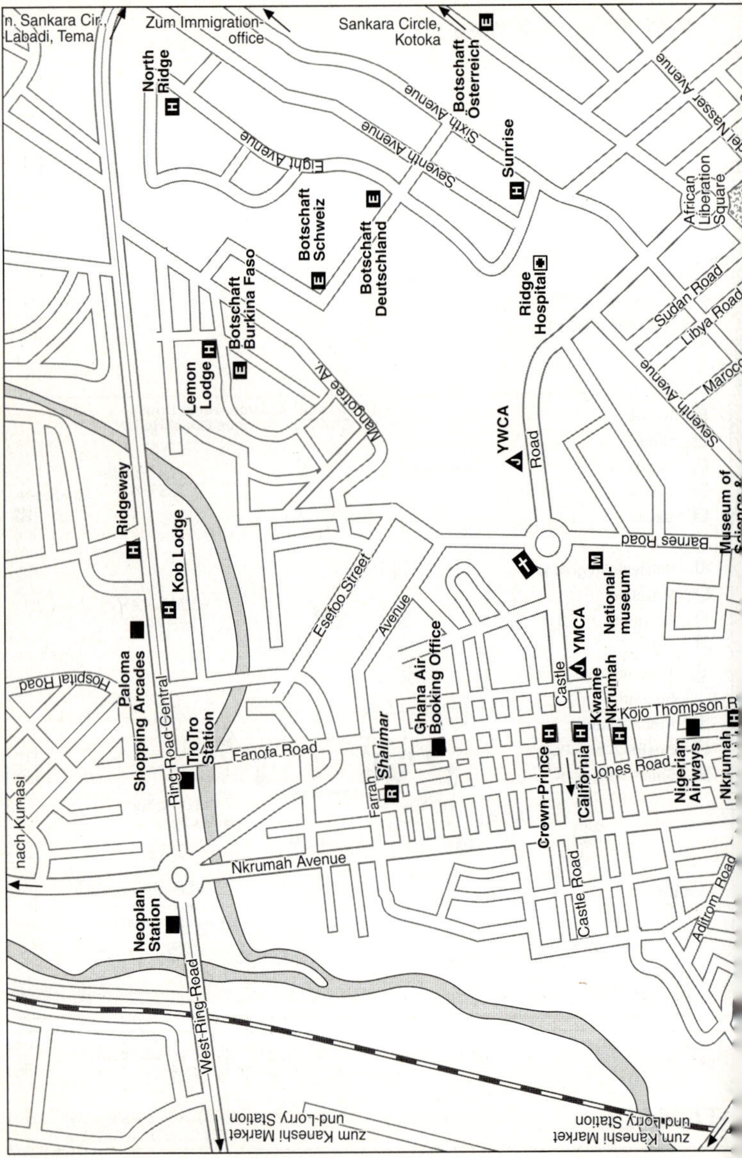
n. Sankara Cir., Labadi, Tema
Zum Immigration-office
Sankara Circle, Kotoka
North Ridge
Botschaft Österreich
Sixth Avenue
Seventh Avenue
Eight Avenue
Sunrise
Botschaft Schweiz
Botschaft Deutschland
Botschaft Burkina Faso
Lemon Lodge
Ridge Hospital
African Liberation Square
Nasser Avenue
Sudan Road
Libya Road
Seventh Avenue
Mangotree Av.
YWCA
Road
Ridgeway
Kob Lodge
Barnes Road
Museum of
Esefoo Street
Avenue
Nationalmuseum
YMCA
Castle
Ghana Air Booking Office
Paloma Shopping Arcades
Hospital Road
Ring-Road-Central
TroTro Station
Fanofa Road
Shalimar
Farrah
Kwame Nkrumah
Kojo Thompson R
Crown-Prince
California
Jones Road
Nigerian Airways
Nkrumah
nach Kumasi
Nkrumah Avenue
Castle Road
Aditrom Road
Neoplan Station
West-Ring-Road
zum Kaneshi Market und Lorry Station
zum Kaneshi Market und Lorry Station

ACCRA - ZENTRUM
nach Christianborg, Labadi, Tema
zum Castle
Rivera Beach
Innen-ministerium
Zoll
Second Avenue
Third Avenue
Independence Avenue
British Council
National Theater
Cinema Rex
Rivera Beach Club
Art Centre
28th February Road
Treasury Road
Ambassador
Novotel
Road
Parlament
Makola Market
Makola Square
Kinbu Road
Reise-büro
Kojo Thompson Road
Aeroflot
Swiss Air
British Air
Station Road
Kimberley Ave.
UTC Busbahnhof
Selwyn Market Street
Pagan Road
Cathedral
Clinic
High Street
Take Care Lodge
Ussher Street
Mashie
Ghana Airways
Bahnhof
Okai-Kwai Road
Mamleshie Road
Commercial Street
Derby Avenue
Horse Road
zur Freitags-moschee
Abcse Okai Rd.
500 m
N
Kirche
Hotel
Jugendherberge
Restaurant
Café, Club, Kasino
Museum
Botschaft
Bank
Post
Busbahnhof
Sportplatz/Stadion
Krankenhaus
Sehenswürdigkeit
sonst. Adressen

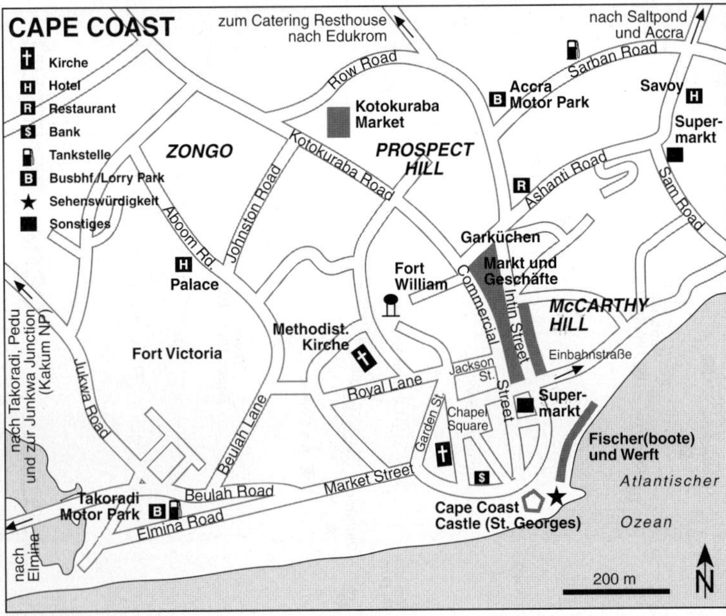
CAPE COAST
Kirche
Hotel
Restaurant
Bank
Tankstelle
Busbhf./Lorry Park
Sehenswürdigkeit
Sonstiges
zum Catering Resthouse
nach Edukrom
nach Saltpond
und Accra
Row Road
Sarban Road
Kotokuraba Market
Accra Motor Park
Savoy
Super-
markt
ZONGO
PROSPECT HILL
Kotokuraba Road
Johnston Road
Aboom Rd.
Ashanti Road
Sam Road
Garküchen
Markt und Geschäfte
Palace
Fort William
Commercial
Intin Street
McCARTHY HILL
nach Takoradi, Pedu
und zur Junkwa Junction
(Kakum NP)
Methodist. Kirche
Fort Victoria
Einbahnstraße
Jukwa Road
Jackson St.
Royal Lane
Street
Super-
markt
Chapel Square
Garden St.
Beulah Lane
Fischer(boote)
und Werft
Atlantischer
Ozean
Market Street
Takoradi Motor Park
Beulah Road
Elmina Road
Cape Coast Castle (St. Georges)
nach Elmina
200 m
N

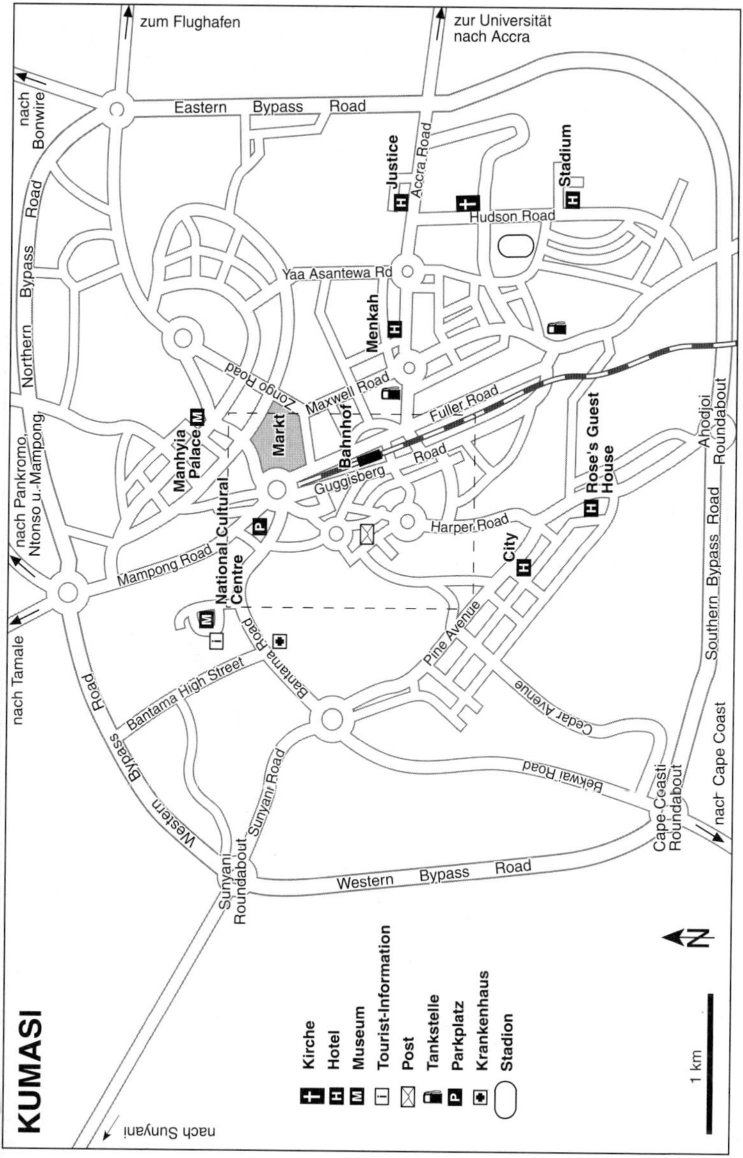
KUMASI
zum Flughafen
zur Universität
nach Accra
nach Bonwire
Eastern Bypass Road
Northern Bypass Road
Accra Road
Justice
Stadium
Hudson Road
Yaa Asantewa Rd
Menkah
Zongo Road
Maxwell Road
Fuller Road
Bahnhof
Markt
Manhyia Palace
Guggisberg Road
Rose's Guest House
Anodjoi Roundabout
nach Pankromo, Ntonso u. Mampong
Mampong Road
National Cultural Centre
Harper Road
City
Pine Avenue
Southern Bypass Road
nach Tamale
Bantama Road
Bantama High Street
Cedar Avenue
Bekwai Road
Western Bypass Road
Sunyani Road
Cape Coast Roundabout
nach Cape Coast
Sunyani Roundabout
nach Sunyani
Kirche
Hotel
Museum
Tourist-Information
Post
Tankstelle
Parkplatz
Krankenhaus
Stadion
1 km
N

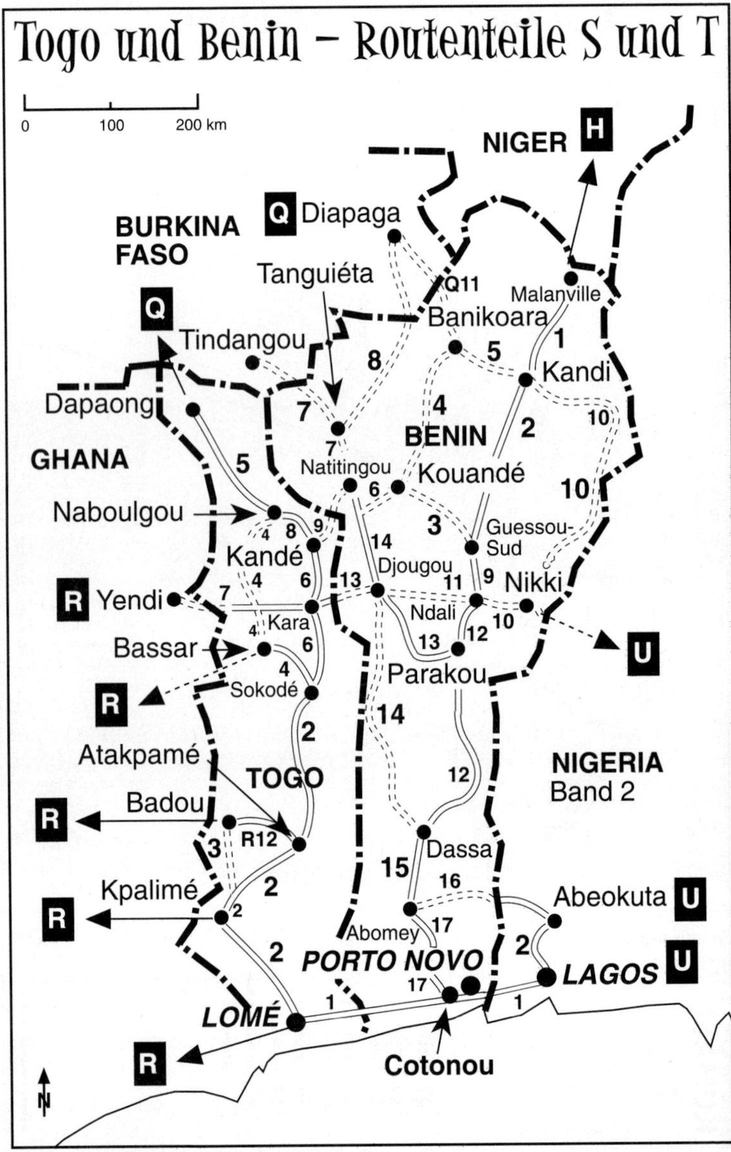
Togo und Benin – Routenteile S und T
0 100 200 km
NIGER
H
BURKINA FASO
Q
Diapaga
Tanguiéta
Q11
Malanville
Banikoara
Tindangou
Dapaong
Kandi
BENIN
GHANA
Natitingou
Kouandé
Naboulgou
Guessou-Sud
Kandé
Djougou
Nikki
R
Yendi
Kara
Ndali
Bassar
Sokodé
Parakou
U
Atakpamé
TOGO
NIGERIA
Band 2
Badou
R12
Dassa
Kpalimé
Abeokuta
Abomey
PORTO NOVO
LAGOS
LOMÉ
Cotonou
N

Togo – Routenteil S

Überblick

Fläche: 56 785 km².

Einwohner: Ca. 5,1 Mio.

Ethnien: Über 40% Ewe, außerdem verschiedene Volta-Völker und einige Haussa und Fulbe; große Europäergemeinde.

Hauptstadt: Lomé (ca. 700 000 Einw.).

Sprachen: Amtssprache Französisch, Ewe-Dialekte, Gur-Dialekte.

Religion: 59% Naturreligionen, 29% Christen, 12% Muslime.

Ruhetag: Sonntag.

Feiertage: 1.1., 13.1., 24.1., 24.4., 27.4., 1.5., Himmelfahrt, 15.8., 30.8., 23.9., 1.11., 30.11., 25.12. sowie einige sich jährlich ändernde Feiertage.

Einreise: Visumpflicht für Deutsche, Österreicher und Schweizer. Ein 2-Tages-Visum wird z.B. auch bei der Französischen Botschaft in Niamey ausgestellt. Im Süden an der Küstenstraße werden Visa auch direkt an der Grenze ausgestellt (2 bzw. 7 Tage Gültigkeit). Auch in Sinkanse im Norden ist das Visum an der Grenze erhältlich (7 Tage gültig, 10 000 CFA, s. Q 15). Das Visum kann in Lomé beim „Office d'étrangers et de passports" im nördlichen Stadtteil (nördl. Ringstraße) oder bei „Suréte Nationale" verlängert werden (Wartezeit ca. 3 Tage). Seit 1. Jan. 02 gibt es angeblich auch ein „5-Länder-Visum", das für Benin, Burkina Faso, Elfenbeinküste, Niger und Togo gilt. Es kostet 25 000 CFA und ist 2 Monate gültig. Leider ist dieses Visum noch nicht überall zu bekommen, auch wenn in den Botschaften Plakate dafür aushängen (in Accra/Ghana, war es im Feb. 02 aber wohl möglich).

Impfung/Gesundheit: Gelbfieberimpfung vorgeschrieben. Malariaprophylaxe dringend empfohlen.

Währung: CFA-Franc. 1 Euro = 663 CFA, 1 US-$ = 720 CFA. Einfuhr von CFA und ausländischer Währungen bis zum Gegenwert von 1 000 000 CFA (muss deklariert werden). Ausfuhr von bis zu 25 000 CFA, ausländische Währungen bis zum deklarierten Betrag.

Kfz: Nationaler Führerschein und Kfz-Schein werden anerkannt, ein internationaler Führerschein wird empfohlen. Ein Carnet de passage ist nicht Pflicht. Ein Laissez passer wird für 6000 CFA (03.02) an der Grenze ausgestellt. Kfz-Haftpflichtversicherung muss an der Grenze abgeschlossen werden, falls nicht schon in einem anderen Land die „Carte brune" (C.D.E.A.O., gültig für mehrere westafrikanische Länder) ausgestellt wurde.

Treibstoffpreise (2001): Benzin ca. 350 CFA/l, Super ca. 365 CFA/l, Diesel 300 CFA/l.

Straßenzustand: Die Hauptrouten sind asphaltiert und meist in gutem Zustand (im Norden schlechter). Pisten können in der Regenzeit schlecht passierbar sein.

Kontrollen: Viele Zoll- und Polizeikontrollen (meistens wird man durchgewunken).

Sicherheit: Das Auswärtige Amt warnt vor der zunehmenden Kriminalität im Großraum Lomé. Es kommt immer wieder zu bewaffneten Überfällen auf Touristen und Autodiebstählen. Dringend gemieden werden sollte der Strand von Lomé (hier haben die meisten der Übergriffe stattgefunden).

Grenzen: Die Grenzen zu den Nachbarländern sind geöffnet.

Zeitverschiebung: MEZ minus 1 Stunde; Sommerzeit: minus 2 Stunden.

Stromspannung: 220 V.

Literatur und Landkarten:
Reiseführer: „Westafrika, Band 2 – Küstenländer", Hrsg. von Erika Därr, Reise Know-How Verlag, Bielefeld.
Karten: Übersichtskarte Michelin 953, 1:4 000 000; IGN Togo, 1:500 000 (Carte routière et touristique).
Hintergrund: G. Chesi, „Voodoo", Perlinger Verlag (Bildband).

Geschichte: Über die Geschichte der Stammesgruppen vor Ankunft der Portugiesen im späten 15. Jh. ist nur wenig bekannt. Im Gegensatz zum Nachbarland Benin hatte sich in Togo kein zentralisiertes Reich gebildet, die Volksgruppen waren auf Häuptlingsebene organisiert. Die Ewe scheinen aus Nigeria und Benin an die togolesische Küste gewandert zu sein, Mina und Guin stammen aus dem Gebiet des heutigen Ghana. Mit Beginn des Sklavenhandels organisierten insbesondere Mina die Raubzüge auf die Menschen für die europäischen Händler. Einige der nach Brasilien verschifften Sklaven kehrten später an die afrikanische Westküste zurück und engagierten sich ebenfalls im Sklavenhandel. „Brasilianer"-Gemeinden gibt es auch in Ghana und Benin. Eine wichtige Rolle spielen diese Heimkehrer auch bei der Entwicklung der traditionellen Besessenheitskulte zum Voodoo. 1884 gelang es Gustav Nachtigal im Wettlauf mit den anderen Kolonialmächten, dem Deutschen Reich durch Verträge mit einem lokalen Herrscher die Kolonie Togo zu sichern. Doch 1914 ging die Kolonie wieder an Briten und Franzosen verloren. Ein Drittel des Landes wurde dem englischen Einflussbereich (Ghana) zugeschlagen, die verbliebenen zwei Drittel kamen unter französische Verwaltung. Durch diesen willkürlichen Trennstrich fanden sich insbesondere die Ewe, Adélé und Konkomba als geteilte Völker in unterschiedlichen Sprach- und Kultursphären wieder; nach dem Zweiten Weltkrieg entstand eine Pan-Ewe-Bewegung. Noch heute bildet die „Ewe-Frage" ein Konfliktfeld v.a. mit dem Nachbarn Ghana. Am 27.4.1960 wurde Togo unabhängig.

Politik: Togos erster Präsident, Sylvanus Olympio, fiel bereits drei Jahre nach der Unabhängigkeit einem Putsch zum Opfer, an dem auch der langjährige togolesische Präsident Eyadema beteiligt war. Der neue Staatschef Grunitzky hielt sich vier Jahre an der Macht, bis auch er 1967 von Eyadema gestürzt wurde. Unter Eyadema wurden Oppositionsparteien und Parlament aufgelöst, jede politische Opposition unterdrückt. Freundschaftliche Kontakte verbanden Eyadema unter anderem mit Franz Joseph Strauß. So fanden auch exotische Einrichtungen wie ein bayrisches Restaurant und die bayrische

Metzgerei ihren Weg an die afrikanische Westküste. Trotz internationaler Proteste gegen die Unterdrückung Andersdenkender und das korrupte Militärregime konnte Eyadema sich bis 1991 an der Macht halten und sich und seinen Klan bereichern. 1991 wurde nach massiven Protesten in der Bevölkerung eine Verfassungsänderung eingebracht, die eine allmähliche Demokratisierung durch eine Übergangsregierung unter dem Premierminister Koukou Koffigoh einleiten sollte. Eyadema wehrte sich dagegen mit Verhängung des Ausnahmezustands und Schließung der Grenzen, musste aber schließlich nachgeben. Der darauffolgende, gescheiterte Putschversuch durch Militärs, von denen sich Eyadema offiziell distanzierte, zeigte aber, dass er im Gegensatz zu seinem beninischen Kollegen keineswegs bereit war, die Macht abzutreten. 1994 unterstützte er einen weiteren gescheiterten Putschversuch. Bei den Wahlen 1994 gewann das Oppositionsbündnis 43 Sitze im Parlament, die Partei Eyademas (RPT) nur 35. Bei den Präsidentenwahlen 1998 ging Eyadema mit 52% der Stimmen als Wahlsieger hervor. Oppositionskandidat war der im Exil (Ghana) lebende Gilchrist Olympio, Sohn des ehemaligen Präsidenten Sylvanus Olympio, der 1963 gestürzt worden war. Das Wahlergebnis wurde von Beobachtern der EU und der Organisation Afrikanische Einheit (OAU) angezweifelt. In der Folge kam es zu zahlreichen Protestkundgebungen und innenpolitischen Unruhen. Amnesty International berichtete im Zusammenhang mit den Wahlen von Hinrichtungen, Folterungen und Festnahmen von Anhängern der Opposition. Die Parlamentswahlen 1999 wurden von der Opposition boykottiert, alle Parlamentssitze fielen an die Regierungspartei RPT. Mit Hilfe internationaler Vermittlung kam es zu Verhandlungen zwischen der Regierung und den politischen Parteien, bei denen Eyadema erklärte, er werde auf die Kandidatur für eine (verfassungsrechtlich nicht zulässige) dritte Amtszeit verzichten. Parlamentswahlen sollten Ende 2001 stattfinden, wurden aber auf Druck von Eyadama-Anhängern verschoben, die auf eine Verfassungsänderung drängen, um eine Wiederwahl zu ermöglichen.

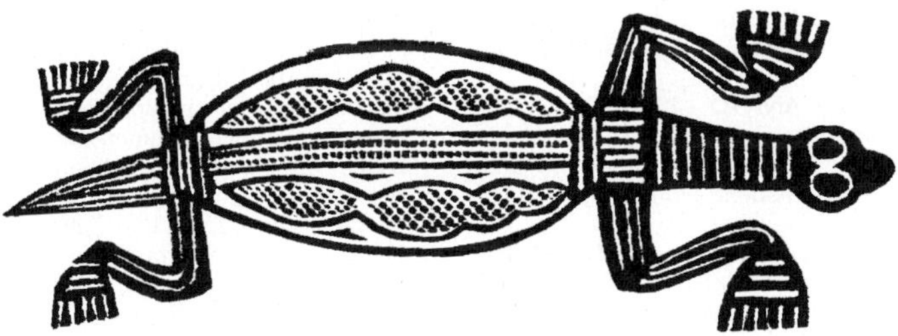

Routen

S 1: Cotonou (Benin) – togolesische Grenze – Lomé (127 km)

(03.02, BMW R 100) Asphalt. Im togolesischen Teil wird die Strecke momentan z.T. neu asphaltiert. Die Grenze ist 24 Stunden geöffnet (nachts aber evtl. keine Zollabfertigung möglich).

COTONOU – S. T 17. (Ende T 17; Beginn U 1.)

Auf der Ausfallstraße von Cotonou viel Verkehr; oft langsames Vorwärtskommen.

Km 12, **GODOMEY** – Kleiner Ort.

Km 41, **OUIDAH** – Wichtiges religiöses Zentrum (Voodoo). Alle Versorgungsmöglichkeiten, Hotel.

Sehenswert: Das portugiesische Fort mit einem interessanten Museum.

Der Ort wird auf einer Umgehungsstraße umfahren, es zweigt eine gute Piste Richtung Norden nach Allada (37 km) ab.

Km 55, **SEGBOHONE** – Ort. Danach schöne fahrt am Lac Lahéme entlang.

Km 67, **COME** – Ort.

Km 84, Brücke über den Grenzfluss Momo. Maut (für Motorräder kostenlos).

Km 85, **GRAND POPO** – Ort mit allen Versorgungsmöglichkeiten. Unterkunft („Auberge Grand Popo"). Ortszentrum wird umfahren.

Km 100, **AGOME** – Kleiner Ort. Danach beninisch-togolesische Grenze. Fahrzeug abstellen und zu Fuß zu Polizei und Zoll gehen. Bei der Ausfahrt werden nochmals Pass und Fahrzeugpapiere überprüft (problemlos).

Km 109, **ANÉHO** – Kleinstadt mit allen Versorgungsmöglichkeiten. Frühere Hauptstadt von Togo. Zentrum des Phosphatabbaus. Verschiedene Hotels. Donnerstags Markt.

Abzweig der Straße nach **TOGOVILLE** am Lac Togo. Hier schloss Gustav Nachtigal als Vertreter des deutschen Kaisers mit König Mlapa II. 1884 den Vertrag über die deutsche „Schutzherrschaft" über Togo. Nach Aneho durchfährt man Industriegebiete und passiert den Hafen der Hauptstadt.

Km 154, **LOMÉ** – Hauptstadt (s. Stadtplan), ca. 700 000 Einwohner. Gute Versorgungsmöglichkeiten. (Beginn S 2; Ende R 9.)

Unterkunft: Camping „Chez Alice", etwa 16 km außerhalb von Lomé in Avepozo an der Küstenstraße Ri. Cotonou, Bungalows mit Ventilator für ca. 3500 CFA (03.02), Restaurant mit schweizerischer Küche (Alice ist Schweizerin), jeden Mittwoch afrikanische Livemusik und Tanzgruppen. „Seemannsheim" (Foyer de Marins) im Bd. du Mono, DZ für ca. 10 000 CFA (03.02), Seeleute werden bevorzugt, Pool, gutes Restaurant (am Wochenende guter Kuchen). „Hotel Le Gahian", nahe am Strand, Rue Fassey, beste und billigste Unterkunft, Zimmer 5000 CFA (1998), ausgezeichnetes Restaurant, von Franzosen geführt. Luxushotel „Sarawaka", ca. 5 km östlich vom Zentrum, der Pool ist der Öffentlichkeit zugänglich. „Le Bénin", nahe am Meer gelegen, sehr schöner Garten mit Pool, gutes Restaurant, Kreditkarten werden akzeptiert, Pool, DZ ca. 23 000 CFA (1999). Hotel „Le Maxime", mit Restaurant (nicht ganz billig), am Strand in Richtung Ghana, DZ mit Ventilator ca. 7000 CFA (1999).

Essen: Restaurant „Alt-München" im Bd. du Mono, deutsche Küche, mit Biergarten unter Palmen, etwas teurer. „Da Claudio" im Bd. Circulaire bzw. Bd. 13 Janvier, gute italienische Küche in gehobener Atmosphäre. „Restaurant de l'Amitié" in der Rue de la Gare, gute afrikanische Küche. Viele kleine afrikanische Restaurants, Garküchen und Snackbars befinden sich am Bd. Circulaire (Bd. 13 Janvier).

Verschiedenes: Vorsicht vor Taschendieben (v.a. an den Stränden)! Visaverlängerung s. Überblick/Einreise. Zahlreiche Internetcafés vor allem am Bd. Circulaire (Bd. 13 Janvier). An den Stränden und in den (Busch-) Taxis Vorsicht vor Diebstählen, wenn möglich keine Wertsachen mitnehmen. Deutsche Bücher und Zeitschriften gibt es im Goethe-Institut. Die Banken wechseln Travellerschecks zu ungünstigen Kursen und hohen Gebühren. „Cash Advance" mit Master-/Visacard möglich.

Botschaften: Die Botschaft von Ghana stellt Visa innerhalb von drei Tagen (mit Trinkgeld schneller) aus, 12 000 CFA/Pers., 1 Monat gültig (01.02). Visa bei den Botschaften von Nigeria und Zaïre (am östlichen Anfang des Ringboulevards), Visum Zaire 38 000 CFA für 2 Monate (03.96). Eine kamerunische Botschaft gibt es nicht.

Sehenswert: Die modernen Gebäude („Maison du Parti" und „Hotel de la Paix"), das Panorama von der Dachterrasse des „Hotel du 2 Février" (35. Stock). Nationalmuseum im Palais de Congrès.

In der Umgebung: Der **Togosee,** 10 km in Richtung Cotonou, Surfen und Segeln möglich, „Hotel du Lac", „L'Auberge du Lac" (Bungalows), Campingplatz „Grand Popo" mit Duschen, Strand und Restaurant. Das Dorf **Vogan** (Markt am Freitag).

S 2: Lomé – Kpalimé – Atakpamé – Sotouboua – Sokodé (360 km)

(03.02, BMW R 100) Guter Asphalt. Die Straße ist über weite Teile neu und gut ausgebaut. Einige Polizei- und Zollkontrollen, man wird aber meist durchgewunken. **Variante:** Schneller gelangt man nach Atakpamé und weiter Richtung Norden auf der landschaftlich eintönigen Route über Notse (insgesamt 161 km). Die Strecke ist durchgehend asphaltiert und gut befahrbar, nur die letzten 20 km vor Atakpamé ist die Straße extrem schlecht.

Km 0, **LOMÉ** – S. S 1. (Ende S 1 und R 9).

Der Beschilderung nach Kpalimé folgen.

Km 108, Abzweigung zum **Mont Agou,** mit 986 m höchster Berg Togos, schöner Rundblick, bei der Auffahrt Militärkontrolle.

Km 120, **KPALIMÉ** – Kleinstadt mit ca. 42 000 Einw. Gute Versorgungsmöglichkeiten. Zentrum des Kaffee- und Kakaoanbaus.

Unterkunft: Diverse Hotels. „Grand Hotel du 30 Août", 2 km südlich, schön, DZ ab 12 800 CFA (1999). Hotel/Restaurant „Le Geyser" mit Pool.

Sehenswert: Markt, Weberei gegenüber Hotel „Domino". In der Umgebung im Dorf Missahoé (an der landschaftlich sehr schönen Strecke Kpalimé – Klouto) befindet sich ein kleiner deutscher Friedhof.

Ab Kpalime führt die Strecke an den Akposso-Bergen entlang.

Km 130, Abzweig zu den **Kpimé-Wasserfällen,** die während der Trockenzeit allerdings kein Wasser führen. Eintritt 500 CFA pro Person (03.02).

Km 160, **ADÉTA** – Ort mit guten Versorgungsmöglichkeiten, Tankstelle, Markt (montags). (Beginn S 3.)

In der Umgebung: Das **Danyi-Plateau** mit dem Hauptort **Apeyémé.** Malerische, asphaltierte Bergstraße nach Elavagnon.

ATAKPAMÉ – Industriestadt, ca. 40 000 Einw. Gute Infrastruktur. (Beginn R 12.)

Unterkunft: „Roc-Hotel", klimatisiertes DZ ab 11 000 CFA (1999), schöne Aussicht, Restaurant. Außerdem „Hotel Oasis", Hotel „La Bamba" und „Relais de Plateau".

Sehenswert: Der schöne Markt.

In der Umgebung: Die **Ayomé-Wasserfälle,** Badeplatz und Duschen (in der Trokkenzeit kein Wasser).

Am Ortseingang von Atakpamé T-Kreuzung: rechts nach Kpalimé, links nach Notsé (keine Schilder). Im Ort: vor Markt links, auf Kopfsteinpflaster bergauf, dann links, wieder bergab auf eine Kreuzung zu, an der rechts.

Weiter auf schlechter Teerstraße durch schöne Landschaft (bergab).

ANIÉ – Kleinstadt. Lebensmittel (Markt). Treibstoff und Werkstatt.

Unterkunft: Hotel „L'Oasis".

BLITTA – Kleiner Ort. Lebensmittel auf dem Markt. Treibstoff.

Unterkunft: „Motel de Blitta", Bar-Restaurant, einfach, DZ ca. 2000 CFA. „Campement Soutouba", klimat. Zimmer ca. 5000 CFA, Zimmer mit Ventilator ca. 2000 CFA.

In der Umgebung: Blitta-Gare (4 km), Kleinstadt, Treibstoff, Endstation der Eisenbahnlinie aus Lomé.

SOTOBOUA – 380 m. Kleinstadt. Lebensmittel, Treibstoff.

In der Umgebung: 12 km nördlich von Sotoboua kurz hinter dem Dorf Ayengré Ausflugsmöglichkeit nach **Fazao** (52 km hin und zurück ab der Kreuzung). Hier versteckt sich ein Drei-Sterne-Hotel mit Pool, Campmöglichkeit unter den Bäumen in der Nähe des Hotels. Unten im Dorf bietet eine kleine afrikanische Bar gute Möglichkeiten zum Kontakt mit der Dorfbevölkerung.

SOKODÉ – Industriestadt, 418 m, ca. 110 000 Einw. Gute Infrastruktur. (Beginn S 4 und S 6.)

Unterkunft: Campement, sehr ruhig, aber ungepflegt, DZ ca. 3000 CFA (1999). Hotel „Central", akzeptabel, Bungalow ab 11 500 CFA (1999), Camping möglich. Hotel „Kodédji", nicht sehr sauber. Hotel „La Cigale et La Fourmi", DZ mit Ventilator ca. 3500 CFA, DZ mit Klimaanlage ca. 4000 CFA (1999). Hotel „La Bonne Auberge", gutes Restaurant. „Hotel des Trois Fontaines", einfach, sauber, große Zimmer.

S 3: Adéta – Apeyémé – Kpété – Badou (111 km)

(04.02, BMW R 100 GS PD, BMW R 1150 GS) Die ersten 30 km Asphalt, danach Lateritpiste (A/G). Fantastische Gebirgslandschaft. Schöne Dörfer (keine Versorgungsmöglichkeit).

Km 0, **ADÉTA** – S. S 2. (Zur S 2.)

Der Abzweig befindet sich gegenüber der elf-Tankstelle. Den Ort Richtung Westen auf die Berge zu verlassen. Die Straße windet sich nun auf den Berg hinauf mit fantastischen Blicken zurück auf Adéta und die Ebene.

Km 30, **APEYÉMÉ** – Kleiner Ort. Einige Läden. An der Einfahrt in den Ort rechts halten, an der Ortsausfahrt Ende des Asphalts, unmittelbar danach an der Abzweigung geradeaus.

Km 39, Abzweigung, großer betonierter Wegweiser (unleserlich). Links halten.

Km 45, beschilderter Abzweig in einem Weiler (rechts weiter). Piste wird etwas schlechter, viele Auswaschungen.

Km 68, **AKPO KOPE** – Kleiner Ort.

Unterkunft: Motel „Chez Momo", sehr einfach, 1000 CFA p.P. (04.02), Essen wird in kleinem Pavillon serviert.

Am steinernen Wegweiser im Ort gibt es zwei Möglichkeiten:

VARIANTE 1: Links halten und auf sehr kleiner Dschungelpiste mit starken Auswaschungen weiter. Die Piste ist oft überwachsen und überwuchert. Die Strecke ist nur mit einem kleinen geländegängigen Fahrzeug zu machen. Für Motorräder wunderschön und problemlos. Der einzige Pistenabzweig unterwegs ist beschildert (geradeaus) und man erreicht einige Kilometer vor Badou die Teerstraße Atakpamé – Badou (links Richtung Badou einbiegen; beschildert) und ist dann etwa bei Km 119 in Badou (s.u.).

VARIANTE 2: Geradeaus weiter auf guter Lateritpiste. Diese führt etwas kürzer ebenfalls zur Teerstraße Atakpamé – Badou. Alle Abzweigungen sind beschildert. Die letzten Kilometer geht es – wie bei Variante 1 – in Serpentinen auf Teerstraße den Berg hinab, bis man ca. bei Km 111 Badou erreicht (s.u.).

Km 111 bzw. Km 119, **BADOU** – Kleinstadt. Lebensmittel, Treibstoff, Hotel. (Zur R 12.)

In der Umgebung: Die **Cascade de Tomégbé** (auch Cascades d'Akloa), die über eine sehr schlechte Teerstraße bzw. Piste zu erreichen sind und ca. 10 km südlich liegen. Man wird im Ort erwartet und kann nach Bezahlen des Eintritts (2002: 500 CFA p.P.) mit Führer (obligatorisch) in etwa 1 Std. einen Urwaldpfad hinauf zu den Wasserfällen gehen (unbedingt empfehlenswert).

S 4: Sokodé – Bassar – Kabou – Guérin-Kouka – Kéran-Nationalpark – Naboulgou (ca. 155 km)

(12.93, Nissan Patrol) Asphalt bis Bassar; danach gute Piste bis Guérin-Kouka; schließlich Piste (A/H/I).

SOKODÉ – S. S 2. (Ende S 2; Beginn S 6.)

Zwischen Sokodé und Bassar führt die Piste durch den **Malfacassa-Park.**

BASSAR – Kleinstadt mit ca. 20 000 Einw. Gute Infrastruktur. (Ende R 11.)

Unterkunft: Hotel oberhalb des Ortes (teuer), Campement, katholische Missionsstation.

KABOU – Kleiner Ort. Markt.

GUÉRIN-KOUKA – Kleiner Ort. Lebensmittel (sonntags Markt). Katholische Mission (Ableger der Mission in Bassar).

KÉRAN-NATIONALPARK – Der einst sehr tierreiche und schöne Park wurde aufgelöst. Während des Generalstreiks 1993 waren die meisten Tiere geschlachtet worden. Der Park wird nicht mehr bewacht, kein Eintritt, keine Beschränkungen. Im Folgenden alte Streckenbeschreibungen vom Park (falls noch befahrbar, da nicht mehr unterhalten). Von Sadori bis Payokou recht gute Piste, danach schmaler, ausgewaschener, bis sie auf einem Feld am Kéran-Fluss endet. Die Brücke nach Koumongou ist zerstört (also von hier aus nicht erreichbar). Piste von Naboulgou nach Ossakré schlecht, alte Brükken (nicht so stark belastbar). Abzweigung zum Krokodilstümpel (keine Krokodile mehr, nur Rinder und schöne Schmetterlinge) leicht zu finden, Piste mit Staub- und Sandlöchern (Allrad oder Vollgas), längs zur Fahrbahn verlaufende Erosionsrinnen. Piste von Ossakré nach Kandé gleicht trockenem Flusslauf oder Trampelpfad, Achtung vor großen Steinen im sehr hohen Gras (auf Mittelstreifen); ab Ataloté wieder als Piste erkennbar (viele Schlaglöcher).

NABOULGOU – Kleiner Ort. Keine Versorgungsmöglichkeit. (Beginn S 5; Ende S 8.)

Unterkunft: Motel und Campingplatz, sehr sauber.

S 5: Naboulgou – Sansanné-Mango – Dapaong (121 km)

(12.01) Asphalt, vereinzelt Schlaglöcher. Vor Brücken ist mit mehreren Zentimeter hohen Absätzen zu rechnen.

NABOULGOU – S. S 4. (Ende S 4, S 8.)

SANSANNÉ-MANGO – Jagdcamp „A l'africaine". Lebensmittel (Markt und Geschäfte). Manchmal gibt es auch das hervorragende Hirsebier chapka.

Unterkunft: „Hotel-Restaurant de la Savane", einfach (Zimmer mit Dusche und WC). „Motel de l'Oti", schmutzig, Restaurant und Bar.

In der Umgebung: Der **Kéran-Nationalpark** (s. S 4).

65–70 km nach Sansanné-Mango ist es nahe des Nationalparks beim Löwengraben (Fosse des lions) möglich, Elefanten zu beobachten (vor allem Dez.–Mai). Fragen Sie Einheimische.

DAPAONG – Kleiner Ort mit guter Infrastruktur. Apotheke. (Beginn Q 14 und Q 15.)

Unterkunft: Hotel „Le Sahelien", im Zentrum, neben Markt, sauber, einfach, freundlich, Restaurant, Zimmer ab 2600 CFA (08.98). Hotel „Lafia", mit Klimaanlage, DZ ca. 4000 CFA. Hotel „Le Verger", an der Hauptstraße nicht geradeaus in das Stadtzentrum, sondern nach links fahren, angenehm, bewachter Parkplatz, sauber, klimatisiertes DZ 5800 bis 6800 CFA (1999).

S 6: Sokodé – Kara – Kandé (143 km)

(12.01) Asphalt, vereinzelt Schlaglöcher. Die Straße führt durch hügeliges, beinahe gebirgiges Gelände bis Bafilo; Gefälle von 8–10%, enge Kurven (von der großen Unfallgefahr zeugen viele Autowracks in den Schluchten).

SOKODÉ – S. S 2. (Ende S 2; Beginn S 4.)

Zwischen Sokodé und Kara wird der Aledjo-Graben durchquert. In der Umgebung ein kleiner See.

BAFILO – Kleiner Ort mit Lebensmitteln. Treibstoff.

Unterkunft: Übernachtungsmöglichkeit 8 km vor dem Ort.

Im Dorf **PYA,** 9 km in Richtung Kara, muss der Präsidentenpalast auf einer Wellblech-Umleitung umfahren werden.

KARA – Stadt, ca. 100 000 Einw. Gute Infrastruktur. Krankenhaus. (Beginn S 7 und T 13.)

Unterkunft: Hotel „Sapaw", preiswertes, gutes Essen, DZ ab ca. 2500 CFA (1999). Hotel „Kara", Pool, luxuriöse Anlage, DZ 21 000–28 000 CFA (1999). Hotel-Camping „Le Relais“, unangenehmer Platz mitten in einem Wohngebiet, Terrasse mit Hütten, Zimmer mit Ventilator ca. 2800–3300 CFA (1999), Camping ca. 1000 CFA p.P.

Essen: „Mini Swiss Bar“, korrekte Preise. Restaurant „Le Chateau“, Treffpunkt der deutschen Entwicklungshelfer.

Verschiedenes: Gute Werkstatt ungefähr 10 km in Richtung Kandé. Ehemaliger „Marox“-Supermarkt mit deutschen Produkten und gutem Restaurant. Banken und Post.

NIAMTOUGOU – Ort. Treibstoff, Werkstatt, Post, Flughafen.

Unterkunft: Campement-Motel.

KANDÉ – Kleinstadt. Lebensmittel, Treibstoff. (Beginn S 8 und S 9.)

Unterkunft: Campement-Hotel, laut, schmutzige Sanitäranlagen.

Verschiedenes: Neben dem Wasserturm togolesischer Polizeiposten (für jene, die die Strecke S 9 fahren), kein Zollposten (der nächste in Sokodé oder Sansanné-Mango).

S 7: Kara – ghanaische Grenze – Yendi (264 km)

Asphalt bis zur Grenze, danach Piste in sehr schlechtem Zustand. In Ghana zahlreiche Polizeikontrollen.

KARA – S. S 6. (Zur S 6; Beginn T 13.)

KABOU – S. S 4. (Zur S 4.)

NATCHAMBA – Kleiner Ort. Formalitäten zur Ausreise aus Togo.

TATALÉ – Kleiner Ort. Missionsstation. Formalitäten zur Einreise nach Ghana.

YENDI – S. R 12. (Zur R 12.)

S 8: Kandé – Naboulgou (37 km)

(12.01) Asphalt, vereinzelt Schlaglöcher.

KANDÉ – S. S 6. (Ende S 6; Beginn S 9.)

NABOULGOU – S. S 4. (Ende S 4; Beginn S 5).

S 9: Kandé – beninische Grenze – Boukombé – Natitingou (75 km)

Passable Piste (A/G/I). Nach starken Regenfällen ist der Fluss 5 km hinter Boukombé unter Umständen mehrere Tage lang nicht passierbar. Ausweichmöglichkeit über die Straße Lomé – Ouagadougou, im Kéran-Nationalpark Abzweigung nach rechts nach Gando, dann über Kobli wieder auf die Strecke S 9 nach Natitingou. Fantastische Landschaft im Somba-Land, wo die Häuser an kleine Festungen erinnern.

KANDÉ – S. S 6. (Ende S 6; Beginn S 8.)

Km 25, Kreuzung, auf die Piste nach links abbiegen.

NADOBA – Kleiner Ort. Formalitäten zur Ausreise aus Togo.

BOUKOMBÉ – Kleinstadt. Formalitäten zur Einreise nach Benin.

Verschiedenes: Zeitverschiebung (die Uhr muss um eine Stunde vorgestellt werden).

NATITINGOU – S. T 6. (Ende T 6 und T 14; Beginn T 7.)

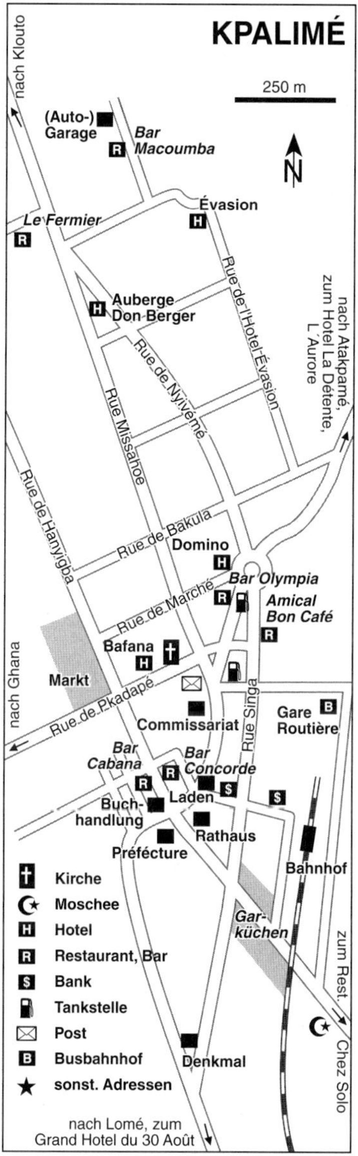
KPALIMÉ
250 m
N
nach Klouto
(Auto-) Garage
Bar Macoumba
Le Fermier
Évasion
Auberge Don Berger
Rue de l'Hotel-Évasion
Rue de Nyivémé
Rue Missahoe
nach Atakpamé, zum Hotel La Détente, L´Aurore
Rue de Hanyigba
Rue de Bakula
Domino
Bar Olympia
Amical Bon Café
Rue de Marché
Bafana
Markt
nach Ghana
Rue de Pkadapé
Commissariat
Rue Singa
Gare Routière
Bar Cabana
Bar Concorde
Laden
Buch-handlung
Rathaus
Préfécture
Bahnhof
Gar-küchen
zum Rest.
Chez Solo
Denkmal
Kirche
Moschee
Hotel
Restaurant, Bar
Bank
Tankstelle
Post
Busbahnhof
sonst. Adressen
nach Lomé, zum Grand Hotel du 30 Août

LOMÉ
nach Kpalimé
Lac Ouest
Kirche
Moschee
Hotel
Restaurant
Café
Museum
Post
Buschtaxi
Busbahnhof
sonst. Adressen
Stadion
Avenue de Calais
Rue Mitterand
Boulevard 13 Janvier
Avenue Nicolas Grunitzky
NYEKONAKOPÉ
Maison du RPT
Hotel du 2 Février
Place de l'Indépendance
Avenue Joseph Strauss
Avenue des Nimes
Ahoudikpe
Sûre Nationa
Rue Kokéti
Stadion
Rue de la Kozah
Avenue Sara Kawa
QUARTIER ADMINISTRATIF
Avenue Duisburg
KODJOVIAKOPÉ
Rue Houndjagoh
Boulevard 13 Janvier
Avenue de Gaulle
Rue de l'Ogou
California
Präsidenten-palast
Avenue de la Présidence
Le Galion
Le Bénin
Boulevard de la Républiqu
Auberge Provençale
Le Maxime
L'Abri
Deutsche Botschaft
zur Grenzstation nach Ghana
Golf von

nach Atakpamé
Lac Est
Lac de Bé
Boulevard Lagunaire
AMOUTIVÉ
Rue Kélizah
Rue de France
Rue Dimori
Rue de Noepe
Commisariat de police
Avenue du Nouveau Marché
du Boulevard
Air Afrique
Maladis Buchhandlung
Boulevard 13 Janvier
Apotheke
Avenue de la Libération
Hauptpost
Einbahnstraßen
Fanmilk-Eis
Café des Arts
nach Bé
Boulevard Houphoûét-Boigny
Französisches Kulturzentrum
Bahnhof
Rest. Boston
Avenue 24 Janvier
Rue du Chemin de Fer
Rue Mama N'Danida
Kamina
Rue Alsace Lorraine
Rue de la Gare
Rue Gallieni
Goethe-Institut
Rue de
Rue Notre Dame des Apotres
Nigerianische Botschaft
Boulevard 13 Janvier
R. du Grand Marché
Kathedrale
Markt
du Golfe
égalais
la Paix
Rue du Commerce
M.A.R.O.X.
Gare Routière
Boulevard du Mono
Boulevard de la Marina
nach Aného, zum Hotel "Sarakawa"
Die ganze Straße ist Artisanat (Kunsthandwerk)
G u i n e a
N
500 m

Benin – Routenteil T

Überblick

Fläche: 112 622 km².

Einwohner: ca. 6,5 Mio.

Ethnien: Fon, Yoruba, Fulbe, Haussa.

Hauptstadt: Offziell Porto Novo (ca. 250 000 Einw.), Cotonou ist Regierungssitz.

Sprachen: Amtssprache Französisch, zahllose afrikan. Dialekte (Fon, Yoruba, Adja).

Religion: 50% Naturreligionen, 30% Christen, 20% Muslime.

Ruhetag: Sonntag.

Feiertage: 1.1., 16.1., 1.5., 1.8., 15.8., 1.11., 25.12., 31.12. sowie einige jährlich wechselnde Feiertage.

Zeitverschiebung: Keine; während der Sommerzeit minus 1 Stunde.

Stromspannung: 220 V, Adapter empfohlen.

Einreise: Visumpflicht für Deutsche, Schweizer und Österreicher. Bei Flugreisen ist ein gültiges Rück- oder Weiterreiseticket vorzulegen. Ein 48-Std.-Transitvisum ist bei den Botschaften bzw. auch direkt an der Grenze für 5000 CFA (04.02) erhältlich und kann in Cotonou verlängert werden. Seit 1. Jan. 02 gibt es angeblich auch ein „5-Länder-Visum", das für Benin, Burkina Faso, Elfenbeinküste, Niger und Togo gilt. Es kostet 25 000 CFA und ist 2 Monate gültig. Leider ist dieses Visum noch nicht überall zu bekommen, auch wenn in den Botschaften Plakate dafür aushängen (in Accra war es aber wohl möglich).

Impfung/Gesundheit: Gelbfieberimpfung vorgeschrieben. Malariaprophylaxe dringend empfohlen.

Währung: Benin gehört der Westafrikanischen Währungsunion an, d.h. der Franc CFA ist auch hier offizielles Zahlungsmittel. 1 Euro = 663 CFA, 1 US-$ = 720 CFA. Die Einfuhr ist unbeschränkt, Ausfuhr nur bis zu 25 000 CFA erlaubt. Ausländische Währungen können unbeschränkt eingeführt werden (Französische Franc empfohlen), müssen aber deklariert werden. Ausfuhr bis zum deklarierten Betrag abzüglich der umgetauschten Summen, höchstens aber bis zum Gegenwert von 100 000 CFA.

Kfz: Internationaler Führerschein und Kfz-Schein. Ein Carnet de passage ist nicht mehr unbedingt erforderlich, es wird an der Grenze auch ein Laissez passer ausgestellt, ca. 5000 CFA (04.02). Kfz-Haftpflichtversicherung muss an der Grenze abgeschlossen werden, falls nicht schon in einem anderen Land die „Carte brune" (C.D.E.A.O., gültig für mehrere westafrikanische Länder) ausgestellt wurde.

Treibstoff: Besonders nördlich von Parakou ist die Treibstoffversorgung nicht immer gesichert, immer auf ausreichende Treibstoffreserven achten. Preise (2002): Benzin ca. 270 CFA/l, Diesel ca. 250 CFA/l, Super ca. 295 CFA/l.

Straßenzustand: Die Hauptrouten sind asphaltiert und meist in gutem Zustand (im Norden schlechter). Pisten können in der Regenzeit schlecht passierbar sein.

Kontrollen: Viele Zoll- und Polizeikontrollen, meist wird man aber durchgewunken.

Sicherheit: Wer in der Nähe von gesperrten Zonen, z.B. Militärbereichen, oder am Strand campt, muss mit Festnahme und Beschlagnahme des Fahrzeugs rechnen. Die Straßenkriminalität ist relativ gering. Spaziergänge in schlecht beleuchteten Gegenden, vor allem am Strand sollten vermieden werden.

Grenzen: Die Grenzen zu den Nachbarländern sind offen.

Literatur und Landkarten:
Reiseführer: „Westafrika, Band 2 - Küstenländer", hrsg. von Erika Därr, Reise Know-How Verlag, Bielefeld.
Karten: Übersichtskarte Michelin 953, 1:4 000 000. Benin, Carte Routière et Touristique, 1:600 000. Detailkarten von IGN im Maßstab 1:1 000 000, 1:500 000, 1:200 000, die meisten Blätter sind lieferbar.

Geschichte: Die Stadt Abomey war mehrere Jahrunderte lang Hauptstadt des Fon-Königreichs Dan-Homé (Dahomey), dessen Wohlstand auf dem Sklavenhandel mit den portugiesischen Niederlassungen an der Küste gründete, die später von britischen und französischen Sklavenhändlern abgelöst wurden. Dem sakralen König von Dahomey soll unter anderem eine „Amazonengarde" zur Seite gestanden haben, eine Frauentruppe, deren Mitglieder in strenger Abgeschiedenheit lebten und in kritischen Momenten in die Schlacht geschickt wurden, um den Gott des Krieges gnädig zu stimmen. Dahomey überstand mehrere Invasionsversuche durch die benachbarten Yoruba und wurde schließlich Ende des 19. Jh. Teil des französischen Protektorats.

Politik: Mit der 1960 erlangten Unabhängigkeit begann im damaligen Dahomey eine Phase innenpolitischer Auseinandersetzungen, die in unzähligen Putschen und Putschversuchen ihren Ausdruck fanden. Erst der Putsch 1972 stabilisierte das Land und führte es unter Major Mathieu Kérékou auf einen sozialistischen Kurs. 1975 wurde Dahomey in Anlehnung an das historische, südnigerianische Königreich in Benin umbenannt. Lange blieb das neue Regime isoliert und fand nur wenig Unterstützung. Immer wieder wurden die Grenzen zu den Nachbarländern geschlossen, und wiederholte Putschversuche sowie die gescheiterte Söldner-Invasion von 1977, die mit französischer Hilfe organisiert worden war, erschütterten das Land. Dennoch entwickelte sich Benin überraschend stabil, und in seinem Weg zur Demokratisierung gilt Benin als Vorbild für alle anderen afrikanischen Länder: bei den ersten freien Parlamentswahlen erhielt zwar keine der angetretenen 24 Parteien die absolute Mehrheit, mit den Präsidentschaftswahlen 1991 jedoch wurde Mathieu Kérékou von seinem Konkurrenten Necephore Soglo geschlagen und trat von seinem Amt zurück. Allen Unkenrufen zum Trotz hat Kérékou die Demokratisierungsbestrebungen seines Nachfolgers nicht behindert und auch nicht versucht, die Macht wieder an sich zu reißen, wie seine abgesetzten Kollegen z.B. in Togo und im Kongo. Überraschend für die meisten Beobachter vollzieht sich in Benin der Übergang vom Einparteiensystem zur Demokratie bisher scheinbar ohne Probleme. Bei den Wahlen 1996 und 2001 ging Kérékou als Sieger hervor und ist nun wieder Saatsoberhaupt.

Routen

T 1: Malanville – Kandi (100 km)

(03.02, BMW R 100 GS, BMW R 1150 GS) Asphalt. Auf ausreichende Spritreserven Acht geben.

Km 0, **MALANVILLE** – S. H 20. (Ende H 20.)

Manchmal sind entlang der Straße Elefanten zu beobachten (die Bestände sind aber schon stark reduziert).

Km 100, **KANDI** – Kleinstadt. Alle Versorgungsmöglichkeiten, Tankstelle (nicht immer Treibstoff), Hotel. (Ende T 5; Beginn T 2 und T 10.)

T 2: Kandi – Guessou-Sud (133 km)

Asphalt.

KANDI – S. T 1. (Ende T 1 und T 5; Beginn T 10.)

BEMBÈRÈKÈ – Kleine Stadt. Lebensmittel (Markt), Treibstoff. Krankenhaus unter schweiz. Leitung, außerdem „Hôpital evangelique" unter amerik. Leitung.

Unterkunft: Hotel „Madala", sauber, sehr freundliche weibliche Leitung durch Assou ma Berth Paliatou.

GUESSOU-SUD – Kleiner Ort. Keine Versorgungsmöglichkeit. (Beginn T 3, T 9.)

T 3: Guessou-Sud – Fô-Bouré – Pehonko – Kouandé (114 km)

Gute kleine Pisten. Die Strecke führt durch Wälder und brandgerodete Baumwoll-, Maniok- und Bananenfelder. Viele Buschtaxis.

GUESSOU-SUD – S. T 2. (Ende T 2; Beginn T 9.)

Im Ortskern von **FÔ-BOURÉ** dem kleinen Wegweiser folgend nach links in Richtung Kouandé fahren. Wenig Verkehr. Bis 6 km vor Tobré sehr schlechte Piste; danach mittelmäßiger Zustand, der bei niedrigen Geschwindigkeiten keine Probleme bietet. Schöne Waldlandschaft.

Km 76, **PEHONKO** – Kleiner Ort.

KOUANDÉ – Kleiner Ort. Lebensmittel. Manchmal Treibstoff. Bei der Gendarmerie melden, wo auch die Pässe abgestempelt werden, wenn man aus Benin ausreist. (Beginn T 4 und T 6.)

Unterkunft: Campmöglichkeit in der Nähe der Bar im oberen Teil des Ortes.

T 4: Kouandé – Kédékou – Kérou – Goumori – Banikoara (149 km)

(03.01, Motorrad) Gute, schnelle Piste. Pkw/2 WD ausreichend (zumindest während der Trockenzeit).

KOUANDÉ – S. T 3. (Ende T 3; Beginn T 6.)

KÉDÉKOU – Kleiner Ort. Keine Versorgungsmöglichkeit.

Durchquerung des Flusses Mekrou (Furt).

KÉROU – Kleiner Ort. Treibstoff.

GOUMORI – Kleiner Ort. Treibstoff.

BANIKOARA – Kl. Ort. Lebensmittel, Treibstoff, Hotel. (Ende Q 11; Beginn T 5.)

Verschiedenes: Jeden Sonntagmorgen großes Dorffest. Am Ortseingang bei der Polizei melden (gegenüber dem Krankenhaus). Einreiseformalitäten.

T 5: Banikoara – Sinaongourou – Kandi (66 km)

(03.01, Motorrad) Gute schnelle Piste. Pkw/2 WD ausreichend (in der Trockenzeit).

BANIKOARA – S. T 4. (Ende T 4 und Q 11.)

SINAONGOUROU – Kleiner Ort. Treibstoff.

KANDI – S. T 1. (Ende T 1; Beginn T 2 und T 10.)

T 6: Kouandé – Natitingou (52 km)

(03.01, Motorrad) Gute, schnelle Piste. Pkw/ 2 WD ausreichend (zumindest in der Trockenzeit). Die Strecke führt durch Wälder und brandgerodete Baumwoll-, Maniok- und Bananenfelder. Viele Buschtaxis.

KOUANDÉ – S. T 3. (Ende T 3; Beginn T 4.)

Kouandé auf der Hauptallee verlassen. Auf 6 km starke steinige Steigung.

Km 37, Kreuzung mit einer größeren Piste; rechts abbiegen (gutes Wellblech).

NATITINGOU – Größter Ort im Somba-Land. Die Sombas sind vor allem für ihre burgenähnliche Lehmbauweise und ihre runden Getreidespeicher bekannt. Gute Infrastruktur. (Ende T 14 und S 9; Beginn T 7.)

Unterkunft: „Auberge Le vieux Chevalier", Tel. 82 13 24, ruhig, sauber, DZ mit Ventilator 5500 CFA, empfehlenswert. Hervorragendes Hotel „Tata Somba", Pool, klimatisiertes DZ ca. 24 000 CFA. Hotel „La montagne" in der Nähe des Hotels „Auberge Le Vieux Chevalier", sauber und preiswert, DZ mit Ventilator 5000 CFA (04.00). Hotel „Le Bourgogne", 5 Min. vom Bahnhof in Richtung Tangieta, DZ ca. 9000 CFA. Hotel „Tanekas", am Ortseingang aus Ri. Djougou kommend links. Hotel „Canatborifa", nahe Hotel „Tanekas".

In der Umgebung: Cascade de la Kôta, sehr schöne Wasserfälle im Wald, Badegelegenheit, manchmal wurden aber auch schon Krokodile gesichtet (Anfahrt mit dem Mopedtaxi für 3000 CFA/Person). Die **Atakoraberge** nordöstlich von Natitingou (Leihwagen mit Fahrer/Mechaniker).

T 7: Natitingou – Tanguiéta – Porga – Grenze zu Burkina Faso – Tindangou (125 km)

(09.97, IFA W 50) Piste (A/H in der Regenzeit) mit viel Wellblech und Verkehr. Für Einreisende aus Burkina: Der Zöllner (Carnet-Stempel) befindet sich etwa 12 km vor Natitingou bei den Öltanks.

NATITINGOU – S. T 6. (Ende T 6, T 14 und S 9.)

Gut befahrbare Piste zwischen Natitingou und Porga; die Strecke führt durch die Atakora-Gebirgskette.

TANGUIÉTA – Kl. Ort. Treibstoff billiger als in Togo und Burkina Faso. (Ende T 8).

7 km vor Porga Polizeikontrolle zur Ausreise aus Benin. Kein Zoll! Vorsicht: alle, die bei der Einreise nach Benin ihr Carnet de passage haben abstempeln lassen, riskieren, nach Boukombé zurückfahren zu müssen (Strecke S 9, 232 km hin und zurück), um ihren Ausreisestempel zu bekommen; mit Passierschein problemlos.

PORGA – Kleiner Ort.

Unterkunft: Hotel „Porga" (Bungalows ca. 10 000 CFA).

Direkte Piste nach Arly (Q 12), die Tindangou umfährt; in der Trockenzeit mit fast jedem Fahrzeug zu befahren; viele Tiere; kein Zollposten auf dieser Strecke.

TINDANGOU – S. Q 12. Formalitäten zur Einreise nach Burkina Faso. (Ende Q 12; Beginn Q 13.)

T 8: Diapaga (Burkina Faso) – beninische Grenze – Pendjari-Nationalpark – Batia – Tanguiéta (235 km)

(02.94, Patrol) Piste (A/H/I).

DIAPAGA – S. Q 10. (Ende Q 10; Beginn Q 11 und Q 12.) Tanken Sie voll.

Diapaga in Ri. Arly verlassen (Q 12).

Km 22, auf der Piste nach rechts in Richtung Arly-Nationalpark weiterfahren.

Benin

LOGOBOU - Dorf. Formalitäten zur Ausreise aus Burkina Faso; Polizeikontrolle.

Die schlechte Piste führt über **Oari, Nagaré** und Diabondi.

Bei der Ortseinfahrt von **DIABONDI** nicht geradeaus weiterfahren, sondern die Piste einschlagen, die nach links abbiegt (den Spuren folgen) und schon bald nur noch ein schmaler Weg ist.

Km 92 ab Diabondi, man trifft auf eine der Pisten zum Arly-Park; nach links fahren.

Km 109, schwierige Brückenüberquerung. Danach Einfahrt in den

PENDJARI-NATIONALPARK - Geöffnet von Mitte Dezember bis Ende Mai, beste Besuchszeit ist von Januar bis Mai. Eintritt ca. 3000 CFA p.P., 1 Monat gültig, 1000 CFA für Fotoapparat. Viele Tiere: Löwen, Elefanten, Leoparden, Büffel, Flusspferde, Wildschweine, Affen, Krokodile, Antilopen usw. Die Pisten sind schlecht, Geschwindigkeitsbeschränkung auf 40 km/h, ein Führer ist nicht obligatorisch.

Unterkunft: Wild campen ist im Park verboten. Campingmöglichkeiten gibt es in Mare Yangouali. „Campement Pendjari", mitten im Park, mit Swimmingpool, klimatisiertes DZ 21 000 CFA (1999), DZ mit Ventilator ca. 18 000 CFA (1999). Zweites Campement an der Grenze des Parks zum W-Nationalpark, ca. 15 km hinter Kerremou (von Banikoara kommend), am Fluss.

Km 116, **PENDJARI** - Einzige Wasserstelle im Nationalpark (Quelle).

Km 119, Kreuzung, nach rechts fahren.

Km 127, Kreuzung, nach rechts fahren.

Km 149, **MARE BALI** - Schöner Aussichtspunkt.

Km 183, **BATIA** - Kleiner Ort. Ausgang des Pendjari-Nationalparks.

Km 193, **TANOUGOU** - Kleiner Ort.

In der Umgebung: Sehr schöne Wasserfälle, Badeplatz, gutes Wasser, Camping umsonst.

TANGUIÉTA - S. T 7. (Zur T 7.)

T 9: Guessou-Sud - Ndali (25 km)

Asphalt.

GUESSOU-SUD - S. T 2. (Ende T 2; Beginn T 3.)

NDALI - Kleiner Ort. Lebensmittel auf dem Markt, Treibstoff. Campement-Hotel, kein Wasser, aber freundliches Personal. (Ende T 10; Beginn T 11 und T 12.)

T 10: Kandi - Ségbana - Kalalé - Nikki - Ndali (253 km)

(01.95, Hanomag AL 28) Piste (A/G), erst gute Erdpiste, dann zunehmend versandet. Ab Nikki Wellblech. Baumwollanbaugebiet.

KANDI - S. T 1. (Ende T 1 und T 5; Beginn T 2.)

Kandi in östlicher Richtung verlassen.

SÉGBANA - Kleiner Ort. Treibstoff.

Zwischen Ségbana und Néngasi sehr schlechte und wenig befahrene Piste.

Km 140, **NÉNGASI** - Kleiner Ort.

Sehenswert: Der See der heiligen Krokodile, 800 m vom Ort entfernt, auf der rechten Seite.

KALALÉ - Kleiner Ort.

Zwischen Kalalé und Nikki gute kleine Piste.

NIKKI - Kleiner Ort. Lebensmittel, Treibstoff. Formalitäten zur Ausreise aus Benin für diejenigen, die nach Nigeria weiterfahren wollen. (Ende U 4).

Bis Ndali breite Piste, die allmählich schmaler wird (Wellblech).

NDALI - S. T 9. (Ende T 9; Beginn T 11 und T 12.)

T 11: Ndali – Djougou (122 km)

Schmale Piste, die während der Regenzeit möglicherweise nicht befahrbar ist. Zahlreiche künstliche Befestigungen an den Teichen und Flüssen.

NDALI – S. T 9. (Ende T 9 und T 10; Beginn T 12.)

DJOUGOU – Kleine malerische Stadt, die noch stark in ihren Traditionen verwurzelt ist. Ca. 140 000 Einw. Lebensmittel (Markt), Treibstoff, Supermarkt. (Zur T 13 und T 14.)

Unterkunft: „Motel de Djougou", große, saubere Zimmer.

T 12: Ndali – Parakou – Savé – Dassa (263 km)

(09.97, IFA W 50) Bis auf einige wenige Umfahrungen durchwegs Asphalt.

NDALI – S. T 9. (Ende T 9 und T 10; Beginn T 11.)

PARAKOU – Industriestadt, 386 m. Gute Infrastruktur. (Ende T 13.)

Unterkunft: „Hotel des Routiers", gute Küche, sehr sauber, Pool, Doppelzimmer ab 10 000 CFA mit Klimaanlage (1999). „Hotel des Canaris", schattiger Innenhof, nicht besonders sauber, für den Standard zu teuer, DZ ab ca. 6000 CFA (1999). Hotel „Aux deux Soleils", sympathisches Personal, DZ ca. 8500 CFA, Preis kann diskutiert werden. Campingplatz „Chez Mimi", ca. 9 km nördlich von Parakou (Route de Malanville), am Hinweisschild nach rechts (etwa 400 m), freundlicher Empfang, saubere Anlagen, der Patron spricht fließend deutsch und ist sehr hilfsbereit.

Verschiedenes: Arzt in der „Clinique-Medico-Chirurgicale" (Tel. 61 03 44), empfehlenswert. Endhaltestelle der Eisenbahnlinie von Cotonou, Abfahrt täglich, 1. Klasse ca. 5100 CFA, 2. Klasse ca. 3100 CFA (1999), 12–16 Stunden Fahrt.

SAVÉ – Städtchen. Lebensmittel (Markt und Supermarkt), Treibstoff.

Unterkunft: Im Hotel am Ortsausgang freundliches Personal.

DASSA – 146 m. Kleiner Ort. Lebensmittel (Supermarkt), Treibstoff, Restaurant. (Beginn T 14 und T 15.)

Unterkunft: „Auberge de Dassa", sehr gutes Essen, saubere Zimmer.

Sehenswert: Die auf den Felsen errichteten Häuser und die Grotte von Dassa.

T 13: Kara (Togo) – Kétao – Kémérida – beninische Grenze – Ouaké – Djougou – Wé-Wé – Parakou (202 km)

(09.97, IFA W 50) Asphalt bis zur Grenze, dann Piste. Ab Djougou bis Parakou neuer Asphalt. Kaum Verkehr. Freundliche Bevölkerung.

KARA – S. S 6. (Zur S 6; Beginn S 7.)

Von Norden kommend vor der Mobil-Tankstelle nach links fahren (in Richtung Kétao, nicht angezeigt).

Km 19, **KÉTAO** – Kleiner Ort. Lebensmittel (Markt).

Unterkunft: Hotel „Confiance".

KÉMÉRIDA – Kleiner Ort. Keine Versorgungsmöglichkeit, aber eine Bar. Formalitäten zur Ausreise aus Togo (unproblematisch).

OUAKÉ – Kleiner Ort mit Lebensmitteln, Treibstoff. Formalitäten zur Einreise nach Benin (ebenfalls unproblematisch). Gute Piste bis Djougou.

DJOUGOU – S. T 11. (Zur T 14; Ende T 11.)

Hinter Djougou starkes Wellblech.

Km 131, **WÉ-WÉ** – Kleiner Ort. Keine Versorgungsmöglichkeit.

Hinter Wé-Wé wird die Piste besser. Sehr schöne Landschaft.

Km 161, **BÉTÉROU** – Kleiner Ort mit Markt. Polizeiposten.

Hinter dem Polizeiposten geradeaus weiterfahren (starkes Wellblech); rechts Piste nach Tchaourou.

PARAKOU – S. T 12. (Zur T 12.)

T 14: Dassa – Savalou – Bassila – Djougou – Natitingou (344 km)

(03.01, Motorrad) Bis Savalou löchriger Asphalt. Bantè – Bassila: schlechte Piste, Wellblech, Löcher. Bassila – Djougou: Asphaltierungsarbeiten, Betonbrücken in Bau. Dann guter Asphalt. Schöne Waldlandschaft.

DASSA – S. T 12. (Ende T 12; Beginn T 15.)

SAVALOU – 216 m. Kleinstadt. Lebensmittel, Treibstoff, Unterkunft.

BASSILA – Kleiner Ort. Treibstoff.

Unterkunft: „Auberge Mr. Bobo".

DJOUGOU – S. T 11. (Zur T 13.)

20 km nördlich von Djougou liegen die Hügel von **TANÉKA** (malerischer kleiner Ort). 12 km vor Natitingou zweigt eine Piste nach rechts zu den Kota-Fällen ab.

NATITINGOU – S. T 6. (Ende T 6 und S 9; Beginn T 7.)

T 15: Dassa – Bohicon – Abomey (86 km)

Asphalt.

DASSA – S. T 12. (Ende T 12; Beginn T 14.)

BOHICON – 164 m. Stadt. Gute Infrastruktur.

Unterkunft: Hotel am Ortsausgang (ca. 12 000 CFA/DZ).

ABOMEY – 215 m, ca. 60 000 Einw. (s. Stadtplan). Gute Infrastruktur. (Beginn T 16 und T 17.)

Unterkunft: Hotel „La Lutta", angenehm. Hotel „Chez Monique", sauber, sehr freundliches Personal, mit schönem Tropengarten, in dem Affen turnen. Camping im „Foyer du Marin", freundliche Atmosphäre, gekühlte Getränke.

Verschiedenes: Die Stadt wurde 1658 vom König von Allada Ouégbadja gegründet und war Hauptstadt des Königreiches Dahomey.

Sehenswert: Der Königspalast von Djimé, das historische Museum (Fotografieren verboten), Eintritt 1500 CFA; das Viertel der Handwerker; der alle fünf Tage stattfindende Markt.

T 16: Abomey – Kétou – nigerianische Grenze – Meko – Abeokuta (190 km)

Schlechte Piste bis Meko, danach Asphalt mit Schlaglöchern. Schöne Landschaft, malerische Dörfer. Zahlreiche Polizeikontrollen mit kompletter Gepäckdurchsuchung.

ABOMEY – S. T 15. (Ende T 15; Beginn T 17.)

KÉTOU – Kleiner Ort. Formalitäten zur Ausreise aus Benin (unproblematisch). Der Polizeiposten befindet sich ggü. dem Hospital an der Asphaltstraße nach Porto Novo.

Sehenswert: Das „Magische Tor" (Voodoo-Kult).

MEKO – Kleiner Ort. Formalitäten zur Einreise nach Nigeria (unproblematisch). Der Zollposten liegt etwas versteckt links neben der Piste.

ABEOKUTA – Stadt. Gute Infrastruktur. (Beginn U 3; Ende U 2.)

Unterkunft: „Ogun State Hotel", korrekte Preise, mittelmäßiges Restaurant; „Nafia Guest House".

Sehenswert: Die Granitfelsen über der Stadt (besonders der Olumo-Felsen), der Fürstenpalast und die zahlreichen Kolonialbauten.

T 17: Abomey – Cotonou – Porto-Novo (ca. 160 km)

(03.02, BMW R 100 GS und R 1150 GS) Guter Asphalt. Einige Polizei- und Zollkontrollen, man wird aber meist durchgewunken.

Km 0, **ABOMEY** – S. T 15. (Ende T 15; Beginn T 16.)

Km 72, **ALLADA** – Kleinstadt. Gute Versorgungsmöglichkeiten. Pistenabzweig nach Ouidah (37 km auf guter Lateritpiste).

Unterkunft: „Royaume Hotel d'Allada", einige Km außerhalb (Richtung Cotonou) links (beschildert) auf guter Lateritpiste noch ca. 5 km zum Hotel (nach kl. Ort), klimatisierte DZ ca. 25 000 CFA (04.02), gutes Restaurant.

GANVIÉ – Kleiner Ort (Pfahlbausiedlung), „Venedig Afrikas", sehr touristisch.

Unterkunft: Restaurant (teuer), bei dem auch campiert werden darf, kein Schatten.

Sehenswert: Der schwimmende Markt und die Pfahlbausiedlungen von Ganvié. Man kann Pirogen mieten, deren Preis gestaffelt je nach Mitfahrern ist. Deshalb ist es sinnvoll zu warten bis eine Gruppe zusammenkommt.

COTONOU – Ca. 900 000 Einw. Wichtigste Stadt und wichtigster Hafen des Landes. Gute Infrastruktur. (Beginn S 1 und U 1.)

Unterkunft: Hotel „Atlantique", am Bahnhof, freundliche Anlage. Hotel „Babou", Rue Agbeto Amadore, einfach, DZ mit Ventilator ca. 5000 CFA. Camping „Ma Campagne", teuer (1998: 2000 CFA p.P., 2000 CFA/Hanomag, 1000 CFA/Land Rover), freundlicher Empfang und gutes Essen, Taxiverbindung in die Stadt, Boottransfer zum Strand, auch Zimmer mit Ventilator, idyllisch mit vielen Bäumen.

Essen: Restaurant „Le Calao" in der Nähe der Kathedrale, französische Küche, Fisch, vernünftige Preise, aber sehr schmuddelig. Café und Restaurant „Caravelle", französische Küche. „Café Viennois" im „Sheraton", europ. Preise. Restaurant „Shelton" im Botschaftsviertel, gute libanesische Küche.

Verschiedenes: Bei der „Sonacop" werden Butangasflaschen aufgefüllt. Gute Versorgung im Supermarkt „BSS". Bei der algerischen Botschaft muss mit einer Woche Wartezeit für das Visum gerechnet werden. Visum für Ghana bei der Botschaft für 14 000 CFA (mehrere Ein- und Ausreisen möglich). In den letzten Jahren war kein Visum für Nigeria erhältlich. Die einzige Bademöglichkeit liegt in der Nähe des „Eldorado Beach Club" (im Meer oder Pool). Travellercheques wechselt günstig die „Financial Bank". Gute, schnelle, billige Werkstatt im Quartier Huie Vivé, Lot 1159.

Sehenswert: Besuchenswert sind der Gemüsemarkt, Stoffmarkt, Nachtmarkt (Vorsicht vor Dieben), Recyclingmarkt (zwischen Rue des Libanais und Lagune) und das Kunsthandwerkzentrum.

PORTO NOVO – Hauptstadt von Benin, ca. 250 000 Einw. (s. Stadtplan). Die Stadt erzeugt eher den Eindruck eines großen Dorfes. Gute Infrastruktur.

Sehenswert: Die zahlreichen Kunsthandwerker bei der Arbeit (Töpfer, Färber, Gerber und Eisenschmiede); das ethnologische Museum; der Königspalast.

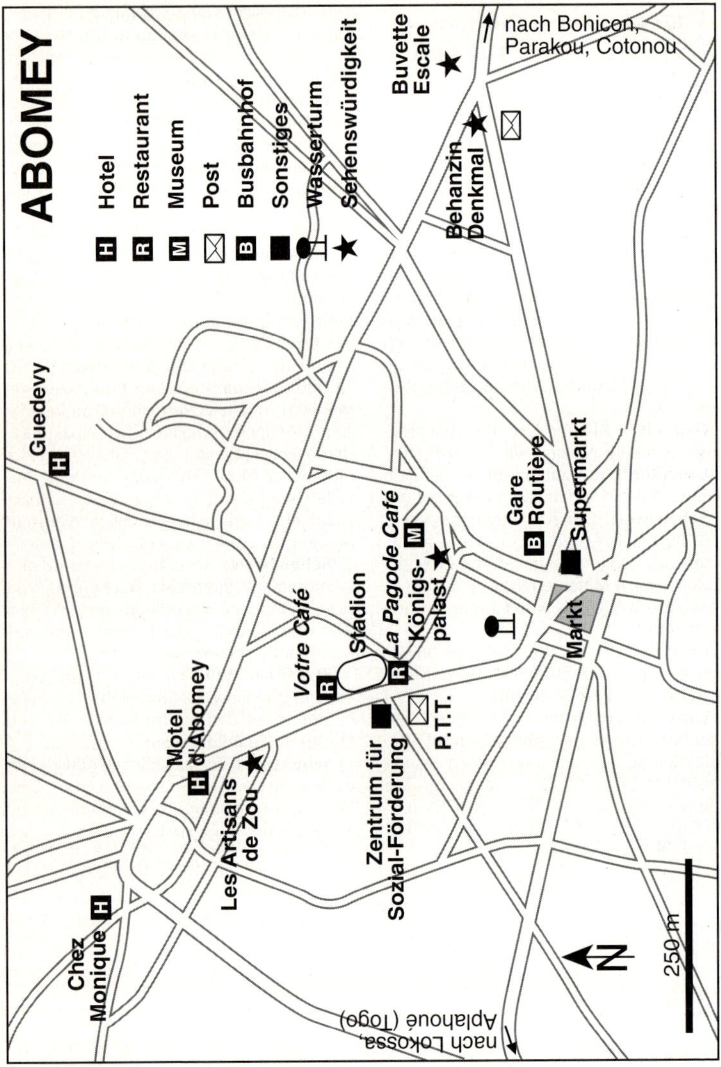
ABOMEY
Hotel
Restaurant
Museum
Post
Busbahnhof
Sonstiges
Wasserturm
Sehenswürdigkeit
Buvette Escale
nach Bohicon, Parakou, Cotonou
Behanzin Denkmal
Guedevy
Gare Routière
Supermarkt
Markt
La Pagode Café
Königs-palast
Stadion
Votre Café
P.T.T.
Motel d'Abomey
Les Artisans de Zou
Zentrum für Sozial-Förderung
Chez Monique
nach Lokossa, Aplahoué (Togo)
N
250 m

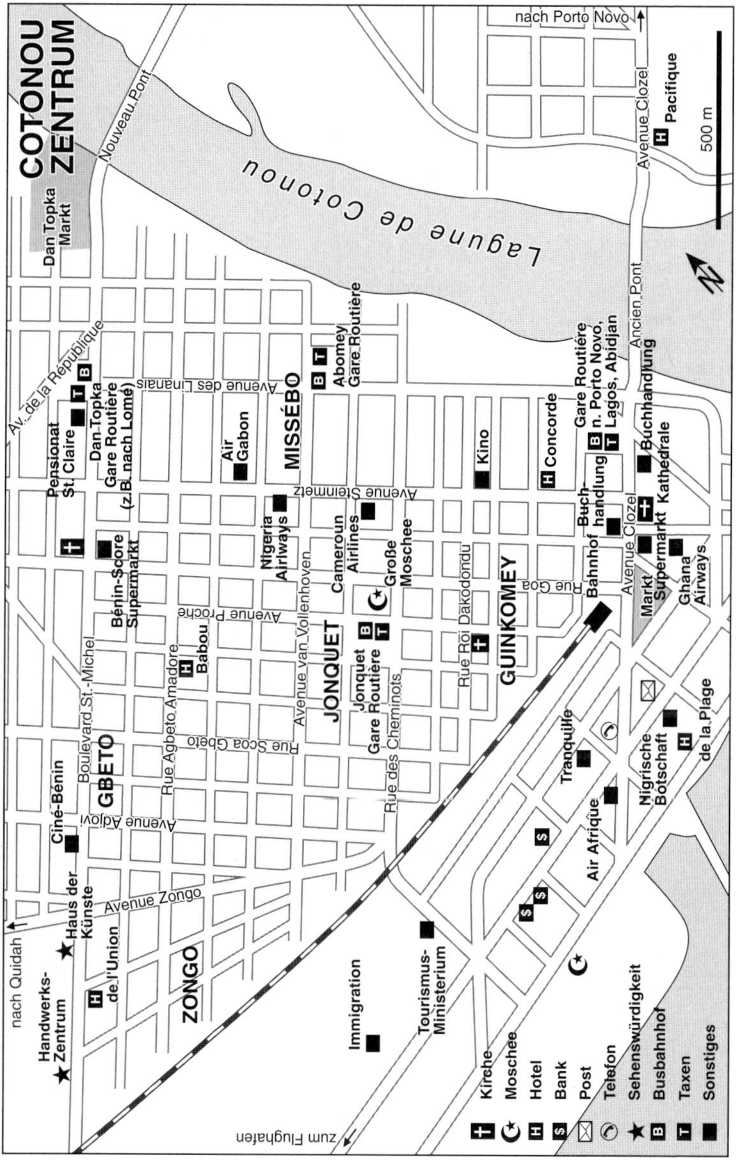
COTONOU ZENTRUM
Dan Topka Markt
Nouveau Pont
Lagune de Cotonou
nach Porto Novo
Avenue Clozel
Pacifique
500 m
Av. de la République
Pensionat St. Claire
Dan-Topka Gare Routière (z.B. nach Lomé)
Avenue des Linanais
Air Gabon
MISSÉBO
Abomey Gare Routière
Ancien Pont
Kino
Concorde
Gare Routière n. Porto Novo, Lagos, Abidjan
Buchhandlung
Kathedrale
Avenue Steinmetz
Nigeria Airways
Cameroun Airlines
Große Moschee
Benin-Score Supermarkt
Rue Goa
Bahnhof
Markt
Supermarkt
Ghana Airways
Avenue Proche
Avenue van Vollenhoven
JONQUET
Jonquet Gare Routière
Rue Roi Dakodondu
GUINKOMEY
Boulevard St.-Michel
Rue Agbeto Amadore
Babou
Rue Scoa Gbeto
Rue des Cheminots
Tranquille
Nigrische Botschaft
de la Plage
GBETO
Ciné-Benin
Avenue Adjovi
Air Afrique
Haus der Künste
Avenue Zongo
nach Quidah
Handwerks-Zentrum
de l'Union
ZONGO
Immigration
Tourismus-Ministerium
zum Flughafen
Kirche
Moschee
Hotel
Bank
Post
Telefon
Sehenswürdigkeit
Busbahnhof
Taxen
Sonstiges

PORTO-NOVO
nach Pobé
nach Pobé
nach Nigeria
OUANDO
Kirche
Moschee
Hotel
Restaurant
Post
Polizei
Hospital
Busbahnhof
Taxen
Stadion
sonst. Adressen
Route d'Ouando
HOUINMÈ
HOUNSOUKO
Kath. Mission St.-François-Xavier
DJÉGAN-DAHO
Dona
KANDÉVIÉ
FOUNFOUN
Rue Catchi
Extérieur
Rue Adjara-Docadji
Boulevard
DEGUE-GARE
Bahnhof
Place Kokoyé
R. Obalédé
Place Pont Ataké
Kath. Mission St. Anna
Altes Regierungsgebäude
OINLINDA
ZÉBOU
ILÉFIÉ
ATAKÉ
Beau Rivage
Casa Danza
Kulturzentr.
Große Moschee
Matabo
Bd. Lagunaire
Rue Toffa
Zoll
Markt
La Détente
Gare Routière
Rue du Pont
AVASSA
AKRON
Adja Tado
Lagune von Porto-Novo
N
1 km
nach Cotonou

Anhang

Notfall/Med. Vorsorge

Erkundigen Sie sich rechtzeitig vor Antritt Ihrer Reise über notwendige medizinische Vorsorgemaßnahmen und Impfungen.

Alle tropenmedizinischen Institute geben Infoblätter heraus und haben Impfsprechstunden. Auch im Internet erfährt man Einiges über Vorsorge, Impfungen etc., so z.B. unter **www.fit-for-travel.de** (Institut für Tropenmedizin der Universität München) oder unter **www.rki.de** (Robert-Koch-Institut). Ein Verzeichnis der Tropenmed. Institute in Deutschland ist unter **www.dtg.mwn.de/institut.htm** (Deutsche Gesellschaft für Tropenmedizin) abrufbar.

Tropenmedizinische Institute

•Institut für Tropenmedizin Berlin
Spandauer Damm 130
14050 Berlin, Tel. (0 30) 30 11 66

•Universitätsklinikum Rudolf Virchow
Standort Wedding,
II. Medizinische Abteilung
Augustenburger Platz 1, 13353 Berlin
Tel. (0 30) 45 05-0

•Institut für Medizinische Parasitologie der Universität Bonn
Siegmund-Freud-Str. 25, 53127 Bonn
Tel. (02 28) 2 87-56 73

•Institut für Tropenmedizin, Städt. Klinikum Dresden-Friedrichstadt
Friedrichstraße 39, 01067 Dresden
Tel. (03 51) 48 03 80 5

•Tropenmedizinische Ambulanz, Heinrich-Heine-Universität Düsseldorf
Klinik für Gastroenterologie
und Infektiologie
Moorenstr. 5, 40225 Düsseldorf
Tel. (02 11) 8 11 70 31, 8 11 68 00
Fax (02 11) 8 11 87 52

•Bernhard-Nocht-Institut für Tropenmedizin
Bernhard-Nocht-Straße 74
20359 Hamburg, Tel. (040) 4 28 18-0

•Institut für Tropenhygiene und Öffentliches Gesundheitswesen der Universität Heidelberg
Im Neuenheimer Feld 324
69120 Heidelberg
Tel. (0 62 21) 56 29 05, Fax 56 59 48

•Universitätsklinikum Leipzig
Zentrum für Innere Medizin, Med. Klinik IV, Fachbereich Infektions-/Tropenmedizin
Philipp-Rosenthal-Str. 27, 04103 Leipzig
Tel. (03 41) 97 2 49 71
Fax (03 41) 9 72 49 79

•Zentrum für Reise- und Tropenmedizin Leipzig
Städtisches Klinikum St. Georg,
II. Klinik für Innere Medizin
Delitzscher Straße 141, 04129 Leipzig
Tel. (03 41) 9 09 26 19,
Fax (03 41) 9 09 26 30
e-mail: innere2@sanktgeorg.de
Abteilung für Infektions- und

•Tropenmedizin der Ludwig-Maximilians-Universität München
Leopoldstr. 5, 80802 München
Tel. (0 89) 21 80-35 17
Fax (0 89) 33 60 38
e-mail: tropinst@lrz.uni-muenchen.de

•Städtisches Krankenhaus Schwabing
IV. Medizinische Abteilung
Kölner Platz 1, 80804 München
Tel. (0 89) 30 68-2601
Fax (0 89) 30 68-3910

•Augenklinik der Uni München, Abt. Präventiv-/Tropenophthalmologie
Mathildenstraße 8, 80336 München
Tel. (0 89) 51 60-38 24

•Klinik und Poliklinik für Innere Medizin der Universität Rostock
Abteilung für Tropenmedizin
und Infektionskrankheiten
Ernst-Heydemann-Str. 6, 18057 Rostock
Tel. (03 81) 49 4-75 11
Fax (03 81) 49 4-75 09

•Institut für Tropenmedizin, Universitätsklinikum Tübingen
Keplerstraße 15, 72074 Tübingen
Tel. (0 70 71) 298 23 65
Fax (0 70 71) 29 52 67

•Tropenklinik Paul-Lechler-Krankenhaus
Paul-Lechler-Str. 24, 72074 Tübingen
Tel. (0 70 71) 20 60
Fax (0 70 71) 2 23 59

•Medizinische Universitätsklinik und Poliklinik Ulm
Abteilung Innere Medizin III, Sektion Infektiologie und Klin. Immunologie
Robert-Koch-Straße 8
89081 Ulm, Oberer Eselsberg

Tel. (07 31) 50 02 44 21, Fax 50 02 44 22
e-mail: infektiologie@medizin.uni-ulm.de
•Tropenmedizinische Abteilung, Missionsärztliche Klinik
Salvatorstraße 7, 97074 Würzburg
Tel. (09 31) 7 91-28 21, Fax 7 91-24 53

Rückholflüge

Für ADAC-Mitglieder stellt sich die Frage des Euroschutzbriefes, der auch in den ans Mittelmeer angrenzenden Ländern, z.B. in Nordafrika, gilt. Inbegriffen ist sowohl ein Ersatzteilversand als auch ein Rückholflug im Notfall u.v.m. Auskunft erteilen die ADAC-Geschäftsstellen.

Für Mitglieder des Roten Kreuzes oder des Malteser Hilfsdienstes sind in einigen Landesverbänden (z.B. Bayern) die Kosten für den Flugrettungsdienst bereits durch die Mitgliedsgebühr abgedeckt (erkundigen Sie sich bei Ihrem Landesverband!). Grundsätzlich ist für Rückholflüge eine ärztliche Begründung erforderlich.

Folgende Unternehmen führen Rückholflüge durch:

•Deutsche Rettungsflugwacht e.V. (DRF)
Raiffeisenstr. 32, 70794 Filderstadt
Tel. (07 11) 70 07-0, Fax 70 07-23 49
e-mail: presse@drf.de, www.drf.de
•SOS-Flugrettung e.V.
Tulpenweg 1, 86486 Bonstetten
Tel. (08 29 3) 96 99-0, Fax 96 99 33
Alarm-Telefon (07 11) 70 55 55
e-mail: info@sos-flugrettung-ev.de
www.sos-flugrettung-ev.de
•DRK Flugdienst (Rotes Kreuz)
DRK Generalsekretariat
Carstenstr. 58, 12205 Berlin
Tel. (030) 85404-0, Fax 85404-450
e-mail: drk@drk.de
www.drk.de/dls/flugdienst.htm
Wenden Sie sich an den für Sie zuständigen Kreisverband des Roten Kreuzes.
•Deutsche Flugambulanz gemn. GmbH
Flughafen Halle 3, 40474 Düsseldorf
Tel. (02 11) 45 06 51-53, Fax 43 60 25 2
Notruf: (02 11) 43 17 17
e-mail: info@deutsche-flugambulanz.de
www.deutscheflugambulanz.de
•Schweizerische Rettungsflugwacht Rega (Rega-Center)
Postfach 1414, CH-8058 Zürich-Flughafen
Tel. (01) 654 33 11, Fax (01) 654 33 22
Alarmnummer (aus dem Ausland):
(00 41) 333 333 333
e-mail: info@rega.ch, www.rega.ch

Internetadressen

•www.daerr.info
Aktuelle Berichterstattung von Erika und Klaus Därr von ihrer mehrjährigen Weltreise durch fünf Kontinente.
•www.klaus.daerr.info
Aktuelle Infos über Afrika. Vorbereitung, Durchführung, Strecken- und Länderinfos, aktualisierte Online-Auszüge aus dem vergriffenen Buch „TransSahara". Links zu vielen interessanten Afrikaseiten, Clubs etc.
•www.daerr.net
•www.durchafrika.info
Webseiten von Astrid Därr. Aktueller Nachtrag mit Ergänzungen und Verbesserungen zu den „Durch Afrika"-Bänden (Worddatei zum Download). Streckeninformationen, GPS-Koordinaten und allgemeine Infos für Afrikafahrer.
•www.reise-know-how.de
Infos über das Angebot von Reise Know-How, Bestellservice, Latest News über alle Länder, „Durch Afrika"-Nachtrag, hilfreiche Links.
•www.das-globetrotter-forum.de
•www.sahara-forum.de
Forum der Firma Därr Expeditionsservice rund ums Reisen, Austausch von Informationen über Sahara, Afrika und den Rest der Welt.
•www.sahara-info.ch
Unabhängige Seiten einer Gruppe Saharafahrer mit Infos, News und vielbesuchtem Forum rund um die Sahara.
•www.satfon.de
Verleih von Thuraya- und Inmarsat-Satellitentelefonen für die Reise.
•www.fit-for-travel.de
Ausführliche und aktuelle Informationen zur Gesundheit auf Reisen vom Tropeninstitut der LMU München.

•www.rki.de
Seiten des Robert-Koch-Institutes, Berlin. Impfhinweise, Tropenmed. Institute etc.
•www.auswaertiges-amt.de
Ständig aktuelle, wichtige Sicherheitshinweise zu allen Ländern der Erde. Adressen der deutschen Auslandsvertretungen und ausländischen Vertretungen in Deutschland.
•www.bmaa.gv.at
Bundesministerium für auswärtige Angelegenheiten (Österreich). Adressen der österreichischen Auslandsvertretungen und ausländischen Vertretungen in Österreich.
•www.eda.admin.ch
Eidgenössisches Department für Auswärtige Angelegenheiten (Schweiz). Adressen der schweizer Vertretungen im Ausland.
•www.garmin.de
Seiten von GPS – Gesellschaft für professionelle Satellitennavigation mbH. Umfassende Informationen über Satellitennavigationsgeräte sowie dazugehörige Navigationssoftware von Fugawi und Yeoman sowie Liste der Garmin-Händler in Deutschland.
•www.daerr.de
Seiten von Därr Expeditionsservice, München. Angebote, Bestellservice, Länderinfos, Termine für das Globetrottertreffen, Links.
•www.sahara.ch
Die Seiten des Schweizer Ausrüsters Jürg Sollberger und seines Atlas-Travel-Shops mit vielen nützlichen Sahara- und Afrikainformationen.
•www.oanda.com/convert/classic
Kurs-Umrechnungsmaschine für 164 Währungen.
•www.nima.mil/gns/html/index.html
•www.gnpswww.nima.mil/geonames/GNS/index.jsp
GPS-Koordinaten weltweit, kostenlos von GEOnet Names Server.
•www.africanews.org
•www.allafrica.com
Aktuelle Zeitungsnews aus ganz Afrika (engl. und franz.). Wirtschaft, Politik, Kultur, Gesundheit, Bildung, Frauen etc.
•www.north-africa.com
•www.afrol.com
Aktuelle Zeitungsnews zu Afrika (englisch).
•www.lehman.cuny.edu/depts/langlit/french/afrique.html
Seiten der Lehmann-Stadtuniversität New York. Eine schier unerschöpfliche Informationsbörse über das frankophone Afrika mit zahlreichen Links zu Ländern, aktuellen Presseinfos, Kultur, Hintergund etc.
•www.cia.gov/cia/publications/factbook/
CIA-Worldfactbook. Jährlich aktualisierte Kurzberichte mit allgemeinen Informationen zu allen Ländern der Erde.
•www.amnesty.de
Amnesty International Deutschland. Informationen zur politischen und menschenrechtlichen Lage verschiedener Länder. Unter www.amnesty.de/berichte/afr43/f_index.htm sind die interessanten Jahresberichte für verschiedenste Länder der Erde abrufbar.
•www.unesco.de
Unesco-Projekte, Informationen etc.

Außerdem gibt es zahlreiche Länderseiten, die unter dem Suchwort z.B. Mali, Burkina Faso etc. leicht zu finden sind.

Ausrüstungsläden

In Deutschland

•Alpinist & Globetrotter
Innere Brucker Straße 22
91054 **Erlangen,** Tel. (0 91 31) 28 27 5;
Barbarossastraße 94, 09112 **Chemnitz**
Tel. (03 71) 30 56 21
•Bannat Globetrotter Ausrüstungen
Lietzenburgerstr. 65, 10719 **Berlin**
Tel. (030) 882 72 42, Fax 882 27 26
e-mail: bannat.berlin@t-online.de
www.bannat.de
•Därr Expeditionsservice GmbH
Theresienstraße 66, 80333 **München**
Tel. (0 89) 28 20 32, Fax 28 25 25
e-mail: info@daerr.de
www.daerr.de
•Der Aussteiger
Schliemannstr. 46, 10437 **Berlin**
Tel. (0 30) 4 41 04 14
www.deraussteiger.de

•Globetrotter Ausrüstung Denart & Lechardt
Schloßstr. 78-82, 12165 **Berlin/Steglitz**
Tel. (030) 850 89 20, Fax (030) 851 11 69
e-mail: shop-berlin@globetrotter.de
www.globetrotter.de;
Vorgebirgsstraße 86, 53119 **Bonn**
Tel. (0228) 76 61 80, Fax 76 61 849
e-mail: shop-bonn@globetrotter.de;
Freiberger Str. 39, 01067 **Dresden**
Tel. (03 51) 495 21 16, Fax 496 10 89
e-mail: shop-dresden@globetrotter.de;
Hanauer Landstr. 11-13
60314 **Frankfurt/Main**
Tel. (069) 43 40 43, Fax (069) 49 09 93 9
e-mail: shop-frankfurt@globetrotter.de;
Wiesendamm 1, 22305 **Hamburg**
Tel. (0 40) 29 12 23, Fax 299 23 80
e-mail: shop-hamburg@globetrotter.de
Rothenbaumchaussee 55
20148 **Hamburg**
Tel. (040) 450 05 81, Fax 450 40 92
e-mail: shop-exkiste@globetrotter.de

•Lauche & Maas
Karl-Liebknecht-Str. 11, 07749 **Jena**
Tel. (0 36 41) 44 39 35, Fax 48 69 64
e-mail: LundMJena@aol.com
www.lauche-maas.de;
Soldatenstraße 100, 89077 **Ulm**
Tel. (07 31) 38 21 83, Fax 9 38 66 89
e-mail: Lauche-Maas.Ulm@t-online.de;
Alte Allee 28, 81245 **München**
Tel. (0 89) 88 07 05
Tel. Versand 82 06 67 7
Fax 83 12 88
e-mail: postmaster@lauche-maas.de

•Pritz Globetrotter und Expeditionsausrüstungen
Schmiedgasse 17-19, 94032 **Passau**
Tel. (08 51) 3 62 20, Fax 3 59 14
e-mail: info@pritz-shop.de
www.pritz-shop.de

•Sack & Pack
Brunnenstraße 6, 40223 **Düsseldorf**
Tel. (02 11) 34 17 42, Fax 33 14 06
e-mail: info@sackpack.de
www.sackpack.de

•Saro-Shop
Ausrüstung, Expeditionsreisen, Fährbuchung
Innstraße 38, 83022 **Rosenheim**
Tel. (0 80 31) 3 27 58, Fax 3 27 77
e-mail: info@saro-expedition.de
www.saro-expedition.de

•Sine GmbH
Otto-Brenner Str. 207, 33604 **Bielefeld**
Tel. (05 21) 92 80 740, Fax 92 70 725
e-mail: bielefeld@sine.de, www.sine.de;
Kennedyplatz 3, 45127 **Essen**
Tel. (02 01) 1 05 90 80, Fax 1 05 90 85
e-mail: essen@sine.de, www.sine.de;
Oeder Weg 43, 60318 **Frankfurt**
Tel. (0 69) 55 22 33, Fax 59 30 74
e-mail: frankfurt@sine.de

•Steppenwolf
Oxfordstr. 4, 53111 **Bonn**
Tel. (02 28) 65 80 71, Fax 65 80 73
e-mail: info@steppenwolf.de
www.steppenwolf.de

•Trans Globe
Alexianergraben 47, 52062 **Aachen**
bzw. Aachener Str. 212
B-4730 Hauset, Belgien
Tel. (00 32 87) 63 27 23 oder
Tel. (02 41) 17 10 25, Fax 63 27 25
e-mail: info@trans-globe-auction.de
www.trans-globe.de;
Alexanderstr. 35, 40210 **Düsseldorf**
Tel. (02 11) 32 64 29;
Zülpicherstr. 38, 50674 **Köln**
Tel. (02 21) 23 93 98

•Traveller Shop Siegen
Spanndauerstr. 32, 57072 **Siegen**
Tel. (02 71) 33 71 80,
e-mail: info@travellershop-siegen.de
www.travellershop-siegen.de

•Volker Lapp Expeditionsservice
Sophie-Knoth-Str. 47
63607 Wächtersbach-Wittgenborn
Tel. (06 05 3) 52 50, Fax 16 62
info@expeditionsservice-waechtersbach.de
www.expeditionsservice-waechtersbach.de

•Woick Travel Center
Plieningerstr. 21
70794 **Filderstadt-Bernhausen**
Tel. (07 11) 7 09 67 00
e-mail: woick@compuserve.de
www.woick.de;
Schmale Str. 9a, 70174 **Stuttgart**
e-mail: woick@compuserve.de

In Österreich

•Hof & Turecek Expeditionsservice
Markgraf-Rüdiger-Str. 1, A-1150 **Wien**
Tel. (00 43-01) 9 82 23 61, 9 85 21 74
Fax 9 82 19 21
e-mail: mail@turecek.at, www.turecek.at

In der Schweiz

•TRANSA Travel- & Outdoorladen
Josefstr. 59, CH-8005 **Zürich**
Tel. (00 41-1) 2 78 90 60, Fax 2 78 90 62
e-mail: outdoor.zuerich@transa.ch
www.transa.ch.
Filialen in **Bern, Basel, Luzern, St. Gallen.**
•Atlas Travel Shop
Bahnhofstr. 76, CH-3232 **Ins**
Tel. (00 41-32) 3 13 44 07, Fax 3 13 44 08
e-mail: info@atlastravelshop.ch
www.atw.ch;
Schauplatzgasse 21, CH-3011 **Bern**
Tel. (00 41-31) 3 11 90 44
Fax 3 12 54 05

Botschaften/Info-Stellen

Ägypten

FÜR DEUTSCHLAND:

•Botschaft der Arabischen Republik Ägypten
Waldstraße 15, 13156 Berlin,
Tel. (0 30) 4 77 54 70, Fax (0 30) 4 77 10 49,
Sprechzeiten: Mo–Fr 9–15 Uhr,
Konsularabteilung Mo, Di, Mi, Fr 10–12 Uhr
•Generalkonsulate der Arabischen Republik Ägypten (Visaerteilung)
Frankfurt:
Eysseneckstraße 34, 60322 Frankfurt a.M.,
Tel. (0 69) 9 55 13 40, Fax (0 69) 5 97 21 31,
Sprechzeit: Mo–Fr 10–13 Uhr. Konsularbezirk: Hessen, Baden-Württemberg, Bayern, Rheinland-Pfalz, Saarland, Nordrhein-Westfalen
Hamburg:
Harvestehuder Weg 50, 20149 Hamburg,
Tel. (0 40) 4 10 10 31/32, Fax 4 10 61 15,
Konsularbezirk: Hamburg, Bremen, Niedersachsen, Schleswig-Holstein
•Ägyptisches Fremdenverkehrsamt
(Touristische Auskünfte)
Kaiserstr. 64a, 60329 Frankfurt,
Tel. (0 69) 25 23 19, 25 21 53, Fax 23 98 76

FÜR ÖSTERREICH:

•Botschaft der Arabischen Republik Ägypten mit Konsularabteilung
Hohe Warte 52-54, A-1190 Wien,
Tel. (00 43-1) 3 70 81 04/06,
Fax 3 70 81 08 69,
Sprechzeit Mo–Fr 9–12 Uhr
•Ägyptisches Fremdenverkehrsamt
Elisabethstr. 4/5/1, A-1010 Wien
Tel. (00 43-1) 5 87 66 33, Fax 5 87 66 34
•Handelsbüro
Trautsongasse 6, A-1080 Wien
Tel. (00 43-1) 4 07 69 77, Fax 4 07 69 77 25
•Kulturbüro
Reichsratsstraße 11/1, A-1010 Wien,
Tel. (00 43-1) 4 05 34 33, 4 05 34 09

FÜR DIE SCHWEIZ:

•Botschaft der Arabischen Republik Ägypten
Elfenauweg 61, 3006 Bern,
Tel. (0 31) 3 52 80 12/13, Fax 35 20 62 5,
Sprechzeit Mo–Fr 9–14 Uhr

VERTRETUNGEN IN ÄGYPTEN:

•Botschaft der BR Deutschland
8 B, Sharia Hassan Sabri, Kairo-Zamalek
Tel. (00 20-2) 73 99 60 0, Fax 73 60 53 0
e-mail: germemb@gega.net
www.german-embassy.org.eg
•Honorarkonsulat Alexandria
9, El Fawatem Street, Mazarita, Alexandria,
Tel. (00 20-3) 48 67 50 3, Fax 48 40 97 7,
e-mail: germconsulate@leadergroup.net
•Botschaft der Republik Österreich
5, Wissa Wassef Street, Corner El Nile Street,
El Riyadh Tower, 5th floor,
Giza 11111, Kairo,
Tel. (0020-2) 570 29 75,
Fax (0020-2) 570 29 79,
e-mail: aec@gega.net
•Honorargeneralkonsulat Österreich
8 Rue Eglise Debbane, Alexandria,
Tel. (00 20-3) 480 88 88,
Fax (0020-3) 487 91 90
•Botschaft der Schweiz
10, Sharia Abdel Khalek Saroit, P.O. Box 633,
Kairo, Tel. (00 20 2) 57 58 28 4,
Fax 57 45 23 6,
e-mail: vertretung@cai.rep.admin.ch

Äquatorialguinea

FÜR DEUTSCHLAND/ ÖSTERREICH/SCHWEIZ:

- **Ambassade de la Republique de Guinée Equatoriale**
Avenue Jupiter 17, B-1190 Brüssel,
Tel. (00 32-2) 34 62 50 9,
Fax (00 32-2) 34 63 30 9
- **Honorarkonsulat von Äquatorialguinea**
Flinger Richtweg 60, 40235 Düsseldorf,
Honorarkonsul Klaus J. Maraldo,
Tel. (02 11) 230 51 99 oder
(0 21 04) 50 82 42,
Fax (02 11) 2 30 51 18, 5 37 48,
e-mail: maraldo@t-online.de

VERTRETUNGEN IN ÄQUATORIALGUINEA:

- **Botschaft der BR Deutschland**
s.u. Kamerun
- **Botschaft der Rep. Österreich**
s.u. Nigeria
- **Botschaft der Schweiz,** s.u. Kamerun

Äthiopien

FÜR DEUTSCHLAND:

- **Botschaft der Demokrat. Bundesrepublik Äthiopien**
Boothstr. 20a, 12207 Berlin,
Tel. (030) 77 20 6-0, Fax 77 20 6-24,
e-mail: Emb.ethiopia@t-online.de,
Sprechzeiten: Mo–Fr 9–16 Uhr.
- **Honorarkonsulat Düsseldorf**
Kasernenstr. 1 b, 40231 Düsseldorf,
Tel. (02 11) 84 80 0, Fax 32 90 00
- **Ethiopian Airlines**
Am Hauptbahnhof 6, 60329 Frankfurt,
Tel. (069) 27 40 07-0, Fax 27 40 07-30,
www.toursundtravel.de/ethiopian-airlines.htm

FÜR ÖSTERREICH:

- **Botschaft von Äthiopien mit Konsularabteilung**
Zaunergasse 1–3/H 1, A-1030 Wien,
Tel. (00 43-1) 7 10 21 68/69, Fax 7 10 21 71,
e-mail: ethiopia@ping.at,
Sprechzeit: Mo–Fr 9–12 Uhr

FÜR DIE SCHWEIZ:

- **Botschaft/Generalkonsulat von Äthiopien**
Case postal 338, 1211 Genf 19,
Rue de Moillebeau 56, 1202 Genf,
Tel. (0 22) 919 70 10/13, Fax 919 70 29,
e-mail: mission.Ethiopia@ties.itu.int,
Sprechzeit: Mo–Do 9–12.30 Uhr

VERTRETUNGEN IN ÄTHIOPIEN:

- **Botschaft der BR Deutschland**
Khabana, Woreda 12, Kebele 20,
P.O. Box 660 u. 1267, Addis Abeba,
Tel. (00 25 1-1) 55 04 33, Fax 55 13 11
e-mail: german.emb.addis@telecom.net.et,
www.deutschebotschaft-addisabeba.de
- **Botschaft der Rep. Österreich**
Wordea 23, Kebele 12, Nr. 166,
Old Airport Area, near Victory Dept. Store,
Addis Abeba
Tel. (00251-1) 71 24 45, 71 00 52
und 71 21 44, Fax 71 21 40
e-mail: austrian.emb@telecom.net.et
- **Botschaft der Schweiz**
Old Airport/Higher 24, Kebele 13,
P.O. Box 1106, Addis Abeba,
Tel. (00 25 1-1) 71 11 07, 71 05 77,
Fax 71 21 77

Algerien

FÜR DEUTSCHLAND:

- **Botschaft der Volksrepublik Algerien**
Görschstraße 45–46, 13187 Berlin,
Tel. (0 30) 48 09 87 24/26, Fax 48 09 87 16
- **Generalkonsulat der Rep. Algerien**
Rheinallee 32-34, 53173 Bonn-Bad Godesberg,
Tel. (0228) 94 37 60, Fax 3 69 86 61. Amtsbezirk: Länder Nordrhein-Westfalen, Bremen, Baden-Württemberg, Bayern, Hessen, Niedersachsen, Rheinland-Pfalz, das Saarland, Thüringen, Bayern; restliche Länder siehe oben
- **Air Algérie**
Friedensstr. 11, 60311 Frankfurt,
Tel. (0 69) 24 00 15 30, Fax 24 00 15 36,
e-mail: airalgerie.fra@t-online.de

FÜR ÖSTERREICH:

- **Botschaft der Dem. Volksrepublik Algerien mit Konsularabteilung**
Rudolfinergasse 16–18, A-1190 Wien
Tel. (00 43-1) 369 88 53/55,
Fax 36 98 85 6, Sprechzeit: Mo–Do 9–11 Uhr

FÜR DIE SCHWEIZ:

- **Algerisches Generalkonsulat**
308, Route de Lausanne,
1293 Bellevue/Genf,
Tel. (0 22) 774 19 19, 774 19 09,
Fax 774 19 06, Sprechzeit: Mo–Fr 9–11 Uhr

VERTRETUNGEN IN ALGERIEN:

•Botschaft der BR Deutschland
165, Chemin Sfindja, B.P. 664,
DZ-16000 Algier
Tel. (00 21 3-21) 74 19 41, 74 19 56
und 74 20 47, Fax 74 05 21
•Botschaft der Rep. Österreich
17, Chemin Abdelkader Gadouche,
Hydra, Algier,
Tel. (00213-21) 69 10 34, 69 10 86 und
Fax 69 12 32, e-mail: obalgier@mail.com
•Botschaft der Schweiz
2, Rue numéro 3, Paradou, Algier, B.P. 443,
16035 Hydra/Algier,
Tel. (00 213-21) 60 04 22, 60 69 60
und 60 76 80, Fax 60 98 54

Angola

FÜR DEUTSCHLAND:

•Botschaft der Republik Angola mit Konsularabteilung
Wallstr. 58, 10179 Berlin,
Tel. (0 30) 24 08 97 10, Fax 24 08 97 12,
e-mail: angolabotschaft@t-online.de,
Sprechzeit: Mo–Fr 9–16 Uhr

FÜR ÖSTERREICH:

•Botschaft der Republik Angola mit Konsularabteilung
Strohgasse 45, 1. Stock, A-1030 Wien,
Tel. (00 43-1) 7 18 74 88, Fax 7 18 74 86,
e-mail: embangola.viena@embangola.at

FÜR DIE SCHWEIZ:

•Botschaft der Republik Angola
45-47, Rue de Lausanne, 4ème étage,
1201 Genf, Tel. (0 22) 732 30 60,
Fax 732 30 72, 732 30 84,
e-mail: ambmission.angola@worldcom.ch

VERTRETUNGEN IN ANGOLA:

•Botschaft der BR Deutschland
Avenida 4 de Fevreiro, Caixa Postal 1295,
120 Luanda,
Tel. (00 24 4-2) 33 47 73, 33 45 16,
Fax 33 45 16
e-mail: germanembassy.luanda@ebonet.net
•Botschaft der Rep. Österreich
s.u. Simbabwe
•Konsulat der Rep. Österreich
R. Joaquim De Figueireda Ernesto,
Edificio Rainha Gingo, 8th Floor, Luanda,
Tel. (00 24 4-2) 39 48 13, 34 31 59
und 34 95 23, Fax 39 48 13, 34 59 67
•Botschaft der Schweiz
s.u. Simbabwe
•Generalkonsulat der Schweiz
Rua da India No.3, Bairro Patrice,
Lumumba, Luanda, Caixa Postal 2897,
Coreio central, Tel. (00 24 4-2) 442 213,
442 934, Fax 442 934
•Swiss Agency for Development and Cooperation SDC
Rua Agostinho Tomé das Neves 8,
Bairro da Maianga, Caixa Postal 3163,
Correlo central, Luanda,
Tel. (00 24 4-2) 353 695, 353 710
und 352 316, Fax 353 689,
e-mail: luanda@sdc.net

Benin

FÜR DEUTSCHLAND:

•Botschaft der Republik Benin mit Konsularabteilung
Rüdigerstr. 10, 53179 Bonn,
Tel. (02 28) 94 38 70, Fax 85 71 92,
Sprechzeiten: Mo–Fr 9–16 Uhr
•Honorarkonsulat von Benin
(Visaangelegenheiten)
Puccinistr. 2, 66119 Saarbrücken,
Tel. (06 81) 586 06 11, Fax 586 06 67,
Sprechzeit: Mo–Fr 8–12, 14–16 Uhr
Geschäftsbereich: Rheinland-Pfalz, Saarland
•Fremdenverkehrsbüro der Espace Entente
(Benin, Burkina Faso, Elfenbeinküste,
Niger, Togo)
Tempelhofer Weg 2, 12099 Berlin,
Tel. (0 30) 68 30 21 93, Fax 685 74 05,
e-mail: berlin.office@westafrika.de,
www.westafrika.de

FÜR ÖSTERREICH:

•Botschaft der Rep. Benin, s.u. Deutschland

FÜR DIE SCHWEIZ:

•Botschaft der Rep. Benin, s.u. Deutschland
•Honorarkonsulat der Rep. Benin
Technikumstr. 82, 8401 Winterthur,
Postfach 582, Tel. (052) 264 82 05,
Fax 212 00 55

VERTRETUNGEN IN BENIN:

•Botschaft der BR Deutschland
7, Avenue Jean Paul II, B.P. 504, Cotonou,
Tel. (00 22-9) 31 29 67/68, Fax 31 29 62,
e-mail: amballcoto@firstnet.bj

•**Botschaft der Rep. Österreich**
s.u. Elfenbeinküste
•**Botschaft der Schweiz,** s.u. Nigeria

Botswana

FÜR DEUTSCHLAND:

•**Embassy of Botswana and Mission to the European Communities**
169, Avenue de Tervueren, B-1150 Brüssel,
Tel. (00 32-2) 73 52 07 0, Fax 73 56 31 8

FÜR ÖSTERREICH:

s.u. Deutschland

FÜR DIE SCHWEIZ:

s.u. Deutschland

VERTRETUNGEN IN BOTSWANA:

•**Botschaft der BR Deutschland**
Professional House, Broadhurst,
Segodithsane Way, P.O. Box 315,
Gaborone, Tel. (00 26 7) 35 31 43, 35 38 06,
Fax 35 30 38,
e-mail: germanembassy@info.bw
•**Botschaft der Rep. Österreich**
Duncan Street, Momentum Office Park,
0011 Brooklyn, Pretoria (Südafrika),
Tel. (00 27 12) 460 33 61, 460 33 64,
460 24 83, Fax 460 11 51,
e-mail: autemb@mweb.co.za
•**Honorarkonsulat Österreich**
4 th Floor, Standard House,
The Mall Gaborone,
Tel. (00 26 7) 35 15 14, 35 26 38,
Fax 35 38 76, e-mail: dkhama@info.bw
•**Botschaft der Schweiz**
s.u. Südafrika (Johannesburg)
•**Konsulat der Schweiz**
Plot 68, Ruretsé, Gaborone, P.O. Box 403 771,
Tel. (00 26 7) 56 14 25/26, Fax 56 14 25

Burkina Faso

FÜR DEUTSCHLAND:

•**Botschaft von Burkina Faso mit Konsularabteilung**
Karolingerplatz 10–11,
14052 Berlin-Charlottenburg,
Tel. (030) 30 10 59 90, Fax 30 10 59 92 0,
e-mail: Embassy_Burkina_Faso@t-online.de,
Öffnungszeiten: Mo–Fr 9–12.30, 13.30–14.30
Uhr (außer Mi)

•**Fremdenverkehrsbüro der Espace Entente**
(Benin, Burkina Faso, Elfenbeinküste,
Niger, Togo)
Tempelhofer Weg 2, 12099 Berlin,
Tel. (0 30) 68 30 21 93, Fax 685 74 05,
e-mail: berlin.office@westafrika.de,
www.westafrika.de

FÜR ÖSTERREICH:

•**Botschaft von Burkina Faso**
Prinz-Eugen-Str. 18/3A, 1040 Wien,
Tel. (00 43-1) 503 82 64, Fax 503 82 20,
Sprechzeit: Mo–Fr 9–13, 14–17 Uhr

FÜR DIE SCHWEIZ:

•**Honorarkosulat von Burkina Faso**
Case Postale 89, 1211 Genf 25, 16,
Av. Eugène-Pittard, 1206 Genf,
Tel. (0 22) 704 18 18, Fax 704 18 01,
Sprechzeit: Mo–Fr 10–12 Uhr
•**Honorarkosulat von Burkina Faso**
Weinbergstr. 29, 8006 Zürich,
Tel. (01) 261 06 25, Fax 261 06 59

VERTRETUNGEN IN BURKINA FASO:

•**Botschaft der BR Deutschland**
399, Avenue Joseph Badaoua,
01 B.P. 600, Ouagadougou,
Tel. (00 22 6) 30 67 31/32, Fax 31 39 91,
e-mail: amb.allemagne@fasonet.bf
•**Botschaft der Rep. Österreich**
s.u. Elfenbeinküste
•**Botschaft der Schweiz,** s.u. Elfenbeinküste
•**Koordinationsbüro der DEZA**
Av. Président Guillaume Ouedraogo,
B.P. 578, Ouagadougou 01,
Tel. (00 22 6) 30 67 29, Fax 31 04 66,
e-mail: ouagadougou@sdc.net

Burundi

FÜR DEUTSCHLAND:

•**Botschaft der Republik Burundi mit Konsularabteilung**
Berliner Str. 36, 10715 Berlin,
Tel. (030) 86399028, Fax 36399051,
e-mail: embassybonn@burundi.de,
Sprechzeiten: Mo–Fr 9–16 Uhr

FÜR ÖSTERREICH:

•**Botschaft der Republik Burundi**
s.u. Deutschland

FÜR DIE SCHWEIZ:

•Konsulat von Burundi
Fort-Barreau 13, 1201 Genf,
Tel. (0 22) 734 80 00

VERTRETUNGEN IN BURUNDI:

•Botschaft der BR Deutschland
•Botschaft der Rep. Österreich
•Botschaft der Schweiz
alle drei s.u. Kenia
•Honorarkonsulat der Schweiz
No 5 Avenue Kiyange, Rohero 1, Bujumbura,
Tel. (00 25 7) 22 57 45, Fax 22 42 36

Djibouti

FÜR DEUTSCHLAND:

•Botschaft der Republik Djibouti
26, Rue Emile Ménier, F-75116 Paris,
Tel. (00 33-1) 47 27 49 22, 47 27 43 49,
Fax 45 53 50 53,
e-mail: webmaster@ambdjibouti.org,
www.ambdjibouti.org
Visaerteilung auch über französische Konsulate in Deutschland möglich.

FÜR ÖSTERREICH:

•Honorarkonsulat der Rep. Djibouti
Reinlgasse 5-9, A-1140 Wien,
Tel. (00 43-1) 982 23 57, 982 26 28,
Fax 982 61 66

FÜR DIE SCHWEIZ:

s.u. Deutschland

VERTRETUNGEN IN DJIBOUTI:

•Botschaft der BR Deutschland
Near Hadda Road/Outer Ring Road,
P.O. Box 2562, Sanaa, Jemen
(auch zuständig für Amtsbezirk Djibouti),
Tel. (00967) 41 31 74, 41 31 77, 41 31 78,
Fax 41 31 79, e-mail: germembasanaa@y.net.ye
•Honorargeneralkonsulat der BR Deutschland
3, Rue de Pekin, Le Héron, B.P. 177, Djibouti,
Tel. (00 25 3) 35 21 51, 35 27 31, Fax 35 13 29
•Botschaft der Rep. Österreich
s.u. Äthiopien
•Konsulat der Rep. Österreich
Savon & Ries, attn. Mr. Jean-Phillipe Delarue,
Consul d'Autriche, Bd Cheik Osman,
Rue de Genève, Djibouti,
Tel. (00 25-3) 35 23 50, Fax 35 11 03

•Botschaft der Schweiz
s. u. Äthiopien

Elfenbeinküste

FÜR DEUTSCHLAND:

•Botschaft der Republik Elfenbeinküste mit Konsularabteilung
Königstr. 93, 53115 Bonn,
Tel. (02 28) 21 20 90/98/99, 26 20 66,
Fax 21 73 13, Sprechzeiten: Mo–Fr 9–15 Uhr
•Fremdenverkehrsbüro der Espace Entente
(Benin, Burkina Faso, Elfenbeinküste,
Niger, Togo)
Tempelhofer Weg 2, 12099 Berlin,
Tel. (0 30) 68 30 21 93, Fax 685 74 05,
e-mail: berlin.office@westafrika.de,
www.westafrika.de
•Außenstelle Berlin
Kurfürstendamm 43, 10719 Berlin,
Tel. (0 30) 20 26 67 61, Fax 20 26 67 77

FÜR ÖSTERREICH:

•Botschaft der Rep. Elfenbeinküste
s.u. Deutschland
•Honorargeneralkonsulat der Rep. Elfenbeinküste
Geweygasse 9, 1190 Wien,
Tel. (00 43-1) 37 03 20 00, Fax 370 65 32

FÜR DIE SCHWEIZ:

•Honorarkonsulat der Republik Elfenbeinküste
Löwengasse 17, 8001 Zürich, Postfach 7685,
Tel. (01) 211 88 44, Fax 211 36 36
•Generalkonsulat der Rep. Elfenbeinküste
Rue du Rhône 40, 1204 Genf,
Tel. (022) 310 82 40, Fax 312 04 27

VERTRETUNGEN IN DER ELFENBEINKÜSTE:

•Botschaft der BR Deutschland
39, Boulevard Hassan II (Bd de la Corniche),
B.P. 1900, Abidjan-Cocody,
Tel. (00 22 5) 22 44 20 30, Fax 22 44 20 41,
e-mail: d.bo.abj@africaonline.co.ci,
www.allemagne.ci
•Botschaft der Republik Österreich
Immeuble N'Zarama, Stiege A (links), 6. Stock,
Bd Lagunaire-Charles de Gaulle, Abidjan,
Tel. (00 22 5) 20 30 01 20, Fax 20 22 19 23,
e-mail: autriche@africaonline.co.ci,
auch zuständig für Niger, Togo, Benin, Ghana,
Liberia, Burkina Faso und Sierra Leone

•Botschaft der Schweiz
Immeuble Botreau Roussel, 28,
Av. Delafosse (Ecke Bd Botreau Roussel/
Av. Delafoss), 1. Stock, P.O. Box 1914, Abidjan,
Tel. (00 22 5) 20 21 17 21, Fax 20 21 27 70,
e-mail: Swiemci@afnet.net

Eritrea

FÜR DEUTSCHLAND:

**•Botschaft von Eritrea
mit Konsularabteilung**
Stavangerstr. 18, 10439 Berlin,
Tel. (030) 44 67 46-0, Fax 44 67 46 21,
e-mail: er.embassy@freenet.de,
Öffnungszeiten: Mo, Mi, Fr 8–13, 14–17 Uhr
Konsularbezirke: Berlin, Brandenburg, Bremen, Hamburg, Mecklenburg-Vorpommern, Niedersachsen, Nordrhein-Westfalen, Sachsen, Sachsen-Anhalt, Schleswig-Holstein

FÜR ÖSTERREICH:

s.u. Deutschland

FÜR DIE SCHWEIZ:

•Konsulat von Eritrea
Postfach 85, 1211 Genf, Rue de Vermont 9,
Tel. (022) 740 49 40, Fax 740 49 49

VERTRETUNGEN IN ERITREA:

•Botschaft der BR Deutschland
Adinet Street, P.O. Box 4974,
Asmara, Tel. (00 29 1-1) 18 66 70
Fax 18 69 00, e-mail: germemb@eol.com.er
•Botschaft von Österreich
•Botschaft der Schweiz
beide s.u. Äthiopien
•Honorarkonsulat der Schweiz
Street No. 702, House No. 24,
Asmara, P.O. Box 3099,
Tel. (00 29 1-1) 18 17 01, Fax 18 27 35

Gabun

FÜR DEUTSCHLAND:

**•Botschaft der Republik Gabun
mit Konsularabteilung**
Kronprinzenstr. 52, 53173 Bonn,
Tel. (02 28) 93 59 84 0, Fax 35 91 95,
e-mail: botschaft@web-gabun.de,
www.africaweb.de/gabun/

FÜR ÖSTERREICH:

s.u. Deutschland

FÜR DIE SCHWEIZ:

**•Botschaft von Gabun
mit Konsularabteilung**
26 bis, Av. Raphael, F-75016 Paris,
Tel. (0 03 31) 42 24 79 60
Fax 42 24 62 42

VERTRETUNGEN IN GABUN:

•Botschaft der BR Deutschland
Boulevard de l'Indépendance, Immeuble
de Frangipaniers, Libreville, B.P. 299,
Tel. (00 24 1) 76 01 88, 74 27 90,
Fax 72 40 12,
e-mail: amb-allemagne@inet.ga
•Botschaft der Rep. Österreich
s.u. Nigeria
•Botschaft der Schweiz
s.u. Kamerun

Gambia

FÜR DEUTSCHLAND:

**•Ambassade de la
Republique de Gambia**
126, Av. F. Roosevelt, B-1050 Brüssel,
Tel. (00 32-2) 64 01 04 9, Fax 64 63 27 7

FÜR ÖSTERREICH:

**•High Commission of the
Republic of Gambia**
57 Kensington Court, W 8 5DG London,
Tel. (00 44 207) 9 37 63 16, Fax 9 37 90 95
**•Honorargeneralkonsulat
der Republik Gambia**
Wagner-Schönkirch-Gasse 9, 1232 Wien, Tel. (0043-1) 6 16 73 93, Fax 6 16 05 34, e-mail: gambia@aon.at, Sprechzeit: Mo–Fr 9–12 Uhr.

FÜR DIE SCHWEIZ:

•Honorarkonsulat von Gambia
Rütistr. 13, 8952 Schlieren bei Zürich,
Tel. (01) 755 40 48, Fax 755 40 41,
e-mail: pr-kfs@pr-kfs.ch,
Sprechzeit: Mo–Fr 9–11 Uhr, 14–16 Uhr

VERTRETUNGEN IN GAMBIA:

•Botschaft der BR Deutschland
•Botschaft der Rep. Österreich
beide s.u. Senegal
•Honorarkonsulat der Rep. Österreich
SOS-Kinderdorf International,
Regional Office for North/West Africa,
P.M.B. 28 Banjul,

Tel. (00 22 0) 46 08 36, Fax 46 43 61,
e-mail: sos@sos-ro.gm
•**Botschaft der Schweiz,** s.u. Senegal

Ghana

FÜR DEUTSCHLAND:

•**Botschaft der Republik Ghana mit Konsularabteilung**
Rheinallee 58, 53173 Bonn,
Tel. (02 28) 36 79 60, Fax (02 28) 36 34 98,
e-mail: Ghanaembont@aol.com,
Sprechzeiten: Mo–Fr 9–15.30 Uhr
•**Außenstelle der Botschaft**
Stavanger Str. 19, 10439 Berlin,
Tel. (030) 47 79 05 2, Fax 47 79 05 3,
Konsularbezirke: Berlin, Brandenburg, Mecklenburg-Vorpommern, Sachsen, Sachsen-Anhalt, Thüringen

FÜR ÖSTERREICH

•**Honorargeneralkonsulat von Ghana**
Cobenzlgasse 45, A-1190 Wien,
Tel. (0043-1) 320 25 29, 320 25 13,
Fax 322 82 42,
Sprechzeit: Mo–Fr 9–12.30, 14– 17 Uhr

FÜR DIE SCHWEIZ:

•**Botschaft der Rep. Ghana**
Belpstr. 11, Postfach, CH-3001 Bern,
Tel. (0 31) 3 81 78 52-54, Fax 3 81 49 41,
Sprechzeit: Mo–Fr 9–12.30, 14–17 Uhr

VERTRETUNGEN IN GHANA:

•**Botschaft der BR Deutschland**
No. 6, Ridge Road, North Ridge,
P.O. Box 1757, Accra
Tel. (00 23 3-21) 24 10 82, 22 13 11
und 22 13 26, Fax 22 13 47,
e-mail: geremb@ghana.com
•**Botschaft der Rep. Österreich**
s.u. Elfenbeinküste
•**Honorarkonsulat der Rep. Österreich**
Wawa Street No. 16, Dzorwulu Accra,
Tel. (00 23 3) 21 78 33 68, Fax 21 76 32 36,
e-mail: powapak@ghana.com
•**Botschaft der Schweiz**
9, Water Road, North Ridge Area,
P.O. Box 359, Accra,
Tel. (00 23 33-21) 22 81 25 und 22 81 85,
Fax 22 35 83

Guinea

FÜR DEUTSCHLAND:

•**Botschaft der Republik Guinea mit Konsularabteilung**
Rochusweg 50, 53129 Bonn,
Tel. (02 28) 23 10 98, Fax 23 10 97,
Sprechzeiten: Mo –Fr 9–15 Uhr

FÜR ÖSTERREICH:

s.u. Deutschland

FÜR DIE SCHWEIZ:

•**Konsulat der Republik Guinea**
Case postale 1868, Rue Plantamour 16,
1211 Genf, Tel. (0 22) 731 17 48,
Fax 731 17 53

VERTRETUNGEN IN GUINEA:

•**Botschaft der BR Deutschland**
B.P. 540, Conakry,
Tel. (00 22 4) 41 15 06, 45 15 08, Fax 45 22 17
e-mail: amball@sotelgui.net.gn,
www.amb-allemagne.org.gn
•**Botschaft der Rep. Österreich**
s.u. Senegal
•**Honorarkonsulat der Rep. Österreich**
Société SADIO & Frère S.A.R.L.,
Route du Niger Libraport Madine,
B.P. 1167, Conakry,
Tel. (00 22 4) 46 31 26, Fax 45 26 70
•**Generalkonsulat der Schweiz**
c/o Ciments de Guinée S.A. (Holcim),
Cité Chemin de fer, Immeuble Macenta,
B.P. 3621, Conakry, Tel. (00 22 4) 41 45 12,
Fax (00 22 4) 41 45 13,
e-mail: cimentsdeguinee@biasy.net

Guinea-Bissau

FÜR DEUTSCHLAND:

•**Ambassade de la Republique Guinée-Bissau**
70, Av. F. Roosevelt, B-1050 Brüssel,
Tel. (00 32-2) 64 70 89 0

FÜR ÖSTERREICH:

•**Botschaft der Republik Guinea-Bissau**
s.u. Deutschland

FÜR DIE SCHWEIZ:

•Honorarkonsulat der Republik Guinea-Bissau
Route de l'Etraz 202, 1290 Versoix,
Tel. (0 22) 755 11 94, Fax 755 64 47

VERTRETUNGEN IN GUINEA-BISSAU:

•Botschaft der BR Deutschland
•Botschaft der Rep. Österreich
•Botschaft der Schweiz
s. alle unter Senegal

Kamerun

FÜR DEUTSCHLAND:

•Botschaft der Republik Kamerun mit Konsularabteilung
Rheinallee 76, 53173 Bonn,
Tel. (02 28) 35 60 38, Fax 35 90 58
•Cameroon Airlines
(Touristische Auskünfte)
Im Taubengrund 23, 65451 Kelsterbach,
Tel. (06 10 7) 60 37, Fax (06 10 7) 6 23 71

FÜR ÖSTERREICH:

•Honorarkonsulat von Kamerun
Hüttelbergstr. 23A, 1140 Wien,
Tel. (00 43-1) 91 47 74 40, Fax 91 47 74 48,
e-mail: unomagazin.society@netway.at

FÜR DIE SCHWEIZ:

•Generalkonsulat von Kamerun
Rue du Nant 6–8, 1211 Genf 6
Tel. (0 22) 7 36 20 22, 7 87 50 40,
Fax 7 36 21 65,
Sprechzeit: Mo–Fr 9–16.30 Uhr

VERTRETUNGEN IN KAMERUN:

•Botschaft der BR Deutschland
Nouvelle Route Bastos, Bastos-Usine,
Yaoundé, B.P. 1160,
Tel. (00 23 7) 22 10 05 6, 22 00 56 6,
22 14 43 4, 22 17 29 2, Fax 22 07 31 3,
e-mail: dtbo_jaunnde@iccnet.com
•Botschaft der Rep. Österreich
s.u. Nigeria
•Generalkonsulat der Schweiz
Rue 1822, Maison no. 117 (Immeuble Cogefar), Quartier Bastos, Yaoundé, B.P. 1169,
Tel. (00 23 7) 220 50 67, Fax 220 93 86,
Satellitentel. (00 87 1) 68 22 81 11 0,
e-mail: swissconsul@iccnet.com

Kenia

FÜR DEUTSCHLAND:

•Botschaft der Republik Kenia mit Konsularabteilung
Markgrafenstr. 63, 10969 Berlin,
Tel. (030) 25 92 66 0, Fax 25 92 66 50,
Konsularbezirke: Bayern, Berlin, Brandenburg, Bremen, Hamburg, Mecklenburg-Vorpommern, Niedersachsen, Nordrhein-Westfalen, Sachsen, Sachsen-Anhalt, Schleswig-Holstein, Thüringen.
•Kenya Tourist Office
Neue Mainzerstr. 22, 60311 Frankfurt,
Tel. (069) 23 20 17, Fax 23 92 39

FÜR ÖSTERREICH:

•Botschaft der Republik Kenia
Neulinggasse 29/8, A-1030 Wien
Tel. (00 43-1) 7 12 39 19-20, Fax 7 12 39 22
•Honorarkonsulat von Kenia
Hohe Warte 7a, 1190 Wien,
Tel. (00 43-1) 368 51 73, Fax 368 74 80,
Sprechzeit: Di, Mi und Fr 10–12.30 Uhr

FÜR DIE SCHWEIZ:

•Generalkonsulat von Kenia
Bleicher Weg 30, Postfach 770, 8039 Zürich
Tel. (01) 2 02 22 44, Fax 2 02 22 56,
Sprechzeit: Mo–Fr 9.30–12, 14–16 Uhr

VERTRETUNGEN IN KENIA:

•Botschaft der BR Deutschland
Williamson House, 4th Ngong Avenue,
P.O. Box 3 01 80, Nairobi,
Tel. (00 25 4-2) 71 25 27, Fax 71 48 86,
e-mail: GER-EMB@form-net.com
•Botschaft der Rep. Österreich
City House, 2nd floor, Corner Wabera Street/ Standard Street, Nairobi,
Tel. (00 25 4 -2) 24 73 65, Pager Nr. 6999 (nur in Notfällen), 22 82 82, 33 32 72,
22 82 81, 21 28 89, 21 27 66 und 21 28 57,
Fax 33 17 92,
e-mail: austria@africaonline.co.ke,
auch zuständig für Demokratische Republik Kongo, Ruanda, Komoren, Burundi, Uganda, Tansania
•Konsulat der Rep. Österreich
Ralli House, 3rd floor, Nyerere Avenue,
Mombasa
Tel. (00 25 4-11) 31 33 86, 31 26 87
und 45 10 84, Fax 31 33 86

•Botschaft der Schweiz
International House, Mama Ngina Street, 7th floor, P.O. Box 30752, Nairobi, Tel. (00 25 42) 22 87 35/36, 22 77 36, Fax 21 73 88, e-mail: vertretung@nai.rep.admin.ch
•Konsularagentur der Schweiz
Ratna Square, Block B, P.O. Box 34211, Nyali-Mombasa, Tel. (00 25 4-11) 47 41 21, Fax 47 37 82, e-mail: safarisp@africaonline.co.ke

Republik Kongo

FÜR DEUTSCHLAND:

•Botschaft der Volksrepublik Kongo mit Konsularabteilung
Rheinallee 45, 53173 Bonn
Tel. (02 28) 35 83 55, Fax 35 22 17, Sprechzeiten: Mo–Fr 10–16 Uhr

FÜR ÖSTERREICH:

s.u. Deutschland

FÜR DIE SCHWEIZ:

•Honorarkonsulat der Republik Kongo
Rue Michel-Servet 12, 1206 Genf, Tel. (022) 702 90 90, Fax 702 91 90, Sprechzeit: Mo–Fr 9–12 Uhr

VERTRETUNGEN IN KONGO:

•Botschaft der BR Deutschland
s.u. Gabun.
•Honorarkonsulat der BR Deutschland
s/c Congo Timber (COTIM), Av. Denis Loemba, Pointe Noire, B.P. 1162, Tel. (00 24 2) 94 13 14, Fax 94 11 12, e-mail: Consulatrfaco@aol.com
•Botschaft von Österreich
s.u. Demokratische Republik Kongo
•Botschaft der Schweiz
s.u. Demokratische Republik Kongo

Demokratische Republik Kongo (ehem. Zaire)

FÜR DEUTSCHLAND:

•Botschaft der Demokr. Republik Kongo
Im Meisengarten 133, 53179 Bonn, Tel. (02 28) 85 81 60, Fax (02 28) 34 99 89, Konsularabteilung der Botschaft: Tel. (02 28) 85 81 60, Fax 34 03 98

FÜR ÖSTERREICH:

•Honorargeneralkonsulat der Dem. Republik Kongo
Graben 27, A-1010 Wien, Tel. (00 43-1) 532 49 09, Fax 533 70 87 80, e-mail: rdc@mdk.at

FÜR DIE SCHWEIZ:

•Botschaft der Dem. Republik Kongo mit Konsularabteilung
Postfach 5261, Sulgenheimweg 21, 3001 Bern, Tel./Fax (0 31) 371 35 38, Tel. (0 79) 628 55 53, e-mail: rdcambassy@bluewin.ch

VERTRETUNGEN IN DER DEM. REP. KONGO:

•Botschaft der BR Deutschland
82, Avenue Roi-Baudouin, Kinshasa-Gombe, B.P. 8400
Tel. (00 24 3) 89 48-201/202/203, 99 25 94 3, SATCOM: (00 87 1) 68 26 23 22 6, Fax SATCOM (00 87 1) 68 26 23 22 7, 68 26 23 45 4, e-mail: amballemagne@ic.cd
•Honorarkonsulat der BR Deutschland
N°35, Avenue de Kabare, B.P. 2338, Bukavu, Tel. (00 87 1) 68 26 22 39 6 (INMARSAT), Fax 68 26 22 39 7
•Honorarkonsulat der BR Deutschland
Avenue Mpale, B.P. 960, Lumbumbashi, Tel. (00 24 3-222) 47 50 0, 22 42 63, 22 23 92, 22 40 66, Fax 97 02 52
•Botschaft der Rep. Österreich, s.u. Kenia
•Konsulat der Republik Österreich
73, Chemin Riviera, Macampagno, Kinshasa, Tel. (00 24 3) 12 82 28 7, Fax 12 8 31 08, Mobil 88 40 21 2
•Botschaft der Schweiz
654, Av. Colonel Tsahatshi, Commune de Gombe, B.P. 8724, Kinshasa, Tel. (00 24 3) 894 68 00, (0 31) 324 18 01, Fax (0 31) 324 18 04, e-mail: vertretung@kin.rep.admin.ch

Lesotho

FÜR DEUTSCHLAND:

•Botschaft des Königreichs Lesotho mit Konsularabteilung
Dessauer Str. 28–29, 10963 Berlin, Tel. (030) 25 75 72-0, Fax 25 75 72 22, e-mail: lesoembger@aol.com

FÜR ÖSTERREICH:

s.u. Deutschland

FÜR DIE SCHWEIZ:

•**Ambassade de la Royaume de Lesotho**
45 Boulevard Général Wahis, B-1030 Brüssel,
Tel. (00 32 2) 705 39 76, Fax 705 67 79,
e-mail: lesothobruemb@skynet.be,
Sprechzeit: Mo–Fr 9–12.45, 14–16 Uhr.
•**Generalkonsulat des Königreichs Lesotho** (ohne Visabefugnis)
Bleicherweg 45, 8002 Zürich,
Tel. (01) 201 44 45, Fax 201 44 46

VERTRETUNGEN IN LESOTHO:

•**Botschaft der BRD und Österreichs**
s.u. Südafrika
•**Honorarkonsulat der BR Deutschland**
70c Maluti Road, P.O. Box 75, Maseru West,
Tel. (00266) 32 41 98, 31 33 12, Fax 31 00 58
•**Botschaft der Schweiz**
s.u. Südafrika

Liberia

FÜR DEUTSCHLAND:

•**Botschaft der Republik Liberia mit Konsularabteilung**
Mainzer Str. 259, 53179 Bonn,
Tel./Fax (02 28) 34 08 22.

FÜR ÖSTERREICH:

•**Botschaft,** s.u. Deutschland
•**Honorarkonsulat von Liberia**
Reisnerstr. 20, 5. Stock, 1030 Wien,
Tel. (00 43-1) 713 65 58/13, Fax 713 65 58/10

FÜR DIE SCHWEIZ:

•**Botschaft von Liberia**
Place du Général Catroux 12, 75017 Paris,
Tel. (00 33 1) 47 63 58 55, Fax 42 12 76 14,
e-mail: libem.paris@wanadoo.fr

VERTRETUNGEN IN LIBERIA:

•**Botschaft der BR Deutschland**
s.u. Elfenbeinküste
•**Botschaft der Rep. Österreich**
s.u. Elfenbeinküste
•**Botschaft der Schweiz**
s.u. Ghana

Libyen

FÜR DEUTSCHLAND:

•**Botschaft der Volksrepublik Libyen (Volksbüro)**
Schützenstr. 15-17, 10117 Berlin,
Tel. (030) 20 05 96-0, Fax 20 05 96 99,
e-mail: Libysch-Arab.Volksbuero@t-online.de,
Visumanträge und Dokumente: Annahme und Ausgabe Mo und Do 9–12 Uhr

FÜR ÖSTERREICH:

•**Volksbüro von Libyen**
Blaasstraße 33, A-1190 Wien,
Tel. (00 43-1) 3 67 76 39/40, Fax 3 67 76 01

FÜR DIE SCHWEIZ:

•**Volksbüro von Libyen**
Tavelweg 2, 3006 Bern
Tel. (0 31) 351 30 76/79, Fax 351 13 25

VERTRETUNGEN IN LIBYEN:

•**Botschaft der BR Deutschland**
Sharia Hassan el Mashai, P.O. Box 302,
Tripolis, Tel. (00 21 8-21) 44 48 55 2,
33 30 55 4, 33 33 82 7, Fax 44 48 96 8
•**Botschaft der Rep. Österreich**
Shara Khalid Ben Walid/Shara Arismondi,
Dahra Area, Garden City,
P.O. Box 3207, Tripolis,
Tel. (00 21 8-21) 44 43 37 9, 44 43 39 3,
Fax 44 40 83 8,
e-mail: austroamb_tripolis@hotmail.com,
Arbeitswoche So–Do
•**Botschaft der Schweiz**
Bederei, Area off Ben Ashour Street,
Tripolis, P.O. Box 439,
Tel. (00 21 8-21) 361 41 18/19, Fax 361 42 38

Malawi

FÜR DEUTSCHLAND:

•**Botschaft der Republik Malawi mit Konsularabteilung**
Kurfürstendamm 208, 10719 Berlin,
Tel. (0 30) 889 23/151/152/153,
Fax 88 92 33 19, e-mail: malawibonn@aol.com,
Sprechzeit der Konsularabteilung:
Mo–Fr 9–12, 13–16.30 Uhr

FÜR ÖSTERREICH:

•**Botschaft,** s.u. Deutschland

•Honorarkonsulat von Malawi
Saarplatz 17, A-1190 Wien,
Tel. (00 43 -1) 36 92 638, 36 92 628,
Fax 36 92 63 822

FÜR DIE SCHWEIZ:

•Botschaft der Rep. Malawi mit Konsularabteilung
Rue de la Loi 15, 1040 Brüssel,
Tel. (00 32 2) 231 09 80, Fax 231 10 66

VERTRETUNGEN IN MALAWI:

•Botschaft der BR Deutschland
Convention Drive, P.O. Box 30046,
Capital City, Lilongwe 3,
Tel. (00 26 5) 78 25 55, Fax 77 02 50,
e-mail: germanemb@malawi.net
•Botschaft der Rep. Österreich
s.u. Simbabwe
•Botschaft der Schweiz
s.u. Simbabwe

Mali

FÜR DEUTSCHLAND:

•Botschaft der Republik Mali mit Konsularabteilung
Kurfürstendamm 72, 10709 Berlin,
Tel. (030) 31 99 88-3, Fax 31 99 88 48

FÜR ÖSTERREICH:

•Honorarkonsulat der Republik Mali
Mariahilffer Str. 5, 1060 Wien,
Tel. (00 43-1) 587 77 48

FÜR DIE SCHWEIZ:

•Honorarkonsulat der Republik Mali
Spalenberg 25, Postfach 1204,
4001 Basel,
Tel. (0 61) 26 11 37 3, Fax 26 11 31 4
Sprechzeit Mo–Do 9–12 Uhr

VERTRETUNGEN IN MALI:

•Botschaft der BR Deutschland
Badalabougou Est, Rue 14, porte 334,
B.P. 100, Bamako, Tel. (00 22 3) 22 32 99,
22 37 15, Fax 22 96 50,
e-mail: allemagne.presse@afribone.net.ml
•Botschaft der Rep. Österreich, s.u. Senegal
•Honorarkonsulat Österreich
Manufacture Bois du Mali, No. 830 Rue 96
Corofina Sud, B.P. 1652, Bamako,
Tel./Fax 24 15 67

•Koordinationsbüro DEZA (Schweiz)
Coopération Suisse, B.P. 2386, Bamako,
Tel. (00 22 3) 21 32 05, Fax 21 81 79,
e-mail: bamako@sdc.net

Marokko

FÜR DEUTSCHLAND:

•Botschaft des Königreichs Marokko mit Konsularabteilung
Niederwallstraße 39, 10117 Berlin,
Tel. (0 30) 20 61 24 0, Fax (0 30) 20 61 24 20,
e-mail: marokko-botschaft@t-online.de,
www.marokko-botschaft.de,
•Staatliches Marokkanisches Fremdenverkehrsamt
Graf-Adolf-Str. 59, 40210 Düsseldorf,
Tel. (02 11) 37 05 51/52,
Fax (02 11) 37 40 48,
e-mail: marokkofva@aol.com,
www.marokko.com

FÜR ÖSTERREICH:

•Botschaft des Königreichs Marokko mit Konsularabteilung
Opernring 3–5, A-1010 Wien,
Tel. (00 43-1) 5 86 66 50/51, Fax 5 86 76 67

FÜR DIE SCHWEIZ:

•Kgl. Marokkanische Botschaft
Helvetiastr. 42, 3005 Bern
Tel. (031) 351 03 62/63, Fax 351 03 64
Sprechzeit: Mo–Fr 9–14 Uhr
•Staatlich Marokkanisches Fremdenverkehrsamt
Schifflände 5, 8001 Zürich,
Tel. (01) 2 52 77 52, Fax 2 51 10 44,
e-mail: info@marokko.ch

VERTRETUNGEN IN MAROKKO:

•Botschaft der BR Deutschland
7, Zankat Madnine, B.P. 235, 10 000 Rabat,
Tel. (00 21 2-37) 70 96 62, 20 56 25, 20 54 24,
20 54 54 und 68 92 00, Fax 70 68 51,
e-mail: amballma@mtds.com,
www.amballemagne-rabat.ma
•Honorarkonsulat der BR Deutschland
6, Rue de Paris, Quartier résidentiel,
80 000 Agadir, Tel. (00212-48) 84 10 25,
Fax 84 09 26
•Botschaft der Republik Österreich
2, Zankat Tiddas, Rabat,
Tel. (00 212-3) 76 16 98, 776 40 03,
Fax 776 54 25, Fax in Marrokko und Rabat:

037/776 54 25, e-mail: autrich@mtds.com, auch zuständig für Mauretanien
•Außenhandelsstelle Österreich
45, Av. Hassan II, Casablanca,
Tel. (00 212) 2 226 69 04, 2 222 32 82,
Fax 22 22 10 83
•Botschaft der Schweiz
Square de Berkane, B.P. 169, 10 000 Rabat,
Tel. (00 21 2-7) 70 69 74, 70 75 12,
70 57 48, Fax 70 57 49,
e-mail: ambasuisse@iam.net.ma

Mauretanien

FÜR DEUTSCHLAND:

•Botschaft der Islamischen Republik Mauretanien mit Konsularabteilung
Kommandantenstr. 80, 10117 Berlin,
Tel. (030) 20 65 88 3, Fax 20 67 47 50,
Öffnungszeiten: Mo–Do 10–13, Fr 10– 12 Uhr

FÜR ÖSTERREICH:

s.u. Deutschland

FÜR DIE SCHWEIZ:

•Honorarkonsulat von Mauretanien
(alle Kantone außer Zürich)
94, Rue des Eaux Vives, 1207 Genf,
Tel. (0 22) 736 42 00, Fax 736 45 80
•Honorarkonsulat von Mauretanien
(zuständig für Zürich)
Bahnhofstr. 52, 8023 Zürich, Postfach 6133,
Tel. (01) 214 62 92, Fax 214 65 19

VERTRETUNGEN IN MAURETANIEN:

•Botschaft der BR Deutschland
B.P. 372, Nouakchott
Tel. (00 22 2) 52 51 72 9, 52 51 03 2,
Fax 52 51 72 2,
e-mail: amb-allemagne@toptechnology.mr
•Botschaft der Rep. Österreich
s.u. Marokko (in Notfällen an die Deutsche Botschaft wenden, s.o.)
•Botschaft der Schweiz, s.u. Tunesien

Moçambique

FÜR DEUTSCHLAND:

•Botschaft der Republik Moçambique mit Konsularabteilung
Stormstraße 47, 10551 Berlin,
Tel. (0 30) 39 87 65 06,
Fax (0 30) 39 87 65 03, e-mail: emoza@aol.com

FÜR ÖSTERREICH:

s.u. Deutschland

FÜR DIE SCHWEIZ:

•Mission Permanente du Mozambique
13 Rue Gautier, 1201 Genf,
Tel. (022) 901 17 83, Fax 901 17 84,
Sprechzeit: Mo–Fr 9–13 Uhr

VERTRETUNGEN IN MOÇAMBIQUE:

•Botschaft der BR Deutschland
Rua Damiao de Góis 506,
Caixa Postal 1595, Maputo,
Tel. (00 25 8-1) 49 27 14, 49 29 96,
Fax 49 28 88, e-mail: germaemb@isl.co.mz
•Botschaft der Rep. Österreich
s.u. Simbabwe
•Honorarkonsulat der Rep. Österreich
Av. 24 de Julho 4, Maputo, P.O. Box 487,
Tel. (00 258-1) 42 32 44, 49 27 17,
Fax 42 53 87, e-mail: sogrep@sortmoz.com
•Botschaft der Schweiz
Avenida Julius Nyerere 1213,
Caixa Postal 135, Maputo,
Tel. (00 25 8-1) 49 27 44, 49 24 32,
Fax 49 24 74,
e-mail: swiemmap@mail.tropical.co.mz

Namibia

FÜR DEUTSCHLAND:

•Botschaft der Republik Namibia
Wichmannstraße 5, 10787 Berlin
Tel. (0 30) 25 40 95-0,
Fax (0 30) 25 40 95 55,
e-mail: namibia@home.ivm.de
•Namibia Tourism Board
Schillerstraße 42–44, 60313 Frankfurt,
Tel. (0 69) 13 37 36-0, Fax 13 37 36-15,
e-mail: info@namibia-tourism.com,
www.namibia-tourism.com,
Besucherzeiten: Mo–Fr 9–16 Uhr,
tel. Beratung Mo–Fr 8.30–13 Uhr

FÜR ÖSTERREICH:

•Botschaft der Republik Namibia
Strozzigasse 10/15, A-1080 Wien,
Tel. (00 43-1) 4 02 93 74, Fax 4 02 93 70

FÜR DIE SCHWEIZ:

s.u. Deutschland

VERTRETUNGEN IN NAMIBIA:

•Botschaft der BR Deutschland
Sanlam Centre, 6th Floor, Independence Ave., P.O. Box 231, Windhoek, Tel. (00 26 4-61) 27 31 00, 27 31 33, Fax 22 29 81, e-mail: info@german-embassy-windhoek.org, www.german-embassy-windhoek.org

•Botschaft der Rep. Österreich
s.u. Südafrika

•Honorarkonsulat der Rep. Österreich
Schäfer Str. 1, P.O. Box 3163, Klein-Windhoek 9000, Tel. (00 26 4-61) 22 21 59, Fax 23 23 53, e-mail: Krumreyh@iwwn.com.na

•Botschaft der Schweiz
s.u. Südafrika

•Generalkonsulat d. Schweiz
25 Schönlein Street, Swabou Building, Eros, Windhoek West, P.O. Box 9298, Tel. (00 26 4-61) 22 28 13 2, Fax 22 01 04

Niger

FÜR DEUTSCHLAND:

•Botschaft der Republik Niger mit Konsularabteilung
Dürenstr. 9, 53173 Bonn, Tel. (01 77) 72 07 74 5, Fax (02 24 1) 31 50 01

•Honorarkonsulat der Republik Niger
Ludwig-Thoma-Str. 13, 82031 Grünwald bei München, Tel. (089) 64 92 08 2, Fax 64 92 34 6, Erteilung eines Visums

•Fremdenverkehrsbüro der Espace Entente
(Benin, Burkina Faso, Elfenbeinküste, Niger, Togo)
Tempelhofer Weg 2, 12099 Berlin, Tel. (0 30) 68 30 21 93, Fax 685 74 05, e-mail: berlin.office@westafrika.de, www.westafrika.de

FÜR ÖSTERREICH:

•Honorarkonsulat der Rep. Niger
Esslinggasse 16/19, 1010 Wien, Tel. (00 43-1) 53 21 06 9, Fax 53 33 98 0

•Ambassade de la Rep. du Niger
78, Av. Franklin Roosevelt, B-1050 Brüssel, Tel. (00 32 2) 6 48 61 40, Fax 6 48 27 84

FÜR DIE SCHWEIZ:

•Botschaft der Republik Niger
Rue de Longchamp 154, F-75116 Paris, Tel. (0 03 3-1) 45 04 80 60, Fax 45 04 62 26, Sprechzeit: Mo–Fr 9–12.30, 14.30–17 Uhr

VERTRETUNGEN IN NIGER:

•Botschaft der BR Deutschland
•Botschaft der Rep. Österreich
•Botschaft der Schweiz
alle drei s.u. Elfenbeinküste

•Bureau de coordination de la DDC
B.P. 728, Niamey, Tel. (00 22 7) 73 39 16, Fax 73 33 13, e-mail: buco-ny@intnet.ne

Nigeria

FÜR DEUTSCHLAND:

•Botschaft der Bundesrepublik Nigeria mit Konsularabteilung
Platanenstr. 98a, 13156 Berlin, Tel. (030) 47 72 30 0, 47 72 30 1, Fax 47 72 55 5, e-mail: embassynigeria@yahoo.com, Öffnungszeiten: Mo–Fr 9–16 Uhr

FÜR ÖSTERREICH:

•Botschaft der Republik Nigeria mit Konsularabteilung
Rennweg 25, A-1030 Wien, Tel. (00 43-1) 7 12 66 85/87, Fax 7 14 14 02, Sprechzeit: Mo–Do 9–11.30 Uhr

FÜR DIE SCHWEIZ:

•Botschaft der Republik Nigeria
Zieglerstr. 54, 3007 Bern, Case postale 574, 3000 Bern 14, Tel. (031) 382 07 26/29, Fax 382 16 02, Sprechzeit: Mo–Fr 9–11.30 Uhr

VERTRETUNGEN IN NIGERIA:

•Botschaft der BR Deutschland
Plot 433, Yakubu Gowon Crescent (opposite ECOWAS Secretariat), Askoro District, Abuja FCT, P.M.B. 280, Tel. (00 23 4-9) 31 48 00 5, Fax 31 48 00 6, e-mail: asgeremb@hotmail.com

•Außenstelle der Botschaft
15 Walter Carrington Crescent, Victoria Island, Lagos, P.O. Box 728, Tel. (00 23 4) 26 11 08 2, 26 13 34 6, 26 13 47 4 und 26 11 17 0, Fax 26 11 17 3, e-mail: gembassylagos@micro.com.ng

•Repräsentanz der Deutschen Wirtschaft
(Representatives Office of German Industry and Commerce)
6F, Walter Carrington Crescent, Victoria Island, P.O. Box 51311, Falomo Ikoyi, Lagos, Tel. (00 23 4 1) 61 24 87, Fax 61 24 88, e-mail: ahk-info@nova.net.ng, www.ahk-lagos-ng.de, Sprechzeit: Mo–Fr 8–17 Uhr

•Nigerian Tourism Development Cooperation
Block 2, Sefadu Street, P.M.B. 167, Garki, Abuja, Tel. (00 23 4) 234 27 75, 234 27 81, Fax 234 27 64, e-mail: ntdc@metrong.com
•Botschaft der Rep. Österreich
3 B Ligali Ayorinde Avenue, Fabac House, Victoria Island, Lagos, Tel. (00 23 41) 261 60 81, 261 62 86, Fax 26 17 63 9, auch zuständig für Äquatorialguinea, Gabun, Republik Kongo, Kamerun, Tschad und Zentralafrikanische Republik
•Botschaft der Schweiz
7 Anifowoshe Street, Victoria Island, P.O. Box 536, Lagos, Tel. (00 23 4-1) 261 38 48, 261 39 18 und 261 01 83, Fax 261 69 28 (Visaabteilung) 262 31 80, e-mail: Vertretung@lag.rep.admin.ch

Ruanda

FÜR DEUTSCHLAND:

•Botschaft der Republik Ruanda mit Konsularabteilung
Beethovenallee 72, Bad Godesberg, 53173 Bonn, Tel. (02 28) 36 70 23 6, Fax 35 19 22, e-mail: ambrwabonn@aol.com

FÜR ÖSTERREICH:

s.u. Deutschland

FÜR DIE SCHWEIZ:

•Botschaft der Republik Ruanda mit Konsularabteilung
Rue de la Servette 93, 1202 Genf, Tel. (0 22) 919 10 00, Fax 919 10 01, e-mail: mission.rwanda@ties.itu.int
•Generalkonsulat der Rep. Ruanda
Zürichstr. 31, 8700 Küsnacht, Tel. (01) 914 14 91, Fax 914 14 88

VERTRETUNGEN IN RUANDA:

•Botschaft der BR Deutschland
8, Rue de Bugarama, B.P. 355, Kigali, Tel. (00 25 0) 7 52 22, 7 51 41 Fax 7 72 67, e-mail: amball@rwanda1.com
•Botschaft der Rep. Österreich, s.u. Kenia
•Botschaft der Schweiz und Koordinationsbüro DEZA
Bd de la Révolution 38, B.P. 597, Kigali, Tel. (00 25 0) 7 35 34, 7 57 38, Fax (00 25 0) 7 24 61, e-mail: suissemb@rwandtel1.rwanda1.com

Sambia

FÜR DEUTSCHLAND:

•Botschaft der Republik Sambia mit Konsularabteilung
Axel-Springer-Str. 54a, 10117 Berlin, Tel. (030) 20 62 940, Fax 20 62 94 19
•Zambia National Tourist Board
c/o Botschaft der Republik Sambia, s.o.

FÜR ÖSTERREICH:

s.u. Deutschland

FÜR DIE SCHWEIZ:

•Botschaft der Republik Sambia, Konsularabteilung
Zambia House, Palace Gate 2, Kensington, W8 5NG London, Tel. (00 44 207) 589 66 55, Fax 581 13 53

VERTRETUNGEN IN SAMBIA:

•Botschaft der BR Deutschland
United Nations Avenue, Stand No. 5209, P.O.B. 50120, 15101 Ridgeway, Lusaka, Tel. (00 26 0-1) 25 06 44, 25 12 59 und 25 12 62, Fax 25 40 14, e-mail: germany@zamnet.zm, www.germanembassy-lusaka.org
•Botschaft der Rep. Österreich
s.u. Simbabwe
•Honorarkonsulat der Rep. Österreich
470, Cairo Road, 10101 Lusaka, Tel. (00 26 0-1) 22 95 56, 22 91 90, Fax 22 14 28, e-mail: galaun@zamnet.zm
•Botschaft der Schweiz
s.u. Simbabwe
•Konsulat der Schweiz
c/o Electrical Maintenance Lusaka Ltd., Luanshya Road, East End, Lusaka, P.O. Box 31189, Tel. (00 26 0-1) 22 38 38, 23 53 65, Fax 22 38 45, e-mail: emlnarde@zamnet.zm

Senegal

FÜR DEUTSCHLAND:

•Botschaft der Republik Senegal mit Konsularabteilung
Argelanderstr. 3, 53115 Bonn Tel. (02 28) 21 80 08, Fax 21 78 15 Presse- und Informationsabteilung

Anhang

FÜR ÖSTERREICH:

•Generalkonsulat der Rep. Senegal
Kohlmarkt 3/8, A-1010 Wien
Tel. (00 43-1) 512 85 76, Fax 512 85 76,
Sprechzeit: Do 12–16 Uhr,
zuständig für alle Bundesländer (außer für die der anderen Konsulate).

•Generalkonsulat der Rep. Senegal
Kohlstattgasse 3, 6020 Innsbruck,
Tel./Fax (05 12) 58 89 57, Sprechzeit: Mo–Fr 10–12 Uhr, zuständig für Tirol und Vorarlberg

•Generalkonsulat der Rep. Senegal
Pausingerstr. 10, 5020 Salzburg,
Tel. (06 62) 64 84 84 22, Fax 64 84 84 6,
zuständig für Salzburg und Kärnten

FÜR DIE SCHWEIZ:

•Honorargeneralkonsulat von Senegal
Place de la Gare 5, 1701 Fribourg,
Postfach 164, Tel. (026) 347 42 54,
Fax 347 42 55, Sprechzeit: Mo–Fr 7.30–12 Uhr,
zuständig für Fribourg, Neuchatel

•Honorarkonsulat von Senegal
Route de Berne 25, 1010 Lausanne,
Tel. (021) 652 18 42, Fax 652 60 66,
zuständig für Genf, Waadt, Wallis

•Honorarkonsulat von Senegal
7, Via Monte Ceneri, 6900 Lugano,
Tel. (091) 921 22 21, Fax 921 13 13,
Sprechzeit: Mo–Fr 9–12, 14–16 Uhr,
zuständig für Tessin

•Honorarkonsulat von Senegal
Gurtenweg 19, 3074 Muri,
Tel. (031) 952 77 15, Fax 952 77 15,
Sprechzeit: Mo–Fr 9–12 Uhr,
zuständig für Aargau, Basel-Stadt, Basel-Land, Bern, Jura, Luzern, Nidwalden, Obwalden, Solothurn, Uri

•Honorarkonsulat von Senegal
Schifflände 22, 8001 Zürich, Postfach 279, 8024 Zürich, Tel. (01) 251 19 45,
Fax 251 18 85, Sprechzeit: Mo–Do 9–11 Uhr,
zuständig für Appenzell-Außerrhoden, Appenzell-Innerrhoden, Glarus, Graubünden, St. Gallen, Schaffhausen, Schwyz, Thurgau, Zug, Zürich

VERTRETUNGEN IN SENEGAL:

•Botschaft der BR Deutschland
20, Av. Pasteur, Angle Rue Mermoz, B.P. 2100, Dakar, Tel. (00 22 1) 82 34 88 4, 82 32 51 9,
Fax 82 25 29 9,
www.ambassade-allemagne.sn,
auch zuständig für Gambia, Guinea-Bissau, Kapverdische Inseln.

•Botschaft der Rep. Österreich
18, Rue Emile Zola, Dakar,
e-mail: ambaut@telecomplus.sn,
Tel. (00 221) 637 77 72, 849 40 00,
Fax 849 43 70, 822 88 19, auch zuständig für Guinea-Bissau, Mali, Gambia, Guinea

•Botschaft der Schweiz
Rue René N'Diaye/Rue Seydou,
Nourou Tall, B.P. 1772, Dakar,
Tel. (00 22 1) 823 05 90, Fax 822 36 57,
e-mail: Swiemdkr@sentoo.sn

Sierra Leone

FÜR DEUTSCHLAND:

•Botschaft der Republik Sierra Leone mit Konsularabteilung
Rheinallee 20, 53173 Bonn
Tel. (02 28) 35 20 01, Fax 36 42 69

FÜR ÖSTERREICH:

•Botschaft der Rep. Sierra Leone
s.u. Deutschland

•Generalkonsulat der Rep. Sierra Leone
Talgasse 11, TOP 7, A-1150 Wien,
Tel. (00 43-1) 89 40 58 21, Fax 89 40 58 24,
Sprechzeit: Di u. Do 10–12 Uhr

FÜR DIE SCHWEIZ:

•Botschaft, s.u. Deutschland

•Konsulat der Rep. Sierra Leone
Quai Gustave Ador 62, 1211 Genf 6,
Tel. (0 22) 735 85 78, Fax 736 25 41

VERTRETUNGEN IN SIERRA LEONE:

•Botschaft der BR Deutschland, s.u. Guinea

•Botschaft der Rep. Österreich
s.u. Elfenbeinküste

•Konsulat der Rep. Österreich
U.C.I. Ltd., 2 Pilgrim's Way, Kissy Dockyard,
P.O. Box 497, Freetown,
Tel. (00 232-22) 23 04 95,
Fax 22 44 49, 23 42 75

•Botschaft der Schweiz, s.u. Ghana

•Generalkonsulat der Schweiz
Freetown Cold Storage Co Ltd. George Brook,
P.O. Box 99, Freetown,
Tel. (00 23 2-22) 24 04 45, 24 05 29, 24 14 61,
Fax 24 05 55

Simbabwe

FÜR DEUTSCHLAND:

•Botschaft der Republik Simbabwe
Kommandantenstr. 80, 10117 Berlin,
Tel. (030) 20 62 26 3, Fax 20 45 50 62
•Zimbabwe Tourist Office
Schillerstr. 3, 60313 Frankfurt,
Tel. (069) 920 77 30, Fax 92 07 73 15,
e-mail: zim.tourist.office@t-online.de

FÜR ÖSTERREICH:

•Botschaft der Republik Simbabwe
Strozzigasse 10/15, A-1080 Wien
Tel. (00 43-1) 4 07 92 36, 4 07 92 37,
Fax 4 07 92 38,
Sprechzeit: Mo–Fr 9–13, 13–17 Uhr

FÜR DIE SCHWEIZ:

•Permanent Mission of the Republic of Zimbabwe
27, Chemin William Barbey, 1292 Chambesy (Genf), Tel. (0 22) 758 30 11, Fax 758 30 44,
e-mail: mission.zimbabwe@ties.itu.int,
Sprechzeit: Mo–Fr 9–13, 14–17 Uhr

VERTRETUNGEN IN SIMBABWE:

•Botschaft der BR Deutschland
30, Ceres Road, Avondale, P.O. Box A 1475, Harare, Tel. (00 26 3-4) 30 86 55, 30 86 56, Fax 30 34 55,
e-mail: germemb@ecoweb.co.zw
•Botschaft der Rep. Österreich
30, Samora Machel Av., New Shell House, Room 216, P.O. Box 4120, Harare,
Tel. (00 263- 4) 70 76 48, 70 29 22, 70 29 21, Fax 70 58 77, e-mail: austriae@samara.co.zw, auch zuständig für Mosambik, Angola, Malawi, Sambia
•Botschaft der Schweiz
Lanark Road 9, Belgravia,
P.O. Box 3440, Harare,
Tel. (00 26 34) 70 39 97/98, Fax 79 49 25,
e-mail: vertretung@har.rep.admin.ch

Somalia

FÜR DEUTSCHLAND:

•Botschaft der Demokratischen Rep. Somalia mit Konsularabteilung
Hohenzollernstr. 12,
53173 Bonn, Tel. (02 28) 35 16 43
(seit Juni 2000 geschlossen)

FÜR ÖSTERREICH:

s.u. Deutschland

FÜR DIE SCHWEIZ:

•Botschaft der Demokratischen Republik Somalia
26, Rue Dumont d'Urville, 75116 Paris,
Tel. (00 33-1) 45 00 76 51

VERTRETUNGEN IN SOMALIA:

•Botschaft der BR Deutschland, s.u. Kenia
•Botschaft der Rep. Österreich
s.u. Äthiopien
•Botschaft der Schweiz, s.u. Kenia

Sudan

FÜR DEUTSCHLAND:

•Botschaft der Republik Sudan
Kurfürstendamm 151, 10709 Berlin,
Tel. (030) 890 69 80,
e-mail: sudan-embassy.bonn@t-online.de,
www.sudan-embassy.de,
Öffnungszeiten: Mo–Fr 9–15.30 Uhr

FÜR ÖSTERREICH:

•Botschaft der Republik Sudan mit Konsularabteilung
Reisnerstr. 29/5, A-1030 Wien,
Tel. (00 43-1) 7 10 23 43/44, Fax 7 10 23 46,
Sprechzeit: Mo–Fr 9–11 Uhr

FÜR DIE SCHWEIZ:

•Generalkonsulat der Republik Sudan
Case Postale 335, Avenue Blanc 49,
1211 Genf 19, Tel. (022) 731 26 66
und 731 26 63, Fax 731 26 56,
e-mail: mission.sudan@ties.itu.int,
Sprechzeit: Mo–Fr 9–13 Uhr

VERTRETUNGEN IM SUDAN:

•Botschaft der BR Deutschland
53, Sharia el Baladia, Block No. 8 D,
Plot No. 2, P.O. Box 970, Khartoum,
Tel. (00 24 9-11) 77 79 90, 77 79 95
und 77 79 79, Fax 77 76 22,
e-mail: germanembassy-sudan@gmx.net
•Botschaft der Rep. Österreich
s.u. Ägypten
•Konsulat d. Rep. Österreich
Aboulela Building Block 6 e.w.,
Baladia Avenue, Khartoum

Tel. (00 24 9-11) 77 67 50, 46 14 73, 77 37 43, 78 00 34, Fax 77 71 70
•Botschaft der Schweiz
New Extension Street 15, House No. 7, P.O. Box 1707, Khartoum
Tel. (00 24 9-11) 47 10 10, 47 11 15, Fax 47 28 04,
e-mail: swissemb-sudan@gmx.net

Republik Südafrika

FÜR DEUTSCHLAND:

•Botschaft der Republik Südafrika
Friedrichstraße 60, 10117 Berlin
Tel. (0 30) 22 07 3-0, Fax (0 30) 22 07 3-190, e-mail: botschaft@südafrika.de, www.suedafrika.org.
Öffnungszeiten: Mo–Fr 8–16.45 Uhr
•SATOUR Touristikbüro Südafrika
An der Hauptwache 11, 60313 Frankfurt, Tel. (0 69) 929 12 90, Fax 28 09 50, e-mail: satour.frankfurt@t-online.de, info@fra.satour.de, www.satour.de,
Sprechzeit: Mo–Fr 9–14 Uhr

FÜR ÖSTERREICH:

•Botschaft der Republik Südafrika mit Konsularabteilung
Sandgasse 33, A-1190 Wien
Tel. (00 43-1) 320 64 93/97
Fax 3 20 72 26, 3 20 64 93 51

FÜR DIE SCHWEIZ:

•Botschaft der Republik Südafrika
Alpenstraße 29, Postfach, 3000 Bern 6, Tel. (031) 350 13 13, Fax 350 13 10/11/25, e-mail: ambassador@southafrica.ch, www.southafrica.ch

VERTRETUNGEN IN SÜDAFRIKA:

•Botschaft der BR Deutschland
180, Blackwood Street, Arcadia, P.O. Box 2023, Pretoria 0001
Tel. (00 27-12) 42 78 90 0, Fax 34 39 40 1, e-mail: GermanEmbassyPretoria@gonet.co.za
•Generalkonsulat und Dienststelle der Botschaft BR Deutschland
825 St. Martini Gardens, 74 Queen Victoria Street, P.O. Box 4273, Kaptstadt 8001, Tel. (00 27-21) 42 42 41 0, 46 43 00 0, Fax 42 49 03,
e-mail: info@germanconsulatcapetown.co.za
•Honorarkonsulat der BR Deutschland
4th Floor, 2 Devonshire Place, Durban 4001, P.O. Box 80, Tel. (00 27 31) 30 55 67 7, Fax 30 55 67 9
•Honorarkonsulat der BR Deutschland
Maritime House, 11 Uitenhage Road, Port Elizabeth 6001, P.O. Box 1259, Tel. (00 27 41) 48 72 84 0, Fax 57 31 46, 54 79 08, e-mail: Stucken@iafrica.com
•Southern African German Chamber of Commerce and Industry Ltd.
47 Oxford Road (Entrance Waltham Road), Forest Town 2193, Johannesburg, P.O. Box 87078, Houghton 2041, Tel. (00 27 11) 486 27 75, Fax 486 36 25, 486 36 75, e-mail: info@germanchamber.co.za, www.germanchamber.co.za
•Botschaft der Rep. Österreich
1109 Duncan Street, Brooklyn, 0181 Pretoria, Tel. (00 27-12) 45 29 15 5, Fax 46 01 15 1, e-mail: autemb@mweb.co.za, auch zuständig für Botswana, Lesotho, Swasiland, Namibia
•Generalkonsulat Österreich
M 1001 Standard Bank Centre, Hertzog Boulevard, Kapstadt 8001, Tel. (00 27-21) 421 14 41, 421 62 15, 421 14 40, Fax 425 34 89
e-mail: austrian-consulate@kingsley.co.za
•Honorargeneralkonsulat Österreich
JHI-House, 7th Floor, Craddock Ave. 11 (Ecke Baker Street), Rosebank, Johannesburg, Tel. (00 27-11) 44 76 55 1/2, Fax 44 76 19 1
•Botschaft der Schweiz
818, George Avenue, Arcadia 0083, 0001 Pretoria, P.O. Box 2289, Tel. (00 27-12) 430 67 07, Fax 430 67 71, e-mail: vertretung@pre.rep.admin.ch, außerdem Generalkonsulate in Johannesburg und Kapstadt und Koordinationsbüro DEZA in Pretoria

Swasiland

FÜR DEUTSCHLAND:

•Botschaft des Königreichs Swasiland
118, Av. Winston Churchill, B-1180 Brüssel, Tel. (00 32-2) 34 74 77 1,
Fax (00 32-2) 34 74 62 3, auch zuständig: Generalkonsulat Zürich (s.u.).

FÜR ÖSTERREICH:

•Botschaft des Königreichs Swasiland
Kastelsvej 19, DK-2100 Kopenhagen, Tel. (00 45-45) 35 42 69 82, 35 42 67 63, 35 42 63 52, 35 42 61 11, Fax 35 42 63 00

•Honorarkonsulat Swasiland
Widerhoferplatz 4, A-1090 Wien,
Tel. (00 43-1) 319 11 38, Fax 319 11 38

FÜR DIE SCHWEIZ:

•Honorargeneralkonsulat von Swasiland
Postfach 667, Lintheschergasse 17,
CH-8039 Zürich,
Tel. (01) 211 52 03, Fax 211 50 86

VERTRETUNGEN IN SWASILAND:

•Botschaft der BR Deutschland
s.u. Mosambik
•Botschaft der Rep. Österreich
s.u. Südafrika
•Konsulat der Rep. Österreich
Hhelehle, Manzini (Matsapa),
Tel. (00 26 8) 54 36 8, 55 27 6,
Fax 54 62 2
•Botschaft der Schweiz, s.u. Südafrika

Tansania

FÜR DEUTSCHLAND:

•Botschaft der Vereinigten Republik Tansania
Theaterplatz 26, 53177 Bonn,
Tel. (02 28) 35 80 51-54, Fax 35 82 26,
e-mail: tzbonn.habari@t-online.de,
www.tanzania-gov.de.
Öffnungszeiten: 8.30–13, 14–16.30 Uhr

FÜR ÖSTERREICH:

s.u. Deutschland

FÜR DIE SCHWEIZ:

s.u. Deutschland

VERTRETUNGEN IN TANSANIA:

•Botschaft der BR Deutschland
NIC Investment House, Samora Avenue,
10th Floor, P.O. Box 9541, Dar es Salaam
Tel. (00 25 5-22) 211 74 09-15, Fax 211 29 44,
e-mail: german.emb.dar@raha.com,
www.german-embassy-daressalam.de
•Botschaft der Rep. Österreich, s.u. Kenia
•Honorargeneralkonsulat Österreich
Slipway Road, Msasani, Plot 1684/2,
Dar-es-Salaam,
Tel. (00 255-72 22) 26 01 49 2
und 26 01 50 1/2, Fax 26 01 50 3,
e-mail: austrianconsulate@raha.com

•Botschaft der Schweiz
Kinondoni Road, Plot 79, Dar es Salaam,
P.O. Box 2454,
Tel. (00 25 5-22) 266 60 08/09,
Fax 266 67 36, e-mail: swissem@twiga.com

Togo

FÜR DEUTSCHLAND:

•Botschaft der Republik Togo mit Konsularabteilung
Beethovenallee 13, 53173 Bonn
Tel. (01 73) 74 79 47 3,
Fax (02 28) 96 75 46 3,
www.republicoftogo.com
Sprechzeit d. Konsularabteilung:
Mo–Fr 9–16 Uhr

Internet-Seiten des Konsuls in Rheinland-Pfalz mit Visaantrag zum Download und Reiseinformationen: www.togo.de.

FÜR ÖSTERREICH:

s.u. Deutschland

FÜR DIE SCHWEIZ:

•Honorarkonsulat von Togo
Unterer Heuberg 19, Postfach 1731, 4001 Bâle,
Tel. (0 61) 261 10 45, Fax 261 10 35,
e-mail: pbuchmueller@datacomm.ch
•Honorarkonsulat von Togo
11 bis, Rue Toepffer, 1206 Genf,
Tel. (022) 346 52 60, Fax 346 59 39,
e-mail: hegr@span.ch, nur zuständig für den Kanton Genf (andere s.o.).

VERTRETUNGEN IN TOGO:

•Botschaft der BR Deutschland
Bd. de la Republique, B.P. 1175, Lomé
Tel. (00 22 8) 221 23 70, 21 23 38
Fax 222 18 88,
e-mail: amballmtogo@bibway.com
•Botschaft der Rep. Österreich
s.u. Elfenbeinküste
•Botschaft der Schweiz, s.u. Ghana

Tschad

FÜR DEUTSCHLAND:

•Botschaft der Republik Tschad mit Konsularabteilung
Basteistr. 80, 53173 Bonn,
Tel. (02 28) 35 60 26, Fax 35 58 87

FÜR ÖSTERREICH:

•**Botschaft,** s.u. Deutschland
•**Honorarkonsulat der Rep. Tschad**
Hauptplatz 10, 3150 Wilhelmsburg,
Tel. (0 27 46) 27 74 12, Fax 2 77 49

FÜR DIE SCHWEIZ:

•**Botschaft der Republik Tschad**
65, Rue des Belles-Feuilles, F-75116 Paris,
Tel. (0 03 31) 45 53 36 75, 47 27 57 51

VERTRETUNGEN IM TSCHAD:

•**Botschaft der BR Deutschland**
s.u. Kamerun
•**Botschaft der Rep. Österreich**
s.u. Nigeria
•**Botschaft der Schweiz**
s.u. Kamerun
•**Koordinationsbüro DEZA** (Schweiz)
Quartier Sabangali, B.P. 1102, N'Djaména,
Tel. (00 23 5) 51 73 14, Fax 51 74 16,
e-mail: ndjamena@sdc.net

Tunesien

FÜR DEUTSCHLAND:

•**Botschaft von Tunesien**
Lindenallee 16, 14050 Berlin,
Tel. (0 30) 30 82 06 73/74, Fax 30 82 06 83,
Öffnungszeiten: 9–13, 14–17 Uhr
•**Fremdenverkehrsamt Tunesien**
Goetheplatz 5, 60313 Frankfurt,
Tel. (0 69) 297 06 40/41, Fax 297 06 63,
e-mail: FVATunesien@aol.com,
www.tourismtunisia.com
•**Tunesisches Fremdenverkehrsamt**
Kurfürstendamm 171, 10707 Berlin,
Tel. (0 30) 885 04 57, Fax 885 21 98,
e-mail: FVATunesien@aol.com
•**Fremdenverkehrsamt Tunesien**
Burgstr. 12, 80331 München,
Tel. (0 89) 29 16 36 85, Fax 29 16 40 09

FÜR ÖSTERREICH:

•**Botschaft von Tunesien mit Konsularabteilung**
Opernring 1/7. Stock, A-1010 Wien
Tel. (00 43-1) 5 81 52 81/82, Fax 5 81 55 92,
Sprechzeit: Di–Sa 9–13 Uhr
•**Tunesisches Fremdenverkehrsamt**
Opernring 1/Stiege R, A-1010 Wien,
Tel. (0043-1) 5 85 34 80, Fax 5 85 34 80 18

FÜR DIE SCHWEIZ:

•**Botschaft von Tunesien mit Konsularabteilung**
Kirchenfeldstr. 63, 3005 Bern
Tel. (0 31) 352 82 26/27, Fax 351 04 45,
Sprechzeit: Mo–Fr 9–14 Uhr
•**Tunesisches Verkehrsbüro**
Bahnhofsstr. 69, 8001 Zürich,
Tel. (01) 2 11 48 30/31, Fax 212 13 53

VERTRETUNGEN IN TUNESIEN:

•**Botschaft der BR Deutschland**
1, Rue el Hamra,
Mutuelleville-Tunis (Belvédère), B.P. 35,
Tel. (00 21 6-71) 78 64 55, Fax 78 82 42
•**Botschaft der Rep. Österreich**
16, Rue Ibn Hamdis, El Menzah I, 1004 Tunis,
Tel. (00 216 -71) 76 73 85, 75 10 94, 75 10 91,
Fax 76 78 24, e-mail:
Autriche@Ambassade_Autriche.INTL.TN
•**Botschaft der Schweiz**
Immeuble Stramica, Lot 11.02.02.AD/UD,
Berges du Lac, Tunis, B.P. 501, 1025 Tunis,
Tel. (00 216-1) 96 29 97, Fax 96 57 96,
e-mail: swissembtun@e-mail.ati.tn

Uganda

FÜR DEUTSCHLAND:

•**Botschaft der Republik Uganda mit Konsularabteilung**
Avenue de Teyvuren 317, 1000 Brüssel,
Tel. (00 32 2) 76 25 82 5, Fax 76 30 43 8,
e-mail: ugembrus@brutele.be

FÜR ÖSTERREICH:

s.u. Deutschland

FÜR DIE SCHWEIZ:

•**Botschaft der Republik Uganda**
Section Cosulaire
Rue Antoine Carteret 6bis, 1202 Genf,
Tel. (022) 339 88 10, Fax 340 35 25,
e-mail: mission.uganda@ties.itu.int

VERTRETUNGEN IN UGANDA:

•**Botschaft der BR Deutschland**
15 Philip Road, Kololo, P.O. Box 7016,
Kampala, Tel. (00 25 6-41) 25 67 67, 25 67 68,
23 64 21, 23 64 22, Fax 34 31 36
•**Botschaft der Rep. Österreich**
s.u. Kenia

•**Honorarkonsulat der Rep. Österreich**
Entebbe Road (Bank Lane), Plot 6
P.O. Box 11273, Kampala,
Tel. (00 256-41) 34 30 43, 25 07 54, 23 57 96
Fax 23 30 02
•**Regionalbüro für Entwicklungszusammenarbeit (Österreich)**
Crusader House, 3 Portal Avenue, Kampala,
Tel. (00 25 64 1) 23 51 03, 23 51 79, 23 51 05,
Fax 23 51 60, e-mail: austria@infocom.co.ug
•**Botschaft der Schweiz,** s.u. Kenia
•**Konsulat der Schweiz**
ROKO Technical Services, Roko Town Centre,
Nasser Lane, Plot 1-27, Kampala,
Tel. (00 25 64 1) 347 130, 347 132, 347 282,
Fax 347 131, e-mail: rts@imul.com

Zentralafrikanische Republik

FÜR DEUTSCHLAND:

•**Botschaft der Zentralafrikanischen Republik mit Konsularabteilung**
Johanniterstr. 19, 53113 Bonn,
Tel. (02 28) 23 35 64, Fax 23 35 64

FÜR ÖSTERREICH:

•**Botschaft,** s.u. Deutschland
•**Honorarkonsulat der Zentralafrikanischen Republik**
Blaasstraße 36, 1190 Wien,
Tel. (00 43-1) 749 10 76

FÜR DIE SCHWEIZ:

s.u. Deutschland

VERTRETUNGEN IN DER ZAR:

•**Botschaft der BR Deutschland**
s.u. Kamerun
•**Botschaft der Rep. Österreich**
s.u. Nigeria
•**Honorarkonsulat Österreich**
Bangui, Route de la Colline bis, Bangui,
Tel. (00 23 6) 61 73 33, 61 69 99,
Fax 61 66 20
•**Botschaft der Schweiz**
s.u. Demokratische Republik Kongo
•**Konsularagentur Schweiz**
Immeuble UCAR, Blvd Général de Gaulle,
B.P. 343, Bangui,
Tel. (00 23 6) 61 36 66, 61 23 76,
Fax 61 33 40, e-mail: ucardg@intnet.cf

Glossar

Acheb: Kleine, nach dem Regen wachsende Wüstenpflanze
Adrar: Mz. idrarene: Berg, Gebirge
Aftut: Regstreifen zwischen zwei Dünen
Agadir: Mz. igudar: schroffer Abhang; auch Festung, Speicherburg
Aghbalu: Mz. ighbula: Quelle
Aguelmame: Permanente Wasserstelle, See
Ain: Mz. Aioun, Schachtbrunnen
Akba: Steigung, Pfad in der Flanke eines Steilhangs
Ank: Pass, Engpass
Anseur: Mz. anaseur: Quelle
Anu: Brunnen
Areg: Düne
Ateuf: Umgehung, Kurve
Aourir: Bergspitze
Azalai: Salzkarawane

Bab: Mz. bidane: Eingang, Tor
Barkane: Kleine, halbmondförmige Düne auf Regboden
Baten: Steilrand einer Hochebene
Batha: Sandiges Flussbett
Bir: Mz. biar: Brunnen
Bordj: Mz. Boroudsch: Festung, Unterstand
Bu: Abkürzung von Vater oder Eigentümer

Chaba: Hohlweg, Engpass
Chebka: Chaotische Gegend, wörtlich Netz
Chegga: Mz. Cheggag: Spalte, Felsspalte
Chott: Salzsee, manchmal ausgetrocknet
Cram-Cram: Sehr hartnäckige Kletten (mit Dornen) des Sahelgrases

Djebel: Mz. Djebal: Berg
Douar: Zeltlager, Zeltdorf

Enfida: Hohlweg
Erg/Edyen: Dünengebiet

Fesch-Fesch: sandiger, scheinbar fester, gut befahrbarer, einförmiger Boden, aber sehr weich unter der Oberfläche, oft mit Steinen durchmischt
Fedsch, Fedj: Engpass
Foggara: Mz. Fegaguir (in Marokko Khettara): Unterirdische Bewässerungskanäle mit begehbaren Schächten

Gara: Mz. Gur: Tafelberg in einer Ebene
Gassi: Tal zwischen zwei Dünenketten
Ghaba: Wald
Ghedir: Teich, wasserführende Mulde
Guelaa: Festung

Guelb: Felsiger, steil aus einer Ebene aufragender Einzelberg, oft mit Krater
Guelta: Wasserstelle im Fels
Guemira: Steinmännchen oder Sandhaufen als Pistenwegzeichen

Hammada: Stein-, Geröllwüste
Hartani: Mz. Harratine: Sklavennachkommen, jetzt schwarze Oasenbauern
Hassi: Mz. Huasi: Schachtbrunnen

Kalaa: Festung
Kasbha: Mz. Ksabi: Zitadelle, befestigter Ort, Festung
Kef: Mz. Kifane: Felsblock, felsiger Steilabfall
Kelaa: Festung
Khanga: Mz. Kheneg: Engpass
Koris: Westafrikanisch für Oued
Ksar: Mz. Ksour: Altes, befestigtes Dorf/Stadt
Koubba: Kuppel, auch kuppelförmiges Grab eines Heiligen
Kudia: Mz. Kudiast: Kleiner Hügel

Maghreb: Land des Westens, West, die Staaten des westlichen Nordafrikas
Medersa: Mz. Mdares, medresen: Koranschule
Medina: Mz. Medun: Arabische Stadt, Altstadt
Mehari: Rennkamel
Mellah: Jüdisches Viertel
Mercubas: Grasbüschel, in denen sich der Sand sammelt
Merdscha: Mz. Mrudsch: Morast, Sumpf

Oasis: Palmenhain
Oued: Mz. Ouidane: Flussbett, in der Sahara ausgetrocknet

Redschem: Wegzeichen (s.a. Guemira)
Reg: feinkörnige Kiesebene, gut befahrbar
Rhurde: Sandberg
Rmel: Sand, sandige Erde

Schott: Salzwassersee (manchmal trocken)
Sebhka: Salzsee (meist trocken)
Seguia: Mz. Suagi: Bewässerungskanal
Souk: Mz. Asuak: (gedeckter) Markt

Tassili: Sandsteinplateau
Tizi: Passhöhe (in Marokko)
Wad, Wadi: Trockenflussbett
Zaouia: Mz. Zuaia: Sitz einer religiösen Gemeinschaft

HILFE!

Dieses Routenhandbuch ist gespickt mit unzähligen Adressen, Preisen, Tipps und Infos. Nur vor Ort kann überprüft werden, was noch stimmt, was sich verändert hat, ob Preise gestiegen oder gefallen sind, ob ein Hotel, ein Restaurant immer noch empfehlenswert ist oder nicht mehr, ob ein Ziel noch oder jetzt erreichbar ist, ob es eine lohnende Alternative gibt usw.

Unsere Autoren sind zwar stetig unterwegs und versuchen, alle zwei Jahre eine komplette Aktualisierung zu erstellen, aber auf die Mithilfe von Reisenden können sie nicht verzichten.

Darum: Schreiben Sie uns, was sich geändert hat, was besser sein könnte, was gestrichen bzw. ergänzt werden soll. Nur so bleibt dieses Buch immer aktuell und zuverlässig. Wenn sich die Infos direkt auf das Buch beziehen, würde uns die Seitenangabe die Arbeit sehr erleichtern. Ausführliche und gut verwertbare Informationen belohnt der Verlag mit einem Sprechführer Ihrer Wahl aus der über 150 Bände umfassenden Reihe „Kauderwelsch“.

Bitte schreiben Sie an:
Reise Know-How Verlag, Bielefeld, Osnabrücker Str. 79,
D-33649 Bielefeld, e-mail: info@reise-know-how.de
Danke!

Register

Anhang

Anhang